지식론

IB 디플로마를 위한 코스 가이드

Theory of
Knowledge
for the IB Diploma

지식론

IB 디플로마를 위한 코스 가이드

Theory of Knowledge
for the IB Diploma

Third Edition

웬디 헤이돈·수전 제수다슨·리처드 반 더 라제마트 지음

강원호·류영철 기획

강수희·강원호·김상운·김정곤·박영주·박진희·송동진·이의용·이호곤·장형수 옮김

사회평론아카데미

지식론

IB 디플로마를 위한 코스 가이드

2023년 3월 15일 초판 1쇄 펴냄
2025년 1월 9일 초판 2쇄 펴냄

지은이 웬디 헤이돈·수전 제수다슨·리처드 반 더 라제마트
기획 강원호·류영철
옮긴이 강수희·강원호·김상운·김정곤·박영주·박진희·송동진·이의용·이호곤·장형수
편집 이소영·김혜림·조유리
교정교열 케이앤북스
표지 디자인 김진운
본문 디자인 케이앤북스
마케팅 유명원

펴낸이 윤철호
펴낸곳 ㈜사회평론아카데미
등록번호 2013-000247(2013년 8월 23일)
전화 02-326-1545
팩스 02-326-1626
주소 03993 서울특별시 마포구 월드컵북로6길 56
이메일 academy@sapyoung.com
홈페이지 www.sapyoung.com

ISBN 979-11-6707-096-8 03000

〉추천의 글

"우리는 어떻게 아는가?"라는 질문은 IB 디플로마 프로그램 내의 지식론(Theory of Knowledge: TOK)에서 핵심적인 질문이다. IB의 주력 교육 과정이자 '24/7'(하루 24시간 7일)이라는 표현에서 드러나듯이 사실과 허구를 구별하기가 점점 더 어려워지고 있는 오늘날 지식론에서 배우는 개념들은 독립적으로 사고하는 사람이자 학습자로 발달 중인 이들에게 그 어느 때보다 더 중요하고 유의미하다.

케임브리지 대학 출판부의 *TOK Course Guide*의 한국어판 출판은 대한민국의 교육을 재구상하는 데 중요한 이정표가 될 것이다. 현재 많은 교육자와 공무원들이 대한민국 교육 개혁의 일환으로서 '혁신'에 대해 이야기하고 있는데, **지식론 교과 과정**은 학생들이 21세기가 던져 주는 도전거리를 더 잘 대비할 수 있는 혁신적 변화 역량을 가르칠 때 매우 강력한 도구가 될 수 있다.

지식론 안내서를 처음으로 한국어로 번역하는 작업을 맡은 교육자 연구 모임 여러분, 수고하셨다. 이 책은 향후 오랫동안 학생과 교사들에게 귀중한 자원이 될 것이다.

이기동(Keith Yi) 인하대학교 IBEC과정 초빙 교수/
대한민국 IB DLDP(Dual Language Diploma Program: 이중 언어 디플로마 프로그램) Project Coordinator

최근 들어 교육계에서 IB 교육 과정에 대한 관심이 부쩍 늘었다. 정답만을 강요하는 주입식 교육과 객관식 평가 지표에만 매달리는 우리 사회의 교육 문제에 대한 대안으로 급부상하기도 했다. 소위 제4차 산업 혁명 시대 AI 교육을 훌쩍 뛰어넘어 인간적 가치와 품격으로서의 미래 역량을 키울 수 있는 미래 교육의 모델로 회자되고 있다. IB 교육 과정에서는 획일적이고 객관적인 지식을 가르치는 데 집중하였던 근대주의적 교육 과정 모델의 거친 논법을 과감히 탈피하였다. 그리고 개개인의 지적 경험을 성장시켜 주는 데 필요한 장치들을 설정하고 그에 필요한 과정을 디테일하게 작동시키고 있다. 그 장치들은 인간의 학습 경험에 대한 학문적 성과와 시대적 성찰을 반영한 결과의 산물이라고 할 수 있다.

IB 교육 과정에서 특히 인상적인 점은 고교 단계인 디플로마 과정에서 TOK, 즉 지식론을 필수 교과로 가르친다는 데 있다. 초중등 교육 과정에서 지식론을 별도의 필수 교과로 다룬 나라는 흔치 않다. 그런 만큼 고등학교 교육 과정에서는 찾아보기 힘든 낯선 교과목이다. 지식론은 지식에 관한 이론이다. 전통적인 학문 체계로 말하자면 철학 분야의 인식론에 가깝다. 그러나 지식론은 그 이상의 내용을 담고 있고 이를 요약해 보면 다음과 같다.

첫째, IB 지식론은 배움학 개론이다.

현대의 일반 시민들은 인생의 초년 12년의 긴 시간을 학교에서 보낸다. 대부분의 시간은 소위 교과라고 하는 지식을 배우면서 보내도록 되어 있다. 세상에 태어나 성인으로서의 시민이 되기까지 교과 지식을 배우느라 많은 시간을 보낸 셈이다. 그동안 교과 지식은 무엇인가, 그것들은 왜 배워야 하는가, 그리고 의미 있는 배움이란 무엇인가에 관해 끊임없이 실존적인 고민을 하게 되는데 누구나 몇 번쯤은 그러한 경험이 있을 것이다.

IB 지식론이 배움학 개론으로 읽히는 까닭은 지식에 대한 설명이 아니라 지식을 경험한다는 것에 대한 설명으로 되어 있기 때문이다. 즉 지식론에서 설명하고자 하는 주요 대상은 종국적으로는 지식이 아니라 인간의 경험이다. 그래서 지식론은 철학 분야에서의 인식론과 확연히 다르다. 지식의 논리가 아닌 인간 경험의 논리를 다루고 있다. 더 나아가 배움이라는 인간의 경험에 초점이 맞춰져 있는 이유는 IB 교육 과정이 지향하는 가치 때문이다. 즉 IB에서는 가치 면에 있어서 지식보다 배움을 더 우위에 두고 있다. 인간의 학습에 관한 성찰은 세상의 비밀을 여는 열쇠와도 같다. 지식론은 그러한 실존적 질문을 품고 세상의 항해에 나선 유년기 아이들이 마치 밤하늘의 별을 보며 세상의 비밀을 깨우쳐 가는 여정에서 그 길을 잃지 않도록 해주는 나침반 좌표로 설정된 교과라고 할 수 있다.

둘째, 지식론은 윤리학 개론이다.

지식론의 내용은 다양한 교과 영역에서의 지식의 생성과 공유 그리고 쇠락에 관해 다루고 있지만 그 이면에는 인류의 원리에 관해서 이야기하고 있다. 지식과 삶의 형식은 서로 불가분의 관계에 있기 때문이다. 실제로 지식과 도덕은 동전의 양면이다. 넓은 의미에서의 사회적 질서(social order)라는 동전 말이다. 그것은 제대로 된 지력이라면 동시에 인격이기도 하다는 말과 다름 아니다. 본디 학교에서의 인격 함양 역시 그러한 맥락에서 나온 말인데 작금의 학교 교육에서는 지력과 인격이 불일치되는 현상에 관해서 당연하게 생각한다. 소위 주입식 교육과 객관식 평가에 의해 학생 개개인의 스타일, 자기 생각이나 자기 지식이 부정되는 우리의 학교 교육 현실에서는 당연한 소치라고 할 수 있다. 지식론은 특히 지식의 인문성, 즉 지식의 인간적인 면모들을 보여 줌으로써 교과 지식들을 올바르게 대할 수 있는 성찰의 기회를 제공한다. 학교에서 가르치는 교과 지식을 객관화시키고 이를 주입식과 객관식 시험의 근거로 활용하는 것은 오늘날 학교 교육에서 가장 피폐화된 측면이라고 할 수 있다. 인간적인 면모로서 경험하지 못한 지식은 죽은 지식이나 다름없다. 과학 철학자 마이클 폴라니(Michael Polanyi)는 모든 지식, 그것이 살아 있는 지식이라면 그것은 결국 개인적 지식(personal knowledge)일 수밖에 없다는 점을 상기시켜 주었다. 그리고 그런 개인적 지식에 대한 경험은 학생으로 하여금 공감과 상상 능력, 즉 미래 역량을 확장시켜 준다.

셋째, 지식론은 범교과, 융합 교과다.

IB 교육 과정에서는 지식론이 유일한 범교과 수준의 융합 교과다. 한 교과에서 교과 내 융합을 안내한다면, 지식론은 교과 간 융합을 안내하고 수행한다. 고등학교 수준에서라면 교과내 융합과 교과 간 융합이 경계가 분명히 안내되고 유도될 필요가 있다는 점에서 그런 역할 분담이 설정된 것으로 이해된다. 지식론 한 과목을 설정함으로써 교육 과정 전체 체계가 융합 교육 체제를 합리적으로 완성하는 구조다. 현재 범교과 영역이 별도로 설정되어 있지만 실질적으로 작동하지 않는 우리 국가 교육 과정에서 면밀히 들여다보아야 할 지점이다.

집단 지성이 광폭으로 확장된 오늘날 가치 있는 삶을 위한 상식에 대한 성찰과 이해를 갈구하는 시민적 요구가 커지고 있다. IB 지식론은 오랫동안 가치를 일궈 온 인간의 역정이 어떻게 나의 정체성에 깊숙이 자리 잡고 있는지 잘 보여 줌으로써 오늘날을 살아가는 현대인들에게 시대 정신을 일깨우는 교양 필독서라고 해도 전혀 손색이 없을 정도다.

손민호 교수
인하대학교 교육대학원장

〉 차례

1부 아는이와 앎

2부 선택 주제

3부 지식 영역

10장 역사

11장 예술

12장 수학

13장 자연과학

1. 이 책의 핵심 개념인 'knower'는 '아는이'로 옮겼습니다. 지식과 앎의 주체를 의미하는 번역어로서 식자(識者), 지식인, 아는 자, 학생, 학자, 학습자, 아는 사람 등 지식을 다루는 거의 모든 사람에 대한 어휘를 검토했으나 모두 적절치 않았습니다. 지식인, 학자, 식자 등은 사회적 역할이나 지위를 나타내고, 학생, 학습자 등은 교과서 위주의 학습과 학교에서 관용적으로 사용하고 있기 때문입니다. 우리 고유어를 살려 '아는이'로 쓰도록 합니다.

2. knowing은 지각하고 지식을 획득해 가는 과정을 나타내기 위해 '앎'이라고 번역하여 knowledge와 구분했습니다.

3. 흔히 '인문과학'으로 번역하는 'human science'는 '인간의 행동을 연구하는 학문'이라는 의미를 살려 '인간과학'이라고 옮겼습니다.

4. 'state'는 국가로 표기하고, 'nation'은 맥락에 따라 국민, 국가, 민족으로 구분하였습니다.

5. 고유어를 최대한 적극적으로 사용하고 기존의 올바른 번역어로 표기하려 했지만, 예술과 기술 등의 전문 용어 일부는 외래어로 표기하거나 소리 나는 대로 읽었습니다.

6. 글쓰기 활동에서 '300단어 내외' 등 영어 단어 수가 표기된 경우, 우리 교육 과정에 맞게 대략의 한글 글자 수를 괄호 안에 병기하였습니다.

7. 책은 『 』, 문학 작품은 「 」, 예술 작품은 〈 〉로 표기했습니다.

8. 옮긴이 주는 * , ** , ***으로 표시했습니다.

이 책 전체를 통해 여러분은 학습에 도움을 줄 많은 여러 특징들을 발견하게 될 겁니다.

학습 목표

각 장이 포괄하는 전반적 내용을 짧게 소개한 후, 각 장의 목표가 무엇인지를 좀 더 명확하게 이해할 수 있는 내용을 담은 목록을 제시합니다.

시작하기 전에

진술과 질문을 담고 있는 이 짧은 부문은 기존의 학습에 대해 성찰하고 또 해당 장에 필요한 지식이 무엇인지를 점검하고 화두에 대한 여러분의 사유를 제공하는 데 도움이 될 것입니다.

지식 영역 연결 질문

지식 영역 연결 질문은 여러분의 IB 디플로마 프로그램에서 지식 영역 및 다른 과목들과 연결할 수 있게 해줄 것입니다.

논의

논의용 질문은 논쟁을 쉽게 하고 여러분이 의사소통 기술을 단련하는 동안 이해를 더 심화시키는 데 도움을 줍니다.

되돌아보기

여러분의 사고와 기량의 발전에 대해 성찰함으로써 여러분의 개인적 관점을 발전시킬 수 있습니다.

키워드

키워드(핵심어)는 여러분이 집중적으로 파고들어야 할 중요한 단어입니다. 주황색으로 강조되며, 교재에서 처음 등장하는 대목에서 정의됩니다.

자기 점검

쌍방향 대화형 표는 학습 의도에 대한 여러분의 자신감 수준과 진척도를 점검하고 다시 읽어야 할 항목을 분명히 확인하는 데 도움을 줍니다.

실제 상황

이것은 여러분이 배우는 이론을 실생활에서 실천하는 것과 관련시키는 데 도움을 줍니다.

탐구

탐구 활동은 흥미롭고 다양한 과제에 대해 발표문, 드로잉, 짧은 글 같은 작업을 통해 여러분이 학습 중인 내용에 적극적으로 참여할 수 있도록 도와줍니다.

또래 평가

이것은 탐구 활동 내에서 학습 의도에 대해 여러분이 어떻게 하고 있는지와 관련해 또래의 작업을 평가하고 피드백을 받을 수 있는 기회입니다.

자기 평가

이것은 탐구 활동 내에서 학습 의도와 관련해 여러분이 어떻게 하고 있는지를 숙고할 수 있는 기회입니다.

지식 질문

각 장의 끝에서 일련의 지식 질문은 여러분이 배운 내용을 더 긴 소논문 형태로 적용하는 데 도움을 줄 것입니다.

더 읽을거리

더 읽을거리 절은 각 장에서 다루는 화제를 더 깊게 탐구하는 데 유용한 자료를 표시하는 것에 초점을 맞춥니다.

〉 들어가며

이 교재는 IB 디플로마 프로그램의 지식론 교육 과정에서 사용하도록 설계되었지만, 다른 비판적 사고 과정을 이수하는 학생들에게도 유용할 것입니다.

지식론의 주요 질문은 "우리는 어떻게 아는가?"입니다. 이 교육 과정은 여러분이 배우는 내용을 수동적으로 받아들이기보다는 여러분이 공부하는 과목에 대해 비판적으로 사고할 수 있도록 격려할 것입니다. 비판적 사고는 좋은 질문을 하는 것, 신중하고 정확하게 언어를 사용하는 것, 증거를 통해 여러분의 발상을 뒷받침하는 것, 정합적으로 논의하는 것, 건전한 판단을 하는 것 등과 관련됩니다. 물론 여러분은 공부하는 모든 과목에서 비판적으로 사고하도록 권장됩니다. 지식론은 다른 과목에서 여러분이 습득하는 사고 능력을 성찰하고 더욱 발전시키는 데 도움을 주도록 고안되었습니다.

교육 과정

이 책은 서로 관련된 세 개의 부(部)와 평가 영역에 따라 구성되었습니다.

1부 핵심 주제: '아는이와 앎'은 여러분 지식의 본성에 관해 개인적으로 성찰하고, 또 여러분이 습득한 믿음과 관념에 관해 비판적으로 사고하게 할 것입니다. 게다가 우리는 지식을 구축하는 방식, 무엇이 참인지를 결정하는 방식을 탐구합니다.

2부 선택 주제: 여기에서 여러분은 기술, 언어, 정치, 종교, 토착 사회라는 다섯 가지의 가능한 선택지 중에서 현대적 주제 두 가지 내에서 지식과 앎을 탐구하게 될 것입니다.

3부 지식 영역: 여기에서 여러분은 역사, 예술, 수학, 자연과학, 인간과학이라는 다섯 개의 필수적인 지식 영역 내에서 지식과 앎을 탐구할 것입니다.

4부 평가: 여기에서 여러분은 지식론 평가의 요구 사항에 관해, 그리고 이를 성공적으로 완성하는 방식에 관해 좀 더 자세하게 알게 될 것입니다.

지식 질문

지식과 앎의 본성을 탐문하고 자세하게 살펴보는 것이 지식론의 목표입니다. 지식론 교육 과정의 세 개의 부는 모두 지식 질문에 대한 분석과 탐구를 둘러싸고 세워진 것입니다. 명칭에서 알 수 있듯이 지식 질문은 특히 지식에 관한 질문입니다.

이런 질문에는 다양한 핵심 특징이 있습니다.

1 **이 질문들은 2차 질문이자 지식과 관련한 특정한 질문입니다.** 1차 질문은 세계에 관한 질문이지만, 2차 질문은 지식에 관한 질문입니다. 과목과 관련해 말하면, 1차 질문은 과목 내부에서 제기되는 반면, 2차 질문은 과목에 관해 제기됩니다. 예를 들어 "우주는 팽창하고 있는가?"는 물리학이 다루는 1차 질문인 반면, "과학 지식은 얼마나 확실한가?"는 2차 질문이고 지식론의 일부입니다.

2 **이 질문들은 지식론 개념과 관념을 통해 표현됩니다.** 지식 질문은 **증거, 설명, 정당화**를 포함하여 지식을 얻는 과정이나 지식과 관련된 방법에 필수적인 12가지 개념에 초점을 두고 있습니다. 또 이 질문들은 지식이 어떻게 구축되고 그 지식이 어떻게 소통되고 사용되며 평가되는지를 설명하기 위해 **확실성, 진리, 문화** 같은 지식론 개념들에 의존합니다.

3 **이 질문들은 논란의 여지가 있는 질문입니다.** 지식 질문에는 쉽게 얻어 낼 수 있거나 확실한 답변

이 없으며, 논의와 논쟁에 열려 있습니다. 가령 "인간과학과 역사라는 분야의 전문가들이 의견이 일치하지 않는다면, 이 분야에서 어느 정도나 확실한 지식을 얻을 수 있는가?"라는 질문이 있습니다. 이런 질문들은 논란거리가 되기 때문에, 서로 다른 관점의 분석과 가능한 답변, 개인적인 사유와 건전한 판단을 필요로 합니다. 지식 질문에 대한 여러 가지 그럴싸한 답변은 모호하고 불확실할 수 있습니다. 지식론에 명확한 답변이 거의 없다는 사실은 때로 우리를 좌절시키는 원천이기도 하지만, 또한 지적으로 들뜨게 하는 원천이기도 합니다.

4 이 질문들은 일반적이고 열려 있으며 비교를 위한 질문입니다. 지식 질문은 일반적이고 열려 있으며 때로는 비교를 위한 것입니다. 가령 지식을 얻는 다양한 방법이나, 역사나 자연과학 같은 다양한 지식 영역을 비교할 수 있습니다. 여기서 적절한 지식 질문은 "역사와 자연과학에서 지식을 추구할 때 윤리적 고려 사항은 어떤 영향을 미칠지 우리는 어떻게 알 수 있는가?"일 수 있습니다.

지식 틀

교육 과정을 다룬 세 개의 부 각각에서 지식 질문은 범위, 관점, 방법과 도구, 윤리라는 틀과 관련해 탐구되는데, 이런 틀에 대해서는 3장에서 풀어낼 것입니다. 지식 틀은 핵심 주제, 선택 주제, 지식 영역 사이의 연결과 비교를 탐구하기 위한 도구입니다.

지식에 대한 분석과 평가를 위한 개념

지식론 교육 과정을 진행하면서 여러분은 지식론 교육 과정의 모든 부에서 중요한 위치를 차지하는 다음 12개 개념을 염두에 두는 게 유용할 것입니다. 이 필수 개념들은 여러분이 지식을 분석할 수 있도록 해 줄 것입니다. 이것들은 핵심 주제, 선택 주제, 지식 영역을 비교하는 데 유용합니다. 이 개념들은 서로 다른 학문 분과, 주제, 지식 영역 사이의 유사성과 차이점을 인식하고 탐구하는 데 도움을 줄 겁니다.

1 증거: 무엇이 증거로 간주되는가?

2 확실성: 우리 지식은 얼마나 확실한가?

3 진리: 우리는 진리를 과연 확신할 수 있는가?

4 해석: 해석을 정당화하는 것은 무엇인가?

5 권력: 우리는 지식을 권위에 의해 어느 정도나 받아들이는가?

6 정당화: 좋은 정당화와 나쁜 정당화는 어떻게 구별하는가?

7 설명: 무엇이 설명을 설득력 있게 하는가?

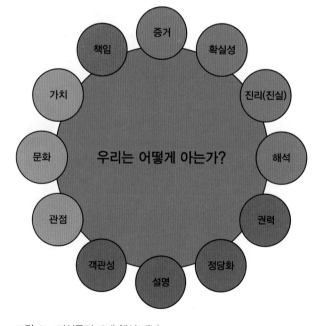

그림 A_ 지식론의 12개 핵심 개념

8 객관성: 열린 마음이자 편향이 없다는 것은 무엇을 뜻하는가?

9 관점: 어떤 관점은 다른 관점보다 어째서 더 정당화되는가?

10 문화: 지식은 우리가 속한 공동체의 관념과 전통에 좌우되는가?

11 가치: 지식은 윤리적 고려 사항에 영향을 받는가?

12 책임: 아는이로서 우리의 책임은 어디서 시작되고 어디서 끝나는가?

'공식적인' 지식론 다이어그램은 없으나, 1장에서 논의하듯이, 다이어그램과 지도는 너무 문자 그대로 받아들이지 않는 한, 해당 영역을 이해하는 데 유용한 방식입니다. 이 교재를 사용하는 교사들은 IB 디플로마 프로그램 지식론 교육 과정이 "다양한 방식으로 구성될 수 있으며, 다양한 진입점에서 시작할 수 있다"고 과목 가이드가 명확하게 진술하고 있다는 점을 염두에 두어야 합니다. 또 교사들은 "지식론 교육 과정을 설계하고 전달할 때 유연성, 창의성, 혁신성을 발휘하도록 장려된다"는 것도 염두에 두어야 합니다. 이를 염두에 두면, 그림 B는 교육 과정을 이해하고 그 핵심 요소들을 하나의 다이어그램에 통합하는 한 가지 방식을 제시합니다.

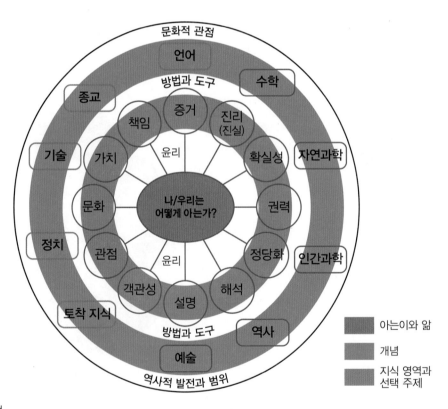

그림 B _ 지식론 다이어그램

1부

아는이와 앎

> 1장

아는이란 누구인가?

다음 각각의 인용문을 분석하고 이어지는 질문에 관해 토론하세요.

1 "나를 다르게 만드는 것이 나를 만드는 것이다." **밀른**(A.A. Milne, 1882~1956)

2 "내가 나 자신에 대해 다양하게 말한다면, 그것은 나 자신을 다양하게 보기 때문이다." **몽테뉴**(Michel de Montaigne, 1533~1592)

3 "지금의 나를 내려놓을 때, 나는 비로소 될 수도 있는 내가 된다." **노자**(老子, 기원전 6세기경)

4 "너 자신을 아는 것이 모든 지혜의 출발점이다." **아리스토텔레스**(Aristoteles, BC 384~BC322)

5 "자신의 방식으로 잘못되는 것이 다른 사람의 방식으로 잘되는 것보다 낫다." **도스토옙스키**(Fyodor Dostoevsky, 1821~1881)

각 인용문에 대해 다음을 생각해 봅시다.

 a 인용문에 어느 정도 동의하나요? 아니면 동의하지 않나요?

 b 인용문에 어떤 이의를 제기할 건가요?

 c 각 인용문에 어떤 가정이 깔려 있는지 찾아낼 수 있나요?

 d 인용문은 자신이 누구인가에 대한 여러분의 관점에 의심을 품게 하나요? 아니면 확신을 더해 주나요?

 e 질문 a에 대한 답변은 질문 d에 대한 답변에 어느 정도 영향을 주나요?

1.1 들어가며

실제 상황 1.1

1 여러분은 자기 자신을 어느 정도나 알 수 있나요?

2 다른 사람이 여러분을 여러분보다 잘 아는 것은 어떤 상황에서 가능할까요?

아는이는 누구인가라는 문제는 수천 년 동안 철학자들과 위대한 사상가들의 마음을 사로잡아 왔습니다. 그런데도 예전에 비해 지금 좀 더 명확한 답변을 얻었다고 말하기는 어려울 것입니다. 그렇지만 아는이로서의 자신이 누구인지 모른다면, 우리는 뭔가 아는 것을 시작할 수나 있을까요? 여러분은 "**나는 내가 누구인지 안다. 거울을 보면 내가 보인다**"라고 말하고 싶을 것입니다. 하지만 여러분은 거울을 볼 때마다 다른 '나'를 보게 됩니다. 지금의 여러분은 다섯 살 때의 여러분과 같은 사람일까요? 여러분이 60살이 될 때, 아니 심지어 오늘을 마감하는 시간에도 여전히 같은 사람일까요? 그것을 어떻게 알 수 있을까요?

보다 중요한 것은 지식론을 바탕으로 다음과 같은 문제들을 살펴보는 것입니다. 즉, 개별적인 아는이로서 우리 각자는 앎의 과정에 어떤 영향을 미칠까요? 인류가 접근할 수 있는 지식의 총체에 어떻게 기여할 수 있을까요? 우리가 우리 자신을 속이거나 다른 사람의 속임수에 넘어가는 것을 어떻게 최선을 다해 피할 수 있을까요? 1장에서 배울 내용과 이 책 전체를 통해서 여러분의 현재 지식이 어디에서 비롯되었는지, 지금과 같은 방식으로 생각하도록 영향을 미친 것은 무엇인지 검토해 보기 바랍니다. 또, 자신이 갖고 있는 가정과 **편향**을 확인하고, 그것들에 의문을 제기하며, 자신이 어떤 사람인지에 따라 자신이 아는 것이 어느 정도 영향을 받는지에 대한 인식을 높이기 바랍니다.

키워드

편향: 선입견, 부당함, 편들기

1.2 개인으로서의 아는이

실제 상황 1.2

지금의 여러분은 지식론 학습 과정을 시작하기 전의 여러분과 어느 정도나 같은 사람인가요?

"너는 누구니?" 애벌레가 물었어요.

대화의 첫 마디치고는 호의적이라 할 수 없었지요.

앨리스는 수줍어하며 대답했어요. "저… 저는… 지금은 모르겠어요, 선생님. 적어도 오늘 아침에 일어났을 때는 제가 누군지 알았는데, 그 뒤 몇 번이나 변한 것 같아요."

"그게 무슨 말이지? 너 자신에 대해 설명해 봐!" 애벌레가 단호하게 말했어요.

"저 자신에 대해 설명할 수가 없어요. 두려워요, 선생님. 보시다시피 저는 저 자신이 아니니까요." 앨리스가 말했어요.

루이스 캐럴(Lewis Carroll, 1832~1898), 『이상한 나라의 앨리스』

키워드

정체성: 한 사람이나 집단 또는 국가가 다른 사람들이나 집단들, 국가들, 사상, 세계와 관련해서 자신을 보는 방식

'개인의 **정체성**'은 철학 외의 분야에서 사용될 때는 통상적으로 사람들이 자신을 정의하거나, '현재의 자신이 되도록' 하는 특성을 이르는 말입니다. 이를테면 여러분은 사이트랜스 음악을 좋아하는 이누이트, 또는 채식을 하는 축구 선수, 열렬한 승마 애호가나 디자인에 열정을 지닌 미래의 엔지니어로 자신의 정체성을 정할 수 있습니다. 우리는 모두 여러 개의 특성을 지니고 있습니다. 우리의 특성에는 나이나 성 정체성, 국적, 신체적 특징, 성적 지향, 식단 선택, 문화, 정치, 종교, 취미, 좋아하는 교과목 등이 포함되지만 이것들로만 국한되는 것은 아니며, 우리 자신을 규정하기 위해 선택할 수 있는 특성들이 모두 포함됩니다.

그런데 흥미로운 것은 단순히 어떤 특성을 지니고 있다고 해서 그 특성을 자신의 정체성으로 정하는 것은 아니라는 사실입니다. 타히티 출신이라고 해서 반드시 타히티인으로서의 정체성을 갖는 것은 아닙니다. 피아노 연주에 재능이 있어도 자신을 특별히 음악가로 여기지 않을 수 있습니다. 심지어 실제로 가지고 있지 않은 특성을 자신의 정체성으로 삼는 것도 가능합니다. 예를 들면 정말 음치인데도 자신을 가수로 생각할 수도 있습니다.

이런 점에서 개인의 정체성은 대체로 **조건부**이고 변화할 수 있습니다. 민족성과 조상은 변하지 않지만, 이를 제외하고 정체성을 규정하는 것들은 대부분 바뀔 수 있습니다. 우리는 자신이 속한 문화와 공동체의 특정한 양상을 겉으로 드러내지만, 그러한 규범에 이의를 제기하고, 우리 **문화**를 적극적이고도 새로운 방식으로 만들어 가는 존재이기도 합니다.

데이비드 흄(David Hume, 1711~1776)은 자아를 '지각(perception)의 다발'일 뿐이라고 했습니다. 그는 다음과 같은 유명한 말을 남겼습니다. **"내가 자아라고 부르는 존재를 깊이 들여다보면, 언제나 뜨거움 또는 차가움, 빛 또는 그림자, 사랑 또는 증오, 고통 또는 즐거움 등 특정한 지각과 뜻하지 않게 마주하게 된다. 지각을 통하지 않고는 내 자아를 파악할 수 없으며 내가 인지하는 것도 지각뿐이다."**(데이비드 흄, 『인성론(*A Treatise of Human Nature*)』)

키워드

조건부: 특정 조건에서만 참이고, 다른 것에 종속적임

문화: 하나의 공동체 또는 사회에서 공유하는 사상, 믿음, 관습과 관행

지각: 정신 내에서의 인식 그리고 정신을 통한 인식

논의 1.1

1 데이비드 흄이 옳다고 생각하나요? 여러분은 어떠한 지각도 없이 자신을 파악하거나 인지할 수 있나요?

2 이것은 자기 이해라는 관점에서 무엇을 의미할까요?

많은 심리학자와 대다수 사람들은 자신의 자아를 근본적인 핵심 '실재'로서 매우 진지하게 받아들입니다. 우리는 자아 정체성과 자존감이 자신의 건강과 안녕에 중요하다고 보는 시대에 살고 있습니다. 하지만 동시에 자기 계발 프로그램에 참여하라는 권유를 받고 있으며, '셀카'는 순식간에 전 세계적으로 유행하고 있습니다. 게다가 누리소통망(social media)에 우리 자신을 특정한 방식으로 꾸며서 보여 줘야 한다는 시대적 강박감이 존재하는 것 같습니다. 실재와는 다소 다르더라도 우리 자신이 특정한 외모를 가졌거나 특정한 생활방식으로 사는 것처럼 보여 줘야 한다는 압력을 느낄 수 있습니다.

실제 상황 1.3

자기 이미지(self-image)와 자존감은 다른 사람들이 나를 보는 방식, 내가 생각하기에 다른 사람들이 나를 보는 방식 또는 내가 나 자신을 보는 방식을 어느 정도나 반영하나요?

그림 1.1 _ 셀카는 널리 유행하고 있습니다.

탐구 1.1

자신에 관한 한 페이지 분량의 글을 써 보세요. 여러분을 현재의 여러분으로 만든 것은 여러분에게 무슨 의미를 지닐까요?

글을 다 썼으면 그 글을 분석하세요. 여러분과 다른 사람들과의 관계(예를 들어 **"나는 음봉기의 자매다"** 또는 **"나는 응씨 집안사람이다"** 또는 **"나는 미구엘의 가장 친한 친구다"**)를 모두 들어내면 원래 글이 얼마나 남아 있나요? 여러분이 어디 출신이고 무슨 일을 하는지 알 수 있나요? 여러분이 쓴 내용 중에서 자신에 대해 늘 맞는 것은 얼마나 된다고 생각하나요? 1년 후에는 얼마나 달라질까요? 10년 후에는 얼마나 달라질까요? 또 50년 후에는 얼마나 달라질까요?

일주일 후 여러분이 쓴 글을 다시 보세요. 더하거나 빼고 싶은 내용이 있다면 어떤 것인가요? 이것은 아는이로서의 자신에 대해 무엇을 말할까요?

자기 평가

글쓰기 활동을 하며 여러분이 자기 자신을 누구라고 생각하는지를 얼마나 잘 파악할 수 있었나요? 놓친 것이 있나요? 지금의 자신을 만든 요인과 자신이 알고 있는 것을 어떻게 배웠는지를 고려했나요?

아는이의 관점

아는이로서 우리 모두는 좋아하는 사람이나 장소부터 정치적 견해에 이르기까지 모든 상황에 자신의 **관점**을 적용합니다. 여러분이 꼬마였을 때 좋아했거나 싫어했던 것들을 떠올려 보면, 지금은 그것들에 대한 견해가 많이 달라졌을 수도 있습니다. (《반짝반짝 작은 별》은 많은 어린이들이 좋아하는 노래이지만, IB 디플로마 프로그램을 이수하는 학생들 중에 그 노래를 가장 좋아하는 노래로 꼽는 학생은 거의 없을 것입니다.)

관점이 바뀌면 취향과 의견도 바뀝니다. 더 많이 배우고 이해가 더 깊어질수록 관점

키워드

관점: 사물이나 현상을 관찰하거나 생각하는 특정한 방식이나 견해

도 더 많이 바뀝니다. 때로는 개인적 관점이 다른 사람들을 공감하는 데 도움이 될 수 있습니다. 또 때로는 그와는 반대로 개인적 관점이 다른 사람들의 입장을 이해하지 못하게 하거나, 이해하려는 마음이 들지 않게 하기도 합니다. 예를 들어 여러분이 범죄 피해자라면 범죄자에게 공감하거나 범죄자를 동정하기는 어려울 것입니다. 사건에 대한 관점이 완전히 다르기 때문입니다. 하지만 삶의 경험이 넓어지고 개인적 지식도 넓어지면 그에 따라 시각도 넓어집니다. 전에는 흑백으로만 보였던 것들에 대해 회색의 여러 음영을 인식할 수 있고 여러 환경들, 예를 들어 범죄에 빠지게 된 환경도 이해하고 공감할 수 있게 됩니다.

사회의 모든 분야에서 다양성을 권장하는 여러 이유 중 하나는 우리 모두에게 다양한 생각과 경험, 관점을 지닌 사람들을 만나고 이해할 기회를 제공하기 때문입니다.

실제 상황 1.4

지금까지 살아오면서 어떤 것에 대한 관점을 바꾼 계기가 된 중요한 일이 있었나요?

개인적 지식

개인적 지식은 우리가 개인적으로 갖고 있는 지식을 말합니다. 개인적 지식은 거의 다 **경험적**이지만, 예외적으로 **본유적**인 것도 있습니다. 본유적 지식은 태어날 때부터 알고 있거나 순수하게 이성에 의해 **선험적**으로 알 수 있습니다. 본유적 지식의 예로는 숨을 쉬거나 우는 방식, 엄마 젖꼭지를 찾는 방식 같은 것들이 있습니다. 우리가 태어날 때부터 선천적으로 신에 대한 감각을 갖고 있다고 주장하는 사람들도 있습니다.

키워드

경험적: 경험에 기반을 둔

본유적: 태어날 때부터 가지고 있는

선험적: 순수하게 이성에 의한

정리: 논리를 사용해서 보여 주거나 증명할 수 있지만 자명하지는 않은 원리나 명제

진리: 사실이나 실재, 또는 기준에 들어맞는 것

논의 1.2

1 숨 쉴 수 있다는 것과 숨 쉬는 방법을 아는 것은 같은 걸까요?
2 본능과 본유적 지식은 차이가 있나요? 있다면 무엇인가요?

플라톤(Platon, BC 427?~BC 348?)은 그의 저서 『메논(Menon)』에서 소크라테스가 교육을 받지 못한 노예 소년에게 기하학 **정리**에 대해 묻는 상황을 썼습니다. 소년은 기하학을 공부한 적이 없는데도 소크라테스에게 정답을 말할 수 있었습니다. 플라톤은 소년이 수학에 대한 본유적 지식을 갖고 있었기에 가능했다고 주장했습니다. 하지만 많은 사람들이 소크라테스가 유도 질문을 던져 소년이 정답을 말할 수 있도록 이끌었다고 주장합니다. (여러분은 이 책의 12장 수학과 14장 인간과학에서 유도 질문에 대해 배울 것입니다.) 소크라테스가 소년을 정답으로 이끈 것은 사실이지만, 그런 반론은 플라톤 주장의 핵심을 놓치고 있습니다. 그것은 바로 소년이 소크라테스의 질문에 대답하면서 스스로 **진리**를 터득할 수 있었다는 것입니다. 원론적으로는 소년이 긴 시간 동안 그것에 대해 열심히 생각했기에 스스로 기하학 정리를 발견할 수 있었다는 것을 의미합니다. 플라

톤이 옳다면 우리 모두 수학에 대한 본유적 지식을 갖고 있어 스스로 활용할 수 있는 잠재력을 지니고 있다 하겠습니다.

그림 1.2 _ 아기는 어떤 지식을 갖고 태어날까요?

철학자 존 로크(John Locke, 1632~1704)는 우리가 몇몇 생물학적 본능을 가지고 있다는 것을 분명히 인정하면서도, 본유적 지식이라는 관념에 전적으로 동의하지는 않습니다. 로크는 『인간 이해에 대한 에세이(*An Essay Concerning Human Understanding*)』에서 우리는 마음이 **백지** 상태로 태어난다고 주장합니다. 그는 우리가 아는 것은 본능을 제외하면 모두 직간접적으로 학습에 의한 것이라고 믿었습니다.

　오늘날 대부분의 사람들은 존 로크의 견해에 동의합니다. 하지만 언어학자 노엄 촘스키(Noam Chomsky, 1928~)는 본유적 지식을 현대화한 수정 이론을 발표하여 높이 평가받았습니다. 촘스키는 인간은 언어를 배우는 독특하고 본유적인 능력을 가지고 있으며, 그것은 모든 인간 언어에 공통적인 **보편 문법**을 직관적으로 인식할 수 있는 역량이라고 주장합니다. 비슷한 맥락에서 최근에는 인간 외에 많은 동물이 본유적 숫자 감각을 갖고 있다는 주장이 나왔습니다.

실제 상황 1.5

여러분은 일부 지식은 태어나면서부터 갖고 있는 것이라고 생각하나요? 아니면 모든 지식은 학습의 결과라고 생각하나요?

경험적 지식은 **1차적**일 수도 있고 **2차적**일 수도 있습니다. 1차적 지식은 우리의 개인적인 경험으로부터 배우는 지식입니다. 우리가 만난 사람들, 방문한 장소, 참여한 활동, 행한 실험 등에 대한 지식이 여기에 포함합니다. 2차적 지식은 우리가 다른 사람들이나 자료**로부터** 배우는 지식입니다. 이중 일부는 학술적 지식입니다. 이를테면 우리가 학교에서 배우는 학술 지식, 책이나 학술지, 신문 기사를 읽으며 배우는 지식, 다큐멘터리를 시청하며 배우는 지식 같은 것들입니다. 또 다른 2차적 지식은 비공식적 지식, 즉 배운다는 뚜렷한 인식 없이도 친구나 TV, 인터넷, 지역 커뮤니티 등 다양한 근거들로부터 얻을 수 있는 지식입니다.

예를 들어 수색 구조대에서 자원봉사를 한다면 1차적 지식은 그곳에서 받은 훈련 실습과 실제 구조 활동에서 얻게 됩니다. 수색 구조대 활동에 참여한 결과, 쌍방향 무선 통신을 이용하여 효과적으로 통신하는 방법, 지도와 나침반만으로 현장에서 빠져나오는 방법과 응급조치 방법을 익히게 될 것입니다. 또한 응급 구조와 관련해 다른 사람들의 경험에 대한 정보를 읽거나 들음으로써 2차적 지식을 얻을 수도 있습니다. 이 지식은 수색 팀을 어떻게 배치할 것인가, 수색 작업을 어떻게 통제하고 관리할 것인가, 그리고 다양한 환경 요인에 따라 냄새 유형이 어떻게 바뀌나 등의 지식입니다. 여러분이 얻은 비공식적 지식에는 각각의 수색견이 선호하는 다양한 보상 유형을 아는 것 같은 정보도 포함될 수 있습니다.

탐구 1.2

여러분이 알고 있는 모든 것을 요약해 놓은 '개인용 백과사전'을 써야 한다면 그 사전은 얼마나 포괄적이고 정확해야 한다고 생각하나요?

여러분이 아는 것 중 1차적 지식과 2차적 지식은 각각 어느 정도나 되나요? 여러분이 열정을 가진 지식 분야를 한 가지 선택하세요. 크리켓이나 개, 비디오 게임처럼 학술적인 것이 아니어도 상관없습니다. 이 지식 분야의 주요 근거를 확인한 다음, 상호 연관 관계를 나타내는 마인드맵을 만들어 보세요. 다양한 근거들은 여러분을 아는이로 만드는 데 어떻게 기여했나요?

되돌아보기

만약에 다른 지식 분야를 선택했다면 답변과 마인드맵이 얼마나 많이 달라졌을지 생각해 보세요. 이것은 여러분이 알고 있는 것을 배우는 방식에 대해 무엇을 말해 주나요?

때로는 무엇을 지식으로 받아들이고 무엇을 받아들이지 않을 것인지 결정해야 합니다. 그런 결정은 매우 개인적입니다. 때로는 대중적인 견해나 일반적으로 받아들여지는 믿음과는 반대 입장을 취하게 될 수도 있습니다.

키워드

믿음: 어떤 것이 존재하거나 참이라고 믿는 마음

개인적 무지

"우리는 더 많이 알게 될수록 우리가 모른다는 것을 더 많이 알게 된다." 이것은 아리스토텔레스로부터 기원한 말로, 어떤 분야의 지식을 더 많이 알게 될수록 배워야 할 것들을 훨씬 더 많이 찾아내게 되고, 우리가 생각하는 것만큼 지식이 확실하고 단순한 경우는 거의 없다는 것을 이해하게 된다는 뜻입니다.

세상에 존재하는 방대한 양의 지식을 생각할 때 우리는 필연적으로 많은 것에 무지할 수밖에 없습니다. **무지**는 어리석음을 의미하지는 않습니다. 그리고 무지를 인정하는 것은 부끄러운 일이 아닙니다. 누구보다 많은 것을 알고 있고, 똑똑하고, 지적인 사람들도 많은 것에 무지합니다. 그 누구도 모든 것을 알 수는 없기 때문입니다. 우리가 개인적으로 갖고 있는 지식은 분야 별로 격차가 큽니다. 사실 우리가 자신의 무지를 인식하는 것은, 자신의 무지에 대해 무지한 사람들에 비해 큰 장점이 됩니다. 어느 분야의 지식에 대해 무지하다고 인식하는 것은 탐구하고 연구하며 더 많이 배우도록 촉구하는 역할을 합니다. 또 **전문가**들에게 도움을 청해 신중하게 결론을 내릴 수 있도록 해 줍니다.

키워드

무지: 지식이 없음

전문가: 특정 분야에 전문화된 지식을 가진 사람

"저 사람은 나 대신 프루스트를 읽으라고 고용한 사람이야."

탐구 1.3

다음 문제들을 보세요. 여러분의 개인적 지식을 활용하여 해결할 수 있는 것은 어떤 것인가요? 좀 더 연구하면 해결할 수 있는 것은 무엇인가요? 전문가의 도움이 필요한 것은 무엇인가요? 어떤 전문가에게 요청해야 할까요?

a 『레 미제라블』의 주인공 이름을 알아야 한다.

b 팜유 생산에 대한 학교 프로젝트를 수행해야 한다.

c 무릎 통증이 있다.

d 스마트폰 액정이 깨졌다.

e 물을 증류해야 한다.

f 밤에 잠을 못 잔다.

g 테니스를 잘 하고 싶다.

h 학교 연극에서 의상 제작을 맡았다.

무지와 관련된 한 가지 심각한 위험은 우리가 모든 것을 다 안다고 믿거나 어떤 분야에서 알아야 할 모든 것을 다 안다고 믿는 경우입니다. 우리는 알아야 할 것들을 다 알 수도 없거니와 우리의 무지를 전혀 인식하지 못할 수도 있기 때문입니다. 바로 그런 이유로 어떤 분야의 지식을 조금만 아는 사람들이 보다 깊이 이해하는 사람들보다 훨씬 더 큰 자신감과 **확실성**을 가지고 질문에 답하게 됩니다. 이것이 우리를 **설명 깊이의 착각**에 빠지게 합니다.

키워드

확실성: 의심이 없는 상태

설명 깊이의 착각: 어떤 것을 깊이 알지 못하면서도 속속들이 알고 있다는 착각

설명: 어떤 것을 명확히 밝혀 말하는 것 또는 그런 말

　무작위로 선정한 다수의 사람들에게 컴퓨터(또는 다른 익숙한 장비)의 작동 원리를 알고 있는지 묻는다면 많은 사람이 안다고 대답할 것입니다. 유전학, 정치 체제 또는 모기지, 보험, 세금 등과 같은 재정 정책에 대해서도 마찬가지일 것입니다. 그들에게 그 장비나 체제의 작동 원리에 대한 상세한 **설명**을 요구한 다음 자신의 지식을 재평가해 달라고 하면, 자신의 지식에 대한 평가가 현저히 낮아지는 경향이 있습니다.

　방대한 범위의 대상이나 관념에 대한 자신의 지식을 테스트하는 다양한 연구가 진행되었습니다. 그 결과, 본인이 안다고 생각한 것을 설명해 달라는 요구를 받으면 자신에 대한 평가가 항상 낮아졌습니다. 여러분도 설명 깊이의 착각을 경험해 본 적이 있을 수도 있습니다. 어떤 것에 대해 생각했던 것만큼 잘 알지 못한다는 것을 시험을 보다가 뒤늦게 깨닫는 것이 바로 그런 경우입니다. 그래서 교사들은 종종 에세이와 서술형 답안을 요구하기도 합니다.

　전통적인 매체뿐 아니라 인터넷을 통해서도 더 많은 정보를 손쉽게 활용할 수 있는 환경이 되었기 때문에 우리는 광범위한 정보를 흡수하지만 깊이 알지는 못하는 경향이 있습니다. 그래서 우리는 설명 깊이의 착각에 빠질 수 있습니다.

실제 상황 1.6

여러분은 기후 변화와 지구 온난화, 그리고 그런 현상들의 원인이 되는 다양한 요인에 대한 많은 자료를 읽어 보았을 것입니다. 그 이슈를 얼마나 잘 알고 있다고 생각하나요? 그것에 대한 상세한 설명을 글로 쓸 수 있나요?

설명 깊이의 착각에 관심을 기울이면 정치적 극단주의와 맞서는 데 도움이 될 수 있습니다. 정치적 이슈의 저변에도 같은 착각이 깔려 있기 때문입니다. 우리는 어떤 이슈에 대해 무지할수록 그것을 이해한다고 확신하는 경향이 있습니다. 반대로 어떤 이슈에 대해 더 많이 알수록 우리는 더욱 겸손한 태도를 취합니다. 설명 깊이의 착각을 알게 됨으로써 우리는 자신의 부족한 이해를 깨닫게 되고 다른 견해에 보다 열린 태도를 갖게 됩니다.

여러분이 흥미를 갖고 있고 어느 정도 알고 있는 주제를 한 가지 선택하세요. 학교에서 공부한 것일 수도 있고 교외 활동에서 열정을 쏟는 대상일 수도 있습니다. 그것에 대해 여러분만큼 알지는 못하지만 여러분의 설명을 명확히 이해할 수 있는 친구에게 300단어 내외(750~900자)의 분량으로 그것의 한 가지 측면을 설명해 보세요. 설명문을 작성하기가 쉬웠나요? 아니면 어려웠나요? 작성하던 중 어느 부분에서 확실성이 부족하다고 느꼈나요? 아는 것을 설명하는 일은 아는 것을 더 잘 이해하는 데 어느 정도 도움이 되나요?

자기 평가

자기 글을 비판적으로 끝까지 읽어 보세요. 주제를 명확하고 정확하게 설명했나요? 자신의 개인적 지식을 과대평가하거나 과소평가해 왔다고 생각하나요?

또래 평가

자기 글과 친구의 글을 바꿔서 읽은 다음 서로 의견을 말해 주세요. 친구의 글은 친구가 생각하는 만큼 명확한가요? 친구는 자신의 지식을 과대평가하거나 과소평가했나요? 친구는 어떤 것을 잘했나요? 어떤 점이 가장 도움이 되었나요? 설명을 더 명확하게 하기 위해서는 무엇을 더 해야 할까요?

그림 1.3 _ 말 타는 법을 설명하는 것은 얼마나 어려울까요? 아니면 쉬울까요?

1.3 다양한 집단 구성원으로서의 아는이

논의 1.3

사회 심리학자 헤이즐 로즈 마커스(Hazel Rose Marcus, 1949~)는 "당신은 당신 혼자서는 자기 자신이 될 수가 없다"라고 했습니다. 마커스는 무슨 뜻으로 이런 말을 했을까요?

우리 모두는 여러 집단의 구성원입니다. 우리는 어떤 집단에는 강력한 일체감을 느끼지만, 다른 집단에는 그렇지 않습니다. 우리가 강력한 일체감을 느끼는 집단을 우리 '부족'이라고 합니다. **부족주의**는 우리가 그 집단에 속한 결과 나타나는 행동과 태도입니다.

하나의 부족을 구성하는 인원수는 각각 다릅니다. 소수의 가까운 친구들이나 한 가족부터 맨체스터 유나이티드 축구팀 응원단 같은 대규모 국제적 집단까지 다양합니다. 부족은 조상, 우정, 정치적 또는 종교적 신념, 공통의 이해관계 등에 따라 결속됩니다. 부족은 소속감을 주는 대가로 충성을 요구합니다. 부족은 때로는 여러분의 생각을 대신하기도 합니다. 여러분은 부족에 대한 충성 때문에 어떤 이슈에서 부족의 입장을 따르기도 합니다. 당연히 한 부족의 구성원이면 부족의 생각이 여러분의 생각에 영향을 주고 여러분의 생각도 부족의 생각에 영향을 줍니다.

> **키워드**
>
> 부족주의: 소속된 사회 집단에 대한 충성도에서 비롯된 행위와 태도

실제 상황 1.7

과거에 무리에 끼기 위해 친구들과 어울렸던 일이 있나요?

우리는 부족에 속하지 않을 수는 없습니다. 그것은 인간의 본성이기 때문입니다. 하지만 부족주의가 주변 세계에 대한 우리의 관점을 형성하고, 우리 부족이 틀린 경우에도 '맹목적인 충성'을 끌어내려는 방식을 더 잘 인식하려고 노력할 수 있습니다. 우리 '편/부족'이 우리 편/부족이라고 해서 반드시 옳은 것은 아닙니다. 하지만 부족의 믿음에 도전하거나 저버리는 것은 우리의 평판을 떨어뜨리거나 심지어 **격분**을 유발하고 **보복**의 위험에 빠뜨릴 수도 있습니다.

> **키워드**
>
> 격분: 강한 분노와 분개
>
> 보복: 어떤 행동에 대하여 가해진 처벌

실제 상황 1.8

스포츠 경기를 관람하다가 선수가 파울을 범한 것을 본 적이 있나요? 파울을 범한 선수가 속한 팀의 팬들은 심판이 그 선수에게 반칙에 대한 벌을 주면 대체로 그 선수가 부당한 대우를 받았다고 주장하고, 반칙에 대해 벌을 주지 않으면 상대 팀은 심판이 '눈이 멀었다'고 주장합니다. 우리가 어느 부족에 충성하는지, 어느 부족의 팬인지는 우리의 스포츠 경기 관람에 어느 정도나 영향을 주나요?

지식 공동체

지식 공동체는 특정한 분야의 지식이나 활동에 공통된 관심을 갖고 있는 한 무리의 사람들로 이루어졌다는 점에서 부족과 비슷합니다.

지식 공동체의 구성원들은 개인이나 집단의 목표를 달성하기 위해 경쟁력과 정보, 지식을 공유합니다. 지식 공동체의 예에는 문화 단체, 수학회, 의사 협회, 사진 동아리, 심지어 지식론 수강반도 포함됩니다.

지식 공동체 중에는 시리아 야생 생물 보존 협회, 중국 화학회, 영국 의학회 또는 아프리카 응용 경제학 연구소와 같은 공적 조직도 있습니다. 지역의 스카우트 모임이나 체스 클럽처럼 진입 문턱이 훨씬 낮은 지식 공동체도 있습니다. 특정한 분야의 지식을 함께 향상시키기 위해 모인 극히 비공식적인 모임도 지식 공동체가 될 수 있습니다.

탐구 1.5

여러분이 가장 충성하는 부족과 신뢰하는 지식 공동체들의 목록을 작성하세요. 자신이 속한 부족의 구성원들에게 이의를 제기하거나 그 부족을 이탈해서 다른 부족에 가입하는 일을 얼마나 쉽게 할 수 있나요? 목록에 있는 부족 중 자신의 지식과 일체감에 가장 많이 기여한 조직은 무엇인가요?

지식 공동체는 새로운 지식의 발전이나 구축을 위해 필수 불가결합니다. 지식은 대체로 지식 공동체 내에서 공유됩니다. 자연과학에 속하는 전문화된 지식의 경우 특히 그렇지만, 접근 가능한 모든 인문 지식도 그렇습니다. 지식 공동체는 구성원들의 활동으로 지식을 보존하고, 새로운 문제를 제기하고, 의사소통을 합니다. 대체로 그들은 전문화된 언어를 가지고 있고, 문서화되거나 문서화되지 않은 그들만의 규칙이 있으며, 나름의 전제가 있습니다. 예를 들어 과학 공동체에는 매우 특별한 과학적 방법이 있습니다. (이 내용은 13장에서 공부하게 됩니다.) 다양한 과학 분야에서 학술지를 발행하고, 신뢰할 만하거나 신뢰할 수 없는 연구에 대해 보호와 관리 역할을 하고, 동료 평가를 준비하고, 과학에 대한 대중의 이해를 증진시킵니다. 마찬가지로 수학 지식 공동체는 보편적으로 공인되었다고 할 수 있는 **증명**과 진리의 표준을 공유합니다. 그렇다고 논리학 교수들 사이에서 논리와 관련한 활발한 논쟁이 없다는 말은 아닙니다. 예술 분야에도 전문가들과 권위 있는 예술가들로 구성된 공동체가 있는데, 논쟁의 여지는 있지만 예술 공동체에서는 표준과 방법론이 수학이나 자연과학만큼 보편적이지는 않다는 점에서 더 전문화된 분야입니다.

가장 고립적으로 활동하는 사상가들도 연구 환경과 학문 분야를 탐구하고 사고하는 데 사용하는 언어 때문에 지식 공동체에 의존합니다. 또 그들이 어떤 발견을 하든 새로운 지식에 대한 그들의 주장이 받아들여지려면 지식 공동체의 엄격한 심사를 거쳐야 합니다.

키워드

증명: 결론적 증거

공유 지식

공유 지식은 사람들끼리 전달할 수 있는 모든 지식입니다. 지식 공동체, 특히 학술 지식 공동체는 공유 지식에 크게 기여합니다. 많은 일반 지식은 원래 전문화된 지식 공동체에 의해 만들어졌습니다. 예를 들어 사건의 지평선 망원경(Event Horizon Telescope, EHT)은 국제적 전파 망원경 네트워크로, 망원경을 유지, 관리하며 망원경으로 연구를 진행하는 천문학자 집단의 협력적 지식 공동체입니다. 2019년 4월 EHT는 블랙홀의 이미지를 최초로 촬영함으로써 새로운 지식을 만들고 전 세계에 공표했습니다. 그 블랙홀 이미지를 보고 블랙홀이 어떻게 생겼는지 알게 되었다면 여러분은 EHT 지식 공동체에 감사해야 할 것입니다.

하지만 공유 지식에 기여한 사람들은 지식 공동체에 국한된 것은 아닙니다. 개별적인 아는이들 역시 스스로 발견하거나 만들어 낸 새로운 지식을 전달함으로써 공유 지식에 이바지합니다. 예를 들어 여러분이 전에 발견된 적이 없는 생물의 화석을 우연히 발견해서 고생물학자에게 보낸다면 여러분은 고생물학의 새로운 지식 발전에 이바지한 것이 됩니다.

공유 지식은 우리 모두가 신뢰하는 지식입니다. 우리가 소유하고 활용하는 거의 모든 것이 많은 사람이 가진 집합적 지식의 산물입니다. 여러분이 읽고 있는 책은 저자와 편집자, 교정자, 사진작가, 프로젝트 매니저와 마케터의 지식만 필요로 하는 것이 아니라, 인쇄 기술자, 제지업자, 제지 공장 노동자, 종이 원료 생산을 위한 나무 농장 관리자 등 많은 사람의 지식이 필요합니다. 같은 언어를 공유하는 것도 필요합니다.

쌀과 같은 단순한 생산물도 우리가 그것을 구입하기까지는 다양한 지식과 기술을 가진 많은 사람의 힘이 필요합니다. 그림 1.4의 쌀에 관한 지식망을 보세요. 지식망에 관련된 사람들의 일부를 확인하는 데는 도움이 되겠지만, 모든 사람을 다 포괄하지는 못합니다. 빠진 사람들은 포장, 광고, 수송 등을 담당하는 사람들인데 모두 전문화된 지식과 장비에 의존하는 사람들입니다. 그 밖에 또 빠진 사람들로는 생산 장비 제작에 관련된 사람들, 그리고 생산, 집하, 처리와 마케팅, 공급망을 조절하고 국제 관세와 통상을 담당하는 입법부와 행정부 기관들입니다. 간단한 아이디어와 생산품에도 광범위한 분야 사람들의 지식이 필요합니다.

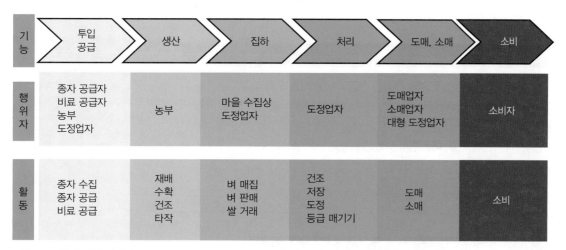

기능	투입 공급	생산	집하	처리	도매, 소매	소비
행위자	종자 공급자 비료 공급자 농부 도정업자	농부	마을 수집상 도정업자	도정업자	도매업자 소매업자 대형 도정업자	소비자
활동	종자 수집 종자 공급 비료 공급	재배 수확 건조 타작	벼 매집 벼 판매 쌀 거래	건조 저장 도정 등급 매기기	도매 소매	소비

그림 1.4 _ 쌀에 관한 지식망

탐구 1.6

여러분이 충분한 양의 목화를 가지고 있다면, 목화 재배부터 시작해서 면 티셔츠를 만들어 낼 수 있는 지식을 가지고 있나요? 목화 수확(또는 종자를 심는 것, 밭을 갈고 목화를 키우는 것)부터 완전한 의류 생산까지 필요한 다양한 종류의 지식을 흐름도나 지식망으로 나타내 보세요.

실제 상황 1.11

공유 지식에 의존하지 않고 원료만 가지고 처음부터 만들어 낼 수 있는 것이 있나요?

자신을 알기

개별적인 아는이로서 우리가 어떤 사람인지는 소속된 부족, 참여하는 지식 공동체, 공유 지식에 대한 접근에 의해 형성된다는 것을 반드시 기억해 두세요. 다시 말해서 개별적인 '나'는 집단적인 '우리'에 좌우됩니다. 탐구 1.1에서 자신을 어떤 존재로 파악했는지 떠올려 보세요.

되돌아보기

여러분이 현재 일체감을 느끼는 부족이 아니라 다른 부족에 속해 있고, 다른 지식 공동체에 참여하며, 공유 지식을 다른 수준에서 접근한다고 생각해 보세요. 여전히 같은 결론에 이르고, 같은 추론을 하며, 같은 수업을 듣고, 지금의 자신과 실제로 같은 사람일 것이라고 생각하나요?

여러분의 인생에 지금까지 벌어진 모든 일, 모든 경험, 만났던 사람들, 읽은 책들, 본 영화 등이 지금의 여러분이 되는 데 기여한 것들입니다. 때로는 자신이 변한 것을 알아차릴 것입니다. 그리고 자신이 세계를 달리 보게 된 사건을 기억하고, 자신의 정신을 새로운 가능성의 세계로 열어 준 책을 기억할 것입니다. 하지만 삶에서 경험한 대부분의 사건들은 여러분이 의식할 수 있는 방식으로 여러분을 변화시키지는 않더라도 많은 영향을 줄 수는 있습니다.

탐구 1.7

여러분이 태어날 때 다른 아이와 바뀌었고, 지금 성장한 환경이 아닌 다른 문화의 고립된 공동체에서 성장했다고 상상해 보세요. 학교에 다니는 대신 아주 어린 나이부터 물 길어 오기, 가축 돌보기, 농사일 등을 해야 할 수도 있습니다. 전기도 없고 책도 없고 신문도 없을 수 있습니다. 여러분은 어떤 점이 지금의 자신과 같고, 어떤 점이 다를 것이라고 생각하나요?

답을 친구와 바꿔 보세요. 얼마나 비슷한가요? 그 답은 여러분의 정체성에 대해 무엇을 알려 주나요?

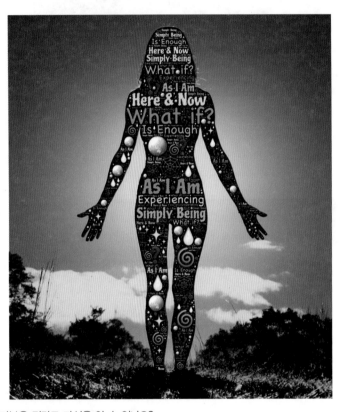

그림 1.5 _ 여러분은 정말로 자신을 알 수 있나요?

실제 상황 1.12

많은 사람들이 "자기 자신에게 진실하라"고 주장하고 "자기 자신이 되어라"라고 말하곤 합니다. "나 자신을 찾으려고 노력하고 있다"고 말하는 사람들도 있을 거예요. 자아가 끊임없이 변하고 있다면 이런 경험과 조언은 어떤 의미를 가질까요?

1.4 객관성과 주관성

지식과 앎에 대해 이야기할 때면 늘 **객관성**과 **주관성** 문제가 제기됩니다. 객관성은 사실적이고 측정 가능한 정보와 결부된 반면, 주관성은 **해석**과 개인적 판단의 여지가 얼마든지 있습니다. 많은 사람들이 수학과 자연과학은 매우 객관적이지만 예술은 매우 주관적이라고 보는 한편, 역사와 인간과학은 그 중간 어디쯤엔가 위치하면서도 객관적이기를 바라는 경향이 있다고 생각합니다.

17세기 프랑스의 철학자이자 수학자, 자연과학자인 르네 데카르트(René Descartes, 1596~1650)는 과학적 방법론을 모든 분야의 인문 지식에까지 확장하는 일에 착수했습니다. 그는 **스콜라주의**를 비판하고 모든 것을 의심했으며 마침내 **회의주의**를 창시했습니다. 그는 의심할 수 없는 유일한 것은 의심 그 자체라고 단언한 것으로 유명합니다. 그리하여 의심하는 존재로서의 자신은 생각하는 존재임에 틀림없고, 생각하는 존재로서의 자신은 실존하는 존재임에 틀림없다고 주장하기에 이르렀습니다. 라틴어로 "코기토 에르고 숨(*Cogito, ergo sum.* 나는 생각한다, 고로 나는 존재한다)"입니다. 그는 이것을 출발점으로 삼아 더 나아가 생각하는 존재로서의 자신의 실존을 연역해 냈으며, 몇 단계를 거쳐 물리적 세계는 기계적이며 정신으로부터 완전히 분리되었다는 결론에 이르렀습니다.

오늘날에는 대다수 사람들이 데카르트 추론의 많은 부분을 선뜻 받아들이지 못하지만, 그의 사고 실험은 엄청난 영향력을 발휘했습니다. 17세기부터 데카르트와 다른 철학자들의 영향으로 자연과학 분야에서는 객관성을 확보하기 위해 노력했습니다. 이런 관점에서 보면 과학 지식은 개인적 관점, **가치** 또는 이해관계에 영향을 받아서는 안 됩니다. 또 개인적 판단에 의존해서도 안 됩니다. 실로 많은 사람들이 객관성은 과학적 주장, 방법, 결과의 특징이고 과학적 **권위**의 토대이며 과학 지식에 가치를 부여하는 강력한 근거라고 주장합니다. 하지만 '객관성'이란 정확하게 무엇일까요? 그리고 그 누가 어떤 종류의 전제나 선입견도 없이 어떤 것을 완전히 안다고 주장할 수 있을까요?

어떤 지식이든 객관적이지 않은 것은 **진짜** 지식이 아니라고 주장하는 사람들도 있습니다. 객관적이고 검증 가능한 지식만이 **참된** 지식이라는 것입니다. 그들의 관점에서는 아는이와 지식 공동체의 과업은 연구 중인 어떤 것과도 거리를 두어야 합니다. 하지만 물리화학자이자 **박식가**인 마이클 폴라니(Michael Polanyi, 1891~1976)는 이런 유형의 거리 두기는 달성할 수도 없고 심지어 바람직하지도 않다고 했습니다.

1958년 마이클 폴라니는 기포드 강좌를 마친 뒤 출간한 『개인적 지식(*Personal Knowledge*)』*이란 책에서 모든 **지식 주장**은 개인적 판단에 의존한다는 것을 입증해 보였

키워드

객관성: 사실에 초점을 맞추고, 대체로 개인의 관점과 분리된 방식, 지식 공동체에 의해 확증될 것으로 기대하는 방식으로 세계를 보는 것

주관성: 느낌과 감정의 영향을 받아 개인의 관점으로 세계를 보는 것

해석: 어떤 것의 의미에 대한 설명

스콜라주의: 중세의 특징적 학습 방법으로 논리와 진리에 대한 전통적 믿음에 기반함

회의주의: 절대성을 의심하고, 체계적인 의구심과 연속적인 검증을 통해 지식을 얻는 방법

가치: 행동의 기준. 중요한 도덕적 진가를 지녔다고 여겨져 존중받는 것

권위: 특별한 지식이나 활동의 장에서 결정을 하거나 책임을 질 도덕적, 법적 권리

박식가: 여러 가지 다양한 분야의 지식에 전문성을 가진 사람

지식 주장: 우리가 어떤 것을 안다고 주장하는 진술

*마이클 폴라니, 『개인적 지식—후기 비판적 철학을 위하여』, 대우학술총서 519, 표재명, 김봉미 옮김, 아카넷, 2001년

습니다. 아는이는 자신을 둘러싼 세계로부터 떨어져 있을 수 없고 오히려 세계에 개입합니다. 이것은 어떤 지식도 전적으로 객관적일 수 없다는 것을 의미합니다. 과학자들(그리고 모든 아는이들)은 어떤 질문을 할 것인가, 어떤 **가설**을 연구할 것인가, 어떤 데이터를 받아들이고 포함시킬 것인가 등을 선택합니다. 이런 결정은 기계적인 방식으로 이루어지는 것이 아니라 아는이의 열정적인 헌신의 결과입니다. 그리고 아는이들은 모두 당대의 문화 상대주의적(부족적) 전제에 좌우되고 있습니다.

키워드

가설: 탐구를 통해 검증되어야 할 제한된 근거를 바탕으로 제시된 설명 또는 출발점

여전히 세계가 모든 아는이 및 앎과는 독립적으로 존재하며 관찰 가능한 영구적 특성을 지닌, 일련의 구체적 대상으로서 '저쪽에' 있을 뿐인 것으로 여기는 사람들이 있습니다. 하지만 아는이가 보는 세계는 대체로 아는이의 특정한 가치와 감각적 속성의 산물이라는 생각이 점점 확산되고 있습니다. 이것은 우리가 앎과 이해라는 선험적 범주를 이용하여 우리의 감각적 경험을 걸러내고 또 형성한다는 철학자 임마누엘 칸트(Immanuel Kant, 1724~1804)의 주장을 재구성한 것입니다. 칸트는『순수 이성 비판』에서 정신이 경험의 특징을 형성하는 데 적극적인 역할을 한다고 주장합니다. 이런 맥락에서 객관성을 세우는 것은, 규칙을 모든 쪽에 공정하게 적용하고 편견을 없애는 윤리적 시도로 여겨집니다. 그래서 객관성에는 아는이와 그들의 지식 공동체를 위한 정직과 공정의 책임이 포함됩니다.

실제 상황 1.13

우리가 세계에 대해 지각하는 것은 모두 우리의 감각을 통해 이루어집니다. 그러므로 세계에 대해 아는 것은 모두 뇌가 받아들이는 감각 정보를 뇌가 해석한 것입니다. 이 말은 객관성에 대해 어떤 함의를 담고 있을까요?

생물학자 프레드 그리넬(Fred Grinnel, 1945~)은『과학적 태도(*The Scientific Attitude*)』라는 저서에서 **"두 사람의 연구자가 서로 다른 개념의 틀로 데이터를 보고 있다면, 그들의 관찰이 일치하지 않는 것은 이례적인 일도 아니다"**라고 했습니다. 관찰에는 우리가 인식하는 것보다 훨씬 더 많은 것이 관련되어 있습니다.

그림 1.6 _ 이 사진이 어떻게 보이나요?

젊은 여인이 반려견을 껴안고 있는 그림 1.6의 사진을 보세요. 이 교재를 계속 읽기 전에 사진에서 본 것을 묘사해 보세요. 여인은 행복할까요? 개는 행복할까요?

많은 관찰자들이 이것을 단순히 개에게 애정을 보이는 젊은 여인의 '사랑스러운 사진'으로 볼 것입니다. 누리 소통망에는 그런 사진들이 넘쳐납니다. 그러나 기본적인 개의 행동을 이해하는 사람들은 매우 다르게 볼 것입니다. 여인은 여유롭고 편안해 보이지만 개는 여인의 관심을 달가워하지 않는다는 것을 보여 주는 **증거**가 있습니다. 개는 입술을 핥고 있는데, 그것은 불안함을 나타내는 신호입니다. 또 개가 머리를 떼려고 애쓰는 모습이 보입니다. 눈의 흰자위가 보이는데, 그것 역시 개가 불편하고 불안해한다는 것을 나타냅니다. 무엇을 찾아야 할지 아는 사람에게 개는 여인이 안아 주는 것을 좋아하지 않는다는 신호를 분명하게 보내고 있습니다. 즉 개는 물려고 덤비기 직전의 상황으로 보입니다. 개는 열심히 경고를 보내고 있지만 여인이나 사진 촬영자에게는 그것이 보이지 않습니다.

이 사진을 객관적으로 보려고 노력해도, 여러분이 관찰하는 것은 여러분의 지식과 여러분이 찾고자 하는 것에 따라 정해지기 때문에 주관적입니다. 여러분이 예리한 사진작가라면 그 사진을 구성, 빛, 초점 맞추기 등의 관점에서 분석할 수는 있어도, 개의 불편함을 알아차리지 못할 수도 있습니다. 하지만 개 훈련사는 개의 불편함을 파악하지 사진의 기술적인 면을 평가하지는 않을 것입니다. 객관적이고자 해도 결국 우리는 우리가 아는 것을 보게 됩니다.

증거: 주장이 참임을 뒷받침하기 위해 보거나 듣거나 경험하거나 읽을 수 있는 표시

1 사진을 처음 보았을 때 귀엽게 보였나요? 아니면 위험이 잠재된 상황으로 보였나요?

2 개의 행동을 이해할 줄 아는 것은 여러분의 관찰을 더 객관적이거나 덜 객관적으로, 또는 더 주관적이거나 덜 주관적으로 만들까요?

상황 인식의 틀 차이, 배경지식의 양적 차이, 이해 정도의 차이로 인해 다른 사람들의 보디 랭귀지(때로는 음성 언어)를 어느 정도나 잘못 해석하나요?

1차적 경험으로부터 알게 되는 지식을 생각해 보세요. 그것은 얼마나 주관적이거나 객관적인가요? 여러분은 그것을 어떻게 판단하나요?

1.5 상대성, 상대주의와 절대주의

논의 1.7

1 과연 진리라는 것이 있을까요?

2 어떤 것(예를 들어 연민)은 **늘 옳고** 어떤 것(예를 들어 냉혹함)은 **늘 잘못된** 것일까요? 아니면 모든 것은 발생하는 상황에 좌우될까요?

앎을 아무리 철저하게 검증하더라도 우리가 아는 것은 늘 특별한 준거틀에 기반하고 있습니다. 우리가 널리 여행을 하고 여러 언어를 이해하며 다수의 문화적 관점에서 비롯된 다양한 시각을 많이 공부한다고 해도 우리는 결국 **어딘가에 기반하여 알** 수밖에 없습니다. 그 '어딘가'가 우리의 준거틀을 결정합니다. 순수한 객관성에는 도달할 수 없습니다. 철학자인 토머스 네이글(Thomas Nagel, 1937~)이 표현한 대로 '어디에도 기반하지 않은 견해'는 없습니다.

'어디에도 기반하지 않은 견해'는 없으므로 우리의 앎은 반드시 우리의 준거틀에 영향을 받습니다(그리고 그것과 관련되어 있습니다). 준거틀이란 지식, 믿음, 언어, 문화 등에 의해 정의된 개념 체계 전체를 말합니다. 이 말은 지식의 **상대성**은 필연적이며 피할 수 없다는 뜻이지만, 지식 철학으로서의 **상대주의**와는 완전히 다른 말입니다.

상대성과 마찬가지로 상대주의도 모든 지식은 맥락과 준거틀과 관련되어 있다는 것을 받아들이지만 그것 외에 추가할 것이 있습니다. 상대주의는 우리가 지식이나 진리라고 하는 것이 결국 전적으로 관점의 문제라고 주장합니다. 엄격한 상대주의자는 달이 초록색 치즈로 만들어졌다고 믿고 싶다면 그것은 우리에게 달려 있다고 할 것입니다. 즉, 우리는 자신의 관점을 가질 권리가 있고, 훨씬 심각하고 악영향을 끼칠 수 있는 의미에서 모든 것은 '상대적'이라는 것입니다. 상대주의자는 창조 과학(과학이 성경 「창세기」의 천지 창조를 뒷받침한다는 믿음)과 진화(여러 세대에 걸친 생물 집단의 특성상 변화)를 둘 다 똑같이 열정적으로 믿을 수 있다고 할 것입니다. 그것은 결국 견해의 문제이고, 따라서 무엇을 믿을지는 우리에게 달려 있기 때문입니다. 상대주의자들은 지구가 평평하다고, 창문에 마늘을 매달면 뱀파이어를 퇴치할 수 있다고, 모든 탄소가 노아의 홍수 때 젖어 버렸기 때문에 탄소 연대 측정은 신뢰할 수 없다고 여겨도 된다고 할 것입니다. 우리가 원한다면 말입니다.

어이없는 생각들을 나열해 놓은 것 같지만 이것들을 실제로 믿는 사람들이 있습니다. 또한 "동성애는 죄악이다", "남성은 여성보다 우월하다" 또는 "백신은 자폐증을 유발한다"와 같은 위험할 수 있는 생각을 믿는 사람들도 있습니다. 우리가 각자 직면한 문제는, "그들에게 참"이라는 점을 인정하면서 언제 우리가 "동의하지 않기로 동의"할 것이며, 언제 우리가(또는 공동체, 교육 기관이) 어떤 믿음은 잘못된 것이라고 주장할 **책임**을 질 것인가 하는 것입니다.

키워드

상대성: 지식 주장이 맥락의 요인이나 준거틀에 좌우된다는 것을 인정하는 것

상대주의: 한 사람이나 집단에게 참이거나 거짓인 것이 다른 사람이나 집단에게 반드시 참이거나 거짓일 필요가 없다는 믿음. 모든 진리는 동일한 가치라는 것

책임: 책무, 도덕적 의무

우리는 어떤 믿음이 받아들일 만한지 아닌지를 어떻게 판단하나요?

거의 모든 나라에서 영주권자든 시민권자든 단순한 방문객이든 그 나라에 사는 사람들의 믿음이나 문화적 관습과는 무관하게 그 나라의 법을 적용함으로써 행동을 제약합니다. 예를 들어 여성 할례(female genital mutilation, FGM)가 금지된 나라에서는 부모가 딸에게 여성 외음부를 훼손하는 여성 할례를 행하는 것을 금지합니다. 또 딸에게 FGM을 시행할 목적으로 이를 허용하는 국가로 데려가는 것도 금지합니다. 마찬가지로 조혼이 금지된 나라에서는 조혼을 시행하거나 강요할 수 없으며, 어린 자녀를 해외로 데려가 결혼시킬 수도 없습니다. 대부분의 법률은 상대주의적이지 않습니다. 즉, 일부 국가에서는 남성과 여성에 대한 법률이 다르고, 토착민에 대한 법률이 다르지만, 법률은 보통 모든 거주자들에게 똑같이 적용됩니다.

논의 1.8

1 법률, 문화, 개인적 신념과 자유 사이의 균형점은 어디에 놓여야 한다고 생각하나요?

2 법률, 문화, 개인적 신념과 자유 사이의 균형점이 이동하는 것은 우리의 관점과 우리가 지식이라고 여기는 것에 어떻게 영향을 끼치나요?

탐구 1.9

많은 국가들이 FGM을 법으로 금지했습니다. 하지만 남성 할례(포경 수술)는 유대인과 무슬림, 미국을 비롯한 몇몇 서구 사회에서 널리 행해지고 있습니다. 전 세계 모든 나라에서 불법화된 것은 아닙니다. 2018년 그린란드에서는 건강상의 이유를 제외하고는 이를 금지하려 했지만 전 세계적인 로비에 부딪쳐 법안을 철회했습니다. 남성 할례는 FGM만큼 극단적이지는 않지만 역시 위험성이 있습니다. 그리고 너무 어려서 동의를 표시하기 어려운 아이에게 종교나 문화라는 이름으로 행해지는 불필요한 수술 절차입니다.

1 여러분이 사는 나라에서 남성 할례의 통계를 조사해 보고, 남성 할례에 대한 여러분의 태도가 여러분이 속한 공동체의 태도를 반영하는지 생각해 보세요.

2 다음 주제로 500단어 내외(1,250~1,500자)의 글을 쓰세요. "무엇인가를 정상적인지, 받아들일 수 있는지, 참을 만한지, 받아들일 수 없는지에 관한 우리의 개인적 믿음은 우리가 속한 공동체의 믿음을 어느 정도나 반영하나요?"

또래 평가

여러분의 글을 친구와 함께 읽어 보고 서로의 생각을 말해 보세요. 이때 다음 질문에 초점을 맞추세요. "글이 제시된 주제에 집중하고 있는가? 다양한 관점을 고려하고 있는가? 다양한 관점을 뒷받침할 근거가 나와 있는가?"

불확실성의 세계에서, 신념 체계가 갈등을 일으키는 세계에서, 무엇이 참이고 정당하고 도덕적인지에 대한 서로 다른 생각을 경쟁적으로 쏟아내는 다수의 목소리가 있는 세계에서, 많은 사람들은 상대주의를 채택합니다. 그렇게 하지 않으면 서로 다른 견해를 가진 사람들 사이에 갈등이 벌어질 수 있을 텐데, 상대주의는 이에 대한 손쉬운 해결책을 제공할 것처럼 보이기 때문입니다. 한마디로 진리 상대주의란 어떤 것이 일부 사람이나 집단에 참이라 해서 다른 사람이나 집단에도 참인 것은 아니고, 우리는 각자 자신만의 진리를 가지고 있다는 생각입니다.

상대주의에 대해 말할 때 상대성과 혼동하지 않도록 명확히 해야 합니다. 무엇이 '참'인지에 대한 여러분의 생각은 다른 문화권 출신의 생각과 다를 수 있다는 사실이 바로 상대성의 예입니다. 경쟁 관계인 모든 '진리'는 동등하다는 관념이 상대주의입니다. 상대주의의 반대는 **절대주의**입니다.

상대주의자와 절대적 진리

진리가 상대적이라는 생각은 사람들이 서로 상충되는 진리를 믿고 있을 때 **관용**을 촉진할 수 있지만, 여러 문화권에서 서로 절대적이라고 주장하는 상이한 진리를 믿고 있을 때는 어떻게 될까요? 이를 가장 분명하게 보여 주는 지식 영역이 종교입니다. 여러분이 속한 문화권에서, 단 하나의 참된 유일신이 존재하며 다른 모든 신은 우상이거나 가짜 신이라고 종교 지도자들이 이야기하고 여러분도 개인적으로 그렇게 믿는 경우, 여러분은 자신이 믿는 유일신만이 진짜 신이라는 절대적인 믿음을 지니게 됩니다. 그러나 여러분이 상대주의적 입장을 취하면 "나의 유일신은 나에게 참된 신이고, 마찬가지로 네가 유일신을 믿든 무신론자이든 그것은 너에게만 참이다"라고 말할 수 있습니다. 이것은 "**너는 너대로 살고 나는 나대로 살자**"는 태도를 부추겨 가능하면 갈등을 피하려 하는 오늘날의 세계에 매우 매력적으로 보일 수 있습니다.

절대주의적 무신론을 고집하는 사람들을 포함하여 절대주의적 종교관을 가진 사람들은 도덕에서도 똑같이 절대주의적인 경향이 있습니다. 그래서 그들은 보다 온건하거나 관용적인 견해를 가진 사람들, 다른 종교를 가진 사람들, 종교가 없는 사람들과 갈등을 일으키기도 합니다. 자본주의자와 사회주의자, 진보와 보수, 왕당파와 공화파 또는 다른 어떤 양극화된 입장들 사이에서 어느 경우든 절대주의적인 정치적 입장은 불화를 일으킬 수 있습니다.

논쟁이나 선택을 해야 할 때 한쪽 편을 명확히 선호한다고 해서 절대주의자라는 것은 아니라는 점을 분명히 해두어야 합니다. 그것은 말하자면 여러분이 열정과 강한 **확신**을 갖고 특정한 입장을 가졌다는 것을 의미할 뿐입니다. 또한 다른 사람이 여러분과 다르게 생각하는 것을 받아들인다 해서 여러분이 상대주의자가 되는 것도 아닙니다. 모든 견해는 이것이 제기되는 맥락에 따라 상대적이라는 것을 이해한다면, 여러분은 다른 관점을 더 경청하고 이해하려 노력하는 보다 나은 입장을 취하게 됩니다.

키워드

절대주의: 절대적 진리와 문화, 종교, 정치, 도덕의 절대적 기준으로 모든 견해가 판단될 수 있다는 믿음

관용: 동의하지는 않더라도 다른 관점과 행동을 받아들이는 것

확신: 굳게 믿는 마음

종교와 정치가 상대주의적 관점부터 절대주의적 관점까지 모든 관점이 분포해 있는 유일한 지식 영역은 아닙니다. 과거를 이해하고 설명하며 과거로부터 배우는 지식 분야로서의 역사도 절대주의적 입장과 상대주의적 입장 모두에서 서술될 수 있습니다. 정치와 국가적 이해관계로 인해 상당한 정도의 역사 왜곡과 수정주의가 발생하기 때문입니다.

역사에서 양쪽의 극단적인 입장이 맞선 예로는 1915~1923년 튀르키예에 의한 아르메니아인 학살을 들 수 있습니다. 튀르키예인과 아르메니아인 모두 다수의 아르메니아인이 죽었다는 사실에 동의합니다. 그러나 튀르키예는 아르메니아인들이 주장하는 150만 명의 죽음에 대해서는 반박합니다. 튀르키예는 아르메니아가 러시아와 동맹을 맺고 튀르키예의 마을을 공격했고 오스만 제국(튀르키예) 지도자들은 아르메니아인들을 몰아낼 수밖에 없었다고 주장합니다. 튀르키예는 또 아르메니아인들에게 가능한 한 인도주의적으로 살 곳을 마련해 주려고 노력했다고 주장합니다. 그러나 아르메니아인들의 폭력적인 정치적 목표와 전시 상황, 노략질, 전국적 기근, 전염병의 전국적 유행, 국가 붕괴 등이 모두 결합하여 당시의 튀르키예인들로서는 전혀 예상치 못한 비극을 가져왔다고 주장합니다. 많은 튀르키예인도 그 고난의 시기에 고통을 당하고 죽었다고 주장합니다. 튀르키예인들의 관점에서는 양측 모두에 영향을 끼친 비극적인 상황이었지만 명백히 인종 학살은 없었습니다.

한편 아르메니아는 오스만 제국 시기의 아르메니아인 대학살이 치밀하게 계획되고 조직된 학살이었으며, 많은 아시리아인, 그리스인, 아랍인도 학살당했다고 주장합니다. 아르메니아인 학살은 조직적인 살상 방식 때문에 다수의 국가와 국제기구에 의해 인종 학살로 인정받았습니다. 그러나 다른 국가들은 때로는 정치적 이유로 '인종 학살'이란 용어를 사용하지 않습니다.

튀르키예 학생들이 학교에서 20세기 초의 역사에 대해 거의 배우지 않는다는 사실은 놀랍지 않을 것입니다. 그리고 그들은 아르메니아인들에게 자행된 인종 학살에 대해 배우지 않는데, 그것은 그들이 알고 있는 '진실'에는 배워야 할 인종 학살이 없었기 때문입니다. 그러나 아르메니아에서 아르메니아인 학살은 모든 학교에서 절대적인 사실로 교육되고 있으며 현대의 아르메니아인 정체성 확립에도 영향을 미칩니다.

논의 1.9

과거에 대해 아는 것은 우리를 어느 정도까지 아는이로 만들어 줄까요?

문화 상대성과 문화 상대주의

문화 상대성을 받아들이면 문화적 차이를 실용주의적으로 접근할 수 있습니다. 독자적인 문화를 가진 서로 다른 사회는 구성원의 행동 규범에 대해 다른 생각을 가집니다. 그들은 다른 규칙과 법, 도덕적 견해, **신화**와 **세계관**을 갖기도 합니다. 불가피한 관점 차이는 문화 상대성을 현실로 받아들이게 하지만, 문화 상대주의는 모든 문화적 관점이 동등하게 가치 있고 타당하다는 주장을 펼칩니다. 문화 상대주의는 우리가 다른 사회, 문화, 종교를 존중하도록 가르치는 데 도움이 될 수 있습니다. 어떤 문화에서는 받아들일 만한 것, 심지어 의무적인 것도 다른 문화에서는 수용하지 못하는 경우도 있는데, 상대주의의 관점에서는 어떤 문화의 가치 체계가 다른 것보다 우월한 것이 아니라고 봅니다.

키워드

신화: 특정 종교 또는 문화적 전승에 대한 전통적 이야기 모음

세계관: 우주와 우주 속에서의 인간의 지위에 관한 포괄적 이론

그림 1.7 _ 팁을 주는 것이 모든 문화에서 수용되는 것은 아닙니다.

나라마다 다른 팁 문화도 재미있는 사례입니다. 미국 같은 문화권에서는 팁을 주는 것이 생활의 중요한 특징이라서 웨이터나 웨이트리스, 택시 기사나 미용사 등 서비스를 제공하는 이에게 요금의 15~25%를 팁으로 줄 것을 강력히 권장합니다. 팁은 많은 서비스업 종사자들의 수입에서 상당한 비중을 차지하고 있기에, 미국에서 팁을 주지 않는 것은 불법은 아니지만 매우 무례하게 여겨집니다.

반면에 중국에서는 웨이터, 웨이트리스나 택시 기사에게 팁을 주는 것이 매우 무례한 일로 여겨집니다. 중국 문화에서 팁을 주는 것은 팁을 받는 사람이 남의 적선 없이는 생계유지가 어려워 보인다는 것을 의미합니다. 이것은 중국인들에게는 '체면이 깎이는' 일이고 매우 무례한 것으로 여겨집니다.

이런 종류의 문화 상대주의는 흥미롭고 **기묘**해 보일 수 있지만 이에 대해 불편하게 느끼는 사람은 거의 없을 것입니다. 팁을 주는 것이 문화의 특징인지 여부는 다소 자

키워드

기묘: 즐겁거나 기분 좋거나 흥미롭게 이상함

의적인 것 같고, 어느 체제도 다른 체제보다 이론의 여지없이 우월해 보이지는 않으므로, 이 경우 문화 상대주의는 합리적인 입장인 것 같습니다. 대부분의 사람들은 미국에서 팁을 주는 문화를 배울 수 있지만 중국에서는 아무 망설임 없이 팁을 주지 않는 것을 배울 수도 있습니다. 그리고 대부분의 여행 안내서에는 본의 아니게 불쾌감을 주는 일을 피하기 위해 여행자들에게 방문할 나라의 팁 기대치에 대해 알려 줍니다.

문화 상대주의는 우리의 옳고 그름에 대한 판단만으로 다른 문화를 판단하지 않도록 하고, 다른 문화적 관습에 대해 상대방의 문화적 배경에서 이해하려고 노력하게 해 준다는 점에서 가치가 있습니다. 하지만 모든 문화적 차이가 팁 문제처럼 무해한 것은 아닙니다.

도덕 상대주의

키워드

윤리적: 허용되는 도덕적 기준에 일치하는

도덕적: 옳고 그름에 대한 개인의 원칙에 맞는

윤리적, **도덕적**으로 여겨지는 것은 문화에 따라 다를 수 있는데, 상대주의가 한층 논쟁을 일으키는 지점이 바로 이 부분입니다. 예를 들어 조혼을 비윤리적인 것으로 여기는 나라들이 있는가 하면, 미국을 비롯한 다른 나라에서는 이를 수용할 수 있다고 보며 일상적이고 심지어 권장되기도 합니다. 마찬가지로 음주도 허용되는 나라도 있지만 금지되는 나라도 있습니다.

실제 상황 1.16

1　여러분이 조혼을 비윤리적이고 어린이에게 해롭다고 여기는 나라 출신이라면, 조혼을 허용하는 문화권을 향해 조혼에 반대하는 발언을 해야 할까요? 아니면 문화 상대주의의 예로 수용해야 할까요?

2　여러분이 조혼 같은 관습을 장려하는 정도는 아니더라도 수용하는 나라 출신이라면, 조혼을 윤리적이라고 볼까요? 그것을 어떻게 판단할 것인가요?

탐구 1.10

사람들은 자신이 언제 도덕적, 문화적인 상대성을 갖고 살 수 있을지, 그리고 언제 자신의 신념을 강제하기 위해 노력해야 할지에 관해 모두 다른 생각을 갖고 있습니다.

짝을 지어 다음 표의 왼쪽에 열거된 행위가 모든 문화에서 의무화되어야 하는지, 아니면 금지되어야 하는지, 금지든 강제든 각 문화에 맡겨야 하는지, 아니면 개인의 선호에 따라 각 개인에게 맡겨야 하는지 판단해 보세요.

	모든 문화에서 의무화되어야 한다	모든 문화에서 금지되어야 한다	각 문화의 선택에 맡겨야 한다	개인이 선택할 수 있어야 한다
고래 사냥				
인종 차별				
성 차별				
조혼				
팁을 주는 것				

	모든 문화에서 의무화되어야 한다	모든 문화에서 금지되어야 한다	각 문화의 선택에 맡겨야 한다	개인이 선택할 수 있어야 한다
인권 보호				
육식				
음주				
기분 전환용 약물 사용				
사형 제도				
동물 복지				
아동 노동				
노예 제도				
창조론 교육				
진화론 교육				
동성 결혼				
여성 인권 보호				
흡연				
공공장소 총기 휴대				
일부다처제				
일처다부제				

여러분과 짝은 모든 항목에서 의견이 일치하나요? 일치한다면 그 이유도 같나요? 여러분이 생각한 이유 중 얼마나 많은 것들이 우리 사회의 문화 또는 종교에 기반을 둔 것인가요? (다시 말해서 **"우리 문화나 종교의 기준으로는…."**)

일치하지 않는다면 여러분이 그런 견해를 갖는 이유는 무엇일까요? 왜 짝이 제시한 이유가 여러분을 설득하지 못할까요? 두 사람 중 누가 옳은지 어떻게 판단할까요? 두 사람 중 반드시 한 사람만 옳을까요? 여러분의 의견과 그 이유를 설명하세요.

여러분이 표를 어떻게 채웠는지는 부분적으로는 여러분이 얼마나 상대주의적인지에 달려 있습니다. 여러분이 대부분 또는 전부 금지하고 싶어 한다면, 여러분은 매우 고정된 관점을 가지고 있습니다. 여러분이 대부분을 개인의 양심과 선택에 맡기고 싶어 한다면, 여러분은 그렇게 하고 싶은 정도에 비례하여 자유주의적이거나 상대주의적입니다. **모든 것**을 **상대적**이라고 생각한다면, 완전히 참이거나 거짓인 것은 **아무것도 없다**고 믿는 것입니다. 많은 사람이 도덕 상대주의에 반대합니다. 그 이유는 그것이 객관적인 실재나 진리가 없다고 생각하는 것으로 보이고, 사람들이 원하면 무슨 행동이든 할 수 있는 권리를 부여하는 것으로 보이기 때문입니다.

물론 완전한 절대주의자나 완전한 상대주의자는 거의 없습니다. 우리는 어떤 사안에 대해서는 개방적인 태도를 취하지만 또 다른 행위들에 대해서는 확고한 생각을 가지고 있습니다. 그럼 이런 문제가 남게 됩니다. **"아는이로서 우리가 어떤 행동에 대해서는 개방적인 태도를 취하고, 어떤 것에 대해서는 명확히 반대하거나 찬성할지를 어떻게 판단할 것인가?"**

그림 1.8 _ 모든 문화가 동성 결혼을 수용하는 것은 아닙니다.

상대주의는 매력적으로 보이긴 하지만 많은 문제를 일으킬 수 있습니다. 우리가 누군가의 믿음이 틀릴 수 있다는 생각을 진지하게 한다는 사실은 우리가 상대주의를 대체로 잘못된 것으로 여기고 있음을 의미합니다. 심지어 "모든 진리는 상대적이다"라는 말은 자기 모순적이라는 주장이 나올 수도 있습니다. 즉, 모든 진리가 상대적이라는 말이 절대적으로 참이라면, 이는 적어도 하나의 절대적인 진리(모든 진리가 상대적이라는 진리)가 있다는 것을 의미합니다.

언어 상대성

문화가 언어를 만들고, 언어가 문화를 만들기 때문에 문화 상대성은 언어 상대성과 강하게 연결되어 있습니다. 언어가 어떻게 기능하는가에 대한 연구는 방대하고 언어가 우리 세계를 규정하는 방식에 관해서는 많은 이론이 있습니다. 철학자 루트비히 비트겐슈타인(Ludwig Wittgenstein, 1889~1951)은 **"내 언어의 한계가 내 세계의 한계를 의미한**

다"라는 유명한 말을 남겼는데, 이 말에서 알 수 있듯 많은 철학자들이 우리가 사물을 표현할 수 있는 언어를 갖지 못하는 한 그것을 생각할 수 없다고 주장합니다.

이것은 단어의 상호 연계성을 생각할 때 특히 중요합니다. 우리가 상이한 것들을 표현하고 새로운 환경에 맞추어 언어를 사용할 때, 언어는 끊임없이 변화하는 의미의 그물망을 형성합니다. 철학자이자 논리학자인 윌러드 밴 오먼 콰인(Willard Van Orman Quine, 1908~2000)은 언어는 사용례가 변함에 따라 늘어나기도 하고 변형되기도 하는 고무판과도 같은 것이라고 했습니다. 이런 표현은 언어는 우리가 생각할 수 있는 것에 영향을 주기도 하고, 우리가 말하고자 하는 것들에 의해 영향을 받기도 한다는 것을 암시합니다.

언어 상대성은 우리의 사고방식이 언어에 강력하게 영향을 받는다는 것에 주목합니다. 하나의 언어에는 다른 언어로 표현되거나 정확하게 이해될 수 없는 생각들이 있습니다. 해당하는 단어나 이 단어의 바탕에 깔린 개념이 모든 언어에 존재하는 것은 아니기 때문입니다. 이것은 문화 상대성의 맥락에서 특히 중요합니다.

새로운 언어를 배우는 것은 새로운 단어와 문법을 배우는 것에 국한되지 않습니다. 우리는 언어에 배어 있는 문화적 배경을 배워야 합니다. 언어는 문화적 경험을 반영하므로 어떤 언어를 정확하게 이해하려면 그 언어를 형성한 문화에 대한 지식이 필요합니다.

언어들은 여러 방면에서 서로 다르지만, 인간이 세계를 경험하는 방식은 매우 비슷하므로 어떤 언어를 사용하든 유사한 생각을 전달할 수 있을 것이라고 주장하는 사람들도 있습니다. 그에 반해 언어의 차이가 사람들의 사고방식에 영향을 줄 뿐만 아니라 문화 형성 방식에도 영향을 준다고 주장하는 사람들도 있습니다. 이것이 **언어 결정론**이라고 알려진 이론입니다.

언어 결정론은 언어가 경험의 특정한 측면에 주의를 기울이는 곳에서 볼 수 있습니다. 간단한 예는 2인칭 호칭의 사용입니다. 영어에서는 you를 단수와 복수로 모두 사용합니다. 상대방이 누구든 쓸 수 있습니다. 하지만 프랑스어에는 2인칭 대명사로 두 개의 단어가 있습니다. 단수로 사용되는 vous(부, 당신)와 tu(튀, 네)입니다. tu는 대부분 어린이(특별히 사회적 지위가 높지 않을 경우)나 가까운 친구, 배우자와 부모를 제외한 가족을 지칭할 때 스스럼없이 사용됩니다. vous는 보다 격식을 갖춘 단어인데, 대부분 tu와는 다른 상황에서 사용됩니다. (그리고 2인칭 복수로도 사용됩니다.) 따라서 프랑스어에서 어떤 인칭 대명사를 사용할지를 알기 위해서는 관계를 먼저 범주화해야 합니다.

중국어에도 2인칭 단수로 두 단어가 있습니다. 보다 격의 없고 널리 사용되는 你(니)와 격식을 갖춘 호칭인 您(닌)이 있습니다. 중국에서는 您(닌)에 존경의 뜻을 담아 사용하는데 프랑스어 vous의 사용법과는 다릅니다.

키워드

언어 결정론: 언어와 그 언어의 구조가 인간의 지식, 생각, 사고 과정을 결정한다는 이론

어떤 문화에서는 사람들을 가까운 이들과 그렇지 않은 이들로 나누고, 다른 문화에서는 고위층과 그렇지 않은 이들로 나눈다면, 언어적 차이가 각 문화의 일상에 어떻게 반영될까요?

최근 수십 년 사이에 프랑스어도 보다 격식 없는 친근한 언어로 사람들에게 접근하는 경향을 보이고 있습니다. 보다 다양한 상황에서 2인칭으로 tu를 사용하고, 영어에서처럼 성과 호칭보다는 이름을 부르는 경향이 증가했습니다. 그러나 지나치게 격식을 차리는 것과 무시하는 것 모두 무례를 범할 가능성이 있습니다. 우리는 6장 지식과 언어에서 아는이와 지식에 대한 언어의 영향을 보다 자세히 공부할 것입니다.

여러분이 여러 가지 상황에서 만나는 20명의 사람을 열거해 보세요. 그 사람들 중에서 누구를 tu로 부르고 누구를 vous로 부르겠습니까? 어떻게 부를지 정하기 어려운 사람이 있나요? 그런 다음 누구를 중국어의 你(니)로 부르고 누구를 您(닌)으로 부를지를 정하세요. 'tu, vous'와 '你, 您'의 경우 중 어느 쪽이 더 정하기 쉬웠나요?

여러분의 모국어가 2인칭 단수로 단 하나의 단어만 사용한다면 두 가지 단어를 사용하는 것은 여러분의 사고를 어떻게 바꿀까요? 여러분의 모국어가 2인칭 단수로 둘 이상의 단어를 사용한다면 영어에서 한 단어만 쓸 수 있다는 것은 여러분의 사고에 어떤 영향을 끼칠까요?

어떤 학교에서는 학생들이 교사들을 부를 때 Ma'am이나 Sir를 사용해야 합니다. 또 어떤 학교에서는 직책과 성을 사용해야 합니다(예를 들어, Ms Granger, Mr Zavala). 교사를 부를 때 이름만 사용해야 하는 학교도 있습니다.

1   다른 형태의 호칭을 쓰게 되면 교사에 대한 여러분의 생각이 어떻게 바뀔까요?

2   여러분이 학교의 모든 교사에게 같은 형태의 호칭을 사용하는 것과 교사에 따라 다른 호칭을 사용하는 것에는 어떤 차이가 있을까요?

여러분은 다른 사람들이 언어를 사용하는 방식이나 사용하는 언어의 표현법에 대해 추측해 본 적이 있나요? 그 추측은 합리적인가요? 그렇다면 그 이유는요? 그렇지 않다면 그 이유는요?

1.6 상식(공통 감각)

논의 1.13

"공통 감각(상식)의 문제점은 감각에는 공통적인 것이 없다는 것이다"라는 말을 들어 본 적이 있을 거예요. 이 말이 무슨 뜻이라고 생각하나요? 그것에 동의하나요? 그 이유는 무엇인가요?

상식은 18세가 되기 전에 층층이 쌓인 선입견으로 이루어진다.

알베르트 아인슈타인(Albert Einstein, 1879~1955)

상식은 매일 접하는 상황에서 건전한 판단을 하고, 전문화된 지식 없이 일상적인 개념을 이해하도록 해 주는 생각이라고 할 수 있습니다. 상식을 지녔다고 여겨지는 사람들은 대개 합리적이고 분별력 있고 세상 물정에 밝고 실용적이고 신뢰할 수 있는 사람으로 보입니다. 상식은 다수의 사람이 지니고 있다고 간주되므로 공통 감각이라고 합니다. 달리 표현하면 폭넓게 발견되고 **공통적**으로 지닌 것입니다.

많은 사람들은 상식을 명백하고 증명이 필요 없으며 쉽게 파악될 수 있는 자명한 진리라고 여깁니다. 상식이 거의 모든 사람들의 공통된 경험과 일치하기 때문입니다. 상식은 대다수 사람들이 '자연적으로' 나누어 가진 기본 인식과 판단 능력입니다. 설령 그 이유는 설명할 수 없더라도 말입니다.

상식은 주로 경험에 기반한 것으로 생각됩니다. 그래서 인생 경험이 더 많아 보이는 사람들은 좀 더 안전한 배경 속에서 살아온 사람들에 비해 상식을 더 많이 갖고 있다고 여겨집니다. 사람들이 상식을 제대로 활용하면 세계가 더 원활히 돌아갈 것이고 오류나 사고도 거의 일어나지 않을 것이라고 일반적으로 기대합니다. 지성인들과 학자들은 안전한 곳에서 삶을 영위하며 상식이 결여된 자들이라고 대중에 의해 **희화화**되기도 합니다.

> **키워드**
>
> 희화화: 만화적 과장을 통해 우스꽝스럽게 표현하는 것

상식의 관념을 진지하게 받아들인다면, 왜 상식을 가진 것처럼 보이는 사람이 있는가 하면 그렇지 않은 사람도 있는지, 그리고 상식이 정말로 사리에 맞는 것인지 생각해 볼 필요가 있습니다. 한 가지 답은 우리의 성장과 경험이 공통적으로 공유되는 것이 아니므로 상식은 그다지 공통적이지 않다는 것입니다. 우리의 상황 인식이 과거 경험에 의존한다면 우리는 모두 다른 수준의 인식과 감각을 가질 것이라고 예상할 수 있습니다. 예를 들어 농장에서 자란 사람은 가축들에 대한 올바른 행동을 '공통 감각(상식)'의 문제로 볼 것입니다. 하지만 시골 생활 경험이 없는 사람은 그것을 공유하지 못할 것입니다.

건전한 판단을 할 만큼 충분한 경험을 가진 사람은 거의 없기 때문에 상식에서 사리에 맞는 것은 아무것도 없다고 주장하는 사람들도 있습니다. 그들의 주장에 따르면 상식은 사람들이 실제로 건전한 판단을 할 지식이나 전문성이 없을 때 활용하는 것이라고 합니다.

실제 상황 1.18

아는이로서 여러분은 세상을 살아가며 어느 정도나 상식에 의존하나요?

탐구 1.12

아래는 여러분이 판단을 내려야 할 상황들의 목록입니다. 그중 어느 것에 대해 여러분은 자신의 상식에 의존할 수 있나요?

a 과학 실험실에서 안전을 지키는 법을 알기

b 지진 발생 시에 해야 할 일을 알기

c 도움을 청할 시기를 알기

d 집을 떠날 때 문을 잠가야 할지 여부를 알기

e 컴퓨터 게임을 밤늦게까지 할지 여부를 알기

이 활동에 대한 여러분의 답변을 비판적으로 생각해 보세요. 나열된 상황에서 해야 할 일을 배운 적이 있나요? 어떤 상황에서 무엇을 해야 할지 모르나요? 해야 할 알맞은 일을 알거나 할 생각이 드는데도 하지 않기로 한 상황이 있나요? 여러분은 실제로 상식을 얼마나 믿나요?

키워드

오류: 잘못된 믿음이나 타당성 없는 주장

어떤 사람들은 상식이란 개념은 논쟁을 빨리 중단시키기 위해 사용되는 **오류**라고 합니다. 예를 들어 **"당연히 해야 해. 상식이니까"**라고 말하는 것은 상식이 지식을 공유하고 있다고 가정한다는 것을 암시합니다. 상식이 언급될 때 말하는 사람은 어떤 것이 참이라고 전제함을 나타내는 것 외에는 대화에 어떤 가치도 거의 보태지 않습니다.

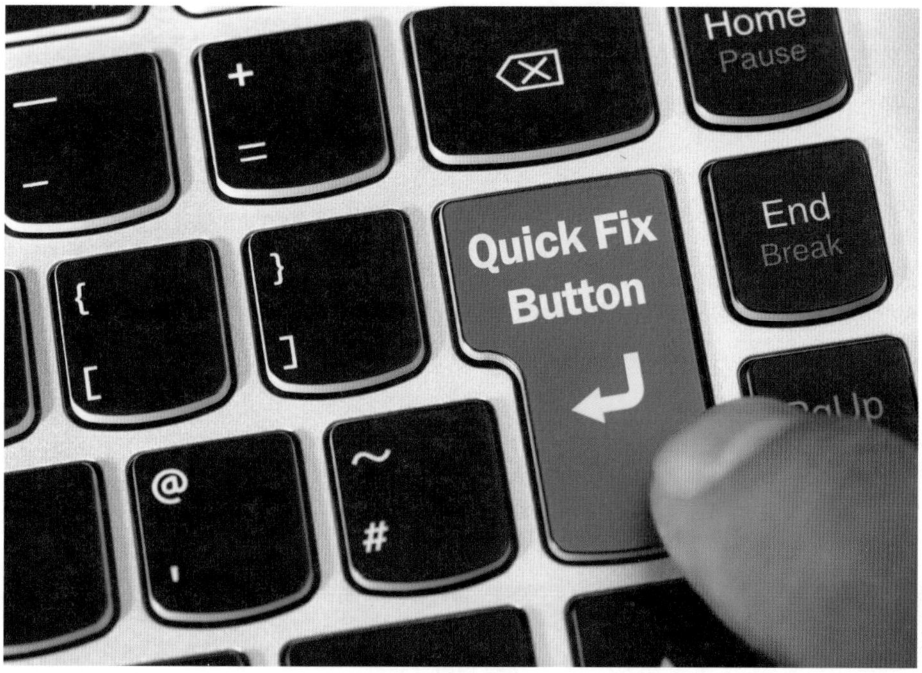

그림 1.9 _ 문제 해결은 상식적인 것처럼 보이지만, 현실에서 정말 그렇게 쉬울까요?

상식을 언급하는 다음의 주장들을 보세요. 각 주장에서 공유 지식에 대한 가정으로는 어떤 것이 있나요? 그 가정이 옳다고 생각하나요?

a   어린이 혼자 공원에 못 가게 하는 것이 상식이다.

b   태양을 피해 그늘에 있는 것이 상식이다.

c   숙제를 마지막까지 미루지 않는 것이 상식이다.

d   하룻밤에 보드카 두 병을 마시지 않는 것이 상식이다.

여러분이 상식에 호소하지 않고 똑같은 주장을 하려 한다면 어떤 종류의 증거를 제시할 것인가요? 여러분이 이 주장들에 대한 반대 주장을 하려 한다면 어떤 종류의 증거를 제시할 것인가요? 어떤 상황에서 반대 주장도 상식으로 여겨질 수 있을까요?

학급을 두 모둠으로 나누어서 하나의 주장에 대한 학급 토론을 해 보세요. (인원이 많은 학급은 더 많은 모둠으로 나누어도 좋습니다. 두 모둠씩 짝을 지어 한 가지 주제로 토론을 하세요.)

자기 평가

여러분은 얼마나 수월하게 대답할 수 있었나요? 아는이에게 있어서의 상식의 역할을 설명할 자신이 있나요?

문화에 따라 상식은 어느 정도나 다른가요?

판단의 역할

판단은 결정에 이르거나 타당한 결론을 이끌어 내는 것, 견해를 형성하는 것에 관계된 인지 과정입니다. 우리는 판단에 의존하여 사람, 상황, 관념에 대해 **분별력**을 보입니다.

좋은 판단을 하기 위해서는 다양한 출처에서 나온 증거를 깊이 따져 보고 평가해야 합니다. 인터넷에서 발견한 정보를 믿을 것인지 여부를 따져 볼 때 특히 그렇습니다. 좋은 판단을 위해서는 상황을 성찰하고, 증거를 조사하고 평가하며, 합리적이면서도 자신의 가치관과 어울리는 결정에 이르기 위한 시간이 필요합니다. 또한 자신의 선호와 편견들을 정직하게 성찰하고 공정한 판단을 위해 이런 것들을 없앨 준비가 되어 있어야 합니다. 공정하고 정직한 태도로 이런 절차를 모두 마치면 여러분의 판단은 **정당성**을 갖췄다고 할 수 있습니다.

> **키워드**
>
> 분별력: 판단을 잘하기 위해 예리한 지각을 사용하는 능력
>
> 정당성: 믿음 또는 결정의 근거가 확실하고 합리적인 성질

되돌아보기

자신의 편견과 선호를 정직하게 성찰하는 것은 말처럼 쉽지 않습니다. 우리는 종종 자신의 편견을 깨닫지 못합니다. 흥미를 끄는 이슈에 대한 여러분의 편견과 선호는 무엇이 있는지 생각해 보세요. 여러분은 그것들을 어느 정도나 없앨 수 있다고 생각하나요?

에세이를 위한 정보를 찾든, 최신 뉴스를 찾든, 어떤 제품에 대한 정보나 사용 후기를 찾든, 특별한 관심거리를 추적하든 간에 합리적인 의심을 유지하는 열린 마음을 갖는 것이 중요합니다. 다시 말해서 여러분은 자신이 그것을 읽어 봤기 때문에 믿어서는 안 되며, 그것이 일상적이지 않거나 예상 밖의 것이기 때문에 허위라고 가정해서도 안 됩니다.

탐구 1.14

2018년 2월, 미국에서 8,215명의 성인을 대상으로 실시한 유고브(YouGov)의 여론 조사 결과 "밀레니엄 세대의 1/3은 지구가 평평하다고 믿는다"는 헤드라인이 실렸습니다. YouGov가 유명한 여론 조사 기관이라는 점을 감안하여 이 헤드라인을 사실로 받아들일 건가요? 판단을 하기 위해 어떤 추가 정보가 필요한가요? 저널리스트나 편집자는 왜 실상을 왜곡하는 헤드라인을 뽑을까요?

짝을 지어서 그 여론 조사에 대해 조사하고 여러분이 판단하기에 조사 결과를 가장 잘 표현하는 헤드라인을 생각해 보세요. 여러분이 생각한 헤드라인을 다른 학생들의 헤드라인과 비교해 보세요. 여러분은 자신의 헤드라인을 정당화할 수 있나요?

논의 1.15

다양한 판단 중에서 결정의 근거로 삼은 것은 무엇입니까?

1.7 맺으며

1장에서 우리는 아는이라는 개념이 상상했던 만큼 분명하지 않다는 것을 확인했습니다. 우리는 각각 DNA와 인생 경험, 살고 있는 시대와 장소, 자신이 속한 부족과 지식 공동체, 자신이 말하는 언어, 자신을 둘러싼 세계를 보는 관점과 세계를 서술하는 방식, 이 모든 것의 독특한 결합체입니다.

우리는 다음과 같은 것들도 알게 되었습니다. 먼저 우리가 자신을 어떻게 알고 이해하는가는 대체로 다른 사람들이 우리를 어떻게 인식하는가와 상관관계가 있다는 것입니다. 또 지식 주장을 교차 검증하고 다른 관점을 제공하고 우리의 편향에 도전함으로써 어느 정도 객관성의 외양을 제공하는 데 도움을 주는 것이 바로 우리가 속한 지식 공동체라는 것입니다. 간단히 말해서 우리가 알지 못한다는 것을 우리가 늘 알고 있는 것은 아니며, 우리가 알고 있다고 생각하는 것을 실제로 알고 있는지 확실하지 않다는 것입니다. 우리는 '설명 깊이의 착각'에 빠지기 쉽습니다. 그래서 지식을 확장하기를 원하거나 논의를 뒷받침하기 위해 그 지식을 활용하고자 한다면, 우리 지식에 대해 보다 확고해지는 것은 아는이로서의 우리 자신에게 달려 있습니다.

아는이로서 우리는 자신의 가정과 관점을 보다 잘 인식할 필요가 있습니다. 또 다음의 두 가지 사이에서 균형을 잡아야 합니다. 하나는 우리의 현재 사고방식에 도전하는 새로운 생각에 열려 있는 것이고, 다른 하나는 인간이 때로는 얄팍한 증거에 근거하여 이상한 것을 기꺼이 믿어 버리는, 잘 속아 넘어가는 동물이라는 것입니다. 인간 지식의 증대를 확실히 하기 위해서는 속임수에 대한 저항이 한층 더 동반되어야 합니다.

지식 질문

1 다양한 지식 영역에서 개인적 해석/문화적 차이에는 어떤 여지가 있을까요?

2 우리가 믿고 있거나 알고 있는 것에 대한 문화의 영향력에 대해 우리는 얼마나 객관적일 수 있을까요?

3 지식의 구축에 있어 개인적 경험은 어떤 역할을 할까요?

1.8 지식 영역 연결 질문

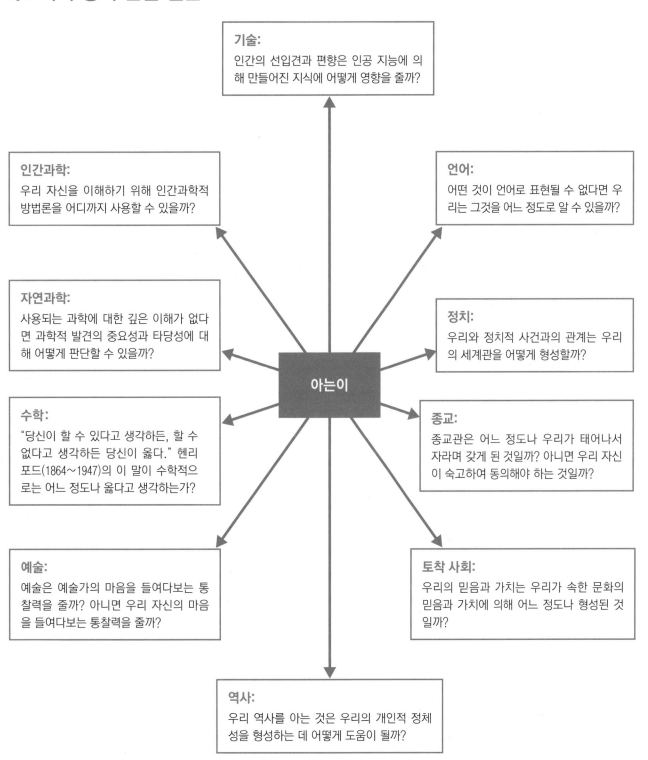

기술:
인간의 선입견과 편향은 인공 지능에 의해 만들어진 지식에 어떻게 영향을 줄까?

언어:
어떤 것이 언어로 표현될 수 없다면 우리는 그것을 어느 정도로 알 수 있을까?

인간과학:
우리 자신을 이해하기 위해 인간과학적 방법론을 어디까지 사용할 수 있을까?

자연과학:
사용되는 과학에 대한 깊은 이해가 없다면 과학적 발견의 중요성과 타당성에 대해 어떻게 판단할 수 있을까?

정치:
우리와 정치적 사건과의 관계는 우리의 세계관을 어떻게 형성할까?

수학:
"당신이 할 수 있다고 생각하든, 할 수 없다고 생각하든 당신이 옳다." 헨리 포드(1864~1947)의 이 말이 수학적으로는 어느 정도나 옳다고 생각하는가?

종교:
종교관은 어느 정도나 우리가 태어나서 자라며 갖게 된 것일까? 아니면 우리 자신이 숙고하여 동의해야 하는 것일까?

아는이

예술:
예술은 예술가의 마음을 들여다보는 통찰력을 줄까? 아니면 우리 자신의 마음을 들여다보는 통찰력을 줄까?

토착 사회:
우리의 믿음과 가치는 우리가 속한 문화의 믿음과 가치에 의해 어느 정도나 형성된 것일까?

역사:
우리 역사를 아는 것은 우리의 개인적 정체성을 형성하는 데 어떻게 도움이 될까?

1.9 자기 점검

1장에서 배운 내용을 되돌아보고 1점에서 5점 사이로(5는 최고 점수, 1은 최저 점수) 자신의 자신감 수준을 표시하세요. 3점 미만이면 해당 부분을 다시 읽어 보세요. 그런 다음 이 목록으로 돌아오세요. 여러분의 자신감이 높아졌나요?

	자신감 수준	다시 읽기?
나는 나 자신의 자아감을 고찰할 수 있는가? 그리고 나의 자아감이 나의 관점에 어떻게 영향을 끼치는지 평가할 수 있는가?		
나는 무엇이 나를 아는이로 만들었는지 분명히 말할 수 있는가?		
나는 본유적 지식과 경험적 지식의 차이를 설명할 수 있는가?		
나는 나의 개인적 지식을 어떻게 과대평가하고 과소평가하는지 이해하는가?		
나는 부족주의와 관련하여 자아를 논할 수 있는가?		
나는 지식을 창출하고, 지각하고, 도전하고, 소통하는 데 지식의 역할을 인식하고 있는가?		
나는 공유 지식의 중요성을 논할 수 있는가?		
나는 객관성과 주관성이 의미하는 바를 설명할 수 있는가? 그리고 왜 객관성이 반드시 주관적인 차원과 결부되는지를 분명히 말할 수 있는가?		
나는 상대성과 상대주의의 차이, 그리고 그것들의 함의를 이해하는가?		
나는 절대주의적 입장과 연관된 쟁점들을 분명히 말할 수 있는가?		
나는 '상식(공통 감각)'의 의미가 무엇인지 알고 있는가? 그리고 그것의 역할을 인식하고 있는가?		
나는 좋은 판단을 하기 위해 필요한 것을 잘 알고 있는가?		

1.10 더 읽을거리

* 1장에서 얻은 지식을 바탕으로 다음 글들 중 몇 가지를 읽을 수 있습니다.

* **부족주의**에 대한 이해를 확장하려면 다음을 읽으세요.
  George Packer, 'A New Report Offers Insights into Tribalism in the Age of Trump', in *The New Yorker*, 12 October 2018. *New Yorker* 웹 사이트에서 검색하세요.

* **할례를 둘러싼 윤리적, 법적 논점**을 탐구하려면 다음을 읽으세요.
  Lauren Notini and Brian D. Earp, 'Should Iceland Ban Circumcision? A Legal and

Ethical Analysis', in *The BMJ*, 22 April 2018. *BMJ* 웹 사이트에서 검색하세요.

- **객관성**과 **주관성**에 대해서는 다음을 읽으세요.
  Janet D. Stemwedel, 'The Ideal of Objectivity', in The *Scientific American*, 26 February 2013. *Scientific American* 웹 사이트에서 검색하세요.

- **공통 감각**(상식) **개념**을 더 깊이 천착하려면 다음을 읽으세요.
  Jim Taylor, '*Common Sense is Neither Sense*', in *Psychology Today*, 12 July 2011. *Psychology Today* 웹 사이트에서 검색하세요.

- **공통 감각**(상식)에 대해 더 많은 내용을 알려면 다음을 읽으세요.
  Angelica Vecchio-Sadus, Common sense – 'How common is it and does it make sense?', in *Safety Institute Australia*, 31 August 2010. *Australian Institute of Health and Safety* 웹 사이트에서 검색하세요.

> **2장**

지식의 문제

학습 목표

2장에서는 지식이 의미하는 바가 무엇인지, 지식으로서 중요한 것이 무엇인지를 결정할 때 우리가 갖고 있는 몇 가지 문제를 살펴볼 것입니다.

여러분은

- 지식, 법칙, 이론, 정보와 데이터라는 용어가 의미하는 바가 무엇인지 생각하고, 왜 **지식**이 명확히 정의될 수 없는지 분명히 이야기할 수 있게 됩니다.
- 다양한 유형의 지식에 내재된 주관적 본성을 이해하고, 지식을 분류하는 다양한 방식에 대해 이야기할 수 있게 됩니다.
- 지식의 폭과 깊이를 포함하여 지식의 다양한 수준을 탐구하게 됩니다.
- 우리의 지식에 어떻게 접근할 수 있는지, 기억의 역할은 무엇인지, 언어는 우리가 아는 것에 어떤 영향을 주는지 인식하게 됩니다.
- 잘못된 정보, 역정보, 가짜 뉴스가 의미하는 바가 무엇인지 이해하고, 확증 편향에 대해 깨달으며, 그릇된 정보에 오도되거나 다른 사람들을 잘못된 정보로 호도하지 않도록 정보의 출처를 비판적으로 평가하게 됩니다.
- 앎의 행위에서 신뢰의 중요성을 이해하게 됩니다.

다음 각각의 인용문을 분석하고 이어지는 질문에 관해 토론하세요..

1 "진정한 앎이란 자신이 얼마나 무지한지 깨닫는 것이다." **공자**(BC 551~BC 479)

2 "진보의 가장 큰 장애는 지식의 부재가 아니라 지식에 대한 착각이다." **대니얼 부어스틴**(Daniel Boorstin, 1914~2004)

3 "지식을 갖고 있다고 해서 경이로움과 신비함이 사라지는 것은 아니다. 언제나 더 많은 신비한 것들이 있다." **아나이스 닌**(Anais Nin, 1903~1977)

4 "신속하고 엄청난 양의 정보를 진짜 지식과 헷갈리면 안 된다." **매리언 울프**(Maryanne Wolf, 1950~)

5 "새로운 지식을 갖게 되면, 새로운 질문이라는 전체 세계를 통째로 얻게 된다." **수잔 K. 랭거**(Susanne K. Langer, 1895~1985)

위의 인용문에 대해 다음을 생각해 봅시다.

　a 인용문에 어느 정도 동의하나요? 아니면 동의하지 않나요?

　b 인용문에 어떤 이의를 제기할 건가요?

　c 인용문은 지식에 대한 화자의 관점에 대해 어떤 것을 알려 주나요? 아는이인 우리에게 어떤 함의를 갖고 있을까요?

　d 인용문이 모든 유형의 지식, 모든 지식 영역, 모든 지식 공동체에 적용된다고 생각하나요?

2.1 들어가며

우리를 다른 모든 종과 구별해 주는 호모 사피엔스의 주요 특징은, 모든 세대가 처음부터 무에서 시작하지 않아도 된다는 것입니다. 다른 종에 속하는 갓 태어난 동물들은 유전자로 전해진 것과 그들의 부모나 군집 집단이 제한된 범위 내에서 가르쳐 줄 수 있는 것에 의존할 수밖에 없습니다. 반면에 사람의 신생아는 수많은 이전 세대로부터 물려받을 수 있는, 상상할 수 없을 정도로 방대한 양의 지식과 기량을 마음대로 활용할 수 있습니다.

　지식은 너무나 중요하기 때문에 우리는 **어떻게 아는가**나 **앎의 문제**, 특히 **앎에 있어 어떻게 실수를 피할 것인가**와 같은 문제를 제기할 필요가 있습니다. 그렇게 하려면 우리는 지식이란 무엇인가, 또 지식은 사실, 견해, 믿음과는 어떻게 구분되는가, 아는이로서 우리가 우리의 지식을 확신하는 것이 지닌 문제들에 대해 생각해 보아야 합니다.

2.2 지식이란 무엇인가?

논의 2.1

우리가 어떤 것을 **안다**고 할 때 이것은 무슨 의미일까요?

우리 모두는 마치 우리가 지식이 무엇인지, 안다는 것이 무엇을 의미하는지를 이해하고 있는 것처럼 지식과 앎에 대해 이야기합니다. 하지만 수천 년 동안의 노력에도 불구하고 철학자들은 모든 사람과 모든 상황을 충족시킬 만한 지식에 대한 정의를 내리지 못했습니다.

여러분이 들어 봤을지 모르지만, 지식에 대한 한 가지 철학적 정의는 **정당화된 참인 믿음**(justified, true belief, JTB)입니다. 그리스 철학자 플라톤(Platon, BC 427?~BC 348?)이 최초로 제시했다가 철회한 정의입니다. 이 정의는 첫 번째로 우리가 아는 것이 믿음일 것을 요구합니다. 두 번째로는 그 믿음이 정당화되어야만 하고, 세 번째로 그것이 참이어야 합니다.

이 정의에 따르면 우리가 알고 있다고 믿는 것이 필요한데, 나중에 허위로 밝혀질 것을 믿을 수도 있습니다. 그래서 대부분의 철학자들은 믿음은 지식의 필요조건이지만 충분조건은 아니라고 결론 내렸습니다. 달리 표현하면 여러분은 어떤 것을 안다고 주장하기 전에 그것이 참이라고 믿어야 합니다. 그러나 어떤 것을 안다고 주장할 수 있으려면 그것을 참이라고 믿는 것만으로는 충분하지 않습니다. 예를 들어 여러분이 캔버라가 호주의 수도라고 믿을 수 있고, 그것을 안다고 주장할 수도 있습니다. 그러나 콜롬보가 스리랑카의 수도라고 믿고 그것을 안다고 주장한다면 그 주장은 거짓입니다. 그것이 참이라고 믿는 것은 그것을 아는 것과 똑같지 않습니다. 실제로 스리랑카의 수도는 '스리자야와르데네푸라코테'입니다.

논의 2.2

어떤 것을 알고도 안 믿는 것이 가능할까요? 그래도 그것을 **지식**이라고 할 수 있을까요?

JTB의 두 번째 필요조건은 믿음이 정당화되어야 한다는 것입니다. 그러나 나중에 허위로 드러날 많은 것들을 믿는 것도 정당화될 수 있습니다. 고대 그리스인들은 태양이 지구 둘레를 돈다고 믿는 것도 정당화했습니다. 그들이 가진 증거가 그 믿음을 뒷받침했기 때문입니다. 그들은 매일 태양이 하늘을 가로질러 움직이는 것을 볼 수 있었습니다. 그리고 그들은 지구가 움직인다고는 전혀 생각하지 않았습니다. 따라서 태양이 지구 둘레를 돈다고 믿는 것은 그들로서는 합당한 것이었습니다.

태양이 지구 둘레를 돈다는 믿음은 참이 아닌 것으로 밝혀졌기 때문에 **정당화된 참인 믿음**이라는 정의에 따르면 지식이 될 수 없습니다. 그러나 어떤 지식이 JTB일 것을 요구하는 것은 "무엇이 참인지 우리가 어떻게 알까?"라는 질문을 무시하는 것입니다. 지금은 그것이 틀렸다는 것을 알고 있지만, 고대 그리스인들은 지구 중심적 우주 모델에 대한 믿음이 **참이고 정당화된 믿음**이라고 이해했을 것입니다. 인간의 지식과 기술이 발전함에 따라 전에는 정당화되고 참인 것으로 여겨졌던 믿음들이 추가적인 증거들에 의해 대체되어 버렸습니다. 아는이로서의 우리는 우리의 지식과 관련해서 많은 요인들에 의존하는데 거기에는 현재 살고 있는 시간대 등이 포함됩니다.

우리가 무엇이 참인지 모르거나 확실하게 알지 못하는 경우가 많이 있습니다. 13장

키워드

정당화된: 이성적인, 합당한 증거에 기반한

참인: 옳은, 사실적인, 정확하거나 정직한

믿음: 진실이라고 생각되는 어떤 것, 의견

에서 알게 되겠지만 우리는 어떤 것이 거짓이라고 입증할 수 있지만, 어떤 것이 참이라고 증명하는 것은 훨씬 더 어렵습니다.

실제 상황 2.1

고대 그리스인들이 지구 중심의 우주관에 대해 그들이 **참이고 정당화된 믿음**을 가졌다고 생각한 것을 보면, 그들은 태양이 지구 둘레를 도는 것으로 알았다고 할 수 있을까요?

플라톤이 최초로 정의를 내린 뒤 JTB에는 많은 문제가 있었고, 플라톤 자신을 비롯하여 많은 철학자들이 그에 대해 반론을 펼쳤습니다. 미국 철학자 에드먼드 게티어 (Edmund Gettier, 1927~2021)는 **게티어 사례**라고 불리는 논의를 통해 JTB를 버리는 데 가장 큰 역할을 했습니다.

'게티어 문제'라고도 알려진 게티어 사례는 정당화에 결함이 있는 JTB를 부각시키는데, 운 좋게도 참일 뿐인 믿음입니다.

키워드

게티어 사례: '정당화된 참인 믿음'이지만 지식으로 인정되지 않는 사례

그림 2.1 _ 여러분은 어떤 것을 우연히 알 수 있을까요?

탐구 2.1

게티어 사례를 연구하고 여러분 자신의 사례를 만들어 보세요. 같은 반 친구에게 그것을 소개하고 그것이 어떻게 해서 진짜 지식이 아닌 JTB인지 설명하세요.

또래 평가

친구의 게티어 사례 발표를 귀 기울여 들으세요. 그 친구의 예는 누군가 지식을 갖고 있지 않아도 JTB를 가질 수 있다는 것을 보여 주나요? 그 친구는 자신이 발표한 예가 왜 지식이 아닌지를 온전히 이해하나요? 여러분은 서로 지식이 무엇인지를 보다 잘 이해하도록 돕기 위해 만들어진 사례를 어떻게 활용할 수 있을까요?

논의 2.3

왜 무엇인가에 대해 옳다는 것이 그것을 **아는** 것과 같은 것이 아닐까요?

<aside>
키워드

신의 시선: 아는이가 전지적인 신만이 가질 수 있는 지식에 접근할 수 있다고 가정하는 경우
</aside>

지식은 불가피하게 맥락상으로나 문화적으로 상대적입니다. 인간에게 **신의 시선**은 없습니다. 보편적으로 참인 것이 있을 수 있다 해도, 우리가 고안한 틀 안에서가 아니라면 그것들에 명확하게 접근할 수 없습니다. 우리는 참이라고 믿는 것이나 정당화되었다고 믿는 것에 대해 늘 확신할 수는 없습니다. 진리에 대한 요구를 믿음에 적용할 수 있는 정당화의 요구와 결합하는 것은 정당화된 믿음보다 더한 확실성을 주지는 못합니다. 참이 무엇인가에 관한, 그리고 우리가 손에 넣을 수 있는 증거에 관한 우리 공동체의 현재 믿음을 고려할 때 우리가 진리에 대해 말할 수 있는 것은 그것이 **우리가 지금 당장 할 수 있는 최선**이라는 것뿐입니다. 우리가 지닌 증거가 바뀔 수 있고 무엇이 참인지에 관한 우리 공동체의 믿음이 어느 지점에서는 뒤집힐 수 있다는 것을 받아들일 준비가 되어 있어야 합니다. 우리 문화는 과학적이거나 양적인 증거를 믿음에 대한 정당화로 우선적으로 높이 평가하지만 다른 선택지도 있을 수 있습니다. 예를 들면 아름다움과 미적인 것을 지식의 조건으로 높이 평가하는 사회를 상상해 볼 수 있습니다. 그런 사회에서는 우주에 대한 더 아름다운 사고방식이 있다고 정할 수 있고, 지식이라 여기는 것들의 근거를 미적 증거라는 형태에 둘 수도 있습니다.

1903년 미국 최초의 노벨 물리학상 수상자인 마이컬슨(A.A. Michelson, 1852~1931)은 "물리학의 더욱 중요한 근본 법칙과 사실들이 모두 발견되어 이제는 매우 굳건히 확립되었기에 새로운 발견의 결과로 이것들이 대체될 가능성은 극히 적다"라고 쓴 것으로 유명합니다. 그러나 불과 2년 후에 알베르트 아인슈타인(Albert Einstein, 1879~1955)이 **특수 상대성 이론**을 발견하고 12년 후에 **일반 상대성 이론**을 공표해 그때까지 알려진 대부분의 물리학을 뒤집어 버렸습니다.

지식의 정의에 대한 보다 많은 **상식적** 접근 방법들은 지식을 확실성, 증거, 실용성, 광범위한 동의, 그리고 공동체의 동의와 동일시하려 했지만, 그중 어느 것도 완벽하지 않았으며, 모두를 한데 묶어도 어떤 것이 확실한 지식임을 아는 무오류의 방법을 제시

하지 못합니다. 진리와 마찬가지로 확실성은 보증될 수 없습니다. 증거가 설득력을 지닐 수는 있지만, 우리가 믿고 있는 것을 뒤집거나 적어도 수정할 수 있는 추가적인 증거가 나올 가능성은 있습니다. '지식'은 우리가 **어떻게** 그리고 **왜**라는 질문에 대답하는 데 사용하는 것이고 어떤 종류의 실제적 진보를 이루는 데 필수적입니다. 그러나 실천적 '지식'조차 거짓일 수 있고 아무리 많은 동의나 증거가 있어도 우리의 '지식'이 올바르다는 것을 보증하지는 못합니다. 이것은 증거가 관념의 틀, 또는 **패러다임**에 따라 해석되어야 하기 때문만은 아닙니다. 결과적으로 예전에는 **상식적** 지식으로 여겨졌던 많은 것들이 이제는 허위로 알려져 있습니다.

호주의 과학자 배리 마샬(Barry Marshall, 1951~)과 로빈 워렌(Robin Warren, 1937~)이 1980년대 초에 위궤양의 원인을 연구하기 시삭했을 때 많은 과학자들은 위궤양이 스트레스에 의해 생기고 나쁜 식단으로 악화된다는 것을 **모든 사람들이 알고 있으므로** 그들의 연구는 시간 낭비라고 했습니다. 당시의 모든 증거가 스트레스 받는 생활 방식을 원인으로 지목하고 있었고 의료 집단은 물론 보다 폭넓은 집단들도 이에 동의했습니다. 당시에 위궤양은 일을 줄이고, 평생 자극적이지 않은 음식을 먹고, 소화기의 내벽을 보호하는 약을 복용하는 것이 전형적인 치료법이었습니다. 이 처방은 위궤양을 치료하지는 못해도 임상에서 궤양 증상의 심각성을 낮추는 데 효과가 있는 것처럼 보였습니다.

그러나 마샬과 워렌은 과학계의 실망스러운 태도에 굴하지 않고 위궤양이 박테리아에 의해 야기된다는 것과 단지 증상 완화만 가능한 것이 아니라 항생제 투여로 완치할 수 있다는 것을 증명하여 2005년에 노벨 의학상을 수상했습니다.

마샬과 워렌의 발견은 인간의 지식이 계속 이어지는 발견을 통해 구축될 뿐만 아니라 전에는 확실한 것으로 보이던 '지식'을 뒤집을 수 있음을 보여 줍니다. 그렇지 않다면 지식이나 과학 모두 진보할 수 없을 것입니다.

옳다고 여겨지던 지식이 뒤집힌 사례로는 다음과 같은 것들이 있습니다.

- 우주의 팽창 속도가 감속된다는 과거의 믿음이 가속된다는 새로운 믿음으로 바뀐 것
- 과거에는 유기체가 더 **복합적**일수록 더 많은 유전자를 갖고 있을 것이라고 믿었으며 인간은 약 10만 개 정도의 유전자를 가졌을 것이라고 믿었음. 그러나 2003년 인간 게놈 프로젝트로 인간은 겨우 1만 9,000~2만 개 정도의 유전자를 가지고 있는 데 반해 **다프니아** 물벼룩은 약 3만 1,000개의 유전자를 가진 것을 알아낸 것
- 예전에는 인간만 도구를 사용한다고 믿었음. 지금은 조류를 포함한 많은 동물들이 도구를 사용한다는 것이 알려짐
- 산소가 발견되기 전까지 과학자들 사이에서는 **플로지스톤**이 모든 가연성 물질

키워드

패러다임: 이해의 틀을 제공하는 모델이나 예

키워드

복합적: 복잡하고 다면적

플로지스톤: 가설상의 가연성 물질 성분

의 한 원소이며 연소될 때 이것이 방출된다는 믿음이 매우 널리 퍼져 있었음

- 예전에는 아기와 사람이 아닌 동물은 통증을 느끼지 못한다고 믿었음. 1987년
  에서야 미국에서 마취 없이 아기에게 수술하는 것이 불법화됨

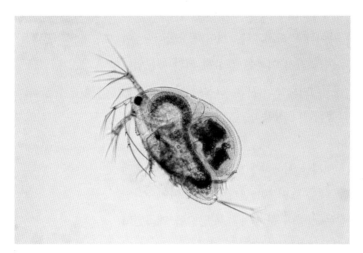

그림 2.2 _ 인간보다 많은 유전자를 가진 것으로 알려진 **다프니아** 물벼룩

실제 상황 2.2

전에는 생명체가 복합적일수록 더 많은 유전자를 가진다고 믿었습니다. 왜 사람들은 생명체가
더 많은 유전자를 가지면 보다 복합적일 것이라고 믿었을까요? 이 믿음은 정당화되었다고 생각
하나요?

탐구 2.2

옳다고 여겨졌으나 나중에 반박된 지식의 예를 한 가지 골라서 왜 처음의 믿음이 지식으로 여
겨졌는지 알아보세요. 처음의 믿음을 뒷받침하는 증거는 무엇인가요? 그 믿음은 참인 것으로
널리 받아들여졌나요? 나중에 허위로 드러나도 그 믿음이 어떤 면에서는 쓸모가 있었나요? 사
람들이 처음의 믿음을 지식으로 여겼던 것이 정당화된다고 생각하는지 여부에 대해 250단어
(625~750자) 정도로 서술하세요.

자기 평가

여러분이 쓴 글의 주장을 평가해 보세요. 여러분은 그 글에서, 사람들이 처음의 믿음에 대해 정
당화된다고, 아니면 정당화되지 않는다고 주장했나요? 주장의 양면을 고려했나요? 자신의 입장
을 뒷받침하거나 정당화할 수 있는 증거를 충분히 제시했나요?

지식, 법칙과 이론

지식을 명확한 방식으로 정의할 수 없다 하더라도 우리는 여전히 지식, 특히 과학 지
식에 대해 어느 정도 신뢰성을 갖고 말할 수 있는 직관적 이해를 갖고 있습니다.

　대부분의 지식은 물리적 세계가 존재하고, 현실을 지배하는 **자연법칙**을 이해할 수
있다고 가정합니다. 즉 우주는 일관성이 있으며, 나무에서 사과가 떨어지게 하는 힘은

키워드

자연법칙: 둘 이상의 대상이
자연계에서 가지는 관계에 대
한 관찰의 일반화된 서술인
데, 종종 수학적으로 서술됨

행성의 궤도를 결정하는 힘과 일관성이 있습니다. 그리고 우리가 숨 쉬는 대기와 우리가 사용하는 물체를 구성하는 원자들은 살아 있는 우리 몸을 구성하는 원자들과 똑같습니다. 자연법칙에 대한 우리의 믿음은 가장 깊은 수준에서의 자연의 통일성에 대한 믿음인데 여러분은 13장에서 자연법칙에 대해 더 많은 것을 배울 것입니다.

지식론 여행을 시작하면서 지식과 **이론**의 차이를 명확히 아는 것이 중요합니다. 여러분은 이 책의 여러 곳에서, 특히 13장에서 여러 가지 이론을 접하게 되기 때문입니다. **이론**이라는 말은 종종 사변이나 추측이라는 의미로 쓰이지만, 그보다는 잘 정의된 관념과 원리에 기반하여 어떤 것이 어떻게 작동하거나 작용하는지에 대한 설명이라고 하는 것이 이 단어를 가장 잘 이해한 것입니다.

좋은 이론은 검증 가능하며 우리를 둘러싼 세계를 이해하게 해 줍니다. 또한 세계에 대한 정확한 예측을 할 수 있도록 도와줍니다. 예를 들어 1915년 알베르트 아인슈타인이 발표한 **일반 상대성 이론**은 행성과 항성 같은 질량이 큰 물체가 시공간을 **왜곡한다**고 예측했습니다. 시공간의 휨을 눈으로 보거나 과학 실험 도구로 직접 측정할 수 있는 건 아니지만, 그 이론에 의해 예측된 **현상**이 나중에 관측되어 이론이 참이라는 것을 뒷받침했습니다. 그런데 중요한 사실은 모든 증거가 다 그 이론을 뒷받침했지만 그 이론이 증명되지는 않았다는 것입니다. 일반 상대성 이론은 아직 제시되지 않은 훨씬 더 심오한 이론의 근사치일 가능성이 있다는 것입니다.

자연과학과 인간과학 모두 예측하기 위해 이론을 활용하는 것은 기본입니다. 이론이 궁극적으로 전면 수정되거나 폐기된다 할지라도 이론을 검증하면서 얻은 정보와 지식은 언제나 지식의 진보에 귀중한 가치를 지닌다고 할 수 있습니다.

논의 2.4

이론이 언제 좋은 설명을 제공하는지를 어떻게 알 수 있을까요?

정보와 데이터

클로드 섀넌(Claude E. Shannon, 1916~2001)은 **정보 이론**의 아버지이자 앨런 튜링(Alan Turing, 1912~1954)과 함께 디지털 혁명을 주도한 인물로 알려져 있습니다. 그는 앎을 정보의 증가 또는 불확실성의 감소로 생각합니다. 이 말은 어느 정도 도움이 되는 안내자 역할을 할 수는 있지만, 정보만으로는 지식이라 할 수 없습니다.

어휘상 구분은 어느 정도 관례의 문제입니다. 그리고 그 관례는 결코 보편적이지 않습니다. 예를 들어 많은 사람들이 **데이터**와 정보를 차이가 없는 것처럼 사용하고 또 **지식**을 의미하는 말로 **정보**를 사용합니다. 하지만 두 단어를 서로 바꾸어 사용함으로써 의미상의 미묘한 차이가 상실되고 혼란을 일으킬 수도 있습니다. 어휘상의 미묘한 차이를 깨닫고 가능한 한 일관성 있게 용어를 사용하는 것이 바람직합니다.

그림 2.3 _ 데이터는 정보나 지식과 같은 말이 아닙니다.

데이터는 예를 들면 010011000111과 같은 이진수 배열입니다. 이것은 명백히 **노이즈**는 아니지만 분명한 의미나 해석이 있는 것은 아니므로 그저 단순한 데이터입니다. 그것은 몇 가지 **디코딩** 과정을 거쳐 처리될 수 있을 때만 정보가 될 수 있습니다. 제2차 세계 대전(1939~1945) 중에 연합군이 독일의 암호 기계를 손에 넣었을 때, 앨런 튜링과 그의 팀은 블레츨리 공원에서 무선 신호에서 가로챈 **데이터**를 디코딩해서 거기에 포함된 **정보**를 발견하여 변환하는 힘겨운 과정을 거쳐야 했습니다.

데이터를 디코딩하면 정보를 얻게 되지만, 그 정보가 우리에게 중요한 가치가 있으려면 조직화되어야 합니다. 예를 들어 전화번호부에는 사람의 이름, 주소와 전화번호가 담겨 있습니다. 그런데 이름과 주소, 번호가 무작위적으로 배열되면 그것은 단순히 데이터의 모음일 뿐이고 누구에게나 거의 가치가 없습니다. 데이터를 알파벳순으로 조직화하고 이름, 주소가 특정 숫자와 결합되면 그 데이터는 유용한 정보로 바뀝니다.

논의 2.5

데이터와 정보의 차이는 무엇일까요?

우리가 만약 원주율 π의 값을 **인코딩**한 이진수 배열을 수신한다면, 그 데이터는 명확한 해석이 가능하므로 정보라고 말할 수 있습니다. 그러나 데이터가 정보로 여겨지려면 참이거나 쓸모가 있어야 하는 것은 아닙니다. 예를 들어 적정한 문법적 구조 내에서 이해 가능한 단어 집합을 우리에게 제공한다고 해석될 수 있는 데이터의 이진수 배열을 생각해 볼 수 있습니다. 설령 그것이 어떤 식으로든 참이거나 유용하지 않다고 하더라도, 그것은 여전히 정보일 것입니다. 유명한 예로 노엄 촘스키(Noam Chomsky, 1928~)는 "무채색의 녹색 아이디어가 격렬하게 자고 있다(Colourless green ideas sleep furiously)"라는 문장을 만들었습니다. 이 문장은 문법적으로 옳고 이해 가능한 어휘들로 이루어졌지만, 의미론적으로는 허튼 소리입니다.

이는 정보가 없으면 지식이 아니지만, 정보만 있다고 해서 지식인 것은 아니라는 말입니다. **지식**이 기억된 정보를 가리키는 데 사용되기도 하지만 대부분의 경우 수집되고, 조직화되며, 유용하게 해 줄 방식으로 분석된 정보를 가리킵니다. 정보를 기억하는 것은 여러분이 그 정보를 이해한다거나 그것을 적절히 활용할 수 있다는 것을 의미하지는 않습니다. 예를 들어 한 아이가 구구단을 기억하면 우리는 그 아이가 구구단을 **안다**고 말할 수 있습니다. 그러나 그 아이가 곱셈법을 **안다**고 할 수 있는 것은 그 아이가 구구단을 이해하고, 구구단을 알게 되면서 등장하는 패턴들을 이해하고 활용할 수 있을 때뿐입니다.

논의 2.6

정보와 지식의 차이는 무엇일까요?

탐구 2.3

다음 질문들에 대해 생각해 보세요. "전화번호부를 가지고 있으면 지식을 가졌다고 생각할 수 있나? 여러분이 그것을 기억한다면 어떨까? 전화번호부를 분석하여 특정 지역에 사는 사람들은 전화번호 앞자리 다섯 개가 같다는 것을 발견한다면 여러분은 자신이 전화번호부에 담긴 정보에 대한 지식을 가졌다고 생각할까? 전화번호부가 알파벳순(한국은 가나다순)이 아니고 번호순으로 되어 있다면 이 질문 중 어느 것에 대해 다르게 대답할 것인가? 그 이유는 무엇인가? 그렇지 않다면 그 이유는 무엇인가?"

여러분이 어떤 과목을 공부할 때 그 과목의 많은 사실들을 단순히 배우기만 할 수는 없습니다. 아니면 적어도 여러분이 그 과목의 많은 사실들을 배웠다고 해서 그것을 이해했다거나 여러분이 가진 정보를 새로운 상황에서 새로운 문제를 해결하는 데 사용할 수 있다는 것을 의미하지는 않습니다. 오히려 여러분은 그 정보를 이해하기 위한 틀을 제공하는 방법과 이론에 대해 배워야 합니다. 마찬가지로 새로운 언어를 배운다는 것은 새로운 어휘를 배우는 것보다 훨씬 더 많은 것이 필요합니다. 여러분은 문법과 흔하게 쓰이는 관용구를 이해해야 하고, 원어민이 사용하는 방식으로 그 언어를 진정으로 유창하게 사용하고 싶다면 개념적 배경을 습득하고 이를 언어에 적용해야 할 것입니다.

실제 상황 2.3

왜 어떤 과목의 사실들을 암기하는 것은 그 과목에 대한 포괄적인 지식을 갖기에 충분하지 않을까요? 여러분이 시나 심지어 소설을 외울 수 있다고 가정합시다. 작품을 외우는 것은 시험에서 그 작품에 대한 에세이를 쓰는 데 필요한 지식을 어느 정도나 제공할까요?

2.3 지식의 유형

논의 2.7

지식은 여러 방식으로 분류될 수 있습니다. 여러분이 지식을 다양한 유형으로 분류해야 한다면, 어떤 유형의 지식을 제시할 것인가요?

지식을 분류하는 한 가지 방법(때로는 사업상의 지식 경영과 관련됨)은 **암묵적** 지식과 **명시적** 지식을 구별하는 것입니다.

암묵적 지식이란 여러분이 갖고 있는 주관적, 경험적인 지식입니다. 이것은 말로 표현하거나 다른 사람에게 전달하기 어렵습니다. 이것은 여러분의 관점과 가치를 포함하여 전문적이고 장인적 기량, 인지적 기량, 마음속의 이미지와 표현 불가능한 믿음을 포함합니다. 명시적 지식은 말이나 정식으로 표현될 수 있는 지식입니다. 이것은 우리가 책, 보고서, 매뉴얼, 데이터베이스, 온라인 웹 사이트에서 접하는 지식의 형태입니다.

탐구 2.4

자전거 타기 같은 여러분이 할 수 있는 활동을 한 가지 생각해 보세요. 자전거를 타 본 적이 없는 사람에게 자전거 타는 법을 알 수 있도록 자전거 타기(또는 여러분이 선택한 다른 활동)에 관해 자신이 아는 것을 모두 써 보세요. 얼마나 쉬운가요? 할 수 있다고 생각하나요?

인터넷에서 자전거 타는 법을 알려 주는 안내문을 찾을 수 있을 거예요. 한 가지만 찾아서 읽어 보세요. 그 내용이 얼마나 잘 쓰였다고 생각하나요? 여러분이 자전거를 타 본 적이 없다면 그 안내문이 단 한 번의 시도로 자전거를 타기에 충분한 지식을 제공한다고 생각하나요? 그 이유는 무엇인가요?

그림 2.4 _ 자전거 타는 법 배우기

자전거 타기에 대해 아는 내용을 쓰려고 할 때 어려움에 부딪치는 것처럼, 여러분이 하는 것에 대해 주의 깊게 생각하다 보면 평소에는 자동적으로 척척 하던 것도 어려워질 수 있습니다. 예를 들어 여러분이 신발 끈을 묶으면서 신발 끈 묶는 법에 대해 깊이 생각하다 보면 더 하기 어려워진다는 것을 알게 될 것입니다.

이것은 **지네 효과**라고 알려져 있는데 캐서린 크래스터(Katherine Craster, 1841~1874)의 동시 「지네의 딜레마」에서 유래한 말입니다.

지네는 무척이나 행복했네!

두꺼비가 장난으로 이렇게 말하기 전까진.

"어느 다리 다음에 어느 다리가 움직이는지 말해 줘!"

그 말에 지네도 궁금해서 이 궁리 저 궁리 하다가

지쳐서 도랑에 빠지고 말았네.

어떻게 달려야 할지 몰라서 발이 꼬였대.

캐서린 크래스터

실제 상황 2.4

지네 효과를 경험한 적이 있나요? 무엇을 하고 있을 때였고, 그것이 어떤 영향을 끼쳤나요?

수학자이자 논리학자, 철학자인 버트런드 러셀(Bertrand Russell, 1872~1970)은 지식을 직접 대면에 의한 지식과 서술에 의한 지식, 이 두 가지로 범주화했습니다. 이것은 러셀이 제안했던 방식과는 상당히 다르지만 점차 대중화되었습니다.

쉽게 말해서 직접 대면에 의한 지식은 기본적으로 우리의 감각을 통해 1차적으로 얻는 지식입니다. 아는이는 이 지식이 가리키는 대상에 직접적으로 다른 매개 없이 접근합니다. 하지만 어떤 것을 직접 대면하여 친숙하다는 것과 직접 대면에 의한 지식을 갖는다는 것은 차이가 있습니다. 직접 대면에 의한 지식은 여러분이 직접 대면하여 친숙한 것이 무엇이든 그것에 관한 얼마간의 지식이나 믿음의 모종의 형식이 필요합니다. 예를 들어 여러분의 학교에 다니는 어떤 사람(잉그리드라고 합시다)과 친분이 있을 수 있습니다. 여러분은 잉그리드를 알아보고, 때로는 "안녕!" 하고 인사할 수도 있습니다. 하지만 여러분이 직접 대면에 기반하여 그녀에 대한 믿음을 갖는다는 의미로 보면 그것이 그녀를 안다는 것은 아닙니다. 그러나 잉그리드와 대화를 하면서 그녀는 물리를 가장 좋아한다고 말하고 여러분은 그녀가 정직하게 말한다고 믿는다면, 여러분은 직접 대면에 기반하여 잉그리드가 물리를 좋아하는 것을 **안다**고 주장할 수 있습니다.

마찬가지로 평이하게 말하자면, 서술에 의한 지식은 여러분이 책이나 온라인 기사를 통해 배우게 되었거나, 선생님이 알려 준 2차적 지식입니다. 달리 표현하면 그것은 간접적이거나 매개에 의한 것이거나 추론적인 것입니다. 여러분은 리우데자네이루에

가 본 적이 없더라도, 책이나 영화에서 봤기 때문에 그 도시에 대해 뭔가를 알고 있을 수 있습니다.

하지만 지식의 두 가지 분류에 대한 대중의 이해는 지식의 두 가지 유형에 대한 러셀의 철학적 이해와는 다릅니다. 예를 들어 러셀은 의심할 수 없는 직접적인 경험이 있어야만 직접 대면에 의해 어떤 것을 알 수 있다고 믿었습니다. 이것이 의미하는 바는, 우리가 (배고픔을 느끼는 것 같은) **내성적** 경험이나 기억의 경험, 또 **보편성**이라고 알려진 다양한 특성들을 직접 대면에 의해 알 수 있다는 것입니다. 하지만 러셀에 따르면 우리는 그런 물리적 대상이 존재한다는 것을 알 수 없다고 합니다. 여러분이 아이패드를 자세히 살펴보면 그것의 모양, 색상, 매끈함, 광택을 대면에 의해 알 수 있습니다. 하지만 여러분은 서술 이외의 방법으로 아이패드 그 자체를 알 수는 없습니다.

러셀은 여러분이 사람과 장소를 포함한 물리적 대상에 대해 어떤 것을 알 수 있는 유일한 방법은 서술에 의한 지식을 통한 것뿐이라고 믿었습니다. 여러분은 직접적 경험을 했든 안 했든 물리적 대상들을 서술하는 데 사용한 개념들을 이해함으로써 그것들에 대한 믿음을 형성할 수 있습니다. 그러므로 아이패드의 예에서 여러분은 그것에 대한 서술(모양, 색상, 표면의 부드러움, 광택 등)로 아이패드에 대해 생각하게 되고, 여러분이 직접 대면해 알기 때문에 서술에 대해 생각할 수 있습니다. 다른 말로 하면 러셀이 유형화한 것에서 직접 대면에 의한 지식은 서술에 의한 모든 지식의 근거가 됩니다.

몇몇 언어에서 다른 유형의 지식을 구별하는 예를 찾아볼 수 있습니다. 예를 들어 프랑스어로 앎이라는 뜻의 단어는 savoir와 connaître, 이렇게 두 가지가 있습니다. savoir는 일반적으로 획득된 (2차적) 지식을 가리키며, connaître는 비철학적 의미에서 직접 대면에 의한 (1차적) 지식, 즉 우리가 가 본 곳, 아는 사람, 했던 것 등을 가리킵니다. 영어로는 comprehension과 apprehension이 있는데 comprehension은 지식의 완전한 이해를 뜻하는 '파악'이란 뜻이고 apprehension은 보다 잠정적인 지식의 이해를 뜻하는 '포착'이란 뜻입니다. 다만 apprehension은 지금은 긴장된 상태를 표현하는 데 흔히 사용됩니다.

키워드

내성적: 자신의 내면을 살피는

보편성: 붉음, 둥글둥글함, 아름다움처럼 여러 개인들에 의해 동시에 공유될 수 있는 성질들

인지 과학에서의 지식 분류

지식의 다양한 유형을 논의하는 보다 간단하면서도 도움이 되는 방법은 **인지 과학**에서 쓰이는 지식 분류를 사용하는 것입니다.

키워드

인지 과학: 철학, 심리학, 언어학, 자연과학을 포함한 학제적 접근법을 통한 정신 및 그 처리 과정에 관한 연구

그림 2.5 _ 개념적 지식은 추상적 관념과 연관됩니다.

키워드

사실적: 사실을 담은

개념적: 추상적인 생각과 관련된

절차적: 행동과 관련된, 일정한 순서에 따른

메타 인지적: 사고 과정과 관련된

인지 과학에서는 **사실적, 개념적, 절차적, 메타 인지적**, 이렇게 네 가지 유형의 지식을 인정합니다. 이 분류 체계에서 앞의 두 가지 범주는 **무엇**과 관련된 지식이고 뒤의 두 개는 **어떻게**와 관련된 지식입니다.

인지 과학에서 **사실적 지식**이란 여러분이 생각해 낼 수 있는 정보의 분리되고 고립된 요소들의 집합입니다. 사실적 지식에는 음악에서 화음이 두세 개의 음이 동시에 연주될 때 만들어진다는 것을 알거나 피아페(piaffe)가 승마의 마장 마술 경기에서 거의 제자리에서 엄격하게 통제된 채, 제자리걸음으로 다리 등을 높이 들어 올리고 매우 빨리 걷는 모습을 하는 것임을 아는 것처럼 특정한 주제의 용어 사용법이 포함됩니다. 또 학문적 분야나 퀴즈에 참여할 때, 트리비얼 퍼수트(Trivial Pursuit)* 게임을 할 때 도움이 되는 모든 종류의 사실들을 포괄합니다. 예를 들면 버락 오바마가 미국의 44대 대통령이었다는 것과 Sn이 주석의 화학 기호라는 것, 또 1912~1948년 올림픽에서 건축, 회화, 문학, 음악, 조각 대회도 있었다는 사실 등입니다.

개념적 지식은 어떻게 지식의 다양한 요소들을 더 유용성이 높아지도록 연결할 것

*****트리비얼 퍼수트**: 여러 가지 사소한 상식에 관한 문제를 풀어 가면서 진행하는 캐나다 보드게임

인지의 방법을 아는 것입니다. 예를 들면 여러 가지 항목을 분류하는 법, 영어에서 명사를 복수로 만들기 위해 s를 붙이는 법 등입니다. 또 수학적 모델이나 윤리 원칙도 여기에 포함됩니다. 언어를 사용하여 생각을 정리하고 표현하는 데 필요한 개념을 모른다면 언어의 유창함에 이를 수 없습니다.

절차적 지식은 붓 사용하기, 자전거 타기, 얼굴 인식하기, 과학 실험, 이차 방정식 풀기처럼 어떤 것을 행하는 방법을 아는 것입니다. 절차적 지식은 반드시 그런 것은 아니지만 대부분 암묵적입니다. 우리는 대체로 어떤 것을 행하는 방법은 알지만 **어떻게** 아는지를 설명할 수는 없습니다.

메타 인지적 지식은 지식론이 여러분에게 도움을 주고자 하는 유형의 지식입니다. 예를 들어 여러분 자신이나 여러분의 능력에 대해 더 많이 알게 해 주고, 다양한 작업에 필요한 것을 이해하게 해 주며, 여러분이 학습할 때 도움이 되는 전략을 알려 주고, 여러분 자신의 개인적 강점과 약점을 깨닫게 해 주며, 우리가 지식에 의해 오도될 수 있는 많은 방식에 대해 경종을 울리며 잠재적 오류를 들춰내고 여러분의 이해력을 발달시킬 수 있는 전략을 갖게 해 줍니다. 이 책의 '되돌아보기' 가운데 일부는 여러분의 메타 인지적 인식을 발달시키고 학습 전략에 대해 생각하는 데 도움을 주기 위한 것입니다.

실제 상황 2.7

교사나 지도자의 숙련된 기량 중 하나는 암묵적 지식을 명시적으로 만드는 것입니다. 암묵적 지식을 명시적으로 만드는 것은 메타 인지적 기량을 발달시키는 데 어떻게 도움이 될까요?

인지 과학의 지식 유형에서 사실적 지식과 절차적 지식은 낮은 수준의 지식으로 간주되고, 개념적 지식과 메타 인지적 지식은 높은 수준의 지식으로 여겨집니다.

논의 2.9

지식을 여러분의 이해의 깊이에 따라 분류하는 것과 1차적, 2차적으로 분류하는 것 가운데 어느 것이 더 유용할까요? 그 이유는요?

탐구 2.5

지식에 관한 다음 진술들을 보세요. 인지 과학적으로 어떻게 분류될까요? 여러분은 다음 질문에 대답함으로써 이 활동을 다음과 같이 나누어서 진행할 수 있습니다. 어느 진술이 사실에 관한 진술인가요? 개념적 지식은 어느 주장에 필요할까요? 어떤 것을 행하는 방법을 아는 것과 관련된 것은 어느 진술인가요? 어느 주장이 여러분의 학습과 이해력을 향상시키는 전략을 개발하는 것과 관련이 있을까요?

a 북극곰은 북반구의 야생에서만 발견된다.

b 캔버라는 호주의 수도다.

c   나는 빵을 구울 수 있다.

d   타이판은 뱀의 한 종이다.

e   상세한 학습 계획은 나의 목표 달성에 도움이 될 것이다.

f   나는 「눈 덮인 강에서 온 남자(*The Man from Snowy River*)」라는 시를 암송할 수 있다.

g   '본유적'이란 '나면서부터 가지고 있는'이란 뜻이다.

h   보다 신중한 성찰이 나의 이해력을 향상시킬 것이다.

i   유클리드 평면에서 직각 삼각형은, $a^2 + b^2 = c^2$이 성립한다.

j   고양이가 매트 위에 앉아 있다.

k   나는 적극적 경청 기술을 발달시킬 필요가 있다.

l   클로드 모네는 인상파 화가였다.

m   나는 피아노를 연주할 때 손목 위치에 더 신경 써야 한다.

n   나는 연립 방정식 푸는 법을 알고 있다.

o   우리 반에는 12명의 학생이 있다.

p   우리는 최대 다수의 최대 행복을 지향해야 한다.

q $4 + 6 = 10$

r   나는 구글 어스(Google Earth)에서 우리 학교를 찾을 수 있다.

s   성찰은 이해를 발달시킨다.

t   나는 학교 연극 공연에 필요한 의상을 만든다.

여러분의 답을 반 친구들 것과 비교해 보세요. 친구들의 분류에 동의하나요? 동의하지 않는 경우 여러분이 선택한 이유에 대해 토론하세요. 하나 이상의 범주에 들어가는 주장이 있나요? 어떤 범주가 가장 적합한지를 어떻게 정할까요?

논의 2.10

지식을 분류하는 것에는 어떤 장점이 있을까요? 지식 분류에는 어떤 어려움이 있을까요?

되돌아보기

지식 분류에는 셀 수 없을 만큼 많은 방법이 있습니다. 여러분이 무심코 사용하는 자신만의 방식(예를 들어 흥미 있는 것과 흥미 없는 것, 알 필요가 있는 것과 없는 것 등)이 있을까요? 자신의 분류법을 인식하고 분석하는 것이 여러분에게 어떻게 도움이 될까요?

2.4 지식의 수준

논의 2.11

어떤 주제의 전문가가 되려면 그 주제에 대해 얼마나 많이 알아야 한다고 생각하나요? 여러분의 답변이 자격을 갖추게 되는 것은 지식의 깊이 때문일까요, 지식의 폭 때문일까요? 아니면 둘 다 일까요? 어떤 주제에 관해서든 모든 것을 알 수 있을까요?

지식의 수준에 대해 생각할 때에는 "~에 관해 안다는 것은 무슨 뜻일까?"라고 자문해 봐야 합니다. 예를 들어 "금에 대해 얼마나 아는가?"라는 질문을 받으면 뭐라고 대답하겠습니까? 여러분은 금의 색상, 무게, 화학 기호(Au), 하나의 원소이며 금속으로 분류된다는 것 등등 금에 대한 많은 정보를 이야기할 것입니다. 여러분은 또한 금의 상업적 가치와 쓰임새, 경제적 중요성과 역사적 중요성 등도 알 것입니다. 여러분이 금에 대해 더 많이 생각할수록 금에 대해 알고 있다는 것을 더 많이 발견할 것이고, 또 더 알기 위해 조사할 것입니다. 또 어떤 것에 대해 더 많이 알수록 아직도 알지 못하는 것이 있음을 더 많이 발견할 것입니다.

금의 생산, 화학, 역사, 문화적 용도와 경제적 중요성이라는 측면에서 금에 관해 알게 되면 그 주제에 대한 **지식의 폭**을 넓힐 수 있습니다. 금의 동위 원소, 산화 상태와 합금을 알고 있다면 여러분은 금의 화학적 성질에 관한 **지식의 깊이**(depth of knowledge, DoK)가 대단한 것입니다.

IB 디플로마 프로그램 학생으로서 여러분은 지식이란 단순히 사실을 아는 것 이상의 것이라는 점을 인식하게 될 것입니다. 오늘날 컴퓨터, 태블릿, 스마트폰 등을 통해 인터넷에 쉽게 접속할 수 있게 되면서 우리는 엄청나게 많은 사실(그와 함께 무수한 **허위 정보**)에 거의 즉각적으로 접근하지만, 사실에 대한 접근은 사실을 알거나 이해하는 것과 같은 것은 아닙니다. 개념적 틀(사실들은 이것 안에서 사실로 간주됩니다)을 잘 사용할 수 있다는 것과 같은 것도 아닙니다. 사실을 안다는 것은 지식의 매우 제한된 형태입니다.

블룸의 **분류법**은 벤저민 블룸(Benjamin Bloom)과 그의 동료들이 개발한 분류 체계로, 1956년에 처음 발표되었습니다. 이것은 인지는 물론 감정적 반응, 정신 운동적 기술(psychomotor skills) 영역에서 복잡성에 따라 교육상의 학습 목표를 분류하기 위해 설계되었습니다. 이 체계는 2001년에 개정, 수정되었습니다. 1997년 노만 웹(Norman Webb) 박사는 관련된 사고의 복잡성에 따라 지식의 깊이(DoK)를 분류하기 위해 블룸의 분류법에 있는 인지 영역을 개정했습니다. 웹 박사의 지식의 깊이(DoK)는 아는이가 자신의 배움을 얼마나 깊이 이해하고 인식하는지 측정하려는 것입니다.

키워드

지식의 폭: 주제의 많은 측면을 다루는 지식의 범위

지식의 깊이: 특정 주제에 초점을 맞춰 지식을 증폭시켜 탐구하는 것

허위 정보: 거짓말 또는 허위 서술. 사실인 것처럼 제시되는데 실은 사실이 아닌 것

분류법: 구분 체계, 범주화

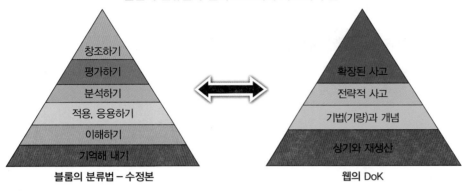

그림 2.6 _ 블룸의 수정된 분류법과 웹의 DoK 도표

지식의 깊이(DoK)에서 첫 번째 수준은 사실이나 정보, 절차를 상기할 수 있는 능력입니다. 여러분이 생물학 학습에서 첫 번째 수준이라면, 지식의 깊이(DoK)에 의하면 DNA가 데옥시리보 핵산을 나타낸다는 것, 또는 DNA의 네 가지 염기는 아데닌, 시토신, 구아닌, 티민이라는 것을 기억해 낼 것입니다. 두 번째 수준에서는 정보나 개념적 지식을 활용할 수 있습니다. 생물학에서는 뉴클레오타이드가 공유 결합에 의해 연결되는 방식과 염기쌍을 사용하여 이중 나선이 형성되는 방식을 이해할 수 있을 것입니다. 세 번째 수준은 전략적 사고와 관련되는데, 아는이는 추론할 뿐만 아니라 계획을 수립할 수 있어야 합니다. 생물학 학습의 세 번째 수준에 있다면 DNA 복제와 염기쌍의 중요성을 설명할 수 있을 것입니다. 이 체계의 가장 높은 수준인 네 번째 수준은 확장된 사고로, 아는이가 지식을 확장하여 서로 다른 지식 분야를 연계하고 복잡한 추론을 수행할 능력을 지닐 것을 요구합니다. 생물학을 예로 들면 유전자와 폴리펩타이드의 관계를 논할 수 있을 것입니다. **고차원적 사고**에 대해 언급하는 것을 들을 때도 있습니다. 이것은 블룸의 분류법이나 지식의 깊이(DoK) 같은 분류 체계에서 사고의 수준이 서로 다르다는 것을 가리킵니다. 예를 들어 세 번째 수준과 네 번째 수준은 첫 번째 수준과 두 번째 수준보다 더 많은 인지적 처리 과정이 필요하므로 '고차원적 사고'라고 불립니다.

되돌아보기

다양한 지식 분야에 걸친 IB 디플로마 프로그램 과목에서 여러분의 지식 수준과 이해 수준을 시험하고 개선하기 위해 DoK 체계나 블룸의 수정된 분류법에서 서로 다른 수준과 연계된 활동들을 어떻게 활용할 수 있을지 생각해 보세요.

탐구 2.6

1 웹의 '지식의 깊이(DoK)' 분류와 인지 과학에서의 지식의 유형 분류를 비교, 대조하는 마인드맵을 만들어 보세요.

2 여러분이 다양한 유형의 지식으로 분류한 지식 주장을 다시 살펴보고 웹의 DoK에 따라 분류해 보세요. 두 체계 사이의 어떤 유사점에 주목했나요?

어떤 과목을 더 오래, 더 깊이 공부할수록 그 과목에 대한 여러분의 이해는 더 발전하고 성장할 것입니다. 예를 들어 여러분이 IB 중학 과정 프로그램이나 iGCSE(International General Certificate of Secondary Education)* 또는 다른 중학 과정 프로그램에서 종교를 공부한다면 "기독교인들은 예수가 신의 아들이라고 믿는다. 샤하다는 이슬람교도에게 요구되는 이슬람의 첫 번째 기둥이다. 불교도는 열반을 믿는다"나 "브라만은 힌두교도에게는 최고의 영이고 궁극의 실재다"와 같은 '사실'을 반드시 배울 것입니다. 하지만 여러분이 디플로마 프로그램이나 대학에서 종교를 공부한다면 여러분이 배운 많은 '사실'이 실제로는 종교 전체에 관한 사실이 아니고, 보다 제한된 상황에서는 심지어 사실도 아니라는 것을 알게 될 것입니다. 종교는 **일괴암**적이지 않습니다. 종교 공동체 안에서의 믿음은 생각보다 훨씬 다양하고 역동적입니다. 믿음이 한 종교의 공동체 사이에서 공유될 때에도 통상적으로 우리가 처음 배운 것보다 훨씬 더 풍부한 **뉘앙스**가 있습니다. 대부분의 기독교인들은 창조론자가 아니며, 많은 기독교인들은 삼위일체 내의 관계에 대해 서로 다른 개념을 갖고 있습니다. 일부 이슬람교도들은 다섯 개 이상의 '이슬람의 기둥'을 가지고 있고 **샤하다**를 기둥이라기보다 초석으로 여기기도 합니다. 또 많은 이슬람교도들이 **샤리아**(이슬람 법)에 대해서도 다양한 견해를 가집니다. 많은 불교도들은 사후 세계를 서로 다르게 이해합니다. 힌두교에도 다양한 분파가 있는데, 그 중 일부는 브라만이 아니라 다른 신이 최고의 신이라고 선언합니다. 여러분이 어떤 종교를 대학원 수준으로 공부하면 그 종교에 대한 여러분의 이해는 더욱 더 깊어지고 더 복잡해지고 더 풍부한 뉘앙스를 띠게 될 것이며 그래서 또다시 한층 더 깊어질 것입니다.

여러분이 공부하는 모든 과목에서 똑같은 경험을 하게 될 것입니다. 가령 화학 과목은 매우 단순한 분자와 원자 모델로 공부를 시작하겠지만, 나중에는 그 모델에 대해 배운 것을 일부러 잊어버리고 다시 배우며 앞서 배운 것을 수정해야 할 것입니다. 또 수학에서는 유클리드 기하학이 유일한 기하학이라고 사고하면서 공부를 시작하지만, 나중에는 또 다른 종류의 기하학을 배우게 될 것입니다.

*iGCSE: 영국의 중고등 과정인 GCSE를 케임브리지 대학에서 국제 학생을 위한 국제 커리큘럼으로 개조한 것이다. iGCSE는 IB와 마찬가지로 국제적으로 공인된 교육 과정이다.

키워드

일괴암(monolith): 하나의 거대한 돌기둥처럼 하나로 통제되는 조직

뉘앙스: 미묘한 차이

탐구 2.7

여러분이 5년 전에 공부했던 교과서를 찾아보세요. 여러분의 지식은 어떻게 발전하고 성장했나요? 또 여러분이 과거에 작곡한 음악이나 글로 쓴 작품을 현재 창작하고 있는 작품들과 비교할 수도 있을 것입니다. 과거의 작품이 지금은 단순해 보이나요? 교사들이 다양한 연령의 아이들에게 사용하는 다양한 평가 기준과 전략에 대한 생각을 말해 보세요. 한 가지 주제나 과목을 골라 여러분의 지식이 어떻게 성장했는지 도표로 만들어 보세요.

2.5 지식에 대한 개인적 접근

사회 심리학자 에리히 프롬(Erich Fromm, 1900~1980)은 자신의 통찰력을 종교 지도자와 철학자들로부터 끌어내는데, 그에 따르면 앎은 우리의 상식적 인식이 기만적일 수 있다는 것을 알아차리고, 실재에 대해 우리가 가지는 상이 '현실 세계'와 실제로 대응하지 않는다는 것을 깨닫는 것에서 시작한다고 합니다. 거기에는 '자명한' 진리인 것처럼 보이는 것들 대부분이 실제로는 우리 사회가 주는 암시적 영향으로 만들어진 환상임을 알아내는 것도 포함됩니다. 그러므로 앎은 환상을 깨뜨리는 것에서 시작되어야 하며 비판적이고 능동적으로 '진실'에 더 가까이 나아가려는 노력이 뒤따라야 합니다.

앎은 내면에서 시작되는 능동적 과정입니다. 앎에는 뇌의 활동과 관계된 직접성이 있으므로 지식보다 훨씬 더 중요하다고도 할 수 있습니다. 지식은 책, 파일, 웹 사이트 또는 심지어 뇌와 같은 다양한 곳에 저장될 수 있지만, 이해는 여러분이 지식에 적극적으로 관여하고 그것을 여러분 자신의 것으로 만들어 사용하는 방법을 배울 때 일어납니다. 그러므로 우리가 새로운 것을 경험할 수 없거나 다른 아는이가 공유한 지식, 기량, 경험에 접근할 수 없다면 새로운 지식을 발전시키거나 배울 수 없습니다. 그리고 지식을 성장시키거나 바꿀 수 있기 전에, 우리가 발전시켰거나 접근할 수 있는 지식이 절대적으로 참이거나 최종적이지 않을 수 있다는 것을 받아들일 준비가 되어 있어야 합니다.

기억

우리는 대부분의 시간 동안 우리의 지식 전체를 의식하고 있지는 않지만, 지식의 일부는 우리가 그 지식과 어떤 방식으로든 관련된 무엇인가를 사고하거나 이야기할 때 또는 그것에 대해 무엇인가를 쓸 때 떠오를 수 있습니다. 우리가 원하는 단어, 지식, 정보가 친숙한 것이라면, 마음은 기억의 가장 깊은 곳에 이르러서 우리가 필요로 하는 단어, 지식, 정보를 원활하게 생각해 낼 수 있을 겁니다. 그때의 앎에는 우리 기억에 대한 손쉬운 접근도 포함됩니다. 그러나 우리의 기억은 흠 없는 정보와 지식을 상기하는 무오류의 데이터 뱅크가 아닙니다. 우리가 상기할 때마다 기억은 재구축되고, 그때마다 바뀌기 쉽습니다. 게다가 기억은 지각과 더불어 개인적 편향과 기분에 좌우됩니다. 우리가 행복한 기분으로 기억을 되살리면 그 기억을 행복한 것으로 기억할 가능성이 높고, 나쁜 기분으로 상기하면 가장 행복했던 순간의 기억도 불행하게 느껴질 수 있습니다.

탐구 2.8

반 전체가 참여한 최근의 행사에 대해 300단어 내외(750~900자)로 글을 써 보세요. 소방 훈련이든 집회든 현장 학습이든 상관없습니다. 관찰하려고 했던 것보다는 실제로 관찰한 것에 대해 개별적으로 작성하세요. 그런 다음 여러분의 회상을 다른 친구들과 비교해 보세요. 얼마나 비슷한가요? 아무도 기억하지 못한 일을 기억하는 친구가 있나요? 다르게 기억하는 친구가 있나요?

여러분이 쓴 것을 선생님에게 제출하세요. 1, 2주 후쯤 그 사건을 다시 기억해 내서 글을 쓰고 처음 썼던 글과 비교해 보세요. 두 번째 글에서 잊었거나 잘못 기억한 것이 있다면 무엇인가요? 몇 달 뒤에 다시 해 보고 차이점을 기록하세요.

실제 상황 2.9

사람들이 직접 경험한 일이나 간접적으로 전해 들은 일의 경과를 기록한 기억이 얼마나 신뢰할 만할까요? 이것은 아는이인 우리에게 어떤 의미를 가질까요?

기억은 여러 방식으로 범주화할 수 있습니다. 먼저 서술적 기억은 우리가 의식적으로 상기할 수 있는 명시적인 기억입니다. 이 서술적 기억은 사실적 정보에 대한 기억인 의미적 기억과 자기 삶의 특정한 부분에 대한 기억인 일화적 기억으로 나뉘며, 이는 다시 더 세분화될 수 있습니다.

그에 반해 비서술적 기억은 우리가 의식적으로 상기할 수는 없지만 무엇을 어떻게 하는지 그 절차를 떠올릴 수 있는 암묵적 기억입니다. 예를 들어 우리는 옭매듭*을 묶거나 기타 줄을 조율할 수는 있지만 그 방법을 말로는 쉽게 설명하지 못할 수도 있습니다.

*옭매듭(reef knot): 끈이나 로프의 줄을 간단히 묶기 위한 용도로 자주 사용되는 매듭

망각

> 이름이 생각나지 않는 한 시인이, 지금은 내 기억에서 사라진 작품에서, 지금 이
> 순간은 기억나지 않는 한마디를 했는데, 지금의 노년 상황과 놀랄 정도로 잘 맞
> 는 것이었다.
>
> P.G. 우드하우스(P.G. Wodehouse, 1881~1975)

우리 모두 수시로 잊어버립니다. 사실 우리는 알고 있는 것보다 훨씬 더 많은 것을 잊어버렸을 것입니다. 기억은 **사용하지 않으면 사라지는** 성질이 있는데, 이것은 자주 쓰지 않으면 우리 기억은 대부분 **일시적**이라는 뜻입니다. 때로는 그로 인해 좌절감도 느끼지만, 우리에게 도움이 되는 기억만 저장된다는 것을 의미하기 때문에 실제로는 유용한 특성입니다.

흥미롭게도 자신의 삶에 대한 정보는 쉽게 떠올릴 수 있지만 외부 세계에 대한 사실을 기억하는 데에는 큰 어려움을 겪을 수 있는 **과잉 기억 증후군**을 가진 사람들이 있습니다. 과잉 기억 증후군 환자는 끝없이 이어지고 통제되지 않는 과거의 기억이 정신에 넘쳐서 현재나 미래에 집중하기 어렵습니다.

일시적 기억의 반대는 지속적 기억입니다. 이것은 우리가 애써 기억하려는 그런 기억은 아닙니다. 오히려 잊고 싶지만 잊히지 않는 기억입니다. 아마도 심한 정신적 충격을 가져온 사건에 대한 부정적인 기억, 그리고 두려움과 연계된 기억일 수 있습니다. 원치 않는 이런 기억들은 종종 우울감과 외상 후 스트레스 증후군과 관련이 있습니다.

키워드

일시적: 잠깐 동안의, 순식간에 사라지는, 덧없는

과잉 기억 증후군: 경험의 상세한 내용을 비정상적으로 많이 기억하는 상태

논의 2.14

충격적인 사건에 대한 지속적 기억을 저장하는 뇌를 갖는 것이 왜 진화에서 장점이 될 수 있을까요?

그림 2.7 _ 우리가 하는 일에 충분히 주의를 기울이지 않을 때 실수가 생깁니다.

딴 데 정신 팔림은 우리가 하는 일에 충분히 주의를 기울이지 않을 때 발생하는 건망증입니다. 예를 들어 읽거나 청취해야 할 때 정신이 산만해진다면 읽거나 들은 것의 상당 부분을 기억하지 못할 가능성이 높습니다. 이것이 바로 텔레비전 프로그램을 보면서 공부하려 해도 성공하지 못하는 이유 중 하나입니다. 딴데 정신팔림은 우리가 어떤 것에 홀딱 빠져서 해야 할 다른 일을 잊어버리는 식으로 나타날 수도 있습니다. 예를 들면 여러분이 지식론 전시회 준비에 너무 열중한 나머지 약속한 시간에 친구와 통화하는 것을 까먹게 되는 것입니다.

답이나 단어, 이름이 생각나지 않아 '찾아 헤맨' 경험이 있을 겁니다. 찾아 헤매는 답이나 단어를 **알고 있다**는 것을 여러분 자신도 알지만, 하필 그때 떠오르지 않는 것입니다. 여러분은 그것이 **혀끝에서 맴돌고 있다**고 생각할 것입니다. 이 현상을 **차폐**라고 합니다. 오답이 자꾸 떠오르고 여러분은 그것이 오답이란 것을 알지만, 정신이 오답을 무시하고 정답을 찾는 데 실패하게 됩니다. 보통 우리가 정답 찾기를 멈추고 정신을 다른 데로 돌리면 정답이 나중에 머릿속에 '펑!' 하고 떠오를 것입니다.

또 다른 형태의 망각은 **오귀인**입니다. 이것은 어떤 것을 꽤 잘 기억하지만 누가 말했는지 또는 어디서 읽었는지를 까먹는 것입니다. 심지어 그것이 어떤 출처에서 유래한 것이라고 확신하지만 나중에 그 기억이 잘못된 것임을 알게 될 수도 있습니다. 주를 달 때 늘 참고한 자료의 제목을 세부적인 참고 사항과 더불어 모두 적어야 하는 이유가 바로 이것입니다. 에세이나 과제를 끝내고 나서야 인용문과 참고 문헌 목록을 작성하게 되면, 여러분이 사용한 자료가 어디에서 온 것인지 아예 기억하지 못하거나 잘못 기억할 수 있습니다. 이렇게 하면 출처를 다시 찾느라 많은 추가 작업을 해야 하거나, **표절**로 비난을 살 위험이 있습니다.

오귀인은 허위 기억 문제와 관련됩니다. 우리 모두 암시의 영향으로 기억 속에 세부 내용을 무의식적으로 끼워 넣기 쉽습니다. 사람들이 과거의 사건에 대해 말하는 것을 들으면 여러분은 그들이 이야기하는 세부 내용을 자신의 기억에 통합시킬 수 있습니다. 그래서 나중에 그 사건에 대한 기억을 떠올려 보라고 요청받으면, 그 추가된 세부 내용을 자신의 기억인 것처럼 '기억합니다'. 특히 사진의 경우 그렇게 되기 쉬운데, 사실은 다른 사람들에 의해 제공된 기록을 보고 알게 된 것인데도 자신의 개인적 기억이라고 여기게 됩니다.

1974년 엘리자베스 로프터스(Elizabeth Loftus)와 존 팔머(John Palmer)는 자동차 충돌에 관한 수많은 영상을 보여 주고 서로 다른 형태의 질문을 던져 사람들에게 사고를 낸 차들의 속력을 추정해 달라고 했습니다. 질문에 사용된 동사로 인하여 사고 전에 차가 달리던 속력을 다르게 추정한다는 결과가 나왔습니다.

이것은 유도 질문을 사용했기 때문일 수도 있지만, 보다 흥미로운 것은 로프터스와 팔머가 참가자들의 기억도 변했다는 사실을 알아냈다는 것입니다. 사고 영상을 보고 일주일이 지난 뒤, 다시 보지 않은 참가자들에게 그들이 사고 현장에서 깨진 유리를

키워드

딴 데 정신 팔림: 건망증으로 이어지는 산만한 상태

키워드

차폐: 정보를 기억해 내는 능력에 장애가 있을 때 생기는 현상

오귀인(誤歸因): 일부러 또는 실수로 엉뚱한 사람이나 출처를 주장하는 것

표절: 다른 사람의 생각이나 일을 자신의 것인 양 몰래 따다 쓰는 것

봤는지 물었습니다. 그 차가 '박살났을' 때 차는 얼마나 빨리 달리고 있었는지 질문을 받은 사람들은 차가 '치었을' 때 얼마나 빨리 달리고 있었는지 질문을 받은 사람들보다 깨진 유리를 '기억'할 가능성이 두 배 이상 높았습니다.

이 연구는 기억이 유도 질문과 정보 제공으로 왜곡될 수 있음을 보여 줍니다.

실제 상황 2.10

로프터스와 팔머의 연구가 타당하다면 목격자 증언에 대해 어떤 함의를 갖고 있을까요?

로프터스와 팔머의 실험은 1986년 유일(Yuille)과 컷셀(Cutshall)의 연구에 의해 신뢰도에 의문을 받게 되었습니다. 이들은 캐나다에서 실제 총기 사건 목격자들의 기억은 4~5개월 후에도 높은 수준의 정확도를 나타낸다는 것을 보여 주었습니다. 전반적으로 정확도가 경찰 조사에서는 76~89%, 두 번째 조사에서는 73~85%로 추정되었습니다. 범죄 목격자들은 사건 발생 당일 또는 이틀 이내에 실시한 경찰 조사와 비교할 때, 4~5개월 후에 연구원이 수행한 조사에서는 행동의 세부 내용이 8.2%, 개인에 대한 기술이 2.4% 줄어든 반면, 대상에 대한 기술은 10.6% 더 늘었다고 보고되었습니다.

실제 상황 2.11

로프터스와 팔머가 연구실에서 얻은 결과가 유일과 컷셀이 실제 상황에서 얻은 결과와 동일하지 않은 이유를 알 수 있나요?

모호함과 막연함

우리가 완벽하게 기억을 한다 하더라도, 지식에 대한 개인적 접근은 지식을 공식화하고 전달하는 인간의 능력과 마찬가지로 **모호함**과 **막연함**의 영향을 받습니다.

모호함을 늘 쉽게 인식할 수 있는 것은 아닙니다. 불가피할 수도 있고 고의적일 수도 있습니다. 예를 들어 논쟁 중에 주창자는 말하는 내용을 명확하지 않게, 의도적으로 명확하지 않게 만들어 주기 때문에 반대론자가 자신의 주장에 반론을 펴는 것을 어렵게 만들 수 있습니다. 정치인들은 "우리는 매우 명확했습니다"라고 말하곤 하는데, 이것은 "우리가 말하고 행한 것은 대단히 모호했습니다"라는 뜻입니다. 고의적이어서든 부주의해서든 논쟁은 부정확한 결론으로 이어질 수 있고 나쁜 추론을 은폐할 수 있는데, 이것은 우연히 또는 일부러 용어를 명확히 정의하지 않았기 때문입니다. 제시된 논점에서 모호함을 제대로 찾아내지 못했기 때문에 지식 주장이 정당화되었다고 믿을 수 있다는 점에서 이것은 지식에 대한 중대한 함의를 가질 수 있습니다. 모호함은 또한 우리가 받아서 다른 사람에게 전하기도 하는 지식을 잘못 해석하도록 유도할 수 있습니다.

모호함은 여러 의미를 지닌 단어에서 기인할 수 있습니다. 즉, 단어나 구절, 문장이

키워드

모호함: 단어, 진술, 이미지나 상황이 하나 이상의 의미나 해석을 가질 수 있을 때

막연함: 어떤 것이 명확하지 않거나 뚜렷한 경계가 없을 때, 부정확할 때, 정확하게 정의되지 않을 때

맥락을 벗어나 받아들여지고, 문장의 구조 때문에 상이한 의미가 발생할 수 있습니다. 계약서나 다른 법적 문서들이 일상적인 대화체와는 매우 다른 문체로 작성되는 이유 중 하나는 법률가들이 문서의 세부 내용에서 모호함을 없애려 하기 때문입니다.

법률가들은 대부분의 경우 모호함을 제거하거나 적어도 최소화하려고 하는 반면, 정치인처럼 모호함을 강력한 도구로 여기는 사람들도 있습니다. 노련한 정치인은 발언할 때 모호하게 함으로써 더 많은 사람들에게 호소력 있는 말을 하는 것처럼 보여 선거에 도움을 주는 방식으로 자신의 정치적 입장을 부분적으로 위장할 수 있습니다. 예술가도 모호함을 이용하여 보다 다양한 스펙트럼을 지닌 해석이 가능해지는 작품을 선보여 대단한 깊이를 가진 작품을 창작했다는 평가를 받습니다. 모호함은 창작 과정에 본질적인 것으로, 비단 예술뿐 아니라 수학에서도 새롭고 확장적인 생각을 탄생시킨다는 주장이 제기됩니다.

그래서 모호함은 지식에 대한 오해와 왜곡으로 이어질 수 있는 속성을 갖고 있지만, 우리의 정신을 빡빡한 규정과 정의로부터 자유롭게 풀어 줌으로써 새롭고 더 깊은 지식 발전으로 이어질 수도 있습니다.

모호함과 관련되고 때로는 대비되는 것이 막연함입니다. 모호함은 둘 이상의 변별적인 해석으로 이어질 수 있지만, 종종 맥락에 따라 의미가 명확해질 수 있습니다. 예를 들어 크리켓 경기 중계를 듣는데 해설자가 "Mashrafe Mortaza has raised his bat"이라고 말했다면, 여러분은 2019년 방글라데시 크리켓 팀 주장인 마슈라프 모르타자가 나무로 된 크리켓 배트(bat)를 들어 올리는 모습을 상상하지, 그 주장이 날개 달린 포유동물인 박쥐(bat)을 들어 올린다고 생각하거나, 해설자가 그가 키우는 애완용 박쥐를 언급한다고 생각하지는 않을 것입니다.

이 예에서 'bat'와 'raised'라는 단어는 맥락에서 벗어나면 둘 다 모호해집니다. 그러나 그것들은 막연한 단어가 아닙니다. 막연함은 어떤 단어가 어떻게 적용될 수 있는지에 대한 명확한 정의가 없을 때 발생합니다. 예를 들어 한 정치인이 어떤 이슈를 모든 유권자에게 **공정하게** 해결하겠다고 약속한다면 우리는 그 이슈와 관련하여 **공정하다**가 의미하는 바가 무엇인지에 대한 서로 다른 개념을 가집니다. **공정하다**는 건 막연한 개념입니다.

9장에서는 토착민을 명확하게 정의해야 할지 아니면 토착민의 개념을 일부러 막연하게 두고 스스로 자기 정체성을 규정해야 할지에 관한 논쟁이 나옵니다.

우리는 삶의 모든 측면에서 막연함과 마주칩니다. 공정과 정의 같은 개념들에 대해서는 어느 정도 막연함을 예상할 수 있지만, 이는 우리가 사용할 때 당연하다고 여기는 많은 단어들에도 영향을 끼칩니다. **게임**도 하나의 예입니다. 여러분은 게임이 무엇인지 잘 알고 있고, 언제 게임을 해야 할지 알 것입니다. 그러나 여러분은 정확히 **게임**이란 단어가 무엇을 의미하는지 명확하게 말하는 데 어려움을 겪을 수 있습니다.

프랑스 사회학자 로제 카유아(Roger Caillois, 1913~1978)는 **게임**을 일정 기준을 충족해야 하는 활동이라고 정의했습니다. 그는 게임은 재미있어야 하고, 규칙이 있어야 하며, 예측할 수 없는 결과가 있어야 하고, 그 어떤 유용한 목적에도 결코 보탬이 되지 않고, 일상생활과는 다른 현실을 포함한다고 믿었습니다.

탐구 2.9

어떤 활동이 게임으로 분류되려면 카유아의 **모든** 기준을 충족해야 한다고 할 때 프로 스포츠는 게임으로 여겨질 수 있을까요? 아마추어 스포츠는 어떤가요? 그것들은 어떤 유용한 목적에 보탬이 될까요?

사전이나 온라인에서 **게임**이란 단어를 찾아보세요. 입체 형상을 만드는 조각을 **게임**으로 볼 수 있는지 짝과 함께 판단해 보세요. 직소 퍼즐은 어떨까요? 여러분이 선택한 정의에 맞지 않는 **게임**이나, 성의에는 맞지만 게임으로 보이지는 않는 활동을 생각해 내세요.

실제 상황 2.12

신경학자, 정신과 의사이자 홀로코스트 생존자인 빅터 프랭클(Viktor Frankl, 1905~1997)은 인간의 삶은 행복보다는 **의미**와 **목적**에 관한 것이라고 주장했습니다. 이 말은 얼마나 막연한가요? 지식에서 막연함이 갖는 함의에 대해 짝과 함께 결론을 내도록 노력해 보세요. 그것은 '나쁜 것'일까요? 아니면 명료함과 정확성이 없는 것에 좋은 점이 있을까요?

우리는 6장에서 모호함과 막연함이라는 개념을 좀 더 살펴볼 것입니다. 여러분은 아래의 질문을 생각해 보는 것으로 시작하게 될 것입니다.

논의 2.15

1 언어의 막연함은 지식에 대해 어떤 함의를 가질까요?

2 지식의 막연함은 언어에 대해 어떤 함의를 가질까요?

되돌아보기

아는이로서 모호함과 막연함을 인식하는 것은 여러분이 보다 정확한 방식으로 생각하고 자신의 가정을 잘 인식하며 다른 관점들에 보다 열린 상태가 되도록 하는 데 도움이 될까요?

2.6 잘못된 정보, 역정보와 가짜 뉴스

실제 상황 2.13

어떤 지식과 정보를 신뢰하기로 어떻게 결정하나요?

소위 가짜 뉴스는 명백하게 현실 세계에 중요한 결과를 초래할 수 있다.

힐러리 클린턴(Hillary Clinton, 1947~)

정보 통신 기술의 급속한 발전은 21세기 정보화 시대를 이끌었습니다. 새로운 기술 덕분에 방대한 양의 데이터와 정보, 지식을 저장하고 조직화하고 다룰 수 있게 되면서 전 세계 아는이들이 인터넷에 접속만 하면 데이터와 정보, 지식에 접근할 수 있게 되었습니다. 그토록 많은 정보를 갖게 됨으로써 생기는 어려움 중 하나는 정보를 **잘못된 정보**, **역정보**와 어떻게 구별할지 아는 것입니다.

잘못된 정보는 누리 소통망에 만연합니다. 유행하는 다이어트, 기적의 식품, 좋은 식품과 나쁜 식품 목록 등을 홍보하는 것은 잘못된 정보일 가능성이 높습니다. 음모론과 유명인에 대한 잘못된 정보와 마찬가지로 정치적인 잘못된 정보도 만연해 있습니다. 잘못된 정보를 퍼뜨리는 많은 사람들은 자신도 모르게 그렇게 합니다. 사람들은 선정성이나 편견으로 인하여 내용이 부정확하거나 노골적으로 거짓일지라도 자신의 생각을 뒷받침하는 매체의 콘텐츠를 믿는 경향이 있습니다. 잘못된 정보를 공유하는 많은 사람들은 매체의 보도를 검증할 능력이 없거나 단지 검증하는 게 귀찮아서 그것을 사실이라고 믿습니다. 그래서 얼떨결에 잘못된 정보를 공유하는 공범이 되는 것입니다. 이 **바이러스적 공유**는 누리 소통망 플랫폼의 '이용 약관'을 위배한 것은 아니기 때문에 누리 소통망 회사들이 통제하기가 불가능해지지는 않다 해도 어렵습니다. 그리고 잘못된 정보는 너무 빨리 전파되어 차단하기도 어렵습니다.

잘못된 정보에 관해서 특별히 흥미로운 점은 특히 반복적으로 노출되는 경우, 잘못된 정보와 관련된 것이 무엇이든 사람들의 기억을 왜곡할 수 있다는 것입니다.

실제 상황 2.14

여러분은 누리 소통망에 공유하기 전에 기사의 정확성을 얼마나 자주 점검하나요? 특히 그 내용이 기존의 믿음을 확고히 해 주는 것이라면 말입니다. 에세이나 과제에 활용하는 내용은 어떤가요? 정확성을 확인하는 것은 여러분이 더 잘할 수 있는 것일까요?

누리 소통망 회사가 콘텐츠를 빈틈없이 통제하지 못하는 것이 누리 소통망에 잘못된 정보가 확산되는 속도와 결합하면, 누리 소통망은 역정보를 의도적으로 퍼뜨리기 위한 효율적이고 효과적인 플랫폼이 됩니다. 누리 소통망과 검색 엔진이 타깃 광고를 전달할 수 있게 해 주는 알고리즘은 역정보 캠페인의 효과를 더욱 향상시킵니다. 왜냐하면 역정보는 이것의 영향을 받을 가능성이 가장 높고, 이를 또다시 공유할 가능성이 가장 높은 사람들에게 전송되기 때문입니다. 그 덕분에 역정보를 맡은 기관은 마치 정당한 정보인 것처럼 거짓말과 **허위 과장 선전**을 대중들에게 극히 적은 비용으로 퍼뜨릴 수 있습니다.

1 일부 사람들은 왜 역정보를 퍼뜨리고 싶어 할까요?

2 잘못된 정보를 공유하는 것과 역정보를 공유하는 것은 윤리적으로 차이가 있을까요?

역정보와 정치

정치적 목적으로 역정보를 이용하는 것은 새로운 일이 아닙니다. 역사적으로 오래전부터 정부와 국가 지도자들은 역정보를 이용해 왔습니다. 로마 공화정 시대로 거슬러 올라가면 안토니우스(Mark Antony, BC 83~BC 30)가 클레오파트라(Cleopatra, BC 69~BC 30)를 만났을 때 옥타비아누스(Octavian, BC 63~AD 14)는 안토니우스의 명성을 깎아내리기 위해 안토니우스가 바람둥이, 술주정뱅이, 클레오파트라의 꼭두각시라고 동전에 써서 유포하는 흑색선전을 은밀하게 벌였습니다.

그러나 역정보의 확산은 최근 몇 년 사이에 훨씬 더 광범위해졌으며 전 세계적으로 민주적 절차에 크나큰 영향력을 발휘했습니다. 2019년 4~5월에 인도에서는 8억 1,500만 명이 넘는 유권자가 등록한 세계 최대의 선거가 있었습니다. 선거일이 가까워질수록 인도는 전례 없는 규모의 정보 전쟁에 직면했습니다. 누리 소통망과 뉴스 매체 할 것 없이 가짜 뉴스와 역정보 선거 운동이 만연했습니다.

이와 같은 누리 소통망에서 역정보(합법적인 정보도 함께)의 유포는 **메아리 방**에 비유되기도 합니다. 그로 인하여 아는이들이 자신의 신념과 의견에 맞는 것만 접하게 되는 환경이 조성되고, 자신의 신념을 강화하고, 그 신념의 대안이 될 다른 개념의 도전을 받거나 심지어 고려하지도 못하게 하기 때문입니다. 이것은 매우 위험한 결과를 초래할 수 있습니다.

인도에서 총선 전에 역정보를 이용한 선거 운동으로 정치적 반대자, 종교적 소수자, 반정부 인사 등을 겨냥하여 왓츠앱(WhatsApp) 같은 미디어를 통해 진실이 아닌 헛소문을 퍼뜨렸고, 이는 파멸적인 결과를 가져왔습니다. 메아리 방 효과는 군중의 **린치** 등 전국적인 여러 폭력 행위로 이어졌습니다.

그와 같은 선거 운동 중 하나는 오래된 합법적 영상을 잘라 붙여 만든 가짜 영상과 관련되어 있습니다. 가짜 영상에는 인도 대통령이 힌디어로 **"우리는 선거를 위해서는 전쟁이 필요하다는 데 동의합니다"**라고 말한 내용이 담겨 있었습니다. 어떤 팩트 체크 전문 회사는 이 영상이 공개된 지 24시간 만에 가짜라고 폭로했지만 그 게시물이 내려질 때까지 250만 명이 시청했고 15만 명이 공유했습니다.

그 영상을 본 많은 사람들은 단순히 그것이 그들이 갖고 있는 편견을 강화한다는 이유로 그것을 믿었을 것입니다. 이것이 **확증 편향**이라고 알려진 현상입니다.

키워드

메아리 방(echo chamber): 소리가 울려 퍼지는 공간. 그곳에서 만들어진 소리는 벽에서 튕겨 나올 때 거듭 반복됨

린치: 정당한 법적 수속을 거치지 않고 폭력을 가하는 것

확증 편향: 자신의 의견을 뒷받침하는 증거는 믿고, 자신이 믿는 것과 반대되는 증거는 무시하거나 깎아내리는 경향

어떤 이야기가 일단 널리 퍼지면, 나중에 철회되거나 거짓임이 드러나더라도 사람들은 그것을 믿을 가능성이 높습니다. 자동화된 **봇** 계정은 종종 공유된 #(해시태그)와 함께 이야기를 퍼뜨리는 데 사용되는데, 이것이 점차 트렌드가 되었습니다. 봇 계정은 그곳에서 홍보하는 사이트가 검색 엔진 결과의 맨 위에 오도록 웹 주소를 반복적으로 게시하기도 합니다. 한 예로 2017년 미국 라스베이거스에서 발생한 총기 난사 사건에서 스티븐 패독(Stephen Paddock)은 야외 콘서트를 관람하던 사람들 중 58명을 살해하고 800명이 넘는 사람들에게 부상을 입혔습니다. 사건 직후, 검색 엔진에는 패독의 만행이 이슬람 테러리스트와 좌익 활동가가 연루된 조직적 범죄임을 시사하는 음모론이 넘쳐났습니다. 음모론은 허위임이 곧 밝혀졌지만 귀가 얇은 사람들의 마음속에 남아 그들의 이데올로기적이고 정치적인 입장을 더욱 강화시켰습니다.

가짜 뉴스

최초의 대규모 **가짜 뉴스**는 1835년 『뉴욕 선(*New York Sun*)』에 실린 달에 사는 생명체에 대한 연재 기사일 것입니다. 놀랍게도 이 기사들로 신문의 판매 부수를 늘리고 일부 터무니없는 천문학 이론(당시에 다른 곳에서 발표됨)을 조롱하기 위해 정교하게 날조한 것이라는 사실이 밝혀지기까지 몇 주가 걸렸습니다.

「달의 생명체」라는 가짜 뉴스 기사는 인터넷과 누리 소통망이 등장하기 훨씬 이전의 것입니다. 정보의 유통 비용이 상대적으로 많이 들고, 매스컴이 보다 쉽게 규제되던 시기의 일입니다. 요즘에는 누구나 누리 소통망을 통해 가짜 뉴스를 홍보하거나 퍼뜨리는 웹 사이트를 만들 수 있습니다.

그림 2.8 _ 달에 사는 생명체를 묘사한 1835년 그림

오늘날에는 클릭 수가 곧 돈이므로 스팸 유포자는 일부 사이트 소유자와 함께 인터넷 트래픽 양을 늘려 광고 수익을 높이는 데 도움이 되는 온갖 콘텐츠를 기꺼이 사용합니다. 그 결과 인터넷 스팸과 가짜 뉴스 생산은 국제적인 사업 기회가 되었고, 정치에 영향을 끼치거나 이데올로기적 **어젠다**를 주도할 수 있는 방식이 되었습니다.

2018년 브라질 대통령 선거 전에 브라질 왓츠앱(WhatsApp) 사용자 1억 2,000만 명에게 정치적 메시지가 쏟아졌습니다. 미얀마에서는 로힝야족에 대한 '인종 청소' 프로그램을 지원하기 위한 도구로 군부가 널리 공유된 역정보를 이용했습니다. 미얀마 군부는 가짜 페이스북(Facebook) 계정을 만들어 이슬람이 불교에 대한 위협이라는 생각을 조장하고 로힝야족에 대한 대중의 증오를 불러일으키기 위해 이슬람교도가 불교도에게 범죄를 저지른다고 거짓되게 비난하는 수많은 이야기를 게시했습니다. 페이스북은 2018년 8월에 미얀마 군 고위 장교들의 수많은 공식 계정을 폐쇄했지만, 위장 계정은 대부분 탐지되지 않았습니다. 2018년 7월에 미얀마 군부 선전가들은 로힝야족이 미얀마로 불법 입국해서 살해당한 불교도의 시신 위에 서 있는 장면을 비롯하여 '다큐멘터리' 사진이 실린 책을 출판했습니다. 그러나 로힝야족 위기에 관한 그 책의 사진 중 상당수가 조작된 것이라고 밝혀졌습니다.

키워드

어젠다(agenda): 의제(議題). 회의, 토론 거리나 목록

실제 상황 2.18

미얀마와 세계 곳곳의 많은 사람들에게 군은 국가 안보 문제에서 신뢰받는 조직일 것입니다. 국가 당국을 신뢰할 수 없는 것이 갖는 함의는 무엇일까요? 모든 나라에서 어떤 견제와 균형이 필요할까요?

어떤 뉴스가 믿을 만하고 어떤 뉴스가 가짜인지를 구별하는 것이 늘 쉬운 일은 아닙니다. 2018년 스탠퍼드 대학의 연구에 따르면, 학생들은 온라인에서 접할 수 있는 진짜 뉴스와 가짜 뉴스를 능숙하게 구별하지 못합니다. 이것은 아마도 아는이로서 우리가 읽은 것을 늘 충분히 비판적으로 보지 않거나, 어떤 주장의 진위나 정당성을 평가하는 데 시간을 낭비하고 싶어 하지 않기 때문일 것입니다. 우리는 5장에서 가짜 뉴스라는 주제를 다시 살필 것입니다.

실제 상황 2.19

여러분은 어떻게 뉴스 기사의 진위를 알아낼 수 있나요?

그림 2.9 _ 이 사진이 진본으로 보이나요?

가짜 뉴스를 구별하기 위한 열두 가지 팁

1   기사의 출처를 확인한다. 그것이 유명 대학이나 언론 기관처럼 신뢰할 만한 조직에서 나온 것인지 확인한다. 출처를 알 수 없다면 그 기사에 대해 보다 자세히 알아본다.

2   그 기사는 기득권을 가진 조직에서 나온 것인가?

3   어떤 사이트는 적법한 사이트의 주소와 비슷하지만 살짝 다른 웹 주소(URL)를 사용한다는 사실을 알아 두자. 이것은 사기꾼들이 흔하게 쓰는 수법이다.

4   기사를 다른 신뢰할 만한 기관과 교차 확인한다.

5   기사에 등장하는 모든 증거가 진짜인지 여부를 교차 확인하여 그 유효성을 점검한다.

6   헤드라인이 얼마나 선정적인가? 헤드라인은 기사의 본문과 일치하는가? 많은 사람들이 헤드라인에 흥분하여 검증은 말할 것도 없고 본문도 읽지 않고 공유한다.

7   그 내용이 잘 쓰였고 문법적으로도 맞는가? 철자는 맞는가? 적법한 출처의 기사에도 가끔 철자나 문법적 오류가 있지만, 가짜 뉴스 기사에서는 압도적으로 더욱 많다.

8   날짜를 확인한다. 많은 합법적인 언론사도 만우절(4월 1일)에 재미 삼아 가짜 뉴스를 게재하기도 한다. 만우절 장난 기사가 아니라도 때로는 날짜가 실마리가 된다.

9   사진이 진본인가? 사진이 조작될 수 있는가?

10 기사가 풍자나 농담인가? 신중하게 읽고 그 기사가 나온 사이트를 확인한다. 작은 글씨로 책임지지 않는다는 말이 적혀 있는가?

11 그 이야기가 진짜로 그럴듯한가? 믿기지 않는다면 가짜 뉴스일 가능성이 있다.

12 그 이야기를 믿고 **싶은가**? 여러분이 믿고 싶은 이야기에 대해서는 한층 더 조심할 필요가 있다. 그것이 확증 편향을 없애는 데 도움이 된다.

진실은 허구보다 훨씬 더 낯설다는 말이 있습니다. 그리고 때로는 이상하게 들리는 이야기가 진실이라고 밝혀질 수도 있고, 완전히 이치에 맞는 것 같은 이야기가 가짜로 밝혀질 수도 있습니다. 뉴스를 검증하는 데 지름길은 없습니다.

그림 2.10 _ 후쿠시마의 데이지꽃에 무슨 일이 일어난 걸까요?

그림 2.10은 2011년 원전 사고가 발생한 지 4년이 지난 뒤 후쿠시마 인근에서 자란 데이지를 촬영한 것으로 알려진 사진입니다. 사진 중앙의 데이지꽃은 돌연변이처럼 보입니다. 두 송이 꽃이 피었는데 하나로 붙은 것처럼 보입니다. 이런 돌연변이 데이지꽃이 발견된 것은 방사능 물질이 누출된 증거로 받아들여졌습니다.

여러분이 후쿠시마에 관한 과제를 작성중이라고 해 봅시다. 이 사진은 그곳에서 방사능으로 인한 돌연변이가 있다는 증거가 될까요? 여러분의 직관은 무엇이라고 말하나요? 판단을 위해서 어떤 추가 정보가 더 필요할까요? 판단을 내리기 전에 알고 싶은 것의 목록을 작성해 보세요.

또래 평가

자신의 목록을 친구 것과 비교해 보세요. 서로 질문에 대해 피드백을 하세요. 자신이 사용한 정보가 신뢰할 만하다는 것을 확실하게 하려면 조사를 어떻게 개선할 수 있을까요?

자기 평가

후쿠시마 데이지꽃에 대해 인터넷에서 검색해 보세요. 여러분의 직관은 옳았나요? 어떤 판단을 내렸나요?

2.7 신뢰의 문제

논의 2.16

왜 신뢰가 앎에 필수적일까요?

신뢰하라. 그러나 검증하라.

로널드 레이건(Ronald Reagan, 1911~2004)

가짜 뉴스의 횡행, 특히 누리 소통망에서의 횡행 자체가 헤드라인 뉴스가 됐습니다. **가짜 뉴스**라는 말은 역정보 캠페인뿐만 아니라 단순한 오류, 그리고 놀랍게도 사람들이 동의하지 않는 정당한 뉴스 아이템을 기술하는 데 점점 더 많이 사용되고 있습니다. 이것은 모든 뉴스에 의구심을 갖게 하고, 사람들이 누구, 또는 무엇을 신뢰할 수 있을지 알 수 없게 하기 때문에 문제입니다. 과거에는 **전문가**에게 조언을 청했지만, 지금은 사람들이 가장 듣고 싶어 하는 대답을 해 줄 가능성이 더 높은, 마음이 맞는 **동료**에게 조언을 청하는 경향이 있습니다.

> **키워드**
>
> **전문가**: 특화된 기능과 지식을 가진 사람
>
> **동료**: 동등한 위치에 선 사람. 대개 자신이 속한 부족의 구성원

논의 2.17

왜 전문가가 여러분의 동료보다 더 신뢰할 만한 지식의 출처인가요? 그렇지 않다면 그 이유는요?

"나는 이 사이트가 진실을 말한다고 믿어."

그림 2.11 _ 우리 모두 우리와 잘 맞는 출처를 좋아하지만, 그렇다고 해서 그것이 신뢰할 수 있는 것은 아닙니다.

전문성의 중요성

우리가 직접 경험한 것 이상의 무엇인가를 알아야 한다면, 누구를 신뢰할 수 있고 어떤 출처를 신뢰할 수 있는지 알아야 합니다. 우리가 친구와 가족, 같은 부족 출신을 신뢰하는 것은 여러 모로 이치에 맞습니다. 그러나 우리는 **역량**도 필요하다는 것을 인정해야 합니다. 가장 친한 친구는 매우 신뢰할 수 있지만, 그렇다고 그들이 손상된 치아를 어떻게 고칠지를 안다는 뜻은 아닙니다. 그 문제에 대해서는 치과 의사를 찾아가야 합니다. 바로 이런 점에서 지식 공동체, 특히 **전문성**을 공유하는 지식 공동체가 매우 중요할 수 있습니다. 그런 지식 공동체는 그들의 구성원을 꼼꼼하게 조사하고, 그들의 방법론을 비판적으로 검토하며, 구성원에게 책임을 묻기 때문에, 우리 모두 그들이 참이라고 주장하는 것들을 상당한 수준으로 신뢰할 수 있습니다. 동시에 오늘날 우리가 알고 있는 것이 장래에 수정될 수도 있음을 이해하고 받아들일 필요가 있습니다.

그러나 최근에 전문가, 특히 과학계와 학계에 대한 신뢰가 많이 낮아졌습니다. 톰 니콜스(Tom Nichols)는 『전문성의 죽음(*The Death of Expertise*)』(2017)이라는 저서에서 사람들의 개인적 견해가 전문가들의 견해와 같은 무게를 가질 수 있다는 상대주의의 만연에 대해 이야기합니다. 그것에 대한 반대 주장은 비민주적인 엘리트주의로 치부되기도 합니다.

키워드

역량: 능력, 충분한 지식이나 기량의 소유

전문성: 전문화된 기량과 지식

실제 상황 2.20

전문 지식과 조언의 부재는 어떤 지식 영역에서 어떤 방식으로 우리의 개인적 지식을 가장 심각하게 제한할까요?

우리가 해당 분야의 전문가를 신뢰하고 지식 공동체가 제공한 지식을 신뢰할 수 있는 것은 중요합니다. 하지만 우리의 신뢰가 맹목적이지 않아야 하는 것 역시 중요합니다. 우리는 앎의 과정에서 모든 책임을 면할 수 없습니다. 과정으로서의 앎에는 매일 우리를 덮치는 압도적인 양의 정보, 잘못된 정보와 역정보를 뚫고 우리의 길을 나아가는 것과 관련된 모든 질문, 의심, 의사 결정이 포함됩니다. 그러나 격렬한 **회의주의**와는 달리 앎의 과정은 우리로 하여금 의심하게도 하고 **또한** '일단' 의심을 접어 두게끔 하기도 합니다. 왜냐하면 앎의 과정에서 얻는 지식에 비록 흠결이 있다 하더라도 앎의 과정이 가져다주는 것은 여전히 **지금 우리가 할 수 있는 최선**이라는 결론에 이르기 때문입니다. 수학의 일부 영역을 제외하고 확실성에 거의 도달할 수 없다는 것, **그리고** 그래도 우리가 판단을 무한히 미룰 수 없기 때문에 어떤 것에 찬성하고 다른 것에 반대하여 결정할 권리가 있다는 것, 이 **두 가지 모두** 받아들여야 합니다.

탐구 2.11

여러분의 IB 디플로마 프로그램 여섯 과목에서 각각 연구의 출발점으로 신뢰할 만한 세 개의 주요 웹 사이트 주소를 쓰세요. 그리고 신뢰할 만하고 최신 뉴스를 볼 수 있는 세 개의 주요 웹 사이트 주소를 쓰세요. 출처를 신뢰할 수 있는지 여부를 판단하기 전에 어떤 특징을 먼저 살펴보나요? 여러분이 찾아낸 웹 사이트와 관련된 문제들은 무엇인가요? (앞에 나온 열두 가지 팁을 활용할 수 있습니다.)

또래 평가

짝과 웹 사이트를 공유하세요. 짝의 선택에 동의하나요? 동의한다면 그 이유는요? 동의하지 않는다면 그 이유는요? 온라인 자료의 신뢰성을 판단하는 가장 좋은 방법에 대해 짝과 논의하세요.

실제 상황 2.21

학교 도서관의 책과 잡지가 온라인 자료보다 더 신뢰할 만하다고 생각하나요? 그 자료들은 업데이트가 될까요? 여러분의 답을 설명해 보세요.

되돌아보기

여러분은 어떤 출처가 신뢰할 수 있는지를 아는 데 자신의 직관을 어느 정도나 신뢰할 수 있다고 생각하나요? 가짜 뉴스에 빠지지 않기 위해 무엇을 할 수 있을까요?

2.8 맺으며

2장에서 논의의 많은 부분, 특히 가짜 뉴스, 잘못된 정보, 역정보, 신뢰와 몰상식에서 상식을 가려내는 것 등에 대한 논의는 실제로 **앎의 과정**의 핵심 요소로서 정보를 기반으로 현명한 결정을 내리는 것에 관한 것입니다. 여러분은 이 책의 모든 장을 이런 관점에서 생각할 수 있습니다. 12장 수학에서는 참과 거짓, 증명과 오류, 유익하고 그럴듯한 이론 및 공리 집합을 자명하거나 일관성 없는 것들로부터 분리하는 법을 살펴볼 것입니다. 13장 자연과학에서는 모든 과학에서 앎의 과정에 관심을 기울일 것입니다. 즉 가설, 실험, 검증과 반박, 우리가 이론의 틀을 만드는 방식, 이론들을 분간하는 방식 등입니다. 10장 역사에서는 신뢰도, 편향, 출처의 동시대성과 신뢰성, 사건과 그 원인, 장기적인 결과들을 포괄하는 서사를 형성하고 평가하는 것에 관심을 기울일 것입니다. 14장 인간과학에서는 아는이가 인간 행동에 대한 과학을 어디까지 발전시킬 수 있는지에 대해 탐구할 것이고, 11장 예술에서는 미학적 지식과 관련된 문제들을 탐구할 것입니다.

인간과 인간 사회, 인간의 뇌는 특이하고 특별하게도 세계와 그 안에 자리 잡은 인간의 위치를 이해하려고 애쓰는 성향이 있는 것 같습니다. 이것은 우주가 어디에서 왔는지부터 좋은 차 한 잔을 만들기 위해서는 팔팔 끓는 물이 필요한 이유에 이르기까지 모든 것을 설명하려고 하는 방대한 양의 **서사**를 만들어 냅니다. 서사의 형성(가설, 추측, 이론의 구축)은 앎의 과정에서 필수적인 부분입니다. 우리가 일단 말하거나 글로 적으면 그것들은 수용되거나 거부되고, 찬양을 받거나 비판을 받고, 시험을 거쳐 지지를 받거나 논박당하거나 진퇴양난의 불확실한 상태에 처하게 됩니다.

우리가 앎의 이론에서 배우는 것은 우리의 **모든** 지식이 불확실한 상태에 있다는 것입니다. 왜냐하면 좀 더 포괄적인 이론에 편입되어 우리가 지금 가지고 있는 것보다 더 많은 지식에 일치하게 대응된다는 것을 보여 주기만 하면 모든 것은 수정될 수 있고 당장은 아니더라도 언젠가는 그렇게 되기 때문입니다. 이런 **불확실성의 영구화**는 앎이 영속적이고 끝없는 과정임을 증명합니다. 우리가 몇몇 지식 주장에 대해 99.999% 확신한다 해도 우리가 틀릴 수도 있고, 우리가 늘 완전하고 절대적으로 참이라고 생각한 어떤 것으로 돌아가 다시 생각해야 할 수도 있다는 아주 작은 가능성이 있으며, 그런 가능성은 늘 있어야 합니다. 아는이로서 우리는 2장에서 알아본 여러 어려움에도 불구하고 지식의 추구를 향해 일어나서 고난에 맞섭니다. 3장에서 우리는 지식이 어떻게 구축되는가를 보다 자세히 살펴볼 것입니다.

논의 2.18

'불확실성의 영구화'만이 우리가 확신할 수 있는 유일한 것일까요? 그렇다면 그것은 자기 모순적일까요?

지식 질문

1 정당화의 방법은 서로 다른 지식 영역에서 어느 정도나 다를까요?

2 서로 다른 지식 영역에서 어떻게 의심을 방법론의 일부로 포함시킬까요?

3 전문가의 지식을 어느 정도나 다른 사람에게 전해 줄 수 있을까요?

2.9 지식 영역 연결 질문

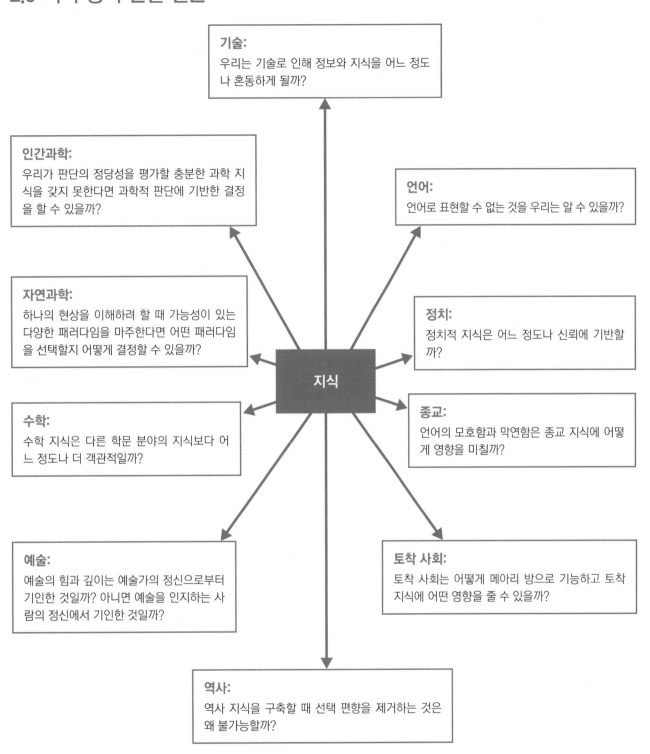

기술:
우리는 기술로 인해 정보와 지식을 어느 정도나 혼동하게 될까?

인간과학:
우리가 판단의 정당성을 평가할 충분한 과학 지식을 갖지 못한다면 과학적 판단에 기반한 결정을 할 수 있을까?

언어:
언어로 표현할 수 없는 것을 우리는 알 수 있을까?

자연과학:
하나의 현상을 이해하려 할 때 가능성이 있는 다양한 패러다임을 마주한다면 어떤 패러다임을 선택할지 어떻게 결정할 수 있을까?

정치:
정치적 지식은 어느 정도나 신뢰에 기반할까?

지식

종교:
언어의 모호함과 막연함은 종교 지식에 어떻게 영향을 미칠까?

수학:
수학 지식은 다른 학문 분야의 지식보다 어느 정도나 더 객관적일까?

예술:
예술의 힘과 깊이는 예술가의 정신으로부터 기인한 것일까? 아니면 예술을 인지하는 사람의 정신에서 기인한 것일까?

토착 사회:
토착 사회는 어떻게 메아리 방으로 기능하고 토착 지식에 어떤 영향을 줄 수 있을까?

역사:
역사 지식을 구축할 때 선택 편향을 제거하는 것은 왜 불가능할까?

2.10 자기 점검

2장에서 배운 내용을 되돌아보고 1점에서 5점 사이로(5는 최고 점수, 1은 최저 점수) 자신의 자신감 수준을 표시하세요. 3점 미만이면 해당 부분을 다시 읽어 보세요. 그런 다음 이 목록으로 돌아오세요. 여러분의 자신감이 높아졌나요?

	자신감 수준	다시 읽기?
나는 왜 지식이 명확히 정의될 수 없는지 이해하는가?		
나는 법칙, 이론, 그리고 그것들과 지식의 차이를 설명할 수 있는가?		
나는 데이터, 정보와 지식을 성공적으로 구별할 수 있는가?		
나는 다양한 유형의 지식이 가지는 주관적 본성을 이해하는가?		
나는 지식이 분류되는 다양한 방식에 대해 이야기할 수 있는가?		
나는 지식의 폭과 깊이를 포함한 지식의 다양한 수준에 대해 분명히 설명할 수 있는가?		
나는 우리가 지식에 접근하는 방식에서 기억이 하는 역할을 인식하고 있는가?		
나는 다양한 형태의 망각과 그것들이 지식을 상기하는 데 어떻게 영향을 주는지 논할 수 있는가?		
나는 막연함과 모호함, 그리고 그것들의 지식에 대한 함의를 설명할 수 있는가?		
나는 잘못된 정보, 역정보, 가짜 뉴스의 유사성과 차이를 이해하는가?		
나는 나 자신과 다른 사람에게서 확증 편향을 인식하는가?		
나는 나 자신이 오도되거나 부지불식간에 다른 사람들을 호도하지 않도록 정보의 출처를 보다 비판적으로 평가할 수 있는 능력을 향상시켰는가?		
나는 앎의 행위에서 신뢰의 중요성을 이해하는가?		
나는 어떤 상황에서의 전문가의 필요성을 분명히 말할 수 있는가?		

2.11 더 읽을거리

- 2장에서 얻은 지식을 바탕으로 다음 글들 중 몇 가지를 읽을 수 있습니다.

- **가짜 뉴스와 역정보가 브라질 대선에 어떻게 영향을 끼쳤는지**에 대해 더 많이 알고 싶다면 다음을 읽으세요.
  Mike Isaac and Kevin Roose, 'Disinformation and Fake News spreads over WhatsApp™ ahead of Brazil's Presidential Election', in *The Independent*, 21 October 2018. *Independent* 웹 사이트에서 검색하세요.

- **팽창 우주에 대한 과학적 믿음**이 궁금하다면 다음을 읽으세요.
  Adam G. Riess and Michael S. Turner, 'The Expanding Universe: From Slowdown to Speed Up', in *Scientific American*, 23 September 2008. *Scientific American* 웹 사이트에서 검색하세요.

- **거대한 달 음모론**에 대해 더 많은 것을 알고 싶다면 다음을 읽으세요.
  Matthew Wills, 'How The Sun conned the world with The Great Moon Hoax', in *Jstor Daily*, 7 November 2017. *Jstor Daily* 웹 사이트에서 검색하세요.

- **온라인상의 진실과 잘못된 정보**에 관한 문제들을 더 탐구하고 싶으면 다음을 읽으세요.
  Janna Anderson and Lee Rainie, 'The Future of Truth and Misinformation Online', in *Pew Research Center*, 19 October 2017. *Pew Research Center* 웹 사이트에서 검색하세요.

- **어떻게 국제적 생활 수준을 측정하는가**에 관한 이해를 높이기 위해서는 다음을 읽으세요.
  Richard A. Easterlin, 'The Worldwide Standard of Living Since 1800', in *Journal of Economic Perspectives*, vol. 14, no. 1, pp. 7–26, Winter 2000. *Stanford University* 웹 사이트에서 검색하세요.

- **역정보가 어떻게 정치적 목적과 군사적 목적에 사용되었는가**에 관한 설명을 보려면 다음을 읽으세요.
  Paul Mozur, 'A Genocide Incited on Facebook, With Posts from Myanmar's Military', in *The New York Times*, 15 October 2018. *New York Times* 웹 사이트에서 검색하세요.

- **가정(assumption)은 과학자들이 가설을 세우고 이론을 전개하는 방식에 어떻게 영향을 끼치는지**에 대한 매혹적인 통찰을 얻기 위해서는 다음을 읽으세요.
  Ferris Jabr, 'How Beauty is Making Scientists Rethink Evolution', in *The New York Times*, 9 January 2019. *New York Times* 웹 사이트에서 검색하세요.

- **언어와 기억** 그리고 **목격자 증언**에 대한 이해를 높이기 위해서는 다음을 읽으세요.
  Elizabeth F. Loftus and John C. Palmer, 'Reconstruction of Automobile Destruction: An Example of the Interaction between Language and Memory', in *Journal of Verbal*

Learning and Verbal Behavior, vol. 13, no. 5, pp. 585–589, October 1974. *The Unconscious Curriculum* 웹 사이트에서 검색하세요.

- **목격자 증언**에 대한 또 다른 관점을 보려면 다음을 읽으세요.
John C. Yuille and Judith L. Cutshall, 'Study of Eyewitness Memory of a Crime', in *Journal of Applied Psychology*, vol. 71, no. 2, pp. 291–301, June 1986. *Research Gate* 웹 사이트에서 검색하세요.

- **누리 소통망에서 가짜 뉴스를 다룰 때의 어려움**에 대한 이해를 높이기 위해서는 다음을 읽으세요.
Sankalp Phartiyal and Aditya Kalra, 'Despite being exposed, fake news thrives on social media ahead of India polls', in *Reuters*, 3 April 2019. *Reuters* 웹 사이트에서 검색하세요.

- **점증하는 전문가에 대한 적대감**에 대한 분석을 알고 싶다면 다음을 읽으세요.
Tom Nichol, *The Death of Expertise*, Oxford University Press, 2017

- **수학에서 모호함의 가치**에 대해 더 많은 것을 알고 싶다면 다음을 읽으세요.
Colin Foster, 'Productive ambiguity in the learning of mathematics', in *For the Learning of Mathematics journal*, July 2011. *For the Learning of Mathematics Journal* 웹 사이트에서 검색하세요.

지식 질문과 지식 틀

다음 각각의 인용문을 분석하고 이어지는 질문에 관해 토론하세요.

1 "인생에서 늘 그렇듯이 사람들은 단순한 답을 원한다…그리고 그것은 늘 틀린 답이다." **수전 그린필드**(Susan Greenfield, 1950~)

2 "안다고 알려진 것들이 있다. 우리가 안다고 아는 것들이 있다. 모른다고 알려진 것들이 있다. 말하자면 우리가 모른다는 것을 지금은 알고 있는 것들이 있다. 하지만 모른다는 걸 모르는 것도 있다. 우리가 모른다는 걸 지금도 모르는 것이 있다." **도널드 럼즈펠드**(Donald Rumsfeld, 1932~2021)

3 "새로운 아이디어에 열린 마음으로 이것저것 가지고 놀아 보면 무엇이든 일어날 수 있다." **스테파니 퀄렉**(Stephanie Kwolek, 1923~2014)

4 "상상력이 지식보다 더 중요하다. 지식은 제한되어 있지만 상상력은 전 세계를 다 감쌀 수 있고 발전을 자극하며 진화를 낳기 때문이다." **알베르트 아인슈타인**(Albert Einstein, 1879~1955)

5 "우리는 모두 시궁창에 빠져 있지만, 우리 중 일부는 별을 보고 있다." **오스카 와일드**(Oscar Wilde, 1854~1900)

각 인용문에 대해 다음을 생각해 봅시다.

a 인용문에 어느 정도 동의하나요? 아니면 동의하지 않나요?

b 인용문은 지식이 어떻게 구축되는지에 대해 무엇을 시사한다고 생각하나요?

c 우리가 지식을 추구하고 구축하는 데 전제로 하거나 당연시하는 것은 무엇인가요?

그림 3.1 _ 우리는 어떻게 지식을 구축하나요?

3.1 들어가며

1장과 2장에서는 아는이, 지식의 본질, 그리고 지식 및 앎과 연결된 문제를 탐구했습니다. 3장에서는 지식 질문이란 무엇인가, 그리고 지식 틀을 사용함으로써 이런 질문들에 어떻게 답할 것인가를 탐구합니다. 지식 틀이란 지식 질문 분석을 위한 도구이자 서로 다른 지식 영역을 비교하는 수단입니다. 우리는 범위, 관점, 방법과 도구, 윤리 등 상호 작용하는 지식 틀의 네 가지 부분에 대해 알아볼 것입니다.

간단히 말해서 이 장의 목표는 지식 틀을 풀어 보는 것입니다.

지식에 대한 은유로서의 지도

여러분의 지식은 지도와도 같습니다. 여러분의 정신 지도는 여러분이 실제 세계를 이해할 수 있게 해 주고 길을 찾는 데 도움이 될 수 있습니다. 게다가 지식은 지도와 마찬가지로 세계에 대한 표상입니다. 지도가 현실의 정확한 표상이 아닌 것처럼, 지식도 현실 세계와 동일한 것은 아닙니다. 지식은 부분적으로는 지도와 마찬가지로 역사의 특정한 지점에서의 교육, 사회, 문화의 산물입니다.

다른 한편으로 지식은 지도와 마찬가지로 여러분이 다양한 목적을 위해 습득하고 형태를 만들고 활용하는 것입니다. 우리는 다양한 목적을 위해 지도를 만들듯 주변 세계에 대한 정신 지도를 구축하고, 진리의 정도와 유용성의 정도에 근거해 다양한 지도를 평가할 수 있습니다. 마찬가지로 여러분은 자신의 정신 지도를 평가할 수 있습니다. "지도는 실제 땅덩어리가 아니다"라는 말이 있는데, 이 책 전체에서 자주 언급될 것입니다. 이 은유에 따르면 우리가 묘사한 **세계**는 실제 땅 위의 모습이지만, 지식은 세계에 대한 **우리의 지도** 또는 **우리의 그림**입니다. 불가피하게 지도 자체와 지도가 표현하고 재현하려는 것은 차이가 납니다. 그러므로 지식은 우리의 땅덩어리를 완벽하게 지도로 나타낸 것은 아닙니다.

지도는 정확할 수 있지만, 이용에는 제약이 있습니다. 예를 들어 구글 지도는 '확대'할 수 있고 길거리를 정확히 묘사할 수 있지만 일부 경우에만 쓸모 있을 것입니다. 반면에 쓸모는 있지만 지나치게 단순화되고 부정확한 지도도 있습니다. 예를 들어 싱가포르 지하철 지도는 한 장소에서 다른 장소로 이동할 때 유용합니다. 그러나 지도의 지나친 단순화로 인해 두 장소 사이의 실제 거리는 부정확합니다. 지도가 부정확해도 쓸모가 있는 것처럼 우리의 지식도 과도하게 단순화되어도 실제 세계에서 길을 찾는 데 여전히 도움이 될 수 있습니다.

서로 다른 다양한 지도들이 서로 다른 목적에 다소간 쓸모가 있지만 완벽한 지도라는 것은 없습니다. 한 도시의 **완벽한** 지도라면 벽돌 하나하나, 풀잎 하나하나까지 모두 세밀해야 하고 1:1 축적으로 그려야 할 것입니다. 그런 지도라면 당연히 지도로서 쓸모도 없고 어떤 경우든 제작된 즉시 업데이트가 필요해집니다. 이것을 **지도의 역설**이라고 합니다. 지도는 쓸모가 있으려면 반드시 불완전해야 하기 때문입니다. 그러므로 지도와 그것이 그린 실제 땅 위의 모습 사이에는 반드시 차이가 있는 것입니다.

우리는 모두 실재에 대한 **정신 지도**라고 불리는 것을 가지고 있는데, 거기에는 무엇이 참이고 무엇이 거짓인지, 무엇이 합리적이고 무엇이 불합리한지, 무엇이 옳고 무엇이 그른지에 관한 생각이 들어갑니다. 어리석은 자만이 여러분에게 정신 지도를 찢어버리고 사물에 대한 일상적 이해를 포기하라고 하겠지만, 여러분도 적어도 가끔씩 여러분의 정신 지도를 비판적이고 엄밀하게 검증해야 합니다. 지식에 대한 이런 분석을 가리키는 공식 명칭은 철학의 한 분야인 **인식론**입니다.

사물에 대한 우리의 상식적 이해가 가지는 한계를, 정신 지도와 실제 지도를 비교하며 설명해 보겠습니다. 실제 세계 지도를 생각해 봅시다. 이것은 메르카토르 도법에 기

<aside>
키워드

정신 지도: 참인 것과 거짓인 것, 합리적인 것과 비합리적인 것, 옳고 그름, 아름다운 것과 추한 것에 대한 개인의 정신적 표상

인식론: 우리가 아는 것을 어떻게 아는가, 정당화된 믿음과 의견 사이의 차이를 탐구하는 철학의 한 분야
</aside>

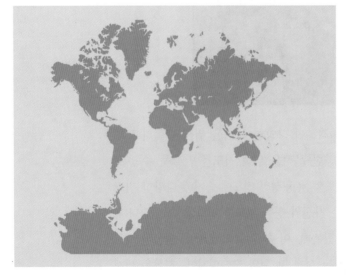

그림 3.2 _ 메르카토르 도법

반한 것입니다(그림 3.2). 자라면서 이 지도에 친숙해졌다면 여러분은 무심코 그것을 사실이라고 받아들이며 그것의 한계를 인식하지 못할 것입니다.

그림 3.2의 세계 지도가 가진 약점은 다음과 같습니다.

1 땅덩어리의 상대적인 크기를 왜곡한다. 그래서 적도에서 먼 지역일수록 실제보다 더 크게 보인다. 왜곡은 그린란드와 아프리카를 비교할 때 가장 극명하게 드러난다. 지도로 보면 거의 같은 크기이지만 실제로는 아프리카가 그린란드보다 14배나 더 크다.

2 북반구가 위로 가고 남반구가 아래로 가는 관례를 따른다. 우리는 이 방식에 익숙하지만, 실제로는 '북쪽이 위!'라는 꼬리표가 달려 있지 않다.

3 유럽 중심적이다. 유럽을 상대적으로 크게 과장했을 뿐만 아니라 지도의 중심에 오게 했기 때문이다.

이제 메르카토르 도법 지도를 호보 다이어 등적 도법(Hobo-Dyer Equal Area Projection, 그림 3.3)이라고 알려진 지도와 비교해 봅시다.

그림 3.3 _ 호보 다이어 등적 도법

호보 다이어 등적 도법은 땅덩어리의 모양은 왜곡하지만 상대적 크기를 정확하게 반영합니다. 남반구를 위쪽에, 북반구를 아래쪽에 두고 유럽 대신 태평양을 중심에 두었습니다. 대부분의 유럽인이 이 지도를 보고 헷갈린다는 사실은, 관습적 사고방식이 우리 마음을 얼마나 지배하고 있는지, 그리고 이를 벗어나는 것이 얼마나 어려운지 보여줍니다.

이렇게 잠시 지도에 대해 살펴본 것은, 메르카토르 도법과 마찬가지로 상식에 기반한 우리의 정신 지도가 현실에 대한 왜곡된 그림을 그릴 수 있다는 점을 지적하기 위해서입니다. 우리의 생각과 믿음의 출처는 자신의 경험, 부모, 친구, 교사, 도서, 뉴스 미디어, 그리고 당연히 누리 소통망, 인터넷 등 다양한 자료입니다.

우리가 모든 것이 참인지 확인할 시간이 있는 것은 아니기에 우리 정신 지도에는 짜깁기된 온갖 유형의 부정확성, 반쪽짜리 참과 반쪽짜리 거짓이 있을 것입니다. 더욱이 우리가 익숙한 관습과 관례를 벗어나 사고하고 사물을 보는 다른 방식이 있다는 것을 알기는 힘듭니다. 결국 세계를 그린 우리 그림에는 모든 종류의 문화적 편견이 내재되어 있을 것입니다. 영국인에게 모든 시대를 통틀어 가장 위대한 작가와 과학자가 누구인지 물으면 셰익스피어와 뉴턴을 꼽을 것입니다. 같은 질문을 이탈리아인에게 던지면 단테와 갈릴레오라고 할 것입니다. 중국인은 조설근(曹雪芹, 1715~1763)의 『홍루몽』을 읽어 보라고 하고, 중국의 4대 발명품인 나침반, 화약, 제지술, 인쇄술을 자랑할 것입니다. 따라서 우리가 지식의 한도와 한계라고 생각하는 것은 우리가 익힌 가정과 경험한 문화에 의해 형성되었다고 결론지을 수 있습니다.

이 문제를 좀 더 분석하기 위해 지식 질문에 대해 알아봅니다.

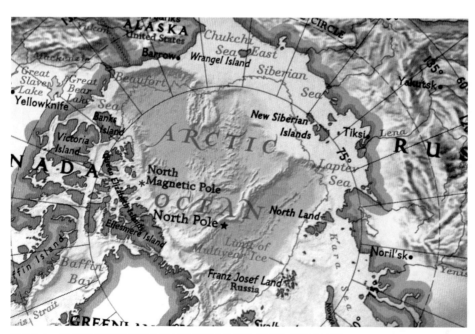

그림 3.4 _ 이 지도 제작에 사용된 지식의 다양한 출처와 도구를 생각해 보세요.

3.2 지식 질문과 지식 틀

지식 질문

지식 질문은 정해진 답이 없고 명시적으로 지식과 앎에 관한 질문이며, 보통은 지식론의 개념으로 표현됩니다. 지식 질문은 **논쟁적**인 것으로, 답이 하나가 아니라 생각할 수 있는 다양한 답이 가능한 질문입니다. 지식 질문은 딱 하나의 답이 있는 것은 아니지만, 그렇다고 답이 없는 것도 아닙니다. 앞에 나온 예를 보면 곧바로 '그렇다'나 '아니다' 또는 '모른다'로 답할 수 있는 질문은 없습니다. 그래도 다양한 답변을 뒷받침하는 증거와 예를 숙고하면 판단을 내릴 수 있습니다. 지식 질문은 정당화나 증거, 확실성 등을 비롯하여 모든 주요 지식론의 개념들과 관련됩니다. 이것은 명확하게 지식과 앎에 관한 질문이기 때문에 과목별 질문과는 다릅니다. 지식 질문은 여러분의 주변 세계에 대한 경험과 IB 디플로마 프로그램 여섯 과목, 이 두 분야 모두에서 제기될 수 있습니다. 몇 가지 예를 들어 보겠습니다.

키워드

논쟁적: 같은 문제나 주제에 대해 다양한 답, 견해, 의견이 있을 수 있는

실제 상황 3.2

(**IB 수업 내용**: IB 디플로마 프로그램 역사 수업의 일부로 1917년 러시아 10월 혁명에 대한 역사가들의 다양한 견해를 공부한다.)

과목별 질문: 왜 역사가들은 1917년 러시아 10월 혁명에 대해 다양한 견해를 가질까요?

지식 질문: 동일한 사실에 접근할 수 있는데도 전문가들의 견해가 다르다면 우리는 역사 지식을 어느 정도나 신뢰할 수 있을까요?

(**IB 수업 내용**: 디플로마 프로그램 그룹 4 과학 교과 수업의 일부로 마그네슘 같은 원소가 가열되었을 때 질량이 어떻게 변하는지를 공부한다.)

과목별 질문: 가열하면 왜 일부 원소의 질량은 증가할까요?

지식 질문: 우리는 자연과학에서 신뢰할 만한 지식을 끌어낼 측정을 어느 정도나 정확하게 할 수 있을까요?

(**IB 수업 내용**: 메르카토르 도법 지도)

과목별 질문: 지도 제작자들은 어떻게 지도를 만들까요?

지식 질문: 지식은 어느 정도나 정확하면서도 유용할 수 있을까요?

교실 벽에 세계 지도, 기차 노선도, 전 세계의 소득이나 출생률을 나타내는 지도, 학교 운동장 지도 등 10개의 서로 다른 지도를 걸어 두세요. 교실을 돌아다니며 짝과 함께 각 지도를 평가하세요. 가장 정확한 것은 무엇이고 가장 유용한 것은 무엇인지 점수를 매기세요. 여러분의 관찰 결과를 반 친구들에게 전하고 평가받아 보세요.

다음 질문에 대해 토론하고 여러분의 선택을 정당화해 보세요.

a 어떤 지도가 가장 정확한가?

b 어떤 지도가 가장 유용한가?

c "지도는 실제 땅덩어리가 아니다"라는 말이 무엇을 의미한다고 생각하는지 토론해 본다. 그 말이 참이라면, 아는이인 우리에게 어떤 함의가 있을까?

d 어떤 지도가 20년, 50년, 100년 후에도 여전히 정확하거나 유용할 것으로 생각하는가?

e 단순성, 정확성, 유용성 같은 개념들을 고려한다. 이 개념들은 여러분이 탐구한 지도에 어떻게 적용되었는가? 이것은 여러분의 지식과 어떻게 관련될까?

지식 틀

서로 다른 지식 영역과 선택 주제 간의 연결을 어떻게 비교하고 탐구해야 할까요?

우리의 지식과 그것에서 비롯된 지식 질문을 평가하는 일은 다음 네 가지 요소로 이루어진 지식 틀을 이용하면 보다 쉬워집니다.

1 범위

2 관점

3 방법과 도구

4 윤리

지식 틀은 지식 문제에 관한 분석력을 발달시키고, 다양한 지식 영역과 선택 주제를 비교하기 위한 것입니다. 지식 영역들을 연결하고 비교하며 이 연결과 비교를 탐구하는 능력은 무엇보다 중요한 분석 기법 중 하나입니다. 다음 표를 출발점으로 생각할 수 있고, 뒤에 이어지는 장들을 탐구하며 그 기법을 보다 세밀하게 발달시킬 수 있습니다.

지식 틀(지식과 앎을 분석하기 위한 비교 도구)				
	범위	관점	방법과 도구	윤리
핵심 주제 지식과 아는이				
선택 주제				
지식과 기술				
지식과 언어				
지식과 정치				
지식과 종교				
지식과 토착 사회				
지식 영역				
역사				
예술				
수학				
자연과학				
인간과학				

되돌아보기

아는이로서 지식 영역 간에 비교하고 연결할 수 있는 것이 왜 도움이 되는지 생각해 보세요. 그렇게 하는 것은 어떻게 여러분의 분석 기법을 예리하게 해 줄까요?

3.3 지식의 범위

지식의 '범위'라는 말은 지식의 한도와 한계를 뜻합니다. 아는이로서 우리는 여러 해 동안 지식을 습득해 왔는데, 우리 지식의 총체란 지식의 범위와 같은 의미입니다. 우리 지식의 범위는 풍부하고 다양할 수 있고, 여기에는 어떤 사물이 무엇이라는 것을 **아는 것**뿐 아니라 그것을 사용하는 **방법**이나 그것을 행하는 **방법을 아는 것**도 포함됩니다. 지식 영역의 범위가 이 영역에 포함된 주제입니다.

실제 상황 3.3

IB 디플로마 프로그램 학생으로서 여러분은 지식이 많은 사람입니다. 여러분 지식의 범위에는 두 가지 구별되는 특징이 있습니다. 그것은 바로 상위 수준(High Level, HL)의 과목에서 얻은 **심층적** 지식과 여섯 과목 모두에서 얻은 **광범위한** 지식입니다. 하나 이상의 IB 과목을 생각해 보세요. 그 과목의 범위와 한계는 무엇이라고 생각하나요?

여러분 지식의 한도, 그리고 그것이 지금까지 어떻게 변했는지 생각해 보세요. 어렸을 때 사용하고 필요했던 은유적 지도는 지금 사용하는 지도와 많이 다릅니다. 우리 지식의 한도와 한계는 시간이 지남에 따라 발전하며 다양한 인지적 요인뿐만 아니라 교육, 사회, 문화의 맥락과 같은 요인에 의해 결정됩니다. 예를 들어 IB 디플로마 프로그램의 여섯 과목을 선택하면 지식의 범위와 한도를 형성해 줄 것입니다.

존 아치볼드 휠러(John Archibald Wheeler, 1911~2008)는 "우리는 무지의 바다에 둘러싸인 섬에서 살아간다. 우리 지식의 섬이 넓어짐에 따라 무지의 해안선도 길어진다"라고 했습니다. 앞에서 살펴본 지도와의 비교와 이 말을 좀 더 깊이 생각해 보면 우리 지식을 섬 지도에 비유할 수 있습니다. 섬은 여러분이 획득한 지식을 나타냅니다. 논쟁의 여지는 있지만 휠러가 말한 것처럼 지식의 섬이 커질수록 무지라는 은유적 해안선의 길이도 늘어납니다. 이것은 지식과 전문성이 늘어날수록 지식의 한계에 관한 인식도 늘어난다는 것을 함축합니다. 간단히 말해서 더 많이 알수록 알아야 할 것이 얼마나 많은지를 더 잘 깨닫게 된다는 것입니다. 소크라테스(Socrates, BC 470~BC 399)는 자기 지식의 한계를 알았기 때문에 아테네에서 가장 지혜로운 사람으로 통했습니다.

지식의 범위는 우리가 아는이로서 자신을 더 잘 깨닫게 해 주므로 중요합니다. 예를 들면 대단한 전문성을 가졌지만 자기 지식의 진정한 한도와 한계를 알고 있기에 자신이 아는 것에 대해 매우 겸손한 사람들에 대해 생각해 볼 수 있습니다. 그들은 자신이 알지 못하는 것이 무엇인지 알고 있습니다.

'관점'에 대한 이어지는 절에서 개인이 어떻게 지식 발전에 이바지할 수 있는지 살펴볼 것입니다.

탐구 3.3

종이에 여러분 각자의 '지식의 섬'과 '무지의 해안선'을 나타내는 도표나 그림을 그리세요. 단어와 라벨, 목록을 활용해서 여러분의 다양한 지식 유형, 그리고 그것의 형성에 관련된 요인들을 보여 주세요. 다음 문항들은 여러분이 도표를 만드는 데 도움이 될 것입니다.

a 여러분이 배우는 IB 디플로마 프로그램 여섯 과목의 주제를 기반으로 세계를 이해하고 길을 찾는 데 사용할 '정신 지도'를 그리거나 표현할 수 있는가?

b 여러분의 정신 지도의 범위와 한계는 무엇인가? 여러분이 이미 아는 것은 무엇인가?

c 정신 지도를 형성하는 요인은 무엇인가? 다양한 집단이나 공동체에 속해 있다는 것은 여러분이 아는 것에 어떤 영향을 주는가?

d 앞으로 정신 지도를 어떻게 발전, 확장, 변화시킬 것인가? 무엇을 알고 싶고, 그 이유는 무엇인가?

e 지식이 지도 같다면, 여러분 개인의 책임과 주관적 가치는 이 지도의 어떤 부분에 영향을 미칠 것 같은가? **(우리는 3장 끝부분에서 윤리에 대해 탐구할 것입니다.)**

또래 평가

여러분이 만든 정신 지도를 함께 보고 비교해 보세요. 친구들은 자기 생각을 종이 위에 얼마나 잘 표현하고 나타낼 수 있는지 생각해 보세요. 친구들은 지식의 범위와 한계를 명확히 했나요? 그들은 자신이 알지 못하는 것이 무엇인지 알고 있나요? 그들의 지도를 형성한 요인들을 이해할

탐구 3.3(계속)

수 있나요? 그들은 미래에 지도를 확장하기 위한 좋은 아이디어를 가지고 있나요?

여러분은 서로 점수(예를 들어 명확성에 3점까지, 포괄성에 3점까지)를 매길 수 있습니다. 어떻게 하면 점수를 높일 수 있을지 토론하세요.

지식의 범위와 관련된 지식 질문

- 특정한 지식 영역이 전체 지식과 앎이라는 보다 넓은 범위에 어떻게 들어맞습니까?
- 특정한 지식 영역을 꾸준히 연구하고 이바지하도록 동기 부여를 하는 것은 무엇입니까?
- 비교하고 싶은 두 개의 지식 영역을 선택하세요. 그것들의 범위, 한도, 한계라는 면에서 유사점과 차이점은 무엇입니까?
- 여러분이 선택한 두 개의 지식 영역과 관련하여 볼 때, 그 영역들은 어느 정도나 불확실성과 모호성을 다루며, 그때의 질문에는 어느 정도나 다양하고 설득력 있는 답변이 있을까요?
- 특정한 지식 영역에서 해결하거나 답을 찾아야 하는데 현재 미해결 또는 논쟁의 여지가 있는 질문으로는 어떤 것들이 있습니까?
- 한 지식 영역은 지역적, 국가적, 세계적 문제들을 어떻게 식별하고, 그 문제들에 대한 해답 찾기를 시작합니까?

되돌아보기

"우리는 더 많이 알수록 우리가 모른다는 것을 더 많이 알게 된다"라는 말은 일반적으로 아리스토텔레스(Aristoteles, BC 384~BC 322)가 한 것으로 알려져 있습니다. 이 인용문을 여러분의 지식 여정과 관련해서 생각해 보세요. 학습 과정은 여러분이 배운 지식보다 어느 정도나 더 중요할까요?

3.4 관점

실제 상황 3.4

1 양육과 사회, 문화는 우리의 지식관에 어떻게 영향을 미칠까요?

2 지식은 시간이 지남에 따라 어떻게 변할까요?

'관점'은 '바라보는 지점'을 의미합니다. 아는이로서의 우리는 각자 세계에 대한 독특한 관점을 가지고 있습니다. 우리 지식이 맥락에 따라 매우 달라지며 다양한 것들로부터 영향을 받는다는 점을 생각하면 위의 말은 우리 지식에 중요한 함의를 가집니다.

아는이로서 여러분은 지식의 얼마나 많은 부분이 자신의 특정한 문화, 교육, 국제적 조건과 기타 영향에 의해 형성되었는지 알 수 있을 것입니다. 이제부터 아는이의 '관점'이라는 개념에 대해 탐구할 것입니다.

탐구 3.4

IB 디플로마 프로그램의 학습자상에 있는 '열린 마음'의 속성을 평가하세요.

1 '열린 마음'을 가진다는 것은 무엇을 의미할까요? 마인드맵을 작성하여 오늘날 세계에서 열린 마음의 역할을 상세한 사례를 들어 설명하세요.

2 '국제적 마인드'를 가진다는 것은 무엇을 의미할까요? 두 번째 마인드맵을 작성하여 오늘날 세계에서 그것의 역할에 대한 상세한 사례를 제시하세요.

3 수업 시간에 다음 주제로 토론하세요. "'열린 마음'은 '국제적 마인드'와 같은 것인가? 그 이유는 무엇인가?"

아는이의 '관점'

과학, 특히 신경 과학은 뇌가 어떻게 발달하고 학습하는지에 관한 연구를 바탕으로 우리의 지식이 어떻게 형성되는지에 대해 답을 줄 수 있습니다. 신경 과학자들은 기억, 언어와 인지, 앎의 정신적 과정을 비롯한 뇌의 활동 이면의 과학을 연구합니다.

그림 3.5 _ 지식론에서는 아는이의 관점에 관심을 둡니다. 아는이로서 여러분은 지식을 어떻게 구축하나요?

지식론에서는 아는이의 관점에 관심을 둡니다. 아는이로서 여러분은 어떻게 지식을 구축하나요? 실재에 대한 우리의 감각이 어떻게 형성되었는지는 최근에서야 알려졌습니다. 우리는 뇌에 대한 풍부한 지식과 이해를 갖고 있지만, 아직도 알아내야 할 것이 많습니다. 뇌는 무게가 약 1.5kg으로 콜리플라워 한 통의 무게와 같습니다. 뇌의 무게는 몸무게의 2%에 불과한데도 우리 몸이 필요로 하는 에너지의 20%를 소비합니다. 뇌에는 860억 개의 신경 세포가 있고 100조 개의 연결이 있습니다. 이처럼 뇌는 상상할 수 있는 가장 복잡한 회로판인 것입니다.

우리는 각자 독특한 신경 회로판을 가지고 있습니다. 그리고 옆 사람과 각각 다른 인생사를 겪었습니다. 아는이로서 우리는 독특한 존재입니다. 그 누구도 여러분의 기억, 경험, 독특한 지식적 기반을 갖고 있지 않습니다. 그러므로 우리 각자의 관점도 독특합니다. 우리는 의식에 대해서는 공통된 경험을 갖고 있다고 생각합니다. 뇌의 작동 원리에 대해서도 공통된 이해를 갖고 있지만, 지각 경험은 각자에게 독특한 것입니다. 신경 과학자들은 주관적 세계관을 형성하는 우리 능력에 대한 지식을 연구합니다. 우리가 새로운 것을 배울 때는 축삭돌기(신경 세포) 사이에 새로운 연결을 만들고 축삭돌기를 둘러싸는 수초를 만들어 그 연결을 보호하며, 축삭돌기 사이의 전기 신호의 속도를 더욱 높입니다. 뇌 연결성은 학습과 기억의 토대를 이룹니다. 우리의 독특한 기억들은 감각 정보를 처리하고 이해하는 데 도움을 줍니다. 그러나 뇌가 받는 모든 감각 정보를 처리할 수는 없기 때문에 뇌가 기능하기 위해서는 지름길을 택해야 하며, 과거 경험을 바탕으로 가정을 함으로써 쏟아지는 정보 폭격을 피해야 합니다.

신념의 정도는 우리의 관점에 어떻게 영향을 줄까?

신념은 지식의 근거와 우리가 추구하는 목표, 다른 사람들과의 관계에서 중요한 역할을 합니다. 신념은 종종 '신뢰'의 동의어로 사용되는데, 신념이 본질적으로 현실에 대한 가설이라기보다는 신뢰 관계라는 주장도 있습니다. 신념이 신뢰를 의미한다면, 신념은 지식의 정당한 원천이라는 말이 뒤따라 나옵니다. 예를 들어 우리는 교사들이 정확한 지식을 가르칠 것이라고 신뢰합니다. 분명히 어떤 **사람을** 신뢰하는 것은 어떤 것이 **사실임을** 신뢰하는 것과는 다른 것 같습니다. 예를 들어 부모님이 진심으로 여러분을 중요하게 생각한다고 신뢰하기 때문에 여러분은 부모님을 신뢰합니다. 설령 이것이 쉽게 드러나지 않을 때도 그렇습니다. 하지만 어떤 **사람을** 신뢰하는 것은, 그것이 어떤 의미 있는 내용을 가질 수 있기만 하다면, 어떤 것이 **사실임을** 신뢰하는 것과 완전히 분리될 수는 없습니다. 적어도 누군가가 실존한다고 여러분이 믿지 않는 한, 여러분은 그 **누군가를** 신뢰할 수 없습니다. 그리고 여러분이 **부모님을** 신뢰하고 있다면, 실제로 필요할 때면 늘 부모님이 거기에 있을 것이라는 굳은 믿음을 갖고 있을 가능성이 큽니다.

신념은 흔히 믿음의 한 부분으로 여겨지며, 여러분의 신념은 여러분의 관점을 형성하고 그 관점에 영향을 미칩니다. 예를 들어 여러분은 종교적 신조, 윤리적 이상, 정치적 교리 등 다양한 명제가 참이라는 신념을 갖고 있을 수 있습니다. 하지만 신념*이 믿음의 한 형태이긴 하지만 많은 믿음이 신념을 포함하고 있지 않습니다. 우리는 오히려 깊이 간직한 확신을 표현하는 말로 '신념'을 사용하는 경향이 있습니다. 예를 들어 여러분은 **"나는 인간은 근본적으로 선하다는 신념을 갖고 있다"**라거나 **"나는 민주주의에 대해 신념을 갖고 있다"**라고 말할 수 있습니다. 이것에서 알 수 있듯 '신념'이란 말은 우리의 관점이나 세계관과 밀접하게 연관되는데, 세계관이란 실재의 본질과 그 속에서 우리가 차지하는 위치에 대한 믿음의 집합입니다.

*faith는 belief(믿음)와 다르게 맥락에 따라 신앙, 신념, 굳은 믿음 등으로 구분하여 옮겼다.

패러다임은 우리의 관점에 어떻게 영향을 줄까?

다양한 관점을 검토하는 한 가지 방식은 패러다임을 이용해 관점에 대해 생각해 보는 것입니다. 패러다임은 현실을 이해하기 위한 모델이라고 생각할 수 있습니다. 먼저 실생활에서 문화적인 패러다임의 예로, 식사는 오른손에 나이프를 들고 왼손에 포크를 들고 하는 것이라는 생각을 들 수 있습니다. 이 모델은 서구 나라들의 학교 식당에서 '정상적' 행동이 무엇인지에 관한 우리의 관점에 영향을 끼치고, 손으로 먹는 것이 '정상적'일 수 있는 지구 건너편의 나라에서는 문화적 변이가 있을 수 있습니다. 또 다른 일상적인 예로는 관계를 이해하기 위한 패러다임이나 모델로서의 결혼, 또는 자녀 양육을 이해하기 위한 모델로서의 교육을 들 수 있습니다. 이러한 문화적인 예 외에도, 뒤에 공부할 장에서 더 탐구할 지식 분야를 구축할 수 있는 지적 패러다임의 많은 예가 있습니다.

핵심은 우리가 당연하다고 받아들이는 패러다임이 우리의 관점에 영향을 끼칠 수 있다는 것입니다. 그러나 이것은 수동적인 과정이 아닙니다. 우리는 아는이로서 스스로 자신의 패러다임을 평가하고 만들어 가며 영향을 줄 수 있어야 합니다.

논의 3.3
1 이론, 법칙과 패러다임의 차이는 무엇일까요?
2 패러다임은 지식의 진보를 어느 정도나 돕거나 방해할까요?

지식은 시간이 흐르면서 어떻게 발전하고 변하는가?

여러분은 '관점'을 역사의 한 줄기로 여길 수도 있습니다. 지식은 시간이 흐르면서 발전하고 변화합니다. 많은 이유로 이런 일이 벌어지는데 때로는 패러다임을 변화시키는 핵심 사상가들이 끼친 영향의 결과이기도 합니다.

아래의 예들은 우리의 지식이 시간이 지남에 따라 어떻게 발전하고 변화하는지 보여 줍니다.

1 물리학에서 양자 역학이나 **일반 상대성 이론**

2   생물학에서 다윈주의 패러다임

3   화학에서 원자론 패러다임

4   경제학에서 케인스주의와 고전학파 모델

5   예술에서 모더니즘 모델

6   문학이나 역사의 텍스트 연구에서 포스트모더니즘 패러다임

7   시각 예술에서 라파엘 전파*의 패러다임이나 초현실주의 패러다임

8   종교학에서 해방 신학 또는 페미니즘 신학

9   역사나 경제학 연구에서 마르크스주의 패러다임

*19세기 영국에서 일어난 예술 운동으로, 라파엘로(Raffaello, 1483~1520)와 미켈란젤로(Michelangelo, 1475~1564) 이전인 1400년대 이탈리아 예술의 강렬한 색감, 복합적인 구성과 풍부한 디테일로의 회귀를 추구했다.

토머스 쿤(Thomas Kuhn, 1922~1996)은 패러다임 전환이라는 아이디어를 만들었습니다. 이 아이디어에 따르면 한 개인이나 협력하는 집단은 종종 새로운 운동이나 이론을 수용하기 위해 '낡은' 이해 모델을 바꾸는 식으로 지식에 기여한다고 합니다. 이 아이디어에 대해서는 이 책의 13장에서 좀 더 살펴볼 것입니다.

> **실제 상황 3.5**
>
> 위에 나열된 패러다임은 어떻게 우리의 관점을 변화시키고 새로운 방식으로 사고하게 했을까요?

개인은 어떻게 지식 발전에 기여하는가?

지식은 지적 풍토의 산물입니다. 아는이는 공동체나 지식 영역에서 공유되는 지식에 기여할 것입니다. 물리학의 뉴턴(Isaac Newton, 1643~1727)과 역사학의 토머스 매콜리(Thomas Babington Macaulay, 1800~1859), 시각 예술의 살바도르 달리(Salvador Dali, 1904~1989) 같은 많은 개별 사상가들도 지식 발전에 중대한 기여를 했습니다. 에이다 러브레이스(Ada Lovelace, 1815~1852)는 자신만의 알고리즘을 만들었는데, 그것이 최초의 이론적 컴퓨터인 해석 기관으로 이어졌습니다. 이것은 실제로 만들어지지는 않았지만, 그녀는 이 분야에 중대한 기여를 했습니다. 지식 영역이나 지식 공동체와 상관없이 특정 분야의 지식에 중대한 기여를 하는 능력에는 창의성과 상상력이 필요해 보입니다. 일부 핵심 인물들은 참신한 관점으로 다른 사람들보다 '더 멀리 볼' 수 있습니다. 그 결과, 그들은 패러다임을 바꾸고 우리가 지식 영역을 이해하는 방식을 변화시킵니다. 결국 이런 핵심 사상가들은 새로운 관점을 제시하여 지식 발전에 기여합니다.

> **탐구 3.5**
>
> 자신의 분야에서 패러다임 전환에 도움을 준 위대한 사상가들은 다음과 같습니다.
>
> - 물리학의 알베르트 아인슈타인(Albert Einstein, 1879~1955)
> - 화학의 드미트리 멘델레예프(Dmitri Mendeleev, 1834~1907)
> - 생물학의 찰스 다윈(Charles Darwin, 1809~1882)

- 경제학의 존 메이너드 케인스(John Maynard Keynes, 1883~1946)

- 역사학의 카를 마르크스(Karl Marx, 1818~1883)

- 심리학의 지크문트 프로이트(Sigmund Freud, 1856~1939)

- 언어학의 노엄 촘스키(Noam Chomsky, 1928~)

- 예술의 파블로 피카소(Pablo Picasso, 1881~1973)

위의 목록에서 한 명 이상의 핵심 사상가를 골라서 그들이 자신의 지식 분야에 기여한 내용을 조사해 보세요. 여러분의 생각을 수업 시간에 발표하세요. 그들은 어떤 방식으로 새로운 관점에 영향을 주는 기여를 했을까요?

자기 평가

여러분이 발표한 내용은 개인이 어느 정도나 지식을 발전시키고 우리의 관점을 형성하는지를 완전히 이해했다는 것을 얼마나 잘 보여 주었나요?

다음 내용을 고려했나요?

- 그 사람은 어떻게 자신의 학문 분야에서 혁명을 일으키거나 당시의 합의에 도전했는가? 예를 들어 보라.

- 지식에 대한 그들의 기여는 당대에 어떤 영향을 주었나?

- 그들의 생각은 당대에 어느 정도나 받아들여지거나 거부당했는가?

- 그들의 생각은 오늘날에 어느 정도나 받아들여지는가?

---

1 지식 발전에 개인의 기여는 얼마나 중요할까요?

2 새로운 관점이 받아들여지기 위해서는 어떤 일이 일어나야 할까요? 또는 어떤 조건이 충족되어야 할까요?

나는 아는이로서의 나의 관점을 어떻게 평가할 수 있을까?

앎의 과정은 양육, 문화, 가치처럼 광범위하게 영향을 끼칠 수 있는 것뿐 아니라 지각처럼 다양한 인지적 요인에 의해 형성됩니다. 지식에 영향을 끼칠 수 있는 요인에는 성별, 계급, 경제적 지위, 나이, 성적 취향, 국적, 이주자 지위, 교사, 친구, 종교 지도자, 부모, 학교, 정치적 신념, 종교적 신념, 윤리적 신념, 개인사 및 가족사, 관람한 영화, 읽은 책과 책에서 접하거나 직접 체험한 개인적 경험 등이 포함됩니다.

요컨대 우리 자신의 관점을 식별하고 우리 지식에 영향을 미치는 것이 무엇인지를 평가하는 것은 우리가 아는이로서 자신을 더 잘 깨닫고 다른 관점을 더 잘 이해하는 데 도움이 되기 때문에 중요합니다. 다음에는 지식을 창출하는 데 사용되는 방법과 도구, 우리가 지식을 습득하는 과정을 살펴볼 것입니다.

그림 3.6 _ 여러분의 관점, 믿음, 가정은 지식과 앎에 관한 사고방식을 어느 정도나 형성할 수 있을까요?

탐구 3.6

여러분의 지식에 영향을 미치는 것을 가능한 한 많이 생각해서 나열해 보세요.

다음 질문에 대해 생각해 보고 토론하세요.

a 특정한 사회적, 경제적 계급에 속하는 것은 여러분의 정치적 신념에 어떤 영향을 줄까?

b 누리 소통망의 '**필터 버블**'은 우리의 모바일 장치에 표시되는 시사 문제, 뉴스 또는 미리 선택된 여타 콘텐츠에 대해 우리가 알고 있는 것에 어떤 영향을 미칠 수 있을까?

c 미국에서 태어났는지, 아닌지의 여부가 어떻게 미국 역사의 특정 사건 연구에 특별한 태도를 취하게 할까?

d 종교나 정치 활동을 하는 것이 디지털 기술 이용에 대한 태도에 어떻게 영향을 미칠 수 있을까?

e 남성 또는 여성인 것이 낙태나 피임 같은 윤리적 이슈에 대한 신념에 어떻게 영향을 미칠 수 있을까?

이제 여러분이 직접 사례를 만들어 보세요. 여러분의 지식이 특정한 영향에 의해 어떻게 형성되는지를 정확하게 보여 주는 구체적이고 개인적인 사례를 서너 개 정도 만들어 보세요.

예를 들면 여러분은 "종교 활동이 나의 지식에 영향을 끼친다"라고 주장할 수 있습니다. 하지만 여러분의 종교가 지식에 어떻게 영향을 끼쳤는지 상세하고 보다 명백하게 인식하는 편이 낫습니다. 여러분의 믿음[* 여기에 학생의 믿음을 기입하세요]에 영향을 준 종교적 신념[** 여기에 종교적 신념을 삽입하세요] 중 하나를 정확하게 찾아내는 능력이 더 낫다는 말입니다. 예를 들면 "용서의 중요성을 믿는 기독교 공동체에서 자라난 것은 타인들을 연민으로 대해야 한다는 나의 윤리적 믿음에 영향을 미쳤다."

키워드

필터 버블(filter bubble): 구글, 아마존, 페이스북 등 인터넷 정보 제공자가 이용자에 맞추어 필터링한 정보를 제공함으로써 이용자가 선별된 정보에 둘러싸이게 되는 것

관점과 관련된 지식 질문

- 어떻게 그리고 왜 지식은 시간이 지남에 따라 진화하고 변할까요? 두 개의 지식 영역과 관련하여 생각해 보세요.

- 지식의 생산은 어디까지 개인적이거나 협력적인 작업일까요?

- 개인은 특정 지식 영역이나 선택 주제에서 어떤 방식으로 지식에 기여할까요?

- 지식은 사회적 또는 문화적 맥락에 따라 어느 정도나 달라질까요?

- 사실에 똑같이 접근할 수 있더라도 똑같은 화제나 질문에 대한 전문가의 의견이나 해석이 어떻게 그리고 왜 다를 수 있을까요?

- 특정한 지식 영역 내에서 무엇을 지식으로 간주할지를 정하는 것은 누구일까요?

- 여러분의 관점은 다양한 지식 영역 공부에 어떤 영향을 끼칠까요?

되돌아보기

여러분의 개인적 관점은 시간이 지남에 따라 어느 정도나 바뀌며, 이것은 여러분이 알고 있는 것에 어떤 영향을 미칠까요?

3.5 방법과 도구

논의 3.4

우리가 어떻게 지식을 습득한다고 생각하나요?

방법

여기서 '방법'이란 우리가 지식을 얻기 위해 사용하는 체계, 전략, 과정이나 절차를 의미합니다. 각각의 학문 분야에서는 지식을 얻기 위해 다양하고 서로 다른 탐구 방법을 활용하는데, 이것들은 선택 주제를 다루는 장들과 지식 영역에 대한 장에서 보다 자세히 탐구할 것입니다. 예를 들면 인간과학에서 사용되는 질적, 양적 방법들을 탐구하고, 역사가가 의미 있고 설명적인 서사를 구축하기 위해 증거에 대한 건전한 해석을 활용하는 방법을 탐구합니다.

방법들 사이에는 상당한 정도의 공통성이 있을 것입니다. 예컨대 가설 개념과 증거 활용은 과학자들과 역사가들이 공통으로 사용하는 것입니다. 더욱이 톰 맥리시(Tom McLeish, 1962~)교수는 그의 저서 『과학의 시와 음악: 과학과 예술의 창의성 비교(*The Poetry and Music of Science: Comparing Creativity in Science and Art*)』에서 창의성과 상상력이 과학적 방법과 온갖 예술적 과정, 두 가지 모두에 본질적인 부분이라고 주장했습니다. 예를 들자면 과학적 방법은 아이디어를 시험할 방식은 제공하지만, 가설에 이르는 방식을 구체적으로 지정하지는 않는다고 지적합니다. 그래서 그는 과학적 방법과 관련해서 창의성이 중요한 역할을 한다고 주장합니다. 실제로 창의적 과정은 수학, 인간과학부터 역사, 예술에 이르기까지 모든 지식 영역에서 핵심적입니다. 방법은 시행착오든, 실험이든, 연구나 관찰이든 상관없이 **어떻게** 지식을 얻고 구축하는가를 탐구하도록 유도하기 때문에 핵심적 개념입니다.

지식 습득을 위한 학제적 방법

질서 정연한 우주 프로젝트(Ordered Universe Project)는 자연과학과 인간과학, 수학과 예술의 전문가들이 중세 사상가이자 대학자인 로버트 그로스테스트(Robert Grosseteste, 1170년경~1253년)의 저작들을 이해하고자 함께 공동 연구하는 프로젝트입니다. 게다가 그것은 **학제적 접근**일 뿐 아니라 더럼 대학교와 옥스퍼드 대학교, 그리고 세계의 많은 대학교와 진행하는 협업의 사례이기도 합니다. 자연 현상에 대한 그로스테스트의 통찰에 초점을 맞추어 그가 남긴 원고의 내용과 문맥을 다양한 분야 전문가들의 관점으로 이해하려는 것입니다. 여기에는 다양한 전문가들이 공동의 대의를 위해 서로가 생각을 나누고 배우는 과정에서 지식이 발견될 수 있다는 생각이 내재되어 있습니다.

키워드

학제적 접근: 다양한 분야의 학문이 서로의 연구 성과와 연구 기법을 공유하여 일정한 문제에 접근하는 일

그림 3.7 _ 13세기의 주교 로버트 그로스테스트는 신앙과 상상력을 자연과학 및 수학과 결합한 「빛에 관하여」라는 논문을 썼습니다.

과학자, 예술가, 역사가, 수학자, 윤리학자 같은 사람들이 지식 질문에 관해 토론한다고 상상해 보세요.

지식 질문을 선택하세요. 예를 들면 "우리는 지식을 유용성이나 정확성 때문에 높이 평가해야 할까?" 또는 "문화는 우리가 알고 있는 것에 얼마나 영향을 미칠까?" 같은 것들입니다. 여러 명이 팀을 짜서 각각 위에 나열한 학자 가운데 한 사람의 역할을 하세요. 각각의 인물들이 그 문제에 대해 어떻게 생각할지를 토론하세요. 지식 질문을 평가하고 각기 다른 관점들이 여러분을 진리에 더 가까워지게 하는지 생각해 보세요.

논의 3.5

1 이런 유형의 학제적 접근이 한 가지 지식 영역 전문가들 사이의 협업만 있을 때보다 다소 신뢰할 만한 지식을 창출한다고 생각하나요? 두 가지 접근 방식의 장점은 무엇인가요?

2 교차적 관점에서 비롯된 확증은 진리성을 증진시킬까요? 그 이유는요? 그렇지 않다면 그 이유는요?

3 이 목록에서 빠진 사람은 누구일까요? 그 전문가는 어떤 논의를 추가할까요? 그 이유는요?

탐구 3.8

로버트 그로스테스트에 관해 조사해 보세요. 먼저 로버트 그로스테스트 사상을 탐구하는 국제 연구 프로젝트인 질서 정연한 우주 프로젝트에서 시작하세요.

그로스테스트가 처음 떠올린 원래 사상들을 알아보세요. 학자들은 학제적 접근법과 방법으로 어떻게 그로스테스트 사상에 대한 공유 지식을 얻을 수 있었나요?

정, 반, 합

헤겔(Georg Wilhelm Friedrich Hegel, 1770~1831)은 **정, 반, 합**이라는 개념을 사용하는 **변증법**을 발전시켰습니다. 실재에 대한 우리의 이해는 정명제(테제)로 시작됩니다. 정명제는 반명제(안티테제)를 요구하는 모순적 측면이 내재되어 있습니다. 그 두 명제는 해결책으로 합명제(신테제)를 필요로 합니다. 합명제는 정명제와 반명제 사이의 갈등을 해결하는 새로운 관념입니다. 헤겔은 자신의 방법이 고대 그리스 철학자 플라톤이 시작한 전통의 계승이라는 사실을 인정합니다. 플라톤은 소크라테스라는 인물과 다른 사람들의 반대 논증 사이에 철학적 논증을 제시했습니다. 비판가들은 이성이 필연적으로 모순을 낳는다는 헤겔의 믿음에 이의를 제기했습니다. 게다가 헤겔은 변증법을 발전시켰지만, '정', '반', '합'이라는 용어를 한 번도 사용한 적이 없습니다.

지식에 대한 은유로서의 도구 상자

우리가 지식을 얻기 위해 사용하는 방법은 우리가 마음대로 쓸 수 있는 도구와 긴밀히 관련되어 있습니다. 지식 '도구'는 어떤 일을 수행하는 데 필요한 도구를 의미하는

키워드

정: 명제

반: 명제의 부정

합: 변증법에서 정과 반 사이의 갈등을 해소하는 서로 연결된 전체, 해결책, 또는 새로운 개념

변증법: 대립하는 양측의 불일치를 포함하는 논증 방법

데, 특히 지식을 구축하거나 창출할 때 사용하는 도구를 가리킵니다. 아는이인 우리에게 지식을 구축하기 위해 '방법과 도구'를 사용하는 방식은 매우 복잡합니다. 여기에서는 가능한 모든 방법과 도구를 다루지는 않는데, 뒤의 장들에서 이어지기 때문입니다. 대신 여러분이 지식 질문 및 그와 관련된 개념들에 관해 사고할 수 있도록 몇 가지 도구를 간단히 설명할 것입니다.

우리가 일상생활에서 서로 다른 작업에 각각 알맞은 도구를 사용하는 것과 마찬가지로 지식을 얻기 위해서도 다양한 도구와 방법을 사용합니다. 예를 들어 조립형 가구 부품으로 옷장을 조립하고자 할 때 여러분은 여러 도구들 가운데 드라이버와 망치가 들어 있는 '도구 상자'가 필요할 것입니다. 마찬가지로 우리는 아는이로서 지식을 구축하는 데 여러 도구가 필요합니다. 지식을 얻는 데 필수적인 지식 도구들이 있는데, 이것들은 각 지식 영역에서 구별되어 사용됩니다. 여기에는 망원경이나 현미경처럼 우리의 관찰 범위를 더욱 확장해 주는 **실용적이거나 물질적인 도구**는 물론이고 지각 같은 **인지적 도구**가 포함됩니다.

인터넷은 누구나 알 수 있는 실용적인 지식 도구의 예입니다. 우리는 답을 찾고자 하면 검색 엔진을 사용할 것입니다. 그러나 2장에서 논의한 것처럼 정보에 대한 접근은 지식과 똑같은 것이 아닙니다. 그리고 이렇게 정보를 빠르고 편리하게 얻는 방식은 즉각적인 지식이라는 환상을 심어 줄 수 있지만 깊은 지식과 이해를 제공하지는 않습니다. 5장에서는 기술이 어떻게 우리를 아는이로 형성하는지, 우리가 지식을 구축하는 데 어떻게 영향을 주는지 알아보고 지식과 앎의 본질에 대해 생각해 볼 것입니다. 수학에서 사용되는 또 다른 실용적 도구에는 공학 계산기, 각도기, 컴퍼스가 있고 자연과학에서는 분젠 버너 같은 장비가 있습니다.

키워드

실용적이거나 물질적인 (지식) 도구: 현미경이나 아이패드처럼 인지를 보완하거나 향상시키는 장치

인지적 (지식) 도구: 감각, 기억, 상상, 경험과 합리적 사고처럼 지식을 습득하는 정신적 과정

그림 3.8 _ 지식을 구축하기 위해 우리는 어떤 '도구'를 사용하나요?

인지적 도구는 지각, 기억, 상상력, 경험 또는 이성적 사유 등 지식을 습득하기 위한 정신적 과정입니다. 지식은 다양한 인지적 지식 도구들이 상호 작용한 결과라고 주장하는 사람들도 있습니다. 인간의 특징 가운데 하나는 이성적이고 논리적인 사유의 능력이지만, 다른 한편으로는 뇌가 우리의 생물학적인 감각을 통해 받아들인 데이터를 민첩하게 해석하는 것도 지식 구축에 필수적인 것 같습니다.

이 문제에 대한 탐구는 오랜 역사를 지니고 있습니다. 철학을 비롯한 인간과학의 관점에서 보면, 지식을 습득하는 방식에 대해 의견이 일치하지 않는 철학자들 사이에 전통적인 논쟁이 이어졌습니다. 흄(David Hume, 1711~1776)과 로크(John Locke, 1632~1704), 버클리(George Berkeley, 1685~1753) 같은 **경험론자**들에게 경험과 지각은 앎을 창출하는 필수적인 원천 또는 도구입니다. 이와 대조적으로 데카르트(René Descartes, 1596~1650)와 스피노자(Baruch Spinoza, 1632~1677), 라이프니츠(Gottfried Leibniz, 1646~1716) 같은 **합리론자**에게 **합리성**과 **논리**는 지식의 주된 원천이자 도구입니다.

여기서 이 철학적 논쟁의 세부 내용을 개괄적으로 살피기보다, 지식을 구축하거나 창출하는 다양한 방식을 탐구하는 것이 우리의 과제입니다. 아는이로서 우리가 지식을 얻는 과정을 이해하거나 그에 대한 통찰력을 키우는 것은 필수적입니다. 여기에서는 다양한 지식 관련 문제를 식별하고 탐구할 것입니다.

감각

논의 3.6
보면 믿을 수 있나요? 감각은 우리에게 신뢰할 수 있는 지식을 줄 정도로 믿을 만한가요?

감각은 우리에게 세계에 대한 지식을 제공하는 데 근본적인 역할을 합니다. 실제로 경험론이라는 주요 철학 학파에 따르면 **모든** 지식은 궁극적으로 지각적 경험에 기반하고 있습니다. 이것은 극단적으로 들릴 수 있지만, 감각 지각은 과학부터 역사, 예술에 이르기까지 거의 모든 분야에서 명백하게 핵심적인 역할을 합니다. 예를 들어 생물학에서 관찰, 역사학에서 목격자의 진술 또는 시각 예술에서 새로운 시각으로 사물을 보는 능력 등이 하는 역할을 생각해 봅시다.

지각에는 눈에 보이는 것보다 더 많은 것이 있고, 그것은 상식적 실재론이 허용하는 것보다 더 능동적인 과정입니다. 감각은 독립적인 실재를 수동적으로 반영하는 것이 아니며, 세계에 대한 우리의 경험은 '저쪽에' 있는 것뿐만 아니라 감각 기관과 마음의 구조에도 영향을 받습니다. 이것은 지각이 지식의 원천으로서 신뢰할 만하다는 것을 함의합니다. 한편으로는 감각을 신뢰하는 것은 우리가 자연적인 이유 때문에 감각을 갖게 된 방식으로 진화했고 생존에 필수적이라는 점을 감안하면 합당합니다. 신경계는 뜨거운 것을 만지면 즉각적이고 본능적으로 뜨거운 것으로부터 손을 뗍니다. 이

키워드

경험론자: 경험론의 지지자로, 모든 지식은 궁극적으로 지각에 기반한다고 주장하는 철학 학파

합리론자: 합리주의의 지지자로, 진리를 판별하기 위해 지각보다 연역에 의존하는 철학 학파

합리성: 명확하고, 분별력 있거나, 논리적으로 추론하고 사고할 수 있는 능력

논리: 이성을 주관하는 규칙에 관한 원리나 규칙 체계

진화된 반사 작용이 우리 생존에 내장되어 있습니다. 하지만 다른 한편으로는 감각을 늘 신뢰할 수는 없고 때로는 우리를 기만한다는 사실을 명심해야 합니다.

상상력

> **논의 3.7**
>
> 상상력은 지식의 신뢰할 만한 원천일까요?

지각은 우리가 경험하고 관찰할 수 있는 것과 관련 있지만, 상상력은 관찰을 뛰어넘는 것입니다. 일반적인 정의에 따르면 상상력은 감각으로는 잡히지 않는 어떤 것에 대한 표상을 형성하는 능력입니다. 하지만 상상력은 심적 **이미지**는 물론 온갖 **가능성**을 품는 것까지 모두 포괄합니다. 여러분은 모든 종류의 가능성과 모든 가능한 세계, 이를테면 전쟁 없는 세계나 지구 온난화가 없는 세계를 상상할 수 있습니다. 여러분이 "~했을 때의 시나리오를 상상하라"라고 요청받는다면, 거기에는 우리가 주변의 관찰 가능한 세계가 아닌 우리 마음속에서 '가능한 세계'로 존재할 뿐인 상상의 세계를 만들어 낼 수 있다는 가정이 내장되어 있습니다.

　우리가 소설을 읽고, 비디오 게임을 하고, 다양한 행동 과정의 결과를 상상하고, 복권에 당첨되는 것 같은 일에 대해 한가하게 공상하며 많은 여가 시간을 보낼 수 있다는 것을 고려하면, 아는이에게 상상력은 귀중한 것입니다. 상상력은 중요한 지식 도구일 뿐만 아니라 지식의 정당화 및 구성에도 중요한 역할을 합니다. **공감**이라는 형태의 상상력은 특히 다른 사람에 대한 지식과 관계됩니다. 이것은 공감과 윤리 사이의 관계에 대한 지식 질문을 제기하는데, 이에 대해서는 이 장 뒷부분에 나오는 윤리에 대한 부분에서 좀 더 살펴볼 것입니다.

　상상력은 **공상**, **가능 세계**, **사실적 상상력**과 **창의성** 등 다양한 종류로 구별될 수 있습니다. 상상력은 모든 지식 영역에서 본질적인 도구일 것입니다. 예를 들면 각 지식 영역에서 상상력이 하는 정확한 역할은 각각 다르더라도 과학자는 예술가나 역사가만큼이나 상상력을 발휘할 수 있는 능력이 필요합니다.

　앞에서 살펴본 '관점'에 대한 내용을 다시 참조하면, 패러다임을 전환하는 데 필요한 상상력은 지식 발전에 필수적이며, 상상력은 예술가 살바도르 달리(Salvador Dali, 1904~1989)에게 중요했던 만큼 과학자 찰스 다윈(Charles Darwin, 1809~1882)에게도 중요했다고 주장할 수 있습니다. 상상력과 창의성은 긴밀히 연관되어 있고 창의성이 새로운 아이디어가 주조되는 용광로라는 점을 감안하면, 여러분은 상상력이 지식 생산에 얼마나 필수적인지 생각해 볼 수 있을 것입니다.

> **키워드**
>
> **공감**: 다른 사람의 감정과 관점을 상상하고 이해하는 능력
>
> **공상**: 현실 세계와 멀리 연결되었을 뿐인 도피적 상상력
>
> **가능 세계**: 모든 가능성들이 일어나는 세계의 집합
>
> **사실적 상상력**: 합당한 사실로 채워지고 이끌어진 상상력
>
> **창의성**: 독창적이고 놀랍고 가치 있는 작품을 만들거나 아이디어를 생각해 내는 능력

기억

논의 3.8

우리의 기억을 지식의 믿을 만한 원천으로서 신뢰할 수 있을까요?

우리는 2장에서 기억이 제기하는 지식의 문제와 관련해서 기억에 대해 탐구했는데, 여기서는 한 걸음 더 나아가 기억을 지식 도구로 평가할 것입니다. 개인적 수준에서 기억은 자기 인식에 핵심적입니다. 즉, 자신이 누구인지에 대한 감각은 대부분 자신의 기억으로 이루어져 있습니다. 기억은 역사와 긴밀히 관련됩니다. 역사의 많은 부분이 기록되는 것보다 훨씬 전에 일어났음 사건에 대한 목격자의 회상에 기반하고 있습니다. 실제 영역에서 목격자의 기억이 정확하다고 인정되는지는 형사 재판에서 누군가의 유무죄 여부를 결정할 수도 있습니다. 사실 우리가 지식을 전체적으로 얼마나 축적하고 있는지는 기억에 결정적으로 달려 있습니다. 인간과학, 특히 심리학은 기억을 창출하고 회상하는 것과 관련된 과정을 기술할 수 있습니다. 기억은 일반적으로 **개인적 기억**과 **사실적 기억**, **실행적 기억**, 이렇게 세 종류로 구분됩니다.

개인적 기억은 어린 시절 자전거에서 떨어진 기억, 학교 입학식 날, 지난여름 크레타섬에서 보낸 휴가 등 여러분의 일생을 채우는 다양한 사건에 대한 내적 회상으로 이루어집니다. 개인적 기억은 여러분에게 정체성 감각을 부여합니다. 여러분이 기억 상실증에 걸려 과거에 대해 아무것도 기억하지 못한다면 자신이 누구인지 알 수 없을 것입니다.

사실적 기억은 의미, 사실, 관념과 관계된 기억 일부를 가리킵니다. 예를 들어 여러분은 'mercurial'이란 단어가 '변덕스러운'을 뜻한다거나, 금의 원자 번호가 79번이라거나, 리가가 라트비아의 수도라는 사실을 알고 있을 것입니다. 그런 기억은 단지 지식의 **내용**과 관련되어 있을 뿐이고 그것이 **언제** 습득되었는지는 관련이 없다는 점에서 **기일이 정해지지 않은** 것입니다. 예를 들어 여러분은 수도 이름을 **언제** 배웠는지를 전혀 기억하지 못할 수도 있습니다.

실행적 기억은 타이핑 방법이나 스키 타는 방법, 바이올린 연주법 등 여러분이 살아오면서 습득한 다양한 기량과 습관들에 대한 기억으로 이루어집니다. 개인적 기억이나 사실적 기억과는 달리 실행적 기억은 말로 표현하는 것이 어렵거나 불가능하다는 점에서 대체로 암묵적입니다. 스포츠 심리학자들은 의식적 자각 없이 복잡한 운동 과제를 수행할 수 있는 능력을 가리키는 데 **근육 기억**이라는 표현을 사용합니다. 예를 들어 자전거를 탈 수 있다면 무엇을 하고 있는지 생각하지 않고도 좌회전을 할 수 있습니다. 걷고 말하는 것을 배우는 것과 관련된 기억 같은 몇 가지 중요한 실행적 기억들은 여러분의 가장 초기의 개인적 기억보다도 먼저 기억된 것입니다. 이런 것들은 일단 기억하게 되면 깊게 뿌리 내리게 되어 거의 잊을 수가 없습니다.

키워드

개인적 기억: 우리 생활을 구성하는 다양한 사건에 대한 내적 회상

사실적 기억: 의미, 사실, 정보에 대한 기억

실행적 기억: 피아노 연주와 같이 어떤 일을 할 줄 아는 기억된 능력

기억과 지식의 연결은 매우 중요하므로 뒤에서 그것에 대해 좀 더 탐구할 것입니다. 디지털 시대에는 온라인에서 정보에 즉각 접속할 수 있기에 사실적 정보를 기억하는 능력은 덜 중요하다는 주장도 있습니다. 그에 대한 반론은 우리의 기억이 개인적 정체성일 뿐만 아니라 다른 사람들과 공유된 정체성이란 측면에서도 아는이에게 필수적이란 것입니다. 이것은 개인, 공동체, 국가가 과거를 기억해야 한다는 책임감에 대한 윤리적 지식 질문을 제기합니다.

그림 3.9 _ 지식을 구축하는 데 사용되는 다양한 '도구'를 얼마나 신뢰할 수 있을까요?

합리성과 논리

논의 3.9

지식은 합리성과 논리에 기반해야 할까요?

우리의 논리적 사고력과 세계에 논리적 틀을 적용할 수 있는 능력은 지식의 중요한 원천임이 틀림없습니다. 이성은 자연과학과 수학뿐 아니라 역사와 인간과학, 예술을 포함한 다른 지식 영역에서도 지식 구축에 핵심적 역할을 합니다. 합리성과 추론이 무엇인지 곰곰이 생각해 보면, 그것을 여러 가지 방식으로 생각할 수 있을 것입니다. 여기에서는 다음과 같은 것들을 탐구할 것입니다.

- 연역적 추론
- 귀납적 추론
- 귀추적 추론

이성이 지식의 원천으로서 갖는 크나큰 매력 중 하나는 그것이 우리에게 어느 정도 확실성을 제공하는 도구라는 것입니다. 잘 알려진 예를 들자면 모든 인간은 반드시 죽는다, 그리고 내가 인간이라는 사실을 고려해 볼 때 그 **전제**가 참이라고 가정하면 나는 반드시 죽는다는 결론에 **필연적으로** 이른다는 것입니다. 그것에 관하여 '만약'이나 '그러나'는 없으며, 그것은 개인적 의견이나 여러분이 자라난 문화의 문제가 아닙니다. (때로는 가정이라고도 불리는) 전제가 주어지면 결론이 뒤따라**야 합니다.** 이것에 대해 반박할 수는 없습니다. 이 정도의 확실성은 흥미롭게 보일 수 있으며, 지식 습득에 이성이 핵심 역할을 한다는 (합리주의라고 불리는) 철학 학파가 있다는 것은 놀랍지 않을 것입니다. **합리주의**의 핵심 가정은 우리가 이성을 사용하는 것만으로도 실재에 대한 중요한 진리를 발견할 수 있다는 것입니다.

키워드

전제: 논증의 근거가 되거나 결론을 도출해 내는 가정

연역적 추론

논의 3.10
연역적 추론은 얼마나 믿을 만할까요?

연역적 추론은 논리적 사고의 적용이 필요한 경우 아는이가 사용하는 지식 도구입니다. 수학에서 역사까지 다양한 지식 영역에서 이 유형의 추론을 사용합니다. 연역적 추론은 일반적인 것에서 특수한 것으로 이동하는 온갖 형태의 추론입니다.

다음 유형과 같은 연역적 논증은 **삼단 논법**이라고 알려져 있는데 아래 항목들로 구성됩니다.

1   두 개의 전제와 하나의 결론
2   세 개의 어구('IB 디플로마 프로그램 학생', '과목', '로지'). 이것들은 각각 두 번씩 나온다.
3   '모든', '일부' 또는 '전혀' 같은 수량 한정사는 지시되는 것의 수량을 알려 준다.

전제 1: 모든 IB 디플로마 프로그램 학생은 여섯 과목을 공부한다.
전제 2: 로지는 IB 디플로마 프로그램 학생이다.
결론: 그러므로 로지는 여섯 과목을 공부한다.

더 많은 삼단 논법의 예를 살펴보기 전에 **참**과 **타당성**을 구별할 필요가 있습니다. 이 두 단어는 맞바꾸어 사용되기도 하지만, 같은 것을 뜻하지 않습니다. (4장에서 탐구할) 참은 바로 이런 경우와 관련됩니다. 타당성은 결론이 전제로부터 논리적으로 뒤따라 나오는지 여부와 관련됩니다. 참은 진술의 속성이지만, 타당성은 논증의 속성입니다. 혼란을 피하려면 어떤 논증이 참 또는 거짓이라고 말하지 말고 **타당하다** 또는 **타당하지 않다**고 말해야 합니다.

보다 형식적으로 말하자면 결론이 전제로부터 논리적으로(즉 필연적으로) 뒤따라 나

키워드

연역적 추론: 일반적인 것에서 특수한 것으로 추론하는 것

삼단 논법: 두 개의 전제와 하나의 결론으로 이루어진 연역적 추론

참: 무엇이 어떠한지와 관련된 철학 개념. 전제는 참이거나 거짓일 수 있음

타당성: 전제로부터 논리적으로 결론이 성립되는 추론의 형식적 올바름

타당하다: 전제로부터 논리적으로 추론이 성립함

타당하지 않다: 전제로부터 논리적으로 추론이 성립하지 않음

올 때는 논증이 타당하다고 할 수 있으며, 결론이 전제로부터 논리적으로 뒤따라 나오지 않을 때는 타당하지 않다고 할 수 있습니다. 여기서 파악해야 할 요점은 논증의 **타당성**이 그것에 포함된 **전제**의 **참**이나 **거짓**과는 **무관하다**는 것입니다.

전제 1: 모든 남아메리카 국가들은 남반구에 있다.

전제 2: 이탈리아는 남아메리카 국가다.

결론: 이탈리아는 북반구에 있다.

이 예에서는 두 개의 전제가 모두 거짓이고 논증은 타당하지 않습니다. 설령 결론이 참일지라도 논증이 타당하지 않기 때문에 **건전하지** 않습니다. 즉, 논리적 논증이 아닙니다. 그러므로 건전하기 위해서는 삼단 논법에 두 개의 참인 전제**와** 타당한 논증이 **모두** 포함되어야 합니다.

우리가 참인 결론에 이르렀기 때문에 논증이 타당해야 한다고 가정할 수는 없습니다. 타당성은 결론이 참이라는 것과는 무관합니다. 두 개의 참인 전제를 가지고 하나의 참인 결론에 도달하더라도 논증은 타당하지 않을 수 있습니다. 다음의 예는 두 개의 전제와 타당한 논증을 포함하기 때문에 논리적으로 옳습니다.

전제 1: 모든 인간은 죽는다.

전제 2: 나는 인간이다.

결론: 그러므로 나는 죽는다.

여기서 요점은 연역적 추론을 정당화된 결론에 이르기 위한 지식 도구로 사용할 수 있다는 것입니다. 하지만 전제가 참이라는 것을 규명하기가 어렵다는 것은 주목할 가치가 있습니다. 그리고 아래의 예에서 볼 수 있듯이, 추론 과정은 우리를 매우 다른, 심지어 모순적 결론으로 이끌 수도 있습니다.

전제 1: A국이 B국에 핵무기를 발사하면 B국은 자동적으로 반격할 것이다.

전제 2: 어느 나라도 상호 확증 파괴(MAD)라고 알려진 이런 상황이 벌어질 위험을 감수하지 않을 것이다.

결론: 그러므로 핵무기는 억지력이 된다.

전제 1: 핵무기는 다른 나라를 파괴할 전쟁 능력이 있다.

전제 2: 핵무기 존재 자체가 파괴가 일어날 위험이다.

결론: 그러므로 핵무기는 문명과 평화에 대한 위협이다.

다음 삼단 논법을 평가하고 참과 타당성이라는 개념이 각각 어떻게 적용되는지 생각해 보세요.

- 각 전제에 대해 **참**인 것과 **거짓**인 것을 식별하세요.

- 각 논증에 대해 논리적으로 **타당한지** 아니면 **타당하지 않은지** 식별하세요.

- 결론을 평가하세요.

전제 1: 유엔 회원국은 193개국이다.

전제 2: 아르트사크(Artsakh)는 국가다.

결론: 그러므로 아르트사크는 유엔 회원국이다.

전제 1: 모든 인간의 생명은 소중하다.

전제 2: 낙태는 잠재적 (태어나지 않은) 인간 생명의 파괴를 포함한다.

결론: 그러므로 낙태는 잘못된 것이다.

전제 1: 모든 여성은 자신의 몸에서 일어나는 일을 선택할 권리가 있다.

전제 2: 낙태할 권리는 여성의 자유를 보호한다.

결론: 그러므로 낙태는 옳다.

짝과 함께 다음 예에 대한 여러분만의 삼단 논법을 만들어 보세요.

a 두 개의 참인 전제와 타당한 논증

b 두 개의 참인 전제와 타당하지 않은 논증

c 두 개의 거짓인 전제와 타당한 논증

d 두 개의 거짓인 전제와 타당하지 않은 논증

e 하나의 참인 전제와 하나의 거짓인 전제, 타당한 논증

f 하나의 참인 전제와 하나의 거짓인 전제, 타당하지 않은 논증

귀납적 추론

귀납적 추론은 정당화된 지식으로 이어질까요?

키워드

귀납적 추론: 특수한 것에서 일반적인 것으로 추론하는 것

귀납적 추론은 일반적 결론에 이르기 위해 논리의 적용이 필요할 때 아는이가 사용할 수 있는 또 다른 지식 도구입니다. 이런 유형의 추론은 자연과학에서 예술까지 많은 지식 영역에서 사용됩니다. 연역적 추론이 일반적인 것에서 특수한 것으로 나아간다면, 귀납적 추론은 반대 방향, 즉 특수한 것에서 일반적인 것으로 나아갑니다.

삼단 논법의 전제는 귀납적 추론에 기반할 수 있습니다. **"모든 인간은 반드시 죽는다, 나는 인간이다, 그러므로 나는 반드시 죽는다"**라는 예를 참고하면, 모든 인간이 반드시 죽는다는 내 믿음은 수많은 특정 사례에서 나오는 일반화입니다. 역사상 내가 아는 모든 인간은 결국 죽었다, 그리고 나는 죽지 **않은** 인간을 역사적으로 본 적이 없다는 것입니다. 그러므로 나는 **"역사를 통틀어 관찰된 모든 인간은 죽었다"**라고 확신을 갖고 말할 수 있습니다. 그러나 귀납적으로 추론할 때, 전형적으로 우리는 이보다 더 나아가서 일반화하는데, 그러므로 이 예에서 우리는 **"모든 관찰된 인간들은 반드시 죽는다"**에서 **"모든 인간은 반드시 죽는다"**로 옮겨 가는 것입니다.

자연과학은 귀납적 추론을 사용하며, 제한된 횟수의 관찰을 기반으로 하여 일반 법칙으로 공식화하는 것이 전형적입니다. 예를 들어 금속 A, 금속 B와 금속 C가 가열되었을 때 팽창한다면 어떤 지점에서 어떤 과학자는 결론에 도달할 가능성이 크지만, **모든** 금속이 가열되면 팽창한다고 결론짓는 것에는 반대할 것입니다. 과학자들은 모든 금속을 테스트하고자 하지만 그들이 관찰한 것에 근거해서만 결론에 도달할 것이기 때문입니다. 예를 들어 테스트한 모든 구리가 가열될 때 팽창한다면 우리는 모든 구리가 가열되면 팽창한다고 가정할 테지만, 이것은 모든 금속이 팽창한다고 결론 내리는 것과 똑같은 것은 아닙니다.

다음 예를 생각해 봅시다.

전제 1: 나는 100마리 이상의 백조를 보았다.
전제 2: 나는 각 백조가 흰색임을 관찰했다.
결론: 그러므로 모든 백조는 흰색이다.

전제는 관찰과 지각을 포함하여 여러 지식의 원천을 기반으로 합니다. 내가 100마리 이상의 백조나 1만 마리 이상의 백조를 관찰했고 모두 흰색이었다면, 관찰한 백조의 수가 많을수록 전제는 더욱 설득력을 지니게 될 것입니다. 유럽인들은 호주로 건너가 검은색 백조도 있다는 것을 확인하기 전에는 모든 백조가 흰색이라고 믿었습니다. 전제 1과 2는 나에게는 참일 수 있어도, (내가 아직 관찰하지 못했지만) 검은 백조가 **있기** 때문에 내 논증은 타당하지 않고 내 결론은 참이 아닙니다. 내가 검은 백조를 단 한 마리라도 관찰했다면, 두 번째 전제는 거짓일 것입니다.

귀납적 추론은 일반적으로 관찰된 것에서 관찰되지 않은 것으로 이동하기 때문에 우리가 세계에 대한 일반화를 할 수 있게 해 주며, 일상생활에서 끊임없이 사용되고 있습니다. 이것은 추론이라는 지식의 도구가 관찰과 경험이라는 도구와 상호 작용하는 좋은 예입니다.

그림 3.10 _ 위 사진에 보이는 목이 검은 뷰익 백조를 비롯하여 다양한 종의 백조가 있습니다. 정당화된 결론에 이르려면 얼마나 많은 관찰이 필요할까요?

귀납적 추론에 기반한 지식은 관찰과 경험을 기반으로 정당화됩니다. 그러나 관찰로 얻은 '증거'의 범위는 필연적으로 제한적일 수밖에 없습니다. 게다가 귀납적 결론은 경험을 '넘어설' 수 있으며, 따라서 실재보다는 가상의 패턴을 가정할 수도 있습니다. 예를 들어 사과는 과거에 내게 영양분을 주었기 때문에 미래에도 내게 영양분을 줄 것이라고 가정합니다. 이웃집 개가 전에 나한테 순하게 굴었기 때문에 오늘도 나를 물지 않을 것이라고 확신합니다. 그리고 내 의자가 전에 내 몸무게를 지탱했으므로 앞으로도 계속 그럴 것이라고 기대합니다. 이 각각의 경우에 과거의 **경험**으로 (관찰되지 않은) 미래에 대한 기대를 형성합니다. 그것에 대해 생각해 보면, 여러분은 날마다 수천 개의 그런 추론을 하고, 또 과거에 유지되었던 대부분의 규칙성이 미래에도 계속 유지될 것이라고 가정하며 그렇지 않다면 삶은 불가능해진다는 것을 알게 될 것입니다.

반론은 귀납적 추론이 어느 정도 정당화되기는 하지만, **확실한 지식**으로 이어지지는 않으며, 우리가 과거의 예, 과거의 경험이나 지각된 패턴에 너무 의존해서는 안 된다는 것입니다. 귀납은 우리 감각의 즉각적인 증거를 넘어서기 때문에 늘 그것에 의존할 수는 없습니다. 증거가 불충분해서 **성급하게 일반화**하고 결론으로 비약하는 경향이 있기 때문입니다. 심리학자 고든 올포트(Gordon Allport, 1897~1967)가 언급했듯이, 문제는 "티끌만큼의 사실만으로 태산만큼 거대한 일반화를 서둘러서 행하는 것"입니다.

때로는 잘 확립된 일반화도 우리를 실망시킬 수 있다는 점을 감안할 때, 귀납적 추론과 지식 도구로서의 언어 사이에는 중요한 연결 고리가 있습니다. 위에 언급된 예를 참조하면 내일 사과가 나를 배 아프게 만들고, 이웃의 개가 나를 물고, 의자가 부서질

가능성은 늘 있습니다. 심지어 "물은 섭씨 100도에서 끓는다"와 같이 잘 확립된 규칙성에 의문을 제기할 수도 있습니다. 어쨌든 산 정상에 있을 때는 그 말이 사실이 아니니까요!

성급한 일반화를 하는 경향은 **확증 편향**으로 알려진 현상 때문에 더 악화합니다. 확증 편향이란 사람들이 자신의 믿음을 뒷받침하는 증거만 기억하고 반대되는 증거는 잊어버리는 경향입니다. 편견에 사로잡힌 사람의 마음을 바꾸는 것이 왜 그렇게 어려운지를 이것으로 설명할 수 있을 것입니다.

귀납적 추론과 언어

논의 3.12
언어는 어느 정도나 믿을 만한 귀납적 일반화로 이어질까요?

언어는 우리가 세계에 대한 지식을 습득하는 주요 방식 중 하나이며, 이에 대해서는 6장에서 더 깊이 탐구할 것입니다. 우리는 단순히 의미상 정확하면 어떤 것을 안다고 주장합니다. 예를 들어 "틴에이저는 13세에서 19세 사이다"나 "모든 독신은 비혼자다"라는 말은 의미상 참이며, 따라서 정확한 진술로 간주합니다. 그러나 이것들이 의미상 참인 분석적 진술의 예라는 점을 고려하면, 우리가 행한 관찰의 신뢰성에 대해서는 알려 주는 것이 없습니다.

실제로 언어와 관찰, 일반화 사이에는 중요한 연결 고리가 있습니다. 우리가 사물에 '교사', '개' 또는 '식탁' 등의 꼬리표를 붙일 때에는 경험과 관찰에 기반하여 암묵적으로 사물을 일반적 분류로 체계화하며 따라서 그것들에 대해 예측할 수 있습니다. 어떤 것을 '늑대'라고 부른다면 '개'라고 부르는 것과는 다른 행동을 기대합니다. 마찬가지로 어떤 것을 '식탁'이라고 부르면 '의자'라고 부르는 것과는 다른 용도를 기대합니다. 그러므로 언어는 세계가 어떻게 체계화되어 있는지에 대한 공동체의 전승된 지혜로 여겨질 수 있습니다. 그리고 우리를 둘러싼 환경에서 규칙성을 찾는 경향과 그것들에 꼬리표를 붙이는 것은 명백하게 가치 있는 일입니다. 언어는 세계를 묘사할 뿐만 아니라 의견과 가치관을 표현합니다. 이 주제는 4장에서 좀 더 살펴볼 것입니다. 결론적으로 귀납적 추론은 언어를 매개로 표현하고 의사소통할 수 있는 우리의 일상적 경험과 관찰에 합리성과 정합성을 부여합니다.

실제 상황 3.7
1 성급한 일반화의 예에 대해 토론하세요.
2 선입견, 일반화와 과학적 법칙의 차이는 무엇일까요?

연역적 추론은 귀납적 추론보다 더 확실할까?

귀납적 추론과 연역적 추론을 비교할 때, 연역적 추론은 일반화보다 논리에 기반하고 있으므로 더 확실하다고 생각할 수 있습니다. 그러나 실제로는 연역은 귀납보다 더 확실한 것은 아님이 밝혀졌습니다. 이것은 연역적 추론이 기반을 두는 전제가 궁극적으로 귀납에서 도출되기 때문입니다. 연역적 추론의 경우 전제에 이미 함축되지 않은 새로운 지식은 전혀 창출되지 않습니다. 귀납적 추론의 경우 새로운 지식이 창출되지만, 우리의 관찰이 정확하고 경험이 허용하는 한에서만 신뢰할 수 있습니다. 두 가지 추론 유형의 차이는 다음 표로 요약될 수 있습니다.

연역적 추론	귀납석 추론
정의	
일반적인 것에서 특수한 것으로의 추론	특수한 것에서 일반적인 것으로의 추론
예	
모든 금속은 가열되면 팽창한다. A는 금속이다. 그러므로 A는 가열되면 팽창한다.	금속 A는 가열되면 팽창한다. 금속 B는 가열되면 팽창하고, 금속 C는 가열되면 팽창한다. 그러므로 모든 금속은 가열되면 팽창한다.
평가	
전제가 건전하고 논증이 타당하면 더욱 확실하지만, 귀납보다 정보를 더 많이 제공하지는 못함	정보를 더 많이 제공하지만, 연역보다 확실하지는 못함

탐구 3.11

위 표를 출발점 삼아 짝과 함께 연역적 추론과 귀납적 추론의 강점 및 약점에 대해 토론하고 평가하세요. 그런 다음 여러분의 생각을 진전시켜 다음에 관해 토론하세요.

- 두 가지 유형의 추론 중 어떤 것이 확실한 지식으로 이어질까? 그 이유는 무엇이고, 그렇지 않다면 그 이유는 무엇인가?
- 우리는 지식 주장을 평가하기 위한 도구로서 연역적 추론과 귀납적 추론을 어떻게 사용할 수 있을까?

되돌아보기

여러분의 예상과 가정은 여러분이 추론 및 기타 앎의 도구를 사용하는 방식에 어느 정도나 영향을 끼치나요?

귀추적 추론

논의 3.13

우리 설명이 정확하고 정당화된 것인지 어떻게 알 수 있을까요?

귀추적 추론은 최상의 설명과 관련이 있습니다. 특수한 예와 패턴을 기반으로 결론을 **추론한다**는 점에서 귀납적 추론과 같습니다. 그러나 귀납적 추론과는 달리 그 예와 패턴들은 최상의 **설명**을 이끌어 내기 때문에 결론이 추론됩니다.

키워드

귀추적 추론: 이용 가능한 증거에 기반하여 최상의 설명을 이끌어 내는 추론

추론하다: 증거와 추리에 기반하여 결론을 내리다

예를 들어 내가 하미드와 총 벵이라는 두 친구가 최근에 말다툼을 벌인 것을 알고 있는데 학교 카페에서 그들이 함께 커피를 마시며 수다를 떨고 있는 것을 본다면, 최상의 설명은 그들이 화해했다고 생각하는 것입니다. 다른 증거나 확고한 자료는 없지만 그들이 만나서 커피를 마신 것에 대한 최상의 설명이 되기 때문에 그들이 화해했다는 결론에 이르는 것입니다. 다른 한편으로 그들이 화해하지는 않았지만 공동 과제를 함께 하기 위해 만났을지도 모른다는 점을 고려하면, 나의 추론은 정당화되지 않을 수도 있습니다. 사실 내 가설을 뒷받침할 증거는 제한되어 있습니다. 우리는 증거가 지식의 기초로서 필요하다고 주장할 수 있지만, 무엇이 증거로 간주될지는 상황에 따라 다릅니다. 증거는 지식 영역 사이에서 다를 수 있고, 지식 공동체 내에서도 다를 수 있습니다. 충분하거나 정당한 증거가 무엇인지에 대해서도 논의할 필요가 있습니다. 우리의 설명은 정확성의 정도와 이용 가능한 증거에 따라 달라질 수 있습니다.

연역법은 논리적으로 필연적인 추론을 기반으로 합니다. 그러나 귀납법과 귀추법은 논리적으로 뒤따를 수도 있고 뒤따르지 않을 수도 있는 추론을 기반으로 결론에 도달합니다. 귀납법의 경우 추론을 기반으로 결론에 도달하는데, 그것은 사례나 관찰의 빈도에서 나오는 힘에 달려 있습니다. 귀추법의 경우 추론된 결론은 최상의 설명에서 나오는 힘을 기반으로 합니다. 13장에서 탐구하게 될 '오컴의 면도날'은 단순한 답이나 설명이 복잡한 것보다 더 진실일 가능성이 높다는 원리입니다.

탐구 3.12

여러분은 지식 획득을 위한 광범위한 방법과 도구를 탐구했습니다. a부터 t까지의 주장을 어떻게 아는지, 또는 **어떻게 정당화할 수 있는지** 생각해 보세요.

a부터 t까지의 주장 각각에 대해 1~28번 중에 해당하는 **하나 이상**의 개념과 짝지으세요.

1 관찰	2 증거	3 귀납적 추론
4 연역적 추론	5 참인 전제	6 거짓인 전제
7 탐구	8 개인적 경험	9 실험
10 논리	11 의미	12 경험
13 해석	14 감정	15 직관
16 신념	17 신뢰	18 기억
19 상상력	20 언어	21 합리성
22 지각	23 양심	24 미적 감각
25 상식	26 가치	27 권위
28 전문성		

주장의 확실성에 대해 순위를 정하고 설명하세요. 가장 확실한 주장이 1이고 가장 확실하지 않은 주장이 20입니다.

	주장	개념	순위
a	화합물 x가 화합물 y보다 물에서 더 잘 녹는다.		
b	당신은 윌리엄을 신뢰할 수 있다고 느낀다.		
c	모네는 〈수련〉이라는 아름다운 그림을 그렸다.		
d	모든 독신자는 비혼이다.		
e	우주는 급속히 팽창하고 있다.		
f	나트륨 원소에는 중성자 12개, 전자 11개, 양성자 11개가 있다.		
g	헨리 7세(1457~1509)는 1485년부터 1509년까지 잉글랜드 왕이었는데 왕위를 안정적으로 유지하지는 못했다.		
h	금속을 산에 넣으면 발생하는 수소의 양으로 금속의 반응성이 얼마나 큰지 알 수 있다.		
i	이자율(금리)이 오르면 모기지론을 신청하는 사람의 수가 줄어든다.		
j	평균 임금의 상승은 집값 상승으로 이어진다.		
k	우유가 상해 버렸다.		
l	여러분이 지금까지 본 모든 백조는 흰색이다.		
m	공동체의 규칙이 개인의 권리보다 더 중요하다.		
n	'신'이라는 말이 "상상할 수 있는 가장 위대한 존재"를 뜻한다면, 실존이 위대함의 본질이라는 점을 감안할 때, '신'은 반드시 실존한다.		
o	새로운 환경을 탐색하고 신체적으로나 사회적으로나 적극적인 상태를 유지함으로써 뇌의 능력을 향상시킬 수 있다.		
p	한 나라가 다른 나라를 침공하는 것은 잘못된 일이다.		
q	한 나라가 국경을 방어하는 것은 옳은 일이다.		
r	인간이 기후 변화의 원인이다.		
s	과거를 바꾸는 것은 불가능하다.		
t	피아노 연주자는 연습을 통해 실력을 향상시킬 수 있다.		

또래 평가

여러분의 결과를 짝의 것과 비교해 보세요.

어떤 것에 주목하나요? 짝이 매긴 순위를 어떻게 생각하나요? 짝이 빠뜨린 것은 없나요? 짝은 여러분의 순위를 어떻게 생각했나요? 여러분이 빠뜨린 것은 없나요?

다양한 주장에 부여할 수 있는 서로 다른 정당화를 여러분이 얼마나 잘 이해했는지에 기반을 두고 서로 피드백을 해 주세요.

1 표에 있는 진술을 활용하여 다음 질문에 대해 토론하세요. "우리는 각각의 진술을 어떻게 알 수 있을까? 알 수 없는 것이 있는가?"

2 다양한 방법과 지식 도구는 우리가 지식을 얻는 데 얼마나 도움을 줄까요?

3 서로 다른 확실성의 정도에 대해 왜 우리는 의견이 다를까요?

4 확실한 지식이 아닌데도 여전히 가치 있는 지식을 가질 수 있을까요?

방법 및 도구와 관련된 지식 질문

관련된 지식 질문의 몇 가지 예가 있습니다.

- 두 개의 지식 영역에서 사실로 간주되는 것은 무엇입니까? 유사점과 차이점은 무엇입니까?

- 두 개의 서로 다른 지식 영역에서 증거를 구성하는 것은 무엇입니까? 이 영역들에서 지식이 구축되는 데 증거는 어떻게 사용됩니까?

- 두 개의 지식 영역에서 사용되는 탐구의 개념과 방법, 도구의 유사점과 차이점은 무엇입니까?

- 두 개의 서로 다른 영역에서 지식을 구축하는 데 사용되는 인지적 도구와 물질적 도구를 얼마나 신뢰할 수 있습니까?

- 기술은 서로 다른 영역에서 지식을 구축하는 데 사용되는 방법에 얼마나 영향을 미칩니까?

3.6 윤리

무엇이 옳고 그른지를 어떻게 아나요?

키워드

윤리(윤리학): 옳고 그름과 관련된 지식의 한 분야로, 우리의 신념과 행동을 지배하는 도덕 원칙에 관해 연구하는 학문

우리 일상생활에는 윤리적 결정이 포함되어 있습니다. "표절하지 마세요"부터 "원칙을 지키세요"라는 학습자상의 격려에 이르기까지 우리 생활은 꼼꼼히 따져 봐야 할 윤리적 표준에 지배됩니다. 여러분은 어떤 문화적 배경에서는 도덕적 사고인 것이 다른 문화적 배경에서는 도덕적 사고가 아니라는 것을 발견할 수도 있습니다. 더욱이 여러분은 국가적 또는 문화적 정체성과 상관없이 우리가 친절보다는 정직해야 할 의무가 있다고 생각하거나, 그와는 반대로 정직보다는 친절해야 할 의무가 있다고 생각할 수도 있습니다.

우리는 1차적 윤리 질문과 2차적 윤리 질문을 구별합니다. 1차적 윤리 질문은 현실 세계에서 발생합니다. 예를 들면 어떤 국가가 핵무기를 보유하는 것이 옳은지, 또는

의학 발전을 위해 동물 실험을 하는 것이 옳은지 그른지와 같은 질문입니다. 2차적 윤리 질문은 보다 높은 차원에 속합니다. 윤리적 신념이 참인지 거짓인지, 또는 어떤 증거가 윤리적 논점을 정당화할 수 있는지와 같은 윤리적 질문**에 관해서**, 그리고 이 질문**을 넘어서 사고하는** 것과 관련됩니다.

1차적 윤리 질문에는 다음과 같은 것들이 포함됩니다.

- 인간 복제는 옳은가, 그른가?
- 특정한 정부 정책은 윤리적인가?
- 자율 주행 자동차는 옳은가, 그른가?

2차적 윤리 질문에는 다음과 같은 것들이 포함됩니다.

- 윤리적 진리는 있는가? 있다면 그 본질은 무엇인가?
- 세계에 대한 윤리적 사실들이 있는가?
- 윤리적 지식은 정말로 지식이기는 한가? 아니면 윤리적 고려는 믿음에 더 가까운가?

여기서 우리가 초점을 맞추는 것은 1차적 사고로 알려진 일상적인 도덕적 의사 결정이 결코 아닙니다. 그보다 우리의 초점은 2차적 사고, 즉 무엇이 윤리적인지를 우리가 어떻게 아는가**에 관한 사고**입니다. 도덕적 판단에는 그것만의 특징이 있습니다. 윤리적 고려는 아는이로서의 우리 자신을 형성하며, 아는이로서의 우리 자신이 윤리적 고려를 형성합니다. 우리의 도덕적 선택은 인간으로서의 우리가 누구인지에 관한 것을 표현합니다. 아는이로서 여러분은 우리에게 어느 정도 도덕적 책임이 있다고 생각할 수 있습니다. 예를 들어 과학 실험에서 튀는 데이터를 무시하지 않고 **모든** 결과를 보고하거나 지식을 추구할 때 무결성을 유지하는 것 등입니다.

윤리적 딜레마는 일상생활에서 두 가지 원칙이 충돌하는 상황에 처했을 때 일어납니다. 이것은 올바른 반응이 무엇인지를 **우리가 어떻게 아는가** 하는 문제를 포함합니다. 예를 들어 친구가 여러분이 좋아하지 않는 음식을 요리해 줬을 때 여러분은 어떻게 반응해야 할까요? 이 딜레마에 처하면 여러분은 정직한 반응과 친절한 반응 사이에서 갈등할 것입니다. 그런데 정직과 친절이 충돌할 때 어떻게 행동해야 합니까? 올바른 반응이 무엇인지를 어떻게 알 수 있을까요? 이번 절에서는 윤리적 고려가 지식 추구에 어느 정도나 영향을 끼치는지, 윤리적 책임이 지식 습득에 우리가 사용하는 방법을 어느 정도나 형성하는지 깊이 생각해 보겠습니다.

그림 3.11 _ 어떤 대가를 치르더라도 지식을 추구하는 것이 옳을까요, 그를까요? 여러분의 윤리적 믿음과 가치는 여러분의 지식 추구를 어느 정도나 형성하나요?

실제 상황 3.9

1 여러분이 직면했던 윤리적 딜레마의 사례를 생각해 보세요.

2 여러분이 행동**해야 한다**고 사고하는 방식과 행동**할 수도 있다**고 사고하는 방식 사이에는 차이가 있나요?

3 차이가 있다면, 그 차이는 왜 생길까요? (일부 사람들은 차이가 없어야 한다고 주장할 수도 있을 겁니다. 무엇이 옳은지를 안다면 그에 따라 행동할 것이라고 가정한다면 말이죠. 게다가 어떤 행동이 올바른 이유로 행해진다면 그 행동은 윤리적이라는 주장이 있을 수도 있습니다.)

윤리적 제약은 우리가 추구하는 지식을 어떻게 제한할 수 있을까?

여러분이 선택한 IB 디플로마 프로그램 여섯 과목을 생각해 보세요. 어떤 요인 때문에 여러분은 그 과목을 정했나요? 특정 과목을 얼마나 즐길 수 있는지, 얼마나 도전적일지, 또는 심지어 향후 대학 지원에 도움을 줄지에 따라 특정 과목 선택에 영향을 받았을 수도 있습니다. 알고 싶은 것을 결정할 때, 우리가 고려할 수 있는 여러 가지 요인이 있습니다.

윤리적 고려는 우리가 어떤 지식을 추구할 것인지를 결정할 때 고려할 요인 중 하나일 것입니다. 가령 예술에는 적합한 대상 재료의 윤리에 대한 중요한 문제가 있습니다. 예술이 온갖 윤리적 제약으로부터 자유로워야 한다고 주장하는 사람들이 있는가 하면, 어느 정도의 검열이 필요하다고 주장하는 사람들도 있습니다.

여기서 윤리는 우리가 어떤 지식 영역에 적합하다고 생각하는 범위에 대하여 중요한 역할을 합니다. 예를 들어 외설적 이미지를 묘사하는 포르노그래피는 예술의 범위를 벗어난다고 할 수 있습니다. 사용하는 방법에도 또한 윤리적 고려가 내재되어 있습니다. 예를 들어 과학 실험은 정직성과 무결성의 원칙을 지키고, 관련자의 동의하에 수행되어야 합니다. 이런 식으로 윤리적 고려는 지식 추구를 뒷받침합니다.

윤리적 책임은 우리가 지식 습득에 사용하는 방법을 어떻게 형성할까?

여기에서 우리는 윤리적 고려가 어떻게 지식 추구와 구축에 영향을 주는지 살펴볼 것입니다. 과학자들과 예술가들은 동등한 수준에서 윤리적 책임을 질까요? 그렇다면 그들은 어떤 윤리적 고려에서 자신들의 지식을 구축해야 하는지를 어떻게 알 수 있을까요? 지식은 백신부터 원자 폭탄에 이르기까지 치료하거나 해를 끼치는 데 쓰일 수 있다는 점을 고려하면, 이것은 각각의 지식 영역에서 극히 중요한 문제입니다. 인간의 번영을 이롭게 하고 촉진하기 위해 지식을 사용하는 것은 중요합니다. 이것은 물론 도덕적인 가정입니다!

여러분은 우리가 습득하는 지식이 옳은지 그른지를 판단하기 위해 사용하는 기준을 생각해 볼 수 있습니다. 오늘날 한 가지 가정은 모든 과학 실험에서 동의가 선행 조건이어야 한다는 것입니다. 하지만 동물 실험에 이것을 적용할 수는 없습니다. 동물은 동의를 표시할 수 없기 때문입니다. 그래서 동의를 표시할 수 없는 동물에 대한 실험은 절대 옳지 않다고 주장하는 사람들도 있습니다. 동물의 비자발적인 고통을 포함하기 때문이라는 겁니다. 행위 예술가 재클린 트레이드(Jacqueline Traide, 1988~)는 동물들이 당하는 실험을 그대로 재현하는 강력한 방식으로 동물 실험에 반대했습니다. 동물들이 겪은 충격적인 고통을 폭로하고 동물 실험은 언제나 옳지 않다는 윤리적 주장을 하기 위해서였습니다.

이 사례는 규칙과 절대적 원칙에 대한 중요한 문제를 제기합니다. 재클린에게는 '동물 실험 금지'가 도덕적으로 절대적인 원칙입니다. 마찬가지로 인권 단체인 국제 앰네스티의 지지자들은 고문에 반대하는데, "고문은 언제나 옳지 않은 것"이라고 믿기 때문입니다.

재클린 트레이드의 사례는 또한 지식의 생산이 어느 때 잘못된 것인가라는 흥미로운 문제를 제기합니다. 어떤 행위가 인간이나 동물에게 해를 끼친다면 그 행위는 옳지 않은 것이라는 사실을 우리가 알고 있다고 주장하는 사람들도 있습니다. 이것은 **위해 원칙**이라고 알려져 있습니다. 예를 들면 터스키기 실험은 매독을 치료하지 않으면 어떻게 되는지 알아보기 위해 40년 동안 진행된 극도로 비윤리적인 실험이었습니다. 1932년부터 미국 공중 위생국과 터스키기 대학의 연구에 참여한 사람들은 무상 의료와 기타 혜택을 받았지만, 매독에 걸렸다는 정보는 받지 못했고 치료도 받지 못했습니다. 심지어 1940년대에 페니실린이 알려지고 매독 치료에 사용되었을 때에도 그들은 자신에게 필요한 적절한 치료를 받지 못했습니다. 이 연구는 여러 세대에 걸쳐 그들이 속한 전체 공동체에 치명적이고 매우 해로운 결과를 가져왔습니다. 1997년 빌 클린

키워드

위해 원칙: 타인이나 동물에 대한 위해 금지의 원칙

턴 대통령은 미국 정부를 대신해 희생자와 가족들에게 사과했습니다. 지금은 인간 참
가자에게 행해지는 모든 연구나 탐구에는 동의가 필요합니다. 윤리적 책임은 인간과학
연구에도 영향을 미칩니다. 이 사례는 지식이 어떤 대가를 치르더라도 얻어야 할 것이
아니라는 점, 특히 너무 많은 대가를 치러야 하는 경우에는 그렇게 해서는 안 된다는
점을 시사합니다.

그러나 동물 실험이 언제나 옳지 않은 것이라는 입장에 대한 반론에 따르면, 약품
개발의 이점이 동물에 대한 잔인성에 관한 우려보다 인간에게 더 큰 편익을 줄 것이
며, 따라서 그런 실험은 정당하다고 합니다. 이것은 서로 다른 윤리적 믿음의 중요도
사이의 관계에 대해, 그리고 이런 믿음이 규칙과 어떻게 관련되는가라는 추가적인 질
문을 제기합니다.

규칙을 따르면 행동이 윤리적이 되는 걸까?

어린 시절부터 "사실대로 말해라"에서 "속이지 마라"에 이르기까지 다양한 윤리적 규
칙을 배웠을 것입니다. 여러분은 윤리란 자신이 들은 대로 행동할 것인지와 관련된 문
제라고 생각할 수 있습니다. 그러나 윤리와 규칙 사이에는 복잡한 관계가 있습니다.
불의를 조장하는 규칙이 있는 경우에는 규칙을 어기는 것이 옳을 수도 있습니다. 그렇
다고 규칙을 어기는 것이 옳다는 말이 아니라, 아는이로서 우리의 윤리적 책임이 때로
는 개인 양심의 문제일 수도 있다는 말입니다.

또한 윤리와 전혀 관련이 없는 규칙도 있습니다. 교복을 입어야 한다는 학교 규칙
은 윤리와는 전혀 관련이 없습니다. 교복 착용 규칙을 준수하는 것은 윤리적 의무가
아닙니다. 그런 규칙을 준수한다고 여러분이 선하거나 도덕적인 사람이 되는 것도 아
닙니다. 이런 점에서 법과 윤리의 본질에 관해 더 폭넓은 논의가 이뤄져야 합니다. 예
를 들어 간통은 어떤 사람들에게는 비윤리적인 것으로 여겨지지만, 불법은 아닙니다.
이처럼 법과 규칙, 윤리는 서로 어긋날 수 있지만, 이것들의 관계는 탐구할 가치가 있
습니다.

여기에서 핵심적 문제는 규칙과 윤리 사이의 관계에 대한 것입니다.

이에 대한 한 가지 논증은 윤리적 믿음은 일반 규칙에 따라 결정된다는 것입니다.
예를 들면 규칙은 "거짓말을 하지 마라" 같은 간단한 원칙부터 "너 자신이 대우받고
싶은 대로 타인을 대우하라" 같은 보다 복잡한 규칙에 이르기까지 다양할 수 있습니
다. 이것은 일부 규칙은 모든 시간과 장소에 보편적으로 적용되는 절대적인 규칙일 수
있다는 개념에 기반을 둡니다. 예를 들어 국제 앰네스티 지지자는 "고문을 가하여 인
권을 침해하는 것은 어떤 경우든 옳지 않은 일이다"라고 주장할 것입니다. 이 논점에
따르면, 이런 주장은 "지구가 축을 중심으로 자전한다"라는 주장만큼이나 참이고 보
편적입니다. 가능한 절대적 규칙과 원칙은 다양하게 있습니다. "살인하지 마라"나 "최
대 다수에게 최대 행복을 가져다주는 방식으로 행동하라"처럼 모든 시간과 장소에 적
용되는 규칙들이 여기에 포함될 것입니다.

이에 대한 반론은 윤리적 규칙이란 잠정적인 '**경험칙**'일 뿐이라는 것입니다. 이것은 윤리적 믿음이 전적으로 정황에 따라 달라진다는 생각에 기반을 두고 있습니다. 또 절대적 규칙이란 없으며, "약속을 지키는 것이 옳다"나 "살인은 옳지 않은 일이다" 같은 간단한 일상적 규칙도 그런 생각에 기반을 두고 있습니다. 이 논점에 따르면, 윤리적 판단은 특정한 사람이나 상황, 문화 등에 따른 상대적인 것이어서 살인도 어떤 상황에서는 옳다고 할 수 있지만 또 다른 상황에서는 그렇지 않습니다. 따라서 윤리적 행동은 규칙이 아니라 전적으로 상황에 달려 있습니다. 예를 들어 고문은 상황에 따라 옳을 수도 있다는 것을 근거로 정당화될 수 있습니다.

키워드

경험칙: 경험으로 알게 된 규칙

탐구 3.13

윤리와 법의 관계에 대한 흥미로운 논쟁이 있습니다. 이에 대해 조사하고 싶다면, 법 실증주의에 관한 드워킨(Dworkin)과 하트(Hart)의 논쟁을 찾아보세요.

실제 상황 3.10

1 규칙을 따르는 사람이 반드시 좋은 사람일까요? 그 이유는 무엇이고, 그렇지 않다면 그 이유는 무엇인가요?

2 윤리적 규칙의 목록을 작성하세요. 그것들은 경험칙인가요? 문화적 차이와 관계없이 모든 사람이 받아들이기를 바라는 윤리적 규칙이 있을까요?

다양한 윤리 이론

많은 철학자들이 윤리에 관한 이론을 제시했습니다. 이 이론들은 "무엇이 윤리적인지 우리가 **어떻게** 아는가?"라는 질문에 답을 줍니다. 우리는 덕 윤리, 의무론, 목적론 등 여러 가지 이론들을 여기에 포함시킵니다. 우리의 윤리적 '이해 모델'이 우리를 아는이로 만들어 준다는 점, 그리고 우리의 가치가 따르기로 선택하거나 선택하지 않을 지식에 영향을 미칠 수 있다는 점을 감안하면 패러다임과의 연결은 중요합니다.

우리는 여기에서 윤리적 사실이 있는지, 또 윤리적 사실이 있다면 어떤 유형의 사실들인지 탐구할 것입니다. 다음의 각 이론들은 윤리에 관한 몇 가지 사실이 있다고 주장합니다. 덕 윤리에 따르면 어떤 행동을 덕이 있는 인물이 수행한다면 그 행동이 윤리적이라는 것은 사실입니다. 이와 대조적으로 다른 이론들은 의무, 의도나 결과 같은 개념이 윤리적 사실과 관련이 있다고 주장합니다.

덕 윤리

실제 상황 3.11

윤리적인 아는이가 되기 위해서는 어떤 개인적 특징과 자질을 지녀야 할까요?

기원전 4세기에 그리스 철학자 아리스토텔레스는 **덕 윤리**라는 윤리 이론을 발전시켰습니다. 이 이론에서 윤리적 행동이란 덕이 있는 인물이 수행하는 행동입니다. 이것이 맞다면, 어떤 행동을 옳거나 옳지 않게 만드는 특별한 규칙은 없다고 할 수 있습니다.

이것은 누가 덕이 있는 사람이며, 우리가 이 지식을 어떻게 습득하는가라는 문제를 제기합니다. 여러분이 아는 사람들을 생각해 보면 덕이 있는 품성을 지닌 사람들을 구별할 수 있을 것입니다. 그들은 윤리적 자질을 구현하며 옳은 일을 할 줄 아는 사람들입니다. 예를 들면 정부는 지혜와 건전한 판단력을 지녀서 평판이 좋은 사람들을 선발하여 자문 위원회에 참여시킬 수 있습니다. 이들이 건전한 윤리적 판단력 때문에 자문 위원으로 선정된다면, 이는 아리스토텔레스의 접근법을 이어 가는 것입니다.

따라서 여러분이 윤리적인 인물이 되고 싶다면 덕이 있는 사람이 행하는 것을 실천하고 수행해야 한다는 결론이 나옵니다. 비유하자면 '식스팩'을 갖기 위해 복근을 발달시키고 싶어 할 수 있지만, 원한다고 해서 실제로 그렇게 되지는 않습니다. 그렇게 되기 위해서는 운동을 하고 훈련을 해야 하는 겁니다. 마찬가지로 내가 덕이 있는 사람이 되고 싶다면, 내가 바라는 것 이상의 것을 해야 합니다. 덕이 있는 사람이 하는 것을 실천하고 수행해야 합니다. 내가 원하는 것에 맞게 행동해야 하며, 정직이나 친절 같은 윤리적 덕목을 실천해야 합니다.

덕 윤리의 정당성에 대해 개괄했으니, 다음 반론을 평가할 수 있을 것입니다.

1   해야 할 옳은 일을 알면서도 그것을 행동으로 옮기지 못하는 사람들도 있습니다. 이는 그들에게 옳은 일을 할 용기와 확신이 부족하기 때문일 수 있습니다. 우리는 때로는 옳은 일이 무엇인지 알면서도 행동하지 못할 수 있습니다. 그러나 아리스토텔레스에 따르면 덕이 있는 사람은 옳은 일이 무엇인지 알고 있을 뿐만 아니라 자신의 윤리적 믿음에 따라 행동할 용기와 지혜도 갖고 있습니다. 따라서 덕이 있는 사람이 된다는 것이 어떤 것인지 알고 싶다면, 윤리적으로 **행동해야 한다**는 결론이 나옵니다. 그래도 그것을 실천하기가 너무 어렵다고 주장하는 사람들도 있을 겁니다.

2   여러분이 윤리적 딜레마로 알려진 갈등 상황에 놓여 있다면, 덕 윤리가 명확한 지침을 주지 않기 때문에 문제가 생길 수 있습니다. 예를 들면 친절한 동시에 정직할 수는 없는 상황이 있을 수 있는데, 이런 상황에서는 건전한 판단력이 필요합니다. 아리스토텔레스에게는 "정직과 친절이 충돌할 때는 늘 친절하라"든가, "친절과 정직이 충돌할 때는 늘 정직하라" 같은 규칙은 없습니다. 상황에 따라 덕이 있는 사람이 수행할 옳은 행동이 있는 겁니다. 그러므로 윤리는 판단력, 지혜, 품성의 문제이며, 올바른 이유로 옳은 일을 하는 것입니다.

3   윤리적이거나 비윤리적인 것은 행동이라는 사실을 감안하면, 사람의 품성과 자질은 윤리와 거의 관계가 없다는 주장도 있을 수 있습니다. 우리는 그보다는

키워드

덕 윤리: 윤리적 행동은 덕이 있는 인물이 수행하는 것이라는 이론

행동을 수행하는 사람의 의도나 그 행동으로부터 생겨나는 결과를 고려할 수 있을 것입니다.

의무론적 윤리

그림 3.12 _ 아는이로서 우리는 옳고 그름을 어떻게 결정하나요?

철학자 임마누엘 칸트(Immanuel Kant, 1724~1804)에 따르면, 우리의 의무는 자의적이지 않으며, 우리는 **이성**과 합리성에 호소함으로써 객관적인 방식으로 의무가 무엇인지 결정할 수 있습니다. 칸트가 보기에 우리 모두에게는 윤리적 의무가 있습니다.

우리 행동에는 가능한 동기가 여럿 있습니다. 그것에는 그 행동이 우리나 다른 사람에게 가져다줄 수 있다고 생각되는 편익도 포함됩니다. 우리가 '선한 행동'을 하고 타인을 돕는다면 행복감을 경험할 수 있을 것입니다. 그러나 느낌과 감정은 윤리적 행동의 척도로 삼기에는 여러 문제가 있습니다. 내가 그렇게 하는 게 좋아서 타인을 돕는 행동을 하거나, **나를** 기분 좋게 해 주기 때문에 타인을 돕는 편이라면, 그것이 내 행동을 윤리적으로 만들까요?

칸트에 따르면, 무엇인가를 하려는 우리의 성향이 어떤 행동을 윤리적으로 만드는 것은 아닙니다. 감정이나 개인적 선호 역시 행동을 윤리적으로 만들지 않습니다. 칸트에게는 우리의 의도가 매우 중요합니다. 그는 그 자체로 선한 유일한 것은 **선 의지**라고 주장하고, 선 의지를 갖기 위해서는 올바른 의도를 가져야 한다고 주장합니다. 선 의지의 진정한 동기는 '의무를 위해 행동하는' 것입니다.

도덕률에 의해 요구되기 때문에 어떤 행동을 수행한다면, 그 행동은 윤리적입니다. 도덕률이 무엇인지에 대해서는 다양한 관점이 있습니다. 신앙인들은 종교적 가르침에서 자신의 도덕률을 끌어냅니다. 칸트는 무엇이 자신의 의무인지를 결정하는 방식은 그것을 일관되게 보편화할 수 있는지 여부를 아는 것이라고 주장했습니다. 여러분이 점심시간에 길게 줄을 서서 기다리는 것을 참을 수 없어 새치기해도 될까 고민한다고 가정해 봅시다. 칸트에 따르면, 모두가 그렇게 하면 어떤 일이 벌어질지 자문해 보아야 합니다. 대답은 당연히 혼란이 일어난다는 거겠지요. 실제로 모두가 새치기하면 새치기를 할 기다리는 줄 자체가 없어집니다! 그러므로 "하고 싶으면 언제든 새치기하라"라는 규칙을 일반화하려 하면 모순에 빠지고 맙니다. 그러므로 새치기를 하고 싶을 때마다 새치기를 하지 않는 것이 여러분의 의무입니다. 칸트는 "여러분이 보편적 법칙이 되기를 바라는 그러한 준칙에 의해서만 행동하라"라는 원칙을 제시했습니다.

따라서 모두가 이런 식으로 행동을 한다면 어떻게 될지 평가하기 위해서는 윤리적 추론에 어느 정도의 상상력이 필요합니다. 그 행동이 보편적인 '자연 법칙'이 될 수 있도록 행동을 보편화하는 것이 가능하다면, 그것은 윤리적이라는 것을 알 수 있습니다.

요컨대 칸트의 이론은 어떤 행동이 의무에서 비롯되어 수행되면 그 행동은 옳은 것이라고 주장하는 의무론적 윤리의 한 가지 예입니다.

의무론적 윤리에는 많은 반론이 있습니다.

1   일부 비판가는 그것이 **도덕적 절대주의**로 이어진다고 지적합니다. 이것은 어떤 도덕적 원칙은 상황과 무관하게 **늘** 따라야 한다는 믿음입니다. 문제점을 파악하기 위해 거짓말의 윤리를 생각해 봅시다. 칸트는 보편성 테스트를 통해 사람

키워드

도덕적 절대주의: 상황이나 결과와 상관없이 항상 따라야 하는 하나 이상의 보편적 도덕 원칙이 있다는 믿음

들은 자신이 원할 때마다 거짓말을 한다고 일관되게 주장할 수는 없다고 했습니다. 그게 가능하다면 언어는 더 이상 효과적인 의사소통 수단이 될 수 없기 때문입니다. 칸트는 거짓말을 하는 것은 **언제나** 잘못된 것이라고 결론 내렸습니다. 윤리에 대한 칸트의 접근법이 지닌 문제점은 이것이 **규칙 숭배**로 이어지는 것처럼 보인다는 것입니다. 즉, 결과를 고려하지 않고 도덕적 원칙을 맹목적으로 따르는 것처럼 보인다는 것입니다. 많은 사람들이 상황과 상관없이 도덕적 원칙을 기계적으로 적용하기보다는 세세한 상황에 따라 민감하게 대처하고, 또 일반적으로 동의된 원칙이라도 예외를 두는 것이 적절한 시점에 관해 **판단해야** 한다고 말합니다.

키워드

규칙 숭배: 도덕 규칙이 적절한지 여부와 상관없이 그 규칙을 맹목적으로 따르는 것

2 **도덕적 냉정함**. 칸트의 윤리에 대한 접근법은 감정을 희생시키며 이성에 너무 초점을 맞춘 것 같습니다. 우리가 도덕적 판단에 일관되게 노력해야 한다는 점은 인정한다 해도, 예를 들어 전쟁 범죄자에 대해 대부분의 사람들이 분노하는 것은 그들의 **비일관성**이 아니라 **비인간성**입니다. 칸트는 그의 도덕 철학에 감정이 끼어들 자리를 전혀 허용하지 않기 때문에 이 상식적 직관을 수용할 수 없습니다. 동정심이 없는 사람에게는 동정심에 호소할 수 없는 것과 마찬가지로 비합리적이라고 불려도 개의치 않는 사람에게는 이성에 호소할 수 없습니다. 더욱이 도덕적 고려에서 감정을 빼면 냉정하고 무자비한 윤리로 이어질 것 같습니다. 많은 사람들이 남편이 아내를 돕는 것은 **의무**이기 때문이라기보다는 그가 아내를 **사랑하고** 돕고 **싶어 하기** 때문이라고 하는 것이 더 낫다고 말할 것입니다. 우리는 칸트의 입장을 뒤집어서 감정이 우리를 다른 사람과 연결해 주는 것이라고 주장할 수도 있습니다. 어쩌면 이성에는 한계가 있고, 우리는 때로는 감정을 따르는 것이 더 나을 수도 있습니다.

실제 상황 3.13

우리가 알고 있는 것을 나누고 소통해야 할 윤리적 의무가 있다고 생각하나요?

탐구 3.14

1 다음 항목들을 보편적 윤리 규칙으로 만들 수 있을지 생각해 보세요.

- 원한다면 언제든지 새치기하라.

- 들통나지 않을 것 같으면 거짓말하라.

- 원하는 것을 얻기 위해 거짓으로 약속하라.

- 가난한 사람들에게 돈을 주라.

- 내킨다면, 그리고 내킬 때 다른 사람을 도와라.

- 자기 자신과 다른 사람을 절대 목적을 위한 수단으로 대하지 말고 목적으로 대하라.

- 어떻게 행동해야 할지 모르겠다면 도덕률이 요구하는 것을 행하라.

2 아래 나열된 의무 충돌과 그에 따르는 딜레마에 대해 생각해 보세요.

- 여러분의 할머니와 세계적으로 저명한 의사가 화마에 휩싸인 건물에 갇혀 있고, 그중 한 명만 구할 시간밖에 없다면, 가족이기 때문에 할머니를 구해야 할까요? 아니면 의사가 사회에 베풀 수 있는 선 때문에 의사를 구해야 할까요?

- 여러분의 형제가 희귀병으로 죽어 가고 있지만 가족은 그의 치료약을 살 경제력이 없다면 그 약을 훔치는 것은 정당화될 수 있을까요?

- 테러 집단이 민간인을 인질로 잡고 정부가 유죄 판결을 받은 테러범 다섯 명을 석방하지 않으면 이 민간인을 죽이겠다고 위협한다면, 정부는 그들의 요구에 굴복해야 할까요?

칸트의 접근법이 이런 딜레마 해결에 어떻게 도움이 되는지 알기 어렵다는 주장이 있습니다. 그 것이 우리의 의무에 순위를 매길 수 있는 기준을 제공하지 못하는 것처럼 보이기 때문입니다. 각 각의 상황에서 여러분의 의무는 무엇이고, 그 이유는 무엇이라고 생각하나요?

공리주의

논의 3.17

어떤 행동이 특별한 결과를 가져온다면 그 행동은 윤리적일까요?

의무론적 윤리 이론은 개인의 의도와 행동 자체를 고려하지만, **목적론적** 윤리 이론은 행동의 결과를 고려합니다. 목적론적 윤리 이론에 따르면, 우리는 어떤 행동이 좋은 결과를 가져오면 그 행동이 옳다는 것을 압니다. 이 이론은 어떤 행동이 옳은 행동이 라는 것을 정당화하기 위한 증거로 그 행동의 결과를 주목합니다. 목적론적 윤리 이론 에는 다양한 종류가 있는데, 그중에서 가장 잘 알려진 것이 **공리주의**입니다. 공리주의 는 어떤 행동이 **행복**이나 복리를 극대화하는지 또는 해악의 총합을 최소화하는지를 고려합니다.

공리주의는 최고의 윤리적 원칙은 **최대 다수의 최대 행복**을 추구하는 것, 이것 하 나밖에 없다고 주장합니다. 이 이론은 우리가 다른 사람들의 행복을 증진하고 최대화 해야 하며 가능한 한 고통을 최소화해야 한다고 가정하는데, 여기에서 행복은 사소한 감정이 아니라 복리에 근거해서 고려됩니다.

공리주의 이론은 18세기 후반~19세기 초반에 제러미 벤담(Jeremy Bentham, 1748~ 1832)과 존 스튜어트 밀(John Stuart Mill, 1806~1873)에 의해 발전되었는데, 이들은 윤리 를 과학적 기반 위에 확립하고 싶어 했습니다. 뉴턴이 자연 현상을 중력의 원리에 근거 해 설명했듯이 벤담과 밀은 윤리적 현상을 공리(효용)의 원리에 입각해 설명하고자 했 습니다. 이 원리에 따르면 그 자체로 좋은 유일한 것은 '행복'이며, **행동은 행복을 증가 시키는 경향이 있으면 옳고 감소시키는 경향이 있으면 잘못된 것**입니다. "행복이란 무

키워드

목적론적: 귀추나 결과와 관 련됨. 목적론적 윤리 이론은 어떤 행동이 달성된 결과나 목적에 기반을 두고 그 행동 이 윤리적인지 아닌지를 안다 는 사상에 기반을 둠

공리주의: 윤리는 결국 우리가 복리를 최대화해야 한다는 원 칙으로 환원될 수 있다는 사 상

행복: 공리주의에서는 복리, 비이기심, 건강, 안전, 독립, 자유, 고귀함을 가리킴(흥분이 나 만족감이 아님)

엇인가?"라고 물으면, 벤담은 행복이란 선, 건강, 안전, 비이기심, 개인적 독립, 고귀함을 포함하는 쾌락의 합이며 행복한 삶이란 그가 인식한 대로 쾌락을 최대화하는 삶이자 고통을 최소화하는 삶이라고 말합니다.

공리주의는 우리가 우리 행동의 단기적 결과뿐 아니라 장기적 결과도 고려하도록 권하기 때문에 합리적인 이론입니다. 예를 들어 흡연은 어떤 사람들에게는 단기적 쾌락을 줄 수 있지만, 공리주의자는 흡연이 암을 포함한 건강 문제의 위험을 증가시키면 장기적으로 더 많은 건강 문제와 고통을 줄 가능성이 크고 다른 사람들에게 잠재적으로 고통을 줄 수 있기 때문에 흡연해서는 안 된다고 주장할 것입니다.

공리주의 이론에 대한 반론은 다음과 같습니다.

1   **실천으로 옮기기가 쉽지 않다**는 것입니다. 첫째로 행복을 어떻게 측정할까요? 벤담은 행복을 쾌락의 합으로 정의하지만, 다양한 쾌락을 공통의 저울로 어떻게 측정할 수 있는지 알기 어렵습니다. 가령 어떤 사람이 아이스크림을 먹는 것, 오페라를 감상하는 것과 친구들과 함께 시간을 보내는 것에서 쾌락을 얻는다고 상상해 봅시다. 그런 쾌락에 어떻게 점수를 매겨서 서로 비교할 수 있을까요? 20개의 아이스크림을 먹는 것은 공리주의에서는 행복을 가져다주는 것으로 간주하지 않을 것이며, 오히려 그 반대입니다. 경제학자는 많은 사람이 다양한 쾌락에 대해 얼마나 지불할 용의가 있는지를 확인함으로써 쾌락을 측정할 수 있다고 할 수도 있습니다. 그러나 건강, 사랑, 우정 같은 것들에 가격이나 '행복 가치' 등을 매기는 것이 정말로 가능할까요? 이런 쟁점을 해결하기 위해 벤담은 **쾌락 계산법**을 고안했고, 밀은 더 높은 쾌락과 더 낮은 쾌락을 논의했습니다. 그러나 쾌락 계산법에서 크기를 측정하기는 쉽지 않고, 밀의 더 높은 쾌락과 더 낮은 쾌락의 구분은 정당화하기 어렵습니다.

2   또 다른 실질적인 문제는 **우리가 어떻게 우리 행동의 결과를 예상할 수 있는가**와 관련됩니다. 어떤 기혼 여성이 직장 동료와 열정적인 사랑에 빠져서 남편 곁을 떠날지 말지 고민하고 있다고 상상해 봅시다. 그녀는 어떻게 해야 할까요? 이론적으로 공리주의는 그 문제에 대해 간단명료한 해결책을 제시합니다. 그녀는 남편 곁에 있을 때와 남편 곁을 떠날 때의 결과를 비교해야 하고, 관련된 사람들의 행복을 최대화하거나 고통을 최소화하는 모든 일을 해야 합니다. 문제는 실제로는 우리 행동이 어떤 결과를 낳을지를 알기가 매우 어렵다는 것입니다. 공리주의자는 우리가 보통 우리 행동의 결과를 어느 정도 알고 있다고 말할지 모르지만, 그 결과를 상세하게 예측하는 것은 여전히 어려울 수 있습니다. 극단적인 예를 들자면, 로알드 달(Roald Dahl, 1916~1990)의 단편 소설 「탄생과 재앙」에서 한 의사가 난산으로 고통스러워하던 산모와 아이의 목숨을 구합니다. 그 소설은 의사가 이렇게 말하는 것으로 끝납니다. "이제 모두 괜찮을 거예요, 히틀러 부인."

키워드

쾌락 계산법: 어떤 행동의 강도, 지속성, 확실성, 근접성, 생산성, 순수성, 연장성의 일곱 가지 범주를 계산함으로써 그 행동으로 야기된 쾌락이나 고통의 양을 결정하는 방식

3 **쾌락이나 행복이 항상 윤리적인 것은 아닙니다.** 앞에서 살펴보았듯이, 공리주의는 "그 자체로 좋은 유일한 것이 쾌락과 행복이다"라는 가정에 기반을 두고 있습니다. 그러나 여러분은 실제로는 공허한 쾌락이 많이 있다고 주장할 수도 있습니다. 공허한 쾌락은 우리의 잠재력을 개발하거나 인간으로서 크게 성공하는 데 도움이 되지 않는 쾌락입니다. 쇼핑이나 초콜릿을 먹는 것 같은 쾌락은 나름의 가치를 가질 수 있지만, 그런 것을 추구하는 데 전적으로 바쳐진 삶은 인간에게 값어치가 없다고 비판할 수도 있습니다. 공리주의자는 실제로 공허한 쾌락을 참된 쾌락으로 보지 않습니다.

4 **행동은 결과보다는 동기로 판단되어야 합니다.** 공리주의에 따르면 행위의 옳고 그름은 그 결과에 달려 있습니다. 즉 어떤 행동이 행복을 증가시키면 옳고, 감소시키면 옳지 않다는 것입니다. 그러나 그것은 행동의 이면에 있는 동기를 고려하지 않은 것입니다.

탐구 3.15

1 다음 예를 잘 생각해 보세요.

존스는 여러분이 사는 동네의 모든 사람을 가능한 한 힘들게 만드는 데 모든 시간을 바치는 악의로 가득 찬 인물입니다. 하루는 여러분이 행복을 증대시키기 위해 무언가를 해야 할 때라고 판단합니다. 여러분은 문 뒤에 숨어 있다가 존스가 들어오면 야구 방망이로 머리를 후려치고 의식을 잃은 존스를 강물에 던져 버립니다.

2 이것이 나쁜 이웃의 문제에 대한 수용 가능한 해결책이라는 데 공리주의자가 동의하지 않는 이유는 무엇일까요? (공리주의자에게 '행복'이 무엇을 의미하는지 생각해 보세요.)

3 대다수 사람들의 '행복'을 증대시키거나 고통을 감소시키기 위해 개인을 희생시키는 것이 정당화될 수 있다고 생각하는지에 대해 토론하세요. 혹시 그렇게 생각한다면, 어떤 상황에서 이것은 공리주의자에게도 정당화될 수 있을까요?

4 다음의 삼단 논법을 잘 생각해 보고 평가하세요.

전제 1: 우리는 최대 다수의 최대 행복을 위해 행동해야 한다.
전제 2: 모든 어린이에게 읽는 법을 가르치는 정부 교육 정책은 대부분의 어린이를 행복하게 할 것이다.
결론: 그러므로 정부가 이 정책을 채택하는 것이 옳다.

논의 3.18

윤리적 행동을 정당화하기 위해 어떤 종류의 증거로 뒷받침할 수 있을까요?

공리주의는 귀납적 추론을 사용하기 때문에 귀납적 윤리 이론입니다. 특히 특정한 행동을 정당화하기 위하여 결과에 대한 판단을 사용하기 때문에 그렇습니다. 예를 들어 공리주의적 논증으로는 1945년의 히로시마 폭격이 잘못되었다고 할 수 있습니다. 최대 다수의 최대 행복으로 귀결되지 못했기 때문입니다. 원자 폭탄으로 인한 파괴와 고통,

공포가 폭탄 투하를 매우 비윤리적인 행동으로 보이게 만드는 증거들이 있습니다. 그러나 다음과 같은 반론이 제기될 수 있습니다. 즉, 좀 더 장기적인 결과로는 제2차 세계 대전의 종식을 가져와 수많은 생명을 구했고 수백만 명의 고통을 줄였으며, 따라서 최대 다수의 최대 행복을 가져왔다는 것입니다. 이 예는 쟁점을 부각시킵니다. 즉, 우리는 우리 행동이나 행동하지 않음의 결과가 무엇인지 항상 확실하게 알 수는 없으며 미리 평가할 수도 없다는 것입니다.

그림 3.13 _ 공리주의는 최대 다수의 최대 행복을 최대화하는 행동이 윤리적이라고 주장합니다. 어떤 행동을 윤리적으로 만드는 것은 무엇이라고 생각하나요? 그것을 어떻게 아나요?

윤리 이론 요약

우리는 세 가지 다른 윤리 이론을 검토했는데, 그것들은 각각 흥미로운 점이 있으면서도 다양한 강점과 약점을 가지고 있습니다. 그것들은 다음 표로 요약될 수 있습니다.

이론	정당화	비판	함의
덕 윤리 덕이 있는 사람이 어떤 행동을 수행한다면 그 행동은 윤리적이다. 그런 사람은 올바른 행동이 무엇인지 알고 이 행동을 수행한다. 이 이론의 핵심 사상가는 아리스토텔레스다.	1 우리는 좋은 사람이 누구인지 안다. 덕이 있는 사람에게는 무결성과 정직성 같은 속성이나 특성이 있다. 2 행동 자체와 그 행동을 하는 사람 사이에는 밀접한 연관이 있다.	1 덕이 있는 사람이 누구인지를 결정하는 데 문제가 있을 수 있다. 2 어떤 특성이 사람을 윤리적으로 만드는지 여부에 대해 의견이 일치하지 않을 수 있다. 3 행동을 하는 사람과는 관계없이 그 행동이 윤리적이거나 비윤리적이라고 주장하는 사람도 있을 것이다.	덕이 있는 사람은 윤리적인 방식으로 지식을 추구할 것이다.

이론	정당화	비판	함의
의무론적 윤리 칸트에 따르면 도덕 법칙(도덕률)에 대한 존중에서 수행될 때 그 행동은 윤리적이다. **선 의지**를 지닌 개인은 의무를 위해 도덕 법칙에 맞게 행동한다. 옳은 일을 행하는 유일한 동기는 그것을 행하는 것이 옳다는 그들의 인식이다. 그들은 의무이기 때문에 윤리적인 것을 행하며, 다른 이유는 없다. 우리가 그것을 보편화할 수 있다면, 그리고 다른 모든 사람이 그 상황에서 똑같이 행동하기를 원한다면 그 행동은 윤리적이다. 이 이론의 핵심 사상가는 임마누엘 칸트다.	1 윤리적 행동이란 그것이 의무이기 때문에 수행해야 한다는 것을 우리가 알고 있는 행동이다. 2 행동 자체와 그 행동을 수행하는 사람의 의도 사이에는 밀접한 연관이 있다.	1 도덕 법칙은 어떻게 정의되는가? 종교적인 동시에 세속적인 다양한 견해가 있을 수 있다. 2 진실을 말하는 것은 항상 옳은가? 도덕 법칙을 따르지 않는 것이 옳은 것처럼 보이는 시나리오가 있을 수 있는가? 3 윤리적 규칙을 보편화하는 것은 예를 들어 "모든 사람이 이렇게 하면 어떤 일이 일어날까?" 같은 시나리오에 대한 상상력을 필요로 한다. 그것은 이런 가능한 시나리오를 어느 정도 정확하게 상상할 수 있다고 가정한다.	도덕 법칙을 따르는 사람은 도덕 법칙에 대한 존중과 숭배에서 윤리적 행동을 수행할 것이다. 우리는 특정한 유형의 지식을 추구하고 적용하는 것이 의무라고 생각할 수 있다.
공리주의 어떤 행동이 특정한 결과를 가져오면 그 행동은 옳다. 공리주의에 따르면, 어떤 행동의 결과가 최대 다수의 **최대 행복**을 산출할 때 그 행동은 옳다. 이 이론의 핵심 사상가는 제러미 벤담과 존 스튜어트 밀이다.	1 어떤 행동의 윤리는 그 행동이 가져올 결과에 의해서만 알려질 수 있고 측정될 수 있다. 2 행동 자체와 이것이 가져오는 결과 사이에는 밀접한 연관이 있다.	1 행복을 가져온다면 비윤리적 행동도 정당화될 수 있다. 2 공리주의는 우리가 어떤 행동의 가능한 결과를 알고 측정할 수 있다고 가정한다. 3 어떤 행동의 효과가 지닌 기간을 어떻게 측정할 수 있는가? 즉각적인 단기적 행복이나 장기적 행복을 가져온다면 그 행동은 윤리적인가? 4 행복이 무엇인지를 어떻게 정의하고 알 수 있는가?	윤리적인 사람은 다른 사람들에게 좋은 성과나 결과를 가져오는 방식으로 행동할 것이다. 우리는 최대 다수의 최대 행복을 가져올 지식을 추구할 것이다.

탐구 3.16

짝을 지어서 다음 두 가지의 IB 디플로마 프로그램 학습자상의 속성을 평가하세요.

1 '배려하는'이라는 것은 무엇을 뜻할까요? 오늘날 세계에서 이것이 작동하는 구체적인 예를 생각해 보세요.

2 '원칙을 지키는'이라는 것은 무엇을 뜻할까요? 오늘날 세계에서 이것이 작동하는 구체적인 예를 생각해 보세요.

3 '배려하는'은 '원칙을 지키는'과 같은 것인가요? 그 이유는 무엇인가요? 그렇지 않다면 그 이유는 무엇인가요?

4 필요한 개인적 자질, 관련된 의무, 이런 속성을 따를 때의 결과는 무엇이라고 생각하나요?

논의 3.19

1 아는이로서 우리는 왜 윤리적 자질을 가져야 할까요?

2 가치와 책임은 무엇을 뜻할까요? 아는이로서 여러분의 가치와 책임은 무엇일까요?

윤리적 지식의 원천으로서의 감정

감정과 느낌은 윤리적 지식의 원천으로서 얼마나 중요한가요?

'감정(emotion)'이란 단어는 '움직이다'라는 뜻을 가진 라틴어 동사 movere에서 파생되었습니다. 모든 문화권에서 공통으로 나타나는 보편적인 **1차 감정**은 행복, 슬픔, 두려움, 혐오, 분노, 놀람 등 적어도 6개가 있습니다. 이런 감정들 뒤에는 진화론적인 기능이 있습니다. 예를 들면 두려움이나 혐오가 우리를 위험으로부터 안전하게 지켜 줄 수 있는 상황이 있습니다. 1차 감정 외에도 우리는 광범위한 **2차 감정** 또는 '사회적 감정'을 갖고 있습니다. 2차 또는 '사회적' 감정에는 감탄, 불안, 경외, 절망, 당혹감, 부러움, 감사, 죄책감, 질투, 연민, 자부심, 후회, 수치심 등이 포함될 수 있습니다. 언어가 없다면 우리는 불안과 두려움과 공포, 또는 짜증과 분노와 격노를 구별할 수 없을 것이라는 점을 감안하면, 2차 감정은 적어도 부분적으로는 언어와 문화에 의해서 형성됩니다. 많은 2차 감정은 또한 어느 정도의 자기 인식을 전제로 합니다. 예를 들어 자랑스럽다, 부끄럽다, 당혹스럽다는 느낌은 여러분이 타인의 시각으로 자신의 행동을 볼 것을 필요로 합니다. 우리가 언제 특정 감정을 느끼는 것이 정당화되는지에 대해서는 중요한 문제가 있습니다. 이는 때로는 특정 감정을 느끼고 의사소통하는 것이 합당하다는 것을 시사합니다. 아리스토텔레스는 이렇게 말했습니다. "누구나 화를 낼 수 있다. 그것은 쉬운 일이다. 하지만 적당한 사람에게, 적당한 만큼, 적당한 시간 동안, 정당한 이유 때문에, 정당한 방식으로 화를 내는 것은 모든 사람이 할 수 있는 게 아니며, 쉽지도 않다."

또한 느낌이 어떻게 윤리적 판단과 관련되어 있는지에 대한 중요한 문제도 있습니다. 우리가 사고를 통해 사실을 알 수 있듯이 느낌을 통해 가치를 알 수 있다는 주장도 있습니다. 이런 견해는 어느 정도 정당합니다. 결국 우리의 감정은 관점이 긍정적인지 부정적인지, 좋은지 나쁜지를 암묵적으로 판단합니다. 그리고 우리에게 어떤 감정도 없다면, 우리에게는 아무것도 중요하지 않을 것이고, 따라서 아무것에도 신경 쓰지 않을 것입니다. 우리가 감정을 **갖고 있다**는 사실은 다양한 윤리적 자질을 분별할 수 있게 해 준다고 합니다. 예를 들어 감사는 친절을, 분노는 불의를, 연민은 고통을, 죄책감은 잘못된 행동을, 혐오는 타락을 알아차리게 해 준다고 주장할 수 있습니다. 은유적으로 말해서 우리는 그런 경우에 머리가 아니라 가슴으로 보고 적절한 감정을 가짐으로써 문제가 되는 도덕적 자질을 분별한다고 할 수 있습니다.

혐오 같은 감정을 생각해 봅시다. 미국의 지식인 레온 카스(Leon Kass, 1939~)는 '**혐오감의 지혜**'라는 표현을 썼는데, 이는 구토감이 불쾌한 어떤 것에 대한 즉각적인 신체 반응일 뿐 아니라 "명료하게 표현하는 이성의 힘을 넘어서" 도덕적으로 유의미한 정보

키워드

1차 감정: 보통 행복, 슬픔, 분노, 두려움, 혐오, 놀람으로 이루어진다고 일컬어지는 보편적 감정

2차 감정: 1차 감정들의 혼합으로 볼 수 있는 복잡한 감정

키워드

혐오감의 지혜: 도덕적 신념을 정당화하기 위해 혐오감에 호소하는 것이 타당할 수 있다는 주장

를 전달한다는 점을 시사합니다. 예를 들어 그는 인간 복제는 도덕적으로 잘못된 일이며, 우리가 그것에 반대하는 합당한 논거를 제시할 수 없다 하더라도 그것을 곰곰이 생각할 때 느끼게 되는 혐오감의 전율을 진지하게 받아들여야 한다고 말합니다. 그렇다면 카스의 견해로는 우리의 도덕적 믿음은 때로는 이성이 아니라 감정에 의해 정당화될 수 있습니다.

이 윤리 이론에 대한 반론은 다음과 같이 전개될 수 있습니다.

1 위와 같이 언급했어도 우리는 감정을 윤리적 지식의 원천으로 맹목적으로 신뢰하는 것을 조심해야 합니다. 그것이 자연스럽다는 것을 근거로 신뢰하는 것은 **현명한 자연 오류**라고 불리는 오류를 범하는 것입니다. 어떤 것이 자연스럽다고 해서 좋다는 뜻은 아닙니다. 완전히 사회 밖에서 자라난 '야생아'의 길들여지지 않은 감정이 그들의 생존에 보탬이 되는 것은 의심할 바 없겠지만, 사회적 가치에 대해서는 서투른 안내자가 될 것입니다. 문명사회에서도 우리의 감정이 **잘 단련되지 않거나 자기중심적이거나 신뢰할 수 없다**면, 우리를 오도할 수 있습니다.

키워드

현명한 자연 오류: 어떤 것이 자연스럽기 때문에 좋은 것이라는 잘못된 가정

2 잘 단련되지 않은 감정. 감정은 지각을 조명해 줄 수 있는 만큼이나 지각을 왜곡할 수 있습니다. 레온 카스에 대한 비판자들은 혐오가 특히 도덕적 진리에 대한 서투른 안내자라고 주장합니다. 예를 들어 한때 사람들은 인종 간 결혼을 혐오스러운 것으로 여겼습니다. 그러나 그것은 분명히 그들의 지혜의 높이보다는 편견의 깊이를 보여 주었을 뿐입니다. 여기에서 언어 사용이 중요한데, 우리가 자연스럽다고 정의하는 것은 주관적일 수 있습니다. 어떤 사람은 비행기의 비행을 자연스럽지 않다고 정의할 수 있지만, 그렇다고 해서 그것이 반드시 비윤리적이라는 것은 아닙니다.

3 자기중심적인 감정. 사려 깊지 못한 감정은 일반적으로 우리에게 이롭거나 해로운 것과 관련되어 있습니다. 그래서 보편적 가치에 대한 안내자 역할은커녕 종종 우리 자신의 잇속만 차리는 이해관계를 반영한 경우가 많습니다. 예를 들어 우리는 누가 우리에게 거짓말을 하면 화가 날 수 있지만, 우리는 그들에게 기꺼이 거짓말을 할 것입니다. 또 우리는 우리 자신의 불운에 슬퍼하겠지만 다른 사람들의 불운에 대해서는 무관심할 것입니다.

4 신뢰할 수 없는 감정. 감정은 전적으로 자기중심적이지는 않고, 때로는 다른 사람들의 곤경에 연민을 느낍니다. 문제는 그런 타인과 관련된 감정은 신뢰할 수 없다는 것입니다. 우리는 고통스러워하는 어린이의 가슴 아픈 이야기에 감동할 수 있지만, 수십만 명의 사람들을 괴롭히는 기근에 대해서는 무덤덤하기도 합니다. 또 오늘은 연민을 느끼지만, 내일은 무관심할 수도 있습니다. 이것은 우리의 느낌은 도덕적 유의미성에 대한 지표로는 형편없다는 것을 시사합니다.

위와 같은 점을 고려한다면, 감정이 윤리적 지식의 원천일 수 있다고 주장하는 사람은 적절하게 교육받은 감정으로만 그 주장을 한정하는 것이 일반적입니다. 실제로 엄청난 양의 비공식적 교육이 암묵적이거나 명시적으로 감정을 교육하고 인격을 형성하는 것과 관련되어 있습니다. 철학자 마사 누스바움(Martha Nussbaum, 1947~)은 이런 배경에서 문학의 역할에 특별한 관심을 기울였습니다. 그녀는 문학이 최고 수준에서는 연민과 감사 같은 사회적 감정을 일깨우고 그 범위를 넓히는 데 도움을 줄 수 있다고 주장합니다.

그림 3.14 _ 이성과 감정, 언어는 우리의 윤리적 판단에서 어떤 역할을 할까요?

논의 3.21

1 여러분의 문화에서 일반적으로 미덕과 악덕으로 간주되는 것은 무엇인가요? 그것들은 감정과 어떻게 관련되나요?

2 윤리적 판단에서 감정은 어떤 역할을 하나요? 감정은 어떤 역할을 해야 할까요?

윤리와 관련된 지식 질문

- 윤리적 고려는 지식을 얻고 생산하는 방법 또는 지식이 사용되고 공유되며 소통되는 방식과 관련해 더욱 중요할까요?

- 인류를 이롭게 하고 보다 나은 세상을 위해 기여할 것이라고 여겨지는 지식만 추구해야 할까요? 그런 지식을 어떻게 알 수 있나요?
- 윤리적 고려가 지식 창출에 영향을 끼치고 그것을 제한하는 것이 정당화되나요?
- 우리 자신의 가치관과 윤리적 믿음은 우리가 추구하는 지식에 얼마나 영향을 주나요?
- 지식 추구 자체가 어느 정도나 윤리적 책임일까요?

지식 영역 연결 질문 3.1

수학, 자연과학, 인간과학, 역사 또는 예술 중 (또는 선택 주제 중) 하나를 고르세요. 범위, 관점, 방법과 도구, 윤리라는 네 가지 지식 틀의 요소를 활용하여 지식 영역을 어떻게 이해하고 평가할 수 있을까요?

되돌아보기

아는이로서 여러분은 지식의 생산, 사용, 공유와 관련된 윤리적 고려를 인식하고 성찰해야 하는 데 어느 정도나 책임을 지고 있나요?

3.7 맺으며

지식 질문은 지식 틀의 네 가지 가닥과 관련해 이 질문에 어떻게 응답할지 우리가 사고하는 방법에 따라 탐구될 수 있습니다. 지식의 **범위**는 지식과 앎의 한도 및 한계로 이루어져 있으며, 모든 사람에게는 불가피하게 지식의 지평에 한계가 있습니다. 또 한 발 물러서서 우리의 관점을 평가하려 한다면, 우리 자신의 개인사에 대한 자각, 그리고 우리의 세계관을 형성한 요인들에 대한 자각은 본질적입니다. 게다가 우리 자신의 지식에 관한 열린 마음의 **관점**은 다른 개인들과 공동체의 관점과 가치를 제대로 이해하는 데 도움을 줍니다. 추론과 지각 같은 인지 도구를 포함하여 지식을 얻는 데 필요한 **방법과 도구**는 다양합니다. 기술과 지식에 관한 장에서는 물질적이고 실천적인 지식 도구에 대해 보다 깊이 탐구할 것입니다.

윤리와 가치는 아는이로서의 우리에게 영향을 끼칩니다. 우리가 지닌 가치와 책임은 우리가 추구하는 지식을 제한하기도 하고 촉진하기도 합니다. **지식 틀**의 이 네 가지 요소는 우리가 지식 질문에 접근하는 방법에 각각 중요한 역할을 합니다. 그리고 이것들 각각은 '선택 주제' 및 '지식 영역'에 관한 이후의 장들에서 보다 자세하게 풀어낼 것입니다.

3장의 첫 부분에서 이야기한 지식에 대한 은유로서의 지도로 돌아가면, 세계를 이해하려면 지식을 세계를 찾아가기 위한 임시 지도로 생각할 수 있다는 결론에 도달할 수 있습니다. 우리의 지식은 완벽하지도 않고 완전하지도 않지만, 우리를 안내할 수 있으며, 우리가 생각하는 것과 아는 것은 우리 자신과 다른 사람들에게 불가피하게 영향을 미칩니다. 아는이로서 우리는 지식을 얻고자 한다면 다음과 같은 최소한의 가정을 해야 할 수도 있습니다. 즉, "우리는 자유롭게 사고하고 행동한다"거나 "우리는 윤리적 행위자다"라고 말입니다. 우리가 우리의 지식을 인류의 선을 위해, 그리고 타인에게 이롭도록 사용해야 한다는 주장이 있습니다. 더 나아가 우리가 우리의 지식을 세계 문제에 대한 해결책을 찾기 위해 사용해야 할 윤리적 책임이 있다는 주장도 있습니다. 지식 질문은 이와 같은 도전적인 쟁점들을 고려합니다. 우리의 책임 한도는 논쟁의 여지가 있으며, 진리 추구가 이런 책임의 하나로 포함된다고 주장할 수도 있습니다. 이것은 진리(진실)에 대한 마지막 도입부이자 진리(진실) 개념이 어떻게 지식 및 앎과 관련되어 있는지를 다루는 4장으로 이어집니다.

지식 질문

1 상상력은 이성보다 더 신뢰할 만한 지식으로 어디까지 이어질까요?

2 지식을 **습득하고 사용하고 소통하는 데 있어서의** 윤리는 무엇일까요? 지식의 범위, 추구, 생산에 어떤 윤리적 제한이나 구속이 있어야 할까요? 만약에 있다면 말입니다.

3.8 지식 영역 연결 질문

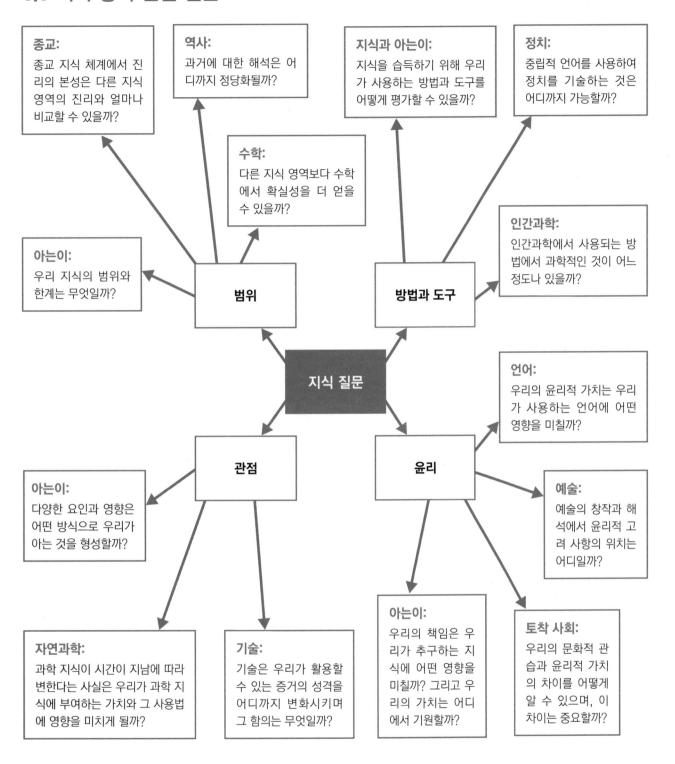

종교:
종교 지식 체계에서 진리의 본성은 다른 지식 영역의 진리와 얼마나 비교할 수 있을까?

역사:
과거에 대한 해석은 어디까지 정당화될까?

지식과 아는이:
지식을 습득하기 위해 우리가 사용하는 방법과 도구를 어떻게 평가할 수 있을까?

정치:
중립적 언어를 사용하여 정치를 기술하는 것은 어디까지 가능할까?

수학:
다른 지식 영역보다 수학에서 확실성을 더 얻을 수 있을까?

인간과학:
인간과학에서 사용되는 방법에서 과학적인 것이 어느 정도나 있을까?

아는이:
우리 지식의 범위와 한계는 무엇일까?

범위

방법과 도구

언어:
우리의 윤리적 가치는 우리가 사용하는 언어에 어떤 영향을 미칠까?

지식 질문

관점

윤리

예술:
예술의 창작과 해석에서 윤리적 고려 사항의 위치는 어디일까?

아는이:
다양한 요인과 영향은 어떤 방식으로 우리가 아는 것을 형성할까?

아는이:
우리의 책임은 우리가 추구하는 지식에 어떤 영향을 미칠까? 그리고 우리의 가치는 어디에서 기원할까?

토착 사회:
우리의 문화적 관습과 윤리적 가치의 차이를 어떻게 알 수 있으며, 이 차이는 중요할까?

자연과학:
과학 지식이 시간이 지남에 따라 변한다는 사실은 우리가 과학 지식에 부여하는 가치와 그 사용법에 영향을 미치게 될까?

기술:
기술은 우리가 활용할 수 있는 증거의 성격을 어디까지 변화시키며 그 함의는 무엇일까?

3.9 자기 점검

3장에서 배운 내용을 되돌아보고 1점에서 5점 사이로(5는 최고 점수, 1은 최저 점수) 자신의 자신감 수준을 표시하세요. 3점 미만이면 해당 부분을 다시 읽어 보세요. 그런 다음 이 목록으로 돌아오세요. 여러분의 자신감이 높아졌나요?

	자신감 수준	다시 읽기?
나는 지식 질문이란 무엇인지, 그리고 내가 어떻게 지식 질문의 답변에 도달하는지 알고 있는가?		
나는 지식 틀을 지시 질문에 답변하고 분석하며 다양한 지식 영역을 비교하는 도구로 사용할 수 있는가?		
나는 지식의 한도와 한계를 포함하여 지식의 범위가 의미하는 바가 무엇인지 알고 있는가?		
나는 내가 진리, 지도의 정확성과 유용성에 의문을 갖는 방식으로 나 자신의 지식을 어떻게 비평하고 평가하는지를 알고 있는가?		
나는 다양한 관점과 패러다임에 대한 인식과 이해를 입증할 수 있는가?		
나는 나 자신의 관점과 믿음, 가정을 평가할 수 있으며, 내가 지식과 앎을 비평하는 데 도움이 되는 나 자신과 다른 사람의 관점을 어떻게 평가하는지를 알고 있는가?		
나는 다음의 것들을 포함한 지식을 습득하고 창출하기 위한 다양한 방법과 도구들에 친숙한가? • 학제적 방법 • 실용적 도구 • 인지적 도구(예를 들면 감각, 상상, 합리성과 기억)		
나는 지식 구축에서 합리성과 논리, 특히 연역적, 귀납적, 귀추적 추론을 명확히 설명할 수 있는가?		
나는 윤리적 책임이 어떻게 지식의 구축과 사용에 영향을 끼치는지에 대해 명확히 알고 있는가?		

3.10 더 읽을거리

- 3장에서 얻은 지식을 바탕으로 다음 글들 중 몇 가지를 읽을 수 있습니다.

- **위대한 예술 작품 창작과 과학적 발견의 배후에서 작동하는 방법과 창의적 과정의 공통성**에 대한 여러분의 이해를 확장하고자 한다면 다음을 읽으세요.
  Tom McLeish, *The Poetry and Music of Science: Comparing Creativity in Science and Art*, Oxford University Press, 2019.

- **다양한 관점에서 본 인간성의 가능한 미래**를 고려하기를 청하는 방식으로 잘 알려진 다음 책을 읽으세요.
  Yuval Noah Harari, *Homo Deus: A Brief History of Tomorrow*, Penguin Random House, 2015. [유발 하라리, 『호모 데우스』, 김명주 옮김, 김영사, 2017년]

- **윤리의 진화와 인류 공동체에서의 그것의 위상, 정의, 평등, 정당성, 권위, 고결함과 충성의 개념에 대해 매혹적으로 개관하는** 다음 책을 읽으세요.
  Jonathan Haidt, *The Righteous Mind: Why Good People are Divided by Politics and Religion*, Penguin, 2012. [조너선 하이트, 『바른 마음-나의 옳음과 그들의 옳음은 왜 다른가』, 왕수민 옮김, 웅진지식하우스, 2014년]

- 우리가 어떻게 그리고 왜 **서로를 이해하는 역량을 가지고 다른 사람의 관점을 상상할 것인가**에 대한 탐구를 위해서는 다음 책을 읽으세요.
  Peter Bazalgette, *The EmpathyInstinct: How to Create a More Civil Society*, John Murray Publishers, 2017. [피터 바잘게트, 『공감 선언-더 나은 인간 더 좋은 사회를 위한』, 박여진 옮김, 예문아카이브, 2019년]

- 상대주의, 이기주의, 실용주의와 인권을 포함한 광범위한 **윤리와 도덕적 지식**에 관한 다양한 논제에 대한 간단하고 명쾌한 논의로 윤리와 도덕적 지식에 대한 짧지만 뛰어난 서론으로는 다음 책을 읽으세요.
  Simon Blackburn, *Being Good*, Oxford University Press, 2001. [사이먼 블랙번, 『선』, 고현범 옮김, 이소출판사, 2004년]

- **왜 본성적으로 경쟁적인 인간들이 서로 협력하는가**에 관해 탐구하는 매혹적이고 도발적인 다음 책을 읽으세요.
  Matt Ridley, *The Origins of Virtue*, Penguin, 1997. [매트 리들리, 『이타적 유전자』,

신좌섭 옮김, 사이언스북스, 2001년] 동물학자인 매트 리들리는 인류학, 생물학, 경제학과 역사로부터 얻은 통찰력으로 협력은 이익이 된다는 그의 논지에 집중하는 학제적 접근을 취합니다.

> **4장**

진리와 지혜

학습 목표

4장에서는 진리의 본성, 그리고 지식과 진리의 관계를 살펴볼 것입니다. 상대주의, 절대주의, 주관성, 객관성, 설명, 정당화, 관점과 지혜의 개념을 탐구하고, 이것들이 아는이와 어떻게 관련되는지 탐구할 것입니다.

여러분은

- 진리의 본성을 이해하고 다양하고 상이한 진리 이론들을 평가할 것입니다.
- '탈진실(post-truth) 정치' 및 '가짜 뉴스'에 관련된 지식 질문을 살펴보고, 상대적 진리와 절대적 진리의 개념을 탐구할 것입니다.
- 음모와 음모론, 설명 개념, 그리고 이 관념들이 지식과 앎에 어떤 관련성을 갖고 있는지를 탐구할 것입니다.
- 우리 믿음이 참인지를 어떻게 알 수 있는지 살펴보고, 지식 및 정당화 개념과 관련해서 주관성 및 객관성 개념을 탐구할 것입니다.
- (좋은 판단, 폭넓은 관점, 자기 인식, 윤리적 책임, 지적 겸손에 입각하여) 지혜가 무엇인지, 그리고 이것이 지식 및 앎과 어떻게 관련되는지를 논의할 것입니다.
- IB 학습자상의 속성이 아는이에게 갖는 중요성을 고찰할 것입니다.

다음 각각의 인용문을 분석하고 이어지는 질문에 관해 토론하세요.

1 "진리는 시간의 시련을 견디는 것이다." **알베르트 아인슈타인**(Albert Einstein, 1879~1955)

2 "진리는 그것을 소화하는 우리의 능력에 따라 달라지지 않는다." **플래너리 오코너**(Flannery O'Conner, 1925~1964)

3 "진리를 추구하는 사람들과 함께하라. 그것을 창설한 사람들한테서는 도망쳐라." **바츨라프 하벨**(Václav Havel, 1936~2011)

4 "다양한 종류의 눈이 있다. … 그래서 결국 많은 유형의 '진리'가 있고, 따라서 어떠한 진리도 없다." **프리드리히 니체**(Friedrich Nietzsche, 1844~1900)

5 "사실은 늘 실제로 일어난 것보다 적다." **네이딘 고디머**(Nadine Gordimer, 1923~2014)

위의 인용문에 대해 다음을 생각해 봅시다.

   a   인용문에 어느 정도 동의하나요? 아니면 동의하지 않나요?

   b   인용문은 진리에 대해 무엇을 시사한다고 생각하나요?

   c   진리의 본성에 대해 가정하거나 당연하게 여기는 것은 무엇인가요?

4.1 들어가며

논의 4.1

1 지금 공부하고 있는 IB 디플로마 프로그램 과목 중 어떤 과목이 "진리를 말할까요?" 그렇게 생각하는 이유는 무엇인가요?

2 믿음이나 지식 주장을 참으로 만드는 것은 무엇이라고 생각하나요?

지식을 탐구하려 할 때는 지식이 진리와 어떤 관계인지도 고려해야 합니다. 4장에서는 진리에 대해 탐구합니다. "진리란 무엇인가?"라는 질문은 너무 순박해 보이지만, 실제로 대답하려다 보면 곤경에 빠지게 됩니다. 이것은 1세기에 로마 제국의 속주인 팔레스타인의 총독 폰티우스 필라투스(본디오 빌라도, Pontius Pilatus)가 던진 유명한 질문입니다(신약 성서의 「요한복음」 18장 37절).

4장은 다음과 같은 여러 가지 상이한 진리 이론을 살펴보고 평가하는 것에서 시작합니다.

- 대응론
- 정합론
- 실용론
- 합의론
- 잉여론

위의 이론들 중 그 어느 것도 진리가 정확히 무엇인지를 완전히 만족스럽게 설명하지 못하지만, 각각은 '진리에 대한 진리'의 파편들을 잘 포착하는 것 같습니다. 그러므로 우리는 이왕이면 진리를 어떻게 알 수 있는지 묻고, 그런 다음 대중적인 진리 이론들과 사건 뒤에 은밀하거나 숨겨진 진리가 있다고 주장하는 **음모론**을 살펴볼 것입니다. 우리는 절대적 진리를 소유한다는 믿음인 **독단론**의 극단들과 그렇게 소유할 진리 따위란 없다는 믿음인 상대주의의 극단들을 피해 항해해야 될 것입니다.

절대적 진리는 우리가 잡을 수 없는 곳에 있을 수도 있지만, 현실과 환상을 구별하려면 어느 정도의 진리 개념을 여전히 붙들고 있어야 합니다. 결국 어떤 것이 참이기를 **바라는 것**과 실제로 참인 것 사이에는 차이가 있습니다. 기술이 급속하게 발전하는 세계에서 살고 있기 때문에, 우리가 가지고 있는 지식을 어떻게 활용하고 어느 정도나 이를 더 추구해야 할지에 대해서도 신중하게 생각해야 합니다. 이를 염두에 두고, 4장은 지혜의 본성과 가치에 관한 논의로 마무리하는 것이 적절해 보입니다.

키워드

음모론: 어떤 사건이 벌어졌다는 것을 부정하거나 어떤 사건이 비밀 집단, 기관원들에 의해 기획되어 벌어졌다는 설명에 대한 믿음

독단론: 근거나 다른 사람들의 견해를 따져 보지도 않고 근본 원리를 부정할 수 없는 진리라고 여기는 태도

탐구 4.1

1 다음 문장들을 참이나 거짓 중 하나라고 생각하기보다는 진실의 정도를 기반으로 생각할 수 있을 겁니다. 각 문장에 대해 진실의 정도에 따라 10점 만점으로 점수를 매겨 보세요. 10점은 가장 완전한 진실, 1점은 가장 진실 같지 않은 것입니다.

다음 문장들에서 참(진리)이나 진실이 무엇을 뜻하는지 생각해 보세요.

a   내가 점심으로 샌드위치를 먹은 것은 참이다. (이것이 사실이라고 가정)

b   내가 점심으로 피자를 먹지 않은 것은 참이다. (이것이 사실이라고 가정)

c   진리를 말하는 것은 좋은 일이다.

d   당신은 참된 친구다.

e   진실은 전쟁의 첫 번째 희생자다.

f   내 뇌에 100조 개의 연결이 있는 860억 개의 신경 세포가 있다는 것은 참이다.

g   렘브란트가 위대한 예술가였다는 것은 참이다.

h   마그네슘이 가열되면 질량이 증가한다는 것은 참이다.

i   동물을 존중하는 마음으로 대해야 한다는 것은 참이다.

j   나는 진실을, 온전한 진실을, 오직 진실만을 말하겠다고 서약한다.

2 여러분의 목록과 짝의 목록을 비교하고 여러분과 짝이 매긴 점수를 살펴보세요. 그리고 다음에 대해 토론하세요.

a   위의 열 가지 진술을 사용해서 '참', '진실(진리)', '진실의 정도'가 무엇을 뜻하는지 토론한다. '참', '진실'이라는 단어는 서로 다른 맥락에서 얼마나 다른 뜻을 가질까?

b   위의 열 가지 예에서 '참'이나 '진실' 등의 말을 전혀 사용하지 않고 다르게 표현할 수 있는 방법이 있을까? 그것들을 '정확한', '사실적인' 또는 '정합적인' 등 다른 단어로 대체할 수 있을까? 예를 들어 1의 a의 "나는 점심으로 샌드위치를 먹었다"는 진술에서 '참', '진실'을 모조리 제거할 수 있을까?

c   참이란 믿음과 사실 사이의 차이는 무엇이라고 생각하는가? 위의 예 중에서 어느 것이 사실이고, 어느 것이 진실이며, 어느 것이 둘 다일까?

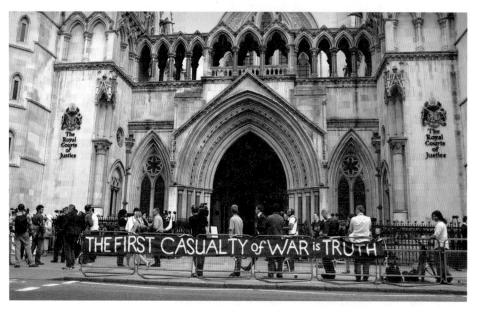

그림 4.1 _ 아에스킬로스(BC 525~BC 456)가 한 것으로 전해지는 "전쟁의 첫 번째 희생자는 진실이다"라는 말이 적혀 있는 현수막이 위키리크스의 설립자 줄리안 어산지(Julian Assange)가 항소를 시작했을 때인 2011년 영국 런던의 고등 법원 앞에 걸렸습니다.

4.2 진리의 이론

> **논의 4.2**
>
> 1. 어떤 것을 참이게 하는 것은 무엇일까요?
>
> 2. 지식과 진리를 연결하는 것은 무엇일까요?

대응론

키워드

(진리) 대응론: 어떤 진술이 사실과 대응하면 진실이라는 이론

진리 **대응론**에 따르면, 어떤 지식 주장이 세계에 대한 사실에 대응(일치)하면 그 지식 주장은 참입니다. 이 관념은 때로 아리스토텔레스의 것으로 간주됩니다. 예를 들어 "내 책상에는 한 잔의 물이 있다"라는 진술은 내가 그것을 실제로 봤기 때문에 참입니다. 그리고 여기에서 진리는 세계에 의해 내게 주어진 것입니다. "풀은 녹색이다"라는 진술은 풀이 녹색일 때, 오직 그때에만 참입니다. "하늘은 파랗다"라는 진술은 하늘이 파랄 때, 오직 그때에만 참입니다.

이 '이론'은 언뜻 보면 대단치 않아 보일 수도 있습니다. 그것은 어떤 진술이 참일 때, 오직 그때에만 그 진술이 참이라는 것 이상도 이하도 말하지 않는 것입니다. 그러나 대응론은 진리는 사물이 세계 속에 어떻게 존재하는지에 달려 있다고 주장하며, 또 어떤 권위자가 그 진술을 참이라고 말했기 때문에 또는 그 진술이 참이라고 우연히 느꼈기 때문에 그 진술이 참인 게 아니고, 그 진술이 실재에서 어떤 것과 대응하기 때문에 참이라고 주장합니다. 진리 대응론은 진리가 개인의 마음과 세계를 연결하는 관계적 특성이라고 생각합니다. 이는 경험적 관찰이 우리의 주변 세계에 관한 '사실'과

대응한다면 참이라는 것을 의미합니다.

사실이란 진위가 검증될 수 있는 사태나 현실적 상황입니다. 사실의 본성이란 사실에 동의하지 않기가 어렵다는 것을 의미하는 것입니다. 과거가 바뀔 수 없다는 것은 '사실'입니다. 파리가 프랑스의 수도라는 것은 사실이며, 직각 삼각형의 두 변의 길이를 알면 **피타고라스의 정리**를 이용해 나머지 한 변의 길이를 계산할 수 있다는 것은 사실입니다. 여러분은 사실이 사실이려면 반드시 참이기도 해야 한다고 가정할 수도 있습니다. 거짓 사실을 믿는다는 것은 말도 안 됩니다. 하지만 일부 '사실'은 거짓으로 판명될 수도 있고, 일부 사실은 진위 검증이 어려울 수도 있습니다. 그래서 어떤 사람들은 사실이란 우리가 정말로 그러하다고 믿는 것에 대해 진심으로 갖고 있는 믿음일 뿐이라고 말하기도 합니다. 사실 검증에 사용되는 점검과 과정이 있지만, 이 점검과 과정 역시 결국 추가적인 믿음에 의존합니다.

여기에 지식과 사실 사이의 중요한 연결 고리가 있습니다. 어떤 것이 거짓이면 여러분은 그것을 알 수 없을 것입니다. 예를 들어 로마가 호주의 수도라는 것을 '사실'로 **아는** 것은 불가능합니다. 물론 이 거짓 주장에 어떤 사실적 기반도 전혀 없다고 한다면 말입니다. 더욱이 원이 네 개의 변을 가지고 있다는 것도 **알** 수 없습니다. 무엇인가를 알기 위해서는 여러분의 주장이 어느 정도 정당화될 필요가 있습니다.

논의 4.3

우리는 어떤 사실들을 알 수 있을까요? 모든 사실은 참일까요?

우리는 3장에서 귀납적 주장을 탐구했습니다. 예를 들면 여러분은 모든 까마귀가 검다는 '사실'을 안다고 주장할 수 있습니다. 이 지식은 여러분의 관찰에 기반을 둔 것일 수 있지만, 여러분이 존재하는 모든 까마귀를 관찰할 수 없다는 점을 감안하면 거짓으로 판명될 수도 있습니다. 어떤 사실은 잠정적이며, 시간이 지나 새로운 관찰에 따라 바뀔 수도 있습니다. 예를 들면 힉스 입자는 이론적인 가상의 입자였습니다. 2012년 스위스 제네바에 위치한 유럽 입자 물리 연구소(CERN)의 대형 강입자 충돌기(Large Hadron Collider, LHC)로 검출되기 전까지는 말입니다. 그리고 이제 많은 사람들이 힉스 입자가 존재한다는 것을 사실로 받아들입니다. 과거에도 힉스 입자가 존재한다는 것은 사실이었지만, 검증은 힉스 입자를 검출할 수 있는 기술 발달로 가능해진 것입니다.

대응론에 따르면 진리는 실재에 근거한 것처럼 보입니다. 그러나 진리와 사실은 같은 것이 아닙니다. 이 이론에 따르면 진리는 세계에 관한 사실 및 실재의 본성에 관한 사실과 합치**하는** 것이나 합치**하지 않는** 것이 무엇인가에 관한 물음과 관련된 형이상학적 개념입니다. 하지만 만약 수학이 실재와 대응하지 않는다면, 그리고 언어도 절대적이거나 정확한 정의에 저항하는 막연한 방식으로만 실재와 관련된다면, 이 입장이 과연 어떻게 유지될 수 있을지 알기 어렵습니다. 마찬가지로 B 때문에 A가 참이라고 하는 것은 우리가 객관적 비교를 수행할 수 있는 제3의 장소가 있다고 가정하는 것입니다. 그러나 많은 사람들은 그러한 '어디에도 기반하지 않은 견해'는 없다고 주장합니다.

실제 상황 4.1

1　다양한 지식 영역에서 사실로 간주되는 것은 무엇일까요?

2　사실은 어느 정도나 우리의 지식을 정당화할까요? 우리의 지식은 언제나 사실적 기반을 요구할까요?

논의 4.4

가치 그리고/또는 미학에 관한 사실에는 어떤 것이 있을까요?

비판

사실과 관련된 문제

대응론은 어떤 진술이 어떤 사실에 대응할 때 참이라고 말하지만, 우리는 이것이 무슨 의미인지 물을 수 있습니다.

　다음 유형의 사실들은 대응론과 조화를 이루기 어려울 수 있습니다.

- **경험적 사실**: 관찰 가능한 사실들로, 여기서는 세계가 관찰자에게 진리를 부여하는 것처럼 보입니다. "나는 내 앞의 키보드를 관찰한다" 또는 "나는 탁자 위의 물 한 잔을 본다" 등은 세계에 대한 사실적 주장입니다. 그러나 이런 주장들은 세계에 관련된 어떤 것이라기보다는 관찰자의 지각 상태에 더욱 관련되어 있습니다.

- **부정적 사실**: "나는 점심으로 샌드위치를 먹지 않았다"는 주장은 참입니다. 그러나 그것은 세계에 관한 어떤 사실과 직접적으로 대응하지 않습니다.

- **반사실적 사실**: 역사가들은 "만약에 ~ 했다면?"이라는 물음(이를테면 "어떤 사건이 달랐다면?")을 탐구하고, 일어나지 않은 대안적 시나리오에 관해 추정할 수 있다고 주장할 수도 있습니다. 여러분은 이런 것들이 우리가 세계에서 관찰할 수 있는 어떤 것과도 대응하지 않는다는 점을 감안하면, 이것들이 사실인지조차 의문을 가질 수 있습니다.

대응은 결코 완벽하지 않다

언어와 세계 사이에는 간극이 있고, 우리가 세계에 대한 지각을 구축하기 때문에, 대응은 결코 완벽할 수 없습니다. 이것은 특히 다음과 같은 종류의 사실에 적용됩니다.

- **윤리학적 사실**: 윤리적 지식과 관련해 대응론이 위치하는 곳이 어디인지 생각해 봅시다. 내가 동물을 존중하는 마음으로 대하는 것이 옳다고 주장한다면, 여러

분은 이것이 세계의 어떤 사실에 대응하는지 의문을 품을 수 있을 것입니다. 내가 탁자에 물 한 잔이 있다고 주장할 때, 나는 그것을 직접 관찰할 수 있고, 내경험적 지각은 내 지식 주장을 뒷받침합니다. 하지만 동물에 대한 내 믿음에는 내가 호소할 수 있는 명백한 등가물이 전혀 없습니다. 내가 제시할 증거가 어디에 있단 말입니까?

- **미학적 사실**: 내가 어떤 그림을 아름답다고 묘사할 때, 내 믿음은 현실의 그림에 대응하지만, 아름다움(미)의 성질은 추상적 관념이어서 세계에는 이에 대한 명확한 대응이 없습니다. 나의 진술이 대응할 아름다움에 대한 일련의 명확한 사실이 없는 것입니다. 그 대신 우리는 동의하거나 합의에 이를 것입니다. 그림 4.2를 보세요. 이 그림은 무엇을 보여 줍니까? 파이프입니다. 그러면 왜 화가인 마그리트는 밑에 "Ceci n'est pas une pipe(이것은 파이프가 아니다)"라고 썼을까요? 이것이 실제로 파이프가 아니라 파이프 그림일 뿐이기 때문입니다. 그림에 대해 참인 것은 언어에 대해서도 마찬가지로 참입니다. 여러분은 원하는 만큼 무엇인가를 얼마든 상세하게 서술할 수 있습니다. 그러나 서술된 진리는 경험된 진리를 결코 따라잡을 수 없습니다. 그리고 참인 명제들의 지도는 세계의 근본적인 풍부함을 결코 담아낼 수 없습니다.

- **수학적 사실**: 수학은 완벽을 인식할 수 있는 이상화되고 추상적인 세계를 다룹니다. 수학적 증명은 세계에 대한 사실이라기보다는 인공물, 인간이 구축한 것에 더 가깝습니다. 이것은 수학적 진리가 세계에 대한 사실에 대응하지는 않지만 그래도 참으로 간주된다는 것을 의미합니다.

그림 4.2 _ 그림은 무엇을 보여 주나요? 파이프입니다. 그런데 왜 화가인 마그리트는 그 밑에 "Ceci n'est pas une pipe"(이것은 파이프가 아니다)라고 썼을까요?

진리는 사실과는 독립적이며 믿음과 더욱 관련되어 있다

대응론에 대한 비판은 진리가 사실과는 독립적이라는 것입니다. 대응론은 어떤 지식 주장이 세계에 대한 사실에 대응하면 그것이 참이라고 진술합니다. 하지만 진리는 사실이 아니라 믿음과 연결되어 있다는 반대 주장이 있습니다. 철학자 헤겔(George Hegel, 1770~1831)은 어떤 것이 참이라고 믿고 세계에서 그 대응을 찾으려 한다면, 이런 탐색은 그 대응이 성립하는지 여부에 대한 믿음으로 끝날 수밖에 없으며, 이 경우 여러분의 진리는 여전히 믿음에 기반을 둔다고 지적했습니다. 다시 말해서, 믿음을 실재와 비교하는 것은 불가능합니다. 실재의 경험은 항상 믿음에 의해 매개되기 때문입니다.

진리는 고립된 채 결정될 수 없다

대응론에 대한 또 다른 비판은 한 명제의 참 또는 거짓을 다른 명제와 고립시켜 결정할 수 없다는 것입니다. "'지하실에 뱀이 있다' 같은 명제가 참이라는 것은 지하실로 내려가서 보는 것만으로도 확실하게 검증할 수 있는 게 아닐까?"라고 여러분은 말할 수 있을 겁니다. 하지만 여러분의 눈이 여러분을 속이는 것은 늘 가능합니다. 어떤 것이 환영인지 아닌지를 결정하는 유일한 방식은 여러분이 보고 있다고 생각하는 것이 여러분이 참이라고 믿는 다른 것들과 맞아떨어지는지 여부를 결정하는 것입니다.

이것을 마음에 담으면, 진리는 '전부 아니면 전무'라는 관념을 포기해야 할 것입니다. 어떤 진술이 실재에 대응하든 아니든 간에 말입니다. 그리고 그 대신 **진리의 정도**가 있다고 생각해야 할 것입니다. 완벽한 대응은 결코 있을 수 없지만 어떤 진술, 그림, 지도는 다른 것들에 비해 확실히 더 정확하기 때문입니다. 그것들이 우리가 마음에 품고 있는 의도에 충분히 정확하다면, 이를 합당하게 '참'이라고 부를 수 있을 것입니다.

탐구 4.2

짝을 지어 다음 진술들에 대해 토론해 보세요. 다음 명제들이 실재에 대한 사실에 얼마나 대응된다고 할 수 있나요? 그 진술들에는 어떤 문제가 있나요? 이 진술들은 '진실의 스펙트럼'에서 어디쯤 위치할까요? '가장 진실된' 세 가지 이상의 진술과 '가장 진실되지 않은' 세 가지 이상의 진술을 골라 보세요.

a   고양이가 매트 위에 있다.

b   고양이가 매트 위에 있었다.

c   이 금속은 가열하면 팽창한다.

d   모든 금속은 가열하면 팽창한다.

e   이 코끼리한테는 귀가 있다.

f   코끼리한테는 날개가 없다.

g   오스트리아의 황태자 프란츠 페르디난트(Franz Ferdinand)는 1914년 가을에 암살당했다.

h   오스트리아의 황태자 프란츠 페르디난트의 암살이 제1차 세계 대전 발발의 원인이었다.

i   다른 사람들을 존중하며 대하는 것이 옳다.

j   〈모나리자〉는 아름다운 그림이다.

k   2 + 2 = 4

l   뇌의 무게는 1.5kg이고, 신체 질량의 2%를 차지하며, 신체 에너지의 20%를 사용한다.

정합론

진리 **정합론**은 어떤 지식 주장이 정합적인 믿음 체계와 들어맞을 때 참이라고 진술합니다. 이 이론에 따르면 진리는 개별 관찰자와 세계 사이의 관계가 아닙니다. 대응론과는 대조적으로, 여기에서는 **가서 보는 것**보다는 **앉아서 생각하는 것**에 초점을 맞춥니다. 진리는 외부 세계를 참조하지 않습니다. 그 대신 진리는 인간이 가지고 있는 다른 믿음과 일관되어야 하며, 인간이 구축한 다른 것들에 비추어 측정되어야 합니다. 정합론은 직소 퍼즐에 비견될 수 있습니다. 즉, 퍼즐의 한 조각이 다른 조각에 잘 들어맞는 것처럼 증거의 조각이 내가 이미 알고 있는 것과 들어맞으면 그것은 참입니다. 그것은 내가 이미 알고 있는 다른 것들과 정합적이기 때문에 참이 되는 것입니다.

정합성은 경험적 명제의 참 또는 거짓을 확립하는 역할을 할 수 있습니다. 예를 들어 어떤 사람이 제네바호에서 바다악어를 봤다고 주장한다면, 여러분은 이것이 거짓임에 틀림없다고 추론할 것입니다. 제네바호는 민물 호수이고 바다악어는 스위스 야생에서 발견되지 않기 때문입니다. 이 예에서 알 수 있듯이, 정합성은 진리에 대한 부정적 점검으로서 특히 효과가 있는데, 이는 우리가 마주치는 모든 터무니없는 믿음을 확인하느라 시간을 허비할 필요가 없다는 것을 의미합니다. 그러나 이것은 우리 지식이 정확하고, 또 (바다악어가 동물원에서 탈출해서 호수에 들어가는 것 같은) 예기치 못한 일이 전혀 벌어지지 않았을 때에만 해당됩니다.

키워드

(진리) 정합론: 어떤 명제가 우리의 전반적인 믿음과 들어맞으면 그 명제는 참이라는 이론

그림 4.3 _ 정합론은 진리가 믿음 체계 내의 관계라고 주장합니다. 어떤 주장이 퍼즐 조각처럼 여러분이 알고 있는 다른 것들에 맞아떨어지면 그 주장은 참이라는 것입니다.

정합성과 일관성은 진리에 있어서 얼마나 중요할까요?

비판

정합성은 진리에 대한 충분조건이 아니다

정합성이 진리에 대한 좋은 부정적 점검이라지만, 그렇게 좋은 긍정적 점검은 아닌 것 같습니다. 좀 더 격식을 갖추어 말하면, 정합성이 진리에 대한 **필요**조건일 수는 있지만, **충분**조건은 아닌 것 같다고 할 수 있습니다. 예를 들어 한 소설 작품이 정합적이라 하더라도, 이것이 그 작품이 진실이 되도록 하는 것은 아닙니다. 셰익스피어의 희곡 『리처드 3세』는 같은 이름의 잉글랜드 왕에 바탕을 두고 있기는 하지만 완전히 똑같은 것은 아닙니다. 그래서 이 희곡을 완벽하게 이해할 수 있지만, 그렇다고 해서 이 희곡이 역사적 진리인 것은 아닙니다. 1963년 존 F. 케네디 미국 대통령의 암살을 다룬 올리버 스톤 감독의 영화 〈JFK〉도 마찬가지입니다. 더욱이 여러분은 거짓을 담고 있는 정합적인 믿음 체계를 상상할 수도 있을 것입니다. 유대교, 기독교, 이슬람교, 힌두교, 불교, 시크교 등 전 세계적 신앙은 아마 각각 내적으로 정합적인 일련의 믿음을 제시하겠지만, 그렇다고 해서 이로부터 그것들이 참이라는 결론이 따라 나오는 것은 아닙니다.

정합성은 정신 나간 믿음을 배제할 수 없다

창의성을 조금만 발휘하면 가장 얼토당토않은 이론도 정합적인 것처럼 보이게 할 수 있습니다. 예를 들면, 지구가 평평하다는 이론을 아폴로 우주 비행사들이 지구가 둥글다는 것을 보았다는 사실과 정합적으로 만들 수 있습니다. 이들이 우주에서 수행한 임무가 사실은 할리우드에 있는 스튜디오에서 조작된 것이라고 주장만 해도 그렇게 할 수 있습니다. 사실 바로 이것이 '평평한 지구 학회(International Flat Earth Research Society)' 가 하는 일입니다! 실제로 음모론은 여러분이 이미 알고 있던 것과 들어맞을 수도 있습니다. 만약 세계의 여러 정부가 비밀 조직이나 강력하고 부유한 가문에 의해 통제되고 있다고 믿는다면, 일루미나티나 로스차일드 가문의 영향력에 대한 음모론이 말이 되는 것 같고, 자신이 이미 알고 있는 것과 들어맞는다고 생각하게 됩니다. 정합성 자체로는 진리에 대한 충분한 검증이 아닙니다.

정합성은 자기만족으로 이어질 수 있다

정합론은 일종의 지적 자기만족으로 이어질 수 있습니다. 그것은 여러분의 세계관과 맞지 않는 모든 것을 거부하는 것으로 이어집니다. 그러나 여러분이 사물을 바라보는 방식에 어떤 것이 들어맞지 않다고 해서 그것이 거짓이라는 뜻은 아닙니다. 따라서 바뀌어야 할 것은 **여러분의** 보는 방식일 수도 있습니다. 예를 들면 만일 인종주의자가 이

주자는 게으르다는 자신들의 편견과 모순되는 증거와 마주친다면, 정합론에서 시사한다고 보이는 것처럼 그 증거를 거부해서는 안 됩니다. 오히려 그들의 세계관을 바꾸어야 합니다. 요컨대 그것이 아무리 고통스러울지라도 때때로 우리는 우리의 가정에 의문을 던지고 세계를 바라보는 우리의 방식을 바꾸어야 한다는 것입니다.

탐구 4.3

1 다음 각각에 대해서 터무니없지만 일관된 설명을 생각해 낼 수 있을지 확인해 보세요.

    a 하늘을 가로지르는 태양의 움직임

    b 불면증

    c 주식 가격과 배당

    d 존 F. 케네디 미국 대통령의 암살

    e 지구 온난화

    f 지구 생물종의 다양성

2 이 예들과 IB 디플로마 프로그램 과목에 나온 설명의 다른 예들을 가지고, 정합적인 설명이 참된 설명과 같은 것인지 토론하세요. 여러분의 답변을 충분히 설명하는 200단어 내외 (500~600자)의 글을 쓰세요.

또래 평가

짝에게 자신의 글을 설명해 달라고 하세요. 가장 정합적이고 설득력 있는 주장을 하나 골라서 그 선택을 정당화해 보세요.

실용론

진리 **실용론**에 따르면, 넓게 말해서 어떤 명제가 **유용**하거나 **실천** 속에서 작동한다면 그리고 우리 연구와 이해에 입각해서 우리가 지금 할 수 있는 최선의 것이라면, 그 명제는 참이라는 것입니다. 실용론은 어떤 것이 유용하다고 생각되면 그것이 참이라고 가르치는 게 아닙니다. 오히려 어떤 관념이나 원칙의 풍성한 결실과 유용성이야말로 우리가 이용할 수 있는 진리로 이끄는 가장 좋은 안내자라고 가르칩니다. 실용론에 따르면 진리는 과학적 방법이나 이와 유사한 과정을 통해 공유되어야 하고 검증 가능해야 하지만, 이는 일시적이며 추가 경험에 비추어 수정 가능합니다. 잘 알려진 예를 들자면 뉴턴의 법칙은 예전에 진리로 여겨졌습니다. 그러나 이 법칙은 아인슈타인의 일반 상대성 이론이 발표되었을 때 진리라는 지위를 잃었습니다. 이 법칙은 많은 상황에서 여전히 믿을 수 없을 정도로 유용하지만, 운동을 이해하기 위한 최고의 이론을 더 이상 제공하지 않기 때문입니다. 이제 우리는 일반 상대성 이론이 양자 역학과 정합적이지 않다고 해도 참으로 간주하는데, 뉴턴의 모델보다 더 유익하고 유용한 모델을 제공하기 때문입니다. 하지만 미래의 언젠가는 일반 상대성 이론도 보다 유익하고 유용한 이론으로 대체될 것이라고 생각할 수 있습니다.

키워드

(진리) 실용론: 진리는 과학적으로 검증되었거나 예측 가능하고 신뢰할 수 있는 결과로 이어지는 믿음이라는 이론

실용론의 창시자 중 한 명인 윌리엄 제임스(William James, 1842~1910)에 따르면, "어떤 관념이 우리 삶에 유익하다고 믿으면 그 관념은 참"입니다. 제임스는 종교적 믿음과 관련해서 이렇게 주장했습니다. "'신'이란 가설이, 그 말이 가진 가장 넓은 의미에서 만족스럽게 작동한다면, 그것은 참이다." 실용론의 맥락에서 그는 무슨 뜻으로 이 말을 했다고 생각하나요?

어떤 종교의 신자가 "'신'은 존재한다"고 주장할 때 "'신'이 존재한다고 믿는 것은 유익하다"는 것 이상의 것을 말한다고 생각하나요? 만일 그렇게 생각한다면, 그들이 말하려는 것은 무엇이라고 생각하나요?

19세기 말, 실용주의자로 알려진 찰스 피어스(Charles Pierce, 1839~1914), 윌리엄 제임스, 존 듀이(John Dewey, 1859~1952) 등 미국 철학자들이 실용주의를 발전시켰습니다. 이들은 각각 실용주의를 조금씩 다른 의미로 받아들였습니다. 하지만 이 다른 관점들은 모두 우리가 가장 관심을 기울이는 것에 대한 집단적인 인간적 평가를 우리가 지식과 진리로 간주하는 것의 중심에 두려는 진지한 시도에 기반하고 있습니다. 실용주의자들은 지식과 진리에 대한 절대주의적 이상을 도달할 수 없으며 아무 쓸모도 없다고 간주합니다. 오히려 그들은 지식을 엄격한 과학적 분석과 검증을 거친 후에 우리가 동의한 것으로 여깁니다. 이것은 지식과 진리가 항상 수정 가능하다는 것을 의미합니다. 우리가 궁극의 지식이나 진리에 도달했다고 간주할 때는 결코 오지 않는다는 뜻입니다. 반대로, 특히 듀이에게 지식의 모든 진보는 더 많은 질문을 낳고, 모든 잠정적 확실성은 더 많은 불확실성을 낳으며, 모든 대답은 더 많은 질문을 제기합니다. 이 때문에 듀이는 진리를 '보증된 주장'이라고 하자고 제안했습니다. 실용주의자에게 절대적 진리란 없습니다. 또 엘리엇(T.S. Eliot, 1888~1965)이 주장하듯이 '우리 탐구의 끝'이란 없습니다. 오히려 끝이 없고 계속 더 많은 것으로 이어지는 탐구가 일련의 연속체로서 있을 뿐입니다. 2,000년 전에 아리스토텔레스는 이렇게 주장했다고 합니다. "우리는 더 많이 알수록 우리가 모른다는 것을 더 많이 알 수 있다."

진리 아님
(과거에는 진리)

그림 4.4 _ 실용론은 어떤 주장이 유용하다면 참이라고 합니다.

탐구 4.4

1 실용론과 지식론은 어떤 식으로 밀접하게 관련되어 있는 것 같나요?

2 '신'이 존재한다 또는 존재하지 않는다고 믿는 것이 유용하다고 생각하나요? '신'의 가설이 실제로 작동하는지 여부를 어떻게 점검할 건가요?

3 왜 많은 과학자들이 진리에 대한 실용론적 접근법을 선택할까요?

4 진리 실용론은 어느 정도나 세계와의 대응을, 그리고 우리가 이미 알고 있는 것과의 정합성을 허용할까요?

5 진리 실용론은 어느 정도나 주관적이라고 간주될까요?

비판

어떤 진술은 유용하지만 참이 아닐 수 있고, 참이지만 유용하지 않을 수 있다

유용하지만 참이 아닌 진술의 예는 많습니다.

- 삶의 많은 영역에서 종종 근사치가 진리보다 더 유용합니다. 예를 들어 지금 시간이 오전 9시와 오후 3시 사이라고 말하는 것은 참일 수 있지만 그다지 유용하지 않습니다. 반면에 시간이 오전 10시 15분쯤이라고 말하는 것은 정확하지 않지만 10시 30분 약속에 가야 하는 경우에는 훨씬 더 유용합니다.

'유용하다'와 '실천 속에서 작동 가능하다'는 너무 막연해서 작동 가능한 진리 이론을 제공하지 못한다

실용론에 대한 또 다른 비판은 어떤 것이 '유용하다'거나 '실천 속에서 작동 가능하다'고 말하는 것이 무엇을 의미하는지가 명확하지 않다는 것입니다. 어떤 믿음의 유용성이나 유익함을 평가하는 것은 그 진리를 평가하는 것보다 더 명료하지 않을 수 있습니다.

즉, 믿음은 더 유용하거나 덜 유용할 수도 있고, 다양한 방식과 다양한 목적으로 유용할 수도 있고, 또는 단기적으로 유용하거나 장기적으로 유용할 수도 있습니다. 어떤 믿음이 유용한지를 결정하는 것은 그것이 참인지를 결정하는 것보다 결코 쉽지 않다고 할 수 있습니다.

실용론은 반실재론적이다

진리가 검증 가능하거나 주장할 수 있는 어떤 것이라는 데 초점을 맞추기 때문에 실용론은 너무 주관적이고 인간 능력에 지나치게 의존해서 진리가 무엇인지 알아낼 수 없다는 주장도 있습니다. 이 주장에 따르면, 실용론은 우리가 발견하든 발견하지 못하든 존재할 수 있는 객관적 진리를 허용하지 않습니다.

탐구 4.5

1 짝을 지어 모든 지식 영역에서 한때 우리가 참이라고 믿었지만 더 이상 참이 아닌 것의 예를 생각해 보세요. 그런 다음, 현재는 참이라고 생각하지만 언젠가는 대체될 수도 있는 몇 가지 예를 생각해 보세요. 이것은 진리의 본성에 대해 무엇을 말해 주나요?

   토론: 진리는 '보증된 주장'이나 '정당화된 믿음' 이상의 것일까?

2 여러분이 찾아낸 예들을 이용하여 다음 질문에 300단어 내외(750~900자)로 답하세요. "유용한 지식 주장은 참된 지식 주장과 어느 정도나 똑같은 것일까?"

자기 평가

여러분이 작성한 요약문을 평가하세요.

여러분의 답은 여러분이 실용론적 진리론을 이해했다는 것을 어느 정도나 보여 주나요? 근거, 예 또는 증거를 활용하여 여러분의 모든 논점을 정당화하고 뒷받침했나요? 어떤 반론과 반증을 고려했나요? 그리고 그런 반례들을 평가했나요? 다른 시각이나 관점을 생각해 봤나요? 이런 지식 주장의 상대적 유용성이나 진릿값을 판단할 기준을 생각해 냈나요? 여러분의 논점에서 논리적으로 뒤따라 나오는 것은 무엇일까요? 그리고 지식과 앎에 대해 갖는 함의는 무엇일까요? '양면'을 다 고려한 논리적이고 합리적인 결론에 이르렀나요?

합의론

합의란 일군의 사람들이 일련의 믿음에 모두 동의하는 것을 말합니다. **합의론**에 따르면 진리는 대다수의 사람들이 믿는 것입니다. 지식이 지식이려면 다수의 사람들에게 받아들여져야 합니다.

키워드

(진리) 합의론: 진리란 대다수의 사람들이 동의하는 일련의 믿음에 기초한다는 이론

실제 상황 4.3

1 어떤 믿음이 대중적이고 인기 있다는 사실은 그 믿음을 참이 되게 할까요?

2 지식과 앎은 얼마나 많은 사람들이 그것을 받아들이느냐에 달려 있는 것일까요?

사회 심리학에서는 진리가 문화적 합의와 관련된다고 주장합니다. 진리는 어떤 면에서는 우리가 동의할 수 있는 공유된 지식입니다. 심리학에서는 어떤 사람의 믿음과 현실 세계가 불일치해서 적절한 치료가 요구된다는 임상 진단을 내립니다. 이것은 우리 믿음이 구축한 것은 우리가 실제로 처한 현실과 모종의 방식으로 일치하거나 거울처럼 반영해야 한다는 대응론적 진리론과 관련됩니다. 심리학에서는 우리가 규범에서 벗어날 수 있다고 인정합니다. 문화적, 사회적 규범과 관련된 정상적이고 건강한 심리학 같은 것이 존재합니다.

합의론에서는 진리란 대다수 사람들이 믿는 것이라고 주장합니다. 그러나 일부 사람들은 자신의 근본적 가정에 의문을 던짐으로써 마음의 평화가 방해받는 일을 꺼린다는 점, 그리고 가혹하고 불안케 하는 진실에 직면하기보다는 마음의 평안을 가져다주는 환영에 머무는 것을 더 선호한다는 점을 감안하면, 대중적 믿음이 필연적으로 참인 것은 아닙니다. 자신들의 믿음을 지키기 위해 사람들은 다양한 방어 기제를 사용할 수 있습니다. 선택적 집중(보고 싶은 것을 보기), 합리화(자신의 선입견을 정당화하기 위해 나쁜 근거를 지어내는 것), 공동체적 강화(비슷한 믿음을 지닌 사람들끼리만 배타적으로 어울리는 것) 등입니다.

논의 4.6

결코 낙담하는 일 없이 평생 마음의 평안을 가져다주는 환영 속에 살아갈 수 있는 사람이 있다고 생각하나요? 이것이 합의론에 갖는 함의는 무엇일까요?

그림 4.5 _ 합의론은 대다수의 사람들이 어떤 주장에 동의하면 그 주장은 참이라고 합니다.

비판

대다수 사람들은 거짓인 믿음에 동의할 수 있다

합의론은 매력적인 선택지로 보일 수도 있지만, 여러 문제점이 있습니다. 코페르니쿠스 (Copernicus, 1473~1543)가 지동설을 주장하기 전에는 대부분의 사람들이 천동설을 믿으며 태양이 지구 주위를 돈다는 데 동의했습니다. 이는 많은 사람들이 거짓으로 밝혀질 믿음을 가질 수 있음을 보여 줍니다.

실제 상황 4.4

1 진리와 허위의 구분이 인간 사회에서 왜 중요할까요?

2 많은 사람들이 잘못된 것으로 밝혀진 것에 동의했던 사례들에 대해 토론하세요.

믿음은 문화적으로 상대적이다

심리학자들은 이른바 '비정상적' 심리가 개인의 문화적, 사회적 맥락에 따라 상대적이라고 인정할 것입니다. 어떤 사람이 어떤 문화에서는 정신병적 믿음을 가지고 있어서 정신병이라는 진단을 받을 수 있지만, 다른 문화에서는 이 사람이 부정적 결과를 낳지 않는다면 정신병이라는 진단을 받지 않을 수 있습니다.

한 집단에 소속된 것이 지식의 수용을 의미하지 않을 수 있다

대다수 사람들이 정말로 무엇을 믿는지 어떻게 알 수 있을까요? 한 집단의 믿음은 판단하기도 어렵고 수용하기도 어렵습니다. 예를 들어 우리는 참여하고 싶지만 그 집단과 관련된 모든 믿음을 통째로 받아들이지는 않는 집단에 속할 수도 있습니다. 예를 들어 내가 어떤 교회나 유대교 회당이나 절에 속하고 싶어 하더라도, 그로부터 그 집단과 관련된 모든 명제적 지식 주장에 내가 동의하는 것으로 당연히 귀결되는 것은 아닙니다. 나는 그 집단에 속해 있으면서도 스스로 사고할 수 있습니다. 마찬가지로 나는 어떤 종교에 속하지 않는 것을 선택할 수 있지만, 종교의 몇몇 측면을 여전히 소중하게 여기거나 나만의 영적 믿음을 가질 수 있습니다. 이것은 집단의 믿음을 일반화하는 것이 문제가 될 수 있음을 보여 줍니다.

합의는 강제의 산물일 수 있다

합의가 진리나 지식의 조건이라는 것에 의구심을 갖는 것은 정당합니다. 사람들을 조종해서 합의에 이르게 하거나 합의를 강요하는 것이 너무 쉽기 때문입니다. 기술은 새로운 방식으로 지식에 접근하고 지식을 공유할 수 있게 해 주지만, 기존의 믿음을 강화하는 효과도 있습니다. 누리 소통망이 '메아리 방'으로 묘사된다는 것을 감안한다면 더욱 그렇습니다. 여기서 알고리즘은 우리의 선호에 맞는 것을 우리에게 더 많이 제공할 뿐만 아니라 끊임없이 같은 것을 더 많이 전달하도록 프로그래밍되어 있기 때문입니다.

다원론

다원론에 따르면 '진리'라는 단어에는 **하나의** 고정된 의미가 없습니다. 오히려 진리에는 복수의 의미가 있으며 다양한 맥락에서 사용됩니다. 윤리학, 자연과학, 역사에서 이뤄지는 지식 주장을 살펴보면 '진리'라는 단어는 다양한 방식으로 사용됩니다. 진리는 과목에 따라 다릅니다. 수학 과목에서 수학적 증명은 어떤 것이 참이라고 보여 주기 위해 사용됩니다. 반면에 냉전에 대한 1950년대의 해석 이면에 있는 진실에 관해 물을 수 있는 역사 과목에서 진리는 다른 것을 의미합니다.

1998년, 브라이언 슈밋(Brian Schmidt, 1967~) 교수는 먼 우주에서 일어난 초신성 폭발을 관측한 결과, 우주의 팽창 속도가 느려지기보다는 오히려 빨라지고 있을 가능성이 높다는 결론에 이르렀습니다. 이 발견은 과학 지식의 변화로 이어졌고, 슈밋 교수는 노벨상을 받았습니다. 이 예는 과학적 진리가 잠정적이고 일시적이라는 점을 보여 줍니다. 그런데 과학자들은 귀납적 추론을 써서 우주의 자연법칙, 즉 물리적, 화학적, 생물학적 법칙을 기술하고 이해합니다. 또 무엇이 참인가에 관한 그들의 기술과 이해는 그들의 사고와 이용 가능한 기술이 발전하고 변화함에 따라 마찬가지로 발전하고 변화합니다. 그에 대한 반론은 과학자들이 거짓을 인식할 수 있고 실제로 인식한다는 것입니다. 과학자들은 자신들의 가설이 거짓이자 틀렸다고 입증하는 데이터를 찾는다면, 그에 따라 가설을 수정하거나 바꿉니다.

1950년 토머스 A. 베일리(Thomas A. Bailey, 1902~1983)는 냉전에 대한 이른바 정통적 설명을 내놓았습니다. 그는 스탈린이 동유럽으로 팽창하려는 공격적 계획이 미국의 대응을 강요했다고 주장했습니다. 그러나 최근 들어 더 많은 문서에 접근할 수 있게 되면서 역사가들은 그의 주장이 정당화되지 않는다는 사실을 깨닫게 되었습니다. 1991년 소련 기록 보관소의 문서 공개는 역사가들이 냉전을 새로운 시각에서 해석할 수 있는 새로운 자료를 사용할 수 있게 되었다는 것을 뜻합니다. 1997년 역사가 주복(Zubok)과 플레샤코프(Pleshakov)는 스탈린이 **공산주의**에 대해 강력하고 거의 광신도 같은 신념을 지녔지만 미국과의 대립을 피하고 싶은 진심 어린 소망도 지녔음을 보여 주었습니다. 이런 식으로, 이용 가능한 자료에 의존하며 또 그런 자료의 존재 유무에 좌우된다는 의미에서 역사적 진실은 일시적입니다. 관점과 사상적 학파는 새로운 증거에 비추어서, 그리고 증거에 기반을 둔 새로운 해석에 비추어서 발전할 수 있고 발전해야 합니다.

요컨대 다원론은 어떤 것이 참이 되는 방식은 하나 이상이며, 다양한 지식 영역에는 복수의 진리 개념이 있을 수 있다고 주장합니다. 그리고 다양한 지식 영역에 각각 진리가 있는 경우, 복수의 관점들이 함께 작용하면 "진리에 더 가까워질 수 있다"는 결론에 이르게 됩니다.

키워드

(진리) 다원론: 진리에는 여러 종류가 있고 '진리'라는 단어에는 다양한 의미가 있다는 이론

키워드

공산주의: 모든 재산은 공동 소유이며 정부가 모든 경제적 생산을 지휘하는 것을 옹호하는 이데올로기

그림 4.6 _ 다원론은 진리가 다양한 지식 영역마다 다를 수 있다고 합니다. 따라서 학제적 그룹이 함께 작업하면 진리에 더 가까워질 수 있다고 합니다.

논의 4.7

1 진리나 지혜에 대한 우리의 이해는 시간이 지나면서 어떻게 바뀌었나요?

2 한 지식 영역의 전문가는 어디까지 진리를 안다고 주장할 수 있을까요?

3 한 지식 영역의 전문가들이 때로는 서로 의견이 일치하지 않는 이유는 무엇일까요?

비판

진리는 각기 다른 지식 영역의 맥락에서 이처럼 다른 것들을 의미합니다. 예를 들어 수학적 진리가 윤리적 진리와 매우 다르다면, 진리에는 **하나의** 보편적 의미가 없다는 말이 됩니다. 학제적 일치는 진리의 정합론과 똑같은 문제에 직면합니다. 학문 전반을 통한 확증이 어떤 것을 참으로 만들어 주지는 않을 것입니다.

한 사람의 진실이 다른 사람에게는 거짓말일 수도 있습니다. 예를 들어 어떤 사람을 자유 투사이면서 동시에 테러리스트라고 묘사하거나 지칭할 수 있지만, 그것이 내포하는 의미와 관련된 의미는 다릅니다. 이것은 진리가 상대적이며, 진리는 사람에 따라 서로 다른 것을 의미한다는 말입니다. 다음에 살펴볼 잉여론은 진리에는 아무런 본질적 의미도 없다고 합니다. 이러한 모든 것은 진리 주장입니다. 내가 어떤 진리도 없다고 말하면, 내 주장은 절대적 진리로 해석될 수 있고 그래서 모순이 될 것입니다.

다양한 지식 영역에서 진리가 무엇을 의미하는지를 탐구하는 것은 가치 있는 일일 수 있습니다. 예를 들어 여러분은 문학이 인간 본성에 관한 진실에 어떻게 통찰력을 제공하는지, 그에 반해 역사는 한 사건의 원인들에 관해 어떻게 진실을 제공하는지 생각해 볼 수 있습니다. 또한 참과 거짓이라는 개념을 대립보다는 진실의 정도라는 측면에서 생각하는 것이 합당합니다.

잉여론

1960년대에 포스트모더니즘은 기존의 거대 서사를 파괴하고 전복시키는 새로운 이론적 관점이었습니다. 포스트모더니즘 사상가들은 지식이 권위와 권력에 연결되어 있다고 인정했습니다. 그들은 진리가 사회적, 지적인 기성 체제에 의해 소유된다는 생각에 도전했습니다. 거대하고 포괄적인 서사는 그것이 마르크스주의의 세속적 패러다임이든, 과학과 진보든, 기독교나 이슬람에서 발견되는 종교 서사든 도전 대상입니다. 푸코(Foucault, 1926~1984)에게 권력과 지식은 떼려야 뗄 수 없이 연결되어 있습니다. 포스트모더니스트들에게 진리에 대해 말하기는 해체(탈구축)되기 쉽고 어떤 본질적 속성도 없는 것으로 보여집니다. 우리가 진리라고 말할 때 우리는 어떤 의미도 추가하지 않습니다. 예를 들어,

- "카이사르가 암살당했다는 것은 진리다"는 "카이사르는 암살당했다"가 됩니다.
- "피카소가 위대한 화가라는 것은 진리다"는 "피카소는 위대한 화가다"가 됩니다.

잉여론적 진리론은 이 개념에 대해 토론하거나 문제시할 필요성을 모두 거부합니다. 그러나 여기서 문제는 진리는 없다는 지식 주장이 스스로 모순되는 것처럼 보인다는 것입니다. 나의 포괄적인 견해가 진리라는 것 자체는 진리 주장입니다. 내가 진리를 알아야만 진리 개념을 거부할 수 있습니다.

비판

진리는 '저쪽'에 있고 우리와 독립적이라는 믿음을 버린다면, 더 이상 믿음을 평가하고 소망이 담긴 사고를 '사실'과 구별할 객관적인 근거가 전혀 없게 됩니다.

여러분의 믿음이 진리에 의해 더 이상 단련되지 않는다면, 그 믿음은 결국 **선입견**, **설득** 또는 **권력**에 의해 결정될 가능성이 높습니다. 그렇게 되면 단순히 여러분의 선입견에 부합하기 때문에, 여러분한테 믿으라고 누군가가 **설득했기** 때문에, 또는 여러분이 믿게끔 **주입되었거나 세뇌되었기** 때문에 어떤 것을 믿어 버릴 위험이 있습니다. 이것은 분명 바람직한 상황이 아닙니다.

아는이 개인이 진리란 없다고 단정하면, 그들이 진리의 최종 판단자이자 중재자가 됩니다. 하지만 진리는 거의 틀림없이 발견되기를 기다리고 있는 '저쪽'에 있거나 공유된 지식 영역 내에서 구축된다는 점을 감안하면, 아는이 개인은 진리의 최종 판단자로 인정되지 않을 수 있습니다.

"진리는 없다"는 진술은 여러분이 그것이 참인지를 묻자마자 스스로를 반박하는 것이 됩니다. 이것이 참이라면, 적어도 하나의 진리가 있습니다. 그러니까 그것이 거짓이라 하더라도 어떤 진리도 없다는 얘기는 **아닙니다.**

논의 4.9

1 아는이 개인이 진리의 최종 판단자라고 생각하나요?
2 진리에 대해 말하는 것이 합당한지 여부는 누가 결정하나요?

그림 4.7 _ 잉여론은 '진리'라는 단어를 사용할 필요가 없다고 합니다. '현실 세계'를 이해하기 위해서는 진리 개념이 필요하다고 생각하나요?

진리 이론 요약

지금까지 진리에 관한 여섯 가지 이론을 검토하면서, 이것들이 지닌 매력에도 불구하고 각각 다양한 강점과 약점을 가지고 있다는 것을 알았습니다. 이것들을 다음 표로 정리합니다.

이론	정당화	비판
대응론 명제는 사실에 대응할 때 참이다. 진리는 현실 세계와의 관계다.	어떤 지식 주장이 세계에 관한 사실에 대응한다면 그 지식 주장은 정당화될 수 있다.	• 대응론은 참인 진술이 대응해야 하는 모든 종류의 비실체적 사실의 존재를 필요로 한다. • 언어와 세계 사이에 간극이 있기 때문에 대응은 결코 완벽할 수 없다. • 어떤 명제가 참인지 거짓인지를 다른 명제와 고립시켜 결정할 수 없다.
정합론 어떤 명제가 우리의 일련의 전반적인 믿음과 부합한다면 참이다. 진리는 일련의 믿음 내의 관계다.	어떤 지식 주장이 우리가 알고 있는 다른 것과 들어맞으면 그 지식 주장은 정당화될 수 있다.	• 정합성은 진리의 충분조건이 아니다. 동화는 완벽하게 정합적일 수 있지만 그래도 여전히 동화다. • 약간의 창의성만 있으면 어떤 말도 안 되는 믿음도 정합적으로 보이게 할 수 있다. • 여러분의 사고방식에 들어맞지 않는 어떤 지식 주장은 여전히 참일 수 있다.
실용론 어떤 명제가 유용하거나 실천 속에서 작동하면 참이다. 진리는 실천적 사용과의 관계다.	어떤 지식 주장이 과학적 방법에 의해 검증될 수 있거나 예측 가능하고 의존 가능한 결과를 제공한다면 그 지식 주장은 정당화될 수 있다.	• 어떤 명제는 참이지만 유용하지 않을 수 있고, 유용하지만 참이 아닐 수 있다. • 어떤 것이 유용한지를 검증하는 것은 그것이 참인지를 검증하는 것만큼이나 어려울 수 있다.
합의론 어떤 명제를 대다수 사람들이 믿는다면, 그 명제는 참이다. 진리는 대다수 사람들이 동의하는 것에 기초한 관계다.	어떤 지식 주장은 대다수 사람들이 동의한다면 정당화될 수 있다.	• 대다수 사람들이 거짓인 믿음을 가질 수 있다. • 뇌는 새로운 뇌세포를 만들어 낼 수 없다고 하는 등의 거짓된 것을 사람들이 믿었던 예가 많이 있다.
다원론 진리에는 하나의 고정된 의미가 없으며, 맥락이나 지식 영역에 따라 복수의 의미를 가진다.	어떤 지식 주장은 무엇이 진리 증거 등으로 간주되느냐에 따라 특정한 지식 영역 내에서 정당화될 수 있다.	• 진리가 맥락에 따라 달라지지 않는 고정된 의미가 있다고 믿는 사람들도 있다. • 어떻게 똑같은 지식 주장이 어떤 지식 영역에서는 정당화되지만 다른 지식 영역에서는 정당화되지 않을 수 있을까?
잉여론 어떤 명제는 '진리'라는 단어를 포함할 필요가 없다. 진리는 언어와 낱말 사이의 관계에 기반한 환영이다.	어떤 지식 주장은 '진리'라는 단어를 포함할 필요가 없다. '진리'라는 단어를 필요로 하지 않고 달리 말할 수 있다	• 어떤 사람들은 우리가 진리에 대한 이야기를 그만둔다면 가치 있는 개념을 잃는다고 생각한다. • 많은 사람들이 진리에는 본질적 의미가 있다고 믿는다. • 과학이든 역사든 모든 탐구의 목적은 진리에 더 가까이 가는 것이다.

논의 4.10

1 참인 믿음과 거짓인 믿음을 구분하는 것은 무엇일까요? 차이점을 확실히 하기 위해 어떤 도구와 방법을 사용할 수 있을까요?

2 다양한 도구와 방법들은 진리를 발견하는 데 얼마나 도움이 될까요?

되돌아보기

여러분은 **참**과 **진리**라는 단어를 다양한 맥락에서 다른 것을 의미하는 데 사용하나요? **참**과 **진리**라는 단어의 막연함은 지식에 대해 토론할 때 여러분의 생각을 전달하는 능력을 어느 정도나 제한하거나 자유롭게 해 주나요?

4.3 탈진실(탈진리)

실제 상황 4.5

1 감정을 느끼는 것이 합리적인 때는 언제인가요? 감정에 호소하는 것은 합당할까요?

2 이성과 감정에 호소하는 것은 지식을 정당화하는 데 어떻게 사용되나요? 이성과 감정 중 어느 하나에만 호소하는 것은 언제 정당화될까요? 그리고 그 이유는 무엇일까요?

2016년 옥스퍼드 영어 사전(OED)은 '**탈진실**(탈진리)'을 '올해의 단어'로 선정했습니다. 그 해에는 영국의 유럽 연합 잔류 여부 국민 투표(브렉시트 찬반 투표)나 미국 대통령 선거에 이 단어가 빈번하게 사용되었습니다. 옥스퍼드 영어 사전에 의하면 '탈진실'은 "**객관적인 사실이 감정이나 개인적 믿음보다 여론 형성에 영향을 덜 끼치는 환경을 나타내거나 그에 관계된 것**"으로 정의됩니다. 이 정의는 사람들이 무엇을 믿을지, 누구를 믿어야 할지 몰라서 합리적인 논증보다는 감정적 호소에 반응할 가능성이 더 높은 문화나 환경을 가리킵니다. 탈진실은 때로는 절대적 진리는 없다는 회의적인 견해와 연관되어 있으며, '가짜 뉴스'와 **딥 페이크** 비디오 시대를 규정합니다.

미국 철학자이자 사회학자인 스티브 풀러(Steve Fuller, 1959~)는 탈진실을 2016년의 맥락과 관련지어 설명합니다. 그에게 탈진실은 새로운 것이 전혀 아닙니다. 그것은 두 엘리트 집단, 즉 기득권 전문가들과 포퓰리즘 지지자들 사이에 일어난 갈등을 나타냅니다. 풀러는 이것을 사회학의 창시자 중 한 명인 빌프레도 파레토(Vilfredo Pareto, 1848~1923)에게서 연원을 찾습니다. 파레토는 진리가 권력이나 권위에 의해 확립된다고 주장했습니다. 그는 강력한 두 엘리트 집단 사이에 주기적인 사회적 갈등이 있음을 규명합니다. 이 갈등에서 각 엘리트 집단은 상대방을 압도하기 위해 진리에 대한 서로 다른 정의 방식을 채택합니다. 파레토는 이 두 엘리트 집단의 상호 작용을 설명하기 위해 마키아벨리가 사용한 사자와 여우의 비유를 그대로 따릅니다. 사자는 전통을 자신들의 편으로 삼는 기득권층을 나타내며 이성과 전통, 권위에 호소합니다. 이와 대조적으로 여우는 그 엘리트 집단에 대한 도전을 나타내며, 사자의 위선에 대한 반대 의견과 의심으로 특징지어집니다.

따라서 어느 쪽도 상대방을 **중립적** 방식으로 묘사하지 않습니다. 여우는 사자의 부패와 위선에 항의하는 언어를 사용합니다. 사자는 여우가 감정에 호소하며 사실을 왜곡한다고 비난하는 언어를 사용합니다. 이는 오늘날 탈진실이 의미하는 바가 무엇인지를 이해할 때 중요합니다. 사자가 쓴 사전의 정의와 여우가 쓴 사전의 정의가 같지 않다는 점을 감안하면, 중립적인 정의를 내리기는 어렵습니다. 여기서 요점은 진리가 지식 공동체의 언어 및 정치와 연결되어 있다는 것입니다. 또 이 비유는 진리가 어떤 면에서는 아는이의 관점에 의존한다는 점을 잘 보여 줍니다. 즉, 진리는 언어로 분명히 정의하고 짚어 내기 어려운 개념입니다.

키워드

탈진실(탈진리): 객관적인 사실이 감정과 개인의 신념에 호소하는 것에 비해 여론을 형성하는 데 덜 영향을 미치는 상황을 의미하거나 그 상황에 관련되는 것

딥 페이크(deep fake): 인공 지능 기술을 사용하여 원본에 대한 가짜 영상물 또는 음성을 만들어 내는 것

키워드

중립적: 선입견 없고 불편부당하며 논쟁 중인 양측의 어느 쪽도 편들지 않는

---

1 파레토가 사용한 은유인 사자와 여우 사이의 역동적 권력은 오늘날의 사회적, 정치적 갈등에 대해 얼마나 유용할까요?

2 진리는 어디까지 사회적, 정치적 질문일까요?

그림 4.8 _ 빌프레도 파레토는 기득권층과 그 반대자들이 사용한, 진리에 대한 서로 다른 호소를 설명하기 위해 사자와 여우의 비유를 사용했습니다.

진리: 상대적으로 절대적인가 아니면 절대적으로 상대적인가?

우리는 절대적이고 전체를 포괄하는 우주관을 갖고 있지 않고 우리에게 보이는 우주만 알 수 있을 뿐이므로 우리의 유일한 선택은 **상대주의**를 받아들이는 것이라고 생각하면서 진리가 상대적이라고 할 수 있을 것입니다. **나의** 진리가 있고 **여러분의** 진리가 있는 것이지 절대적 진리는 없다는 것입니다. 그러나 우리는 여기서 주의해야 합니다. 우리가 진리를 결코 알 수 없다고 말하는 것은 그런 진리가 존재하지 않는다고 말하는 것과 같지 않습니다. 결코 알 수 없는 진리에는 어떤 실천적 가치도 없다고 할 수 있겠지만, 그렇다고 해서 그것이 진리가 아닌 것은 아닙니다. 만약 어떤 사람이 살해당했는

키워드

상대주의: 진리는 여러분이 살고 있는 사회, 문화, 역사적 배경에 상대적이라는 믿음으로, 우리가 따라야 할 보편적이고 절대적인 원리가 있다고 믿는 절대주의와 반대되는 것

데 모든 증거가 화재로 소실되었다면 우리는 누가 살인자인지 결코 알 수 없겠지만 그 일에 대한 진실은 여전히 존재합니다.

여러분은 다문화 세계에 적합한 관용적 태도인 '서로 자기 방식대로 살아가기'를 권장한다는 점에서 상대주의에서 매력적인 입장을 찾을 수도 있습니다. 하지만 상대주의는 그 반대에도 열려 있어서 자기 모순적입니다. 잉여적 진리론에 기반을 둔 "진리는 없다"는 진술은 여러분이 이 말이 참인지를 묻자마자 스스로를 반박하는 것 같습니다. 이 진술이 참이라면, 적어도 하나의 진리가 있습니다. 이 진술이 거짓이라면, 진리는 없는 것이 **아니게** 됩니다. 노련한 상대주의자는 진리에 대한 모든 이야기를 포기해야 할 뿐이라고 지적함으로써 이 문제를 피하려고 할 것입니다. 그러나 '진리' 개념은 우리의 사고에서 너무나 중요한 역할을 하기에 진리를 완전히 배제할 수는 없을 것 같습니다.

상대주의가 관용을 권장하는지 여부는 논쟁거리입니다. 그러나 실제로 이를 수용할 때의 단점은 이로 인한 편익보다 훨씬 클 수 있습니다. 진리가 우리와는 독립적으로 존재한다는 관념은 믿음과 사실의 차이를 판단할 근거를 제공해 줍니다.

진리에 관한 대화

탐구 4.7

짝을 지어 다음 대화에서 제프와 아누쉬카가 취한 입장을 평가해 보세요. 다음의 기준에서 몇 가지를 사용하고 적용하세요.

1 논증의 명확성이나 정합성, 적절성

2 요점을 뒷받침하기 위한 근거나 사례의 사용

3 두 사람이 당연하다고 받아들인 가정

4 논증의 함의와 결론

균형이라는 측면에서 어떤 견해가 가장 설득력이 있는 것 같나요? 그 이유는요?
두 사람의 의견 불일치를 요약하고, 진리에 대한 여러분의 견해를 요약해 보세요.

제프: 나는 진리에 대해 생각할 필요가 없어. 그것은 내게 아무 의미가 없거든. 그것이 대응하는 세계에 관한 사실은 없어. 진리는 존재하지 않아.

아누쉬카: 남아프리카 공화국의 아파르트헤이트 정책은 잘못된 것이었을까?

제프: 그래.

아누쉬카: 그것이 도덕적 진리야.

제프: 아니야. 그것은 그저 내 견해일 뿐이야. 거기에 진리라는 말을 갖다 붙일 필요는 없어.

아누쉬카: 피카소는 위대한 그림을 그렸니?

제프: 그래.

아누쉬카: 그것이 미학적 진리야.

제프: 말장난하자는 거야? '진리'라는 말은 필요 없다고 이미 말했잖아. 아파르트헤이트는 잘못됐고 피카소는 위대한 화가였어. 이것이 내 믿음이야. 하지만 절대적 진리는 아니지.

아누쉬카: 하지만 네게 믿음이 있다면, 너는 그게 참이라고 가정해야 해. 너는 네가 알고 있는 것이 거짓이라고 믿지는 않겠지?

제프: 왜 안 돼?

아누쉬카: 네가 무엇인가를 믿을 때, 너는 당연히 네 믿음이 참이라고 여기는 거야.

제프: 그건 의견에 관한 문제야. 네 의견인 거지. 그게 최종적인 진리는 아니야. 다시 말하겠는데, 존재하지도 않는 진리에 대해 이야기하면서 시간을 낭비하는 것은 아무 의미도 없어.

아누쉬카: 그 말은 참이야?

제프: 그래.

아누쉬카: 너는 지금 너 자신의 말을 반박했어.

제프: 뭐라고?

아누쉬카 : 진리는 없다는 것을 알고 있다고 말한다면, 너는 큰 진리 주장을 하는 거야.

제프: 하지만 진리의 실존에 대한 네 믿음이 참이라는 것을 너는 어떻게 알 수 있어?

아누쉬카: 사람들은 자신들의 믿음이 참인지 거짓인지를 어떻게 알 수 있지?

제프: 믿음은 상대적이야. 절대적 진리는 없어.

아누쉬카: 그 말은 상대적으로 절대적인 것처럼 들린다.

제프: 아니, 그것은 **절대적으로** 상대적이야.

아누쉬카: 내 말이 그 말이야. 너는 절대적 진리에 대한 토론을 피할 수 없다는 거야.

되돌아보기

진리에 대한 절대주의적 설명과 상대주의적 설명이 모두 실패한다면, 둘 사이의 중도가 있을까요? 진리에 이르는 길을 스스로 결정해야 할 개인적 책임을 여러분은 어디까지 져야 할까요?

4.4 음모와 음모론

논의 4.11

진짜 음모와 음모론의 차이를 어떻게 말할 수 있을까요?

음모

음모의 실제 사례는 많습니다. 1996년 물리학 교수 앨런 소칼(Alan Sokal)은 미국의 권위 있는 문화 연구 학술지인 『소셜 텍스트(*Social Text*)』에 논문 하나를 투고했습니다. 이 글에서 그는 양자 중력이 사회적 구축물이라고 주장했습니다. 나중에 그는 자신이 작성한 그 논문이 의도적으로 고안된 허위 정보와 몰상식에 근거한 사기라고 밝혔습니다. 자신의 아이디어가 주목받는지, 또 아무런 이의 제기도 받지 않는지 시험하기 위해서라고 하면서요. 이 논문은 양자 중력이 사회적이고 언어적인 구축물이라는 가짜 믿음을 담아 출판되었습니다. 2018년 세 명의 학자가 학술지에 사기성 논문을 제출했습니다. '소칼 제곱 사기'라고 불리는 이 사건은 기성 지식인의 엄격함을 시험하기 위해 지식인들이 함께 음모를 꾸민 사례입니다. 헬렌 플럭로즈(Helen Pluckrose), 제임스 A. 린지(James A. Lindsay)와 피터 버고지언(Peter Boghossian)은 다양한 학문 분야의 여러 학술지에 수많은 사기 논문을 투고했는데, 그중 네 개의 논문이 온라인에 게재되었습니다. 그들이 학술지에 투고한 허위 정보들은 짓궂고 반어적인 장난이나, 다른 사람들을 오도하기 위한 비윤리적이고 다소 교활한 음모의 예로 해석될 수 있습니다. 이것이 사람들을 오도하거나 사기를 치는 것이라고 주장할 수 있지만, 두 명 이상의 사람들이 비밀리에 함께 계획하는 것으로 정의되는 소규모 음모의 예라고 주장할 수도 있을 것입니다. 여기서 요점은 지식 및 앎과 관련됩니다. 즉, 우리가 어떤 논문을 존중받는 출판물에서 읽을 경우, 우리는 그게 참이라고 가정합니다. 그러나 '소칼 제곱 사기 사건'의 예가 보여 주는 것은 진리가 때로는 기성 지식인 사회에서 빠져나갈 수 있고, 독자에게는 거짓으로 판명된 것이 부지불식간에 진리인 양 제시될 수 있다는 것입니다.

개인적 수준에서 말하자면, 내가 친구와 함께 다른 친구를 위한 깜짝 생일 파티를 계획한다면 우리는 함께 음모를 꾸미는 것입니다. 범죄 조직은 불법 행동을 저지르자고 음모를 꾸밀 수도 있습니다. 다른 많은 사기나 음모의 예들이 떠오릅니다. 정부가 비밀 작전을 준비한다든가, 미 공군이 네바다주에서 쓰고 있는 51구역이라든가 하는 예들이 떠오릅니다.

좋은 의도로 비밀에 부쳐지는 지식도 있을 것입니다. 그러나 여러분은 비밀 지식의 윤리에 대해, 그리고 정보의 자유와 기밀 유지 사이의 경계선이 어디인지를 알고 싶어 할 수 있습니다. 거의 틀림없이, 국내적으로나 국제적으로나 개인 정보를 보호하기 위해 일정 수준의 비밀이 필요할 것입니다. 그리고 이것은 기업이 자신들의 데이터를 보호하기 위해 공모하거나, 정부나 대테러 기관이 국가를 안전하게 지키는 것을 목표로 할 때 발생합니다. 정부는 몇몇 지식을 공개하지 않는 것을 정당화하기 위해 보안과 안전을 들먹일 수 있습니다. 바로 여기에서 지식에 대한 우리의 접근, 지식 및 앎과 관련해 아는이 개개인, 조직, 정부의 권리와 책임에 관해 윤리적 문제가 생겨납니다. 여기에서의 함의는 지식과 권력이 때로 밀접하게 연결되어 있다는 것입니다. 이 주제에 관해서는 7장에서 정치와 지식이라는 맥락으로 더 자세히 탐구할 것입니다.

제2차 세계 대전 동안 블레츨리 파크에서 수행된 암호 해독은 독일의 암호를 깨려는 영국 정부의 비밀 계획의 일부였습니다. 이것은 음모의 예가 아니라 비밀 정보로서의 지식의 예입니다. 조직과 정부가 정보를 비밀로 유지할 수 있고 또 그렇게 하고 있다는 점을 감안하면, 여러분의 상상력을 발휘해서 특정 사건 뒤에 더 큰 의도나 숨겨진 의제가 있다고 믿는 것이 불가능하지는 않습니다. 바로 이 지점에서 우리는 음모론이라는 때로는 불가사의한 세계로 들어섭니다.

음모론

키워드

설명: 역사 연구의 맥락에서 어떤 사건이나 움직임이 왜 벌어졌는지를 풀어 주는 정당화 또는 이유

설명이란 어떤 사건이나 행위가 왜 일어났는지에 대한 이유입니다. 각 지식 영역은 이 개념을 사용합니다. 예를 들어 역사가는 과거 사건에 대한 정합적 설명의 전문가인 반면, 과학자는 자연 현상에 대한 설명을 제공합니다. 그러나 음모론은 어떤 사건에 대한 '숨겨진 진실'에 입각해서, 또는 고의적이고 비밀스러운 기관의 사람 또는 조직에 입각해서 행하는 '대안적 설명'입니다. 실제 음모(예를 들어 블레츨리 파크에서의 암호 해독)와 음모론(예를 들어 NASA가 1969년의 달 착륙을 속였고 따라서 이것은 미국 정부의 고의적인 사기였다는 것) 사이에는 상당히 중요한 차이점이 있습니다. 음모론자들은 달 착륙이 결코 이루어지지 않았으며 스튜디오에서 촬영되었다는 자신들의 믿음을 뒷받침하는 반증을 제공할 수 있습니다. 그들이 제시하는 증거들을 따져 보지 않아도 개연성에 의문을 가질 수 있을 것입니다. 1969년에 공식적으로 발표된 대로 달에 착륙한 사람들이 있을 가능성이 더 높을까요? 아니면 착륙했다고 속이는 데 필요한 우주 비행사, 정부 관료, 사진사, 무대 장치 디자이너, 그 밖의 사람들이 모두 방대한 은폐에 대해 침묵을 지킬 가능성이 더 높을까요? 이 문제는 개연성과 아는이가 가장 가능성이 높은 설명이라고 간주하는 것으로 결론 날 수 있습니다.

실제 상황 4.7

1969년 달 착륙이 실제로 이루어졌을까요? 아니면 미국 정부가 조작한 것일까요? 어느 것이 더 믿을 만하다고 생각하나요?

그림 4.9 _ 여러분은 미국인들이 달에 착륙했다고 어느 정도나 확신하나요?

음모론에도 그럴싸함의 정도 차가 있으며, 우스꽝스러운 것부터 합당한 것까지 다양합니다. 그럴싸함이 낮은 한쪽 극단에 있는, 세상을 지배하는 도마뱀이 있다는 믿음 같은 터무니없고 우스꽝스러운 것은 쉽게 배격될 수 있습니다. 그러나 그럴싸함이 상대적으로 높은 다른 음모론들은 참일 수 있는 것처럼 피상적으로는 설득력 있게 보일 수도 있습니다. 예를 들어 2016년 미국 대선에 러시아 정부가 비밀리에 개입했다는 그럴싸한 설명이 있습니다. 그러나 사실적 근거가 전혀 없어서 기각된 주장입니다. 이것이 사실에 근거한다는 주장도 있었지만, 음모론에 전형적인 지나친 상상력과 희망 섞인 사고의 산물이라는 주장도 있었습니다.

그렇다면 우리는 그것들이 가진 호소력을 어떻게 설명할 수 있을까요? 표면적으로 이런 이론들은 정통이나 기성 견해에 도전하는 건강한 회의주의를 증명하는 반론처럼 보일 수도 있을 것입니다. 클레어 버철(Clare Birchall)은 대학 강사이자 『지식의 대중화: 음모론에서 가십까지(Knowledge goes pop: From conspiracy theory to Gossip)』의 저자인데, 음모론을 "한 사건에 대한 대중적인 지식이나 해석의 형태"라고 기술합니다. 어떤 음모론은 역사적 사건이 일어났다는 것을 부정합니다. 또 어떤 음모론은 사건에 대한 상세한 설명을 제공하면서 더 많은 것들을 이야기합니다. 하지만 음모론은 종종 사건에 대한 복잡한 설명을 제공하며, 비밀리에 함께 움직이는 모든 조직이나 다양한 사람들의 은밀한 작업을 포함합니다. 음모론은 대중문화의 일부이며, 사건의 이면에 더 큰 핵심 의제가 놓여 있다고 생각하는 것이 특징이라고 할 수 있습니다. 1963년에 일어난 존 F. 케네디 대통령의 암살이 마피아의 소행이라는 음모론이 대표적인 예입니다.

실제 상황 4.8

진실과 인기 사이의 관계에 대해 생각해 보세요. 어떤 이론이 인기가 있는 것은 그 이론이 참일 확률을 어느 정도나 높일까요?

되돌아보기

여러분의 개인적인 가정, 기대, 편향 등은 인기 있는 음모론을 여러분이 받아들이거나 거부하도록 하는 데 어느 정도나 영향을 주는지 생각해 보세요. 여러분의 개인적 선입견에 호소한다는 이유로 인해 여러분에게 호소력이 있는 음모론은 여러분을 어느 정도나 '매수'하는 편인가요?

그런 이론은 어떤 사건 뒤에 종종 정치 제도나 권력자 집단의 소행인 설계나 목적이 있다는 관념을 제시합니다. 음모론자들은 어떤 사건 뒤에 있는 '진짜 진실'을 안다고 주장하며 자신의 이론을 뒷받침할 증거를 들먹일 수도 있습니다. 음모론은 이것이 제공하는 심리학적 관점에 입각해서 이해될 수도 있습니다. 미국 역사학자 리처드 호프스태터(Richard Hofstadter, 1916~1970)는 음모론은 의심이 많은 마음가짐 또는 편집증적 견해에 가깝다는, 음모론에 대한 보다 넓은 정의를 제시했습니다. 음모론은 회의적이며, 일부는 편집증에 훨씬 가깝습니다. 음모론자들은 정부 당국은 신뢰할 수 없으며,

진실은 전통적인 설명의 범위 밖에 놓여 있도록 숨겨져 있다는 생각을 품고 있습니다.

역사가들은 음모론이 설명력이 있다는 것을 거부하는 반면에 다른 사람들은 왜 이것을 받아들일까요?

13장에서 우리는 '오컴의 면도날'로 알려진 원리를 탐구할 것입니다. 가장 단순한 설명이 가장 좋은 설명이라는 원리입니다. 음모론은 비밀 기관, 은폐와 감춰진 동기를 포함하는 다소 정교한 설명을 필요로 하는 반면, 역사가들은 이용 가능한 증거에 기반을 두고 개인이나 집단의 동기를 이해할 수 있는 역사적 방법을 사용합니다. 역사가들은 전쟁 같은 일부 상황에서 정부가 의도적으로 허위 과장 선전, 선동이나 거짓 정보를 퍼뜨려 다른 사람들이 진실에 접근하지 못하게 하는 것을 인정할 것입니다. 콩코드기의 라이벌이었던 러시아 TU 144기는 1973년 파리의 에어쇼에서 추락했습니다. 1970년대 초에 초음속 콩코드기를 설계한 영국–프랑스 연합 연구팀이 라이벌인 TU 144기를 설계한 소련 팀에게 의도적으로 문서를 유출했다는 주장이 있었습니다. 그 비극적인 비행기 추락에 대해서는 다양한 설명이 있지만 '콩코드스키(Concordski)'라는 음모론에 따르면 영국–프랑스 연합 연구팀이 이 재앙을 야기한 내적 결함을 담고 있는 설계도를 일부러 전해 줬다고 합니다. 증거는 양측 모두가 제공할 수 있습니다. 이것은 우리가 4장 앞부분에서 탐구한 탈진실이라는 개념과 다시 관련됩니다. 음모론은 감정과 개인적 경험이 합리성과 알려진 사실보다 더 중시되는 탈진실 접근법의 한 가지 예이기 때문입니다. 하지만 음모론자는 자신의 '대안적 설명'을 뒷받침하기 위해 '사실'과 증거들을 제공할 것입니다. 아는이로서 판단을 하는 것은 거기에 담긴 가정에 대한 평가, 설명의 개연성, 취해진 관점에 내재된 편향의 식별 등이 포함될 수 있는 분석을 필요로 할 것입니다. 게다가 3장에서 탐구한 귀추법은 우리가 어떤 설명을 찾아내기 위해 이미 알고 있는 것을 조합하는 경향이 있다는 것을 시사합니다.

역사가들이 어떤 사건에 대한 설명을 구축하기 위해 역사적 방법을 살펴보고 출처에 대한 건전한 해석을 고려한다는 점을 감안하면, 음모론을 즐기는 역사가는 거의 없을 것입니다. 역사가 니얼 퍼거슨(Niall Ferguson, 1964~)은 사람들의 네트워크의 역사가 음모론자들의 수중에 넘어갔다고 주장합니다. 그는 견해가 얼마나 멀리, 얼마나 빨리 퍼지는지를 네트워크 구조가 결정한다고 주장합니다. 그로부터 네트워크가 분산되어 있을 때(그리고 바로 그런 이유 때문에) 진리와 지식에 대한 견해도 널리 분산된다는 결론이 나옵니다.

요약하자면 설명, 정합성, 진리 개념과 관련해 여기에서 생기는 다양한 지식 질문이 있습니다. 일부 사람들에게 음모론은 의미가 있는 것처럼 보이며, 사건 뒤에 있는 비밀스러운 배후 조종자를 암시하는 더 높은 단계의 '감춰진 진실'이나 '대안적 진실'을 제공하는 것처럼 보입니다. 그러나 그런 음모론이 필요 이상의 복잡성을 요구한다는 점을 감안하면 받아들이기 어렵다며 거부하는 사람들도 있을 것입니다.

실제 상황 4.9

1 하나의 음모론을 믿는다면, 다른 음모론들이 참이라고 믿을 가능성이 더 높아질까요? 그 이유는요? 아니라면 그 이유는요?

2 같은 사건에 대해 서로 다른 설명들이 있다면 어떨까요? 이 설명들 사이에서 우리는 어떻게 결정을 할까요?

탐구 4.8

1 다음 음모론 중 하나를 조사하세요. (이것들 대신에 여러분이 선택한 것 중 하나를 조사할 수도 있습니다.)

- 1969년 달 착륙은 가짜였다.

- 타이타닉호는 1912년에 결코 침몰하지 않았고, 침몰한 것은 자매선이었다.

- 일루미나티는 세계 지도자들을 조종하는 비밀 집단이다.

- 엘비스 프레슬리는 살아 있다.

- 로스차일드 가문이 전 세계의 돈을 지배한다.

- 1962년 마릴린 먼로의 죽음에는 CIA가 개입되어 있다.

- 미국 정부는 2001년 9월 11일에 일어난 세계 무역 센터 빌딩 공격에 연루되었다.

- 존 F. 케네디는 1963년에 마피아에게 암살당했다.

- 유럽이 민족 국가를 무너뜨리고 초국가(유럽 연방)를 세우려는 음모가 있다.

- 콩코드스키라고 알려진 1970년 비행기 추락 사고의 이유

- 2012년 샌디훅 초등학교 총기 난사 대학살에 대한 부인

2 여러분이 연구한 음모론에 얼마간의 지식론 분석을 적용하세요. 다음과 관련해서 음모론을 탐구해 보세요.

   a 모호하거나 불확실한 것을 살펴본다.

   b 같은 현상이나 사건에 왜 다양한 해석이 가능한지 생각해 본다.

   c 음모론을 정당화하기 위해 사용된 **증거**를 식별한다.

   d 모든 **가정**이나 **편향**을 식별한다.

   e **반론**이나 반증을 살펴본다.

   f 다양한 **관점**이나 **시각**을 평가한다.

   g 결론의 **함의**를 통찰한다. 만일 음모론이 참이라면, 그다음은 무엇일까?

   h 여러분 자신의 판단에 이르면 여러분의 관점을 **정당화**한다.

3 다음 진술에 대해 학급 토론을 벌이세요. "우리 모둠은 음모론은 신뢰할 수 있는 지식에 기반하고 있다고 주장한다."

> **탐구 4.8(계속)**
>
> **자기 평가**
>
> 음모론에 대한 지식론 분석을 평가하세요. 그것은 여러분이 숨겨진 진실이라는 개념, 음모론의 본질, 지식과 앎에 대한 음모론의 관련성을 이해했는지를 얼마나 잘 보여 주나요? 위의 점검 목록으로 돌아가서, 여러분의 분석이 이것들을 각각 고려했는지를 알아보세요.

4.5 우리의 믿음이 참인지를 어떻게 알까?

> **논의 4.13**
>
> 1 지금 우리가 믿는 것 중에 나중에 거짓으로 판명될 수 있는 것으로는 무엇이 있을까요?
>
> 2 고대 그리스 철학자인 플라톤은 지식을 '정당화된 참인 믿음'이라고 일단 정의한 뒤, 나중에는 이를 거부했습니다. 참이 지식의 조건 중 하나라는 것에 어느 정도나 동의하나요?

우리는 2장에서 지식의 본성을 탐구했고, 이번 4장에서는 진리에 초점을 맞추었습니다. 전통적으로 이해되고 있듯, 진리는 누가 참이라고 믿는 것과는 독립적이며, 단순히 어떤 것을 참이라고 믿는다고 해서 그것이 참이 되는 것은 아닙니다. 그러나 우리는 지식이나 진리 모두 명확하게 정의되거나 절대적으로 확실하게 결정될 수 없음을 보았습니다. 우리가 할 수 있는 최선은 우리의 믿음이 활용 가능한 증거에 의해 잘 정당화되고, 추가 증거가 보증한다면 이를 바꿀 태세가 되어 있는지 확인하는 것입니다.

지식 주장은 우리가 어떤 것을 **알고 있다**고 주장하는 진술입니다. 예를 들어 1차적 지식 주장은 다양한 지식 영역에서 이뤄집니다. "나는 존 메이너드 케인스가 영향력 있는 경제학자라는 것을 알고 있다"(인간과학)거나 "나는 어떤 금속은 다른 금속보다 반응성이 더 크다는 것을 알고 있다"(자연과학) 같은 것들입니다. 이런 주장들은 참일 수 있습니다. 2차적 지식 주장은 지식 및 앎의 본성에 관한 것입니다. 예를 들어 "인간과학은 지식을 구축하는 신뢰할 만한 방법을 가지고 있다"거나 "지식은 믿음과 이성에 기반을 둘 수 있다" 등입니다.

객관성과 주관성

절대적 진리를 상대주의나 상대적 진리와 혼동해서는 안 됩니다. 여러분의 진리관이 관점에 따라 달라진다고 해서 진리가 전혀 없다는 뜻은 아니라는 것을 강조해 두겠습니다. 진리가 없다는 주장이 오류라는 것을 알아보기 위해, 네 사람이 에베레스트산을 보고 있다고 상상해 봅시다. 네 사람은 각각 동서남북 중 한쪽에 서 있습니다. 이들이 산을 바라보는 관점이 다르고, 다른 방식으로 산을 묘사한다고 해서 진리가 상대적이라는 뜻은 아닙니다. 에베레스트산은 동서남북에서 보면, 더 또는 덜 정확하게 묘사될 수 있고 이 모든 것이 똑같은 근본적인 진리를 가리키고 있다는 의미가 있습니다.

이것은 우리를 다시 **객관성**이라는 개념으로 데려갑니다. 즉 아는이로서 우리는 공정할 수 있으며, 위의 예에서 알 수 있듯 우리의 개인적 관점과는 무관하게 존재하는 에베레스트산에 대한 객관적 진리가 있다는 관념입니다.

우리의 모든 믿음은 개인적 관점과 느낌에 기반한다는 의미에서 **주관적**입니다. 예를 들어 로버트라는 사람이 '실제로 어떠한지' 알아내려고 애쓴다고 상상해 봅시다. 그의 어머니는 그를 한 가지 방식으로, 형제는 다른 방식으로, 교사는 세 번째 방식으로, 친구는 네 번째 방식으로 묘사합니다. 이 관점들 사이에는 얼마간 겹치는 것도 있겠지만, 각각 로버트의 일면만을 포착합니다. 그리고 어떤 의미에서는 우리에게 그에 관한 **전체의 진실**이 아니라 **절반의 진실**만 알려 줍니다. (이것은 한 아이가 학교에서 말썽을 피웠을 때, 놀란 부모가 "우리 애는 집에서는 절대 그런 애가 아니에요!"라고 하는 이유를 설명해 줄 것입니다.) 각 견해가 주관적이긴 하지만 로버트에 관한 진실이 전혀 없다고 결론이 나는 게 아닙니다. 로버트에 대한 더 많은 관점을 접할수록 그에 대한 객관적 진실에 점점 더 가까워지는 것입니다.

진실 개념은 주관적 믿음 이상의 것입니다. 앞서 든 예들을 보면, 에베레스트산이나 '로버트는 어떤 사람인가'와 관련해 어느 정도 객관적 진실을 지니는 것은 가능하다는 게 뒤따라 나옵니다. 1장에서 탐구했듯이, 객관성은 개인적 믿음이나 느낌, 의견처럼 우리의 판단을 왜곡할 수 있는 요인들의 영향을 받지 않는 초연한 관점을 취한다는 생각에 기반하고 있습니다. 이에 대한 반론은 우리의 암묵적 편향 때문에 객관적 관점을 취하는 것이 불가능하다는 것입니다. 더욱이 우리가 접근할 수 없는 '우리 너머에 있는' 객관적 진리를 생각한다는 것은 이치에 맞지 않습니다. 우리 자신이 알 수 없다면 거의 쓸모없거나 가치 없을 것이기 때문입니다.

> **되돌아보기**
>
> '어디에도 기반하지 않은 견해'라는 게 없다면, 객관적 진리를 믿는 것은 이치에 맞는 것일까요? 객관적 진리를 우리는 전혀 알 수 없다 해도, 다양한 지식 영역에 어느 정도나 존재할까요?

정당화

진리와 관련된 주관성과 객관성 개념에 덧붙여, 우리는 진리 주장에 대한 정당화의 수준이나 유형을 고찰할 수 있습니다. 내 믿음에 대한 **정당화**가 제한되어 있거나 전혀 건전하지 않지만 사실상 그 믿음은 참일 때 마음속에 떠오르는 예가 있습니다. 예를 들어 내가 복권에 당첨되기를 소망하는데 나중에 실제로 그렇게 됩니다. 또는 눈이 오기를 바라는데 나중에 실제로 눈이 내립니다. 하지만 이 두 가지 상황 모두에서, 나는 복권이 당첨될 줄 '알았다'거나 눈이 올 줄 '알았다'고 주장할 수 없습니다. 이런 것들은 **사후 과잉 확신 편향**이 작동하는 예입니다. 그런 소망을 가졌을 때에는 나의 믿음에 대한 충분한 정당화나 증거를 가지고 있지 않았기 때문에 진정한 지식이 없습니다.

키워드

정당화: 참이라는 맥락에서 진리 주장에 대한 믿음이나 지지를 위한 이유

사후 과잉 확신 편향: 이미 일이 벌어졌는데도 그 일이 벌어질 줄 미리 알고 있었다고 잘못 생각하는 것

사람들은 종종 희망 섞인 생각에 몰입하고 증거에 의해 정당화되는 것보다는 믿고 싶어 하는 것을 믿는다는 것을 보여 주는 증거가 많이 있습니다. 이번 장에서 살펴본 음모론이 좋은 예입니다.

어떤 사람이 믿음을 정당화해도 그 믿음이 실제로는 거짓인 또 다른 예도 있습니다. 예를 들어 고대 그리스인들은 원자가 쪼개질 수 없다고 믿었습니다. 이 주장은 한때 지식으로서 중요하게 여겨졌을지 모릅니다. 그러나 나중에 우리는 이 믿음이 거짓임을 발견했습니다. 더욱이 정합성이 있는 것처럼 보이는 어떤 주장이나 이론에 정당화가 제공될 수 있지만, 이것이 음모론이나 가짜 뉴스 또는 탈진실의 주장으로 판명되기도 합니다.

4.6 지혜

시인 엘리엇(T.S. Eliot, 1888~1965)은 **"우리가 지식 속에서 잃어버린 지혜는 어디에 있는가? 우리가 정보 속에서 잃어버린 지식은 어디에 있는가?"**라며 한탄했습니다. 2장에서 우리는 지식과 정보의 차이를 탐구했기에, 이번 4장은 지혜와 지식의 차이에 관해 생각하면서 마무리하는 것이 적당할 것 같습니다. 아는이로서 우리는 태도와 속성을 가지고 있습니다. 그리고 이 마지막 절에서 여러분은 이것을 더욱 깊이 탐구하게 될 것입니다. 우리는 다음과 같은 지혜의 다섯 가지 핵심 특징을 간략하게 고찰할 것입니다.

- 좋은 판단
- 폭넓은 관점
- 자기 인식
- 윤리적 책임
- 지적 겸손

그림 4.10 _ 달라이 라마. 여러분은 누가 지혜의 본보기라고 생각합니까?

좋은 판단

인간은 오류에 빠지는 존재입니다. 그리고 여러분은 지식론 과정을 통해 확실성의 꿈이 불가능하다는 것을 배우게 됩니다. 그러나 우리가 확실성을 얻을 수 없다 해서 모든 의견이 마찬가지로 다른 의견처럼 좋다는 것은 아닙니다. 정보에 근거하고 정합적이고 통찰력이 있는 의견을 그렇지 않은 의견보다 더 진지하게 받아들이는 것은 확실히 옳습니다. 그리고 우리가 어떤 것에 대한 정당화나 충분한 증거를 갖고 있다면, 그것을 **안다**고 말하는 것은 확실히 정당화됩니다. "정당화는 얼마나 건전해야 하는가?", "증거는 어느 정도면 충분한가?"라고 묻는다면, 명확한 답은 없고 그저 판단의 문제라고 할 수 있을 뿐입니다.

우리가 직면하는 모든 상황은 독특하기 때문에 우리는 지식을 세계에 적용할 때 판단력도 사용해야 합니다. 좋은 판단은 역사, 윤리, 예술 같은 영역에서 명백히 중요하지만, 측정처럼 겉으로는 객관적으로 보이는 것에서도 일정한 역할을 합니다. 예를 들어 "X의 길이는 정확히 5cm다"라고 말하는 것은 당면한 과제에 따라 소수점 이하의 자릿수까지 측정했다는 판단에 기반을 둔 것입니다.

우리는 어떻게 뛰어난 좋은 판단력을 계발할 수 있을까요? 안타깝게도 그것은 책에서 배울 수 있는 것이 아니라, 경험으로부터, 세계에 대한 실천적 참여로부터만 배울 수 있습니다. 이것이 우리가 지혜를 젊은이보다는 나이든 사람들과 연관시키곤 하는 이유입니다. 사실 중요한 것은 경험 그 자체가 아니라 **경험에 대한 성찰**이며 그것으로부터 배우는 능력입니다. 그래서 나이만 든다고 해서 현명해지는 것은 아니랍니다!

IB 디플로마 프로그램은 학생들에게 성찰을 권장합니다. 그리고 '성찰'은 IB 학습자상의 속성 중 하나입니다. 성찰하는 사람은 어떤 특성을 지닐까요? 성찰할 수 있는 능력이 아는이에게 중요한 이유는 무엇일까요?

폭넓은 관점

지혜는 좋은 판단력뿐만 아니라 폭넓은 관점도 필요로 합니다. 우리는 지식 영역이 점점 늘고 있고 점점 더 전문화된 세계에 살고 있습니다. 이런 지적 분업은 의심할 바 없이 지난 100년 동안 지식의 폭발적 성장을 촉진했지만, 파편화된 현실상을 초래하기도 했습니다. 현대 세계에서 성공하려면 전문화해야 하지만, 그것이 **지나치면** 한 분야만 잘 알고 나머지 분야는 전혀 모르는, 독일인이 말하는 파치디오트(Fachidiot, '전문 분야 밖에 모르는 바보', 즉 전문가 바보)가 될 것입니다. 이런 사람은 좁은 영역에서는 아주 총명하지만 세계를 진정으로 이해하지는 못합니다. 지혜 없이도 전문성을 가질 수 있습니다.

세계를 이해하려면 세계를 분해하여 그 조각들을 자세히 살펴야 합니다. 그래서 우리는 지식을 여러 과목으로 나눕니다. 하지만 세계는 '물리학', '생물학', '경제학', '윤리학' 등의 꼬리표가 붙은 상자에 깔끔하게 포장되어 우리에게 오는 게 아닙니다. 어떤 지점에서 우리는 별개로 나눠진 조각들을 다시 모아야 합니다. 그래서 우리는 지식론에서 서로 다른 과목의 지식 주장을 비교하고 대조하는 일을 매우 중요하게 여깁니다. 이상적으로는 깊이와 폭을 모두 갖추어야 하며, 전체에 대한 감각을 지닌 전문가가 필요합니다.

이것은 이론적 관심 이상의 것입니다. 우리가 폭넓은 관점을 갖는 것에는 함의가 있습니다. 현대 세계에서 우리가 직면한 지구 온난화, 자연환경 파괴, 세계적 빈곤, 감염병 확산 같은 시급한 문제를 해결하려 한다면, 우리는 '전문가 바보'의 좁은 관점을 넘어 학제 간 접근을 필요로 할 것이고 서로 다른 과목의 관점을 통합해야 할 것입니다. 다른 말로 표현하면 더 큰 그림을 보는 지혜를 갖추고, 다른 지식 영역의 전문가들과 행하는 협력의 가치를 아는 전문가들이 필요합니다.

여러분의 IB 디플로마 프로그램 여섯 과목 사이의 연계를 생각해 보세요. 여러분은 어떻게 단일 과목들이나 분과 학문들에 대한 지식을 통해 학제적 관점을 갖게 될까요?

자기 인식

지혜의 세 번째 요소는 자기 인식입니다. 다른 무엇보다도 자기 인식에 대한 탐구는 우리의 믿음과 동기에 의문을 제기하고 우리의 근본적인 선입견을 깨닫게 해 줍니다. 패러다임에 대한 논의에서 알게 됐듯이, 우리의 선입견과 암묵적인 편향은 우리가 세계를 보거나 사고하는 방식에 색을 입히는 색안경에 견줄 수 있습니다. 우리가 안경을 통해 보면서도 우리 콧등에 걸린 안경을 **거의 보지 못하는** 것처럼, 현실을 이해하는 데 사용하는 근본적 편견은 대개 우리에게 보이지 않은 채로 남아 있습니다.

우리는 자신을 이성적 존재라고 생각하기를 좋아하지만, 때로는 선입견에 의문을 갖기보다는 그 속에서 편하게 지내는 것이 쉽다는 것을 알고 있습니다. 그 속에는 허영심의 요소가 있을 것이며, 종종 **우리의** 믿음에 집착하는 것 같습니다. 그 믿음이 우리의 것이라는 것 이상의 이유가 전혀 없는 데도 말입니다. 그래서 필요한 것은, 적어도 가끔이라도, 우리의 확신에 의문을 제기하는 용기일 것입니다. 우리가 믿는 것을 **왜** 믿는지, 우리의 믿음이 증거에 의해 얼마나 정당화되는지 우리 자신에게 용감하게 물을 수 있어야 합니다. 우리가 자기 인식을 발달시키고 우리 믿음의 저변에 깔린 일부 선입견을 깨닫게 된다면 우리는 그것들을 극복하고 세계에 대한 보다 포괄적인 그림을 향해 나아가는 한 걸음을 내딛게 될 것입니다.

실제 상황 4.13

IB 학습자상의 속성 중 하나는 '열린 마음'입니다. 열린 마음은 무엇을 의미할까요? '열린 마음'은 관용, 존중, 또는 이종 문화 간의 이해와 어떤 식으로 관련될까요?

윤리적 책임

논의 4.16

지혜로운 사람이 반드시 좋은 사람일까요? 지혜와 윤리는 어떻게 연결될까요?

지혜로운 사람은 지식과 가치의 관계를 잘 알고 있습니다. 지식에 대한 탐구는 개인적 활동인 것에 못지않게 공동체적 활동이기 때문에, 어떤 의미에서 지식에는 처음부터 가치가 내재되어 있다고 하겠습니다. 여러분은 진리를 위하여 고군분투하는 외로운 사상가의 영웅적 이미지에 매력을 느낄 수 있을 겁니다. 그러나 현실은 여러분이 참이라고 받아들이는 거의 모든 진술이 여러분에게 많은 사람들을 기꺼이 믿을 것을 요구합니다. 여러분은 모든 생물 실험을 혼자서 하거나, 제2차 세계 대전에 대한 책이 기반하고 있는 모든 증거 자료를 직접 점검하고 확인할 수는 없습니다. 여러분은 연구 과정에서 생물학자는 실험 결과를 조작하지 않으며 역사가는 날조하지 않는다고 신뢰해야 합니다.

실제로 여러분이 다른 사람들을 신뢰하지 않았다면 애초에 언어를 익힐 수도 없고 여러분의 의구심을 표현할 수도 없었을 것입니다. 신뢰, 그리고 전문가에 대한 건강한 수준의 믿음은 지식의 기획을 하나로 묶는 접착제이며, 의심은 신뢰라는 더 넓은 맥락 속에서만 의미가 있는 것입니다. 수많은 음모론을 맹목적으로 수용하는 게으른 회의주의는 의심만 할 뿐이라서 비판적 사유와는 다릅니다. 또한 책임감 있고 비판적으로 사고하는 것과 냉소적 사유는 같지 않습니다. 냉소적 사유는 책임감 있고 비판적인 사고와 똑같은 것이 아닙니다. 어떤 일이든 시작하려면 몇 가지는 신뢰해야 합니다.

지식이 신뢰에 기반한 것이라면 우리는 각자의 지식 주장에 책임을 져야 합니다. 우리가 어떤 것을 안다고 말하기 전에 먼저 **마땅히** 해야 할 일이 있습니다. 예를 들어 우리는 증거를 살펴야 **마땅하고**, 일관되어야 **마땅하고**, 비판에 대해 열려 있어야 **마땅합니다**. 이것은 아는이로서의 윤리적 의무의 범위에 대한 흥미로운 의문을 제기합니다. 우리는 사실과 가치를 명확하게 구별하는 데 익숙합니다. 그러나 깊은 수준에서는 사실이 가치에 의존하는 듯 보입니다. 결국 정직, 인내, 용기, 겸손, 관용 같은 **지적인 덕** 없이 어떻게 지식이 존재할 수 있겠습니까?

논의 4.17

1 전문가들에게 책임이 있다면 어떤 것이며, 그 이유는 무엇일까요?

2 나의 가치는 어디에서 왔으며, 아는이로서의 나의 책임은 무엇일까요?

3 신뢰는 나의 지식을 어떻게 형성했을까요? 그리고/또는 내가 속한 공동체는 나의 지식을 어떻게 형성할까요?

우리는 지식의 **생산**뿐 아니라 **사용**에도 책임을 져야 합니다. 여러분이 많은 것을 알면 똑똑해질 수 있지만, 지식의 용도에 대해서도 생각해야만 현명해질 수 있습니다. 현대의 문제점 중 하나는 노하우(know-how)를 가진 똑똑한 사람들은 많지만, '노와이(know-why, 이유를 앎)'라고 불릴 만한 것을 갖춘 현명한 사람들은 거의 없다는 것입니다.

지적 겸손

지혜의 마지막 측면은 지적 겸손입니다. 우리는 신이 아니고 제한된 정신을 가진 유한한 존재이기 때문에 절대적 진리를 습득할 수 없습니다. 우리는 **우리의** 감각, **우리의** 이성, **우리의** 사고를 통해 세계를 해석하기 때문에 절대적 지식은 우리가 도달할 수 있는 범위 밖에 놓여 있습니다. 그래서 우리는 전체 상(像)을 얻을 수는 없습니다. 우리는 우리의 성취를 자랑하고 진보를 이루고 있다고 자부할 수 있겠지만, 우리의 지식이 확장될수록 무지도 확장되며, 모든 대답은 새로운 질문을 낳는 것 같습니다. 3장의 시작 부분에서 언급했듯이, 지식 질문은 논쟁의 여지가 있습니다. 즉, 여러 가지 가능한 답변이 있다는 뜻입니다. 이런 관점에서 보면, 우리가 한 톨의 모래에 대해서도 알아야 할 모든 것을 결코 알 수 없을 것 같습니다. 극한에 이르면 삶과 우주에 대한 거대한 질문 중 일부는 영원히 우리가 닿지 못할 곳에 놓여 있을 수도 있습니다. 이런 것들은 풀어야 할 문제라기보다는 관조해야 할 신비일 것입니다. 종교 지식 공동체가 개인과 공동체가 공유하는 의미와 목적을 탐색할 수 있도록 그들의 서사를 재해석하고 다시 이야기한다면, 세속의 사람들도 자신의 삶의 의미와 목적을 찾으려 노력하고 다양한 방식으로 발견할 것입니다. 인간의 보편적 경향 중 하나는 자신의 삶의 의미를 엮어내는 것입니다.

우리가 모르는 것이 많다는 것을 깨닫는 것은 매우 어렵지만 중요합니다. 더욱이 우리는 우리 자신의 상상력의 빈약함에 의해 제한을 받게 되며, 지식과 능력의 수준을 제대로 평가하지 못할 수 있습니다. 우리가 모르는 것이 무엇인지 알 수 없다는 점을 감안하면, 지적으로 겸손하기가 어려울 수 있습니다. 이것이 **더닝-크루거 효과**라고 알려진 심리 경향 또는 인지 편향입니다. 이에 따르면 우리는 우리가 지닌 전문성의 한계를 알기 어렵습니다. 이 용어는 심리학자 데이비드 더닝(David Dunning)과 저스틴 크루거(Justin Kruger)가 만든 것으로, 한 주제에 대한 지식과 능력이 거의 없는 비전문가일수록 그 영역에서 자신의 전문성과 능력을 과대평가할 가능성이 더 높다는 것을 규명했습니다.

이러한 인지 편향의 예는 실용적 진리론으로 다시 연결됩니다. 이것은 우리의 지식과 능력에 대한 자신감을 과대평가하거나 과소평가하는 것이 유용한지에 대한 물음을 제기합니다. 장기적으로 가장 유용한 것은 우리 자신의 강점과 약점을 현실주의적으로 포착함으로써 지적 겸손을 갖추는 것이며, 우리가 모르는 것을 깨닫고자 노력하는 것입니다.

과거의 위대한 사상가 중에는 지식의 한계를 깊이 인식한 사람도 있습니다. 소크라테스는 자신이 아는 것은 자신이 아무것도 모른다는 것뿐이라고 말한 것으로 유명합니다. 아이작 뉴턴은 자기 자신에 대해 이렇게 썼습니다. **"나는 바닷가에서 놀고 있는 어린아이와 같다. 몸을 이리저리 돌리며 매끈한 조약돌이나 더 예쁜 조개껍데기를 찾고 있지만, 내 앞에는 진리라는 거대한 바다가 온전히 미지인 상태로 펼쳐져 있다."** 평생토록 사고한 끝에 얻은 그런 학습된 무지는 지식 탐구를 첫 단계에서부터 포기함으로써 짧게 끝난 공허한 무지와는 완전히 다릅니다.

소크라테스나 뉴턴 같은 사람들의 지적 겸손은 아마 경이로움이라는 감각과 관련이 있을 겁니다. (이미 모든 답을 알고 있다고 생각하는 독단론자들은 이것을 결코 경험하지 못할 겁니다.) 경이로움은 세상에 나와 새로운 눈으로 모든 것을 바라보며 기적으로 여기는 어린이들에게는 흔한 것입니다. 하지만 나이가 들어감에 따라 우리는 사물의 경이로움에 익숙해지는 경향이 있습니다. 그래서 마침내 세상은 재미없고 흥미롭지 못한 곳, 즉 **지루한** 곳이라는 생각을 하게 됩니다. 이처럼 경이로움을 평범하고 정상적인(normal) 것에서 찾아내지 못하는 무능함 때문에 이를 평범하지 않고 초과학적인(paranormal) 것 속에서 추구하게 되고, 환각제나 사이비 과학, 뉴에이지 컬트 같은 것을 시도하는 것인지도 모릅니다.

키워드

더닝-크루거 효과: 우리가 우리 지식의 한계를 알기 어렵다는 것을 알아내는 인지 편향. 어떤 특정 영역에서 지식을 조금 가지고 있다면 우리는 우리의 지적 수준과 그 영역에서의 경쟁력을 과대평가할 수 있는데, 이렇게 작은 지식이 더 큰 지식에 대한 정당하지 못한 환상으로 이끄는 것을 말함

IB 학습자상 속성의 목록을 인터넷에서 검색하세요. 아는이로서 우리가 발전시켜야 할 속성이나 특성은 무엇일까요? 그리고 그 이유는요?

IB 디플로마 프로그램을 이수하는 학생에게 가장 중요하다고 생각하는 세 가지를 결정하세요. 짝과 함께 또는 학급에서 이에 대해 토론한 뒤, 가장 중요하다고 생각하는 것에 대한 동의나 합의에 이를 수 있다고 생각하는지, 그리고 그 이유를 알아보세요.

되돌아보기

상대주의는 어느 정도나 지적 겸손의 전형일까요? 아니면 반테제일까요? 이런 질문에 대한 성찰은 여러분이 보다 현명해지는 데 어떻게 도움이 될까요?

4.7 맺으며

아는이로서의 우리에게 진리와 지식의 연계가 중요하다는 것은 명백합니다. 우리가 아는 것은 우리가 참이라고 믿는 것들에 기반하고 있는 것 같습니다. 우리는 "무엇이 참인지 어떻게 알 수 있는가?", "여러 가지 진리 이론은 지식 및 앎과 어떻게 관련되어 있는가?" 같은 지식과 앎에 관한 문제를 탐구해 왔습니다.

우리 논의의 결말은, 가장 근본적인 수준에서 우리를 둘러싼 세계에 대한 우리의 상과 세계 그 자체 사이에는 건널 수 없는 간극이 있다는 것입니다. 우리가 평범하고 일상적인 의미에서 진리(소문자 t로 시작하는 truth)에 관해서는 계속 이야기할 수 있지만, 우리가 **대문자** T로 시작하는 Truth(진리)를 성취할 수 있다는 믿음을 포기해야 할 수도 있다는 것을 시사합니다. 임마누엘 칸트는 **현상**(phenomena, 존재하고 볼 수 있는 것)과 **물자체**(noumena, 우리의 지각 밖에 존재하는 것)를 구별했습니다. 현상 세계는 우리가 살고 있는 세계입니다. 물자체 세계는 칸트에 따르면 참된 세계이지만 우리는 접근 불가능한 세계입니다. 즉, 궁극적 진리는 우리의 이해 너머에 있다는 것을 시사합니다.

우리가 바라는 것은 4장에서 여러분이 '진리에 관한 진리'에 대해 사고하게 되는 것입니다. 4장에서 우리는 사실의 본성을 탐구하고 다양한 진리론들을 검토했습니다. 각각의 진리 이론에서 우리는 진리의 본성에 대한 통찰력을 얻었습니다. 게다가 음모론에 관한 부분에서는 '숨겨진 진실'이나 '대안적 진실'에 대한 믿음, 그리고 설명의 상대적 진리에 대한 의문을 제기했습니다. 결론적으로 우리는 지식을 지적 호기심이나 진리 탐구, "불확실성의 가장자리에서 이루어지는 끝없는 모험"[제이콥 브로노우스키(Jacob Bronowski, 1908~1974)]의 문제로 볼 수 있습니다. 진리와 지혜를 고정된 지점이나 최종 지점이라기보다는 과정이나 진행 중인 여정으로 사고하는 것이 합당할 수 있습니다. 비판적 사고는 정신의 습관이 될 수 있습니다. 지적 호기심과 비판적 사고의 적용이 아는이로서의 우리의 삶을 풍요롭게 할 것이라는 생각의 이면에는 얼마간의 진실이 있을 수 있습니다. 그러나 그것이 참인지를 알아내는 것은 여러분 몫입니다! 여러분은 결국 우리가 살고 있는 세계를 이해하려고 노력하는 것이 (우리는 모든 대답을 결코 갖지 못할 것이기에) 목적지에 도달하려는 것이 아니라 서로 다르면서도 더 풍부한 관점으로 여행하려는 것이라는 데 동의할 것입니다. 좋은 여행이 되기를 바랍니다!

지식 질문
1 과학적 진리와 역사적 진리 사이에는 어느 정도 유사성이 있을까요?
2 설명을 참이 되게 하는 것은 무엇일까요?
3 진리는 어느 정도로 지식과 앎의 필요조건일까요?

4.8 지식 영역 연결 질문

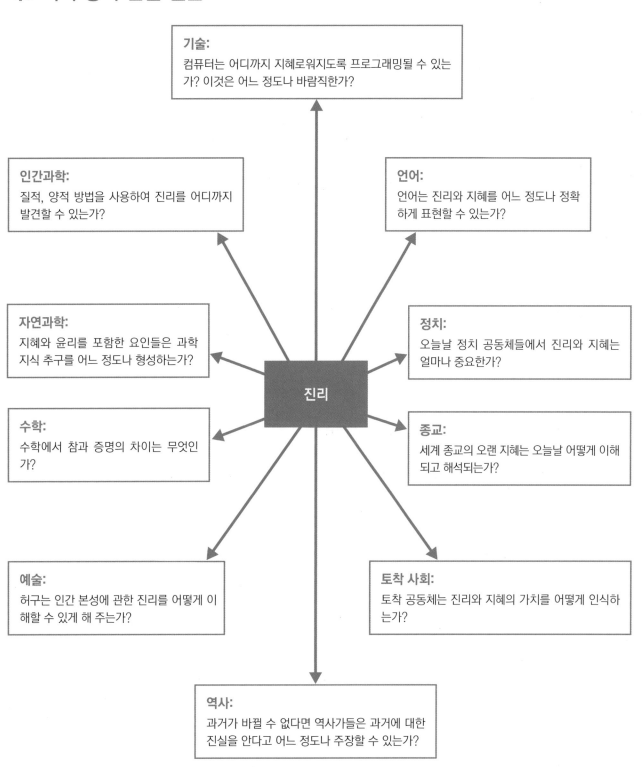

기술:
컴퓨터는 어디까지 지혜로워지도록 프로그래밍될 수 있는가? 이것은 어느 정도나 바람직한가?

인간과학:
질적, 양적 방법을 사용하여 진리를 어디까지 발견할 수 있는가?

언어:
언어는 진리와 지혜를 어느 정도나 정확하게 표현할 수 있는가?

자연과학:
지혜와 윤리를 포함한 요인들은 과학 지식 추구를 어느 정도나 형성하는가?

정치:
오늘날 정치 공동체들에서 진리와 지혜는 얼마나 중요한가?

수학:
수학에서 참과 증명의 차이는 무엇인가?

종교:
세계 종교의 오랜 지혜는 오늘날 어떻게 이해되고 해석되는가?

진리

예술:
허구는 인간 본성에 관한 진리를 어떻게 이해할 수 있게 해 주는가?

토착 사회:
토착 공동체는 진리와 지혜의 가치를 어떻게 인식하는가?

역사:
과거가 바뀔 수 없다면 역사가들은 과거에 대한 진실을 안다고 어느 정도나 주장할 수 있는가?

4.9 자기 점검

4장에서 배운 내용을 되돌아보고 1점에서 5점 사이로(5는 최고 점수, 1은 최저 점수) 자신의 자신감 수준을 표시하세요. 3점 미만이면 해당 부분을 다시 읽어 보세요. 그런 다음 이 목록으로 돌아오세요. 여러분의 자신감이 높아졌나요?

	자신감 수준	다시 읽기?
나는 진리의 본성을 평가하고 진리의 정도라는 개념을 명료하게 밝힐 수 있는가?		
나는 다양한 진리 이론들을 설명하고 다음 이론들의 강점과 약점을 설명할 수 있는가? • 다원론 • 대응론 • 정합론 • 실용론 • 합의론 • 잉여론		
나는 '탈진실 정치'에서 비롯된 지식 질문을 알고 있는가?		
나는 '상대적' 진리와 '절대적' 진리라는 용어의 의미를 이해하며, 이 관점들을 뒷받침하는 데 사용되는 논점들을 이해하는가?		
나는 설명의 역할을 이해하는가? 또 왜 일부 사람들이 '대안적 설명'과 음모론들을 믿는지 이해하는가?		
나는 음모와 음모론들을, 또 이것들이 지식 및 앎에 대해 지닌 적실성을 논의할 수 있는가?		
나는 진리와 관련해 주관성, 객관성, 정당화 개념을 이해하고 사용할 수 있는가?		
나는 어떤 것이 참인지 여부를 확실하게 알 수 없다는 것이 알 수 있는 진리가 없다는 것을 의미하는 게 아니라는 것을 이해하고 있는가?		
나는 지혜가 무엇인지를 좋은 판단, 폭넓은 관점, 자기 인식, 윤리적 책임, 지적 겸손에 입각해서 이해하고 있는가?		
나는 지혜가 어떻게 지식 및 앎과 관련될지를 제대로 설명할 수 있는가?		
나는 아는이의 태도와 특성의 중요성, 특히 IB 학습자상의 속성의 중요성을 평가할 수 있는가?		

4.10 더 읽을거리

- 4장에서 얻은 지식을 바탕으로 다음 글들 중 몇 가지를 읽을 수 있습니다.

- **진리 개념**을 실질적이고 더 깊게 이해하고 싶다면, 또 진리 이론들을 자세히 탐구하고 싶다면 다음 선집을 읽으세요.

  Truth, edited by Simon Blackburn and Keith Simmons, Oxford University Press, 1999.

- 파우스트와 프랑켄슈타인 같은 다양한 신화와 문학 텍스트를 참작하여 어떤 대가를 치르더라도 **진리를 추구**해야 하는지 여부에 대해 탐구하려면 다음을 읽으세요.

  Roger Shattuck, *Forbidden Knowledge*, St Martin's Press, 1996.

- 경제학과 심리학의 통찰력을 바탕으로 우리가 살고 있는 **탈진실 시대의 속임수를 피할** 수 있는 방식에 관한 매력적인 접근법을 보려면 다음을 읽으세요.

  Evan Davis, *Post-Truth: Peak Bullshit — and What We Can Do About It*, Little Brown, 2017.

- 다양한 **음모 이론과 왜 사람들이 음모론을 믿는지**, 그리고 역사적 지식과 상식에 **대한 사례**를 탐구하려면 다음을 읽으세요.

  David Aaronovitch, *Voodoo Histories: The Role of the Conspiracy Theory in Shaping Modern History*, Jonathan Cape, 2009. [데이비드 에러너비치, 『음모는 없다! — 음모 이론의 실체를 밝힌다』, 이정아 옮김, 시그마북스, 2012년]

- **대중적 지식과 음모론**에 대한 비판을 위해서는 다음을 읽으세요.

  Clare Birchall, *Knowledge Goes Pop: From Conspiracy Theory to Gossip*, Bloomsbury, 2006.

- 저자에 따르면 '살아가는 방법에 관한 지식'으로 가장 잘 이해되는 **지혜의 본성**에 관한 수많은 사려 깊은 통찰력이 담긴 짧은 글로는 다음을 읽으세요.

  Andre Comte-Sponville, *The Little Book of Philosophy*, Chapter 12: 'Wisdom', Heinemann, 2004.

2부

선택 주제

지식과 기술

학습 목표

5장에서는 기술과 지식의 관계에 대해 살펴보고, 기술 발전이 지식과 앎에 대한 우리의 사고방식을 어떻게 형성하는지 알아볼 것입니다.

여러분은

- 기술이 아는이에게 미치는 영향을 고려하고 기술과 관련된 지식, 데이터, 정보 및 기억의 개념을 이해합니다.

- 증강 현실, 가상 현실, 인공 지능을 통해 우리의 감각과 인지를 확장하는 도구로서의 기술에 대해 논의하고 빅 데이터가 무엇인지 알아봅니다.

- 컴퓨터가 '생각'하고 '안다'라고 할 수 있는지, 또는 아는이나 전문가가 꼭 인간이어야 하는지 살펴봅니다.

- 기술의 장점과 단점을 평가하고, 기술이 얼마나 윤리적으로 사용될 수 있고 문제를 해결하며 보다 나은 세상을 만들 수 있는지 산정합니다.

- 탈물질화와 기술이 미래의 지식과 앎에 미치는 영향을 평가합니다.

다음 각각의 인용문을 분석하고 이어지는 질문에 관해 토론하세요.

1 "우리는 과학과 기술에 전적으로 의존하는 사회에 살고 있지만, 과학과 기술에 대해 아는 사람은 거의 없다." **칼 세이건**(Carl Sagan, 1934~1996)

2 "사람들은 정치인이나 언론인은 믿지 않는다고 말하지만, 우버에서 전혀 모르는 사람과 함께 차를 타거나 에어비앤비로 숙소를 빌릴 것이다. 전에는 전문가와 권위자에 대한 신뢰가 높았지만, 이제는 낯선 사람, 동료, 그리고 우리 주변에 사는 사람들로 신뢰 기반이 이동하고 있다." **레이첼 보츠먼**(Rachel Botsman, 1978~)

3 "인공 지능은 우리 문명이 직면하는 가장 큰 위험이기에, 그 위험을 가능한 한 빨리 확인해야 한다." **일론 머스크**(Elon Musk, 1971~)

4 "기술은 아무것도 아니다. 중요한 것은 여러분이 사람들에 내한 믿음을 가지고 있고, 그들은 기본적으로 선하고 똑똑하다는 것이며, 그래서 만약 그들에게 도구를 준다면, 그들은 그 도구로 멋진 일을 할 것이라는 것이다." **스티브 잡스**(Steve Jobs, 1955~2011)

5 "인터넷이든 휴대폰이든 무엇이 됐든 새로운 도구가 등장할 때마다 이것들은 모두 선과 악에 이용될 수 있다. 기술은 중립적이라서, 그것은 기술이 어떻게 사용되는지에 달려 있다." **릭 스몰란**(Rick Smolan, 1949~)

각 인용문에 대해 다음을 생각해 봅시다.

    a 인용문에 어느 정도 동의하나요? 아니면 동의하지 않나요?

    b 인용문이 기술과 지식에 대해 무엇을 시사한다고 생각하나요?

    c 각 인용문에서 기술과 지식에 대해 가정하거나 당연하게 여기는 것은 무엇인가요?

5.1 들어가며

기술이 지식을 얻는 데 도움이 된다고 생각하나요? 아니면 기술이 여러분이 알 수 있는 것을 제한하거나 형성한다고 생각하나요?

기술에는 가위와 각도기, 계산기부터 분젠 버너*에 이르기까지 다양한 실용적인 물질적 도구가 포함되며, 최근에는 컴퓨터와 디지털 기술도 포함됩니다. 최근의 기술 변화 속도와 증가율은 계량화하기 어렵습니다. 구글은 1998년에 시작되었으며 2020년까지 하루 평균 35억 건 이상의 검색을 수행해 왔습니다. 유튜브는 2005년에 시작되었으며, 오늘날 사람들은 날마다 88억 개의 동영상을 유튜브로 시청합니다. 5장에서는 기술이 지식을 만들어 내는 도구나 방법, 지식을 전달하는 도구로 어떻게 사용되는지, 제기되는 윤리적 문제의 관점에 입각하여 지식과 기술의 관계를 탐구하고자 합니다.

  기술은 우리가 지식과 앎에 대해 생각하는 방식에 변화를 일으키고 있다는 주장이 있습니다. 또, 우리가 기술을 도구로 이해한다면 기술을 발전시키고 이끌어 가는 것은 기술적인 노하우라는 주장도 있습니다. 간단히 말해서 지식의 미래를 예측하고 싶다면, 오늘날 가능한 기술을 바탕으로 판단할 수 있다는 것입니다. 여기서 한 가지 의문

*분젠 버너: 가스를 연소시켜 고온을 얻는 실험 기구로, 가열 및 살균에 주로 사용된다.

점이 생깁니다. 기술이 지식을 주도하는지, 아니면 지식이 기술을 주도하는지 어떻게 알 수 있을까요? 우리는 기술이 얼마나 지식의 원천이 되거나 장애가 되는지, 그리고 기술이 아는이로서의 우리에게 얼마나 도움이 되거나 방해가 되는지 생각할 수 있습니다. 5장은 디지털 기술을 집중적으로 다루는데, 그중에서 **인공 지능**, **빅 데이터**, 자동화, **누리 소통망**, 머신러닝, 로봇 공학 등 다양한 주제를 탐구할 것입니다.

키워드

인공 지능(AI): 일반적으로 인간의 두뇌 능력이 필요한 작업, 예를 들어 시각과 음성 인식, 언어 번역, 의사 결정 및 기타 관련 작업을 할 수 있는 컴퓨터 또는 기계

빅 데이터: 인간의 행동 등과 관련된 패턴과 경향을 식별하기 위해 분석할 수 있는 방대한 양의 다양한 디지털 데이터 세트

누리 소통망: 사람들이 네트워크를 형성하고 다른 사람들과 콘텐츠를 만들고 공유할 수 있는 페이스북, 트위터, 왓츠앱, 인스타그램 같은 웹사이트 및 앱

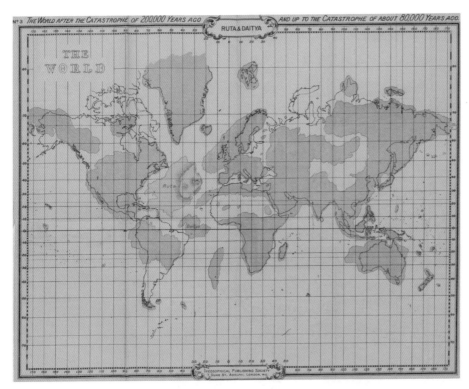

그림 5.1 _ 이 지도 제작에 기술이 어떤 역할을 했다고 생각하나요?

5.2 아는이에 대한 기술의 영향

논의 5.2

우리가 알고 있는 것과 그걸 아는 방법을 기술이 어떻게 구체화할까요?

기술은 단순한 것이 아닙니다. 그것은 모든 것을 아우르고, **모든** 지식 영역의 생산과 소통에 일정한 역할을 합니다. 디지털 혁명 속에 살아가는 우리의 현실을 고려할 때, '기술' 하면 2007년의 아이폰, 2010년의 아이패드, 2012년의 디지털카메라(DSLR) 같은 디지털 기술의 발전이 먼저 떠오릅니다. 하지만 기술은 디지털 기술보다 훨씬 더 광범위합니다. 예를 들면, 동물의 가죽을 벗기는 데 다듬어 사용한 선사 시대의 돌칼과 고대 농업에서 씨앗을 얻기 위해 고랑을 파는 데 사용된 바퀴와 쟁기도 포함합니다.

　기술의 범위는 물체를 넘어 더 넓게 확장된다는 주장도 있습니다. 언어도 도구나 기술로 이해될 수 있습니다. 우리가 언어를 필요에 따라 세계를 다루는 수단으로 사용한

다면, 언어는 기술로 정의될 수 있습니다. 예를 들어 운문과 산문에서는 설득하고 영향을 주고 생각을 표현하는 도구로 언어가 쓰입니다. 펜, 타자기, 키보드는 작가가 마음대로 쓸 수 있는 기술인 반면, 언어 그 자체는 의사소통을 하고 우리의 정체성을 표현하는 근본적인 도구로 이해될 수 있습니다. 따라서 지식론 전시회에 사용할 수 있는 트윗은 기술적 객체로서, 언어의 도구이자 소통을 위한 기술의 좋은 예입니다.

현대의 많은 기술이 2,000년 전 사람들에게는 기적으로 여겨질 것입니다. 디지털 기술, 특히 인터넷은 뭔가를 안다는 것의 의미를 바꾸고 있습니다. 예를 들어 우리가 뭔가를 잊어버려도 인터넷 검색 엔진이 세부 사항을 상기시켜 줄 것을 감안하면 사실적 정보를 떠올리는 것이 중요하지 않다고 여길 수 있습니다. 따라서 아는이는 사실에 대한 세부 사항을 암기하는 것이 더 이상 중요하지 않다고 생각할 수 있습니다. 인터넷은 의심할 여지없이 정보에 훨씬 더 빠르고 쉽게 접근할 수 있게 해 주었습니다. 그러나 누가 정보를 작성하는지, 그리고 출처가 정확한지 의문을 가질 수 있습니다. 게다가 여러분을 위해 미리 선택되어 피드*에 나타난 이 정보는, 기술에 의해 정보를 검색하고 필터링하는 방식이 바뀌고 있음을 알려 줍니다.

*피드(feed): 정보나 콘텐츠를 타인에게 전달하는 행위 또는 그 콘텐츠. 예를 들어 인스타 피드라 하면 인스타그램 개인 페이지의 화면 상태(보통은 다수의 사진)를 의미하고, 뉴스 피드라 하면 자신이 원하는 뉴스를 미리 등록해서 모아 볼 수 있게 하는 서비스를 의미한다.

되돌아보기

여러분은 기술을 당연한 것으로 여기며 자랐을 것입니다. 어떤 현대 기술도 없고 심지어 인터넷도 사용할 수 없다면 IB 디플로마 프로그램 학습이 얼마나 달라질지 생각해 보세요. 지식의 다른 영역에서 여러분의 교과 과정에 접근하려면 방법을 어떻게 조정해야 할까요?

탐구 5.1

트위터는 한글 140자로 즉각적인 의사소통을 할 수 있게 합니다. 다음의 항목 몇 가지에 관한 여러 트윗을 작성하여 140자의 '사운드 바이트'** 단어 제한 내에서 여러분의 생각을 공유하고 소통할 수 있는 부분과 그렇지 않은 부분을 살펴보세요.

- 여러분이 확실히 알 수 있는 것
- 여러분이 가지고 있는 정치적 또는 종교적 신념
- 기술이 아는이에게 초래하는 위험
- 기술이 아는이에게 주는 기회
- 지식의 정의

생각을 공유하기 위해 한글 140자를 사용할 때 얻는 것은 무엇이고 잃는 것은 무엇일까요?

**사운드 바이트(sound bite): 원래는 정치인 등의 짧고 인상적인 발언을 뜻하는데, 여기서는 트위터에 올리는 간결한 언어를 가리킨다.

지식, 정보, 데이터

논의 5.3

여러분은 정보와 데이터, 지식의 차이가 무엇이라고 생각하나요? 각각의 예를 생각해 낼 수 있나요?

'기술'이란 어떤 일을 하기 위해 사람들이 발명한 실용적인 도구들을 말합니다. 우리에게 '지식'과 '앎'이 의미하는 것은 '**정보**'나 '**데이터**'와는 구별됩니다. 인터넷에서 검색하고 필터링할 때 산만해지기 쉽습니다. **낚시성 문구**나 기타 요인으로 특정 검색을 위해 온라인에 접속할 수 있지만 무엇을 찾고 있었는지 잊어버릴 수 있습니다. 우리의 온라인 검색 경험은 언뜻 중립적인 듯 보이지만, 이를 가능하게 하는 기술과 알고리즘 뒤에는 엄청난 복잡성이 있습니다. 우리는 인터넷 검색으로 나타나는 것이 무엇이며 어떻게 필터링되어 화면에 정렬되는지 의문을 제기할 수 있습니다.

검색 엔진은 데이터를 필터링합니다. 인터넷 검색이 가능한 배경에는 기술적인 전문 지식이 있지만, 검색을 통해 얻은 정보가 지식을 얻는 것과 같은 것은 아닙니다. 예를 들어 특정 주제에 대한 인용문 목록을 수집하고 저장하려 한다고 가정해 보세요. 여러분은 책이나 강의를 포함한 다양한 자료뿐만 아니라 인터넷도 하나의 자료로 사용할 수 있습니다. 사실 내용이 종종 확인되지 않는 일부 웹사이트와 달리, 책은 엄격한 검토의 산물이라는 점을 고려하면 대체로 훨씬 더 신뢰할 수 있는 지식의 원천입니다. 우리는 인터넷을 하나의 도구로 생각하고, 우리 자신을 정보 큐레이터나 정보 수집가로 여길 수 있습니다. 아는이는 여전히 자신의 목적에 맞게 식별하고, 걸러 내고, 평가할 필요가 있습니다. 인터넷 검색 시 상위 몇 개의 결과에 의존한다면 다른 많은 사람들과 동일한 자료를 보게 될 것입니다. 뭔가를 검색하는 것은 실제로 내용을 알고, 기억하고, 이해하는 것과는 다릅니다.

기술의 또 다른 문제는 알고리즘의 사용입니다. 대학의 입학 허가 대상을 결정하는 것에서부터 대출 심사에 이르기까지, 알고리즘이 의사 결정에 점점 더 많이 사용되고 있는데, 여기서 누가 이 알고리즘을 규제하는지에 대한 의문이 제기됩니다. 알고리즘은 객관적이거나 중립적이지 않다는 점에 주목할 필요가 있습니다. 영국 과학 기술 협회장인 재클린 드 로하스(Jacqueline de Rojas, 1962~)는 5장 뒷부분에서 다룰 주제인 알고리즘의 편향성을 강조했습니다.

키워드

정보: 기술 분야에서 어떤 것에 대한 사실, 또는 컴퓨터에 의한 데이터의 처리, 저장, 확산을 말함

데이터: 기술 분야에서 '주어진 것'. 일반적으로 조사를 위해 함께 수집된 모든 사실과 통계를 말함

낚시성 문구(clickbait): 링크를 클릭하도록 유도하여 다른 웹 페이지로 이동하도록 설계된 콘텐츠. 예를 들면 시각적 이미지 또는 주의를 끄는 헤드라인

탐구 5.2

재클린 드 로하스는 BBC 라디오4 프로그램인 'Desert Island Discs'에서 인터뷰를 했습니다. BBC 라디오4 웹사이트에서 '재클린 드 로하스를 검색하고 팟캐스트를 들어 보세요. 드 로하스가 기술에 대해 주장하는 세 가지 주요 사항을 선택하고, 그녀가 편향 및 알고리즘에 대해 언급한 몇 가지 특정 요점을 선택하세요.

정보와 데이터가 구별되는 한편, 정보는 지식과도 구별됩니다. 정보와 데이터는 아는 이를 위한 자료입니다. 2장에서 살펴본 것처럼, 정보는 지식과 같지 않습니다. 만일 여러분이 어떤 것을 의식적으로 인식하지 않는다면, 그것을 알고 있다는 것은 말이 안 됩니다. 따라서 백과사전은 파리가 프랑스 수도라는 것을 **알지** 못하고, 휴대용 계산기는 2+2=4라는 것을 **알지** 못합니다. 이것의 함의는 지식은 지각 있는 존재의 속성이라

고 주장하는 사람들이 있습니다. 하지만 기계가 언젠가는 알고 생각할 수 있을 거라고 주장하는 사람들도 있습니다. 우리는 이 개념을 5장 후반부의 인공 지능에 관한 절에서 탐구할 것입니다.

플라톤(BC 427?~BC 348?) 시대 이래로 몇몇 철학자들은 여러분이 뭔가를 알고 있을 때에는 그것을 단순히 믿을 때와는 완전히 다른 심적 상태에 있다고 주장했습니다. 뭔가를 **알게** 되면 그것에 대해 확신하기 때문입니다. 반대로 여러분이 그것을 단순히 **믿는다면**, 그렇지 않습니다. 하지만 이것은 꽤 까다로운 지식의 기준입니다. 지식이 믿음과는 완전히 다르다고 생각하기보다는, 믿음-지식 연속체의 관점에서 생각하는 것이 더 합리적일 수 있는데, 연속체의 한쪽 끝에는 정당하지 않은 믿음, 중간에는 증거가 있는 믿음, 다른 쪽 끝에는 '합리적 의심의 여지가 없는' 믿음이 있습니다.

키워드

합리적 의심의 여지가 없는(be-yond reasonable doubt): 판단의 근거가 의심의 여지 없이 명확한 수준. 재판에서는 증거를 판단하는 기준 중 가장 엄격한 수준의 것

−10	−5	0	+5	+10
불가능한	믿기 힘든	아마도	가능한	확실한

그림 5.2 _ 믿음-지식 연속체

기술이 불러온 중요한 위협은 잘못된 정보의 위험입니다. "어설픈 지식이 위험하다"라는 말이 있습니다. 인터넷은 우리가 4장에서 탐구했던 더닝-크루거 효과에 기여한다는 주장이 나올 수 있습니다. 간단히 말해서 이것은 우리가 아는 것이나 판단하는 능력을 과대평가하는 인지 편향입니다. 우리는 온라인에서 검색해 보고 전문가들보다 더 많이 안다고 느낄 수 있지만 사실은 그렇지 않습니다. 예를 들어 인터넷으로 상태를 진단할 수 있을 것 같아서 병원에 안 가는 사람도 있지만, 많은 경우 전문의는 온라인 자가 진단에 동의하지 않을 것입니다. 여기서 핵심은 정보에 즉시 접근하게 해 주는 디지털 기술이 우리의 지식과 역량 수준에 대한 잘못된 인상을 줄 수 있다는 것입니다.

반면에 우리가 사실을 확인할 수 있기에 잘못된 정보를 수용한 것에 대해 변명의 여지가 없다고 주장할 수 있습니다. 또 인터넷은 우리를 바보로 만드는 것과 거리가 먼 필수적인 지식의 도구라고 주장할 수도 있습니다. 게다가 우리는 막연하지만 잘 입증된 믿음과, 합리적 의심의 여지가 없는 정당화된 믿음을 구별할 수 있습니다.

논의 5.4

온라인에서 얻는 정보가 어떻게 더닝-크루거 효과에 기여할 수 있을까요? 실제 사례를 생각할 수 있나요?

다음은 믿음-지식 연속체의 관점에서 나타나는 기술과 관련된 세 가지 유형의 믿음입니다.

- **막연한 믿음.** 이것은 뉴스 피드에 떠 있기 때문에 뉴스의 사건을 막연하게 믿

을 수 있지만, 하나의 정보 출처에 근거하므로 더 많은 정보나 반증에 비추어 쉽게 마음을 바꿀 수 있다는 것을 의미합니다.

- **지지받는 믿음.** 이것은 여러분이 알자지라, BBC, CNN과 같은 다른 출처들을 사용하여 이 뉴스 기사를 더 탐구하고, 다른 관점들을 고려했다는 것을 의미합니다. 여러분은 그 사건에 대한 여러분의 믿음을 뒷받침할 증거를 가지고 있을 수도 있지만, 여전히 그 사건에 대해 확실히 알고 있다고 하는 건 내키지 않을 수도 있습니다.

- **증거에 기반한 믿음.** 예를 들어 4,000단어(1만~1만 2,000자) 분량의 소논문을 위해 이 사건을 조사하고 역사가 및 정치인의 견해를 모든 각도에서 탐구했다는 뜻입니다. 여러분은 디지털 자료, 잡지, 책을 비롯한 다양한 출처를 활용했고 역사가들이 다른 역사 서술적 관점을 채택할 수 있는 이유를 고려했습니다. 여러분은 증거를 찾고, 알고 이해하며, 그래서 사건과 그 의의에 대한 여러분의 믿음을 지식으로 간주할 수 있다고 기꺼이 주장할 것입니다. 그것을 뒷받침할 수 있는 일련의 증거를 갖고 있기 때문입니다.

논의 5.5

기술은 우리가 믿는 것을 어떻게 형성할 수 있을까요? 기술은 증거에 기반한 믿음을 추구하는 데 어느 정도나 도움이 되거나 방해가 될까요?

기술 사용에 대한 평가

수학자들은 컴퓨터를 점점 더 많이 사용하고 있습니다. 사실, 수학자들은 늘 기술을 사용해 왔고 계산기의 역사는 오래되었습니다. 예를 들면 몇몇 나라에서 여전히 사용되는 주판은 지금으로부터 2,000년 이상 전에 중국에서 발명된 것으로 알려져 있습니다. 한편 남아메리카 잉카는 방대한 양의 숫자 데이터 저장을 위해 줄에 매듭을 지은 **퀴푸**를 사용했습니다. 물론 컴퓨터는 훨씬 더 혁명적이고 획기적인 기술입니다. 수학자 데이비드 베일리(David Bailey, 1948~)에 따르면, **"누군가 실질적이고 공표할 수 있는 수학을 컴퓨터의 도움이 전혀 없이 할 수 있는 시대는 끝나 가고 있다"**고 합니다.

컴퓨터는 데이터에서 흥미로운 패턴을 찾는 데 사용될 뿐만 아니라 (그리고 사실 컴퓨터는 인간이 찾을 수 없는 패턴을 포착할 수 있습니다!) 수학자들이 증명하는 것에 도움이 되기도 합니다. 이런 발전을 환영하는 전문가들도 있지만, 다른 전문가들은 보다 양면적인 태도를 보이며 다음 두 가지를 우려하고 있습니다.

- 컴퓨터 프로그램에는 증명의 타당성을 훼손하는 모르는 버그가 포함되어 있을 수 있습니다. 이것이 암시하듯 우리는 그런 프로그램들이 실수할 수 있는 인간들에 의해 만들어진다는 것을 명심해야 합니다.

- 우리의 이해 과정을 기계에 맡기고 그들의 권위에 의존할 수도 있습니다. 요점은 뭔가에 대한 답을 **아는** 것은 그것을 **이해하는** 것과 같지 않다는 것입니다. 그리고 우리가 추구하는 것은 물론 이해하는 것입니다.

인간 직관의 창조적인 번뜩임보다는 냉혹한 기계의 논리를 어느 정도까지 믿어야 하는가는 확실히 계속해서 논쟁의 대상이 될 것입니다. 여기에서 기술 사용의 이점과 위협에 대한 의문이 제기됩니다.

아는이가 고려해야 할 기술의 이점과 위협

기술은 국가와 문화를 초월하여 우리를 다른 사람들과 연결할 수 있게 해 주어 우리가 점점 더 글로벌한 관점을 채택하게 해 줍니다. 그러나 이런 기술이 아는이에 미치는 영향력은 측정하기 어렵습니다. 기술은 지식의 생산과 확산을 촉진할 수 있습니다. 즉, 보다 쉽고 빠르게 지식에 접근할 수 있게 함으로써 아는이에게 이익이 될 수 있고, 온라인상에서 지식을 광범위하게 접근할 수 있게 하여 보다 공정한 세상을 만들 수 있습니다. 인터넷은 전 세계적으로 의사소통을 할 수 있게 하고, 이전에는 불가능했던 네트워크를 이용하여 사람들을 연결해 줍니다. 이를 통해 작업 방식을 보다 빠르고 효과적으로 바꿀 수 있습니다. 그것은 우리가 아는 것과 생각하는 방식을 형성할 수 있습니다.

반면에 기술이 비윤리적으로 사용되거나, 잘못된 손에 넘어가 조작이나 남용에 악용되면 위협이 됩니다. 우리가 디지털 기술의 노예가 될 수 있다고 주장하는 사람도 있습니다. 기술은 정보의 과부하를 일으킬 수 있고, 또 너무 빨리 발전하거나 기존 생활 방식을 붕괴시킬 경우 문제를 일으킬 수 있습니다. IB 지리학에서는 수많은 기술이 위험을 초래하고 새로운 기회를 창출하는 '파괴적인 기술'로 평가됩니다. 어쩌면 기술은 우리의 관점을 제한하고 창의성을 억누를 수도 있습니다. 디지털 기술과 누리 소통망이 기존의 시각을 강화하고 보다 편협한 사고방식으로 귀결되는 **메아리 방**을 만든다고 비난하는 사람들도 있습니다. 실제로 디지털 기술은 대기업과 정부가 선동을 하고, 우리의 사고방식을 조작하고, 우리가 아는 것을 제한하는 데 사용될 수 있습니다.

기술은 또한 오보나 여론의 호도에 사용될 수 있으며, 가짜 뉴스는 콘텐츠의 정확성에 대한 규제가 거의 또는 전혀 없기 때문에 확인되지 않을 수 있습니다. 예를 들면 2019년 아티스트 빌 포스터스(Bill Posters)와 다니엘 하우(Daniel Howe)가 만든 가짜 비디오('페이스북 딥 페이크'로 알려짐)에서 페이스북 CEO인 마크 저커버그(Mark Zuckerberg)가 책상에 앉아 이렇게 말했습니다. **"잠깐 상상해 보세요. 한 사람이 수십억 명의 도난당한 데이터, 모든 비밀, 그들의 삶, 그들의 미래를 완전히 통제하고 있다는 것을."** 이것은 저커버그가 한 말이 아니었고, 그럴듯해 보였지만 진짜가 아니었습니다.

> **키워드**
>
> 메아리 방: 2장에서는 보다 일반적인 용어로 논의되었지만, 기술적인 측면에서는 자신과 비슷한 신념이나 견해에만 노출되어 다른 시각을 접하지 않는 가상의 공간을 말함

1 진짜 뉴스 기사처럼 보이는 가짜 뉴스 기사를 만들어 보세요. 가능한 한 설득력이 있도록 시각적인 자료를 제시하세요. 어떤 문제에 직면하나요? 오해의 소지가 있거나 잘못된 정보를 얼마나 쉽게 만들 수 있나요?

2 다음 안건에 대하여 학급 토론을 해 보세요. "우리는 기술 변화의 속도가 지식과 이해력을 위협한다고 믿는다."

이런 기술 사용에는 엄청난 지식이 내재되어 있습니다. 아는이로서 우리는 진짜와 가짜를 구별할 수 있어야 하지만, 기술의 정교함 때문에 그 차이를 알기가 점점 더 어려워집니다.

보다 큰 문제는 디지털 기반 기술의 복잡함을 우리가 제대로 이해하지도 못하면서 계속 의존도가 높아지고 있다는 점입니다. 흥미롭게도 이런 변화의 속도가 너무 빨라서 그 기술에 익숙해질 때쯤에는, 이미 구식이 될 수도 있습니다. 이것은 기술 변화가 얼마나 빠르고 흥미로운가뿐만 아니라, 얼마나 지식과 이해력을 불안정하게 할 수 있는지를 보여 줍니다.

1 현대 기술의 이점에 대해 찬성하거나 반대하는 토론을 두 사람이 역할극으로 해 보세요. 그런 다음 역할을 바꿔서 해 보세요.

역할극에서 여러분은 발명품(전화, TV, 자동차, 전자레인지, 또는 여러분만의 예 등)이 갖는 이점과 위협을 생각해 볼 수 있습니다. 그리고 언급된 각 발명품이 실제로 어떻게 작동되는지를 짝이 설명할 수 있는지 확인해 보세요.

- 기술의 이점과 위협에 대한 평가에서 어떤 점이 눈에 띄나요?
- 이점과 위협 중 어느 것을 주장하기가 더 쉬운가요?
- 기술이 실제로 어떻게 작동하는지 설명할 수 있는 자신의 능력에 대해 어떤 점이 눈에 띄나요?

2 역할극이 끝난 뒤, 5장 시작 부분에서 인용한 칼 세이건의 다음 발언을 분석하고 깊이 생각해 보세요. "우리는 과학과 기술에 전적으로 의존하는 사회에 살고 있지만, 과학과 기술에 대해 아는 사람은 거의 없다."

이 인용문에 동의한다면, 여러분은 이것이 아는이에게 얼마나 문제가 된다고 생각하나요? 사람들이 발명품이 어떻게 작동하는지 설명할 수 없다면 문제가 될까요?

1 잘못된 정보가 모르는 것보다 더 위험할까요?

2 기술에 의해 만들어진 메아리 방이 지식과 앎에 어느 정도나 문제를 일으킨다고 생각하나요?

인터넷은 무엇을 안다는 것의 의미를 어떻게 바꾸고 있을까

인터넷은 뭔가를 안다는 것의 의미를 상당한 정도로 바꾸고 있습니다. 인터넷 기술로 가능해진 이미지와 다른 멀티미디어 자료에 대한 접근성의 증가는, 우리가 무엇을 알고 어떻게 그것을 알고 있는지를 형성합니다. 우리가 정보에 즉시 접근할 수 있다는 것은 겉으로는 뭔가에 대해 잘 아는 것처럼 보일 수 있음을 의미합니다. 디지털 기술의 발달로 인터넷 검색이 가능해지면서 우리는 알고 있다는 착각을 하게 되었습니다. 우리는 인터넷 검색을 할 때 나타나는 검색 엔진의 첫 페이지가 결과를 제공하는 알고리즘과 기술의 산물이라는 것을 잊을 수 있습니다. 종종 우리는 판단하기 전에 출처를 정확하게 확인하거나 여러 시각을 고려할 시간이 없습니다. 하지만 지식을 추구하고 실제로 뭔가를 안다고 주장하고 싶다면, 앎의 과정의 도구나 조사 방법의 도구로 기술을 활용하여 깊이 파고들 필요가 있습니다. 제이스토어(JStor),[*] 구글 학술 검색(Google Scholar),[**] 구텐베르크 프로젝트(Gutenberg Project)[***] 등 다양한 출처가 도구로 사용될 수 있습니다. 기술이 반드시 우리보다 '더 많이' 또는 '더 잘' 안다고 가정할 수는 없습니다. 인간의 지식과 의식은 그것의 전체 또는 일부를 복제하려는 모든 시도의 영감이자 대의입니다.

　한 가지 예상할 수 있는 상황은 우리가 점점 더 즉각적인 답을 기대한다는 것입니다. 우리는 이제 빠른 검색에 더욱 더 익숙해졌습니다. 답을 찾지 못하거나 여러 출처를 참고해야 하는 경우, 예전보다 인내심이 더 적어졌을 것입니다.

[*] http://www.jstor.org. 학술 저널을 많이 보유하고 있는 전자 도서관

[**] https://scholar.google.co.kr. 학술 저널이나 논문 검색 위주의 구글 검색

[***] https://www.gutenberg.org. 저작권이 만료된 고전 작품을 e북으로 만들어 무료로 배포하는 프로젝트

그림 5.3 _ 무엇을 안다는 것의 의미를 인터넷이 어떻게 바꾸고 있을까요?

다음 발명품이 아는이의 사고방식에 어떤 영향을 미쳤다고 생각하나요? 이 발명품 중 여러분이 가장 흥미로워하는 것 세 가지를 선택하거나, 여러분만의 발명품 사례를 이용하세요. 각각의 영향력을 측정하는 데 활용할 수 있는 기준을 정하세요.

a   비행기

b   카메라

c   영화

d   현미경

e   인쇄기

f   라디오

g   인공위성

h   스마트폰

i   망원경

j   텔레비전

또래 평가

짝과 노트를 비교하고 서로 피드백을 주세요. 여러분과 짝은 어떤 기준으로 각각의 영향력을 측정했나요? 다음 사항들을 고려했나요?

- 그 발명품을 사용한 성과나 결과

- 그 발명품이 어떻게 우리의 관점을 넓히거나 좁히거나 바꿨는가

- 그 발명품이 어떻게 믿음을 형성하거나 변화시켰는가

- 그 발명품의 윤리적인 영향

가장 도움이 많이 되거나 관련성이 높았던 기준은 어떤 것이었고, 그 이유는 무엇인가요? 짝이 여러분은 놓친 요점을 지적하거나, 그 반대의 경우가 있었나요? 여러분은 사람들이 어떻게 생각할지, 무엇을 믿을지, 무엇을 안다고 주장할지와 관련하여, 기술이 아는이에게 미치는 효과와 영향을 얼마나 잘 설명할 수 있다고 생각하나요?

인터넷 문화와 기억

실제 상황 5.1

"인터넷 시대에 우리가 기억해야 할 핵심은 정보가 아니라 어디에서 정보를 찾는가다." 이 주장에 동의하나요?

우리 시대에는 디지털 기술이 사람들의 사고방식을 다시 한 번 변화시킨다고 주장할 수 있습니다. 이제 버튼만 한 번 누르면 방대한 양의 정보에 접근할 수 있으므로, 얼마나 많은 정보를 머릿속에 기억하고 있어야 하는지, 그리고 얼마나 안전하게 컴퓨터 기억 장치(용량이 더 크고, 보다 접근하기 쉬우며, 손상이 잘 안 되는)에 '위탁'할 수 있는지 궁금

할 수 있습니다.

키워드

구글 효과(또는 구글 기억 상실): 온라인에서 쉽게 찾을 수 있는 정보를 잊어버리는 경향

이미 인터넷이 우리의 기억에 영향을 미친다는 증거가 있습니다. **구글 효과**에서 알 수 있듯 우리는 온라인에서 쉽게 찾을 수 있는 정보를 잊어버리는 경향이 있다고 합니다. 좋은 것일 수도 있지만, 뇌는 '사용하지 않으면 사라지는' 기준으로 작동하기 때문에, 뇌가 사물을 기억하는 전반적인 능력이 약화할 것을 우려하는 사람들도 있습니다. 보다 낙관적인 사람들은 기술을 우리 능력을 감소시키기보다는 향상시키는 인지적 지원으로 봅니다. 예를 들면 마인드맵 프로그램은 복잡한 정보를 보다 쉽게 **정리할** 수 있도록 해 주기 때문에 우리가 **기억**하는 것을 보다 쉽게 해 줄 수 있습니다. 이것이 사실이라면 인터넷은 기억의 감소가 아니라 재배치로 귀결됩니다.

실제 상황 5.2

여러분은 오늘날의 학생들이 이전 세대의 학생들보다 **더 적게** 기억한다고 생각하나요? 아니면 그들이 단순히 **다른** 것들을 기억한다고 생각하나요?

하지만 한 가지는 분명합니다. 현대에는 정보의 양이 너무 많으므로 대부분의 정보를 디지털 형태로 저장할 수밖에 없습니다. 우리는 조상들과는 달리 '머릿속에 간직한다'라는 의미에서는 알아야 할 것들 중 극히 일부만 알 수 있습니다.

인간의 기억에 한계가 있다는 것은 우리가 개인적으로나 사회적으로 '살아 있는 지식'으로서 무엇을 보존할 것인가를 선택해야 한다는 뜻입니다. 우리는 1,000년 후에도 현재 문화의 어떤 부분이 여전히 기억되고 논의될지 추측할 수 있을 뿐입니다.

실제 상황 5.3

서기 2500년의 사람들이 기억하거나 기억해야 할 지금의 과학적, 문화적, 정치적 발전은 무엇이라고 생각하나요?

탐구 5.6

1 다음 안건에 대하여 학급 토론을 해 보세요. "우리는 글쓰기가 기억력에 위협이 되지 않는 것처럼 인터넷이 기억력에 위협이 되지 않는다고 본다."

   이 견해에 대해 찬성이나 반대 의견 중 하나를 선택하여 준비하세요. 그런 다음 토론을 벌이고, 논쟁을 벌인 양쪽의 강점과 장점을 평가하세요.

2 시를 골라 몇 구절을 외우세요. 10분 동안 얼마나 많은 구절을 기억할 수 있는지 보세요. 수업 시간에 차례로 여러분이 기억하는 구절을 암송하세요. 그런 다음 시를 외우는 것이 어떤 가치가 있는지 토론하세요. 기억하기 쉬웠나요, 아니면 어려웠나요? 시를 단순히 읽는 것이 아니라 외운다면, 다른 방식으로 알고 있는 것일까요? 과학 기술 시대에 시를 얼마든지 쉽게 찾아볼 수 있는데 여러분은 왜 이런 식으로 가치 부여를 하며 시를 외우는 것일까요?

5.3 도구로서의 기술

기술이 지식을 습득하고 구축하는 도구로 사용될 수 있는 방법은 많습니다.

감각을 확장하는 도구로서의 기술

그림 5.4 _ 한 여성이 VR 기기를 쓰고 있습니다. 기술은 어떻게 우리의 감각을 확장시킬 수 있을까요?

현미경이나 망원경 같은 과학 기술 장비는 우리의 감각 범위를 넓혀 주는 도구입니다. 기술은 우리의 관찰 능력을 향상시켜 새로운 생각을 보다 쉽게 확인할 수 있게 합니다. 이탈리아의 천문학자이자 물리학자 갈릴레오 갈릴레이(Galileo Galilei, 1564~1642)는 새로 발명된 망원경을 사용해서 금성의 겉보기 크기의 변화를 감지할 수 있었습니다. 망원경 렌즈를 만드는 데 사용된 기술 덕분에 망원경으로 하늘을 관찰하여 지식을 얻은 것입니다. 그러므로 그가 지식을 발견할 수 있었던 원동력은 기술이었습니다. 그 뒤, 지구를 도는 허블 우주 망원경 같은 고성능 망원경은 천문학자에게 필수적인 연구 도구가 되었습니다. 이 과학 기술 장비는 더 멀리 있는 물체와 사건을 관찰할 수 있게 해 주므로 우리 감각의 범위를 확장하는 것 이상의 역할을 한다고 주장하는 사람도 있습니다. 예를 들면 허블 망원경의 뒤를 잇는 제임스 웹 우주 망원경은 우리가 훨씬 더 먼 우주의 부분들을 훨씬 더 높은 해상도와 정확도로 관측할 수 있게 해 줄 것이고, 따라서 우주론 물리학자들이 새로운 지식을 발견하는 데 이바지할 것입니다.

갈릴레오 시대 이후, 지식은 놀라운 속도로 성장했습니다. 하지만 이것이 계속될 수 있을지는 여전히 알 수 없습니다. 주기율표의 원소 발견 같은 '쉬운 발견'은 이미 모두 이뤄졌고, 앞으로는 새로운 지식을 개척하기가 점점 더 어려워질 것이라고 우려하는 이들도 있습니다. 또 인공 지능, **가상 현실**, **증강 현실**의 새로운 시대가 우리 감각을 크게 향상시키면서 지식 습득 능력을 획기적으로 향상시키고 혁신할 것이라고 믿는 사람들도 있습니다.

후자의 견해를 뒷받침할 증거는 많습니다. 사이버네틱스 분야의 세계적 권위자인 케빈 워릭(Kevin Warwick, 1954~) 교수는 이미 최초의 **사이보그** 중 한 명이 되었습니다. 그는 자신의 신경계와 연결되는 마이크로칩을 팔에 이식하기 위해 다양한 수술을 받았고, 기계와 결합하여 컴퓨터를 제어하고, 전등을 켜고, 이식 장치를 통해 문을 열 수 있습니다. 게다가 그는 마이크로칩을 사용하여 아내와 의사소통을 할 수 있는데, 그의 아내도 비슷한 수술을 받았기 때문입니다. 초인적인 청력을 갖게 될 날이 머지않았으며, 지금은 들을 수 없는 소리를 언젠가는 듣게 될 것이라는 견해도 있습니다. 또, 촉감을 향상시켜 수술을 집도하는 외과 의사에게 도움이 될 '웨어러블 전자 손가락'이 개발되었습니다. 현미경과 망원경은 한편으로는 아원자 입자를, 다른 한편으로는 멀리 떨어진 은하를 연구할 수 있게 해 줍니다. 예를 들면 2019년 전 세계의 8개 망원경이 함께 작동하여 수백만 광년 떨어진 은하에 있는 블랙홀의 최초 이미지를 만들었습니다. 이 이미지는 다양한 센서에서 얻은 다양한 데이터 판독 값을 합성하여 만든 것입니다. 과거에는 이런 발전이 공상 과학 소설(SF)처럼 들렸겠지만, 놀랍게도 이제는 그것이 과학적 사실이 되었습니다.

이것이 과장된 주장이라고 믿는 사람들도 있습니다. 스티븐 호킹(Stephen Hawking, 1942~2018)은 AI를 인류에 대한 거대한 잠재적 위협으로 보았습니다. 파모나 대학의 경제학 교수인 게리 N. 스미스(Gary N. Smith, 1945~)는 컴퓨터가 우리보다 더 똑똑해지는 것이 위험한 게 아니라 지혜와 분별력이 없는 기술의 힘을 과신하는 것이 위험하다고 주장합니다. 예를 들면 힐러리 클린턴의 2016년 미국 대선 캠페인에서는 클린턴에게 투표할 가능성이 있는 사람이 몇 명인지 계산하기 위해 신뢰할 수 있는 에이다(Ada)라는 AI를 사용했습니다. 그러나 에이다가 고려하지 않은 여러 가지 요소들이 있었고, 투표에서 에이다가 다양하게 가정한 것은 당연한 것으로 여겨졌지만 잘못된 것으로 드러났습니다. 게리 스미스는 '빅 데이터'에 대한 지나친 신뢰가 클린턴의 대선 패배를 초래한 요인 중 하나라고 주장합니다. 여기서 중요한 것은 아는이에게 엄청난 지식의 원천인 기술은 여전히 인간이 이해하고 해석하고 사용하는 알고리즘에 기초해야 한다는 것입니다. 인간이 기계와의 상호 작용을 점점 더 늘려 감에 따라, 인간이 무엇을 의미하는지, 의미에 대한 우리의 이해, 우리의 정체성, 우리의 위치, 우리의 목적의식 등에 대한 더 광범위한 의문이 생깁니다.

키워드

가상 현실(VR): '가상' 세계의 이미지를 보여 주는 헤드셋처럼, 가상 환경의 컴퓨터 시뮬레이션을 생성하는 기술

증강 현실(AR): 컴퓨터 시뮬레이션을 현실 세계에 겹쳐서 보여 주는 기술

사이보그(cyborg): 유기계와 생물 유기체를 합성한 사이버네틱 유기체(Cybernetic Organism)

다음 과학 기술 장비들은 어떤 방식으로 인간의 감각을 향상시키고 우리가 알 수 있는 것을 형성할 수 있을까요?

- 현미경
- 지상 망원경
- 우주 망원경

인지를 확장하는 도구로서의 기술

가상 현실과 증강 현실

최근의 가상 현실, 증강 현실 같은 몰입형 기술은 지식을 습득하는 비교적 새로운 기술입니다. 이런 기술은 단순히 가르침을 받는 것이 아니라 '감각'을 느끼는 콘텐츠의 가능성을 제시합니다. 예를 들어 교사는 수업 시간에 에볼라 바이러스에 대해 가르칠 수 있지만, 가상 현실 헤드셋을 이용하여 학생들이 그 환경에 놓이게 하는 것과 현실에서 말로 설명하는 것은 완전히 다른 경험입니다. 그것은 뇌의 완전히 다른 부분을 자극하고 완전히 다른 학습 경험을 줍니다. 경험은 새로운 관점을 제공하고 시뮬레이션은 새로운 지식으로 이어집니다.

가상 현실과 중첩된 세계는 지식과 앎에 좋은 것이라는 주장도 있습니다. 반면에 이것은 현실 생활에서의 경험과 단절되는 것을 의미할 수도 있습니다. 예를 들면 공연장에서 직접 연주 실황을 듣는 대신 헤드폰으로 피아노 협주곡을 듣는 것은 이득이라기보다는 직접 체험의 손실로 볼 수 있습니다. 가상 현실은 다른 방법으로는 기회가 없는 사람에게 그런 경험을 가능하게 해 줄 수 있습니다. 하지만 사람들의 얼굴, 반응, 몸동작을 보고 객석의 분위기에 흠뻑 젖는 것처럼 콘서트에 참여하여 얻게 되는 체험은 재현하지 못할 수 있습니다. 다른 상황을 예로 들면, 현실 세계에서 실제 인간과 사랑에 빠지는 것을 가상 체험 기술로 모방하기는 어렵습니다. 반면에 가상 세계에서 사랑에 빠지고 현실에서 결혼하는 사람들이 있었다는 것도 주목할 수 있습니다만, 그래도 현재의 기술이 '육체를 가진 인간의 경험'의 진본성과 확실성을 복제하지는 못한다고 주장할 수 있습니다. (가상 상호 작용은 여전히 인간의 경험에 관계되기 때문입니다.)

물론 VR 또는 AR 콘텐츠는 인간에 의해 만들어진 것으로 제작자의 동기, 콘텐츠의 적합성, 그리고 사용 윤리에 대한 의문이 제기됩니다. 또한 그들의 의도에 따라 여러분의 경험이 조정될 수 있다는 점을 고려할 필요가 있습니다.

*https://idea.org.uk

논의 5.7

1 "디지털 세계에서는 디지털 기량이 필요하다." 이 말에 어느 정도나 동의하나요?

2 우리는 인간의 지식을 '업그레이드' 하기 위해 기술을 사용할 수 있고, 사용해야 할까요?

그림 5.5 _ 로봇 공학이나 인공 지능 같은 기술은 우리의 지식과 앎을 어떻게 바꿀까요?

인공 지능

인공 지능은 기계를 똑똑하게 만드는 과학입니다. 미국의 컴퓨터 과학자인 존 매카시 (John McCarthy, 1927~2011)는 '인공 지능'이라는 용어를 처음 만들었습니다. 인공 지능 (AI)에는 강한 인공 지능인 **일반 인공 지능**과 약한 인공 지능인 **응용 인공 지능** 같은 다양한 종류가 있습니다. 우리가 이미 사용하고 있는 대부분의 AI는 약한 AI이거나 적용 분야가 좁으며, 사전 지시에 따라 특정한 단일 작업을 수행합니다. 스마트폰의 시리(Siri)*나 알렉사(Alexa)**를 예로 들 수 있습니다. 지침을 지키면 잘 작동하지만 그렇지 않으면 알고리즘이 제대로 작동하지 않습니다. 사용자는 음성을 사용하여 시리에게 타이머를 설정하거나 문자 메시지를 보내도록 요청할 수 있지만, 시리는 온라인 데이터와 일치하는 질문에만 답할 수 있습니다. 시리에게 삶의 의미에 관해 물어보면 답

키워드

일반 인공 지능(AGI): 강한 AI 또는 완전한 AI로도 알려져 있으며, 인간이 할 수 있는 모든 범위의 인지 능력을 비롯하여 동일한 지적 업무를 수행하는 기계의 능력

응용 인공 지능: 약한 AI 또는 좁은 AI로도 알려져 있으며, 특정한 문제 해결이나 추론 작업을 위해 소프트웨어를 사용함

*애플의 아이폰에 탑재된 인공 지능

**아마존의 스마트홈 스피커에 적용되는 인공 지능

이 나오지만, 질문에 유머러스하게 대답하도록 미리 프로그램된 일련의 답변 중 하나를 제공합니다. 시리가 인간적 맥락을 모두 이해하는 것은 아니므로 가치관이나 윤리에 관해 물어봐도 답을 **아는** 것은 아닙니다.

탐구 5.9

시리나 알렉사에게 다양한 질문을 해 보세요. 사실적인 질문부터 시작하세요. 예를 들면 사람, 날짜, 숫자 또는 장소와 관련된 사실에 대해 질문할 수 있습니다. 그런 다음 질문을 발전시켜 어떤 답변이 나오는지 확인하세요. 어느 답변부터 혼란스러워지나요? 답변은 때때로 놀랍거나 유머러스하기도 합니다. 예를 들어 알렉사에게 "네가 가장 좋아하는 음료는 무엇이니?"라고 물어보면 답변은 "나는 지식에 대한 갈증이 있어요!"라고 할 것입니다. 컴퓨터가 처리할 수 있는 것과 처리할 수 없는 것에 대해 무엇을 알게 되었나요?

지능의 한 가지 정의는 '무엇을 해야 하고 언제 그것을 해야 하는지 아는 것'인데, 이는 현재의 약한 AI를 벗어난 것입니다. 문제를 해결하거나 체스를 두거나 논리적으로 생각할 수 있는 이성적인 지능을 비롯하여 다양한 종류의 지능이 있습니다. 사회 지능에는 사람들 앞에서 말하는 법과 집단 속에서 행동하는 적절한 방법이 무엇인지 아는 것이 포함됩니다. 감정 지능에는 다른 사람들이 생각하고 느끼는 것을 이해하는 능력이 포함됩니다. 우리는 다양한 유형의 지능을 가질 수 있으며, 이것은 개별적으로 이해하고 구축할 수 있습니다.

신발 끈을 묶는 것부터 자동차 운전까지 특별히 지능이 필요해 보이지 않는 일들이 많이 있습니다. 이 **모든** 일을 할 수 있는 우리의 능력은 주목할 만합니다. 한 가지 특정 작업에 맞게 프로그래밍이 된 약한 AI와 달리, 인간의 지능은 훨씬 더 폭넓습니다. 다시 말해서 인간은 지적 지능, 정서적 지능 등 여러 지능을 가지고 있습니다. 게다가 인간의 지능은 체득되어 있고, 상당한 정도의 능숙도와 정밀한 수작업을 명령합니다. 우리 몸의 운동 기능은 복제하기가 매우 어렵습니다. 지능은 유전자 프로그래밍을 넘어섭니다. 자동적인 본능과 반사 신경이 있고, 우리의 뇌는 이를 수행할 만큼 똑똑합니다. 하지만 이런 일을 수행하도록 컴퓨터를 프로그래밍하는 것은 어렵습니다.

약한 AI와 달리 강한 AI는 스스로 학습할 수 있고 유연하며 적응력과 창의력이 뛰어납니다. 강한 AI의 한 예로 2010년에 설립되어 2014년에 구글에 병합된 구글 딥마인드*가 있습니다. 구글 딥마인드의 목표는 범용 학습 알고리즘을 제작하는 것입니다. 이 알고리즘은 원 데이터로부터 학습할 수 있으며 인간이 사전에 프로그래밍하거나 조작하지 않습니다. 여기서 AI는 우리가 지식이라고 생각하는 것을 어떻게 형성하는가와 관련되어 있습니다.

애플, 페이스북, 구글 등 많은 기술 기업이 AI에 막대한 투자를 하고 있습니다. AI가 기약하는 것에 대해 사용되는 언어와 이념은 중요한데, 종종 낙관론과 비관론으로 의견이 첨예하게 갈립니다. 이런 가치 판단의 이면을 살펴보고 현재 AI가 할 수 있는 일

*구글 딥마인드는 스스로 학습한다는 의미에서 강한 AI의 특징을 가지고 있으나, 강한 AI는 아니다.

에 대한 설명과 기술적 **특이점**으로 알려진 초인적 지능의 미래 발명에 대한 추측을 구분하는 것이 중요합니다. 기술적 특이점은 인공 지능과 기술이 크게 발전하여 인간에게 전환점이 되는 미래 순간을 말합니다. 이런 가상의 미래 순간은 지식에 큰 영향을 미칩니다. 그것은 기계 지능이 자리를 차지하고, 인간과 인간의 지식에 미치는 영향을 통제할 수 없거나 되돌릴 수 없거나 알 수 없는 시점을 의미합니다.

키워드

특이점: 인공 지능의 맥락에서는, 컴퓨터 지능이 인간의 지능을 능가하는 시점. 인간과 인간의 지식에 대한 돌이킬 수 없는 변화의 순간

비행 기술과 인공 지능 발명의 비교

비행 기술은 인공 지능 기술과 비교됩니다. 수 세기 동안, 많은 사람이 새의 비행을 모방한 비행 기계를 만들려고 시도했습니다. 실제로 초기 발명가들은 새이 비행을 흉내내려 했고, 이것은 비행의 공기 역학을 이해하는 데 도움을 주었지만 아무도 성공하지 못했습니다. 비행기 발명에 처음 성공한 사람은 라이트 형제였습니다. 하지만 그들의 비행은 새의 비행과는 매우 달랐습니다. 마찬가지로 유추해 보면, 기계 지능은 인간의 지능과 의식을 닮거나 직접적으로 복제하지 않을 수도 있습니다. 기술의 발명은 전적으로 독창적인 관점을 기반으로 할 수 있습니다. 이 유추에는 중요한 의미가 있습니다. 이 유추가 참이라면, 비행기가 새를 간접적으로만 닮은 것처럼, 기계 지능의 본성은 독특하고, 고유의 특성을 가질 것이며, 인간의 지능과 같지 않을 것이라고 추측할 수 있습니다. 비행기와 우주선은 이제 어떤 새보다도 잘 날 수 있습니다. 새의 비행과 비행기의 비행의 관계는 곧 탐구하게 될 돈과 암호 화폐의 관계와 비교될 수 있습니다.

돈과 가치에 대한 우리의 사고방식에 영향을 미치는 도구로서의 기술

암호 화폐는 디지털 기술이 우리가 돈에 대해 어떻게 생각하는지, 컴퓨터가 금융 거래를 처리하고 기록하는 것을 어떻게 신뢰하는지를 보여 주는 하나의 예입니다.

그림 5.6 _ 어떻게 암호 화폐가 가치를 보장하고 돈에 대한 우리의 생각을 바꾼다고 할 수 있을까요?

2019년 캐나다 최대 암호 화폐 거래소 중 하나인 쿼드리가(Quadriga)의 CEO 제럴드 코튼(Gerald Cotton)이 갑자기 죽었습니다. 해커로부터 화폐를 보호하기 위해 계정을 암호 화폐 **지갑**에 오프라인으로 저장했지만, 코튼만 유일하게 지갑의 접속 코드를 사용할 수 있었습니다. 그는 예금 정보에 대한 접속 암호를 보유한 유일한 사람이었고, 1억 달러가 넘는 거액이 사라질 위기에 처했습니다. 암호는 존재하지만 아무도 접근할 수 없습니다. 이 예는 어떻게 정교화된 기술이 존재하는 세계에서도 지식이 사라질 수 있는지를 보여 줍니다.

암호 화폐는 인간의 전통적인 제도에 도전장을 내밀고 있습니다. 이 새로운 형태의 돈은 제한 없이 전통적인 은행 시스템보다 낮은 비용으로 전 세계 어디에서나 송금에 사용될 수 있습니다. 은행 장부는 스프레드시트처럼 금전 거래를 입출금 방식으로 기록합니다. **블록체인**은 이 거래 장부를 실행하고 거래를 검증하기 위해 은행 또는 신뢰할 수 있는 다른 제3자가 필요한 문제를 해결합니다. 블록체인은 암호화된 방식으로 보호되는 장부로, '작업 증명'이라는 시스템을 사용하여 많은 컴퓨터들이 진실성 여부의 합의에 도달합니다. 이 컴퓨터들은 매우 어려운 수학 퍼즐을 풀기 위해 작동하는데, 이 퍼즐을 풀었을 때 암호 화폐(블록체인의 계정 단위)의 형태로 보상을 제공합니다. 퍼즐을 풀면 동시에 **트랜잭션** 블록을 승인합니다. 그럼 트랜잭션 블록은 트랜잭션 체인에 추가되는데, 이것을 블록체인이라고 합니다. 이처럼 탈중앙화되고 분산된 블록 장부는 전 세계 수천 대의 컴퓨터에 지속해서 업데이트되며 배포되고 있습니다. 모든 트랜잭션은 영구적이고 신뢰할 수 있으며 변경할 수 없는 기록입니다. 분산 특성으로 인해 네트워크의 노드를 실행하는 전 세계의 여러 컴퓨터에 복사본이 분산되어 있기 때문에 종료할 수 없습니다. 누구나 공개적으로 보고 검증할 수 있으므로 과거에는 은행만 제공할 수 있었던 유형의 신뢰를 제공합니다.

이 기술의 본성은 국경이 없고 글로벌하다는 것입니다. 해당 암호 화폐 지갑을 보유한 개인이나 기업 간에 트랜잭션이 이루어질 수 있기 때문입니다. 예를 들면 누군가가 국가를 옮기고 싶어 하고 그들이 자산을 암호 화폐에 저장한다면, 그들은 세계 어디에서든 접근할 수 있는 암호 화폐 지갑에, 암호화된 그들의 돈을 가지고 떠날 수 있습니다. 이것은 특히 이주자, 전쟁 지역에서 빠져나온 피난민들이나 권위주의 정권에서 탈출한 사람들에게 유용할 수 있습니다.

2019년 페이스북은 글로벌 암호 화폐인 리브라(Libra)*를 출시한다고 발표했습니다. 암호 화폐는 이제 스마트폰이나 컴퓨터만 있으면 신뢰할 수 있는 방식으로 돈과 가치를 교환할 수 있기 때문에, 은행 업무와 금융 서비스를 전 세계 수십억 명의 은행 계좌가 없는 사람들에게도 제공할 잠재력이 있습니다. **비트코인**이나 **이더리움** 같은 블록체인을 기반으로 한 암호 화폐는 총 공급이 제한된 가치 저장소이며, 정부나 은행이 되돌리거나 통제할 수 없는 거래 매체로서 유용하기 때문에 시간이 지날수록 가치가 확립되고 있습니다.

키워드

지갑(wallet): 암호 화폐에서는 사용자가 디지털 화폐를 송수신하고 잔고를 감시할 수 있는 소프트웨어 프로그램

블록체인: 탈중앙화된 분산 거래 장부

트랜잭션: 데이터를 저장 또는 처리할 때 사용하는 논리적인 작업의 최소 단위

*나중에 디엠(Diem)이라는 이름으로 바뀌었다.

키워드

비트코인, 이더리움: 암호 화폐의 종류

*https://decentraland.org

탐구 5.10

기술은 가상 세계와 가상 화폐를 가능하게 했습니다. 디센트럴랜드(Decentraland) 웹사이트*를 방문하여 그것을 경험해 보세요. 이 웹사이트는 여러분이 세계를 만들고 가상 화폐를 벌 수 있게 해 줍니다. 이것은 가치가 인간에 의해 창조된다는 관점을 강화할까요? 이 게임이 여러분의 관점에 어떤 영향을 주나요?

실제 상황 5.5

1 여러분은 암호 화폐가 가치를 보장한다는 데 동의하나요? 그 이유는 무엇인가요? 아니라면 그 이유는요?

2 암호 화폐를 가능하게 만든 기술은 돈에 대한 사람들의 사고방식을 어떻게 변화시킬 수 있을까요?

암호 화폐를 사용하거나 옮기려면 암호를 잠금 해제하기 위해 개인 암호 키를 사용합니다. 이 암호 키는 매우 길고 복잡한 암호처럼 풀기가 매우 어렵습니다. 지갑 자체는 블록체인의 일부로 항상 온라인 상태이며 공개 키라는 주소로 식별됩니다. 이 주소는 사람들이 여러분에게 입금하거나 지갑에 있는 것을 찾아보는 데 사용됩니다. 개인 키의 보안을 유지하는 것은 암호 화폐 지갑의 보안에 가장 중요합니다. 만약 개인 키가 다른 사람들에게 알려지면, 그들은 여러분의 암호 화폐를 훔칠 수 있습니다.

이 기술은 하드웨어 지갑으로 알려진 물리적 사물을 여전히 사용합니다. 개인 키를 저장하는 방법은 여러 가지가 있습니다. 종이에 인쇄하여 금고에 넣을 수도 있고, 스마트폰이나 컴퓨터의 암호 지갑 앱에 저장할 수도 있습니다. 또는 오프라인 트랜잭션 서명에만 사용되는 오프라인 하드웨어 장치에서 개인 키를 생성하여 네트워크에 전송할 수도 있습니다. 하지만 사람들이 화폐를 거래할 때 이용하는 바이낸스(Binance) 같은 암호 화폐 거래소도 과거에 해킹당한 적이 있습니다.

논의 5.8

1 어떻게 암호 화폐 같은 기술이 은행 같은 전통적인 제도로부터 권력을 이동시킬까요?

2 페이스북 같은 조직이 암호 화폐를 출시한다면 국가만큼 강력해질 수 있을까요?

3 기술은 인간이 만든 제도의 미래에 어떤 영향을 미칠까요?

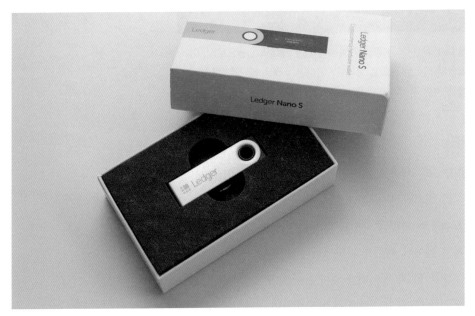

그림 5.7 _ 디지털 기술이 이 암호 화폐 지갑 같은 사물을 어느 정도나 활용할 수 있을까요? 지식론 전시회에서 기술적인 대상을 어떻게 활용할 수 있을까요?

노동의 본성을 변화시키는 자동화 도구로서의 기술

인공 지능 지지자들은 인공 지능이 인류의 집단적 이익을 위한 것이라는 가정 아래 "노동에서 우리를 해방시킬 수 있다"고 주장했습니다. 이 지식 주장과 가정 모두 이의를 제기할 수 있습니다. **자동화**는 생산성을 높여 더 많은 성과를 낼 수 있는 도구로 사용될 수 있습니다. 하지만 적어도 가까운 미래에는 노동의 완전한 소멸이 일어날 것 같지는 않습니다. 그리고 직업이 개인의 소득은 물론, 종종 목적의식 및 자아 정체성 확립에도 연관되어 있다는 점을 감안할 때 자동화로 인한 고용 손실은 이익이라기보다는 위협으로 간주되는 경우가 많습니다.

산업 혁명으로 농업 관련 일자리가 줄었지만 새로운 산업에서 더 많은 일자리가 창출된 것처럼, 자동화와 AI는 우리가 아직 상상하지 못한 새로운 일자리와 일하는 방식을 창출할 것이라는 전망도 있습니다.

키워드

자동화: 사람이 하는 일을 대체하기 위한 로봇과 기계 시스템의 사용

탐구 5.11

1 쉽게 자동화되거나 쉽게 자동화되지 않을 직업의 예를 생각해 보세요. 우리가 어떻게 알 수 있을까요? 가능성, 추세, 패턴을 어느 정도나 예측할 수 있을까요?

2 이러한 주장을 뒷받침하는 증거나 사례에 주목하여 세계 경제 포럼이 미래의 작업에 대해 제기한 지식 주장을 조사해 보세요. 그 포럼의 홈페이지에서 「미래 직업 보고서 2020(The Future of Jobs Report 2020)」을 검색해 보세요.

논의 5.9

변화하는 노동의 본성에 대해 우리가 무엇을 알 수 있을까요?

과거 그 어느 때보다 노동의 본성에 더 많은 변화를 겪을 가능성이 있는 세대의 일원으로서, 여러분은 미래에 일어날 수 있는 변화를 흥미로운 기회로 보나요? 아니면 두려운 것으로 보나요? 이 질문에 대한 여러분의 답이 기술에 관한 지식에 어떤 영향을 미칠까요?

지식 도구로서의 빅 데이터

데이터 세트는 뭔가를 숫자로 바꿉니다. 생성되고 저장되는 디지털 데이터의 양이 놀라운 속도로 증가하고 있습니다. '빅 데이터'는 2006년 로저 마굴라스(Roger Magoulas)가 처음 쓴 용어입니다. 이것은 인간 행동과 관련된 패턴과 추세를 파악하기 위해 분석할 수 있는 방대한 양의 다양한 디지털 데이터 세트를 나타냅니다. 디지털 정보의 범위가 급속하게 확대되고 있다는 점을 고려하면 빅 데이터가 얼마나 큰지 단언하기는 어렵습니다. 온라인으로 검색하거나 전화기를 켤 때마다 데이터가 수집됩니다. 웨어러블 장비나 스마트폰은 사용자의 건강을 추적하고 걸음 수나 심박 수를 측정할 수 있으며, 이는 빅 데이터에 추가됩니다.

빅 데이터는 서로 다른 데이터를 연결합니다. 빅 데이터로 인해 가능해진 대규모 데이터 분석은 서로 다른 데이터 세트를 결합해 새로운 정보를 만들어 새로운 지식을 창출할 수 있습니다. 예를 들어 햇빛이 특정 지역의 건강과 웰빙에 미치는 영향에 대해 알고 싶다면 관련 의료 데이터 외에 기상 보고서도 살펴볼 수 있습니다.

빅 데이터가 기약하는 것은 우리 자신에 대해 우리가 알고 있는 것보다 더 많이 알 수 있다는 것입니다. 예를 들면 빅 데이터를 통해 여러분의 친구가 어떤 사람인지, 여러분이 범죄의 희생자가 될 가능성이 가장 높은 곳이 어디인지 알 수 있으며, 위치나 구매 항목을 기준으로 특정 질병에 걸릴 가능성이나 기대 수명이 어떻게 될지 알 수 있습니다.

여러분에 관한 이 정보는 광고하는 기업, 선거에서 표를 얻고자 하는 정부, 그리고 실제로 뭔가를 팔려고 하는 모든 이들에게 매우 중요합니다. 기업은 여러분이 무엇을 구매하는지를 보고 여러분에 대해 많은 것을 알 수 있습니다. 여러분은 명시적으로 허가하지 않았을지 모르지만, 인터넷 쇼핑이나 심지어 가게에서 여러분의 플라스틱 신용카드를 사용하는 행위는 쇼핑 패턴에 따른 사람에 대한 지식을 얻기 쉽게 합니다. 빅 데이터 활용의 윤리적 함의에 대해서는 5장 후반부에서 논의할 것입니다.

논의 5.10

빅 데이터가 실제로 진실을 더 잘 알 수 있게 해 줄까요?

언어 – 기술에 대한 도전?

디지털 기술, 특히 AI의 도전 과제 중 하나는 언어입니다. **챗봇**이 사람처럼 말하도록 프로그래밍하는 것은 어렵습니다. AI는 개별적인 질문에 응답할 수 있지만, 대화의 실마리를 이어 가거나 미묘한 의미의 뉘앙스를 포착할 수는 없습니다. 반면에 새로운 기술은 언어 간의 장벽을 허물고 언어 학습을 지원하고 있습니다. 번역 프로그램 또한 매우 발전했고, 나날이 발전하고 있습니다. 그것들은 더 많이 사용될수록 더욱 좋아집니다. 입술이 움직이는 모양을 읽고 그 단어를 여러분의 언어로 바꿀 수 있는 안경이 있습니다. 언어 학습이 계속해서 필수 요소가 될 것이라는 주장도 있지만, 증강 현실 기술이 언어 학습의 필요성을 감소시킨다는 주장도 있습니다.

인간의 언어를 배우기 위해 기계를 프로그래밍하는 것은 중요한 도전이며, 이것은 언어의 의미와 언어에 내재된 편향성에 대한 질문을 제기합니다. 기계가 언어를 배우는 상대적인 능력은 언어의 본성과 복잡성을 보여 주기도 합니다. 예를 들면 단어는 문장에서의 위치나 그것이 쓰이는 문맥에 따라 다양한 의미를 가집니다. 또한 정확하게 동일한 하나의 단어(배, 눈, 타다, 쓰다 등)가 여러 가지 다른 의미를 가질 수 있습니다. 게다가 의미와 숨겨진 뜻은 말로 표현되지 않을 수 있고, 단어의 연관성과 함축성은 문자 그대로의 의미를 뛰어넘습니다. 우리도 때로는 다른 사람과의 일상적인 대화에서 의미를 이해하는 데 어려움을 겪는 만큼, 의미와 뉘앙스를 이해하는 것은 컴퓨터에게 어려운 일입니다.

언어와 기술의 관계 또한 매우 복잡합니다. 인터넷은 언어가 마음껏 쓰일 수 있는 환경을 조성하고, 사람들은 편집자의 통제 없이 블로그에 글을 씁니다. 우리는 온라인이나 전자책으로 뭔가를 읽을 때 자신을 독자로 생각할 수 있지만, 우리의 독서 행위는 분석을 위한 일련의 자료를 제공하기 때문에 우리는 '읽히는' 사람이 됩니다. 우리의 온라인 독서는 빅 데이터 분석의 자료가 됩니다. 이것은 동의, 사생활, 자유에 대한 문제를 제기합니다. 휴대폰 잠금 해제부터 실종자 수색에 사용되는 빅 데이터 세트까지 다양한 용도로 사용할 수 있는 안면 인식 AI의 발전에서도 유사한 문제가 발생합니다. 국가의 경찰은 범죄 행위를 식별하는 데 이 기술을 사용하고, 치안에 근거하여 이를 정당화할 수 있습니다. 하지만 이것은 시민의 자유와 사생활에 대한 권리에 큰 문제를 제기합니다.

여기서는 컴퓨터가 언어를 어떻게 배울 수 있는지에 대해 알아보았습니다. 하지만 언어 그 자체는 표현과 의사소통을 위한 도구라는 점에서 기술이라고 생각할 수 있습니다. 5장의 뒷부분에서 빅 데이터 분석과 그 용도를 다시 살펴보겠습니다.

키워드

챗봇: 인간의 대화를 시뮬레이션하도록 고안되어 인간이 컴퓨터와 대화할 수 있게 하는 컴퓨터 프로그램

1 판도라봇(Pandorabots) 웹사이트*에 로그인하여 챗봇인 쿠키(Kuki)와 대화해 보세요. 질문을 하고 쿠키가 알고 있다고 주장하는 내용을 알아보세요.

2 기계에게 언어를 가르치는 일을 생각해 보세요. 어떤 어려움이 있을까요? 이것은 의미의 본성과 언어의 복잡성에 대해 무엇을 말해 줄까요?

* https://pandorabots.com

짝과 함께 a부터 q까지의 목록에서 두세 가지를 고르세요. 아니면 자신의 특정 관심사에 맞는 몇 가지 예를 선택하세요. 이것들이 자동화, 가상 현실, 증강 현실, 인공 지능, 빅 데이터 또는 여러분이 생각하는 다른 기술의 영향을 어떻게 받았는지 생각해 보세요. 선택한 각 작업에 대한 타임라인을 작성하여 시간 경과에 따라 과제의 본성이 어떻게 변했는지 보여 주세요.

a 음악 감상

b 시각적 이미지 만들기

c 음악 연주

d 읽기

e 말하기

f 생각하기

g 여행

h 글쓰기

i 데이터 수집

j 믿음 주고받기

k 손님 대접

l 실험

m 우주 탐구

n 세계 탐험

o 촬영 및 녹음

p 금융 거래

q 증거 수집

자기 평가

여러분의 타임라인은 다음을 고려했나요?

• 시간이 지남에 따라 기술이 작업의 성능을 어떻게 변화 또는 향상시켰는지를 보여 주는가?

• 기술이 어떻게 인간 감각의 한계를 극복하거나 지식의 한계를 확장했는가?

• 기술 발전이 어떻게 지식과 앎을 증가시키거나 감소시켰는가?

• 기술이 우리의 관점을 어떻게 바꾸었는가?

그림 5.8 _ 기술은 우리의 관점을 어떻게 형성할까요?

5.4 기계가 뭔가를 알 수 있는지를 어떻게 알까?

논의 5.11
1 기계가 생각할 수 있을까요?
2 아는이는 꼭 인간이어야만 할까요?

우리 뇌는 유기적인 전자 장치인데, 어떤 면에서는 기계와 유사하다는 지식 주장을 펼칠 수도 있습니다. 여기에서는 기계가 **안다**고 말할 수 있는지 알아보겠습니다. 과거에는 오직 인간만이 전문가이고, 전문성은 인간의 전유물이라 생각했습니다. 예를 들면 재클린 드 로하스는 기술 전문가이고, 독일 총리는 국가를 이끄는 전문가로 간주되며, 가톨릭교회 지도자인 교황은 신앙과 그의 종교에 대한 전문가로 여겨집니다.

우리가 전문가를 질문에 대한 답이 필요한 경우 '찾는' 자료나 권위로 정의한다면 구글맵 이용자는 스마트폰을 전문가로 여길 수 있습니다. 구글맵은 한 곳에서 다른 목적지로 이동하게 해 줄 뿐만 아니라 목적지에 도착해서 피자를 파는 가장 가까운 레스토랑을 찾을 수 있게 해 줍니다. 앞에서 언급한 전문가에 대한 정의에 따르면, 스마트폰은 전문적인 여행 가이드가 틀림없습니다. 그렇다고 우리가 스마트폰을 아는이라고 할 수 있을까요?

컴퓨터가 제한적이거나 좁은 의미로 '알 수 있다'라는 지식 주장이 나올 수 있습니다. 1996년 딥 블루(Deep Blue)라는 컴퓨터는 세계 체스 챔피언 게리 카스파로프(Gary Kasparov)와 체스를 두어 이겼습니다. 이것은 이 기계가 뭔가를 안다고 할 수 있는지에 대해 심각한 문제를 제기합니다. 엄밀히 말하면 이 기계는 이기는 **방법을 알고** 있었습니다. 반면에, 여러분은 딥 블루가 한 가지 작업(체스 경기)만 할 수 있다는 점을 고려할 때 게리 카스파로프만큼 지능적이지는 않다고 주장할 수 있습니다. 딥 블루는 체스 경기를 할 수 있게 해 주는 것 말고는 지식이 아무것도 없었습니다. 예를 들면 딥 블루는 아이들도 하는 오목을 둘 줄 모르지만, 게리 카스파로프는 여러 언어로 말하는 것을 비롯하여 다양한 지능을 갖고 있습니다. 딥 블루가 좁은 지능의 예로 정의되는 이유가 바로 이것입니다. 딥 블루는 체스 게임이라는 한 가지 일에 한정되어 있기 때문이지요.

알파제로는 최신 머신러닝의 예입니다. 스스로 학습했음에도 불구하고 바둑 경기에서 세계 챔피언을 이겼습니다. 바둑은 두 사람이 하는 일종의 보드게임으로, 중국에서 2,500여 년 전에 시작되었고 현재 전 세계에서 수백만 명의 사람들이 즐기고 있습니다. 두 사람이 흑백의 바둑돌을 나누어 가지고 가로, 세로 각 19줄을 그은 바둑판 위에 번갈아 바둑돌을 하나씩 두며 승부를 겨룹니다. 바둑은 체스보다 훨씬 복잡한 게임입니다. 2015년, 알파제로의 전신인 알파고는 이전에 인간이 해 온 수많은 경기 기록을 활용하여 바둑 두는 법을 배웠습니다. 알파고는 유럽 바둑 챔피언 판후이를 이겼고, 그 뒤 여러 세계 챔피언들을 이겼습니다.* 이것은 지식과 앎에 중요한 의미를 갖습니다. 우선, 알파고는 혁신적이고 특이한 몇 가지 수를 생각해 냈는데, 그것은 컴퓨터가 어떻게 게임을 해야 하는지에 대한 새로운 지식에 기여하는 매우 독창적인 것이었습니다. 두 번째로, 알파제로는 나중에 (인간들의 경기로부터 배우는 것에 의존하는 대신) 자기 자신과 경기를 하면서 바둑 두는 법을 배우는 방식으로 개발되어 역사상 최고의 바둑 기사가 되었습니다. 알파제로는 커제**를 비롯한 세계 바둑 챔피언들을 연달아 격파했습니다. 알파제로 같은 기계들이 인간이 전혀 생각하지 못했던 창의적인 바둑의 수로 지식에 기여하면서 게임 진행 방식이 바뀌고 있습니다.

키워드

알파제로(AlphaZero): 바둑으로 세계 챔피언을 이길 수 있는 컴퓨터. 바둑뿐 아니라 체스, 장기 등 다른 게임도 학습 가능함

*공식 전적은 13전 12승 1패인데, 알파고에게 이긴 유일한 인간이 한국의 프로 기사인 이세돌 9단이다.

**당시 바둑 세계 랭킹 1위

그림 5.9 _ 이세돌이 2016년 3월 구글의 인공 지능 프로그램인 알파고와 바둑 경기를 하는 장면

지능에는 여러 가지 정의가 있을 수 있습니다. 지능이 지능 검사(IQ)로 측정되는 것으로 생각하는 사람도 있고, 주어진 상황에서 무엇을 해야 하는지를 아는 것이 지능이라고 정의하는 사람도 있을 것입니다. 앨런 튜링(Alan Turing, 1912~1954)에 따르면, 만약 컴퓨터가 인간에게 (컴퓨터가 아닌) 다른 인간과 의사소통하고 있는 것으로 확신하게 만들 수 있다면, 컴퓨터는 생각하는 것으로 볼 수 있습니다. 이것을 **튜링 테스트**라고 합니다.

2014년 우크라이나 소년의 반응을 시뮬레이션한 '유진 구스트만'이라는 챗봇이 튜링 테스트를 통과한 것으로 알려졌습니다. 영국 왕립 학회 심사 위원 30% 정도가 챗봇을 사람으로 오인했기 때문에 챗봇이 시험에 통과했다고 믿는 사람들이 있습니다. 하지만 이 테스트가 챗봇에 유리했으며, 따라서 이것은 정당한 '합격'이 아니었기 때문에, 실제로는 테스트에 통과하지 않았다고 몇 년째 주장하는 사람들도 있습니다.

컴퓨터가 튜링 테스트를 통과할 수 있다 해도, 컴퓨터는 지식을 **시뮬레이션할** 수 있을 뿐이며 실제로 세계를 알거나 경험하지 못한다고 할 수 있습니다. 여기에는 출력과 경험의 차이가 있습니다. 컴퓨터는 문제에 대한 출력을 하거나 정확한 답을 제공할 수 있지만 의미나 의의, 맥락을 제공할 만한 경험이 없습니다. 컴퓨터는 인간의 감정을 흉내 낼 수 있지만 **경험할** 수는 없습니다. 인간은 문맥의 미묘함을 이해하고 유머, 말장난, 빈정거림, 수수께끼 등을 인식할 수 있는 반면, 컴퓨터는 그런 농담이 데이터베이스에 있는지 여부만 확인할 수 있습니다. 컴퓨터는 기호를 다룰 수 있지만, 이러한 기호들의 의미나 인간에게 있어서 그 기호가 갖는 가치를 알지 못합니다. 정의에 따르면 생각은 인간이 하는 활동이며 기계에 의해 복제될 수 없는 인지 활동입니다. 컴퓨터는 인간의 의식을 복제할 수는 없습니다. 여기서 지식과 앎에 함축된 의미는 중요합니다. 하지만 이 주장의 어려움은 실제로 아무도 의식이 무엇인지 모른다는 것이고, 의식의 정의에 대해 불일치가 있다는 것입니다. 의식이 배우고 회상하는 능력을 의미하는 것이라고 한다면, 컴퓨터는 이미 의식이 있습니다.

키워드

튜링 테스트: 컴퓨터가 자신을 인간인 척 속일 수 있다면 컴퓨터에게 지능이 있다고 보는 앨런 튜링이 제안한 블라인드 테스트. 자신이 대화하는 대상이 인간인지 컴퓨터인지 맞히는 방식으로 이루어짐

> **되돌아보기**
>
> 미래의 기계들이 인간의 의식을 능가하는 수준의 의식을 가질 수 있다는 가능성을 어느 정도나 받아들이나요? 여러분이 그것이 가능하다고 또는 불가능하다고 믿게 만드는 것은 무엇인가요?

컴퓨터가 알고 생각하는 경우가 있다는 반론이 있습니다. 컴퓨터는 사람보다 더 빠르고 안정적으로 데이터를 필터링하고 정리할 수 있습니다. 예를 들면 IBM의 왓슨 컴퓨터는 언어로 된 질문에 답하도록 설계되었고, 계속해서 **제퍼디** 챔피언들을 물리쳐 컴퓨터가 인간보다 똑똑하다는 것을 시사했습니다. 왓슨과 같은 AI는 이제 의료 진단부터 강의에서의 가상 조교, 기상 예측에 이르기까지 다양한 실용적 응용 프로그램과 상업적 용도를 구비하고 있습니다. 하지만 이 주장의 문제는 컴퓨터의 지식은 인간의

키워드

제퍼디(Jeopardy): 미국의 TV 퀴즈쇼

지식과 같지 않으며, 지식에 대한 유의미한 정의에는 적어도 자기 인식, 지각 또는 아는이의 주관적 경험에 관한 관념이 포함되어야 한다는 것입니다.

결론적으로 컴퓨터는 규칙을 지키도록 프로그래밍되어야 하며, 생각하는 것은 어떠한 규칙 체계로 환원될 수 없다는 것입니다. 인간의 앎과 사고의 본성은 문화에 대한 참여, 세상에 대한 참여, 규칙 체계로 정식화할 수 없는 노하우 등을 포함하는 것입니다. 기계 지능과 인간 지식의 구별은 우리가 뭔가를 안다는 것의 본성과 특성에 대해 생각하게 합니다.

그림 5.10 _ 기계가 뭔가를 안다고 할 수 있을까요?

논의 5.12

컴퓨터가 지식의 가치나 의미를 알 수 있을까요? 컴퓨터가 이해하고 해석할 수 있을까요?

탐구 5.14

1 강한 AI라는 생각에 이의를 제기하려면 존 설(John Searle, 1935~)이 고안한 '중국어 방' 사고 실험을 고려해 보세요. 이 실험에서는 중국어를 모르는 한 사람이 방에 들어갑니다. 이 방에는 그 사람이 모르는 한자로 된 책 한 권과 아는 언어로 된 지침서가 있습니다. 방 밖의 중국인이 문 밑으로 질문지를 넣으면, 방 안에 있는 사람은 지침서에 따라 적절한 응답을 선택하고 방 밖으로 전달합니다. 그럼 마치 중국어를 할 줄 아는 것처럼 보이지만 실제로는 지침서만 따랐을 뿐 중국어를 알거나 중국어로 말할 수 있다고 할 수는 없습니다. 이와 마찬가지로 컴퓨터가 인간 지능을 복제했다고 할 수 있는지에 대한 의문이 있습니다. 반면에 이것이야말로 두뇌가 작동하는 방식이라고 할 수도 있습니다. 그렇다면 컴퓨터가 지능을 시뮬레이션할 수 있다는 결론에 도달하는 것일까요? 사고 실험은 어떤 질문들을 제기할까요? 목록을 작성해 보세요.

기계가 뭔가를 알 수 있을까요? 찬반 양측을 지지하는 주장을 나열해 보세요. 그런 다음 각 주장의 강도를 평가하고 1부터 5까지 점수를 매깁니다. 여기서 1은 매우 강력한 주장이고 5는 매우 약한 주장입니다. 이런 주장들이 아는이에게 어떤 영향을 미칠까요?

5.5 기술과 윤리

2018년 13세의 나이로 '젊은 과학자 챌린지'에서 미국 최고의 젊은 과학자로 선정된 소년 리샤브 자인(Rishab Jain, 2004~)은 방사선 치료 중 AI를 이용해 췌장의 위치를 파악하는 알고리즘을 발명해 암 치료의 발전에 기여했습니다. 우리 건강을 관찰하고 추적할 수 있는 웨어러블 기기부터 실종된 사람을 찾을 수 있는 안면 인식 기술에 이르기까지 기술은 인간에게 유익할 수 있습니다.

기술의 진보를 지원하기 위해 많은 윤리적 주장들이 제기될 수 있습니다. 유전자와 질병 사이의 관계에 대한 우리의 지식을 증가시키는 연구의 윤리적 목적을 의심하는 사람은 거의 없을 것입니다. 유전자 변형은 전 세계의 식량 생산을 돕고 인류에게 이익을 줄 수 있습니다. 유전자 편집 도구는 유전자를 삭제해서 HIV에 내성을 가진 배아를 만들 수 있는 능력을 갖추고 있어 이것이 기술의 윤리적 사용이라고 주장하는 사람들도 있습니다. 그러나 많은 사람들이 기술의 창출과 사용에서 여러 가지 윤리적 문제가 발생한다고 주장합니다. 예를 들면 AI는 우리가 더 이상 통제할 수 없을 정도로 발전한다거나, 기술로 인해 일자리를 빼앗겨 전 세계의 사회 구조를 변화시킬 위험이 있다는 겁니다. 게다가 여러분은 전 세계에 빈곤 문제가 심각할 때 거대 강입자 충돌기나 우주 탐험 같은 고비용 프로젝트에 돈을 쓰거나, 점점 더 기술이 고도화되는 세계가 여전히 수렵 채집과 유목 생활을 하는 토착민 사회에 어떤 영향을 미칠지 의문을 가질 수 있습니다.

논의 5.13

기술의 생산과 사용에서 어떤 윤리적 문제가 발생할까요?

지식 자체는 늘 좋은 것이며, 지식의 **소유**와 지식의 **사용**을 구별해야 한다고 주장하는 사람들도 있습니다. 그에 따라 다음과 같은 분명한 역할 분담이 제시될 수 있습니다. 즉 과학자와 학자의 책임은 지식을 추구하는 것이고, 국민의 대표자인(또는 그것을 자처하는) 정치인의 책임은 지식이 어떻게 사용되어야 할지 그 방법을 결정하는 것입니다.

하지만 지식의 소유와 사용을 구분하기는 어렵습니다. 지식이라는 지니가 일단 램프 밖으로 나오면 통제하기 어려울 수 있습니다. 유전 공학과 나노 기술(분자 단위로 쌓아 올려 작은 기계를 만드는 기술) 같은 일부 신기술은 큰 설비가 필요하지 않고, 쉽게 활용할 수 있는 지식을 사용하여 소규모 실험실에서도 개발할 수 있어 규제가 어려울 수 있습니다. 그래서 일부 전문가들은 그런 신기술을 핵무기보다 우리 생존에 더 큰 잠재적 위협으로 봅니다.

규제되지 않은 지식 추구의 가장 큰 위험은 과학과 기술에 있을 것입니다. 단두대에서 가스실에 이르기까지 인류의 역사는 파괴와 인간의 고통을 불러온 기술의 오용 사례들로 가득합니다. 이런 역사적 관점에서 볼 때 역사상 진실 탐구가 순수함을 잃은 순간이 있다면, B-29 폭격기 **에놀라 게이**가 히로시마에 원자 폭탄을 투하한 1945년 8월 6일 오전 8시 15분이라고 할 수 있습니다. 이제 우리는 자신의 파멸을 가져올 수 있는 지식을 소유하고 있다는 사실을 인식한 채 살아야 하는 처지가 되었습니다. 아인슈타인은 평화주의자였습니다. 그의 방정식 $E=mc^2$은 원자 폭탄을 가능하게 했지만, 핵무기 사용을 준비하고 계획한 것은 맨해튼 프로젝트였으며 그 기술의 사용에 대한 책임도 그것에 있습니다.

탐구 5.15

1 기술을 a) 발명하고 b) 사용하는 사람들의 윤리적 책임은 무엇일까요? 다음 영역 중 하나 이상에 대하여 이런 윤리적 고려 사항에 관해 토론하세요.

    a   식량 생산과 소비

    b   교통수단 발명 및 사용

    c   의약 및 의료 서비스

    d   전쟁과 분쟁

2 이것들을 평가하는 데 사용될 수 있는 윤리 기준을 만드세요.

자기 평가

여러분이 만든 윤리 기준을 검토하세요. 여러분은 다음 요소들을 고려했나요? 다음 중 여러분이 생각하는 관련 요소는 무엇인가요?

- 기술 개발자의 의도
- 발명가의 개인적 자질과 성격
- 발명의 결과—다양한 관점을 고려
- 기술 사용자의 의도
- 사용자의 개인적 특성과 성격
- 발명을 사용한 결과—다양한 관점을 고려

이제 선택한 영역과 관련하여 기술이 지식과 앎의 윤리적 측면에 미치는 영향에 대한 보다 나은 평가를 제공하기 위해 기준을 어떻게 수정할 수 있을까요? 위의 모든 영역과 관련하여 여러분의 기준이 동일하게 적용될까요?

조종사 없는 비행기나 운전자 없는 자동차 관련 사고에 누가 책임이 있는지, 빅 데이터 사용을 누가 규제하는지 등 새로운 윤리적 딜레마가 기술 발달의 결과로 발생합니

다. 다른 윤리적 문제에는 웨어러블 기술을 통해 수집될 수 있는 개인의 건강과 복리에 대한 생체 데이터의 사용 및 공유가 포함될 수 있습니다. 게다가 정부는 사이버 보안에 막대한 비용을 지출하지만 **핵티비스트**들은 그들이 공익적이라고 믿는 정보를 노출하거나 폭로할 윤리적 대의가 있는 사람들이라고 자인합니다. 2006년 이후 줄리언 어산지의 '위키리크스'가 정부 기밀을 유출한 것이 한 예입니다.

키워드

핵티비스트(hacktivist): 사회적, 정치적 목적을 위해 컴퓨터 파일이나 네트워크에 무단으로 접속하는 사람

논의 5.14

1 기술 발전으로 인해 미래의 테러리스트들이 대규모로 파괴적인 행위를 저지르는 것이 더 쉬워졌다는 주장을 얼마나 심각하게 받아들여야 할까요?

2 과학 소설 작가 브라이언 올디스(Brian Aldiss, 1925~2017)에 따르면, "인간은 발명할 수 있는 힘은 있지만 통제할 수 있는 힘은 없다"고 합니다. 여러분은 유전학 같은 영역에서 과학 연구를 통제하는 것이 가능하다고 생각하나요?

기술과 윤리를 평가하는 방법은 여러 가지가 있습니다. 하나는 이미 널리 사용되는 기술의 윤리적 영향을 고려하기 위해 사후 통찰을 하는 것입니다. 예를 들면 암 치료에 사용하는 것에서부터 전파 천문학, 무선 네트워크, 전자레인지에 이르기까지 다양한 기술에 마이크로파가 어떻게 사용되어 왔는지 평가할 수 있습니다. 다음에는 누리 소통망과 빅 데이터를 비롯한 다양한 영역에서 발생하는 윤리 문제에 대해 살펴봅니다.

또 다른 방법은 신기술을 도입하기 **전에** 미리 분석하여 이익이 비용을 초과하는지 확인하는 것입니다. 신기술의 채택 여부를 결정하기 전에 이런 비용 편익 분석을 실시해야 하지만, 실제로 이런 분석을 수행하는 것은 쉽지 않습니다. 특히 관련 비용과 편익을 추정하는 것은 매우 어렵기 때문입니다.

우리는 기술을 창조하는 사람이 누구든 그 기술이 미래에 사용될 것을 예상하는 윤리적 책임이 있다는 결론에 이를 수 있습니다. 하지만 사후 과잉 확신 편향은 미래를 예측하는 것보다 과거를 돌아보는 것이 윤리적 영향의 판단을 보다 수월하게 할 수 있다는 것을 의미합니다. 예를 들면 앞에서 논의했듯 아인슈타인의 $E=mc^2$ 방정식의 발견이 원자 폭탄에 대한 책임과 관련이 있다고 주장하는 사람은 거의 없을 것입니다.

기술의 위험성을 면밀히 조사하는 동안, 우리는 예를 들면 유전병을 없애고 그로 인해 수백만 명의 삶의 질을 향상시킬 수 있는 신기술의 잠재적인 이점을 결코 잊어서는 안 됩니다. DNA의 공동 발견자 중 한 명인 제임스 왓슨(James Watson, 1928~)은 이렇게 말했습니다. "우리는 결코 오지 않을 수도 있는 악에 대한 두려움 때문에 유용한 기술의 사용을 미루어서는 절대 안 됩니다. 우리는 (가상적인 것과 반대되는) 진짜 위험에만 이성적으로 대응할 수 있기 때문입니다."

그림 5.11 _ 기술의 이점이 단점보다 큰지 어떻게 알 수 있나요? 기술이 윤리적인 측면을 염두에 두고 만들어지고 사용되는지 어떻게 알 수 있을까요?

탐구 5.16

1   여러분이 선택한 기술의 잠재적인 이점과 단점을 목록으로 만드세요. 모든 것을 감안할 때, 여러분은 이점이 단점보다 크다고 생각하나요? 아니면 그 반대라고 생각하나요?

2   새로운 지식의 비용과 편익을 평가하기 위한 기준을 만들어 보세요.

논의 5.15

현대 기술의 이점과 단점은 무엇일까요? 이 질문과 관련하여 승려나 기술 회사 CEO가 취할 수 있는 관점을 조사해 보세요.

누리 소통망

누리 소통망이란 페이스북, 트위터, 왓츠앱처럼 사람들을 연결하고 서로 콘텐츠를 만들고 공유할 수 있는 온라인 디지털 플랫폼을 의미합니다. 누리 소통망은 공동의 관심사를 가진 공동체를 활성화하는 데 사용될 수 있으며, 이는 기술이 우리의 대인 관계망을 넓혀 주는 사례입니다. 누리 소통망은 커뮤니케이션, 정보 공유, 네트워킹을 포함한 다양한 목적으로 사용됩니다.

또한 누리 소통망은 사람들을 동원하는 데 쓰일 수 있고 체제에 대한 도전을 가능하게 할 수 있습니다. 기술은 매스 커뮤니케이션이 조직과 아이디어의 확산을 훨씬 수월하게 만든다는 점에서 정치에 영향을 미칩니다. 2010년 튀니지를 시작으로 중동에서 일련의 시위와 봉기가 일어났는데, 이 시위는 일반적으로 '아랍의 봄'이라고 불립니다.

당시 몇몇 뉴스 보도는 누리 소통망 사용이 시위의 조직과 확산을 가능하게 한 요인 중 하나라고 분석했습니다. 기술은 커뮤니케이션의 속도와 사람들의 네트워크 연결 능력으로 가능해진 대중 운동을 일으킬 힘이 있습니다.

누리 소통망이 우리의 지식을 확장하거나 제한하는 정도에 대한 흥미로운 문제가 제기됩니다. 한편으로 그것은 우리에게 네트워크와 새로운 연결의 가능성을 주지만, 반면에 우리의 기존 관점을 강화하는 메아리 방 역할을 할 수도 있습니다. 때로는 누리 소통망의 영향이 의도하지 않거나 예상치 못한 결과를 초래할 수 있습니다. 예를 들면 다른 사람들이 무분별한 것이라고 볼 만한 트윗은 한 사람의 평판을 망치거나 직업을 잃게 할 수도 있습니다.

존 론슨(Jon Ronson, 1967~)은 온라인상의 모욕 및 악플의 윤리에 대해 다룬 극작가이자 저널리스트입니다. 그는 자신의 저서 『그렇게 당신은 공개적으로 모욕당했다(*So You've Been Publicly Shamed*, 2015)』에서 온라인에서의 공개적인 망신의 효과와 윤리 문제를 탐구합니다. 하나의 트윗이나 게시물이 한 사람의 '영혼의 창'이라고 가정하면 대중이 아무리 공격적인 반응을 보이거나 독설을 퍼부어도 정당화된다는 가정이 종종 제시되지만, 그는 이 가정에 이의를 제기합니다.

게다가 누리 소통망의 사용은 온라인상에서 사생활에 대한 권리, 잊힐 권리, 그리고 인간의 판단을 전달하는 누리 소통망의 명백히 무한한 능력에 대한 질문을 제기합니다. 누리 소통망은 한 개인의 모든 대중적 평판을 깎아내릴 수 있는 좁은 범위의 판단으로 이어질 수 있습니다.

잊힐 권리

빅토르 마이어-쇤베르거(Viktor Mayer-Schönberger, 1966~)의 관찰 결과, 대부분의 인류 역사에서 기억은 '힘들고, 시간이 오래 걸리며, 비용이 많이 드는' 반면에 잊어버리는 것은 쉬운 선택이었고 따라서 전형적인 행동 양식이었습니다. 디지털 기술의 급속한 발전으로 이 상황은 반전되었습니다. 이제는 정보를 기록, 저장, 접근하기가 매우 쉽고, 빠르고, 저렴해져서 새로운 전형적인 행동 양식이 되었습니다. 간단히 말해서 우리는 생물학적 망각의 세계에서 디지털 기억의 세계로 이동했습니다. 이것은 많은 장점이 있습니다. 어쩌면 정말로 꿈이 이루어지는 것처럼 보일 수 있습니다. 하지만 그것은 또한 우리의 사회적 관계에 골치 아픈 영향을 미치고, 잊힐 권리에 대한 중요한 질문을 제기합니다.

"잘 자, 트위터.

잘 자, 인스타그램.

잘 자, 스냅챗.

잘 자, 레딧.

잘 자, 틴더.

잘 자, 핀터레스트.

잘 자, 페이스북…."

'디지털 혁명' 이전에는 여러분이 어리석거나 창피한 일을 했다면 대체로 금세 잊힐 것입니다. 하지만 이제는 누군가가 여러분의 행동을 동영상에 담아 온라인에 올린다면, 사라지지 않고 영원히 여러분을 괴롭힐 것입니다. 때로는 본인이 나중에 후회할 자료를 온라인에 게시하여 스스로 자기 무덤을 파기도 합니다. 예를 들면 자신이 과거에 만든 누리 소통망 게시물 때문에 일자리를 잃을 수도 있습니다. 매일 여러분에 대한 엄청난 양의 데이터가 본인도 모르는 사이에 수집된다는 것을 아는 것이 중요합니다. 여러분이 게시하는 모든 메시지와 방문하는 웹사이트는 잠재적으로 추적이 가능합니다. 클라우드 지원 기본 설정은 사진이 자동으로 클라우드에 업로드되는 것인데, 이는 사진을 전송할지 말지 사용자의 결정권이 사라짐을 의미합니다. 이것은 이 이미지들이 누구의 소유이고 어떻게 사용되는지에 대한 질문을 제기합니다. 어쩌면 잊힌 데이터나 잊힌 사진은 없을 것입니다. 한 온라인 문화 관찰자는 우리가 온라인에서 쓰는 모든 것이 발견되어 우리에게 불리한 증거로 사용될 가능성이 있다는 것을 안다면, 우리는 일종의 자기 검열에 가담할 수 있다고 우려합니다.

빅 데이터와 사물 인터넷

사물 인터넷은 우리의 삶이 점점 더 웹에 의존하고 있음을 의미합니다. 현대 생활에서 는 택시 호출부터 쇼핑 배달 주문까지 인터넷으로 바로 접속합니다. 즉시 처리할 수 있 어 생활이 편리해졌다고 느낄지 모르지만, 이 명백한 편리함에는 대가가 따릅니다. 우 리는 인터넷에 더욱 크게 의존하게 되고, 이것은 지식과 앎에 큰 영향을 미칩니다. 우 리는 실시간 위치 정보, 디지털 통신 및 활동에 대한 디지털 흔적을 끊임없이 남기고 있습니다.

예를 들면 사이드워크 토론토(Sidewalk Toronto)*는 데이터를 활용하여 캐나다에 이른 바 '스마트' 도시를 조성하는 첨단 기술 프로젝트입니다. 여기에서는 로봇을 이용한 쓰 레기 수거와 운전자 없는 택시로 지역 사회를 돕는 데 기술이 사용될 수 있습니다. 반 면에 블록사이드워크(BlockSidewalk)라는 단체는 이를 반대하는 캠페인을 벌이고 있습니 다. 수집된 데이터 보호, 주민의 개인 사생활, 동의와 신뢰에 대한 해결되지 않은 현안 같은 자료 수집에 문제가 있다고 주장합니다.

*https://www.sidewalklabs.com

빅 데이터 사용의 급증으로, 아는이에게 윤리적 함의가 상당히 중요해지고 있습니다. 온라인에서 새로운 지식을 발견하거나 전자책을 통해 지식을 습득하는 것을 고려하 면, 디지털 기술의 중립적 사용 따위는 없습니다. 온라인에서 수행한 작업의 클라우드 어딘가에 늘 흔적이나 디지털 기록, 숨은 저장소가 있으며, 이를 통해 우리는 특정 개 인이 소유하지 않고 어젠다를 알 수 없는 데이터 생성에 기여했습니다. 빅 데이터는 서 로 다른 데이터 세트를 새로운 방식으로 결합하여 새로운 것을 알게 해 줄 수도 있지만, 좋든 싫든 우리를 한 점의 데이터이자 대상으로 만들기도 합니다. 우리의 개인 정보가 동의도 없이, 심지어 사전 지식도 없이 수집되고 저장되는 일이 일어나면서 자율성과 동의, 자유에 대한 질문이 제기되고 있습니다. 그 결과, 우리의 개인 정보는 다른 사람이 사용할 수 있는 지식의 원천 또는 데이터 세트가 되었습니다.

우리가 디지털 도구를 사용할 때 암묵적인 동의를 한다고 주장하는 사람도 있을 것입니다. 하지만 이것을 '빅 브라더'의 시대, 그리고 '감시 사회'라고 표현하는 사람도 있습니다.

그림 5.12 _ 디지털 기술을 작동시키는 알고리즘을 누가 발명하고 소유하는지 곰곰이 생각해 보세요.

우리는 이 데이터의 사용과 이와 관련하여 기술이 미치는 영향에 질문을 제기할 수 있습니다. 여기에는 신뢰의 문제가 걸려 있는데, 디지털 기술에 너무 많은 신뢰와 믿음을 두어서는 안 될 것 같습니다. 캐시 오닐(Cathy O'Neil, 1972~)은 『대량 살상 수학 무기: 어떻게 빅 데이터는 불평등을 확산하고 민주주의를 위협하는가(*Weapons of Math Destruction: How Big Data Increases Inequality and Threatens Democracy*)』*에서 AI가 어떻게 편견을 초래할 수 있는지를 확인했습니다. 더욱이 2017년 테드 강연에서 오닐은 알고리즘이 인간의 판단만큼 편향될 수 있고 심지어 편견으로 인해 숨은 차별이나 현상 강화로 이어질 수 있다는 것을 고려할 때, 알고리즘을 맹목적으로 신뢰해서는 안 되는 이유를 설명했습니다. 예를 들면 AI가 성별, 인종, 나이에 따라 잘못된 가정을 하는 수학적 모델과 알고리즘을 사용한다면 부당함이나 더욱 뿌리 깊은 편견으로 이어질 수 있습니다.

*캐시 오닐, 『대량 살상 수학 무기: 어떻게 빅데이터는 불평등을 확산하고 민주주의를 위협하는가』, 김정혜 옮김, 흐름출판, 2017년

탐구 5.18

캐시 오닐의 테드 강연을 시청하고 AI를 신뢰하는 것에 대한 그녀의 반대 의견에 주목하세요. 수업 시간에 토론회를 열고, 다음 안건에 관해 토론하세요. "우리는 AI가 지식과 앎에 위협이 된다고 믿는다."

한쪽 입장에 서서 토론을 준비하세요. 그런 다음 토론을 진행하고, 논쟁을 벌인 양측의 강점과 장점을 평가하세요.

탐구 5.19

1 기술은 도움을 주거나 해칠 가능성이 있습니다. 기술은 어느 정도나 아는이를 돕거나 해칠까요? 우리는 어떻게 알 수 있을까요? 양쪽의 예를 보여 줄 두 개의 목록을 만드세요.

2 여러분은 다음 영역에서 기술의 윤리적 사용을 보장하기 위해 어떤 기준이나 원칙을 만들 건가요?

· 역사
· 인간과학
· 수학
· 자연과학
· 정치

· 종교
· 예술
· 토착 사회
· 언어

5.6 탈물질화와 지식의 미래

우리 세계를 항해하고 정보화 시대에 참여하려면 기술 사용법을 알아야 합니다. 이메일과 인터넷이 널리 사용되기 전인 1990년대 초반에도 라디오나 CD 플레이어로 음악을 듣거나, 종이 지도를 이용하여 길을 찾고, 유선 전화로 피자 배달을 주문하는 것은 가능했습니다. 그 뒤, 인터넷과 스마트폰이 그 자리를 차지했습니다. 많은 물질 기반 기술이 사라졌습니다. 이제는 CD 플레이어, 종이 지도, 유선 전화 등이 필요 없습니다. 이런 것들은 일상적으로 거의 쓰이지 않습니다. 모든 것이 온라인에 있습니다. 반면에 펜과 종이 시험지는 여전히 쓰이고 있고, 종이 지도는 우리 대부분이 전자 기기를 사용함에도 불구하고 여전히 일부 야외 활동(하이킹, 등산, 항해 등)에 필수품으로 여겨집니다. 인공위성은 가끔 통신 장애가 생기지만, 종이 지도는 언제나 사용할 수 있습니다.

탈물질화는 대상이 재료나 물질에서 벗어날 때까지 기술이 발전하는 과정입니다. 탈물질화는 새로운 것이 아닙니다. 요하네스 구텐베르크(Johannes Gutenberg, 1400년경~1468년)는 주물 금속 활자를 배열하여 인쇄판을 만들고 텍스트의 복사본을 여러 장 찍어낼 수 있는 최초의 인쇄기를 발명했습니다. 윌리엄 캑스턴(William Caxton, 1422~1491)은 인쇄기를 영국에 소개했고 베르길리우스, 키케로, 초서 등의 작품을 인쇄하고 배포했

키워드

탈물질화(dematerialisation): 기술이 물질과 관련된 것에서 벗어나는 과정

습니다.

우리는 나중에서야 지식을 공유하고 소통하는 역할을 하는 인쇄기의 장점을 깨달았습니다. 필사한 두루마리와 잉크는 '탈물질화'되었고, 인쇄기로 대체되었습니다. 책이 탈물질화하여 전자책과 다른 디지털 자원으로 대체되기를 바라는 사람들도 있습니다.

우리는 이제 스마트폰 사용법을 알면 모든 것이 가능해지는 것을 당연하게 받아들입니다. 음악 플랫폼인 스포티파이(Spotify)로 음악을 듣는 것에서부터 구글 맵으로 길을 찾고, 집으로 피자 배달을 주문하는 것까지 모두 가능합니다. 기술의 창조자인 사람도 있지만, 많은 사람들이 기술의 사용자이자 소비자입니다. 디지털 기술은 우리를 인터넷 연결에 의존하게 만듭니다.

실제 상황 5.7

전자책이 발명되었을 때 종이 책은 탈물질화되었다고 할 수 있습니다. 동의하나요? 그 이유는 무엇인가요? 아니라면 그 이유는요? 종이 책, 전자책, 온라인 버전 중 어떤 것을 읽는 것을 선호하나요?

이와 같은 온라인에 대한 의존성은 전기가 있어야 가능하며, 전기가 없다면 현대 세계는 제 기능을 못 하게 될 것입니다. 사물 인터넷은 식료품 주문, 온라인 쇼핑에서 가정용 경보 장치 작동에 이르기까지 생존을 위해 전기와 스마트폰에 의존한다는 것을 의미합니다. 오늘날 서구 세계에서는 인터넷 연결 없이는 대부분의 일상적인 일을 처리하기가 어려울 것입니다.

탈물질화는 지식에 영향을 미칩니다. 교과 내용 같은 지식은 이미 탈물질화되었다고 주장할 수 있습니다. 즉, 모든 것이 온라인으로 가능합니다. 필요할 때 인터넷에서 찾아볼 수 있는데 아직도 굳이 외워야 할 것들이 있을까요? 다른 측면에서 볼 때 라디오, 지도, 유선 전화 같은 기술의 물질적인 부분은 탈물질화될 수 있지만 지식은 결코 교체되거나 대체될 수 있는 물질적 대상이 아니라는 점을 고려하면 다른 범주에 속한다고 주장할 수 있습니다. 이것은 어떤 것을 안다는 것이 무엇을 의미하느냐는 문제로 돌아갑니다. 기술은 도구이며, 온라인상의 정보는 지식과 동일하지 않습니다. 우리는 정보를 가공했을 때만 알 수 있습니다. 아는이는 세계를 이해하고, 기술을 도구로 사용하여 지식을 얻는 재판관이자 해석자로 남습니다.

여기에서 우리 사회에서 지식의 역할과 가치, 그리고 기술이 이것에 어떻게 영향을 미치는지에 대한 의문이 생깁니다. 한편으로는 기술이 변화의 원인으로 여겨질 수 있습니다. 카를 마르크스(Karl Marx, 1818~1883)는 개인의 활동보다는 경제적, 기술적 요인이 변화의 원인이라고 보았습니다. 여러분이 아는 것 중 얼마나 많은 것이 디지털 기술로 가능해졌는지 생각해 보세요. 다른 한편으로는 기술을 아는이가 자유롭게 사용할 수 있는 도구라고 이해할 수 있습니다. (개인적 경험을 통해) 뭔가를 **아는** 것이 의미하는 바는 기술 진보와는 무관합니다.

그림 5.13 _ 탈물질화의 예: 물질인 종이 책을 읽는 것에서 전자책을 읽는 것으로 변화

5.7 맺으며

우리는 디지털 혁명을 겪고 있습니다. 지금은 우리의 삶과 일하는 방식이 근본적으로 변화하는 기술 시대입니다. 역사적으로 볼 때 우리가 이룬 기술적 성과는 놀랍고 인상적입니다. 창조, 발명 및 혁신 능력은 의료 분야의 백신 접종부터 인터넷으로 가능해진 정보에 대한 전례 없는 접근에 이르기까지 우리가 사는 세계를 변화시키고 이롭게 합니다. 지난 20여 년 동안 디지털 혁명은 스마트폰의 시대를 열었고, 한때 과학 소설(SF)의 영역이었던 로봇 공학, 자동화, 블록체인부터 양자 컴퓨터, 데이터 분석, 사물 인터넷에 이르기까지 급진적 기술은 우리 일상생활의 일부가 되었습니다.

이런 발전은 지식과 앎에 광범위한 영향을 미치고 있습니다. 우리는 궁금한 게 있으면 인터넷에서 찾아보곤 합니다. 정보에 대한 접근은 20년 전에 비해 크게 발전했으며 인터넷에 연결하면 틀림없이 더 많은 지식을 얻을 수 있습니다. 인터넷은 주요 정보 출처이며, 사물 인터넷은 가정용 경보 장치부터 자동차 위치를 확인하거나 건강 상태를 모니터링할 수 있는 웨어러블 기술에 이르기까지 우리 삶의 기능을 점점 더 제어하고 있습니다.

탐구 5.20

1 최신 기술 발전을 보여 주는 BBC 기술 프로그램 〈클릭(Click)〉을 보세요. 시청하면서 다음 중 하나 또는 두 가지 모두를 수행하세요.

- 실제 사례 식별
- 지식론 전시회에 적절한 대상을 식별하고 지식 프롬프트 중 하나에 연결

2 마호로 우치다(Maholo Uchida)가 큐레이팅한 〈AI, 인간을 넘어서다(AI: More than Human)〉라는 기술 전시회에 대해 자세히 알아보세요. 이 전시회나 다른 기술 전시회는 여러분의 지식론 전시회의 아이디어에 영감을 줄 수 있습니다.

이런 변화가 아는이에게 미치는 영향을 측정하고 정량화하는 것은 어렵습니다. 여러분은 머신러닝으로 가능해진 지식의 알고리즘에 의한 생산에 질문을 가질 수 있습니다. AI가 발전함에 따라 빅 데이터나 기계 지능을 신뢰하는 것은 인간의 판단과 의사결정이 덜 중요해짐을 시사하는 것은 분명합니다. AI가 더 나은 세상을 만든다는 약속을 어디까지 믿을 것인지와 AI의 용도를 의심하는 사람들도 있겠지만, AI는 교육과 의료 분야에서 빠른 변화를 가져오는 도구입니다. 자동화는 고용의 미래와 우리가 알고 있는 전통적인 직업에 위협이 되기도 하지만, 새로운 일자리를 창출할 기회이기도 합니다. 암호 화폐는 돈에 대한 우리의 사고방식을 바꾸고, 가치를 보장하는 인간의 제도에 질문을 제기할 수도 있습니다. 이 모든 것은 증강 현실과 가상 현실에 의해 현실 세계와 가상 세계의 구분이 모호해지는 곳으로 아는이를 이동시킵니다.

어떤 기술을 만들고 사용할지는 우리 각자가 결정할 일입니다. 하지만 우리가 지식을 향상시키고, 사회에 이익을 주고, 우리의 지식이 보다 공평한 사회와 보다 공정한 세상을 만드는 데 사용되도록 기술을 만들고 사용할지는 두고 봐야 합니다. 그런 세상을 만들기 위해 함께 일하는 것은 우리의 책무입니다. 우리는 지식의 미래에 대해서 추측할 수 있을 뿐입니다. AI가 아는이인 우리에게 어떤 영향을 미칠지, 탈물질화의 미래가 지식과 앎에 어떤 의미를 지닐지는 확실히 알 수 없습니다. 이 주제는 아직은 답을 알 수 없는 많은 질문을 제기합니다. 중요한 것은, 인간으로 존재한다는 것이 무엇을 의미하고 자유롭다는 것이 무엇을 의미하는가에 대한 질문을 제기한다는 것입니다. 이것들은 중대한 질문입니다. 기술이 잘못된 사람의 손에 넘어가지 않고, 우리의 자유를 통제 또는 제한하거나, 인간을 한 점의 데이터로만 사용되지 않도록 어떻게 보장할 수 있을까요?

기술은 우리의 지식을 확장할 수 있는 도구입니다. 하지만 디지털 기술은 우리가 다른 사람이 연구할 수 있는 한 점의 데이터이자 지식의 원천이 될 수 있다는 현실을

가능하게 합니다. 이것은 만약 그 정보가 건강을 증진시키고, 세계 문제를 해결하고, 인간 번영을 촉진하는 데 사용된다면 좋을 것입니다. 하지만 자유, 동의, 사생활, 자율성에 대한 위험과 심각한 문제들도 있습니다. 아는이로서 우리의 도전은 보다 나은 세상을 만들기 위해, 그리고 사람들에게 이익을 주기 위해 기술을 창조하고 사용하는 것입니다.

논의 5.17

1 기술이 미래의 지식과 이해에 어느 정도나 기회 또는 위협을 제공할까요?

2 기술이 지식의 공유와 교환에 얼마나 기여할까요?

탐구 5.21

깨끗한 물 공급, 플라스틱 사용 감소, 전염병 확산 등과 같이 세계적인 현안이나 문제를 골라 해결책을 고안해 보세요.

1 기술이 아는이인 우리에게 어느 정도로 도움을 주거나 방해하나요?

2 윤리적 고려가 기술의 사용에 영향을 미치는지 어떻게 알 수 있을까요?

3 여러분의 평가를 고려하여, 해결책의 전반적인 영향에 대해 생각해 보세요.

또래 평가

짝과 함께, 또는 모둠으로 활동하면서 각자 자신이 선택한 문제와 자신이 고안한 해결책을 제시해야 합니다. 서로 피드백을 주고받습니다. 비용/편익 분석을 수행한 적이 있나요? 해결책이 갖는 단기적, 장기적 영향을 모두 검토했나요? 다양한 요인(예: 환경, 공중 보건, 지역 또는 국가의 문화, 사회적 화합 등)을 고려했나요? 여러분의 발표는 관련된 윤리적 고려 사항을 충분히 이해한 것으로 보이나요?

지식 질문

1 두 개의 지식 영역과 관련하여, 기술이 아는이인 우리에게 어느 정도 도움을 주거나 방해할까요?

2 두 개의 지식 영역과 관련하여, 윤리적 고려는 어떤 방식으로 기술 사용에 영향을 미칠까요?

3 두 개의 지식 영역을 고려할 때, 기술이 지식을 창출하는 방법에 얼마나 영향을 미칠까요?

5.8 지식 영역 연결 질문

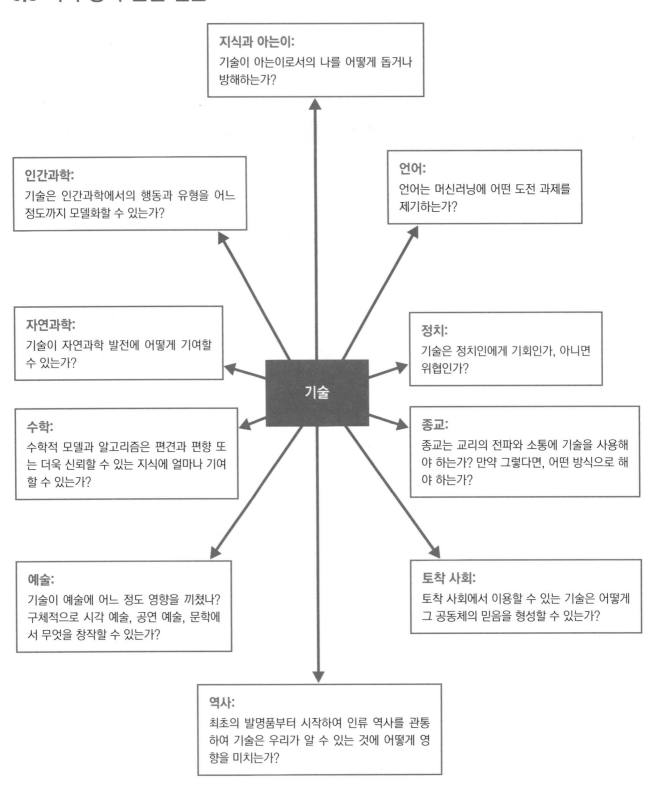

지식과 아는이:
기술이 아는이로서의 나를 어떻게 돕거나 방해하는가?

인간과학:
기술은 인간과학에서의 행동과 유형을 어느 정도까지 모델화할 수 있는가?

언어:
언어는 머신러닝에 어떤 도전 과제를 제기하는가?

자연과학:
기술이 자연과학 발전에 어떻게 기여할 수 있는가?

정치:
기술은 정치인에게 기회인가, 아니면 위협인가?

수학:
수학적 모델과 알고리즘은 편견과 편향 또는 더욱 신뢰할 수 있는 지식에 얼마나 기여할 수 있는가?

종교:
종교는 교리의 전파와 소통에 기술을 사용해야 하는가? 만약 그렇다면, 어떤 방식으로 해야 하는가?

기술

예술:
기술이 예술에 어느 정도 영향을 끼쳤나? 구체적으로 시각 예술, 공연 예술, 문학에서 무엇을 창작할 수 있는가?

토착 사회:
토착 사회에서 이용할 수 있는 기술은 어떻게 그 공동체의 믿음을 형성할 수 있는가?

역사:
최초의 발명품부터 시작하여 인류 역사를 관통하여 기술은 우리가 알 수 있는 것에 어떻게 영향을 미치는가?

5.9 자기 점검

5장에서 배운 내용을 되돌아보고 1점에서 5점 사이로(5는 최고 점수, 1은 최저 점수) 자신의 자신감 수준을 표시하세요. 3점 미만이면 해당 부분을 다시 읽어 보세요. 그런 다음 이 목록으로 돌아오세요. 여러분의 자신감이 높아졌나요?

	자신감 수준	다시 읽기?
나는 기술이 아는이에 미치는 영향에 대해 잘 이해하고 있는가?		
나는 데이터, 정보, 지식이 기술과 관련될 때 이것들을 명확히 정의하고 구별할 수 있는가?		
나는 기술이 지식과 앎에 미치는 영향을 잘 판단하여 아는이에게 주는 혜택과 잠재적 위협을 모두 평가할 수 있는가?		
나는 인터넷 문화가 기억력에 어떤 영향을 미치는지에 대해 생각해 본 적이 있는가?		
나는 증강 현실, 가상 현실, 인공 지능을 매개로 하여 감각과 인지를 확장하는 도구로서 기술의 개념을 명확히 표현할 수 있는가?		
나는 기술이 돈과 가치에 대한 사고방식에 미치는 영향을 이해하고 있는가?		
나는 업무의 본성을 변화시킬 자동화를 위한 도구로서 기술이 시사하는 바를 인식하고 있는가?		
나는 빅 데이터의 의미와 중요성, 그리고 빅 데이터가 아는이에게 어떤 의미인지에 대해 토론할 수 있는가?		
나는 컴퓨터가 생각하고 안다고 볼 수 있다는 관점에 대해 찬성하거나 반대할 수 있는가?		
나는 아는이나 전문가가 반드시 인간이어야만 하는지 토론할 수 있는가?		
나는 기술이 어디까지 윤리적으로 사용되고 문제를 해결하며 더 나은 세상을 만들 수 있는지 가늠해 볼 수 있는가?		
나는 누리 소통망, 잊힐 권리, 빅 데이터를 포함한 기술과 관련된 윤리적 문제, 그리고 기술의 사용에 관련하여 사회적 관점으로 평가할 수 있는가?		
나는 탈물질화 개념, 그리고 기술이 지식과 앎의 미래에 미칠 영향을 제대로 평가하고 있는가?		

5.10 더 읽을거리

- 5장에서 얻은 지식을 바탕으로 다음 글들 중 몇 가지를 읽을 수 있습니다.

- 특히 권력, 데이터, 정의, 의료, 자동차, 범죄 및 예술 측면에서 **지식과 기술**에 대한 일반적인 이해를 넓히려면 다음을 읽으세요.
  Hannah Fry, *Hello World — Being Human in the Age of Algorithms*, Penguin, 2019. [해나 프라이, 『안녕, 인간』, 김정아 옮김, 와이즈베리, 2019년]

- **빅 데이터** 개념에 대해 자세히 알아보려면 다음을 참조하세요.
  Timandra Harkness, *Big Data: Does size matter?*, Bloomsbury, 2016.

- 우리가 누구를 그리고 어떻게 신뢰하는지를 기술이 어떻게 변화시키고 있는지에 대한 좋은 논의를 위해 다음을 읽으세요.
  Rachel Botsman, *Who Can You Trust?*, Penguin, 2018. [레이첼 보츠먼, 『신뢰 이동—관계·제도·플랫폼을 넘어, 누구를 믿을 것인가』, 문희경 옮김, 흐름출판, 2019년]

- **스마트폰, 사물 인터넷, AI, 증강 현실, 암호 화폐, 블록체인, 머신러닝, 자동화 등 다양한 기술**에 대한 탐구는 다음을 읽으세요.
  Adam Greenfield, *Radical Technologies: The Design of Everyday Life*, Bloomsbury, 2017.

- **기술이 교육 및 학습에 미치는 영향**에 대해 자세히 알아보려면 다음을 읽으세요.
  Anthony Seldon, *The FourthEducation Revolution*, Legend Press Ltd, 2018

> **6장**

지식과 언어

학습 목표

6장에서는 언어와 지식의 관계를 살펴보고 언어가 지식과 앎에 대한 우리의 사고방식을 어떻게 형성하는지 생각해 볼 것입니다.

여러분은

- 인간 사회에서 이루어지는 언어의 진화에 대해 배우고 언어의 본성과 범위에 대해 탐구합니다.
- 의미의 다양한 이론들, 문제적 의미와 언어가 우리의 사회적 정체성 및 개인적 정체성 안에서 하는 역할에 대해 조사합니다.
- 언어 간 번역의 문제들에 대해 살펴보고, 해석이 수반된 번역이 어떻게 과학보다 예술에 더 가까운지 알아봅니다.
- 아는이에 대한 언어의 영향력과 중요성을 평가하고, 우리의 지식이 일반화, 고정 관념 그리고 꼬리표 붙이기에 의해 어떻게 짜 맞춰지는지에 대해 깨닫게 됩니다.
- 언어와 경험(감각질) 사이의 관계에 대해 탐구합니다.
- 언어가 우리의 경험에 영향을 미치고 우리의 지식을 형성한다는 사피어-워프 가설과 함께 언어가 세계에 대한 우리의 사고방식에 영향을 끼치는 범위에 대해 숙고하고 평가합니다.
- 가치를 서술하고 전달하고 설득하고 표현하는 도구로서 언어의 역할뿐만 아니라 권력과 제반 관계, 전쟁의 맥락에서 영향력을 행사하고 설득하는 데 사용될 수 있는 여러 방식들에 대해 탐구합니다.
- 기술이 언어 사용 및 의사소통을 어떻게 돕거나 방해하는지 평가합니다.
- 윤리적 언어, 우리의 윤리적 지식 주장의 의미 그리고 언어의 사용 및 의사소통의 책임에 대해 살펴봅니다.

다음 각각의 인용문을 분석하고 이어지는 질문에 관해 토론하세요.

1 "우리는 말하기를 위해 생물학적으로 프로그램 되어 있다. 우리는 언어의 가능성에 파란불을 켜 주는 신경학적, 유전적, 해부학적 원형을 가지고 있다." **애덤 러더포드**(Adam Rutherford, 1975~)

2 "언어가 없으면 우리는 우리 자신을 잃어버리기 때문이다. 언어가 없다면 우리는 도대체 누구인가?" **멜리나 마체타**(Melina Marchetta, 1965~)

3 "우리는 말할 수 있는 것보다는 더 많은 것을 알고 있다." **마이클 폴라니**(Michael Polanyi, 1891~1976)

4 "우리의 모든 지식은 집단적으로 만들어진 것이다. 만약 인간이 고립된 동물이었다면 천체 물리학도 역사도 심지어는 언어조차도 존재하지 않았을 것이다." **제이콥 브로노우스키**(Jacob Bronowski, 1908~1974)

5 "언어는 자유로운 창조의 과정이다. 그것의 원리와 법칙은 고정되어 있지만, 생성의 원리들이 이용되는 방식은 자유롭고 무한하게 다양하다. 심지어 말의 해석과 사용이 자유로운 창조의 과정에 개입하기도 한다." **노엄 촘스키**(Noam Chomsky, 1928~)

위의 인용문에 대해 다음을 생각해 봅시다.

a 인용문에 어느 정도 동의하나요? 아니면 동의하지 않나요?

b 인용문이 언어와 지식에 대해 무엇을 시사한다고 생각하나요?

c 각 인용문에서 언어와 지식에 대해 가정하거나 당연하게 여기는 것은 무엇이라고 생각하나요?

6.1 들어가며

논의 6.1

언어는 우리가 지식을 습득하는 데 도움을 줄까요? 아니면 우리가 알 수 있는 것을 제한하며 형성할까요?

인간뿐만 아니라 다른 동물들도 의사소통을 합니다. 코끼리는 우리가 들을 수 있는 주파수 대역보다 낮은 저주파로 다른 코끼리와 의사소통을 합니다. 새와 개 같은 동물들은 성대를 이용해서 지저귀고 짖습니다. 귀뚜라미 같은 곤충들은 신체의 일부를 이용하여 소리를 냅니다. 주로 서아프리카에 서식하는 다이아나원숭이는 위에서 날아오는 독수리나 아래에서 오는 표범처럼 서로 다른 포식자들을 가리킬 때 각각 다른 경보를 울립니다. 꿀벌은 8자 춤을 춤으로써 위치, 방향, 거리를 서로 알려 줍니다.

하지만 오직 인간만이 **문법**과 **통사법**이 있는 입말(구어)을 사용합니다. 되새나 동박새도 나름대로의 문법과 통사법을 가지고 있다고 알려져 있긴 합니다. 입말(구어)과 글말(문어)은 우리를 인간으로 구별 짓는 특징 중 하나일 뿐만 아니라 지식의 생산과 공유 및 전파를 가능하게 해 주는 필수적인 도구 중 하나입니다. 우리는 입말과 글말을 사용해 지식을 만들고 문화를 초월하여 그 지식을 공유하며 아래 세대로 전해 줍니다.

문장을 말할 때마다 우리는 창조적이며 독창적인 뭔가를 하는 셈입니다. 언어를 사용할 때 우리는 혁신합니다. 즉, 우리는 언어 규칙을 배웠지만 듣고 기억한 문장 그대로

키워드

문법: 단어를 가지고 유의미한 구와 문장을 구성하기 위한 규칙

통사법: 문장이나 구를 형성하기 위한 단어의 배열, 유아 통사의 예로는 '내 침대'나 '과자 없어' 같은 단어 쌍을 들 수 있음

그림 6.1 _ 동물의 의사소통을 인간의 언어와 어떻게 비교할 수 있나요?

를 반복해서 말하지는 않습니다. 오히려 우리의 입말은 창조적인 플로우(flow)인데, 자신만의 새로운 의미를 구축하고 전에는 한 번도 써 본 적이 없던 방식으로 말합니다.

언어는 화석으로 기록을 남기지 않았고 언제, 어떻게 시작되었는지도 확실치 않지만, 과거로부터 온 것입니다. 과거의 시와 문학 작품은 우리에게 또 다른 세계로 통하는 창을 제공합니다. 지금은 더 이상 쓰이지 않는 언어일지라도 말입니다. 언어는 과학적 관점으로 이해될 수도 있으며, 언어의 진화 및 진화에서 수행한 역할은 언어의 습득과 사용에 관련된 생물학적, 인지적, 문화적 과정에 중요한 질문을 제기합니다.

"언어가 발명된 뒤 아이들이 더 이상 때려 부수거나 거칠게 굴지 않는 것 같아."

인간과학, 특히 심리학은 인간의 본성을 들여다보는 창으로서의 언어, 또는 인지 발달과 사회적 정체성에 관련된 언어의 역할을 탐구할 것입니다. 예술은 종종 '감정의 언어'라고 표현되며, 행위 예술과 문학, 시각 예술 등은 음성 언어와 비음성 언어를 사용합니다. 수학은 그 자체로 보편적 언어라고 할 수 있습니다.

전 세계에는 6,000개쯤 되는 서로 다른 구어가 있고, 성인들은 평균적으로 약 6만 개의 어휘를 알고 있다고 합니다. 말하기와 듣기는 우리에게 타고난 것이며, 이제까지 알려진 모든 인간 사회는 언어를 발달시켜 왔습니다. 우리는 또한 제스처, 마임, 또는 보디랭귀지 같은 비음성적 언어로도 의사소통을 하는데, 어떤 의사소통은 잠재의식적인 것이고, 또 어떤 언어는 의도치 않은 의사소통으로 분류되기도 합니다.

여러분은 어떻게 언어를 배웠습니까? 공평하게 말하면, 인간은 언어를 배우도록 미리 프로그램 되어 있을 수 있습니다. 여러분은 한국어, 프랑스어, 또는 힌디어를 **모어**로 말하며 자랐을 수 있고, 이중 언어 사용자나 다중 언어 사용자라면 두 개 또는 그 이상의 언어를 말하며 자랐을 것입니다. 그러나 여러분이 쓰는 특정 언어는 여러분이 태어나서 자란 사회와 문화의 산물입니다. 언어는 생물학적이고 유전적 양상을 가진 고도의 복합적인 실체입니다. 즉, 말하기는 혀, 후두부, 턱, 얼굴, 입술, 설골(舌骨, 목뿔뼈)을 비롯한 정교한 해부학적 구조와 관련되어 있습니다. 게다가 언어는 인지적 기능도 가지고 있습니다. 언어와 문법 규칙은 우리의 뇌 그리고 정신과 관련이 있습니다. 뇌가 어떤 의미에서는 선천적으로 말하기와 언어를 위해 미리 '회로가 깔려 있다'고 보는 이들도 있습니다. 게다가 언어에는 사회적 기능이 있습니다. 언어는 사회적 역할을 하고 우리의 정체성을 정해 줍니다. 언어는 인간의 능력, 또는 어떤 의미에서는 기능, 일종의 실용적 지식으로 여겨질 수도 있습니다.

키워드

모어(母語): 사람이 자라면서 처음 익히는 언어. 모국어, 제1언어라고도 함

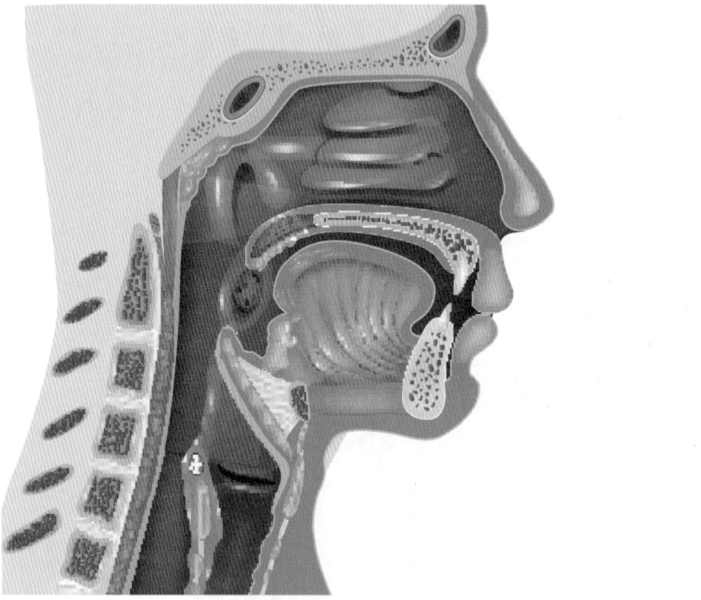

그림 6.2 _ 언어의 생물학적, 인지적, 문화적 측면은 무엇일까요? 말하기와 언어 능력은 어떻게 그리고 왜 진화해 왔을까요?

우리가 서로 의사소통을 하고 지식을 공유하는 수단이 언어라는 사실을 감안하면, 언어야말로 아는이로서의 우리에게 필수불가결한 것입니다. 6장에서 우리는 언어가 아는이에게 행사하는 영향력을 탐구하며 어떻게 해서 언어가 지식을 얻고 소통하기 위한 수단인지도 탐구할 것입니다. 우리는 언어가 생각하기와 앎에 어떻게 관련되는지를 탐구합니다.

논의 6.2

1. 여러분은 언어가 세계에 대해 기술하거나 여러분의 의견을 표현하는 데 도움을 준다고 생각하나요?

2. 아는이에게 언어의 강점과 약점은 무엇인가요?

6.2 언어의 범위

논의 6.3

언어는 어떻게 우리가 서로 협력하고 생각을 공유하고 지식을 전달할 수 있도록 하나요?

언어는 규칙 지배적이다

언어학은 언어를 과학적으로 연구하는 학문으로, 여러 측면을 포함합니다. 그중 하나가 어휘인데, 이것은 자의적 규칙에 지배됩니다. 예를 들어 영어 원어민들은 'dog'라는 단어와 그것이 나타내는 동물 사이에 거의 마법 같은 자연스러운 연결이 있다고 느낍니다. 하지만 dog라는 소리가 그 동물과 연관될 심오한 이유는 물론 없습니다. 그 소리는 quan(중국어), koira(핀란드어), chien(프랑스어), hund(독일어), kutta(힌디어), inu(일본어), gae(한국어), sobaka(러시아어), perro(스페인어) 또는 köpek(튀르키예어) 등일 수도 있습니다. 의사소통이 제대로 이루어지기만 한다면, 우리가 어떤 소리나 괴발개발을 대상과 서로 관련짓는지는 중요하지 않습니다. 물론 언어 공동체 안에서 전반적인 합의가 있어야만 합니다.

그렇지만 'Go!'처럼 한 단어로 된 명령문이 아니면, 하나의 단어가 많은 의미를 전달하지는 않습니다. 언어에서 다른 주된 요소는 문법입니다. 문법이란 단어, 구, 절과 관계된 규칙들입니다. 여러분이 다른 언어를 배울 때 익혀야 할 주요한 것 중 하나가 바로 문법입니다. 문법은 올바른 순서로 단어들을 조합하기 위한 규칙을 알려 주고, 문장의 의미를 결정하는 데 도움을 줍니다.

기술 문법의 규칙들이 있습니다. 이것은 사람들이 **실제로** 어떻게 말하는지를 기술합니다. 그리고 **규범 문법**의 규칙들이 있습니다. 이것은 사람들이 이상적으로 어떻게 **말해야 마땅한지**를 기술합니다. 예를 들면 규범 문법 규칙에는 "이중 부정을 사용해서는 안 된다"라는 것이 있습니다. "IB 디플로마 프로그램 학생들은 대학 수업을 들을 준비가 덜 된 학생들이 아니다"라는 문장보다는, 이중 부정을 사용하지 않은 "IB 디플로마 프로그램 학생들은 대학 수업에 준비된 학생들이다"라고 하는 것이 좀 더 나은 표현이 될 것입니다. 두 문장은 같은 의미를 전달하지만, 왜 문법 규칙에서 이중 부정 사용을 금지하는지 이해할 수 있을 겁니다.

『옥스퍼드 영어 용례 사전(Oxford dictionary of English usage)』에 따르면, "부정사를 쪼개지 마라"는 문법 규칙은, 많은 사람들이 규범 문법 규칙인 것으로 잘못 알고 있지만, 실제로는 규범 문법 규칙이 아닙니다. 이것은 부정사를 쪼개는 것이 불가능한 라틴어의 규칙에서 파생된 것으로 보입니다. 〈스타 트렉〉이라는 TV 프로그램에서 커크 선장은 "To boldly go where no man has gone before(아무도 가지 않은 길을 담대하게 가서)"라고 말합니다. 많은 사람들이 올바른 문법적 표현은 "To go boldly where no man has gone before"라고 믿고 있습니다. 하지만 부정사를 쪼개서 그 사이에 다른 단어를 넣는 것은 완벽하게 수용 가능하며 두 표현 모두 문법적으로 맞습니다.

마지막으로 2장에서 보았듯이, 노엄 촘스키는 1957년의 저서 『변형 생성 문법의 이론(*Syntactic Structures*)』에서 문법적으로 올바른 문장도 말이 안 되는 문장일 수 있음을 다음 문장으로 예증합니다. "**Colourless green ideas sleep furiously(무채색의 녹색 아이디어가 격렬하게 자고 있다).**" 이 예는 의미도 언어의 본질적 특징임을 시사합니다. 즉, 문장이 문법적으로 옳은 것만으로는 충분하지 않으며 그와 동시에 의미가 있거나 아니면 얼마간의 **의미론적** 뜻이 있어야 합니다. 이는 의미를 다루는 뒷부분에서 탐구할 것입니다.

> **키워드**
>
> **의미론적**: 언어의 의미와 관련된

언어는 창조적이며 혁신적이다

언어의 특징 중 하나는 문법과 어휘의 규칙 덕분에 문법적으로 올바른 문장을 거의 무한대에 가깝게 만들 수 있다는 것입니다. 우리가 말하는 모든 문장은 어떤 의미에서는 독창적입니다. 언어는 여러분이 오랜 시간에 걸쳐 배워 온 문법 규칙의 산물이지만, 여러분은 의미와 표현이라는 면에서 언어의 창조자이자 혁신가입니다. 여러분은 전에 아무도 쓰거나 말한 적이 없는 새로운 문장들을 창조하고 이해할 수 있습니다. 예를 들면 여러분은 다음과 같은 문장을 결코 들어 본 적이 없을 것입니다. "무지라는 번데기로부터 (변태한) IB 디플로마 프로그램 학생들은 나비처럼 지식이 풍부해지고, 원칙에 부합하면서도 성찰적인 모습으로 발전하게 된다." 하지만 이 문장에 담긴 **은유**를 이해하고 은유에 상응하는 이미지를 생각해 내는 데 전혀 어려움이 없을 것입니다. 언어의 창조적 자원은 어마어마합니다. 여러분은 무한개의 문장을 만들어 낼 수 있습니다. 심리학자인 스티븐 핑커(Steven Pinker, 1954~)는 최대 20단어 길이의 문법적으로 올바른 영어 문장이 최소 10^{20}개가 있다고 추산합니다. (이것은 정말 엄청난 숫자입니다. 만약 5초에 한 문장씩 말한다면, 그 문장을 모두 말하는 데 10^{14}년 정도가 걸릴 것입니다. 10^{14}년은 우주의 나이보다도 1만 배나 긴 시간입니다!)

> **키워드**
>
> **은유**: 두 가지 사물 사이를 암시적으로 비유하는 수사법의 한 형태

게다가 언어는 변화하지 않고 고정된 실체가 아니라 시간이 지나면서 변하고 발전합니다. 윌리엄 셰익스피어(William Shakespeare, 1564~1616)는 영어에 'bubble', 'dwindle', 'frugal', 'obscene' 같은 새로운 단어들을 많이 도입했습니다. 언어는 새로운 단어를 발명할 뿐만 아니라 서로에게서 단어를 빌려 오기도 합니다. 영어에는 이렇게 빌려 온 단어들이 많습니다. 아랍어에서 온 'algebra', 독일어에서 온 'kindergarten' 그리고 유대인들이 쓰는 이디시어에서 온 'pyjamas' 등이 그런 것들입니다. 새로운 기술이 나오면서 많은 새로운 단어들이 계속 등장하고 있습니다.

탐구 6.1

1   반드시 참이지는 않더라도 유의미한 영어 문장을 만들어 보세요. 여러분이 아는 한, 우주 역사상 단 한 번도 글로 쓰인 적이 없는 문장을 만들어야 합니다.

2   우리의 언어 사용이 문법 규칙의 지배를 받는다면, 우리가 사용하는 언어와 전달하는 의미에 있어서 혁신해야만 하는 것은 어떤 범위에서인가요? 우리가 언어의 규약을 깨는 것이 바람직할 때는 언제일까요? 그 이유는 무엇인가요?

3   스티븐 핑커가 20단어 길이의 문법적으로 올바른 문장의 개수(10^{20})를 어떻게 얻게 되었는지를 조사하세요. 그의 방법론은 무엇인가요? 이 지식 주장은 얼마나 확실한가요?

언어는 의도된 것이다

언어가 의사소통의 한 형태이긴 하지만, 모든 의사소통이 언어로 이루어지는 것은 아닙니다. 이 둘 사이의 차이를 알아보기 위해 다음 두 가지 상황을 생각해 봅시다.

- 지루한 수업 시간에 선생님은 컴퓨터만 들여다보는 상황에서 여러분은 교실 건너편에 있는 누군가와 눈이 마주치자 손을 입에 대고 하품하는 제스처를 취합니다.

- 여러분은 누군가의 말에 집중하는 것처럼 보이려고 애쓰는데, 자기도 모르게 하품이 나옵니다.

두 가지 하품 모두 정보를 주고 있고 일종의 **보디랭귀지**라고 할 수 있겠지만, 첫 번째 것만 언어라고 부를 수 있습니다. 첫 번째 것은 의도된 것이고, 두 번째 것은 의도된 것이 아니기 때문입니다. 이것은 언어라는 의사소통의 부분집합을 다른 형태의 의사소통과 구별하는 핵심이 무의식적이거나 의도하지 않은 것의 반대인, 의도된 것이라는 점을 시사합니다.

키워드

보디랭귀지: 몸짓언어. 우리의 태도와 감정을 전달하는 의식적이거나 무의식적인 몸짓이나 표정

논의 6.4

1   그림 6.3의 보디랭귀지를 어떻게 해석하나요? 어떤 메시지가 전달된다고 생각하나요?

2   다른 문화권 출신자의 보디랭귀지는 어느 정도나 오해하기 쉬울까요?

그림 6.3 _ 테니스 선수들은 경기가 끝난 뒤 악수를 나눕니다. 이때 어떤 메시지가 전달될까요?

잠재의식이 언어 학습 및 진행에 중대한 역할을 할 수 있지만, 비의도적이고 무의식적 측면은 6장과 지식론 과정의 범위를 벗어납니다. 게다가 우리는 말없이 의사소통을 하기 위해 마임과 몸짓 같은 비언어적 신호와 눈짓을 사용할 수 있겠지만, 이번 6장에서는 언어의 범위를 말로 하는 언어(입말, 구어)로 제한합니다. 따라서 앞으로 6장에서 언어라고 지칭하면 의도된 음성적 언어만을 뜻합니다.

6.3 언어, 의미 그리고 아는이

언어의 범위를 탐구했으니, 이제는 언어가 의미하는 것을 살펴보겠습니다. 언어는 세계를 이해할 수 있고, 세계가 존재하는 방식을 기술하며, 세계에 대한 믿음과 감정 그리고 마음가짐을 표현할 수 있는 아는이와 관련이 있습니다. 여기에서는 언어와 의미의 관계에 대해 탐구합니다.

언어는 아는이가 세계를 기술하고 믿음을 표현할 수 있게 해 주는 도구라고 생각할 수 있습니다. 4장에서 우리는 지식 주장이 세계에 대한 사실과 대응하기만 하면 그 지식 주장은 참이라는 대응론에 대해 논의했습니다. 예를 들어 내가 관찰할 수 있는 사실과 상응한다면 "풀은 푸르다"라는 말은 참입니다. 언어와 세계, 그리고 세계에 대한 우리의 믿음은 구별됩니다. 말로 하는 언어가 다음과 같은 것을 기술하는 데 어느 정도나 적합한지에 대해 의문이 제기될 수도 있습니다.

- 내가 묘사하는 세계, 예를 들면 내가 탁자라고 믿는 것(The world that I picture, for example, the table about which I have a belief)

- 내 마음속에 있는 세계, 예를 들면 탁자에 대한 나의 믿음을 그린 그림(My picture of that world in my mind, for example, my belief about the table)

언어는 의미가 세계 속에서 발견된다는 이론과 의미가 마음속에서 구축된다는 이론, 이 두 가지 이론 모두와 연관될 수 있습니다. 여러분은 자신이 지각하는 세계를 기술하기 위해 언어를 사용할 수 있습니다. 설령 불완전하게 할 수 있을 뿐이라고 할지라도 말입니다. 또한 여러분은 세계에 대한 여러분의 믿음, 즉 여러분이 만들거나 채택한 세계에 대한 **개념**, 이론, 생각을 표현하기 위해 언어를 사용할 수 있습니다. 여러분은 이들과 관련하여 언어가 얼마나 효과적인지 또는 정확한지에 대해 생각해 볼 수 있습니다.

키워드

개념: 추상적 생각이나 마음에 품은 어떤 것

지각: 감각에 의한 인식 과정을 통해 우리가 알아차리는 것

무엇인가를 의미하기 위해서는 언어가 진리와 모종의 관계를 맺어야 한다는 주장이 있습니다. 예를 들어 내가 탁자를 관찰한 다음 "탁자가 갈색이다"라고 말하면, 나는 있는 그대로의 세계를 진술하는 유의미한 문장을 이해하고 표현한 것입니다.

의미는 언어 사용과 더 관련되어 있다는 주장도 있습니다. 그래서 문장은 이것이 사용되는 방식과 관련해서 명확한 의미를 지닌다고 주장합니다. "탁자는 갈색이다"라는 말은 세계에 대한 진술이라기보다는 세계에 대한 나의 **지각**에 관한 진술이라는 것입니다. 그것은 나의 관찰, 감각에 의한 인식 그리고 개념 체계에 의존합니다. 나는 내가 관찰하는 세계 안에 탁자라고 불리는 하나의 사물이 있다고 믿는 것일지도 모릅니다. 이 믿음은 내가 '갈색'이라고 부르는 색의 범주와 함께, 내가 '탁자'라고 알고 있는 마음속 대상의 범주에 대한 나의 이해에 달려 있습니다. 이런 식으로 언어는 세계에 대한 나의 믿음을 표현합니다.

의미의 문제

지식의 많은 부분이 언어 형태로 우리에게 전해지므로 우리에게 전달되는 정보를 이해하고 싶다면 단어의 의미가 명료해야 합니다. 의미는 우리의 지식 탐구에 중요합니다. **문장이 참인지 거짓인지를 결정할 수 있기 위해서는 그것이 무엇을 의미하는지 알아야 하기 때문입니다.**

가령 여러분이 아이들에게 빨강이라는 색깔을 가르친다고 생각해 봅시다. 여러분은 많은 빨간색 물건들을 가리키고 그것들(자동차, 벽돌, 기차, 꽃)에게 '빨간색'이라는 명칭을 부여할 것입니다. 이것들은 모두 빨간색이며, 아이들은 이 물건들 사이에 공통점이 있다는 사실을 알게 됩니다. 아이들이 제대로 아는지 시험해 볼 수도 있습니다. **"저 차는 빨간색이니?"** 또는 **"빨간색 사물을 찾아보세요"**라고 하여 아이들이 빨간색이 어

떤 것인지를 이해했는지 확인할 수 있습니다. 이처럼 언어는 우리가 관찰할 수 있는 것을 기술하는 것 이상의 많은 일을 합니다. 즉, 언어는 개념이나 추상적 관념과 연관되어 있습니다. 아는이는 구체적인 사례로부터 의미와 개념을 뽑아냅니다. 개념은 그들이 관찰한 특정한 사례에서 비롯됩니다.

우리는 의미를 딱 부러지게 정의하는 것이 비교적 간단하고, 모든 단어는 모든 이에게 이해되고 받아들여지는 고정된 의미가 있다고 가정하는 경향이 있습니다. 빨간색의 개념을 아는 것처럼 말입니다. (적록 색맹인 사람들은 제외해야 합니다. 그들도 물론 빨간색이란 개념을 알 수는 있지만 그 개념을 매우 다르게 적용할 것입니다.) 하지만 **의미의 문제**가 있으며, 단어는 종종 의미가 모호하고 다양한 해석이 가능하다고 주장할 수도 있습니다.

이것은 언어의 상대적 확실성과 **모호성**에 관한 질문을 제기합니다. 우리가 '빨갛다'고 기술하는 것은 약 700나노미터 파장의 전자기파 스펙트럼을 지각한 것입니다. 과학은 어느 정도 확실하게 어떻게 그리고 왜 우리가 빨간색을 지각하는지 기술하지만, 아는이는 여전히 그 의미를 이해하고 싶어 할 수 있습니다. 빨간색이 여러분에게 어떤 의미인지 생각해 봅시다. 그것은 문화적 연상 작용을 지닐 수 있습니다. 가령 중국과 인도에서는 신부를 가리키는 색이지만, 다른 문화나 맥락에서는 위험이나 멈춤을 뜻할수 있습니다. 하지만 '빨강'의 의미를 기술하려는 시도는 특정한 맥락 없이는 어렵습니다. 단어가 아니라 문장이 의미를 갖는다고 흔히 믿고 있다는 점을 감안할 때 이런 시도가 불필요하다고 할 수도 있습니다. 게다가 언어의 본성은 언어가 본래 모호하다는 것입니다. 심지어 우리가 말할 때 특정한 의미를 의도한다 해도, 이 의도적인 의미를 정확하게 전달했는지 확신할 수는 없습니다.

키워드

모호성: 2장에서 논의했듯 어떤 것이 분명히 참인 확실성과는 반대로 명확한 의미가 둘 이상인 경우

그림 6.4 _ 중국 한나라식 전통 혼례를 올리는 신랑 신부가 빨간색 전통 혼례복을 입고 있습니다. 빨강의 명시적 의미와 함축적 의미는 무엇일까요? 언어와 문화 사이의 관계는 어떤 것일까요?

의미의 이론

유의미한 단어와 무의미한 단어를 구별하는 세 가지 이론에 대해 간단히 살펴보기로 합니다.

정의 이론—의미는 사전에서 찾을 수 있다

정의 이론에 따르면 의미는 사전에서 찾을 수 있다고 합니다. 한 단어가 의미하는 바에 대한 혼란을 해소하는 가장 확실한 방법은 사전을 찾아보는 것입니다. 하지만 사전에 수록할 한 단어의 알맞은 정의를 생각해 내는 것은 생각보다 어려울 수 있습니다.

탐구 6.2

1 다음 세 단어의 뜻을 가능한 한 정확하게 정의 내려 보세요.

  a 삼각형

  b 탁자

  c 사랑

2 '빨강'이라는 단어가 무엇을 의미하는지 짝에게 설명해 보세요. 이것은 여러분에게 단어의 정의의 한계와 언어의 본성에 관해 어떤 점을 시사해 주나요?

위 탐구 활동을 해 보면 삼각형을 정의 내리는 데 별다른 어려움은 없을 것입니다. "세 개의 선분으로 둘러싸인 도형"이라고 말입니다. '탁자'라는 단어의 경우 좀 더 어렵습니다. 여러분은 다음의 사전적 정의와 유사한 뭔가를 떠올릴 것입니다. "평평한 상판과 하나 이상의 다리가 있는 가구의 일종으로 식사, 글쓰기, 작업, 게임 등을 할 수 있는 판판한 표면을 가지고 있다." 이 정도면 제법 괜찮긴 합니다만, 정의의 경계선에 놓인 것들과 반례들을 생각해 내는 것도 어려운 것은 아닙니다. 벽면을 우묵하게 해서 만든 공간에 내장되어 있으면서 다리가 없는 평평한 상판이라든가 천장에 사슬로 매달려 있는 평평한 상판은 어떨까요? 탁자의 정의는 어디서 끝나고 책상의 정의는 어디서 시작하나요? 오래된 차 상자를 일상적으로 탁자로 사용한다면, 차 상자가 탁자가 되는 건가요? 이런 질문들에 대해서 다음과 같이 대답할 수 있습니다. **"무슨 상관이람? 탁자와 탁자 아닌 것의 정확한 경계가 어디인지를 고민하기에 인생은 너무 짧아!"**

위 탐구 활동 1번에 나온 세 개의 단어 중에는 '사랑'이 가장 정의 내리기 힘든 단어일 것입니다. 사전적 정의는 "사람이나 사물에 대한 깊은 애착의 강렬한 감정"입니다. (물론 테니스에서 0점*을 가리키기도 합니다.) '사랑' 같은 단어의 골치 아픈 점은 정선된 단어 몇 개로 간결하게 포착할 수 없는 깊이가 있어 보인다는 것입니다. 만약 앤지가 제이크에게 "넌 정말 사랑이라는 말의 뜻을 모르는 것 같아!"라고 말한다면, 여러분이 제이크에게 사전을 건네준다고 해서 이 문제가 해결될 수 있을까요?

이상의 논의에서 얻을 수 있는 결론은, 명확하고 모호하지 않은 방식으로 정의 내릴 수 있는 단어는 '삼각형', '원', '직선' 같은 수학 용어뿐이라는 것입니다. 그 외의 단어들

*테니스 경기에서 'love fifteen'은 '0:15'를 뜻한다.

은 의미의 경계가 흐린데, 그것을 명확하게 하는 건 불가능하지는 않더라도 매우 어렵습니다.

논의 6.5

1   모호한 언어는 우리를 잘못 이끌 수 있습니다. 그것은 어떻게 아는이로서의 우리를 돕거나 방해할까요?

2   모호한 언어의 유리한 점과 불리한 점은 무엇이라고 생각하나요? 말이 절대 모호하지 않다면 좋은 일일까요?

비판

한 단어의 의미가 사전적 정의라는 생각의 주요한 문제점은 대부분의 정의가 막연하고 부정확하다는 것뿐만 아니라, 보다 근본적으로는 단어의 의미를 결국 다른 단어를 사용하여 설명해야 한다는 것입니다. 단어의 끊임없는 순환에 빠지는 것을 피하려면, 언어는 반드시 세상과 연결되어야 합니다. 게다가 단어만으로는 많은 의미를 전달하지 못한다는 주장도 있습니다. 의미를 전달하고, 참이나 거짓일 수 있는 것은 문장이라는 겁니다. 그러나 문장의 의미도 결국 다른 문장에 의해 설명될 수 있을 뿐이라고 할 수 있습니다.

명시적 의미 이론—의미는 세계에서 발견된다

명시적 의미 이론은 의미가 세계에서 발견된다고 주장합니다. 명시적 의미 이론에 따르면 유의미한 단어와 무의미한 단어의 구별은, 유의미한 단어는 뭔가를 나타내는 것이고, 무의미한 단어는 그렇지 않다는 것입니다. 예를 들어 '프랑스'는 피레네산맥 북쪽에 그리고 라인강 서쪽에 자리 잡은 유럽의 나라를 나타내기 때문에 뭔가를 의미합니다. 그와는 반대로 'mibulous'라는 단어는 무의미합니다. 이 단어에 대응하는 것이 세상에 없기 때문입니다. 아래에 나온 루이스 캐럴의 시 「재버워키(Jabberwocky)」의 첫머리 몇 행은 아무것도 가리키지 않기 때문에 난센스 시라고 합니다.

> Twas brillig, and the slithy toves
> Did gyre and gimble in the wabe:
> All mimsy were the borogoves,
> And the mome raths outgrabe.

언어가 세상에 있는 어떤 것을 가리킨다면, 감각 지각과 관찰은 언어와 밀접한 관련이 있음을 알 수 있습니다.

키워드

명시적 의미: 단어의 문자 그대로의 의미

논의 6.6

1　중립적인 언어를 사용하여 우리가 그리는 세계를 어디까지 기술할 수 있을까요?

2　"무채색의 녹색 아이디어가 격렬하게 자고 있다(Colourless green ideas sleep furiously)"는 노엄 촘스키가 만든 널리 알려진 문장의 예인데, 이것은 문법적으로는 옳지만 말이 되지는 않아서 아무런 의미가 없습니다. 이 문장이 언어의 본성에 관해 무엇을 말해 준다고 생각하는지 토론하세요.

비판

명시적 의미 이론은 '프랑스' 같은 명칭의 경우에는 통할지 모르지만 '증식', '자유', '지혜' 같은 추상적인 단어의 경우에는 어떤 **것**을 나타내거나 어떤 **것**에 대응할 수 없어서 이 이론에 해당되지 않는 것 같습니다. 여러분은 지혜의 예를 가리킬 수 있을지는 모르지만, 지혜 그 자체를 가리킬 수는 없습니다. 빨간색은 하나의 개념입니다. 하지만 언어는 원인과 결과, 자유 의지와 결정론, 또는 시공간의 개념 같은 추상적인 개념도 기술하려고 시도합니다.

이런 비판의 문제점은 유의미한 개념이 특정한 대상보다는 추상적인 실체와 대응될 **수 있다**는 것입니다. 예를 들어 '탄성력', '결정론', '사랑' 같은 개념은 이해될 수 있고 의미 있는 추상적 범주를 가리킬 수 있습니다. 단어는 1차적, 명시적 의미만 갖는 것이 아니라 2차적, **함축적 의미**도 갖고 있습니다. 어떤 단어의 명시적 의미는 그 단어가 가리키는 것입니다. 반면에 함축적 의미는 그것을 둘러싼 연상 작용의 그물망입니다. 어떤 단어의 명시적 의미는 그것이 기술하는 것에 한정되는 반면, 함축적 의미는 그 단어의 연상 작용과 관련이 있습니다. 예를 들어, 'thin(날씬한)'은 문자 그대로 사람의 몸매를 나타냅니다. 하지만 'skinny(깡마른)'는 보다 부정적인 함축적 의미를 지닌 반면, 'slender(호리호리한)'는 보다 긍정적인 함축적 의미를 지니고 있습니다.

> **키워드**
>
> **함축적 의미:** 단어가 문자 그대로의 뜻에 덧붙여 불러일으키는 생각과 연관성

탐구 6.3

빨강, 초록, 파랑 같은 특정한 색을 선택하세요. 이런 특정한 색의 명시적 의미와 함축적 의미는 무엇인가요? 다양한 문화적 맥락 속에서 이 색의 의미에 대해 조사하고, 반에서 여러분의 생각을 발표해 보세요. 이것은 언어와 문화적 의미 그리고 여러분이 마음속에 그리는 세계 사이의 관계에 관해 무엇을 알려 주나요?

이미지 이론—의미는 마음속에서 찾을 수 있다

이미지 이론은 의미를 마음속에서 찾을 수 있다고 주장합니다. 이미지 이론에 따르면 한 단어의 의미는 그것이 나타내는 심적인 이미지이며, 마음속에 그것의 적절한 개념이 있을 때 단어의 의미를 알게 된다는 것입니다. 예를 들면 '자유'라는 단어와 자유의 개념(여러분이 좋아하는 것을 할 수 있다, 감옥에 갇히지 않는다 등)이 연상 작용을 일으킬 때, 여러분은 자유가 무엇을 의미하는지 압니다. 이 견해에는 말해 둘 만한 것이 있습니

다. 나의 영어 말하기와 **챗봇**의 '영어 말하기'의 차이점은 분명한데, 나의 말하기는 적절한 정신 활동을 동반하지만, 챗봇은 자신이 무슨 말을 하는지 모릅니다. 기술은 매우 정교하지만, 챗봇은 영어로 **말하기**보다는 5장에서 살펴본 주제인 대화의 단어들을 흉내 내고 있습니다.

키워드

챗봇 : 인간의 대화를 흉내 내는 컴퓨터 프로그램

비판

이미지 이론의 문제점은 만약 의미가 마음속에 있다면 우리는 다른 사람들이 우리와 똑같은 방식으로 단어의 의미를 이해하고 있는지, 심지어 그들이 그 단어를 이해하는 지조차 알 수 없다는 것입니다. 우리가 다른 사람의 마음속에 들어가 그 안에서 무슨 일이 벌어지는지 알 수 없기 때문입니다. 반면에 다른 사람들이 우리와 똑같이 현실을 지각하는지는 결코 알 수 없다 하더라도, 우리 모두 단어들에 동의할 수는 있습니다.

논의 6.7

1 여러분의 언어 사용에는 어느 정도나 이미지가 동반되나요? 모든 단어가 이미지를 떠올리나요, 아니면 일부만 그런가요?

2 우리가 '빨강'이라고 부르는 것이 똑같은 것인지 어떻게 아나요? 예를 들어 내 눈에는 '빨강'으로 보이는 것을 여러분은 '초록'이라고 할 수 있으며, 그 반대의 경우도 있을 수 있습니다.

3 만약 2번과 같은 경우라면 실생활에서 어떤 차이가 생길까요?

그림 6.5 _ 애플 아이폰의 음성 비서 서비스 시리(Siri)가 사용자에게 텍스트로 응답하고 있습니다. 만약 인공 지능이 언어를 사용하고 적절하게 반응할 수 있다면, '인공 지능은 사고할 수 있다'고 결론짓는 것이 타당할까요?

쓰임새 및 노하우로서의 의미

사전이나 세상, 마음속에서 발견되는 뭔가로 의미를 생각하기보다는, 의미는 **노하우**의 문제이고 또 단어를 어떻게 올바르게 **쓸지**를 알 때 그 단어의 의미를 아는 것이라고

하는 편이 더 나을 것입니다. 예를 들면 신호등, 고추, 딸기 등을 논할 때 '빨간'이라는 단어를 적절하게 사용할 수 있다면, 여러분은 분명히 그 단어가 무엇을 의미하는지 알고 있는 것입니다. 또한 우리가 사물을 어떤 의미로 말하고 이해할 때 우리 머릿속에서 뭔가 적절한 일이 진행되고 있음에 틀림없다는 생각에 반대하기는 어렵습니다.

문제적 의미

언어가 실제로 어떻게 사용되는지 생각해 보면, 복잡해지기 시작합니다. **축자적** 또는 **명시적** 의미와 **암묵적** 또는 **은유적** 의미 사이에는 중요한 구분이 있습니다. 우리는 종종 언어를 모든 종류의 비축자적 방식으로 사용합니다. 만약 내가 "**It is raining cats and dogs**"라고 말한다면, 축자적으로는 말이 되지 않습니다. 하지만 이것은 은유적인 의미가 있습니다. 일상 영어에서 가끔 사용되는 **관용구**로 비가 퍼붓는다는 뜻입니다. 시인 로버트 프로스트(Robert Frost, 1874~1963)가 관찰했듯 우리는 의미하고자 하는 바를 정확하게 말하는 경우가 거의 없습니다. "우리는 자신감 결여 때문이든 본능적이든 비유나 암시, 돌려서 말하기 등의 방식으로 대화하는 것을 좋아하기" 때문입니다. 이어서 일상 언어에서 발견될 수 있는 확실치 않은 의미의 6가지 유형인 막연함, 모호함, 2차적 의미, 은유, 반어, 맥락에 대해 알아보겠습니다. 이것들은 아는이에게 특별한 문제를 제시합니다. 언어는 지식을 전달하기 위해 사용되는데, 여기에서는 지식이 어떻게 잘못 이해될 수도 있는지에 대해 탐구합니다.

키워드
관용구: 단어의 글자 그대로의 의미로는 전체의 의미를 알 수 없는, 특수한 의미를 가진 어구

막연함

언어의 막연함을 보여 주는 예는 '**게임(game)**'입니다. 누군가 게임을 하고 있다면, 그것은 맥락에 따라 매우 다양한 의미 대역을 가질 수 있습니다. '빠르다(fast)'와 '느리다(slow)' 같은 단어들은 본래 막연하며, 그 의미는 맥락에 따라 달라집니다. 예를 들어, 'fast'는 '포뮬러 원' 카레이서와 비교하면 장거리 달리기 선수에게는 매우 다른 것을 의미합니다. 또한 명확한 맥락에서조차 사람들은 막연한 단어가 의미하는 것에 대해 각자 상당히 다른 생각을 가지고 있을 수 있습니다.

막연한 단어들은 단점이 있긴 하지만, 사실 매우 유용합니다. 막연한 단어가 사물을 분명하게 정의하지는 못하더라도, 적어도 우리에게 올바른 방향을 가리킬 수 있기 때문입니다. 어쨌든 단어를 완전히 정확하게 만드는 것은 불가능합니다. 예를 들어, 어떤 사람을 탈모인이라고 기술하려면 그 사람의 머리카락이 얼마나 적어야 하는지 생각해 보세요. 어느 특정한 한 올의 머리카락이 빠지면 비탈모인이 탈모인이 될까요? 대답은 물론 탈모인이라는 개념이 본성적으로 막연하다는 겁니다. 남보다 머리가 더 휑한 사람들이 있습니다만, 어디까지가 비탈모인이고 어디서부터 탈모인인지 정확하게 구분해서 말하기란 불가능합니다.

논의 6.9

1 막연한 단어들을 없애면 의사소통이 보다 원활해질 것이라고 생각하나요? 아니면 막연한 단어들이 종종 유용하게 사용되기도 한다고 생각하나요?

2 찰스 샌더스 퍼스(Charles Sanders Peirce, 1839~1914)는 "확실하기란 쉽다. 충분히 막연하기만 하면 된다"라고 했습니다. 퍼스는 무슨 뜻으로 이 말을 했다고 생각하나요? 예를 들어 보세요.

모호함

많은 단어와 구, 절은 모호합니다. 예를 들면, "The woman cannot bear children"이라는 문장은 그 여자는 아기를 가질 수 없다는 뜻일 수도 있지만, 그 여자는 아이들을 좋아하지 않는다고 해석할 수도 있습니다. "The author lives with his wife, an architect and amateur musician in Mumbai"라는 문장도 그 작가는 건축가**이자** 아마추어 음악가**인** 그의 아내와 뭄바이에서 살고 있다는 뜻일 수 있지만, 그 작가가 아내**와** 건축가**와** 아마추어 음악가 등 세 명과 함께 살고 있다는 뜻일 수도 있습니다.

언어의 모호한 사용은 정당화될 수 있습니다. 명시적이고 직접적인 표현 대신 우리의 진짜 의도를 가리는 베일로 언어가 사용될 수도 있습니다. 예를 들면 여러분이 만찬에서 "If you can pass the salt that would be awesome"이라고 말한다면, 물론 단어 그대로 누군가가 소금을 건네준다면 멋질 것이라는 의미일 수도 있습니다. 하지만 실제로는 과장된 표현일 수 있겠지만, 명령이나 지시를 피하면서 정말로 소금을 달라는 정중한 요청일 것입니다. 한 가지 더 예를 들면 "Would you like to come in for coffee?"라는 말로, 직접적인 요청 없이 관계를 더 발전시키기 위한 암묵적인 초대와 연관되어 있습니다. 청자는 행간의 뜻을 읽고, 그 제안에 대한 명시적 언급 없이도 제안을 수락하거나 거절할 선택권이 있습니다.

모호함은 사람들을 오도하는 데 쓰일 수도 있습니다. 정치가가 의도적으로 모호하게 한 말은 청자에 따라 다르게 이해됩니다. 예를 들어 "나는 인센티브를 줄이는 세금에 반대합니다"라는 말은 "나는 인센티브를 줄이기 때문에 모든 세금에 반대합니다"라거나 "나는 인센티브를 줄이는 세금에만 반대합니다"라는 두 가지 전혀 다른 뜻으로 해석될 수 있습니다.

탐구 6.4

1 다음 a부터 k까지의 각 문장들은 모호합니다. 각각의 문장에서 두 개의 다른 의미를 찾아 봅시다.

    a   Flying planes can be dangerous.

    b   They saw Mrs Gupta and the dog sitting under the table.

    c   Bob tickled the man with a feather duster.

    d   Refuse to be put in the basket.

    e   Neetha wanted to hear the pop star sing very badly.

    f   Visiting relatives can be boring.

    g   Javier ate the chicken on the sofa.

    h   As Imran came in to bowl, I saw her duck.

    i   Dogs must be carried on escalators.

    j   I went downstairs and found breakfast in my pyjamas.

    k   In this TV series, we will discuss debating with Dr Price.

2 구두점이 문장의 모호함을 줄이는 데 어느 정도나 도움이 될까요? 예를 들어 보세요.

3 많은 농담이 모호함을 바탕으로 합니다. 몇 가지 예를 찾아 분석해 보세요.

맥락을 따져 보면 모호한 문장의 의미를 결정하는 데 도움이 됩니다. 위에 나온 b번 문장의 가장 그럴듯한 해석은 "그들은 굽타 여사와 탁자 아래에 앉아 있는 개를 보았습니다"이지, "그들은 굽타 여사와 개가 탁자 아래에 앉아 있는 것을 보았습니다"가 아닙니다. 이것은 사람들이 개와 함께 탁자 아래에 앉을 수는 있지만 보통은 그렇게 하지 않기 때문입니다.

2차적 의미

2차적 의미는 한 단어의 연상 작용이나 함축적 의미를 가리킵니다. 예를 들어 'chat'이라는 단어의 의미를 이해하려면 'talk', 'gossip' 그리고 'discuss' 같은 관련 단어도 알 필요가 있습니다. 각각의 단어들은 다른 의미의 명암을 지니고 있습니다. 한 단어의 명시적 의미는 대중적인 것이지만, 함축적 의미는 개인별로 다릅니다. '사랑', '죽음', '학교' 그리고 '성직자' 같은 단어는 사람마다 서로 다른 함축적 의미를 지닙니다.

1 다음 a부터 i까지 단어들의 집합의 서로 다른 함축적 의미를 설명해 보세요.

    a slender, skinny, thin

    b stubborn, steadfast, firm

    c praise, flatter, commend

    d energetic, spirited, frenzied

    e stench, smell, fragrance

    f euthanasia, manslaughter, murder

    g gossip, chat, discuss

    h obstinate, inflexible, fundamentalist

    i passionate, addicted, fanatical

2 철학자 버트런드 러셀(Bertrand Russell, 1872~1970)은 우리가 자신의 행동은 가능한 한 좋게 해석하는 편이지만 다른 사람에 대해서는 덜 관대하다고 지적했습니다. 이 말의 요점을 예증하기 위해 그는 다음의 '불규칙 동사'를 '감정적으로 활용'했습니다.

    • "I am firm; you are obstinate; he is a pig-headed fool." (나는 확고해/너는 고집불통이야/그는 똥고집쟁이야.)

    • "I am righteously indignant; you are annoyed; he is making a fuss about nothing." (나는 정당하게 분노해/너는 약이 바짝 올라 있네/그는 아무것도 아닌 일로 생트집을 잡고 있어.)

    • "I have reconsidered it; you have changed your mind; he has gone back on his word." (나는 그것을 재고했어/넌 마음을 바꿨어/그는 식언을 했어.)

짝과 함께 다음 a부터 h까지의 동사 중 일부가 어떻게 유사한 방식으로 '감정적으로 활용되는지' 말해 보세요.

    a 'I speak my mind …'

    b 'I am lucky …'

    c 'I compromise …'

    d 'I take calculated risks …'

    e 'I am realistic …'

    f 'I am idealistic …'

    g 'I am spontaneous …'

    h 'I am tolerant …'

키워드

완곡어: 예의 바른 대화에서 불쾌하거나 보통은 거론하지 않는 것을 모나지 않게 표현하기 위해 사용되는 부드러운 단어나 문구

우리는 때로는 거친 말 대신 **완곡어**를 씁니다. 그것이 보다 수용 가능한 함축적 의미를 가지고 있기 때문입니다. 온화하거나 중립적으로 들리는 단어로 대체하는 완곡어는 널리 사용되는, 감정에 호소하는 언어 형태입니다. 이것은 부정적으로 들리는 단어를 대체하거나 정중한 대화에서는 잘 쓰이지 않는 단어를 대체합니다. 예를 들면

'돌아가셨다'는 '죽었다'의 완곡어입니다. 두 표현 모두 똑같은 명시적 의미이지만, '돌아가셨다'는 '죽었다'에는 없는 평화와 평온함을 연상시킵니다. 셰익스피어의 「템페스트」(4장 147~148행)에서 프로스페로는 완곡하게 말합니다. **"우리의 짧은 삶은 잠으로 둘러싸여 있다."**

우리는 종종 금기시되는 주제를 피하거나 사람들의 감정을 보호하기 위해 완곡어를 사용합니다. 그래서 우리는 변소보다는 '화장실'이라고 말합니다. 섹스에 대해서도 완곡어가 많이 있습니다. 이러한 호의적인 사용 외에도 때로는 사람들을 의도적으로 오도하기 위해 완곡어를 사용하기도 합니다. 예를 들면 목재 산업에서 오래된 숲을 베어낼 때 '모두베기'라는 살벌한 표현 대신 '경관 관리'라고 합니다. 이것은 지금 벌어지고 있는 일의 실상을 감추고, 용납할 수 없는 관행을 용납할 수 있게 만드는 역할을 합니다.

논의 6.10

'게우다(vomit)', '술에 취하다(drunk)', '어리석다(stupid)'의 여러 가지 다른 표현이나 단어를 생각해 보세요.

1   그것들의 함축적 의미의 차이는 무엇인가요?

2   이 말들은 여러분의 관점을 어떻게 형성할까요?

은유

논의 6.11

존 던(John Donne, 1572~1631)은 **"그 누구도 섬이 아니다(No man is an island)"**라고 말했습니다. 이 문장은 참인가요? 만일 참이라면, 어떤 의미에서일까요?

우리는 언어를 축자적일 뿐만 아니라 은유적으로도 사용합니다. 여러분은 "소피아의 머리는 구름 속에 있다", "프란체스코는 커뮤니티의 기둥이다", "하윤이는 캐나다에 뿌리를 내렸다"라는 식으로 말할 수 있습니다. 이 문장들은 축자적으로는 거짓이지만, 은유적으로는 참일 수 있습니다. 소피아가 유난히 목이 길지는 않지만, 구름 속에 있는 것처럼 꿈꾸는 상태로 걸어 다닐 수 있습니다. 또 프란체스코는 돌로 만들어지지는 않았지만, 커뮤니티에서 중요한 인물일 수 있습니다. 그리고 하윤이는 식물이 아니므로 뿌리가 자라지는 않지만, 캐나다에 영구적으로 정착했을 수 있습니다.

어떤 문장의 의미가 축자적인지 아니면 은유적인지를 결정할 때, 맥락에서 힌트를 얻을 수 있습니다. 예를 들어 다음의 두 문장을 비교해 보세요.

1   My brother is a butcher.

2   My dentist is a butcher.

대부분의 사람들은 **1**은 축자적으로, **2**는 은유적으로 해석할 것입니다. 여러분의 형이 정육업자로 생계를 꾸릴 수 있지만, 누군가의 직업이 '정육업자'이자 '치과 의사'일 수 있다고 생각하는 사람은 많지 않을 것입니다. **2**에서 butcher는 '서툰 치료로 사람 잡는 치과 의사'라는 의미로 쓰였습니다.

은유적인 표현을 사용하여 설명할 수도 있고, 때로는 지식을 구축하는 데 은유를 사용하기도 합니다. 예를 들면 여러분은 "원자는 태양계의 태양과 행성들처럼 가운데에 원자핵이 있고 주위의 궤도를 도는 전자가 있다"고 배웠을 것입니다. 하지만 개념을 전달하기 위해 오랫동안 잘 쓰이던 은유적인 표현들이 오래된 은유를 불필요하게 만드는, 보다 세련된 것으로 대체될 수 있습니다. 일부 체계는 너무 복잡해서 은유적 표현을 사용하지 못할 수도 있습니다. 경제학에서 경제의 경영은 가정 경제나 가계 관리와 비교되었습니다. 하지만 경제 같은 복잡한 체계는 은유적 표현을 사용하기에는 너무 복잡하다는 주장도 있을 수 있습니다. 게다가 심리학에서 인간의 본성을 백지 상태와 비교하는 것 같은 일부 은유적 표현은 사람들을 오도하거나 거짓일 수 있습니다.

여기에서 문제는 지식의 정확성을 손상시키지 않고 간단한 개념을 의미 있게 만들고 이것에 기여하는 언어를 찾아내는 것입니다. 실제로 축자적 의미가 어디서 끝나고 은유적 의미가 어디서 시작하는지를 결정하는 것은 매우 어려울 수 있습니다. 일상 언어는 **죽은 은유**로 가득 차 있기 때문입니다. 예를 들면 'night**fall**(해질녘)', '**sharp** tongue(독설)', '**brilliant** mind(수재)', 'chair **leg**(의자 다리)', '**in** love(사랑에 빠진)' 등과 같은 표현들을 살펴볼까요? 이 문구들은 엄밀히 말하면 은유적 표현이지만, 너무 익숙해지다 보니 우리는 이것들이 처음에는 은유적 표현이었다는 사실을 잊었습니다.

탐구 6.6

신문이나 잡지에서 한 문단을 골라서, 은유적 표현을 가능한 한 많이 찾아보세요. 그런 다음, 어떤 은유도 사용하지 말고 그 글을 다시 써 보세요.

자기 평가

이 탐구 과제를 얼마나 쉽게 해냈나요? 다시 쓴 글이 원래 글이 지닌 의미와 느낌을 잘 전달한다고 보이나요? 은유적 언어 없이 어떤 것을 묘사하거나 설명하는 것은 어디까지 가능할까요? 이것은 언어의 본성에 관해 무엇을 시사하나요? 언어의 본성은 의미의 전달을 위한 은유적 언어의 사용에 관해 여러분에게 무엇을 가르쳐 주나요?

논의 6.12

은유적 언어는 아는이에게 어느 정도나 유리하거나 불리할까요?

그림 6.6 _ 존 던의 "그 누구도 섬이 아니다"는 은유적 언어의 한 예입니다. 은유적 언어는 아는이에게 어느 정도나 유리하거나 불리할까요?

실제 상황 6.1

IB 디플로마 프로그램 과목들을 이용하여, 지식의 구축에 사용된 은유의 예에 대해 논의해 보세요.

반어

반어(표현 효과를 높이기 위해 실제와 반대되는 뜻의 말을 하는 것)는 문제적 언어가 실제로 어떻게 쓰이는지를 제대로 보여 줍니다. X가 아님을 넌지시 알리기 위해 말 그대로 X를 의미하는 문장을 사용하는 요상함에도 불구하고, 반어는 모든 문화에서 발견됩니다. 만약 여러분이 수업에 늦었는데도 선생님이 "오늘도 일찍 왔니?"라고 말한다면, 그 말은 여러분이 종종 지각한다는 사실을 '밝혀 주는' 것입니다. 만약 일기 예보에서 맑을 것으로 예측했는데 밖에 비가 쏟아진다면, 여러분은 창밖을 내다보며 "허허, 날씨 좋네!"라고 말할지도 모릅니다. 반어는 우리가 진술을 반드시 액면 그대로 받아들일 수 없다는 것을 의미하며, 그것은 언어에 또 다른 모호성을 더해 줍니다.

맥락

의미는 단어 자체뿐 아니라 단어가 쓰이는 맥락과도 밀접한 연관이 있습니다. 우리의 언어 사용은 우리가 누구에게 말하는지에 따라 영향을 받습니다. 우리는 자기표현을 위해 언어를 사용하며, 언어는 우리가 속한 사회 집단뿐 아니라 우리의 사회적, 개인적 정체성에서도 역할을 합니다. 언어는 집단과 관련해서 또는 집단 내에서 우리가 누구라는 정체성을 규정하는 데 사용될 수 있습니다. 우리는 함께 있는 집단에 따라 서로 다른 언어를 사용할 수도 있습니다. 가족 모임에서 사용하는 언어와 친구 집단에서 사용하는 언어는 다를 것입니다. 관계에 따라 적절한 언어 사용이 있습니다. 예를 들면 아이들에게 말할 때 욕설을 하는 것은 비윤리적이라고 여겨집니다. 반면에 어떤 금기어는 특정 화자가 특정 상황에서 사용하면 적절하다고 여겨질 수도 있습니다.

언어는 권력 및 제반 관계와 밀접하게 연결되어 있습니다. 강사만 떠드는 강의는 지배력이나 권위를 보여 주는 것으로 해석될 수 있습니다. 언어는 권위주의 정권이 권력을 유지하기 위한 허위 과장 선전 활동에 사용될 수도 있습니다. 무엇을 적절한 언어로 간주하느냐는 화자들 사이의 관계의 성격에 따라 결정됩니다.

의미와 해석

확실치 않은 의미에 대한 우리의 논의는 **"언어는 모호하다"**는 한 문장으로 요약할 수 있습니다. 막연함, 2차적 의미, 은유, 반어는 모두 모호함의 각각 다른 종류로 간주될 수 있기 때문입니다. 이것의 함의는 모든 의사소통에는 **해석**해야 할 요소가 내재되어 있다는 것입니다. 언어는 규칙의 지배를 받고 여러분이 뜻하는 바를 모두 말로 표현할 수는 없지만, 규칙의 상당수는 매우 느슨하며, 문장을 해석하는 방식이 두 가지 이상인 경우도 많습니다. 위에서 살펴보았듯이 **맥락**은 화자가 '진정으로 의미하는' 것이 무엇인지를 여러분이 추정하는 데 도움을 줄 수 있습니다. 친구가 "너무 재밌어서 웃다가 죽을 뻔했어"라고 말한다면, 병원에 왜 안 가냐고 묻거나 그 친구가 죽음 직전까지 갔다가 살아난 체험을 했다고 생각하는 사람은 없을 것입니다. 그렇다고 해서 늘 맥락에만 의존할 수는 없습니다. 누군가가 "너무 화가 나서 그를 죽일 뻔했어"라고 말해도, 여러분은 경찰에 신고하지 않을 것입니다. 하지만 이번에는 정말 그럴 수도 있습니다!

의미를 모 아니면 도(여러분이 의미를 이해하거나 아니면 이해하지 못하거나) 개념으로 생각하기보다는 의미의 **수준**에 따라 생각하는 것이 더 타당할 수 있습니다. 예를 들면 물리학과 교수는 **상대성 이론**이 무엇을 의미하는지 비물리학자보다 훨씬 더 명확하게 알고 있을 가능성이 높습니다. 그리고 40세 성인은 6세 아이보다 '사랑'이 무엇을 의미하는지 더 세세하게 이해할 가능성이 높습니다.

탐구 6.7

다음 문장들을 해석하려 할 때 어떤 문제점이 있을까요?

a   If Zhang Wei works hard, he should do himself justice in the final exam.

b   It is as difficult for a rich man to enter the kingdom of heaven as it is for a camel to pass through the eye of a needle.

c   After he had said this, he left her as on the previous evening.

d   What's up?

e $E=mc^2$

지금까지 의미의 문제를 탐구하는 데 시간을 할애했지만, 왜 우리가 의미에 이토록 신경을 써야 하는지 궁금할 수 있습니다. 한 단어의 의미를 명확하게 정의할 수 없다면 정말 문제가 될까요? 어떤 경우에는 문제가 될 수 있습니다. 피의자에게 '살인'과 '과실치사'의 차이는 문자 그대로 삶과 죽음을 가르는 중요한 문제입니다. 그리고 만약에 정부가 대테러 전쟁이나 테러와의 전쟁을 지원한다면, '테러리스트'가 무엇을 의미하는지 명확히 해야 합니다.

객관적이고 주관적인 언어

단어에는 역사가 있습니다. 어원학은 단어의 형태와 의미가 어디에서 기원했고 역사적으로 어떻게 변화해 왔는지에 대해 연구합니다. 이런 사실은 아는이에게 다음과 같은 중요한 의문을 제기합니다. 우리는 독창적인 문장의 형성이라는 면에서는 혁신적인 언어 사용자일 수 있지만, 언어는 역사와 문화를 통해 상속된 것입니다. 우리가 사용하는 언어는 문화유산이자 우리에게 전승된 역사의 산물이라 할 수 있습니다. 예를 들면 주기율표는 중립적으로 원소들을 나열한 표이지만 몇몇 원소들의 이름에는 의미가 담겨 있습니다. 우리는 정말로 그 원소들로부터 의미를 전개시켰거나 그 원소들에 특정 가치를 부여하기도 했습니다. 이른바 '귀족 기체(noble gases)'는 비활성 기체의 별칭으로, 화학적으로 활발하지 못하여 다른 원소와의 화학 작용을 멀리한다고 하여 붙은 이름입니다. 라틴어 식물 학명 같은 집합적 명칭은 더 깊은 의미와 역사적 뿌리를 가지고 있습니다. 칼 린네(Carl Linnaeus, 1707~1778)는 식물을 분류하기 위해 속명과 종명, 이 둘을 조합한 이명법을 발전시켜 각각의 식물이 잘 식별되게 했습니다. 속명을 먼저 쓰고 다음에 종명을 쓰는데, 이는 사람을 식별하는 성과 이름 같은 것입니다. 예를 들면 단풍나무는 라틴어로 *Acer*이지만, 단풍나무에는 종류가 많기 때문에 그 뒤에 보다 구체적인 정체를 알려 주는 형용사인 *rubrum*을 붙여서 *Acer rubrum*(아메리카꽃단풍)이라는 이름이 탄생했습니다. 이러한 식물의 학명은 고대 라틴어에 기반한 18세기 분류 체계의 산물입니다.

중립적 질문

아인슈타인은 이렇게 주장했습니다. "어떤 문제의 정식화는 단순히 수학적 문제풀이나 실험으로 찾을 수 있는 해답보다 더 중요한 경우가 많다. 새로운 질문, 새로운 가능성을 제기하는 것, 오래된 문제를 새로운 각도에서 바라보는 것은 창의적인 상상력을 필요로 하며 과학의 진정한 진전을 나타낸다."

이 인용문은 과학의 진정한 진전을 가능케 하는 것은 창의적인 상상력임을 알려 줍니다. 따라서 지식과 앎의 발전에 본질적인 것은 조사를 위한 문제의 체계적 정리라는 결론에 이를 수 있습니다. 고등학교 이하의 학교 커리큘럼에는 문제의 범위와 한계가 있는 반면, 대학에서 대학원 연구자의 임무는 조사를 위한 새로운 문제의 정식화이자 현재의 문제가 무엇인지를 아는 것입니다.

하지만 우리가 묻는 질문은 편향적일 수 있고 우리를 특정 방향으로 이끌 수도 있습니다. 그런 질문에는 가정이 내재되어 있을 수 있습니다. 지식과 앎을 추구하는 것에는 특정한 의제가 있습니다. 아는이로서 우리도 지식과 앎에 대한 올바른 질문을 체계적으로 정리할 필요가 있는데, 그와 관련해서 의문이 제기됩니다. 진실로 개방적이고 객관적인, 중립적이거나 편향되지 않은 질문이 과연 존재할까요?

논의 6.13

"중립적이거나 편향되지 않은 질문을 한다는 것은 불가능하다"라는 말에 여러분은 동의하나요?

6.4 언어와 번역

논의 6.14

세상 모든 사람이 하나의 공용어로 말한다면, 그것은 이로울까요, 아니면 해로울까요?

전 세계에는 약 6,000개의 언어가 있다고 알려져 있습니다. 그중에서 중국어, 스페인어, 영어, 힌디어는 가장 많은 사람들이 사용하는 언어입니다. 보통 인구 밀도가 높은 지역은 언어가 매우 다양합니다. 예를 들면 인도에는 다수의 언어와 방언이 있습니다. 파푸아 뉴기니에는 약 5킬로미터에 하나씩 새로운 언어가 존재한다고 합니다.

우리는 각자 자신의 모국어와 특별한 관계를 맺고 있으며, 그것이 현실에 딱 맞아떨어진다고 별 생각 없이 믿는 경향이 있습니다. 여러 언어에 통달한 사람도 있지만 대부분의 사람들은 한두 가지 언어만 배울 것입니다. 제2의 언어를 배우는 것의 장점 중 하나는 다른 사람들과 의사소통을 가능하게 해 줄 뿐만 아니라 자신에 대한 새로운 관점을 제공한다는 것입니다.

실제 상황 6.2

1 "다른 언어를 모르는 사람은 자기의 언어도 모른다"(괴테, 1749~1832). 제2의 언어를 공부하면 모국어에 대해 무엇을 배울 수 있을까요?

2 제2의 언어를 배우는 것은 세계에 대한 여러분의 지식에 어떤 방식으로 기여하고 또 이 지식을 확장할까요?

일부 언어는 시간이 흐르며 자연스럽게 발전했습니다. 진화 생물학자인 마크 페이젤(Mark Pagel, 1954~)은 언어의 진화가 사회 과정이라고 주장합니다. 에스페란토나 도트라키처럼 어휘와 문법을 의도적으로 발명하여 만든 언어인 '인공 언어'도 여러 개 있습니다.

동물 종들이 생존에 위협을 받거나 멸종하는 것처럼, 전 세계의 언어 중 사용자가 적은 많은 언어가 취약한 상태에 놓여 있습니다. 9장에서 살펴보겠지만, 2주에 하나씩 토착어가 사라지는 것으로 추산됩니다. 러시아에서 사용되던 토파어는 이제 25명 미만의 사용자가 남았습니다. 언어의 가치는 언어가 고유한 문화적 관점의 산물이라는 것입니다. 이런 언어가 사라질 위험성은 언어가 소멸함에 따라 공동체의 정체성, 공동체의 공유된 지식과 역사, 세계에 대한 공동체의 고유한 관점도 소멸한다는 것입니다.

논의 6.15
세상에 오직 하나의 언어만 남아 있다면, 우리는 어떤 지식을 잃을까요?

번역으로 잃게 되는 것

제2의 언어를 배울 때 발견하는 것 중 하나는 서로 다른 언어는 여러 가지 방식으로 세계를 나눈다는 것입니다. 만약 단어는 우리가 대상에 붙인 꼬리표일 뿐이고, 언어 사이의 유일한 차이는 언어가 이런 대상을 지칭하기 위해 서로 다른 단어를 사용하는 것뿐이라면, 번역은 비교적 간단한 문제일 것입니다. 하지만 실상은 그렇지 않습니다. 만약 여러분이 단어를 일대일로 번역해 가며 어떤 언어를 다른 언어로 옮긴다면, 번역이 가능하지도 않고 말도 안 되는 번역이 될 것입니다. 그래서 번역은 과학이라기보다는 예술에 가까운 것입니다.

번역가의 역할은 번역으로 의미를 잃지 않도록 하는 것입니다. 장 밥티스트 알폰스 카르(Jean-Baptist Alphonse Karr, 1808~1890)는 자신이 발행한 잡지 『The Wasps』에 유의미한 프랑스어 표현을 실었습니다. "Plus ça change, plus c'est la même chose." 이것을 직역하면 "바뀌면 바뀔수록 더욱 더 같아진다"로 번역됩니다. 그러나 구글 번역기는 "What goes around comes around(돌아간 대로 돌아온다)"는 현대적인 관용구로 번역합니다. 번역가는 이 관용구가 너무 범위가 넓은 데다 원래의 의미를 넘어서기 때문에 "The more things change, the more they stay the same(사물은 변할수록 같은 것에 머문다)"로 번역하는 게 낫다고 주장할 수도 있습니다. 심지어 "역사는 돌고 돈다"라는 더 넓은 의미를 추론할 수도 있고, 위 인용구가 인간 본성에 대한 진실을 가리킨다고 주장할 수도 있습니다. 즉, 한 사람의 외적인 상황이나 외모는 변할 수 있지만, 인격과 같은 다른 측면은 똑같이 유지된다고 말입니다. 또 그 의미를 오직 1849년 프랑스 역사*의 맥락 속에서만 이해할 수 있다고 주장하는 사람도 있을 것입니다. 이 예는 번역이 해석 및 맥락과 밀접하게 연관되어 있음을 보여 줍니다.

대부분의 언어학자들이 완벽한 번역이란 있을 수 없고, 한 언어를 다른 언어로 옮길 때마다 늘 뭔가를 잃게 된다고 하는 말은 놀랍지도 않습니다. **"Traduttore traditore"**라는 이탈리아 속담이 있는데, "번역자는 반역자다"라는 뜻입니다. (심지어 이 번역에서도 뭔가 잃어버린 것이 있습니다!) 그렇다면 어떻게 하면 보다 나은 번역을 할 수 있을까요? 일

*1849년 프랑스 역사는 1849년 10월 1일 프랑스에서 치러진 총선을 가리키는 것으로 보인다. 1848년 프랑스 대통령 선거를 치른 직후임에도 불구하고 이 총선에서 부르주아 중심의 보수 야당인 질서당이 과반을 차지했다.

반적으로 동의하는 세 가지 기준이 있습니다.

- **충실성**: 번역은 원문에 충실해야 한다.
- **이해 가능성**: 번역은 이해 가능해야 한다.
- **역번역**: 번역문을 원래의 언어로 재번역하면 원본과 비슷하게 나와야 한다.

몇 가지 간단한 예를 들어 봅시다. 다음 문장들을 어떻게 옮겨야 할까요?

a 'Guten tag.' (독일어 → 영어)

b 'S'il vous plaît.' (프랑스어 → 영어)

c 'How do you do?' (영어 → 다른 모든 언어)

'Guten Tag'을 직역하면 'Good Day'인데, 영국 사람들은 보통 'Good Day'라고 말하지 않습니다. (호주에서는 좀 더 흔하게 쓰이긴 합니다.) 그래서 보다 나은 번역은 'Good morning', 'Good afternoon', 또는 'Hello'가 될 것입니다. 마찬가지로 'S'il vous plaît'는 'If it pleases you'가 아닌 'Please'로 옮깁니다. 마지막으로 'How do you do?'는 독일어나 프랑스어로 직역하면 어색해집니다. 만나서 반갑다는 뜻의 'Sehr erfreut'와 'Enchanté'가 가장 나은 번역일 것입니다.

위의 예들은 단어를 일대일로 축자적으로 번역하는 것과 텍스트의 참뜻을 잘 전달하기 위해 다른 단어를 사용하여 번역하는 것 사이의 차이를 한눈에 보여 줍니다. 텍스트의 단어 하나하나에, 또는 축자적 의미에 충실할수록 번역문이 대상(표적) 언어로는 이상하게 들릴 가능성이 높습니다. 번역문이 대상 언어로 더 자연스럽게 들릴수록 원문의 축자적 의미에서 벗어났을 가능성이 높습니다.

논의 6.16

다른 언어들은 우리가 알고 있는 것에 어떻게 영향을 미치고, 우리의 관점을 어떻게 형성할까요?

우리는 이미 구글 번역기의 기술력을 보유하고 있는데 그것은 단어, 구 그리고 문장 번역에 도움을 줍니다. 일부 언어들은 좀 더 낫긴 하지만, 인공 지능(AI)은 언어 간 번역을 아직 완벽하게 할 수는 없습니다. AI를 사용하여 『신약성서』의 구절(『마태복음』 14장 38절과 26장 41절)을 영어에서 러시아어로 번역하자, "The spirit is willing, but the flesh is weak(영은 간절하나 육신이 따르지 않는구나)"라는 말이 "보드카는 먹을 만하지만 고기가 썩었다"로 번역되었습니다. 그렇지만 AI는 점점 더 향상되고 있으며 조만간 사람 번역가만큼 번역할 수 있는 수준에 도달할 것입니다. 사실 사람도 완벽하게 번역할 수는 없으며, 모든 번역은 불완전할 수밖에 없습니다. 어떤 것을 다른 언어로 번역할 때 특히 언급해야 할 문제가 있습니다. 바로 **다른 언어로 옮길 수 없는 단어**와 **관용구**입니다.

번역할 수 없는 단어

모든 언어에는 다른 언어에는 동일한 뜻을 지닌 등가어가 없는 단어들이 있으며, 그 단어들은 장황하고 투박한 구절로 의역될 수 있을 뿐입니다. 예를 들어, 'quaint'라는 영어 단어는 다른 언어에서는 정확한 등가어가 없습니다. 다른 언어로는 번역할 수 없는 단어들의 예를 들어 보겠습니다.

- Schlimmbesserung(독일어): 실제로는 사태를 악화시키는 '개선'
- aware(あわれ, 일본어): 덧없는 아름다움에 대한 느낌
- rojong(인도네시아어): 상호 이익이 되는 임무를 완수하기 위해 헌신하는 사람들 사이의 관계
- jayus(인도네시아어): 너무 재미없어서 오히려 웃게 만드는 농담
- puijilittatuq(이누이트어, 캐나다 극지방): 그는 자신이 본 많은 바다표범들이 얼음 표면에 이르는 것을 보았기 때문에 어느 방향으로 돌아야 할지 모른다.
- mamihlapinatapai(칠레 티에라델푸에고 지역 원주민어): 서로에게 꼭 필요하지만 자신은 하고 싶지 않은 일을 상대방이 해 주기를 바라면서 서로를 바라보는 것 (세계에서 가장 뜻이 길면서도 간명한 단어로 『기네스북』에 등재되었다.)
- tatle(스코틀랜드어): 이름을 깜빡 잊은 누군가에게 자신을 소개할 때 주저하는 행위
- Torschlusspanik(독일어): 직역하면 '문이 닫힐 것에 대한 공포'를 의미하지만, 노화와 그에 따른 기회의 축소라는 개념을 가리킨다.
- wabi-sabi(わび-さび, 일본어): 11장에 나오는 표현으로, 불완전함 속의 아름다움, 그리고 쇠퇴가 불가피함을 편한 마음으로 받아들이는 것을 의미한다.

번역 문제는 비교적 간단한 수준에서도 일어납니다. 예를 들면 다른 많은 언어들도 그렇지만 독일어와 프랑스어에는 두 가지 형태의 'you'가 있습니다. 즉, 독일어에는 du와 Sie, 프랑스어에는 tu와 vous가 있습니다. 둘 다 영어로는 'you'로 번역되는데, 이때 무엇인가를 분명히 잃게 됩니다.

관용구

관용구는 그것을 이루는 단어의 의미만으로는 전체의 의미를 알 수 없는 구어적 표현입니다. 예를 들면, "I was over the moon(나는 너무 기뻤다)", "Don't beat about the bush(그렇게 빙빙 돌려서 말하지 마라)", "He was born with a silver spoon in his mouth(그는 부잣집에서 태어났다)" 등이 있습니다. 이런 관용적 표현은 매우 흔한 것이어서 영어에는 약 2만 5,000개가 넘는 관용구가 있다고 합니다. 그리고 이런 표현들은 다른 언어로 번역하기가 특히 더 어렵습니다. "Out of sight is out of mind(눈에서 멀어지면 마음도 멀어진다)"를 러시아어로 번역한 다음 영어로 재번역하자 "invisible idiot(보이지 않는 바보)"가 되

었다는 이야기가 있습니다.

　오역에 대해서는 재미있는 일화가 많습니다. 펩시콜라는 대만에서 마케팅을 위해 "Come Alive with Pepsi Generation(펩시 세대와 함께 생기 있게 살아요)"이라는 슬로건을 중국어로 번역했습니다. 이 마케팅은 실패했습니다. 중국어로 번역된 슬로건을 영어로 재번역해 보니 "Pepsi brings your ancestors back from the dead!(펩시는 여러분의 조상을 저승에서 다시 데려옵니다!)"가 되었습니다. 또한 스웨덴 회사인 일렉트로룩스(Electrolux)는 미국에서 "Nothing sucks like an Electrolux"라는 슬로건을 내세워 진공청소기 광고를 했지만 성공하지 못했습니다. 이 슬로건은 직역하면 "그 어느 것도 일렉트로룩스처럼 빨아들이지 못한다"가 되지만, 그런 뜻보다는 "일렉트로룩스보다 개떡 같은 것은 또 없다"로 통합니다.

탐구 6.8

1　여러분의 모국어나 다른 언어에서 정확한 영어 등가어가 없는 예를 찾아보세요.

2　다른 언어에서 영어로 번역하기 어려운 관용적 표현의 몇 가지 예를 찾아보세요.

3　여러분이 생각하기에 외국어로 번역하기가 가장 쉬운 텍스트 종류는 무엇인가요? 또 번역하기가 가장 어려운 텍스트 종류는 무엇인가요?

논의 6.17

일상적인 대화를 할 수 있는 수준으로 많은 언어들을 아는 것과 깊이 있게 한 언어를 제대로 아는 것 중 어느 쪽이 더 나을까요? 이 질문의 대답은 여러분이 이미 말하거나 배우려 하는 언어의 수에 따라 어떤 영향을 받을까요?

번역과 지식

한 언어를 다른 언어로 정확하게 번역하기 어렵다는 데에서 지식 및 앎과 관련된 질문을 제시합니다. 통번역의 기술과 학문은 부분적으로는 노하우의 문제입니다. 한 언어를 다른 언어로 번역하려면 엄청난 전문 지식이 필요합니다. 마찬가지로 모국어와 배워서 습득한 언어들이 여러분의 관점과 아는이로서의 여러분의 정체성 형성에 어떤 영향을 미쳤는지 찬찬히 생각해 볼 수 있습니다. 여러분이 구사하는 언어들은 여러분이 아는 내용과 방식에 어느 정도는 영향을 줍니다. 이것은 우리가 6장의 뒷부분에서 사피어-워프 가설과 언어의 상대성을 탐구할 때 살펴보게 될 주제입니다.

그림 6.7 _ 지식은 다른 언어에서 얼마나 서로 다른 방식으로 표현될까요?

6.5 아는이에게 미치는 언어의 영향력

앞에서 살펴본 언어, 의미, 번역에 관한 우리의 논의는 인간의 의사소통이 지닌 문제적 본성에 초점을 맞추고 있습니다. 그리고 앞의 논의들은 우리가 단어나 문장의 의미를 당연하게 그냥 받아들일 수만은 없다는 것을 보였습니다. 이제 세계에 대해 우리가 보고 느끼는 방식에 언어가 어떻게 영향을 미치는지에 대해 탐구할 겁니다. 여기에서 우리는 언어가 꼬리표 달기와 고정 관념을 포함하여 사물에 대해 우리가 내리는 다양한 가치 판단에 어떻게 영향을 미치는지에 대해, 그리고 경험을 언어로 정확하게 표현하는 것에 내재된 어려움에 초점을 맞출 것입니다.

여러분이 주도적인 역할을 한 사건이나 인간관계, 우정에 대해 생각해 보세요.

같은 일에 대해 여러분이 주동자일 경우와 구경꾼일 경우, 이 두 가지 경우를 모두 가정하여 각기 다른 이야기를 해 보세요. 관점과 언어 선택은 여러분이 과거를 회상하는 방식에 어떤 영향을 미치나요?

또래 평가

짝이나 모둠원에게 여러분의 이야기를 들려주세요. 서로 피드백을 주고받으세요. 어떤 단어에 특히 깊은 인상을 받았으며 그 이유는 무엇인가요? 여러분은 주동자나 구경꾼의 관점을 표현하기 위해 어떤 방식으로 언어를 사용했나요? 여러분의 관점과 시각은 여러분이 쓰는 언어에 어느 정도나 영향을 미치나요? 이 단원의 나머지 부분을 읽을 때 여러분의 토론을 기억해 주세요.

논의 6.18

1 우리의 관점을 틀짓기 위해 우리가 선택한 언어를 어떻게 사용하고 우리가 아는 것을 어떻게 표현할까요?

2 우리가 의사소통을 하는 언어는 지식과 앎에 어떻게 도움이 되나요?

언어와 꼬리표

논의 6.19

아이들에게 잘 알려진 동요 가사예요. "몽둥이와 돌로 내 뼈를 부러뜨릴 수 있지만, 욕설은 결코 나를 상하게 할 수 없을 거야(Sticks and stones may break my bones, but names will never hurt me)." 이 말에 동의하나요, 아니면 동의하지 않나요? 그 이유를 말해 보세요.

언어의 한 가지 기능은 우리가 지각하는 세계를 기술하는 것입니다. 세계를 기술한다는 것은 사물에 꼬리표를 다는 것인데 이것에는 좋은 점과 나쁜 점이 있습니다. 좋은 점은 효율적이고 경제적이라는 것입니다. 또한 아는이에게 세계를 이해할 수 있게 해 줍니다. 예를 들면 만약 '모래'를 총칭하는 일반적인 단어가 없고, 우리가 해변에 서서 이야기를 할 때 모래 한 알씩에 고유한 이름을 붙여 줘야 한다면, 의사소통은 금세 불가능해질 것입니다. 부정적인 면을 보자면, 꼬리표 달기는 아는이가 사물에 대해 잘못 꼬리표를 달거나 자신의 암묵적인 편향이나 가치 판단을 세상에 강요하는 위험을 가져올 수도 있습니다.

6장의 앞부분에서 주기율표와 린네의 식물 분류 체계를 살펴보았습니다. 자연과학과 인간과학은 동식물의 종부터 인간 성격의 특성에 이르기까지 모든 것을 기술하는 데 분류를 사용합니다. 사물들 사이의 유사점이나 차이점을 찾는 것은 늘 가능하므로, 실제로 일군의 대상들에 꼬리표를 붙이거나 분류하는 다양한 방식이 있습니다. 사물을 분류하는 많은 다른 방식이 있기 때문에, 여러분은 왜 우리가 그런 방식으로 사물을 분류하는지 의문을 가질 수도 있습니다. 어떤 견해에 따르면, 우리가 사용하는 꼬리표는 '저쪽에' 존재하는 사물의 자연적인 분류를 반영하며, 언어는 아는이가 그리는 세계를 기술하고, 분류합니다.

또 다른 견해에 따르면, 꼬리표는 본질적으로 우리가 세계에 부과하는 사회적 구성물이고, 언어는 아는이의 마음속 세계의 그림을 기술하고 분류합니다. 첫 번째 견해에서 꼬리표는 세계에 대한 **자연적**인 기술이고, 사물들 간의 객관적인 유사성이 있습니다. 두 번째 관점에서 꼬리표는 **문화적**이며 유사성은 보는 이의 눈이나 '아는이의 마음'에 있다고 합니다.

우리가 단어를 사용해서 사물을 분류하기 때문에 여기서 관건이 되는 것은 아는이가 마음속에 그리는 **세계**에서, 또 아는이에게 지각된 세계의 **그림**에서 언어가 어떤 역할을 하는가입니다. 우리의 꼬리표가 사물의 자연적 질서를 반영한다는 관념은 (금과 은 같은) 범주들과 (강아지와 고양이 같은) 종들에 대응하여 우리가 관찰하고 분류할 수 있는 요소들이 실제로 거기에 있는 것으로 보인다는 사실에 의해 뒷받침됩니다. 그러나 이러한 꼬리표, 특히 인간을 분류하는 데 사용된 꼬리표는 문화적 요소와 자연적 요소를 둘 다 가지고 있습니다.

탐구 6.10

아래의 세 가지 중 하나를 고르고 다음 질문을 탐구하면서 반에서 짧은 발표를 준비하세요. "모든 분류 체계는 세계를 얼마나 중립적이고 객관적인 방식으로 기술할까?"

a 주기율표

b 동물이나 식물의 분류

c 자연 세계의 다른 분류 체계

사회 정체성 이론에 따르면 우리의 정체성은 부분적으로는 우리가 속한 집단에 의해 형성됩니다. 우리는 집단의 소속 여부에 따라 다르게 인식될 수 있으며, 우리의 소속감은 결국 우리의 정체성과 우리가 누구인지에 대한 감각에 영향을 줄 수 있습니다.

탐구 6.11

1 여러분 반에서 언어와 정체성에 대한 조사를 실시해 보세요. 여러분과 반 친구들이 가장 동일시하거나 동일시하지 않는 단어들과 꼬리표들을 조사해 보세요.

2 짝을 이루거나 모둠을 지어 함께 연구하세요. IB 디플로마 프로그램 학생으로서의 교육적 정체성이나 사회적, 문화적, 종교적, 정치적 또는 젠더 정체성 같은 여러분의 정체성을 정의할 수 있는 10~15개의 단어 목록을 생각해 보세요.

3 모둠원들에게 자신이 가장 동일시하는 단어 세 개를 고르도록 요청하세요.

1 국적, 나이 또는 젠더 정체성에 따라 사람을 분류하는 것이 지닌 주요 장점과 단점은 무엇일까요? 사람을 분류하는 다른 방식은 무엇이 있나요? 어떤 것이 다른 것에 비해 좀 더 자연스러운가요? 또는 보다 유용한가요?

2 우리의 꼬리표 달기와 분류는 우리가 생각하는 일반화에, 그리고 우리가 도달할 수 있는 결론에 어느 정도나 영향을 줄까요?

언어와 고정 관념

사람에 대한 꼬리표 달기의 위험성은 꼬리표가 **고정 관념**으로 쉽게 굳어질 수 있다는 점입니다. 우리가 한 집단의 사람들에 대해 단순히 그 집단의 구성원이라는 사실에 기반하여 가정하고 성급하게 일반화할 때 고정 관념이 생겨납니다. 고정 관념은 특히 국적, 젠더 정체성 그리고 인종적 정체성의 경우 명확하게 드러납니다.

그렇다면 악영향을 끼치는 고정 관념과 일반화는 무엇으로 구별 지을까요? 일반적으로 고정 관념은 어떤 집단의 특성을 과장하고 또 그것을 집단의 **모든** 구성원이 소유하고 있다고 가정하는 희화화입니다. 게다가 대체로 사실보다는 편견에 근거를 두고 있으며 반대 증거가 나타나더라도 바꾸기 어렵습니다.

꼬리표 달기와 고정 관념에 대한 논의에서 우리가 얻을 수 있는 것은 사물에 꼬리표를 붙이기 위해 일반적인 단어를 사용하는 것이 지닌 장점뿐 아니라 단점에 대하여도 알고 있을 필요가 있다는 점입니다. 꼬리표 달기의 명백한 가치에도 불구하고, 꼬리표는 사물을 바라보는 특정한 방식에 우리를 가둬 버릴 수 있습니다. 사물의 독특함과 개별성을 말로 포착하는 것은 불가능하지는 않더라도 어렵습니다. 언어는 세계를 기술하고 분류할 수 있는 힘을 가지고 있긴 하지만, 본질적으로 한계도 있습니다. 우리가 알고 있는 모든 것을 말로 표현할 수 없고, 개성 같은 복잡한 현상은 결코 언어로 정확하게 서술될 수 없다는 점을 감안한다면 말입니다.

언어와 경험

만약 여러분이 친구 중 한 명을 그 친구를 모르는 누군가에게 기술하려 한다면, 여러분은 그 친구의 초상화를 말로 그리는 것이 얼마나 어려운지 알게 될 것입니다. 딸기의 맛, 바다의 색깔, 사랑에 빠지는 모습을 언어라는 은유적인 잠자리채로 잡는 것도 마찬가지로 어렵습니다. 현실은 우리가 할 수 있는 묘사를 뛰어넘는 것 같습니다. 아는 이의 경험을 언어로 포착하는 것은 불가능합니다. 예를 들면, 지금 마시는 커피 한 잔의 냄새와 맛에 대한 나의 주관적 경험의 **감각질**이나 특성은 어떤 말로도 전달할 수 없습니다.

게다가 몇몇 경험은 그 본성상 말로 명확하게 표현하기 어렵습니다. 예를 들어 여러분이 처음으로 지구를 일주한 사람, 또는 우주에 가 본 556명 중 한 사람에게 관심

키워드

고정 관념: 어떤 집단의 구성원이라는 사실에 근거한, 개인 또는 집단에 대한 고정되고 지나치게 단순화되며 종종 부정적인 상

키워드

감각질(qualia): 어떤 것을 지각하면서 느끼게 되는 기분이나 심상 같은 것

을 기울인다면, 그들이 자신의 경험을 묘사하고 의사소통하기 위해 언어를 어떻게 사용할지 생각해 볼 수 있습니다. 이탈리아 우주 비행사 사만타 크리스토포레티(Samantha Cristoforetti, 1977~)가 우주에서 지구를 보았을 때, 그녀는 자신의 새로운 관점을 이렇게 명확하게 밝혔습니다. "여러분은 이 행성을 자신의 발아래 두고 있지만, 특히 낮 동안 여러분이 보는 많은 것들이 반드시 인간 현존의 증거가 되는 것은 아니에요. 지질학적 시간 단위로 본다면, 우리는 너무나도 보잘것없는 존재인 것 같아요. 우리가 눈 깜빡할 사이에 사라지는 찰나의 존재가 아니라 지구상의 영원한 존재가 되기 위해서는 지구촌 가족으로서 함께 뭉쳐야 합니다."

게다가 어떤 이들은 어떤 경험은 어떤 언어로도, 심지어 은유적 언어로도 표현될 수 없다고 주장할 것입니다. 예를 들면 미국 철학자이자 심리학자인 윌리엄 제임스(William James, 1842~1910)에 따르면, 종교적 또는 신비적 체험의 본성은 **형언할 수 없는** 것이라고 합니다. 즉 "말로는 어떤 보고도 적절하게 이루어질 수 없으며" 언어를 통해 타인에게 전달될 수 없습니다. 흥미롭게도 세계의 모든 주요 종교의 신비주의자들은 가장 깊은 진리는 언어로 표현할 수 없다고 주장합니다. 도교의 성현인 노자는 이렇게 말했습니다. "말하는 자는 알지 못하며, 아는 자는 말하지 않는다." 불교의 『능가경』에는 "진실은 문자와 말과 책 너머에 있다"라는 말이 있습니다. 유대교의 『탈무드』에도 "침묵이 '지혜로운 자'에게 유익하다면, '어리석은 자'에게는 얼마나 더 유익할 것인가!"라는 말이 있습니다.

그림 6.8 _ 언어는 감각질이나 경험을 어느 정도나 전달할 수 있을까요?

탐구 6.12

개인이나 집단이 새로운 발견을 했을 때 그들의 경험을 전하기 위해 사용된 말들을 조사해 보세요. 여러분이 선택한 발췌문에서 인용문 두세 개를 찾아서 그것들을 반에서 발표하거나 게시판에 붙이세요. 언어가 설명에 기여한 방식을 요약하는 주석을 덧붙이세요. 그들의 경험과 발견의 중요성에 관해 그들의 언어는 여러분에게 무엇을 말해 주나요?

여러분은 다음 중 하나 이상, 또는 여러분이 직접 고른 관련된 사례를 탐구해 보세요.

- 프랜시스 드레이크 경(Sir Francis Drake)이 **골든 하인드호**를 타고 지구를 일주했을 때 사용한 말
- '**페르마의 마지막 정리**'를 증명해 낸 앤드류 와일스(Andrew Wiles)가 쓴 말
- 달 표면을 걸어 본 사람들 중 누군가가 사용한 말
- '**창백한 푸른 점**'으로 알려진, 우주 공간에서 바라본 지구의 이미지를 보고 칼 세이건이 사용한 말

실제 상황 6.4

일부 경험은 설명할 수 없는 걸까요? 예를 들면 종교적 경험은 언어로 표현할 수 없나요?

되돌아보기

박식가 마이클 폴라니(Michael Polanyi, 1891~1976)는 『개인적 지식(*Personal Knowledge*)』이라는 저서에서 이렇게 말했습니다. "우리는 우리가 아는 모든 것을 여전히 말할 수 없으며, 그래서 또한… 우리가 말하는 것에 함축된 것을 결코 완전히 알 수 없다."

그때 느꼈던 감정을 아무리 노력해도 충분히 표현할 수 없었던 경험을 떠올릴 수 있나요? 반대로 여러분이 읽거나 들은 말(시나 노래, 또는 특별한 누군가의 말에 들어 있던 말)이 그 말의 문자 그대로의 의미보다 훨씬 더 많은 의미를 여러분에게 전해 주었던 경험을 떠올릴 수 있나요? 언어를 통한 지식 전수에 대한 함의는 무엇일까요?

6.6 언어와 사고

논의 6.21

우리는 세계를 언어로 어떻게 재현할까요? 언어는 어느 정도나 세계를 기술할 수 있을까요? 또는 세계에 대한 우리의 믿음을 어느 정도나 표현할 수 있을까요?

이 절에서는 우리가 세계에 대해 사고하는 방식에 언어가 어느 정도나 영향을 미치는지 생각해 보기로 합니다. 언어와 사고가 동일한 것은 아니지만, 복합적인 사고는 언어와 매우 밀접하게 연결되어 있는 것으로 보입니다. 만약 적절한 수학적 어휘가 없다면, 미적분이나 삼각 함수를 어떻게 푸는지 알기는 어렵습니다. 좀 더 보편적으로 말해서 만약 적절한 어휘가 없다면, 다양한 추상적 관념을 갖기는 매우 어려울 것입니다. 확

실히 우리는 때로는 이미지로 사고하고, 그런 다음 적절한 단어를 찾으려 애씁니다. 하지만 대체로 우리가 생각하는 바를 언어로 옮긴 뒤에야 알게 됩니다. 그렇다 해도 새로운 사고방식을 고안하려면 대개는 새로운 어휘의 개발이 필요하며 그것이 천재의 특징 중 하나입니다.

> … 알려지지 않았던 형태들을 상상의 힘으로
> 구체화함에 따라 시인의 펜촉은
> 그것들을 형체 있는 것으로 바꾸면서
> 무형물들에게 거처와 이름을 준다오.
>
> — 윌리엄 셰익스피어, 「한여름 밤의 꿈」

실제 상황 6.5

만약 여러분이 두 개 이상의 언어를 말할 수 있다면, 그중 하나의 언어 또는 다른 언어로 사고할 때 더 편한 어떤 것이 있나요?

사피어-워프 가설

사피어-워프 가설에 따르면, 언어는 현실에 대한 우리의 경험을 결정하며, 우리는 언어가 보고 생각하도록 허용한 것만 보고 생각할 수 있습니다. 이 이론에 대해서는 두 가지 해석이 존재합니다. 언어 결정론은 언어가 우리의 지식을 결정한다고 주장합니다. 반면에 언어 상대성 이론은 우리가 아는 것에 언어가 영향을 준다고 주장합니다.

이 가설의 제안자 중 한 명인 벤저민 워프(Benjamin Whorf, 1897~1941)는 북아메리카 원주민인 호피족의 언어와 유럽 언어의 차이를 연구했고, 그 결과 놀라운 결론에 이르렀습니다. 호피족의 언어에는 우리가 '시간'이라고 부르는 것, 또는 과거나 현재나 미래, 또는 영속적이거나 지속적인 것을 직접적으로 지칭하는 어떤 단어나 문법 형식, 구조, 또는 표현조차 없습니다. 호피족에게는 시간이라는 단어가 없기 때문에 워프는 그들에게 추상적인 시간 개념이 없다는 결론에 이르게 되었습니다.

가설의 또 다른 제안자인 에드워드 사피어(Edward Sapir, 1884~1939)는 이렇게 주장했습니다. "'실제 세계'는 상당 부분 집단의 언어 습관에 무의식적으로 기반을 두고 있다. 똑같은 사회적 현실을 재현한다고 간주될 만큼 서로 유사한 언어들은 없다. 서로 다른 사회가 존재하는 각각의 세계는 단순히 서로 다른 꼬리표가 붙은 똑같은 세계가 아니라 별도의 세계다. … 우리가 보고 있는 것, 혹은 우리가 다른 식으로 경험하고 있는 것은 공동체의 언어 습관이 해석 중 특정한 선택에 영향을 미치기 때문이다." 예를 들어 숲에 가면 나무들을 보는 이들이 있는가 하면, 숲에 가면 물푸레나무, 자작나무, 참나무, 낙엽송, 밤나무 등을 보는 이들도 있습니다. 같은 언어를 쓰더라도 두 번째 집단이 훨씬 풍요로운 숲을 보게 될 것입니다.

키워드

사피어-워프 가설: 여러분이 말하는 언어가 세계를 보는 방식에 영향을 주거나 그 방식을 결정한다는 이론이 가설에 대해서는 **언어 상대성 이론**과 **언어 결정론**, 이렇게 두 가지 해석이 있습니다. 이 가설은 지식과 앎에 있어서 매우 중요합니다. 이 가설이 옳다면 하나의 문화는 자신의 사고 범주를 아는이에게 부과할 수 있으며 실제로 그렇게 한다는 얘기가 됩니다. 그것들은 세계를 지시하는 분류와 범주라기보다는 문화의 산물이자 발명입니다. 이 가설의 더 강한 판본은 사고 패턴이 우리가 물려받은 언어에 의해 이미 사전에 결정되어 있다는 점을 감안하며, 우리가 언어에 갇혀 있다고 주장합니다.

심리학자인 레라 보디스키(Lera Bordisky, 1976~)는 보다 현대적인 예를 제시했습니다. 그녀는 명사의 성(gender)이 사람들의 사고하는 방식을 형성하며, 특히 명사와 연관된 속성과 관련해서 그렇다고 주장합니다. 예를 들면 독일어로 다리(bridge)를 뜻하는 단어 'die Brücke'는 여성형 명사라서, 독일어 화자들은 아름답다, 가늘다, 우아하다를 연상하며 다리를 생각하게 됩니다. 반면에 스페인어로 다리를 뜻하는 단어인 'el puente'는 남성형이라서, 스페인어 화자들은 다리를 강함과 굳셈과 관련해 사고하게 됩니다. 물론 이런 해석은 성별 고정 관념에 의존하고 있다는 비판을 받을 가능성이 있습니다. 하지만 그것은 언어가 우리의 사고방식에 미치는 효과에 관한 요점을 언급하고 있습니다.

실제 상황 6.6

여러분이 파악할 수 없는 개념이 있나요? 만약 그렇다면, 이것은 언어로 인한 결과일까요? 언어는 여러분이 사고할 수 있도록 하는 것을 어떻게 제한할 수 있을까요?

가설 시험

위에서 기술한 증거가 있어도 어떤 이들은 사피어−워프 가설을 확신하지 못합니다. 우리의 정신 과정은 언어와 관련되어 있지만, 반드시 언어와 동일한 것은 아닙니다. 우리가 늘 단어와 문장으로 사고하는 것은 아니라는 말입니다. 언어와 사유는 서로 다를 수 있습니다. 예를 들어 만약 일군의 도형을 비슷한 도형과 짝지으라는 요구를 받으면, 여러분은 아마도 그것들을 마음속으로 그리며 하나씩 짝을 맞춰 볼 것입니다. 우리는 사고할 때 때로는 단어와 문장을 뛰어넘어 사고합니다. 이에 대한 반대 주장을 아래에서 살펴봅니다.

1 비판자들에 따르면, 비록 사피어−워프 가설은 언어가 사유를 결정한다고 하지만, 사유가 사실상 언어 없이 가능하다고 시사하는 증거가 있습니다. 심리학자들은 아기와 동물이 언어의 도움 없이도 사고할 수 있음을 발견했습니다. 생후 5개월 정도 된 아기가 간단한 암산을 할 수 있다는 것을 보여 주는 실험 결과도 있습니다. 그리고 비둘기도 나무, 인간, 물줄기, 개와 물고기 같은 일반적인 부류를 식별하도록 훈련되어 왔습니다. 여기서 요점은 사고가 반드시 언어와 같은 것은 아니라는 점입니다. 그리고 이 둘이 같은 것이라고 가정하거나 언어가 사고에 필수적이라고 가정하는 것은 잘못입니다. 모든 사람이 같은 방식으

로 사고한다는 가정 또한 잘못된 것입니다.

2 몇몇 창의적인 사람들은 언어는 그들의 사고에 부차적인 역할만 하고, 그들의 아이디어는 먼저 이미지로 나타난다고 주장합니다. 사실 일부 사람들만 문장으로 사고합니다. 아인슈타인은 이렇게 말한 적이 있습니다. "사람들이 쓰고 말하는 언어의 단어들은 내 사유의 메커니즘에 아무 역할도 하지 않는 것 같다. 사고에서 요소들로서 작용하는 것처럼 보이는 물리적 실체는 특정한 기호이자 다소간 명확한 이미지로, 이것들은 자발적으로 재생산되고 결합될 수 있다. 앞서 언급한 요소들은, 내 경우에는 시각적이며, 몇 가지는 근육질 유형에 속한다. 전통적인 말들이나 다른 기호들은 2차 단계에서만 힘겹게 추구해야 한다."

3 우리는 때로는 이미 거기에 있는 것처럼 느껴지는 사유를 표현할 적절한 단어를 찾기 위해 노력합니다. 여러분은 뭔가 말하려다 곧바로 "아냐, 그건 딱 들어맞는 말이 아니야"라며 좌절했다가, 그다음에 좀 더 명확하게 자신을 표현하기 위해 애썼던 경험이 있을 것입니다. 이것은 바로 사유가 언어보다 앞서 있다는 것, 그리고 우리는 단지 사유를 표현하는 데 적절한 단어를 찾기 위해 노력할 뿐이라는 것을 보여 줍니다.

4 만약 언어가 사유를 결정한다면, 새로운 단어가 어떻게 언어에 들어오는지, 실제로 언어가 처음에 어떻게 생겨났는지 분명하지 않습니다. 가장 명확한 설명은 일종의 전(前) 언어적 사유가 가능하며, 나중에 이에 대한 단어를 찾아낸다는 것입니다.

5 우리는 듣거나 읽은 것을 회상할 때 종종 정확한 문장을 기억해 내지 못합니다. 대신에 우리가 듣거나 읽은 것의 요지를 떠올립니다. 이것은 사유가 언어와 관련되어 있기는 하지만 언어와 똑같은 것은 아니라는 점을 시사하며, 사유가 늘 언어에 의존하는 것은 아니라는 점을 시사합니다.

되돌아보기

여러분은 어떻게 사고하는지 생각해 보세요. 모든 사람이 동일한 방식으로 사고를 하지는 않습니다. 여러분은 주로 단어와 문장으로 사고하나요, 아니면 주로 이미지로 사고하나요, 아니면 여러분의 사고는 또 다른 형태의 과정을 거치나요?

탐구 6.13

다음 주제로 토론을 위한 연설을 계획하고 원고를 작성하세요. **"우리 모둠은 언어가 우리의 사고방식과 우리가 알 수 있는 것을 형성하고 영향을 미친다고 생각한다."**

여러분의 연설에서 그 주제에 찬성하든 반대하든 간에 정당한 이유와 증거, 특정하고 구체적 사례(자신의 IB 디플로마 프로그램 학습에서 찾은 것)를 가지고 자신의 주장을 뒷받침해 보세요. 그런 다음, 토론회를 조직하고 개최하세요. 토론 전과 후에 각각 그 주제에 관해 투표를 실시하세요.

자기 평가

언어가 우리가 아는 것을 형성하는지에 대한 찬성과 반대 주장을 여러분은 얼마나 잘 이해했나요? 다음 평가 기준에 대한 답도 생각해 보세요.

- 양측의 주장을 모두 이해했는가?

- 증거와 사례가 어떻게 양측 주장을 뒷받침할 수 있었는지 생각해 보았는가?

- 서로 다른 관점과 시각을 고려했는가?

- 균형 잡힌 결론에 도달했는가?

6.7 언어와 가치들

실제 상황 6.7

우리가 사용하는 언어는 다른 사람들에게 어떻게 영향을 주고, 그들의 감정과 사고를 형성할까요?

6장의 앞부분에서 우리는 의미와 언어에 대해 탐구했고, 의미는 맥락, 어조, 그리고 말하는 사람들 사이의 관계에 대한 이해 등 여러 가지 요인들에 의존한다는 것에 주목했습니다. 우리는 언어를 세계를 기술하는 것뿐만 아니라 서로를 설득하고 영향을 미치기 위해서도 사용합니다. 어떤 사람에게는 범죄자이지만 다른 사람에게는 희생자일 수 있습니다. 우리가 선택한 단어는 서술하는 것 이상의 더 많은 것을 합니다. 우리가 선택한 단어는 우리의 태도를 전달하고 가치를 표현합니다. 우리는 이것을 14장에서 다룰 것입니다. 14장에서는 사실의 실제적인 진술과 가치의 규범적인 진술 사이의 차이점들을 검토할 것입니다.

영향을 주고 설득하기 위해 언어를 사용하기

언어와 가치 사이의 연결점을 더 깊게 탐구하기 위하여, 언어가 영향을 주고 설득하기 위해 사용될 수 있는 방식에 대해 생각해 봅시다.

감정이 실린 언어

어떤 단어들은 서술적 의미뿐만 아니라, 감정적 의미도 가지고 있습니다. **감정적 의미**는 '단어를 휘감고 있는 호불호의 기운'이라고 정의할 수 있습니다. '영웅', '평화', '민주주의' 같은 단어들은 긍정적인 함축적 의미를 담고 있는 반면, '도둑', '거짓말쟁이', '변태' 같은 단어들은 부정적인 함축적 의미를 담고 있습니다. 이것이 바로 모든 사람들이 평화를 좋아한다고 주장하지만, 거짓말쟁이로 꼬리표가 붙는 것을 꺼리는 이유입니다.

키워드

감정적 의미 : 한 단어를 둘러싼 호의적이거나 거북스러운 느낌의 기운

그림 6.9 _ 언어는 어느 정도로 세계를 기술하거나 우리의 감정과 믿음을 표현할까요?

언어는 현실의 어떤 측면을 **드러내는** 데 사용될 뿐만 아니라, 다른 곳으로 우리의 주의를 돌림으로써 다른 측면을 숨기는 데 이용되기도 합니다.

탐구 6.14

다음 한 쌍의 표현들 각각에서 언어가 쓰이는 방식을 분석하세요.

a terrorist(테러범) / freedom fighter(자유의 투사)

b prolife(생명 보호론) / prochoice(낙태 합법화 찬성)

c free speech(표현의 자유) / hate speech(혐오 표현)

d internet troll(사소한 문제로 인터넷에서 논쟁을 일삼는 사람, 키보드 워리어) / online moderator(온라인 중재자)

e public servant(공공의 봉사자=공무원) / career politician(직업 정치인)

f clique(패거리) / microcosm(축소판)

g make a decision(결정하다) / take a decision(용단을 내리다)

h goodbye(잘 가) / farewell(영원히 안녕)

i global warming(지구 온난화) / climate change(기후 변화)

감정이 실린 언어의 영향은 지속적인 논쟁이 요구되는 문제이긴 하지만, 사람들이 설문조사의 질문에 어떻게 대답하는지는 문구가 어떻게 표현되는지에 달려 있음을 시사하는 증거가 있습니다. 미국의 한 설문조사에서 '빈곤층 원조'에 더 많은 돈을 써야 하는가라는 질문에 68%가 찬성한다고 했지만, '복지'에 더 많은 돈을 써야 하는가라는 질문에는 수치가 24%로 떨어졌습니다. 또 다른 설문조사에서 사람들은 '군사력'보다는 '국방'에 훨씬 더 기꺼이 돈을 쓰고 싶어 했습니다.

수식어

수식어는 '많은(many)', '틀림없이 ~일 것이다(should)', '아마도(probably)'처럼 사람들이 도망칠 곳을 마련하기 위해 문장에 슬쩍 끼워 넣는 단어들입니다. 예를 들면 제조사가 "지시 사항을 주의 깊게 잘 따르기만 하면 저희 제품은 효과가 있을 것입니다"라고 했다고 합시다. 제품을 구매한 후 효과가 없어 항의 전화를 걸면, 지시 사항을 충분히 숙지하고 따라 하지 못한 것 같다는 말을 듣게 될 것입니다. 하지만 다른 관점에서 보면 중재자는 모든 것을 포괄하는 일반화를 피함으로써 말을 좀 더 정확하게 만듭니다.

탐구 6.15

다음 각각의 경우에 수식어가 어떻게 사용되었는지 생각해 보세요.

a 우리 제품은 손상된 모발의 25%까지 복원시킬 수 있다.

b 세계 최고의 라거 맥주일 것이다.

c 미백 치약은 충치 퇴치를 도울 것이다.

d 티모시가 열심히 공부한다면, 기말 시험에서 틀림없이 제 실력을 발휘할 것이다.

수식어가 제거된다면 이것은 진실에 어떤 함의를 가질까요?

문법

문법 또한 사람들이 사물을 보는 방식에 영향을 주기도 합니다. 예를 들어, 수동태는 어떤 사건에 대한 누군가의 책임성을 은폐하는 데 사용될 수 있습니다. 다음 두 문장을 비교해 봅시다.

a 많은 마을들이 폭격되었다.

b 우리가 많은 마을들을 폭격했다.

첫 번째 문장에서는 폭격의 책임이 누구에겐가 있는 것처럼 들리지만, 두 번째 문장은 가해자에 초점을 맞추고 있습니다.

권력과 권위의 도구로서의 언어

언어와 가치 사이의 관계에 대해 의견이 갈리기는 하지만, 정당이나 기업이 미디어 컨설턴트와 **언론 담당자**에게 많은 투자를 한다는 사실은 그들이 우리의 태도를 형성하는 데 중요한 역할을 한다는 점을 시사합니다. 극단적으로 보면 히틀러 같은 선동가의 현혹적인 웅변은 언어가 교육과 계몽뿐만 아니라 증오의 불길에 기름을 붓는 데 사용될 수도 있다는 것을 상기시킵니다. 그러므로 우리는 **"언어가 힘이다"**라는 슬로건을 진지하게 받아들여야 합니다. 보다 일상적인 예로는 에세이, 프레젠테이션 또는 그룹 토의에서 여러분의 언어가 가지는 힘을 들 수 있습니다. 예를 들면 글과 말로 자신을 표현할 수 있는 능력은 여러분의 사유를 다른 사람들과 공유할 수 있는 역량과 여러분의 관념을 표현할 수 있는 힘을 제공합니다.

되돌아보기

말이 권력과 권위를 어떻게 전달할 수 있는지 생각해 보세요. 여러분은 보통 어떤 종류의 것들을 강하고 힘 있는 방식으로 말하거나 쓰고, 어떤 것들을 보다 머뭇거리는 형태로 말하거나 쓰나요? 단어 사용에 관한 두 가지 경우 모두에서 그 단어들을 힘 있게 또는 무력하게 만드는 것은 무엇인가요?

언어와 정치

정치적 언어는 그 자체로도 감시와 분석에 도움을 줍니다. 언어는 현존하는 권력 구조를 유지하기 위한 수단이 됩니다. 예를 들면 한 회사의 CEO나 교장, 종교 지도자는 위계적인 조직을 설립하고 유지하기 위해 언어를 사용합니다. 정치적 화술은 사람들을 통합시키거나 분열시키는 데 사용될 수 있습니다. 성별, 민족성, 또는 계급에 기반을 둔 차이점을 강조하는 정치적 화술은 편견을 강화하거나 사회적, 정치적 분열을 강화시키는 데 이용될 수 있습니다. 마찬가지로 언어는 혁명을 고무하고 비판과 반정부 언사를 격려하고 고무하는 데 사용될 수 있습니다. 글로 쓰인 언어는 종교적인 신성한 텍스트든 정치적 선언서든 간에 권위의 원천으로 기능할 수도 있습니다.

논의 6.22

1 정치인들의 언어는 국민 정체성이나 특정한 역사적 기억에 관한 믿음과 어느 정도나 연결되어 있나요?

2 정치 언어는 조화나 분열을 어느 정도나 촉진시킬까요?

정치적 언어의 역사적 맥락을 이해하는 데에는 특별한 어려움이 있습니다. 예를 들면 1956년 마오쩌둥(1893~1976)은 지식인들이 공산주의 국가에 관한 자신들의 관념, 즉 "온갖 꽃들이 다투어 피고, 서로 다른 많은 학파가 논쟁을 벌이게 하자(Let a hundred flowers bloom, let a hundred schools of thought contend)"라는 관념을 공유하도록 유도한 것으로 유명합니다.* 공산당은 백화제방(百花齊放) 운동을 통해 언론과 사상의 자유를 조성했습니다. 그러나 1957년부터 1959년까지 공산당은 반대 의견을 말하는 사람들을 탄압하여, 실직과 투옥에서 노동 수용소에서의 강제 노동에 이르는 가혹한 처벌을 가했습니다.

역사가들 사이에서는 이 말이 어떻게 해석되어야 하는지에 관해 엄청난 논쟁이 있으며, 일부 서구 학자들은 'bloom'보다는 'blossom'으로 번역합니다.** 게다가 1957년에 마오쩌둥은 자기 연설의 출판본에 대한 자신의 해석을 손수 수정했습니다. 이는 우리가 10장에서 탐구하게 될 주제인 역사 서술의 문제입니다. 마오쩌둥이 비판의 수준에 놀라고 충격을 받았다고 생각하는 사람들도 있습니다. 예를 들면 중국계 미국인 역사

*백화제방(百花齊放), 백가쟁명(百家爭鳴): 1957년 2월에 마오쩌둥이 제안한 백화제방, 백가쟁명 운동은 사회주의 국가 건설 과정에서 나타나는 문제점에 대해 자유롭게 의견을 개진하도록 한 것이다. 그러나 공산당에 대한 비판이 높아지자 1957년 6월에 공산당은 비판적인 지식인을 비난하는 반우파 투쟁을 벌여 많은 사람을 탄압하였다.

**blossom은 나무에서 꽃이 피는 것을 가리키지만 bloom은 하나하나의 식물에 개별적으로 꽃이 피는 것을 가리킨다. 따라서 '꽃이 만발하다'고 할 때에는 blossom이 더 어울린다.

학자인 리 페이건(Lee Feigon, 1945~)은 이러한 사상을 전면에 내세우기 위해 진정으로 노력한 지식인이라며 마오쩌둥에 대해 보다 호의적인 관점을 취합니다. 반면에 백화제방 운동이 반대파를 식별하기 위한 고의적인 움직임이었다고 생각하는 역사가들도 있습니다. 예를 들면 장융(1952~)은 마오쩌둥의 발언이 공산주의의 반대파를 식별하기 위한 고의적인 속임수였다고 이해합니다. 마오쩌둥의 의도가 무엇이었는지 그리고 그가 말한 당시에 발언의 의도가 무엇이었는지 확실하게 알기는 어렵습니다. 백화제방 운동은 국가에 대한 공개적인 비판을 유도하는 것, 즉 표현의 자유와 그 결과의 자유를 조장하는 것의 효과를 보여 주는 사례이자 이데올로기적 반대파나 국가의 적이라고 인식된 사람들을 정치 체제가 어떻게 처벌하는지를 보여 주는 하나의 사례입니다.

탐구 6.16

여러분이 뽑은 특정 국가의 정치 지도자를 선택하세요. 그들이 행한 최근 연설이나 사건에 대한 그들의 해석을 찾아보세요. 그들의 언어 사용을 조사해 보세요. 다음과 관련된 그들의 언어를 고려해 보세요.

- 그들은 어느 정도나 사실과 해석, 의견을 제시하는가?
- 그들은 감정에 호소하는가?
- 국적이나 성별, 민족성에 근거를 둔 개인적 정체성에 호소하는가?
- 그들은 사람들 사이의 유사성을 더 보강하는가, 아니면 차이점을 강화하는가?

허위 과장 선전

정치 조직과 정부는 언어를 사용하여 **허위 과장 선전**과 정보 조작(스핀)을 할 수 있습니다. 정치에서 정치 홍보 전문가의 역할은 여론에 영향을 주려고 정치적 사건을 미디어에 우호적인 관점에서 제시하는 것입니다. 스핀은 소위 말해서 **대안적 사실**을 이용한 허위 과장 선전의 한 형태입니다. 사실(fact)은 참이거나 아니면 거짓일 수 있는데, 대안적 사실(2017년에 새로 만들어진 용어)은 이런 구별이 정치적 맥락에서는 명확하지 않다는 것을 보여 줍니다.

조지 오웰은 소설 『1984』에서 언어가 사상을 조작하고 통제하기 위해 사용될 수 있다는 상상 속의 디스토피아 세계를 보여 줍니다. 오웰은 소위 '뉴스피크(Newspeak)'라는 새로운 언어를 발명함으로써 사람들의 행동뿐만 아니라 생각까지도 통제하려 드는 소위 '영사(Ingsoc)'*라는 전체주의 정부를 그리고 있습니다.

> "뉴스피크**의 목적은 '영사'의 열성 추종자들의 고유한 세계관과 정신적 습관을 표현하기 위한 수단을 제공할 뿐 아니라 다른 모든 사고방식을 불가능하게 만드는 것이다. 뉴스피크가 결국에는 채택되고 올드스피크(Oldspeak)가 잊혔을 때 이단적인 사고, 즉 '영사'의 원칙에서 벗어난 사고는, 적어도 사고가 단어에 의존하는 한 문자 그대로 사고할 수 없도록 고안되었다. … 'free'라는 단어는 뉴스피크에 여

키워드

허위 과장 선전(propaganda): 보통 정치적 목적으로 사람들이 생각하는 것에 영향을 미치기 위한 정보의 미묘한 조작

대안적 사실: 탈진실 정치학 맥락에서 대안적 정보가 사실일 수도 있다고 보는 관점

*소설에서는 '오세아니아의 지배층 및 그 이념'을 가리키는 말의 줄임말인데, 한국어판에서는 영국 사회주의의 줄임말인 '영사'로 번역되어 있다.

**https://www.abhaf.org/assets/books/html/1984/197.html

전히 존재했지만, 'This dog is free from lice(이 개한테는 이가 없다)' 또는 'This field is free from weeds(이 밭에는 잡초가 없다)' 같은 진술에서만 사용될 수 있었다. 정치적 자유와 지적인 자유는 개념으로도 더 이상 존재하지 않았고 따라서 필연적으로 명칭도 없었기 때문에 '정치적으로 자유롭다'나 '지적으로 자유롭다'처럼 옛날 의미로는 사용될 수 없었다. 뉴스피크는 사고의 대역을 넓히기 위해서가 아니라 줄이기 위해 고안된 것이었으며, 이 목적은 단어 선택을 최소한으로 축소함으로써 간접적으로 도움을 받았다."

논의 6.23

언제 그리고 어떻게 언어는 허위 과장 선전의 목적을 위해 사용되었을까요?

여러분이 생각하기에 중립적 언어의 사용이 어느 정도로 가능하거나 바람직할까요?

전쟁에서의 언어

언어가 순수하지 않고 우리가 사물을 보는 방식을 조종하는 데 사용될 수 있다는 사실은 특히 전쟁의 시기에 뚜렷해집니다. 군사 훈련소에서는 부대원들이 살인을 할 수 있도록 만들기 위해, 적을 인간이 아닌 존재로 만들 필요가 있다는 것을 오랫동안 인지해 왔습니다. 아래에 예시한 '전쟁 용어(warspeak)'의 몇몇 예들은 종종 현실을 은폐하는 데 사용되기도 합니다.

전쟁 용어	실제 의미
안전 보장	무기 판매
무력화하다	죽이다
더 이상 (중요) 요인이 아닌	죽은
들어내다	파괴하다
작동하지 않는 전투 인원	죽은 군인들
평정	폭파
목표물 점검	목표물에 대한 폭탄 투하
부수적 피해	피폭된 도시들
아군의 포격	자기 부대에 잘못 발포한 사고
전략적 재배치	후퇴
해방시키다	침공하다
보도 준칙	검열
사전 예방적인, 선수를 치는	상대의 도발이나 공격 같은 정당한 이유가 없는
인종 청소	집단 학살

탐구 6.17

짝과 함께 위의 목록에 관해 토론하고, 전쟁 용어와 실제 의미의 차이점에 대해 탐구하세요. 아래 물음에 대해 생각해 보고, 여러분의 생각을 발표하여 학급 토론에 참여하세요.

• '실제 의미'를 지닌 단어들을 사용하여 전쟁을 기술하는 게 어디까지 가능한가?

• 언어는 어디까지 세계를 기술하고 가치와 태도를 전달하는가?

1 우리의 가치관은 우리가 사용하는 언어, 그리고 우리가 모델과 은유를 사용하여 세계를 재현하는 방식에 어떻게 영향을 미치나요?

2 언어는 우리의 감정과 사고에 어떻게 영향을 미칠까요? 우리의 언어 선택에 대하여 우리는 윤리적으로 책임이 있을까요?

6.8 언어와 기술

디지털 기술은 우리가 언어에 관해 사고하는 방식을 변화시키고 있습니다. 기계가 언어를 이해할 수 있느냐 하는 데에 대한 질문이 생기고 있습니다. 한편으로 기계는 언어를 이해할 수 없다고 합니다. 정보가 소통되는 많은 상황이 있지만 누구도 그것을 언어로 기술하지는 않을 것입니다. 예를 들어 자판기에 동전을 넣고, '**설탕 커피**'라 쓰인 버튼을 누른다면, 여러분은 설탕 커피를 먹게 됩니다. 정보가 명확하게 소통되기는 했지만, 여러분이 커피 한 잔을 원했다는 것을 자판기가 **이해했다**고 말할 수는 없을 것입니다. 자판기와 다른 기계 장치들은 사물을 이해하는 것과는 아무 관계가 없습니다.

하지만 다른 한편으로, **약한 인공 지능**이라는 의미에서 기계는 언어를 이해하고 있습니다. 인간의 말을 흉내 낼 수 있는 챗봇과 제한된 지시 사항을 인식하고 반응할 수 있는 알렉사*나 시리** 같은 약한 인공 지능의 예들이 있습니다. 음성 인식 기술이 발달함에 따라 음성으로 이메일을 받아쓰게 하여 보낼 수 있도록 점점 더 정교해지고 있습니다.

> **키워드**
>
> **약한 인공 지능:** 특정 문제 해결이나 추론 과업을 위한 소프트웨어의 사용법으로, 응용 AI 또는 협의의 AI로도 알려져 있음

*아마존의 스마트홈 스피커에 적용되는 인공 지능

**애플의 아이폰에 탑재되어 있는 인공 지능

언어에 대해 기술이 갖는 장점과 단점

한편으로 기술은 언어 발전에 긍정적으로 기여할 수 있습니다.

해시태그, 구글잇, 이모티콘부터 **팟캐스트, 코믹 산스 폰트**까지 기술의 결과로 새로운 단어와 문구가 도입되었습니다. 한 가지 새로운 발전은 '정말로' 편집되지 않은 글이 어떻게 보이는지 알 수 있게 되었다는 것입니다. 인터넷은 '무편집' 블로그 게시물부터 그룹 채팅에 이르기까지 언어를 풍부한 원천으로 하여 통제받지 않거나, 공인받지 않거나, 필터링 되지 않은 우리의 언어 감각을 향상시킵니다.

> **탐구 6.18**
>
> 기술 혁명의 결과로서 영어에 진입한 단어의 더 많은 예들의 목록을 작성하세요.

기술은 말할 수 없는 이들을 도울 수 있습니다. 예를 들어 **감금 증후군**이 있는 돈 페이지 웹스터(Dawn Faizey Webster, 1972~)는 왼쪽 눈의 깜빡임을 이용해 의사소통을 합니다. 그녀는 '눈을 깜빡여' 학위 과정을 통과했고, 감금 증후군을 가진 채 박사 과정 공

> **키워드**
>
> **감금 증후군:** 의식은 있으나 몸의 운동 기능이 마비된 상태. 일부 뇌간의 손상에 의한 자율 근육 제어와 발성의 상실을 초래하는 신경학적 질환. 이 질환을 가진 사람은 보통 인지 기능, 의식, 눈의 움직임, 그리고 눈의 깜빡임만으로 의사소통함

부를 한 최초의 인물이 되었습니다. 그녀는 시간당 50단어의 속도로 단어를 깜빡일 수 있고, 생각을 소통할 수 있으며, 또 연구를 통하여 지식에 기여할 수 있습니다. 이론 물리학자인 스티븐 호킹(Stephen Hawking, 1942~2018)은 1960년대 초에 운동 신경계 질환을 진단받았는데, 결국 말을 못 하게 되었을 때에도 음성 생성 장치를 이용하여 여전히 의사소통을 할 수 있었습니다. 이런 조건 속에서 살았고 50년 동안 이 기술을 이용하면서 그는 과학에 큰 공헌을 하였습니다. 1980년대 중반에 스티븐 호킹은 '이퀄라이저'를 사용하였습니다. 이 장치는 미리 선택해 둔 약 3,000개의 단어와 문구의 저장고에서 그의 발성을 시뮬레이션하여 의사소통을 가능하게 만드는 일종의 컴퓨터 프로그램이었습니다. 그는 단어 선택을 위해 휴대용 장치를 사용하였고, 분당 15개의 단어를 생성할 수 있었습니다. 스티븐 호킹은 미리 강연 원고를 써 두었고, 음성 합성기를 이용하여 전달했습니다. 이퀄라이저는 미국인의 억양으로 단어를 말했고, 나중에 호킹은 그것을 바꿀 수 있는 선택권을 갖게 되었지만 그는 그것을 그대로 두기로 했습니다. 그는 그 목소리를 인지하고 있었고, 사람들도 그 목소리를 통해서 그를 알아볼 수 있었기 때문입니다. 이 예는 기술이 의도적으로 만들어진 언어를 용이하게 할 수 있음을 잘 보여 주었으며, 호킹은 케임브리지 대학의 루카스 수학 석좌 교수로서 이론 물리학 분야에서 지식에 큰 공헌을 할 수 있었습니다. 위의 예들은 기술이 장애를 가진 이들을 어떻게 지원할 수 있는지, 그리고 의사소통을 보조할 수 있는 기술의 힘 덕분에 언어는 발성이 없어도 우리가 가질 수 있는 역량임을 잘 보여 줍니다.

그림 6.10 _ 스티븐 호킹은 기술을 매개로 하여 말을 했습니다. 기술은 지식의 이용과 의사소통을 어떻게 돕거나 방해할 수 있을까요?

하지만 기술은 새로운 문제를 유발할 수도 있습니다. 아는이는 점점 더 언어의 원천이 되고 있고, 이를 통해 AI가 우리를 '읽을' 수 있습니다. 우리가 전자책 단말기를 내려놓을 때, 우리가 지루해진 지점에 대한 기록이 만들어질 수 있습니다. AI가 장착된 전자책 단말기는 독자의 동공 움직임을 추적하여 자동으로 페이지를 넘겨 준다고 합니다. 또한 우리가 인스타그램이나 왓츠앱, 페이스북에 남긴 디지털 의사소통의 흔적을 읽고 우리가 누구인지에 대한 상(像)을 구축하는 데 사용될 수 있습니다. 우리는 아마도 우리가 동의하지 않았을 수도 있는 목적을 위해 AI가 해석하고 사용하는 텍스트와 언어의 자원이 되어 가고 있습니다. 레이저가 상해를 입히는 무기로 이용되는 동시에 눈 수술을 돕는 데 이용될 수 있는 것과 마찬가지로, 말은 피해를 입히거나 편익을 얻기 위해 오용될 수 있습니다.

여러분은 언어 사용과 의사소통에서 트위터의 효과를 생각해 볼 수 있습니다. 트위터는 대중 소통의 빠르고 효과적인 수단입니다. 그렇지만 트위터는 인터넷 트롤(키보드 워리어)이 증오와 조롱을 전달하게 하기도 하는데, 그것은 한 사람의 정신 건강과 평판, 생계에 손해를 입힐 수도 있습니다. 다큐멘터리 영화 제작자이자 저술가인 존 론슨(Jon Ronson, 1967~)은 생각 없이 날린 한 개의 트윗이 한 사람의 경력이나 전체적인 평판을 어떻게 망칠 수 있는지를 기술합니다. 인터넷 트롤의 판단에 사람들이 노출되면서 우리가 사용하는 언어는 더 면밀한 감시의 대상이 됩니다.

이모티콘은 얼굴 표정, 동물 묘사, 장소, 사물 그리고 다양한 상징 등 전자 메시지와 텍스트에 덧붙일 수 있는 키보드상의 그림입니다. 2015년 옥스퍼드 영어 사전은 이모티콘이라는 장르가 현대 서구의 대중적 언어의 일부가 되었다고 주장하면서 올해의 단어로 **'기쁨의 눈물을 흘리는 얼굴'***을 뽑았습니다. 이모티콘은 언어의 유연성을 보여줄 뿐만 아니라 우리가 의미를 소통하는 방식에 기술이 어떻게 영향을 미치는지의 실례를 보여 줍니다.

*기쁨의 눈물을 흘리는 얼굴 이모티콘

실제 상황 6.8

1 트위터는 사용자들에게 '트윗' 당 280자(한글 140자)로 제한을 둡니다. 이것은 언어에 어떤 영향을 미칠까요? 그것은 아는이에게 도움이 될까요? 그것은 우리가 아는 것을 축소할까요, 아니면 증대시킬까요?

2 사람들이 비윤리적인 것이라고 생각한 트윗의 결과는 무엇일까요?

되돌아보기

종이에 펜으로 쓰는 것과 비교하여 컴퓨터 타이핑으로 여러분 자신을 표현하는 것이 더 쉽게 느껴지나요, 아니면 더 어렵게 느껴지나요? 여러분이 쓰고 싶어 하는 내용에 따라 달라지나요? 다양한 매체는 여러분이 말하는 내용과 여러분이 그것을 말하는 방식을 어떻게 형성하나요?

여러분의 지식론 전시회에서 언어적 대상을 어떻게 활용할 수 있을까요? 예를 들면 정치 지도자의 트윗은 대상의 예가 될 수 있습니다. 정치 지도자의 트윗을 선택하고 이 특정 디지털 대상이 지식론 전시회에서 어떻게 사용될 수 있을지 생각해 보세요. 다양한 트윗의 몇 가지 예를 온라인에서 찾아 비교하세요. 그것들은 세계에 대해 기술하나요, 아니면 말하는 이의 가치를 표현하나요?

6.9 언어와 윤리

논의 6.25

윤리적 주장은 어느 정도나 세계에 대해 기술할까요, 아니면 느낌과 감정을 표현할까요?

언어는 우리의 가치관을 표현할 수 있으며, 언어의 선택은 윤리와 밀접하게 연결되어 있습니다. 6장의 첫 부분에서 언어로부터 암묵적으로 발생하는 윤리적 쟁점을 다뤘습니다. 예를 들어 옳고 그름에 관한 질문은 언어가 조작적이거나 오도하거나 수사학적인 것으로 해석될 수도 있다는 언어에 관한 우리의 논의와 연관되어 있습니다. 언어는 존중이나 존중의 결여 같은 윤리적 가치와 태도를 전달해 줍니다. 게다가 특정한 맥락에서 언어는 하나의 집단에 사람들을 포함시키거나 배제하기 위해 사용될 수 있습니다. 표현의 자유, 언어의 검열, 불쾌감을 줄 수 있는 언어를 자유롭게 사용할 수 있는지 여부에 관한 질문 같은 언어와 윤리에 관련된 중요한 질문이 있습니다.

6장의 마지막 부분인 9절에서 우리는 윤리적 지식의 본성과 윤리적 주장을 표현하기 위해 우리가 사용하는 언어에 대해 탐구합니다. 우리 모두는 무엇이 옳고 그른지에 관한 믿음을 가지고 있습니다. 정부가 민주주의를 지키기 위해 무엇을 **해야 하는지**, 무인 자동차가 어떻게 프로그램 **되어야 하는지**부터 친구의 새로운 헤어스타일이 마음에 들지 않을 때 친구에게 거짓말을 **해야 할지** 아니면 솔직하게 **대해야 할지**에 이르기까지 말입니다. 뭔가가 옳다 또는 그르다는 견해를 표현한다면 하나의 윤리적 주장을 하는 것입니다. 윤리적 언어는 '~**해야 한다**'는 정언 명령적 단어를 사용합니다. 게다가 윤리적 언어는 **좋고 나쁨, 옳고 그름**과 같은 단어들의 사용과도 연관되어 있습니다. 여러분은 이 단어들이 우리가 바라보는 세계의 속성을 언급한 것인지 아니면 단순히 개인적인 호불호를 표현한 것인지 궁금해할 수 있습니다.

정의주의는 윤리적 주장은 감정을 표현한 것이라는 견해입니다. 만약 내가 어떤 것을 '좋은(good)', '덕이 있는(virtuous)', '옳은(right)'이라고 기술한다면, 나의 긍정하는 태도나 찬성을 표현한 것입니다. 마찬가지로 만약 내가 '나쁜(bad)'이나 '그른(wrong)'으로 뭔가를 기술한다면, 나는 찬성하지 않는다는 감정을 표현한 것입니다. 윤리적 주장은 화자의 개인적 태도와 감정적 느낌을 표현한 것에 지나지 않습니다. 그러므로 그것들

키워드

정의주의: 윤리적 주장들이 느낌과 감정의 표현이라고 보는 관점

은 세계의 속성을 기술한 것이 아닙니다. 예를 들어 만약 내가 "타인을 돕는 것은 옳은 일이야"라고 말한다면, "난 아이스크림을 좋아해"라는 주장과 비슷한 것입니다. **규범주의**는 윤리적 주장이 무엇을 해야 하는지에 관한 정언 명령이나 지시라는 관점입니다. 예를 들면 "살인은 잘못된 것이다(Killing is wrong)"라는 말은 "살인하지 마(Do not kill)"라는 말과 같은 의미를 지닙니다. 이와는 반대로, 도덕적 사실들이 있을 수 있다고 주장하는 사람들도 있습니다. 그들의 주장에 따르면 "살인은 잘못된 것이다(Killing is wrong)"라는 구절은 정언 명령 그 이상의 것입니다. 즉 도덕적 사실입니다.

논리 실증주의자로 알려진 일군의 사상가들에 따르면, 윤리적 진술은 무의미합니다. 제1차 세계 대전 이후인 1920년대에 '빈 학파'는 기존 성지 체제와 종교 기관이 사용한 언어의 의미에 도전했습니다. 그들은 어떤 진술이 의미가 있으려면 검증되어야 한다고 주장했습니다. 그들은 과학적 주장은 증거를 요청하여 검증될 수 있는 반면에 종교적, 심미적 그리고 윤리적 주장은 검증될 수 없고 무의미하다고 주장했습니다. 논리 실증주의자들은 다양한 견해를 지니고 있었고, 그들의 견해에 관한 많은 비판이 이후에 제기되었습니다. 검증과 증거는 중요한 개념이긴 하지만, 무엇인가를 알기 위한 필수 조건은 아닐 수 있습니다. 어떤 사람들은 "이 그림은 아름답다", "타인을 돕는 것은 좋은 일이다", 또는 심지어 "인생에는 의미와 목적이 있다"와 같은 종교적이거나 세속적인 믿음처럼 그것을 검증할 증거가 부족할지라도 참일 수 있는 지식 주장이 많이 있다고 주장할 것입니다.

키워드

규범주의(prescriptivism): 윤리적 주장들은 정언 명령적인 것이라고 보는 관점

탐구 6.20

의견이 갈리는 윤리적 쟁점을 고르세요. 사용된 언어에 세심하게 주의를 기울이면서, 찬성과 반대 논점을 살펴보세요. 윤리적 주장은 세계의 속성을 기술하나요, 아니면 마음의 속성을 기술하나요?

논의 6.26

1 무엇이 윤리적 주장을 의미 있게 만드나요? 윤리적 언어를 사용할 때와 어떤 것을 옳거나 그르다고 기술할 때 우리가 의미하는 것은 무엇인가요?

2 역사, 자연과학과 인간과학 또는 예술에서의 언어와 비교해서 윤리에서의 언어는 어떻게 같거나 다른가요?

되돌아보기

여러분이 사용하는 언어의 윤리적 함의에 관해 생각해 본 적이 있나요? 어떤 언어의 사용이 어떤 상황에서는 윤리적이지만 다른 상황에서는 비윤리일 수도 있다는 것을 생각할 수 있나요?

6.10 맺으며

우리 지식의 많은 부분이 말로 우리에게 오기 때문에, 6장에서 언어에 관한 논의는 지식에 대한 우리의 탐구와 확실히 연관되어 있습니다. 아마도 여러분이 발견하게 될 핵심은 언어가 여러분이 처음 생각했던 것처럼 간단하거나 단순하지 않다는 것입니다. 우리는 어떤 진술이 참인지 거짓인지를 정하기 전에 그 진술이 무엇을 의미하는지 알 필요가 있습니다. 하지만 실제로는 완전히 정확하게 단어의 의미를 정하기가 어렵습니다.

실제 상황 6.9

무엇인가를 표현하는 언어가 없이 그것을 아는 것이 가능하다고 생각하나요?

마지막 요점으로 언어와 지식 사이의 관계에 대한 두 가지 서로 다른 관점에 대해 간략히 언급하겠습니다. 한편으로 무엇인가를 알기 위해서는 여러분이 그것을 말로 표현할 수 있어야만 하며, 한스 라이헨바흐(Hans Reichenbach, 1891~1953)처럼 "그것을 말할 수 없다면, 그것을 모르는 것이다"라고 주장하는 이들이 있습니다. 그런 확고한 견해에 따르면 어떤 것에 대한 여러분의 이해를 입증하는 유일한 방법은 그것을 말로 표현하고 타인들과 공유하는 것입니다. 이와는 반대로 우리 지식의 어떤 부분은 개인적이며, 말할 수 있는 범위 밖에 있다고 주장하는 사람들도 있습니다. 헝가리 출신의 사상가인 마이클 폴라니(Michael Polanyi, 1891~1976)가 주장했듯이 우리는 우리가 말할 수 있는 것보다 더 많이 알고 있습니다. 그는 또한 우리의 말은 우리가 알 수 있는 것보다 훨씬 더 많은 것을 말한다고 지적합니다. 이 견해를 옹호하는 사람들은 우리의 실제 지식과 우리가 알게 된 사물에 대한 지식은 그것들을 기술할 수 있는 우리의 능력을 뛰어넘는다고 주장합니다. 이것은 우리가 앞서 3장에서 언급했던 문구를 생각나게 합니다. 즉, "지도는 실제 땅덩어리가 아니다"라는 것이죠. 그리고 이런 의미에서 언어는 우리를 둘러싸고 있는 세계를 완벽하게 기술할 수는 없을 것입니다.

여기서 우리는 지도와 실제 땅덩어리 사이에 간극이 있음을 지각할 수 있습니다. 우리가 아는 것과 거기에 실재하는 것 사이의 이러한 매혹적인 간극은 무엇일까요? 우리의 지식이 현실 세계를 완벽하게 그려 내며 우리의 언어가 현실 세계를 표현한다고 가정하는 것은 잘못일 수 있습니다. 이것은 아는이로서의 우리에게 중요한 함의를 지닙니다. 즉, 언어가 세계를 완벽하게 그려 낼 수도, 기술할 수도 없다는 사실이 지닌 함의를 고려하라는 것입니다. 언어로 표현할 수 있는 범위 밖의 진실이 있을까요? 언어로 표현할 수 있는 범위 밖의 실재를 말하는 것이 의미가 있을까요? 언어는 세상에 대한 우리의 믿음을 표현할 수 있습니다. 그리고 비판적 사상가로서 우리는 정당화되는 믿음을 유지하기 위해 고군분투할 수도 있습니다. 하지만 우리는 있는 그대로의 세계에 대한 우리의 지식이 제한되어 있다는 것을 알고 있습니다. 그리고 인간 진화의 놀라운 측면인 언어는 아는이가 자신들이 안다고 믿는 것을 전달해 줄 수는 있지만, 세계의 진정한 본성을 기술할 수는 없습니다.

탐구 6.21

지식론 전시회 연습

여러분의 지식론 전시회를 위해 선생님이 여러분에게 줄 수 있는 IB 지정 지식 프롬프트 중 하나를 고르세요,

1 프롬프트에 연결된 세 개 또는 그 이상의 적합한 언어적 대상을 제시하세요.

2 대상과 프롬프트의 관계에 대해 논의하세요.

3 지식 프롬프트와 관련해 대상의 선택을 정당화하세요.

또래 평가

짝을 지어 작업을 하고 짝의 작업을 평가해 보세요.

• 선택된 대상은 지식 프롬프트에 어떻게 어울리나요?

• 여러분의 짝은 자신의 선택에 대한 정당화를 제공할 수 있나요?

• 짝에게 다음 단계를 제시하세요. 그들의 정당화는 얼마나 설득력이 있나요? 무엇이 잘 되었나요? 무엇이 더 나았을까요?

지식 질문

1 언어는 두 개의 지식 영역에서 어느 정도나 아는이로서의 우리를 도울까요, 아니면 방해할까요?

2 언어 없이 어떤 것을 아는 것은 어느 정도나 가능할까요?

3 두 개의 지식 영역을 고려해 볼 때, 언어는 어느 정도나 얕고, 이분법적이거나 양극화된 사고에 기여할까요?

6.11 지식 영역 연결 질문

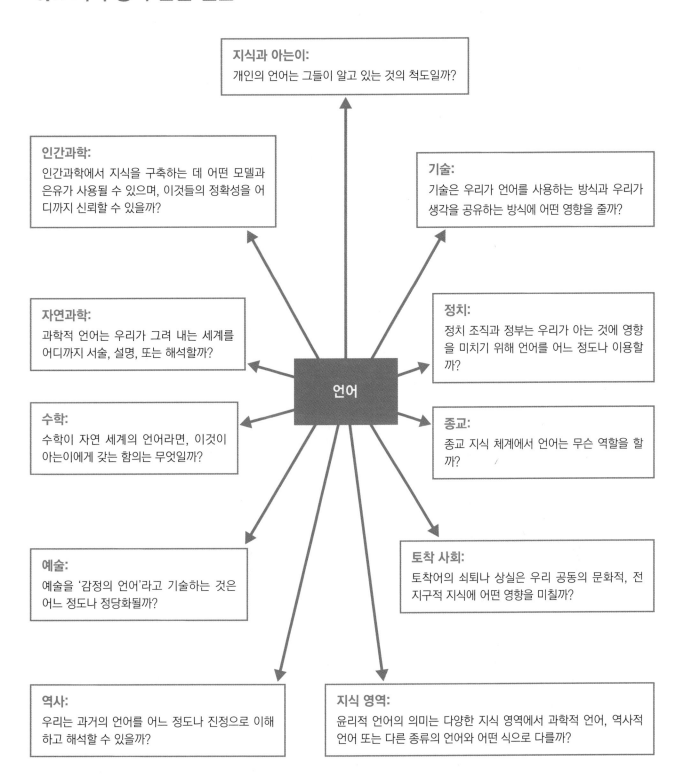

지식과 아는이:
개인의 언어는 그들이 알고 있는 것의 척도일까?

인간과학:
인간과학에서 지식을 구축하는 데 어떤 모델과 은유가 사용될 수 있으며, 이것들의 정확성을 어디까지 신뢰할 수 있을까?

기술:
기술은 우리가 언어를 사용하는 방식과 우리가 생각을 공유하는 방식에 어떤 영향을 줄까?

자연과학:
과학적 언어는 우리가 그려 내는 세계를 어디까지 서술, 설명, 또는 해석할까?

정치:
정치 조직과 정부는 우리가 아는 것에 영향을 미치기 위해 언어를 어느 정도나 이용할까?

수학:
수학이 자연 세계의 언어라면, 이것이 아는이에게 갖는 함의는 무엇일까?

종교:
종교 지식 체계에서 언어는 무슨 역할을 할까?

언어

예술:
예술을 '감정의 언어'라고 기술하는 것은 어느 정도나 정당화될까?

토착 사회:
토착어의 쇠퇴나 상실은 우리 공동의 문화적, 전 지구적 지식에 어떤 영향을 미칠까?

역사:
우리는 과거의 언어를 어느 정도나 진정으로 이해하고 해석할 수 있을까?

지식 영역:
윤리적 언어의 의미는 다양한 지식 영역에서 과학적 언어, 역사적 언어 또는 다른 종류의 언어와 어떤 식으로 다를까?

6.12 자기 점검

6장에서 배운 내용을 되돌아보고 1점에서 5점 사이로(5는 최고 점수, 1은 최저 점수) 자신의 자신감 수준을 표시하세요. 3점 미만이면 해당 부분을 다시 읽어 보세요. 그런 다음 이 목록으로 돌아오세요. 여러분의 자신감이 높아졌나요?

	자신감 수준	다시 읽기?
나는 언어와 말하기의 특성이 시간이 지남에 따라 어떻게 출현하고 진화했는지를 논의할 수 있는가?		
나는 동물과 인간이 모두 의사소통을 하지만, 구어가 여러 가지 생물학적, 해부학적, 인지적, 신경학적 발달에 의해 가능해진 복잡한 현상이라는 점에서 구별된다는 것을 알고 있는가?		
나는 말과 보디랭귀지의 차이점을 알고 있는가?		
나는 언어가 규칙에 의해 지배되고 창의적이며 혁신적이고 의도적으로 되는 방식에 대해 논의할 수 있는가?		
나는 우리의 언어 학습 능력 자체가 하나의 기량이나 노하우의 문제로 사고될 수 있다는 점을 알고 있는가?		
나는 다양한 의미의 이론들(정의 이론, 명시적 의미 이론, 이미지 이론)과 그 결점들을 기술할 수 있는가?		
나는 문제적 의미와 모호한 의미를 논의할 수 있는가? 그리고 해석이 모든 의사소통과 언어의 한 측면이라는 것을 알고 있는가?		
나는 우리의 사회적, 개인적 정체성에서 언어의 역할을 알고 있는가? 그리고 우리가 사용하는 언어가 우리가 말을 걸고 있는 사람에 의해 어떻게 영향을 받는지 알고 있는가?		
나는 서로 다른 언어가 세계를 서로 다른 방식으로 나누는 방식과 한 언어에서 다른 언어로 번역하는 문제에 대해 논의할 수 있는가?		
나는 번역이 해석을 포함하며 과학보다 예술에 가깝다는 것을 알고 있는가?		
나는 우리가 언어를 사용하여 꼬리표를 붙이고 분류할 때, 사물을 잘못 분류하거나 고정 관념에 빠뜨릴 위험이 있다는 점을 이해하고 있는가?		
나는 감각질(경험)이 언어로 전달하기 어렵다는 것을 인정하는가?		
나는 우리가 우리의 언어 범주에 따라 사고하는 경향이 있다는 것을 알고 있는가?		
나는 언어가 우리의 경험을 결정하지 않을 수 있지만, 사피어-워프 가설에서 주장하듯이 언어가 경험에 영향을 미칠 수 있다는 것을 설명할 수 있는가?		
나는 사실을 기술하는 언어와 가치를 표현하는 언어를 구별할 수 있는가?		
나는 언어가 영향을 미치고 설득하기 위해, 그리고 권력과 권위를 위한 수단으로 사용될 수 있는 방식을 알고 있는가?		
나는 기술이 언어의 사용과 의사소통을 어떻게 돕거나 방해하는지 논의할 수 있는가?		
나는 윤리적 언어와 이것이 의미하는 바를 이해할 수 있는가?		
나는 언어를 사용하고 전달하는 것에 따른 책임을 알고 있는가?		

6.13 더 읽을거리

- 6장에서 얻은 지식을 바탕으로 다음 글들 중 몇 가지를 읽을 수 있습니다.

- **언어과학, 심리학, 마음**에 대한 여러분의 일반적 이해를 확장하려면 다음을 읽으세요.

  Steven Pinker, *The Language Instinct: The New Science of Language and Mind*, Penguin, 1995. [스티븐 핑커, 『언어본능: 마음은 어떻게 언어를 만드는가?』, 김한영 외 옮김, 동녘사이언스, 2008년]

- **언어가 무엇인지에 관한 부분**과 더불어, **언어과학, 언어 연구, 언어와 뇌에 관한 탐구**를 위해서는 다음을 읽으세요.

  P.H. Matthews, *Linguistics: A Very Short Introduction*, Oxford University Press, 2003.

- **언어의 기원과 진화**에 대한 매혹적인 개괄을 위해서는 다음을 읽으세요.

  Guy Deutscher, The Unfolding of Language: An Evolutionary Tour of Mankind's Greatest Invention, Randon House 2005.

- **우리가 언어를 습득하는 방식, 동물에게 언어가 있는지 여부, 번역, 언어와 사유의 관계**를 다룬 짧고 접근 가능하며 재미있는 책을 원하면 다음을 읽으세요.

  Donna Jo Napoli and Vera Lee-Schoenfeld, Language Matters, Oxford University Press, 2010.

- "토론은 전쟁이다", "시간은 돈이다" 같은 **은유**가 우리의 언어에 만연해 있고 우리도 모르는 사이에 우리의 사고를 형성하는 방식에 대한 탐구를 위해서는 다음을 읽으세요.

  George Lakoff and Mark Johnson, Metaphors We Live By, University of Chicago Press, 1980. [M. 존슨 조지 레이코프, 『삶으로서의 은유』, 노양진, 나익주 옮김, 박이정, 2006년]

지식과 정치

7장에서는 특히 지식의 정치에 초점을 맞춰 많은 현대적 논쟁뿐만 아니라 정치의 전통적인 주제 중 일부를 탐구할 것입니다.

여러분은

- 지식이 정치 권력 및 권위와 어떻게 관련되어 있는지 생각해 봅니다.

- 서로 다른 관점이 어떻게 반정부 운동과 시민 불복종으로 이어지는지, 변화하는 사회에서 이것들의 역할은 어떤 것인지 검토합니다.

- 다양한 정치 체제와 이 체제가 정치적 결정을 내릴 때 차용하는 다양한 방법을 배웁니다.

- 정치적 모델로서 다양한 정치적 스펙트럼이 존재하는 것의 장단점을 생각해 봅니다.

- 다양한 정치 체제가 소유권 및 자원 배분에 관한 우리의 믿음에 어떤 영향을 미칠 수 있을지 탐구합니다.

- 우리가 **사회 정의, 평등, 공평**이라는 말로 이해하는 바가 무엇인지를 배웁니다.

- 지식 경제가 무엇인지 배우고, 지식의 위계질서가 지닌 정치적 특성을 이해하며, 지식 생산 비용과 그 함의를 이해합니다.

- 지적 자본의 경제적 가치와 정치적 힘에 대해 학습합니다.

- 정치적 차이가 전 지구적, 국제적 사건을 해석하는 데 어떻게 영향을 미칠 수 있는지 연구합니다.

다음 각각의 인용문을 분석하고 이어지는 질문에 관해 토론하세요.

1 "정치가 결정하는 것은 누가 권력을 갖고 있는가이지 누가 진실을 갖고 있는가가 아니다." **폴 크루그먼**(Paul Krugman, 1953~)

2 "나에게 합의는 모든 믿음과 원칙, 가치와 정책을 버리는 과정인 것 같다. 그래서 아무도 믿지 않고 아무도 반대하지 않는 그 무엇이다." **마거릿 대처**(Margaret Thatcher, 1925~2013)

3 "정치 참여를 거부하는 것에 대한 벌칙 중 하나는 결국 열등한 사람들에게 통치당하는 것이다." **플라톤**(Platon, BC 427?~BC 348?)

4 "광적인 파괴가 전체주의의 이름으로 자행되든 자유나 민주주의라는 신성한 이름으로 자행되든, 죽은 자나 고아, 노숙자에게 무슨 차이가 있단 말인가?" **마하트마 간디**(Mahatma Gandhi, 1869~1948)

5 "우리 삶을 아름답게 하는 데 아무런 도움도 되지 않는다면 정치는 무의미하다." **하워드 진**(Howard Zinn, 1922~2010)

각 인용문에 대해 다음을 생각해 봅시다.

　a　인용문에 어느 정도 동의하나요? 아니면 동의하지 않나요?

　b　인용구에 어떻게 이의를 제기할 수 있나요?

　c　인용문에서 화자는 정치에 대한 가정을 어떻게 말하고 있나요?

　d　이 인용문이 모든 유형의 정치에 적용될 수 있다고 생각하나요?

7.1 들어가며

정치는 한 집단을 위해 또는 한 집단으로서 결정을 내리는 방식에 관한 것입니다. 좁게 보면 정치는 정치인들에 의한 권력 행사로 간주되지만, 넓게 보면 정치는 권력이 행사될 때마다 사회나 몇몇 다른 인간 집단이 스스로를 조직하는 곳마다 일어납니다. 달리 말하면, 정치는 한 나라, 국가, 지역의 거버넌스(governance)와 연계된 활동을 가리키는 데 사용됩니다. 하지만 사람들의 조직된 모임(예를 들면 회사, 자원봉사 단체, 심지어 지역 스포츠클럽)이 있는 곳이면 어디서나 정치적 술수와 정치적 결단이 일어납니다.

때로는 두 가지 주요한 정치적 질문이 있다고 합니다. "누가 무엇을 얻는가?"와 "누가 결정하는가?"입니다. 이런 말이 아무리 참일지라도, 이 두 가지 근본적 쟁점은 "누가 결정할지를 어떻게 선택하는가?" 같은 더 많은 질문을 낳고 이에 대해 또 무수히 많은 답변이 나옵니다. 우리 모두의 임무는 지식과 이해를 심화시키고, 그리하여 우리가 놓인 맥락에 가장 적절한 답변이 무엇인지 분별할 수 있는 것입니다.

7장에서 우리는 지식과 지식 체계가 본질적으로 정치적이라는 점을 알게 될 것입니다. 무엇이 지식으로 간주되는지, 지식이 어떻게 구축되는지, 지식이 어떻게 공유되고 누구와 공유되는지는 본질적으로 모두 정치적 쟁점입니다. 또 **정치적 스펙트럼**상의 몇 가지 이데올로기를 살펴보고 지식과 정치의 관계를 고려할 것입니다. 다양한 정치적 관점을 고려하게 되면 여러분의 정치적 이념과 가치를 검토하고 이것들이 어디에서 유래했는지를 성찰할 수 있을 것입니다.

키워드

정치적 스펙트럼: 다른 정치적 가치와 관련하여 다른 정치적 입장을 분류하는 체제

7.2 정치적 범위, 권력 및 권위

정치는 집단을 위해 또는 집단에 의해 어떤 결정이 이뤄지는 방식에 관한 것입니다. 따라서 정치의 범위를 벗어나는 것은 거의 아무것도 없습니다. 하지만 그래도 정치적 범위는 대부분 권력 및 권위와 연계되어 있습니다.

많은 사람들이 **권력**과 **권위**를 맞바꿔 사용할 정도로 거의 같은 의미로 생각합니다. 우리는 종종 권위 있는 사람을 '권력 있는' 사람이라고 말합니다. 권위 있는 사람은 보통 권력을 휘두르고 법의 지배(법치)를 행사하기 때문입니다. 하지만 두 단어에는 또 다른 의미가 있습니다. 권력을 행사하는 모든 사람이 그렇게 할 수 있는 권위가 있거나 법적 지원을 받는 것은 아닙니다. 마찬가지로 가령 민주적으로 선출된 정부가 군사 **쿠데타**로 전복되었을 때처럼 권위 있는 사람이라고 해서 모두 권력을 행사할 수 있는 것은 아닙니다. 그 상황에서 선출된 정부는 이론적으로는 권위를 가질 수 있지만 통치권의 일부 또는 전체를 잃어버릴 수 있습니다. 지식의 정치적 범위를 고려할 때 우리는 지식이 정치적 시각과 체계에 정보를 제공하는 방식, 그리고 정치적 관점과 체계가 지식의 생산, 배포 및 사용에 영향을 미칠 수 있는 방식에 관해 사고하게 됩니다.

키워드

권력(power): 상황과 사람을 통제하고 이에 영향력을 미치는 능력

권위: 결정을 내리고 권력을 행사할 수 있는 정당화된 권리

쿠데타: 소규모 사람들이 합법적인 절차를 따르지 않고 무력으로 권력을 장악하는 것

정치적 권위

대부분의 **국가**에서는 정치적 권위가 정부에 속한다는 점을 당연하게 여길 수도 있을 겁니다. 심지어 국가에는 정의상 하나의 정부가 있지만, 기존 국가에는 때로는 아주 오랜 기간 동안 정부가 없기도 합니다. 많은 사람은 국가의 정당화에 대해 실제로 의문을 제기하지 않고 국가가 시민과 영토에 대해 자연적으로 권위를 갖고 있다고 가정하면서 성장합니다.

국가의 권위가 인민의 암묵적인 동의를 통해 부여된다는 관념은 사회 계약론으로 불립니다. 많은 철학자들은, 역사적으로 볼 때 사람들이 국가의 지배에 (명시적이든 암묵적이든) 동의하고 국가의 보호를 받기 위해 자유의 일부를 포기했다고 주장했습니다.

키워드

국가(state): 정해진 영토와 인구(국민)에 대한 통치권이 있는 하나의 중앙 정부를 가지는 법적 실체

그들은 각 세대가 계속해서 국가의 보호를 받고 싶어서 **사회 계약**을 유지하는 것에 암묵적으로 동의했다고 말합니다. 사회 계약론이 서구 철학과 주로 연계되어 있기는 하지만, 이 관념의 한 가지 판본을 처음으로 제안한 것은 고대 중국 철학자인 묵자(BC 470~BC 391)입니다.

와이탕기(Waitangi) 조약은 명시적인 사회 계약의 드문 사례입니다. 이것은 영국인과 뉴질랜드 토착민인 마오리족 사이의 계약입니다. 이 계약은 1840년 영국 왕실의 대표자와 500명 이상의 마오리 족장(전원은 아님)이 서명한 것입니다. 이 계약은 특정한 권리, 화폐, 무역 기회를 대가로 영국에 뉴질랜드의 주권을 내주었습니다. 불행하게도 번역의 문제로 인해 영어 판본의 계약서와 마오리족 판본의 계약서가 서로 다른 의미를 갖게 되었고, 이로 인해 두 당사자는 조약의 조건에 대해 서로 다른 기대를 갖게 되었습니다. 뉴질랜드 사람들은 이후 이 문제를 해결하기 위해 노력해 왔습니다.

키워드

사회 계약: 지배자와 피지배자 사이의 실제적 또는 암묵적 합의를 말하며, 각자의 권리와 책임을 정의하는 것

지식 영역 연결 질문 7.1

언어: 합의의 두 당사자가 서로 다른 언어로 작성된 문서에 서명한다면, 합의서의 어떤 판본이 '진짜' 합의서일까요? 이 문제를 어떻게 정할 건가요?

그림 7.1 _ 와이탕기 조약에 서명하는 마오리 족장을 그린 그림

국가의 권위에 대한 다른 이론에는 동료 시민들의 희생 때문에 국가에 대한 의무가 있다거나, 우리는 국가의 산물이므로 국가는 우리의 동의를 필요로 하지 않으며 국가로부터 혜택을 얻거나 국가가 제공하는 서비스를 누릴 때 우리는 암묵적으로 동의하는 것이라는 관념이 포함됩니다. 이유가 아무리 다양하더라도, 대부분의 이론가들은 국가의 권위가 도덕적으로 정당화된다고 믿습니다. 하지만 일부 **아나키스트**는 사람들은

키워드

아나키스트: 권리를 가지고 통치하는 사람이나 조직이 없어야 한다고 믿는 사람

전통적인 통치(정부) 구조를 고수하는 대신에 자신의 사회적 조직을 창출할 수 있어야 하며, 권력은 한 개인이나 조직에 전적으로 속해서는 안 된다고 주장합니다. 이들은 또한 사람들이 권위에 순응할 때 그것이 그 권위에 대한 의무의 문제가 되어서는 안 된다고 주장합니다. 오히려 순응하는 것이 개인의 이익을 위한 것이기 때문에 그것은 자율적 결정이어야 한다는 것입니다.

우리가 살고 있는 사회가 우리에게 무엇을 기대하는지를 아는 것은 각 개인과 사회에 중요합니다. 한 사회의 구성원이라는 소속감은 우리에게 특정한 의무를 부여합니다. 그 의무에 대한 우리의 지식과 태도는 사회에서 우리의 위치를 규정합니다. 자신이 살고 있는 사회의 가치를 모르거나 지지하지 않거나 존중하지 않는 사람은 그 사회를 타락시킵니다.

논의 7.4

우리가 서명한 당사자가 아닌 사회 계약의 경우 우리 책임을 어떻게 알 수 있을까요?

되돌아보기

여러분은 나라의 법을 어느 정도나 준수하나요? 법을 준수한다면 여러분에게 나라, 가족, 동료 시민에 대한 의무가 있기 때문일까요, 아니면 법을 준수하는 것이 여러분에게 최고 이익이기 때문일까요?

정치권력

정치권력에는 세 가지 갈래가 있다고 생각할 수 있습니다. 즉 **지배·통제하는 권력**(power over, ~에 대한 권력), **행위 주체의 능력으로서의 권력**(power to, ~에게 가하는 권력), **권력의 소유자가 지닌 능력으로서의 권력**(power of, ~의 권력)이 그것입니다. '~에 대한 권력'은 어떤 권위 아래에 있는 영토, 인민, 조직에 대한 지배를 가리킵니다. '~에게 가하는 권력'은 정부 당국, 인민, 조직의 권리를 가리킵니다. '~의 권력'은 일반적으로 권리의 도덕적 유의미성을 가리킵니다. 예를 들어 사람들이 함께 모여 권리를 주장할 때, 그들은 통일의 힘을 입증하고 있는 것입니다.

정치권력은 개인이 보유하고 있는 권위가 어떤 위치나 지위에 속하느냐에 따라 서로 다릅니다. 정치권력은 주로 사회 문제를 해결하기 위한 목적으로 권위를 개인에게 부여합니다. 많은 사람들이 정치에 입문하는 동기는 그들이 사회에서 문제라고 지각하는 것을 해결하는 데 도움을 주기 위해서입니다. 정치권력을 부여받음으로써 사람들은 자신이 보유한 정치적 입장에 적절한 변화를 만들어 낼 수 있습니다.

정치권력은 서로 다른 사회에서 서로 다른 형태를 취할 수 있습니다. 정치 구조가 서로 다르기 때문입니다. 정치권력이 달라지면, 정부 당국과 시민의 정치적 권리도 달라집니다. 일부 국가에서는 정부가 매우 강력하고 시민은 권리를 거의 갖지 못한 반면,

키워드

지배·통제하는 권력(power over, ~에 대한 권력): 지배, 통치, 영향력, 명령, 통제, 권위 등의 형태로 다른 사람들에 대한 통제나 명령을 소유하는 것으로 규정된 권력

행위 주체의 능력으로서의 권력(power to, ~에게 가하는 권력): power over와는 달리 지배가 없는 행동이나 새로운 가능성을 창출하는 생산적 권력. 권력 행사를 권력이 가진 능력, 역량, 재능의 발휘로 보고 권력 행사의 목표는 그런 능력이 발휘되는 대상에게 권력의 의도를 실현하는 것이라고 봄

권력의 소유자가 지닌 능력으로서의 권력(power of, ~의 권력): of 이하의 것이 power의 소유자나 주체로서 그런 능력이나 권력을 갖고 있을 때. 가령 power of people은 '인민의 권력'이라는 뜻

다른 국가들에서는 정부의 권력이 더 제한되고 정부는 시민들에게 더 많은 책임을 지게 합니다. 철학자 미셸 푸코(Michel Foucault, 1926~1984)는 이렇게 주장했습니다. "우리는 권력을 통한 진리의 생산에 종속되어 있으며, 진리의 생산을 통하지 않고서는 권력을 행사할 수 없다." 그의 말이 옳다면, 이는 정부가 더 강력할수록 정부가 생산하는 '진리(진실)'는 더 많아지고/많아지거나 그 '진리'가 더 강력하다는 것을 시사합니다.

탐구 7.1

여러분이 강력하다고 느끼는 상황과 무력하다고 느끼는 또 다른 상황을 생각해 보세요. 여러분이 강력하거나 무력하다고 느끼게 하는 상황은 무엇에 대한 상황일까요? 강력하다고 느낄 때, 여러분은 어떤 종류의 힘(권력)을 갖고 있을까요? 무력하다고 느낄 때, 여러분은 누가 힘을 가지고 있고 그들이 갖고 있는 힘의 종류는 무엇이라고 지각하나요? 강력하다는 느낌은 강력하다는 것과 어느 정도나 같을까요? 또, 무력하다고 느끼는 것은 무력하다는 것과 어느 정도나 같을까요?

실제 상황 7.1

국가와 시민 사이의 힘의 불균형은 지식에 대한, 심지어 지식으로 간주되는 것에 대한 개인의 접근에 어떻게 영향을 미칠까요?

권위, 권력, 지식의 관계는 오랫동안 철학자들에 의해 논의되었습니다. 예를 들어 플라톤은 우리가 철학자들의 지배를 받아야 한다고 주장했습니다. 철학자들은 권력보다는 지식에 굶주려 있고 그래서 자신들의 편익을 우선적으로 추구하기보다는 더 큰 좋음(선)을 추구할 것이기 때문이라는 것입니다. 다른 사람들은 지식과 권력이 서로를 정당화한다는 점에서 호혜적인 본성을 가지고 있다고 주장했습니다. 권위(정부 당국)는 어떤 지식을 정당화하기 위해 그 권력을 사용하며, 지식은 정부 당국의 권력 증대를 정당화하기 위해 사용된다는 것입니다. 이것은 역사상의 그리고 현재의 **신정**, **독재정** 그리고 다른 **전체주의 국가**에서 쉽사리 볼 수 있습니다. 2019년 전 세계적으로 신정 정치를 펴는 나라는 7개국에 불과하지만, 역사를 통틀어 보면 더 많이 있었으며, 독재적이거나 전체주의적이라고 간주될 수 있는 나라는 30~40개국 정도 더 있습니다. 신정과 전체주의 국가는 어떤 지식이 정당성이 있는지 여부를 결정합니다. 이런 국가들이 정당화하는 지식은 결국 지도자들과 정권이 휘두르는 권력을 정당화합니다.

키워드

신정: 신정 정치. 말 그대로 하느님이 종교 권위를 통해 행동하는 최고 지도자로 여겨지는 '하느님에 의한 정부', 즉 종교 권위에 의한 정부

독재정: 독재 정치. 사회가 절대 권력을 가진 한 사람에 의해 통치됨

전체주의 국가: 국가 권력이 그 국가에 거주하는 사람에 대한 정치적, 사회적, 문화적 통제권을 완전히 갖는 것

논의 7.5

정부 당국이 무엇이 지식으로 간주될 것인지를 규정하고 그 정치권력을 유지하는 지식을 타당하게 만든다면, 이 정부에 어떻게 책임을 물을 수 있을까요?

중요한 것은 이런 순환성이 신정, 독재정, 기타 전체주의 국가들에만 해당되는 것이 아니라 좀 더 교묘한 방식일지라도 어느 정도는 **모든** 정부에 해당된다는 점입니다. 모든

사회에는 무엇을 진실로 간주하고 간주하지 않을지를 결정하기 위한 메커니즘을 제공하는 진실의 정치가 있습니다. 심지어 민주주의 국가에서도 정부는 자신들에게 우호적이지 않아 보이는 것을 '가짜'라고 꼬리표를 붙임으로써 지식을 부정하며, 자신들의 정치적 의제를 뒷받침하는 '진실들'을 홍보합니다. 하지만 많은 사회, 특히 민주주의 사회는 **반정부 운동·언사**를 허용하고 심지어 장려함으로써 정부를 견제합니다. 반대 의견은 토론과 논쟁을 촉진하고 정부가 그 권력의 사용에 책임질 수 있게 하는 역할을 합니다.

키워드

반정부 운동 · 언사(dissent): 현재의 정권이나 체제에 반대하는 의견이나 운동, 세력을 통칭하는 말

실제 상황 7.2

학교나 공동체, 나라에서 반정부 운동·언사는 어디까지 장려하거나 허용될까요? 반정부 운동·언사를 쉽게 하도록 촉진할 뿐 아니라 반정부 운동·언사에서 생겨나는 분열을 처리하기 위해 어떤 구조가 마련되어 있나요?

정부 당국은 무엇이 지식으로 간주될 수 있는지를 결정할 뿐 아니라 어떤 지식이 (예방 접종 홍보 캠페인 같은) 교육 캠페인을 통해 공유되어야 하는지, 어떤 지식이 공유되어서는 안 되는지(이를테면 공식 비밀로 간주되는 것), 그리고 어떤 지식이 교육 체계를 통해 새로운 세대와 미래 세대에 전달되어야 하는지를 결정하기도 합니다. 또 예를 들어 연구 예산을 통제할 뿐 아니라 특허법 같은 것을 통해 **지식 재산권**을 모니터링함으로써 향후 연구를 통해 어떤 지식이 확장될 것인지를 대부분 결정합니다.

키워드

지식 재산권: 생성 · 제작한 지적 창조물에 대한 소유권

실제 상황 7.3

여러분 나라의 학교 교과 과정에 어떤 역사적 일화가 나오고 어떤 일화가 빠졌는지를 생각해 보세요. 도서 목록에는 어떤 책이 있나요? 역사책과 역사적 일화는 국가가 바람직하다고 간주한 지식과 믿음의 유형을 지닌 시민으로 학생들을 길러 내는 데 도움을 주기 위해 어느 정도나 선택되었을까요?

7.3 정치적 관점

논의 7.6

정치에 대한 우리의 관점을 형성하는 것은 어떤 종류의 지식일까요?

우리는 누가 지배(통치)할 권한을 가지고 있다고 믿는지, 누구를 지배하고 싶은지, 지배자를 어떻게 선택하고 싶은지 등은 모두 정치적 물음으로, 다양한 관점이 있을 수 있습니다. 우리가 지지하는 정당, 누구에게 투표할지 결정할 때 우선순위를 두는 쟁점, 정치 활동 참여 정도는 모두 우리의 정치적 관점을 반영합니다.

시민 불복종

사람들은 대체로 국가의 권위에 동의할 때에도 모든 법률을 준수해야 하는지에 대해 간혹 의문을 제기합니다. 플라톤은 『크리톤』에서 아주 유명한 예에 대해 썼습니다. 철학자 소크라테스는 젊은이들에게 영향을 미쳐 사회를 불안에 빠뜨렸다는 이유로 국가에 의해 사형을 선고받고, 그의 친구들은 부당한 사형 선고를 피해 감옥에서 탈출해야 한다고 그를 설득하려 했습니다. 그러나 소크라테스는 자신이 부당하게 유죄 판결을 받았더라도 사형 선고를 피하려 해서는 안 된다고 주장했습니다. 국가에 충성하는 것은 국가의 법에 충성하는 것을 의미하기 때문입니다. 그는 법이 여러 해 동안 자신에게 편익을 가져다주었다는 점, 또 자신이 국가의 법에 반대한다면 언제든 국가를 자유롭게 떠날 수 있다는 사실을 강조했습니다. 그래서 이처럼 특별한 경우에 법의 결과가 마음에 들지 않는다는 이유로 자기 자신을 구하기 위해 법을 피하려 든다면, 자신은 시민과 국가 사이의 암묵적인 계약을 깨뜨리는 것이며, 따라서 자신에게 제기된 혐의에 대해 죄가 있다고 인정하게 된다는 것입니다.

반면에 헨리 데이비드 소로(Henry David Thoreau, 1817~1862)는 다수결에 기반한 정부(통치)보다는 양심을 따라야 한다고 주장했습니다. 그는 "부당하게 사람들을 감옥에 가두는 정부 아래에서 정의로운 사람이 있을 진정한 장소는 그래도 감옥이다"라고 했습니다. 소크라테스의 경우, 부당하게 사형을 선고받은 사람으로서 소크라테스에게 결과는 같을 것입니다. 그러나 소로는 소크라테스가 주장하는 것처럼 법에 계속 복종하기보다는 오히려 소크라테스의 친구들처럼 법에 불복종하여 법에 대한 불만을 드러내고, 소크라테스와 똑같이 투옥과 필시 죽음이 포함된 처벌을 기꺼이 받으려고 해야 한다고 주장합니다.

공정하고 민주적으로 선출된 정부를 지지해야 할 의무가 세계에 대한 우리의 윤리적 책임과 충돌하는 것으로 보이는 경우가 많이 있습니다. 노예 제도, **아파르트헤이트**, 보통 선거권, 동물권, 기후 변화는 그런 쟁점의 예로, 이런 것들을 민주적으로 선출된 정부가 제정한 법률과 추진한 정책에 맞서는 윤리적 근거로 삼는 사람들도 있습니다. 우리 중 많은 사람들이 당연하게 여기는 권리와 자유는 종종 크나큰 개인적 희생을 치르며 사회 운동을 벌인 사람들의 정치적 의지 때문에 우리 것이 된 것입니다.

키워드

아파르트헤이트: 남아프리카 공화국에서 시행되었던 흑인(및 유색 인종) 차별과 격리 정책

논의 7.8

법이 정당한지 부당한지 어떻게 알 수 있을까요? 법에 불복종할 **도덕적 의무**가 있는 경우가 있나요?

정치학자 진 샤프(Gene Sharp, 1928~2018)는 비폭력 혁명에 관한 세계 최고의 전문가 중 한 사람입니다. 그의 저서는 2000년에 유고슬라비아 대통령 슬로보단 밀로셰비치(Slobodan Milošević, 1941~2006)를 타도하고 아랍의 봄(2010~2012)을 초래하는 데 큰 영향을 미쳤다고 여겨집니다. 정부는 인민의 의지와 동의에 의해서만 지배한다는 관념을 철학자들은 여러 시대를 거쳐 논의했지만, 샤프는 모든 국가의 권력은 궁극적으로 그 국가의 시민에게서 나오기 때문에 권력 구조는 신민*의 지속적인 복종 없이는 유지될 수 없다고 지적했습니다. 신민이 복종하지 않고 동의를 보류하는 방법을 개발할 수 있다면, 지도자는 권력을 가질 수 없으며 그들의 정권은 붕괴될 것입니다.

논의 7.9

동의를 보류하는 것이 정권(체제)의 붕괴로 이어질 것이라고 샤프가 주장할 때, 그는 어떤 가정을 한 걸까요? 그의 가정이 정당화된다고 생각하나요?

탐구 7.2

1   짝을 짓거나 작은 모둠을 이루어 역사상 시민 불복종 행위를 조사하고, 반 친구들에게 발표하세요. (잘 알려진 예로는 간디의 소금 행진,** 스페인 에스트레마두라 캠페인,*** 영국의 인두세 납부 거부 운동,**** 참정권 운동, 마틴 루터 킹의 시민권 운동, 남아프리카 공화국의 퍼플 레인 시위*****가 있습니다.)

발표에는 다음이 포함되어야 합니다.

   a   선택한 시민 불복종의 예를 뒷받침하는 쟁점

   b   시위자들이 불복종을 보여 주기 위해 무엇을 했는가?

   c   불복종 행위의 단기적 및 장기적 결과

여러분이 선택한 사례에서 시민 불복종이 정당화될 수 있는지 여부에 관한 학급 토론에 참여하세요.

2   다양한 발표를 들은 후, 시민 불복종 행위가 정당화되는지를 결정하기 위한 기준이 무엇이어야 한다고 생각하게 되었나요? 이를 요약하여 한 단락짜리 글을 써 보세요.

자기 평가

여러분이 결정한 기준을 자세히 보세요. 다른 관점을 생각해 본 적이 있나요? 여러분의 기준은 수업에서 발표된 모든 사례에 적용되나요? 여러분이 결정한 기준의 한계는 무엇일까요?

논의 7.10

사회적, 법적, 도덕적 진실에 대한 지식은 시민 불복종 행위가 정당화되는지 여부를 결정하는 데 어떤 도움을 줄 수 있나요?

핵티비즘

점점 흔해지고 있는 현대적 형태의 시민 불복종이 **핵티비즘**입니다. 핵티비스트는 본질적으로 해킹 기술을 사용하여 특정 웹사이트의 트래픽을 방해하고 정치적 현안에 대한 인식을 높이는 해커입니다. 활동 사례로는 시민에게 정부가 검열하는 웹사이트에 대한 접속 권한을 제공하고, 위협받는 집단에 개인 정보가 보호된 통신을 제공하는 것이 포함됩니다. 핵티비스트가 사용하는 방법은 사이버 범죄의 한 형태이지만 비폭력적이며, 더 전통적인 형태의 시민 불복종 운동이 할 수 있는 방식으로 시위대를 직접적인 신체적 피해의 위험에 빠뜨리지는 않습니다.

키워드

핵티비즘: 사회적, 정치적 목적을 위해 컴퓨터 파일이나 네트워크에 무단으로 접근하는 것

핵티비즘의 초기 활동 중 하나는 1989년 호주의 핵티비스트가 개발한 '웜 어게인스트 뉴클리어 킬러(Worm Against Nuclear Killers)'였습니다. 이 웜은 무인 우주선인 갈릴레오 발사 전날 미국 에너지부와 NASA가 공유하는 컴퓨터 네트워크에 전송되었습니다. 반NASA 시위대는 갈릴레오가 1986년 우주 왕복선 챌린저호와 똑같은 방식으로 산산이 부서진다면 플루토늄 기반의 모듈이 지구에 치명적인 파괴를 일으킬 것이라고 우려했습니다. 이 웜은 감염된 컴퓨터 화면에 사용자가 파일이 삭제되고 있다고 생각하게끔 속이는 이미지가 나타나게 했지만 실제로는 물리적 손상이 없었습니다.

실제 상황 7.4

NASA 해킹에 대한 동일한 정보를 고려할 때, 시위대와 NASA 관계자들이 그 사건에 대해 서로 다른 지식 주장을 하는 이유는 무엇일까요?

2015년 '어나니머스(Anonymous, 익명이라는 의미)'라는 단체가 'IS 작전'이라는 것을 시작했는데, 이 작전에서 핵티비스트들은 미국 국가 안보국이 찾을 수 없다고 주장했던 이슬람국가(IS)의 동조자와 공작원을 추적했습니다. 이들은 5,000개 이상의 이슬람국가(IS) 지지 트위터 계정을 폐쇄하고 테러 조직에 대해 **분산 서비스 거부** 공격을 가했습니다.

키워드

분산 서비스 거부(디도스): 정상적인 서비스를 할 수 없게 타깃(보통 웹 서버)의 대역폭을 소진시키는 것. 이는 많은 나라에서 불법 행위임

자경단원: 법적 권한 없이 공동체에서 법을 집행하고 그렇게 하는 동안 번번히 법을 위반하는 시민

논의 7.11

핵티비스트 활동에 관한 우리의 윤리적 판단은 표적 및 핵티비스트의 사회적, 정치적 목표에 대한 우리의 관점에 어느 정도나 좌우될까요?

많은 사람들이 핵티비스트를 디지털 **자경단원**으로 간주합니다. 자경단원은 종종 정부와/또는 사법 체계가 부적절하다고 인식하기 때문에 법을 자신의 손에 넣는 개인 또는 집단입니다. 전통적인(즉, 디지털이 아닌) 의미에서 자경단원은 '린치를 가하는 군중(lynch mobs)'을 이룹니다. 이들은 종종 소문, 잘못된 정보와/또는 최소한의 정보를 기반으로 공정한 청문회를 허용하지 않은 채 잘못된 행위를 한 것으로 의심받는 사람에게 처벌을 내립니다. 결과적으로 '자경'은 무고한 사람들에 대한 부정의와 학대, 때로는 죽음으로 이어지는 경우가 있습니다. 핵티비스트는 물리적인 힘이나 협박을 쓰지 않기 때문에 자경단원이라기보다는 시민 활동가라고 주장하는 사람들도 있을 것입니다. 그들이 표적에 가하는 모든 손상은 정치적, 사회적이고/또는 경제적인 경향이 있습니다.

우리는 일반적으로 자경을 사회에 해롭다고 간주하지만, 전부는 아니더라도 대부분의 가상 슈퍼히어로들은 자경단원입니다. 도덕적이고 윤리적인 추론에서 일관성을 유지하는 것은 얼마나 중요한가요?

프랑스 철학자 미셸 푸코(Michel Foucault, 1926~1984)는 권력과 지식의 관계를 탐구하고 권력이 지식을 어떻게 통제하고 정의하곤 했는지 지적했습니다. 그는 지식은 항상 권력의 행사이며 권력은 항상 지식과 상관적이라고 주장했습니다. 푸코가 권력과 지식의 관계를 생산적이면서 동시에 제약하는 것으로 이해했다는 점에 주목하는 것이 중요합니다. 권력과 지식의 결합은 우리가 할 수 있는 것을 제한할 뿐만 아니라 우리 자신에 대해 행위하고 사고하는 새로운 방식을 열 수도 있습니다.

탐구 7.3

1 여러분의 IB 디플로마 프로그램 과목 중 하나든 학교 밖에서 배운 것이든 새로운 지식에 대해 생각해 보세요. 그 새로운 지식은 어떻게 여러분의 힘을 더 늘려 줄까요?

2 무엇을 지식으로 간주할지를 누가 결정하는지 생각해 보세요. 지식의 중재자와 생산자는 권위 있는 사람일까요, 아니면 조직일까요?

3 IBO(International Baccalaureate Organization) 같은 시험 위원회를 생각해 보세요. 짝과 함께 시험과 시험 위원회의 맥락에서 권력과 지식이 서로를 어떻게 강화하는지 브레인스토밍 하세요.

4 권력과 지식이 서로를 강화시키는 또 다른 사례를 제시하세요.

되돌아보기

무슨 근거로 누리 소통망에서 용의자로 추정되는 사람의 '명단 공개 및 비행 폭로'(와 공유)를 자경의 한 형태라고 부를 수 있을까요? 이름을 밝히고 잘못을 드러내어 망신을 주고 이를 공유하는 행위는 어느 정도나 타인에 대한 권력 행사의 한 가지 방식일까요?

내부 고발

핵티비즘과 밀접한 관련이 있는 것은 **내부 고발** 행위입니다. 내부 고발은 일반적으로 직장에서 발생하는 부당 행위를 폭로하는 것과 관련이 있지만 때로는 한 국가적 또는 전 지구적 규모의 훨씬 더 광범위한 쟁점과 관련될 수 있습니다. 대부분의 내부 고발에서 폭로된 정보는 보통은 적법하게 입수됩니다.

2013년 에드워드 스노든(Edward Snowden, 1983~)이 미국 국가 안전 보장국(NSA)에 속한 고급 기밀 정보를 유출한 사례를 예로 들 수 있습니다. 스노든은 미국 중앙 정보국(CIA)의 전직 직원이었고 당시 NSA의 계약직 직원이었습니다. 그는 내부 채널을 통해 일부 NSA 프로그램에 대한 윤리적 문제를 제기하려 했지만 그의 우려가 무시되자 수

키워드

내부 고발: 개인이나 집단이 일반적으로 조직 내의 범행이나 조직에 의한 범행에 대한 정보를 공개하거나 전달하는 것

천 개의 NSA 기밀문서를 복사하여 언론인들에게 보냈습니다. 그 문서에는 NSA가 시민들의 전화 기록, 개인 문자 메시지에 대한 접근을 포함해 광범위하게 감시를 실시한 방식과 동맹국 지도자를 비롯한 외국 지도자를 염탐하는 방식을 폭로하는 내용이 담겨 있었습니다.

실제 상황 7.5

권력과 지식에 관한 푸코의 분석에 입각해 NSA에 대해 사고해 보세요. 권력을 가진 사람은 어떤 방식으로 서로 다른 유형의 지식을 정의할까요? (따라서 새로운 지식을 창출할까요?) 또 이 지식은 권력을 행사하는 데 어떻게 사용될까요?

논의 7.13

권력을 가진 사람이나 조직이 지식에 대한 접근을 통제하는 것은 어느 정도나 정당화될까요?

미국 법무부는 스노든을 **간첩 행위**와 정부 재산을 절도한 혐의로 기소했지만 스노든은 러시아로 탈출해 결국 **망명**을 허가받았습니다. 어떤 사람들은 스노든이 미국 안보를 위험에 빠뜨린 배신자라고 주장합니다. 그러나 2014년 유엔 인권 위원회에서는 스노든의 행동이 공익을 위한 것이기 때문에 미국이 그를 기소하려고 해서는 안 된다고 했습니다. 그 뒤에 작성된 2015년 유엔 보고서에 따르면 스노든의 폭로는 정부 기관이 어떻게 비밀리에 권력을 휘두르는지를 보여 주었기에 세계 도처의 사람들에게 중요했으며, 감시 권력과 데이터 보호를 관리·운영하는 새로운 법률과 법적 틀로 이어졌기 때문에 법과 정치에 지속적인 영향을 미쳤습니다.

키워드

간첩 행위: 정치나 군사 관련 정보를 입수하기 위한 스파이 행위

망명: 정치적 난민을 국가가 보호하는 것

논의 7.14

어떤 행동의 결과를 알기 전에 그 행동이 윤리적인지 여부를 어떻게 알 수 있을까요?

내부 고발의 윤리 문제는 서로 다른 윤리 원칙 및 충성도의 충돌을 불러오기 때문에 매우 어렵습니다. 내부 고발자의 동기로 인해 쟁점은 더욱 복잡해졌습니다. 내부 고발자의 동기가 순전히 공공선에 대한 관심일 수도 있고, 그가 고발하는 조직이나 사람들에게 개인적 불만을 품고 있는 것 때문일 수도 있습니다. 그리고 종종 이 두 가지 요소가 섞여 있기도 합니다.

논의 7.15

어떤 행동 뒤에 있는 동기를 아는 것은 그 행동의 도덕성에 대한 우리의 인식에 어떤 영향을 미칠까요? 행동은 어느 정도나 그 자체로 윤리적이거나 비윤리적이며, 그 윤리적 본성은 행동을 추동하는 의도 및 동기에 의해 어느 정도나 좌우될까요?

7.4 정치 체제, 방법과 도구

여러분은 다른 유형의 정부를 얼마나 많이 알고 있나요?

정치 체제는 국가가 의사 결정을 내리는 데 사용하는 체계입니다. 국가가 사용하는 방법과 도구는 정치 체제가 작동하도록 하는 다양한 처리 과정과 체계입니다. 여기에는 선거 및 투표 체계, 정당 체계 및 행정 체계가 포함될 수 있습니다.

국가가 직면하는 거대한 결정 사항 중 하나는 국가가 갖고 싶어 하는 정치 체제가 어떤 종류의 것인가입니다. (여성, 노예, 비시민이 투표권을 갖는 것이 부정되었다는 사실을 논외로 한다면) 고대 그리스에도 민주적 국가들이 있었지만, 민주주의는 실제로 20세기에 이르러서야 비로소 널리 보급되고 선호된 정부 형태가 되었습니다. 민주주의 국가가 등장하기 전에는 **군주제**가 정부의 가장 흔한 형태였고, 군주의 역할은 혈통을 통해 (항상 그런 것은 아니지만) 보통 군주의 장남에게 계승되었습니다. 지금도 군주제는 여전히 존재하지만, 군주가 절대 권력을 갖는 국가는 거의 없습니다. 그러나 강력하고 중앙 집권적인 정부와 제한된 정치적 자유를 지닌 수많은 권위주의 국가가 있습니다. 또 국가의 수장(일반적으로는 대통령)이 실제로 권력을 갖고 있는 사람보다 더 상징적인 인물인 국가도 있습니다. 예를 들어 2019년 5월에 즉위한 나루히토 일왕(1960~)은 일본 헌법에서 어떤 정치권력도 갖고 있지 않습니다. 그의 역할은 순전히 의례적이며, 정부의 조언에 따라 행위해야 합니다.

> **키워드**
>
> 군주제: 군주(왕, 여왕 또는 황제)를 최고 권위자로 하는 정부의 한 형태

민주주의

민주주의 국가는 전통적으로 시민과 거주자가 대표자에게 투표하여 그렇게 선출된 대표자가 정부를 형성하는 통치 체계로 이해됩니다. 민주 국가는 집단적 의사 결정을 내리고 서로 다른 관점을 수용하기 위한 헌법적 메커니즘을 제공합니다. 이론적으로 모든 투표는 동등한 무게를 담고 있고, 모든 사람은 선거에 자유롭게 출마할 수 있어야 합니다. 유권자가 자신의 대표자에게 불만을 품는다면, 다음 선거에서 투표를 통해 공직에서 물러나게 할 수 있습니다. 많은 민주 국가에는 소수자의 권리 보호에 도움이 되는 법률과 그 제정 절차가 있습니다. 당연히 모든 민주 국가에는 승리한 다수자로부터 보호되어야 할 '패배한' 소수자가 늘 있기 때문입니다.

유권자를 설득하거나 정치적 견해를 좌우하는 데 언어, 감정, 이성은 어떻게 사용되나요?

일반적으로 서구에서는 민주주의를 민주 국가에서 사는 사람들의 자유 및 평등과 연

관시키는 경향이 있습니다. 하지만 민주주의라는 우산 아래에는 매우 다양한 정치 체계 및 선거 체계가 있습니다. 민주적 선거에서 사람들은 이상적으로는 자유롭고 평등한 투표권을 갖고 있지만, 시행 중인 선거 제도의 유형은 모든 선거 결과에 상당한 영향력을 미칩니다. 모든 민주 국가에서는 '다수'가 지배하지만, 다수는 매우 다양한 방식으로 계산될 수 있으며, 항상 '더 많은 표'를 의미하는 것은 아닙니다. 민주주의의 다양한 유형, 다양한 선거 제도, 다양한 선거구 획정*은 종종 어떤 사람들의 표가 다른 사람들의 표보다 더 많은 무게를 갖게 된다는 것을 의미합니다.

*예를 들어 인구가 10만 명인 A 지역과 인구가 30만 명인 B 지역의 국회의원은 모두 1명으로 같다고 할 경우, 두 지역의 유권자의 표의 무게가 다르다. 이는 당선과 낙선의 경우에 극명하게 드러나는데, A 지역은 2만 5,000표로도 당선될 수 있지만 B 지역은 4만 5,000표를 얻고도 낙선할 수 있다.

탐구 7.4

혼자든 짝을 시어서든 하나의 선거 제도가 어떻게 작동하는지 알아보세요. 학급에서 혼자든 짝을 지어서든 서로 다른 선거 제도를 선택해 보세요. (단순 다수제, 결선 투표제, 선거인단 투표제, 혼합 비례 대표제, 정당 명부 비례 대표제, 순위 지정 투표제 등의 예가 있습니다.) 그런 다음 혼자든 짝을 지어서든 나머지 반원들에게 자신이 주의 깊게 본 제도를 설명해야 합니다. 학급에서 가장 '공정'하다고 생각하는 제도는 무엇인지 정하고, 그 이유를 설명해 보세요. 정치 체제에서 '공정'이나 '단순성'이 더 중요합니까?

실제 상황 7.6

정치에서 '공정'은 무엇을 의미합니까? 하나의 체제를 더 믿기보다는 공정한 것으로 **알고** 있다고 말할 수 있는 근거가 있나요?

이코노미스트 인텔리전스 유닛(Economist Intelligence Unit, EIU)이라고 불리는 조직은 전 세계 국가가 얼마나 민주적인지에 따라 매년 순위를 매기는 민주주의 지수라는 것을 만들었습니다. 이 지수는 선거가 자유롭고 공정한지, 공무원이 정부 정책을 시행할 수 있는지 여부와 같은 정보를 고려합니다. EIU에 따르면 최근 몇 년 동안 더욱 민주적이 된 나라도 있지만, 덜 민주적이 된 나라도 있다고 합니다. EIU의 분류에 따르면, 완전한 민주주의는 시민의 자유(liberties)와 정치적 자유(freedoms)가 존중되고 독립적인 **사법부**와 독립적인 언론이 존재하는 국가입니다.

키워드

사법부: 한 나라의 법원 체계뿐 아니라 판사까지 포괄하는 명칭

실제 상황 7.7

자유와 독립 같은 추상적이고 주관적인 개념을 정량화하려 할 때 어떤 문제가 발생할 수 있을까요?

2018년에는 순위가 매겨진 167개국 중 20개국만이 충분한 민주주의라는 결과가 나왔습니다. (미국을 포함해) 55개국은 자유롭고 공정한 선거가 실시되지만 중대한 문제를 지닌 결함 있는 민주주의로 나타났습니다. 정치 과정에 대한 참여율이 낮고/낮거나 거버넌스 기능에서 문제점이 있다는 것입니다. 39개국은 선거를 불공정하게 만드는 선거 제도의 비리, 사법부와 언론의 독립성 결여와 연결된 부패의 만연 등이 섞여 있는 혼

합 체제(hybrid)라고 규정되었습니다. 마지막 53개국은 민주주의의 일부 요소가 있을 수도 있고 없을 수도 있지만 이런 요소가 그다지 중요하지 않게 여겨지는 권위주의 체제로 간주되었습니다. 권위주의 체제에서는 언론과 사법부가 모두 국가에 의해 통제되며 시민의 자유가 남용되어 국민이 정부에 대한 어떠한 비판의 목소리도 낼 수 없습니다.

EIU의 2018년도 순위에서 노르웨이는 10점 만점에 9.87점으로 세계에서 가장 민주적인 국가로 보고되었고 북한은 1.08점으로 가장 민주적이지 않은 국가로 밝혀졌습니다.

비민주주의 국가들

1940~1945년, 그리고 1951~1955년까지 영국 총리를 지낸 윈스턴 처칠은 지금까지 시도된 다른 모든 형태를 제외하면 민주주의야말로 최악의 정부 형태라고 말한 것으로 유명합니다. 그는 민주주의가 우리가 알고 있는 최고의 체계라고 말하면서도 민주주의에 내재된 문제점을 인정한 것입니다. 하지만 모든 사람이 이에 동의하는 것은 아닙니다.

민주주의 정치 체제는 집단의 복지보다 개인의 자유를 우선시합니다. 이와 대조적으로 사회주의 체제와 공산주의 체제는 개인의 자유보다 집단의 번영을 우선시하려고 애씁니다. 제2차 세계 대전 이후 많은 공산주의 국가는 민주주의를 개인보다 집단을 우선시하는 가치 체계로 이해하여 '민주주의'라는 이름을 주장했습니다. 민주주의를 가치 체계로 이해하는 것이 지닌 문제점은 가치를 너무 중요하게 여기기 때문에 어떤 대가를 치르더라도 유지되어야 한다고 믿는 경향이 있다는 것입니다. 따라서 일부 공산주의 국가는 공산주의 가치를 보존하려고 노력하면서 전체주의 국가가 됩니다. 민주주의를 가치에 기반하여 이해하는 일부 공산주의자는 공산주의를 진정한 민주주의로 간주하고 서구 민주주의를 **중우정치**의 한 형태로 보고 있습니다.

지식 영역 연결 질문 7.2

언어: 정치적 쟁점을 논의할 때 언어 사용을 통해 어떤 문제가 발생할 수 있나요?

반면에 절대 군주제와 독재정은 국가 원수가 누구냐에 따라 다릅니다. 많은 군주와 독재자는 억압적인 정권을 이끌었지만 선의의 지도자는 국민에게 평화와 번영을 가져다주었습니다. 선의의 군주의 현대적인 예로는 요르단 왕 압둘라 2세를 들 수 있습니다. 그는 경제 및 사회 개혁을 추진했고 여성의 지위 향상을 위한 조치를 취했습니다. 그가 통치한 결과, 요르단은 유엔 개발 계획(UNDP)에 의해 '인적 발전이 높은' 지역으로 간주됩니다. 요르단은 숙련된 노동력과 잘 발달된 의료 체계를 갖추고 있습니다. 요르단은 천연자원이 거의 없고 주변국의 정치적 혼란에 둘러싸여 있지만 이 지역의 평화와 안정의 등불로 여겨집니다. 민주주의 국가가 아닌데도 말입니다.

실제 상황 7.9

여러분의 정치적 견해는 어느 정도나 여러분을 둘러싼 정치 체제의 산물일까요?

중국

우리는 종종 권위주의 국가에 대한 공포스러운 이야기를 읽고 듣지만 현실은 때로는 생각만큼 양극화되어 있지는 않습니다. 지난 40년 동안 중국은 **국내 총생산**(GDP)으로 측정할 때는 세계에서 두 번째로 크고 **구매력 평가**(PPP)로 측정하면 세계에서 가장 큰 경제 대국이 되었습니다. 그리고 현재 중국은 2030년까지 (GDP로 측정하면) 세계에서 가장 큰 경제 대국이 될 것으로 예상됩니다. 성장기 동안 중국은 인구의 절반 이상을 빈곤에서 벗어나게 했습니다. 실제로 중국은 1990년에서 2005년 사이에 전 세계 빈곤 감소의 75% 이상을 차지했습니다. 다른 어떤 나라도 같은 기간 동안 이렇게나 많은 것을 달성할 수는 없었습니다.

논의 7.19

서로 다른 정치 체제에 대한 판단은 경제적 성과에 대해 우리가 알고 있는 것에 어느 정도나 좌우될까요? 정치 체제를 정당화하는 데 통계상 증거는 어떻게 사용되거나 오용될 수 있을까요?

중국은 9개 정당이 등록되어 있지만 실제로는 고도로 중앙 집권적인 정부를 가진 공산당 일당 국가입니다. 모든 결정은 공산당의 비준을 받아야 합니다. 정부 지도자는 새로운 정책에 대해 공적 합의에 당연히 도달할 것이라고 하지만, 대체로 정보를 통제함으로써 그런 합의를 달성합니다.

최근 몇 년 동안 중국은 자국민과 세계를 이롭게 하는 방식으로 경제적으로나 환경적으로 크게 발전했습니다. 이제 청정에너지 분야의 세계적 리더인 중국은 다른 어떤 나라보다 더 재생 에너지에 많이 투자하고 있으며, 태양광 발전의 선두 주자이며, 사람들이 스마트폰으로 QR 코드를 스캔하여 우산부터 시멘트 혼합기에 이르기까지 무엇이든 빌릴 수 있는 공유 경제가 번창하고 있습니다. 매주 600만 명 이상이 자전거를 빌립니다. 선전시는 1만 6,350대 이상의 전기 버스를 보유한 세계 최초의 완전한 전기 버스 시스템을 갖추고 있으며 택시도 모두 완전히 전기차로 교체했습니다. 그러나 이런 거대한 진전은 개인의 자유를 희생시키면서 이뤄 낸 것입니다.

중국의 권위주의 체제는 실리주의적인 접근법을 취함으로써 고속 도로와 고속 철도라는 현대적이고 효율적인 기반 시설을 구축했지만, 다른 많은 민주 국가는 기반 시설을 현대화하기는커녕 유지하는 데에도 어려움을 겪고 있습니다. 효율성이 서로 경쟁을 벌이는 정치 체제를 판단하는 데 적절한 매개 변수가 아니라는 주장도 있습니다. 즉 체제는 시민들이 누리는 생활 수준과 만족도에 따라 비교되어야 한다는 것입니다.

그림 7.2 _ 상하이 고가 교차로

논의 7.20

자유는 항상 효율성을 희생시키면서 오는 것일까요? 서로 다른 정치 체제를 객관적으로 비교하는 것은 어떻게 가능할까요?

실제 상황 7.10

2013년 퓨 리서치 센터의 '세계 의식 조사'에 따르면, 중국인의 85%가 자국의 방향에 "매우 만족한다"고 답한 반면, 미국인은 31%에 불과했습니다. 우리는 퓨 리서치 센터의 조사에서 보고된 정량화된 만족도 수준을 어느 정도나 신뢰할 수 있을까요? 어떤 근거로 개인의 권리보다 집단의 복지를 우선시하는 것이 윤리적 진보라고 주장될 수 있을까요?

7.5 정치적 스펙트럼

정치적 스펙트럼은 종종 하나의 실체인 것처럼 이야기되며, 또 서구 국가들은 정치적으로 좌로 구분되는지 우로 구분되는지에 대해 떠들어 대는 경향이 있습니다. 18세기 후반에 처음 쓰인 이 용어들은 프랑스 입법 기관의 좌석 배치를 가리킵니다. 왼쪽에는 대개 시민의 자유와 공화주의를 옹호하는 사람들이 앉은 반면, 오른쪽에는 프랑스 귀족과 교회의 권위를 지지하는 사람이 앉았습니다. 오늘날에는 여러 나라에서 이 용어를 여러 방식으로 사용합니다. 대부분의 나라에서 좌파는 **공산주의**와 **사회주의** 같은 통제된 경제 및 부의 재분배와 연관되어 있고 우파는 자유 시장, 사적 소유권, 사회적 위계질서와 연관되어 있습니다. 하지만 (미국 같은) 몇몇 나라에서는 정치적 좌파가 **자유주의**와 더 자주 연관되고 정치적 우파는 **보수주의**와 더 자주 연관됩니다.

여러분이 살고 있는 사회를 보는 방식은 여러분이 동의하는 정치적 견해에 따라 다를 것입니다. 가령 사회주의적 가치를 믿는다면 여러분 나라의 교통 체계 문제가 시장 경제 때문이라고 '알고' 있을 수도 있고, 자유 기업 체제를 믿는다면 경기 침체는 너무 많은 사람이 사회 복지에 의존하기 때문이라고 '알고' 있을 수 있습니다. 우리가 어떤 정치적 렌즈를 가지고 무엇인가를 바라본다는 점을 깨닫지 못한다고 할지라도, 우리가 '아는' 것은 이런 정치적 렌즈에 크게 좌우될 수 있습니다.

정치적 스펙트럼에 놓일 수 있는 여러 가지 다른 정치적 이데올로기가 있으며, 대부분의 정당은 하나 이상의 이데올로기를 지지합니다.

매트 키베(Matt Kibbe, 1950~)는 자유에서 전체주의로 수직으로 뻗어 있고 그에 따라 서로 다른 유형의 정치적 견해가 늘어선다는 점을 제외하면, 좌우 스펙트럼과 매우 유사한 단일 축 스펙트럼을 제작했습니다. 정당의 명칭 자체는 정당의 정치적 견해가 정치적 스펙트럼의 어디에 위치하는가와 반드시 일치하는 것은 아니라는 점은 주목할 가치가 있습니다. 가령 보수적 가치를 견지하는 정당도 스스로를 '자유당'이라고 부를 수

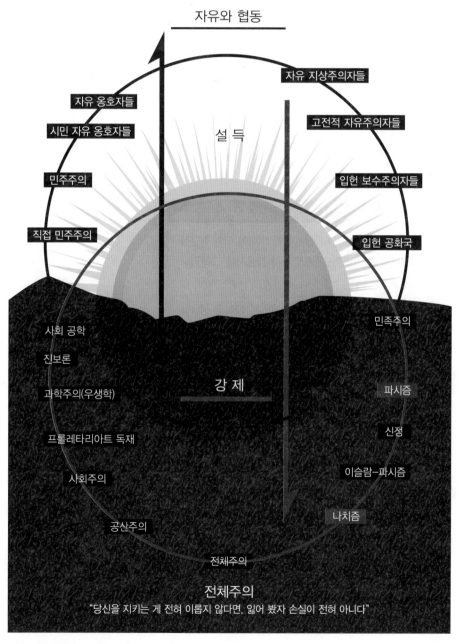

그림 7.3 _ 키베의 정치적 스펙트럼

있습니다. 마치 공산당 일당 국가가 스스로를 민주주의라고 부르는 것처럼 말입니다. 그 한 가지 예가 흔히 라오스로 불리는 라오 인민 민주 공화국입니다. 라오스에는 합법적인 정당이 하나뿐이며, 세계에서 몇 안 되는 공산주의 국가 중 하나로 종종 여겨집니다.

논의 7.24

키베의 스펙트럼(그림 7.3)을 보면 키베의 정치적 견해는 어디에 위치할 것 같습니까? 무엇 때문에 여러분은 그렇게 생각하나요? 이것은 정치적 스펙트럼에 대해 서로 다른 정치적 입장을 우리가 배치하는 방식이 지닌 주관성에 관해 무엇을 시사할까요?

좌우 단일 축 스펙트럼은 흔히 사용되지만, 많은 사람들이 이 스펙트럼이 부적절하다고 여기고 두 개 이상의 축이 있는 모델을 택합니다. 이중 축 스펙트럼은 서로 다른 두 개의 **정치적 가치**에 대한 각자의 견해에 따라 정치적 위치를 표시합니다. 예를 들어 한 축은 **급진주의**의 정도를 나타내고 다른 축은 권위주의를 나타내거나, 한 축은 자유를 나타내고 다른 축은 평등을 나타내는 식입니다. 일부 정치학자는 두 개 이상의 축을 가진 모델을 제안했습니다. 모델이 복잡할수록 정확도는 높아질 수 있지만 유용성은 떨어질 수 있습니다.

키워드

정치적 가치: 평등, 자유, 전통, 진보 등과 같은 정치적 입장을 주도하는 사람의 필요에 대한 추상적 관념

급진주의: 사회 구조를 급진적으로 변화시키려는 정치적 욕망

탐구 7.7

여러분만의 정당을 만들 수 있다면 평등, 개인의 자유, 경제적 이익, 환경적 이익에 어떤 중요성을 부여할 것인가요? 이런 쟁점과 관련해 여러분의 정당이 어느 곳에 자리 잡을지를 그래픽으로 나타내는 스펙트럼을 만들어 보세요.

여러분의 스펙트럼을 학급의 다른 반원들 것과 비교하세요. 스펙트럼을 고안한 방식과 정당을 배치해 둔 위치에 대해 그 이유를 토론하세요.

논의 7.25

다양한 정치적 스펙트럼이 지닌 한계는 무엇일까요? 정당이 정치적 스펙트럼에서 나타나는 방식을 통해 정당에 대해 알 수 있는 것이 있다면, 그것은 무엇일까요?

되돌아보기

여러분이 사회에 대해 아는 것이 여러분의 정치적 견해에 영향을 주나요, 아니면 여러분의 정치적 견해가 여러분이 사회에 대해 아는 것에 영향을 주나요? 어떤 요소가 여러분의 정치적 신념을 형성했나요?

7.6 윤리, 소유권 및 자원 분배

윤리는 모든 면에서 정치의 본래적 요소입니다. 윤리적 사고는 선거 및 투표 제도에 대한 권위의 구조부터 정치적 지식이 생산되고 분배되는 방식에 이르기까지 정치가 의존하는 다양한 방법과 도구의 기저에 깔려 있습니다. 그러나 아마도 윤리적 쟁점은 소유권과 자원 분배를 둘러싼 논쟁에서 가장 분명하게 보일 것입니다.

그 혹은 그녀는 자신이 만든 것에 대해 도덕적 권리를 지니고 있으며, 사회는 이 도덕적 권리를 지지해야 할 의무가 있다고 여러분은 믿을 수도 있겠지만, 이는 대체로 문화적 가정입니다. 우리가 자연적으로 재산권을 갖고 있다고 주장하는 철학자들도 있지만, 사유 재산에 관해 자연적인 것은 전혀 없다고 지적하는 철학자들도 있습니다. 후자의 철학자들은 심지어 이를 비윤리적이라고 간주할 수도 있습니다. 소유권은 합의에 의해 가능해지는 인간의 구축물이며, 모든 발명품이나 새로운 개발은 아무리 독창적으로 보여도 과거 세대의 노력에 계산 불가능할 정도의 빚을 지고 있습니다.

모든 사회가 결정해야 할 한 가지 중요한 쟁점은 그 사회의 경제가 사적 소유와 자유 시장에 기반을 두고 조직되어야 하는지, 아니면 중앙 집권화 되고 집단 소유권과 통제에 기반을 둔 형태로 조직되어야 하는지에 대한 것입니다. 많은 정당은 사적—사회적 소유권 스펙트럼을 따라 어느 곳에 위치하느냐에 따라 서로 구별됩니다. 일반적으로 정치적 스펙트럼의 좌파에 속하는 정당은 많은 산업, 특히 의료 서비스, 교육, 교통 네트워크, 공익사업의 국유화를 지지합니다. 이런 산업은 모든 사회에 필수적인 산업이며 좌파 정당은 정부가 이 산업의 서비스를 모두가 이용할 수 있도록 보장함으로써 이윤보다 사회적 필요를 우선시할 수 있고 우선시해야 한다고 믿습니다. 반면 우파 정당은 민간 부문이 더 효율적이며 민영화가 동반하는 시장 경쟁이 혁신과 개선을 위한 유인책이라고 믿기 때문에 사적 소유권을 선호하는 경향이 있습니다.

국유화와 민영화의 각 장점에 대한 이런 믿음은 많은 사람에게 정치적인 **진실**로 여겨집니다. 이에 대해 논쟁이 벌어질 수도 있고 여러 가지 이야기가 떠돌 수도 있지만, 그것은 단순한 의견에 불과한 게 아닙니다. 둘 다 사실이 아니지만, 정치적으로 양 극단에 있는 사람들은 보통 합의에 이를 수 있습니다.

토지 소유권

소유권의 윤리는 토지 소유권 문제에 이르면 특히 불분명해집니다. 전 세계 대부분의 나라에서 충분한 돈을 가진 사람은 땅을 자유롭게 처분할 수 있는 영구적인 소유권을 의미하는 '자유 보유권(freehold)' 토지를 구입할 수 있습니다. 그러나 일부 나라에서는 모든 토지를 국가가 소유하고, 개인은 보통 제한된 기간 동안 국가로부터 토지를 임대하는 '임차권(leasehold)'만 구입할 수 있습니다. 자유 보유권과 임차권 모두에서 개인이나 기업, 국가 모두 토지를 합법적으로 소유할 수 있습니다.

실제 상황 7.12

프랑스 철학자 장 자크 루소(Jean Jacques Rousseau, 1712~1778)는 "땅의 과실은 모두에게 속하지만 땅은 누구에게도 속하지 않는다"라고 주장했습니다. 하지만 우리는 개인, 기업, 국가가 지구상의 대부분의 땅을 소유하고 있음을 알고 있습니다. 이것은 루소의 주장이 참이 아니라는 것을 의미할까요? 루소의 주장은 윤리적 판단일까요? 이런 맥락에서 정치적 진실은 무엇일까요?

사유 재산법은 일반적으로 재산을 소유한 사람들이 자신의 재산을 원하는 대로 관리하고 사용할 수 있게 허용합니다. 다른 사람들이 그 재산을 더 많이 필요로 하는지와 상관없이 말입니다. 사유 재산에 대한 권리는 때로는 개인 발전에 필수적이며 또 사람들이 자유로운 행위자로서 성장할 수 있는 환경 창출에 필수적이라는 것을 근거로 정당화됩니다. 좀 더 대중적인 정당화는 재산(특히 토지) 소유권이 자원을 좀 더 효율적으로 사용하는 것으로 이어진다고 주장하는 것입니다. 이 논점은 토지가 공동 소유라면 그 누구에게도 토지를 적절하게 가꾸고 과다하게 사용되지 않도록 할 유인책이 없다는 것을 시사합니다. 이는 토지가 개인에게 할당될 때만, 그래서 토지를 경작하고 가꾸는 비용을 부담하는 사람이라면 누구나 그렇게 함으로써 생기는 편익을 얻을 수 있을 때에만 토지를 적절하게 돌보고 효율적으로 사용할 수 있다는 것을 시사합니다.

논의 7.28

정치 이론은 종종 인간 본성에 대한 가정에 근거하여 정당화됩니다. 그 가정은 얼마나 믿을 만할까요? 효율성에 근거하여 정책을 만드는 것은 얼마나 윤리적일까요?

역사적으로 볼 때, 소유권에 대한 어떤 주장도 없이 사람들이 살고 사냥하고 농사를 짓는 '소유자 없는' 토지가 있으며, 그중 일부는 여전히 소유자가 없습니다. 하지만 이런 토지를 점차 국가가 장악하고 때로는 팔아치움에 따라, 이 토지에 살고 있는 사람들은 그곳에서 쫓겨나고 있습니다. 아디바시족이 바로 그런 예인데, 이들은 조상 대대로 살던 토지를 소유할 자격을 인도의 여러 주 정부에 신청해야 했습니다. 많은 경우, 토지가 다른 목적(호랑이 같은 멸종 위기 동물 보존 구역 등)으로 지정되었기 때문에 거부되었으며, 그리하여 지금 수백만 명의 아디바시족 사람들은 퇴거 위기에 처해 있습니다. 그러

한 정치적 결단 뒤에 있는 윤리적 쟁점은 그리 간단하지 않습니다. 정부는 부족민의 욕구를 환경 보전의 필요, 그리고 다수 인구의 경제적 수요와 균형을 맞춰야 합니다.

그림 7.4 _ 스리랑카 토착민인 베다족은 다른 다수 민족의 토지 취득으로 생존과 문화를 위협받고 있습니다.

7.7 사회 정의

논의 7.30

여러분은 법을 만들고 사회를 구조화할 때 어떻게 공정한 결정을 내릴 수 있을까요?

소유권이라는 쟁점과 밀접하게 관련된 것은 **사회 정의** 문제입니다. 왜 어떤 사람은 부를 너무 많이 갖는지 혹은 너무 적게 갖는지 같은 의문이, 또 사람들이 노력한 정도에 따라 보상을 받고 있는지 또는 받아야 하는지 같은 의문이 생겨납니다. 대부분의 사람들은 사회 정의가 가치 있는 목표라는 데 동의하지만, 그것이 무엇인지, 어떻게 달성될 수 있는지 또는 달성되어야 하는지에 대해서는 정치적 견해에 따라 크게 달라집니다. 일부 사람들은 국가가 부와 기타 사회적 혜택을 공정하게 분배하기를 기대합니다. 공산주의, 사회주의, 자유 민주주의 국가들은 모두 모든 사회 집단에 똑같이 분배하거나 부를 획득한 사람이 그 모든 부를 갖는 것을 허용하기보다는 사회적 재화의 좀 더 많은 부분이 최소 수혜자에게 주어지는 형태의 부의 재분배를 장려합니다. 다른 사람들은 국가의 통제를 최소화하거나 아예 하지 않고 살아가는 것이, 그리고 협력이 일어나게 하고 그 내부의 모든 사람에게 혜택을 주는 방식으로 사회를 조직하는 것이 더 정당하다고 주장합니다. 보수주의와 아나키즘은 가장 많은 것을 가진 사람들은 그것을 정당하게 달성했다고 가정하면서 분배의 불평등이 정당화된다고 주장할 것이며, 또 우리는 불균등한 분배가 공정한지 여부를 결정하기 전에 사람들이 행한 선택을 고려할 필요가 있다고 주장할 것입니다. 보수주의자와 부의 불평등을 지지하는 사람들은 종종 **낙수 이론**을 옹호합니다.

논의 7.31

정치적 지식은 사회 정의가 무엇인지, 그것을 성취하기 위해 무엇을 해야 하는지 아는 데 어떻게 도움이 될 수 있을까요?

평등과 공평

평등이라는 생각은 정의에 관한 논의에서 자주 들을 수 있습니다. 정의는 모든 사람을 평등하게 대우하는 것에 관한 것이라고 믿는 사람들이 많지만, 모든 사람이 경제적으로나 사회적으로나 똑같은 위치에 있을 때에만 사람들을 평등하게 대우하는 것이 공정하다고 주장하는 사람들도 있습니다. 다른 한편으로 **공평**은 사람들이 평등하게 대우받는 것이 아니라 무엇인가를 잘 해내기 위해 필요한 것에 따라서 대우받는 것을 의미합니다.

첫 번째 그림에서는 모든 사람이 동일한 지원으로 혜택을 입을 것이라고 가정합니다. 평등하게 대우받고 있습니다. (기회의 평등)

두 번째 그림에서는 개인들은 경기에 평등하게 접근할 수 있도록 서로 다른 지원을 받습니다. 공평하게 대우받고 있습니다.

세 번째 그림에서는 불공평의 원인이 해결되었기 때문에 세 사람 모두 아무런 지원이나 조정 없이 경기를 볼 수 있습니다. 체계상의 장벽이 제거되었습니다.

그림 7.5 _ 평등 대 공평

그림 7.5를 잘 살펴보세요. 왼쪽 첫 번째와 두 번째 그림은 사람들을 평등하게 대우하는 것과 공평하게 대우하는 것의 차이를 명확하게 묘사합니다. 그러나 이런 유형의 묘사는 비판을 받습니다. 여기서 예시된 불이익(키가 작음)은 이렇게 묘사된 사람들에게 내재된 불이익인 반면, 불이익을 겪은 대부분의 집단은 어떤 내재적 문제 때문에 불이익을 당하는 것이 아니기 때문입니다. 오히려 사회가 다른 사람들보다 더 많은 사람들이 기회에 접근하는 것을 방해하기 때문에 불이익을 받는다는 겁니다. 달리 말해서 일부 인종, 종교 또는 젠더(성별)의 사람들이 다른 사람들과 똑같은 능력을 가지고 있지 않아서가 아니라 그들이 살고 있는 사회가 그들에게 기회에 대한 완전한 접근을 허용하지 않아서 불이익을 당할 수 있습니다.

논의 7.32

1 아는이의 믿음과 편향은 평등과 공평을 인식하는 방식에 어떻게 영향을 미칠까요?

2 정치 지도자가 다른 사람들의 요구와 복지에 관해 결정을 내리는 것은 어느 정도나 정당화 될까요?

무지의 베일

존 롤스(John Rawls, 1921~2002)는 정의의 본성에 관한 연구로 유명한 미국 철학자입니다. 그는 사회 제도의 첫 번째 책임은 정의여야 한다고 믿었고, 자신이 '무지의 베일'이라고 부른 개념을 도입했습니다. 이 개념으로 그는 입법자들이 사회에서 자신이 어떤 위치에 서게 될지 모른다면 자신이 원하는 것을 담은 종류의 법을 제정하게 될 것이라고 주장했습니다. 그는 이렇게 하면 젠더(성별), 인종, 능력, 부, 교육, 연령, 섹슈얼리티 또는 종교 때문에 사람들에게 불이익을 주는 법을 막을 수 있다고 믿었습니다. 그러나 무지의 베일은 사고 실험일 뿐, 실천적으로 앞으로 나아갈 방법을 제공하지 못한다며 비판을 받아 왔습니다.

인식적 부정의

인식적 부정의는 주로 지식의 소통 문제와 관련이 있습니다. 이 용어는 2007년 미란다 프리커(Miranda Fricker, 1966~)가 처음 만든 것이지만, 이 용어가 가리키는 쟁점은 수 세기 전으로 거슬러 올라갑니다. 모든 문화권에서 여성의 목소리는 오랫동안 무시되어 왔으며 소수자 집단과 토착민의 목소리도 마찬가지였습니다. 라지브 바르가바(Rajeev Bhargava, 1954~)는 피식민지인들이 자기 자신과 세계를 이해하는 데 사용한 개념에 식

키워드

인식적 부정의: 지식이 무시되거나, 믿어지지 않거나, 이해되지 않을 때 발생하는 부정의

민지 열강이 부정적인 영향을 미친 방식을 논의하면서 인식적 부정의에 대해 말합니다. 인식적 부정의는 매우 심각한 수준의 부정의입니다. 그것은 아는이로서의 사람들의 능력을 부당하게 취급하기 때문입니다.

인식적 부정의는 사회적, 정치적 부정의 같은 다른 형태의 사회적 부정의와 상호 작용합니다. 귀를 기울이지 않는 사람은 인식적 힘이 부족하며, 이는 정치적·경제적 힘의 부족으로 쉽사리 전환됩니다. 그러나 정치적으로 그리고/또는 경제적으로 힘을 갖춘 사람들조차도 때때로 인식적 부정의의 희생자가 될 수 있습니다.

아는이로서 사람들이 훼손될 수 있는 여러 가지 다른 방식이 있습니다. 이것은 때로는 무심코 이뤄지고 때로는 고의로 이뤄집니다. 인식적 부정의를 바로잡고 예방하려면 모든 토론에 균형 잡힌 방식으로 모든 목소리를 포함시켜야 한다는 윤리적 정언 명령이 있다고 할 수 있습니다.

지식 영역 연결 질문 7.3

기술: 기술, 특히 누리 소통망은 인식적 부정의에 어떤 영향을 미칠까요?

실제 상황 7.14

여러분의 국가나 사회를 양극화로 몰고 갈 논쟁의 여지가 있는 정치적 쟁점에 대해 생각해 보세요. 반대되는 견해를 가진 사람들은 진정으로 서로의 말을 경청할까요, 아니면 상대방을 (직설적으로나 은유적으로) 깎아 내리려 할까요? 정치 담론에서 불일치를 합의로 전환하거나 적어도 사려 깊고 존중하는 토론을 전개하기 위해 어떤 방법을 사용할 수 있을까요?

키워드

양극화: 사람들을 반대 견해를 가진 두 개의 주요 그룹으로 나누는 것

7.8 지식 경제

논의 7.34

지식은 왜 가치 있는 것일까요?

지식 경제는 국민 경제가 사용하고 생산하는 지식의 양과 질에 크게 의존하는 경제입니다. 지식 경제 활동의 예에는 연구와 첨단 제조, 기술 지원, 교육 및 컨설팅 같은 서비스 산업 등이 포함됩니다. 대부분의 나라는 농업, 제조업, 지식 기반 산업이 혼합되어 있지만 선진국 경제는 개발 도상국보다 지식 산업에 더 많이 의존하는 경향이 있습니다.

지식 경제는 **지적 자본**에 크게 의존하기 때문에 시민이 교육을 잘 받아야 합니다. 시민이 받아야 할 좋은 교육 중 일부는 학문적 자격증의 결과이지만, 지적 자본의 상당한 비율은 직장에서의 학습에서, 또 일반 대중이 어느 정도의 밀도로 교육을 받는가에서 비롯됩니다.

키워드

지적 자본: 조직이나 사회에 속한 구성원의 집단 지식

실제 상황 7.15

지식 경제가 매우 우세한 나라가 가장 발전할 것 같은 이유는 무엇일까요?

논의 7.35

지식 경제를 갖는 것은 지식의 공유를 어떤 식으로 방해할 수 있을까요?

지식의 위계질서

권위와 마찬가지로 지식은 여러 유형의 지식이 서로 다른 지위를 갖는 위계질서로 구조화되는 경향이 있습니다. 서구 세계에서는 수학과 자연과학이 가장 높은 지위를 차지하는 경향이 있는 반면, 다른 사회에서는 종교적 또는 정치적 지식이 우선시될 수 있습니다. 이런 지식의 위계질서는 역사적, 정치적으로 결정되어 있으며, 그것이 발생한 사회를 매우 많이 반영합니다.

때로는 경제적 토대를 지닌 위계질서가 있는데, 이 경우에는 경제에 더 직접적으로 기여하는 지식 분야가 가장 가치 있게 여겨집니다. 또 때로는 전통이나 국민 정체성이 위계질서의 토대를 제공할 수 있습니다. 학교에서 가르치는 것이 무엇인지, 공직과 다른 직업에 필요한 지식이 무엇인지, 어떤 종류의 연구가 공적 자금을 유치하는지 등, 이 모든 것은 국가가 다른 지식 형태보다 특정 형태의 지식을 정당화하는 방식으로 내리는 정치적 결정입니다.

탐구 7.11

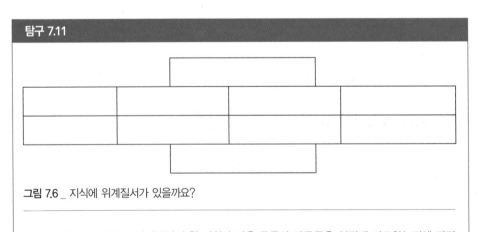

그림 7.6 _ 지식에 위계질서가 있을까요?

위와 같은 표를 만들고, 여러분이 속한 사회가 다음 목록의 과목들을 어떻게 사고하는지에 따라 짝과 함께 과목의 순위를 매기세요. 제일 위 칸에 있는 과목이 여러분의 사회에서 가장 높이 여겨지는 이유는 무엇이라고 생각하나요? 여러분이 매긴 순위의 제일 아래 칸에 있는 과목에 대해 생각해 보고, 제일 위칸에 그 과목이 왜 있어야 하는지에 대한 몇 가지 논거를 제시해 보세요.

과목: 예술, 컴퓨터 과학, 경제학, 역사, 언어, 수학, 음악, 자연과학, 체육, 종교.

제일 위 칸과/또는 제일 아래 칸에 놓일 수 있도록 이 목록에 포함시키고 싶은 과목이 있나요?

되돌아보기

IB 디플로마 프로그램을 위한 과목을 선택할 때 지식의 위계질서에 대한 여러분의 인식은 어느 정도 영향을 주었을까요?

논의 7.36

1 각 사회마다 가치 있게 여기는 과목은 얼마나 다르며 그 이유는 무엇일까요?
2 서로 다른 문화와/또는 다른 정치 구조에 서로 다른 지식의 위계질서가 얼마나 내장되어 있을까요? 무엇이 이런 차이를 설명할 수 있을까요?

지식의 비용

지식 경제의 출현과 더불어 지식 생산의 상업화가 증가하고 있는데, 이것은 부분적으로는 지식 생산의 비용 증가에 따른 것입니다. 게다가 지식 생산, 재화와 서비스의 생산, 수익성 사이의 연결이 점점 더 복잡해지고 서로 얽히고 있습니다. 결과적으로 지식 생산 비용은 재화와 서비스를 요구할 때의 가격에 포함되어야 합니다.

힉스 입자를 찾는 데 132억 5,000만 달러가 들었으며, 새로운 처방약을 시장에 내놓는 데 26억 달러가 들 것으로 추산됩니다. 심지어 기술을 광범위하게 사용하지 않은 채 생산된 지식에도 인적 자원, 생산에 따른 간접비, 발매 등의 비용이 들어갑니다. 이것은 대부분의 새로운 지식 생산자가 매우 큰 수익을 내는 조직(제약 회사, 에너지 회사 및 통신 회사 등)이거나, 종종 자신들의 정치적 그리고/또는 경제적 의제를 지닌 후원자들에게 크게 의존하는 대규모 대학(공립 또는 사립)이라는 것을 의미합니다. 예를 들어, 2019년 어떤 사모펀드 억만장자는 인공 지능(AI) 윤리 연구를 위해 영국 옥스퍼드 대학교에 1억 5,000만 파운드를 기부했습니다. 전에 그는 컴퓨팅 및 AI 센터를 설립하려고 미국의 MIT에 3억 5,000만 달러를 기부했습니다. 기부금이 쓰일 곳을 지정함으로써 후원자는 자신이 관심을 가진 분야에 연구의 초점을 맞출 수 있게 하며, 그렇게 생산된 지식의 유형에 강력한 영향을 미칠 수 있습니다.

실제 상황 7.16

경제와 정치는 어떤 지식이 생산되고 공유되는지뿐만 아니라 때로는 어떤 지식이 배척되거나 무시되는지에 관해서도 영향을 미칠 수 있을까요?

1960년대에 담배 회사 경영자들이 자사의 과학자들로부터 흡연이 치명적이라는 말을 들었듯이, 1980년대에는 화석 연료 회사 경영자들이 자사의 과학자들로부터 석유, 가스, 석탄을 태우면 '파국적인' 온도 상승을 야기할 것이라는 말을 들었습니다. 이와 마찬가지로 1990년대에는 통신 회사 경영자들이 자사의 과학자들로부터 휴대 전화가 암과 유전적 손상을 야기할 수 있다는 말을 들었습니다. 그 이후 휴대 전화와 암의 연관성에 대해 어떤 연구가 수행되었는지, 그리고 연구 자금이 어디에서 왔는지 조사해 보세요. 통신 회사가 휴대 전화와 암의 연관성에 대한 연구를 후원하는 것이 합당한지 아닌지, 이 둘 모두의 이유에 관해 브레인스토밍을 해 보세요. 이 쟁점을 논의할 학급 토론을 개최하세요.

논의 7.37

새로운 지식의 생산에 누가 자금을 대는지가 왜 중요한 문제일까요?

7.9 지식 재산

논의 7.38

지식 재산이란 무엇인가요? 여러분은 어떻게 지식을 소유할 수 있을까요?

지식 재산 개념은 지식 경제의 맥락에서 특히 중요합니다. 다른 사람에게 고용되어 일하는 과정에서 생각해 낸 것이 아니라면, 우리가 머리에 떠올린 모든 창조물과 디자인을 소유한다는 의미입니다. 지식 재산은 우리가 실제로 창출한 것이 아닌 한 우리의 아이디어를 포함하지는 않습니다. 달리 말해서, 책을 쓰고 싶은 아이디어가 있다면 그 책에 대한 아이디어는 지식 재산이 아니지만, 책을 쓰면 여러분이 써 놓은 말은 저작권으로 보호됩니다.

지식 재산법은 그 누구도 타인의 지식 재산을 허가 없이 복제하거나 사용할 수 없으며, 여러분이 소유한 모든 지식 재산은 물리적 소유물과 동일한 방식으로 사고팔 수 있다고 명시되어 있습니다. 저작권, 디자인권, 상표권, 등록된 디자인 및 특허를 포함하여 지식 재산에는 다양한 유형의 보호가 있습니다. 보통 지식 재산은 제한된 기간에만 보호되며, 그 기간이 지나면 다른 사람들이 사용할 수 있습니다.

실제 상황 7.17

IB는 학습 과제물을 만들 때 학문적 정직성과 출처 인용의 중요성을 강조합니다. 학문적 정직성은 왜 중요할까요? 인터넷에서 찾은 지식을 사용하는 것과 관련된 윤리적 문제점은 무엇일까요?

되돌아보기

멋진 작품을 만든 것은 여러분인데 다른 사람이 거기에 자기 이름을 쓴다면 여러분은 어떻게 느낄까요? 여러분의 감정은 지식 재산에 대한 지식과 이해를 어떻게 형성하거나 영향을 미칠 수 있을까요?

직원의 지식

모든 조직에서 가장 귀중한 자산 중 하나는 지식 재산입니다. 지식 재산에는 제품이 어떻게 만들어지는지(제조법 및 공정), 고객 목록, 비즈니스 모델 및 기타 공공 지식이 아닐 수 있는 많은 세부 사항이 포함될 수 있습니다. 직원은 교육 매뉴얼에 있는 지식 같은 조직의 명시적 지식뿐만 아니라 경험, 통찰력 및 전문 지식 등의 형태로 암묵적 지식을 가지고 있습니다. 이런 지식은 직원들에게 조직 내에서 상당한 정치적 힘을 부여합니다.

조직이 직면한 심각한 문제는 직원이 퇴사할 때 그 지식을 유지하고 보호하는 방식입니다. 직원이 알고 있는 기밀 정보를 보호하는 것도 마찬가지로 중요합니다. 법은 영업 비밀을 공유하는 직원에 맞서서 조직을 보호하지만 조직에서 일하는 동안 얻게 된 일반적인 지식이나 전문 지식은 보호하지 않습니다. 사실상 이는 한 조직의 상당한 지식 재산이 직원에 의해 소유되고/되거나 통제된다는 것을 의미합니다.

논의 7.39

1 지식의 공유와 억제에서 윤리는 어떤 역할을 할 수 있을까요?
2 지식의 통제와 배포를 규제할 때 정치 지도자는 어떤 역할을 할까요?

전통적 지식

최근 몇 년 사이에 지식 재산권을 **전통적 지식**으로 확장하려는 움직임이 커지고 있습니다. 이런 움직임이 추구하는 보호에는 방어적 보호와 능동적 보호라는 두 가지 유형이 있습니다. 방어적 보호는 공동체 외부의 사람들이 전통적 지식에 대한 재산권을 취득하는 것을 막고 전통적인 상징이 상업적인 회사의 등록 상표가 되는 것을 방지하는 것입니다. 능동적 보호는 공동체가 전통적 지식을 홍보하고 이로부터 경제적으로 혜택을 누리는 권리입니다.

1995년 미국 특허 상표청은 외과적 상처와 궤양을 치료하기 위해 강황(동남아시아가 원산인 향신료)을 섭취하고 상처에 바르는 방식에 대해 두 명의 의료 연구원에게 특허를 부여했습니다. 1997년 인도 정부는 인도인이 수 세기 동안 강황을 상처 치료제로 사용해 온 것을 근거로 특허를 취소하도록 강제할 수 있었습니다. 이것은 전통적 지식에 대한 방어적 보호의 초기 성공 사례의 하나였습니다.

키워드

전통적 지식: 공동체 내에서 여러 세대에 걸쳐 개발, 유지 및 전달되는 일련의 지식

지식 영역 연결 질문 7.4

1   무엇이 전통적 지식을 귀중한 가치를 갖는 것으로 만들까요?

2   서로 다른 문화나 국민이 지식의 소유권에 대해 상충되는 주장을 할 때 누구의 주장이 우선권을 갖는지를 어떻게 결정할 수 있을까요?

7.10 국제 정치

실제 상황 7.18

국가들은 왜 전쟁을 할까요?

국제 정치는 다른 형태의 정치와 마찬가지로 "누가 무엇을 얻고 누가 결정하느냐"에 관한 것이지만, 국제적 정의라는 문제를 입법화하고 감시하기 위해 모든 국가가 선출하고 인정하는 중요한 기구가 없다는 점에서 틀림없이 더 어렵습니다. 게다가 개별 국가의 크기와 힘의 차이는 한 국가의 개인들 사이의 차이보다 훨씬 큽니다. 세계에서 가장 작은 국가는 인구가 800명에 불과한 바티칸 시국과 1만 1,800명의 인구를 가진 투발루인 반면, 가장 큰 국가는 인구가 14억 4,847만 명인 중국과 14억 633만 명인 인도(2022년 수치)입니다. 이것을 보면 어떤 종류의 국제 민주주의 체계가 작동할 수 있는지 가늠하기 어렵습니다. 바티칸 시국이나 투발루의 표가 중국이나 인도의 표와 같다고 여겨진다면 '1국 1표'라는 관념은 공평해 보이지 않지만, 표가 인구수에 비례해 배분된다면 작은 국가들은 사실상 발언권이 없어집니다.

유엔

유엔(UN)은 평화와 안전을 유지하고 국가 간의 우호 관계를 발전시키며 문제 해결과 인권 증진을 위한 국제 협력을 달성하기 위해 1945년에 설립된 기구입니다. 국가들이 서로 협력할 수 있다면 전쟁은 더 이상 쓸모없을 것이라고 기대했습니다. 유엔은 출범한 이후 질병과 기아로부터 수백만 명의 생명을 구한 공로를 인정받았으며 가장 가난한 곳에서 교육을 제공하는 데 도움을 주었습니다. 논란의 여지가 있지만, 유엔은 핵무기 개발 경쟁을 종식시키는 데 도움이 되기도 했습니다. 그러나 유엔을 비판하는 사람들이 없는 것은 아닙니다. 2018~2019년 유엔의 핵심 예산이 54억 달러로 합의되었는데, 이중 절반 이상이 행정 비용으로 사용되며 많은 빈곤 국가들은 분담금 지불에 어려움을 겪고 있습니다. 많은 나라들이 유엔을 지나치게 **관료적**이며 비효율적이라고 여깁니다. 유엔이 비민주적이며 부유한 나라들이 지배한다고 보는 나라들도 있습니다.

키워드

관료적: 효율성을 희생시키면서 절차와 행정 관리에 지나치게 관심을 갖는 것

그림 7.7 _ 유엔 총회 회의장

탐구 7.13

짝과 함께 또는 작은 모둠을 만들어 국제적 소양을 장려하기 위해 국제적인 IB 디플로마 프로그램 학생 포럼을 조직한다고 상상해 보세요. 모든 문화적 관점이 경청되고 존중받는다는 것을 보장하기 위해 어떤 구조를 설치하고 싶은가요? 양립할 수 없는 믿음과 지식이 생길 때는 차이를 어떻게 해결할 수 있을까요? 포럼은 어떻게 결정에 이를까요?

실제 상황 7.19

정치적, 사회적 쟁점에 관해 매우 다른 관점을 가진 193개 회원국으로 이루어진 조직에서 진실이나 정의는 어떻게 규정될 수 있을까요? 유엔의 결정권은 어디서 나올까요?

유엔 안전 보장 이사회는 결성된 뒤부터 국제 분쟁이 전쟁으로 확대되는 것을 막거나 평화 회복을 돕기 위해 종종 소집되었습니다. 평화에 위협이 되는 사안이 발생하면 유엔 안전 보장 이사회는 이를 조사하고 서로 다른 파벌을 중재하여 평화적 해결을 시도할 수 있습니다. 전투가 벌어지면 안전 보장 이사회는 휴전을 요청하고 유엔 평화 유지군을 배치할 수 있습니다. 유엔은 또한 정의와 안전을 지원하고 인권을 보호하며 화해를 촉진함으로써 평화 구축에 관여하고 있습니다. 하지만 최선을 다했어도 여전히 세계 곳곳에서 많은 무력 충돌이 일어나고 있습니다.

논의 7.40

"진실은 전쟁의 첫 번째 희생자다"라는 말을 자주 들을 수 있습니다. 이것은 무엇을 의미하며 왜 그럴 수 있을까요? 진실에 대한 서로 다른 문화적 관점에 직면했을 때, 진실이 어디에 있는지 어떻게 결정할 수 있을까요?

테러리즘

국제 무력 충돌을 고찰할 때 **테러리즘**을 국가들 사이의 전쟁이 아니라 국경을 넘나들며 반정부 활동을 벌이는 소수 민족이 환멸이나 불만족을 폭력적으로 표현하는 것으로 간주하는 것이 중요합니다. **테러리즘**이라는 용어는 원래 국내의 적에 맞선 국가의 행동을 기술하기 위해 사용되었습니다. 그러나 국가가 지원하는 **테러리즘**은 여전히 **테러리즘**의 한 유형으로 인식되고 있지만 오늘날 **테러리즘**은 대부분 이데올로기적, 정치적, 혹은 종교적 이유로 개인과 유사 정치 조직이 사람들에게 자행하는 폭력적 행동을 기술할 때 사용됩니다.

테러범들은 일반적으로 인파가 많이 몰리는 장소를 공격하며, 일상생활의 중심이라서 날마다 사용하는 장소에 대한 사람들의 신뢰를 무너뜨림으로써 공중의 안전감을 파괴하려고 합니다. 학교, 쇼핑센터, 대중교통 정류장(역), 다리, 예배 장소, 호텔과 레스토랑은 빈번하게 그 표적이 됩니다. 더 대규모로 파괴할 수 있고 충격 효과를 더 크게 하며 대대적인 홍보 효과를 누리기 위해서입니다. 테러리즘은 인권, 법치, 사람들과 국가들 사이의 관용, 분쟁의 평화적 해결 등을 담고 있는 유엔 헌장의 많은 핵심 가치를 공격합니다. 테러범들이 그렇게 할 때 사용하는 자기 정당화 중 하나는 자신들이 억압자로 간주하는 정치적, 경제적, 종교적인 기득권 집단을 유엔, 많은 정치 체제, 일반적인 시민 사회와 동일시하는 데 있습니다. 테러 집단은 거의 아무런 혜택도 받지 못한 채 억압받는 사람들과 소수자들뿐만 아니라 테러범이 공격하는 국가에 불만을 품은 시민들한테서도 지지를 끌어낼 수 있습니다. 이 시민들은 자신들이 살고 있는 사회의 지배적인 가치 체계에 대한 반감을 테러범과 공유하기 때문입니다. 테러리즘은 반정부 운동의 악의적 형태입니다.

테러리즘이 지닌 **지식 기반**의 유의미성을 인식하는 것이, 특히 대다수 사람들이 가지고 있는 세계관과 양립할 수도 화해할 수도 없는 세계를 가정하고 설명하는 것 위에 구축된 이들의 세계관이 지닌 지식의 함의를 인식하는 것이 중요합니다. 외부에서 보면 테러범의 세계관은 증오와 편견, 무지에 기반을 둔 것처럼 보일 수 있지만, 테러범은 자신의 세계관이 원칙적이고 정의롭고 참된 **대안 지식 체계** 위에 세워진 것으로 보고 있을 수 있습니다.

논의 7.41

어떤 상황에서 한 명의 테러범이 다른 사람의 자유의 전사가 될까요? 우리 문화는 다양한 정치 집단을 정의하고 꼬리표를 붙이는 방식을 어느 정도나 결정할까요?

테러리즘에 대응할 때 직면하는 한 가지 어려움은 테러리즘의 정의에 대한 국제적 합의가 부족하다는 것입니다. 국가가 통제하는 군대가 민간인에게 무력을 사용하는 것이 테러리즘의 정의에 포함되어야 하는지에 대해 논쟁이 있습니다. 또 외국의 점령 하에 있는 사람들은 테러범으로 꼬리표가 붙지 않고 저항할 권리를 가져야 한다는 우려 섞인 목소리도 있습니다.

지식 영역 연결 질문 7.5

언어: 테러리즘에 대한 국제적으로 합의된 정의가 부족한 것은 유엔이 명확한 대테러 전략을 개발하는 것에 어떤 영향을 미칠 수 있을까요?

국제법

국제법은 여러 국민 국가와 국제 조직에 규범적 지침을 제공하는 규칙, 원칙 및 관행의 모음입니다. 특히 인권, 외국인 체류자 및 난민에 대한 대우, 국적 문제 같은 윤리적 쟁점에 초점을 맞춥니다. 또 세계 무역, 전 지구적 환경 문제, 국제 물 부족 문제 및 우주 공간과 관련된 문제 같은 전 지구적 쟁점을 다룹니다.

국제법과 국가 주권의 관계에 대해 학계, 외교관 및 정치인 사이에 논쟁이 커지고 있습니다. 국제법이 국가가 스스로를 통치하는 방식에 간섭해서는 안 된다는 주장이 있는가 하면, 모든 국가가 노예 제도, 고문 또는 집단 학살 따위에 가담하는 것을 금지하는 특정 행동 기준을 충족해야 한다는 주장도 있습니다.

논의 7.42

모든 나라가 자국의 법률과 체제를 어느 정도나 결정하도록 허용되어야 할까요? 누가 그리고 어떻게 결정해야 할까요?

모리타니 이슬람 공화국에서는 2007년까지 노예 소유가 합법이었습니다. 이후 2018년

전체 인구의 2%가 여전히 노예 생활을 하는 것으로 드러났는데도 노예를 소유했다고 기소된 사람은 단 한 명뿐이었습니다. 모리타니에서 노예 제도가 폐지되지 않은 이유 중 하나는 인구 대다수가 노예 제도가 사회의 자연스러운 질서의 일부라고 믿기 때문 입니다.

실제 상황 7.20

인권과 윤리적 지식은 어느 정도나 전 지구적일까요? 아니면 문화적으로 상대적일까요?

탐구 7.16

두 명이 짝을 짓거나 모둠을 지어 여러분이 속한 국민이나 사회에서는 적법하고 또 '자연스럽게' 보일 수 있지만 다른 문화에서는, 심지어 다른 시대의 다른 문화에서는 다르게 인식될 수 있는 활동이 있는지에 대해 브레인스토밍을 해 보세요.

논의 7.43

1   지식은 정치 내부에서 윤리적 쟁점에 대한 이해를 형성하는 데 어떤 역할을 할까요?
2   윤리적으로 발전한다는 것은 무엇을 의미할까요?

헤게모니

헤게모니는 국제적 권력 및 권위와 연결된 개념입니다. 헤게모니에서 한 집단이나 국가 는 합의에 의해 지배할 수 있습니다. 다른 집단이나 국가는 지배 집단을 지탱하는 관 념이 정상적이고 심지어 상식적이라고 받아들이기 때문입니다. 정부와 대기업은 정보 와 기술을 통제할 수 있기 때문에 사람들이 생각하는 방식과 온갖 논쟁의 방향에 큰 영향을 미칠 수 있습니다. 국제 정치에서 미국은 군사력과 경제력 때문에 때로는 전 지구적 **패권국**으로 기술되기도 합니다. 미국의 군사력과 경제력이 다른 국가들이 상호 작용하고 교역하는 방식에 중대한 영향을 미치고 통제하기 때문입니다. 헤게모니의 모 든 사례에서 패권국은 헤게모니 체계를 보존하는 데 더 큰 관심을 기울이며, 종종 헤 게모니 체제의 규칙을 정식화할 책임을 지고 있습니다. 여러 가지 방식으로, 헤게모니 는 모두가 준수해야 한다고 믿는 일련의 표준을 장려하기 때문에 상대주의와는 정반 대되는 것으로 간주될 수 있습니다.

키워드

헤게모니: 패권. 일련의 사상 으로 뒷받침되는 한 집단의 지배 또는 대체할 사상이 순 환되지 못하도록 억제하는 방 식의 규범으로 기능하는 일련 의 사상이 지배하는 것

패권국: 헤게모니를 행사하고 패권 사상을 촉진하는 지배 국가

논의 7.44

민주주의 우월성에 대한 서구의 믿음은 어느 정도나 헤게모니를 지니는 관념일까요?

7.11 맺으며

정치의 핵심에는 하나와 여럿, 개인적 선과 집단적 선의 관계, 그리고 이 관계가 수반하는 책임과 자유의 연계에 대한 물음이 놓여 있습니다. 세계 대부분의 정치 체제는 집단에 대해 또는 집단에 맞서서 개인의 자유를 보호하고 보존하려는 관심과 연동되거나, 개인에 대해 또는 개인에 맞서서 집단의 번영을 보호하고 보존하려는 관심과 연동될 수 있습니다. 자유주의와 자본주의는 분명히 전자의 범주에 속하는 반면, 공산주의와 사회주의는 적어도 후자에 속하는 척을 합니다. 모든 체제는 목표를 달성하기 위해 집단적 대가든 개인적 대가든 허용할 준비가 되어 있는 부수적 피해의 양에 대해 가정합니다.

7장에서는 정치와 지식이 어떻게 해서 떼려야 뗄 수 없는 관계에 있는지 살펴보았습니다. 정치는 사회와 조직 내의 권위를 결정하고, 그 권위는 궁극적으로 무엇이 지식으로 간주되는지, 공유되어야 할 지식이 무엇인지, 미래 세대에 전달되어야 할 지식은 무엇인지를 결정합니다.

한 국가나 사회가 지닌 정치 체제의 유형은 사회 내의 개인이 사고하는 방식, 그런 개인이 보유한 신념, 접근할 준비가 되어 있는 지식, 접근이 거부된 지식에 강력한 영향을 미칠 것입니다. 우리가 무엇을 알지, 그것을 어떻게 알지, 또 그 지식에 어느 한도에서 도전할 수 있는지는 모두 대체로 정치적 결정의 산물입니다.

아는이의 과제 중 하나는 자신의 지식이 정치에 의해 어떻게 형성되는지 더 잘 인식하려 하는 것이며, 또 지식과 정치의 연결을 다소간 해제하는 노력 속에서 지식 쟁점을 다른 정치적 관점에서 보려고 하는 것입니다. 그러나 정치가 지식을 형성하는 것처럼 지식은 정치를 형성할 잠재력을 지니고 있습니다. 아는이로서 우리 모두에게는 우리의 지식이 우리 사회 및 국제 사회와 맺는 관계에 기여할 수 있도록 우리 사회의 정치에 참여할 책임이 있습니다.

1 정치 체제가 길러낸 관점은 우리의 지식에 어느 정도나 영향을 미칠까요?

2 지식은 우리가 지지하는 정당과 투표 방식에 어떻게 영향을 미칠까요?

7.12 지식 영역 연결 질문

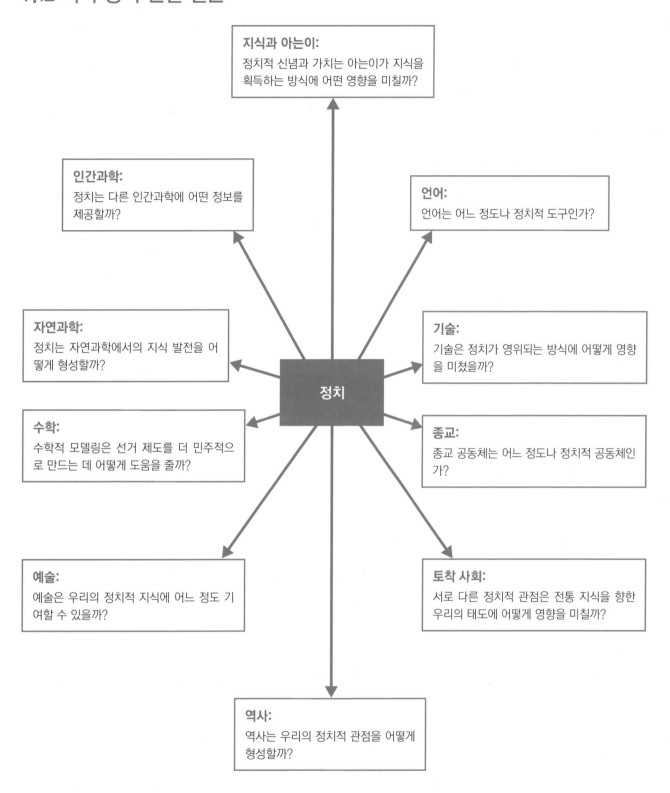

지식과 아는이:
정치적 신념과 가치는 아는이가 지식을 획득하는 방식에 어떤 영향을 미칠까?

인간과학:
정치는 다른 인간과학에 어떤 정보를 제공할까?

언어:
언어는 어느 정도나 정치적 도구인가?

자연과학:
정치는 자연과학에서의 지식 발전을 어떻게 형성할까?

기술:
기술은 정치가 영위되는 방식에 어떻게 영향을 미쳤을까?

수학:
수학적 모델링은 선거 제도를 더 민주적으로 만드는 데 어떻게 도움을 줄까?

종교:
종교 공동체는 어느 정도나 정치적 공동체인가?

정치

예술:
예술은 우리의 정치적 지식에 어느 정도 기여할 수 있을까?

토착 사회:
서로 다른 정치적 관점은 전통 지식을 향한 우리의 태도에 어떻게 영향을 미칠까?

역사:
역사는 우리의 정치적 관점을 어떻게 형성할까?

7.13 자기 점검

7장에서 배운 내용을 되돌아보고 1점에서 5점 사이로(5는 최고 점수, 1은 최저 점수) 자신의 자신감 수준을 표시하세요. 3점 미만이면 해당 부분을 다시 읽어 보세요. 그런 다음 이 목록으로 돌아오세요. 여러분의 자신감이 높아졌나요?

	자신감 수준	다시 읽기?
나는 지식이 정치 권력 및 권위와 어떤 관련이 있는지 이해하고 있는가?		
나는 권위가 정당화되는 방식과 사회 계약이 의미하는 바를 분명히 알고 있는가?		
나는 '~에게 가하는 권력', '~에 대한 권력', '~의 권력'의 구별을 이해하고 있는가?		
신선한 관점은 똑같은 사건을 서로 다르게 해석하도록 이끌 수 있다는 점을 나는 어떻게 설명할 수 있는가?		
나는 변화하는 사회에서 반정부 운동과 시민 불복종의 중요성을 인식하고 있는가?		
나는 핵티비즘을 통해 생겨나는 지식 통제라는 쟁점에 대해 명료하게 알고 있는가?		
나는 내부 고발에 대해 다양한 관점이 있다는 것을 제대로 알고 있는가?		
나는 서로 다른 정치 체제가 의사 결정을 위해 서로 다른 방법을 사용한다는 것을 이해하는가?		
나는 민주주의 국가에서 다수 의견을 평가하기 위해 사용되는 몇 가지 방법을 설명할 수 있는가?		
나는 다양한 비민주적 정치 체제와 이것이 지식에 영향력을 미칠 수 있는 다양한 방식에 대해 알고 있는가?		
나는 서로 다른 정치적 입장 사이의 관계를 모델화하기 위해 정치적 스펙트럼을 사용하는 것의 장단점에 대해 분명히 알고 있는가?		
나는 소유권의 윤리적, 정치적 함의를 고려했는가?		
나는 우리가 **사회 정의, 평등, 공평**으로 이해하는 바를 제대로 파악할 수 있는가?		
나는 무지의 베일이 의미하는 바와 이것이 정치적 신념에 어떻게 영향력을 발휘하는지를 이해하고 있는가?		
나는 인식적 부정의와 관련된 몇 가지 윤리적 쟁점을 설명할 수 있는가?		
나는 지식 경제가 무엇인지 알고 있는가?		
나는 지식 위계질서의 정치적 성격을 설명할 수 있는가?		
나는 지식 생산 비용과 그 비용의 몇 가지 함의에 대해 토론할 수 있는가?		
나는 지식 재산(권)이 무엇이며 그것이 기업과 토착 사회에 어떤 영향력을 미칠 수 있는지 이해하고 있는가?		
나는 정치적 차이가 전 지구적, 국제적 사건에 대한 해석에 어떻게 영향력을 발휘할 수 있는지 토론할 수 있는가?		

7.14 더 읽을거리

- 7장에서 얻은 지식을 바탕으로 다음 글들 중 몇 가지를 읽을 수 있습니다.

- **지식의 정치**에 대해 자세히 알아보려면 다음을 읽으세요.
  Hans N Weiler, 'Whose knowledge matters? Development and the politics of knowledge'. *Stanford University* 웹사이트에서 검색하세요.

- **과학 지식의 정치적 사용**에 대해 더 배우고 싶다면, 다음을 읽으세요.
  UNESCO, *Declaration on Science and the use of Scientific Knowledge*, 1st July 1999. *Unesco* 웹사이트에서 검색하세요.

- **제약 관련 지식을 생산하기 위한 비용**에 대한 더 나은 통찰력을 얻으려면 다음을 읽으세요.
  Thomas Sullivan, 'A Tough Road: Cost To Develop One New Drug Is $2.6 Billion; Approval Rate for Drugs Entering Clinical Development is Less Than 12%', *Policy and Medicine*, updated 21 March. *Policy and Medicine* 웹사이트에서 검색하세요.

- **산업계가 연구 자금을 지원하는 것의 정치적 쟁점**에 대해 좀 더 알고 싶다면 다음을 읽으세요.
  'The inconvenient truth about cancer and mobile phones', *The Guardian* 14 July 2018. *Guardian*의 웹사이트에서 검색하세요. 또 다음도 읽어보세요. 'How Big Wireless Made Us Think That Cell Phones Are Safe: A Special Investigation', Mark Hertsgaard and Mark Dowies, *The Nation* 23 April 2018. *Nation*의 웹사이트에서 검색하세요.

- **직장 내의 지식이라는 쟁점**에 대해 좀 더 알고 싶다면 다음을 읽으세요.
  John Hagel III, John Seely Brown, and Lang Davison, 'Are all employees knowledge workers?' *Harvard Business Review*, 5 April 2010. *Harvard Business Review* 웹사이트에서 검색하세요.

- **유엔의 역할**에 대해 자세히 탐구하려면 다음을 읽으세요.
  'Charter of the United Nations'. *United Nations* 웹사이트에서 검색하세요.

- **유엔에 대한** 몇 가지 **비판**을 알아보려면 다음을 읽으세요.

Chris McGreal, '70 years and half a trillion dollars later: what has the UN achieved?', *The Guardian*, 7 September 2015. *Guardian* 웹사이트에서 검색하세요.

• **인식적 부정의**를 자세히 탐구하고 싶다면 다음을 읽으세요.
Miranda Fricker, *Epistemic Injustice: Power and the Ethics of Knowing*, Oxford University Press, 2007.

• **중국에 대한 새로운 관점**을 찾으려면 다음을 읽으세요.
Ceri Parker and Oliver Cann, '10 astounding facts to help you understand China today', *World Economic Forum*, 24 June 2017. *World Economic Forum* 웹사이트에서 검색하세요.

• **민주주의에 대한 도전**에 관해 더 알고 싶다면 다음을 읽으세요.
'What's gone wrong with democracy?', *The Economist*, 27th February 2014. *Economist* 웹사이트에서 검색하세요.

지식과 종교

학습 목표

8장에서는 세계의 종교 전통 중 일부를 탐구할 것입니다 이 전통들이 그 종교 지식을 어디에서 끌어내는지, 종교 지식이 근·현대 세계를 이해하는 데 어떤 도움을 주는지 탐구할 것입니다.

여러분은

- 종교와 그 범위에 관한 여러 가지 사고방식을 검토합니다. 또 세계의 종교가 얼마나 풍부하고 다양한지, 이를 분류하는 방식이 얼마나 도움이 되면서도 제한적일 수 있는지를 배웁니다. 그리고 종교 언어에 대한 이해의 차이가 종교 지식에 관한 잘못된 해석으로 어떻게 이어질 수 있는지를 생각하게 됩니다.

- 종교 지식의 몇 가지 주요 원천을 살펴봅니다. 또 종교 텍스트들과 서사들을 이해하는 방식과 관련된 여러 가지 관점에 대해 논의합니다.

- 종교 지식의 발전에 사용된 몇 가지 방법과 도구를 검토합니다.

- 개인과 공동체가 종교적 이해를 발전시키는 여러 가지 방식을 탐구하고, 한 공동체 내에서 종교적 윤리의 역할을 고찰합니다.

- 종교가 사회 문제를 극복하고 더 관용적인 세계를 촉진하기 위해 종교 지식을 사용하여 협력하기 위한 몇 가지 주도적 조치를 발견하게 됩니다.

다음 각각의 인용문을 분석하고 이어지는 질문에 관해 토론하세요.

1 "일몰의 경이로움이나 달의 아름다움에 경탄할 때, 내 영혼은 창조주를 숭배하는 가운데 부풀어 오른다." **마하트마 간디** (Mahatma Gandhi, 1869~1948)

2 "기도는 신을 바꾸는 게 아니라 기도하는 그 사람을 바꾼다." **쇠얀 키르케고르**(Søren Kierkegaard, 1813~1855)

3 "우리에게 감각, 이성, 지성을 부여한 바로 그 '신'이 우리가 이것들을 사용하지 않도록 의도했다는 것을 믿을 의무는 없다고 생각한다." **갈릴레오 갈릴레이**(Galileo Galilei, 1564~1642)

4 "어떤 이가 모든 질문에 답을 가지고 있다면, 그것은 '신'이 그와 함께 하지 않는다는 것의 증명이다. 그것은 그가 자기 자신을 위해 종교를 써먹는 거짓 예언자라는 뜻이다." **프란치스코 교황**(Pope Francis, 1936~)

5 "자연은 여성이 인간이라고 말한다. 남자는 그것을 부정하려고 종교를 만들었다." **타슬리마 나스린**(Taslima Nasrin, 1962~)

위의 인용문에 대해 다음을 생각해 봅시다.

a 인용문에 어느 정도 동의하나요? 아니면 동의하지 않나요?

b 인용문에 대해 어떻게 이견을 제기할 건가요?

c 인용문은 종교에 관한 화자의 가정에 대해 무엇을 말해 줄까요?

d 다른 종교를 믿거나 믿는 종교가 없는 사람들은 인용문에 어느 정도나 동의할 수 있다고 생각하나요?

8.1 들어가며

역사를 통틀어 종교는 모든 인간 사회에서 중대한 역할을 해 왔습니다. 인간 사회를 형성하고 지탱하며, 공통의 가치와 비전을 제공하는 것입니다. 종교 단체는 종종 식량, 의료, 교육을 제공함으로써 좀 더 실천적인 방식으로 공동체를 지탱합니다. 문학, 자연과학, 인간과학, 철학은 모두 종교적 믿음에 뿌리를 두고 있습니다.

하지만 종교는 사람들을 하나로 묶을 수 있는 것과 마찬가지로 분열시킬 수도 있습니다. 이 말은, 종교적 공동체든 아니든 우리가 하나의 공동체에 속할 때마다 어떤 사람들은 그 공동체에 속하는 반면 다른 사람들은 그렇지 않다는 뜻입니다. 우리는 '내부자'와 '외부자', 즉 **우리**와 **그들**로 나뉩니다. 그렇기 때문에 어떤 사람들은 정의와 연민에 대한 종교적 가르침에도 불구하고 종교가 사람들 사이의 수많은 전쟁에 책임이 있다고 믿습니다.

종교만큼 인간의 열정을 자극하는 지식 주제는 거의 없습니다. 특정 종교의 신자든 종교가 없는 사람이든, 종교는 아마 다른 어떤 것보다도 더 많이 사람들의 세계관을 형성하는 지식 영역입니다.

이번 8장에서 우리는 종교가 무엇인지, 종교가 어떻게 진화하는지, 종교 지식이 어디에서 유래하는지 탐구할 것입니다. 또 우리는 몇 가지 핵심 관념들, 그리고 이 관념들이 해석되는 방식들을 탐구할 것입니다.

8.2 종교란 무엇이며 그 범위는 무엇인가?

종교(religion)라는 단어는 '함께 묶다'라는 뜻인 라틴어 렐리가레(religare)에서 파생되었다고 간주됩니다. 그리고 프랑스 사회학자 에밀 뒤르켐(Émile Durkheim, 1858~1917)은 바로 이것이 종교의 역할이라고 생각했습니다. 즉, 공동체를 함께 묶는다는 것입니다. 뒤르켐은 종교를 사람들에게 정체성과 연대, 권위 있는 형상들의 원천, 삶의 의미를 제공함으로써 사람들을 하나의 도덕적 공동체로 통일시키기 위해 고안된 믿음과 실천의 체계로 간주했습니다. 뒤르켐에 따르면, 종교는 이것이 작동하는 사회 내부의 도덕적, 사회적 규범들을 강화하며, 따라서 어떤 사회에서나 중요한 역할을 지닙니다. 종교적 제의(의례)는 사람들이 그들의 집단적 가치, 도덕, 신념을 재확인하기 위해 모이도록 하는 의사소통 양식을 제공합니다. 이는 본질적 요소인데, 왜냐하면 믿음을 재차 확인하는 공적 행위는 믿음을 강화하는 데 도움을 주는 동시에 공동체 감각을 증대시키기도 하기 때문입니다.

물론 종교의 본성에 관한 뒤르켐의 생각에 모든 사람이 동의하지는 않을 것입니다. 철학자이자 정치 및 경제 이론가이며 사회주의 혁명가인 카를 마르크스(Karl Marx, 1818~1883)는 종교를 억압의 도구로 보았습니다. 그는 종교를 '인민의 아편'이라고 지적했고, 천상의 사후 세계에 대한 믿음을 사람들이 지상의 생활에서 겪는 불의에 대해 불평하지 않게 막아 버리는 **만병통치약**으로 간주했습니다.

신경학자이자 정신 분석학의 창시자인 지크문트 프로이트(Sigmund Freud, 1856~1939)는 종교란 의지할 수 있는 강력한 아버지 형상을 필요로 하는 사람들에게 감정적 버팀목 역할을 하는 환영(illusion)이라고 믿었습니다. 그는 인간이 폭력적인 충동을 억제하는 데 도움이 되는 문명의 발전에 종교가 필수적이라고 생각했지만, 하나의 종(種)으로서의 우리가 더 풍부한 지식을 갖게 되고 더 합리적이게 됨에 따라 우리를 행동하게 하는 아버지 형상 없이도 도덕성의 동기가 될 것이라고 생각했습니다. 그는 과학과 이성이 신에 대한 필요를 대체할 것이며, 사람들이 더 교육을 받고 지식이 많아지면 종교적 믿음이 쇠퇴할 것이라고 굳게 믿었습니다.

물론 다른 사람들은 일부 종교가 주장하는 것을 그대로 믿습니다. 그것이 하나 이상의 **신적인** 존재에 대한 일련의 이야기든, 신과 그 신의 백성 사이의 **신의 계약**이든, 영적 전통이든 아니면 초자연적 존재를 포함하거나 포함하지 않을 수도 있는 삶의 방식에 대한 철학이든 말입니다. 종교에 대해 어떻게 생각하느냐에 따라 종교의 범위에 대한 관점이 적어도 부분적으로 결정됩니다. 여러분이 종교인이라면 모든 것이 종교의 범위 안에 있다고 볼 것입니다. 종교는 정치적 견해, 윤리적 문제에 대한 의견에 영향을 미치며 과학적 증거를 해석하는 방식에도 영향을 미칠 수 있습니다. 그러나 종교적 믿음이 없거나 확고한 **무신론자**라면 종교적 믿음은 개인적인 문제이며 종교적 관점은 공적 영역에서 설 자리가 없다고 생각할 수 있습니다.

키워드

무신론자: 신이 없다고 믿는 사람

되돌아보기

여러분에게 종교는 어떤 의미인가요? 종교적 또는 영적이라고 간주하는 믿음을 갖고 있나요?

논의 8.2

종교적 믿음은 종교에 대한 뒤르켐, 마르크스 또는 프로이트의 설명과 어떻게 양립할 수 있을까요? 이 사람들이 제공한 종교 설명과 종교 신자가 제공한 설명을 비교할 때, 그들의 지식 주장을 평가하기 위해 어떤 기준을 사용할 건가요?

세계의 종교

세계에는 약 4,200개의 종교가 있는 것으로 추정되며, 그중 상당수는 각각 고유한 일련의 믿음과 관행을 가진 여러 종파로 분할되고 하위 분할됩니다. 세계의 종교는 여러 형태로 나타납니다. 몇몇 종교는 중심적인 믿음과 관행에 초점을 맞추지만, 다른 종교는 공동체와 문화에 초점을 맞춥니다. 초자연적인 차원의 종교가 있는 반면, 이 세계에 좀 더 뿌리를 둔 종교도 있습니다. 여러 신들이 있는 종교가 있는가 하면, 하나의 신만 있는 종교도 있으며, 신(들)이 전혀 없는 종교도 있습니다.

2015년도 통계에 따르면 가장 영향력 있는 다섯 개의 종교는 기독교(신자 수 23억 명), 이슬람교(18억 명), 힌두교(11억 5,000만 명), 불교(5억 2,100만 명), 유대교(1,450만 명)입니다. 그들은 세계 인구의 70% 이상을 차지합니다. 그러나 종교를 믿지 않는 사람들을 모두 하나의 '종교'로 묶으면, 세 번째로 큰 종교일 것입니다.

실제 상황 8.2

1   종교는 대부분의 사람들에게 삶의 중요한 측면이기 때문에, 우리는 세계 곳곳에서 온 사람들을 더 잘 이해하기 위해 다양한 종교에 관한 지식을 얻어야 할 윤리적 책임을 갖고 있을까요?

2   세계관을 공유하지 않는 사람들의 지식 주장에서 우리는 무엇을 배울 수 있을까요?

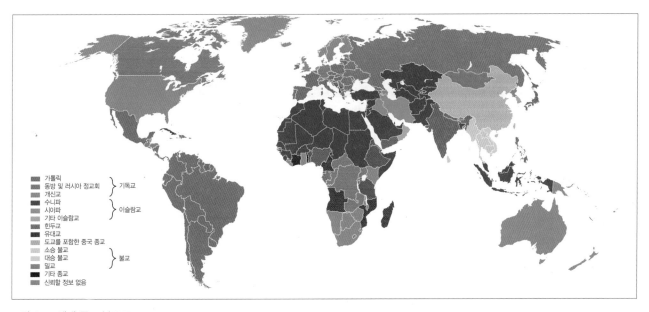

그림 8.1 _ 세계 종교 분포도

연구에 따르면 전 세계, 특히 북미, 유럽, 호주-아시아 및 라틴 아메리카에서 젊은 성인은 40세 이상의 성인보다 종교적 소속감이 약한 편입니다. 중동과 아프리카 대부분의 지역에서 젊은 성인은 더 나이든 성인과 똑같은 정도의 종교적 소속감을 갖고 있지만, 차드와 가나, 두 나라에서만 젊은 성인은 더 나이 든 성인보다 강한 종교적 소속감을 보여 줍니다.

논의 8.3

사람들이 특정 신앙 집단에 속하거나 가입하지 않은 경우에도 종교인으로 분류될 수 있는 믿음을 어느 정도까지 계속 가질 수 있을까요?

탐구 8.1

모둠을 짜서, 전 세계 젊은이들에게서 종교적 소속감이 감소한 이유를 브레인스토밍 해 보세요. 차드와 가나에서는 왜 정반대로 종교적 소속감이 높아졌는지에 대한 가설을 세우세요. 자료가 충분하다고 가정하면, 어떻게 가설을 검증할 수 있을까요?

논의 8.4

종교를 이해하는 데 과학적 방법론을 어느 정도나 적용할 수 있을까요?

종교적 소속감에 변화가 있다 해도 이것은 종교가 결국 쇠퇴할 것이라는 프로이트의 말이 옳다는 것을 반드시 의미하지는 않습니다. 더 부유한 나라의 사람들이 조직화된 종교를 덜 믿는 편이지만, 여전히 그 사람들은 종종 **유신론자**라고 주장하거나 다음과 같은 주요 물음과 씨름하면서 어떤 형태의 **영성**을 받아들일 것입니다. 즉, "삶은 의미

키워드

유신론자: 사람 및 세계와 상호 작용하는 유일신이나 신들을 믿는 사람

영성: 물질적이거나 물리적인 것보다는 인간 정신이나 영혼과 관련된 것

와/또는 목적을 갖고 있는가?", "실재란 무엇인가?", "왜 무가 아니라 무엇인가가 존재하는가?" 같은 물음 말입니다.

논의 8.5

종교는 지식의 다른 영역이 대답할 수 없는 질문에 답하는 데 도움이 될까요?

어떤 사람들은 많은 나라들이 점점 더 **세속화**되고 있다고 주장하는데, 이 경우 세속적인 부모를 둔 자녀는 스스로 세속화할 가능성이 더 높기 때문에 이런 경향은 증가할 것입니다. 게다가 현대의 세속화는 인터넷 접속 및 활용과 상관관계가 있으며, 이는 세속화가 계속 증대할 것임을 시사합니다. 그러나 다른 사람들은 종교가 쇠퇴한다기보다는 단순히 변화하고 있다고 주장합니다. 사람들은 자신의 종교적 믿음을 고수하면서도 조직화된 종교 체계에 참여하기보다는 사생활 유지를 선택합니다. 몇몇은 심지어 전 세계 사람들의 84%가 반드시 예배에 참석하지 않고도 종교 집단과 일체감을 느낀다고 언급하면서 종교적 믿음이 증가하고 있다고 주장하기도 합니다.

키워드

세속화: 종교와 관련되지 않음

논의 8.6

특정한 신에 대한 지식은 종교 예배 참여에 어느 정도나 좌우될까요?

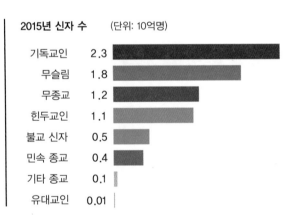

세계 인구에서의 비율

- 0.8% 기타 종교
- 0.2% 유대교인
- 민속 종교 5.7%
- 불교 신자 6.9%
- 기독교인 31.2%
- 힌두교인 15.1%
- 무종교 16%
- 무슬림 24.1%

2015년 신자 수 (단위: 10억명)

기독교인	2.3
무슬림	1.8
무종교	1.2
힌두교인	1.1
불교 신자	0.5
민속 종교	0.4
기타 종교	0.1
유대교인	0.01

그림 8.2 _ 세계의 종교 현황(2015년)

이러한 서로 다른 견해는 모두 동일한 2015년 통계를 인용하지만 해석은 매우 다릅니다. 이렇게 다양한 해석 뒤에 있는 이유 중 하나는 '무종교'로 보고된 그룹에 무신론자, **불가지론자**, 어떤 형태의 종교적 믿음을 갖고 있을 수도 있지만 기성 종교에 가입하지 않은 사람들이 혼재하기 때문입니다.

키워드

불가지론자: 신의 실존 여부를 모르거나 결정하지 않은 사람. 또는 신의 실존이나 본성에 관해 아무것도 알 수 없다고 믿는 사람

논의 8.7

종교의 인구 분포를 비교하기 위해 통계적 방법을 사용할 때 일어나는 쟁점에는 어떤 것들이 있을까요?

종교의 분류

세계의 종교는 여러 가지 방식으로 분류될 수 있습니다. 고대 세계에서(그리고 오늘날 일부 사람들 사이에서도) 종교는 참된 종교(분류자가 믿는 종교), 부분적으로 참된 종교(분류자가 믿는 종교와 유사한 종교), 그리고 거짓 종교(다른 모든 종교)로 분류됩니다. 이런 종류의 분류는 전 지구화된 사회에서 별로 도움이 되지 않기에 새로운 방법이 고안되었습니다. 한 가지 방식은 종교를 **유신론**(일신교, 다신교)과 **무신론**으로 나누는 것인데, 이것도 많은 종교가 어느 범주에 속하는지가 항상 명확한 것은 아니라는 문제점을 지니고 있습니다. 예를 들어 힌두교는 어떻게 정의되고 이해되느냐에 따라 이것들 중 어느 부류에나 속하는 것으로 분류될 수 있습니다.

종교는 때때로 기원한 곳이나 현재 퍼져 있는 곳에 따라 분류됩니다. 이것은 역사적 맥락을 추적하는 데 도움이 될 수 있지만, 종교를 분류하는 더 최근의 방법은 **동의**와 **혈통**에 입각한 것입니다.

혈통의 종교는 사람들이 태어나면서 물려받는 종교입니다. 이러한 종교 공동체에서 개인은 그 배경을 가진 한쪽 또는 양쪽 부모가 있기 때문에 구성원으로 간주되며 종교, 문화 및 민족(ethnicity)이 밀접하게 서로 얽혀 있습니다. 혈통의 종교의 예로는 유대교, 힌두교 및 많은 토착 종교가 있습니다. 구성원 자격이 특정 이데올로기에 좌우되는 것이 아니므로 **다원주의적** 경향이 있습니다. 그러나 이러한 종교로의 개종은 일반적으로 드물고 종종 어렵기까지 합니다.

동의의 종교는 모든 배경을 가진 사람들을 공개적으로 초대하고 환영하는 종교입니다. 구성원 자격은 일반적으로 종교에 필수적인 것으로 간주되는 일련의 믿음에 동의하는 것을 포함합니다. 동의의 종교의 예로는 기독교, 이슬람교, 불교가 있습니다. 이런 종교에는 교차 문화적인 경향이 있으며, 그 주요 믿음은 종종 **전도**를 목적으로 깔끔하게 포장되어 있습니다. 그들의 정체성은 동의에 달려 있으므로 이런 종교 공동체는 종종 반-다원주의적이고 **이단자**에게 불관용적입니다. 그러나 자신을 어떤 종교와 동일시하는 능력은 개인적으로 역량을 증대시킬 수 있게 하며, 개인이 새로운 공동체는 물론 새로운 역사를 갖게 합니다.

모든 분류 체계와 마찬가지로 이런 구분도 단단하거나 굳건하지 않습니다. 많은 동의의 종교는 점차 혈통의 종교가 되고 있습니다. 예를 들어, 기독교 내에서 현대의 로마 가톨릭, 성공회, 러시아 정교회, 그리스 정교회, 아르메니아 교회는 민족적 정체성과 얽혀 있으며, 그중 많은 교회는 넓게 말해서 기독교적 틀 안에 있는 다양한 관념들의 본거지입니다. 비슷한 방식으로 이스마일리스 같은 몇몇 이슬람 집단은 이슬람교를 **부계** 종교로 간주합니다. 즉, 아버지가 이슬람교도라면 자식도 이슬람교도인 것입니다. 유대교가 **모계** 종교인 것과 마찬가지입니다. 이처럼 몇몇 혈통의 종교는 사람들이 다른 신앙보다는 자신들의 신앙에 입회하는 것을 더 수용합니다. 예를 들면 일반적으로 정통파 유대교인보다 개혁파 유대교인이 되는 것이 더 쉽습니다.

키워드

유신론: 최고 존재나 신, 신들이 있다는 믿음

일신교: 하나의 인격신을 인정하고 믿는 종교

다신교: 많은 신들을 인정하고 믿는 종교

무신론: 어떤 인격신이나 신들도 거부하는 이론

다원주의적(pluralistic): 이 글의 맥락에서는 많은 다른 신념과 관행을 갖는다는 것

키워드

전도: 특정 집단이나 종교에 가입하도록 다른 사람들을 설득하는 것. 포교

이단자: 관습적이지 않거나 정통적이지 않은 신념을 가진 집단 내부의 사람

부계: 아버지를 통해 물려받는 것

모계: 어머니를 통해 물려받는 것

혈통의 종교는 1차 종교인 경향이 있고, 동의의 종교는 2차 종교인 경향이 있습니다. 1차 종교는 문화와 완전히 뒤얽혀 있는 오래된 종교입니다. 여기에는 부족 종교가 포함되며 이를 실행하는 문화와 독립적으로 인식할 수 없습니다. 2차 종교는 역사의 특정 시기에 설립된 종교입니다. 그것들은 **계시**와 관련이 있으며 일반적으로 1차 종교와의 단절을 나타냅니다. 예를 들어 기독교는 유대교 내의 한 분파로 시작되었고 불교는 힌두교에서 떨어져 나온 집단으로 시작되었습니다.

유신론적 종교들

세계의 대부분의 지역에서 종교적이라는 것은 하나 이상의 신에 대한 믿음을 의미합니다. 유대교, 기독교, 이슬람교, 시크교, 바하이교, 조로아스터교는 모두 일신교인데, 이것은 이 종교들이 세상에 스스로를 계시하는 하나의 신을 믿는다는 뜻입니다. 그들은 자연 세계를 통해 신을 계시하는 **일반적 계시**는 물론, 역사 속에서 개인에게 주어진 권위 있는 텍스트, 의례 및 전통을 통해 전달된 **특별한 계시**에 적용된 이성으로부터 자신의 믿음에 대한 많은 증거를 끌어냅니다.

도교, 유교, 일본 고유의 종교인 신도(神道) 및 많은 부족 종교 같은 다신교는 하나 이상의 신이 있다고 믿으며, 대부분의 경우 이 다양한 신들은 서로 다른 자연의 힘과/또는 조상의 영혼을 나타냅니다. 어떤 경우 신들은 **판테온(사당)**으로 조직화되는데, 이는 이 신들을 숭배하는 사회의 조직화를 고스란히 반영합니다. 예를 들어 중국에서 신들의 사당은 관료 제도를 반영하는 경향이 있습니다.

키워드

판테온: 문화의 가치를 반영하는 어떤 문화의 신과 여신을 모셔 둔 신전이나 사당. 만신전이라고도 함

논의 8.9

고대 그리스 이후의 범신론적 종교는 신들이 실재한다는 것을 실제로는 '믿지' 않고 인간의 조건에 대한 은유로 사용한다고 종종 암시되어 왔습니다. 종교가 그것의 유신론적 또는 다신론적 주장이 실제로 참인 것은 아닐지라도 인간의 조건에 대한 중요한 지식을 포함할 수 있을까요?

힌두교는 보통 다신교로 간주되지만 힌두교 내에는 다양한 관점을 제공하는 다양한 유파가 있습니다. 힌두의 신들 및 여신들의 판테온이 모두 하나의 '신'에 대한 서로 다른 현시이기 때문에 힌두교는 본질적으로 일신교라는 사람들도 있습니다. 그러나 힌두교는 (항상 그런 것은 아니지만 보통은 '신'이 선, 지혜, 정의 같은 속성을 가지고 있다고 믿는 유신론적 종교와는 달리) 많은 힌두교도가 브라만(궁극적 실재)을 아무런 속성도 없는 것으로 간주하기 때문에 무신론적 종교로 간주될 수도 있습니다. 오히려 브라만은 원인이나 지배자가 아니라 현실 전체와 동일합니다. 비슷한 방식으로 자이나교는 여러분이 '신'을 정의하는 방법에 따라 다신교, 무신론 또는 심지어 **초유신론**으로 간주될 수 있습니다.

이신론은 '유일신'에 대한 믿음이지만, 유신론을 어떻게 이해하느냐에 따라 유신론일 수도 있고 비유신론일 수도 있습니다. 이신론자들은 하나의 '신'을 세계의 창조주라고 믿지만, 유신론자들과 달리 신을 비인격적이라고 여깁니다. 그들은 '신'이 세계의 자연 질서에 개입하는 대신 이를 유지시킨다고 믿습니다. 이신론자들은 '신'이 세계의 자연 법칙을 통해 명백하게 나타나며, 인간의 이성에 의해 입증된다고 봅니다.

키워드

초유신론: 유신론과 무신론을 넘어선 것

이신론(deism): 이성과 자연 법칙을 통해 명백하지만 인간사에는 개입하지 않는 비인격적인 창조신에 대한 믿음

실제 상황 8.4

모든 종교들에 걸쳐, 그리고 심지어 종교들 내부에서도 신이라는 단어에 대한 이토록 여러 가지 다양한 이해가 있는데, 이로 인해 종교 지식 주장을 논의할 때 발생할 수 있는 어려움에는 어떤 것이 있을까요?

비유신론적 종교들

우리가 종교, 특히 믿음에 대해 말할 때도, 신이나 신들에 입각해서 사고하는 경향이 있으며, 반드시 무신론적인 것은 아니라고 해도 본성상 비유신론적인 몇몇 종교가 있고 심지어 유신론적 종교의 몇몇 분파가 있습니다.

일반적으로 신이 존재하지 않는 종교라고 하면 사람들은 불교를 떠올립니다. 그러나 서양 외의 지역에서 창조신이라는 관념을 거부하기는 해도 대부분의 불교 종파는 여러

신성성(천신)의 존재를 인정합니다. 부처인 고타마 싯다르타는 여러 신의 존재를 인정하면서도 인간과 마찬가지로 이 신들이 윤회의 굴레에 갇혀 있다고 보았습니다. 불교에서는 부처가 신들의 스승이며 신들보다 우월하다고 가르칩니다.

키워드

신성성: 신이나 초자연적 존재의 특성

그림 8.3 _ 불교 승려들이 신성한 보리수 앞에 앉아 기도를 바치고 있습니다. 승려들이 누구에게 기도를 바친다고 생각하나요? 그것은 특정 인격적 존재에게 바쳐져야 할까요?

논의 8.10

개인적인 경험이 종교 지식을 만들어 낼 때, 이것은 다른 주제와 지식 영역에서 지식을 만들어 낼 때와는 다른 역할을 할까요?

논의 8.11

1   모든 것을 알고 있는 신이란 무슨 함의를 지닐까요?

2   제한된 지식을 지닌 인간은 모든 것을 아는 신을 어떻게 이해할까요?

키워드

세속적 인간주의: 인간의 가치, 이성에 기반한 결과주의적 윤리, 그리고 과학과 민주주의, 자유에 대한 헌신을 믿는 믿음 체계

세속적 인간주의는 어떤 형태의 유신론도 거부하며, 많은 인문주의자들도 종교가 사람들을 오도하고 파괴한다면서 종교 개념을 거부합니다. 그러나 세속적 인간주의를 자신의 종교로 여기는 세속적 인간주의자들이 많이 있습니다. 1987년 3월, 미국 법원은 세속적 인간주의도 하나의 종교이며, 따라서 종교에 적용되는 모든 보호와 금지를 받을 자격이 있다고 밝혔습니다. 실제로 세속적 인간주의는 더 전통적인 종교가 제공하는 것과 똑같은 상당수의 통과 의례를 제공합니다. 명명 의식, 결혼식 및 장례식과 일부 세속적 인간주의 집단은 공동체의 비종교적 회중 모델을 매주 제공합니다. 어떤 종류의 신도 언급하지 않고 교회 예배를 매우 많이 복제한 것인데, 공동으로 노래를 부르는 것으로 완성되는 모델입니다.

축구는 수많은 의식 절차 및 격식과 관련이 있으며, 공동체 및 공동으로 노래 부르는 회중 모델을 가지고 있습니다. 축구를 비유신론적 종교로 생각하나요?

예를 들면 종교적 언어를 은유적이라고 간주하기 때문에 비유신론적이라고 여겨질 수 있는 기독교 **신학자**들이 있다는 것은 놀라운 일입니다. 그들은 '신'을 **전능**하고 전지하며 **편재**하고 인간의 삶과 세계에 직접 관여한다고 일반적으로 인식되는 인격적, 유신론적 '신'이라기보다는 '모든 존재의 기반' 또는 '궁극적으로 우리와 관련된' 것으로 묘사합니다. 폴 틸리히(Paul Tillich, 1886~1965)는 20세기의 가장 영향력 있는 신학자 중 한 명입니다. 그는 우리의 '궁극적인 관심'의 표현으로서의 유신론 개념을 제안하고, **"'신'은 실존하지 않는다"**고 주장했습니다. "'신'은 본질과 실존을 넘어선 존재 자체다. 그러므로 '신'이 실존한다고 주장하는 것은 '신'을 부정하는 것이다." 이렇게 말했다고 해서 틸리히는 자신이 무신론자라고 선언한 것은 아닙니다. 그는 '신'이 원자나 고래처럼 시공간에 실존하는 존재가 아니라고 말했습니다. 즉, '신'은 실존을 넘어선다는 것입니다. 틸리히에 따르면, '신'이 실존한다고 주장하는 것은 '신'을 부정하는 것입니다. 왜냐하면 그것은 '신'을 '신'보다 작게 만드는 것이기 때문입니다.

키워드

신학자: 보통 특정한 종교 전통 내에서 신과 종교적 믿음을 연구하는 사람

전능: 사물과 현상의 모든 것을 다 알고 무엇이든 다 할 수 있음

편재: 언제 어디서나 존재함

전지 개념에는 어떤 논리적 모순이 있을까요? 예를 들어 전지한 존재가 참인 모든 것만이 아니라 거짓인 모든 것도 알고 있고, 모든 무리수, 모든 가능한 미래의 셀 수 없이 무한한 자릿수를 모두 알고 있을까요, 아니면 알 수 있는 모든 것만 알고 있을까요?

키워드

전지(全知): 모든 것을 알고 있음. 모든 진리에 대한 직관적이고 즉각적인 인식을 갖고 있음

언어의 문제

다양한 유형의 종교를 비롯하여 종교와 불가분의 관계에 있는 것은 언어의 문제입니다. 같은 문화와 모국어를 공유하더라도, 똑같은 단어가 사람마다 매우 다른 의미로 쓰일 수 있으며, 특히 종교의 맥락에서 그렇습니다. 예를 들어 **실존**은 우리 모두가 그 의미를 알고 있다고 생각하지만 종종 다르게 쓰인다는 점에서 '신'이라는 단어와 다소 유사한 단어입니다. 쓰임새의 차이는 사람에 따라 다른 것만이 아닙니다. 즉, 때로는 실존이라는 단어를 사용하는 맥락에 따라 이 단어는 다른 것을 의미할 수 있습니다. 우리는 종종 이 단어를 물질적 의미로 말합니다. 즉, 여기서 물질적 의미란 물질과/또는 에너지로 구성된 경우 사물은 실존한다는 것입니다. 그러나 우리는 때로는 이 단어를 관념론적 의미로 사용합니다. 관념론자들은 인간이 알 수 있는 유일한 실재는 정신적 구축물인 사유와 관념이라고 믿습니다. 실존이라는 단어가 우리에게 매우 친숙할 수 있지만, 그것을 이해하는 것에 온통 바쳐진 철학 분야(존재론)가 있습니다. 이것은 종교적 관념과 지식이 사랑, 선함, 실존 같은 추상적 단어에 크게 의존하기 때문에 종교적 언어와 관련된 어려움을 더욱 강조합니다.

때때로 언어는 종교적 주장에 대해 토론하는 것을 어떻게 어렵게 만들까요?

그림 8.4 _ 실존의 문제

탐구 8.3

짝을 짓거나 모둠을 만들어 **'실존하다'**라는 단어의 의미가 무엇이라고 생각하는지 정해 보세요. 그런 다음 a부터 l까지 어느 것이 실존하는지 정하세요.

a   코끼리

b   시간

c   공룡

d   아이디어

e   숫자

f $\sqrt{(-1)}$

g   유니콘

h   음악

i   해리 포터

j   사랑

k   정의

l   인권

탐구 활동에 대한 여러분의 답변을 숙고해 보세요. **'실존하다'**라는 단어를 일관되게 사용하고 있다고 생각하세요?

또래 평가

여러분의 답변을 다른 모둠의 답변과 비교해 보세요. 어떤 예에 대해 의견이 일치하나요? 의견이 일치하지 않은 예에 대해 다른 모둠이 그렇게 결정한 이유를 이해하고 있나요? 다른 사람의 언어 사용에 관한 우리의 가정('실존하다'라는 단어의 예에서처럼)은 이 단어들이 의미하는 것을 우리가 잘못 해석하게 만들 수 있다는 사실을 여러분은 어떻게 알 수 있나요?

여러분이 '신'이라는 단어로 이해하는 것은 여러분이 신이나 신들을 믿느냐 여부, 특정 종교 공동체에서 성장했느냐 여부, 여러분이 받은 교육의 종류와 여러 가지 다른 요인에 달려 있습니다. 마찬가지로, 여러분이 신이나 신들을 믿느냐 여부는 '신'이라는 단어로 여러분이 이해하는 것이 무엇인가, 심지어 실재의 본성에 관해 여러분이 믿고 있는 것이 무엇인가에 따라 크게 달라집니다. 종종 '신'의 실존을 두고 논쟁을 벌이는 사람들은 '신'과 **실존**이라는 단어가 서로에게 무엇을 의미하는지에 관해 가정하고 있는데, 그 가정은 정확하지 않을 수 있습니다. 심지어 같은 종교 전통 내에서도 사람들은 자신도 모르는 사이에 '신'과 **실존** 개념에 대해 매우 다른 관념을 품을 수 있습니다.

되돌아보기

여러분이 '신'이라는 단어로 이해하는 것은 무엇인가요? 신에 대한 여러분의 관념은 어디에서 유래하나요? 여러분이 서로 다른 종교에 대해 생각할 때 이러한 관념은 아는이로서의 여러분에게 어떤 영향을 미치나요?

실제 상황 8.6

탐구 8.3에서 유니콘이 상상에서는 실존하지만 물리적으로는 전혀 실재하지 않는다고 결정했을 수도 있을 겁니다. '신'이나 신들의 실존을 토론할 때 상상과 물리적 세계의 구별은 적절할까요?

8.3 종교 지식의 관점과 원천

논의 8.15

종교적 믿음은 '지식'으로 기술할 가치가 있습니까? 만일 그렇다면, 종교 지식은 어디에서 유래하는 것일까요?

종교에 대해 더 많이 배우는 한 가지 방식은 종교 지식의 원천을 조사하는 것입니다. 전형적으로 볼 때, 원천은 계시라고 주장되는 것과 **성스러운** 텍스트, 서사, 창시자 개인이나 집단의 가르침, 전통, 권위 있는 인물, 개인적인 경험입니다. 이 중 계시와 개인적인 경험이 근본적 원천인 반면, 성스러운 텍스트와 서사, 전통 및 권위자들은 종교적 경험에 대한 간증, 사건에 대한 종교 공동체의 해석의 지식과 함께 계시된 지식을 소통하고 전승하기 위해 이 최초의 계시를 기록합니다.

어떤 상황에서는 종교의 모든 자료가 지닌 지위에 논란의 여지가 있을 수 있습니다. 특히 그 자료들을 소유한 종교 공동체의 구성원에게는 더욱 그렇습니다. 보통 종

키워드

성스러운: 신성한, 추앙과 존경을 받을 자격이 있는, 신을 숭배하기 위해 따로 떼어 낸

교 내의 분열과 새로운 종파나 교파의 형성 뒤에는 누가 또는 무엇이 더 권위 있는지에 대한 서로 다른 관점이 있습니다. 예를 들어, 이슬람교에서 수니파와 시아파의 분열은 632년 예언자 무함마드가 죽은 직후에 발생했는데, 이는 누가 무함마드의 뒤를 이어 이슬람 공동체의 지도자가 되어야 하는지에 대한 서로 다른 견해의 결과였습니다. (수니파가 된) 일부는 공동체가 무함마드의 후계자를 선택하기를 원했지만 (시아파가 된) 다른 사람들은 그의 후계자가 예언자의 가족 구성원이어야 한다고 믿었고 무함마드의 사촌이자 사위인 알리를 선택했습니다. 이렇게 서로 다른 관점은 현재까지 지속되는 분열로 이어졌습니다.

성스러운 텍스트는 논란의 특정한 원천이 될 수 있습니다. **정전(正典)**에는 어떤 텍스트가 포함되어야 하고 어떤 텍스트가 배제되어야 하는지에 관해서는 종종 의견이 충돌합니다. 예를 들면 로마 가톨릭은 개신교 교회가 포함시키지 않은 책을 정전에 포함하며, 대승 불교와 소승 불교는 어떤 텍스트가 **삼장(三藏)***에 포함되어야 하는지에 대해 서로 다른 견해를 가지고 있습니다. 심지어 성스러운 텍스트와 그렇지 않은 텍스트에 대해 의견 일치가 있더라도, 텍스트가 어떻게, 누구에 의해, 어떤 맥락에서 해석되어야 하는지에 대해서는 여전히 서로 다른 관점이 있습니다. 이런 우려의 꼭대기에는 번역을 둘러싼 쟁점이 있습니다.

***삼장(三藏):** 불교의 경전을 경, 율, 논의 3가지로 분류하고 이를 합쳐서 부르는 것이다. 대체로 경은 깨달은 자로서의 석가모니의 말씀 또는 가르침, 논은 석가모니 이후 제자들의 경과 율에 대한 주석 등, 율은 특히 계율에 대한 내용이다. 하지만 흔히 이 세 가지를 모두 합쳐 경이라고 하기도 한다.

실제 상황 8.7

1 아는이로서 답변을 찾을 때 사용할 수 있는 자료에 권위가 있는지 여부를 어떻게 결정하나요?

2 어떤 종교의 지식 주장을 고려할 때 신자가 권위 있다고 간주하는 텍스트와 비신자에게 그 텍스트가 갖는 지위에는 어떤 차이가 있을까요?

지식 영역 연결 질문 8.1

정치: 종교에서 누가 또는 무엇이 권위가 있는지를 결정하는 데 정치적 관점이 어느 정도나 역할을 할까요? 이것은 다른 주제와 지식 영역에서도 똑같을까요?

계시

계시는 종교에서 중요한 개념이며 종교 지식의 근본 원천입니다. 그것은 **종교적 경험**에서 신이나 신의 대리자가 한 명 이상의 인간에게 계시했다고 일컬어지는 지식을 가리킵니다. 계시된 지식은 우리에게 의도적으로 계시되지 않는다면 인간이 접근할 수 없을 지식입니다. 계시의 예로는 유대교의 경우 시나이산에서 모세가 받은 십계명의 계시가 있고, 시크교의 경우 구루인 나나크가 강에서 3일 동안 받은 '신'의 계시가 있습니다.

심리학자이자 철학자인 윌리엄 제임스(William James, 1842~1910)는 종교적 경험이 모든 종교의 핵심이며, 종교적 경험을 이해하는 것이 종교적 가르침이나 관행에 대한 연구보다 종교를 이해하는 데 더 중요하다고 믿었습니다.

실제 상황 8.8

사람들은 종종 현대적 계시의 주장을 수용하는 것보다 수 세기 전에 이루어진 종교 지식 주장을 더 기꺼이 수용합니다.

1 왜 그럴까요?

2 시간에 기반을 둔 신뢰할 수 있음의 차이는 다른 주제 및 지식 영역에서도 마찬가지로 참일까요?

계시에는 두 가지 주요 유형이 있습니다. 첫 번째는 (자연적 계시라고도 알려진) '일반적 계시'로, 누구나 보겠다고 선택하면 일상생활을 통해 쉽게 접근할 수 있는 계시의 한 형태입니다. 예를 들어, 일부는 별이 가득한 밤하늘이 신의 영광을 드러낸다고 말할 수도 있을 것입니다. 다른 관점을 지닌 사람들은 우리가 우주에 대해 점점 더 많은 것을 발견할 수 있다는 점에서 인간의 천재적 능력에 경탄할 수도 있을 것입니다. 다른 사람들은 단순히 어깨를 으쓱하면서 경외감이나 경이로움을 전혀 맛보지 못할 수도 있습니다. 신성한 텍스트를 읽고 종교 의례에 참여하는 것은 또한 숭배받는 신이나 신들에 대해 통찰할 수 있게 하여 일반적인 계시를 제공할 수 있습니다.

일반적 계시에는 섭리 관념이 포함되어 있습니다. 즉, '신'은 세계에서 일어나는 모든 것을 지휘하며, 우연하게 일어나는 것은 아무것도 없다는 것입니다. 이런 관점에서 보면 '신'의 역사(役事)는 역사(歷史)를 통해 드러날 수 있습니다. 예를 들어, 기원전 8세기에 만들어진 히브리어 성경에서 가장 오래된 책 중 하나로 여겨지는 「사사기」는 이스라엘의 역사를 순환에 입각해 해석합니다. 즉, '신'에 맞선 이스라엘의 반역, 다른 민족에 의한 압제를 허용하는 '신'의 진노와 처벌, 구원자를 애타게 부르짖는 이스라엘, 이스라엘의 회개와 '신'의 용서로 이스라엘이 번창하게 된 것 등. 이것은 **신명기 주기**라고 알려지며, 초기 이스라엘에 닥친 몇 가지 고난을 설명하는 **패러다임**이 되었습니다.

> **키워드**
>
> 신명기 주기: 역사적 사건을 해석하는 방법으로서의 반역, 압제, 회개의 순환
>
> 패러다임: 체계나 틀

논의 8.16

신성성에 의해 통제되는 것 같은 우주적 틀 안에서 인간의 승리와 재앙을 설정하는 서사는 인간이 자신의 삶을 이해하고 삶의 목적에 대한 이론을 발전시키는 데 어떻게 도움이 될까요?

실제 상황 8.9

장엄한 풍경을 보든, 종교 텍스트를 읽든, 종교 의례에 참여하든, 어떤 사람들은 '신'의 임재(현존)를 느낄 수도 있겠지만, 다른 사람들은 그렇지 않을 수도 있습니다. 설령 그들이 신자라고 해도 말입니다. 이것은 단순히 관점의 차이 문제일까요?

두 번째 유형의 계시는 '특별한 계시'입니다. 일반적 계시와 달리 특별한 계시는 특정 사람들에게 매우 구체적인 방식으로 발생합니다. 이것의 예는 모세에게 주어진 토라(율법)의 계시, 예언자 무함마드에게 주어진 쿠란의 계시, 예수라는 인격을 통한 신의 계시일 것입니다.

특별한 계시에는 보통 초자연적 차원이 포함되는데, 계시가 '신'에 의해 직접적으로, 또는 천사 같은 '신'의 사자(使者) 중 하나를 통해 이루어집니다. 어떤 사람들은 자신들의 **성전(경전)** 전체를 '신'에 의해 계시되거나 영감을 받은 것으로 간주하며, 그 자체로 무오류적이라고 생각합니다.

키워드

성전: 성스러운 글, 종교 경전

논의 8.17

종교 지식의 생산과 이해에서 개인적 증언(간증)의 역할은 무엇인가요?

그림 8.5 _ 쿠란의 계시는 라마단 달에 시작되었다고 합니다.

힌두교에서 가장 권위 있는 텍스트는 '들은 것'을 의미하는 **슈루티**라고 하며, **슈루티**의 중심에는 **베다**로 알려진 네 개의 근본적인 힌두 성전이 있습니다. **베다**라는 단어는 지식을 뜻하며, **베다**는 최고의 창조신인 브라흐마가 **리시**로 알려진 고대 **현자**들에게 직접 계시한 것으로 간주됩니다. 천사 지브릴(가브리엘)이 예언자 무함마드에게 쿠란을 계시한 것과 같은 방식으로 말입니다. 인도 전통에 따르면 **리시**는 베다에 담긴 진리를 직접 구성했다기보다는 보거나 들었다고 합니다.

키워드

현자: 지혜로운 사람

논의 8.18

1 믿음은 어느 정도까지 지식으로 간주될 수 있을까요?

2 우리는 종교 지식을 수용하는 데 다른 주제와 지식 영역에 대한 지식보다 더 많거나 더 적은 정당성을 요구하나요?

계시 개념은 유신론자들에게만 국한되지 않습니다. 불교에서는 부처의 가르침을 통해 사성제(四聖諦)*와 **깨달음**에 이르는 길[道]이 계시되며 어느 누구든 일반적으로 얻을 수 있다고 믿습니다. 이 경우 일반적 계시가 '신'에게서 왔다고 일컬어지지 않는다는 점에 주목하는 것이 중요합니다. 그러나 불교도는 소소한 초자연적 존재와 소소한 신들로부터 때로는 꿈의 형태로 올 수 있는 특별한 계시를 인정합니다.

종교 텍스트

모든 성스러운 텍스트에는 고유한 역사가 있으며, 대개 신에게서 직접 받은 계시나 계시에 대한 이야기를 전한다고 여겨집니다. 그중 상당수는 여러 해에 걸쳐 작성되고 편찬되었으며, 종종 종교 창시자들과 구전 전승의 창작자들이 죽은 뒤 오래 지나도록 기록되지 않았습니다.

부처인 고타마 싯다르타는 45년 동안 마가다어로 가르쳤습니다. 그는 자신의 생각을 글로 적지 않았으며 당시의 추종자들도 그의 가르침을 외웠다고는 하지만 기록하지는 않았습니다. 이 암기된 가르침은 구전으로 전승되었습니다. 기억으로 전해진 가르침은 부처가 사망한 직후인 기원전 400년경에 열린 제1차 결집에서 인증되었다고 합니다. 이 결집에 대한 자세한 내용은 '삼장'의 한 부분인 율장에 기록되어 있으며, 기원전 1세기에 스리랑카에서 팔리어로 가르침이 기록될 때까지 구전 전승되었다고 합니다. 팔리어 정전과 마찬가지로 많은 불교도들은 대승 경전이 부처가 죽은 지 수 세기 후에 산스크리트어로 기록되었음에도 불구하고 삼장의 일부로 간주합니다.** 불교학자들은 새로운 경전의 출현과 고대 경전의 재해석이 전통의 생명력을 나타내는 신호라고 지적했습니다.

<table>
<tr><td style="background:black;color:white">논의 8.19</td></tr>
<tr><td>가르침을 한 언어에서 다른 언어로 번역하는 것은 결국 기록되는 가르침에 어떤 영향을 미칠 수 있을까요?</td></tr>
</table>

불교도는 추가적인 경전을 환영했지만 초기 이슬람교도는 다른 관점을 가지고 있었습니다. 쿠란은 23년 동안 예언자 무함마드에게 계시되었다고 일컬어지며, 오늘날 무슬림들이 추앙하는 책을 만들기 위해 추종자들이 그의 가르침을 모아 편찬한 것은 무함마드가 죽은 후였습니다. 정통 이슬람교에 따르면 한동안 여러 판본의 쿠란이 존재했는데, 644~656년에 재위한 3대 칼리프인 우스만은 무함마드가 쓴 언어인 쿠라이시 방언의 판본을 제외한 나머지 모든 판본을 파괴하도록 명했습니다. 이렇게 한 목적은 단 하나의 쿠란만 있다는 점을 확실하게 하기 위해서였습니다. 그러나 우스만이 자신의 쿠란을 만들 때, 아랍어 문자에는 특정 문자를 구별하기 위한 모음 표시나 점이 포함되어 있지 않았습니다. 이 모호성 탓에 단어가 다양한 방식으로 발음되거나 읽힐 수

***사성제**: 불교의 근본 교리인 고집멸도(苦集滅道)라는 네 종류의 진리로, 사제(四諦)라고도 한다. 이 세상은 고(苦)라는 진리(고제), 고(苦)의 생기(生起)라는 진리(집제), 고(苦)의 지멸(止滅)이라는 진리(멸제), 고(苦)의 지멸로 인도하는 도(道)의 진리(도제)로 이루어져 있다고 한다. 이러한 사성제의 깨달음을 기반으로 팔정도를 방법론으로 하는 수행에 의해 해탈에 이르며 사성제의 도제를 성취하기에, 이 수도법을 팔정도(八正道)라 한다.

키워드

깨달음: 실존에 관한 완전한 지식의 상태, 완전한 지혜의 상태, 무한한 연민의 상태

**대승 경전(大乘經典, Mahayana sutras)은 석가모니 사후 대승 운동이 일어나면서 편찬한 불교 경전 가운데 대승 사상을 포함한 경전을 말한다. 대표적으로는 한국 조계종의 소의 경전인 「금강경」을 비롯하여, 「미륵경」, 「법화경」, 「화엄경」, 「지장경」, 「아미타경」 등이 여기에 속한다. 대승 불교 경전도 대부분 석가모니가 직접 말한 것처럼 되어 있으나, 고증에 의하면 석가모니가 직접 말한 것은 아님이 밝혀져 위경 논쟁이 벌어졌으며, 대승 불교에서는 석가모니의 직설은 아니지만 진설이라는 입장이다. 즉 깨달음을 얻은 사람의 글과 말이라면 석가모니의 직설과 다름없다는 것이다.

있었으며, 오늘날에는 10개의 다른 판본의 쿠란이 있는데, 이맘 하프스(706~796)에 따른 쿠란이 가장 흔하게 사용됩니다.

지식 영역 연결 질문 8.2

언어: 언어의 모호성은 의미를 직관적으로 식별할 수 있게 해 줄까요, 아니면 여러분의 확실성을 무너뜨릴까요?

실제 상황 8.10

모든 성스러운 텍스트의 경우, 어느 지점에서는 정전(正典)을 더 이상 늘리지 않고 닫아 버리기로 결정했습니다. 이는 때로는 진본 여부나 정전의 범위에 관한 논쟁을 종식시키고, 때로는 겉보기에 그럴싸한 새로운 텍스트가 추가되는 것을 방지하기 위해서였습니다. 그 결과 거의 모든 종교 텍스트는 '닫혀' 있고 '완성된' 것으로 간주됩니다. 종교 전통의 내부든 외부든, 성스러운 텍스트가 더 이상 수정되거나 새롭게 갱신될 수 없도록 하는 이러한 폐쇄가 종교적 전통의 내부에서든 외부에서든 새로운 종교 지식의 발전에 대해 갖는 함의는 무엇일까요?

논의 8.20

성스러운 텍스트와 서사의 역사적 기원을 아는 것은 경전(정전)이 창시자들의 가르침에 대한 진본 기록일 것이라는 확신에 어떤 영향을 미칠 수 있을까요?

탐구 8.4

1~2년 전에 좋아했던 선생님을 생각해 보세요. 그 선생님이 말하거나 가르친 것을 얼마나 기억할 수 있나요? 선생님의 말을 떠올리는 데 무엇이 도움이 되나요? 선생님이 실제로 사용한 단어와 구절 중 얼마나 많은 것을 기억하고 있으며, 말한 내용의 요지를 얼마나 기억하고 있나요?

부모, 조부모, 교사, 스포츠 코치 또는 친구 등 존경하고 존중하는 사람의 가르침을 녹음하는 일을 맡았다고 상상해 보세요. 여러분은 무엇을 기록하기로 선택하고 무엇을 제외할 것인가요? 누가 그들의 가르침을 녹음하기를 원하는지, 그리고 그들이 여러분이 녹음해 주기를 원하는 이유에 따라 여러분의 대답은 어느 정도 달라질까요? 서로 다른 증인 간의 분쟁을 어떻게 해결할 것인가요? 그들의 가르침을 그 사람이 한 말로 정확히 기록하는 것이 얼마나 중요할까요?

주제 및 작업에 대한 관점은 집중하고 기억하기 위해 여러분이 선택한 항목에 어떤 영향을 미치는지 생각해 보세요.

논의 8.21

우리는 자신의 관점이나 의도와 모순되거나 모순되는 것처럼 보이는 역사적 경험과 증거를 어떻게 다루나요?

서구의 종교학자들에 대해 이뤄지는 비판 중 하나는 그들이 종교 경전(성서)의 기초에 지나치게 초점을 맞춘다는 것입니다. 경전은 유대교, 기독교, 이슬람교 같은 아브라함계 종교에서 중심적이기 때문에 많은 종교학자들이 경전은 모든 종교에 중심적이라고 무의식적으로 가정했다는 주장이 제기됩니다. 다시 말해서, 서구 학자들은 경전이 모든 종교에 중심적일 것이라고 가정했기 때문에 그들이 연구하는 종교에 성스럽다고 생각한 모든 경전을 지나치게 강조했습니다. 예를 들어 불교를 이해하려면 팔리어 정전(正典)을 이해해야 한다는 믿음이 있었지만, 불교의 실천은 경전보다는 불교도가 자신의 종교를 인지하는 방식을 훨씬 더 중심에 두고 있습니다.

논의 8.22

1 우리의 의식적 가정과 무의식적 가정은 우리의 것이 아닌 다른 종교에 대한 지식의 구축에 어떤 영향을 미칠까요?

2 우리의 가정을 의식하는 것은 다른 종교에 대한 지식을 더 믿을 만하게 구축하는 데 어떻게 도움이 될 수 있나요?

종교적 상징

종교적 상징은 종교 지식과 신앙 선언에 중요한 특징일 수 있습니다. 상징은 현실이나 진실을 재현할 뿐만 아니라 입문자를 동일화하는 수단이자 초심자를 돕는 수동적 수단입니다. 상징은 단어로 표현될 수 있다 하더라도 수많은 단어가 필요할 종교 개념을 전달하는 역할을 하며, 종교적 진리를 알고 표현하는 데 중요한 수단으로 여겨집니다. 기독교의 십자가, 불교의 법륜, 도교의 **음양**, 유대교의 다윗의 별처럼 종교 전체를 대표하는 상징뿐만 아니라, 신앙의 더 개인적인 항목으로서의 상징도 있습니다. 예를 들어 침례를 받은 시크교도는 '신'과 가까운 관계를 맺는 데 도움이 되는 다섯 가지 신앙 항목을 가지고 있습니다. 5K라고도 하는 Kakaars라는 이러한 상징은 kes(자르지 않은 머리카락), khangha(작은 빗), kara(강철 팔찌), kirpan(작은 칼) 및 kacchera(특수한 속옷)입니다. 5개의 K를 늘 몸에 지님으로써 시크교도는 과거와 현재의 시크교 공동체와 더욱 긴밀한 교감을 나누고 시크교 신앙의 신조를 항상 상기하게 됩니다.

앎의 수단으로서의 상징은 진리를 드러내는 동시에 가릴 수 있으며, 때로는 영적 진리에 접근하는 방식을 제공한다고 여겨집니다.

되돌아보기

특별한 사람이나 사건, 믿음을 기억하는 데 도움이 되는 상징(예: 우정 반지, 문신, 행운의 팔찌 또는 종교 상징)을 휴대하고 있나요? 그 상징은 여러분이 기억하고 싶은 사람이나 대상에 대한 평가를 어떤 방식으로 높여 주나요? 그것이 여러분의 정체성에 어느 정도 기여하나요?

논의 8.23

1 상징이 어떻게 신앙과/또는 종교 지식을 강화할까요?

2 종교 지식을 전달할 때 상징의 모호성은 얼마나 큰 문제일까요?

종교적 대상은 종교적 상징의 유일한 형태가 아닙니다. 종교 의식은 종교적 예술 작품과 마찬가지로 매우 상징적입니다. 짝을 이루어 종교 예술의 예를 선택하고 그 안에 있는 상징을 조사하세요. 나머지 반원들에게 여러분이 선택한 예술 작품과 그것에서 찾아낸 상징을 발표하세요.

서로 다른 예술 작품과 서로 다른 종교에서 상징화되는 개념들은 서로 얼마나 유사성이 있나요?

8.4 방법과 도구

종교는 다양하고 복잡하기 때문에 종교학자들은 인류학, 고고학, 철학, 사회학, 심리학, 역사학 등 다양한 분과 학문에서 끌어낸 매우 다양한 방법에 의존합니다. 조직화된 많은 종교는 텍스트에 강하게 기반을 두고 있기 때문에 문학과 언어학의 도구는 이런 종교를 연구할 때 필수적이지만, 토착 종교의 경우에는 그다지 중요하지 않습니다.

　많은 사람들이 신앙을 종교 지식의 발전에 중요한 요인으로 여기지만, 많은 종교나 종교 분파에서는 이성을 훨씬 더 중요하게 간주합니다. 이성은 종교의 물음에 대한 철학적 접근법은 물론 종교의 전통 및 관행의 다양한 측면을 이해하는 데 사용되는 다양한 분과 학문적 접근법에 대한 분석을 통해 적용될 수 있습니다.

해석학

해석학은 해석의 이론이자 방법론입니다. 그것은 모든 형태의 의사소통과 모든 스타일의 텍스트에 사용할 수 있지만 철학 텍스트, 지혜 문학* 및 경전의 해석에 특히 중요합니다. 해석학적 방법에는 **주해**가 포함됩니다. 주해는 **텍스트 분석**을 포함해, 분석적이고 비판적인 제자들에게서 유래한 일련의 도구들을 사용합니다.

　주해는 텍스트의 목적과 그것이 쓰인 맥락, 저자가 누구이며 의도된 독자가 누구인지를 찾아내려는 노력을 포함합니다. 그것은 텍스트가 어떻게 구성되어 있는지, 뿐만 아니라 텍스트가 쓰인 스타일과 장르를 고려합니다. 주해자가 텍스트는 무엇에 관한 것이며 만일 있다면 어떤 증거가 제시된 것인지를 결정할 수 있는 것은 이런 답변이 발견된 경우일 뿐입니다.

　주해의 반대말은 **자기 해석**입니다. 이것은 텍스트에 **자기 식으로 의미를 부여하며** 읽을 때 일어납니다. 자신의 믿음과 의견을 뒷받침하기 위해 텍스트를 사용하려는 사람들은 종종 텍스트를 **선별**하고 자신이 원하는 대로 텍스트에 **의미를 부여하여** 읽어 냄으로써 그렇게 할 것입니다. 이것의 한 가지 예가 성경 구절인 "눈에는 눈"입니다. 성경 구절이 이렇게 행동하는 것을 지지하는 것처럼 보인다는 점을 근거로 보복할 권리를 주장하기 위해 자주 사용되는 구절입니다. 그러나 이 구절을 더 넓은 히브리어 경전의 맥락에서 읽어 보면, 원래는 바빌론 사회에 존재하던, 복수심에 불타는 과도한

***지혜 문학(wisdom literature):** 고대 이집트와 바빌로니아 등에서 처세술을 담은 책을 가리킨다.

키워드

해석학: 텍스트를 해석하는 학문

주해: 어떤 텍스트로부터 비판적인 방식으로 의미를 끌어내는 것

텍스트 분석: 텍스트의 의미와 텍스트가 쓰인 문화를 더 잘 이해하기 위해 단어가 선택되고 사용되는 방식을 분석하는 데이터 수집 과정

자기 해석(eisegesis): 텍스트의 의미를 자기 식으로 읽어내는 것

선별(cherry-picking): 특정 의견을 지지하기 위해 액면 그대로 나타나는 텍스트 부분을 골라내고, 다른 관점을 조장할 수도 있는 텍스트의 맥락과 다른 부분을 무시하는 것

보복을 억제하기 위한 것이었다고 학자들은 생각합니다. **탈무드**에서 랍비들은 이 구절을 해를 입힌 것에 대해 공정하고 합당한 (즉, 과도하지 않은) 금전적 보상을 명하는 것으로 해석했습니다.

키워드

탈무드: 유대교의 율법과 신학이 담긴 책

실제 상황 8.11

1 어떤 구절이나 이야기를 더 넓은 맥락에서 읽는 것은 액면 그대로 읽는 것에 비해 어떻게 더 깊은 이해를 가져올까요?

2 하나의 읽기 스타일이 다른 읽기 스타일보다 더 올바르다고 어떻게 주장할 수 있을까요?

3 어떤 텍스트의 언어가 바뀌면 그 텍스트의 의미가 종종 바뀔 수 있기 때문에, 이 과정에서 번역은 얼마나 중요합니까?

해석학적 과정은 텍스트가 쓰인 세계에 대한 이해를 독자가 발전시킬 수 있는 방식으로 텍스트를 보려는 것이며, 확실히 축자적이거나 표면적 독해보다 텍스트를 더 깊이 이해하는 쪽으로 독자를 이끌 수 있습니다. 그러나 심지어 해석학도 텍스트의 의미에 대한 명확한 답변을 줄 수는 없다는 점을 깨닫는 것이 중요합니다. 다른 방법론에는 다른 강조점이 주어질 수 있고 주해가가 적용할 수 있는 여러 초점이 있습니다. 예를 들어 페미니스트적 해석학은 텍스트를 이 텍스트가 만들어지는 사회적 환경은 물론이고 텍스트가 수용되고 전달되는 사회적 환경에서 여성의 경험과 관련하여 주로 고려할 것입니다. 정치적 해석학은 사회적 환경 내의 정치적 구조에 더 초점을 맞출 것입니다. 분명한 것은 어떤 단일한 접근법도 우리에게 어떤 문화에 대한 '진실'이나 텍스트의 '참된 의미'를 제공할 수 없다는 점입니다. 우리가 가능한 한 객관적으로 텍스트에 접근하더라도, 우리가 텍스트를 읽는 방법과 우리가 그 안에서 찾아내는 내용은 우리가 실제로 찾아낼 내용에 매우 많은 영향을 줄 것입니다.

논의 8.24

고대의 텍스트가 의미하는 바를 우리는 어느 정도나 확실히 알 수 있을까요?

언어는 진화하며, 단어는 수 세기 전과 똑같은 의미를 오늘날에도 늘 가지고 있는 것은 아닙니다. 텍스트가 글로 쓰인 목적은 또한 우리가 그것을 이해하는 방식에 심대한 영향을 미칠 수 있습니다. 이것은 고대의 경전을 해석할 때 중대한 문제를 제기합니다.

어떤 종교 서사든 이를 읽고 해석하는 방식은 거의 독자의 수만큼이나 많습니다. 가장 간단하게 말하면, 서사는 특정한 장소와 시간에 일어난 어떤 것에 대한 단순한 (아마도 문자 그대로의) 설명인 것처럼 읽힐 수 있습니다. 자신이 텍스트에 기반한 신앙을 가지고 있다고 선언하는 많은 사람들은 자신이 바로 텍스트에 쓰여 있는 것을 믿고 있을 뿐이라고 믿습니다. 그러나 그 텍스트가 쓰인 문화에 대해 알지 못하고 고대의 단어에 현대적 의미를 적용하는 것이 엉뚱한 번역과 결합되면, 이것은 원래 **의도된** 의미를 왜

그림 8.6 _ 토라를 읽고 있는 모습

곡할 수 있습니다. 여기에는 저자가 의도했다기보다는 단순히 당연시되었던 원래의 의미가 포함되지만, 번역을 사용하는 다른 문화와 시대에 속하는 사람들은 원래의 의미에 전혀 접근할 수 없습니다.

> **논의 8.25**
>
> 우리가 작품을 읽을 때 저자가 **의도한** 바를 어느 정도나 알 수 있을까요? 또 그것은 얼마나 중요할까요?

일부 독자는 텍스트가 쓰인 정치적, 종교적 맥락과 관련하여 텍스트를 이해하려 하지만, 그렇다고 해서 그들이 텍스트를 문자 그대로의 역사적 진실로 이해한다는 뜻은 아닙니다. 오히려 그 텍스트는 그것이 쓰인 시대의 신앙 체계와 그 시대의 정치적 제약에 대한 지식을 전달하는 것으로 생각됩니다. 경전의 해석은 현대의 아는이들이 어떻게 과거와 현재를 연결하고, 고대 텍스트에 대해 합리적인 분석을 어느 정도 적용하며, 이것의 인지된 의미를 오늘날의 세계에 어느 정도 적용할 수 있는가를 보여 주는 한 가지 예입니다.

　그러나 다른 독자는 텍스트에 숨겨진 **알레고리**를 찾을 수도 있습니다. 종종 우화적으로 해석되는 텍스트의 한 가지 예는 ('구약 성경'이라고도 하는) 히브리어 성경의 케투빔 (Ketuvim, 성문서)에 들어 있는 「아가서」입니다. 이 책은 일련의 시적인 사랑 노래를 담고 있으며, '신'을 전혀 언급하지 않습니다. 이 책이 쓰일 당시, 사랑을 노래한 시는 메소포타미아(지금의 이란과 이라크)에서 인기 있는 장르였습니다. 「아가서」는 이제 유대인의 유월절 축제 동안 정기적으로 읽힙니다. 이 책이 기독교 정전에 포함되는 것에 대해 많은

> **키워드**
>
> 알레고리: 보통 도덕적이거나 본성상 정치적인 숨겨진 의미를 드러내기 위해 해석될 수 있는 텍스트나 예술 작품

논쟁이 있었고 이 책이 너무 에로틱하다며 완전히 금지되기를 원하는 사람들도 있었지만, 「아가서」는 이스라엘 민족에 대한 '신'의 사랑, '교회'에 대한 '그리스도'의 사랑, 인간의 영혼에 대한 '그리스도'의 사랑을 나타내는 알레고리로 다양하게 해석되었습니다. 그러나 대부분의 현대 학자들은 이 책을 종교적인 함의가 없는 세속적인 사랑 시로 간주하지만, 랍비 아키바(50~135)는 「아가서」가 유대 경전의 정점이며 모든 신성한 텍스트 중에서 가장 신성하다고 주장했습니다.

논의 8.26

어떤 서사든 다양한 해석이 가능합니다. 한 가지 해석만 '옳다'고 할 수 있을까요? 그것을 어떻게 알고 누가 결정할까요?

유대 전통의 흥미로운 측면 중 하나는 유대 경전에 대한 하나의 '참된 의미'를 결정하려고 노력하기보다는, 유대인들은 보통 (종종 '큰 성경'으로 번역되는) 미크라옷 그돌롯으로 그들의 경전을 읽는다는 점입니다. 미크라옷 그돌롯에는 각 페이지마다 성경 구절이 있는데, 이 구절들은 성경 구절이 무엇을 의미하는지에 대한 다양한 관점을 제공하면서도 특정한 해석을 우대하지 않는 여러 랍비의 주석으로 에워싸여 있습니다. 독자는 수 세기에 걸쳐 다양한 문화를 가로질러 진행되는 대화에 들어서게 됩니다. 이런 식으로 종교는 지식의 주체일 뿐만 아니라 지식의 전달 수단이기도 합니다.

논의 8.27

종교는 어떻게 역사를 지식의 원천으로 사용할 수 있나요?

탐구 8.6

짝을 이루어 또는 모둠을 지어 다음 진술을 생각해 보세요. "She said she did not take his money." 이 진술을 얼마나 많은 다른 방식으로 이해할 수 있을까요? (읽을 때마다 다른 단어에 강세를 두세요.) 그런 다음 문장의 구조를 생각하면서 "I saw a man on the hill with a telescope" 이라는 진술에서 얼마나 많은 의미를 찾을 수 있는지 확인하세요.

"바나나를 먹으면 몸에 해롭다." 이것을 a부터 j까지의 맥락에서 읽으면 어떻게 해석할 수 있을까요?

a 친구의 페이스북

b 의학 저널

c 연재만화

d 원예 잡지

e 역사 교과서

f 범죄 소설

g 동화책

h   평판이 좋은 뉴스 전문 회사의 뉴스 방송

i   여행 안내 책자

j   웹페이지의 '낚시 기사'

자기 평가

작품의 장르를 아는 것이 작품을 이해하는 데 왜 중요한지 알고 있나요?

논의 8.28

모든 서면 진술은 모호성을 어느 정도는 갖는 걸까요? 지식의 일부 유형은 다른 유형보다 다양한 해석에 덜 개방적인가요?

이성

논의 8.29

신앙과 이성은 어떤 관계를 맺을까요?

신앙과 이성은 유사 이래 종교적 믿음을 정당화하는 원천으로 여겨져 왔습니다. 이 둘이 어떻게 관련되어 있는지는 항상 철학자, 신학자 및 (최근에는) 지식론 수강 학생들에게 관심의 대상이었습니다.

어떤 사람들은 이성과 신앙 사이에 갈등이 있어서는 안 된다고 주장해 왔습니다. 추론이 타당하고 신앙이 제대로 이해된다면 이 둘은 결코 서로 모순되지 않을 것이라는 얘기입니다. 세계 최고의 중세 철학자 중 한 명인 성 토마스 아퀴나스(Thomas Aquinas, 1224~1274)는 특별한 계시 없이도 경험과 논리를 통해 알 수 있는 것을 이성이 포괄한다고 믿었습니다. 아퀴나스에게 이성이 제공하는 지식에는 '신'이 있다는 지식이 포함됩니다. 그는 저서 『신학대전(*Summa Theologica*)』에서 '신'에 이르는 다섯 가지 길로 알려진 것을 제안한 것으로 유명합니다. 이것은 '신'의 실존에 대한 다섯 가지 논리적 논증입니다.

성 토마스 아퀴나스가 말하는 '신'에 이르는 다섯 가지 길

아퀴나스는 '신'이 인간의 마음에 자명하지 않으며 이성의 사용을 통해 증명되어야 한다고 믿었습니다.

그의 논점은 다음과 같이 요약될 수 있습니다.

1   **부동의 동자라는 논점**. 움직이거나 변화하는 세계의 모든 것은 다른 것에 의해 움직이게 됩니다. 그러나 연쇄는 무한히 길어질 수 없습니다. 자신은 변하지 않고도 변화를 야기하는 무언가가 있었을 것입니다. 이 최초의 부동의 동자는 우리가 '신'으로 이해하는 것입니다.

2 **제1원인이라는 논점**. 세계의 모든 것은 다른 것에 의해 창출됩니다. 스스로를 창출하는 것은 아무것도 없습니다. 연쇄는 무한하게 길어질 수 없으므로, 원인 없는 제1원인이 있어야 하며, 이것이 우리가 '신'으로 이해하는 것입니다.

3 **우발성에 따른 논점**. 세계의 모든 것은 **우발적**이며 실존하지 않을 수 있습니다. 그러나 모든 것이 우발적이고, 실존할 수도 있고 실존에서 벗어날 수도 있다면, 어떤 지점에서 그리고 그 후에는 아무것도 실존하지 않을 것입니다. 사물이 분명히 실존하듯이, 필연적인 어떤 것이 반드시 있어야 합니다. 이 필연적인 존재가 '신'입니다.

키워드

우발적: 우연히 일어나는, 특정 상황에서만 존재할 뿐인

4 **정도에 따른 논점**. 우리는 세계에서 선함, 진리 등 정도가 다른 것들을 봅니다. 예를 들어 잘 그려진 원은 잘못 그려진 원보다 더 낫고 더 참된 원입니다. 그러나 어떤 것을 '더' 또는 '덜'이라고 판단하는 것은 그것에 비추어 어떤 것이 판단되는 기준을 내포합니다. 그러므로 가장 좋고 가장 참된 어떤 것이 있어야 하며, 우리는 이것을 '신'으로 이해합니다.

5 **최종 원인에 따른 논점**. 세계의 비지능형 객체는 규칙적인 방식으로 행동하므로 이런 객체의 행동은 최종 원인에 도달하도록 설정되어야 합니다. 예를 들어, 도토리는 그 '최종 원인'으로 떡갈나무가 되기 위해 규칙적인 방식으로 행동합니다. 객체는 비지능형이기 때문에 자신의 행동을 스스로 설정할 수 없습니다. 그러므로 그들의 행동은 다른 어떤 것에 의해 설정되어야 하며, 이 어떤 것은 함의에 따르면 지능형이어야 합니다. 그 행동에 있는 이 지능형적 원천이 우리가 '신'으로 이해하는 것입니다.

어떤 사람들은 아퀴나스의 다섯 가지 방식을 다섯 가지 '증명'이라고 지칭하지만, 아퀴나스 자신은 그런 용어를 사용하지 않습니다.

논의 8.30

종교적 진리에 도달하려는 노력에서 이성의 역할은 무엇입니까?

물론, 아퀴나스의 다섯 가지 길에 대해서는 여러 가지 비판이 있습니다. 부동의 '동자'나 원인 없는 '원인'이 있더라도, 이 부동의 '동자'나 원인 없는 '원인'이 유신론적 종교의 인격적 '신'은 물론이고 신임에 틀림없다는 점은 말할 것도 없습니다. 그러나 아퀴나스의 논증은 중세를 통틀어 신앙에 기초한 종교를 이성에 따른 논증으로 보완하려는 철학적 관심의 증거입니다.

이성을 사용해 '신'의 실존을 증명하려고 노력한 것은 아퀴나스만이 아닙니다. 세계의 많은 대규모 종교의 철학자들은 중세 내내 비슷한 시도를 했습니다. 가장 잘 알려진 예로는 아비드하카르나(Aviddhakarna, 600년경)의 '신'에 대한 두 가지 '증명', 알 킨디(Abu Yūsuf Yaʻqūb ibnʼ Isḥāq aṣ-Ṣabbāḥ al-Kindī, 801~873년경)로 거슬러 올라가는 이슬람 사

변 신학(Kalam)의 우주론적 논증, 성 안셀무스(St. Anselm, 1033~1109)의 존재론적 논증, 모세 벤 마이몬(Moses ben Maimon, 1135~1204)의 『당황한 자들을 위한 안내서(*Guide for the Perplexed*)』, 그리고 18세기에는 윌리엄 페일리(William Paley, 1743~1805)의 시계공 유추가 포함됩니다.

논의 8.31

중세 신학자들과 철학자들은 왜 그들의 종교적 믿음을 신앙에만 기초를 두는 것에 만족하지 않았다고 생각합니까?

탐구 8.7

짝을 이루거나 모둠을 지어 위에 나열된 여러 가지 증명이나 다른 논점 중 몇 가지를 찾아보고, 그것이 얼마나 성공적이라고 생각하는지 평가해 보세요.

논의 8.32

우리의 즉각적 경험을 넘어서는 주장에 대해 증거를 들이밀려 할 때 이성은 어느 정도나 사용될 수 있나요? 우리가 믿는 것을 모조리 거부한다면, 이성은 어떤 '원재료'와 함께 작동될까요?

신앙

신앙은 사람, 대상, 조직이나 관념에 대한 신임과 충실성, 신뢰의 상태입니다. 신앙이라는 말은 종종 종교의 동의어로 사용됩니다. 예를 들어 '그리스도교'를 '그리스도에 대한 신앙'이라고 지칭할 때가 그렇습니다. 그러나 신앙이 반드시 종교에 관한 것은 아닙니다. 과학에 대한 신앙이나 인류에 대한 신앙에 대해 이야기하는 것도 똑같이 유효합니다.

신앙 개념은 많은 종교 전통에서 중요합니다. 전능한 '신'을 믿지 않는 불교도에게 신앙이란 부처의 가르침을 실천하며 깨달음을 얻은 **보살**과 부처의 가르침을 신뢰하고 그 가르침의 중요성과 가치를 받드는 헌신입니다. 일본의 정토 불교에서는 아미타불에 대한 신앙이 중심 **교리**입니다.

여러 종교에 걸쳐 그리고 종교 내에서 신앙의 지위에 대해서는 매우 다양한 견해가 있습니다. 초창기 교회에서 테르툴리아누스(Tertullian, 155~230)라는 기독교 신학자는 이성이 신앙과 아무런 관련도 없어야 한다고 믿었습니다. 그는 특정 교의에 대해 "나는 그것이 불가능하기 때문에 믿는다"고 주장했다고 합니다. 그는 이성이 실제로 진리의 발견을 방해한다고 믿었고, 따라서 신앙이 이성과 반대일 것이라고 예상했습니다. 다른 많은 종교 사상가들은 외부의 조력 없이 순수한 인간 활동인 이성이 신이나 신들에 대한 믿음과 정반대의 것인지 여부에 대한 물음을 제기했습니다.

키워드

보살: 깨달음을 얻었지만 고통받는 사람들에 대한 연민 때문에 열반에 도달하는 것을 늦추는 불교의 구도자

교리: 원칙, 중요한 진리라는 뜻으로 신조라고도 함

그림 8.7 _ 타이완 포광사(佛光寺)에 있는 480개의 작은 조각상으로 둘러싸인 36미터 높이의 아미타불상

논의 8.33

1 이성은 무엇이 참인지를 아는 가장 효과적인 방도라고 어느 정도나 확신하나요?

2 더 신뢰할 수 있는 다른 방법은 무엇이 있을까요?

테르툴리아누스처럼 여전히 몇몇 사람들은 신앙을 이성과는 독립적이라고 간주하며, 심지어 신앙과 이성이 서로 적대적이라고 보는 사람들도 많습니다. 생물학자인 리처드 도킨스(Richard Dawkins, 1941~)는 종교 비판으로 잘 알려져 있으며, 종교적 신앙은 '증거 없는 믿음'이라고 단언합니다. 하지만 수학자이자 과학 철학자인 존 레녹스(John Lennox, 1943~)는 모든 신앙을 **맹목적 신앙**으로 환원하며 조롱하는 것은 지적인 토론을 피하는 반지성적인 방식이라고 주장합니다. 레녹스는 믿음이 이성과 증거에 기반한 헌신이지 어둠 속에서 아무 데로나 뛰어내리는 것과 같은 무모한 짓이 아니라고 주장합니다.

키워드

맹목적 신앙: 증거, 이해, 분별력이 없는 신앙

신앙주의: 모든 지식의 신앙에 대한 의존. 신앙이 이성보다 우월하다는 믿음

논의 8.34

1 이성 없는 신앙이 가능할까요?

2 신앙이나 믿음 없는 이성이 가능할까요?

앎의 다른 방식보다 신앙(특히 종교적 신앙)을 우선시해야 한다고 믿는 사람들이 있습니다. 이러한 입장을 **신앙주의**라고 합니다. 신앙주의는 19세기 로마 가톨릭에서 지식에 대한 접근법으로 생겨났는데도, 로마 가톨릭교회는 이 관념에 대한 승인을 거듭 거부했습니다. 그 대신 가톨릭교회는 신앙이 이성에 기초를 두며 필연적으로 이성과 일치한다고 믿었던 아퀴나스로부터 그 입장을 끌어냅니다. 아퀴나스는 신앙이 예수라는 인격, 성경, 기독교 전통을 통한 신의 특별한 계시로부터 우리가 알 수 있는 것이지만,

그것은 항상 이성과 양립할 수 있어야 한다고 믿었습니다. 그것이 양립할 수 없는 것처럼 보인다면 그것은 우리가 계시를 잘못 해석했기 때문일 것입니다.

논의 8.35

우리의 이성이 신앙과 갈등을 벌일 때 우리는 이 둘 중 어느 것을 신뢰하는지 어떻게 알 수 있습니까? (이것이 반드시 종교적 신앙일 필요는 없습니다.)

일부 사상가들은 신앙과 이성이 각각 다른 방식으로 기능하며 다른 관심사를 다룬다고 주장했습니다. 그들은 신앙과 이성이 명백하게 충돌할 경우, 종교적이거나 신학적인 주장에 관해서는 신앙이 우선되어야 하지만 경험적 또는 논리적 주장에 관해서는 이성이 우선되어야 한다고 주장합니다.

실제 상황 8.12

1   수 세기 동안 종교에 대한 신뢰를 파괴한 종교 **사기꾼**이 늘 있었습니다. 신앙, 신뢰, 이성은 어떻게 연결되며 상호 작용할까요?

2   신앙, 신뢰, 이성이 일치하지 않는 것 같다면 어떤 것에 의지할 것인지를 아는이로서 여러분은 어떻게 결정합니까? 모든 지식 체계에서 신앙을 **완전히** 제거할 수 있을까요?

종교와 과학

방법이나 도구가 아니긴 해도, 과학과 종교 사이에서 벌어졌다고 지각된 논쟁은 중요합니다. 왜냐하면 이 논쟁은 종종 종교적 믿음을 약화시키려는 의도로 두 지식 체계 사이의 양립 불가능성이라는 가정을 입증하는 데 사용되기 때문입니다. 그런 경우 사람들은 마치 과학 지식이 경험적 증거에 의해 뒷받침되는 [객관적] 이성에 전적으로 기초하고 있고, 종교 지식은 [맹목적인] 믿음에 전적으로 기초하고 미신에 의해 입증되는 듯, 종교 및 신앙을 과학 및 이성과 싸움 붙이려고 합니다.

어떤 사람들은 과학이 다양한 종교가 제시하는 세계관과는 다른 세계관을 제시하며 과학적 세계관이 어떤 종교적 관점과도 양립할 수 없다고 주장합니다. 그들은 방법론에도 갈등이 있다고 말할 것이고, 이성을 또다시 일차적으로 과학과 연관시키고 신앙을 일차적으로 종교와 연관시키므로 그것들은 매우 다른 진리를 가지고 있다고 말할 것입니다.

고생물학자이자 진화 생물학자인 스티븐 제이 굴드(Stephen Jay Gould, 1941~2002) 같은 사람들은 과학과 종교가 서로 겹치지 않는 두 개의 서로 다른 지식 영역이라고 지적하는데, 이는 좀 더 원만한 타협에 이르려고 하는 것입니다. 즉, 이것들은 서로 매우 다른 질문을 하고 대답한다는 것입니다. 그는 과학이 자연 세계의 사실적 특성을 문서화하여 이런 사실을 설명하는 이론을 발전시키려고 하는 반면, 종교는 인간의 목적과 의미, 가치의 영역을 문서화하여 이해하려고 노력한다고 생각합니다. 굴드는 과학이 이런 영역을 해명하는 데 도움을 줄 수는 있지만 결코 해결할 수 없는 영역이라고 주장합니다.

논의 8.36

종교, 인간과학, 자연과학은 세계에 대한 서로 다른 질문에 어느 정도나 답하려고 할까요?

그러나 모든 사람이 과학과 종교를 서로 양립할 수 없거나 무관한 것으로 보는 것은 아닙니다. 히포의 성 아우구스티누스(Saint Augustine of Hippo, 354~430)는 신이 인류에게 두 가지 형태의 계시, 즉 **성경이라는 책**과 **자연이라는 책**을 주었다고 믿었습니다. 그는 두 '책'에는 신이라는 똑같은 저자가 있기에 완전하면서도 상호 보완적이라고 주장합니다. 그는 성경이 다층적이며 항상 축자적인 의미로 읽도록 의도된 것은 아니고, 오히려 원래의 청중(독자)이 이해할 수 있도록 쓰였다고 주장했습니다. 성 아우구스티누스는 또한 텍스트 해석이 교조적으로 받아들여져서는 안 된다고 가르쳤습니다. 그러므로 **자연이라는 책**은 실재에 대한 진리의 계시를 위한 권위가 되어야 합니다. **자연이라는 책**과 **성경이라는 책** 사이에 갈등이 있는 것처럼 보일 때, 우리는 성경에 있는 '신'의 진리에 대한 우리의 해석이 올바르지 않다는 것을 받아들일 준비가 되어 있어야 합니다. 경전의 해석은 항상 과학 및 다른 지식 영역에 근거해야 합니다.

많은 동양 종교는 또한 자신들이 과학과 영성의 시너지 효과로 간주하는 것을 강조하며 어떤 실제적인 분열도 인정하지 않습니다. 그들은 과학적, 종교적 또는 다른 유형의 진리를 막론하고 모든 진리는 세계와 그 안에서 우리의 위치에 대해 가르쳐 주기 위한 것이라고 믿습니다.

논의 8.37

과학의 발전이 어떻게 경전 해석에 정보를 제공하고 종교 사상을 형성하는 데 도움이 될 수 있나요?

실제로 많은 저명한 과학자들은 과거에도 현재에도 독실한 종교적 관찰자입니다. 완두콩에 대한 연구를 통해 유전의 기본 법칙을 발견한 요한 그레고르 멘델(Johann Gregor Mendel, 1822~1884)은 아우구스티누스 수도회의 수도사였습니다. (지금은 우주의 기원에 대한 빅뱅 이론으로 알려진) 우주의 팽창 모델을 제안한 조르주 르메트르(Georges Lemaître, 1894~1966)는 로마 가톨릭 사제였습니다. 1979년 노벨 물리학상 공동 수상자인 압두

스 살람(Abdus Salam, 1926~1996)은 평생 독실한 이슬람교도였으며 자신의 종교를 작업의 불가결한 부분으로 여겼습니다. 1979년 유네스코 연설에서 그는 이렇게 말했습니다. "신성한 쿠란은 알라께서 창조하신 자연 법칙의 진실성을 우리가 성찰하도록 명합니다. 그러나 우리 세대가 그분의 계획의 일부를 엿볼 수 있는 특권을 누린 것은 신의 선물이자 은혜로, 저는 겸손한 마음으로 감사를 드립니다." 종교와 과학 모두에 관심이 있는 사람들을 위한 많은 단체가 있는데, 여기에는 서로 다른 종교적 배경을 가진 과학자와 종교학자 모두를 끌어들이는 유럽 과학 및 신학 연구 학회(European Society for the Study of Science and Theology, ESSSAT)가 포함되어 있습니다.

종교나 과학에 대한 우리의 개인적인 자세와는 상관없이, 대부분의 근·현대 과학 철학자들은 과학 지식을 포함한 모든 지식이 사회적 수용, 역사적 경험, 언어에 기반하여 주제들에 대한 믿음과 주제들에 대한 추론의 복잡한 혼합에 의존한다는 것을 입증했습니다. 예를 들어, 원자와 전체 우주, 양자 역학 및 빅뱅 우주론에 관한 우리의 이론은 존중받고 수용되는 과학자 공동체가 공통의 가정과 경험 증거를 집단적으로 긍정하는 것에 의존합니다. 실험 증거에 근거한 가정(믿음)과 연역(추론) 사이의 정교하고 세밀한 균형이 과학 전체를 이끕니다.

실제 상황 8.13

과학이 종교 지식의 발전을 도울 수 있는 방식은 많습니다. 종교가 과학 지식의 발전을 도울 수 있는 방식을 생각할 수 있을까요?

탐구 8.8

지식론 가이드에서 IA(내부 평가) 전시회 프롬프트를 고르고, 과학과 종교 논쟁을 가리키는 대상을 선택하세요. 예를 들면 천문학, 우주론 및 유대교-기독교의 창조 관념의 상징으로서의 망원경, 지적 설계의 상징으로서의 회중시계, 수학자 스리니바사 라마누잔(Srinivasa Ramanujan, 1887~1920)에게 영감을 주었다고 전해지는 힌두 여신 나마기리(Namagiri)의 이미지, 또는 힌두교의 통일성 개념이 자연 연구에 반영되었다고 본 이론 물리학자이자 생물 물리학자인 자가디시 찬드라 보스(Jagadish Chandra Bose, 1858~1937)의 작업을 대표하는 라디오 등을 선택할 수 있습니다. 여러분이 선택한 대상과 세계에서 그 객체의 맥락을 식별하는 짧은 설명문을 300단어 이내(750~900자)로 작성하고, 여러분이 고른 IA(내부 평가) 프롬프트에 연결하는 방법을 설명해 보세요.

자기 평가

여러분의 설명문을 주의 깊게 읽으세요. 대상과 그것의 현실 세계 맥락은 명확하게 식별됩니까? 대상과 여러분이 선택한 프롬프트를 충분하게 연결했습니까?

또래 평가

여러분의 설명문을 친구와 공유하고 서로 의견을 주고받으세요. 대상과 선택한 IA(내부 평가) 프롬프트 사이의 연결이 잘 설명되고 명확하게 이뤄지고 있습니까? 모든 요점이 증거로, 그리고 프롬프트에 대한 명시적 참조로 잘 뒷받침됩니까?

8.5 개인과 종교 공동체, 윤리

한 종교의 구성원이 되려면 집단 예배에 참석하는 것이 어느 정도나 필수적일까요?

최근 몇 년 동안 종교 심리학을 비롯해 종교에 관심이 있는 학계에서는 개인이 왜 믿는지에 초점을 맞추는 경향이 있습니다. 이러한 신념 중심적 접근법은 때로는 종교 연구를 **내재적 종교성**과 **외재적 종교성**으로 조직화하는데, 여기서 내재적 종교성이란 개인의 믿음과 실천을 가리키고 외재적 종교성이란 공동체 의례 같은 사회적 관행을 가리킵니다. 내재적 종교성은 때로는 개인이 신적인 것에 대한 이해에 도달하려는 영적 탐구로 간주되는 반면, 외재적 종교성은 종종 목적을 위한 수단으로 묘사됩니다. 심지어 위선적 행동까지도 말입니다.

이러한 내적-외적이라는 분할은 개인주의에 초점을 맞춘, 특히 서구 개신교의 관점입니다. 개인의 행동으로 사회적 행동을 이해하는 것은 인간과학의 한 조류입니다. 그러나 사회적 차원을 지닌 종교적 행동은 윤리적·도덕적 관심사를 이해해야만 이해할 수 있으며, 이는 집단적 관점에서만 볼 수 있다는 주장이 제기되어 왔습니다. 종교적인 서사와 가르침은 종종 집단에 대한 구성원의 의무를, 그리고 집단의 권위와 규칙과 관행에 대한 존중을 보여 줄 필요성을 강조합니다. 이것들은 모두 집단 내에서 종교적 응집력과 도덕적 화합을 창출하는 데 도움을 줍니다.

집단의 행동(group behaviour)을 다수의 개인들이 행하는 집합적 행동(collective behaviour)으로 설명하는 것이 어느 정도나 가능할까요?

종교 윤리

윤리는 개인과 공동체의 관계에서 중요한 요소입니다. 전부는 아니더라도 대부분의 종교에는 윤리적 차원이 있습니다. 종교 공동체는 종교적 원천에서 파생된 윤리적 원칙에 의해 종종 뒷받침되는 강력한 사회 질서를 갖는 경향이 있습니다. 이런 원천은 종교 텍스트와 가르침에서 발견되는 윤리적 원칙에 대한 전통적이거나 현대적인 해석일 수 있습니다.

종교 윤리는 "공동체란 무엇인가?", "어떻게 하면 함께 조화롭게 살 수 있는가?" 같은 모든 인간 사회에 내재된 쟁점들을 다루고자 합니다. 종교 윤리는 사회에서 살아가는 사람들이 직면한 가장 중요한 문제를 고려하고, 종교적 원칙에 맞는 해결책을 모색합니다. 종종 종교 텍스트에서 식별된 문제와 제안된 해결책은 특정한 문화와 역사적 시기에 따라 다릅니다. 그래서 종교학자들은 현대 세계의 다양한 문화에 대한 텍스트의 교훈을 해석할 임무가 있습니다.

종교 윤리는 도덕률을 보존하는 것을 목표로 하는 사회적 규범과 법적 틀을 구축함으로써 모든 사회에서 중요한 역할을 맡았습니다. 근·현대의 세속적 사회의 도덕률과 사회적 관습조차도 대체로 종교가 지닌 도덕적 가치에 기반을 두고 있습니다.

논의 8.39

1 지난 3,000년 동안 공동체에서 살아가는 개인들이 직면한 현안이 어느 정도나 바뀌었다고 생각하나요?

2 종교의 도덕적 가르침이 수천 년은 아니더라도 수백 년 동안 공동체에 귀중한 가치를 지닌 것으로 밝혀졌다면, 그 가르침은 어떤 의미에서는 충분히 참이라고 간주할 수 있을까요?

실제 상황 8.15

종종 같은 종교에 속한 종교 지도자들도 현대 사회의 도덕적 문제에 대해 다른 의견을 가질 것입니다. 낙태, 안락사, 동성애자의 권리 같은 쟁점은 논쟁의 모든 측면에서 종교 지도자들로부터 열정적인 주장을 끌어내고 있습니다. 종교가 현대의 도덕적 문제에 대한 명확한 답변을 제공할 수 없다면 어떻게 종교는 사회적 응집력과 도덕적 강직함을 뒷받침하는 데 도움이 될까요?

숭배

숭배는 단수의 신성성이나 복수의 신성성, 부처나 보살, 심지어 어떤 경우에는 인간주의적 이상형에 대한 추앙, 경배, 헌신의 표현입니다. 숭배는 여러 형태를 띨 수 있으며 개인적 숭배일 수도 있고 공동체적 숭배일 수도 있습니다. 일반적으로 개인적 숭배가 중요하다고 여겨지지만, 많은 종교에서는 모든 신자가 하나의 정신과 하나의 목소리로 함께 어우러질 수 있는 공동체적 숭배의 필요성을 개인적 숭배가 대신할 수 없다고 합니다.

거의 모든 종교에는 몇몇 형태의 조상 숭배가 있는데, 특히 아시아 국가들에 널리 퍼져 있습니다. 이곳에서는 많은 사람들이 어떤 종교에 가입했는지에 상관없이 집에는 조상을 기리는 사당이 있습니다. 조상에 대한 **숭상**은 그들의 종교적 관행에 내장되어 있습니다. 일부 문화에서 조상에 대한 숭상은 조상의 명복을 비는 것이며, **효도**의 중요한 측면입니다. 그것에는 또한 조상들에게서 축복을 구하는 것도 포함됩니다.

논의 8.40

일부 지역에서 어떤 종교를 갖고 있든 간에 모든 사람들이 조상 숭배를 실행한다면, 그것은 종교적 관행이라기보다 문화적 관행일까요?

숭배의 본질적 요소는 종교 **의례**의 실행입니다. 종교 의례는 **신화**에 코드화된 반복적인 사회적 관행입니다. 그것들은 일련의 말과 행동으로 종교적 개념을 상징적으로 표현함으로써 일련의 복잡한 관념과 감정을 소통하며, 또한 종교 지식을 전달하는 매우 강력한 방식입니다. 종교에 따라 다를 뿐만 아니라 같은 종교에 대한 종교 의례도 지리적 지역의 차이와 시간의 경과에 따라 달라질 수 있지만, 종교가 달라도 종교 의례는

> **키워드**
>
> **숭상:** 숭배 행위, 또는 커다란 존경을 보여 주는 행위
>
> **효도:** 부모에 대한 사랑, 존경, 지지를 보여 주는 것
>
> **의례:** 개인과 공동체에 대해 상징적 의미가 있는 규정된 기념 행동이나 일련의 행동
>
> **신화:** 보통 한 민족의 역사와 관련된, 또는 현상을 설명하는 고대의 전통적 이야기. 신화는 항상 그런 것은 아니지만 종종 초자연적 존재자들을 포함함

유사한 주제를 상징하는 경향이 있습니다.

성지 순례

성지 순례는 성스러운 장소로 길고도 유의미한 여행(종종 도보 여행)을 하는 행위입니다. 성지 순례는 평범한 생활에서 벗어나 여행에 대해 생각하고 성찰할 수 있는, 그리고/또는 다른 사람들과 함께 영적 유대를 쌓을 수 있는 기회를 제공합니다. 성지 순례는 육체적 여행일 뿐만 아니라 기도, 명상, 신비로운 경험을 통한 내적인 영적 여행을 가리킬 수도 있습니다. 많은 사람들은 성지 순례를 삶을 변화시키고 변형시키는 경험으로 여깁니다.

가장 잘 알려진 성지 순례 중 하나는 이슬람의 다섯 기둥 중 하나인 **하지**(Hajj)입니다. 모든 이슬람교도는 육체적으로나 금전적으로 여유가 있다면, 일생에 적어도 한 번 이상 메카로 성지 순례를 해야 합니다. 메카에는 이슬람교도만 들어갈 수 있으며, **하지**는 모든 이슬람교도가 똑같은 옷, 즉 이음매가 없는 흰 순례복을 입고 같은 의례에 참여하므로 '신' 앞에서 평등하다고 여겨진다는 관념을 갖고 있습니다. **하지**에 참석하는 인원이 증가함에 따라 안전과 편의를 위해 **하지** 의례의 인원수도 변경되었습니다.

순례는 힌두교 관행에서 특히 중요한데, 가장 신성한 장소 중 하나는 인도 북부의 고대 도시 바라나시(Varanasi)입니다. 이곳은 힌두교의 주요 신인 시바신의 고향으로 여겨

그림 8.8 _ 2019 알라하바드 쿰브 멜라 기간에 갠지스강에서 신성한 목욕을 하는 종교 순례자들

집니다. 수백만 명의 힌두교 순례자들이 매년 바라나시를 방문하고 일출 때 갠지스강에서 목욕을 하며 몸을 정화합니다. 갠지스강은 강가(Ganga) 여신 그 자체로 여겨집니다. 그녀의 물은 영적으로 매우 순결하다고 간주되며 많은 사람들이 사랑하는 사람의 시신을 화장한 재를 갠지스강에 뿌립니다. 쿰브 멜라(Kumbh Mela)는 세계 최대의 종교 순례자 축제로, 인도 전역의 네 곳에서 12년마다 교대로 열리는 축제입니다. 2013년 쿰브 멜라에는 두 달 동안 약 1억 2,000만 명이 참석했고, 단 하루에 3,000만 명이 넘는 사람들이 참석하기도 했습니다.

일부 힌두 과학자들은 갠지스강의 '치유력'이 물에서 발견되는 **박테리오파지와 비분해 박테리아** 때문이라고 주장했습니다. 그러나 다른 힌두 과학자들은 매일 약 30억 리터의 처리되지 않은 하수가 갠지스강에 유입되기 때문에 강물이 건강에 심각한 위험을 초래한다고 주장합니다. 강의 일부 지역에는 100ml당 150만 마리 이상의 분변 대장균이 있으며, 이는 안전한 수영을 위한 최고 권장 수준의 3,000배를 넘어섭니다. 갠지스강에서 목욕하는 일부 사람들은 병에 걸리지만, 그렇다고 해도 '정화되고' 아마도 질병이 나을 것이라는 희망으로 강에서 즐겁게 목욕하며 그 물을 마시는 수백만 명의 힌두교도를 막지는 못합니다.

키워드

박테리오파지: 박테리아를 파괴하는 바이러스

비분해 박테리아: 죽거나 부패하는 물질의 분해를 돕지 않는 박테리아

지식 영역 연결 질문 8.3

자연과학

1 두 집단의 힌두 과학자들이 갠지스강의 물에 대해 상충되는 과학적 주장을 한다면 두 주장 모두 동등하게 타당할 수 있을까요?

2 과학 지식은 어느 정도나 종교 지식만큼이나 '선별(cherry-picking)'에 취약할 수 있을까요?

3 수질 오염의 위험에 대해 순례자들에게 경고하는 책임은 주로 과학자, 종교 지도자 또는 정치인에게 있을까요?

쿰브 멜라만큼이나 인기 있는 대규모 행사에서 볼 수 있듯이, 누가 순례자이고 누가 관광객인지 늘 알 수 있는 것은 아닙니다. 종종 방문객들은 순례자인 동시에 관광객으로 참석합니다. 바티칸 시국의 성 베드로 대성당, 암리차르의 황금 사원, 스리랑카 캔디의 불치사(佛齒寺) 같은 다른 많은 순례지에서도 마찬가지입니다.

희생과 금식

희생이라는 단어는 종종 신에게 바치기 위해 동물이나 심지어 사람을 살육하는 행위를 떠올리게 합니다. 또한 음식이나 돈, 시간 같은 가치 있는 것을 포기할 수도 있습니다. 마찬가지로 금식은 하루 중 특정 시간과/또는 종교적 의례 일정상 특정 시간 동안에 특정 음식과 음료를 포기하는 것입니다. 전부는 아닐지라도 대부분의 종교는 구성원들이 보통 더 넓은 공동체의 이익을 위해, 때로는 영적 결의를 강화하기 위해 어떤 형태의 희생을 할 준비가 되어 있어야 한다는 원칙을 공개적으로 지지합니다.

힌두교 정전은 동물 희생을 포함한 의례를 자세히 설명하며, 일부 힌두교 종파는 여전히 특정한 축제를 위해 동물을 도살하지만 대부분의 힌두교도는 **아힘사** 개념을 우선시하며 신에게 제물로 음식(특히 과자)과 꽃을 바치는 경향이 있습니다. **아힘사**는 조화로운 사회를 만드는 데 분명히 이익이 되는 윤리 원칙입니다.

여러분이 했을 수도 있는 종교적이거나 세속적 희생, 또는 여러분이 참여했을 수도 있는 금식에 대해 생각해 보세요. (여러분은 자선기금을 마련하기 위해 친구들과의 즐거운 주말을 희생했거나 배고픈 새한테 먹이기 위해 점심을 희생했을 수도 있습니다.) 희생을 하거나 금식에 참여하는 것은 여러분에게 어떻게 새로운 깨달음, 관점 또는 지식을 줄 수 있을까요?

종종 불교와/또는 도교와 나란히 실행되는 중국의 민속 종교에서는 죽은 자들을 위해 그들이 욕망하던 모든 세속적 물품을 종이 복제물 형태로 만듭니다. 이 복제물은 시신과 함께 불에 태워지는데, 죽은 사람이 내세에 부족한 것이 없도록 하기 위한 것입니다. 다음 세계로의 여행을 지속하는 데 필요한 음식과 음료도 제공됩니다. 과거에 부유한 사람들은 실제로 귀중품을 안장했으며 은나라(BC 16세기~BC 11세기)의 지배자는 심지어 소중한 동물과 하인을 귀중품과 함께 묻었습니다. 큰 무덤에는 지배자와 동행하기 위해 희생된 350구의 시신이 들어 있었습니다. 나중에는 인간을 희생시키는 대신 진흙으로 만든 모형이 묻혔습니다. 유명한 병마용 군대는 통일 중국의 첫 번째 황제인 진시황(BC 259~BC 210)과 함께 묻힌 실물 크기의 도기 전사 6,000명으로 이루어진 군대입니다. 이론적으로 무신론 국가인 현대 중국에서 사람들은 실제 돈을 주고 대용 화폐를 구입하여 제사 때 태워 조상에게 보냅니다.

논의 8.43

1 종교 지식에 대한 인간의 이해는 시간이 지남에 따라 어떻게 바뀌었을까요?

2 과거의 종교 관행에 관한 증거는 우리에게 역사 지식을 제공하는데요, 이를 통해 우리는 그런 관행의 배후에 있는 주요한 종교적 관념을 어느 정도나 실제로 이해할 수 있을까요?

고대 세계에서 유대교와 일본의 신도 같은 많은 종교에는 일부 동물 희생이 포함되었습니다. 많은 토착 종교에서 동물 희생은 오늘날에도 여전히 중요한 특징입니다. 이슬람교에서도 이드* 기간 동안과 아기가 태어난 후에 그렇게 합니다. 물론 많은 이슬람교도는 더 이상 스스로를 희생시키는 일을 수행하지는 않습니다. 그들은 그 대신 동물을 도살하는 데 들어간 비용을 도살장에 지불하고 고기는 가난한 사람들에게 나누어 줍니다. 많은 경우에 동물 희생은 신에게 감사를 표하고 공동체가 축하 행사 때 먹을 동물의 생명을 기리는 방식입니다.

기독교는 일반적으로 동물 희생을 실행하지 않습니다. 예수의 죽음이 완벽한 희생이었고 이것이 다른 희생을 불필요하게 했다고 가르치기 때문입니다. 그 대신 기독교인들은 **성찬식**이라는 **성사**를 통해 예수의 희생을 기억합니다. 하지만 그리스, 아르메니아, 에티오피아의 일부 외딴 시골 마을에서는 부활절에 지역 교회 밖에서 어린 양을 희생물로 바친 다음 마을 잔치에 쓰기도 합니다.

*이드: 이슬람교의 두 가지 주요 축제인 이드 알피트르와 이드 알아드하를 가리킨다.

키워드

성찬식: 기독교인들이 예수의 살과 피를 상징하는 빵을 찢어 먹고 포도주를 마심으로써 예수의 최후의 만찬과 희생을 기억하는 의례

성사: 신의 은총을 전하기 위해 이뤄지는 특별한 의례

도살장에서 도살된 동물을 구입하는 것과 동물의 생명으로 신이나 신들에게 감사를 표현하면서 숭배의 장소에서 동물을 도살하는 것 사이에는 윤리적 차이가 있을까요?

금식은 많은 종교에서 실행되는 자기희생의 한 형태입니다. 금식은 이기심과 육체적 욕망을 삼가고 종교 의례 일정상 중요한 시기에 기도와 명상에 초점을 맞추도록 일깨워주는 역할을 합니다. 금식하는 사람들 사이의 공동체 유대를 강화하는 데 도움이 되기도 하며, 가난한 사람들에 대한 공감과 연대를 보여 주는 방식으로 비칠 수도 있습니다. 대부분의 종교는 또한 자선 단체에 시간과/또는 돈을 제공하고, '신', 신들, 혹은 철학적 원칙을 기리기 위해 봉사한다는 측면에서 희생 관념을 수용합니다.

논의 8.45

거의 모든 종교에서 희생과 금식에 대한 접근법에는 많은 유사점이 있습니다. 모든 종교에 참일 수 있는 개념이 있을까요? 그렇다면 그것들은 객관적인 진리라고 볼 수 있을까요?

8.6 세계 교회주의와 종교 간 대화, 종교 근본주의

실제 상황 8.19

세계의 종교가 공통의 근거나 공통의 지식을 찾는 것은 왜 유익할 수 있을까요?

> 종교 간의 평화 없이는 국가 간의 평화도 없을 것이다. 종교 간의 대화 없이는 종교 간의 평화도 없을 것이다.
>
> 한스 큉(1928~2021)

키워드

세계 교회주의: 세계 기독교 교회 사이의 통일을 증진하려는 목적을 지닌 운동

교단: 기독교 내의 서로 구별되는 종교 집단(예를 들면 성공회, 조지아 정교회, 루터 교회 등)

세계 교회주의는 많고도 다양한 기독교 **교단** 사이에서 더 긴밀한 관계와 더 나은 이해를 구축하기 위한 기독교 운동입니다. 기독교 교회를 하나로 모으는 운동에 덧붙여, 다른 종교 전통을 가진 사람들 사이의 협력과 긍정적인 상호 작용을 촉진하기 위한 더 넓은 운동이 있습니다. 이것을 일반적으로 '종교 간 대화(interfaith dialogue)'라고 합니다. 어떤 사람들은 비-유신론적 종교로부터 무신론자는 물론이고 자신이 어떤 종교에 속해 있다고 여기지는 않지만 윤리적이고 철학적인 신념을 갖고 있는 사람들도 배제하지 않기 위해서 '인터패스 대화(interpath dialogue)'라는 용어를 선호합니다.

전 세계적으로 다양한 종교 간/신념 간(interfaith/interpath) 연합이 있습니다. 일부는 국지적이고, 일부는 지역적이거나 일국적이며, 또 '평화를 위한 종교(Religions for Peace, RFP)' 같은 국제적 연합도 있습니다. '평화를 위한 종교'는 전 세계의 고위 종교 지도자들로 구성된 세계 협의회(World Council)를 운영하는 네트워크로, 6개의 지역 종교 간 조직과 90개 이상의 국가적 조직이 있습니다. 조직은 인간 계발을 증진시키고 폭

력적인 갈등을 종식시키며 정의롭고 평화로운 사회를 촉진하기 위해 노력합니다. 이와 비슷한 조직이 '세계 종교 의회(Parliament of the World's Religions)'로, 1893년 다른 종교 사이의 전 지구적 대화를 위한 시도로 시작되었습니다. '세계 종교 의회'는 100년 후에 다시 소집되었으며, 지금은 몇 년에 한 번 소집됩니다. 이 조직은 종교적, 영적 및 문화적 정체성이라는 쟁점, 종교 간 대화에 대한 접근 방식, 세계가 직면한 중요한 현안에 응답하는 종교의 역할을 숙고합니다.

실제 상황 8.20

종교 간 대화는 다른 종교의 지식 주장에 어떤 함의를 가집니까? 전 세계의 윤리적 논쟁에 영향을 미치는 데 종교와 종교 기관은 어떤 역할을 합니까?

그림 8.9 _ 2019년 11월, 아제르바이잔 바쿠에서 열린 제2차 세계 종교 지도자 정상 회의

종교 근본주의

종교 간 대화가 다루는 거대한 쟁점 중 두 가지는 **종교 근본주의**와 **극단주의** 문제입니다. 거의 모든 주요 신앙 체계에는 자기네 종교의 특별한 판본이 유일하게 '하나의 참된 종교'이며 어떤 비판도 넘어선다고 믿는 근본주의자들이 있습니다. 그들은 종교적 신앙이 지시한 바에 따라 삶을 영위하며, 때로는 자신의 신앙과 관행을 다른 사람들에게 강요하려 듭니다. 폭력적인 개종을 옹호하지 않더라도, 많은 종교가 다른 종교 신도들을 '하나의 참된 믿음'으로 이끌기 위해 개종을 시도합니다. 종교적 극단주의자들은 더 나아가 때로는 폭력을 사용하여 종교적 관습과 관행을 시행하며, 심지어 반대 의견을 내는 목소리를 제거하기도 합니다.

키워드

종교 근본주의: 특정한 성스러운 텍스트, 종교 지도자와/또는 신의 절대적 권위에 대한 믿음

극단주의: 사람들이 종교적이거나 정치적 대의를 위해 폭력 사용을 포함하여 극단적 행동을 취할 준비가 되어 있는 이데올로기

어느 정도까지는 우리 모두 '우리 부족을 특권시하며' 따라서 우리 지식 체계를 특권시합니다.

1 참된 지식 체계는 단 하나뿐이며 그것을 가진 사람들은 다른 사람들이 그것을 받아들이도록 설득하기 위해 모든 노력을 기울여야 한다고 어느 정도나 믿나요?

2 이것이 종교적, 과학적, 철학적 또는 윤리적 체계인지 여부가 중요할까요? 어떤 사람들은 자신이 원한다면 진화보다 창조 과학을 믿어도 되는 것일까요? 아니면 누군가가 그들의 방식이 지닌 오류에 대해 그들을 설득해야 할까요?

새로운 장소를 방문하거나 새로운 음식을 먹거나 특정 상황을 피하도록 친구를 설득한 적이 있나요? 여러분의 아이디어, 믿음, 지식을 다른 사람들과 공유하고 싶다고 동기를 부여하는 기본 가정은 무엇인가요? 여러분의 가정은 어느 정도나, 그리고 어떤 맥락에서 합당할까요?

모든 종교 전통에 있는 종교 근본주의자들은 과학적 원리와 모든 형태의 다원주의를 거부하는 경향이 있습니다. 그들은 모든 것을 회색 음영이 없는 흑백으로 보는 경향이 있으며, 심지어 자신들의 종교 전통 내부에 있는 다른 관점에 귀를 기울이려 하지 않는 경우가 많습니다. 그들은 때로는 다른 종교 전통을 나쁘거나 심지어 사악하다고, 그리고 '신'에 대한 모욕으로 여기도록 배웠습니다. 종교적 극단주의는 세계의 많은 지역에 폭력과 파괴를 가져왔고 많은 무고한 사람들의 죽음을 초래했습니다. 종종 극단주의자의 폭력은 자신이 이해하는 것 그대로의 자신의 종교 전통이 현대 세계의 변화에서 사라지지 않도록 보호하려는 시도입니다.

안타깝게도 종교적 극단주의자들은 좀 더 온건한 주류의 종교 신자들보다 자주 뉴스거리를 만들어 내기에 많은 사람들은 주류 종교를 극단주의적인 소수파의 행동과 연관 짓게 됩니다.

1 종교는 관용이라는 자유주의적 가치를 어느 정도나 장려하려 할까요?

2 관용은 항상 유덕한 것일까요? 우리는 관용의 한계를 어떻게 결정해야 하며, **종교적** 가르침과 가치는 그런 문제를 결정하는 데 어떤 역할을 할까요?

8.7 맺으며

우리는 세계의 수천 가지 종교, 그리고 '신'이나 신들의 실존 여부에 대한 다양한 입장과 함께 이 종교들의 다양한 분할과 하위 분할을 고려할 때, 종교들의 여러 가지 다른 가르침이 현저하게 다르다는 점은 말할 것도 없고, 종교 지식 같은 것이 어떻게 존재할 수 있는지 이해하기 어려울 수도 있습니다.

그러나 인간은 수적으로 훨씬 더 많고 다양하며 서로 반목하지만, 우리 대부분은 인간이 지식을 가질 수 있다는 점을 아무 어려움 없이 받아들일 수 있습니다.

종교는 사람들에게 의미와 목적을 제공할 수 있는 신화와 서사를 제공하며, 현대 세계에서 계속 유의미할 수 있습니다. 넬슨 만델라(Nelson Mandela, 1918~2013)는 우리 각자의 "신이 빚어 낸 공간(신을 따라 형상화된 공간)"에 대해 말했습니다. 즉, 종교적 무신론자[비유신론자]도 부처의 가르침에 대한 갈망이나 인간의 노력에서 의미를 찾을 필요성을 인정할 수 있습니다. 종교의 사회적, 문화적 기능, 그리고 우리가 얼마나 신이나 신들을 우리에게 필요한 것으로 만들었는지, 우리 자신의 세계관에 맞게 철학 전통을 형성하는지에 대한 물음이 남아 있습니다.

신자든 신자가 아니든 어떤 종교에 관여하거나 연구할 때 열린 마음과 기꺼이 들으려는 자세와 이해하려는 욕망을 가지고 그렇게 하는 것이 중요합니다. 한 사람이 모든 지식을 유일하게 보유할 것이라고 기대하는 것 이상으로 어느 한 종교(또는 한 판본)가 모든 진리와 답변을 유일하게 보유할 것이라고 기대하지 않는 것도 중요합니다. 그리고 우리는 아무 가정 없이 그런 문제에 접근할 수 없다는 것을 기억하는 것도 중요합니다. 모든 사람은 분석이나 대화가 시작되기 전에 몇 가지 가정을 해야 합니다. 문제는, 우리가 어떤 가정을 해야 하며 그중 얼마나 많은 가정이 종교 전통에서 권위를 끌어내는가 하는 것입니다.

시간의 시험을 견뎌 온 모든 종교는 믿는 사람들에게 매우 깊은 의미를 가질 수 있는 방식으로 세계와 이에 대한 우리의 관계를 이해하는 방식을 공동체에 제공하기 때문에 그렇게 했습니다. 믿지 않는 사람들도 때로는 세계에 대한 새로운 관점에 눈을 뜨게 하는 종교의 근본적인 진리를 인정할 수 있습니다.

논의 8.47

모든 지식은 일관성을 지녀야 합니까? 서로 다른 사람들과 다른 집단들이 상충되는 믿음을 '지식'으로 간주한다면, 그것은 적어도 일부 사람들이 틀릴 수밖에 없다는 것을 뜻할까요?

지식 질문

1   종교에서의 확실성은 윤리나 예술에서의 확실성보다 더 많이 혹은 더 적게 달성할 수 있는 것일까요?

2   명확한 답이 없는 문제에 대해 생각하는 것은 인류에게 가치 있는 일일까요?

3   종교나 문화, 그리고 이것들이 지식에 미치는 영향력을 객관적으로 평가할 때 가장 적합한 것은 **내부자**일까요, **외부자**일까요?

8.8 지식 영역 연결 질문

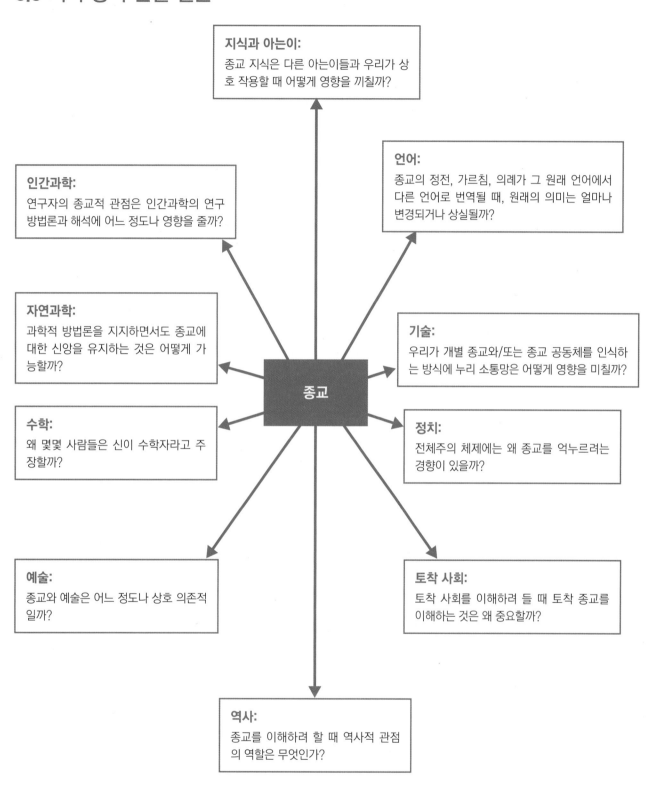

지식과 아는이:
종교 지식은 다른 아는이들과 우리가 상호 작용할 때 어떻게 영향을 끼칠까?

언어:
종교의 정전, 가르침, 의례가 그 원래 언어에서 다른 언어로 번역될 때, 원래의 의미는 얼마나 변경되거나 상실될까?

인간과학:
연구자의 종교적 관점은 인간과학의 연구 방법론과 해석에 어느 정도나 영향을 줄까?

자연과학:
과학적 방법론을 지지하면서도 종교에 대한 신앙을 유지하는 것은 어떻게 가능할까?

종교

기술:
우리가 개별 종교와/또는 종교 공동체를 인식하는 방식에 누리 소통망은 어떻게 영향을 미칠까?

수학:
왜 몇몇 사람들은 신이 수학자라고 주장할까?

정치:
전체주의 체제에는 왜 종교를 억누르려는 경향이 있을까?

예술:
종교와 예술은 어느 정도나 상호 의존적일까?

토착 사회:
토착 사회를 이해하려 들 때 토착 종교를 이해하는 것은 왜 중요할까?

역사:
종교를 이해하려 할 때 역사적 관점의 역할은 무엇인가?

8.9 자기 점검

8장에서 배운 내용을 되돌아보고 1점에서 5점 사이로(5는 최고 점수, 1은 최저 점수) 자신의 자신감 수준을 표시하세요. 3점 미만이면 해당 부분을 다시 읽어 보세요. 그런 다음 이 목록으로 돌아오세요. 여러분의 자신감이 높아졌나요?

	자신감 수준	다시 읽기?
나는 종교와 그 범위에 관한 다양한 사고방식에 대해 토론할 수 있는가?		
나는 세계의 종교가 얼마나 풍부하고 다양한지, 그리고 그것들을 분류하는 것이 얼마나 도움이 되면서도 제한적일 수 있는지를 이해하고 있는가?		
나는 유신론적 종교에서 발견될 수 있는 '신'에 대한 다양한 이해 중 몇 가지를 알고 있는가?		
나는 모든 종교가 단수의 신이나 복수의 신에 대한 믿음을 포함하지는 않는다는 점을 제대로 인식하고 있는가?		
나는 종교 텍스트와 계시 개념을 포함해 종교 지식의 주요 원천 중 몇 가지에 대해 토론할 수 있는가?		
나는 다양한 유형의 계시를 이해하고 있는가?		
나는 종교 텍스트와 서사가 이해되는 다양한 방식에 익숙한가?		
나는 종교 언어에 대한 이해의 차이가 어떻게 종교 지식에 대한 오해로 이어질 수 있는지 제대로 인식하고 있는가?		
나는 종교 지식이 발전하는 데 해석학의 중요성을 이해하고 있는가?		
나는 신앙과 이성이 종교 지식의 발전에서 어떻게 사용되는지 설명할 수 있는가?		
나는 개인과 공동체가 종교적 이해를 발전시키는 다양한 방식을 잘 이해하고 있는가?		
나는 공동체가 종교 지식을 발생시키고 의사소통하는 몇 가지 방식에 대해 토론할 수 있는가?		
나는 종교 관행과 윤리가 공동체의 정체성 및 응집력을 제공하는 데 어떻게 도움이 될 수 있는지 이해하고 있는가?		
나는 종교 간 대화와 이해를 증진시키기 위해 취해지고 있는 몇 가지 주도적 조치를 알고 있는가?		

8.10 더 읽을거리

- 8장에서 얻은 지식을 바탕으로 다음 글들 중 몇 가지를 읽을 수 있습니다.

- **종교 인구 통계**에 관해 더 알고 싶다면 다음을 읽으세요.
  Conrad Hackett and David McClendon, 'Christians remain world's largest religious group, but they are declining in Europe', *Pew Research Centre*, 5 April 2017. *Pew Research Center*의 웹사이트에서 검색하세요.

- **종교의 변화하는 트렌드**에 관심이 있다면 다음을 읽으세요.
  Harriet Sherwood, 'Religion: why faith is becoming more and more popular', in *The Guardian*, 27 August 2018. *Guardian* 웹사이트에서 검색하세요.

- **종교와 과학의 관계**를 더 탐구하고 싶다면 다음을 읽으세요.
  Anna Salleh, 'Are religion and science always at odds? Here are three scientists that don't think so', in *ABC Science*, 24 May 2018. *ABC News Australia* 웹사이트에서 검색하세요.

- **사람들이 '신'을 믿는 이유에 관한 과학적 관점**이 궁금하다면 다음을 읽으세요.
  Robert Winston, 'Why do we believe in God?', in *The Guardian*, 13 October 2005. *Guardian* 웹사이트에서 검색하세요.

- **개인과 공동체의 관계**에 관심이 있다면 다음을 읽으세요.
  Jesse Graham and Jonathan Haidt 'Beyond Beliefs: Religions Bind Individuals into Moral Communities', in *Personality and Social Psychology Review*, 2010, vol. 14, pp.140~150. *Sage Journals* 웹사이트에서 *Personality and Social Psychology Review*에 있는 이 글을 검색하세요.

> **9장**

지식과 토착 사회

학습 목표

9장에서는 토착 사회에 대해 탐구하고, 그리고 그것이 전 지구적 지식에 어떻게 기여하는지 탐구할 것입니다.

여러분은

- 토착 사회가 무엇을 의미하는지를 배우고, 토착 사회에 대한 여러 가지 정의가 지닌 의의와 이를 발전시키는 데 포함된 몇 가지 어려움을 검토합니다.
- 다양한 유형의 토착 지식을, 또 이것이 현대 과학을 보완할 수 있는 신선한 관점을 어떻게 제공하는지를 탐구합니다.
- 토착 지식을 전달하는 데 있어서 언어가 맡은 역할을 연구합니다.
- 토착 지식이 어떻게 보호되고 있는지 꿰뚫어 봅니다.
- 토착 사회와 다른 공동체 사이에 갈등이 있을 때, 또 보존 노력과 갈등이 있을 때 발생하는 몇 가지 윤리적 쟁점을 탐구합니다.
- 왜 일부 사람들은 토착 지식과 비토착 지식의 구별에 대해 관심을 갖는지 이해합니다.

다음 각각의 인용문을 분석하고 이어지는 질문에 관해 토론하세요.

1 "나는 한 분의 어르신이 돌아가시면 하나의 도서관이 불타고 많은 지혜와 지식이 사라진다고 믿는다. 전 세계의 도서관들은 지금도 여전히 거의 관심을 받지 못한 채 불타고 있다." **엘리자베스 카푸와일라니 린지**(Elizabeth Kapu'uwailani Lindsey, 1956~)

2 "나는 어떤 소년들보다 긴 머리카락을 지녔다. 긴 머리카락이 성가시게 하지 않도록 매일 아침 땋았다. 내가 잘 기억하지 못하지만 그럼에도 참이라고 알고 있는 것을 내 스스로 상기하기 위해서였다." **셔리 디멀라인**(Cherie Dimaline, 1975~)

3 "크리족(Cree) 문화에는 정의라는 개념이 없다. 가장 가까운 단어는 '킨토파타틴(kintohpatatin)'인데, 이것은 '여러분이 경청했다' 정도의 뜻이다. 하지만 '킨토파타틴'은 정의보다 풍부한 뜻을 가지고 있다. 실제로 그것은 여러분의 말을 인정 많고 공정한 누군가가 경청했고, 그래서 여러분의 욕구가 진지하게 받아들여질 것이라는 점을 의미한다." **에드먼드 메타타와빈**(Edmund Metatawabin, 1948~)

4 "마지막 나무가 베어져 나가면, 마지막 물고기가 잡히고 마지막 강이 더럽혀진다. 숨을 들이마실 때 가슴이 답답해지면 부(富)라는 것이 은행 계좌에는 없고 돈은 먹을 수도 없다는 것을 뒤늦게 깨달을 것이다." **알라니스 오봄사윈**(Alanis Obomsawin, 1932~)

5 "기억해야 할 한 가지는 동물들에게 말을 거는 것이다. 그러면 동물들이 네게 대꾸할 것이다. 그러나 동물한테 말을 걸지 않으면 동물도 네게 대꾸하지 않을 테고, 그러면 너도 이해하지 못할 것이고, 이해하지 못하면 동물들을 두려워할 테고, 두려워하면 동물들을 해칠 것이고, 동물들을 해친다면 너 자신도 해칠 것이다." **댄 조지 추장**(Chief Dan George, 1899~1981)

위의 인용문에 대해 다음을 생각해 봅시다.

a 이 인용문이 무엇을 의미한다고 생각하나요?

b 인용문에 어느 정도 동의하나요? 아니면 동의하지 않나요?

c 인용구에 어떻게 이의를 제기할 수 있나요?

d 인용문은 토착 지식에 관한 화자의 가정에 대해 무엇을 말해 줄까요?

9.1 들어가며

유엔의 통계에 따르면, 전 세계 70개국 이상에 3억 7,000만 명 이상의 **토착민**이 살고 있습니다. 세계은행에 따르면, 그들은 세계 인구의 약 5%밖에 안 되는데도 극빈층 인구의 약 15%를 차지하고, 평균 기대 수명은 전 세계 비토착민의 평균 기대 수명보다 최대 20년까지 낮다고 합니다.

토착 사회는 정치적으로나 경제적으로나 주변화되고 있지만 지식이 전 지구적으로 풍부해지는 데 큰 기여를 했습니다. 토착 지식은 토착 사회의 문화와 전통에 깊이 뿌리박혀 있는 경향이 있으며, 이는 지식을 보다 광범위하게 공유할 수 있는 방법과 토착 지식의 혜택을 받는 사람들에 대한 윤리적 책임이 무엇인지에 대한 질문을 제기합니다. 우리가 토착 지식을 이해할 때 직면하게 될 주요한 도전 과제 중 하나는 토착 사회가 무엇인지 정의하기 어렵다는 것입니다. 토착 사회를 어떻게 정의하는가는 토착 지식의 범위에 영향을 미칩니다.

9장에서 우리는 토착 지식의 몇 가지 예를 살펴보고 어떤 종류의 토착 지식이 가치

> **키워드**
>
> 토착민: 문자 그대로 '어떤 장소에 속한 사람들'로, 이 용어는 고유의 문화를 계승하고 실천하는 사람들, 그리고 그런 사람들과 환경이 관계를 맺는 방식을 가리키는 데 사용됨

있고 보존할 만하다고 간주되는지 탐구하고 그런 결정을 내리는 사람이 누구인지 묻게 될 것입니다. 이 토론에서 우리는 토착어의 중요성과 토착민의 관점을 구현하는 데 토착어가 수행하는 역할에 대해 설명하고 토착어를 보존하기 위한 몇 가지 노력을 고려할 것입니다.

마지막으로 우리는 점점 더 다문화적으로 되는 세계에서 토착 지식과 비토착 지식의 구별이 지속될 수 있거나 심지어 바람직한지 여부를 생각해 볼 것입니다.

9.2 토착 사회란 무엇인가?

논의 9.1

여러분은 '토착 사회'라는 말을 들으면 어떤 생각이 드나요?

토착 지식을 심도 있게 논의하기 전에 토착 사회가 무엇을 의미하는지를 이해하는 것이 중요합니다. 토착 지식은 해당 지식을 생산, 보존 및 보급하는 사회에 의해 정의되기 때문입니다. 어떤 의미에서 토착 지식의 범위는 '토착 사회'라는 용어를 이해하는 바에 따라 크게 결정됩니다. 토착 지식의 초점은 생태학적 깨달음 및 전통적 관행과 관련되는 경향이 있지만 토착 지식을 둘러싼 논쟁의 상당수는 "무엇이 토착 사회인가?", "어떤 유형의 토착 지식이 가치 있는가?" 그리고 "누가 결정하는가?"와 관련됩니다.

토착민이 누구이고 무엇이 토착 지식으로 간주될 것인가는 역사적 **우연성**에 의해 깊이 영향을 받습니다. 토착 사회의 정체성을 둘러싼 질문들은 심각한 것이며, **탈식민지 시대**의 정치적, 윤리적 관심사에 이의를 제기합니다.

키워드

우연성: 우연에 의존하는 것

탈식민지 시대: 식민 통치가 끝난 후의 기간

토착 사회는 다른 민족적 기원과/또는 문화를 가진 사람들이 어떤 땅에 도착하여 정착, 점령 또는 정복을 통해 지배적이게 되면서, 그 땅을 독차지하게 된 사람들의 후손들로 이루어진 공동체로 널리 이해되는 경향이 있습니다. 그러므로 어떤 땅의 최초 거주자가 반드시 토착 사회를 구성하는 것은 아닙니다. 오히려 그 사람들은 현재의 국가 경계선이 확정되었을 때(이것은 17세기로 거슬러 올라갈 수도 있음) 땅과 강한 연관성을 갖게 되었습니다.

그러나 여러 나라에서 누가 토착민이고 누가 토착민이 아닌지에 대한 나름의 정의를 만들어 냅니다. 이 정의는 종종 정치적으로 주도된 다양한 요인을 기반으로 합니다. 수렵-채집 공동체에 초점을 맞추어 토착민을 보고 싶어 하는 사람들이 있는가 하면, 토착민을 훨씬 더 넓은 범주로 보는 사람들도 있습니다.

따라서 **토착**이라는 용어는 고정된 의미를 지니기보다는 복합적이고 맥락에 따라 달라집니다. 거기에는 보통 지배적인 사회 내부에서 주변화된 사람들이 포함되며, 이 사람들은 대대손손 살아 왔던 땅에서 소수자 공동체로서 살고 있습니다. 그들은 동시대의 다수자 주민과 구별되는 독특한 문화 및 사회 구조를 지니고 있으며, 언어가 다를 수 있습니다. 그러나 모든 토착 사회가 자신들이 살고 있는 고향 땅에서 소수자 집단인 것은 아닙니다. 예를 들어 그린란드에서는 이누이트(Inuit)가 전체 인구의 80% 이상을 차지합니다. 파푸아 뉴기니에는 수백 개나 되는 다양한 부족의 토착민이 있으며 인구의 82%가 토착민 공동체에 살고 있습니다. 페루에서는 인구의 약 25%가 토착민이고 약 60%가 **메스티소(Mestidos**, 토착민과 스페인 혈통의 혼혈인)입니다.

실제 상황 9.1

토착 사회를 정의하는 것이 생물학적 쟁점이 아니라 정치적 쟁점인 이유는 무엇일까요? 토착 지식에 대한 정의가 토착 사회가 정의되는 방식에 의존한다면, 이것이 토착 지식에 대해 지닌 함의는 무엇일까요?

토착민의 자기 정체성 규정

누가 토착민인가라는 질문은 간단하지 않습니다. 1977년 세계 토착민 협의회(World Council of Indigenous Peoples, WCIP)는 토착민만이 토착민을 정의할 수 있다는 결의안을 통과시켰습니다. 그 뒤 국제기구가 토착민의 자기 정체성 규정의 권리를 고취시키려는 추세가 증가하고 있습니다. 토착민을 토착 집단에 속하는 조부모 또는 증조부모가 한 명 이상 있는 사람으로 정의하기보다는 자기 정체성 규정을 수용하는 것이 좋습니다. 즉, 어떤 사람이 스스로 토착 집단의 일부로 자신의 정체성을 규정하고 그 토착 집단이 이 사람을 집단 구성원으로 받아들인 경우 그 사람은 토착 집단에 속하는 것입니다.

2001년 볼리비아 인구 조사에서 성인 인구의 62%가 모국어를 기반으로 토착민으로 기록되었지만, 자신의 정체성을 토착민이라고 규정한 사람은 인구의 약 20%뿐이었습니다. 게다가 토착민으로 자기 정체성을 규정한 사람들 중 많은 사람들이 토착민의 **민족 언어학적**인 표식을 가지고 있지 않았습니다. 많은 사람들이 스스로를 토착민이나 비토착민으로 규정하는 것은 그들의 정치-경제적 지위 때문이지, 토착 문화와 동일성을 갖고 있기 때문이라거나, 그 땅과 특별한 친화성을 갖고 있기 때문이 아닙니다.

키워드

민족 언어학: 언어와 문화의 관계를 연구하는 언어학의 한 분야

실제 상황 9.2

만약 토착민이 아닌 사람들이 자신들의 정체성을 토착민으로 규정하는 반면 토착민들은 그렇게 규정하지 않는다면, 토착 지식의 개념에 대해 갖는 함의는 무엇일까요?

키워드

소재국: 국토 내에 다른 토착 사회가 살고 있어 이를 통치하는 국가

많은 **소재국**은 토착민을 보호할 조약을 맺거나 선언을 하려면 우선 토착민을 명확하게 정의해야 한다고 주장해 왔습니다. 다른 한편 WCIP는 그 정의는 보호가 필요한 일부 토착 집단을 제외할 뿐 아니라 토착민과 비토착민, 양 극단으로 가르는 것은 토착민이 가지고 있는 이해관계의 다양성을 가려 버릴 수 있다고 우려합니다.

소재국들은 또한 다른 민족 집단이 토착민에게 제공되는 국제적 보호 및 법적 지위에 접근하기 위해 스스로를 토착민이라고 부를 수도 있다고 우려합니다. WCIP도 이런

우려를 공유하고 있습니다. 실제로 남아프리카 공화국의 아프리카너*가 스스로를 토착민이라고 주장하자 충격과 불신이 일어났습니다. 그럼에도 불구하고 명확한 정의가 없으면 아프리카너 같은 집단이 타당한 주장을 하는 것으로 간주될 수도 있습니다.

***아프리카너**: 주로 네덜란드 계통의 백인들이며 '보어인'이라고 불린다.

논의 9.2

토착 지식에 대한 모든 논의는 토착민인 사람들과 토착민이 아닌 사람들을 절대적으로 구분하는 것에 어느 정도나 의존할까요?

스코틀랜드 북부 고원 지대와 섬들에서 스코틀랜드 크로프팅 재단(Scottish Crofting Foundation, SCF)은 자기 정체성 규정을 기반으로 **스코틀랜드 소규모 농장주**의 토착민 지위를 얻어 내려고 노력하고 있습니다. SCF는 토착성이 인종적, 유전적이라기보다는 문화적으로 간주되어야 하는 포괄적인 개념이므로 전통적인 소규모 농장 운영과 관련된 문화를 받아들이는 사람이라면 누구나 북부 고원 지대의 전통에 따라 토착민으로 간주되어야 한다고 주장합니다. 반면 영국 정부는 '소수 민족 보호를 위한 유럽 기본 협약'에 따라 여러 국가의 소수 민족 집단을 인정하지만, 영국에 토착민은 없다고 주장합니다. 영국의 소수 민족 집단의 한 예가 콘월인입니다. 이들은 2,000년 이상 영국에서 살아온 켈트족의 한 집단입니다. 영국인이 되기는 했지만, 콘월인은 고유한 언어와 문화, 정체성을 유지해 왔습니다.

키워드

스코틀랜드 소규모 농장주(crofter): 전통적으로 스코틀랜드 북부 고원 지대와 섬의 작은 농지의 소작농을 일컬음. 1976년부터 소작 중인 농지를 구입할 수 있게 되었음

논의 9.3

1 토착민에 대한 명확한 정의가 없다면 스코틀랜드 소규모 농장주와 / 또는 아프리카너가 토착민의 자격이 있는지 어떻게 결정할 수 있을까요?

2 그런 결정이 토착 지식에 대한 우리의 관점과 토착 지식의 범위에 어떤 영향을 미칠 수 있을까요?

그림 9.1 _ 스코틀랜드 북부 고원 지대의 협곡에 있는 소규모 농장주의 전통적인 흰색 오두막

아프리카 토착민 조정 위원회(Indigenous Peoples of Africa Coordinating Committee, IPACC)는 아프리카의 토착민이 경제적으로 그리고/또는 정치적으로 주변화된 사람들일 것이며, 특히 수렵 채집인과 목축업자를 가리키는 것으로 보자고 권고합니다. 그러나 다른 아프리카 단체들은 모든 사람들이 아프리카에서 기원했다는 믿음을 근거로 아프리카 외부에서 자신의 조상을 추적할 수 없는 아프리카 사람은 누구나 토착민으로 간주되어야 한다고 주장하며, 또한 아프리카에 살고 있는 일부 아프리카인들은 수렵 채집민과 (소나 양을 치는) 목부들보다 더 주변화되었다고 지적합니다.

매년 점점 더 많은 젊은이들이 현대적인 교육과 일자리를 찾아 토착 사회를 떠나 도시 환경에서 살고 있습니다. 세계 토착민의 대다수는 이제 자신들의 전통적인 땅이 아니라 도시에서 살고 있습니다. 이런 추세는 그들의 생활 방식, 문화, 언어, 그리고 토착 지식의 존속에도 영향을 미칩니다.

<table>
<tr><td>논의 9.4</td></tr>
<tr><td>새로운 세대가 도시 환경에 살 경우 토착 지식을 전달하는 것이 왜 더 어려울 수 있을까요?</td></tr>
</table>

토착민의 디아스포라

토착 사회와 **디아스포라** 개념은 여러 면에서 밀접하게 관련되어 있습니다. 두 집단 모두 조상의 땅과 깊은 관계를 공유합니다. 많은 토착민과 디아스포라 사람들에게 땅은 소중하게 여기고 돌봐야 할 정신적 실체이며, 이들이 땅과 맺는 관계는 집단적 정체성의 필수 요소입니다.

종종 디아스포라 사람들은 언어와 많은 관습, 전통뿐 아니라 고향 땅에 대한 신화와 기억을 고수합니다. 일반적으로 그들은 자신이 지금 살고 있는 곳에서 태어났다고 할지라도 조상의 고향 땅과 보다 강한 일체감을 갖습니다.

압제, 인신매매, 전쟁, 기근이나 경제적 궁핍에 의한 강제 이주의 결과로 디아스포라가 만들어지기도 합니다. 그 한 예가 아르메니아 디아스포라입니다. 아르메니아인들은 유사 이래 아르메니아 외부에 공동체를 설립했지만, 현대 아르메니아 디아스포라는 대체로 오스만 정부가 아르메니아 사람들을 체계적으로 몰살하려 했다고 얘기될 때인 1915년 아르메니아인 대학살의 결과로 생겨났습니다. 현재 아르메니아에는 약 300만 명의 아르메니아인들이 여전히 살고 있으며, 특히 러시아, 미국, 프랑스, 아르헨티나, 이스라엘 등 전 세계 아르메니아인 공동체에는 700만 명의 아르메니아인들이 디아스포라로 살고 있습니다.

규모가 훨씬 작지만, 왈피리(Warlpiri)는 자신의 땅에서 토착민 디아스포라가 된 토착 호주 원주민 부족입니다. 약 6,000명의 왈피리 사람들이 때로는 전통적인 고향 땅에서 멀리 떨어진 마을과 도시에 살고 있습니다. 토지 강탈, 억압적인 정부 정책 및 경제적 필요성 때문에 전통적인 수렵−채집 생활 방식을 포기할 수밖에 없었지만, 대략 절

키워드

디아스포라(diaspora): 고향을 떠나 흩어졌거나 고향에서 다른 곳으로 퍼져 나갔으면서도 고향과 연관성을 유지하고 있는 사람들. 대표적으로 팔레스타인을 떠나 전 세계에 흩어져 살면서도 유대교의 규범과 생활 습관을 유지하는 유대인을 들 수 있음

반의 사람들이 계속해서 왈피리어를 사용하고 복잡한 전통적인 친족 구성을 고수하고 있습니다. 왈피리 사람들은 더 이상 조상의 땅에 살지 않더라도 그곳에 친밀감을 느끼며 그들의 문화(특히 예술과 부족 춤)의 많은 면을 도시 생활에 맞췄습니다.

논의 9.5

예술과 언어는 왜 사람들이 디아스포라의 일원으로 살아갈 때 가장 가치 있게 여기는 토착 지식의 주요 영역이 될 수 있을까요?

토착민이 누구인가라는 질문이 점점 더 정치 쟁점이 되었기 때문에 많은 단체와 소재국에서 나름의 정의를 내놓으려고 시도했습니다. 예를 들어 러시아는 인구 규모에 따라 토착민을 정의하는 흔치 않은 정책을 펴고 있습니다. 러시아 내 토착 사회의 인구가 5만 명 미만이면 토착민으로 간주되지만 인구가 5만 명을 넘어서면 토착민 지위가 거부됩니다. 뉴질랜드에서 토착민에 대한 정의는 생물학적입니다. 뉴질랜드 토착민은 마오리(Māori)족이며, 마오리족은 모든 후손을 포함하여 종족의 모든 사람입니다. 어떤 사람에게 마오리족 조상이 있다면, 그 조상과 혈통상 아무리 멀다 하더라도, 또 사회적으로나 문화적으로 자신의 정체성을 어떻게 규정하는지와 무관하게, 자신의 정체성을 마오리족으로 규정하겠다고 선택할 수 있습니다. 우리가 앞서 본 것처럼 스코틀랜드 소규모 농장주들은 그들의 사회를 문화적으로 정의하고 싶어 합니다. 즉, 그들은 크로프터의 생활 방식과 전통을 채택한 모든 사람들입니다.

탐구 9.1

여러분의 조상이 누구이고/또는 어디서 왔는지 알고 있나요? 여러분은 특정한 민족적, 문화적 집단과 스스로 동일시하나요?

1   그림 9.2의 다이어그램과 유사한 방사형 정체성 도표를 만들고 중앙에 여러분의 이름을 써 넣으세요.

2   동그라미에서 밖으로 나가는 각 화살표마다 여러분의 정체성에 중요하다고 여기는 것을 쓰세요. (원하는 경우 더 많은 줄을 추가할 수 있습니다.) 동그라미로 들어오는 각 화살표마다 다른 사람들이 여러분을 인식하고 있다고 믿는 방식에 대해 쓰세요.

3   가장 뚜렷하게 식별할 수 있는 3~5개의 요소를 선택하고 선을 더 굵게 하거나 다른 색으로 표시하세요.

여러분이 태어난 곳이나 여러분이 현재 살고 있는 곳, 또는 여러분의 조상이 태어난 곳 중에서 어느 곳에 더 일체감(동일시)을 느끼나요? 만약 여러분이 어떤 민족적이고/거나 문화적 집단과/또는 장소와 일체감을 느낀다면, 그것은 여러분의 정체성 감각을 어느 정도나 특징지을까요? 다시 말해서 여러분이 아는 것은 특정한 민족적 집단이나 문화적 집단, 또는 장소와의 자기 동일시에 의해 어떻게 영향을 받을까요?

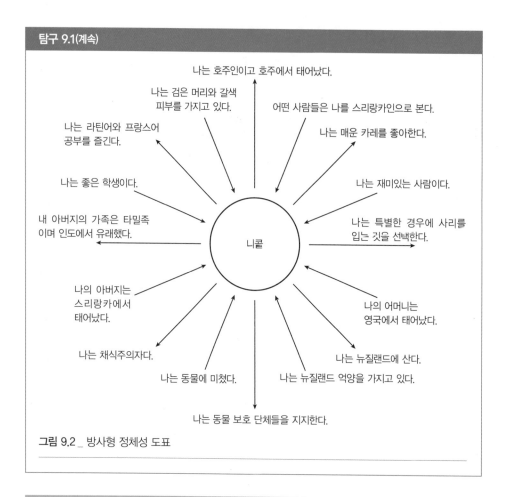

나는 호주인이고 호주에서 태어났다.

나는 검은 머리와 갈색 피부를 가지고 있다.

어떤 사람들은 나를 스리랑카인으로 본다.

나는 라틴어와 프랑스어 공부를 즐긴다.

나는 매운 카레를 좋아한다.

나는 좋은 학생이다.

나는 재미있는 사람이다.

내 아버지의 가족은 타밀족이며 인도에서 유래했다.

니콜

나는 특별한 경우에 사리를 입는 것을 선택한다.

나의 아버지는 스리랑카에서 태어났다.

나의 어머니는 영국에서 태어났다.

나는 채식주의자다.

나는 뉴질랜드에 산다.

나는 동물에 미쳤다.

나는 뉴질랜드 억양을 가지고 있다.

나는 동물 보호 단체들을 지지한다.

그림 9.2 _ 방사형 정체성 도표

되돌아보기

여러분의 정체성은 다른 정체성을 가진 사람들이 접근할 수 없는 지식에 어느 정도나 접근할 수 있게 해 주는지에 대해 사고해 보세요. 우리 각자가 세계에 대한 고유한 창을 가지고 있고 다른 그 누구도 알 수 없는 지식에 대한 접근 권한을 지닌다면, 고유한 문화와 토착민들의 경우에는 이런 것이 얼마나 더 많을까요?

논의 9.6

토착민이 더 이상 토착 사회에 살지 않으면 토착민이 아닌 것일까요? 그들의 자녀와 손자는 어떨까요?

9.3 토착 지식

논의 9.7

특정 문화에 속한다는 것은 지식에 대한 우리의 관점을 어떻게 형성할까요?

토착 지식은 주로 특정 문화나 사회에 국한된 지식이며 다양한 지식 쟁점에 대한 사회의 관점을 반영합니다. 이 지식은 종종 민속, 스토리텔링(storytelling), 문화적 의례를 포함한 구술 전통을 통해 한 세대에서 다음 세대로 전달됩니다. 토착 지식은 종종 토착 사회의 농업–생태적이고 사회–경제적인 환경과 관련이 있으며 농사법, 식량 보존, 사냥과 식량 준비, 건강 관리에 관한 지식은 물론 사회와 그 환경을 유지하는 데 도움을 주는 다른 광범위한 활동에 대한 지식도 전수합니다.

토착 지식은 수세기 동안 대체로 무시되었고 종종 폄하되었습니다. 토착 사회는 종종 원시적이고 단순하며 진보적이지 않은 사람들의 공동체로 묘사되었고, 그들의 관점은 '문명화된' 사회와는 무관한 것으로 여겨졌습니다. 그러나 오늘날에는 자연 자원에 대한 토착 사회의 관리 체계가 복잡하며 정교하다는 점을 인정하는 국가와 조직이 점점 늘고 있으며, 비용 대비 효과적이고 환경적으로 지속 가능한 발전을 위한 얼마간의 토대를 제공할 수 있는 토착 지식을 찾아 나서고 있습니다.

실제 상황 9.3

1 토착 지식이 한때 무가치한 것으로 여겨졌으나 경제적 편익을 제공하는 데 도움이 될 수 있기 때문에 지금은 귀중한 가치를 지닌다고 여겨진다면, 이것은 지식이 어떻게 가치를 갖는지에 대해 무엇을 말하는 것일까요?

2 신과 초자연적인 혼령에 대한 토착민들의 지식은 지속 가능한 발전, 농업, 전통 의료에 대한 이들의 지식에 비해 어느 정도나 가치가 있을까요?

3 어떤 지식이 가치가 있다고 결정할 때, 누구의 관점이 고려되며 또 누구에 의해 고려됩니까?

지속 가능한 발전

세계 전역의 토착 사회는 생태계와 자연 자원에 대한 보다 **전체론**적인 관점을 제공함으로써 현대 세계에 이것들의 관리에 대해 가르칠 것을 많이 갖고 있습니다.

토착 농업 지식이 다른 토착 사회를 돕기 위해 어떻게 사용되고 개발될 수 있는지를 보여 주는 한 가지 예가 벼논양어(rice-fish farming)인데, 1,200년 넘게 중국 남부에서 이어져 온 관행입니다. 벼논양어는 벼가 자라는 논에서 잉어를 기르는 것을 말합니다. 이 공동 양식으로 물고기와 벼 사이에 상호 유익한 관계가 수립되는데, 벼는 잉어의 먹이가 되는 곤충을 유인하고 거꾸로 물고기는 벼의 해충을 감소시킵니다. 또 벼는 그늘을 만들어 여름에 수온을 낮추고, 수중 암모니아 양을 줄여 물고기에게 더 건강한 환경을 만들어 줍니다.

전에는 벼만 재배하던 논에 (또 다른 어종인) 미꾸라지를 기르는 방법에 대한 과학적 시도는 물고기의 피난처로 사용되는 벼의 적절한 균형으로 벼 수확량에 부정적인 영향을 미치지 않고도 물고기를 얻을 수 있음을 보여 주었습니다. 게다가 물고기와 함께 재배한 벼에는 일반적인 단일 재배 벼 작물보다 살충제는 68%, 비료는 24% 적게 들어갑니다. 물고기는 쌀보다 시장 가치가 높기 때문에 토착 기술을 도입한 지 불과 2년 만에 1만 명이 넘는 사람들이 빈곤에서 벗어났습니다. 서로 다른 지역마다 서로 다른 어

키워드

전체론: 모든 측면이 서로 연결되어 있으며 전체와의 관계에서만 이해될 수 있다는 생각에서 모든 상황의 모든 요인을 고려하는 것

종을 사용하여 이 프로그램을 확장하려는 프로젝트가 있습니다. 기술 경험을 공유하고, 외부 공급자들과 협력하고, 농업 표준을 설정하고, 마케팅을 지원하기 위해 지역 농업 협동조합이 설립되었습니다.

유엔 식량 농업 기구(FAO)는 벼논 양어 공동 재배를 세계적으로 중요한 농업 유산 체계로 지정했습니다.

실제 상황 9.4

현대 과학이 토착 지식을 발전시키기 위해 사용된다면, 그 결과로 생겨난 지식은 여전히 토착 지식일까요?

1992년 태국은 약 160제곱킬로미터의 삼림이 '쿤재 국립 공원'으로 보호될 것이라고 선언하고 그 지역 토착민들에게 떠나라고 명령했습니다. 힌 라드 나이(Hin Lad Nai) 공동체는 시위를 벌인 후에 체류 허가를 받았습니다. 이 공동체는 순환 농업 시스템을 시행하고 있는데, 태국 정부는 이것이 너무 많은 삼림 파괴를 야기한다고 믿고 있지만, 이들의 토착 농업 시스템이 실제로 생물 다양성에 유익하며 또한 산불과 토양 침식을 예방하는 데 도움을 준다는 연구 결과도 있었습니다.

힌 라드 나이 공동체는 오늘날 이 지식을 세계 전역의 다른 공동체와 공유하며, 다중 증거 기반(Multiple Evidence Base, MEB)으로 알려진 지식 시스템 전반에 걸쳐 협력하는 방식을 모색하기 위한 문화 간 대화에 참여하고 있습니다. MEB는 토착 지식, 지역 지식 및 과학 지식 체계를 지속 가능한 사용과 생물 다양성 관리를 위한 보완적인 지식 체계로 간주합니다.

논의 9.8

지식을 여러 분과 학문으로 쪼개는 접근법에 비해 전체론적 접근법은 현실에 대한 보다 나은 이해를 제공할까요?

현대 과학을 보완하여 전체론적 접근법을 만들어 내는 토착 지식의 또 다른 예로는 북극의 동물 무리 관리에서 볼 수 있습니다. 사미족은 노르웨이, 스웨덴, 핀란드, 러시아의 북부 지역에서 수 세기 동안 연안 해역에서 물고기를 잡고 동물을 잡고 양을 치고 특히 순록을 몰고 다니는 것으로 유명한 토착민입니다. 순록을 사육하는 유목민인 마운틴 사미족 중 몇몇 가족은 전통적으로 함께 살고 일하면서 서로를 도와 순록 사육과 가축 관리를 합니다. 오늘날 토착 목축업자들은 인공위성 감지, 기상학 및 컴퓨터 모델링뿐 아니라 자신들의 환경 지식을 사용하며, 그리하여 과학자들이 수행한 양적 측정을 보완하여 북극 환경의 복잡한 변화를 읽어 낼 수 있습니다. 토착 과학 지식과 현대 과학 지식을 결합하는 전체론적인 접근법은 환경과 동물 무리에 대한 모니터링을 보다 잘 수행할 수 있게 해 줍니다. 이는 북극이 지구의 다른 지역보다 두 배나

빠르게 온난화되고 있는 현재의 기후 변화 상황에서 특히 중요합니다. 그러나 중요한 지식의 공유는 일방적이지 않습니다. 사미족이 과학적 진보의 혜택을 받을 뿐 아니라 사미족의 생태학적 지식도 정치인들과 과학자들이 지역의 녹색 개발 계획이 지속 가능하도록 하기 위해 보다 효과적인 의사 결정을 내리는 데 도움을 줍니다.

그림 9.3 _ 순록을 끌고 가는 두 명의 사미족 사람들

논의 9.9

새로운 지식을 산출하는 데 기술과 토착 지식은 어떻게 서로를 보완할 수 있을까요?

탐구 9.2

IA(내부 평가) 전시회 프롬프트를 선택하고 토착 지식 시스템을 가리키는 대상을 선택하세요. 이반(Iban) 전사의 지위를 높이기 위해 그가 수집한 인간 해골을 선택할 수 있습니다. 또 아야와스카(ayahuasca), 즉 아마존 분지의 토착민이 의약 및 영적인 목적으로 사용하는 환각 유발 양조주를 선택할 수도 있습니다. 또는 황소 등을 밟고 뛰어가는 성인식을 치르는 하마르(Hamar)족 남자가 아내를 결정하는 데 도움을 주는 한 가지 방식으로 여자를 때릴 때 사용하는 자작나무 막대기를 선택할 수도 있습니다.

여러분이 선택한 대상과 이것이 세계에서 차지하는 맥락을 규명하는 설명문을 300단어 이하(750~900자)로 작성하고, 이것이 여러분이 선택한 IA 프롬프트와 어떻게 연결되는지 설명하세요.

자기 평가
대상과 그것의 실제 맥락을 명확하게 규명했습니까? IA 프롬프트를 선택하고 그것을 선택한 대상에 연결했습니까?

논의 9.10

한 문화나 토착 환경에서 다른 문화나 토착 환경으로 이전되거나 그대로 옮겨질 수 없는 인간 경험의 영역이 있을까요?

토착민을 다른 사람들보다 더 영적이며 자연과 조화를 이루는 생활을 하는 사람으로 묘사하는 식으로 일반화하고 심지어 낭만화하는 경향이 있습니다. 그러나 토착 사회의 생활 방식이 늘 완전히 지속 가능한 것은 아닙니다. 이푸가오(Ifugao)족은 필리핀의 코르디예라(Cordillera) 산맥에 살고 있습니다. 그들은 쌀에 의존하고, 환경을 관리하기 위해 간단한 수공구를 사용합니다. 그들의 주요 생계는 농사, 수공예품 및 목각인데, 이것은 자연 자원의 지속 가능성에 크게 의존합니다. 이푸가오족은 계곡의 자연적 모양을 이용하여 계단식 논을 만들지만, 점점 더 많은 삼림을 개간하여 목초지를 확장하고 조각과 건축을 위해 목재를 사용합니다. 결과적으로 삼림 벌채는 토양 침식과 물 부족으로 이어집니다. 윤작과 땅의 휴경은 토양의 영양분을 다시 채우는 데 도움이 되지만 일부 이푸가오족은 농장을 포기합니다. 가족을 부양하기에 더 이상 충분하지 않기 때문입니다.

실제 상황 9.5

토착 지식이 지속 불가능한 생활 방식을 초래한다면, 그것의 가치는 어디에 있을까요?

되돌아보기

토착 사회와 토착 지식을 생각할 때 어떤 형용사가 떠오르나요? 여러분이 선택한 형용사를 비판적으로 생각해 보세요. 여러분은 토착 사회를 낭만적으로 묘사하거나 정형화시키는 경향이 있나요? 여러분은 어떻게 이 두 가지 극단을 피하여 토착 사회 사람들을 **태피스트리** 같은 인간 다양성의 진정한 쟁점과 대면시키고, 또 이것에 진정한 지식으로 기여하는 실제 살아 있는 사람들로 인식하는 감각을 발전시킬 수 있을까요?

키워드

태피스트리: 다채로운 색실로 그림을 짜 넣은 직물

전통 의료

20세기 전체와 21세기에 이르기까지도 자연과학은 의료 분야에서 엄청난 발전을 이루게 하였습니다. 사망률이 감소했으며, 치료하지 않으면 치명적일 수 있는 많은 질병을 관리할 수 있습니다. 하지만 세계 인구의 3분의 1 이상이 현대 의료에 접근할 수 없는 것으로 추산되는데, 부분적으로는 외딴 곳에 살고 있기 때문이기도 하고 현대 의약품을 살 만한 경제적 여유가 없기 때문이기도 합니다. 그와는 반대로 **전통 의료**는 대부분의 사람들이 좀 더 널리 이용할 수 있고 경제적으로도 저렴한 경향이 있습니다. 인도에서는 인구의 70%가 전통 의료를 이용하는 것으로 보입니다. 이처럼 많은 사람들이 전통 의료에 의존하고 있기 때문에 과학자들이 의욕적으로 도전하는 과제 중 하나는 전통 의약품의 **효능**을 조사하고 유효 성분을 식별하며 전통적 처방에서 독성 식물 및 기타 오염 물질의 사용을 없애는 것입니다.

많은 약초와 전통 의료가 제대로 연구되거나 적절하게 규제되고 있지 않으며, 오히려 때로는 (다른 것에 의해) 오염되어 부작용을 일으킬 수 있습니다. 하지만 현대 과학의 관심을 끄는 일부 전통 의약품이 있습니다. 예를 들면 개똥쑥[*Artemisia annua*, 스위트 웜우드 (Sweet Wormwood)나 칭하오 (Qinghao)라고도 함]은 중국에서 말라리아에 대한 전통적인 치료제로 오랫동안 사용되어 왔습니다. 1972년 개똥쑥의 효과를 연구하던 과학자들은 아르테미시닌을 분리할 수 있었고, 효과적인 말라리아 치료제로서 여러 합성 약품을 만들어 냈습니다.

멕시코 가시양귀비로도 알려진 아르게모네 멕시카나(*Argemone mexicana*)는 멕시코가 원산지이지만 현재 세계 여러 지역에서 자생하고 있습니다. 이 식물은 방목 가축과 가금류에는 유독하지만 멕시코인, 아메리카 원주민, 인도인, 말리인이 다양한 의료 목적으로 사용해 왔습니다. 멕시코에서 이 식물은 신장의 통증을 줄이고, 뱀에 물린 곳을 치료하기도 하며, 배변을 촉진하는 약으로도 사용됩니다. 또 말리에서는 가시양귀비 차가 말라리아 치료에 사용되었고, 연구에 따르면 합병증이 아닌 경우 효과가 있는 것으로 밝혀졌습니다. 인도의 타밀나두에서 이 식물은 브라마 탄두(Brahma Thandu)로 알려져 있는데, 뱀에 물린 곳을 치료하고 시력을 개선하며 장내 기생충을 제거하고 치통을 완화하고 치아와 잇몸을 청결하게 하며 기침, 천식 및 기타 호흡기 문제를 개선하는 데 사용됩니다. 또한 씨앗 추출물은 다양한 피부 질환을 치료하는 데 사용되어 왔습니다.

서벵골에서 행해진 과학적 연구에 따르면 가시양귀비는 일부 박테리아에 대한 항생제 특성을 가지고 있는데, 과학자들은 전통적인 방식인 물을 이용한 추출물보다 메탄올 용매 추출물을 사용할 때 더욱 효과적이라는 사실을 발견했습니다.

만약 전통 의약품이 통제된 조건을 갖춘 실험실에서 시험되고, 보다 효율적이고 보다 신뢰할 수 있는 방법으로 변경되고 생산된다면, 그로부터 생겨나는 지식을 누가 소유해야 할까요?

탐구 9.3

다음 식물들은 약초 요법에 자주 사용됩니다. 짝을 짓거나 모둠을 이루어 이것들을 각각 조사해서 이 식물들이 어디에서 유래했고 무엇을 치료하는 데 쓰였으며, 사용 금지 사유가 있는지, 잠재적 위험이 무엇인지 찾아보세요. 사용 금지 사유와 잠재적 위험에 대한 지식이 어디에서 유래하는지 알고 있나요?

a 카모마일 (꽃)

b 에키네시아 (잎, 줄기, 뿌리)

c 피버퓨 (잎)

d 마늘 (마늘쪽, 뿌리)

e 생강 (뿌리)

f 은행 (잎)

g 인삼 (뿌리)

h 히드라스티스 (뿌리, 뿌리줄기)

위의 예 중 하나를 선택하고, 식물의 약효에 대한 다양한 관점에 대해, 그리고 이런 관점이 얼마나 객관적이거나 주관적이라고 생각하는지 토론하세요. 선택한 식물이 약효를 갖고 있다고 생각하는 이유나 그렇지 않다고 생각하는 이유를 진술하는 글을 한 단락으로 작성하여 토론을 마무리하세요.

자기 평가

여러분의 글은 다양한 관점들을 요약하고 있나요? 또 명확한 결론에 이르고 있나요?

또래 평가

여러분이 작성한 한 단락의 글을 반 친구와 공유하고 서로에게 피드백을 주세요. 여러분의 글이 토론의 요점을 명확하게 요약하고, 토론 중에 이루어진 평가와 일치하는 결론에 이르고 있나요?

논의 9.12

의약품에 대한 토착적 접근법과 과학적 접근법을 비교할 때 체계적이지 않은 관찰과 통제된 실험 사이의 관계는 무엇일까요?

전통 의약품에 대한 과학자들의 관심이 높아지면서 토착민의 **지식 재산권** 보호에 대한 관심도 커지고 있습니다. 토착 지식 활용으로 얻은 금전적 이익을 어떻게 공유해야 하는지, 지식 재산권은 어떻게 보호받을 수 있는지에 대한 의문이 제기됩니다. 종종 선진국의 과학 연구자와 산업체는 토착 지식을 소유하고 있는 토착 사회의 사전 동의 없이 토착 의약품을 채택하고 특허를 내고, 거의 또는 전혀 보상을 제공하지 않습니다.

> **키워드**
>
> 지식 재산권: 창조된 지식이나 고유한 생산물로 인하여 발생하는 재산권

쟁점은 단순하지 않습니다. 토착 의료는 잎, 씨앗, 또는 꽃 같은 식물의 가공을 거치지 않은 부분들을 단순한 방식으로 사용하는 것을 포함하는 경향이 있기 때문에, 그래서 가공 처리할 때의 새로운 화학적이거나 창의적인 단계의 발견을 포함하지 않기 때문에, 이것들이 토착 사회에서 사용되는 방식으로는 특허를 받을 수 없는 경우가 빈번합니다. 게다가 대부분의 토착 사회에는 제품에 특허를 내고 특허권을 행사하는 데 필요한 재정적 또는 지식 자원이 없습니다.

> **실제 상황 9.7**
>
> 약품 생산의 새로운 방법에 대한 특허를 취득하는 것은 가능할 수 있으나, 약품이 추출되는 식물의 (예를 들어) 비등점에 대해 특허를 얻는 것은 가능하지 않습니다. 설령 증류법이 고유하게 적용된다고 하더라도 말이죠. 그렇게 구별하는 타당한 이유가 있나요? 이 구별은 어떻게 토착 사회에 불이익을 주고 지식 재산을 쉽게 상실시킬 수 있게 할까요?

전통 의약품과 관행을 부적절하게 사용하는 것은 종종 부정적이고 심지어 위험한 영향을 미칠 수 있습니다. 전통 의약품이 더 널리 사용되려면 효능과 안전성을 보장하기 위한 연구가 필요하지만, 이런 연구와 테스트는 비용이 매우 많이 듭니다. 기업이 필요한 연구와 시험에 따르는 최소한 비용이나 기대하는 이익을 회수할 수 없다면 필요한 연구를 할 가능성이 적습니다.

토착 의료가 직면한 또 다른 문제는 생물 다양성의 상실입니다. 이는 약초 제품을 거래하는 국제 시장의 확대에서 부분적으로 기인합니다. 상업적으로 만들어진 약초 의약품들은 많은 양의 식물을 필요로 하며, 이로 인해 과도한 채집이 발생하고 있습니다. 예를 들어, AIDS 퇴치에 효과가 있는 것으로 밝혀진 아프리카 감자(*Hypoxis hemerocallidea*)는 과학적으로 의약 가치가 입증된 지 2년 만에 콩고 민주 공화국에서 사라졌다고 합니다.

> **논의 9.13**
>
> 문화는 지식의 생산과 유통에 어떤 영향을 미칩니까?

건강에 대한 토착민의 접근법은 현대 과학의 접근법과는 다른 경향이 있습니다. 예를 들어 호주의 국립 원주민 건강 전략(National Aboriginal Health Strategy)은 건강에 대한 원주민의 관점이 개인의 신체적 건강뿐만 아니라, 공동체 전체의 사회적, 정서적, 문화적 복리도 고려하는 것이라고 주장합니다.

일반적으로 호주 원주민들은 질병을 자연적 질병과 초자연적 질병의 두 가지 유형으로 인식합니다. 자연적 질병은 동식물성 산물로 만들어진 약으로 치료되지만, 초자연적 질병은 영적으로 치료됩니다. 원주민 치료사들은 영적 조상이 부여한 특별한 능력을 가지고 있으며, 심신을 모두 치유합니다.

문화는 건강과 질병이 무엇인지에 대한 우리의 이해를 어느 정도나 결정합니까?

많은 호주 원주민들이 여전히 전통 (미개척지의) 의료의 사용을 선호하지만, 토착 지식이 사라지고 있기 때문에 민간 의료 사용은 감소하고 있습니다. 호주 원주민의 지식은 전통적으로 **코로보리**의 춤과 노래를 통해 전달되지만, 코로보리가 점점 퇴색되면서 연장자들이 소유한 다른 유형의 토착 지식과 함께 미개척지의 의료 지식도 사라지게 만들고 있습니다.

그림 9.4 _ 호주 원주민에게 코로보리는 지식을 다음 세대에 전달하는 중요한 방법입니다.

지식이 춤을 통해 전달된다면 춤은 언어의 한 형태라고 할 수 있을까요?

9.4 토착어

토착어는 왜 사라질까요?

전 세계에는 약 6,700개의 언어가 있지만, 그중 6,500개 정도의 언어는 인구의 3%만 사용합니다. 전 세계 인구의 6% 미만인 토착민이 전 세계 언어 중 4,000개 이상(약 60%)을 사용합니다. 토착어는 2주마다 하나씩 사라지는 것으로 추정되며, 금세기 말까지 세계 언어의 50~95%가 사라질 수 있습니다.

언어는 단순한 의사소통 방법 이상의 것입니다. 언어는 우리의 정체성을 정의하고, 우리의 역사·전통·문화를 보존하고 표현하며, 우리에게 사고방식을 제공하는 데 사용됩니다. 언어는 깊은 문화적 이해 및 통찰을 담고 있는 복잡한 지식 체계이며, 토착민의 정체성과 토착 문화의 보존에 핵심적입니다. 토착어가 사라지면 이 언어로 구현된 역사, 전통, 문화적 관점도 사라집니다.

언어가 문화적 관점을 구현할 수 있는 방식의 한 가지 예는 폴리네시아어 단어 '마나(mana)'입니다. 마나는 종종 '지위', '권력' 또는 '카리스마'로 번역되지만, 어떤 한 단어나 간단한 문구로 그 말의 진정한 의미를 제대로 포착할 수 없습니다. 마오리 문화에서는 마나를 지닌 사람이 존엄성을 갖고 존경을 받는 사람입니다. 부분적으로는 화카파파(whakapapa, 번역할 수 없는 또 다른 단어로, 조상이나 부족, 토지와의 연결을 나타냅니다) 때문이기도 하며, 그들의 카리스마 때문이기도 하고, 그들이 구현한 정신적 힘과 권위 때문이기도 합니다. 마나는 여러 면에서 생명력 및 리더십과 관련된 영적 개념이지만 모든 사람, 심지어 모든 지도자가 마나를 가지고 있는 것은 아닙니다.

어떻게 단어는 단순히 한 사람에게서 다른 사람에게로 지식을 전수하는 것 이상을 행할 수 있는 힘을 부여받을까요?

키워드

동화: 통합. 다르던 것이 서로 같은 것이 되는 일

세계화는 문화적으로 지배적인 극소수 언어의 대두로 이어졌고, 토착 사회는 **동화** 정책, 토지 강탈, 차별적 법에 직면하게 되었습니다. 이 모든 것이 합쳐져서 토착어가 새로운 세대에게 더 이상 전달되지 않게 되었습니다.

최근 몇 년 동안 토착어의 기록과 보존에 대한 관심이 커지고 있습니다. 일부 토착민들은 자신들의 언어를 학교에서 가르쳤을 뿐만 아니라 토착어를 사용하는 라디오와 텔레비전 프로그램을 제작함으로써 자신들의 언어를 부활시킬 수 있었습니다. 새로운 기술이 앱과 유튜브 같은 온라인 리소스를 통해 토착어 사용을 확산시키는 데 활용되었습니다. 또 일부 작업은 토착어를 분석하고 체계화하기 위해 인공 지능을 사용하여 이뤄졌습니다. 많은 정부가 토착어를 보호하기 위한 정책, 프로그램 및 법률을 도입했으며 유엔은 2019년을 '세계 토착어의 해'로 선언하여 국내 및 국제 수준에서 토착어를 보존하고 재활성화하며 증진시켜야 할 긴급한 필요성이 있다고 주의를 환기시켰습니다.

하지만 모든 노력에도 불구하고 토착어는 계속해서 사라지고 있습니다. 이는 부분적으로는 재원 부족 때문입니다. 사용 가능한 대부분의 자금이 토착어가 사라지기 전에 녹음, 전사 및 번역에 사용됩니다. 그러나 언어 재활성화 프로그램에는 상대적으로 적은 자금이 사용됩니다.

실제 상황 9.8

녹음을 통해 전체 언어를 보존할 수 있을까요? 토착어를 녹음하는 것이 그 언어로 전달되고 구체화된 지식을 어느 정도나 보존할 수 있을까요?

탐구 9.5

여러분이 살고 있는 나라에서 얼마나 많은 토착어 또는 소수 민족 언어를 찾을 수 있는지 알아보세요. 만약 있다면 그 언어들을 보존하고 활성화하기 위해 어떤 조치를 취하고 있나요? 어떤 언어가 보존되는지, 언어의 어떤 요소가 보존되어야 하는지는 어떻게 결정되나요? 그 언어들이 사라진다면, 거기에는 어떤 함의가 있을까요?

실제 상황 9.9

사람들이 같은 언어를 사용하더라도, 지리적 지역이 다른 사람들은 자신들의 지역에 고유한 단어와 표현을 사용하여 조금씩 다르게 언어를 사용하는 일이 종종 있습니다. 그 이유는 무엇일까요? 또 언어적 차이가 어떻게 서로 다른 지역에 대한 우리의 이해를 풍부하게 할까요?

9.5 토착 지식 보호하기

논의 9.19

토착 지식은 무엇으로부터 보호되어야 할까요?

1992년 6월에 열린 유엔 환경 개발 회의 이후 생물 다양성의 중요성에 대한 인식이 높아졌고 관점의 다양성이 필요하다는 것도 이와 나란히 진행되는 현상으로 볼 수 있습니다. 토착 지식이 구출되고 보호되어야 하며, 토착 지식이 지구의 생물 다양성을 보호하는 데 도움이 될 수 있다는 생각에 세계는 눈을 뜨고 있습니다. 2003년 세계 보건 기구(WHO)는 회원국들이 지속 가능한 개발을 위해 약용 식물을 보호 및 보존하고, 전통 의료 종사자의 지식 재산권을 보호하기 위한 조치를 취할 것을 촉구하는 결의안을 통과시켰습니다.

논의 9.20

약용 식물의 보호와 보존은 어느 정도나 토착 지식을 보호하고 보존하는 방법이 될까요?

토착 지식은 기록된 것이 매우 적지만 인류에게 귀중한 통찰을 제공할 잠재력을 갖고 있습니다. 그것은 매우 다양한 토착 사회가 자신들의 환경과 서로 유익하고 지속 가능한 방식으로 상호 작용을 해 온 방식입니다.

토착 지식을 보호하는 한 가지 방식은 국가별 토착 지식 자원 센터를 발전시키는 것입니다. 이것은 토착 지식을 기록하고 저장하며, 잠재적인 경제적 사용을 위해 선별하고, 교육과 지속 가능한 개발과 문화유산 보존에 사용하기 위해 이를 적절하게 퍼뜨리는 조직 구조입니다.

논의 9.21

어떤 지식을 기록하고 저장해야 하는지를 누가 결정할까요? 편향과 선택이 지식을 얻는 데 어떤 방식으로 긍정적인 기여를 할 수 있을까요?

국제 민족 생물학회

국제 민족 생물학회(International Society of Ethnobiology, ISE)는 인간 사회와 자연 세계 간의 연결을 보존하기 위해 노력하는 개인 및 조직의 글로벌 협력 네트워크입니다. 많은 ISE 회원은 토착 가치 및 공동체와 제휴하고 이를 지원합니다. 이들의 전문 지식은 교차 학제적이며 민족 생물학, 지식 재산과 자원의 권리, 생태학 및 응용 윤리학을 포함합니다.

ISE는 전통적, 지역적, 토착적 지식의 상실에 대해, 그리고 이 상실이 생물학적, 문화적, 언어적 다양성에 미치는 효과에 대해 우려하고 있습니다. 네트워크는 지역, 문화 및 세계관을 가로질러 자원, 지식, 윤리 및 연구 방법에 대한 대화를 촉진함으로써 인간과 자연 세계 사이의 좀 더 조화로운 실존을 창출하기 위해 노력하고 있습니다. 이것의 핵심은 인류가 생물학적, 문화적, 언어적 다양성을 보존하고 보호하기 위해 전통 사회와 토착 사회에서 이루어지는 귀중한 공헌을 인정하는 것입니다.

무형 문화유산

서로 다른 문화에서 온 많은 것들을 미래 세대를 위해 보존하는 것이 중요합니다. 그것들은 현재 또는 미래에 실현 가능한 경제적 가치를 가지기 때문입니다. 그리고 특정한 감정을 창출하거나 소속감을 불러일으키기도 하기 때문입니다. 이런 것들로는 건물, 예술 오브제, 도구 등을 들 수 있습니다. 유엔 교육 과학 문화 기구(UNESCO)도 문화유산의 **무형적** 요소를 보존하기 위해 노력하고 있습니다. 이런 요소에는 구전 전승, 사회 조직, 공연 예술 및 장인 정신, 사회적 및 종교적 관행과 의례, 전통 지식이 포함될 수 있습니다. 이것들은 문화에 생명을 불어넣는 것들입니다.

키워드
무형적: 비물질적이고 정량화 할 수 없는

무형 문화유산은 점점 더 전 지구화되는 세계에서 문화 다양성 유지에 중요한 요소입니다. 그것의 중요성은 모든 문화의 무형적 요소들을 통해 전승되는 풍부한 지식과 기술에 있습니다. 무형 문화유산으로 여겨지는 것은 그것을 만들고 전승한 사회에 의해 결정됩니다. 하지만 그 문화유산이 그 사회에 특정한 것일 필요는 없습니다. 오히려 그것은 공동체 내에서 시연되고, 공동체 내에서 공유되며, 다른 공동체에 전해지는 일군의 지식입니다.

문화의 모든 측면과 마찬가지로 무형 문화유산은 계속 변화하고 진화하고 있지만, 무형 문화유산을 적절하게 이해하고 진가를 인정하지 않으면 전 지구화와 문화적 동질화 때문에 많은 부분이 사라질 위험이 있습니다. 문화유산의 무형적 측면이 살아 있기 위해서는 문화유산이 속한 문화에 관련성을 유지해야 하며, 공동체 내에서 그리고 세대 사이에 정기적으로 시연되고 전승되어야 합니다.

스벡톰(캄보디아 그림자 인형극)은 7세기로 거슬러 올라가는 스토리텔링 방법입니다. 원래 그림자 인형극은 특별한 경우에 신성성을 위해 수행되었으며, 인형극은 논과 사원에서 행해졌습니다. 2018년에 스벡톰은 유네스코 무형 문화유산에 등재되었습니다. 꼭두각시 인형은 키가 2미터이고 자연사한 소에게서 나온 가죽을 사용하여 손으로 만들었습니다. 스벡톰의 많은 전통적 측면이 유지되는 동안, 여성이 꼭두각시 인형을 부리는 역할을 할 수 있도록 허용하는 것을 포함해, 적절성을 유지하기 위해 관행이 진화하고 현대화되고 있습니다.

여러분이 만약 무형 문화유산에 해당하는 토착 지식을 가지고 있다면, 그 지식을 시연하고 전수할 윤리적 책임이 있을까요?

예전에는 특별한 날을 기념하기 위해 신들을 위해 공연되던 캄보디아 그림자 인형극이 지금은 현지인과 관광객 모두를 즐겁게 하기 위해 극장에서 공연되는 것처럼, 많은 토착 문화가 국가 관광 산업의 일부가 되었습니다. 관광객들은 진짜 마을일 수도 있고 아닐 수도 있는 '전통 현지인 마을'을 방문하여 예전에는 부족에 입회한 사람만 볼 수 있게 허용되었던 부족 춤을 관람하고 사진을 찍을 수 있으며, 전통 방식으로 만든 물건을 기념품으로 구입할 수 있습니다. 한편으로 그런 관광은 토착민들에게 일자리를 제공하고 그들의 몇몇 문화유산을 보존하는 데 도움이 되지만, 종종 그런 행사에서 보이고 체험되는 것은 전통과는 거리가 멀며, 복잡하고 정교한 사회 구조를 거의 버라이어티 쇼에 지나지 않는 것으로 축소하는 것으로 간주될 수 있으며, 정형화를 조장하는 것으로 간주될 수 있습니다.

무형 문화 활동을 통해 전승되는 지식은 구술이나 글로 전승되는 지식과 얼마나 다를까요?

그림 9.5 _ 현대 캄보디아의 그림자 극장은 여성이 인형을 조종할 수 있도록 허용함으로써 예술에 일대 혁신을 일으켰습니다.

1   다음을 생각해 보세요. 즉, 관광객을 유치하고 흥겹게 하기 위해 고안된 '전통 마을'을 방문하거나 '전통 춤'을 본 적이 있나요? 그것이 문화적 전통에 얼마나 충실했다고 생각하나요? 여러분은 그것을 어떻게 알 수 있을까요? 행사를 통해 문화에 대한 지식과 전통에 대한 존경심이 생겼나요, 아니면 단순히 흥겨웠나요?

2 관광객들에게 인기 있는 서울의 전통 마을인 북촌 한옥 마을에 대해 조사해 보세요. 이 마을 관광은 어느 정도나 전통 지식을 보존하고 전통 생활에 대한 지식을 퍼뜨리는 데 도움을 주며, 얼마나 많은 사람을 악용하고 그들의 삶의 방식을 파괴할까요?

되돌아보기

여러분의 집이 여러분이 살고 있는 지역의 '전형적인 가정'의 본보기로 관광객들에게 개방되도록 선택되었고 그곳에서 살아가는 삶이 어떤 것인지 관광객들에게 설명해 주고 돈을 받았다고 상상해 보세요. 여러분은 이용당했다고 느낄까요, 아니면 여러분의 공동체에 대한 이야기를 할 수 있는 기회가 된 것에 감사할까요? 이것은 여러분이 사는 방식과 여러분의 집과 삶을 호기심 많은 방문객들에게 보여 주는 방식에 어떻게 영향을 미칠까요?

실제 상황 9.11

1 전통 마을에서 관광을 활성화하는 것은 얼마나 윤리적일까요?

2 토착 사회의 상업화는 지식의 광범위한 배포로 정당화될까요?

문화 진화

다윈의 통찰이 문화의 변화에 적용될 수 있다는 생각과 문화가 진화한다는 생각은 새롭지 않습니다. 심지어 여기서 더 나아가 문화유산이 유전적 진화와 거의 비슷하게 진행되는 과정이 아니라 두 가지가 서로 얽혀 있다고 말하는 사람들도 있습니다. 그들은 문화적 변화가 환경에 변화를 야기하며 거꾸로 유전적 선택이라는 압력을 변화시킨다고 주장합니다.

인간 종은 성공적인 행동과 기술이 여러 시대에 걸쳐 공유되고 적응되고 구축되었기 때문에 생존하고 번성했습니다. 사회적 학습은 적응의 행위자(agent)였습니다.

문화가 어떻게 진화했는지에 대해서는 다양한 이론이 있으며, 현대 인류학은 개별 문화가 시간이 지남에 따라 어떻게 변화하고 발전해 왔는지를 파악하려고 노력하는 데 초점을 맞추고 있습니다. 진화론적 모델은 인간 지식의 성장에도 적용되며, **진화론적 인식론**은 지식 자체가 선택의 과정을 통해 진화할 수 있다고 지적합니다. 여러 가지 이론은 그 이론들에 맥락을 부여하는 지식 체계에서의 변화와 얼마나 잘 일치하는지에 따라 지식으로서 어느 정도 수용 가능하게 됩니다.

문화적 진화라는 관념은 모든 지식의 끊임없이 발전하고 변화하는 본성에 주의를 기울이고 있습니다. 아울러 토착 지식 체계를 포함한 지식 체계가 폐쇄된 실체가 아니라는 개념을 뒷받침하기 때문에 토착 지식의 맥락에서 중요합니다.

<aside>
키워드

진화론적 인식론: 지식은 자연 선택에 의해 진화한다는 이론
</aside>

토착민이 도시 환경으로 이동함에 따라 토착 지식은 새로운 환경에 적응하도록 진화합니다. 어느 시점에서 그들의 지식이 더 이상 토착적이지 않다고 말할 수 있을까요?

9.6 이해관계의 충돌

실제 상황 9.13

현재 세계 인구는 약 79억 명이고 2055년에는 100억 명에 이를 것으로 예상되는 상황에서 어떻게 모든 사람들에게 충분한 주거 공간과 식량을 찾을 수 있으며, 또 그와 동시에 지구라는 이 행성을 공유하는 식물군, 동물군, 토착 사회를 보존할 수 있을까요?

토지 감소와 자원 확보를 위한 경쟁은 모든 토착민에게 심각한 현안 중 하나입니다. 첸추족은 텔루구어를 사용하는 수렵 채집인 사회로, 남인도에서 가장 오래된 토착 사회 중 하나로 여겨지고 있습니다. 그들은 수 세기 동안 날라말라(Nallamala) 구릉 지대에서 살며 활과 화살로 사냥하고 **임산물**을 먹고 살아갑니다. 그들은 또한 도시인들에게 임산물을 판매하는 협동조합에 팔기 위해 임산물을 수확합니다. 이런 임산물의 수확은 같은 부족민은 아니지만 먹거나 팔기 위해 임산물을 수집하는 인근 마을의 똑같이 가난한 인도인들과 직접적인 갈등을 유발합니다. 일부 첸추족은 첸추족이 아닌 사람들이 임산물을 가져가는 것을 금지시키고 싶어 합니다. 임산물이 모든 사람에게 충분하지 않기 때문입니다.

> **키워드**
>
> 임산물: 석청, 과일, 식용 식물 및 땔감을 비롯하여 숲에서 찾을 수 있는 목재 이외의 것

실제 상황 9.14

서로 다른 공동체의 자원에 대한 상충되는 주장을 어떻게 객관적으로 평가할 수 있을까요?

야생 동물 보호와의 충돌

정치적 이해관계의 잠재적 충돌과 다른 민족들 사이의 제한된 자원에 대한 경쟁 외에도, 보전 지역에서는 유의미한 잠재적 이해 충돌이 발생합니다.

2006년 2,000 명이 조금 넘는 첸추족 가족이 자신들의 터전이었던 숲의 특정 구역에서 살아갈 권리를 부여받았습니다. 하지만 날라말라 구릉 지대는 인도 최대의 호랑이 보호 구역인 나가르주나사가르 스리사일람 호랑이 보호 구역(Nagarjunasagar Srisailam Tiger Reserve, NSTR)의 본거지이기도 합니다. 호랑이는 밀렵, **보복 살해** 및 서식지 감소로 인한 압력에 직면해 있어 멸종 위기에 처한 종입니다. 호랑이가 번성하려면 넓은 영역이 필요하지만, 지금은 점점 더 늘어나는 인간들과 경쟁할 수밖에 없습니다. 날라말라 구릉 지대의 중심부에는 65마리의 호랑이와 약 6만 5,000명의 첸추족이 살고 있습니다. NSTR은 호랑이를 밀렵과 보복 살해로부터 구하기 위해 호랑이를 위한 배타적인

> **키워드**
>
> 보복 살해: 사람이나 가축을 죽인 것에 대한 보복으로 행해진 살인

보호 구역을 원하지만, 부족민의 권리를 보호하려는 사람들은 6만 5,000명이 호랑이보다 우선해야 한다고 생각합니다.

현재로서는 인간과 호랑이 사이에 심각한 이해 충돌은 없는 것 같습니다. 즉, 첸추족은 호랑이들과 함께 사는 것에 만족하며, 사망 건수도 거의 보고된 바가 없습니다. 호랑이는 심지어 일자리를 제공합니다. 밀렵꾼과 산불을 경계하기 위해 NSTR이 400명의 첸추족을 고용하고 있기 때문입니다. 그러나 호랑이 수가 예전처럼 회복되고 인구수가 계속 증가함에 따라 궁극적으로 충돌은 불가피해 보입니다. 첸추족은 현재 자발적 이주를 조건으로 금전적 인센티브를 제공받고 있지만, 시간이 지나면 산림의 터전을 떠날 수밖에 없을 것이라는 우려가 커지고 있습니다.

논의 9.24

상충되는 윤리적 쟁점이 있을 때 우리가 가지고 있는 윤리적 책임을 어떻게 확신할 수 있을까요?

기타 윤리적 갈등

1974년 일군의 과학자들이 인도네시아 파푸아에서 코로와이족의 한 명과 접촉했습니다. 이것은 코로와이족과 외부 세계의 최초의 접촉이었다고 합니다. 그들은 문화의 상호 교류(cross-fertilisation)에서 오는 장점을 전혀 누리지 못했고, 그들이 살고 있는 숲 너머의 세계에 대해 아는 것이 없었습니다.

코로와이족은 집을 홍수로부터 안전하게 지키고 여성과 아이들이 경쟁 관계의 씨족에게 노예로 끌려가지 않도록 보호하기 위해 나무 위의 집이나 땅에서 10~12m 높이의 기둥 위에 지은 집에서 생활합니다.

코로와이족의 구성원이 병으로 죽으면, 현대 의학 지식이 없는 이 부족은 카쿠아(khakhua)가 마술을 부리듯 사람의 몸속을 먹어 치워서 질병이 발생했다고 믿습니다. 카쿠아는 몸에 악령이 깃들어 있는 같은 부족원(늘 남성)입니다. 죽어 가는 사람은 종종 친구나 친척일 수 있는 카쿠아의 이름을 속삭이라는 권유를 받습니다. 그런 다음 부족민들은 죽은 자를 '먹고 죽인' 카쿠아에 대한 보복으로 카쿠아를 죽이고 먹습니다.

실제 상황 9.15

1 질병의 원인에 대한 코로와이족의 '지식'은 보존되고 보호되어야 하는 토착 '지식'의 한 형태일까요?

2 무엇에 근거하여, 그리고 누구에 의해 결정이 내려질 수 있을까요?

2006년 코로와이족을 방문한 호주의 탐사 보도 기자 폴 라파엘은 부모가 모두 병으로 사망한 여섯 살짜리 코로와이족 소년을 구조하는 데 도움을 주었다고 주장합니다. 그 소년은 '카쿠아'로 불렸고, 부족민들은 이 소년이 14살이 되면 죽여서 먹게 되기를 기다리고 있었다고 합니다.

논의 9.25

토착 사회의 관행을 보고하고 기록한다는 목표와 목숨을 구하기 위해 그 사회의 관행을 방해하는 것 사이에 윤리적 갈등이 있을까요?

카쿠아를 죽이고 먹는 이런 풍습 탓에 코로와이족은 마지막으로 남은 식인 종족의 하나로 유명세를 탔습니다. 그러나 일부 파푸아인과 인류학자들은 식인 풍습이 20여 년 전에 중단되었다고 말합니다. 그들은 최근 들어 코로와이족이 현재 자신들의 주요 수입원인 관광업을 위해 식인 풍습 이야기를 오랫동안 계속되었던 것으로 만들었다고 주장합니다. 다른 사람들은 식인 풍습이 파푸아 사회와 거의 접촉하지 않은 외딴 씨족들 사이에서 여전히 이어지고 있다고 말합니다.

그림 9.6 _ 해골을 들고 있는 코로와이족의 부족민은 해골이 카쿠아의 것이라고 합니다. 이 부족민은 최소한 30명의 카쿠아를 죽였다고 주장합니다.

논의 9.26

토착 사회와 그 지식을 객관적으로 기술하는 것은 어디까지 가능할까요?

탐구 9.7

짝을 이루거나 모둠을 지어 에티오피아의 하마르(Hamar) 부족에 대해 알아보세요. 하마르족의 생활 방식을 방해하지 않으면서 그들의 전통이 어떤 지식을 기반으로 하는지 알아내기 위해 하마르족을 조사하라는 요청을 받았다고 상상해 보세요. 이 과제를 어떻게 해낼 것인지 브레인스토밍 하세요. 어떤 방법을 사용할 건가요?

하마르족의 지식과 문화를 이해하려고 노력하는 동안 어떤 윤리적 갈등이 발생할 수 있는지 예시하는 마인드맵을 만드세요.

자기 평가

여러분의 마인드맵을 주의 깊게 살펴보세요. 여러분에게 일어날 수 있는 윤리적 갈등과 함께 연구 중인 토착민들이 직면할 수 있는 윤리적 갈등에 대해 생각해 보았나요?

논의 9.27

오지의 사람들에게 다가가 이해하려고 노력하는 것이 불가피하게 변화를 가져올 것이라는 점을 알면서 이렇게 하는 것은 윤리적으로 책임 있는 행동일까요?

되돌아보기

만일 여러분이 서로 대립하는 윤리적 쟁점에 직면했다면, 올바른 행동 방침을 어떻게 결정할 것인가요?

9.7 문화적 전유

키워드

문화적 전유: 어떤 문화의 구성원이 다른 문화의 요소를 채택하는 것

사람들이 모든 곳에서 직면한 쟁점 중 하나가 **문화적 전유**입니다. 때로는 '문화적 도용'이라고 불리기도 하는데, 지배적인 문화의 사람들이 또 다른 문화, 보통 소수 문화의 요소를 그 원래 문화와 맥락을 제대로 이해하지 못한 채로 채택할 때, 우려가 발생합니다.

사회 정의를 증진하기 위한 도구로 **문화적 전유**라는 용어를 사용하기도 합니다. 지배 문화권 사람들이 종종 의도치 않게 문화적 박제화(stereotype)를 저지르는 방식으로 소수 문화의 옷을 입거나 복장을 하는 사건 사고를 칭할 때 자주 사용됩니다. 이 용어를 사용하는 목적은 보통 문화적 불균형에 대한 인식을 높이기 위한 것입니다. 지배적인 문화의 사람들이 토착 사회 무형 문화의 대상인 무엇인가를 박제화하고 하찮게 여깁니다. 그리고/또는 문화적으로 가치 있는 것을 단지 재밋거리로 만들기도 합니다. 이런 것들은 토착 사회를 억압하려는 사고방식을 무심코 부추기고 조장합니다.

자주 도용되는 무형의 토착 문화 중 널리 알려진 한 가지 예로는 마오리족의 하카(haka)를 들 수 있습니다. 하카는 마오리족 문화의 의식용 춤입니다. 이 춤에는 여러 자세와 격렬한 움직임, 얼굴 표정, 리드미컬한 함성이 들어 있습니다.

원래 전투 하카는 전투 전에 전사가 자신의 힘을 과시하는 동시에 적에게 겁을 주는 방식으로 수행되었습니다. 시간이 지남에 따라 하카는 방문객을 환영하여 마오리족의 공동 모임 장소인 마라에(marae)에 맞아들이고 마오리족 장례식을 포함한 기념행사를 시작할 때 쓰이는 또 다른 의식(儀式)의 역할을 수행하도록 다양하게 진화했습니다. 하카에는 여러 가지 다양한 유형이 있으며, 공연은 상황에 맞게 마오리족 사람들의 감정을 표현합니다. 하카는 용기, 우정, 기쁨, 사랑과 슬픔 같은 다양한 개념을 표

현하는 데 사용될 수 있습니다.

1988년 뉴질랜드 원주민 축구단이 국제 투어 중 하카를 공연했습니다. 이것으로 하나의 전통이 시작되었고, 뉴질랜드 럭비 국가 대표 팀 올 블랙스(All Blacks)가 카 마테 하카(Ka Mate haka)를 사용함으로써 하카가 전 세계적으로 알려지게 되었습니다.

그림 9.7 _ 로마에서 이탈리아 팀과의 경기 시작 직전에 하카를 공연하는 뉴질랜드 올 블랙스 럭비팀

최근 몇 년 동안, 카 마테 하카의 의식(儀式)으로서의 중요성과 응가이티 토아(Ngāti Toa) 부족 출신의 테 라우파라하(Te Rauparaha, 1765~1849)의 저작권이 광범위한 잘못된 전유로 상실되고 있다는 우려가 제기되었습니다. 2009년 뉴질랜드 정부와 뉴질랜드 럭비 연합 및 응가이티 토아 부족 사이의 법적 문제가 해결되면서 카 마테 하카를 둘러싼 저작권과 소유권이 부족에게 부여되었습니다.

일부 미식 축구팀은 경기 전 의례의 일부로 하카를 사용하기 시작했습니다. 그러나 이것은 지배적인 서구 문화에 의해 소수 토착 집단(마오리족, 또는 더 구체적으로 응가이티 토아 부족)에게서 관습을 '훔친' 것이기 때문에 매우 부적절하고 무례한 것으로 여겨집니다.

논의 9.28
다른 문화의 몇몇 요소를 채택하는 것이 존중을 받을 때와 그렇지 않을 때를 어떻게 알 수 있을까요?

문화적 전유는 문화 교류와 문화적 공감이 일어날 수 없다는 것을 뜻하지는 않습니다. 재화, 용역(서비스), 지식은 역사 전체를 통해 문화 사이에 공유되었습니다. 그러나 모든 교류가 일방적인 것은 아니라는 점, 그리고 한 문화가 다른 문화로부터 단순히 빼앗는 것이 아니라 다른 문화에 대한 이해와 공감을 향상시키는 공정한 기반 위에서 행해지

는 것이 중요합니다.

공정하고 존중받는 문화 교류의 예로는 2012년 서울에서 마오리족 카파 하카 그룹이 뉴질랜드와 한국의 수교 50주년을 축하하기 위해 전통 하카와 혼합된 '강남 스타일' 춤(한국에서 유래한 춤)을 공연했을 때를 들 수 있습니다.

다른 문화에 대한 진정한 공감에는 이해와 존중의 수준이 포함되어야 합니다. 인종이나 토착 집단을 박제화된 유형으로 축소하는 것은 무엇이든 존중받지 못합니다.

하지만 문화적으로 수용 가능한 것과 그렇지 않은 것을 구분하는 일이 항상 쉬운 것은 아닙니다. 특히 식품 영역에서 그렇습니다. 2019년 영국의 식품 소매업체인 마크 앤스펜서(Marks and Spencer, M&S)는 고구마, 매운 바스마티 쌀, 메밀, 볶은 고추로 만든 채식주의자용 식품 포장지에 '고구마 비리야니(biryani)*'라는 상표를 붙인 것 때문에 어떤 인도 요리사에게서 거세게 비판을 받았습니다. 요리사는 비리야니에 일반적으로 고기나 생선이 들어 있으며 (물론 채식주의자용 비리야니를 인도에서 찾을 수 있지만) 빵에 싸지 않는다고 주장했습니다. M&S는 개발자들이 음식의 혁신으로 유명하며 고객의 입맛에 맞는 다양한 제품을 만들기 위해 항상 맛과 재료의 융합을 시도한다고 응수했습니다.

***비리야니**: 쌀을 고기나 생선 또는 야채와 함께 요리한 남아시아의 음식. 인도식 볶음밥이라 할 수 있다.

실제 상황 9.16

도시 사람들은 종종 다른 문화의 음식을 요리해서 먹으며, 다른 문화의 맛을 혼합한 '퓨전 음식'이 점점 인기를 얻고 있습니다. 이것은 어느 정도나 다른 문화에 대한 공감이거나 문화적 도용일까요?

탐구 9.8

두 명이 짝을 지어 다음 활동을 생각해 보세요. 여러분은 어떤 것을 문화적 도용으로 간주하고 어떤 것을 존중의 표시로 볼 것인가요?

1 가장무도회에 기모노를 입고 가기

2 가족 바비큐 모임에서 하카를 하기

3 디너파티에서 비리야니를 대접하기

4 피자에 파인애플을 넣기

5 패션 액세서리로 터번을 착용하기

6 레게 머리를 하기

7 여러분이 전통적으로 사리를 착용하는 문화권 출신이 아님에도 스리랑카 행사에 사리를 착용하기

서로 다른 문화에서 유래한 음식을 먹고, 다른 문화에서 영감을 받은 옷을 입거나, 다른 문화를 반영하는 물품들로 방을 꾸미는 것을 좋아하나요? 문화를 존중하는 것, 문화에서 영감을 받는 것, 문화를 이용하는 것 사이에 어떤 경계를 그을 건가요? 만약 어떤 사람이 여러분 문화의 요리를 하거나 옷을 입거나 물품으로 방을 꾸민다면 여러분의 생각이 바뀔까요?

논의 9.29

어떻게 문화적 전유가 토착 사회의 지식 재산권을 침해하는 것으로 볼 수 있을까요?

9.8 잘못된 이분법

논의 9.30

여러분이 가지고 있는 지식의 기원을 어느 정도나 추적할 수 있다고 생각하나요?

일부 학자들은 자신들이 토착 지식과 비토착 지식(종종 '서구' 지식이라는 꼬리표가 붙음) 사이의 **잘못된 이분법**으로 간주하는 것에 대해 우려를 제기했습니다. 그들이 제기하는 두 가지 쟁점이 있습니다. 첫 번째 쟁점은 토착 지식을 '서구 지식'과 구별되는 것으로 간주하는 것은 현대 세계에서 지식으로 간주되는 것의 방대한 양이 비서구 사회에서 발전되었다는 사실을 무시한다는 것입니다. 현대적이고 증거에 기반한 지식의 공유 풀(pool)은 전 지구적인 기원을 가지고 있습니다. 인류의 공유된 지식은 모든 지식 영역에 걸쳐 있는 만큼 풍부하고, 인류 역사를 통틀어 지구의 곳곳에서 기여한 바가 있기 때문입니다.

두 번째 쟁점은 토착 지식에 초점을 맞추는 것으로 개발 분야에서 특정 학자들이 강력한 목소리를 얻게 되었지만, 이로 인해 이 학자들이 토착 지식과 비토착 지식 또는 '서구' 지식 사이의 이분법을 유지하게 만든다는 것입니다. 토착 지식을 보존하고 증진하기 위해 노력하는 많은 사람들이 현대의 과학적 방법론을 사용하면서 그렇게 하고 있습니다. 그래서 토착 지식과 비토착 지식 사이의 강력한 구별이 획책되는 것처럼 보입니다.

정치학자 아룬 아가왈(Arun Agarwal, 1962~)은 『토착 지식과 과학 지식의 구분 해체하기(*Dismantling the Divide between Indigenous and Scientific Knowledge*)』에서 지식을 두 개의 변별적인 범주(토착과 서구/과학)로 분류하는 것이 지식의 **이질적(異質的)** 본성 때문에 실패할 수밖에 없다고 주장합니다. 그는 구별을 창출하는 것은 또한 시간과 공간에서 지식을 분리하고 고정시키려는 시도를 포함하지만, 지식은 결코 정적이지 않다고 주장합니다.

<aside>
키워드

잘못된 이분법: 두 개의 선택지만 가능한 것으로 제시되었으나 다른 전망이 가능할 뿐 아니라 그 가능성이 매우 높은 상황

이질적(異質的): 혼합된, 다른 부분들로 구성된
</aside>

서구 지식과 토착 지식의 분리는 주제와 특성이라는 두 가지 면에서 모두 둘 사이에 상당한 차이가 있는지 여부에 의해 좌우됩니다. 또 이 분리는 세계를 연구하기 위해 서로 다른 세계관을 갖고 서로 다른 방법론을 사용할 것을 요구합니다. 그리고 토착 지식이 서구 지식보다 더 맥락 의존적으로 내장되어 있다는 가정이 있습니다. 그러나 토착 지식이든 아니든, 모든 지식은 특정한 역사를 가지고 있으며, 특정한 맥락으로부터 생겨납니다. 마찬가지로, 모든 서구/과학 지식이 경험적 연구 및 과학적 방법론의 안내를 받는 것은 아니며, 모든 토착 지식 체계가 똑같은 방법론을 사용하는 것도 아닙니다. 다시 말해 토착 지식과 서구 지식의 방법론에는 많은 변종이 있으며, 이 방법론이 상호 배타적일 필요는 없습니다.

우리가 토착 지식으로 간주하는 것이 수 세기에 걸쳐 서구 지식에 영향을 미쳤고 또 영향을 받았으므로 어느 쪽이든 다른 쪽의 영향을 받지 않은 것은 없다는 점을 보여 주는 많은 증거가 있습니다.

논의 9.31

문화적 가정은 지식의 구축에서 어떤 역할을 할까요?

탐구 9.9

짝을 짓거나 모둠을 지어, 다음 항목들에 대해 생각해 보고 이 항목들이 어느 정도나 토착 지식의 결과인지를 결정하세요.

1   불꽃놀이

2   퀴닌 황산염 정제(해열제, 강장제, 발모약 등에 쓰임)

3   건전지

4   60진법 계산(시간 및 각도에 사용됨)

5   맥주

한쪽 끝에는 토착 지식이 있고 다른 쪽 끝에는 비토착 지식이 있는 연속체(continuum)를 만들고, 연속체를 따라 그것들이 놓여 있다고 생각하는 곳에 항목들을 두세요. 어떤 항목이든 여러분의 연속체의 극단 중 하나에 놓일 수 있을까요? (즉, 항목들 중 어떤 것이 전적으로 토착 지식의 결과물이거나 전적으로 비토착 지식의 결과물일까요?)

여러분의 연속체를 다른 모둠의 연속체와 비교해 보세요. 학급에서 그 항목을 어디에 놓을지에 대한 집단적 의견 일치에 도달할 수 있나요?

되돌아보기

탐구 활동에서 여러분을 놀라게 한 것이 있나요? 그 활동은 여러분이 지식에 대해 생각하는 방식에 어떤 영향을 미쳤나요? 서구 지식과 토착 지식을 구분하는 것이 얼마나 현실적이라고 생각하나요?

문화적으로 안전한 연구

토착 지식과 과학 지식 사이의 이분법을 인식하게 이끈 요인들 중 하나는 일부 비토착 지식 연구 프로그램이 수행된 방식이 문화적 감수성이 전혀 없다는 것입니다. 이로 인해 많은 토착민들이 비토착 지식 연구 관행을 불신의 눈으로 보게 되었습니다. 일부 학자들은 문화적으로 보다 적합할 뿐만 아니라 보다 타당한 결과를 가져올 대안적 접근법을 요구하고 있습니다.

한 가지 예는 무작위로 선택된 대규모 모집단 표본이 일반적으로 **유행병 연구**를 대표한다는 아이디어에서 도출됩니다. 그러나 많은 토착 사회에서 주민의 일부 구성원들은 무작위 표본 추출 방식으로 접근하기가 어렵습니다. 즉, 그들은 연구 주제를 완전히 이해하는 데 중요한 '숨겨진 모집단'일 수 있습니다. 이런 경우, 보편적 적용 범위는 모집단의 구성과 분포를 정의하는 데 지역적 전문 지식을 필요로 할 것이며 이는 표본 추출 과정의 과학적 타당성과 문화적 안전성을 향상시킬 것입니다.

키워드

유행병 연구: 질병의 기원과 확산에 관하여 연구하는 학문

그림 9.8 _ 에콰도르 아마조니아의 와오라니족은 일부 연구에서 숨겨진 모집단일 수 있습니다.

문화적으로 안전한 전염병 연구를 위해 노력하는 학자들은 과학 지식과 토착 지식이 상호 배타적이지 않고 토착 사회에서의 연구가 문화적으로 안전한 동시에 과학적으로 건전할 수 있으며 또 그래야 한다고 주장합니다. 그들은 과학적 타당성이 종종 토착 지식에 달려 있다고 주장하며, 문화적으로 안전한 공간은 토착 프로토콜(protocol)이든 과학적 프로토콜이든 서로 타협되지 않는 접면에서 성취될 수 있다고 주장합니다.

문화적으로 안전한 연구는 일반적으로 공동체의 요청으로 시작되며, 모든 토착 연구에 대한 포괄적인 접근법보다는 각 특정 집단에 대해 합당하게 연구를 설계함으로써 요청에 응답해야 합니다. 이것은 연구를 요청한 토착 사회에 대한 연구를 보다 의

미 있고 적절한 것으로 만들 뿐만 아니라 결과가 표적 모집단의 현실을 보다 정확하게 반영한다는 점을 확실하게 함으로써 과학적 타당성을 높일 수도 있습니다.

논의 9.32

연구자들이나 이들이 연구하는 토착 사회는 새로운 지식을 추구하는 데 있어서 무엇이 윤리적으로 수용 가능한지에 보다 큰 영향력을 행사하는 것에 책임이 있을까요?

9.9 맺으며

토착 사회가 발전시키고 전파·전승시키는 지식은 인류의 공유 지식에 귀중한 기여를 하지만, 토착 사회가 소멸하고 토착 언어가 거의 사라짐에 따라 많은 지식이 없어질 위험이 임박해 있습니다.

토착 사회가 지켜 온 지식을 기록하고 보존하려는 움직임이 현재 진행되고 있지만, 이런 움직임은 토착 공동체가 무엇인지에 대한 명확성이 부족하여 어느 정도 방해를 받고 있습니다. 합의된 정의가 없기 때문에 일부 소재국은 토착민들에게 특별한 권리를 확대해야 하는 것을 피하기 위해 자신들이 받아들일 토착 사회와 토착민들을 제한할 수 있습니다. 다른 소재국에서는 토착민으로서의 자아 정체성 규정을 허용하지만 이것은 잠재적 남용의 가능성을 열어 줍니다.

토착 지식은 특히 보존, 지속 가능한 농업, 토지 관리 및 의료에 대한 통찰력 등의 영역에서 과학 지식을 보완하기 위해 점점 더 많이 사용되고 있지만, 토착 지식 재산권이 존중되도록 보장할 필요가 있습니다. 또 토착 사회의 지식이 더 널리 이용 가능해지고 상업화되는 경우에 토착 사회가 혜택을 누릴 수 있도록 보장할 필요도 있습니다.

토착 사회에서 보유하고 있는 지식을 보존해야 할 필요에 대해서는 이견이 거의 없지만, 토착 지식과 다른 모든 출처에서 나온 지식을 구별하는 것이 유용한지에 대해서는 이견이 있습니다. 토착 사회에서 지식으로 간주되는 모든 관념이 증거에 좀 더 기반을 둔 지식 체계에서 지식으로 간주되는 것은 아니며, 토착 사회와 토착 지식의 일부 측면은 여러 가지 심각한 윤리적 우려를 일으킬 수 있다는 점을 명심해야 합니다.

지식 질문

1   자연과학이 인간과학보다 개인과 사회를 이해하는 데 더 많이 기여한다고 주장할 수 있을까요?

2   우리는 토착 지식 주장을 뒷받침하기 위해 합리적이고 경험적인 증거의 수렴을 어느 정도나 찾아야 할까요?

9.10 지식 영역 연결 질문

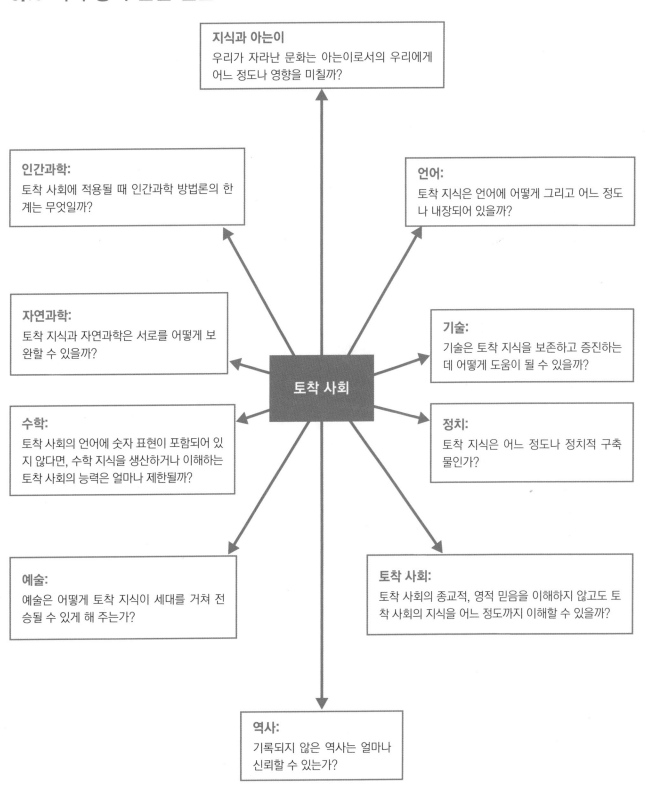

지식과 아는이
우리가 자라난 문화는 아는이로서의 우리에게 어느 정도나 영향을 미칠까?

인간과학:
토착 사회에 적용될 때 인간과학 방법론의 한계는 무엇일까?

언어:
토착 지식은 언어에 어떻게 그리고 어느 정도나 내장되어 있을까?

자연과학:
토착 지식과 자연과학은 서로를 어떻게 보완할 수 있을까?

기술:
기술은 토착 지식을 보존하고 증진하는 데 어떻게 도움이 될 수 있을까?

수학:
토착 사회의 언어에 숫자 표현이 포함되어 있지 않다면, 수학 지식을 생산하거나 이해하는 토착 사회의 능력은 얼마나 제한될까?

정치:
토착 지식은 어느 정도나 정치적 구축물인가?

토착 사회

예술:
예술은 어떻게 토착 지식이 세대를 거쳐 전승될 수 있게 해 주는가?

토착 사회:
토착 사회의 종교적, 영적 믿음을 이해하지 않고도 토착 사회의 지식을 어느 정도까지 이해할 수 있을까?

역사:
기록되지 않은 역사는 얼마나 신뢰할 수 있는가?

9.11 자기 점검

9장에서 배운 내용을 되돌아보고 1점에서 5점 사이로(5는 최고 점수, 1은 최저 점수) 자신의 자신감 수준을 표시하세요. 3점 미만이면 해당 부분을 다시 읽어 보세요. 그런 다음 이 목록으로 돌아오세요. 여러분의 자신감이 높아졌나요?

	자신감 수준	다시 읽기?
나는 토착 사회가 무엇을 의미하는지 이해하고 있는가?		
나는 정의를 내리는 것의 중요성과 이것이 토착 지식의 범위에 미칠 수 있는 영향력을 분명하게 알고 있는가?		
나는 토착 디아스포라가 무엇이고 이것이 개인의 정체성에 어떤 영향을 미칠 수 있는지 알고 있는가?		
나는 다양한 유형의 토착 지식과 이것들이 현대 과학을 보완할 수 있는 방법에 대해 토론할 수 있는가?		
나는 토착 지식의 전승과 보존을 위한 토착 언어의 중요성을 분명하게 밝힐 수 있는가?		
나는 토착 지식이 보호되고 있는 방식 중 몇 가지를 이해하고 있는가?		
나는 무형의 문화 지식이 무엇인지 이해하고 있는가?		
나는 문화와 문화 지식이 진화하는 방식에 대해 토론할 수 있는가?		
나는 토착 문화의 보호와 보존이 어떻게 다른 공동체 및 보전 노력과 이해 충돌을 일으킬 수 있는지 알고 있는가?		
나는 토착 지식과 관행을 채택하고 적용하는 것의 윤리적 차원에 대해 토론할 수 있는가?		
나는 왜 일부 사람들이 토착 지식과 다른 지식을 구별하는 것에 관심을 갖는지 이해하고 있는가?		
나는 문화적으로 안전한 연구가 의미하는 바를 명확히 밝힐 수 있는가?		

9.12 더 읽을거리

- 9장에서 얻은 지식을 바탕으로 다음 글들 중 몇 가지를 읽을 수 있습니다.

- **다양한 나라와 조직이 토착민의 정체성에 대한 물음에 어떻게 접근하는지**에 관한 개요를 보고 싶다면, 다음을 읽으세요.

  Jeff J Corntassel, 'Who is Indigenous? Peoplehood and Ethnonationalist Approaches to Rearticulating Indigenous Identity' in *Nationalism and Ethnic Politics*, vol. 9, no. 1, pp. 75~00, Spring 2003. *Brown University* 웹사이트에서 검색하세요.

- **토착민으로서의 자기 정체성 규정**이라는 쟁점 중 몇 가지에 대해 좀 더 알고 싶다면 다음을 읽으세요.

  Andrew Canessa, 'Who Is Indigenous? Self-Identification, Indigeneity, And Claims to Justice in Contemporary Bolivia', in *URBAN ANTHROPOLOGY*, vol. 36, no. 3, 2007. *Essex University* 웹사이트에서 검색하세요.

- **토착민의 정체성과 관련된** 몇 가지 **쟁점들**에 관해 좀 더 알고 싶다면 다음을 읽으세요.

  Bronwyn Carson 'The politics of identity and who gets to decide who is—and isn't—Indigenous' in *The Guardian*, 17 March 2016. *Guardian* 웹사이트에서 검색하세요.

- **토착민과 개발 사이의 상호 작용**에 대해 좀 더 알고 싶다면 다음을 읽으세요.

  Trevelyan Wing, 'Climate Change, Green Development, and the Indigenous Struggle for Cultural Preservation in Arctic Norway' in *Climate Institute*, 28 November 2017. *Climate Institute* 웹사이트에서 검색하세요.

- **토착 지식, 생물 다양성 및 개발 사이의 관계**를 탐구하고 싶다면 다음을 읽으세요.

  Michael Warren, 'Indigenous Knowledge, Biodiversity Conservation and Development' *Keynote address at the International Conference on Conservation of Biodiversity in Africa: Local Initiatives and Institutional Roles, 30 August-3 September 1992, Nairobi, Kenya. Indiana University* 웹사이트에서 검색하세요.

- **토착어의 중요성**에 대해 더 따라가고 싶다면 다음을 읽으세요.

  Rosalyn R LaPier, 'Indigenous languages are disappearing—and it could impact our perception of the world' in *The Independent*, 11 October 2018. *Independent* 웹사이트에서 검색하세요.

- **토착어의 소멸에 대한 유엔의 반응**에 관심이 있다면 다음을 읽으세요.
The United Nations Permanent Forum on Indigenous Issues 'Indigenous Languages', 2018. *United Nations* 웹사이트에서 검색하세요.

- **무형 문화유산**이라는 개념을 탐구하는 데 관심이 있다면 다음을 읽으세요.
UNESCO, 'What is Intangible Cultural Heritage?'. *Unesco* 웹사이트에서 검색하세요.

- **토착 지식을 다른 지식 원천과 구분하는 문제**를 더 탐구하려면 다음을 읽으세요.
Arun Agrawal, 'Dismantling the Divide between Indigenous and Scientific Knowledge'. *Indiana University* 웹사이트에서 검색하세요.

- **문화적으로 안전한 연구**에 대해 더 알고 싶다면 다음을 읽으세요.
Mary Cameron, Neil Andersson, Ian McDowell and Robert J. Ledogar, 'Culturally Safe Epidemiology: Oxymoron or Scientific Imperative' in *Pimatisiwin*, vol. 8, no. 2, pp. 89~116, 2010. *Pub Med Central* 웹사이트에서 검색하세요.

3부

지식 영역

> **10장**

역사

학습 목표

10장에서는 과거에 관한 지식이 어떻게 구축되는지, 그리고 역사가 다른 지식 영역과 어떻게 연결되는지 살펴볼 것입니다.

여러분은

· "역사란 무엇인가?"라는 질문과 역사 지식의 범위와 본성을 탐구합니다.

· 우리가 역사 지식을 추구하는 이유에 대해 살펴봅니다.

· 여러분이 사고하는 것이 역사 연구 방법에 중심적이라는 점을 확인할 수 있습니다. 증거의 선택과 사용이 지닌 역할, 그리고 역사적 사건의 의의를 이해할 수 있습니다. 또 역사 지식을 구축할 때의 편향과 선택의 문제를 알아낼 수 있습니다.

· 언어, 상상력 그리고 공감을 포함한 다양한 지식 도구와 친숙해집니다.

· 고대 역사가들과 헤로도토스, 투키디데스로부터의 자료를 분석하여 과거의 지식을 구축하는 데 필요한 기술을 인식하고 고대 역사가들이 정한 기준과 방법을 알아냅니다.

· 사후 통찰의 함의와 역사 기록학의 개념을 살펴봅니다.

· 역사에 대한 다양한 이론을 검토하고, 역사적 진실의 본성과 다른 증명 기준을 살펴봅니다.

· 과거를 재현할 때 예술, 과학, 기술이 지닌 역할을, 또 이것들이 역사 지식에 미칠 수 있는 영향력을 살펴봅니다.

· 역사에서 윤리의 역할을 알아차리고, 역사가의 해석과 판단을 형성할 윤리적 고려 사항을 논의할 수 있습니다.

다음 각각의 인용문을 분석하고 이어지는 질문에 관해 토론하세요.

1 "역사는 과학이고, 과학이어야 한다. 역사는 과거에 일어났던 모든 종류의 사건들을 축적한 것이 아니다. 그것은 인간 사회의 과학이다." **뉘마 드니 퓌스텔 드 쿨랑주**(Numa Denis Fustel de Coulanges, 1830~1889)

2 "역사는 우리가 죽은 자들을 놓고 하는 거짓말 덩어리다." **볼테르**(Voltaire, 1694~1778)

3 "역사는 역사가와 그의 사실 사이의 연속적인 상호 작용의 과정이며, 현재와 과거 사이의 끝없는 대화다." **E.H. 카**(E.H. Carr, 1892~1982)

4 "우리가 역사로부터 배우는 유일한 것은 역사로부터 배울 것이 아무것도 없다는 것이다." **G.W.F. 헤겔**(G.W.F. Hegel, 1770~1831)

5 "과거를 통제하는 자는 미래를 통제하고, 현재를 통제하는 자는 과거를 통제한다." **조지 오웰**(George Orwell, 1903~1950)

각 인용문에 대해 다음을 생각해 봅시다.

a 인용문에 어느 정도 동의하나요? 아니면 동의하지 않나요?

b 인용문이 역사 지식의 본성과 목적에 대해 무엇을 시사한다고 생각하나요?

c 각 인용문에서 역사에 대해 가정하거나 당연하게 여기는 것은 무엇일까요?

d 인용문이 다른 지식 영역에도 적용될 수 있다고 생각하나요? 만약 그렇다면, 어떤 방식으로요?

10.1 들어가며

1 여러분은 역사를 무엇이라고 정의할 건가요? 이것은 '과거'와 어떻게 다른가요?

2 여러분이 역사에서 배운 내용을 생각해 보세요. 그 내용은 누가 결정했나요?

지금 우리의 처지와 상황을 시간과 공간 속에서 알아내는 데 과거에 대한 이해는 중요합니다. 다음 우주 달력은 빅뱅 이후 지금까지 138억 년이라는 우주 시간 전체를 1년으로 환산하여 설명한 비유입니다. 만약 우주가 1살이고 빅뱅이 1월 1일 0시에 일어났다면,

- 9월 12일 지구가 형성됨
- 9월 21일 생명체 출현
- 12월 25일 공룡 출현
- 12월 31일 23:54 호모 사피엔스 진화
- 12월 31일 23:58 호모 사피엔스가 조각을 하고 그림을 그리기 시작
- 12월 31일 23:59:32 농업의 시작
- 12월 31일 23:59:45 문자의 발명

그림 10.1 _ 1년으로 압축한 지구의 역사

시간이라는 맥락에서 보면 인류의 출현이 아주 최근의 일이라는 사실을 알고 깜짝 놀랄 것입니다. 기록된 역사 시대는 훨씬 더 최근입니다. 인류 문명의 역사는 대략 4,000년 정도일 뿐입니다. 다음은 시간을 측정하는 데 도움을 주는 다양한 척도입니다.

- 우주의 역사는 현재로부터 138억 년 전으로 거슬러 올라간다고 여겨짐
- 지질학적 역사(지구의 역사)는 45억 4,000만 년 전으로 거슬러 올라감
- 고고학적 역사는 300만 년 전으로 거슬러 올라감
- 호모 사피엔스는 30만 년 전으로 거슬러 올라감
- 최초의 동굴 벽화는 4만 년 전임
- 고대 역사(기록된 역사)는 보통 기원전 2000년~기원후 500년의 기간으로 여겨짐
- 기원후 500~1500년은 보통 중세 역사로 분류됨
- 기원후 1500년 이후는 보통 근현대 역사로 분류됨

10.2 역사란 무엇인가?

"역사란 무엇인가?"라는 물음에 답할 때, 그것이 과거에 대한 연구라고 말하면서 시작할지도 모릅니다. 이것은 합당한 첫 번째 근사치일 수 있지만, 정답은 사실 그보다 더 복잡합니다. 역사는 한때 왕과 왕비, 위대한 지도자, 군사 작전, 전쟁, 정치에 대한 이야기를 말하는 것에 거의 배타적으로 초점을 맞추었습니다. 하지만 화제, 범위, 그리고 현대 방법론의 측면에서 중요한 변화가 있었습니다. 18세기 같은 특정한 시대나 프랑스 혁명(1789), 미국 독립 전쟁(1775) 같은 특정한 사건을 전문적으로 다루는 역사가들도 있지만, 라트비아 근현대사에 대해 쓴 울디스 제르마니스(Uldis Ģērmanis, 1915~1997)처럼 지역적, 민족적 관점을 취하는 역사가들도 있습니다. 또 인구, 성별과 성차, 권력, 의학, 상업, 종교 또는 지성사에 대한 포괄적인 역사처럼 광범위한 연속성과 시간에 따른 변화를 모두 분석하면서 더 넓은 주제를 추구하는 역사가들도 있을 것입니다. 세계사 전문가들은 전체 대륙의 역사에 초점을 맞출지도 모릅니다. 게다가 역사는 하나의 분과 학문으로서 고립되어 존재하는 것이 아닙니다. 역사가는 다른 지식 영역의 전문가들과 협력할 수도 있고, 예술사나 경제사, 고고학처럼 관련된 주제 영역을 보다 발전시키기 위해 다른 분과 학문의 방법론을 빌릴 수도 있습니다.

- 같은 사건에 대한 여러분의 해석은 어떻게 달랐나?

- 어떤 요인들(기억, 감정, 언어, 관점 등)이 그 사건에 대한 해석을 형성했을까? 사후 통찰이 여러분이 알고 있는 것에 어떤 영향을 미칠까?

- 서로 다른 식으로 설명을 했어도, 무슨 일이 일어났는지를 여전히 알 수 있을까?

- 과거에 대한 지식은 어떻게 가능할까?

자기 평가

그 사건에 대한 여러분의 해석을 얼마나 명확하게 묘사할 수 있었나요? 여러분은 이 해석을 형성한 광범위한 요인들을 식별할 수 있었나요? 여러분의 설명이 짝의 설명과 어떤 면에서 다른지, 그리고 그 이유를 설명할 수 있나요? 이 활동에 비추어 볼 때, '과거'를 기술하는 것과 '역사 연구'의 차이점을 이제 잘 이해할 수 있나요?

다원주의적 접근법

물론 우리가 과거에 대한 확실한 지식을 얻거나, 자신의 편견에서 벗어나 신의 시선에서 역사를 볼 수 있는 쉬운 방법은 없습니다. 역사는 지배적인 국가들과 강력한 엘리트들의 이익을 증진하는 데 종종 이용되었기 때문에, 일부 사람들이 진실의 '공식적' 판본에 대해 의심의 눈초리를 보내는 것도 놀라운 일이 아닙니다. 그리고 점점 더 다문화적으로 되어 가는 세계에서는 교과서가 엘리트들뿐만 아니라 여성, 빈곤층, 소수 민족과 같은 집단의 경험을 반영해야 한다고 주장할 수도 있습니다. **역사**를 하나의 단수형으로 사고하기보다는 복수형으로 사고하는 것이 더 나을 수 있습니다. 그렇다면 이상적인 것은 일종의 **다원주의적 역사**일 수 있습니다. 다원주의적 역사는 다양한 관점에서 과거를 탐구하기 때문입니다.

그와 같은 역사의 다원주의적 접근법이 역사적 진실이라는 이상을 포기해야 한다거나 확실한 지식이 없다는 것을 뜻하는 것은 아닙니다. 역사에 대한 각각의 접근법 내부에는, 과거를 보다 좋게 재구축한 것도 있을 수 있고 보다 나쁘게 재구축한 것도 있을 수 있기 때문입니다. 예를 들면 어떤 역사는 보다 허위 과장 선전적이고 감정적일 수 있는 반면, 다른 역사는 더 정확하고 객관적일 수 있습니다. 그러므로 우리는 상대주의에 굴하지 않고 역사에 대한 다원주의적 접근법을 받아들일 수 있습니다. 역사에는 여러 가지 다양한 관점이 있지만, 역사적 진실에 대한 개념은 반드시 유지해야 합니다. 기본적인 수준에서 보면, 사건 X가 일어났거나 일어나지 않았다는 것은 분명합니다. 그리고 비록 진실을 발견하는 것이 종종 어렵긴 하지만, 이것이 발견할 진실이 없다는 것을 의미하는 것은 아닙니다. 예를 들면 우리는 대량 학살이 분명히 일어났다는 사실을 증언하기 위해 세계사에 힘주어 기록해야 하는 빚을 그 학살의 희생자들에게 지고 있습니다.

키워드

다원주의적 역사: 정당화될 수 있는 다양한 다른 관점과 과거에 대한 여러 가능한 설명이 있음을 인정하는 것

"해리, 지금은 따분해 보여도 한때는 그 책에 실린 모든 것이 뉴스 속보였단다."

10.3 왜 역사 지식을 추구할까?

역사 지식을 추구하는 데에는 많은 이유가 있습니다. 우리에게 공유된 기억을 제공하고, 인간 본성에 대한 이해를 풍부하게 하며, 허위 과장 선전에 대한 방어책이 되며, 다양한 관점을 제공할 수 있다는 점 등을 비롯하여 다양한 근거로 역사를 정당화할 수 있습니다.

역사는 우리에게 공유된 기억을 제공한다

개인의 역사를 알아야 그 사람을 알 수 있듯이, 한 나라의 역사와 그 국민이 공유하는 기억을 알아야 그 나라에 대해 알 수 있습니다. 시사 문제에 대한 제대로 된 의견을 갖고 다른 나라에 대해 단순한 편견을 넘어서 판단하려면 역사 지식이 필수 불가결합니다. 교육 체계는 역사 교육에 특정한 접근법을 취할 것입니다. 예를 들면 학교 역사 교과서는 학생의 정체성과 공유된 국민적 기억을 형성할 수 있습니다. 같은 인물이나 사건에 대해 역사 교과서들이 다른 접근법으로 쓰일 수 있습니다.

수카르노(Sukarno, 1901~1970)는 1949년 네덜란드의 식민 지배로부터 독립을 이끌어 인도네시아의 첫 대통령이 되었습니다. 그는 '교도 민주주의(guided democracy)'를 내세워 17년 동안 통치했는데, 이것은 독재적 통제를 완곡하게 표현한 것입니다. 수하르토(Suharto, 1921~2008) 장군은 인도네시아의 두 번째 대통령이 되었고 1967년부터 1988년까지 미국의 지원을 받아 통치했습니다. 냉전 상황에서 미국은 **공산주의** 확산을 막기 위한 정책을 펴고 있었습니다. 수하르토는 통치 기간 동안 100만 명에 달하는 인도네시아 공산당 지지자들을 몰살시켰습니다. 그러나 반인륜적 범죄로 재판에 회부된 적은 없습니다. 인도네시아와 네덜란드, 미국의 학교 역사 교과서에는 수카르노와 수하르토 통치하의 인도네시아 역사에 대해 서로 다른 설명이 실릴 수 있습니다.

핵심 쟁점은 오늘날 공유된 국가적 기억을 누가 해석하고 어떻게 재현되느냐 하는 것입니다. 이 쟁점은 지식과 앎에 중요한 함의를 갖습니다.

키워드

공산주의: 사유 재산의 소유권이나 계급적 분할이 없는 정치와 경제 체제

실제 상황 10.4

왜 역사에 대해 일부 교과서에 다른 설명이 실릴 수 있는지 설명해 보세요.

역사는 인간 본성에 대한 우리의 이해를 풍부하게 한다

역사는 인간이 다양한 상황에서 무엇을 생각하고 무엇을 해 왔는지 보여 줌으로써 인간 본성을 풍부하게 이해할 수 있게 합니다. 역사는 인간의 행동이 결코 정돈되고 깔끔한 모형으로 충분히 설명될 수 없다는 사실을 상기시켜 줄 수도 있습니다. 그렇다면 우리는 역사가 R.G. 콜링우드(R.G. Collingwood, 1889~1943)의 의견에 동의할 수 있는데, 그는 만약 여러분이 자신과 다른 사람들을 더 잘 알고 싶다면, 역사 지식을 추구해야 한다고 제안했습니다. "나의 답은 인간에게 역사란 자기 인식을 **위한** 것이다. … 그리고 시도해 보기 전에는 자신이 무엇을 할 수 있는지 모르기 때문에, 인간이 무엇을 할 수 있는가에 대한 유일한 실마리는 인간이 무엇을 해 왔는가다. 역사의 가치는 인간이 무엇을 해 왔는지, 결국 인간이 무엇인지를 우리에게 가르쳐 준다는 것이다."

역사는 허위 과장 선전에 대한 방어다

어쩌면 역사를 공부하는 가치는 그것이 허위 과장 선전에 대한 해독제이거나 승리자가 써서 흔히 통용되는 서사에 대한 해독제가 될 수 있다는 것입니다. 역사 연구는 우리가 편향, 허위 과장 선전에서 사실을 구별할 수 있는 비판적 사고 능력을 향상시킵니다. 예를 들면 과거에 대한 다양한 해석을 이해하고 평가하는 것 외에도, (10장 뒷부분에서 살펴볼) 출처에 대한 분석 및 평가는 역사 설명을 액면 그대로 받아들이는 것을 막아 줍니다. 역사 연구는 이러한 분석 기술을 장려하여 다양한 관점을 구별할 수 있게 합니다. 역사가의 방법은 역사적 사실과 의견의 차이를 구분하고, 증거에 근거하여 정당한 해석을 내릴 수 있게 합니다.

그에 대한 반론은 역사가 허위 과장 선전에 중요한 역할을 할 수 있다는 사실을 제시합니다. 역사는 허위 과장 선전에 대항하는 방어막이 될 수 있지만, 조작이 가능하고, 사건에 대한 특정한 설명을 이용하여 특정한 관점을 홍보할 수 있습니다. 정부가 자신의 국가적이라는 정치적 렌즈를 통해 역사를 보고 또 역사를 고쳐 이야기하면서 자신의 판단을 강요하는 일은 편리하고 때로는 너무 쉬울 수 있습니다. 정부가 말하는 역사 서사는 신뢰할 수 있는 지식에 근거할 수도 있고 그렇지 않을 수도 있습니다. 허위 과장 선전은 개인, 단체, 조직 또는 정부의 의제에 맞게 정보를 오용하는 것입니다. 만약 국가의 자부심이 과거에 대한 일방적인 해석, 즉 나라의 업적을 강조하고 실수를 눈감아 버리는 해석을 요구한다면, 정부의 선택은 매우 편향될 수 있습니다. 최악의 경우, 역사는 부패한 정권의 통치를 정당화하고, 국가의 영토 확장을 옹호하며, 과거의 범죄를 미화하는 데 이용될 수 있습니다. 10장의 후반부에서는 구소련 스탈린주의 시대의 가장 잘 알려진 역사 남용 사례 중 하나를 살펴볼 것입니다. 스탈린(Iosif Vissarionovich Stalin, 1879~1953)은 정적들을 청산하는 것을 넘어서 아예 역사 기록에서 지우려 했습니다.

그림 10.2 _ 1937년에 촬영된 왼쪽 사진은 스탈린이 소련 비밀경찰 니콜라이 예조프(Nikolai Yezhov, 1895~1940)와 함께 있는 모습입니다. 이 사진은 나중에 예조프의 재판과 사형 집행 이후 그의 모습을 지우는 것으로 조작되었습니다. 역사 연구는 어떻게 과거가 허위 과장 선전으로 오용될 수 있는지, 사실을 잘못 전달할 수 있는지 보여 줄 수 있습니다.

역사는 다양한 관점을 제공할 수 있다

여러분은 역사가 승자의 기록이라는 말을 들어 봤을 것입니다. 역사적 서사는 정복한 사람들의 언어와 힘을 반영할 수 있습니다. 하지만 역사는 다른 관점에서 말할 수 있고 또 말해져야 한다는 반론이 가능합니다. 역사가들은 '요리사부터 지휘관에 이르기까지' 모든 관점에서 동일한 사건을 이해하는 데 관심이 있습니다. 오랜 세월 동안 스페인의 멕시코 정복과 토착민인 아즈텍인들의 패배의 역사는 그들을 정복한 스페인인들의 언어와 식민지 관점으로 전해졌습니다. 하지만 미구엘 레온-포르티야(Miguel León-Portilla, 1926~2019)는 고전이 된 그의 저서 『부러진 창(*The Broken Spears*)』(1959)에서, 아즈텍 구전 전승의 연속성을 보여 주는 토착민들의 시각에 초점을 맞추어 다른 관점을 제시합니다. 역사가가 흔히 인정되는 과거에 대한 설명을 넘어서 다양한 관점과 목소리를 고려하는 것은 새로운 과제를 제기합니다.

역사가는 사실과 해석의 차이, 그리고 진실과 허위 과장 선전의 차이를 알기 시작했습니다. '위로는' 통치자나 지도자의 관점에서뿐만 아니라 '아래로는' 평범한 사람들의 관점에서도 바라보게 되었습니다.

되돌아보기

여러분 나라의 역사에 대해 알고 있는 것을 생각해 보세요. 여러분은 그것이 '승자의 기록'이라고 생각하나요? 아니면 여러분 나라의 역사는 여러 가지 다른 관점에서 이야기해 준다고 생각하나요? 놓칠 수 있는 어떤 관점이라도 있나요?

실제 상황 10.5

1   앞에서 언급했듯이 역사 지식을 추구하는 네 가지 이유, 즉 "역사는 우리에게 공유된 기억을 제공한다", "역사는 인간 본성에 대한 우리의 이해를 풍부하게 한다", "역사는 허위 과장 선전에 대한 방어다", "역사는 다양한 관점을 제공할 수 있다" 중에서 어떤 것이 가장 중요하다고 생각하며 그 이유는 무엇인가요?

2   우리는 어떤 대가를 치르고라도 역사 지식을 추구해야 할까요?

탐구 10.2

1   수업 시간에 다음에 대해 토론하세요.

   a   우리의 정치 지도자들이 역사에 대해 잘 아는 것이 얼마나 중요하다고 생각하는가?

   b   여러분은 어떤 나라가 다른 나라에 비해 자국의 역사에 더 신경을 쓴다고 생각하는가? 과거를 무시하거나 과거에 집착하는 것에는 어떤 위험이 있을까?

2   독일 철학자 임마누엘 칸트의 다음 인용구를 읽어 보세요. "세계라는 위대한 무대에서 펼쳐지는 인간의 행동을 가만히 바라보노라면, 왠지 모를 혐오감을 피할 수 없다. 지혜는 여기저기서 개인들에 의해 드러나지만, 전체로서의 인간 역사의 그물은 어리석고 어린애 같은

허영심으로, 또한 종종 유치한 사악함과 파괴욕으로 짜인 것으로 보인다. 결과적으로 우리는 장점에 대해 그토록 자부심을 느끼는 우리 인간이라는 종이 어떤 관념을 형성하는지를 알면 어리둥절해진다."

여러분이 알고 있는 역사 지식으로 볼 때, 칸트의 인간에 대한 평가는 어느 정도 정당하다고 생각하나요? 좀 더 낙관적인 견해를 가질 만한 근거가 있을까요?

10.4 역사 연구 방법

1 과거에 대한 믿을 만한 지식을 얻기 위해 역사가들은 어떤 방법을 사용할까요?

2 역사 연구 방법은 다른 지식 영역에서 지식을 얻기 위해 사용되는 방법과 어떻게 비교되나요?

우리가 과거를 직접 관찰할 수 없고, 종종 불완전하고 때로는 모순되는 출처 자료에 의존한다는 점 때문에 역사가들은 이런 문제들을 극복하고 믿을 만한 지식으로 이어질 수 있는 연구 방법을 개발했습니다. 여기에서는 과거를 이해하기 위한 역사가의 연구 방법의 몇 가지 특징인 증거의 조사와 선택, 의의에 대한 평가, 행동과 사건에 대한 설명을 탐구합니다.

과거에 대한 이해

역사가는 단순히 정보의 회상이나 사실과 날짜의 축적에만 관심이 있는 것이 아니라 패턴을 이해하는 데 관심이 있습니다. 동일한 사건이나 동일한 인물에 대한 서로 다르지만 정당한 해석이 가능하며, 역사가의 과제는 이런 복잡성을 이해하는 것입니다. 역사 연구는 역사적 맥락을 이해하고 해석하는 기술을 포함합니다. 예를 들면 모한다스 카람찬드 간디(Mohandas Karamchand Gandhi, 1868~1948)에 대해 역사가, 정치학자, 심지어 경제학자로도 연구할 수 있습니다. 간디가 1947년 8월에 인도의 독립을 달성했다는 것은 잘 알려져 있습니다. 그러나 그의 공헌은 다양하게 이해될 수 있습니다. 역사가들은 그를 단순히 독립운동의 정치 지도자로만 이해하지는 않을 것입니다. 그들은 또한 시민 불복종 운동, 비폭력 시위, 힌두-이슬람 통합, 글쓰기에 대한 공헌(그는 다작작가였습니다)과 관련하여 그의 위치를 보다 전 지구적으로 평가할 수도 있습니다. 간디는 당시 인도 사회의 약 20%를 차지한 소위 '불가촉천민'의 권리를 옹호하는 캠페인을 벌였습니다. 그는 인도 사회에서 다른 사람들과 동등한 지위를 누릴 수 있도록 그들의 지위를 높이고 싶어 했고, 그에 따라 그들을 하리잔 또는 '신의 자녀'라고 명칭을 바꿔 불렀습니다. 간디가 살아 있을 때, 그에 대한 의견은 엇갈렸습니다. 예를 들면 알베르트 아인슈타인과 윌밍턴 경은 그에 대해 매우 다른 결론에 도달했습니다.

자료 1: 아인슈타인

알베르트 아인슈타인은 1944년 간디에 대해 다음과 같이 썼습니다.

> 어떤 외부 권력의 지지도 받지 못한 국민 지도자인 그의 성공은 기교나 기술적인 장치의 숙달이 아니라 단순히 그의 인품이 지닌 설득력에 힘입었다. 항상 무력의 사용을 경멸해 온 승리의 투사이며, 결단력과 융통성 없는 일관성으로 무장한, 지혜와 겸손의 사람이다. 그는 국민들을 고양시키고 그들의 운명을 개선하는 데 온 힘을 쏟았다. 단순한 인간의 존엄성으로 유럽의 잔혹성에 맞섰고, 그래서 항상 우월한 위치에 있는 사람이다.
>
> 다음 세대는 이런 사람이 실제로 이 땅 위에 존재했다는 사실을 믿기 힘들지도 모른다.

자료 2: 윌밍턴 경

인도 총독 윌밍턴 경은 1933년 간디에 대해 다음과 같이 썼습니다.

> 정말 완벽한 골칫거리인 간디가 아니었다면 아름다운 세상이었을 것이다. … 그가 하는 모든 움직임의 저변에는 신의 영감을 받았다고 말하는, 정치적 책략을 발견하게 된다. … 아메리칸 프레스(American Press)는 그가 무척 경이로운 사람이라고 말하는 것 같은데, 만약 그가 단식하겠다고 위협하면, 이곳에는 끔찍한 난리가 난다. 이것이 진실이지만 간디를 거룩한 존재로 보는 비현실적이고 불가사의하며 미신에 사로잡힌 사람들 가운데 살고 있다는 것도 사실이다. 반면에 나는 간디를 현존하는 최고 사기꾼이라고 본다.

오늘날에도 간디에 대한 의견은 여전히 엇갈리고 있습니다. 요점은 같은 사람과 같은 사건을 매우 다른 방식으로 이해할 수 있다는 것입니다. 역사 지식은 여전히 가능하지만, 지식의 구축은 상황에 따라 매우 다릅니다. 즉 그것은 현재를 살아가는 사람이 자신의 관심과 선택에 관련하여 과거를 사후 통찰력으로 이해하는 방법입니다. 10장의 뒷부분에서 알게 되겠지만, 역사가에게는 사후 통찰이 장점이자 단점이 될 수 있습니다.

논의 10.5

1 간디에 대해 윌밍턴 경(자료 2)과 알베르트 아인슈타인(자료 1)이 표현한 서로 다른 견해를 설명해 보세요.

2 자료의 불일치에도 불구하고 어떻게 역사 지식이 여전히 가능할까요?

그림 10.3 _ 인도 독립운동을 이끈 간디. 역사적 인물에 대한 정당한 해석은 무엇일까요?

역사 연구 방법은 과거를 이해하고 해석하기 위해 접근 가능한 관련 출처를 선택합니다. **1차 자료** 및 **2차 자료**는 사건의 원인을 설명하거나 시간의 경과에 따른 연속성과 변화의 패턴을 이해하는 데 사용됩니다. 대략적으로 설명하면, 1차 자료는 연구 대상인 시간대에서 나온 것이고 2차 자료는 일어난 일에 대한 나중의 간접적인 설명입니다. 예를 들면 율리우스 카이사르(Julius Caesar, BC 100~BC 44)의 『갈리아 전기』는 본인이 싸웠던 전쟁에 대한 카이사르 자신의 설명이므로 1차 자료입니다. 1차 자료에는 고고학적 증거나 역사적 시대의 물건과 같은 물리적 증거도 포함될 수 있습니다. 그와는 대조적으로 에드워드 기번(Edward Gibbon, 1737~1794)의 『로마 제국 쇠망사』는 후대에 로마 제국의 운명을 재구축한 것이므로 2차 자료입니다. 추론, 상상력, 언어도 역사 연구 방법에서 역할을 하지만, 증거는 늘 고정점이라 하겠습니다. 역사가의 서사는 증거와 관련해서만 의미가 있습니다. 실제로, R.G. 콜링우드는 역사 지식의 구축에서 상상력과 증거의 역할을 인식했습니다. "역사가의 서사는 증거라고 불리는 것과 특별한 관계에 있다. 역사적 진술이 사실인지 묻는 것은 그것이 증거에 호소함으로써 정당화될 수 있는지의 여부다. 그렇게 정당화될 수 없는 진실은 역사가에게 별 관심이 없는 것이다." 비유하자면 증거가 천막의 고정된 기둥과 같다면 역사의 서사는 그 고정점들 사이에 펼쳐진 천막 천과 같습니다.

　최고의 역사가들은 최고의 증거를 선별하고 **종합**할 수 있습니다. 과거를 높은 수준으로 구축하기 위해 필요한 기법을 고려해 볼 수 있습니다. 학교 역사 교과서에는 자료 a, 자료 b, 자료 c 등으로 미리 깔끔하게 분류 표시된 증거가 나오겠지만, 역사가가 참고하는 기록 보관소의 현실은 다소 다르다는 점을 주목할 가치가 있습니다. 간단히 말해 기존에 만들어져 있는 '증거'라고 불리는 파일은 없습니다.

어쩌면 역사 연구 방법과 과학 연구 방법 사이에는 연관성이 있을 수 있습니다. 두 지식 영역이 가설, 증거, 패턴, 해석과 같은 유사한 개념을 공유한다는 점에서 그렇습니다. 반면에 역사는 과거를 탐구하고, 과학은 자연 현상을 탐구하는 등 각각에 대한 주제의 범위와 목적, 지식의 본성이 매우 다릅니다.

논의 10.6

어떤 요인들이 과거에 대한 이해와 증거 조사에 영향을 미칠 수 있을까요?

지식 영역 연결 질문 10.1

과학: 역사학의 방법과 자연과학이나 인간과학에서 사용되는 방법의 유사점과 차이점은 무엇일까요?

증거 선택

역사가가 이용할 수 있는 증거는 제한적일 수밖에 없습니다. 여기에는 분명한 이유가 있습니다. 첫째, 고고학적 증거와 문헌 증거의 1차 자료는 모두 그 시대부터 살아남은 것으로 제한될 것이며, 이는 이용 가능한 증거의 선택이 이미 남아 있는 것으로 제한된다는 것을 의미합니다.

예를 들면 바닥 난방(온돌), 벽화, **프레스코** 또는 보석과 같은 고고학적 발견물을 비롯한 로마 장원의 유적지는 1차 자료로 포함될 수 있지만, 많은 대상들이 지금까지 남아 있지 못할 것입니다. 따라서 추가적으로 자료를 선택할 필요가 있습니다. 역사가들은 **관련** 증거, 즉 그들이 조사한 범위와 관련된 증거만 선택하면 됩니다. 만약 역사 조사의 범위가 "로마인으로 산다는 것이 어땠을까?"라고 표현된다면, 우리는 이 물음과 관련된 모든 증거를 선택할 수 있을 것입니다. 여기에는 난방 체계, 예술품, 그리고 개인적인 장식품들이 관련될 것입니다. 하지만 "왜 로마 제국이 멸망했는가?"라는 물음이라면, 증거가 관련 단서를 포함하지 않는 경우 이 특정 증거 중 어떤 것도 선택될 것 같지 않습니다. 이 선택 과정은 역사가의 업무에 핵심적인 것이며 역사가의 연구 방법에 필수적인 부분입니다.

키워드

프레스코(fresco): 회반죽으로 벽에 칠을 한 다음 마르기 전에 물에 갠 안료로 채색하는 기법

그림 10.4 _ 고대 유적. 증거 선택이 왜 중요한가요?

선택과 관련된 한 가지 문제는 역사가들이 출처 자료의 범위를 선택하는 것입니다. 증거를 선택할 때, 우리는 자료의 출처에 관해 판단을 내릴 수 있습니다. 가령 문헌 자료의 경우, 누가 그것을 썼고 왜 작성되었는지에 관해 판단을 내릴 수 있습니다. 편향은 우리가 선택하는 증거에 영향을 줄 수 있습니다. 예를 들어 냉전을 연구하는 경우 미국 시각에서만 증거를 선택하고 공산주의 시각이나 베트남, 한국, 인도네시아 등 다른 나라 주민들의 시각을 배제한다면 결국 일방적인 견해로 끝날 것입니다.

탐구 10.3

만약 여러분이 5,000년 후에 개봉할 타임캡슐을 만든다면, 미래의 역사가들에게 21세기 초의 삶에 대해 가능한 한 객관적인 모습을 제공하기 위해 어떤 자료들을 넣을 건가요?

1   여러분이 지금까지 살아온 내력에 기초하여 10개의 자료만 선택하세요. 발명품, 사람 또는 사건과 관련된 자료를 포함시킬 수 있습니다. 그 목록을 작성하고 여러분의 선택을 설명하는 한 단락의 글을 쓰세요.

2   여러분의 목록을 짝의 목록과 비교하세요. 여러분과 짝은 각각 어떤 것을 포함하고, 어떤 것을 포함하지 않을지를 어떻게 결정했나요?

3   10개 항목을 하나하나 고려하여 중요도 순으로 점수를 매깁니다(가장 중요한 항목부터 10점에서 1점까지). 10개의 자료 중 상위 3개만 선택할 수 있다면, 그것들은 무엇인가요? 왜 그것을 선택했나요?

증거 조사

과거는 우리가 과거에 관한 증거를 갖고 있는 한에서만 알 수 있기 때문에, 역사는 과거에 대한 연구라기보다는 과거가 남긴 **현재의 흔적**에 대한 연구라 말하는 것이 더 정확할 것입니다. 역사가들은 일반적으로 1차 자료와 2차 자료 모두 참고합니다. 게다가 오늘날 역사가들은 전통 지역을 재방문하여, 추가된 근현대의 2차 자료를 얻으려는 욕구를 갖고 있습니다. 예를 들면 메리 비어드(Mary Beard, 1955~)는 (기번은 접근할 수 없었던) 새로운 자료와 방법을 고려하고 로마를 일반인의 관점에서 새롭게 바라볼 수 있는 대중적인 로마의 역사를 썼습니다.

실제 상황 10.6

목격자의 증언은 기억과 언어에 의해 어떻게 영향을 받을까요?

과거에 일어났던 일에 대한 일부 설명은 2차 자료에만 근거합니다. 예를 들어, 만약 여러분이 18세기 말에 일어난 프랑스 혁명(1789)의 원인에 대한 에세이를 쓴다면, 여러분의 참고 문헌 목록에는 다양한 역사책이 나열되겠지만 원본 문서는 없을 것입니다. 하지만 그런 자료들이 권위를 가지려면, 궁극적으로 1차 자료, 즉 문제의 사건을 목격한 개인들이 직접 설명한 것에 근거해야 한다는 것은 명백합니다. 이런 이유로 1차 자료들은 종종 '역사의 기반'이라고 기술됩니다.

되돌아보기

1차 자료가 '역사의 기반'이라고 하지만, 목격자의 증언은 얼마나 믿을 만할까요? 여러분이 친구들과 함께 겪은 어떤 사건에 대해 토론한다면, 그 사건에 대한 설명이 세부 사항에서 모두 일치하나요? 아니면 친구들 중 몇몇은 그것을 다르게 기억하나요?

이것은 역사 연구에 어떤 함의를 지닐까요?

중요성 평가

이것은 우리에게 역사의 본성에 대해 갖춰야 할 또 다른 조건을 제시합니다. 역사는 과거에 일어났던 **모든 것**에 대한 기록이 아니라 과거의 **중요한** 사건에만 관심을 갖습니다. 예를 들어, 1963년 11월 22일 존 F. 케네디 암살은 역사적으로 중요한 사건이지만, 여러분의 4,000단어(1만~1만 2,000자) IB 소논문에서는 그 제목대로 채택되지는 않을 것입니다. 일단 우리가 '중요한 사건'에 대해 이야기하기 시작하면, 어떤 사건이 중요한지를 어떻게 결정할 것인가 하는 문제에 부딪치게 됩니다. 중요성은 아름다움과 마찬가지로 보는 사람의 눈에 달려 있다고 생각할 수 있지만 사건이 역사적으로 중요한지 아닌지를 결정하기 위해서는 우리가 따를 수 있는 다양한 **기준**이 있습니다. 예를 들어 사건에 얼마나 많은 사람이 영향을 받는지, 또 어느 정도나 영향을 받는지를 볼 수 있습니다. 역사가들은 가령 이슬람교나 기독교의 기원과 발흥처럼 결과적으로 광범위한 영향을 미친 중요한 사건을 전환점으로 규정할 수도 있을 것입니다. 또한 사상의 전파를 가능하게 만든 8세기 중국의 목판 인쇄술이나 1300년대 후반 한국의 활자*와

*1372년에 제작된 현존하는 세계 최고(最古)의 금속 활자본인 『직지심체요절』을 의미한다.

같은 기술은 중요성에 영향을 줄 수 있습니다.

물론 역사적 중요성을 평가하는 것은 선택과 밀접한 관련이 있어 문제가 될 수 있습니다. 예를 들면 학교 역사 학습 계획서나 학교 역사 교과서는 역사에서 선별된 것을 포함합니다. 이것은 역사가 전쟁사나 정치사에 초점을 맞추는 것과 같은 특정한 관점이나 시각을 조장한다는 인상을 줄 수 있습니다. 만약 어떤 시대와 주제가 중요하지 않다고 여겨진다면, 그것들은 무시될 수 있습니다. 역사가들은 소수 공동체의 관점이나 여성 관점이 지닌 중요성을 점점 더 인정하고 있습니다. 역사적 중요성은 사회, 문화, 교육의 산물이며, 중요하게 여겨지는 것은 시간이 흐르면서 바뀔 것입니다.

실제 상황 10.7

여러분은 가장 중요한 시대와 역사적 주제가 무엇이라고 생각하나요? 어떤 요인들이 여러분의 선택에 영향을 미쳤나요? 여러분은 어떻게 그리고 왜 그렇게 결정했나요?

탐구 10.4

a에서 l까지 목록을 검토하세요. 처음에는 혼자 하세요. 역사적으로 가장 중요한 사건을 순서대로 위에서 아래쪽으로 배열하세요. 짝과 목록을 공유하세요. 두 목록의 상위 세 항목과 하위 세 항목을 비교합니다. 여러분의 목록을 함께 평가하고 토론하세요. 배열의 기준을 정하세요.

a 1789년 프랑스 혁명

b 1859년 찰스 다윈의 『종의 기원』 출판

c 1893년 뉴질랜드 여성이 의원 선거에서 얻은 투표권

d 1914년 제1차 세계 대전

e 1939년 제2차 세계 대전

f 1948년 간디 암살

g 1955년 빌 게이츠 탄생

h 1962년 쿠바 미사일 위기

i 1990년 넬슨 만델라 석방

j 2000년 J.K. 롤링의 『해리 포터와 불의 잔』 출판

k 2001년 미국의 세계 무역 센터와 펜타곤에 대한 테러 공격

l 2009년 버락 오바마 제44대 미합중국 대통령 취임

또래 평가

짝은 목록에 있는 항목 중 어떤 것이 더 중요하다고 생각했으며 그 이유는 무엇인가요? 짝이 가장 타당하다고 생각하는 기준은 무엇이며, 가장 유용하거나 덜 유용하다고 생각하는 기준은 무엇인가요? 이번에는 여러분이 작성한 목록으로 같은 평가를 해 보세요.

예술과 과학: 역사적 중요성을 예술적, 윤리적, 과학적 중요성과 비교해 보세요. 얼마나 비슷한가요? 무엇이 역사적으로 중요한지를 어떻게 알 수 있나요? 이 지식의 본성은 무엇일까요?

과거를 설명하기

역사는 단순히 과거를 기술하는 데 그치지 않고, 과거를 **설명하고** 사건이 **왜** 일어났는지를 이해하려 하는 데에도 관련이 있습니다. 역사가들은 일반적으로 로마 제국의 붕괴, 제1차 세계 대전의 원인, 공산주의나 파시즘의 기원 같은 것들을 이해하려고 노력할 것입니다. 역사가 E.H. 카는 원인을 단기, 중기, 장기의 세 가지 유형으로 구분했습니다. E.H. 카는 교통사고의 예를 들어 사건의 단기적 원인, 중기적 원인, 장기적 원인에 대한 자신의 논점을 설명하면서, 사건의 원인을 의미 있게 설명하기 위해 우리가 얼마나 거슬러 올라가야 하는지에 대한 의문을 제기했습니다.

티케는 그리스의 행운 또는 운명의 여신(라틴어로 Fortuna)으로, 인간 숙명의 원인으로 여겨졌습니다. 만약 뜻밖의 사건이 일어난다면, 행운이나 우연의 관점에서 설명될 수 있습니다. 폴리비오스(Polybius, BC 200~BC 118)를 비롯하여 몇몇 그리스 역사가들은 행운의 역할을 고려했습니다. 이와는 대조적으로 유물론적 견해를 당연하게 여기는 역사가들도 있을 수 있습니다. 즉, 역사의 설명은 과학의 설명과 유사하다는 것인데, 자연 법칙과 마찬가지로 사건의 결과를 결정하고 설명하는 보편적 법칙이 있다는 것입니다. 다른 역사가들은 동의하지 않을 수 있으며, 사건을 결정하는 것은 아무것도 없다고 제안할 수도 있습니다. 그것은 무작위적인 것도, 미리 결정된 것도 아닙니다. 그러므로 역사가는 일어난 일에 대한 설명을 구성하는 이유나 원인을 제시합니다.

사건은 미리 정해진 결과가 없다는 발상을 진지하게 받아들이면서, 현대 역사가들은 '반사실적(counter-factual)' 역사라고도 알려진 '가상 역사'를 개발했습니다. 이 접근법은 '만약에…?'라는 질문을 던지고, 그 당시 진지하게 고려되었던 다른 그럴듯한 선택지들이 실제로는 채택되지 않았던 이유에 대해 추론합니다.

자연과학: 역사의 설명은 어떤 점에서 과학의 설명과 비슷하거나 다를까요?

편향의 문제

역사 공부의 맥락에서 편향은 무엇을 의미할까요?

우리는 이제 편향의 문제를 고려해야 하며, 역사 연구 방법이 자연과학보다 편향되기 쉽다는 널리 퍼진 인식을 다루어야 합니다. 누군가가 이것이 사실이라고 생각할 수 있는 최소 네 가지 이유(또는 주장)가 있습니다. 역사의 편향 위험을 과소평가해서는 안 되지만, 이 각각의 지적에 대응해 무엇인가를 말할 수 있습니다(반론).

주장	반론
소재 선택 편향 소재 선택 편향은 역사가가 자신의 사회와 관련된 것을 고를 때입니다. 이 편향은 그들이 선택한 수준에 있습니다. 역사가의 소재 선택은 현재의 선입견에 의해 영향을 받을 수 있습니다. 그리고 묻거나 묻지 못한 질문은 그들이 찾는 답변에 영향을 미칠 가능성이 높습니다.	역사가가 소재를 선택하는 것은 자신이 성장한 사회의 영향을 받을 수 있지만, 한번 선택된 소재가 객관적으로 연구될 수 없다는 것을 반드시 의미하는 것은 아닙니다. 역사가가 소재를 선택하는 것에는 편향의 요소가 있을 수 있지만, 이것이 역사가가 소재를 다루는 데 반드시 영향을 미치는 것은 아닙니다.
증거에서 확인되는 편향 암묵적으로나 명시적으로 특정 견해나 사람을 선호한다면 1차 자료는 편향된 것일 수 있습니다.	1차 자료 및 2차 자료에서 편향이 확인되더라도 믿을 만한 역사 지식을 여전히 발굴할 수 있습니다. 역사가는 편향된 증거를 무시하기보다는 이해하고 설명을 제공하는 데 관심이 있습니다. 자료에서 편향이 식별된다고 해서 역사 지식이 전혀 가능하지 않다는 의미는 아닙니다.
확증 편향 역사가는 자신의 주장을 뒷받침하는 증거만 사용하고 반증은 무시하고 싶은 유혹을 느낄 수 있습니다. 우리가 보았듯이, 이것은 자연과학과 인간과학에서도 문제가 될 수 있습니다. 역사가들은 시간의 흐름에 따른 연속성과 변화를 이해하고 본질적인 패턴을 파악하는 데 관심이 있습니다. 그들은 사후 통찰의 이점을 가지고, 관련 자료를 선택하고, 그 자료를 바탕으로 논거를 제시합니다.	연속성과 변화를 이해하기 위해 역사가들은 역사의 패턴을 식별합니다. 하지만 그들은 이용 가능한 증거에 대비하여 자신들이 정당화되어야 한다고 믿는 패턴을 강요하는 일을 하지는 않습니다. 역사는 선택적이고, 나쁜 역사가는 단순히 자신이 찾고 있는 사실만을 발견하려는 유혹을 받을 수 있지만, 좋은 역사가는 이와 반대로 행동하고 자신의 가설에 반하는 증거를 적극적으로 찾으려 할 가능성이 높습니다. 사실 역사가 키스 윈드셔틀(Keith Windschuttle, 1942~)은 역사가들 사이에서는 '종종 자신이 원래 취하려 했던 입장을 마지못해 바꾸도록 강요하는' 증거를 찾는 것이 흔한 경험이라는 것을 관찰했습니다.
국가별 편향 사람들은 이미 존재하는 문화적, 정치적 편견 속에서 역사에 접근하기 때문에, 국가의 자부심을 다루는 것과 같은 민감한 문제는 객관적으로 다루기 어려울 수 있습니다. "평범한 독일인은 홀로코스트를 어느 정도 알고 있었는가?", "영국의 드레스덴 폭격은 전쟁범죄였는가?", "미국은 왜 히로시마에 원자 폭탄을 투하했는가?"와 같은 질문은 사실에 강한 감정을 담아 해석하여 대답할 수밖에 없습니다. 그런 질문을 접했을 때 우리는 편견에서 출발하여 그것을 뒷받침할 근거를 찾으려 할 위험이 있다는 것입니다. 최악의 경우, 역사는 편견을 통해 우리가 믿는 것에 대한 잘못된 이유를 찾는 것에 불과할 수도 있습니다.	국가별 편향은 역사를 오염시킬 심각한 위험이 있습니다. 하지만 만약 서로 다른 국적을 가졌거나, 서로 다른 배경의 가정과 편견을 가진 경쟁 관계의 역사가들이 서로의 연구를 비판할 수 있다면, 최소한 더 명백한 오류와 편향은 근절될 것입니다.

역사 연구 방법에 필수적인 것은 편향을 식별하고 평가하는 것입니다. 어쩌면 편향이라는 문제가 있어도 역사 지식은 여전히 가능할 것입니다.

주장 및 반론 표를 사용하여 앞에서 제시된 주장 및 반론을 평가해 보세요. 구체적인 예시와 그 것들이 표의 어디에 들어가야 할지 토론하세요.

네 가지 유형의 편향을 평가하세요. 그중 역사가들에게 어떤 것이 가장 큰 문제가 되고, 어떤 것 이 가장 작은 문제이며, 그 이유는 무엇일까요? 편향이라는 문제가 있어도 역사 지식은 가능할 까요?

그림 10.5 _ 개인의 국가 배경이 역사에 대한 그들의 관점에 어떻게 영향을 미치나요?

여러분은 모든 국가가 동의할 수 있는 세계에 관한 단 하나의 역사 서사가 어느 정도나 있을 수 있다고 생각하나요? 이것이 가능하거나 불가능할 수 있는 이유를 설명해 보세요.

10.5 지식 도구

우리가 과거에 대한 지식을 얻으려면 언어, 상상력, 공감은 어떤 역할을 해야 할까요?

역사 연구는 언어, 상상력, 공감을 포함한 다양한 지식 도구를 사용합니다. 역사는 과 거의 사람들이 어떻게 살아왔는지 그리고 무엇을 소중히 여겼는지에 대한 공감과 통 찰력을 촉진시킬 수 있습니다. 역사 연구는 또한 가치 중립적인 언어가 과거를 묘사하 는 데 어디까지 사용될 수 있는지 살펴보게 합니다.

언어

여기에서는 역사와 언어를 문자 및 음성의 형태로, 그리고 더 넓게는 지식과 언어의 관계에 대해 살펴봅니다. 의사소통, 언어, 말에는 차이가 있습니다. 논쟁의 여지가 없이, 말하기는 인간의 특징이며, 약 30만 년 전 인류가 출현한 이래로 호모 사피엔스의 특징적인 재능입니다. 10장 서두에서 인류가 약 4만 년 전에 예술을 창조하기 시작했다고 언급했지만, 글로 쓰여 기록된 역사는 지난 4,000여 년 전에 비로소 발생했습니다.

언어는 기록된 역사에 필수적이며, 중요한 도구입니다. 성인은 평균적으로 약 2만~3만 5,000개의 단어를 알고 있습니다. 우리는 기록하고, 자료를 작성하고, 기록된 장부를 남기고, 구술 증거를 만들고, 구전 전통에 참여하거나 기여합니다. 언어는 우리의 가치를 표현합니다. 즉 우리가 물려받은 언어 세계는 우리를 정의하고 지식을 형성할 수 있는 언어 도구를 제공합니다. 언어와 지식의 관계, 특히 우리의 사고와 지식을 결정하는 언어의 힘에 대한 보다 폭넓은 의문이 있습니다. 우리는 언어를 통해 세상을 '이치에 맞게' 이야기하고 가치를 표현합니다. 언어는 우리가 알고 있는 것의 표현입니다. 게다가 언어는 우리가 어떤 사람이 될 것인지를 결정하고 어떤 면에서 보자면 우리가 무엇을 알게 될 것인지에도 영향을 미칩니다.

언어는 역사 지식에 대한 특정한 논점을 제시합니다. 그것은 지식 구축에 아주 중요한 도구입니다. 언어는 자료 생산, 즉 그 당시 살았던 사람들이 눈으로 본 내용이나 일차적인 근거를 기록하는 데 필수적입니다. 언어는 또한 역사가들이 자료를 해석하고 오늘날의 청중을 위해 새로운 서사를 분명히 표현하는 데 필수적입니다. 시간을 통해 전승될 수 있는 새로운 서사 말입니다. 주어진 사건에는 다양한 수준의 의미가 있습니다. 즉, 당시 자료의 언어와 사건 이후 역사가들의 해석이 있습니다. 언어와 증거에도 간극이 있는데, 그 간극은 한 시대를 살았지만 아무런 기록도 남기지 않은 사람들의 사라진 말입니다. 언어는 역사가에게 불완전하지만 필요한 도구입니다. 관련된 몇 가지 문제를 검토해 보도록 하겠습니다.

과거는 번역할 수도, 이해할 수도 없는 외국어다

> **지식 영역 연결 질문 10.4**
>
> **언어:** '악마', '악당', '승리자', '정복자'처럼 오늘날의 의견을 표현하는 단어로 과거를 묘사하는 것은 어느 정도나 정당화될까요?

이 주장은 과거의 언어가 우리에게는 사라졌다는 것을 시사합니다. 우리는 우리가 살고 있는 시대의 언어의 범위 안에서만 기능할 수 있습니다. 이것이 우리가 이해한다고 주장할 수 있는 유일한 언어입니다. 시대와 함께 그들의 언어는 사라졌다고 주장할 수 있습니다. 한 국가에 속하는 언어가 **하나**라는 잘못된 가정은 오해의 소지가 매우 큽니다. 예를 들어, 인도에는 힌두어, 구자라트어, 벵골어를 비롯한 22개의 공식 언어가 있고 수백 개의 비공식 부족어가 사용되고 있습니다. 그리고 영어권 세계는 미국식 영어, 호주식 영어 외에도 많은 변형과 다양성이 있습니다. 인도 고대사나 유대 고대사를 이해하기 위해서는 일반적으로 산스크리트어나 히브리어를 아는 것이 필요하다고 여겨집니다. 서양에 산다면 중국사에서 1644~1912년까지 이어진 만주족의 청 왕조를 이해하기 어려울 것입니다.

우리가 익숙하지 않은 패러다임과 문화적 가치를 표현하는 출처의 번역에 의존한다면 이것은 문제가 됩니다. 더군다나, 독일 종교 개혁의 본성을 이해하거나, 마틴 루터(Martin Luther, 1483~1546)와 교황 레오 10세(Pope Leo X, 1475~1521) 사이에 나타난 의견 불일치를 이해하기가 어려울지도 모릅니다. 왜냐하면 그 언어들은 우리에게서 사라졌고, 그 당시 사람들을 갈라놓았던 종교 개념의 해석은 그 울림과 의미를 일부 잃었기 때문입니다.

과거를 이해하고 재조명하려는 시도를 해도, 과거 언어를 이해하지 못할 것이며 모호성을 증가시킬 수 있습니다. 이것은 객관적이고 중립적인 언어를 사용하여 지식을 구축하려 할 때, 역사가에게 특별한 문제를 제기합니다.

현대 독자에게는 간단명료한 언어가 필요하다

역사가들은 또 다른 문제에 직면합니다. 역사가가 과거의 사라진 언어를 해석하는 데 성공하더라도 간단명료하게 글을 써야 하는 필요성 때문에 여전히 그 역사의 복잡성과 정확성을 전달하는 데 소홀할 수 있습니다. 역사가가 역사를 쓸 때, 그 해석은 현대 독자에게 흥미를 끌 필요가 있습니다. 이런 의사소통의 언어는 너무 단순해질 위험이 있습니다.

되돌아보기

역사적 진실이 복잡하다면 간단명료한 언어를 사용해야 한다는 필요성 때문에 정확성을 어느 정도나 잃을 수 있을까요? 여러분은 역사 설명이 복잡하더라도 보다 정확해야 한다고 생각하나요? 아니면 덜 정확하더라도 명확해야 한다고 생각하나요? 여러분은 역사학자가 명확성 때문에 정확성이 얼마나 희생되었는가를 청중에게 알릴 책임이 있다고 생각하나요?

출처의 언어에는 본질적이거나 고정된 의미가 전혀 없을 수 있다

이 주장은 공산주의와 같이 본질적이거나 고정된 의미를 갖지 않는 개념들이 있다는 것을 암시합니다. 1917년 10월 러시아 혁명을 생각하면, 여러분은 카를 마르크스(Karl Marx, 1818~1883)로부터 영감을 받은 레닌(Vladimir Lenin, 1870~1924)이 러시아에서 공산주의 사상을 실현했다고 가정할지도 모릅니다. 하지만 여기서 사용된 언어가 해석에서 더 크게 문제를 일으킵니다. 마르크스주의가 본질적으로 공산주의와 같은 의미라는 우리의 가정은 틀린 것일 수 있습니다. 마르크스주의는 카를 마르크스의 가르침으로도, 그 가르침에 대한 레닌의 해석으로도, 레닌과 스탈린이 소련에 이런 사상을 적용한 것을 의미한다고도 해석될 수 있습니다. 역사학자들은 레닌에 의해 세워지고 러시아 상황에 맞춰 개조된 마르크스의 교의를 의미하는 마르크스–레닌주의를 언급함으로써 이런 차이를 분명히 합니다. 공산주의를 실현하려는 모든 역사적 시도가 마르크스 자신이 세운 이상에 부응하지 못했다는 주장도 있을 수 있습니다. 이것이 언어 문제에 대한 요점입니다. 왜냐하면 '공산주의자'나 '마르크스주의자'라는 꼬리표가 너무나 많은 의미로 해석되고 너무나 다양한 의미를 가짐으로써 본질적인 의미가 없을 수 있기 때문입니다. 이것은 역사학자가 명확하고 정확하며 의미 있는 언어를 사용하려 할 때 특별한 문제를 제기합니다.

언어는 가치를 표현한다

이 주장은 언어가 가치를 지닌 점을 고려할 때, 과거에 대한 어떠한 서술도 가치 중립적인 언어로 기술되는 것이 어렵다는 것을 시사합니다. 각 세대는 자신의 경험에 비추어 과거를 해석하기 때문에, 우리는 E.H. 카가 역사를 '과거와 현재의 끝없는 대화'로 규정하는 것에 동의할 수 있습니다.

이것은 쥘 미슐레(Jules Michelet, 1798~1894)의 『프랑스 혁명사』를 읽을 때, 미슐레가 묘사한 사건에 대해 배울 뿐만 아니라 19세기 프랑스의 가치와 편견에 대해서도 배울 수 있다는 것을 시사합니다. 같은 역사적 인물을 해방자 또는 독재자로 묘사할 수 있으며, 그 묘사가 과거에 대해 정확하게 언급하기보다는 화자의 견해를 더 많이 반영할 수도 있다는 점은 잘 알려져 있습니다.

> **논의 10.11**
>
> 우리는 과거를 묘사하는 데 어느 정도나 중립적이고 객관적인 언어를 사용할 수 있을까요?

키워드

검열: 부적절하거나 부적합한 것으로 간주되는 자료나 견해, 신념의 억제 또는 제한

역사는 감정적인 문제로 국가를 분열시키고 진실, 책임, **검열**과 관련된 윤리적 이슈를 제기합니다. 1930년대와 1940년대에 일본군 매춘 시설에서 성노예로 강제 동원된 한국 소녀들과 여성들은 '위안부'라는 용어로 완곡하게 묘사되어 왔습니다. 이것은 그들이 겪은 고통을 가리는 모욕적인 용어입니다. 하지만 여성의 수와 일본 정부의 개입에 대해서는 이견이 있습니다. 일본의 견해는 이런 사건들이 개인의 단독 행동이며, 일본 군대나 정부의 명령에 따라 이루어진 것이 아니라고 주장합니다. 그럼에도 불구하고, 일부 역사학자들은 일본의 해석에 동의하지 않고, 이것은 정부가 과거의 잔혹함과 거리를 두려는 검열의 한 예라고 믿고 있습니다. 이것은 국가 편향에 대한 윤리적 질문을 제기하고, 잔혹함을 묘사하는 역사의 언어가 중립적인 언어로 전달될 수 있는지를 묻습니다. 이것은 역사학자가 고통을 겪은 사람들의 기억을 존중하는 방식으로 과거를 되짚어 보려 할 때 특히 문제가 됩니다. 여러분은 과거에 대한 진실을 말하는 역사학자들의 책임을 숙고해 볼 수 있습니다

1 역사는 진실을 말할 수 있나요? 말해야 하나요? 그 이유는 무엇인가요? 아니라면 그 이유는요?

2 역사를 검열해야 할까요? 그 이유는 무엇인가요? 아니라면 그 이유는요?

3 어떻게 국민적 또는 정치적 편향이 우리가 과거에 대해 알고 있다고 주장하는 것을 형성할 수 있을까요?

상상력과 공감

역사 연구의 초점이 개인에 맞춰져 있다면, 우리는 겉으로 드러난 사건을 넘어서 인물의 마음을 들여다볼 필요가 있습니다. 이런 발상에 특히 관련이 있는 역사가 R.G. 콜링우드는 이렇게 말했습니다. "역사학자가 '왜 브루투스는 카이사르를 찔렀을까?'라고 묻는 것은 '브루투스가 카이사르를 찌르기로 마음먹게 한 생각은 무엇이었는가?'라는 것을 의미한다. 그에게 사건의 원인은 사건을 벌인 사람의 마음속에 있는 생각을 의미한다. 그리고 이것은 사건과는 별개의 어떤 것이 아니라 사건의 내막 자체다. … 모든 역사는 생각의 역사다."

콜링우드가 "모든 역사는 생각의 역사"라고 한 발언이 의미하는 바는 우리는 오직 사람들의 마음을 파고들어 그들의 동기를 이해하려고 노력해야만 그들의 행동을 이해할 수 있다는 것입니다. 콜링우드는 역사적 인물이 이해했을 것과 같은 방식으로 상황을 이해하려고 노력하며 공감의 중요성에 특히 주목했습니다. 더 나아가 역사적 인물들의 동기를 밝히기 위해 정신 분석 개념을 사용한 역사가도 있습니다.

콜링우드에게 상상력은 과거를 재구성하는 데 중요한 역할을 합니다.

"나는 구성적 역사를 권위 있는 출처에서 빌려 온 진술과 그것들에 의해 함축된 다른 진술 사이의 **보간**으로 설명했다. 예컨대 권위 있는 출처에는 카이사르가 하루는 로마에 있었고 나중에는 갈리아에 있었다고 나온다. 그 출처에는 카이사르가 한 곳에서 다른 곳으로 이동한 것에 대해서는 아무것도 알려 주지 않는다. 그러나 우리는 이것을 떳떳하게 보간한다. … 상상력의 산물이라는 점에서 역사학자와 소설가의 작업은 다르지 않다. 다른 점은 역사학자의 묘사는 사실을 지향해야 한다는 것이다. … 이 추가적인 요구 사항은 그에게 세 가지 방법상의 규칙에 따를 것을 강요하며, 소설가나 예술가는 일반적으로 여기에서 자유롭다."

하지만 G.R. 엘턴(Geoffrey Rudolph Elton, 1921~1994)은 콜링우드의 접근법에 동의하지 않았습니다. 엘턴에게 사실은 중요하고, 역사적 서사는 오직 사실에 근거할 수밖에 없습니다. 그런데 역사적 사실은 많은 요인에 의존할 수 있습니다. 우리는 우리가 찾고 있는 사실을 언젠가는 발견하리라는 것, 이는 우리가 선택하기로 한 역사적 시대와 화제가 앞으로 중요해질 사실을 결정할 수 있다는 것을 의미합니다. E.H. 카는 다음과 같이 지적했습니다.

키워드

보간: 어떤 현상을 다른 것 사이에 삽입하는 것. 자료에 빠져 있는 중간 과정을 추론하여 넣는 것. '내삽'이라고도 함

"사실이라는 것은 생선 장수의 좌판에 오른 물고기와는 전혀 다르다. 그것들은 넓고 때로는 접근할 수 없는 바다에서 헤엄치는 물고기 같다. 그리고 역사가가 잡는 것은 부분적으로 우연에 달려 있겠지만, 주로 그가 바다의 어떤 부분에서 낚시하고 어떤 도구를 사용하기로 선택했느냐에 달려 있다. 물론 이 두 가지 요소는 그가 잡고 싶어 하는 물고기 종류에 따라 결정된다. 대체로 역사가는 원하는 종류의 사실을 얻을 것이다. 역사는 해석을 의미한다."

역사에 대한 콜링우드의 접근법은 여러 장점이 있지만, 많은 비판이 제기될 수 있습니다. 첫째로 공감 능력은 역사가가 다루는 유용한 도구일지라도 분명 한계가 있습니다. 대부분의 사람들은 칭기즈 칸이나 러시아의 이반 4세, 아돌프 히틀러 같은 역사의 괴물들에 공감하기 어려울 것입니다. 더군다나 역사적 사건을 설명하려 할 때 왜 행위자의 상황 인식에 우리 자신을 국한시켜야 하는지 명확하지 않습니다. 앞서 살펴본 것처럼 역사가가 자신의 연구 대상에 비해 갖는 장점 중 하나는 사후 통찰이며, 역사가는 당시 사람들에게는 분명하지 않았던 사건에서 의미를 찾을 수 있는 사후 통찰이라는 유리한 점을 갖고 있습니다.

10.6 과거는 어떻게 알 수 있는가?

헤로도토스와 투키디데스

고대 그리스인들은 이성적인 사상과 문학, 시, 예술, 음악, 정치, 역사의 번영을 누렸습니다. 그들의 관심사는 인간과 자연계를 이해하는 것과 자연계를 이해하기 위해 논리적 사고 체계를 적용하는 것에 있었습니다. 서사시 『일리아드』와 『오디세이』의 작가로 널리 알려진 호메로스가 진작에 문학 전통을 시작했으며, 고대 그리스 역사가 헤로도토스(Herodotus, BC 484~BC 425)와 투키디데스(Thucydides, BC 460~BC 400) 모두 역사의 창시자로 여겨집니다. 사실 헤로도토스의 『역사』는 서양에서 최초로 쓰인 논픽션 작품이었고, 기록된 것으로 알려진 최초의 역사책이었습니다. 헤로도토스는 소아시아의 할리카르나소스(오늘날 튀르키예의 보드룸) 출신입니다. 그는 기원전 500년부터 기원전 449년까지 일어난 그리스와 페르시아 사이의 전쟁을 기록하는 데 많은 시간을 보냈고,

기원전 426년부터 기원전 415년 쯤까지 출판된 그의 『역사』는 이 전쟁에 대한 우리 지식의 유일한 자료입니다. 헤로도토스의 경우, 과거 기록에 설명과 해석이 포함되어 있습니다. 그는 왜 양측이 싸웠는지, 어떻게 그리스 군대가 불리함을 극복하고 페르시아를 패퇴시켰는지를 설명하고 싶어 합니다.

그림 10.6 _ 그리스 역사가 헤로도토스는 역사의 창시자 중 한 명입니다. 그가 취한 접근법에서 우리는 무엇을 배울 수 있을까요?

역사(history)란 '탐구'를 뜻하는 그리스어 히스토리아이(historiai, 단수는 historie)에서 유래한 말입니다. 헤로도토스는 새롭고 매우 혁신적인 탐구 방법을 쓰기 시작했습니다. 약 25년 동안 그는 자료를 참고하고, 증거를 수집하며 선택했습니다. 또한 그는 이집트를 여행하며 사제들과 참전 용사들을 비롯하여 다양한 사람들을 인터뷰했습니다. 또한 그는 다른 사람들이 어떻게 생각하고 행동하는지 아는 것과 과거를 기록하는 것에 관심이 있었습니다. 그가 그리스와 페르시아 양국의 관점을 모두 고려했다는 것은 매우 중요합니다(자료 A). 그는 양쪽과 접촉했습니다. 그리고 그는 자신의 고향을 정복하고 그리스와 전쟁을 벌였던 페르시아인들이 위엄과 용기를 가졌다고 표현하며, 전투에서 그들의 업적을 기록하려는 의도를 분명히 밝혔습니다. 그런 의미에서, 그는 역사 서술에 무결성이 있어야 한다는 것을 당연하게 여깁니다(자료 B). 즉, 양쪽에서 나온 자료들을 고려해야 할 책임이 있다는 것입니다.

다음의 1차 자료들은 헤로도토스의 『역사』로부터 발췌한 것이고, 이어지는 활동들은 여러분이 그 발췌문을 주의 깊게 읽고 자료의 증거를 사용하여 이어지는 질문들에 답하도록 유도합니다. 이것은 과거의 지식을 구축하기 위해 자료를 해석하는 역사가의 기량을 개발할 수 있는 기회입니다.

그와는 대조적으로 아테네 출신의 투키디데스는 아테네와 스파르타(그리스 펠로폰네소스 남부의 국가) 사이에 벌어진 전쟁의 역사를 썼습니다. 투키디데스는 주로 증거를 수집하고 평가할 수 있는 기회를 주는 동시대의 역사와 정치에 대해 글을 썼는데, 연설을 정확하게 기억하고 기록하는 어려움을 인식했습니다(자료 C). 그는 과거의 기록 또한 그것을 해석하고 설명하는 시도라는 것을 당연하게 받아들입니다. 투키디데스는 운명이나 종교보다는 인간의 행동 측면에서 원인과 설명이 필요하다는 것을 분명히 했습니다(자료 D).

헤로도토스와 투키디데스 모두 역사적 사건의 동기를 신이나 신탁, 또는 행운과 불운으로 설명하려 하지 않았습니다. 헤로도토스에게 그리스와 페르시아 전쟁의 원인은 페르시아인들이 생각했던 것처럼 일련의 신화적인 여성 납치 사건 때문이 아닙니다. 대신, 그는 행동에는 동기가 있으며, 누군가가 왜 무엇인가를 했는지 아는 것은 그 원인을 알기 위한 것이라는 점을 이해했습니다.

1차 자료 A-헤로도토스-머리말

"이것은 할리카르나소스의 헤로도토스가 탐구한 결과를 보여 주는데, 그 결과 인간이 한 행위를 잊지 않게 되었고, 더 나아가 일부는 그리스인이 보여 주고 일부는 바바리안이 보여 준 위대하고 경이로운 행위에 대해 그 영광을 놓치지 않게 되었다. 특히 그들이 서로 전쟁을 벌이게 된 원인에 대해서도."

1차 자료 B-헤로도토스-Book 1.5

"페르시아와 페니키아인들의 말은 그 정도다. 그리고 나는 그것의 진실이나 거짓에 대해 판단을 내릴 의향이 없다. 나는 나 자신의 지식에 의존하는 것을 선호하며, 사실 그리스인들을 처음으로 다치게 한 것이 누구인지를 지적하는 것을 선호한다…."

1차 자료 C-투키디데스 1.22.1~2

"나는 『펠로폰네소스 전쟁사』에서 일부는 전쟁 직전에, 다른 일부는 전쟁 중에 행해진 발언을 사용했다. 나는 내가 들었던 발언에 쓰인 정확한 단어를 기억하는 것이 어렵다는 것을 알게 되었고, 다양한 제공자들도 같은 어려움을 표현했다. 그래서 내 방법은 실제로 사용된 단어들의 일반적인 의미를 최대한 가깝게 유지하면서, 발언자들이 내 생각에 각각의 상황에서 요구된 바를 말하게 하는 것이었다."

1차 자료 D-투키디데스 1.23.6~7

"하지만 전쟁의 진짜 이유는, 내 생각에는, 그런 주장으로 위장된 것 같다. 전쟁을 피할 수 없게 만든 것은 아테네의 힘의 성장과 이것이 스파르타에 초래한 두려움이었다. 양측에서 공개적으로 밝힌 휴전 협정 파기 및 선전 포고 이유는 다음과 같다…."

<aside>

키워드

바바리안: 헤로도토스는 페르시아인을 바바리안이라고 불렀음. 헤로도토스는 모든 비그리스인을 가리켜 '바바리안(barbarian)'이라 했는데, 이 단어는 원래 이해할 수 없는 언어를 사용하는 자를 의미하며 오늘날 흔히 연상하는 야만인과 같은 부정적인 의미는 없었음

</aside>

1 자료 A에서 D까지는 역사 연구 방법에 대해 우리에게 무엇을 말해 주나요?

2 자료 A에서 D까지를 사용하여 관점, 인과 관계, 기억, 언어의 역할에 대해 토론하세요.

논의 10.14

1 역사가로서 헤로도토스와 투키디데스의 기준과 무결성에 대해 우리는 뭐라고 말할 수 있을까요?

2 엄격한 방법을 따른다면 역사 지식을 얻는 것이 가능하다고 생각하나요? 그 이유는 무엇인가요? 아니라면 그 이유는요?

그럼 1차 자료의 가치에 대해서는 뭐라고 해야 할까요? 한계가 있지만 1차 자료를 적절하게 사용한다면, 우리는 그 가치에 대해 지나치게 회의적일 필요는 없습니다. 앞의 활동에서, 두 명의 고대 역사가들이 세운 방법과 기준에 대해 통찰력을 얻을 수 있었습니다. 1차 자료를 접하게 되면 분석 및 해석이 가능합니다. 결국, 더 신뢰할 수 있는 자료와 덜 신뢰할 수 있는 자료를 구별하는 방법이 있습니다. 다음과 같이 묻는 것으로 시작해 보겠습니다.

- 누가 썼는가?
- 글을 쓰게 된 동기는 무엇인가?
- 사건이 일어난 지 얼마 후에 작성되었는가?

게다가 서로 다른 1차 자료를 비교하여 서로 얼마나 일치하는지 확인할 수 있습니다. 예를 들어 이스라엘과 팔레스타인의 목격자들이 어떤 사안에 대해 일치한다면, 그것은 사실일 가능성이 높습니다. 마지막으로, 우리는 편지나 일기 같은 것에 비해 편향이 덜한 법적, 행정적 성격의 문서들을 살펴볼 수 있습니다. 따라서 1차 자료를 액면 그대로 받아들이는 것은 순진하지만, 그중 일부는 믿을 수 있고, 결국 그것이 진실과 허구를 구별할 수 있는 전부입니다. 역사학자들이 서로 의견이 맞지 않는 경우가 많다는 사실 때문에 모두의 의견이 일치하는 수많은 기본적인 역사적 사실이 존재한다는 사실을 모르는 척해서는 안 됩니다. 아무도 율리우스 카이사르가 기원전 49년에 루비콘강을 건넜고, 원자 폭탄이 1945년에 히로시마에 떨어졌으며, 넬슨 만델라가 1990년에 감옥에서 풀려났다는 것을 깊이 의심하지 않습니다. 그러나 그런 사실의 의미와 의의에 대한 의견 일치는 훨씬 적습니다. 게다가 역사가들의 의견이 일치하지 않는 데에는 타당한 이유가 있습니다. 한 가지 이유는 역사학자들의 다른 관점 때문입니다. 이것은 우리를 역사 기록에 대한 다음 절로 이끌 것입니다.

만약 여러분이 다양한 자료에서 역사적 사건에 대한 설명을 구축한다면, 서로 다른 설명들을 함께 엮기 위해 상상력에 얼마나 의존해야 한다고 생각하나요? 상상력과 확신은 어느 정도나 상호 배타적이라고 생각하나요?

10.7 사후 통찰과 역사 기록

날씨가 좋을 때 폭풍우를 고려하지 않는 것은 인간이 흔히 저지르는 잘못이다.

니콜로 마키아벨리(Niccolo Machiavelli, 1469~1527)

논의 10.15

아는이에게 사후 통찰의 장점과 단점은 무엇인가요?

사후 통찰

역사가들이 역사적 행위를 기술한 그 당시 사람들에 비해 갖는 장점 중 하나는 **사후 통찰**입니다. 그들과 달리 역사가들은 상황이 어떻게 되었는지 알고 있습니다. 그 당시에는 중요하지 않은 것으로 보였던 사건이 나중에는 매우 중요한 것으로 밝혀질 수도 있고, 그 반대의 경우도 있습니다. 사건을 묘사하는 특정한 방법은 그 당시 사람들에게는 유효하지 않고, 소급 적용만 가능할 수도 있습니다. 예를 들어 우리는 제1차 세계 대전에 대해 말할 수 있지만, 1920년대 사람들은 또 다른 세계 대전이 일어날 것을 몰랐기 때문에 그것을 단지 '대전(Great War)'이라고 불렀습니다. 안타깝게도 제1차 세계 대전을 "모든 전쟁을 끝내기 위한 전쟁"으로 묘사한 그들의 표현은 지금은 매우 공허하게 들립니다.

역사를 여러 시기로 나누는 것도 마찬가지로 사후 통찰의 영향을 받습니다. 유럽 역사에서 우리는 흔히 석기 시대나 선사 시대, 고대사, 중세사, 근대사 같은 시대를 이야기하지만, 당시 사람들에게는 후대가 그들의 시대를 어떻게 포장할지 알 길이 없었습니다. '르네상스'나 '계몽주의' 같은 용어는 특정 역사 시대의 정신을 담아내기 위한 소급 적용입니다.

실제 상황 10.9

1 여러분은 미래의 역사학자들이 우리가 살고 있는 시대를 요약하기 위해 어떤 표현을 사용할 것이라고 생각하나요?

2 역사학자 G.M. 트리벨리언(G.M. Trevelyan, 1876~1962)에 따르면, "날짜와 달리, 시대 구분은 사실이 아닙니다. 그것들은 우리가 과거의 사건에 대해 형성하는 소급 개념으로, 토론에 집중하는 데 유용하지만 종종 역사적 사고를 왜곡시킵니다." 역사를 시대별로 나누는 것이 어떻게 유용하고 어떻게 오해를 살 수 있을까요?

탐구 10.7

역사의 범위가 적어도 30년 전의 사건만 포함할 수 있다는 주장도 있을 수 있습니다.

여러분은 역사가 언제 시작된다고 생각하고, 역사의 어떤 면을 공부해야 한다고 생각하나요? 여러분은 역사 속의 사건들, 예를 들어 지난 5년 동안 일어난 일들을 여러분의 경험과 관련이 있다는 이유로 연구해야 한다고 생각하나요? 아니면 여러분이 객관적으로 보기에는 너무 가깝다는 이유로 제외되어야 한다고 생각하나요?

사후 통찰의 단점

사후 통찰은 사안의 중요성을 결정할 때 도움을 주는 장점이 있는 반면, 과거에 대한 우리의 이해를 왜곡시킬 수도 있습니다. 여러분이 사건을 겪는 중에는, 그것이 실제로 어떻게 펼쳐질지 알 수 없고 어떻게 끝날지 확신하지 못합니다. 하지만 그것들을 돌이켜보면, 그것은 불가피했고 다른 방법으로는 일어날 수 없는 일이라는 느낌을 피하기 어렵습니다. 이것은 쉽게 **사후 과잉 확신 편향**으로 이어질 수 있습니다. 파국을 겪고 나면 아무리 어리석은 사람이라도 어떤 일이 벌어질지 알 수 있을 것이며, 문제의 상황에 놓여 있다면 같은 실수를 하지 않을 것이라고 믿기 쉽습니다.

키워드

사후 과잉 확신 편향: 어떤 일이 일어나 결과를 알고 난 후에 그것을 처음부터 알고 있었다고 잘못 생각하는 것

사실 사건이 일어난 후에야 현명해지는 것은 누구나 잘하는 일입니다. 현재 많은 논객이 동유럽의 공산주의 붕괴를 피할 수 없는 것으로 보고 있지만, 1970년대에 공산주의의 붕괴를 예측한 사람은 거의 없었습니다. 우리가 역사적 행위자들의 마음속에 들어가 그들이 본 대로 상황을 보려면 그런 사후 과잉 확신 편향을 피하도록 노력해야 합니다.

우리의 논의는 사후 통찰이 역사가에게 장점과 단점이 모두 될 수 있음을 시사합니다. 장점은 사건의 결과에 비추어 볼 때 사건의 중요성을 알 수 있게 한다는 것입니다. 단점은 사건 이후에야 우리가 현명해질 수 있을 뿐이고, 사건을 겪으며 살고 있는 사람들에게는 그 과거가 얼마나 불확실한 것이고 어떻게 펼쳐질 것인지 인식하지 못하게 한다는 것입니다.

사후 통찰과 관점

역사는 다양한 관점을 제공하는 과목입니다. 이것은 부분적으로는 역사가들이 과거를 돌아보고 각각 다른 방식으로 해석하는 사후 통찰의 결과입니다. 과거 사건에 대한 해석이 다른 것에는 정당한 이유가 있고, 아는이로서 우리는 이런 의견 차이를 평가하고 이해할 수 있어야 합니다.

사후 통찰을 이용하면, 역사가들은 마르크스보다 앞선 시대에 일어났던 일들을 뒤돌아보고 마르크스주의 관점에서 해석할 수 있습니다. 예를 들어 조르주 르페브르(Georges Lefebvre, 1874~1959)는 프랑스 혁명(1789)을 마르크스주의 관점에서 해석했습니다. 그는 '아래로부터의 역사'를 바라보면서 농민들의 역할과 혁명적 사건에 대한 그들의 참여 수준, 그리고 혁명이 이러한 서민들에게 미치는 영향에 초점을 맞췄습니다.

마르크스주의자로서 그는 프랑스 혁명(1789)을 구 귀족과 신흥 **부르주아지** 사이의 계급 투쟁의 한 예로 이해했고, 봉건주의에서 **자본주의** 방향으로 한 걸음 나아간 것으로 이해했습니다. "1789년 프랑스 혁명의 궁극적인 원인은 프랑스와 서구 세계의 역사에 깊이 뿌리를 두고 있다. 18세기 말 프랑스의 사회 구조는 귀족제였다. 토지가 거의 유일한 부의 형태였던 시대에서 유래된 흔적을 보여 줬다. … 한편, 상업과 산업의 성장은 새로운 형태의 부와 부르주아지라고 불리는 새로운 계급을 단계적으로 만들어 냈다."

키워드

부르주아지(bourgeoisie): 마르크스가 자본주의 경제 체제에서 가장 많이 이익을 보았다고 생각한 중간 계급

자본주의: 정부 개입이 제한적이고, 자원의 생산과 분배는 사적 자본의 투자에 의존하는 경제 체제

실제 상황 10.10

우리의 국적이나 언어, 감정은 과거에 대한 우리의 이해에 얼마나 영향을 미칠까요? 자신의 편향을 초월하는 것이 얼마나 바람직하고 가능한가요?

역사 기록학

역사의 글쓰기 또한 그것이 쓰인 시대의 영향을 받습니다. 세월의 흐름은 끊임없이 역사책에 새로운 페이지를 추가하고 있으며, 이는 이전에 지나갔던 것이 이후의 경험에 비추어 각각의 새로운 세대들에 의해 재평가된다는 것을 의미합니다. 우리는 사건들을 결과에 비추어 부분적으로 판단하는데, 이것은 우리가 최근의 사건들에 너무 가까이 있어서 그 중요성을 이해할 수 없다는 것을 암시합니다.

역사는 **역사 기록학**, 즉 역사적 관점의 연구와 관련됩니다. 역사 기록학에서 초점은 역사적 사건 그 자체가 아니라 그것을 연구한 주요 사상가들에 있습니다. 역사가들은 동일한 역사적 사건을 그들이 살았던 시대의 독특한 관점에서 각각 다르게 이해할 것입니다. 역사가들은 그들이 사는 시대의 사회적, 정치적, 군사적 맥락에 스스로 영향을 받습니다. 중요한 문제는 우리가 알고 있는 것에 영향을 미치는 이러한 요소들에도 불구하고 객관적인 지식을 얼마나 얻을 수 있는가 하는 것입니다.

키워드

역사 기록학(historiography): 역사적 관점의 연구. 역사 편찬, 역사 기록, 역사 서술 등으로도 번역됨

논의 10.16

1 역사 교과서에서는 탐구 대상이 되는 시대보다 오히려 이것을 쓴 저자에 대해 더 많은 것을 배울 수 있다는 말이 있습니다. 이 말에 동의하나요?

2 역사가들의 의견 불일치는 역사 지식이 여전히 가능하다는 것을 의미할까요?

민족 혁명의 역사 기록학은 사후 통찰의 역할을 보여 줍니다. 역사가들은 경향, 패턴, 원인, 전환점, 헛된 기대를 포함한 많은 개념을 인식하고 있습니다. 전환점은 중대한 변화 또는 비가역적인 전환이 있을 때, 돌아갈 수 없는 지점으로 특징지어지는 그런 변화입니다. 혁명은 항상 그런 것은 아니지만, 보통은 전환점의 예입니다. 비교해 보면, 역사가들은 1640년대의 잉글랜드 내전, 1793년의 프랑스 혁명, 1861~1865년의 미국 남북 전쟁 또는 1917년의 러시아 혁명과 비교하고 대조할 수 있습니다. 잉글랜드 내전과 이후의 올리버 크롬웰의 역할, 의도, 행동을 프랑스 혁명의 로베스피에르나 러시

아 혁명의 레닌의 역할과 비교한다면 이러한 사건들을 조명할 수 있을 것입니다.

그림 10.7 _ 프랑스 혁명(1789) 기간 동안 자신이 의원이었던 프랑스 국민공회의 제복을 입은 모습의 장 밥티스트 벨리(1746년경~1805). 왜 동일한 역사적 사건에 대한 해석이 다를까요?

지금부터는 역사 해석을 살펴봅니다. 역사적 사실이 역사 해석보다 더 신뢰할 수 있다고 여기는 사람들도 있을 겁니다. 그렇다 하더라도 동일한 사건에 대한 서로 다른 해석이 어떻게 정당화될 수 있는지 탐구합니다.

역사 기록학: 예시 1−러시아 혁명

역사 주제 : 러시아 혁명

역사 지식 주장: 레닌은 1917년부터 1924년까지 소비에트 러시아(Soviet Russia)를, 1922년부터 1924년까지 소비에트 연방(Soviet Union)을 통치했음

역사 기록학: 역사가들은 10월 혁명이라고 알려진, 그가 권력을 잡은 시기에 대해 다양한 견해를 가지고 있음

카를 마르크스는 역사는 공산주의를 향한 일련의 진보적인 단계들이라고 주장했습니다. 그는 역사 발전이 사회의 자원을 좌지우지하는 '지배 계급'과 착취당하는 '하층 계급' 노동자 사이의 계급 갈등 양상에 기초한다고 생각했습니다. 마르크스는 산업화된 국가에서 노동자 계급의 혁명만이 지배 계급에 도전하고 그들을 전복시킬 수 있으며, 사회주의와 공산주의를 가져올 수 있다고 주장했습니다. 레닌은 마르크스의 사상을 따랐고 볼셰비키당이라는 정당을 이끌었는데, 그 당이 혁명 과정 중 권력을 장악했습니다. 1917년 2월, 러시아 중간 계급(또는 부르주아지)은 차르인 니콜라이 2세**의 전제적 통치를 전복시키려고 했습니다. 그들은 적극적으로 차르 체제를 무너뜨리려고 한

이 책에서 러시아 혁명에 관한 날짜는 사건 당시 러시아에서 사용된 율리우스력에 기초하고 있는 반면, 일부 다른 기록에서는 유럽에서 사용된 그레고리력*을 사용한다.

*그레고리력은 전 세계적으로 통용되는 양력으로 1582년 로마 교황 그레고리우스 13세가 종래의 율리우스력을 고쳐 만들었다.

**러시아 제국 로마노프 왕조의 마지막 러시아 황제

것은 아니었지만, 임시 정부*가 그의 퇴위를 받아들였고, 부르주아지 계급과 인민의 행동은 로마노프 왕조의 붕괴를 초래했습니다.

*1917년 2월 혁명 이후 1917년 10월 혁명 이전까지 존속했던 정부. 볼셰비키와는 대립 관계였다.

레닌과 스탈린

1917년 10월, 레닌과 볼셰비키는 '아래로부터의 혁명'으로 공산주의를 수립하기 위해 이 혁명을 가로챘습니다. 1924년 레닌이 사망한 후, 스탈린은 러시아의 공산주의 지도자가 되었고, 급속한 경제 사회 발전 정책을 강요하는 '위로부터의 혁명'을 계획했습니다. 이 혁명은 볼셰비키의 지도자들을 비롯한 수백만 명의 고통과 죽음을 포함하여 엄청난 고통을 초래했습니다.

1922년부터 1991년까지 소련으로 알려진 러시아에서는 공산주의가 계속되었습니다. 공산주의는 유럽 중부와 동부, 중국, 북한, 그리고 나중에는 쿠바까지 세계적으로 퍼졌습니다. 역사가들은 개인의 역할과 레닌과 스탈린이 어떻게 그리고 왜 러시아와 전 세계에 그렇게 깊고 광범위한 영향을 미칠 수 있었는지를 설명하는 데 관심이 있습니다. 그러나 역사가들은 이런 세계적인 전개의 기원과 보다 넓은 사회적, 경제적, 기술적 그리고 문화적 원인을 이해하는 데에도 관심이 있습니다. 수십 년 동안 이어진 냉전은 공산주의와 자본주의 국가들 사이의 전 지구적인 상호 불신으로 특징지어졌습니다.

10월 혁명

역사가들은 1917년 10월 혁명의 본성과 그것이 얼마나 '대중적' 봉기였는지에 대해 의견이 분분합니다. 역사 해석의 차이는 자료로부터 볼셰비키에 대한 지지의 수준을 알기 어렵다는 사실로 설명될 수 있습니다. 그것을 복잡하게 만드는 여러 가지 문제가 있습니다. 러시아 국민이 누구를, 무엇을 지지했는지, 그래서 대중적 요소의 본성이 무엇인지를 규명하기는 어렵습니다. 역사가 베릴 윌리엄스(Beryl Williams, 1987~)는 1917년 10월 혁명을 지지하고 선거에서 볼셰비키에 투표했던 사람들도 일단 알고 나면 모든 볼셰비키 정책이나 일당 독재에 대한 개념에 반드시 동의하지는 않는다고 지적했습니다.

다음의 2차 자료는 러시아 혁명 이후에 역사가들이 쓴 발췌문인데, 이어지는 활동에서는 그 발췌문을 주의 깊게 읽고, 자료에 대한 증거를 사용하여 이어지는 질문들에 답하도록 하세요.

자료 1

1917년 10월 러시아 혁명은 20세기의 가장 중요한 사건이라 할 수 있다. 그것은 70년 이상 지속되었고 20세기 대부분의 기간 동안 세계정세에 큰 영향을 미친 세계 최초의 공산주의 국가의 탄생으로 이어졌기 때문이다. … 공산주의 모델은 동유럽, 중국, 동남아시아, 아프리카와 카리브해 지역으로 수출되었다.

크리스 코린(Chris Corin)과 테리 핀(Terry Fiehn), 2002년

키워드

전제 정치: 최고 권위와 권력을 가진 한 사람을 기반으로 하는 정치

쿠데타(coup d'état): 소수의 사람들이 힘으로 권력을 장악하는 것

자료 2

노동 계급은 **전제 정치**와 부르주아지 계급의 독재에 대항하여 모든 인민의 투쟁을 이끌었다.

B.N. 포모마레프(B.N. Pomomarev), 1960년

자료 3

'10월'은 혁명이 아니라 전형적인 **쿠데타**였다. … 1917년의 최고 연대기 작가인 멘셰비키 니콜라스 수하노프(Nicholas Sukhanov)를 비롯한 목격자들은 사실상 만장일치로 '10월'을 **쿠데타**로 묘사했다. 그것을 겪은 S.P. 멜구노프(S.P. Melgunov)와 같은 역사가들도 마찬가지다.

R. 파이프스(R. Pipes), 1992년

관점: 소련의 시각(1917~1991) – 그것은 민중 혁명이었다

이 관점은 1917년 10월 혁명을 노동자 계급이 주도하고 수행한 민중 봉기로 보는 것입니다(자료 2). 공산주의 정권은 이 민중 혁명으로부터 성장했습니다. 이 견해는 공산주의의 탄생에 대한 서사와 관련하여 의미가 있습니다. 1917년 10월 혁명은 레닌이 공산주의 지도자로 중심 무대에 서게 된 전환점입니다.

이것은 소련 지도부의 규정된 견해였고 공산주의 체제에서 저술가들은 이 견해에 도전할 수 없었습니다. 사회적, 경제적 대의가 변화의 동력입니다. 이것은 공산주의를 지지하는 가치 판단을 내리는 마르크스주의자 또는 공산주의자의 견해입니다.

관점: 1945년 이후 서구의 주요 시각 – 그것은 쿠데타였다

이 관점은 1917년 10월 혁명을 소수의 사람들이 자신들의 목적을 위해 권력을 장악한 **쿠데타**로 봅니다. 이 사건으로 성장한 공산주의 정부는 러시아 국민에게 자신의 의지를 강요한 독재적이고 전제적인 정권이었습니다. 사후 통찰을 하자면 10월 혁명은 볼셰비즘, 공산주의의 부상, 스탈린의 전체주의 정부, 공산주의의 세계적 확산으로 이어진 전환점으로 해석될 수 있습니다. 레닌은 또한 변화의 동력인 도전받지 않는 독재자로 보입니다. 이것은 공산주의에 반대되는 가치 판단을 하는 소위 정통적 견해인 서구 사상 학파입니다.

관점: 수정주의자 – 1970년대

냉전 시대는 미국과 러시아가 자본주의와 공산주의 하에서 서로 상충하는 이념과 이해관계를 가지고 있는 것으로 이해되던 시대였습니다.

이 학파는 공산주의에 대한 부정적인 관점이 전통적인 서구적 관점에 근거하는 것으로 인식했습니다. 스탈린이 집권하고 러시아에 공산주의 정부가 자리 잡은 동안, 역사가들은 10월 혁명을 공산주의의 대두를 이끈 결정적인 사건으로 규정할 수 있었습니다. 이 관점은 '**위로부터의 역사**'와 '**아래로부터의 역사**'를 동시에 바라보며, 후자에

키워드

위로부터의 역사: '하향식' 역사로도 알려져 있는 이것은 지도자, 통치자, 권력자, 그리고 그 시대의 사회와 문화 엘리트들의 관점에 초점을 맞춤

아래로부터의 역사: '상향식' 역사라고도 알려져 있는 이것은 '하향식' 접근법에서 무시될 수 있는 노동자 계급, 여성, 소수 민족 같은 일반 대중의 관점에 초점을 맞춤

따르면 10월 혁명에 평범한 인민이 큰 역할을 했다는 것을 인식합니다. 쉴라 피츠패트릭(Sheila Fitzpatrick, 1941~)은 인민이 레닌과 볼셰비키가 행동할 수 있는 환경을 만들었다고 주장했습니다. 이 관점은 레닌이 볼셰비키를 완전히 통제한 독재자라는 가정에 의문을 제기합니다. 대신, 이것은 사후 과잉 확신 편향의 오해일 수 있습니다.

논의 10.17

10월 혁명에 대한 이런 해석들의 장점은 무엇일까요? 한 가지 해석이 다른 해석보다 더 설득력이 있거나 아니면 더 타당한가요? 만약 그렇다면, 어떤 면에서 그런가요?

탐구 10.8

다음 10가지 지식 주장을 잘 생각해 보세요.

1 카를 마르크스는 프리드리히 엥겔스(Friedrich Engles, 1820~1895)의 도움으로 1848년에 노동자들의 권력 장악을 장려하는 『공산당 선언』을 발표했다.

2 1903년, 레닌과 그의 추종자들은 볼셰비키당을 창당했다.

3 1905년 혁명은 차르 니콜라이 2세의 독재 통치를 전복시키는 데 실패했다.

4 공산주의는 사회적, 경제적 계급의 분열과 재산의 사적 소유권을 없애기 위한 정부 형태다.

5 역사의 과정은 레닌과 스탈린처럼 자신의 행동이 지대한 영향을 미치는 개인들에 의해 형성된다.

6 변화의 진정한 동력은 개인이 아니라 장기적인 사회적, 경제적인 추세다.

7 1917년 2월 23일의 첫 번째 러시아 혁명은 차르 정부를 무너뜨렸다.

8 1917년 (10월 25일) 제2차 혁명에서 레닌이 이끄는 볼셰비키가 권력을 장악했다.

9 레닌은 인민의 지지를 받아 민중 봉기를 이끌었다.

10 레닌은 원치 않는 사람들에게 볼셰비키의 의도를 강요했다.

사실인 것과 해석인 것을 분류하세요. 가장 관심 있는 주장과 가장 확실한 주장을 선택합니다.

또래 평가

짝과 분류를 공유합니다.

1. 여러분은 같은 답을 도출해 냈나요? 대답이 다르다면, 여러분의 주장을 정당화해 보세요.

2. 가장 관심 있는 주장과 가장 확실한 주장 중 하나를 선택하기 위해 각각 어떤 이유를 제시했나요? 그 이유들을 서로에게 설명하세요.

여러분이 제시한 정당성으로부터, 짝은 역사가들이 같은 사건을 다른 방식으로 해석할 수 있는 이유를 얼마나 잘 이해했다고 느꼈나요?

역사 기록학: 예시 2-냉전 시대

역사 주제: 냉전 시대

역사 지식 주장: 냉전 시대는 1945년부터 1991년 사이의 기간으로 공산주의와 자본주의 국가들 사이에 고조된 긴장 상태를 특징으로 함

역사 기록학: 역사가들은 이 시기를 각각 다르게 설명하고 냉전의 원인과 결과 및 중요성에 대해 다른 견해를 취함

그림 10.8 _ 역사가들이 역사적 사건과 개인의 행동에 대한 해석에서 어떻게 그리고 왜 동의하지 않을 수 있는지 생각해 보세요. 1945년 얄타 회담에서 영국 총리 윈스턴 처칠 경(Sir Winston Churchill, 1874~1965), 미국 대통령 프랭클린 루스벨트(Franklin Roosevelt, 1882~1945), 소련의 지도자 이오시프 스탈린(1879~1953)이 만났습니다. 이 회담 이후, 제2차 세계 대전 후의 소련과 그 위성 국가(동구권), 미국과 동맹국(서구권) 사이에 40년 이상 정치적 긴장이 이어졌습니다. 이 시기는 냉전 시대라고 알려져 있습니다.

정통적, 전통적 견해는 냉전의 책임이 소련에 있다는 것입니다. 하지만 1970년대의 **수정주의** 역사가들은 미국에 책임이 있다고 주장했습니다. 이런 수정주의적 관점은 미국이 긴장을 유발하고 고조시키는 역할을 했음을 고려했고, 1955년부터 1975년까지 베트남 전쟁과 연계된 미국의 외교 정책에 의문을 제기했습니다. 미국은 한국, 필리핀, 호주, 태국 및 기타 반공 동맹국과 함께 남베트남을 지원했습니다. 소련, 중국, 그리고 다른 공산주의 동맹국들은 북베트남을 지원했습니다. 오늘날의 사건과 정치는 과거에 대한 우리의 해석에 영향을 미칠 수 있고 영향을 미칩니다. 이 예에서 미국이 냉전에 책임이 있다는 1970년대의 견해는 미국이 공산주의의 위협에 맞서 베트남에서 전쟁 중이라는 사실에 영향을 받았을 것입니다.

1 레닌, 트로츠키, 스탈린 또는 다른 역사적 인물 한 사람에 대한 다양한 관점을 연구해 보세요. 다양한 관점에서 이 사람을 살펴보고 싶을 수도 있습니다. 예를 들면 독일, 러시아, 미국의 관점에서 스탈린에 대해 알아보세요. 어떤 관점이 정당한지 어떻게 알 수 있을까요?

2 여러분 자신의 삶에서 벌어진 사건에 대한 여러분 자신의 역사를 스스로 간략하게 작성해 보세요. 여러분의 재구성이 얼마나 신뢰할 수 있는지 생각해 보세요. 여러분의 발상을 수업 시간에 발표하세요.

3 G. 엘턴과 R.G. 콜링우드, 또는 토머스 칼라일(Thomas Carlyle, 1795~1881)과 허버트 스펜서(Herbert Spencer, 1820~1903) 같은 두 명의 역사가를 선택하세요. 왜 그들의 견해가 일치하지 않는지 알아보세요.

4 "역사 기록학은 우리에게 역사 지식의 끊임없는 발전, 그것의 일시적인 본성과 편향의 힘에 대해 많은 것을 말해 준다." 1917년 10월 혁명에 대한 다양한 해석의 예를 들어 이것이 어떻게 정당화될 수 있다고 생각하는지, 그리고 여러분이 동의하는지 설명해 보세요.

여러분의 인생에서 한 사건을 생각해 보세요. 그것은 가족 모임, 수학여행, 기억에 남는 수업일 수도 있습니다. 미래 세대를 위해 그것에 대해 쓰고 싶다면, 어떻게 할 건가요? 무엇을 포함하고 무엇을 생략할 건가요? 관련된 사람을 각각 어떻게 묘사할 건가요? 원한다면 어느 정도나 객관적인 설명을 쓰는 것이 가능할까요?

10.8 역사 이론

1 무엇이 변화의 원인이라고 생각하나요? 그것을 어떻게 아나요?

2 역사가들은 어떤 방식으로 과거를 설명할 수 있으며, 이 설명은 어디까지 정당화될 수 있을까요?

역사상 실제로 영향을 끼친 개인은 극소수입니다. 그러나 앞에서 살펴본 러시아 역사의 맥락에서 레닌과 스탈린은 틀림없이 큰 영향을 끼쳤습니다. 다른 한편으로는 그들이 살아온 사회 경제적 여건과 상황이 그들이 권력을 잡고 행사할 수 있게 했다고 주장할 수도 있습니다. 이것은 변화의 주체로서 개인의 상대적 중요성과 더 넓게는 역사에서 인과 관계의 본성에 대한 중요한 논쟁을 소개합니다. 우리는 역사 지식을 구축할 때 서로 다른 관점에서 해석되는 여러 역사가 있을 수 있다는 것을 감사해야 합니다. 예를 들면 페미니스트 역사, 마르크스주의 역사 또는 토착 역사는 과거에는 무시되었을 수도 있는 여성, 일반 노동자 또는 구전 전승(전통)의 관점을 분명하게 표현할 수 있습니다.

역사의 '위인' 이론

키워드

역사의 '위인' 이론: 역사는 위대한 개인에 의해 움직인다는 믿음

역사의 '위인' 이론은 명칭에서 알 수 있듯, 역사의 흐름은 주로 위인에 의해 결정된다고 봅니다. 토머스 칼라일은 위인의 행동이 변화의 원인이라고 주장함으로써 이 이론을 제시했습니다. 그러나 허버트 스펜서는 역사적 사건을 사회와 문화의 산물인 위인의 행위로 설명할 수 없다는 반론을 내세워 칼라일의 이론에 반대했습니다.

> 위인의 탄생은 그가 태어난 혈통을 만들어 낸 일련의 복잡한 영향과 그 혈통이 서서히 성장해 온 사회적 상태에 달려 있다는 것을 인정해야 한다. … 그가 그의 사회를 다시 만들기 전에, 그의 사회가 그를 만들어야 한다.
>
> 허버트 스펜서

역사가 A.J.P. 테일러(A.J.P. Taylor, 1906~1990)는 "유럽의 현대사는 나폴레옹, 비스마르크, 레닌이라는 세 거물의 관점에서 기록될 수 있다"고 주장하며 칼라일의 이론을 이어 갔습니다. 이 이론이 암시하는 것은 이런저런 위인이 존재하지 않았다면 역사의 흐름은 달라졌으리라는 것입니다.

'위인' 이론에 대한 비판도 이어지고 있으며, 평범한 민중의 입장에서 이야기하는 역사가 정치 지도자의 입장 못지않게 중요하다는 지적도 나옵니다. 인도 델리 대학의 역사학과 교수인 아파르나 바수(Aparna Basu, 1913~2018)는 "역사는 더 이상 왕과 정치가, 권력을 휘두른 사람들의 연대기가 아니라, 다양한 일에 종사하는 평범한 여성과 남성의 연대기다. 여성의 역사란 여성이 (남성과는 다른) 역사를 갖고 있다는 말이다"라고 주장합니다.

탐구 10.10

1 시간을 거슬러 올라가 역사 속 인물 한 명을 인터뷰할 수 있다면 누구와 하고 싶나요? 그 이유는요?

2 그 사람이 왜 중요하다고 생각하나요?

3 우리는 그 사람과 그 사람이 살던 시대에 대해 이미 얼마나 많은 증거를 확보했나요?

4 여러분은 무엇을 알고 싶고, 그 사람들에게 어떤 질문을 하고 싶은가요?

5 어떤 새로운 지식을 알고 싶으며 그 이유는 무엇인가요?

6 우리의 역사 지식 추구는 현재나 과거에 대해 더 많은 것을 알려 줄까요?

헤겔

게오르크 헤겔은 역사를 더 큰 자유와 합리성을 향한 추세로 이해했고, 과거를 인간의 자유 추구와 관련하여 일련의 다양한 단계로 이해했습니다. 그는 종교 개혁(1517~1648)이 자유의 표현이었기 때문에 역사의 전환점으로 보았습니다. 헤겔은 인간이 자신

의 자유를 깨닫게 되면 결국에는 자유를 얻게 될 것이라고 믿었습니다. 헤겔은 『역사 철학 강의』 서문에서 "세계의 역사는 다름 아닌 자유 의식의 진보"라고 주장했습니다.

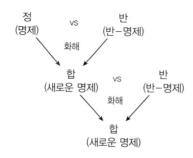

그림 10.9 _ 헤겔 변증법

경제 결정론

경제 결정론은 역사는 경제 요인에 의해 형성된다고 주장합니다. 가장 유명한 주창자는 카를 마르크스입니다. 헤겔은 이념에 초점을 맞춘 반면, 마르크스는 물질적 조건에 초점을 맞췄습니다. 마르크스는 '**철의 필연성**(철칙)'으로 작동하는 역사 변화의 법칙을 발견했고, 그 법칙을 통해 미래의 역사 흐름을 예측할 수 있다고 주장했습니다. 그리고 그는 아이작 뉴턴(1642~1727)이 거의 2세기 전에 물리학에서 했던 것을 역사에 대해 해냈다고 주장했습니다. 마르크스에 따르면 역사 변화의 원동력은 위대한 개인이 아니라 기술적, 경제적 요인입니다. 기술의 변화는 사회가 어떻게 구성되는지를 결정하고, 이것은 결국 개인의 사고방식을 결정합니다. 예를 들면 산업 경제는 농민 경제와는 매우 다른 방식으로 조직될 필요가 있을 것이고, 이것은 사람들이 시간, 일, 돈과 같은 것들에 대해 어떻게 생각하는지에 영향을 미칠 것입니다. 그러므로 위인들의 행동에 초점을 맞추기보다는 인쇄기, 증기 엔진, 컴퓨터 같은 주요 발명품의 효과를 연구하는 것이 더 나을 수 있습니다.

역사 변화의 엔진으로서 경제학에 대한 마르크스의 강조는 매우 영향력이 있었지만, 이제는 대부분의 사람들이 역사에 대한 그의 결정론적 접근법을 거부합니다. 역사 연구를 통해 미래를 예측할 수 있다는 발상은 직관적으로 불가능해 보이며, 어디에서 혁명이 일어날지에 대한 마르크스의 예측은 실현되지 않았습니다.

철학자 칼 포퍼(Karl Popper, 1902~1994)는 미래의 예측 가능성에 대한 믿음은 타당해 보이지 않을 뿐만 아니라 **정합성이 없다**고 마르크스에게 반론을 제기했습니다. 주장의 핵심은 만약 여러분이 미래를 완벽하게 예측할 수 있다면, 여러분은 미래의 과학적 발견 같은 것들을 예측할 수 있으리라는 것입니다. 그러나 만약 여러분이 그런 발견의 세부 사항을 예측할 수 있다면, 여러분은 그것들을 발견했을 것입니다. 이것은 원래의 가정과 모순됩니다.

마르크스주의의 진리 주장은 신빙성을 잃었지만, 마르크스주의는 개인의 행동을 넘어 기술과 같은 사회적, 경제적 원인의 관점에서 과거를 이해하는 모델, 즉 이해의 렌

키워드

경제 결정론: 역사는 경제 요인에 의해 결정된다는 이론

즈를 제공합니다.

역사적 진실

과거를 알고자 하는 데 한 가지 분명한 문제는 과거가 더 이상 존재하지 않는다는 것입니다. 때로는 오래전에 일어난 일에는 덧없는 그림자처럼 비현실적인 느낌이 있어 실제로 일어난 일이라고 믿기 어려울 수 있습니다. **포스트모던** 사상가들은 역사가 제한된 증거와 간격을 메우기 위한 해석의 문제에서 벗어날 수 없다고 비판했습니다. 게다가 그들에 따르면 과거의 언어는 지금은 쓰이지 않는 것일 수 있어 우리는 과거의 언어를 완전히 이해할 수 없습니다.

퀜틴 스키너(Quentin Skinner, 1940~)는 이런 문제에도 불구하고 역사 연구는 여전히 신뢰할 수 있고 일관성이 있다고 주장합니다. 역사가는 당시의 맥락을 이해함으로써 적어도 과거로부터 온 언어의 의미에 대한 이해에 접근할 수 있습니다. 포스트모던 회의론과는 정반대로, 과거는 더 이상 존재하지 않기 때문에 바뀔 수 없으며, 따라서 완전히 객관적이라고 주장할 수 있습니다. 이런 맥락에서 역사가 G.R. 엘턴은 도발적으로 다음과 같이 주장했습니다.

> 매우 실제적인 의미에서 역사 연구는 자연과학보다 더 객관적이고 독립적인 주제에 관한 것이다. 역사적 재료는 과거에 있고 지나간 것이라는 이유로… 객관적 실재성이 보장된다. 그것은 그 어떤 목적을 위한 변경도 초월한 것이다.

여러분은 과거가 바뀔 수 없다는 것에 아마 동의할 것입니다. 하지만 역사가 객관적인지 여부의 문제와 부딪치면 과거와 과거에 대한 우리의 **지식**을 명확히 구별해야 합니다. 엘턴의 주장은 과거가 객관적이라는 것을 보여 줄 수는 있지만, 과거에 대한 우리의 지식에 대해서는 아무것도 말해 주지 않습니다. 그런 지식은 현재에 존재하는 증거를 바탕으로 재구성해야만 과거를 알 수 있기 때문에 문제가 됩니다. 기억은 오류가 있고 증거는 모호하며 편견은 일반적이기 때문에 역사 지식이 과학 지식보다 객관적이라는 주장을 강하게 의심할 수 있습니다. 10장의 시작 부분에서 우리는 과거가 역사와 같지 않다는 것을 언급했습니다. 역사는 역사 연구 방법을 사용하여 증거를 해석하고 지식을 구축하는 학문입니다. 역사는 방법에 있어서는 엄격하다 할 수 있지만, 이것이 역사 지식 주장이 객관적이라는 것을 의미하지는 않습니다.

그러나 객관성은 분명히 역사에서 중요한 이상으로 남아 있다는 반론이 가능합니다. 왜냐하면 그것을 버린다면, 우리는 한편으로는 역사와, 다른 한편으로는 허위 과장 선전과 허구를 구별할 방법이 없기 때문입니다. 더욱이 역사 지식 주장은 증거에 대해 판단되고 면밀히 조사될 수 있습니다. 역사가의 연구는 증거 및 기타 알려진 사실과 일치하며 일관성이 있는 경우에 이치에 맞게 보입니다. 그러므로 역사는 증명의 기준을 가지고 있고, 적어도 진실에 근접할 수 있습니다.

이것은 역사가의 증명 기준에 대한 의문을 제기합니다. 역사가의 증명 기준이 '확률적 균형' 위에 놓여 있다고 주장하는 사람들도 있고, '합리적인 의심을 넘어선' 보다 높은 기준을 주장하는 사람들도 있습니다. 영국 형사 법정에서 배심원단은 재판을 받는

키워드

포스트모던: 지식, 이성, 윤리, 진리를 사회적, 문화적, 정치적 구성 요소로 본 20세기 사상 운동

사람(피고)이 무죄인지 유죄인지 결정해야 합니다. 재판 중에 그들 앞에 놓인 증거를 바탕으로 가장 가능성이 높은 판단, 다시 말해서 '합리적 의심의 여지가 없는' 판단을 내려야 합니다. 일반적으로 'BRD'는 0.91의 확률로 해석된다는 데 동의합니다. 즉, 증거는 '증명'이라는 높은 기준을 충족해야 합니다. 또 다른 의문은 숙련된 역사가가 객관성이라는 이상에 어느 정도 접근할 수 있느냐 하는 것인데, 이를 위해서는 역사적 증거의 본성을 좀 더 자세히 살펴볼 필요가 있습니다.

논의 10.20

1 역사가 객관적이라는 엘턴의 주장을 새뮤얼 버틀러(Samuel Butler, 1835~1902)가 "신은 과거를 바꿀 수 없지만 역사가들은 바꿀 수 있다."고 한 비꼬는 말과 비교해 보세요. 이들 견해 중 진실에 가까운 것은 무엇이라고 생각하나요?

2 역사가의 증명 기준은 무엇이 되어야 할까요? 그것은 확률의 균형 위에 있어야 할까요? 합리적 의심의 여지가 없는 수준이어야 할까요? 아니면 다른 기준 위에 있어야 할까요? 여러분의 선택을 정당화하고 설명해 보세요.

되돌아보기

역사와 관련하여 '증명'이 사용되는 방식을 생각해 보세요. 수학적인 증명과 어떻게 다른가요? 자연과학은 '증명'이라는 단어를 아예 피하는 경향이 있습니다. 왜 일부 역사가들이 증거보다는 증명에 대해 이야기하려 한다고 생각하나요?

10.9 역사와 예술, 과학, 기술

역사와 예술

진실이 허구보다 낯선 것은 허구가 개연성에 매달릴 수밖에 없기 때문이다. 하지만 진실은 그렇지 않다.

새뮤얼 랭혼 클레멘스(Samuel Langhorne Clemens, 1835~1910)

―마크 트웨인이란 필명으로 더 유명함

지식 영역 연결 질문 10.6

예술: 예술은 역사 지식에 얼마나 기여하거나 역사 지식을 손상시킬 수 있을까요?

문학, 시각 및 공연 예술은 역사와 중요한 관련이 있습니다. 소설가, 화가 및 영화 제작자는 과거의 인물과 사건에서 영감을 받아 현대 관객에게 다시 이야기할 수 있습니다. 예술의 사용권에 대한 윤리적 질문이 있습니다. 즉 예술은 과거를 어떤 식으로든 마음대로 표현해도 되는 걸까요? 아니면 한계가 있어야 할까요? 어쩌면 창작자의 예술은 자신의 창작 목적을 위해 과거를 제멋대로 '전용'한다는 비난을 받을 수도 있습니다.

역사가 앤서니 비버(Anthony Beevor, 1946~)는 일부 할리우드 영화들이 역사를 파렴치하고 무책임하다고 생각될 정도로 왜곡한다고 주장했습니다. 예를 들면 제2차 세계 대전의 노르망디 상륙 작전을 기반으로 한 영화 〈라이언 일병 구하기〉(1998)는 영국군이나 소련의 역할에 대해 명시적으로 언급하지 않고 미국의 국가적 관점에서 이야기를 풀어냅니다. 역사가의 진실성 기준을 충족시킬 것 같지 않은 속도감 있는 스토리를 만들고, 설득력 있는 **기승전결 서사 구조**를 꾸미고, 해피 엔딩으로 만들려는 할리우드 감독들의 요구와 역사적 정확성이 일치하지 않는다는 설명이 있을 수 있습니다. 이를 이렇게 설명할 수도 있습니다. 즉, 속도감 있는 스토리를 만들고 흥미진진한 기승전결 서사 구조를 꾸미고 해피엔딩을 만들려는 할리우드 감독과 역사적 정확성 사이에는 불일치가 있으며, 그리하여 역사가들이 생각하는 무결성의 기준을 충족시킬 가능성이 거의 없다는 것입니다.

키워드

기승전결 서사 구조: 소설, 영화 등 모든 이야기의 구조와 형태를 의미하는 용어로, 갈등 구조를 시간의 흐름이나 긴장감에 따라 나타냄

실제 상황 10.13

1 왜 일부 과거의 이야기는 계속 현대의 청중들에게 전해질까요?

2 과거를 묘사할 때 역사 소설가, 화가, 영화 제작자의 윤리적 책임은 무엇일까요?

비버의 견해와는 대조적으로, 예술은 신선한 관점을 제공함으로써 역사 지식에 기여할 수 있다는 주장이 있습니다. 예를 들어 힐러리 맨텔(Hilary Mantel, 1952~)과 로버트 해리스(Robert Harris, 1957~)는 각각 튜더 왕조와 로마 시대를 배경으로 한 역사 소설을 써서 현대 독자들에게 역사를 생동감 있게 전달합니다. 게다가 예술은 관객의 마음을 움직일 수 있습니다. 〈쉰들러 리스트〉(1993)는 홀로코스트를 그린 영화입니다. 이야기 전개는 빨간 코트를 입은 아이의 곤경을 따라가며 관객이 그 아이와 공감하도록 유도합니다. 예술에는 윤리적 책임이 있으며 영화는 관객이 감정, 연민, 공감을 느끼게 해야 할 것입니다. 게다가 예술은 시간과 역사에 대한 우리의 감각에 도전하고 신선한 관점을 제공할 수 있습니다. 커트 보니것(Kurt Vonnegut, 1922~2007)은 『제5 도살장』(1969)에서 거꾸로 시간 여행을 해서 본다면 전쟁이 어떤 모습일지를 탐구합니다. 〈사랑의 블랙홀〉(1993)은 반복이라는 관념, 한 사람이 똑같은 날을 반복하며 살아갈 때 역사도 반복된다는 관념을 탐구한 영화입니다.

실제 상황 10.14

1 현대의 청중에게 이야기를 전하는 것과 과거에 대한 무결성 중에 무엇이 더 중요할까요?

2 청중에게 감동을 주기 위해 감정과 상상력을 사용하는 것은 언제 정당화될 수 있을까요?

예술은 역사가가 할 수 있는 것보다 더 많은 감정과 공포를 전달할 수 있습니다. 피카소의 그림 〈게르니카〉는 1937년 스페인 내전 당시 독일과 이탈리아의 전투기가 스페인

도시 게르니카를 폭격한 공포를 묘사하고 있습니다. 이 그림은 역사라는 학문적 연구보다 이 사건의 고통과 공포를 훨씬 더 즉각적이고 효과적으로 묘사하는 것 같습니다. 또 역사 다시 말하기에 대한 정당한 관점을 제공하고, 스페인 내전에 대한 우리의 회상뿐만 아니라 과거의 지식과 '이미지' 공유에 영향을 미치는 예술의 예입니다.

예술은 또한 허위 과장 선전의 수단이 될 수 있습니다. 극작가 윌리엄 셰익스피어는 희극과 비극 외에 역사극도 썼습니다. 그의 희곡 『헨리 6세』 1부와 2부가 큰 성공을 거두었기에 요즘으로 치면 블록버스터 3부작이라 할 수 있는 3부도 썼습니다. 그 후, 그는 희곡 『리처드 3세』를 썼습니다. 그의 역사극이 영국 왕에 대해 알려진 사실에 얼마나 충실했는지 궁금할 것입니다. 엘리자베스 1세 통치 기간 동안 리처드 3세에 관해 쓴 셰익스피어가 리처드를 예상대로 비윤리적이고 사악한 왕이라는 부정적인 모습을 제시했다고 주장하는 사람도 있고, 그의 연극이 튜더 왕조를 허위 과장 선전하는 예라고 말하는 사람도 있습니다. 이것은 리처드 3세를 부정적인 시각으로 묘사하려는 당시의 정치에 의해 정당화되었습니다.

*리처드 3세와 맞붙은 헨리 튜더가 승리함으로써 장미 전쟁은 끝나게 되고, 헨리 튜더가 헨리 7세로 즉위하면서 튜더 왕조가 시작된다.

실제 상황 10.15

1 역사극과 영화에서 역사적 사건이나 인물을 표현할 때 역사적 정확성은 얼마나 중요할까요? 이것은 역사 소설과 회화도 마찬가지일까요? 그 이유는 무엇인가요? 아니라면 그 이유는요?

2 역사극이나 영화는 그것이 제작되는 시기나 배경이 되는 시기에 대해 어느 정도나 알려 주나요?

또한 예술은 역사와 신화에 기여할 수 있습니다. 테오필 고티에(Theophile Gautier, 1811~1872)는 클레오파트라(Cleopatra, BC 69~BC 30)를 "지금까지 존재한 여성 중 가장 완벽한 여성"이라고 묘사했습니다. 그러나 그녀가 진짜 어떤 사람이었는지를 어떻게 아느냐고 묻는다면 그 답은 신화의 영역입니다. 클레오파트라는 이집트 여왕이었고, 그녀의 재위로부터 200년 후에 로마의 역사가 플루타르코스(Plutarch)는 그녀에 대한 두 가지 매우 다른 해석을 내놓았습니다. 하나는 학자, 언어학자, 유능한 통치자, 어머니, 심지어 땅의 여신이었습니다. 다른 기록은 로마인의 관점에서 본 것으로, 로마의 지도자 마르쿠스 안토니우스를 유혹하여 몰락시킨 여성, 경거망동하며 상대를 조종하는 여성이라는 부정적인 표현이었습니다. 중요한 것은 클레오파트라의 성격과 자질이 하나의 획일적인 묘사를 거의 불가능하게 한다는 것입니다. 언어로는 그녀를 제대로 담아낼 수 없습니다.

희곡 「안토니우스와 클레오파트라」에서 셰익스피어는 클레오파트라의 '무한한 다양성'을 재현합니다. 클레오파트라의 역사는 그녀의 신화의 역사이기도 합니다. 그녀의 신화는 시간이 지남에 따라 여러 관객에게 다시 전해질 만큼 의미가 있습니다. 그러나 해석의 많은 층위를 하나하나 다 풀어내는 것은 불가능합니다. 셰익스피어는 자신의

그림 10.10 _ 1917년 여배우 테다 바라(Theda Bara)가 고대 이집트 프톨레마이오스 왕조의 군주 클레오파트라로 분장한 모습

극적인 목적을 위해 자신의 서사를 만들었지만, 출전 자료는 플루타르코스에게 크게 의존했습니다. 이것은 역사가 여러 관점을 포함한다는 것을 보여 줍니다. 즉 여러 수준의 해석이 포함되어 있습니다. 우리가 가지고 있는 것은 자료뿐입니다. 즉, 플루타르코스의 해석, 플루타르코스에 대한 셰익스피어의 해석, 셰익스피어에 대한 우리의 해석입니다. 역사적 진실을 알고 싶다 해도 아무것도 덧붙여지지 않은 상태의 역사를 아는 것은 불가능할지도 모릅니다. 여기에 우리가 가질 수 있는 신화적 역사와 우리가 원할지도 모를 클레오파트라의 진정한 역사 사이에는 불일치가 존재합니다. 더 중요한 의문은 왜 우리가 관심을 갖는가 하는 것입니다. 왜 현대 청중은 그녀의 역사를 흥미롭게 여길까요? 또는 그렇지 않게 여길까요?

탐구 10.12

1. 피카소의 〈게르니카〉 같은 역사적인 그림을 선택하고 그것이 역사적 사건이나 인물을 어느 정도나 재현하는지를 자세히 알아보세요.

2. 문학, 그림, 소설이나 영화에서 과거에 대한 재현은 당시의 사람들과 사건에 대해 여러분이 사고하는 방식을 어떤 식으로 형성한다고 생각하나요?

종종 예술가들은 현대 관객들을 위해 과거를 창의적으로 재조명하거나 재연함으로써 영감을 얻습니다. 예를 들어 조지 오웰(George Orwell, 1903~1950)의 소설 『1984』와 올더스 헉슬리(Aldous Huxley, 1894~1963)의 『멋진 신세계』는 스탈린의 **권위주의적** 러시아 통치에 대응하여 쓰였습니다. 그들의 디스토피아 세계는 권위주의 통치하에 운영되는 상

키워드

권위주의적: 사람들에게 권위를 강요하고 자유를 제한하는 것. 주로 정부와 관련됨

상의 사회에 대한 허구의 관점을 반영합니다. 요약하자면, 예술은 과거에 대한 우리의 욕구와 관심을 인식합니다. 예술은 신선한 관점을 제공할 수 있지만 때로는 자신의 창조적인 목적을 위해 과거를 전유한다고 주장할 수 있습니다.

탐구 10.13

테르모필레 전투(BC 480)의 1차 자료는 헤로도토스(BC 484~BC 425)가 기록한 것입니다. 이것은 잭 스나이더(1966~)가 감독한 2006년 영화 〈300〉에 영감을 주었습니다. 이 영화는 테르모필레에서 페르시아군에 맞서 싸운 스파르타의 300명의 전사들을 묘사합니다. 그것은 현대 관객에게 들려주는 다수에 맞서 싸우는 소수의 이야기, 폭정에 맞서는 자유의 대의, 침략에 맞서 국가를 지키기, 그리고 자유를 위해 싸우는 가치에 대한 이야기입니다.

여러분 자신이 고른 역사 영화를 선택하거나 다음 목록에서 하나를 선택하세요.

〈브레이브 하트〉, 〈쉰들러 리스트〉, 〈라이언 일병 구하기〉, 〈글래디에이터〉, 〈바람과 함께 사라지다〉, 〈나, 클라우디우스〉, 〈더 페이버릿: 여왕의 여자〉, 〈메리, 퀸 오브 스코틀랜드〉, 〈덩케르크〉, 〈보헤미안 랩소디〉, 〈링컨〉, 〈트로이〉, 〈300〉, 〈간디〉, 〈콰이강의 다리〉.

그것이 어느 정도나 신뢰할 수 있는지, 특별한 관점을 제공하는지, 설득력 있는 이야기를 전달하는지, 역사적 사건이나 인물들을 사실 관계에 따라 정확하게 묘사할 수 있는지를 고려할 수 있습니다. 영화를 보고, 그것에 대한 리뷰를 읽고, 그것이 과거에 대한 우리의 지식에 얼마나 기여하거나 해를 끼치는지에 대한 리뷰를 작성하세요.

자기 평가

이 영화가 과거에 대한 우리의 지식을 훼손하는 데 어느 정도 기여했는지에 대해 잘 논증된 판단에 도달했나요? 여러분의 리뷰는 역사와 예술의 관계를 얼마나 잘 설명하나요? 검토에 지식론 분석을 포함하나요? 신뢰도, 관점 및 사실의 정확성은 어느 정도나 고려했나요?

논의 10.21

창의성은 어떤 방식으로 지식, 앎과 관련이 있을까요?

역사와 과학

역사가와 과학자는 가설, 증거, 발견 및 데이터 수집과 같은 지식 생산 방법과 관련된 여러 개념을 공유합니다. 일부 과학적 주장은 이론을 기반으로 한다 해도, 대부분의 과학 지식 주장은 검증되거나 위조될 수 있습니다. 과학적 방법은 반대 증거를 발견하면 가설을 부정하고 수정하게 됩니다. 역사는 과학보다 증명의 기준이 낮지만, 일관성과 정합성 같은 개연성의 기준을 충족한다면 최소한 진실에 접근할 수 있습니다.

내 생각에 모든 역사가는 역사가 일종의 연구나 탐구라는 것에 동의할 것이다.
… 과학은 무언가를 알아내는 것이다. 그리고 그런 의미에서 역사는 과학이다.

R.G. 콜링우드, 『역사에 대한 위대한 생각들(*The Idea of History*)』, 1946*

*R.G. 콜링우드, 『서양사학사 – 역사에 대한 위대한 생각들』, 김봉호 옮김, 탐구당, 2017년

과학과 예술

1 역사는 문학과 과학 중 어느 쪽에 더 가까울까요?

2 역사와 역사 소설의 관계는 과학과 과학 소설의 관계와 같을까요? 소설이 지식에 얼마나 기여할 수 있을까요?

탐구 10.14

다음 a에서 e까지 시나리오 중에서 역사가의 임무와 가장 잘 비교될 수 있는 것은 어느 것일까요? 있다면 어느 것이 역사가의 작업을 묘사한 것일까요?

a '합리적 의심의 여지가 없는' 사건을 다투는 법정 변호사

b 범죄 현장을 밝히는 형사. 문제가 된 사건의 연표, 동기 및 원인 등 무슨 일이 일어났는지 확인하기

c 과거의 증거를 바탕으로 이야기를 다시 쓰는 소설가

d 이론이나 가설을 점검하고 그들의 이론을 반증하려는 과학자

e 금융 시장의 향후 발전 가능성을 예측할 수 있는 경제학자

여러분의 생각을 짝과 비교하세요. 그런 다음 짝과 함께 각자 어떻게 답을 결정하게 되었는지 토론합니다. 여기에서 역사 및 다른 영역에 대한 여러분의 사전 지식이 여러분의 판단을 얼마나 좌우할 수 있을까요?

되돌아보기

'합리적 의심의 여지가 없는'이라는 구절을 생각해 보세요. 역사에 대한 설명을 구축할 때 '합리적인 의심'으로 간주할 수 있는 것은 무엇일까요? '합리적 의심의 여지가 없는'이 '증거'나 '확실성'과 어느 정도 동일하다고 생각하나요?

역사와 기술

기술의 역사는 시간이 지남에 따라 도구의 발명과 발전을 설명합니다. 종종 기술은 항해에 사용된 최초의 기구와 나침반처럼 변화와 새로운 지식을 주도했습니다. 또한 기술은 역사가의 연구 방법을 지원합니다. 기술은 어느 정도 과거를 새로운 방식으로 인식하거나 새로운 관점을 얻을 수 있게 해 줍니다. 탄소 연대 측정을 사용하여 유기물이 들어 있는 물체의 연대를 측정할 수 있습니다. 과거 기후에 대한 단서를 제공하는 새로운 증거는 얼음층이나 암석 퇴적층을 시추하여 연구할 수 있습니다.

지식 영역 연결 질문 10.8

기술: 기술은 어떤 방식으로 우리가 과거를 연구하는 데 도움이 될까요?

역사 기록 보관소는 과거의 문서와 기록을 모아 놓은 것입니다. 인터넷은 정보를 대중화합니다. 예를 들어 잉글랜드의 『토지 대장(*Liber de Wintonia*)』(1070년경의 중세 기록)은 이제 모든 사람이 접근할 수 있는 인터넷에 올라와 있습니다. 기술은 이런 역사 자료들이 어떻게 미래 세대를 위해 보존되고 유지되는지에 대한 중요한 질문을 제기합니다. 예를 들면 특별한 보존이 필요할 수 있는 문서는 저산소 또는 무산소 공간에 보관할 수 있습니다.

기술 발전으로 인해 발생하는 한 가지 문제는 누가 이런 문서에 대한 접근을 통제하느냐 하는 것입니다. 역사 기록 보관소는 제한될 수 있으며, 개인 소유주가 있는 개인 소장품은 제한된 수의 사람들만 접근할 수 있습니다. 이런 식으로 일부 역사 문서에 대한 접근은 권력 및 특권과 연결될 수 있습니다. 정당한 이유로 일부 민감한 정보는 특정 시간 동안 공개되지 않습니다. 예를 들어 일부 국가에서는 정치 문서가 사건 발생 후 50년 정도 지나야 공개될 수 있어서 나중에 새로운 관점이 가능해집니다. 디지털 기술 이전에도 마찬가지였습니다. 원본 하드카피 문서에 대한 접근이 제한될 수 있었기 때문에, 누가 접근을 제어하고 누가 기록 보관소를 소유하는지에 대한 질문이 제기될 수 있습니다.

반면에 제한된 액세스 권한을 가진 자료가 있을 수 있으며 오늘날 우리가 살고 있는 디지털 시대에는 디지털 데이터 및 정보 자료의 사용 권한과 소유권에 대한 새로운 문제가 제기됩니다. 예를 들면 2013년 미국 중앙 정보국(CIA)에 근무하던 에드워드 스노든(Edward Snowden, 1983~)은 국가 안보국 정보를 유출하고 정부의 디지털 데이터 사용을 폭로하면서 내부 고발자로 알려졌습니다. 정부는 누리 소통망 같은 디지털 자료에 접근할 수 있습니다. 사용하거나 접근할 수는 없지만 미래의 역사 탐구를 위한 잠재적인 1차 자료가 될 수 있는 엄청난 양의 디지털 데이터와 정보가 있다는 것은 역사가에게 시사하는 바가 큽니다.

게다가 기술은 너무 많은 정보를 가진 역사가에게도 문제를 제기합니다. 얼마나 많은 데이터와 정보가 생산되고 있는지를 감안할 때, 이해하기에 너무 많은 정보가 있을 수 있으며, 관련 정보를 선택하는 작업은 가능하더라도 점점 더 어려워지고 있습니다.

> **지식 영역 연결 질문 10.9**
>
> **기술**: 역사 지식의 탐구를 위해 기술(및 역사 기록 보관소)이 가져올 수 있는 기회와 문제는 무엇일까요?

미래를 알기

우리는 농업, 산업 및 디지털 혁명에 이어 빅 데이터, 로봇 공학, 인공 지능, 양자 컴퓨팅 및 생명 공학의 발전을 특징으로 하는 소위 '제4차 혁명' 시대에 살고 있습니다. 유발 노아 하라리(Yuval Noah Harari, 1976~)의 『호모 데우스: 미래의 역사(*Homo Deus: A Brief History of*

Tomorrow)』*는 디지털 기술이 지식과 앎의 미래와 인류의 미래 생활 양식에 미치는 영향에 대해 예측하고 있습니다.

*유발 하라리, 『호모 데우스: 미래의 역사』, 김명주 옮김, 김영사, 2017년

실제 상황 10.16

역사가는 미래에 대해 어디까지 예측해야 할까요?

그림 10.11 _ 유발 하라리 교수가 저술한 『사피엔스』, 『호모 데우스: 미래의 역사』, 『21세기를 위한 21가지 제언』. 역사가는 미래에 대해 우리에게 무엇을 말할 수 있다고 생각하나요?

논의 10.22

1   왜 과거가 돌이킬 수 없다고 생각하나요? 미래에 대해서도 같은 말을 할 수 있을까요? 이것은 역사 지식 주장에 어떤 영향을 미칠까요?

2   역사에서 확인된 패턴을 기반으로 미래를 얼마나 정확하게 예측할 수 있을까요?

10.10 역사와 윤리

실제 상황 10.17

역사가는 과거에 대해 어느 정도 윤리적 판단을 내려야 할까요?

역사와 윤리에 대한 여러 문제가 있습니다. 예컨대 대영 박물관이 소장하고 있는 고대 파르테논 신전의 엘긴 마블스(Elgin marbles)의 그리스로의 반환 같은 쟁점, 유적지 보존이 개발 필요성보다 우선시되어야 하는지 여부, 세실 로즈(Cecil Rhodes, 1853~1902) 같은 제국주의 시대의 산물인 사람들을 비난하고 그들을 우리 역사에서 지우는 것이 옳은지 여부, 오늘날 사람들이 과거 사람들의 '악행'에 대해 책임을 져야 하는 정도, 그리고 우리가 여전히 과거의 유산으로부터 혜택을 입거나 고통을 받는 정도 등이 있습니다. 예를 들면 2008년 호주 총리 케빈 러드(Kevin Rudd)는 호주 토착민에 대한 체계적인 약탈과 학대에 대해 사과했습니다. 더욱이 과거를 전유하고 자신들의 이해관계에 맞춰

국가 역사의 서사를 짜는 정권도 있습니다.

만약 한 나라가 과거를 무시하거나 심지어 잊으려 한다면 윤리적인 문제가 발생할 수도 있습니다. 예를 들면 1991년 소련 붕괴 이후, 한때 강력한 지도자였던 레닌과 스탈린의 동상 수천 개가 철거되었습니다. 여기에는 과거가 재현되고 기억되는 방식과 관련된 윤리적 문제가 있습니다.

게다가 일부 정부는 과거뿐만 아니라 현재를 전유하는 것으로 이해될 수도 있습니다. 예를 들면 정부는 국가 안보를 해칠 수 있는 출처와 정보에 대한 접근을 제한하는 데 관심이 있을 수 있습니다. 유출된 자료를 공개하는 위키리크스는 정보, 권력, 소유권, 접근, 자유에 대해 중요한 의문을 제기하는데, 이는 오늘날 역사가에게도 함의하는 바가 있습니다. 위키리크스 같은 조직을 고려할 때, 우리는 무엇이 국익에 부합하는지, 그리고 정부의 이익과 국민의 이익이 필연적으로 어느 정도나 동일한지 어떻게 결정할 것입니까?

결론적으로 정보에 대한 역사가의 접근과 역사가 기억되고 표현되는 방식은 오늘날의 맥락에서 발생합니다. 국가 정체성은 종종 국가의 역사에 의존하므로 국가는 과거의 것들을 홍보하는 데 기득권이 있습니다. 국가는 또한 어떤 역사를 가르칠 것인지를 결정하는 교육 체계를 통제하는 경향이 있습니다.

실제 상황 10.18

역사가에게 도덕적 기준이 있어야 할까요?

되돌아보기

자신이 곤경에 빠지지 않기 위해서나 친구를 보호하기 위해 일어난 사건에 대해 의도적으로 다른 사람을 오도한 적이 있습니까? 때로는 그러한 진술이 허위로 밝혀지지만 그렇지 않은 경우에는 '진실'로 받아들여지고 너무 익숙해져서 허위 진술을 스스로 믿게 될 수 있습니다. 때로는 서로 다른 당에 속한 정치인들이 사건이나 정치 시대에 관해 토론할 때 이런 일이 발생하는 것을 볼 수 있습니다. 핵심 측면에 대해서는 동의할 수 있지만, 각자가 일어난 일에 대해 매우 다른 이견을 가질 수 있으며, 각자 자신의 견해가 진실이라고 진심으로 믿을 수 있습니다. '어디에도 기반하지 않는 견해'라는 것은 없다는 것을 감안할 때, 여러분이 배우는 역사가 과거의 '공정한' 표현이라고 어떻게 확신할 수 있을까요?

조지 오웰의 소설 『1984』에서 과거는 단순히 잊히는 것이 아니라 의도적으로 다시 쓰입니다. 윈스턴 스미스는 "과거는 지워지고, 지워진 것은 잊히고, 거짓이 진실이 되었다"고 말합니다. 이것은 과거를 기억하는 것은 책임이 따른다는 것을 암시합니다. 과거의 진실과 현실에 부합하는 방식으로 과거를 다시 이야기하는 것, 즉 무결성과 정직성이 관련되어 있음을 의미합니다.

과거에 대한 연구는 도덕적 기준이 얼마나 풍부하고 다양했는지를 보여 줍니다. 고대 바빌론의 결혼 시장에서 오락을 위한 사람과 동물의 도살(고대 로마에서는 한때 용인된 것으로 여겨짐) 또는 사람을 노예로 사고파는 것에 이르기까지 역사는 보편적인 도덕 표준이 없음을 시사합니다.

과거는 우리에게 중요한 윤리적 문제를 상기시켜 줄지도 모릅니다. 기원전 63년, 키케로는 카틸리나가 주도한 로마 정부에 대한 테러 음모를 밝혀냈습니다. 키케로는 국가 안보를 명분으로 공모자들을 재판 없이 처형했고, 국가를 일촉즉발의 위협으로부터 보호하고 지켜 낸 국가 영웅으로 선포되었습니다. 하지만 그 후 그는 불법 행위로 기소되어 유배되었습니다. 그 뒤로 키케로가 이런 식으로 행동한 것이 옳은지에 대한 논쟁이 이어졌습니다. 개인의 이익과 권리, 국가의 안전 중 어떤 것이 우선시되어야 할까요? 관타나모 수용소에 대한 논쟁은 오늘날 우리에게도 같은 논쟁을 불러일으켰습니다. 키케로의 집에는 자유의 여신 리베르타스(Libertas)의 조각상이 세워졌습니다. 해방 또는 자유라는 개념은 미국 남북 전쟁, 프랑스 혁명(1789), 간디의 인도 독립 운동 뒤에 숨겨진 핵심 이념이었습니다.

실제 상황 10.19

1 역사 쓰기(역사 다시 쓰기)는 윤리적 고려 사항에 의해 어느 정도로 제한되어야 할까요?

2 유일한 규칙은 '무엇이든 다 된다'는 것일까요?

그림 10.12 _ 뉴욕항 리버티섬에 있는 자유의 여신상은 프랑스 조각가 바르톨디(Bartholdi, 1834~1904)가 로마 신화 속 여신 '리베르타스'를 묘사한 것으로 1886년 지금 위치에 세워졌습니다. 이 동상은 여러분에게 무엇을 나타내고 의미할까요?

실제 상황 10.20

1 학교 교과 과정에서 학습 주제와 기간을 선택하는 기준은 무엇일까요? 문화적, 사회적 배경에 관계없이 모든 사람이 연구해야 할 정도로 국제적이고 도덕적으로 중요한 역사적 주제가 있다고 생각하나요?

2 과거를 잊은 대가는 무엇일까요?

10.11 맺으며

우리는 전체 시간의 역사를 1년으로 빗대면서 10장을 시작했습니다. 지난 4,000년 동안 인간에 의해 기록된 인간 문명에 대한 연구인 역사는 우주의 시간이라는 맥락에서 보면 극히 최근의 것입니다. 호모 사피엔스의 한 가지 특징은 우리의 과거를 인식하고 기록하여 다음 세대에 전달하는 능력입니다.

역사 연구가 우리에게 줄 수 있는 것은 아마도 우리 인간의 본성에 대한 지식일 것입니다. 역사는 인간이 다양한 상황에서 사고하고 행동한 것을 보여 줌으로써 인간 본성에 대한 우리의 이해를 풍부하게 해 줍니다. 어쩌면 역사는 우리가 현재에 대한 지식을 얻는 데 도움이 될 수도 있습니다. 10장에서 우리는 관점, 선택, 중요성 및 편향의 개념을 탐구하고 상상력과 언어를 포함한 다양한 지식 도구를 검토했습니다. 언어는 자료를 해석하고 번역하는 수준에서 특정한 문제를 제기하지만(그리고 얼마간의 해석과 상상력을 필요로 하는 과거에 대한 다양한 해석이 있습니다) 지식은 여전히 가능합니다. 역사와 역사 기록에 대한 우리의 해석은 판단의 문제이지만 그래도 정당화된 해석이 필요할 수 있습니다.

역사는 그 자체로 학문적인 과목입니다. 그러나 역사와 다른 학문 과목들(예술, 자연과학, 인간과학, 기술 등) 사이에는 중요한 교차점이 있습니다.

과거가 더 이상 존재하지 않는다는 사실에도 불구하고, 역사는 현재에서 찾을 수 있는 증거에 근거하여 과거를 재구성하려고 합니다. 그러나 우리는 역사에 대한 윤리의 함의, 그리고 역사가가 과거에 대해 어느 정도나 책임을 지는지에 대해 의견이 다를 수 있습니다. 역사가 허구나 허위 과장 선전으로 전락하지 않으려면, 우리는 과거에 대해서는 모종의 진실이 있으며, 훌륭한 역사가는 적어도 우리가 이 진실에 더 가까이 다가갈 수 있도록 도울 수 있다는 생각을 진지하게 받아들여야 합니다.

탐구 10.15

역사가가 성취할 수 있는 것은 무엇일까요?

1 10장의 끝부분에 있는 '더 읽을거리'에서 역사가들이 쓴 저서 중 하나를 고르세요. 그 책에서 최고 수준의 사상가가 증거를 전문적으로 선택함으로써 성취할 수 있는 것을 살펴보세요. 또한 연령, 성별, 정치적 설득력, 사회적 및 교육적 배경처럼 그들의 관점을 형성했을 법한 요인을 생각해 보세요.

2 여러분의 작업을 되돌아보세요. 역사가들이 선택한 역사 시대, 주제, 글의 수준에 대해 판단을 내렸나요? 그렇게 했다면, 어떻게 그들의 작업에 대하여 그와 같은 통찰력을 얻었나요? 아는이로서 그들과 그들의 글에 대해 어떤 다른 의문점이 생기나요?

1   우리가 정보를 얻고, 교육을 받고, 책임감을 가지려면 얼마나 많은 역사(고대, 중세, 그리고/또는 근현대)를 알아야 할까요?

2   역사는 오늘날의 세계에서 우리의 위치와 역할을 얼마나 정확하고 이해할 수 있게 해 줄까요?

3   여러분이 세계 사상사나 전 지구적 지성사를 쓴다면 어디에서 시작하고 어떤 접근법을 취할 건가요? 어떤 문제와 도전에 직면할 것으로 예상하나요? 정확하게 정당하며 진실로 가득 찬 방식으로 이 역사를 이해하고 이야기하는 서사를 구축하는 것이 어떻게 가능할지 살펴보세요.

4   지식 틀의 네 가지 측면인 범위, 관점, 도구와 방법, 그리고 윤리를 사용하여 역사 지식의 본성에 대해 토론하세요.

지식 질문

1   역사가들의 의견이 일치하지 않을 수 있는 이유를 설명해 보세요. 그들의 의견 불일치는 과학자, 예술가, 수학자의 의견 불일치와 어느 정도나 비슷하거나 다를까요?

2   역사적 진실이 어느 정도나 있다고 생각하세요? 이것은 어떤 방식으로 과학이나 예술의 진실과 비교될 수 있을까요?

3   증거를 자유롭게 해석할 수 있는 역사가의 권리에 어떤 제한이 있어야 할까요? 역사가의 윤리적 책임에 대해 토론하고 이를 지식의 다른 영역에서 지식을 추구하는 사람들의 책임과 비교해 보세요.

10.12 지식 영역 연결 질문

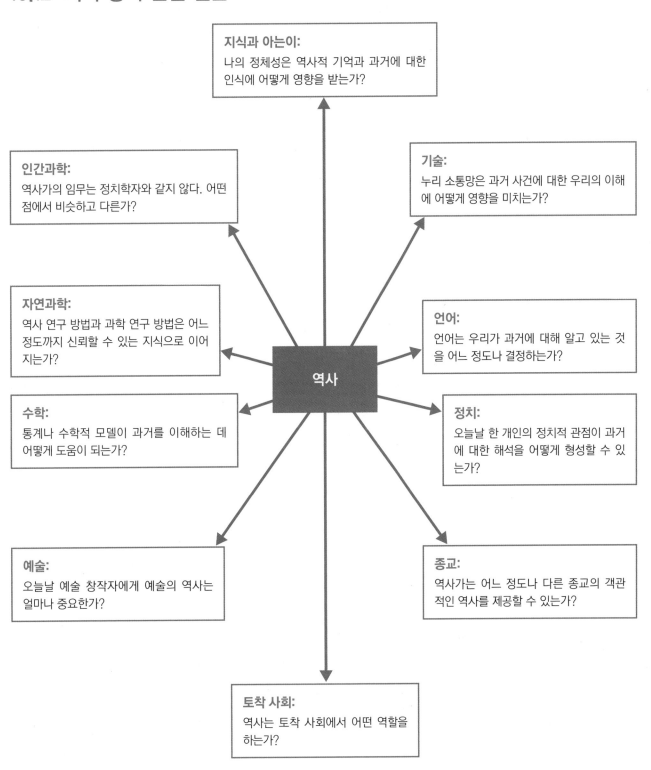

지식과 아는이:
나의 정체성은 역사적 기억과 과거에 대한 인식에 어떻게 영향을 받는가?

인간과학:
역사가의 임무는 정치학자와 같지 않다. 어떤 점에서 비슷하고 다른가?

기술:
누리 소통망은 과거 사건에 대한 우리의 이해에 어떻게 영향을 미치는가?

자연과학:
역사 연구 방법과 과학 연구 방법은 어느 정도까지 신뢰할 수 있는 지식으로 이어지는가?

언어:
언어는 우리가 과거에 대해 알고 있는 것을 어느 정도나 결정하는가?

수학:
통계나 수학적 모델이 과거를 이해하는 데 어떻게 도움이 되는가?

역사

정치:
오늘날 한 개인의 정치적 관점이 과거에 대한 해석을 어떻게 형성할 수 있는가?

예술:
오늘날 예술 창작자에게 예술의 역사는 얼마나 중요한가?

종교:
역사가는 어느 정도나 다른 종교의 객관적인 역사를 제공할 수 있는가?

토착 사회:
역사는 토착 사회에서 어떤 역할을 하는가?

10.13 자기 점검

10장에서 배운 내용을 되돌아보고 1점에서 5점 사이로(5는 최고 점수, 1은 최저 점수) 자신의 자신감 수준을 표시하세요. 3점 미만이면 해당 부분을 다시 읽어 보세요. 그런 다음 이 목록으로 돌아오세요. 여러분의 자신감이 높아졌나요?

	자신감 수준	다시 읽기?
나는 역사 지식의 범위와 본성을 이해하고 있는가?		
나는 역사 지식을 추구해야 하는 이유를 설명할 수 있는가?		
나는 역사 연구 방법의 중심, 특히 증거, 분석 및 해석의 개념에 대해 확고하게 이해하고 있는가?		
나는 역사 지식의 구축에서 선택이 하는 역할에 대해 잘 알고 있는가?		
나는 1차 및 2차 자료에 대한 분석을 포함하여 증거를 해석하고 사용할 때 발생하는 문제를 인식하고 있는가?		
나는 역사 지식을 구축하는 데 중요성의 개념을 이해할 수 있는가?		
나는 역사 지식에 대한 편향의 문제와 이를 어떻게 극복할 수 있는지 이해하고 있는가?		
나는 언어, 상상력, 공감을 포함하여 역사 연구를 위해 이용할 수 있는 다양한 지식 도구에 대해 토론할 수 있는가?		
나는 과거의 지식을 구축하기 위해 자료 분석에 필요한 기술을 알고 있는가?		
나는 헤로도토스와 투키디데스 같은 고대 역사가들이 세운 기준과 방법을 알아볼 수 있는가?		
나는 사후 통찰과 사후 과잉 확신 편향의 개념을 통해 발생하는 강점과 약점을 알고 있는가?		
나는 역사학의 중요성과 서로 다른 해석이 우리가 역사적 진실에 가까워지도록 도울 수 있는 방법을 이해하고 있는가?		
나는 역사의 '위인' 이론, 헤겔과 마르크스의 사상 등 다양한 역사 이론을 잘 이해하고 있는가?		
나는 자연과학과 달리 역사에서 요구되는 다른 증명 기준과 역사적 진실의 본성에 대한 함의에 대해 토론할 수 있는가?		
나는 예술, 과학, 기술이 과거를 재현할 수 있는 역할과 이것이 역사 지식에 미칠 수 있는 영향을 이해하고 있는가?		
나는 역사에서 윤리의 역할을 인식하고, 역사가의 해석과 판단을 형성할 수 있는 윤리적 고려 사항을 논의할 수 있는가?		

10.14 더 읽을거리

- 10장에서 얻은 지식을 바탕으로 다음 글들 중 몇 가지를 읽을 수 있습니다.

- 세계사, 역사 지식, 인과 관계, 과학 및 종교를 비롯한 다양한 주제와 **역사 연구에 대한 다양한 접근법**의 개요를 보려면 다음을 읽으세요.
  A Concise Companion to History, edited by Ulinka Rublack, Oxford University Press, 2012.

- 인과 관계, 해석의 개념에 대한 구체적인 예를 비롯하여 **역사 연구**에 대한 이해를 계발시키려면 다음을 읽으세요.
  John Arnold, *History: A Very Short Introduction*, Oxford University Press, 2000. [존 H. 아널드, 『역사』, 이재만 옮김, 교유서가, 2015년]

- **역사의 본성과 가치**에 대한 일련의 통찰력 있는 에세이를 보려면 다음을 읽으세요.
  Barbara Tuchman, 'When does history happen?' or 'The historian as artist', in *Practising History*, Papermac, 1989.

- "만약 독일이 1940년 5월에 영국을 침공했다면 어땠을까?"와 "공산주의가 붕괴되지 않았다면 어땠을까?"처럼 **역사적 장면이 실제와 다르다면 어떻게 되었을까**에 대한 질문을 탐구하기 위해 다음과 같이 읽으세요. *Virtual History*, edited by NIall Ferguson, Penguin, 2011. 이 9편의 추론적인 에세이 중 아무거나 읽으세요, 그러면 곧 역사 설명의 본성에 대해 생각하게 할 것입니다.

- 무엇이 정당한 역사 해석을 구성하는지, 증거와 객관성, 기억의 개념, 헤로도토스와 투키디데스 이후의 주요 사상가들을 비롯하여 **역사 지식의 본성**을 다룬 책을 원한다면 다음을 읽으세요.
  A. Megill, Historical Knowledge, *Historical Error: A Contemporary Guide to Practice* (*new edition*), University of Chicago Press, 2007.

- **일본, 레바논, 인도 등 다양한 국가의 관점에서 역사 연구**를 탐구하며 학교 역사 교과서를 비판적으로 바라보는 역사가 프리야 애트왈(Priya Atwal)의 BBC 팟캐스트 「선생님이 말해 준 거짓말」을 들어 보세요.

- 일반적으로 역사의 본성과 범위, 특히 예술의 역사에 대한 탐구는 BBC TV 시리즈와 App인 메리 비어드(Mary Beard), 사이먼 샤르마(Simon Sharma), 데이비드 올루소가(David Olusoga)의 〈문명(Civilisations)〉을 참조하세요.

예술

학습 목표

11장에서는 예술이 무엇인지, 어떤 기능을 하는지, 어떻게 해석되는지, 지식과 앎이 어떻게 관련되는지, 예술이 우리 각자를 아는이로 만드는 데 어떻게 도움이 되는지 살펴볼 것입니다.

여러분은

- 예술의 범위와 한계를 살펴보고, 예술이 분류될 수 있는 다양한 방식은 물론 예술을 정의하고 분류할 때 접하게 되는 몇 가지 어려움에 대해 생각해 봅니다.
- 예술이 아는이로서 여러분에게 어떤 영향을 미치는지 탐구하고 예술에 대한 여러분의 판단을 형성할 수도 있는 요인으로는 무엇이 있는지를 고려하게 됩니다.
- 예술가의 의도, 예술의 기능, 예술의 힘, 아름다움의 개념 등을 고려하여 예술의 목적을 검토하게 됩니다.
- 예술이 어떻게 해석될 수 있는지, 그리고 예술에서 상징과 알레고리를 찾는 방법에 대해 생각하고 과연 어디까지 분석 가능한지를 묻게 됩니다.
- 예술을 판단하려 할 때 일종의 객관성과 다양한 관점의 주관성을 달성하기 위해 어떻게 노력할 수 있는지 고려하게 됩니다.
- 예술이 공동체에서 수행하는 역할 중 일부를 탐구하고 예술이 공동체의 정체성에 어떻게 관여하는지에 대한 예를 논의할 수 있습니다.
- 예술과 관련된 언어, 이성이나 감정의 역할을 살펴보게 됩니다.
- 예술과 과학의 연관성에 대해, 또 창작, 독창성 및 발견의 개념을 탐구하게 됩니다.
- 제품, 아이디어 및 이데올로기를 홍보하기 위해 예술을 사용하려 할 때 필요한 윤리를 고려하고, 예술가의 윤리적 책임에 대해 생각하게 됩니다.

다음 각각의 인용문을 분석하고 이어지는 질문에 관해 토론하세요.

1 "창조하려면 먼저 모든 것에 의문을 제기해야 한다." **아일린 그레이**(Eileen Gray, 1878~1976)

2 "어떤 말로도 표현할 수 없었던 것을 색과 모양으로 표현할 수 있다는 것을 발견하게 되었다." **조지아 오키프**(Georgia O'Keeffe, 1887~1986)

3 "모든 예술 작품은 그 시대의 자식이며 많은 경우 우리 감정의 어머니다. 그러므로 각 시대의 문화는 결코 반복될 수 없는 자신만의 예술을 낳는다." **바실리 칸딘스키**(Wassily Kandinsky, 1866~1944)

4 "문학은 현실을 더하는 것이지 단순히 그것을 기술하는 것이 아니다." **루이스**(C. S. Lewis, 1898~1963)

5 "나는 예술이 엘리트주의적이거나 수수께끼 같은 것이라고는 생각하지 않는다. 누구도 예술과 정치를 분리할 수 없다고 생각한다. 예술과 정치를 분리하려는 의도는 그 자체로 매우 정치적이다." **아이웨이웨이**(艾未未, 1957~)

각 인용문에 대해 다음을 생각해 봅시다.

a 인용문에 어느 정도 동의하나요? 아니면 동의하지 않나요?

b 인용문에서 언급하는 예술의 성격과 목적이 무엇을 의미한다고 생각하나요?

c 인용문에서 예술에 대한 화자의 암시적 또는 명시적 가정을 식별할 수 있나요?

d 인용문이 다른 지식의 영역에도 적용될 수 있다고 생각하나요? 만약 그렇다면 어떤 방식일까요?

11.1 들어가며

호모 사피엔스가 진화하는 데는 약 200만 년의 생물학적 역사가 걸렸습니다. 문명과 문화의 역사를 발전시킨 것은 훨씬 더 최근의 일이며, 기껏해야 1만 년에 불과합니다. 무언가를 만들고 창조하려는 본능은 우리의 생존 본능에 반영되었습니다. **호모 사피엔스**가 물질세계를 다루기 위해 도구를 발견하고 발전시키는 동시에 우리가 현재 예술 또는 이미지라고 부르는 것을 만들기 시작한 것은 아마도 우연이 아닐 것입니다.

인도네시아 술라웨시섬에는 세계에서 가장 오래된 예술 작품 중 하나인 동굴 벽화가 있습니다. 일부 동굴 벽화는 3만 9,000년 전으로 거슬러 올라가는데 사람의 손자국을 묘사하고 있습니다. 일부는 훨씬 더 오래된 것일 수도 있습니다. 보르네오의 황소를 닮은 동굴 벽화는 최소한 4만 년 전으로 거슬러 올라갑니다. 또 다른 고대 예술 작품의 예는 약 4,000년 전에 상아로 조각된 인간의 상상력의 산물인 조각품 〈사자 인간〉입니다. 당시에 생존을 위한 사냥은 아마도 인간의 가장 중요한 활동이었을 것입니다. 그러나 고고학자들은 누군가가 이 조각품을 조각하는 데 약 400시간은 걸렸을 거라고 생각합니다. 이것은 상상 속에서만 존재할 수 있는 것으로, 사자의 머리에 인간의 몸을 한 조각상입니다. 지금까지 전해지는 이 예술품은 왜 조각되었는가, 왜 이것이 400시간의 노력을 들일 가치가 있다고 생각되었는가, 무엇에 사용되었는가, 이것이 들려주는 공유된 이야기는 무엇인가 등 숱한 의문이 풀리지 않은 채 남아 있습니다.

예술은 세상을 이해하는 도구라고 할 수 있습니다. 예술은 내적 세계를 공유 공간에 배치해 집단 지식이 되도록 하는 수단입니다. 심지어 예술은 공감대를 구축하는 데 도움을 주기도 합니다. 이 공감대를 둘러싸고 공동체가 모일 수 있고, 또 이로부터 공동체는 정체성 감각을 얻을 수 있습니다. 초기 예술 형태의 예로서 벽화나 조각품들은 인간의 지식과 앎의 역사, 우리가 예술에 부여하는 가치, 이미지를 만들려는 인간의 충동과 중요한 연관성을 가지고 있습니다.

예술은 다채로운 지식 영역으로 이루어져 있습니다. 문학, 건축, 음악, 연극, 무용을 통해서든 순수 미술을 통해서든, 이것들이 한데 어울려 세계를 이해하는 새로운 방식, 의미에 근거해 세계를 해석하는 새로운 방식을 보여 줍니다. 이처럼 다양한 예술은 인간이 무엇인지에 관한 질문에 매우 중요한 것으로 보이지만, 우리 개개인은 '좋은 예술'이 무엇인지에 대한 이해가 서로 다르고, 취향은 살아가면서 변합니다. 많은 사람들이 **미학**을 예술의 중요한 측면으로 간주합니다. 즉, 그들은 위대한 예술과 아름다움이 일치한다고 생각하지만 다른 사람들은 위대한 예술이란 도전적이고 매혹적이며 독창적일 필요가 있다고 주장합니다.

일반적으로 예술에는 시각 예술, 공연 예술 및 문학예술이라는 세 가지 주요 범주가 있습니다. 시각 예술에는 판화, **섬유 예술**, 드로잉, 회화, 사진, 영화, 건축, 도자기 및 조각이 포함됩니다. 공연 예술에는 음악, 노래, 춤, 오페라, 마임, 인형극 및 연극이 포함됩니다. 문학예술에는 극작(劇作), 시작(詩作) 등의 창작 활동이 포함됩니다.

11장에서 다루는 많은 예가 시각 예술에서 나왔지만, 예술에는 회화와 조각뿐만 아니라 문학예술과 공연 예술도 포함된다는 점을 염두에 두어야 합니다. 따라서 특정 예술 형식에 대해 이뤄지는 논점이 예술 일반에 적용되는지 결정해야 할 것입니다.

키워드

미학: 아름다움과 예술을 연구하는 철학의 한 분야

섬유 예술: 식물, 동물, 합성 섬유를 이용하여 장식적이거나 실용적인 물건을 만드는 예술의 한 분야

실제 상황 11.1

예술적 표현(특히 그림, 문학 또는 영화)이 특정 사람, 사건이나 쟁점에 대해 사고하는 방식을 어떻게 만들었다고 생각합니까?

11.2 예술의 범위는 어디까지인가?

실제 상황 11.2

문학예술, 시각 예술, 공연 예술이라는 세 가지 주요 범주 각각에서 여러분의 마음에 드는 예술 작품의 구체적인 예를 제시하세요. 선택한 각각의 예에서 여러분의 관심을 끈 것은 무엇인지 말해 보세요.

예술은 전통적으로 우리의 깊은 관심을 받을 권리가 있다고 주장했기 때문에 우리는 예술의 본성과 가치를 탐구하는 데 시간을 할애해야 합니다. 우리가 던져야 할 질문은 **"예술이란 무엇인가?"**입니다. 대부분의 사람들은 무엇인가가 '예술 작품'이 되려면 인간이 만든 것이어야 한다는 데 동의할 것입니다. 일몰은 아름답고 에베레스트산은 경

외심을 불러일으킬 수 있지만 두 가지 모두 예술 작품이라고 하지 않습니다.

많은 사람들이 'art(미술)'라는 단어는 소묘, 회화, 사진, 조각 등 순수 미술을 지칭할 때 사용하며, 'the arts(예술)'라고 하면 음악, 무용, 연극, 영화, 시, 문학 등으로 의미가 확장됩니다. 그렇다면 우리는 예술의 범위를 어떻게 정의할 수 있을까요? 우리가 예술로 정의할 수 있는 것의 한계는 무엇일까요? 모든 그림을 예술로 볼 수 있을까요? 수학 시간에 원형 도표를 그리면 예술일까요? 스마트폰으로 찍은 영상을 갤러리에 전시할 가치가 있거나 시각 예술상을 받을 가치가 있게 만드는 것은 무엇일까요? 2018년에 그림이나 조각품을 출품한 예술가들은 아무도 터너상 후보에 오르지 못했습니다. 모든 예술가는 필름과 디지털 이미지를 사용했으며, 우승자인 샬럿 프로저(Charlotte Prodger, 1974~)는 스마트폰으로 30분 분량의 싱글 스크린 비디오 촬영물을 찍었습니다.

예술은 팔리는 것이라고 주장하는 사람들도 있을 것입니다. 일부 비평가들은 마크 로스코(Mark Rothko, 1903~1970)의 〈주황, 빨강, 노랑〉이 최고의 미술품이라고 평가했고, 이 그림은 2012년에 8,690만 달러에 팔렸습니다. 당시로서는 현대 미술 작품 중 역대 최고가였습니다. 비록 이 작품이 미학적으로는 아름답지만 다른 사람들은 이것의 예술적 장점을 보려고 애씁니다. 왜냐하면 기교의 정도가 매우 높은 다른 예술 작품과 비교할 때 기교의 정도가 그다지 **분명하**지 않다고 판단될 수 있기 때문입니다. 비슷한 예로 옛날식 학교 칠판 배경에 새겨진 낙서를 묘사한 사이 트웜블리(Cy Twombly, 1928~ 2011)의 〈무제〉가 있습니다. 이 그림은 뚜렷한 기교를 볼 수 없지만 매우 가치가 높은 예술 작품으로, 2015년에 7,000만 달러 이상의 가격으로 팔렸습니다.

그림 11.1 _ 사이 트웜블리의 1968년작 〈무제〉

예술 작품을 만드는 데 필요한 기교가 작품의 미적 또는 금전적 가치를 어느 정도나 결정할까요?

그림 11.2를 보세요. 트레이시 에민(Tracey Emin, 1963~)의 〈내 침대〉(1998)는 예술에 대한 사전적 정의에 어떻게 들어맞을까요?

그림 11.2 _ 트레이시 에민의 〈내 침대〉

예술에 대한 한 가지 사전적 정의는 "인간의 창조적 기교가 상상력의 표현이나 적용에 의해 주로 아름다움이나 감성적 호소력으로 인정받는 작품을 만드는 것"입니다. 그러나 아름다움과 감성적 호소력은 우리가 모두 동의할 수 있는 성질일까요? 일부 비평가들은 트레이시 에민의 〈내 침대〉가 11장의 뒷부분에 살펴볼 내용 중 하나인 "일상의 재현을 묘사"하고 있어서 네덜란드 정물화의 전통에 속한다고 주장합니다. 에민의 작업이 역사적 예술 맥락에서 어디에 해당하는지에 대한 지식은 이 작품에서 에민의 상상력에 대한 우리의 감상에 영향을 미칠 수 있습니다. 그러나 갤러리에 침대를 두거나 일부 사람들이 칼 안드레(Carl Andre, 1935~)의 〈등가 VIII〉(1966)에 대해 언급하듯이 미술 전시회에 벽돌 더미를 두는 것은 적절한 예술의 범위를 넘어선다고 생각할지도 모릅니다. 사람들은 또한 예술을 판단하는 것과 관련하여 전문가의 의견이 얼마나 적절한지에 대해서도 의견이 다를 수 있습니다. 예술을 구성하는 것이 무엇인지에 관한 우리의 이해를 형성하는 데에는 많은 요인이 있습니다.

트레이시 에민의 〈내 침대〉가 갖는 예술적 의미를 이해하기 위해 우리는 〈내 침대〉보다 먼저 그려져 영감을 준 작품들의 맥락에서 이를 고려할 필요가 있습니다.

침대는 유럽 회화사에서 중요한 상징으로, 잉태나 탄생, 꿈, 죽음의 장소를 재현합니다. 그러나 에민의 침대는 결코 이런 침대는 아닙니다. 이 작품은 작가 에민이 '약한 신경 쇠약'으로 4일간 침대에 누워 있었던 개인적인 경험을 바탕으로 제목을 '내 침대'로 붙인 것이기 때문입니다. 이 작품은 그녀가 아는이로서의 개인적 체험을 예술로 승화시킨 것입니다.

논의 11.2

1   새로운 예술의 창조는 예술에서의 새로운 지식 창조와 어느 정도나 동일할까요?

2   예술과 지식의 관계는 무엇일까요?

에민은 특히 노르웨이 표현주의 화가 에드바르 뭉크(Edvard Munch, 1863~1944)의 〈아픈 아이〉의 영향을 받았습니다. 뭉크는 '아픈 아이'라는 제목으로 침대에서 죽어 가는 여동생을 묘사한 6점의 그림과 다양한 석판화 및 동판화를 남겼습니다. 그러나 일상에 대한 에민의 초점은 17세기 네덜란드 프로테스탄트 정물 화가들로 거슬러 올라갈 수 있습니다. 이들은 (가톨릭 전통의 위대한 종교 **서사**에서 벗어나) 삶의 일상적인 대상을 그렸습니다. 예를 들면 빌렘 클라스 헤다(Willem Claesz Heda, 1593~1680)의 〈블랙베리 파이가 있는 아침 식탁〉은 식사를 마친 후의 어수선함 같은 일상적인 경험을 연상시킵니다. 이 관점은 성자의 종교적 이미지와 성경 속 장면을 대체하고 일상적인 장면을 고급 예술의 지위로 끌어올려 의미와 상징이 일상 세계에서 발견될 수 있도록 해 줍니다.

키워드

서사: 일련의 사건에 관해 설명하는 이야기. 사실일 수도 있고 허구일 수도 있으며 두 가지가 혼합된 것일 수도 있음

그림 11.3 _ 빌렘 클라스 헤다의 〈블랙베리 파이가 있는 아침 식탁〉(1631)

그림 11.4 _ 에드바르 뭉크의 〈아픈 아이〉(1907)

키워드

아르테 포베라(Arte Povera): 1967년 무렵, 이탈리아에서 시작한 전위 미술 운동. 개념 미술, 미니멀리즘, 행위 예술 측면을 결합하여 무가치하거나 일상적인 재료로 상업화를 전복시키려 함

더욱이 예술이 일상과 평범한 것에 초점을 맞추는 것은 **'아르테 포베라'** 운동으로 알려진 1960년대와 1970년대의 이탈리아 양식에 영감을 주었습니다. 에민은 이런 선구자들의 작업을 이어받았습니다. 즉, 〈내 침대〉는 알약과 콘돔을 묘사하여 일상생활의 적나라한 세부 사항을 보여 줍니다.

이 작품의 구성 요소에는 선례가 있지만, 에민은 이런 요소들을 조합하여 작품을 매우 독창적으로 만듭니다. 이것은 그녀가 본래 의미에서 아는이의 관점을 가졌음을

보여 줍니다. 이처럼 미술사적 이미지를 해석하고 '해독(decoding)'하는 전문성은 언어를 배우는 것과 같습니다. 에민의 작업이 예술사의 더 큰 이야기에 어떻게 들어맞는지 보는 것은 과거의 예술가들과 양식들을 참조할 때만 가능합니다.

탐구 11.1

트레이시 에민의 〈내 침대〉는 실생활을 예술로 만듭니다. 짝과 함께 예술의 주요 초점이 되어야 한다고 생각하는 것에 대한 아이디어 목록을 작성하세요. 하나의 아이디어를 선택하고 아이디어를 뒷받침하는 세 가지 주장을 생각해 보세요. 그런 다음 몇 가지 반론을 고려하고 평가하세요.

논의 11.3

우리는 현대 예술을 감상하거나 이해하기 위해 예술사에 대해 어느 정도나 알아야 할까요?

예술인가, 공예인가?

모든 것이 예술은 아니라고 판단한다면 예술의 범위에는 한계가 있다고 생각할 수 있습니다. 도자기를 예술이라기보다 공예로 여기는 사람들도 있습니다. 화랑에서 전시할 자리를 내주지 않는 경우가 많은 섬유 예술도 마찬가지입니다. 사실 예술과 공예의 경계는 오랫동안 논란이 되어 왔습니다. 그 차이가 쓰인 재료에 있다고 하는 사람도 있고, 예술은 예술가의 의도에 좌우된다고 하는 사람도 있을 것입니다. 또 여전히 예술은 아이디어를 소통하는 것인 반면, 공예는 재료를 물리적으로 가공하는 것이라고 기술하는 사람도 있을 것입니다. 그러나 물론 공예 또한 아이디어를 소통할 수 있고 조각품(순수 미술)도 재료의 가공과 관련됩니다. 심지어 회화도 재료의 가공으로 볼 수 있습니다.

조르조 바사리(Giorgio Vasari, 1511~1574)는 이탈리아의 예술가이자 최초의 미술사가 중 한 사람입니다. 그는 자신의 저서 『르네상스 미술가 평전』에서 미켈란젤로와 레오나르도 다빈치를 오늘날 우리가 생각하는 예술가라기보다는 **장인**이나 **공예가**로 생각합니다. 당시 그들은 부유한 후원자를 위해 일하는 장인으로 여겨졌습니다.

그러나 2003년 그레이슨 페리(Grayson Perry, 1960~)는 일반적으로 공예로 간주되는 도예로 예술 분야에서 권위 있는 터너상을 받아 예술과 공예의 경계가 얼마나 불분명한지를 보여 주었습니다.

키워드

장인, 공예가: 특정한 수공업이나 공예에 숙련된 노동자

논의 11.4

1 예술 활동과 장인 정신을 구별하는 것이 중요할까요? 만약 그렇다면 왜 그럴까요?

2 예술이 무엇인지 판단하는 기준은 무엇일까요?

프랑스 화가이자 조각가인 장 뒤뷔페(Jean Dubuffet, 1901~1985)는 '날것 그대로의 미술'을 뜻하는 '**아르 브뤼**'로 알려진 운동을 시작했는데, 이 운동은 어린이, 죄수, 정신 건강 문제가 있는 사람들이 만든 예술의 가치를 인정하자는 것입니다. 그는 아카데미 출신 엘리트들의 전통적인 순수 미술의 산물인 '문화 예술'과는 대조적인 예술 문외한들의 '저급한' 예술의 가치를 인정했습니다. 그는 '원시 미술', '그래피티 아트(graffiti art)', '소박한 미술'이 기존 예술가들이 종종 간과하는 감정의 날것, 보이는 것에 대한 솔직한 표현이라고 생각했습니다. 그는 오늘날 스위스 로잔의 아르 브뤼 컬렉션(La Collection de l'Art Brut)에 전시되어 있는 자신의 작품에 이런 특징을 표현하려고 노력했습니다. 이것은 예술을 구성하는 것이 무엇인지에 대한 합의와 불일치가 어디에 관련되어 있는지를 보여 주는 좋은 예입니다.

예술을 생각할 때 무엇보다도 모든 소설이 문학 작품은 아니며, 모든 그림이 미술 작품인 것도 아니며, 모든 소리가 음악인 것도 아니라고 보는 것이 일반적인 접근법입니다. 그러나 많은 사람들이 이 생각에 도전해 왔습니다. 20세기 초, 프랑스 예술가 마르셀 뒤샹(Marcel Duchamp, 1887~1968)은 그가 '레디메이드(readymade, 기성품)'라고 부르는 것을 전시하기 시작했습니다. 이름에서 알 수 있듯이 이것들은 단순히 일상적인 맥락에서 꺼내어 이름을 다시 붙이고 미술관에 놓은 물건이었습니다. 아마도 뒤샹의 '레디메이드' 중 가장 유명한 것은 〈샘(Fountain)〉일 것입니다. 이 작품은 뒤샹의 이름 대신 뮈트(R. Mutt)라는 가명이 새겨진 흰색 소변기인데, 뮈트는 이 변기를 만든 제조업자의 이름입니다. 일상적인 물건이 미학적 가치를 가질 수 있음을 암시함으로써 뒤샹은 작자성과 진정성, 예술이 어디서 끝나고 비예술이 어디서 시작되는지에 관한 의문을 제기하는 것으로 볼 수 있습니다.

논의 11.5

1 무엇이든 예술이 될 수 있다면 이것은 모든 것이 예술**이다**라는 의미일까요?

2 대중의 의견은 우리가 예술이라고 생각하는 것에 어느 정도나 영향을 줄까요?

모든 소설이 문학 작품은 아니며, 모든 그림이 미술 작품은 아니며, 모든 소리가 음악도 아니라는 생각을 받아들인다 해도, 어떤 책이 문학인지 아니면 그냥 재미있는 읽을거리인지 누가 결정하나요? 그리고 그것이 왜 중요할까요? 한 가지 대답은 인기나 합의에 따라 예술이라고 결정을 내리는 것입니다. 많은 사람들의 심금을 울리거나 생각하게 만드는 작품을 발견하여 그것을 보거나 듣기 위해 돈을 낸다면 우리는 그것을 미술이나 문학, 음악이라고 부를 수 있습니다. 하지만 다음과 같은 반론이 가능합니다. 예술에 대한 판단 기준이 있고, 예술 비평가(평론가)는 그들의 판단이 인정받을 만한 가치가 있고, 나아가 권위를 가진 특정한 전문가라는 것입니다. 그러나 이 두 가지 입장 모두 예술 평론가나 대중적 공감대에 의해 생전에 인정받지 못했지만, 나중에 위대한 거장으로 평가받은 예술가들의 경우를 간과하고 있습니다.

'진짜 예술'인가, 키치인가?

예술의 범위를 정의하기 어려워도 진짜 예술과 **키치**에는 차이가 있다는 데 많은 사람들이 동의할 것입니다. 키치는 종종 감성적이라고 특징지워지며, 일부 사람들은 진짜 예술인 척하는 사이비 예술이라고 생각하기도 합니다. 여기에서는 키치를 시각 예술과 관련해 논의하겠지만, 키치는 음악과 문학에도 마찬가지로 적용될 수 있습니다. '진정한' 예술적 가치를 갖기보다는 순전히 관상용이나 장식용으로 간주되는 예술에 붙인 용어입니다. 독창성은 없지만 유능한 예술가들이 달력과 연하장을 위한 그림을 만들고 있습니다. 우리는 또한 많은 '원본' 그림이 빠르게 그려지고 관광 시장에서 기념품으로 판매되는 것을 발견합니다. 그런 예술은 **키치**로 알려져 있습니다. 키치는 기본적으로 사람들에게 도전하기보다는 달래고 안정시키기 위해 일반적으로 고안된 진부하거나 틀에 박힌(클리셰화된) 예술의 모든 형태입니다. 어떤 사람들은 예술의 '진짜 소임'이 사물을 바라보는 전통적인 방식에 의문을 제기하고 우리에게 세상을 경험하는 새로운 방식을 제공하는 것이라고 주장하며, 따라서 키치 예술은 '진짜' 예술이 아니라고 암시합니다.

그러나 키치 운동은 20세기 후반 스웨덴계 노르웨이 화가인 오드 너드럼(Odd Nerdrum, 1944~)이 오슬로의 아스트루프 펀리(Astrup Fearnley) 미술관에서 열린 그림 전시회에서 자신을 키치 화가라고 선언하면서 시작되었습니다. '키치'라는 꼬리표를 당당히 걸고 그는 키치 예술을 새롭게 받아들일 수 있는 길을 열었습니다. 너드럼은 자신의 책 『키치에 관하여(On Kitch)』(2000)에서 키치는 인간의 영원한 물음에 관한 것이며 우리의 감각, 즉 인간의 본성에 호소한다고 주장했습니다.

위대한 키치 예술로 분류되기 위해서는 전문적인 기술, 감정 그리고 이야기를 풀어내는 능력을 작품이 보여 줘야 합니다. 구성력과 아름다움은 키치 예술에서 중요한 요소이며 일반적으로 지적이라기보다는 감성적인 수준으로 이해되기 때문에 예술 교육을 받지 못한 사람들을 포함한 모든 사람들이 쉽게 접근할 수 있습니다.

앤드루 와이어스(Andrew Wyeth, 1917~2009)는 20세기 미국에서 가장 인기 있고 잘 알려진 예술가 중 한 명이지만 그의 작품은 그의 예술을 키치라고 여기는 일부 비평가들에 의해 널리 폄하되었습니다.

아방가르드

앙리 드 생 시몽(Henri de Saint-Simon, 1760~1825)이 **아방가르드**라는 용어를 만들었는데, 이는 '척후병'을 의미합니다. 군대에서 **아방가르드**가 다른 병사들보다 앞서 가는 것처럼 생시몽은 예술가가 산업가, 과학자처럼 새로운 사회의 개척자로서 빠르게 앞서 나아가야 한다고 믿었습니다. 그는 이렇게 썼습니다. "우리 예술가들은 아방가르드처럼 여러분에게 봉사할 것이다. 예술의 힘은 가장 즉각적이다. 왜냐하면 새로운 아이디어를 퍼뜨리고 싶을 때 우리는 대리석이나 캔버스에 그것들을 새기기 때문이다. 사회에 긍정적인 힘을 행사하고, 진정한 사제로서 기능하며, 모든 지적 능력의 선봉에 서서, 즉 전위 부대로 행진하는 것이야말로 예술의 장엄한 운명이다!"

따라서 예술을 **아방가르드**로 분류한다는 것은 예술이 생산되는 시대적 맥락에서 최첨단이고 혁신적이라는 것을 의미하며, 그리고 이것이 다시 어떤 예술에든 적용될 수 있습니다. 아방가르드 운동에는 현대 세계의 에너지를 포착한 **미래주의**, 잠재의식적인 것과 비합리적인 것을 탐구하는 **초현실주의**, 현실을 혁신적인 방식으로 재현한 **큐비즘**이 포함됩니다.

키워드

미래주의(futurism): 이탈리아에서 시작되어 속도, 기술, 젊음, 폭력과 자동차, 비행기, 산업 도시와 같은 오브제를 강조하는 예술 운동

초현실주의(surrealism): 상상력이 풍부한 꿈과 환상을 표현함으로써 무의식의 창조적 잠재력을 해방시키려는 예술 운동

큐비즘(cubism): 사물을 분석하고 분해하고 추상화된 형태로 재조립하는 예술 운동

실제 상황 11.4

오늘은 전위적인 것(아방가르드)이 내일이면 진부한 것(클리셰)이 될 수 있습니다. 그런 분류가 어느 정도나 도움이 될까요?

예술 분류가 지닌 문제

에드가 드가(Edgar Degas, 1834~1917)의 조각품 〈14세의 어린 무용수〉는 원래 밀랍 모형으로 전시되었다가 나중에 청동으로 주조되었습니다. 드가의 조각품은 사춘기 발레리나의 고통과 스트레스를 묘사했기 때문에 관객에게 충격을 줬습니다. 젊은 무용수의 고단한 삶에 주목했기 때문에 당시에는 **아방가르드**로 여겨졌습니다.

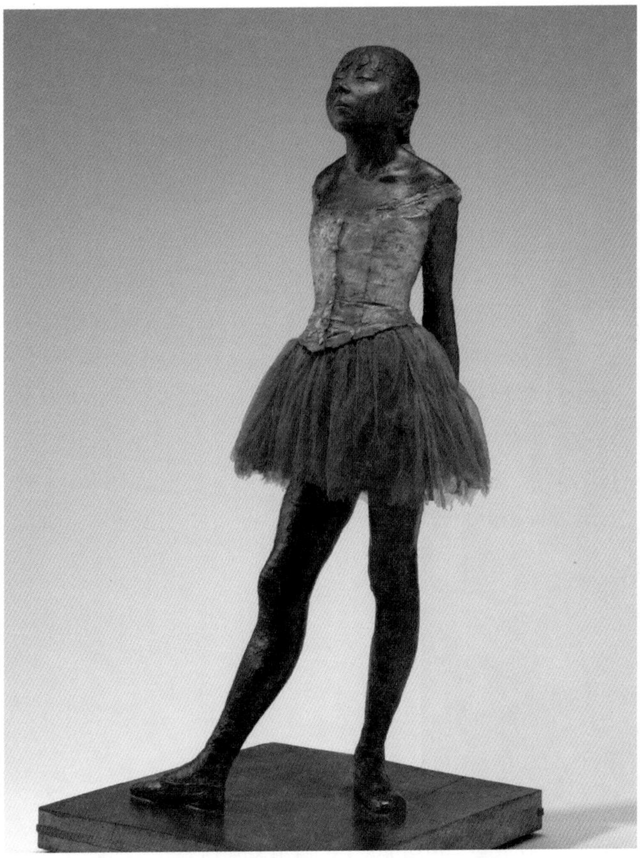

그림 11.5 _ 드가의 조각품 〈14세의 어린 무용수〉

이와는 대조적으로 윌리엄 박스터 콜리어 파이프(William Baxter Collier Fyfe, 1836~1882)는 꽃을 파는 소녀에 관한 다소 키치적인 관점을 묘사했습니다. 그의 그림 〈꽃을 파는 소녀〉(1869)는 꽃을 파는 행복하고 건강한 소녀를 재현해 냅니다. 비평가들은 그것이 감상적이며 19세기 영국에서 생계를 위해 꽃을 팔아야 했던 가난한 소녀들의 삶을 잘못 재현했다고 말합니다.

그러나 모든 예술이 그렇게 쉽게 분류되는 것은 아닙니다. 예술의 새로운 움직임은 때로는 현실에 대한 우리의 이해에 도전할 수 있지만, 시간이 지나면 충격적인 가치를 잃고 단순히 어떤 문화가 세상을 보는 방식의 일부가 될 수 있습니다. 그런 반면에 우리의 감성을 자극하는 보다 전통적이고 사실주의적인 작품들이 때로는 새로운 세대 안에서 우리의 세상을 새롭게 보게 됩니다. 이것의 한 예는 장 밥티스트 그뢰즈(Jean-Baptiste Greuze, 1725~1805)의 같은 제목의 그림에서 영감을 얻은 윌리엄 아돌프 부그로(William-Adolphe Bouguereau, 1825~1905)의 〈깨진 물 주전자〉(1891)입니다.

부그로의 그림에서 깨진 물 주전자는 성적 상징의 한 예이며, 그림에서 묘사된 어린 소녀가 강간당했다는 것을 암시하는데, 이는 소녀의 애절한 표정에 의해 더욱 노골적으로 표현됩니다. 많은 사람들에게 부그로의 그림은 시골 소녀의 가혹한 삶의 현실을 완화시키는 동시에 연민을 불러일으키는 감성적인 키치라고 여겨지지만, 그녀가 겪은 잊혀지기 힘든 폭력에 대해 절제된 표현은 또한 '미 투(Me too)' 운동을 외치는 사람들에게 큰 울림을 갖는다고 할 수 있습니다.

그림 11.6 _ 부그로의 〈깨진 물 주전자〉를 자세히 보세요. 그것은 단지 '예쁜 그림'일까요, 아니면 세상에 대한 보다 심오한 무엇인가를 전달하는 것일까요?

고대 그리스에는 물을 길으러 샘에 갔다가 강간당한 소녀 '아미모네(Amymone)'에 관한 신화가 있습니다. 폭행당하는 동안 그녀의 물 주전자가 떨어져 깨졌습니다. 이 이야기는 나중에 프랑스 극작가들과 예술가들에게 영감을 주었습니다. 그들은 깨진 물 주전자를 '빼앗긴' 처녀성과 강간의 상징으로 삼았습니다. 그림 11.6의 〈깨진 물 주전자〉를 다시 보세요. 그림이 상징하는 것에 대해 아는 것은 우리가 깨진 물 주전자를 해석하는 방식을 어떻게 바꿀까요?

예술 형식에 내재된 상징성을 인식하고 감상하고 해석할 수 있게 해 주는 문화적 이해를 갖추고 있지 않다면 예술을 어느 정도나 이해할 수 있을까요?

철학자 데이비드 노비츠(David Novitz, 1945~2001)는 예술의 정의와 분류에 대한 의견 불일치는 예술 이론에 대한 것이라기보다는 우리의 가치, 그리고 우리 사회가 함께 나아가려 하는 방향 사이에서 벌이는 논쟁일 때가 더 많다고 주장했는데, 그가 옳은 것 같습니다.

아름답고 위안을 주는 예술을 보거나 듣는 것을 선호하나요, 아니면 여러분에게 도전하고 사고하게 하는 예술을 좋아나요? 둘은 어느 정도나 상호 배타적인가요?

예술은 '영구적'이어야 할까?

예술은 그게 무엇이든 하나로만 정의되는 것을 꺼리지만, 우리는 예술을 정의하는 요소들이 있다는 것에 동의할 수 있습니다. 예술의 범위를 정확하게 정의하는 것은 불가능할 수 있지만, 적어도 예술 표현의 공통적인 특징 중 몇 가지는 식별할 수 있습니다. 위대한 예술 작품을 그렇지 않은 작품들과 구별해 주는 두드러진 특징은 아마도 그 예술 작품을 대할 때마다 매번 새로운 것들을 발견한다는 점에서 **무궁무진하다**는 것입니다. 이와 관련된 관념은 위대한 예술 작품들이 세월의 시험을 견뎌 내고 세대와 문화를 넘나들며 말하고 있다는 것입니다. 예를 들면 소포클레스(Sophocles, BC 497?~BC 406)의 희곡 「오이디푸스 왕」이 2,500년 전에 아테네 관객을 감동시켰던 것과 같은 힘과 강렬함으로 우리에게 감동을 안겨 준다는 사실에는 뭔가 특출난 것이 있습니다. 실제로 시간을 초월하는 효과는 우리가 시간을 지속하는 예술과 단순히 유행하는 예술을 구별하는 데 도움을 준다고 할 수 있습니다. 예술은 시간이 지나면서 시험되고 검증될 수 있기 때문입니다.

그러나 이것은 예술이 영구적이라는 것을 전제로 합니다. 공연 예술은 반복해서 되돌아갈 수 없습니다. 공연이 반복된다 해도 이번 공연과 다음 공연이 완전히 똑같을 수는 없습니다.

1974년, 세르비아의 행위 예술가 마리나 아브라모비치(Marina Abramović, 1946~)는 베오그라드 갤러리에서 6시간 동안 자신의 몸을 전혀 움직이지 않는 상태로 '공연'했습니다. 그녀는 정지 상태로 서 있었고, 테이블에는 72개의 물품이 있었습니다. 이 물품에는 얇은 여성용 깃털 목도리와 가위, 올리브 오일, 총과 총알이 포함되었습니다. 갤러리 방문객들은 그들이 선택한 어떤 방식으로든 그 물건들을 마음대로 사용할 수 있도록 허용되었습니다. 아브라모비치는 '공연' 내내 완전히 수동적이었지만, 어느 시점에 갤러리 관리자는 한 관객으로부터 장전된 총을 낚아채려 씨름했고 결국 그를 갤러리 밖으로 내쫓아야 했습니다. 6시간에 걸친 공연이 끝날 무렵, 아브라모비치는 거의 벌거벗은 채 피를 흘리고 있었습니다. 공연이 끝나자 아직 남아 있던 관객들이 '도망쳤다'고 그녀는 주장했습니다. 그들이 조금 전까지만 해도 단순히 물리적 몸으로만 보고 있던 대상이 사람으로 돌아온 것을 받아들이지 못했기 때문이라는 겁니다.

아브라모비치의 작품은 신체 예술(body art)과 인고 예술*(endurance art), 페미니스트 예술, 공연자와 관객의 관계, 신체의 한계와 마음의 가능성을 탐구한다고 합니다. 오직 회상으로만 그녀의 공연으로 돌아갈 수 있는데 그녀의 공연에 참여하거나 목격한 사람들의 이야기나 설명을 통하지 않고서는 새로운 관객이 접근할 수 없습니다.

*인고 예술: 긴 시간 동안 제한된 행위를 반복하거나 특정 자세를 유지하는 행위. 체력 소모가 많으며 고통, 고독, 탈진 등과 같은 고난을 수반하는 과정에서 공연자와 관객에게 강렬한 감정을 일으키는 행위 예술이다.

논의 11.8

모든 예술에 공통적인 특징이 있나요? 만약 예술이 시간이 지남에 따라 되돌리거나 검증될 수 없다면, 우리는 평가를 위해 어떤 다른 기준을 사용하게 될까요?

탐구 11.4

1 짝을 지어 마리나 아브라모비치의 1974년 공연이나 이와 유사한 예들이 예술로 간주되어야 하는지 잘 생각해 보세요. 한 명은 그 공연이 예술로 간주될 수 있는 이유에 대해, 다른 한 명은 그것이 예술로 간주될 수 없는 이유에 대해 한 단락짜리 글을 써야 합니다.

또래 평가

아래의 평가 기준을 사용하여 서로의 논점을 평가하세요.

· 논점을 뒷받침하고 정당화하기 위해 사용된 이유가 구체적이고 적절한가?

· 논점은 다른 관점을 알고 있는지를 보여 주는가?

· "얼마나 흥미롭고 설득력 있는 주장인가?"라는 점에서 논점의 전반적인 특징은 무엇인가?

2 다음에 대해 학급 전체에서 토론해 보세요. "아브라모비치의 퍼포먼스는 인간 본성에 관해 어떤 새로운 지식을 줄까?" "행위 예술과 인간과학의 관계는 무엇일까?"

되돌아보기

어떤 작품이 예술 형식인지 아닌지를 결정하는 방식을 생각해 보세요. 여러분은 다른 사람에게 배운 기준을 사용하나요, 아니면 여러분의 직관과 작품에 대한 여러분의 감정적 반응에 대한 성찰에 기반하여 자신만의 기준을 발전시켰나요?

11.3 예술과 아는이

논의 11.9

1 여러분이 가장 좋아하는 책과 시, 음악, 그림, 영화는 무엇입니까?

2 예술에서 여러분이 선호하는 것은 여러분이 누구인지에 대해 무엇을 말해 줄까요?

3 여러분의 국적, 나이, 종교 또는 다른 요소들은 어떤 식으로 여러분의 선택을 형성할까요?

음악, 영화, 연극, 문학에 대한 취향과 선호도가 서로 다르다는 점을 감안하면 예술은 단순히 한 사람의 호불호에 따라 달라지는 문제로 보입니다. 많은 사람들이 좋아하는 그림을 자기 집 벽에 걸고 다양한 플레이어로 좋아하는 음악을 듣습니다. 우리 중 많은 이들이 "우리는 우리가 무엇을 좋아하는지 안다"라고 말하지만, 마찬가지로 "우리는 우리가 아는 것을 좋아한다"라고 말할 수도 있습니다.

"나는 그의 초기 작품을 더 좋아하는데,
특히 그 당시에는 좋아하지 않는다고 말한 작품을 더 좋아해."

우리가 자신의 예술을 창조할 때 우리는 우리의 가치, 지식, 관념을 주고받는 것입니다. 그래서 어떤 측면에서는 예술은 개인적 표현입니다. 그러나 다른 차원에서 우리는 우리가 창조하는 예술이 우리를 형성하고, 우리가 알고 있는 것과 우리가 생각하는 방식에 영향을 미치는 힘을 갖고 있다는 것을 알고 있습니다.

개인적인 차원에서 예술은 여러 가지 방식으로 우리를 이롭게 하는 것 같습니다. 그것들은 우리의 뇌신경의 연결성을 향상시켜서 우리의 마음을 만들 수 있다고 합니다. 음악(특히 클래식 음악) 연주를 배우는 것은 협업 능력을 높일 뿐만 아니라 창의성과 자기 수양을 향상시킨다고 합니다. 문학 작품을 읽는 것은 공감력과 사회 인식 능력을 높일 수 있습니다. 그리고 춤은 스트레스를 줄이고 사회적으로 보다 연결되어 있다고 느끼도록 함으로써 정신 건강을 향상시키는 것으로 밝혀졌습니다.

그러나 예술이 하나의 사회로서의 우리에게 도움을 주는 지식과도 연결된다는 강력한 주장도 있습니다. 미술관과 콘서트홀의 존재는 예술이 공동체가 가치 있게 여기는 것에 대한 공유된 표현이거나 기념이며 공동체의 유대감을 높이는 역할을 할 수 있음을 암시합니다. 예를 들어 가장 초기의 예술은 공동체의 종교 의식의 일부로 종교적 목적에 부응했으며 오늘날에도 예술은 계속해서 모든 사회에서 종교적 관념을 표현하고 해석하고 있습니다.

실제 상황 11.5

친구와 함께 영화를 보거나 콘서트에 간 경우를 생각해 보세요. 이렇게 공유된 경험은 강의나 집회에 함께 참석하는 것과 비교하여 사회적 유대감을 높이는 데 어떻게 이바지했습니까? 예술의 지식은 개인의 정체성에 어떻게 이바지할 수 있습니까?

역사를 통틀어 예술은 중요한 사건들을 기념하고, 사회적 논평을 하고, 널리 선전하는 것을 돕는 데 사용됐습니다.

어떤 때에는 축하 행사에서 음악이 연주될 때처럼, 또는 우리로 하여금 전시된 작품들을 보고 생각해 보도록 예술 작품을 갤러리에 전시할 때처럼 공공 행사에서 예술을 사용하는 의도가 명백하게 보일 수도 있습니다. 그런 상황에서 우리는 예술이 우리를 즐겁게 하기 위한 것인지, 우리를 하나로 뭉치게 하려는 것인지, 아니면 어떤 식으로든 우리를 자극하기 위한 것인지를 의식하는 경향이 있습니다.

다른 때에는 예술 사용이 **잠재의식적**일 수 있습니다. 광고와 선전은 아름다운 이미지와 밝거나 따라서 흥얼거리기 쉬운 음악을 보고 들으면 특정 상품을 연상하게 만들 수도 있고, 특정 집단을 부정적으로 연상시켜서 고정 관념으로 이어지게 하여 악의적으로 사용될 수도 있습니다. 이것은 지식과 앎에 중요한 함의를 가질 수 있습니다. 우리는 때로는 무엇인가가 마음에 '심어져 있는' 결과로 그것을 '알고 있다'고 사고하게 될 수 있기 때문입니다. 우리가 **알고** 있거나 **지식**으로 받아들이는 것에 대해 비판적으로 사고하지 않는다면 특히 그렇습니다.

키워드

잠재의식적: 알지 못하는 사이에 영향을 미치는

실제 상황 11.6

예술적 표현은 여러분이 특정한 사람이나 행사, 제품, 이슈에 대한 사고방식을 형성하는 데 어떻게 도움을 주었는지 생각해 볼 수 있나요?

예술과 아는이의 상호 작용은 양방향입니다. 순수 예술, 문학, 연극, 음악 등 모든 창작물은 그 예술의 역사를 형성하는 역할을 합니다. 우리 모두는 영향력 있는 작곡가와 예술가, 시인, 극작가, 소설가, 음악가의 이름을 말할 수 있지만, 다른 사람들도 예술에 큰 기여를 했습니다. 여러분은 존 리든(John Lydon)에 대해 들어 본 적이 없을 수도 있지만 조니 로튼(Johnny Rotten)이라는 예명으로 더 잘 알려진 그는 대중음악 역사

상 가장 영향력 있는 밴드 중 하나를 이끌었습니다. 여러분은 결코 반 고흐나 프리다 칼로가 될 수는 없지만, 여러분이 예술에 제공하는 것은 독특한 것입니다. 작품을 만들기 전까지는 여러분의 작품이 어떤 변화를 가져올지 결코 알 수 없으며, 그 후에도 여러분의 작품이 다른 사람들에게 어떤 영향을 미치거나 영감을 주어 독특한 작품을 만들어 낼 수 있을지 모릅니다. 요점은 예술이 여러분을 변화시킬 수 있을 뿐만 아니라, 여러분에게 예술을 변화시킬 수 있는 잠재력이 있다는 것입니다.

탐구 11.5

1 고려 사항: 여러분은 시, 산문, 희곡을 쓰는 것을 좋아하나요? 여러분은 작곡이나 춤, 연기, 드로잉, 페인팅, 조각을 하는 것을 좋아하나요? 예술에 대한 여러분의 참여와 예술이 여러분의 삶에서 차지하는 중요성에 대해 생각해 보세요. 예술이 여러분의 정체성 감각에 어느 정도나 영향을 미치나요?

2 여러분이 방문한 미술관, 음악 콘서트, 댄스 공연 또는 여러분이 참석한 연극 공연, 여러분이 읽은 소설이나 본 영화에 대해 생각해 보세요. 그것이 아는이로서 여러분에게 어떤 영향을 미쳤는지 생각해 보세요. 어떤 식으로든 관점이 바뀌었나요? 새로운 통찰을 얻었나요?

3 몇 가지 예를 선택하고 여러분의 생각, 신념 및 관점이 어느 정도나 예술에 의해 형성되었는지를 300단어(750~900자)로 적어 보세요.

자기 평가

여러분이 쓴 작품을 잘 살펴보고, 다음과 같은 질문을 스스로에게 해 보세요.

• 내가 잘한 것은 무엇인가? 내가 제시한 예가 내 발상, 믿음, 관점을 형성한 방식에 관해 명확하고 설득력 있는 설명을 했는가? 나는 내 요점을 뒷받침할 확고한 증거나 이유를 제공했는가? 나는 반론을 제기했는가?

• 내가 개선해야 할 점은 무엇인가?

• 나는 이 활동에서 무엇을 배웠나?

되돌아보기

예술이 아는이로서 여러분에게 어떤 영향을 미쳤는지, 그리고 여러분의 정체성 감각에 어떻게 이바지했는지 생각해 보세요. 만약 여러분이 예술을 접해 본 적이 **없다면**, 여러분은 지금 얼마나 다른 사람이 되었을 것 같나요?

11.4 예술의 목적

논의 11.10

예술이 어느 정도나 목적에 기여해야 한다고 생각하나요?

예술가의 의도

그림 11.7 _ 잭슨 폴록의 〈여름철: No. 9A〉 (1948)

그림을 그리고 있을 때 나는 내가 무엇을 하고 있는지 모른다.

잭슨 폴록(Jackson Pollock, 1912~1956)

예술이 생산되기 위해서는 개인의 창의성과 집단 문화가 모두 필요합니다. 세계에 대한 예술가의 이해는 문화적, 역사적 맥락에 의해 대부분 결정되기 때문에 예술 작품은 전적으로 예술가의 산물인 것만은 아닙니다. 따라서 예술가의 의도는 완전히 그의 상상 안에만 자리 잡는 게 아니라 그와 세계 사이의 상호 작용에서 생겨납니다.

화가나 음악가, 소설가에게 각자의 작품이 지닌 기능과 목적에 관해 물어보면 그들은 특정한 의도를 갖고 있을지도 모릅니다. 그런 반면에 창의성이 예상치 못한 방향으로 흘러갈 수 있기 때문에 예술 작품에 대한 설명을 제공하거나 명확하게 설명하는 것이 어려울 수 있습니다. 게다가 예술이 늘 직접적으로 의도된 것은 아닐지도 모릅니다. 예술을 제작하는 행위에서는, 예술가가 예술 작품을 창조하기 전에는 예감하지 못한 방식으로 사운드와 이미지를 표현할 수 있게 됨으로써 미지의 것에 접근할 수 있고 알게 될 수 있습니다. 예를 들면 초현실주의 운동에는 잠재의식이 이미지 생성에 역할을 한다는 가정이 있는데, 이는 초현실주의 예술이 늘 직접적인 방식으로 항상 고의적이거나 의도적으로 공들여 만들어지는 것은 아님을 시사합니다.

예술가의 의도는 예술가가 살고 있는 문화의 지향 및 가치와 종종 밀접하게 연결될 수 있습니다. 일부 사회에서는 개인 예술가의 역할을 치켜세우고 개인의 예술적 성취를 인정하지만, 이는 상당히 최근의 일이며 대개 서구적 관념입니다. 예술가의 역할이 (공예가나 석공 같은) 장인에서 자신의 작품을 결정할 수 있는 자유로운 행위권을 지닌 독특한 창의적 개인으로 승격된 것은 초기 르네상스 시대였습니다. 일부 문화에서는 여전히 개인보다 집단을 보다 고결하게 간주합니다. 예를 들면 칼라하리 사막의 부시먼은 4만 년 동안 그들의 **주술사** 이야기를 그렸는데, 단 한 명의 예술가도 확인되지 않았습니다.

러시아 정교회에서 **이콘**(성화) 화가는 거의 언제나 익명이며 특정한 이미지를 자꾸 반복해 그립니다. 성화는 그림으로 **복음**을 전하는 것으로 여겨지기 때문에, 복음을 충실하고 정확하게 전달하는 것이 중요합니다. 그래서 개인의 창의력을 적극적으로 차단합니다. 그런데도 수 세기에 걸쳐 허용되는 성화 스타일이 바뀜에 따라 주제의 폭이 약간 넓어졌습니다.

키워드

주술사: 마법을 사용하여 병자를 치료하고 사건을 몰래 예언하고 통제하는 사제 또는 여사제

이콘(성화): 종종 무조건적으로 숭배하는 상징이나 표현. 동방 교회에서 보통 그리스도나 성모 마리아, 성자를 상징함

복음: '기쁜 소식'이라는 뜻으로, 예수의 가르침이나 계시를 가리킴. 원래 『신약 성서』의 네 가지 복음서인 「마태복음」, 「마가복음」, 「누가복음」, 「요한복음」을 말함

예술에서의 지식은 예술가의 의도, 한 문화의 표현, 예술 작품 그 자체 또는 예술에 종사하는 사람들의 견해로 어느 정도나 귀속될 수 있을까요?

모방으로서의 예술

아마도 가장 잘 알려진 예술 이론은 예술의 목적이 현실을 복제하는 것이라는 모사 이론 또는 복제 이론일 것입니다. (이것은 **모방** 예술 이론으로도 알려져 있습니다.)

이 이론은 그리스 철학자 플라톤(Platon, BC 427?~BC 348?)에 의해 전개되었는데, 플라톤은 모든 예술이 삶의 모사이며, 본성상 미메시스적(모방적)이라고 말했습니다. 플라톤은 목수와 의자의 예를 들었습니다. 플라톤은 의자의 이데아가 목수의 마음에 먼저 떠올랐음이 틀림없으며, 그런 다음에 목수는 나무로 의자를 만듦으로써 이데아에 물리적 형태를 부여했다고 생각했습니다. 그런 다음에 예술가가 나무의 이미지를 그린 것이라면, 예술가의 의자는 실재로부터 두 번이나 제거된 것입니다. 플라톤에게 이것은 모든 예술이 진리로부터 두 번 제거된다는 것, 따라서 피해야 할 어떤 것임을 의미했습니다.

플라톤의 제자인 아리스토텔레스(Aristoteles, BC 384~BC 322)는 예술(특히 시)이 모방적이라는 것에 동의했지만, 그는 예술은 실재하는 것을 순수하게 반영하는 것 이상을 하므로 무조건적인 모사일 수는 없다고 주장했습니다. 오히려 그는 예술가가 선택된 사건과 등장인물들을 재현한 다음 그것들을 칭송하고 이상화하고 상상력을 발휘하여 자신의 의미와 아름다움으로 새로운 세계를 재창조한다고 주장했습니다. 아리스토텔레스는 **실재보다 못한 것**을 창조함으로써 예술가는 직관과 지각을 통해 **실재보다 더 많은 것**을 창조할 수 있다고 느꼈습니다. 바로 이 '더 많은 것'을 아리스토텔레스는 예술가의 목표라고 믿었습니다.

모방(mimetic): '예술을 통한 실재의 재현'을 뜻하는 그리스어 mimesis에서 유래함

1 추상적 이미지는 사진보다 주제에 대해 얼마나 더 많은 것을 말해 줄 수 있을까요? 또는 시는 장황한 설명보다 얼마나 더 많은 것을 말해 줄 수 있을까요?

2 예술은 다른 식으로는 우리가 볼 수 없었을 실재에 관한 진리를 어떻게 발견할 수 있게 해 줄까요?

미메시스(모방) 관념과 관련된 사실주의는 1840년대 프랑스에서 전개된 운동입니다. 사실주의의 주인공 귀스타브 쿠르베(Gustave Courbet, 1819~1877)는 과거의 관행과 마찬가지로 이상적인 재현보다는 실제 인물과 실제 상황을 정확하게 묘사하려고 노력했습니다. 사실주의의 인기는 사진의 도래와 더불어 높아졌습니다. 마치 팝아트와 포토리얼리즘 운동이 출현했을 때처럼 말입니다.

예술의 기능

모이를 줘야 하는 닭이 있다고 상상해 보세요. 여러분은 누군가가 닭한테 모이를 던져 주는 것을 쳐다보고 있습니다. 여러분은 씨앗에 다이아몬드가 섞여 있다는 것을 알아채고는 놀랍니다. 자세히 보니 닭은 씨앗만 쪼고 다이아몬드는 무시하는군요. 닭한테 다이아몬드는 아무 쓸모가 없지만, 인간에게는 값을 매길 수 없을 정도로 귀중합니다. 보석과 마찬가지로 예술 작품은 인간만이 결정할 수 있는 가치를 지니고 있습니다. 틀림없이 많은 예술 작품은 인간이 만든 다른 대부분의 것들처럼 명확한 실용적 기능이 없으므로, 우리는 예술 작품의 유일한 목적이 장식, 여흥, 또는 기쁨을 주는 것으로 생각할 수 있습니다. 의심할 여지 없이 예술 작품은 종종 우리에게 쾌락을 **주지만**, 많은 사람들은 예술 작품에도 사회적, 문화적 목적이 있으며 세계에 대한 우리의 지식을 높이고 인간 정체성 형성에 기여한다고 말할 것입니다. 사회가 변하듯 예술이 사회에서 맡는 기능도 변합니다. 예술은 때로는 사회나 공동체를 감싸는 딱 맞는 의복으로 간주할 수 있습니다. 결국 그 집단이 사라지면, 미래 세대가 해석할 수 있는 (남아 있는 옷 같은) 증거로 이런 예술적 기호와 상징은 남아 있습니다.

의사소통

예술의 가능한 기능 중 하나는 그 시대의 문화, 사회, 가치를 재현하고 전달하는 것입니다. 우리는 예술가의 의도를 정의하기는 어렵지만, 예술의 한 가지 중요성은 이것이 만들어진 시대를 증거하는 자취를 남기는 것이라고 지적했습니다. 예술가의 창의적인 표현은 그가 살던 시대의 전형일 수도 있고 아닐 수도 있지만 과거에 대한 실마리를 줄 수 있습니다. 예술 표현이 어떻게 우리에게 과거에 대한 통찰력을 줄 수 있는지에 대한 한 가지 예는 런던에 있는 자기 집과 미술 소장품을 절대 건드리지 말고 그대로 두라고 요청했던 19세기 건축가이자 예술가, 미술 수집가인 존 손 경(Sir John Soane, 1753~1837)을 들 수 있습니다. 1833년에 의회에서 통과된 법은 이 건물이 보존되어 미래 세대를 위해 개방되도록 보장했으며, 오늘날에는 매년 10만 명 이상의 사람들이 방문합니다. 손의 집에 있는 모든 방은 예술품의 보물 창고입니다. 소장품에는 이집트 파라오 세티 1세의 석관과 윌리엄 호가스(William Hogarth, 1697~1764)의 그림 같은 다양한 것들이 포함됩니다. 손의 집이라는 유산은 매우 창의적인 한 개인의 삶에서 예술이 맡은 역할에 대한 일종의 매혹적인 창을 제공하며, 예술이 시간을 가로질러 지식을 전해 주기 위해 열 수 있는 타임캡슐로서 어떻게 기능할 수 있는지의 사례를 제공합니다. 이 집은 우리가 특정한 19세기의 관점에 대한 새로운 통찰력을 얻을 수 있게 해 줍니다. 여기서 예술은 시간의 한 순간을 보존할 수 있기 때문에 예술사학자들은 이 사례에 특별한 관심을 가질 수 있습니다. 예술사는 10장에서 탐구한 역사와는 별개의 학문 분야이자 주제입니다. 예술사를 공부함으로써 우리는 시간이 지남에 따라 예술이 어떻게 변해 왔는지에 대한 깨달음을 높일 수 있고, 그 예술을 창조하고 수집하고 보존하는 사회의 관점에 대해 더 많이 배울 수 있습니다.

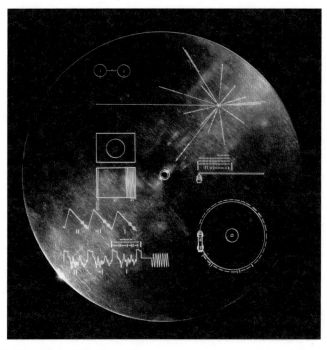

그림 11.8 _ 1970년대에 우주로 발사된 골든 레코드

만약 여러분이 타임캡슐을 만들어 미래의 손자, 증손자, 고손자에게 자신이 누구인지 알려 주려 한다면, 여러분을 잘 나타내는 것으로 무엇을 고를 것인가요? 오늘날의 여러분을 가장 잘 나타 내는 하나 이상의 예술 작품(이를테면 노래나 영화)을 떠올릴 수 있나요? 여러분이 여러분과 일체 감을 느끼는 예술 작품에 대해 이 작품이 무엇인지를 분명하게 표현해 보세요. 예술은 다른 지 식 영역에 비해 여러분의 정체성에 어느 정도 기여하나요?

역사의 다양한 시점에서 예술가들은 지배적인 문화의 정치와 이데올로기를 예시하기 위 한 선전 요원들이었습니다. 때로는 예술이 개인의 개성과 개인적 강박 관념을 드러 내기 도 하고, 또 때로는 사회의 의식을 거울처럼 반영하기도 합니다. 개방적이든 폐쇄적이든, 중앙 집권적이든 분산적이든, 권위주의적이든 민주주의적이든, 예술은 사회가 집합적으 로 구현하는 가치를 표현할 수 있습니다. 여기서 핵심은 예술이 사회의 가치를 전달하 는 방식이며 예술은 그런 가치를 옹호하거나 반대의 목소리를 낼 수 있다는 것입니다.

베이징에 기반을 둔 중국 예술가이자 활동가인 아이웨이웨이(Ai Weiwei, 1957~)는 인 권과 민주주의에 대한 중국 정부의 자세를 오랫동안 비판하고 있습니다. 그는 자신의 예술을 항의와 이의 제기의 수단으로 사용합니다. 그의 작품 중 하나인 〈해바라기 씨〉 는 2010년 런던의 테이트 모던에 설치되었습니다. 이 작품은 수백만 개의 비슷한 해바 라기 씨로 구성되었지만, 각각은 사람들이 손수 색칠하여 만든 수제 도자기로 정말 독 특했습니다. 중국 도시 징더전(Jingdezhen, 景德镇)의 수백 명의 숙련된 장인들이 그 작 품을 공들여 만들었습니다. 이 도자기 씨앗들은 테이트 모던 갤러리의 터빈 홀(Turbine Hall) 내부의 드넓은 산업 공간에 쏟아 부어졌고, 관람객들은 그 위를 걸을 수 있었습 니다. 재료의 귀한 특성, 제작에 들인 노력, 서사와 개인적인 콘텐츠는 인간의 조건, 그리고 개인과 집단의 관계에 대한 강력한 논쟁을 불러일으켰습니다. 이것들은 또한 중국 공산당 지도자 마오쩌둥(Mao Zedong, 1893~1976)이 1934~1935년 장정(長征)에서 사람들에게 나눠 주기 위해 주머니에 넣은 해바라기 씨를 참조하고 있습니다. 설치물 은 "오늘날 사회에서 개인이란 무엇을 의미하는가? 우리가 함께 행동하지 않으면 우리 는 하찮거나 무력한 존재인가?", "우리의 커지는 욕망과 물질주의, 숫자는 미래에 대 해 무엇을 의미하는가?" 같은 질문을 던진다고 합니다. 일부 사람들은 방문객들이 해 바라기 씨 위를 걷고 개별 씨를 살펴보는 것을 중국 공산당이 중국 주민들을 '억누르 는' 것과 비슷하고, 정부가 선택한 개인이라면 누구든 '검열할' 수 있는 것과 비슷하다 고 해석했습니다. 다른 이들은 이 설치물을 중국 인민이 함께 공산당에 대항할 수 있 다는 암시로 보았습니다.

실제 상황 11.7

예술의 목적 중 하나인 사회에 대한 비판은 어느 정도까지일까요?

다음을 보고 중요도 순으로 a에서 l까지 배열해 보세요. 예술의 목적은 무엇이라고 생각하나요? 각각에 대해, 아이디어를 표현하기 위한 예술 작품의 예를 생각해 보세요. 여러분은 시각 예술이나 음악, 춤, 시, 연극, 문학에서 예를 선택할 수 있습니다.

a 실생활의 재현 또는 모사로서의 예술

b 감정의 표현으로서의 예술

c 우리가 세상을 보는 방식을 변화시키고 의문을 제기하는 도구로서의 예술

d 치료로서의 예술 (우리를 회복, 치유하거나 희망을 품게 함)

e 도덕적 가치에 대한 긍정이나 비판으로서의 예술

f 종교적 또는 정치적 이념의 표현으로서의 예술

g 조화, 균형, 리듬 및 아름다움으로서의 예술

h 초월, (신의) 출현, 또는 계시로서의 예술

i 상징과/또는 의례로서의 예술

j 항의, 충격, 혁명으로서의 예술.

k 오락과 자극으로서의 예술

l 상업과 판매로서의 예술

또래 평가

짝과 생각을 비교해 보세요. 짝에게 여러분이 정한 순서에 동의할 수 있는 이유 또는 순서를 변경하기로 했다면 변경한 이유를 알려 달라고 하세요. 각각 어떤 기준을 사용했으며 서로 어떻게 다른가요? 토론의 결과로 동의할 수 있는 것은 무엇인가요?

그림 11.9 _ 2001년 탈레반에 의해 폭파될 때까지 2,000년 이상 바미안 부처가 서 있던 바미안 계곡의 53m 높이 동굴의 전경

예술의 힘

우리 중 많은 이들이 예술을 감상하는 것을 즐깁니다. 하지만 예술이 우리에게 실질적인 힘을 발휘한다는 것을 믿지 않는 사람들도 있을 겁니다. 예술의 금전적 가치가 커도 우리의 삶에 마법 같은 효과를 미치지 않을 수 있습니다. 하지만 광고에서 이미지와 음악의 힘은 우리가 사용하는 샴푸부터 우리가 보내는 휴일까지 우리의 모든 선택에 영향을 미칠 수 있습니다.

정치적 극단주의자들은 때로 그들이 동의하지 않는 예술을 적극적으로 파괴합니다. 그들은 그것의 잠재력이 너무 위협적이라 여겨서 자신들이 거부한 문화유산의 예술품을 훼손하고 말살해야 한다고 생각합니다. 2001년 아프가니스탄에서는 바미안 계곡에 있는 가장 큰 불상이 탈레반에 의해 파괴되었습니다. 2015년부터 이슬람 국가(IS) 무장 세력은 시리아의 다양한 유물을 파괴했습니다. 이 예술품들은 2,000년 전부터 계속 존재했으며 팔미라에 있는 로마 극장의 일부인 벨 신전과 기타 귀중한 문화 및 건축 유산들이 포함됩니다.

2018년 12월, 블라디미르 푸틴 러시아 대통령은 문화계 지도자들에게 랩 음악이 러시아 사회의 타락으로 이어지지 않도록 선도하고 지휘할 방안을 마련해야 한다고 통보했습니다. 푸틴의 발언은 빈곤, 부패, 경찰의 만행을 랩으로 비판한 래퍼 허스키(Husky, 본명은 Dmitry Kuznetsov, 1993~)가 체포된 직후에 나온 것입니다.

IS 무장 세력과 푸틴 대통령의 행동은 예술에 사회 질서를 전복시키는 힘이 있다는 것을 암묵적으로 인정한 것입니다. 또한 러시아의 예는 랩 같은 몇몇 장르가 한 국가의 기성 정치 체제에 도전하는 힘을 갖고 있음을 보여 줍니다. 게다가 예술은 진리에 대한 우리의 관점을 바꿀 수 있는 능력을 갖추고 있습니다. 파블로 피카소(Pablo Picasso, 1881~1973)의 말을 빌리면, "예술은 우리에게 진실을 깨닫게 해 주는 거짓말이다. 적어도 우리에게 주어진 진실을 이해하도록 한다."

논의 11.15

예술은 통제되지 않으면 위험할 수 있다는 말에 어느 정도나 동의하나요?

오스카 와일드(Oscar Wilde, 1854~1900)의 소설 『도리언 그레이의 초상(*The Picture of Dorian Gray*)』*은 영원히 젊고 아름다운 상태를 유지하기 위해 영혼을 파는 인물을 묘사하고 있습니다. 도리언 그레이라는 인물은 온갖 쾌락에 탐닉하면서도 나이든 기색이 전혀 없고 거칠고 방탕한 삶을 삽니다. 오직 그의 초상화만 늙어 가고, 그레이의 모든 잘못된 행위를 기록하는 수단으로서 점점 흉측해집니다. 그레이는 초상화를 두려워하고 증오하게 되고, 자신의 영혼이 점점 타락해 가는 모습을 보여 주기 때문에 초상화를 다락방으로 옮깁니다. 소설 마지막 부분에서 화가 난 그레이는 그림을 칼로 찌르고 그로 인해 목숨을 잃고 맙니다. 그가 죽으면서 그의 아름다운 얼굴은 그림에서 보던 늙

*오스카 와일드, 『도리언 그레이의 초상』, 윤희기 옮김, 열린책들, 2010년

고 추한 얼굴이 되고, 그림은 잃어버린 젊음을 되찾게 됩니다. 도리언 그레이의 이야기는 개인의 정체성과 자아의 본성에 대한 철학적 유의미성을 가질 뿐만 아니라 아름다움, 절망, 타락 같은 개념을 구현하는 이미지의 힘을 일깨워 줍니다.

어떤 인물의 이미지를 어떤 식으로든 그 사람의 일부로 간주하는 문화가 있습니다. 그런 문화에서는 누군가의 사진을 찍는 것이 일종의 '영혼을 훔치는 것'으로 간주될 수 있습니다. 거울을 깨면 불운이 온다는 미신도 이런 생각과 관련 있습니다. 즉, 어떤 사람의 이미지를 손상시키는 것은 어떻게든 그 사람에게 피해를 줄 수 있다는 것입니다.

탐구 11.8

1 자신이나 친구의 사진을 찍어 보세요. 만약 이 사진이 반으로 찢어진다면 어떤 느낌이 들까요? 약간 오싹한 느낌이 드는 것은 실재와 이미지 사이에 연결 고리가 완전히 사라진 것은 아니라는 점을 상기시켜 줄지도 모를 겁니다.

2 불교 전통에서 만다라는 영적 상징입니다. 티베트 불교도들은 색색의 모래를 사용하여 공동 작업을 통해 만다라를 만드는데 만다라 중앙에서 시작하여 바깥쪽으로 작업해 나갑니다. 만다라가 완성되면 바로 모래를 뒤섞어 그 만다라를 없애 버립니다. 티베트인의 관점에서, 완성품보다 예술의 창작 과정이 더 중요하며, 모든 일이 무상하다는 진실을 일깨워 줍니다. 예술의 가치가 창조적인 과정인지, 최종 작품인지, 아니면 둘 다라고 생각하는지 토론하세요. 이것은 다른 지식 영역과 어떤 관련이 있나요? 과정이 작품만큼 중요하거나 또는 더욱 중요한 예를 생각해 볼 수 있나요?

3 여기서 한 걸음 더 나아가, 생산된 지식만큼 앎의 과정이 중요할까요?

아름다움의 개념

어떤 예술 작품을 추하다고 말하는 것은 일반적으로 모욕으로 해석됩니다. 그러므로 아름다움의 조건은 우리의 상상을 압도하는 거대한 열망의 힘을 갖고 있습니다. 그러나 아름다움은 변화하는 수수께끼 같아서 건축에서 시에 이르기까지 모든 형태의 예술을 기술하기 위해 사용되었고, 심지어 수학 공식과 축구 경기를 기술하는 데에도 사용되었습니다.

논의 11.16

무엇이든지 아름다울 수 있을까요? 아니면 아름다움은 특정한 범주의 사물에만 적용될까요?

우리 중 많은 이들이 무엇이 아름다운지에 대한 강한 감각을 가지고 있지만, 그 생각은 문화에 따라 다를 수 있습니다. 저널리스트 에스더 호니그(Esther Honig, 1990~)는 여러 나라의 포토샵 편집자들에게 자신의 얼굴 사진을 보내어 편집자들의 문화 기준에 따라 아름답게 보이게 해 달라고 요청했습니다. 다양한 사진들은 다양한 메이크업과 헤어스타일을 보여 줌으로써 다양한 모습을 연출하는데, 이는 아름다움에 대한 개념이 상황에 따라 아주 다르며 문화적 기대치에 달려 있음을 시사합니다. 그러나 아름다

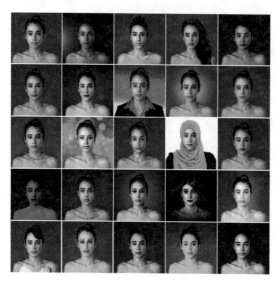

그림 11.10 _ 에스더 호니그의 이 사진들은 아름다움의 개념이 문화적 기대치에 따라 다르다는 것을 보여 줍니다.

키워드

황금비: 한 선분을 크기가 다른 둘로 나눌 때, 전체에 대한 큰 부분의 비와 큰 부분에 대한 작은 부분의 비가 같다면 그 비는 $\frac{1+\sqrt{5}}{2}$로, 대략 1.618임. 이를 황금비라 하고, φ로 표기함

와비사비(侘寂): 불완전하고 비영구적이며 부족한 것 속에서 아름다움을 발견하는 것

움에는 보편적인 근거가 있는 경우도 있습니다. 예를 들면 일부 연구들은 문화 전반에 걸쳐 아름답다고 여겨지는 얼굴은 보통 **황금비**를 갖고 있다는 것을 보여 주었습니다. 이는 헤어스타일과 메이크업 선호도가 다를 수 있지만 얼굴 구조의 측면에서 공통점이 있을 수 있음을 시사합니다. 황금비에 대한 자세한 내용은 12장을 참조하세요.

아름다움은 단순히 목적에 들어맞는 것으로 정의될 수 있습니다. '아름답다'에 해당하는 고대 그리스어 '호라이오스(horaios)'는 문자 그대로 '올바른 시간에 산출된, 제철의, 시기에 알맞은, 가장 좋고 가장 사랑스러운 어떤 것의 때'로 번역됩니다. 제철에 완벽하게 잘 익은 과일을 예로 들 수 있습니다. 바다의 파도를 헤치고 항해할 수 있도록 완벽하게 설계된 요트는 미적인 면만큼이나 기능에서도 아름답게 보일 수 있습니다.

고대 그리스인들은 아름다움에 특히 관심이 많았고 아름다움을 겉보기만큼이나 도덕적 조건 또는 덕목으로 표현했습니다. 우리가 사람을 "내면과 외면이 아름답다"고 말할 때 여전히 비슷한 생각을 가지고 있습니다. 아리스토텔레스는 아름다움의 주요 특징이 질서, 대칭 그리고 명확성이라고 믿었고, 수학은 가장 높은 수준에서 이를 입증한다고 주장했습니다. 12장에서는 황금비와 미학의 관계에 대해 보다 자세히 논의할 것입니다.

플라톤과 많은 고대 그리스인들에게 진정한 아름다움은 현실에서 결코 도달할 수 없는 완벽한 이상이었습니다. 현실은 이상에 더 가까이 다가갈 수만 있을 뿐 이상과 같아질 수는 없기 때문입니다. 이런 생각은 지난 2,000년 동안 유행했다가 유행이 꺾이기도 했지만 결코 사라지지 않았습니다. 많은 사람들에게 아름다움은 여전히 우리가 열망하는 현실의 기준으로 삼는 이상입니다.

완벽함에서 발견되는 그리스 미의 개념과 대조되는 일본의 **와비사비***철학은 불완전하고 일시적인 삶의 본질에서 아름다움을 찾습니다. 이 관념은 불교에 뿌리를 두고

*와비사비는 간소한 가운데 깃들인 한적한 정취, 부족함에서 만족을 느끼거나 겉치레보다 본질에 집중하고 서두르기보다는 유유자적하고 느긋한 것을 가리킨다. 소박하고 차분한 것을 기조로 하며, 인생사의 무상함을 아름답게 느끼는 미의식이다. 미완성이나 단순함을 가리키는 와비와 오래됨, 낡은 것이라는 의미의 사비가 합쳐졌기에 완벽하지 않은 것들을 귀하게 여기는 삶의 방식으로도 이해된다.

있으며, 손으로 울퉁불퉁하고 불완전하게 만들어졌던 소중한 다기와 함께 하는 다도 의식에서 비롯되었습니다. 와비사비는 사진 촬영에서 매우 인기 있는 주제입니다. 종 종 주름진 얼굴과 치아가 없는 노인들의 아름다운 사진을 본 적이 있을 것입니다. 이 사람들은 아름다움의 고전적 이상과는 맞지 않을 수 있지만, 이들을 찍은 사진에서는 내면의 아름다움이 빛납니다. 마찬가지로 폐허와 황폐한 건물, 썩어 가는 나뭇잎을 아 름다운 사진으로 찍을 수 있습니다. 불교는 우리가 새로운 것과 완벽함을 갈망하는 것 이 세상에서 겪는 괴로움의 주된 원인으로 봅니다. 와비사비는 이런 것에 대한 해독제 입니다. 닳고 불완전한 것을 감사하게 여기라고 가르치기 때문입니다. 와비사비는 무엇 보다 진정성을 중요시하는 것 같습니다.

그림 11.11 _ 이 초상이 아름답게 보이나요? 아름다움의 개념은 어느 정도나 우리가 배우는 사회적 구축물 인가요?

탐구 11.9

대상이나 장면에 대한 이미지 10개를 찾으세요. 건물, 풍경, 수학 공식 또는 예술 작품의 이미지 는 되지만, 사람이나 동물의 이미지는 선택하지 **마세요**. 짝을 지어 이미지가 얼마나 아름답다고 생각되는지에 따라 다이아몬드 다이어그램으로 이미지를 배열하세요.

```
                    가장 아름다운

          다음으로 가장          다음으로 가장
            아름다운              아름다운

     평균       평균        평균        평균

          평균보다 약간 낮음     평균보다 약간 낮음

                    가장 아름답지 않은
```

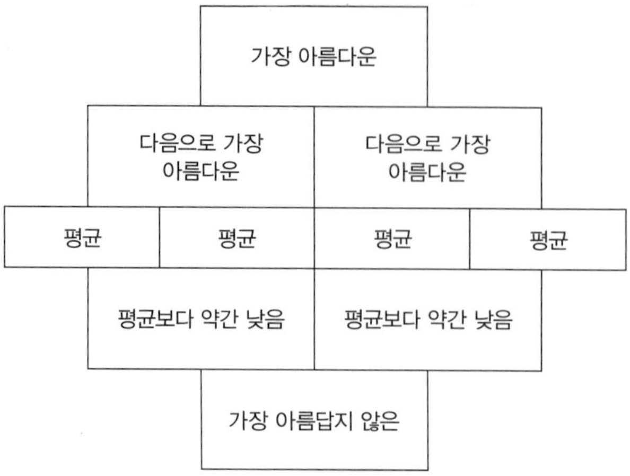

그림 11.12

짝끼리 서로가 정한 위계 구조를 정당화해 보세요.

자기 평가

여러분의 주장은 여러분이 아름다움의 개념, 그리고 여러분이 취할 수 있는 다른 관점을 얼마나 잘 이해하고 있는지를 보여 주나요? 대칭성, 황금비, 와비사비 같은 아름다움의 관점을 깊게 생각해 본 적이 있나요? 다른 사람들의 주장과 근거를 들은 후, 여러분의 견해가 바뀌었나요? 만약 이 활동을 다시 하게 된다면, 다음에 고려할 추가 요소가 있나요?

논의 11.17

문화는 무엇이 아름다운지를 어떻게 결정할까요? 우리는 가장 애정이 가는 사물이나 장소(또는 동물과 사람)에서 어느 정도나 최고의 아름다움을 발견할까요?

지식 영역 연결 질문 11.1

아름다움은 지식의 다른 영역에서 어떻게 다르게 해석될 수 있을까요? 우리는 수학, 자연과학, 인간과학, 역사로부터 아름다움의 개념에 대해 무엇을 알 수 있을까요?

11.5 예술에 대한 해석

실제 상황 11.8

예술 작품에 의미가 있는지 여부를 어떻게 결정할 수 있나요?

롤랑 바르트(Roland Barthes, 1915~1980)는 일단 작품이 완성되면 텍스트(또는 예술 작품)와 저자(또는 예술가)는 죽는다고, 왜냐하면 이것들을 살아 있게 하는 것은 오직 독자나 관객뿐이기 때문이라고 주장했습니다. 만약 그가 옳다면, 예술의 전승은 그 예술의 존

속에 필수적이라는 것이 뒤따르고, 예술 작품은 어떻게든 창작자를 '넘어선 삶'을 갖고 있음을 암시합니다. 또한 예술 작품의 창작 이후에는 예술에 대한 해석이 중요한 역할을 한다는 얘기도 뒤따릅니다.

길거리에서 버스킹을 하는 음악가들부터 비디오 게임, 온라인으로 스트리밍되는 음악까지 우리는 풍부한 음악, 시각, 문학 세계를 차지하고 있지만, 우리를 둘러싸고 있는 예술에 의미가 있는지 여부는 늘 명확한 것은 아닙니다. 예술에 적용되는 해석에는 다양한 이론이 있고, 모든 예술 작품은 여러 해석의 대상이 될 수 있습니다. 모든 해석이 동등하게 타당하다는 일종의 상대주의를 주장하는 사람도 있을 것입니다. 그런 반면에 '참된' 해석은 오직 하나만 있을 수 있다고 주장하는 사람도 있을 것입니다. 설령 그 해석이 무엇인지에 대해 의견이 일치하지 않더라도 말입니다.

음악에 대한 해석은 때로는 작곡가의 의도를 해석하는 것, 연주자의 의도를 해석하는 것, 그리고 우리가 듣고 있는 음악에 대한 우리 자신의 감정적 반응을 통해 이 두 가지를 필터링하는 것의 조합이라고 할 수 있습니다. 작곡가의 의도는 그 악보의 구조적 또는 화성적 맥락과 함께 악보의 박자와 셈여림 기호를 관찰함으로써 알아챌 수 있습니다. 곡에 대한 연주자의 해석은 공연 중 특정 지점에서 주어진 강조로 알아챌 수 있습니다. 모든 음악적 해석은 작곡가의 스타일과 작곡 당시의 음악적 관습에 어느 정도 익숙함을 요구한다고 주장할 수 있습니다.

다른 예술 장르에 대한 해석도 작품의 심미성에 대한 감정적 반응 이상의 해석이 되려면 어느 정도의 지식을 요구합니다. 미국의 문학 평론가 에릭 도널드 허시(E.D. Hirsch, 1928~)는 작품에 대한 해석은 저자나 작가의 의도를 알아야만 결정될 수 있다고 주장합니다. 다른 사람들은 의도적이든 아니든 작품 안에서 상징을 찾을 것입니다.

논의 11.18

만약 예술 작품의 특징이 의도치 않게 상징적이라면, 왜 그것이 예술 작품이 해석되는 방식과 여전히 관련이 있을 수 있을까요?

상징과 그것의 해석은 일상생활의 일부입니다. 역사를 통틀어 예술은 종교적 상징으로 가득 차 있는데, 그중 일부는 여러분도 친숙할 것입니다. 예를 들어 후광은 그림에서 사람의 머리 위에 있는 빛의 고리인데, 보는 사람에게 그 인물이 신적 존재로 여겨진다는 것을 나타냅니다. 이 전통은 (아직도 동양 종교 성상의 주요 특징이기는 해도) 15세기에 대부분 사라졌지만, 레오나르도 다빈치는 〈최후의 만찬〉에서 예수의 머리를 강조하기 위해 자연 햇빛을 사용했습니다. 이 효과는 보는 사람에게 예수가 신적 존재라는 것을 무의식적으로 상기시킵니다. 기독교 미술품에서 다른 일반적인 상징으로는 예수를 상징하는 어린 양, 성모 마리아의 출산을 상징하는 무화과나무, 그리고 보통은 마리아를 의미하지만 그리스도의 '십자가에 못 박힘'을 암시하는 붉은 장미가 있습니다.

불교와 힌두교 전통에서 무드라(mudra)는 많은 의미를 전달할 수 있는 손짓입니다. 부처는 일반적으로 옆으로 눕기, 걷기, 앉기, 서기 네 가지 기본 자세 중 하나로 묘사되지만, 서로 다른 의미를 제시하기 위해 서로 다른 무드라가 모든 자세에서 나타날 수 있습니다. 힌두교 전통 춤에서 손과 손가락뿐만 아니라 팔과 어깨의 모든 움직임은 이야기를 전달하는 데 도움이 되는 복잡한 의미를 표현할 수 있습니다. 전문적인 매뉴얼에는 수백 가지 무드라가 기술되어 있지만, 실제로 공연자들은 대개 관객들에게 친숙하고 의미 있는 제스처로 제한하며, 지역에 따라 춤에 사용될 무드라의 선택이 다를 수 있습니다.

그림 11.13 _ 인도 전통 춤에서 모든 손짓은 해석이 필요한 의미를 전달합니다.

우리는 8장에서 알레고리의 사용에 대해 간략하게 살펴보았습니다. 알레고리는 오랫동안 문학과 시각 예술의 특징이 되었습니다. 예술 작품의 주제와 구성 내부의 다양한 요소는 삶, 죽음, 사랑, 미덕, 정의 같은 보다 깊은 도덕적 또는 영적 의미를 상징하는 데 사용될 수 있습니다.

예술가는 알레고리를 사용하여 하나의 주제에 여러 의미를 부여할 수 있습니다. 한 가지 유명한 예는 에드먼드 스펜서(Edmund Spenser, 1553~1599)의 서사시 『선녀 여왕(*Faerie Queene*)』*입니다. 그의 시는 각 인물이 특정한 미덕이나 악덕을 대표하는 도덕적 알레고리이며, 여러 가지 다양한 관점에서 시를 읽을 수 있습니다.

*에드먼드 스펜서, 『선녀 여왕』 1~2권, 임성균 옮김, 나남출판, 2007년

해석에 반대한다

1966년, 미국 작가 수전 손태그(Susan Sontag, 1933~2004)는 예술의 정신적 중요성이 사라지고 예술의 지적 해석을 강조하는 것으로 대체되고 있다고 주장했습니다.** 그녀는

**수전 손태그, 『해석에 반대한다』, 이민아 옮김, 이후, 2002년

예술 비평가들이 예술의 **초월적 힘**을 당연하게 여기며, '형식'과 '내용'처럼 지적으로 구성된 추상화에 초점을 맞추는 것을 선호한다고 생각했습니다.

손태그는 때로는 자신이 예술 작품에 강요된 것으로 간주하는 알레고리적 해석과 복잡한 **해석학**으로 인해 특히 혼란을 겪었습니다. 그녀는 과도한 지적 분석이 실제로 예술의 진정한 내용을 파괴할 수 있다고 생각했습니다. 그녀는 예술에 대한 보다 감각적인 감상으로 돌아가야 한다고 주장했습니다.

논의 11.19

예술 작품을 어느 정도나 '과하게 사고'하는 것이 가능하다고 생각하나요? 예술 작품을 이해하기 위해 이 작품 내의 상징과 알레고리에 대한 충분한 지식을 발전시키는 것과 감각적 또는 감정적 방식으로 예술 작품을 감상하는 것 사이에서 우리는 어떻게 균형을 찾을 수 있을까요?

되돌아보기

여러분은 (음악이든, 소설이든, 연극이든, 그림이든) 자신에게 감동을 준 예술 작품을 성찰해서 그에 대한 보다 깊은 이해를 발전시키는 것을 좋아하나요, 아니면 자신이 느낀 감정적 반응을 그대로 유지하는 것을 선호하나요? 여러분의 선호도가 작품 해석에 어떤 영향을 미치나요?

11.6 예술에서 주관성과 객관성

실제 상황 11.9

예술 감상과 관련하여 주관성과 객관성의 차이를 어떻게 설명할 수 있나요?

미술관, 공연장, 문학 축제에서 창작 글쓰기 강좌에 이르기까지 예술은 사회에서 두드러진 위치를 차지하고 있습니다. 우리는 예술에 대한 왕성한 욕구가 있다고 할 수 있습니다. 한편, 예술은 즐거움과 오락에 관한 것입니다. 즉 우리가 좋아하는 이야기, 우리에게 감동을 주는 노래 또는 우리가 아름답다고 여기는 그림 같은 것들입니다. 그러나 우리가 "나는 그 그림이 마음에 든다", "내게 그 예술 작품은 아름답다"라고 주장할 때, 심지어 "그것은 위대한 예술의 한 예다"라고 주장할 때 일어나는 흥미로운 변화가 있습니다. 첫 번째 주장은 개인 선호라는 주관적인 주장이고, 두 번째와 세 번째는 객관성을 암시하는 미학적 판단입니다.

우리가 예술을 위대하거나 아름답다고 기술할 때, 우리는 그것을 선호한다는 것 이상을 표현합니다. 우리는 예술의 질이나 가치를 판단하는 기준이 있다고 가정하면서 그 질이나 가치에 대한 중요한 유형의 지식 주장을 하는 것입니다. 이것은 미학적 지식 주장입니다. 그 주장의 정당성은 예술 작품을 판단하는 아래와 같은 여러 기준에 근거할 수 있습니다.

- 그 예술 작품은 기술적 숙련도를 보여 줄 수도 있음
- 그것은 인기가 있거나 유행일 수 있음
- 그것은 예술사적으로 의의가 있을 수 있음
- 그것은 금전적 가치가 있을 수 있음

철학자 임마누엘 칸트에 따르면, 취향에 관한 판단과 미학적 판단에는 큰 차이가 있습니다. 미학적 판단은 취향에 관한 판단과 달리 보편적인 주장을 하며, 그 안에 '당위'라는 감각이 내장되어 있기 때문입니다. 이 '당위' 감각은 객관성에 관한 주장입니다.

다음 두 지식 주장을 비교해 보세요.

1 나는 이 그림이 좋다.
2 이 그림은 아름답다.

한 사람이 "나는 그림을 좋아한다"라고 말하고 다른 사람은 좋아하지 **않는**다고 말한다면, 이 두 진술은 서로 행복하게 공존할 수 있습니다. 하지만 만약 한 사람이 그림이 아름답다고 말하고 다른 사람은 그림이 아름답지 **않다**고 말한다면, 이들은 서로 모순되는 말을 하는 것입니다. 어떤 것이 아름답**다**고 말하는 것은 다른 사람들이 그것을 아름답다고 **여겨야 한다**는 것을 의미합니다.

칸트에 따르면, 미적 판단을 개인 취향과 구별시켜 주는 것은 미적 판단이 **이해 관심에서 벗어난다**는 것입니다. 칸트의 요점은 우리가 예술 작품을 그 장점에 따라 판단하려면, 우리 개인의 인생사를 끌어들이면 안 된다는 것입니다. 칸트가 예술 작품을 이해 관심에서 벗어나서 바라봐야 한다고 말할 때, 그것은 예술 작품에 **무관심**해야 한다는 의미가 아니라 오히려 개인의 취향과 선호를 뛰어넘어 보다 보편적인 관점이나 객관적인 관점에서 감상하도록 노력해야 한다는 뜻입니다.

> **키워드**
>
> 이해 관심에서 벗어나다: 편향과 자기 이해관계에서 자유롭다. 이는 객관적인 미적 판단을 내리도록 도움

> **되돌아보기**
>
> 걸작이라고 여겨지는 것을 보거나 들으면서 왜 누군가가 그것을 존중하는지 궁금한 적이 있나요? 혹은 보통은 큰 장점(가치)이 없는 것으로 여겨지는 예술 작품에 실제로는 넋이 나간 자신을 발견한 적이 있나요? 여러분의 예술적 취향은 어디에서 온 것일까요?

> **논의 11.20**
>
> 미학적 판단을 할 때, 우리의 개인적 이야기를 어느 정도나 뒤에 둘 수 있나요? 이것이 예술의 객관성에 미치는 영향은 무엇인가요?

평범하거나 형편없는 예술과는 대조적으로 좋은 예술이 무엇인지를 결정하게 될 때, 종종 어느 정도의 합의로 이어지는 검증 과정이 있습니다. 예를 들면 셰익스피어(Shakespeare, 1564~1616)가 위대한 작가였고, 베토벤(Beethoven, 1770~1827)이 위대한 음악

가라는 데 많은 사람들이 동의할 것입니다. 비록 그들이 만든 작품이 여러분의 개인적 취향에 맞지 않더라도, 여러분은 그들이 만든 작품의 진가를 여전히 인정할 수 있습니다. 여러분은 이탈리아 르네상스 미술을 좋아할 수도 있고 좋아하지 않을 수도 있지만, 대부분의 사람들이 이 시대와 장소가 위대한 예술가를 배출했다는 사실에 동의할 것입니다. 예를 들면 미켈란젤로(Michelangelo, 1475~1564)의 그림을 집 벽에 걸지 않기로 결정할 수 있지만, 그럼에도 불구하고 여러분은 그런 수준의 작품을 그리는 데 필요한 거장의 솜씨는 인정할 수 있을 겁니다. 벤베누토 첼리니(Benvenuto Cellini, 1500~1571)의 〈메두사의 머리를 든 페르세우스(Perseus with the Head of Medusa)〉는 여러분의 취향에 상관없이 기예의 면에서 인상적이고 아주 놀라운 작품입니다. 요점은 예술 작품이 여러분의 취향에 맞지 않을 수도 있지만, 그래도 '좋은 예술'로 판단될 수 있다는 것입니다.

좋은 예술이 무엇인지에 대한 합의가 이루어질 수 있다면, 예술을 판단하는 데 몇 가지 기준이 포함될 수 있음을 시사합니다. 그러나 많은 사람들에게 현대 미술의 관행은 상충하고 충돌하는 명제들의 혼란스러운 불협화음입니다. 그렇다면 우리는 좋은 예술과 나쁜 예술이 무엇인지 어떻게 알 수 있을까요? 예술은 한때 완벽히 접근할 수 있었지만, 지금은 전문가의 영역이며 그 전문 지식은 '내부 지식'의 한 형태라고 주장하는 사람들도 있습니다. 만약 이 관점이 정당화된다면, 여러분은 전문가들의 이야기를 듣지 않는 한 더 이상 여러분이 보고 있거나 듣고 있는 것의 진가를 알 수 없을 것이고, 이것은 거의 틀림없이 물리학, 수학, 생화학 같은 다른 현대 학문과 예술을 나란히 전문가의 영역으로 놓게 될 것입니다.

미술계에는 미술품을 사고파는 미술상, 미술품을 평가하는 미술 평론가, 예술 작품을 전시하는 갤러리, 미디어, 그리고 궁극적으로 갤러리를 방문하는 대중을 포함하는 '게이트 키퍼'*가 있습니다. 각 집단이 매우 다른 수준의 전문 지식을 가지고 있을 때 어떻게 합의를 이룰 수 있는지에 대한 중대한 의문이 있습니다. 엘리트 시장을 구축하고 유지하기 위한 수단으로 일부 예술 작품의 금전적 가치를 높이는 데 '예술의 게이트 키퍼'들이 어느 정도 기득권을 가졌는지에 대한 흥미로운 윤리적 쟁점이 있습니다.

예술은 소수가 아닌 모두를 위한 것이어야 할까요? 회원제 엘리트 클럽은 예술이 공동체를 위해야만 한다는 것과 반대입니까? 예술을 창조하거나 해석하기 위한 전문 지식을 쌓기 위해 (만약 있다면) 예술 교육이 얼마나 필요한지 궁금할 것입니다. 아마도 예술을 이해하는 한 가지 방식은 자신의 본능을 믿고, 건전한 판단을 내리고, 좋아하는 것을 표현하는 것일 겁니다.

*게이트 키퍼(gatekeeper): 문지기 라는 뜻으로 지키는 사람이나 모니터링하는 사람을 뜻한다. 여기에서 이야기하는 예술의 문지기들은 작가, 화가들을 평가하고 그들의 작품에 투자하는 갤러리나 박물관의 관계자들을 뜻한다.

논의 11.21

시각, 문학 및 공연 예술을 감상하거나 해석하려면 어떤 전문 지식이 필요할까요? 세금이 지원되는 갤러리라고 한다면, 갤러리의 전시 내용과 갤러리가 구매하는 작품마다 얼마를 지급할 용의가 있는지를 결정하기 위해 전문가의 의견이나 여론에 의존해야 할까요?

잘 알려져 있듯이 평생토록 인정받지 못한 몇몇 예술가들도 있습니다. 영국의 판화공이자 화가, 시인인 윌리엄 블레이크(William Blake, 1757~1827)의 작품은 생전에 오해받았고, 네덜란드 화가 빈센트 반 고흐(Vincent van Gogh, 1853~1890)는 생전에 그림을 팔지 못했습니다. 그러나 이들의 작품은 이제 위대한 예술가의 **캐논**으로 인정받고 있습니다.

실제 상황 11.10

어떤 예술이 예술가의 생전에는 위대하다고 여겨지지 않다가 나중에 '발견'될 수 있다면, 이것은 예술적 가치의 객관성과 이의 검증 과정에 대해 무엇을 말할까요? 평범한 예술이 위대하다고 여겨지거나, 위대한 예술이 결코 인정받지 못하는 상황이 있을 수 있을까요?

탐구 11.10

두 명씩 짝을 짓거나 모둠을 지어 다음 목록에 대해 토론하세요.

a   예술 작품에 대한 어떤 해석도 정당화될 수 있나요?

b   다른 장르의 예술을 판단하는 기준은 무엇인가요?

c   예술에 대한 합의는 어느 정도나 바람직할까요?

d   왜 사람들은 예술에서 전문가의 역할과 전문 지식에 대해 의견이 일치하지 않을까요?

관점

아는이의 관점은 예술에 관한 판단에서 핵심인 것 같습니다. 그러나 이와는 대조적으로, 일부 미적 판단은 보편적이라는 발상을 뒷받침하는 몇 가지 증거가 있습니다. 뉴욕에 거주하는 러시아계 예술가인 비탈리 코마르(Vitaly Komar, 1943~)와 알렉산더 멜라미드(Alexander Melamid, 1945~)는 그들 자신의 예술 연작인 〈피플스 초이스(People's Choice)〉를 만들기 위해 사람들이 어떤 종류의 그림을 가장 매력적으로 느끼는지 알아보기 시작했습니다. 놀랍게도, 그들은 광범위한 문화권에서 가장 인기 있는 그림들의 놀라운 유사성을 발견했습니다. 이 그림들의 공통점은 작품을 보는 사람이 눈에 띄지 않도록 볼 수 있는 풍경을 묘사했다는 것입니다. 어떤 사람들은 그런 풍경에 대한 선호가 우리의 생물학적 과거에 뿌리를 두고 있으며, 적대적인 세계에서 생존하기 위해 고군분투하는 동물로서의 인간에게 왜 이런 풍경이 호소력을 가질 수 있는지 어렵지 않게 이해할 수 있다고 주장해 왔습니다. 코마르와 멜라미드의 다른 연구는 사람들의 음악적 취향에도 이와 유사한 보편성이 있다는 것을 보여 줍니다. 음악의 리듬 감각은 인간의 맥박 메트로놈이라는 생물학적인 기반에 근거한다고 추측할 수 있습니다.

지식 영역 연결 질문 11.2

12장에서는 유도 질문과 의도적인 질문, 숨겨진 모집단에 관한 토론을 찾을 수 있습니다. 코마르와 멜라미드의 연구가 타당성을 지니는지 결정을 내리기에 앞서 〈피플스 초이스〉에서 실시한 설문 조사에 대해 무엇을 알아야 할까요?

일부 평론가들은 사람들의 미적 취향이 유사한 것을 생물학적 결과로 보기보다는, 우리가 미국 문화가 지배하는 세계에 살고 있다는 사실에서 비롯된다고 주장합니다. 우리는 포스터에서 같은 종류의 이미지, 쇼핑몰에서 같은 종류의 음악, 그리고 영화관에서 같은 종류의 영화에 점점 더 많이 노출되기 때문에 문화적 차이에도 불구하고 결국 비슷한 취향을 갖게 되는 것은 어쩌면 놀라운 일이 아닐 수도 있습니다.

> **실제 상황 11.11**
>
> 미적 가치는 보편적일까요, 아니면 문화마다, 그리고 도시와 농촌 공동체마다 다를까요? 비서구 문화가 지배적이었다면 우리의 미적 취향은 얼마나 달라졌을까요?

문화의 차이

이쯤 되면 서로 다른 문화권의 미적 취향이 실제로 얼마나 유사한지 물을 수 있을 것입니다. 사물들 사이의 유사점을 더 많이 보는 편인 사람이 있는가 하면 사물들 사이의 차이점을 더 많이 보는 편인 사람이 있는 것처럼, 미적 취향은 어느 정도는 단순히 관점의 문제일 뿐입니다. 우리는 모든 문화를 관통하는 보편적인 요소들이 존재한다고 판단할 수 있습니다. 하지만 이것이 그들 사이의 차이점에 대해 우리를 눈멀게 해서는 안 됩니다. 영국의 더웬트호(Derwentwater)*를 그린 두 점의 그림(그림 11.14)을 보면 이런 차이를 알 수 있습니다. 첫 번째는 영국 화가가 그린 것이고, 두 번째는 중국 화가가 그린 것입니다. 같은 장면을 묘사한 것이지만, 스타일이 많이 다릅니다.

*잉글랜드 북서부의 레이크 디스트릭트 국립 공원에 있는 호수

그림 11.14 _ 더웬트호를 그린 그림 두 점

중국 오페라인 경극과 유럽 오페라의 차이는 훨씬 더 두드러지며, 한쪽 전통에 익숙한 사람들은 적어도 처음에는 다른 쪽 전통에서 무슨 일이 일어나고 있는지 이해하는 것이 매우 어려울 수 있습니다. 마찬가지로 야구가 인기인 문화에서 자라난 사람은 크리켓을 이해하기 어려울 수 있습니다. 그러나 스포츠와 예술 모두에서 우리는 새로운 어휘를 배울 수 있고, 점차 우리의 것과는 다른 스포츠나 예술 전통의 미묘함을 제대로 감상할 수 있게 될 것입니다.

11.7 공동체에서 예술의 역할

예술은 여러 가지 방식으로 사람들을 하나로 묶는 능력을 가지고 있습니다. 우리는 직접 모여 밴드에서 함께 연주하고, 콘서트를 듣거나, 미술 전시회에 참석하거나, 극장을 방문할 수 있으며, 이렇게 공유된 경험은 공동체 의식을 형성시킬 수 있습니다. 예술가들의 공동체(커뮤니티)는 특정한 예술 형태나 **장르**에 대한 관심을 공유하는 창의적인 사람들입니다. 예술은 또한 한 공동체(커뮤니티)의 이야기를 전달할 수 있습니다. 이 이야기는 그 공동체 내에서 사회적 연결과 사회적 정체성을 형성하는 데 도움이 될 수 있으며, 때로는 신성한 전통의 일부가 될 수 있습니다.

> **키워드**
>
> **장르:** 예술적인 스타일이나 유형. 그것은 모든 예술에 적용될 수 있음

국가(國歌)는 정부가 그 나라의 공식 노래로 인정한, 온 국민이 부르는 노래입니다. 국가는 국민 통합을 돕는 역할을 합니다. 축구팀의 공식 단가도 마찬가지로 응원단을 단결시키는 데 도움이 됩니다. 스리랑카의 많은 학교에는 학교 행사에서 자랑스럽게 부르는 '교가'가 있으며, 졸업 후에도 오랫동안 동문을 단합시키는 역할을 합니다. 함께 노래하는 것에는 여러 가지 의미가 있습니다. 공유된 노래를 부르는 것은 다양한 관점에서 해석될 수 있습니다. 공유된 노래는 아는이의 정체성을 공동체와 연결시켜주는 역할을 할 수도 있고, '감정을 조종'하거나 공동체나 국가 내에서 긴장을 억제하는 것으로 해석될 수도 있습니다. 공유된 노래의 역할이나 목적, 중요성에 대해 사람들의 의견이 다를 가능성이 있습니다.

사회나 가족 또는 집단은 때로는 자신의 이야기를 합니다. 이런 서사가 항상 명확한 형식으로 기록되는 것은 아니지만, 그 집단에 속한 사람들을 식별하는 데 도움을 주고 그 집단의 구성원들이 생산하는 예술에 영향을 미칠 수 있습니다. 예를 들면 홀로코스트 이야기가 현대 유대인의 정체성에 근본적인 것만큼이나, 아르메니아 대학살 이야기는 아르메니아인의 정체성에 근본적이며, 두 이야기 모두 소설, 시, 그림, 영화, 음악 등의 형태로 여러 예술 작품을 탄생시켰습니다. 이런 공동체 서사에서 발생한 예술 작품으로는 마커스 주삭(Markus Zusak, 1975~)의 소설 『책 도둑(*The Book Thief*)』,* 헤비메탈 밴드 '시스템 오브 어 다운(System of a Down)'의 노래 〈P.L.U.C.K.〉, 다비드 올레르(David Olère, 1902~1985)의 그림 〈가싱(Gassing)〉 등이 있습니다.

서로 다른 문화가 만드는 예술에 대해 생각해 보면, 저마다의 스타일을 가지고 있는 경우가 많습니다. 오스트레일리아 원주민의 예술은 종종 그 원주민들의 '드림타임(Dreamtime)**' 서사를 반영합니다. 또 중국 전통 회화는 중국 서예와 관련된 세심한 붓놀림을 사용하며, 일부 에티오피아 회화는 주로 기독교의 테마를 묘사하며 강한 기독교 문화적 정체성을 반영하여 독특하고 다채로운 작품들을 만들어 냈습니다. 예술을 통해 전달되는 이러한 공유된 서사들은 우리의 정체성과 관점을 형성하는 역할을 할 수 있습니다. 아는이, 지역 공동체, 국가 또는 국제 공동체가 예술의 표현을 통해 과거를 이해하고 기억할 수 있습니다.

*마커스 주삭, 『책 도둑』, 정영목 옮김, 문학동네, 2008년

**'드림타임'은 오스트레일리아 원주민(Aborigin)의 영적 믿음과 존재의 중요한 특성을 기술하기 위한 용어로 사용된다. 원주민들은 드림타임이 아주 오래전, 시초로 거슬러 올라간다고 믿는다. 이들에 따르면, 땅과 사람은 '영들(Spirits)'에 의해 창조되었다. 영들이 강, 냇가, 물웅덩이, 땅, 언덕, 바위, 식물, 동물을 만들었다. 영들은 원주민들에게 사냥 도구를 주었고 각 부족에게 땅, 토템, 꿈을 주었다고 한다. 따라서 드림타임이란 태초의 시간으로, 조상들이 온갖 세계를 만든 시간이다.

그림 11.15 _ 코로보리는 오스트레일리아 원주민의 춤 의식입니다. 각 원주민 씨족들은 그들만의 고유한 춤과 보디 페인팅 스타일을 가지고 있습니다. 춤, 음악 및 보디 페인팅 예술은 원주민의 문화 지식을 전수하고 통과 의례를 축하하며 꿈의 시간과 교류, 연결하는 데 사용됩니다. 그 춤은 또한 씨족 내의 유대감을 강화하는 데 도움을 줍니다.

되돌아보기

여러분 정체성의 일부인 이야기나 공유하는 기억을 갖고 있나요? 이런 이야기나 공유된 기억이 여러분의 정체성 형성에 어떻게 도움이 될까요?

2017년, 도예가 그레이슨 페리(Grayson Perry, 1960~)는 영국의 유럽 연합(EU) 탈퇴인 브렉시트에 대한 자신의 생각을 전달하기 위해 〈매칭 페어(Matching Pair)〉라는 꽃병 두 개를 만들었습니다. 꽃병 하나는 유럽 연합 잔류에 투표한 사람들을 나타내고 다른 하나는 탈퇴에 투표한 사람들을 나타냅니다. 한 인터뷰에서 페리는 이렇게 말했습니다. "저는 사람들에게 무엇이 포함되어야 하는지, 전체를 나타내는 것은 무엇인지, 심지어 어떤 색상이어야 하는지에 대한 아이디어를 보내 달라고 요청했는데, 그들은 놀랍게도 비슷했습니다. … 결과는 좋았습니다. 우리 모두가 우리를 분리하는 것보다 공통점을 훨씬 더 많이 가지고 있기 때문입니다." 이 사례는 예술의 역할이 사회를 표현하거나 반영하거나 나타내는 것임을 시사합니다. 게다가 예술은 동일한 화제에 대해 서로 다른 감정을 포착하거나 서로 다른 관점을 표현하고 명료하게 드러낼 수 있습니다.

그림 11.16 _ 그레이슨 페리의 〈매칭 페어〉

세계에서 가장 중요한 예술상 중 하나는 2009년부터 2014년 사이에 수여된 '예술과 사회 변화에 대한 레오노레 아넨베르크상(Leonore Annenberg Prize for Art and Social Change)*입니다. 이 상의 목표는 사회 실험과 변화의 문화를 조성하기 위해 역사적으로 중요한 획기적인 작품을 의뢰하고 선보이는 것이었습니다. 2014년 수상자인 영화 제작자 아마

*https://creativetime.org/summit/prize/

르 칸와르(Amar Kanwar, 1964~)는 **토착민의 권리**, 성별, 종교 근본주의 및 생태학 같은 화제를 포괄하는 복잡한 서사를 만듭니다. 레오노레 아넨베르크상 같은 상이 존재하고 칸와르에게 여러 다른 예술상이 수여되었다는 사실은 예술이 사회 변화에서 얼마나 중요한 역할을 하는지를 보여 줍니다.

키워드

토착민의 권리: 특정 지역 원주민의 권리

11.8 지식 도구: 언어, 이성, 감정

한 장의 그림으로 수천 마디 말을 표현한다는데

왜 저는 당신을 묘사할 수 없을까요?

말로는 다 표현할 수 없을 거예요,

제가 알게 된 당신을*

밴드 '브레드(Bread)'의 작사·작곡가 데이비드 게이츠

*If a picture paints a thousand words / Then why can't I paint you? / The words will never show / The you I've come to know

---

논의 11.25

예술을 창조하거나 해석하는 데에서 언어, 이성, 감정의 역할은 무엇인가요?

언어

데이비드 게이츠(David Gates, 1940~)의 노래 〈이프(If)〉의 가사에는 그림이 말보다 훨씬 더 많은 것을 전달할 수 있음을 시사하는 흔히 사용되는 관용구가 나옵니다. 그런 반면에 시는 말로 그림을 그린다고 합니다. 음악은 감정, 의도, 심지어 의미까지 전달한다고 하며, 춤은 많은 문화에서 이야기를 전달하기 위해 사용되었습니다.

예술에는 우리의 마음을 움직이고 감정을 느끼게 하는 힘이 있습니다. 음성 언어가 사용되지 않는 상황에서도 공연 예술이 어떻게 감정을 전달할 수 있는지는 중요합니다. 예를 들어 셰익스피어 원작의 〈로미오와 줄리엣〉 발레 공연(극이나 영화가 아님)을 보러 갔다면 아무 말이 없어도 이야기에 감동할 수 있습니다. 공연 예술은 비음성적 언어로도 통찰력을 전달할 수 있습니다.

우리는 때로는 '예술의 언어'에 대해 이야기합니다. 하지만 물론 이것은 일상적인 언어와는 상당히 다릅니다. 시를 산문으로 설명하려 하면 시의 의미나 깊이가 사라질 수도 있습니다. 마찬가지로 베토벤 교향곡 9번의 마지막 악장에서 느껴지는 의기양양한 기쁨은 말로 표현할 수 있는 그 어떤 것도 뛰어넘습니다. 예술과 언어의 유추는 원어민이 무엇을 말하려는지 알기 위해 언어의 문법과 어휘를 이해해야 하는 것처럼 예술가가 무엇을 말하려는지 알기 위해 예술의 문법과 어휘를 이해해야 한다는 것을 시사합니다. 아마도 고전 음악이나 현대 미술을 무시하기 전에, 우리는 그것들의 언어를 배우기 위한 노력이 필요할 것입니다. 그렇게 하면 우리는 무엇이 소통되고 있는지, 그것이 가치 있는지 여부를 더 잘 판단할 수 있을 겁니다.

비문학 예술은 어떻게 언어를 사용하지 않고 발상을 전달할까요?

이성

합리성과 추론의 역할은 예술에서 중요합니다. 예술 작품을 창작하고 해석하는 관점에서 보면 어느 정도의 관행과 합리성은 있을 겁니다. 시나 산문에 대한 비평이라는 과제를 고려한다면, 언어의 사용법을 분석하고, 문학적 장치를 풀고, 이것들이 만들어내는 효과에 대해 논평하는 것과 관련된 전문 지식이 있습니다. 이렇게 해서 예술은 합리적으로 분석될 수 있습니다.

시각 예술을 해석할 때, 우리는 이성을 이용하여 우리가 인식하는 상징과 유추를 분석하고, 그것들을 중심으로 서사를 엮어, 작품의 의미를 결정하는 데 도움이 되는 정합적인 해석을 만듭니다.

노벨 문학상이나 에드바르 뭉크 미술상 같은 문학예술과 시각 예술 분야의 상이 존재한다는 것은 우리가 예술에 대해 합리적인 판단을 할 수 있고, 하고 있다는 것을 시사합니다. 틀림없이, 마크 로스코(Mark Rothko, 1903~1970)에서 라빈드라나트 타고르(Rabindranath Tagore, 1861~1941)에 이르기까지 예술가와 작가의 작품을 캐논으로 판단할지는 어느 정도 합의가 형성되어 있는데, 이런 예술에 대한 해석은 단순히 개별 아는 이의 주관적인 의견이 아닙니다. 공동체는 특히 예술품 구입과 상금 수여를 위한 돈이 공적 자금에서 나오는 경우, 예술에 대한 상을 어떻게 판단, 합리화, 인정, 인식하고 상을 수여하는지를 어느 정도 정당화해야 합니다.

감정

자극에 대한 감정적인 반응은 아마 우리 각자가 경험하는 첫 번째 반응일 것입니다. 감정은 우리의 주의를 끌고 아주 원초적인 방식으로 행동을 지시할 수 있습니다. 두려움은 우리를 방어적으로 뛰어가게 하거나 몰아붙이는 경향이 있지만, 사랑은 우리에게 안심과 안정감을 느끼게 해 줍니다. 종종 우리는 감정을 자극하기 위해 시각과 청각을 실마리로 사용하며, 이것이 시각 예술과 음악이 우리에게 깊은 영향을 주는 이유일 수 있습니다.

우리가 예술에 대한 우리의 해석을 정당화하기 위해 이성을 아무리 많이 사용하더라도 우리의 일차적인 반응은 감정적이라고 말할 사람들이 많을 것입니다. 프란시스코 고야(Francisco Goya, 1746~1828)의 〈1808년 5월 3일(The Third of May 1808)〉을 본다면, 첫 반응은 감정적일 가능성이 큽니다. 이 그림은 나폴레옹의 침략으로부터 스페인 군대가 메디나델리오세코시를 지키려는 고통의 순간을 적나라하게 묘사한 것입니다. 처음의 감정적 반응을 보인 후에야 비로소 기법의 세부 사항과 특징을 분석하고 합리적인 방식으로 작품을 분석하는 것으로 마음을 돌릴 수 있습니다. 우리 중 많은 사람들은 감정적 반응을 넘어서지 않을 것입니다. 우리는 예술의 힘과 위대함에 감사할 수 있지만, 아마도 예술의 힘과 위대함, 그리고 그것이 불러일으키는 감정적 반응 때문에 그것을 반드시 '좋아'하지 않을 수도 있습니다.

실제 상황 11.14

여러분의 음악 취향과 부모님이나 조부모님의 음악 취향에 대해 생각해 보세요. 여러분에게 감정적으로 크게 울림을 주는 음악이 그분들에게는 그저 '소음'일 수 있습니다. 마찬가지로, 그분들을 깊이 감동시킨 음악이 여러분에게는 그저 그럴 수도 있습니다. 여러분은 '감정의 힘'을 어떻게 정의하나요?

되돌아보기

감정은 어떻게 예술에 대한 여러분의 지식을 형성하고 강화하고 약화하고 동기를 부여하거나 다른 식으로 영향을 미칠까요?

11.9 예술과 과학

예술과 과학 사이의 명백한 차이에도 불구하고, 둘 사이에는 몇 가지 흥미로운 유사점이 있습니다. 가장 깊은 곳에서는 두 가지 모두 사물의 패턴을 찾아 세상을 이해하려고 한다고 말할 수 있습니다. 차이점은 과학에서는 패턴들이 일반적으로 수학과 논리로 표현되고, 예술에서는 더욱더 암시적이고 직관적인 형태로 표현된다는 것입니다.

과학은 이성에 더 호소하고 예술은 상상력에 더 호소한다는 주장도 있지만, 이성과 상상력 모두 지식의 각 영역에서 중요한 역할을 합니다. 한편 예술가들이 예술적 가치를 지속하기 위해서는 창의적인 통찰력에 일종의 합리적인 통제를 부과할 필요가 있습니다. 다른 한편으로, 만약 과학자들이 사물을 보는 새로운 방식을 제시하고 새로운 질문을 하고 새로운 가설을 세우고 새로운 이론을 발전시키려 한다면, 좋은 상상력을 가질 필요가 있습니다.

흥미롭게도 많은 위대한 과학자들은 자신들의 아이디어를 정당화하기 위해 그 아이디어의 아름다움에 호소했습니다. 예를 들면 알베르트 아인슈타인(Albert Einstein, 1879~1955)은 언젠가 **상대성 이론**이 거짓이라기에는 너무 아름답다고 말했습니다. 아름다움에 대한 그런 언급은 언뜻 보기에 어리둥절해집니다. 그러나 아름다움과 질서가 밀접하게 연관된 개념이며 아름다움에 대한 과학자의 호소가 보통 우주가 질서 정연하다는 확신을 반영한 것이라는 점을 깨닫고 나면 이해됩니다. 아인슈타인은 미적 고려가 과학자들에게 자신들의 이론의 진실성을 확신케 하는 역할을 한다는 것을 입증했습니다. 그러나 아름다움이 진실을 보장하는 것은 아닙니다. 아인슈타인의 상대성 이론이 실험 결과에 따라 반복적으로 배척되었다면 그는 결국 그것을 버리고 다시 생각해야 했을 것입니다. 왜냐하면 우주가 우리의 미학과는 아주 다른 미학으로 작동하는 것은 언제나 가능하기 때문입니다.

지식 영역 연결 질문 11.3

자연과학: 예술에서의 지식은 자연과학에서의 지식과 얼마나 유사할까요?

발견되었는가, 창조되었는가?

과학과 예술의 한 가지 중요한 차이점은 과학 법칙은 **발견되는** 반면, 예술 작품은 **창조된다**는 데 있는 것 같습니다. 하지만 늘 그렇듯 사태는 보이는 것처럼 그렇게 간단하지는 않습니다. 많은 위대한 예술가들은 그들의 작업이 창작만큼이나 발견의 하나라고 생각해 왔습니다. 형태가 이미 어떤 식으로든 포장이 풀리기를 기다리고 있다는 것입니다. 소설가 블라디미르 나보코프(Vladimir Nabokov, 1899~1977)는 **"그 페이지들은 여전히 비어 있지만, 보이지 않는 잉크로 쓰여서 보이게 되도록 아우성치는 기적적인 느낌이 있다"**라고 말했습니다. 이 생각은 〈죄수들(The Prisoners)〉로 알려진 미켈란젤로의 유명한 미완성 조각품들에 의해 잘 설명됩니다. 이 작품 속 인물상들을 보면 그들이 이미 대리석 안에 있고 조각가의 끌로 해방되기만을 기다리고 있다는 느낌을 지울 수 없습니다.

그림 11.17 _ 미켈란젤로, 〈죄수들〉(16세기 초)

어떤 사람들이 예술은 창조되는 것만큼이나 발견되는 것이라고 주장한 것처럼, 과학이 발견되는 것만큼이나 창조되는 것이라고 주장한 사람들도 있습니다. 이 생각을 뒷받침하기 위해 그들은 비록 과학 법칙이 유용하고 명료하다 할지라도 결국 그것은 거짓으로 판명될 수 있다고 지적합니다. 뉴턴 물리학의 운명이 결국 그렇게 되었습니다.

따라서 우리는 과학 법칙을 영원한 진리로 생각하기보다는 아마도 그것들을 우리가 현실을 이해하는 데 도움을 주는 **유용한 허구**로 보아야 할 것입니다.

그래도 과학은 창조된 것보다 발견된 것이 더 많고, 예술은 발견된 것보다 창조된 것이 더 많다고 말하는 것이 여전히 이치에 맞을지도 모릅니다. 그 이유를 알기 위해 다음의 상황을 상상해 보세요. 건물이 불에 타고 있고, 한 방에는 마지막으로 남아 있는 다윈의 『종의 기원』 사본이 있고, 다른 방에는 마지막으로 남은 셰익스피어의 『햄릿』 사본이 있다고 해 봅시다. 위험을 무릅쓰고 건물 안으로 뛰어들었지만, 두 책 중 하나만 구할 시간밖에 없습니다. 어떤 것을 구해야 할까요?

『종의 기원』보다 『햄릿』을 택해야 한다는 주장도 있습니다. 왜일까요? 다윈의 원고가 연기에 휩싸이면, 조만간 다른 누군가가 자연 선택 이론을 제시할 것이기 때문입니다. 사실 앨프리드 러셀 월리스(Alfred Russel Wallace, 1823~1913)는 다윈과 거의 같은 시기에 이 이론을 제시했습니다. 하지만 셰익스피어의 원고가 비슷한 운명에 처한다면, 다른 누구도 『햄릿』을 쓸 것 같지는 않습니다. 우리가 알고 있는 작품은 영원히 사라질 수도 있습니다.

이 사례가 시사하는 바는 예술 작품이 과학보다 더 귀중하다는 것이 아닙니다. 예술의 경우와 달리, 과학적 발견에는 비인격적인 측면이 있습니다. 바로 이런 점 때문에 우리가 예술보다 자연과학의 경우에 '발견'이라는 단어를 더 많이 사용하는 것이 정당화됩니다.

> **되돌아보기**
>
> "발견되었는가, 창조되었는가?"라는 물음은 지식의 모든 영역에서 제기될 수 있습니다. 우리는 12장에서 수학과 관련하여 살펴보겠지만 역사, 종교 등에 대해서도 똑같이 물을 수 있습니다. 이것은 지식의 본질에 대해 무엇을 의미할까요?

상호 보완적인 과학과 예술

과학과 예술이라는 이 두 지식 영역은 한때 훨씬 더 가까웠습니다. 예를 들면 레오나르도 다빈치는 기술자이자 예술가였으며, 과학과 예술 모두에 통달한 사람이었습니다. 과학과 예술의 관계에 대해 사고하는 또 다른 방식은 오늘날에도 과학과 예술이 여전히 세계를 이해하는 상호 보완적인 방식이며, 균형 잡힌 시각을 위해서는 두 가지 모두가 필요하다고 말하는 것입니다. 이 사고방식을 따르면, 과학은 사물을 외부로부터 보지만, 예술은 내부로부터 본다고 주장할 수 있습니다. 언젠가 아인슈타인은 과학이 수프의 맛을 알려 주지 않는다고 말한 적이 있습니다. 이를 통해 그가 말하고자 한 것은 과학은 우리에게 수프가 무엇으로 만들어지고 왜 우리에게 좋은지 말해 줄 수 있지만, 추운 날 수프를 마시는 것이 어떤 느낌인지에 대해서는 말해 주지 않는다는 것입니다. 이것은 예술이 말해 주어야 할 부분입니다. 수프가 예술의 주요 주제는 아닙니다. 예술은 다른 복잡한 경험을 다룹니다. 사랑 같은 감정을 생각해 보세요. 과학은 우리가 사랑에 빠졌을 때 우리의 호르몬과 심장 박동에 무슨 일이 일어나는지 알려 줄 수 있지만, 많은 사람들이 본능적으로 사랑의 **경험**을 이해하기 위해 눈을 돌리는 것은 예술입니다.

탐구 11.11

예술과 과학의 주요 공통점과 차이점은 무엇이라고 할 수 있을까요? 여러분의 아이디어를 설명하기 위해 마인드맵을 만드세요. 비교를 위한 도구로 지식 틀의 네 가지 요소를 사용하세요. 다음 단어는 여러분의 사고를 자극하는 데 도움이 될 수 있습니다.

- 아름다움
- 창의성
- 발견
- 감정
- 이성
- 대칭
- 묘사(서술)

실제 상황 11.15

예술이 말할 수 없는 사랑의 본질에 대해 과학은 우리에게 무엇을 말해 줄 수 있을까요? 그리고 예술은 과학이 말할 수 없는 사랑의 본질에 대해 무엇을 말해 줄 수 있을까요?

예술이 존재하지 않았다면, 우리에게 알려지지 않았을 인간 본성의 측면들이 있을까요? 즉, 예술이 고유하게 제공하는 지식과 통찰은 무엇일까요?

11.10 윤리, 검열, 예술

실제 상황 11.16

인종 차별, 빈곤, 전쟁, 가정 폭력 또는 환경 파괴 같은 쟁점에 대한 인식을 높이려고 노력하는 예술의 사례를 생각할 수 있나요?

예술은 지식의 다른 영역보다 개인과 공동체에 더 직접적인 감정적 영향을 미치는 경향이 있습니다. 이 때문에 예술가들은 종종 정치적인 캠페인과 운동을 지원하기 위해 예술을 사용해 왔습니다. 1751년, 예술가 윌리엄 호가스(William Hogarth, 1697~1764)는 독한 술 마시는 것을 줄이기 위해 고안된 의회 법안인 '진 법(Gin Act)'을 지지하는 두 장의 판화를 제작했습니다. 호가스의 작품은 〈맥주 거리(Beer Street)〉와 〈진 골목(Gin Lane)〉*이었습니다. 〈맥주 거리〉에서 사람들은 번영하고 행복하며 건강한 것으로 묘사된 반면, 〈진 골목〉에서는 가난하고 죽음과 부패에 둘러싸인 것으로 묘사됩니다. 맥주를 마시

*맥주 거리는 포장도로를 의미하고 진 골목은 비포장 흙길을 의미하기도 한다.

는 것은 괜찮지만, 진을 마시는 것은 파멸의 길이라는 메시지를 분명하게 표현한 것입니다.

그림 11.18 _ 호가스의 〈맥주 거리〉

그림 11.19 _ 호가스의 〈진 골목〉

거리 예술(street art)은 흥미로운 현상입니다. 영국 예술가 뱅크시(Banksy)는 그라피티 예술가로 경력을 시작했으며 벽에 스프레이로 그림을 그려 공공장소를 훼손했다는 혐의로 경찰에 체포될 뻔한 후 스텐실 기법*을 개발하기 시작했습니다. 그의 작품에는 종종 반전 또는 반체제 메시지가 담겨 있습니다. 많은 사람들은 그라피티를 공공 기물 파손과 불법 행위의 신호로 봅니다. 그라피티를 지우는 비용은 매년 수백만 파운드에 달할 수 있으며, 적발된 사람들은 징역형을 포함한 강력한 처벌을 받을 수 있습니다. 그런 반면에 미술관에서 찬사를 보내는 그라피티 예술가도 있습니다. 실제로 뱅크시의 작품 중 일부는 현재 100만 파운드 이상의 가치를 지니고 있습니다. 반체제적인 무언가로 생겨났을 법한 거리 예술이 어떻게 높은 가격을 이끌어 내고, 예술에서 인기와 수요가 높은 캐논이 될 수 있는지를 볼 수 있는 흥미로운 사례입니다.

JR(1983~)로 알려진 프랑스의 거리 사진작가이자 거리 예술가는 그라피티 예술가가 사용하는 것과 다소 비슷하게 대형 흑백 사진 이미지를 만들어 공공장소에 게시합니다. 스스로를 '도시 활동가'라고 밝힌 JR의 작품은 다양한 정치, 사회, 경제 문제에 대한 새로운 예술적 관점을 제공합니다. 그는 갤러리를 한 번도 방문한 적이 없는 관객에게 다가가기 위해 거리에서 자신의 작품을 전시하는 것을 좋아하고 브라질의 **빈민가**, 이스라엘과 팔레스타인 사이의 분리 장벽에서부터 멕시코와 미국의 국경에 이르기까지 다양한 국제 장소에서 자신의 대규모 공공 이미지를 전시해 왔습니다.

*글자나 무늬, 그림 따위의 모양을 오려 낸 후, 그 구멍에 물감을 넣어 그림을 찍어 내는 기법을 말한다.

그림 11.20 _ 2017년 미국–멕시코 국경에 설치한 프랑스 예술가 JR의 작품

이와 비슷한 예로는 예술적인 거리 표지판도 있습니다. 프랑스 예술가 클레 아브라함 (Clet Abraham, 1966~)은 이탈리아 피렌체와 영국 에든버러의 공공 표지판에 스티커 그라피티를 만들어 붙였습니다. 이것은 친숙한 무언가에 대한 우리의 관점을 바꾸는 유머스한 방법으로 해석될 수 있습니다. 거의 틀림없이, 그것은 표지판과 지시를 따르는 경향에 의문을 제기하는 장난 같은 방법일 수 있습니다. 그러나 실제 공공 간판이 '그라피티 예술'에 의해 가려진다는 점에서 공공의 혼란으로도 볼 수 있습니다. 그래서 거리 예술의 가치와 목적에 대해 의견이 분분합니다.

탐구 11.12

1 도로 표지판 같은 익숙한 것을 예술가가 가져가 우리가 새로운 방식으로 생각할 수 있도록 변형시키는 방식을 생각해 보세요. 그런 변화를 이루는 데 예술가는 어떤 윤리적 책임을 지나요?

2 만약 여러분이 집 벽이나 차에서 그라피티나 거리 예술을 발견했다면 기분이 어떨까요? 나중에 그것이 유명한 그라피티 예술가의 작품이라는 것을 알게 된다면 기분이 달라질까요? 그라피티가 예술인지 공공 기물 파손인지 판단하기 위해 어떤 기준을 사용할 건가요?

실제 상황 11.17

예술가나 그들이 활동하는 사회는 예술에서 윤리적으로 받아들여지는 일에 더 큰 영향을 미칠까요?

유명한 예술가, 배우, 음악가들은 자신들의 영향력 때문에 종종 인도주의적이고 정치적인 대의를 홍보하는 데 고용됩니다. 그러나 그들은 또한 초콜릿 바, 세면 도구, 향수, 식료품 같은 상품을 홍보하도록 요구받습니다. 유명인에 의한 이런 호소는 많은 경우에 잘못된 일이지만, 이런 영향력 때문에 일부 사람들은 유명인 지위에 있는 사람들이

윤리적으로 행동해야 할 더 큰 책임이 있다고 주장하게 되었습니다.

2016년, 제임스 본드 역으로 유명한 배우 피어스 브로스넌(Pierce Brosnan, 1953~)은 인도의 팬 바하르 담배 제품 광고에 출연했습니다. 브로스넌은 발암성 제품을 홍보한 것에 대해 누리 소통망에서 심한 비판을 받자 사과하고 그 제품이 건강에 해를 끼친다는 사실을 몰랐다고 주장했습니다. 인도 정부는 사기 광고에 출연한 스타들을 기소할 수 있도록 소비자 보호법을 개정할 계획입니다. 스타들은 징역 5년 또는 인도 루피화로 50lakh(약 7만 달러. 1lakh = 100만 루피)의 벌금에 처할 수 있습니다.

활동명 'XXXTentacion'으로 알려진 자세 드웨인 온프로이(Jahseh Dwayne Onfroy, 1998~2018)는 정신 질환, 자살 및 여성 혐오 같은 주제에 초점을 맞춰 사회와의 단절을 표현한 미국의 래퍼이자 작곡가입니다. 짧은 생애 동안 임신한 여자 친구를 구타하는 등 수많은 강력 범죄로 기소되어 감옥에서 시간을 보냈습니다. 그런데도 마약과 범죄에 대한 그의 경험은 그와 비슷하게 단절된 젊은 팬들에게 다가갈 수 있게 해 주었습니다. 그는 고통 받는 사람들에게 위안을 주는 동시에 폭력을 정당화했다고 합니다. 한 평론가는 온프로이의 음악은 증오로 가득 찬 노래가 어떻게 사람들의 그런 감정을 정상화할 수 있는지 보여 주며, 그가 다른 사람들의 마음속에 있을지도 모를 증오에 대한 사회의 편집증에 이바지한 것으로 보인다고 말했습니다.

실제 상황 11.18

우리는 예술을 판단할 때 어느 정도나 우리 자신의 윤리적 가치관을 강요하는 것을 피할 수 있거나 피해야 하나요?

이탈리아 화가인 카라바조(Caravaggio, 1571~1610)는 싸움과 살인에 연루되어 밀라노에서 몰타로 망명할 수밖에 없었습니다. 최근에는 많은 유명 예술가들이 형사 고발을 당했습니다. 롤프 해리스(Rolf Harris)가 어린 소녀들에 대한 12건의 강제 추행 혐의로 유죄 판결을 받은 후 그의 그림의 가치는 급락했다고 합니다. 이와 비슷하게, 배우 케빈 스페이시(Kevin Spacey)는 성희롱과 성폭행에 대한 수많은 고발에 뒤이어 출연 장면이 삭제되고 여러 프로젝트에서 교체되었습니다. 또한 홍보 대행사 및 탤런트 에이전시는 그를 프로그램에서 하차시켰습니다. 그러나 일부 음반사들은 음악을 홍보하기 위한 마케팅 수단으로 범죄 혐의를 사용했고, 구치 메인(Gucci Mane)과 부시 바다즈(Boosie Badazz) 같은 음악가는 출소 후 가장 많은 앨범 판매를 기록했습니다. 또한 영국의 드릴/그라임 장르*에 이바지한 것으로 알려진 유명한 예술가이자 래퍼인 디가 디(Digga D)**는 지난 2년 동안 교도소를 들락거렸음에도 불구하고 빠르게 명성을 얻고 있습니다.

실제 상황 11.19

예술가들이 비윤리적인 행동을 하거나 범죄를 저지른 것이 밝혀졌어도 여전히 그들의 작품을 가치 있게 평가한다면 이는 정당할까요?

*드릴/그라임 장르(drill/grime genre)는 개러지, 힙합, 댄스홀이 결합된 그라임 장르에 폭력적이고 드럼 박자가 아닌 다양한 비트와 유사한 박자 같은 것으로 표현된 드릴 장르를 뜻한다.

**디가 디로 알려진 리스 허버트(Rhys Herbert, 2000~)는 영국 래퍼이자 작곡가다. 그는 CGM 집단의 일원이다. 예전에는 1011로 알려졌다. 1011은 '넥스트 업'으로 Link Up TV에 출연하면서 인지도가 빠르게 상승했고, 폭력적인 가사의 특성상 '이 교도를 위한 플레이'라는 논란이 일고 있다.

검열

검열 하면, 우리는 일반적으로 '욕설'이나 노골적인 폭력 또는 성적인 장면 때문에 일부 영화가 연령 제한에 걸릴 때의 영화 검열을 떠올리는 경향이 있습니다. 이런 형태의 검열은 아동 보호를 이유로 정당화됩니다. 하지만 검열은 이것보다 훨씬 더 나아간 것이며, 무엇을 받아들일 수 있는지에 대해 다른 사회와 다른 연령대는 매우 다른 생각을 하고 있습니다.

대부분의 사람들은 어떤 상황에서는 우리가 검열을 받아야 한다고 믿습니다. 보수적인 사회에서 검열관은 통치자의 권위를 훼손하는 것으로 생각되는 그 어떤 작품도 금지하고, 그들에게 '부도덕한 생활 방식'으로 여겨지는 것을 조장하는 것처럼 보이는 작품을 금지할 수 있습니다.

쿠웨이트에서는 매년 국제 문학 축제가 열립니다. 2013년부터 2018년까지 쿠웨이트 당국은 4,000권 이상의 책을 블랙리스트에 올렸습니다. 금지 도서 목록에는 빅토르 위고의 『노트르담의 꼽추』, 도스토옙스키의 『카라마조프가의 형제들』, 가브리엘 가르시아 마르케스의 『백 년 동안의 고독』이 포함되어 있는데, 이 책들은 모두 많은 문학 강좌의 필독 도서 목록에 포함되어 있습니다. 이것은 적절하고 수용할 수 있는 내용으로 간주하는 것이 무엇인가에 관해 국가가 제한을 두는 예입니다. 보다 자유로운 사회에서도 인종 차별, 여성 혐오, 반유대주의 또는 이슬람 혐오 같은 폭력이나 이데올로기를 조장하는 것으로 보이는 작품을 검열하고 싶어 하는 사람들이 있습니다.

논의 11.26

예술의 검열이 정당한지 여부를 어떻게 결정할 수 있을까요? 여러분이 검열이 정당하다고 결정한다면, 어떤 기준을 적용한 것인가요?

2018년, 미국 캔자스주의 많은 이들이 콜라주 때문에 분노했습니다. 조세핀 멕세퍼(Josephine Meckseper, 1964~)의 〈무제〉는 2018년 7월에 종료된 1년간의 전시의 일부였으며, 성조기의 그래픽 디자인과 흑백 줄무늬 양말 그림, 흘러내리고 떨어진 검정 물감으로 미국의 윤곽선을 묘사한 것이 특징인 콜라주였습니다. 캔자스주의 주지사와 국무장관은 캔자스 대학교에 문제가 되는 이 작품을 없애라고 압력을 가했고, 성조기를 모독하는 것은 모욕적이라는 이유로 이 작품이 철거되기를 원했습니다. 다른 이들은 작품을 '부도덕하다', '혐오스럽다'라고 표현했습니다. '부도덕하다', '혐오스럽다' 등의 단어는 국기 콜라주에 반대하는 이들에게 강력한 감정이 촉발됐음을 암시하지만, 이 모든 소란이 무엇 때문인지 궁금해하면서 어깨를 으쓱하고 고개를 갸우뚱거리며 작품을 보는 사람들이 더 많아질 것임은 분명합니다.

그림 11.21 _ 조세핀 멕세퍼의 〈무제〉 콜라주. 이것이 왜 분노를 불러일으킬까요?

아는이로서, 예술 작품의 멋짐에 대한 우리의 관점은 우리의 믿음과 가치에 의해 크게 형성되며 이는 또다시 우리의 가족, 친구, 종교와 문화, 개인적이거나 집단적인 기억 그리고 우리 공동체에서 이루어지는 논의들로 형성됩니다.

예술은 우리의 도덕성을 반영할 뿐만 아니라, 그것에 도전할 수 있는 능력을 갖추고 있습니다. 어떠한 문화적 가치도 정적이지 않으며, 종종 경계를 허물고 우리에게 새로운 사고방식을 열어 주는 것은 바로 예술입니다.

실제 상황 11.20

예술은 검열되어야 합니까? 만약 그렇다면, 어떤 근거로 어떤 기준에 따라야 할까요? 만약 아니라면, 검열이나 제한이 없어야 한다고 생각하는 이유를 제시하여 정당화하세요. 여러분의 주장은 과학이나 역사 같은 지식의 다른 영역에도 적용되나요?

되돌아보기

여러분은 공동체의 다른 사람들보다 더 보수적입니까, 아니면 더 진보적입니까? 여러분의 가치는 어디에서 오나요?

정치적 도구로서의 예술

논의 11.27

"모든 예술은 허위 과장 선전이다. … 모든 허위 과장 선전이 예술은 아니다." 조지 오웰의 말입니다. 왜 오웰이 모든 예술을 허위 과장 선전으로 여겼다고 생각하나요?

예술은 때로는 문화적, 국가적 또는 정치적 신념과 상당히 연결되어 있습니다. 일부 국가에서는 공공 자금이 지원된 갤러리에 세금을 부과하며, 일부 정부는 국가 정체성이나 공유 가치를 표현하기 위해 예술의 대량 생산을 후원하고 조직하는 정도로까지 예술 생산을 제한하거나 통제하려 할 수 있습니다. 북한이 바로 그런 경우입니다. '만수대 창작사'는 김정은 정권을 위해 약 4,000명이 예술 작품을 제작하는 세계 최대 규모의 예술 창작 단체입니다. 김씨 일가를 기념하는 조각품들은 북한 사회 정치 지도자들의 권력을 떠올리게 하는 강력한 역할을 합니다.

쿠바 정부는 예술가, 영화 제작자, 작가, 음악가가 국가 자격증을 갖도록 요구하는 새로운 법률인 법령 349호를 시행할 계획입니다. 국가 상징을 훼손하거나 국가 가치를 손상시키는 것으로 인식되는 예술 작품 제작자는 징역형에 처할 수 있습니다. 타니아 브루게라(Tania Bruguera, 1968~)와 다른 쿠바 예술가들은 이 법안에 항의하고 예술 표현의 자유를 지키기 위해 단식 투쟁을 벌였습니다.

실제 상황 11.21

검열을 통해 국가 이미지를 보호하려는 정부는 어느 정도나 윤리적으로 정당화될 수 있나요?

그림 11.22 _ 국가는 그들의 유산을 기억하고 정체성을 확인하기 위해 어떻게 예술을 사용할까요? 그런 맥락에서 이런 이미지 사용에 대한 윤리적 정당성은 무엇인가요?

불법 복제와 표절

현대 미술계가 직면한 가장 중요한 문제 중 하나는 예술 작품을 무단으로 복제한 것을 대량으로 생산하여 판매하는 예술품 불법 복제입니다. 이런 관행은 음악 및 영화와 가장 자주 연관되어 있지만 책과 패션, 디자인에도 영향을 미칠 수 있습니다.

이중 일부는 친구의 책을 (사진으로 찍어) 복사하거나 친구의 DVD를 복사하는 경우처럼 소규모로 발생합니다. 이것이 예술가의 권리에 대한 가벼운 침해로 보여도, 전 세계적으로 수백만 배나 증가하고 있으므로 관련 산업에 막대한 영향을 미칠 수 있습니다. 일부 국가에서 일어난 것처럼 이런 일이 산업적 규모로 발생하면 심각한 재정 손실을 초래할 수도 있습니다. 지식 재산권은 다양한 지식 영역, 특히 예술 영역에서 점점 더 중요한 법의 영역이 되고 있습니다.

불법 다운로드로 인해 제작사와 예술가에게 수백만 달러의 수익 손실이 발생한다는 것에는 의심할 여지가 없지만, 일부 자유주의자들은 모든 예술 창작물이 공유되어야 하며, 모두가 자유롭게 접근할 수 있어야 한다고 주장합니다. 여러분의 생각은 어떤가요? 대립되는 이 두 가지 윤리 체계를 평가하기 위해 어떻게 이성을 사용할 수 있나요?

불법 복제와 관련된 것은 표절 행위입니다. IB 디플로마 프로그램 학생으로서, 여러분은 아마 표절의 결과에 대해 여러 번 경고를 받았을 테지만, 시각 및 공연 예술에서 표절을 파악하기란 쉽지 않을 것입니다.

글을 쓸 때 다른 사람의 말이나 발상을 사용하면 이를 인정하는 것이 중요하며, 글의 형태일 경우에는 각주나 미주의 형태로 감사의 마음을 간단하게 표현할 수 있다는 것은 쉽게 이해할 수 있습니다. 하지만 음악이나 시각 예술과 관련될 때는 여러분이 언제 누군가의 발상을 사용하고 있는지를 아는 것은 그리 간단하지 않습니다. 모방, 스타일 표절, 복제 및 위조 같은 관행은 엄격하고 정확하게 구별할 수 없습니다.

빈센트 반 고흐(Vincent van Gogh, 1853~1890)는 일본 미술의 열렬한 숭배자였으며 일본 화풍과 색채 사용을 탐구하기 위해 수집한 일본 판화를 바탕으로 세 점의 그림을 그렸습니다. 그런 그림 중 하나는 우타가와 히로시게(Utagawa Hiroshige, 1797~1858)의 〈가메이도 매화 정원〉을 모사한 것입니다. 반 고흐 그림의 구성은 직접 모사하는 것이었지만, 일부 색상을 변경하여 훨씬 더 강렬하게 만들었습니다. 1888년에 이 행위는 수용되었고 실제로 모사가 예술에서 오랫동안 중요한 역할을 했지만, 만일 오늘날 고흐가 이렇게 했다면 그다지 좋은 평가를 받지 못했을 것입니다.

그림 11.23 _ 히로시게의 목판화(왼쪽)와 반 고흐가 모사한 그림 비교

우리가 11장에서 여러 번 살펴본 부그로의 〈깨진 물 주전자〉는 100년 전쯤에 그려진 장 밥티스트 그뢰즈(Jean-Baptiste Greuze 1725~1805)의 〈깨진 물 주전자〉를 새롭게 해석한

것입니다. 이 경우 그림에 대한 발상과 그들이 사용한 상징은 매우 유사하지만 그림 자체는 겉보기에 매우 다릅니다. 부그로의 그림은 그뢰즈의 주제와 동일한 주제를 재현하지만 다른 관람객에게 다른 스타일로 재현되므로 그뢰즈에게 경의를 표하는 새롭고 독창적인 작품으로 간주될 수 있습니다.

2019년, 가수 케이티 페리(Katy Perry, 1984~)는 그녀의 히트곡 〈다크 호스(Dark Horse)〉가 공동 작곡가이자 음반 제작자이며 본명이 마커스 그레이(Marcus Gray, 1981~)인 '플레임(Flame)'이라는 예술가의 크리스천 음악 〈조이풀 노이즈(Joyful Noise)〉(2009)의 기억하기 쉬운 일렉트로닉 비트를 복제하여 저작권을 침해했다며 278만 달러를 지급하라는 명령을 받았습니다.

저작권법은 저작권 침해 청구를 제한하기 위해 **공정 사용(fair use)***을 허용하며 예술가가 새롭고 변형적인 작품을 만드는 과정에서 기존 작품의 일부를 '빌리는 것'을 허용하는 반면, 공정 사용과 작품 표절 사이에는 아주 미세한 구분이 있습니다. 예술 작품이 상업적으로 큰 매력을 가지고 있고 많은 금액이 관련되면 특히 그렇습니다.

*공정 사용은 저작권이 있는 문장을 저작권 소유자의 동의하에 비평이나 인용을 위해 사용하는 것을 말한다.

탐구 11.13

모든 지식의 영역에서, 우리는 세계 어디에 살든 의심할 여지가 없이 우리의 창의성에 영향을 미치는 문화에 둘러싸여 있습니다. 하지만 때로는 그 영향력을 인식하지 못하기도 합니다.

1   작품의 스타일과/또는 구성을 복사하는 것이 우리가 제작하는 창작물에 어떤 영향을 미칠 수 있는지, 그리고 복사하는 작업에 어떤 영향을 미칠 수 있는지를 생각하기 위한 마인드맵을 만드세요.

2   짝과 함께 예술에서 표절을 피하는 방법을 생각해 보세요.

논의 11.28

우리가 다른 예술 작품에 영감을 받는 것과 그것을 표절하는 것의 차이를 어떻게 알 수 있을까요?

11.11 맺으며

우리는 예술이 세계에 대한 우리의 경험을 이해하는 데 도움을 줄 수 있다는 사실에 주목해 왔습니다. 그러나 우리가 그것들에서 발견한 일종의 진리는 과학에서 발견한 진리와 어떤 면에서는 다른 것처럼 보입니다. 두 개의 과학 이론이 서로 모순되고 그 중 하나가 참이라면, 다른 하나는 거짓이라고 결론을 내릴 수 있습니다. 하지만 예술에 관한 한, 우리는 아주 다른 두 작품이 동등하게 진실을 드러낼 수 있다고 느낄 수 있습니다. 이는 우리가 예술 작품을 볼 때 "그것은 진실인가?"가 아니라 "예술가가 본 것은 무엇인가?"라고 묻는 것이 더 현명할 수 있음을 시사합니다. 이런 식으로 이해하면, 예술은 세계에 대한 우리의 경험에 풍부함과 깊이를 더해 준다고 말할 수 있을 것입니다. 우리는 허구가 때로는 인간 조건에 대한 깊은 진실을 드러낼 수 있다는 사실인 **허구의 역설**에 대해 말할 수도 있습니다.

인간에게 예술이 없는 삶은 상상하기 어렵고, 그런 삶은 분명 차갑고 칙칙하며 단조로울 것입니다. (음악 없는 하루를 도저히 감당할 수 없는 사람도 있을 것입니다!) 우리는 예술에서 큰 즐거움을 얻기 때문에 그 자체로도 예술을 정당화하기에 충분합니다. 그러나 우리가 11장에서 살펴보았듯이, 예술은 또한 세계에 대한 우리의 지식에 이바지한다고 할 수 있습니다. 일반적으로 위대한 예술 작품은 익숙한 것을 낯설게 만들거나 낯선 것을 익숙하게 만들 수 있습니다. 예술은 우리가 이전에 몰랐던 진리를 인식하고 세상이 경이롭다는 우리의 감정을 다시 불타오르게 하는 역할에 최선을 다할 것입니다. 우리가 종종 진실을 찾기 위해 허구에 의지하는 것이 이상해 보일 수 있지만, 그것 또한 진실인 것 같습니다!

미국 작가 커트 보니것(Curt Vonnegut, 1922~2007)은 졸업식에서 학생들에게 이렇게 말했습니다. "예술은 … 삶을 좀 더 견딜 수 있게 만드는 매우 인간적인 방식입니다. 잘하든 못하든 간에 예술을 실천하는 것은 여러분의 영혼을 성장시키는 길입니다. 샤워하면서 노래를 부르세요. 라디오 소리에 맞춰 춤을 추세요, 이야기를 나누세요. 형편없는 시라도 친구를 위해 시 한 편을 써 보세요. 가능한 한 잘 해 보세요! 여러분은 엄청난 보상을 받게 될 겁니다. 여러분은 무엇인가를 창조했을 것입니다."

지식 질문

1   예술을 해석하는 데 아는이의 관점이 얼마나 중요할까요?

2   예술의 지식 창조는 다른 지식 영역의 지식 창조보다 상상력에 더 많이 의존할까요?

3   예술은 우리가 세상을 보는 방식을 어느 정도 반영하거나 변화시킬까요?

11.12 지식 영역 연결 질문

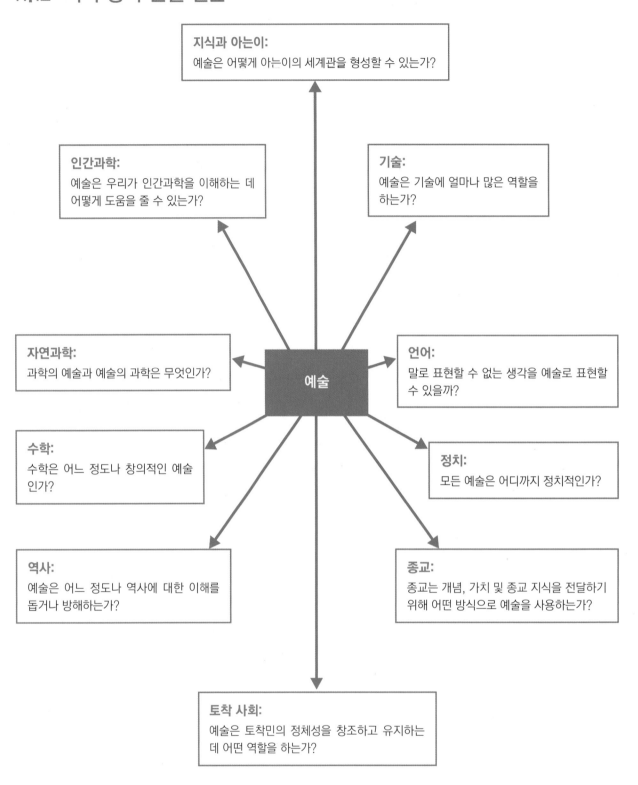

지식과 아는이:
예술은 어떻게 아는이의 세계관을 형성할 수 있는가?

인간과학:
예술은 우리가 인간과학을 이해하는 데 어떻게 도움을 줄 수 있는가?

기술:
예술은 기술에 얼마나 많은 역할을 하는가?

자연과학:
과학의 예술과 예술의 과학은 무엇인가?

예술

언어:
말로 표현할 수 없는 생각을 예술로 표현할 수 있을까?

수학:
수학은 어느 정도나 창의적인 예술인가?

정치:
모든 예술은 어디까지 정치적인가?

역사:
예술은 어느 정도나 역사에 대한 이해를 돕거나 방해하는가?

종교:
종교는 개념, 가치 및 종교 지식을 전달하기 위해 어떤 방식으로 예술을 사용하는가?

토착 사회:
예술은 토착민의 정체성을 창조하고 유지하는 데 어떤 역할을 하는가?

11.13 자기 점검

11장에서 배운 내용을 되돌아보고 1점에서 5점 사이로(5는 최고 점수, 1은 최저 점수) 자신의 자신감 수준을 표시하세요. 3점 미만이면 해당 부분을 다시 읽어 보세요. 그런 다음 이 목록으로 돌아오세요. 여러분의 자신감이 높아졌나요?

	자신감 수준	다시 읽기?
나는 예술을 정의하고 분류하려 하는 어려움과 함께, 예술이 분류될 수 있는 몇 가지 다른 방법들을 포함하여 예술의 범위와 한계를 논할 수 있는가?		
나는 예술이 무엇인지에 대한 내 생각을 분명하게 표현할 수 있는가? 다른 작품들에 대해, 그리고 왜 그것들이 예술로 분류될 수 있는지 또는 아닌지를 토론할 수 있는가?		
나는 예술가의 의도가 지닌 의의를 비롯하여 예술의 목적에 대해 논의할 수 있는가?		
나는 이미지의 힘과 아름다움의 개념처럼 예술의 몇 가지 기능을 잘 알고 있는가?		
나는 예술이 해석되는 방식에 대해 논의할 수 있는가? 그리고 예술에서 상징과 알레고리의 예를 제시할 수 있는가?		
나는 예술을 분석적으로 해석하는 접근법에 대한 비판을 명료하게 밝힐 수 있는가?		
나는 예술을 판단할 때 일종의 객관성을 달성하기 위해 우리가 어떻게 노력해야 하는지 토론할 수 있는가? 주관성과 다른 관점의 예를 들면서 반대 논의를 전개할 수 있는가?		
나는 공동체에서 예술의 역할을 이해하고 있으며, 공동체의 정체성에 예술이 어떻게 관여하는지에 관한 사례를 논의할 수 있는가?		
나는 예술과 관련하여 언어, 이성, 감정의 중요성을 설명할 수 있는가?		
나는 예술과 과학의 연결 관계, 그리고 창작과 독창성 및 발견 개념에 대해 잘 알고 있는가?		
나는 예술가의 윤리적 책임과 관련된 서로 다른 관점을 이해하고 있는가?		
나는 제품, 아이디어, 이데올로기를 홍보하기 위해 예술을 사용하는 것과 관련된 윤리에 대해 토론할 수 있는가?		
나는 예술에서 표절 문제를 이해하고 있는가?		

11.14 더 읽을거리

- 11장에서 얻은 지식을 바탕으로 다음 글들 중 몇 가지를 읽을 수 있습니다.

- **문학으로 간주하는 것**에 대한 흥미로운 기사로 다음을 읽으세요.
  Jonathan Gibbs, 'What counts as literature?', in *The Times Literary Supplement*, 1 March 2017. *Times Literary Supplement* 웹사이트에서 이 항목을 검색하세요.

- **예술의 몇 가지 쟁점**에 관한 흥미로운 설명을 보려면 다음을 읽으세요.
  Michael Glover, 'The Big Question: How many of the paintings in our public museums are fakes?', in *The Independent*, 16 April 2010. *Independent* 웹사이트에서 검색하세요.

- 고대 그리스에서 오늘날까지 **미학의 역사**에 대해 추적하고 싶다면 다음을 각각 읽으세요.
  Umberto Eco, *The history of beauty* and *On ugliness*, Rizzoli, 2004 and 2007, respectively.

- **미술을 더욱 심도 있게 보는 방법**에 대해 탐구하고 싶다면 다음을 읽으세요.
  John Berger, *Ways of Seeing*, Penguin, 2008. [존 버거, 『다른 방식으로 보기』, 최민 옮김, 열화당, 2012년]

- **몇몇 성화들과 이것들이 다룬 주제**에 대해 알고 싶다면 다음을 읽으세요.
  Klaus Reichold, *Paintings That Changed the World*, Prestel, 1998. [클라우스 라이홀트, 『세계를 움직인 그림들』, 임미오 옮김, 노성두 감수, 랜덤하우스코리아, 2003년]

- **예술의 세계를 바꾼 위대한 예술가들의 삶**을 관심 있게 보고 싶다면 다음을 읽으세요.
  Simon Schama, *The Power of Art*, BBC Books, 2006. [사이먼 사마, 『파워 오브 아트』, 김진실 옮김, 아트북스, 2013년]

- **현대 예술에 대한 통찰**을 얻고 싶다면 다음을 읽으세요.
  Grayson Perry, *Playing to the Gallery*, Penguin, 2016. [그레이슨 페리, 『미술관에 가면 머리가 하얘지는 사람들을 위한 동시대 미술 안내서』, 정지인 옮김, 원더박스, 2019년]

- **예술사에 대한 고전적 입문서**로는 다음을 읽으세요.
  E.H. Gombrich, *The Story of Art*, Phaidon, 2007. [에른스트 H. 곰브리치, 『서양미술사』, 백승길, 이종승 옮김, 예경, 2017년]

- **예술에 영향을 미친 여성 예술가**에 대해 자세히 알고 싶다면 다음을 읽으세요.
  Linda Nochlin, *Women, Art, And Power*, Routledge, 2018.

> **12장**

수학

다음 각각의 인용문을 분석하고 이어지는 질문에 관해 토론하세요.

1 "수학은 인간 정신의 가장 아름답고 강력한 창조물이다." **스테판 바나흐**(Stefan Banach, 1892~1945)

2 "수학에서 문제를 제안하는 기법은 문제를 푸는 것보다 더 높은 가치를 지녀야 한다." **게오르크 칸토어**(Georg Cantor, 1845~1918)

3 "그러나 실제로 [수학]은 상상력이 엄청나게 필요한 과학이다." **소피아 코발렙스카야**(Sofia Kovalevskaya, 1850~1891)

4 "[수학]은 우주의 청사진이다." **스티븐 호킹**(Stephen Hawking, 1942~2018)

5 "좋은 수학 문제에 대한 정의는 문제 자체라기보다는 이 문제가 낳는 수학이다." **앤드루 와일스**(Andrew Wiles, 1953~)

각 인용문에 대해 다음을 생각해 봅시다.

　a　인용문에 어느 정도 동의하나요? 아니면 동의하지 않나요?

　b　인용문은 수학의 관점에 대해 무엇을 말합니까?

　c　인용문이 수학에 대한 여러분의 관점에 이의를 제기하나요? 아니면 확증하나요?

　d　인용문이 다른 지식 영역에도 적용될 수 있다고 생각합니까? 만약 그렇다면, 어떤 방식으로요?

12.1 들어가며

논의 12.1

수학이 **발명**되었나요? 아니면 **발견**되었나요? 어느 쪽이라고 생각하나요?

수학은 수, 모양, 배열, 그리고 그것 사이의 관계를 다루는 학문입니다. 그것은 우리 주변 세계의 패턴과 속성을 인식, 분류 및 활용하는 데 사용되는 형식 체계입니다. 따라서 그것은 일상적인 **현상**뿐만 아니라 우주의 본질과 우주를 지배하는 법칙에 대한 심오한 질문과 관련되어 있습니다. 대부분의 사람들은 수학을 주로 숫자를 다루는 교과목으로 인식합니다.

키워드

현상: 사건이나 경험 또는 발생

　가장 원시적인 부족에서 고도로 발달한 문명에 이르기까지 역사상 모든 인간 사회에는 수학이 필요했고, 또 사회가 복잡해질수록 더 복잡한 수학이 필요해졌고, 개발되었습니다. 사회와 수학의 관계는 자기 강화적이고 자기 증폭적인 경향이 있습니다. 더 발전된 사회일수록 훨씬 더 발전된 수학을 계속 개발합니다.

　오늘날 우리가 배우는 수학은 중국, 인도, 이집트, 그리스, 중미, 중동 등 멀리 떨어진 곳의 많은 문명을 통해 얻은 것입니다. 유럽과 북미도 포함하여 이런 문명들은 모두 수학이 진정한 국제 언어가 되는 데 기여했습니다.

　여러분이 언어에 능통하다면, 여러분이 일반적으로 사용하는 단어 중 일부가 없던 시대를 상상하기 힘들 것입니다. 마찬가지로 수학에서 숫자 0과 같은 핵심 개념이 발명되지도, 고려되지도, 발견되지도 않았던 시대가 있었다는 것은 이해하기 힘듭니다.

수학은 어떤 면에서 창조적인 예술, 과학 또는 언어로 간주할 수 있을까요?

12.2 수학의 보편성

논의 12.3

수학은 우주 어디에서나 동일해야 할까요? 얼마나 동일해야 할까요?

인간이 언어 능력을 타고난 것처럼 수학 능력 역시 타고난 것이고, 수학적으로 사고하는 것은 언어 능력의 특수한 형태라는 주장이 제기되어 왔습니다. 실제로 수학은 일반적으로 인간의 고유한 활동으로 간주되지만 많은 동물 종에도 숫자 감각이 있습니다. 지금까지 실험을 거쳐 숫자 감각이 있는 것으로 밝혀진 종에는 여러 종의 물고기, 몇몇 다른 종의 새, 쥐, 개, 원숭이, 침팬지가 포함됩니다. 단순히 셀 수 있을 뿐만 아니라(일부 물고기는 4까지 '셀' 수 있음), 개와 늑대의 경우 간단한 덧셈과 뺄셈까지 할 수 있음이 입증되었습니다.

간단한 **산술** 능력은 많은 종에게 유용합니다. 예를 들어 암늑대는 사냥에서 돌아왔을 때 모든 새끼들이 굴에 안전하게 있는지 확인하기 위해 이 산술 능력을 사용할 수 있습니다. 간단한 계산으로 새끼가 길을 잃었는지 알 수도 있습니다. 이 지식은 어미에게 실종된 새끼를 찾을 수 있는 기회를 주고, 사라진 새끼를 모두 찾았음을 알게 합니다.

> **키워드**
>
> **산술**: 숫자를 세고 계산하는 과정

그림 12.1 _ 어미 늑대는 새끼 수를 알고 있어야 합니다.

수학이 매우 단순하고 실제 세계에서 결과를 쉽게 확인할 수 있는 영역에서는, 지능을 지닌 대부분의 종들이 인간과 비슷할 정도의 몇 가지 수학적 능력을 타고날 가능성이 높다는 지적도 있었습니다.

침팬지는 단순한 덧셈과 뺄셈을 할 수 있을 뿐만 아니라 아라비아 숫자를 사용하여 연산을 수행할 수 있으며, 또 훈련받은 것을 넘어서는 작업에서도 이 기술을 사용하는 것으로 나타났습니다. 그들은 새로운 산술 과제를 수행할 때마다 어린아이들과 비슷한 능력을 보였습니다. 일부 침팬지는 간단한 분수를 더하는 능력도 보여 주었습니다.

우리가 다른 행성에서 온 지적인 외계인을 만난다면 그들도 우리의 간단한 수학을 공유할 것입니다. 왜냐하면 2+2=4는 **자연수** 체계를 사용하는 모든 종류의 문명이나 지능에 대해 모든 곳에서 참이어야 하기 때문입니다. 그러나 보다 추상적인 수학 분야에서는, 그들의 수학은 인간의 수학과 다를 가능성이 큽니다.

자연수(1, 2, 3, …)가 보편적이라고 믿는 한 가지 이유는 그것들이 순수하게 논리직인 정의에서 파생될 수 있기 때문입니다. 독일 수학자 고틀로프 프레게(Gottlob Frege, 1848~1925)는 순수하게 논리적인 질문을 했습니다. "나 자신이면서 내가 아닌 것은 얼마나 있습니까?" 그리고 그 대답에서 아무것도 없다는 의미로 '영(zero)'이라는 개념을 만듭니다.* 그런 다음 그는 다음과 같이 질문합니다. "자신과 같지 않은 것의 개수를 뜻하는 집합(즉, 집합 {0})에 몇 개의 원소가 있습니까?" 답은 1입니다. 거기에는 '0'이라는 하나의 원소만 있습니다. 0과 1이 있으면 같은 과정을 간단하게 확장함으로써 모든 자연수를 만들어 낼 수 있습니다. 즉, 집합 {0, 1}은 **카디널리티**가 2입니다. 집합 {0, 1, 2}는 카디널리티 3 등의 과정을 끊임없이 계속합니다.

자연수에 0을 더한다는 개념은 순수하게 논리적 개념이므로 보편적인 것 같습니다.

키워드

자연수: 흔히 세는 숫자를 말하며, 1, 2, 3, …으로 시작해서 무한대로 나감

*'($A \neq A$)인 A는 존재하지 않는다'라는 뜻으로 이해할 수 있다.

키워드

카디널리티: 집합의 원소 수. 예를 들어 집합 {0, 1, 2}에는 3개의 원소가 있으므로 카디널리티는 3

논의 12.4

비록 외계인이 적어도 인간만큼 지능적이라 할지라도, 우리의 간단한 수학은 공유할 수도 있지만, 보다 복잡한 수학을 공유하지 못할 이유는 무엇일까요?

초기 수학의 역사

수학의 역사는 전 세계에 걸친 길고 매혹적인 여정입니다. 오늘날 우리는 0이 없는 세상이나 60진법으로 수를 표현하는 세상을 상상할 수 없을 것입니다. 사실 60진법은 우리 생활에서 어느 정도 사용하고 있긴 합니다. (1분은 60초, 1시간은 60분, 원의 중심각은 60도의 6배입니다. 또 1도는 60분입니다.) 수학 지식이 어떻게 인류 역사를 통해 발전하고 성장했는지 이해하려면 그 여정을 조금이라도 엿보는 것이 유용합니다.

약 3만 년 전 것으로 추정되는 눈금이 새겨진 뼈가 아프리카에서 발견된 것은 인간이 최소한 개수를 세거나 무엇인가의 **집계**를 위하여 숫자를 오래전부터 생각했음을 시사합니다. 그렇지만 수학은 농업, 무역 및 과세가 발전하면서 발생하는 요구에 부응하여 크게 개발되었습니다. 고대 이집트와 메소포타미아(대략 오늘날 이라크가 있는 곳)에서 시작된 초기 수학 발전에 대한 증거가 발견되었습니다.

수메르인과 바빌로니아인은 기원전 4000년경에 보다 큰 숫자들을 나타내기 위해 대

키워드

집계: 사물 또는 사건을 헤아려 기록하는 것

상을 기호화(다양한 점토 구슬로 나타냄)하여 사용한 최초의 민족일 것입니다. 그들의 수 체계는 60진법으로 이루어져 있습니다. 이집트인들은 일찍이 기원전 2700년경, 아마 훨씬 더 전에 완벽히 개발된 10진법을 최초로 도입한 것으로 여겨집니다. 그러나 그들에게는 **자릿값 체계**가 없었기 때문에 큰 수를 표현하기가 어려웠습니다. 1,000,000은 단일 기호로 나타낼 수 있지만 999,999에는 54개의 다른 기호가 필요했습니다(자릿수마다 9가지). 이집트인들이 소수, 산술, 기하학, 1차 방정식 및 2차 방정식을 이해했음을 나타내는 파피루스가 기원전 2000년경부터 존재했습니다.

키워드

자릿값 체계: 숫자의 위치가 숫자 자체뿐만 아니라 값을 나타내는 숫자 체계. 십진법에서는 '9'에서 숫자 9가 '아홉'만 의미하지만, '90'에서는 왼쪽으로 한 자리 이동했으므로 '구십'을 의미함

탐구 12.1

바빌로니아 사람들은 한 손에는 12개의 손가락 마디를, 다른 한 손에는 5개의 손가락을 사용하여 손으로 60까지 셀 수 있었다고 합니다. 그들이 어떻게 했는지 알아낼 수 있나요? 숫자 10은 5와 2를 약수로 가집니다. 숫자 60의 약수는 무엇일까요? 60진법을 사용하면 어떤 이점이 있을까요?

실제 상황 12.1

10진법을 선택한 것은 순전히 임의적입니다. 그렇지만 많은 문화권에서 10진법을 선택했습니다. 왜 그럴까요? 문화는 채택하는 숫자 체계에 의해 어느 정도나 형성될 수 있을까요?

고대 중국인은 10을 기초로 하는, 두 가지 다른 수 체계를 사용했으며 그중 하나는 적어도 기원전 2000년경으로 거슬러 올라갑니다. 두 번째 체계는 산판(중국 주판의 전신)이 사용되기 시작한 기원전 4세기경에 개발되었습니다. 이 체계는 오늘날 우리가 사용하는 것과 다르지 않은 소수 자릿값 체계를 사용했지만, 여전히 0에 대한 기호가 없었습니다.

일찍이 기원전 8세기, 철학자 피타고라스(BC 570?~BC 495?)가 태어나기 훨씬 전에 인도의 **슐바 경전**에는 몇 개의 간단한 피타고라스의 수와 단순화된 **피타고라스의 정리**가 포함되어 있습니다. 그들은 또한 1차 및 2차 방정식에 대한 기하학적 해법을 가지고 있었고 $\sqrt{2}$를 소수점 이하 다섯 자리까지 정확하게 알고 있었습니다. 이 기하학은 번제단*의 건설과 관련되며 수학 연구를 종교적 세계관과 연결했습니다.

키워드

슐바 경전: 힌두교의 가장 권위 있는 경전으로 알려져 있는 『베다』의 부록으로 여겨지는 문헌

*번제단(燔祭壇)은 기원전 시대에 속죄를 위해 동물을 바치는 예를 치르는 제단을 말한다. 성에 들어가면 바로 앞에 설치되어 있으며 정사각형 단이다.

실제 상황 12.2

고대 수학의 많은 부분은 행정적 목적뿐만 아니라 종교적 목적을 위해서도 개발되었습니다. 믿음과 이성은 수학 및 다른 지식 영역에서 어떻게 양립할 수 있을까요?

철학자이자 수학자인 밀레투스의 탈레스는 기원전 6세기에 추상 기하학 기본 개념을 수립한 최초의 인물일 것입니다. 피타고라스는 **피타고라스의 정리**로 가장 잘 알려졌지만, 그 방법은 이미 수 세기 전에 바빌로니아인과 인도인이 사용했습니다. 그러나 피타

고라스는 5개의 정다면체를 처음으로 밝혀낸 것으로 보입니다. 그는 또한 **수학**이라는 용어를 만든 사람으로 알려져 있습니다. 피타고라스의 제자이자 추종자들인 피타고라스 학파는 모든 숫자가 자연수이거나 자연수의 비율(분수)로 표현될 수 있다는 잘못된 믿음을 가졌는데, 전 우주는 수에 기반한다는 견해에 기초한 것입니다.

되돌아보기

다른 숫자 체계를 사용한다면 세계를 어떻게 다르게 지각할 수 있을까요?

기원전 4세기 후반과 3세기 초반에 그리스 수학자 유클리드(Euclid, BC 325?~BC 265년?)는 다섯 개의 **공리**로부터 평면의 기하학 **정리**를 추론하여 오늘날 우리가 알고 있는 유클리드 기하학을 만들었습니다. 그의 『기하학 원론(Elements)』은 수학 역사상 가장 영향력 있는 저서 중 하나입니다. 기원전 3세기에 또 다른 그리스 수학자 아르키메데스(Archimedes, BC 287?~BC 212)가 현대 미적분학의 단초를 제공했습니다. 그는 또한 원의 면적, 구의 표면적과 부피, 포물선으로 둘러싸인 부분의 면적을 포함한 다양한 기하학적 정리를 증명했습니다. 많은 사람들이 아르키메데스를 역사상 가장 위대한 수학자 중 한 명으로 여깁니다.

수학 역사상 가장 중요한 발명 중 하나는 0을 나타내는 기호를 만든 것입니다. 이 발상을 누가 언제 처음 했는지는 약간의 논란이 있습니다. 기원전 2000년경에 수메르인은 숫자에서 빈자리를 나타내는 기호를 가지고 있었고, 마야인은 비슷한 것을 독자적으로 개발했습니다. 서기 130년경 알렉산드리아에서 로마의 수학자 프톨레마이오스는 수리 천문학에 관한 작업에서 0을 사용했지만, 숫자의 일부로 사용되지 않았으며 실제로 오늘날 우리가 생각하는 자릿수 기호 0이 아닌 실제로 **없음**을 나타냈습니다. 서기 690년 중국의 측천무후는 빈자리를 나타내기 위해 작은 원을 사용할 것을 장려했지만 이 작은 원은 숫자로 취급되지 않았습니다. 현대의 소수점 자릿값 체계는 인도 수학자 아리아바타(Aryabhata, 476~550)에 의해 시작되었다고 여겨지지만, 브라마굽타(Brahmagupta, 598~668)가 7세기에 이르러서야 0을 숫자로 취급하고 사용 규칙을 최초로 글로 제시한 『브라마시단타(*Brahmasiddhanta*)』를 썼습니다.

논의 12.5

0이 없는 세상을 상상할 수 있나요? 수학의 역사는 우리에게 과거로 통하는 창을 어느 정도나 제공할 수 있을까요?

키워드

공리: 종종 자명한 진실로 간주되는 전제로서의 가정. 또는 대략 우리가 참이라고 정하거나 참이라고 전제하거나 주장하는 것

정리: 공리(또는 확립된 다른 정리)와 특정 논리를 가지고 논증할 수 있거나 증명할 수 있는 원리나 진술. 단, 자명한 것은 제외함

언어로서의 수학

수학자들을 포함한 많은 사람들이 수학이 언어인지에 대해 오랫동안 논쟁해 왔습니다. 수학이 진정한 국제적 언어라고 주장하는 사람들이 있는가 하면, 수학은 전혀 언어가 아니라고 하는 사람들도 있습니다.

언어는 막연한 개념이기 때문에 언어에 대한 다양한 정의가 있지만, 대부분의 정의에는 의미가 있는 단어 또는 기호, 정의된 문법 및 구문과 같은 특정 구성 요소가 포함됩니다. 이 정의에 따르면 수학은 언어로서 자격이 있으며 전 세계의 수학자, 과학자 및 기타 사람들이 다양한 개념을 전달하는 데 사용하는 국제 언어로 간주될 수 있습니다.

이런 관점에서 수학에서 명사는 다양한 수와 변수뿐만 아니라 다양한 모양과 다이어그램입니다. 동사는 수행할 수 있는 다양한 연산뿐만 아니라 등식과 부등식입니다. 구문은 명확성을 위해, 그리고 모호성을 피하려고 수학 기호를 쓰고 읽는 순서를 지시하는 일련의 규칙입니다. 적절한 단어와 구문을 사용하여 복잡한 문장을 만들 수 있는 것과 거의 같은 방식으로 간단한 수학 기호와 구문 규칙을 사용하여 복잡한 수학 개념을 만들 수 있습니다.

그러나 모든 사람이 수학이 언어라는 데 동의하는 것은 아닙니다. 영어, 스와힐리어, 베트남어 같은 언어가 자연 세계에 존재하는 것을 가리키는 데 비해 수학은 개념만을 가리킨다고 주장하는 사람들이 있는가 하면, 수학 논문에서도 수학적으로 표현할 수 없는 것들이 많으므로 전통적인 일반 언어를 포함할 수밖에 없다고 지적하는 사람들도 있습니다. 수학 문제를 풀 때도 **"~를 ~라고 하자"**, **"다음을 ~로 정의하여"**, **"만약~"** 등과 같은 단어를 사용합니다.

이러한 지적에 대한 한 가지 해결책은 일반 언어(우리가 모국어로 배울 수 있는 언어)와 형식 언어를 구별하는 것입니다. 일반 언어는 보통 수천 년에 걸쳐 진화했으며 전 세계적으로 매우 다양하지만, 일반적으로 공동체 대다수 사람이 공유합니다. 반면에 형식 언어는 일반적으로 더 짧은 기간에 걸쳐 개발되고 특정 목적을 위해 의도적으로 설계되었으며 일반적으로 보다 작은 집단의 사람들이 공유합니다.

그림 12.2 _ 수학은 어느 범위까지 언어입니까?

1   다음을 수학 언어로 번역하세요.

　　a   일곱과 다섯을 더하면 열둘과 같다.

　　b   쉰둘은 열아홉보다 크다.

　　c   이것 중 셋은 9개가 안 된다.

　　d   이것 중 둘을 더하고 저것 중 넷을 빼면 아무것도 남지 않는다.

　　e   "구름처럼 외롭게 방황했어."

　　a-d에서 글로 작성된 진술과 수학적 진술 중 어느 것이 더 명확한가요? 글로 작성된 진술 중 모호한 것이 있나요? 어떤 면에서 그런가요? 다섯 번째 문장을 수학 언어로 번역할 수 있나요? 그렇지 않다면 그 이유는 무엇일까요?

2   수학이 언어인지 아닌지에 대한 한 단락의 짧은 글을 작성하세요.

또래 평가

반 친구와 짝을 지어 서로의 작업을 평가하세요. 그들이 명확한 답을 주었나요? 그들은 이 문제의 목적을 위해 '언어'가 의미하는 바를 정의했나요? 그들은 자신의 의견을 뒷받침하는 증거를 제공했나요?

자기 평가

여러분에 대한 피드백을 들어 보세요. 잘한 것은 무엇인가요? 무엇을 더 잘할 수 있었을까요?

수학이 언어인가 아닌가라는 질문은 중요한가요? 그것에 좌우되는 것은 무엇인가요? 수학을 언어라고 하거나, 언어가 아니라고 하는 것이 수학에 대한 우리 인식에 어떤 영향을 미칠 수 있을까요?

12.3 수학적 실재성

수학 지식은 어떤 종류의 지식일까요? 실재 세계에 관한 지식인가요? 여기서 파생된 지식인가요? 아니면 이 지식은 인간이 발명한 추상적 체계에 대한 지식인데, 우연히 실재 세계에 적용되는 것일까요?

키워드

추상적: 개념적이고 비구상적이며 구체적인 특정 물리적 존재와 관계없는

증명: 일반적으로 의심할 여지가 없는 결정적 증거를 말함. 하지만 수학적 증명은 일반적인 증명을 넘어, 의심이나 논쟁의 여지를 남기지 않는 공리에서 확실한 추론을 해내는 것

수학적 대상은 형식적으로 정의할 수 있는 **추상적** 대상이며 연역적 추론 및 수학적 **증명**에 사용할 수 있습니다. 일반적인 수학적 대상에는 숫자, 집합, 함수 및 선, 점 및 다양한 도형과 같은 기하학적 대상, 그리고 복소수, 벡터, 행렬, 텐서 및 미분 방정식과 같은 다른 대상을 결합하는 구조가 포함됩니다. 그것들이 추상적으로 여겨지는 이유는 그것들이 물리적 현실에 존재하는 어떤 것도 가리키지 않기 때문입니다.

사과에 대해 이야기하자면 '사과'는 들고 다니며 먹을 수 있는 과일을 의미합니다. 사과는 다양한 종류가 있고 종류마다 각각의 사과가 다르지만 '사과'라는 단어는 여전히 '실재 세계'의 무언가를 나타냅니다. 여러분이 "나는 탁자 위에 있는 사과를 본다"라고 말한다면 사람들은 그 말을 이해할 것입니다. 그러나 여러분이 숫자 2에 관해 이야기한다면 사람들은 **"뭐가 두 개?"**라고 할 겁니다. "나는 탁자 위에 있는 2개를 본다"라고 대답한다면 컵을 찾고 있는 경우처럼 보다 구체적인 맥락에서만 의미가 있습니다. 종이에서 잘라 낸 숫자 2의 기호나, 2라는 기호가 그려진 그림이나, 무언가 두 개가 존재하거나, 만들어진 **어떤 것** 두 가지가 아니면 2를 보거나 만지거나 맛볼 수 없습니다. 즉, 숫자 2(모든 숫자가 마찬가지임)는 추상적인 개념입니다.

물론 2를 말할 때 사과 같은 물리적 실체일 필요는 없습니다. 우리는 2센티미터, 2마리의 유니콘 또는 2개의 관념에 대해 말할 수 있습니다. 요점은 숫자 2는 우리가 갖고 있는 것이 무엇이든 그것의 성질은 아니라는 것입니다. 개 두 마리, 사과 두 개, 달 두 개, 스마트폰 두 개가 있다면 개, 사과, 달, 스마트폰이 모두 '둘'이라는 속성을 공유할 수 있다고 말하는 것은, '노란' 속성을 공유할 수 있다고 말하는 것과는 달리 터무니없을 것입니다.

"호주가 발견되기 전에 지구상에서 가장 큰 섬은 무엇이었을까?"라는 오래된 수수께끼가 있습니다. 정답은 물론 호주입니다. 호주가 그곳에 있었다는 것을 우리가 몰랐다는 것이 호주가 존재하지 않았다는 것을 의미하는 것은 아닙니다. 하지만 그것이 숫자에 대해서도 맞는 이야기일까요? 0은 인간이 생각하고 알고 있는 것과 별개로 존재할 수 있을까요? 숫자는 **지각 있는** 존재의 마음속에만 존재할까요? 아니면 다른 말로 하자면, 만약 우주에 지각 있는 존재가 없다면, 숫자는 없는 것일까요? 프레게가 숫자 {0, 1, 2,⋯}를 유도한 것은 비록 아무도 그러한 논리적 **추론**을 수행하지 않았더라도 여전히 정당할까요?

키워드

지각 있는: 의식이 있는, 느낄 수 있는

추론: 증거와 추리에 근거한 결론

탐구 12.3

교실에는 직사각형 문과 창문이 있을 것입니다. 우리는 주변의 세계를 볼 때 종종 다양한 도형을 봅니다. 짝과 함께 여러분 주위에 있는 물체로부터 원, 정사각형, 직사각형, 삼각형, 구, 원뿔 및 정육면체의 예를 식별해 보세요. 여러분의 예가 식별한 도형에 얼마나 가깝다고 생각하나요?

실제 상황 12.3

여러분은 손으로 원을 그릴 수 있고, 컴퍼스로 보다 정확하게 그릴 수 있습니다. 그러나 아무리 정확해도 **완벽한** 원을 그릴 수는 없습니다. 왜 '현실 세계'에는 완벽한 원(또는 기하학적으로 정의된 원의 모양) 같은 것이 없을까요? 현실 세계에서 완전한 원이 불가능하다는 것은 원이 **존재**하지 않는다는 것을 의미할까요? 원, 사각형, 구 등이 현실 세계에 존재하지 않는다면 우리가 지각을 통해 세계에 대해 배울 수 있는 것에는 한계가 있을까요?

숫자 π(pi)는 수학 상수인데, 말하자면 일반적인 수처럼 변하지 않는 수치입니다. 또한 **무리수**이므로 분수로 정확하게 표현**할 수 없습니다.** (초급 수학에서는 종종 $\frac{22}{7}$로 근사됩니다.) 소수점 이하 자릿수는 무한대이며 동일한 배열의 숫자들이 무한히 반복되지는 않습니다.

모든 **유리수**는 유한 소수(예: $\frac{1}{4} = 0.25$)이거나 무한 반복되는 순환 마디로 구성된 순환소수입니다(예: $\frac{22}{7} = 3.142857142857142857\cdots$). 그러나 π는 그렇지 않습니다. π는 반복되지 않는 수의 무한한 나열로 구성됩니다. 다음은 π의 처음 2,000자리입니다(울프람 매스매티카 제공).

3.1415926535897932384626433832795028841971693993751058209749445923078
16406286208998628034825342117067982148086513282306647093844609550582
231725359408128481117450284102701938521105559644622948954930381964428
81097566593344612847564823378678316527120190914564856692346034861045
43266482133936072602491412737245870066063155881748815209209628292540
917153643678925903600113305305488204665213841469519415116094330572703
6575959195309218611738193261179310511854807446237996274956735188575272
489122793818301194912983367336244065664308602139494639522473719070217
986094370277053921717629317675238467481846766940513200056812714526356
08277857713427577896091736371787214684409012249534301465495853710507
922796892589235420199561121290219608640344181598136297747713099605187
072113499999983729780499510597317328160963185950244594553469083026425
223082533446850352619311881710100031378387528865875332083814206171776
691473035982534904287554687311595628638823537875937519577818577805321
712268066130019278766111959092164201989380952572010654858632788659361
533818279682303019520353018529689957736225994138912497217752834791315
1557485724245415069595082953311686172785588907509838175463746493931925
506040092770167113900984882401285836160356370766010471018194295559619
89467678374494482553797747268471040475346462080466842590694912933136
770289891521047521620569660240580381501935112533824300355876402474964
732639141992726042699227967823547816360093417216412199245863150302861
829745557067498385054945885869269956909272107975093029553211653449872
027559602364806654991198818347977535663698074265425278625518184175746
728909777727938000816470600161452491921732172147723501414419735685481
6136115735255213347574184946843852332390739414333454776241686251898356
94855620992192221842725502542568876717904946016534668049886272327917

키워드

무리수: 하나의 정수가 다른 정수의 비율로 표현되지 않는, 기약 분수로 표현할 수 없는 수(예: e, π)

유리수: 분수로 쓸 수 있는 모든 수, 즉 서로소인 두 정수의 비율로 표현되는 수

86085784383827967976681454100953883786360950680064225125205117392984

89608412848862694560424196528502221066118630674427862203919494504712

37137869609563643719172874677646575739624138908658326459958133904780

275901

탐구 12.4

π의 처음 2,000자리를 주의 깊게 보세요. 안에 전화번호가 보이나요? π를 무한대로 확장할 수 있다면 모든 사람의 전화번호가 **반드시** 포함되어야 할까요? 그 이유는요? 아니라면 그 이유는요?

π는 역사적으로 많은 문명에서 중요한 숫자였습니다. 각 문명은 π의 소수점 이하 몇 자리까지의 근삿값 계산법을 개발했습니다. 그러나 14세기가 되어서야 인도 수학자들이 π의 정확한 공식이 무한급수를 기반으로 한다는 것을 발견했습니다. π는 물질적으로 존재할 수 없습니다. 무한히 많은 **비트**가 필요하기 때문에 유한 우주에 저장할 수 없습니다. 그러나 우리는 그것을 하나의 기호로 쓸 수 있습니다.

2010년 니콜라스 시(Nicholas Sze)는 π의 2,000조 번째(2×10^{15} 또는 2,000,000,000,000,000번째) 자릿수 양쪽의 몇 개 숫자를, 23일 동안 1,000대의 야후 컴퓨터로 계산하여 온 세계의 헤드라인을 장식했습니다. 일반 컴퓨터에서 동일한 계산을 실행하려면 500년이 걸릴 것으로 추정됩니다.

키워드

비트: 컴퓨터에서 사용되는 정보의 최소 단위로 0 또는 1로 표현되는 한 자릿수의 정보 단위

실제 상황 12.4

π의 10^{23}번째 수는 아직 계산되지 않았으므로 아무도 그것이 무엇인지 모르고, 우리도 결코 그것이 무엇인지 모를 수 있습니다. 그럼에도 불구하고 그것은 π의 완전한 확장 값이 어떤 형이상학적 세계에 이미 존재하고, 단지 발견되기만을 기다리고 있는 걸까요, 아니면 그것이 계산된다면 인간의 창조물이 될까요?

탐구 12.5

π를 사용하는 대부분의 계산은 그 값의 대략적인 근삿값에 의존합니다. 이것은 우리 답의 정확성에 대해 무엇을 시사하나요? 그게 중요한 건가요? 짝과 함께 정확성이 더 중요할 수 있는 상황에 대해 브레인스토밍을 하세요. 그런 상황에서 부정확성을 극복하기 위해 어떤 보호 장치를 마련해야 하는지 생각해 보세요.

논의 12.8

정확성과 확실성의 관계는 무엇일까요?

그림 12.3 _ 로프와 체인의 인장 강도를 아는 데 얼마나 정확해야 할까요?

키워드

플라톤주의: 그리스 철학자 플라톤의 사상을 계승한 학파 또는 그 사상

형이상학적: 물리적 현실을 초월한 추상적, 초자연적. 물리적 현실과 무관한

예시화: 예를 들어서 추상적 개념을 재현하는 것. 예를 들면 '사과'는 추상적 개념이지만 바로 이 사과는 개념의 예시화임

실수: 수직선의 위치를 나타낼 수 있는 모든 숫자. 실수는 모든 유리수와 무리수를 포함함

수 세기 동안 많은 위대한 사상가들이 수학적 대상이 무엇인지 이해하려고 노력했으며 수많은 철학 이론이 등장했습니다. 가장 보편적으로 받아들여지는 입장은 **플라톤주의**의 입장(수학적 실재론)입니다. 그것은 수학적 대상이 실재하며, 어떤 **형이상학적** 세계에 완전한 형태(완전한 원과 같은)로 존재한다고 보는 것입니다. 우리가 다루는 수학적 객체는 그 이데아적 객체의 빈약한 근사일 뿐이며, 불완전한 물리적 세계에서 그 완전한 형상을 불완전하게 **예시화**한 것일 뿐입니다. 완전수(또는 정사각형 또는 삼각형)가 존재하거나 π의 자릿수가 알려져 있는지 여부에 관계없이 결정되고 존재한다고 믿는다면 본질적으로 여러분은 플라톤주의자입니다. 플라톤주의자는 수학적 대상을 "형이상학적으로 존재하며 발견될 준비가 된 것"으로 간주합니다.

논의 12.9

다른 지식 영역이나 지식 주제에서 형이상학적 대상은 어떤 역할을 할까요?

허수

임의의 **실수**를 제곱하면 그 답은 항상 양수입니다. 예를 들어 $2^2 = 4$이고 $(-2)^2 = 4$입니다. 즉, 실수만으로는 음수의 제곱근을 구할 수 없습니다. 3차 방정식이 때로는 실제 해가 하나만 있다는 발견에서 나온 이 문제를 해결하기 위해 수학자들은 '상상의 수(이하 허수)'라고 불리는 개념을 제안했습니다. 기본 허수를 i 라고 하며 다음 방정식으로 정의됩니다. $i^2 = -1$. 이것은 다음을 뜻합니다. $i = \sqrt{(-1)}$.

허수가 16세기에 지롤라모 카르다노(Girolamo Cardano, 1501~1576)에 의해 고안되기 전에 '존재'했다고 생각하나요? 지금도 '존재'한다고 생각하나요?

우리는 음의 제곱근을 구할 때 i를 사용할 수 있습니다. 예를 들면,

$$\sqrt{-16} = \sqrt{16 \times (-1)}$$
$$= \sqrt{16} \times \sqrt{-1}$$
$$= 4 \times i$$
$$= 4i$$

이 결과는 $\sqrt{(-x)} = i\sqrt{(x)}$ 형식으로 일반화할 수 있습니다(단, $x \geq 0$). 허수와 실수를 합한 결과를 **복소수**라고 합니다.

숫자 i는 실수축에 표시할 수 없습니다. 그러나 복소수는 '수직'축을 허수축으로 하여 2차원 **복소평면**에 나타낼 수 있습니다.

허수는 실수와 같지 않지만, 현실 세계에서 매우 실용적으로 활용됩니다. 예를 들어, 복소수는 스펙트럼 분석기가 있는 전자 장비를 통해 음악을 재생할 때 시각적 디스플레이를 만드는 데 사용됩니다. 그리고 교류 전류, 레이더 및 무선 기술 작업에도 사용되며 맥스웰의 전자기 방정식 및 물리학 양자 역학에서 기본적으로 사용됩니다.

> **키워드**
>
> **복소수**: 실수와 허수의 조합 (예: 3+4i)
>
> **복소평면**: x축으로 '실수' 부분을 나타내고 y축으로 '허수' 부분을 나타내는 복소수의 기하학적 표현(복소평면을 아르강 다이어그램 또는 z평면이라고도 함)

논의 12.11

허수는 '실수'보다 덜 실제적인 수일까요?

되돌아보기

허수가 실재 세계에 적용되는 것을 아는 것이 상상과 현실의 구분에 대한 관점에 어떤 영향을 미칠 수 있을까요?

12.4 수학적 형식주의

논의 12.12

수학은 어떤 면에서 게임과 같을까요?

> **키워드**
>
> **형식 체계**: 일련의 논리적 규칙에 따라 공리로부터 정리를 추론하는 데 사용되는 체계
>
> **일관성**: 모순되지 않음. 서로 모순되는 두 진술의 증명을 허용하지 않음. 무모순성이라고도 함

수학적 사실주의 외에도 수학적 대상을 이해하는 가장 보편적인 방법 중 하나는 형식주의적 관점입니다. 즉, 수학자들은 **형식 체계**에서 공리와 정리를 사용하지만 그 의미는 관련이 없습니다. 수학적 체계는 **일관성**만 있으면 됩니다. 이것은 수학을 게임처럼 만듭니다. 형식주의자들은 수학적 대상이 실제로는 기호 자체와 임의의 규칙에 의해

결정된 기호 사이의 관계라고 주장합니다. 기호는 잘 정의된 규칙 체계에 따라 조작될 수 있지만 체계 외부에서 본질적인 의미는 없습니다. 이런 식으로 수학을 체스 게임에 비유할 수 있습니다. 체스 게임에서 말이 할 수 있는 움직임은 잘 정의되어 있습니다. 말을 이동하는 방법은 게임에서 매우 중요하지만 게임 너머의 세계에서는 의미가 없습니다. (현대의 일부 체스는 게임을 더 예측 불가능하고 독창적으로 만들기 위해 규칙이나 말의 시작 위치를 변경하여, 책으로 배우는 유명한 기존 전략을 쓸모없게 만듭니다. 이는 수학 체계의 공리를 변경하는 것과 매우 유사하게, 원래 체계에 해당되지 않는 다른 정리를 생성합니다.)

탐구 12.6

짝을 이루어 교실에서 할 수 있는 간단한 게임을 만들어 보세요. 상상력과 창의력에 따라 완전히 새로운 게임이 될 수도 있고 이미 익숙한 게임을 수정할 수도 있습니다. 여러분의 게임 규칙은 무엇인가요?

다른 한 쌍의 반 친구를 합류시켜 게임 방법을 서로 가르칩니다. 게임을 더 재미있고, 더 흥미롭고, 더 어렵게 만들기 위해 규칙을 어떻게 조정할 수 있는지에 대한 피드백을 제공하세요.

이런 규칙의 조정은 공리의 조정과 비슷합니다. 게임 규칙을 변경하면 게임이 변경되는 것과 같이, 공리를 변경하면 체계가 변경됩니다.

여러분은 순수하게 만든 **어떤** 체계가 왜 현실에 적용되어야 하는지 물을지도 모릅니다. 우리가 발명한 형식 체계 중 일부가 원래 현실에 의해 우리에게 제시되었으며, 우리가 나중에야 부지불식간에 직감하여 다른 형식과 맥락에서 '발견'할 수 있다는 것이 하나의 가능한 답변입니다. 예를 들면 기하학은 실용적인 문제에 대한 응답으로 처음 등장한 후 유클리드에 의해 공식화(공리/명제 형식으로 축소)되었습니다. 이런 이유로 객관적으로는 완전한 유클리드 우주 또는 '평평한' 우주가 존재하지 않기 때문에 **유클리드 기하학**이 완전히 거짓임에도 불구하고, 실재를 묘사하는 유용한 방법으로 판명된 것은 놀라운 일이 아닐 것입니다.

유클리드 기하학: 그리스 수학자 유클리드가 구축한 다섯 가지 공리에 기초한 수학 체계

논의 12.13

수학이 체스와 같이 그 자체로는 아무 의미가 없는 추상적 게임이라면 우주의 모든 것을 설명하는 명백한 능력을 어떻게 설명할 수 있을까요?

공리

어떤 체계의 공리들은 그 체계의 시작점 혹은 기본 가정으로 보일 수 있으나, 실제로는 그 체계 내의 공식화된 공리는 일반적으로 오랜 기간의 연구를 거쳐 나온 것입니다. 체스를 생각해 보세요. 수 세기 동안, 규칙은 다양했고, 말들은 다른 방식으로 움직일 수 있었습니다. '최고의', '가장 알찬', 또는 '가장 재미있는' 규칙이 모였을 때 비로소 게임의 현대적 형태가 마치 돌에 새겨진 것처럼 나타났습니다. 수학적 공리도 마찬가지입

니다. 그것은 특히 효율적이고 간단하게 체계의 토대를 마련하는 가장 좋은 방법으로 여겨집니다. 따라서 공리가 실제로 체계의 '시작점'은 전혀 아닙니다. 예를 들면 유클리드가 그의 『기하학 원론』을 정리하기 전에도 기하학은 오랫동안 연구되었습니다.

그럼에도 불구하고 적어도 19세기가 될 때까지, 수학의 공리는 수학 지식의 확고한 기초를 제공하는 자명한 진리로 여겨졌습니다.

일련의 공리에는 네 가지 전통적인 자격 요건이 있습니다. 그것들은 일관되고, 독립적이고, 단순하고, 유익해야 합니다.

1 **일관될 것**. 동일한 공리 집합에서 p와 ~p(정리와 그것의 부정)를 모두 추론할 수 있다면 그것들은 일관성이 없습니다. 예를 들어, **동일한** 공리를 사용하여 삼각형 내각의 합이 180도이면서 **동시에** 삼각형 내각의 합이 180도가 **되지 않는다**는 두 가지를 모두 올바르게 추론할 수 있다면 체계는 일관성이 없습니다. 체계가 일관성이 없는 것으로 판명되면 어떤 것도 해결하지 못할 수 있기 때문에 문제가 있는 것으로 간주됩니다. 예를 들어, $a + b = 7$ 및 $a + b = 9$가 주어지면 방정식이 일관되지 않기 때문에 a 또는 b에 대한 방정식을 풀 수 없습니다.

2 **독립적일 것**. 공리 체계가 간명하고 우아하려면 가능한 한 적은 수의 공리부터 시작해야 하며 서로 독립적이어야 합니다. 즉, 다른 공리를 조합해서 공리 중 어느 하나를 추론할 수 없어야 합니다.

3 **단순할 것**. 공리는 더 이상의 증명 없이 받아들여지기 때문에 명확하고 단순해야 합니다.

4 **유익할 것**. 좋은 형식 체계는 몇 가지 공리를 사용하여 많은 정리를 증명할 수 있어야 합니다.

되돌아보기

다른 지식 영역 및 지식 주제에서 여러분이 만드는 기본 가정 또는 공리를 생각해 보세요. 일관되고 독립적이며 단순하고 유익한 동일한 기준을 충족해야 할까요?

논의 12.14

공리 체계의 채택에 믿음이 필요하다고 생각하나요? 공리 집합의 임의성은, 공리를 기반으로 하는 모든 지식이나 정리가 어느 정도까지 임의적임을 의미할까요?

기원전 300년경에 그리스 수학자 유클리드는 "선에는 길이가 있지만 너비는 없다"와 같은 몇 가지 기본 정의로 시작하여 다음 5가지 공리(공준이라고도 함)가 참이라고 주장했습니다.

1 임의의 두 점을 연결하는 선분을 그릴 수 있다.
2 임의의 선분은 직선으로 무한히 확장될 수 있다.

키워드

공준(postulate): 이론을 뒷받침하는 진술로서 사실, 참으로 간주되는 것(공리와는 약간 다르지만 두 단어는 종종 같은 의미로 사용됨)

3 임의의 선분이 주어지면 선분을 반지름으로, 한 끝점을 중심으로 하여 원을 그릴 수 있다.

4 임의의 직각은 서로 같다

5 두 직선이 다른 한 직선과 만날 때 직선의 안쪽으로 만들어진 두 각의 합이 두 직각(180도)보다 작을 때, 그 방향으로 두 직선은 만난다.

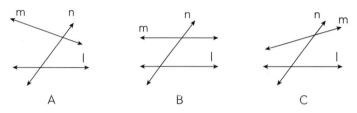

그림 12.4 _ 유클리드의 다섯 번째 공준

논의 12.15

유클리드가 시작한 공리는 '자명한' 것으로 믿어졌습니다. 다른 지식 영역에서 자명한 '진리'를 생각할 수 있나요? 공리(또는 자명한 진리)가 나중에 거짓으로 판명되거나, 거짓은 아니지만 임의적인 것으로 밝혀지면 어떻게 될까요?

유클리드의 다섯 번째 공리는 처음 네 개보다 더 복잡하므로 다음과 같이 보다 간결하게 작성됩니다. **"선(L)과 그 선(L) 위에 있지 않은 한 점(P)이 주어지면, P를 지나며 L에 평행한 직선은 단 하나뿐이다."**

다섯 번째 공리의 추가적인 복잡성으로 인해 많은 수학자들은 처음 네 가지 공리를 사용하여 이를 정리로 증명하려 했습니다. 이 증명은 한 번도 이루어지지 않았고, 이제는 이룰 수 없는 것으로 알려져 있지만, 이를 시도하는 과정에서 수학자들은 기하학의 새로운 분야를 발견하게 되었습니다. 그들은 다섯 번째 공리가 변경된다면 처음 네 가지 가정과 논리적으로 일치하지 않는다는 것을 보여 주려고 노력했습니다. 즉, "선(L)과 그 선(L) 위에 있지 않은 한 점(P)이 주어졌을 때 P를 지나면서 L에 평행한 직선은 단 하나가 **아니다**"라고 가정했습니다. 기대한 바대로 이것은 일관성이 없다는 것을 알아내는 대신 유클리드 기하학과 다른 여러 일관된 기하학을 만들 수 있었습니다. 이것은 유클리드 (평평한) **평면** 이외의 표면과 유클리드 공간 이외의 공간에서 기하학을 설명하는 비유클리드 기하학으로 알려지게 되었습니다. 이 비유클리드 기하학은 보편적이며 현대 물리학의 모든 것에 절대적으로 기본이 된다는 것이 나중에 밝혀졌습니다.

키워드

평면: 무한히 뻗어 나가는 2차원이자, 두께가 없는 평평한 면

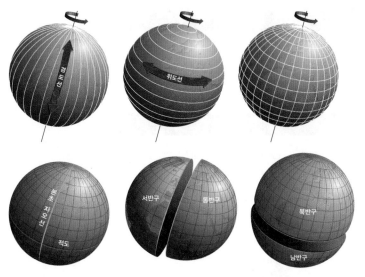

그림 12.5 _ 경도선들은 적도에서 각각 평행하고 양방향으로 곧게 뻗어 나가는데 결국 만납니다.

탐구 12.7

(유클리드) 기하학에서 배우게 될 것 중 하나는 평행선은 결코 만날 수 없다는 것입니다. 한 장의 종이에 두 개의 평행선을 그립니다. 두 직선이 일직선인 경우는 아무리 멀리 뻗어도 두 선이 만날 수 없다는 것이 분명해 보일 수 있습니다. 이제 적도에서 2차원의 세계 지도를 보세요. 경도선은 적도에서 평행하고 북쪽과 남쪽으로 뻗을 때 직선을 **유지**하지만 결국 서로 가까워지면서 북극과 남극에서 만난다는 것을 알 수 있습니다. 그것은 지구의 기하학이 비유클리드적이기 때문입니다. 실제로 유클리드 기하학과 대부분의 비유클리드 기하학 사이의 본질적인 차이점은 평행선의 성질입니다.

마커 펜을 사용하여 바람이 없는 풍선의 평평한 표면에 삼각형을 그리세요. 평평하게 놓여 있는 풍선 표면의 삼각형 내부의 각의 합은 얼마인가요? 이제 풍선을 불어 보세요. 풍선을 부풀릴 때 표면에 그려진 삼각형 내부의 각은 어떻게 되나요? 그 이유를 설명할 수 있나요?

논의 12.16

구의 표면에서 볼 때 유클리드의 각 공리/공준을 고려하세요. 그중 어느 것이 여전히 참일까요? 왜 일부는 거짓일까요? 수학에서 간단한 모델과 쉽게 이해할 수 있는 설명에 대한 필요성이 어떻게 나타납니까?

독일 철학자 임마누엘 칸트는 수학의 모든 명제를 **선험적** 지식의 예로 간주했습니다. '모든 경험과 절대적으로 독립적인 지식', 즉 어떤 상황에서도 실수하거나 의심할 수 없는 지식입니다. 그는 삼각형을 내각의 합이 180도인 세 개의 선분을 가진 도형으로 정의하는 데에서 필연적이며, 경험(경험적 증거)을 전혀 참조하지 않고도 이것을 추론할 수 있다고 주장했습니다. 그러나 수십 년 후 비유클리드 기하학의 출현은 이러한 '**절대적이고 논쟁의 여지가 없는 지식**'을 뒤집었습니다.

논의 12.17

칸트가 주장한 **논쟁의 여지가 없는 확실한 지식**이 곧 대체되었다는 것은 수학 및 기타 지식 영역의 확실성에 대해 무엇을 말하나요?

실제 상황 12.5

인간은 구면과 유사한 지구에 살고 있으며 땅을 파고 들어가기도 하고, 날기도 하지만 대부분 지표에서 그리 멀지 않은 곳에 살고 있습니다. 즉 대부분 상황에서 우리는 유클리드 기하학에 의존하여 일상생활을 합니다. 왜 그럴까요? 수학적 모델을 구성할 때 세계의 어떤 측면을 포함하고 무시할지 어떻게 결정할 수 있을까요?

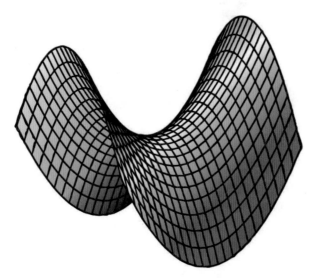

그림 12.6 _ 그림 같은 굽은 공간에서의 직선은 평면의 직선과 어떻게 다를까요?

정리

정리는 공리와 연역적 추론을 사용하여 도출할 수 있는 주장 또는 논리적 결론입니다. 유클리드는 다섯 가지 공리와 연역적 추론을 사용하여 다음과 같은 간단한 정리를 도출했습니다.

1 　두 직선이 교차하면 정확히 한 점에서 교차한다.
2 　두 개의 직선이 하나의 닫힌 영역을 만들 수 없다.
3 　삼각형 내각의 합은 180도다.
4 　직선에 있는 각의 합은 180도다.

그런 다음 이 간단한 정리들을 사용하여 보다 복잡한 증명을 구축했습니다.

수학을 이해하기 위한 형식주의 접근법은 수학에서 논리적인 추론을 일관되게 따르는 것이 모순으로 이어질 수 없다는 것을 증명함으로써 확고한 기초를 확립하려고 했습니다. 안타깝게도 괴델(Kurt Gödel, 1906~1978)의 두 가지 유명한 증명 때문에 그 시도는 실패했습니다. 1931년 괴델은 체계 내적으로 증명될 수 없는 잘 형식화된 공식들이 있다는 것과 그와 같은 충분히 풍부한 수학 공리 체계가 모순으로 귀결되지 않는다는 것이 확실히 증명될 수 없다는 것을 증명한 것입니다.

괴델의 불완전성 정리

한때 수학에서 참인 모든 것은 필연적으로 수학적 증명(즉, 모든 참인 정리는 증명될 수 있다는)이 있어야 하고 수학적 체계는 일관성이 있음이 증명될 수 있다고 믿었습니다. 즉, 같은 체계에서 어떤 정리와 그 반대/역도 동시에 참임을 증명할 수 없습니다. 그러나 괴델은 다음의 두 가지 정리를 증명함으로써, 자명하지 않은(흥미로운, 산술을 포함할 만큼 풍부한) 형식 체계가 완전하거나 일관성이 있음을 증명할 수 없다는 것을 보여 주었습니다.

첫 번째 불완전성 정리는 자연수의 산술에 대한 모든 진리가 참임을 증명할 수 있는 일관된 공리 체계가 없다는 것입니다. 그러한 **무모순성**(일관성)이 있는 형식 체계의 경우, 자연수에 대해서 참인 명제가 항상 있는데, 그 명제가 구축된 체계 내적으로 증명될 수 없다는 것입니다. 다시 말해, 일련의 공리를 기반으로 하는 충분히 풍부한 체계에는 항상 증명할 수 없는 참인 정리가 있습니다.

키워드

무모순성: 동일한 수학 체계 안에서 논리적으로 모순된 명제가 없는 일관된 성질이나 상태. 일관성이라고도 함

두 번째 불완전성 정리는 첫 번째 불완전성 정리의 확장이며, 산술을 포함할 만큼 풍부한 형식 체계의 무모순성이 증명될 수 없음을 보여 줍니다. 이것은 무모순성이 **없다**고 말하는 것과 **다르고** 무모순성이 있음에도 무모순성을 증명할 수 없다는 점에 유의해야 합니다.

불완전성 정리는 충분히 정교한 수학에서 모든 것을 증명할 수 있는 일련의 공리를 만드는 것이 불가능하다는 것을 증명하기 때문에 중요합니다. 간단한 비수학적 예를 사용하려면 다음 명제를 고려하세요. **"이 명제는 증명할 수 없습니다."** 이 명제가 거짓이라면, 이 명제를 증명할 수 있다는 의미입니다. 이 명제를 증명하는 것은 명제 자체와 모순이 되므로 그 명제가 거짓일 수 없습니다. 반면에 그 명제가 참이라면 그것은 참이지만 참임을 증명할 수 없는 명제가 있다는 것을 의미합니다. 대부분의 '괴델적 문장'은 비슷한 종류의 자기 참조를 포함합니다.

키워드

수학주의: 우주의 모든 것이 궁극적으로 수학적이라는 이론

수학적 경험주의: 다른 과학의 사실과 마찬가지로 경험적 연구를 통해 수학적 사실을 발견한다고 말하는 주장의 한 형태

구성주의: 수학적 진리와 증명은 능동적으로 구성되어야 한다는 이론

논리주의: 수학은 특별한 수학 개념 없이도 논리에서 파생될 수 있다는 이론

직관주의: 수학적 대상은 정신적 구성 과정이라는 이론, 그리고 우리가 수학적 대상을 만들면 그 대상이 현실로 존재한다는 이론

논의 12.18

괴델은 참인 모든 것이 증명될 수 있는 것은 아니며, 모든 수학적 체계가 무모순성이 있다는 것을 증명할 수도 없다는 것을 보여 주었습니다. 이것은 수학 및 다른 지식 영역의 확실성에 대해 무엇을 의미할까요?

사실주의와 형식주의 외에도 수학적 대상을 이해하는 데에는 **수학주의**, **수학적 경험주의**, **구성주의**, **논리주의** 및 **직관주의**를 비롯한 많은 다른 철학적 접근이 있습니다. 이것들은 모두 실재주의적 입장과 비실재주의적 입장이 변형된 경향이 있습니다. 우리

는 여기에서 그것들에 대해 다루지 않겠지만, 수학자들조차도 수학의 기반, 또는 수학과 '실재 세계' 사이의 관계가 무엇인지에 대해 동의하지 않는다는 것을 깨닫는 것이 중요합니다. 그들은 무엇이 '실재 세계'를 구성하는가에 대해서도 합의하지 않습니다.

"아마 틀린 답은 아닐 겁니다. 단지 다른 답일 뿐일 겁니다."

실제 상황 12.6

수학이 발명되었거나 발견되었는지 여부에 대한 질문은 지금까지 여러 방식으로 제기되었으며, 여러분이 어떻게 대답하느냐는 마음속으로 플라톤주의자(수학적 실재주의자)인지, 형식주의자인지, 아니면 이 두 입장의 다양한 변형 중 하나를 믿는지를 반영합니다. 수학과 수학적 대상에 대한 여러분의 철학적 견해가 수학과 수학 지식에 대해 생각하는 방식에 어떤 영향을 미칠 수 있을까요? 여러분의 수학에 대한 철학적 견해는 여러분이 세계에 대해 생각하는 방식에 어느 정도 영향을 미칠 수 있을까요?

12.5 수학과 확실성

논의 12.19

수학에서 확실성이란 무엇일까요? 무엇이 여러분으로 하여금 그렇게 확실하다고 여기게 하나요?

> 수학 법칙들이 현실을 반영할수록, 그것들은 확실하지 않다. 그리고 그것들이 확실할수록, 현실을 반영하지 않는다.
>
> 알베르트 아인슈타인(Albert Einstein, 1879~1955)

수학은 대부분의 사람들이 확실성을 찾기를 기대하는 지식 영역입니다. 만약 어떤 것이 수학적으로 증명되었다면, 그것은 완전히 확실하게 참일 것으로 기대됩니다. 우리는 다리와 고층 건물 같은 것들을 건설하고 우주로 로켓을 보내거나 일식 같은 현상을 예측하기 위해 수학상의 연역적 추론에 의존합니다. 그리고 우리의 경험은 수학이 믿을 만하다는 것을 알려 줍니다. 하지만 최근의 많은 수학적 발전은 수학의 확실성에 대한 믿음을 다소 흔들었습니다. 이런 발전에는 다음과 같은 것들이 포함됩니다.

- 이미 살펴본 괴델의 업적
- 4색 정리를 컴퓨터 작업에 의해 증명: 이것은 지도와 같이 다른 영역으로 나뉜 어떤 평면도, 인접한 지역은 같은 색을 갖지 않도록 구분하여 색칠하려면 4가지 색으로도 충분하다는 정리입니다. 오랫동안 믿어 왔지만, 4색 정리는 결국 1976년 컴퓨터를 통해 증명되었고, 인간이 손수 확인하는 것이 불가능할 정도로 길고 복잡한 탐색 방법을 사용했습니다. 어떤 사람도 제공된 증명을 확신할 수 없을 때 확실성의 본질에 대한 의문이 제기됩니다.
- 초기 조건값('시작'할 때 방정식에 넣은 값)에 매우 예민한 '초민감성' 시스템의 발견: 이런 초기 조건 상황에서는 아무리 작더라도 **어떤** 변화든 시스템을 완전히 다른 결과로 끌고 갑니다(나비 효과라고도 알려짐).
- 프랙탈 기하학: 차원이 분수인 새로운 기하학이 출현합니다.
- 양자 역학의 물리학을 하기 위해 필요한 수학의 개발은 정밀하고 예측 가능한 수학 이론보다는 확률과 통계에 기초하는데, 다른 무엇보다도 고전적인 논리 규칙이 적용되지 않는 다른 종류의 논리를 필요로 하는 것으로 보입니다.
- 너무 복잡해서 인간이 이해할 수 없는 연산을 하는 신경망 시스템 기반 인공지능(AI) 시스템의 최근 출현: AI는 우리가 원하는 대로 실행된다는 **것**을 알 수 있지만, 우리는 그것이 심오하고 포괄적인 의미에서 **어떻게** 실행되는지는 전혀 모릅니다.

논의 12.20

아무도 정리의 증명을 이해할 수 없다면, 우리는 정말로 그 정리가 증명되었다고 말할 수 있을까요?

2004년 수학자 브라이언 데이비스(Brian Davies, 1944~)는 다음과 같이 주장했습니다. "**순수 수학**은 대부분의 다른 형태의 지식보다 더 신뢰할 수 있지만 그 고유한 지위에 대한 주장은 더 이상 지속되지 못할 것이다. 그것은 우리가 탐닉하는 다른 모든 활동과 같은 방식으로 오류가 발생하기 쉬운 유한한 인간의 창조물로 간주될 것이다. 공학에서와 마찬가지로 수학자들은 증명이 옳다고 단호하게 선언할 수 있는 것이 아니라 특정 결과가 신뢰할 수 있다는 확신의 정도를 선언해야 한다."

키워드

순수 수학: 응용 분야와는 독립적으로 수학적 아이디어를 연구하는 수학 분야

왜 순수 수학은 완전히 확실하지는 않더라도 대부분의 다른 지식 영역보다 더 믿을 수 있을까요?

우리는 유클리드와 유클리드 기하학에 대해 어느 정도 길게 이야기했지만, 우리가 본 것처럼 유클리드의 정리는 구면, 또는 평면이 아닌 어떤 곡면에서도 유효하지 않습니다. 게다가 기하학적인 평면이나 그 일부분도 '실생활'에 존재하지 않습니다. 그러므로 우리는 유클리드의 기하학이 참인 곳은 우주 어디에도 없다고 합리적으로 자신 있게 말할 수 있습니다. 아름답고 **우아하고** 유용한 체계이지만 현실과는 피상적으로만 유사할 뿐입니다.

키워드

우아하다: 간결하고 세련되며 품격 있음

논의 12.22

유클리드 기하학은 그 5가지 공리로부터 엄밀하게 증명되었지만, 현실에 존재하지 않는 가상의 상황에서만 참입니다. 이것은 증명과 진리의 관계에 대해 무엇을 말하나요?

그림 12.7 _ 위도선 및 경도선을 그려 넣은 지구본

탐구 12.8

1 노르웨이 스티에르달(Stjørdal)에서 출발하여 북위 64도 선을 따라 정동쪽으로 이동하여 러시아의 아나디리(Anadyr)에 도달하면 거리는 5,717km입니다. 그런 다음 동경 178도 선을 따라 정남쪽으로 이동하여 투발루의 푸나푸티(Funafuti)에 도착하면 추가로 8,145km를 여행하게 됩니다.

2 이것을 직각 삼각형으로 그린 다음, 피타고라스의 정리를 사용하여 스티에르달에서 푸나푸티까지 직접 이동하는 데 필요한 거리를 계산합니다. $a^2 + b^2 = c^2$

3 계산 결과가 9,951km에 근사했나요? 스티에르달에서 푸나푸티까지의 실제 거리는 13,832 킬로미터입니다.

4 수업 시간에 토론합니다. 계산 결과가 실제 거리와 왜 큰 차이가 날까요? 이것은 **피타고라스의 정리**의 진리성에 대해 무엇을 의미할까요?

연역적 추론

우리는 3장에서 연역적 추론을 논의했고 13장에서 다시 자세히 다룰 것이지만, 연역적 추론이란 수학적 공리를 기반으로 하여 증명하는 수학의 필수 도구입니다. 예를 들어 두 짝수의 합(두 수를 x와 y라고 합시다)이 짝수임을 증명할 수 있습니다. 즉, 정수 n에 대하여 $x + y = 2n$ 임을 보여야 하는 것입니다.

여러분이 x가 짝수이고 y가 짝수라는 것을 알기 때문에 정수 a에 대해 $x = 2a$이므로 a는 x의 절반으로 $\frac{x}{2}$ 입니다. 그리고 정수 b에 대해 $y = 2b$ 이므로 b 또한 y의 절반인 $\frac{y}{2}$입니다.

그러므로 $x + y = 2a + 2b$

$x + y = 2(a + b)$

$2(a + b)$가 2로 나누어지므로 $x + y$도 2로 나누어집니다.

따라서 두 짝수의 합은 짝수여야 합니다.

이와 같은 수학적 증명의 장점은 x와 y가 임의의 짝수라 할지라도, 언제나 적용된다는 것입니다. 정리가 참인지 확인하기 위해 모든 짝수 조합을 확인할 필요가 없습니다 (그리고 그렇게 하는 것은 불가능합니다). 연역적 추론에 의해 도달된 결론은 **주어진** 공리가 참이고 사용된 추론이 타당하다면 **항상** 올바릅니다.

되돌아보기

수학 시간에 공부한 수학적 증명을 생각해 보세요. 수학적 증명을 이해할 수 있는 것(또는 처음 주어진 정리들로부터 증명을 만들어 낼 수 있는 것)은 여러분이 수학 지식이란 무엇이며 어떻게 수학 지식이 만들어지는지 이해하는 데 얼마나 도움이 될까요?

왜 수학은 작동할까?

수학이 100% 확실하지 않을 수 있다는 발상으로 마음이 불안해질 수 있지만, 인간이 물리학과 공학에서 이룩한 위대한 발전으로 볼 때 수학이 작동한다는 것은 분명합니다. 세상은 우리의 방정식을 따르는 것처럼 보이지만 우리가 가정하는 방식으로 움직이지 않습니다. 오히려 우리의 방정식은 주변의 세계를 모델링하도록 설계되었습니다.

이미 보았듯이 우리가 만드는 모델은 완벽하지 않지만 우리는 수학을 사용하여 각 상황에 대해 올바른 모델과 올바른 방정식을 선택하는 데 매우 능숙합니다. 우리가 다른 우주, 심지어 이 우주의 다른 부분, 예를 들어 블랙홀과 가까운 곳에 산다면 우리의 모델과 방정식도 틀림없이 달라졌을 것입니다.

실제 상황 12.7

수학 지식 생산에서 선택의 역할(문제를 풀 때 사용하려고 선택한 모델 및 방정식 측면에서)은 무엇일까요?

수학을 하면서, 우리는 수학을 다 마쳤을 때 알게 된 수학 지식이 시작할 때보다 더 많다고 생각하는 경향이 있습니다. 하지만 우리가 하는 대부분의 수학은 새로운 것을 발견하더라도 우리에게 새로운 지식을 가져다 주지 않습니다. 오히려 우리가 규칙을 일관되게 적용한다면, 수학은 우리가 '발견'하는 것이 수학의 기초가 되는 공리에 이미 내포되어 있다는 점에서 대체로 **동어 반복**입니다. 이것은 우리가 수학을 함으로써 '발견'하는 것은 비록 그것이 우리에게 알려져 있지 않았더라도 이미 공리에 의해 결정된다는 것을 의미합니다. 유클리드의 모든 이론은 그의 공준에 함축되어 있습니다. 그러므로 다른 곳에서도 공준이 반복되는 것입니다. 우리는 단지 공준만을 이용하여 그것들을 항상 찾아내지는 못할 뿐입니다.

> **키워드**
>
> 동어 반복: 같은 것을 다르지만 완전히 동일한 방식으로 말하는 것. 이미 암시된 것을 반복함

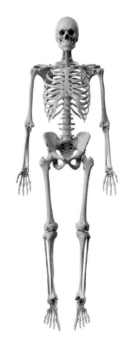

그림 12.8 _ 동어 반복: 일반적인 인간의 몸은 인간의 전체 골격을 만들기에 충분한 뼈를 가지고 있습니다.

좋은 예로는 2보다 큰 모든 짝수는 두 소수(4=2+2, 6=3+3, 8=5+3 등)의 합으로 표현될 수 있다는, 지금까지 입증되지 않은 골드바흐(Goldbach)의 추측을 들 수 있습니다. 모든 수학자들은 그 추측이 사실이라고 직관적으로 믿는 것처럼 보이지만, 지금까지 아무

도 그것을 증명할 수 없었습니다. 그럼에도 불구하고 그것이 사실인지 여부(대부분의 플라톤주의 수학자들은 사실이라고 믿고 있습니다)는 **산술 공리**에 내재되어 있어야 합니다. 즉 우리는 그저 그것을 '보지 못할 뿐'입니다.

키워드

산술 공리: 자연수 집합에서 덧셈, 곱셈에 대해 닫힘 관계. 교환 법칙, 결합 법칙, 항등원, 역원, 분배 법칙 등 산술에 적용되는 기본 공리

논의 12.23

믿음은 수학에서 어느 정도 역할을 할까요?

귀납적 추론

수학의 공식 체계가 연역적 추론에 의존하지만, 귀납적 추론은 수학에서도 한 자리를 차지합니다. 13장에서 보게 되겠지만, 귀납적 추론은 관찰된 유한한 결과나 패턴을 기반으로 일반적이고 흔히 보편화된 결론에 도달하는 추론의 한 형태입니다.

탐구 12.9

주어진 수열에서 다음에 나올 숫자를 구하세요. 1, 3, 5, 7, … .

여러분의 답을 친구의 답과 비교해 보세요. 답에 동의하나요? 여러분의 답이 정확하다고 얼마나 확신하나요?

다음에 나올 숫자가 무엇인지 a부터 f가 예로 주어진다면, 여러분은 답을 바꾸겠습니까?

a 526

b $-\dfrac{7}{8}$

c $\sqrt{2}$

d 9

e 위 모두 답이 됨

f 위 모두 답이 아님

위에 주어진 답안 중에서 대부분의 사람들은 답이 'd. 9'라고 말할 것입니다. 그러나 이것은 틀립니다. 정답은 실제로 'e. 위 모두 답이 됨'입니다. 유일한 오답은 f입니다. 나머지는 모두 올바른 답입니다.

홀수 수열 $x_n = a(2n-1)$을 이용한 경우에만 답이 정확히 9가 됩니다. 이때 $x_1 = a$가 되는 경우입니다. 이 등차수열에서 $x_5 = 1(2 \times 5 - 1) = 9$가 유일한 항입니다. 따라서 **이 경우**에는 정답을 9로 하는 것이 맞을 겁니다.

그러나 수열 1, 3, 5, 7…로 만들 수 있는 수열 함수는 무한합니다. 사실, 다음 항은 임의의 유리수일 수 있습니다.

{1, 2, 3, (   ), 5, 6}처럼 간단한 수열에서 "(   )를 채우라"는 문제를 풀 때도 마찬가지입니다. 수열이 정의(예를 들면 $a_n = 1 + a_{n-1}$처럼)되지 않는 한 **모든 유리수**는 빈 곳을 채우는 데 타당하게 사용될 수 있습니다.

그 점을 설명하기 위해 다음과 같은 공식에서 각 수열을 보일 수 있습니다.

$$a_n = \left\{ \frac{1}{3} \left(-2n^5 + 34n^4 - 214n^3 + 614n^2 - 789n + 360 \right) \right\} \text{은}$$

n=1, 2, 3, 4, 5, 6을 대입하면 수열 1, 2, 3, **−4**, 5, 6을 생성합니다.

$$a_n = \left\{ \frac{1}{6} \left(19n^5 - 323n^4 + 2033n^3 - 5833n^2 + 7530n - 3420 \right) \right\} \text{은}$$

n=1, 2, 3, 4, 5, 6을 대입하면 수열 1, 2, 3, **42**, 5, 6을 생성합니다.

$$a_n = \left\{ \frac{1}{12} \left(913n^5 - 15521n^4 + 97691n^3 - 280291n^2 + 361560n - 164340 \right) \right\} \text{은}$$

n=1, 2, 3, 4, 5, 6을 대입하면 수열 1, 2, 3, **917**, 5, 6을 생성합니다.

실제로 매스매티카(Mathematica™)와 같은 정교한 수학 소프트웨어를 사용하면, 원하는 수열을 생성하는 공식을 만들 수 있으므로 수열 {1, 2, 3, (   ), 5, 6}은 수학적으로 타당하게 **어떤 정수라도**(그리고 정수가 아닌 유리수도 모두) 채울 수 있습니다. 이것은 다음과 같은 역설을 만듭니다. 즉, 수학을 더 많이 알수록 예상되거나 '맞는 것으로 **추정**되는' 답을 내놓을 확실성이 낮아집니다.

탐구 12.10

수열: 10, 30, 90, 270, 810, …이 주어지고 6번째 항을 묻는다면 거의 모든 숫자가 답이 될 수 있더라도 2430으로 답하는 것이 좋습니다. 왜일까요? 이것은 '정답'에 대한 사회적 기대와 인식에 대해 무엇을 말하나요?

질문에 대한 답을 계획하기 위해 마인드맵을 만드세요. 수학적 진리는 사회적 관습에 의해 어느 정도 결정되나요?

또래 평가

마인드맵을 반 친구의 것과 바꾸고 계획에 대해 서로 피드백을 주세요. 여러분의 짝이 잘한 것은 무엇인가요? 무엇을 개선할 수 있을까요? 마인드맵은 다른 관점에서 질문을 고려하나요?

자기 평가

여러분이 받은 피드백에 대해 생각해 보세요. 잘한 것은 무엇인가요? 이 질문에 대한 에세이를 쓰도록 요청받는다면 무엇을 다르게 할까요?

실제 상황 12.8

규칙이 주어지지 않은 수열에 어떤 정수를 넣을 수 있다면, '다음에 나올' 또는 n번째 항의 숫자는 무엇인가를 묻는 IQ테스트 문제에 대해 생각해 보세요. 그런 종류의 질문은 실제로 무엇을 측정하나요? 우리는 과연 어느 정도나 **"정답이 있는 질문 같은 것은 없다"**와 같이 말할 수 있을까요?

12.6 확률과 통계

나는 진실을 제외한 모든 것을 통계로 증명할 수 있다.

조지 캐닝(George Canning, 1770~1827)

논의 12.24

확률이란 무엇을 의미하며 통계와 어떤 관계가 있나요?

확률은 수학의 한 분야로 널리 인식되고 있지만 통계가 수학의 한 분야인지 아니면 별도의 과학인지에 대해서는 약간의 이견이 있습니다. 이것은 그것들의 기원이 다르기 때문일 것입니다. 통계는 17세기에 발생했으며 주로 수학이 전통적으로 다루던 추상적인 문제보다는 **인구 통계**와 관련이 있습니다. 그러나 19세기 초에 수학자들은 통계 이론에 관심을 돌렸고 통계는 대체로 수학적 우산 아래에 놓였습니다. 수학과 통계를 구별하기 좋아하는 사람들은 수학은 확실성과 정확성에 관한 것이지만 통계는 부정확성에 관한 것이라고 주장합니다.

키워드

인구 통계: 인구 모집단의 특성을 수치로 나타낸 자료

논의 12.25

수학은 어느 정도나 확실성과 정확성에 관한 것일까요?

예를 들어 물리학의 일부 수학적 모델은 이상적인 이론적 상황에서 체계상의 동작에 대해 매우 정확한 예측을 하지만 '실재 세계'에서 대부분 체계는 이상적인 모델이 가진 순수성을 결여하고 현실을 예측하기 어렵습니다. 하지만 우리는 이상적인 체계와 실제 체계의 차이로 인한 불확실성에도 불구하고 여전히 체계를 이해하려고 노력합니다. 이런 이유로 수학은 불확실성과 변동성을 다루는 두 가지 영역인 확률과 통계를 개발했습니다. 이것은 지식 영역 중 하나인 수학에서 중요합니다. 왜냐하면 그들은 불확실성이 있는 체계에서 예측과 지식을 다루려 하기 때문입니다.

확률과 통계의 관계를 생각하는 한 가지 방법은 확률을 본질적으로 불확실한 것들에 대한 지식을 얻기 위한 이론적 접근으로 생각하는 것입니다. 예를 들면 "만약 동전에 결함이 없다면, 그러면…." 그에 반해 통계는 확률에 대한 가정이 타당한지 따져 보는 방법입니다. 예를 들면 "앞면이 37회, 뒷면이 63번 나왔다고 가정할 때 동전에 결함이 없을 가능성은 얼마입니까?" 따라서 확률과 통계 모두 불확실한 세계에 대한 지식을 제공하려 합니다.

논의 12.26

세상에서 우리가 식별하는 패턴이 세계의 진정한 특징이며 수학 지식에 대한 건전한 기초를 제공한다고 어떻게 확신할 수 있을까요?

관찰된 행동이나 데이터에서 세계에 대해 무엇인가를 추론하려 하기 때문에 이런 종류의 통계를 흔히 '추론' 통계라고 합니다. 추론 통계는 확률 이론을 기반으로 합니다. 일반적으로 전체 **모집단**을 분석하는 것은 불가능하기 때문에 모집단 데이터의 무작위 샘플을 사용하여 해당 모집단 전체를 설명하고 추론합니다. 표본만 분석하고 있으므로 추론이 유효하려면 표본이 모집단을 정확하게 대표하는 것이 중요합니다.

또 다른 유형의 통계(우리가 일상생활에서 더 익숙할 수 있음)는 기술통계(descriptive statistics)로, 우리가 모집단이라고 부르는 집단의 데이터를 수집, 분석 및 해석하는 작업을 처리합니다. 기술통계는 몇 가지 중요하고 흥미로운 특징을 끌어내고 그것이 나타내는 패턴을 보여 주는 식으로 모집단의 데이터를 기술, 표시, 요약합니다. 일반적으로 빈도, 중심 경향성(평균, 중앙값, 최빈값), 변동의 크기 및 순위를 측정합니다. 기술통계는 모집단에 대한 유용한 정보를 제공하는 데 사용됩니다.

통계는 일기 예보, 과학 연구, 보험료 책정, 제품 테스트, 질병 원인 파악, 선거 예측 및 학교 계획을 비롯한 모든 종류의 목적에 사용됩니다. 거의 모든 기업, 조직의 학문 분야 및 정부 부서는 어떤 식으로든 통계에 크게 의존하므로, 통계가 신뢰할 수 있어야 한다는 것이 중요합니다. 그러나 통계는 표본을 공정하게 수집하기 어려운 것으로 악명이 높으며 오용하거나 심지어 조작하는 것으로 유명합니다.

지식 영역 연결 질문 12.1

토착 사회: 9장에서 언급한 '숨겨진 모집단'을 찾아봅시다. 이들은 대개 오지에 살면서 외부와 접촉이 어려운 사람들이기 때문에 그들이 살고 있는 지역의 인구의 표본 조사를 할 때 자주 누락됩니다. 통계 데이터에서의 누락이 통계 방법론에 기반한 지식의 신뢰성에 어떤 영향을 미칠까요?

한 사건의 결과를 안정적으로 예측할 수는 없지만 대규모 집단의 사건은 훨씬 잘 예측할 수 있습니다. 보험 회사는 집이 전소될 확률, 운전자가 사고를 당할 확률, 사람이 중병에 걸릴 확률 또는 누군가 사망할 확률을 보여 주는 과거 데이터를 가지고 있습니다. 그들은 이 데이터를 연령, 성별 및 모든 종류의 기타 측정 기준으로 분석하여 위험에 대한 노출을 고려하는 보험 정책을 만들 수 있습니다. 특정인의 미래를 확실하게 예측하는 것은 불가능하지만 만 명, 십만 명 또는 백만 명의 집단적 미래는 정상적인 조건에서는 매우 안정적이라는 것을 그들은 알고 있습니다.

논의 12.27

불확실성에 직면했을 때 한 사람보다 집단에 속한 사람들이 더 안정적인 이유는 무엇일까요?

키워드

모집단: 통계 조사에서 조사의 대상이 되는 집단 전체

역사 자료에 근거하여 특정 민족(ethnic) 집단의 사람들이 자동차 사고를 겪거나 젊은 나이에 사망할 가능성이 다소 높다고 가정해 보겠습니다. 그에 따라 보험료를 추가로 부과하는 것이 윤리적일까요? 윤리적인 관점으로 볼 때 사용할 수 없는 지식이 있을까요?

현대 기술은 대규모 데이터 세트를 더 쉽게 처리할 수 있도록 지원하므로 이제 더 야심찬 질문을 할 수 있습니다. 특히 건강 같은 영역에서 너무 커서 관리하기 어려웠던 모든 종류의 데이터 세트에서 덜 두드러진 패턴도 찾습니다. 일반적으로 빅 데이터라는 것은 인간이 거기에 있다고 의심하지도 않았고 찾아보지도 않았던 데이터의 패턴을 컴퓨터로 탐지하는 데에도 사용할 수 있습니다. 여러분은 이미 5장에서 빅 데이터에 대해 읽었을 것입니다. 응용 통계학을 기반으로 하는 이런 종류의 분석은, 지금까지 무의미하거나 무해하다고 생각했던 데이터에서 감춰져 있던 심오한 연관성을, 종종 인공 지능(AI)을 사용하여 밝혀내기 시작했습니다.

통계의 오용은 안타깝게도 매우 흔하며, 우발적이거나 고의적으로 오도하기도 합니다. 가장 일반적인 오용 유형은 다음과 같습니다.

- 잘못된 표본 추출: 일반적으로 표본이 너무 작고/작거나 대표성이 없는 표본을 취하는 경우
- 잘못된 설문 조사: 유도 질문 또는 의도된 질문
- 단순한 **상관관계**에 근거하여 인과 관계를 추론하는 등 상관관계로부터 잘못된 결론을 도출하는 행위
- 척도가 명확하지 않거나 변동을 과장하기 위해 축소되었거나 존재하지 않는 오도된 그래프 생성
- 선택 편향: 연구 대상에 특별한 관심이 있는 표본 모집단 선택(이것은 특정 유형의 잘못된 표본 추출임)

키워드

상관관계: 상관도. 모든 데이터 집합은 상관관계를 나타냄. 어떤 때는 양의 상관관계에 있고, 어떤 때는 음의 상관관계에 있음. 일부는 중립적이거나 무시할 수 있음. 그러나 상관관계 자체가 인과 관계 추론을 정당화하지는 못함

유도 질문 및 의도된 질문

유도 질문과 의도된 질문의 사용은 사람들의 선호도나 의견을 조사할 때 흔히 발생하는 문제이며, 14장에서 다시 보게 될 것입니다. 유도 질문은 질문자가 원하는 답변을 유도하는 질문이고, 의도된 질문은 그 안에 가정을 포함한 질문입니다. 이 두 가지 유형의 질문은 대답하는 사람이 자신의 의견을 표명하기 곤란한 상황에 처하게 하고, 종종 그 사람이 그렇게 물어보지 않았으면 하지 않았을 대답을 하게 만듭니다. 예를 들어 "두통이 자주 나타납니까?"라는 질문을 받으면 "가끔 두통이 있습니까?"라는 질문을 받았을 때보다 두통 발생률이 더 높게 나온다는 보고가 있습니다.

의도된 질문은 보통은 꽤 명백하지만 유도 질문은 종종 매우 미묘할 수 있습니다. 우리는 어떤 질문이 중립인지 아닌지를 어떤 근거로 결정할 수 있을까요?

기술통계(descriptive statistics)를 사용하여 여러 국가에서 장기 기증 계획에 참여하는 사람들의 비율을 표시할 수 있습니다. 통계를 보면 일부 국가의 참여율이 다른 국가보다 훨씬 높습니다. 참여율이 높은 국가와 참여율이 낮은 국가를 구분하는 것은 예상하는 것처럼 주로 종교적이거나 사회적 가치가 아닙니다. 그보다는 사람들이 참여하도록 요청받는 방식으로 보입니다.

그림 12.9 _ 우리가 묻는 질문은 우리가 수집하는 데이터에 영향을 미칠 것입니다.

장기 기증자가 적은 국가에서는 "장기 기증 프로그램에 참여하려면 아래 확인란에 체크해 주세요"라는 문구를 따라 양식을 작성하는 옵트인(opt-in) 방식을 사용합니다. 대부분의 사람들은 확인란에 체크를 하지 않고 따라서 대부분의 사람들이 프로그램에 참여하지 않습니다. 장기 기증자가 많은 국가에서는 "장기 기증 프로그램에 참여하지 않으려면 아래 확인란에 체크해 주세요"와 같은 옵트아웃(opt-out) 방식을 사용합니다. 이번에도 대부분의 사람들은 이 확인란에 체크를 하지 않고 장기 기증 프로그램에 참여합니다.

1 a에서 f까지 질문을 보세요. 3개의 의도된 질문과 3개의 유도 질문이 있습니다. 질문 중에 서 어떤 것이 유도하는 질문이고 어떤 것이 의도된 질문일까요? 의도된 질문에 포함된 가정 은 무엇일까요? 각각의 유도하는 질문을 받고 무엇을 말하게 되나요?

  a 무엇이 페르난도 선생님을 그렇게 좋은 선생님으로 만들까요?

  b 여러분의 상사에게 문제가 있나요?

  c 올해 집값이 오를 것 같나요?

  d 우리가 범죄자를 유죄로 판결해야 한다고 생각하나요?

  e 여러분은 주류 언론을 믿을 만큼 순진한가요?

  f 여러분이 본 그 개는 얼마나 큰가요?

2 의도되거나 유도하지 않는 방식으로 질문을 다시 작성하세요.

또래 평가

다시 작성한 질문을 짝과 공유하고 짝이 작성한 질문을 이제는 공정하다고 생각하는지 피드백 을 제공하세요.

자기 평가

얼마나 많은 질문을 공정하게 작성할 수 있었나요? 과제에서 가장 어려웠던 점은 무엇이었나 요? 통계 과제를 수행하는 경우 분석할 편향되지 않은 데이터를 제공하는 공정한 질문지를 만 들 수 있다고 생각하나요?

논의 12.28

통계 수학을 도구로 사용하는 경우에도 일반 언어의 특징이 지식 생산에 어떻게 도움이 되거나 방해될 수 있을까요? 수학, 인간과학, 언어는 어느 정도나 상호 의존적일까요?

되돌아보기

얼마나 자주 별 생각 없이 액면 그대로 통계를 받아들이나요? 통계 정보에 의해 생성된 지식 주 장을 고려할 때 알아야 할 사항은 무엇일까요?

12.7 수학적 직관

논의 12.29

여러분에게 직관은 어떤 의미인가요?

많은 수학자들은 직관을 수학의 필수적인 부분으로 여기지만 직관이 무엇인지, 어디 에서 오는지, 왜 중요한지, 믿을 수 있는지는 분명하지 않습니다.

우리 뇌는 무의식적으로 정보를 계속 처리하며, 우리의 일상생활은 이 무의식적인 처리 과정에 의존합니다. 예를 들어 일단 길을 알면 자신이 가고 있는 경로에 대해 의식적으로 생각할 필요 없이 한 교실에서 다른 교실로 걸어가거나, 집으로 걸어갈 수 있습니다. 직관은 이렇게 무의식적인 과정에서 나타나는 것으로 여겨지며, 일반적으로 해결해야 할 문제나 선택 또는 결정에 직면했을 때 종종 경험하는 즉각적인 감정(때로는 직감이라고 함)이라고 합니다.

레이먼드 와일더(Raymond Wilder, 1896~1982)는 직관이 수학 개념의 진화, 수학 연구 및 수학의 내적 창의성에 필요하다고 주장했지만 수학적 직관의 성장에도 수학 지식이 필요하다는 점을 인정했습니다. **필즈 메달** 수상자 테렌스 타오(Terrence Tao, 1975~)도 확실한 증거가 있기 전에 무언가의 진실을 아는 방법으로서 직관의 중요성에 대해 썼습니다. 따라서 직관은 우리가 어떻게 나아가야 할지 모르는 공간(문자 그대로, 혹은 은유적으로)에서 '우리의 갈 길을 느껴 가는 것'과 관련됩니다.

직관은 수학자들이 개념적 조감도를 가질 수 있게 해 주며, 이를 통해 각 단계를 체계적으로 밟지 않고도 높은 수준의 추상적 개념으로부터 추론을 이끌어 낼 수 있다고 합니다. 마치 수학자들의 이전 경험이 어떻게든 그들의 무의식적인 마음을 프로그램하여 가설과 제안을 만들어서 그들이 의식하지 않을 때에도 추론할 수 있도록 한다는 것입니다.

그러나 계산적이고 의식적인 단계를 건너뛰는 인간의 능력은 패턴이 없는 곳에서 패턴을 보게 하거나, 패턴이 있는 곳에서 패턴을 못 보게 할 수도 있습니다. 그래서 오류가 발생할 수 있습니다. 예를 들면 많은 학생들은 같은 반에 생일이 같은 두 친구가 있다는 것을 알게 되면 놀라워 합니다. 한 반에 20~30명 정도가 있는 경우에 우리 대부분은 각자의 생일이 다를 것이라고 직관하지만 23명으로 구성된 집단에서 생일이 같은 두 사람이 존재할 확률은 50% 이상일 것입니다(윤년을 무시하면 확률은 50.73%). 이것을 흔히 생일의 역설이라고 합니다.

키워드

필즈 메달: 뛰어난 수학적 성취를 인정하기 위해 국제 수학 학회에서 4년마다 수여하는 상. 때로는 수학에 대한 노벨상과 동등한 것으로 묘사됨

탐구 12.12

학급의 모든 학생은 각각 23명 이상의 서로 다른 사람들의 생일을 수집해야 합니다. 각각 다른 교실에 가서 학생들의 생일을 알아보거나 온라인에서 23명 이상의 각각 다른 유명인의 생일을 찾는 방식으로 이를 수행할 수 있습니다. (40명으로 이루어진 집단의 생일을 확인하면 생일이 같은 두 사람이 존재할 확률은 89.12%입니다.)

사람 명단과 생일을 알아냈으면 여러분이 각각 수집한 집단에서 생일이 같은 사람들이 몇 명인지 확인하세요. 여러분이 조사한 결과를 반 친구들의 결과와 비교하세요. 12명 이상의 반 친구들이 조사한 명단을 모으면, 그중 절반은 생일이 같은 두 사람이 존재하는 명단일 것입니다.

실제 상황 12.11

여러분은 우리 대부분이 직관을 이용하여 생일의 역설을 찾지 못한 이유를 무엇이라고 생각하나요?

우리가 알고 있고 이해하고 있는 수학 지식의 양과 수학적 직관에 의존하는 능력 사이에는 상관관계가 있는 것 같습니다. 예를 들어, 112×296에 대한 **대략적인** 답을 계산 없이 직관적으로 하라고 하면, 수백만이나 1,000 미만이라고 예측하기보다는 30,000이 조금 넘을 것으로 예상할 것입니다. 왜냐하면 10진법에서의 곱셈을 확실히 이해하기 때문입니다.

수학 시간에 수학 문제를 풀 때 전에 본 문제와 약간 다른 문제를 풀 경우, 직관을 사용하면 도움이 될 수 있으며, 종종 수학 교과서 뒷부분의 답을 확인하여 방법이 맞았는지 확인할 수도 있습니다. 여러분의 직관이 틀리거나 도움이 되지 않는다면, 선생님이 때로는 약간의 지침을 줄 수 있습니다. 대학에서 학부 수준의 수학을 공부하는 경우도 마찬가지입니다. 그러나 새로운 수학을 개발하거나 전에 해결된 적이 없는 문제를 푸는 경우, 그 방법을 알려 줄 수 있는 사람은 없을 것이며, 확인할 답도 없을 것입니다. 따라서 깊은 이해를 바탕으로 한 수학적 직관이 길을 찾는 데 중요할 수 있습니다.

키워드

대략적인: 추측의, 대충의, 부정확한

탐구 12.13

약 40,000km인 지구의 적도를 감싼 끈을 상상해 보세요. 줄을 지면에서 15cm 높이로 떠 있게 하려면 대략 얼마나 **더** 긴 줄이 필요하다고 생각하나요?

a   1미터

b   1킬로미터

c   1,000킬로미터

먼저 직관을 이용하여 답을 정하세요. 이제 어떻게 계산할지 곰곰이 생각하여 정답을 구해 보세요(또는 인터넷에서 찾아보세요). 직관적으로 구한 답이 맞나요? 여러분의 직관이 정답을 계산하는 방법을 찾는 데 도움이 되었나요?

다음으로, 달의 적도(약 11,000km)를 감싼 끈을 상상하여 동일한 사고 실험을 시도할 수 있습니다. 그런 다음 달 표면에서 15cm 떠 있는 끈을 상상해 보세요. 추가로 필요한 끈은 지구 문제에서 더 필요했던 끈의 길이와 어떻게 비교할 수 있나요? 테니스 공에 적용된 동일한 문제는 어떨까요? 또는 태양은 어떨까요? 여러분의 직관은 여러분에게 무엇을 말하나요? 여러분의 직관이 맞는지 알아보세요.

논의 12.30

여러분은 수학의 분야 중에서 어떤 다른 분야보다도 더 자신의 직관을 믿을 수 있다고 생각하는 분야가 있나요? 왜 그럴까요?

베르트랑의 상자 역설

베르트랑의 상자 역설은 1889년 프랑스 수학자 조제프 베르트랑(Joseph Bertrand, 1822~1900)이 설명한 확률 이론의 역설입니다.

상자 3개에 각각 2개의 서랍이 있다고 상상해 보세요. 각 서랍에는 하나의 동전이 있습니다. 첫 번째 상자에는 각 서랍에 금화가 있습니다(GG). 두 번째 상자에는 두 개의 은화가 있습니다(SS). 세 번째 상자에는 금화 1개와 은화 1개가 들어 있습니다(GS). 무작위로 상자를 선택하고 서랍 중 하나를 열면 금화가 들어 있다고 합시다. 이때, 그 상자의 두 번째 서랍에도 금화가 있을 확률은 얼마입니까? 여러분이 직관적으로 볼 때, 확률이 얼마입니까?

두 번째에 금화가 나올 확률은 0.5(2분의 1 확률)라고 대답한다면 여러분은 GG가 들어간 상자나 GS가 들어간 상자 중 하나를 골랐을 것이기 때문에 두 번째 동전이 금화가 될 확률이 두 번 중 한 번꼴로 있다고 판단했을 것입니다. 그것은 꽤 합리적으로 들리지만, 부정확합니다.

GG가 있는 상자나 GS가 있는 상자 중 하나를 선택한 것은 사실이지만, 금화가 나온 경우는 GS의 G 서랍 한 가지와 GG 상자의 두 서랍 **각각** 한 번씩 두 가지로 총 3가지 경우입니다. 따라서 두 번째 서랍에서 금화가 나오는 경우는 두 개의 GG 서랍 중 나머지 한 개가 금화인 경우가 두 번이므로 두 번째 동전도 금이 될 확률은 $\frac{2}{3}$입니다.

탐구 12.14

두 명의 자녀가 있는 가족 중에서 존스의 가족이 임의로 선택되었습니다. 여러분은 그들의 첫째 자녀가 딸이라는 말을 들었습니다.

두 명의 자녀 중 적어도 한 명이 아들인 가족 중에서 드 조이자 가족이 임의로 선택되었습니다.

딸이나 아들을 낳을 확률이 둘 다 2분의 1이라고 가정합니다. 짝과 함께 다음을 구해 보세요. 우선 직관적으로 구해 보고 그런 다음 수학적으로 계산해 보세요. 존스의 두 자녀가 모두 딸일 확률은 얼마인가요? 드 조이자의 두 자녀가 모두 아들일 확률은 얼마인가요?

여러분의 직관은 두 경우 모두 같은 답을 주었나요? 여러분이 그것을 풀어 보려고 한 뒤에는 어떤가요? 첫째 아이가 딸이라는 점을 감안할 때 존스의 두 자녀가 모두 딸일 확률은 $\frac{1}{2}$입니다. 그러나 드 조이자 가족의 두 자녀가 모두 아들일 확률은 $\frac{1}{3}$입니다. 이유를 알 수 있나요? (이유를 알 수 없다면 '아들 딸 문제'를 찾아보면 됩니다.)

논의 12.31

어떤 상황에서 직관이 지식 주장의 정당화로 받아들여질 수 있나요?

무한

키워드

무한: 한계가 없는 것. 실제로 존재하지 않는 수로 취급됨

무한(∞)은 반직관적인 수학 개념입니다. 그것은 우리를 생각할 수 없게 하기도 하고, 심지어 어떤 의미에서는 이해가 되지 않는 상태로 만듭니다. 무한대를 자연수 {1, 2, 3, 4, …, ∞}의 '마지막' 수로 생각할 수 있는데, 이 수열에서 n번째 항에는 분명히 '가장 큰' 수가 없습니다. 왜냐하면 우리가 가장 크다고 생각한 n보다 큰 n+1이 항상 존재하기 때문입니다.

수학자들은 고대부터 무한에 대해 고민해 왔고, 무한에 대해 이해하려고 시도한 방법 중 하나는 **셀 수 있음(가산)**이라는 개념을 사용하는 것입니다.

이에 대한 한 가지 사고방식은 다비트 힐베르트(David Hilbert, 1862~1943)가 제안한 것입니다. 무한한 수의 방에 무한한 수의 손님을 수용할 수 있는 호텔의 외투 보관소를 상상해 보세요. 호텔에 무한히 큰 외투 보관소가 있다고 가정합시다. 옷장에는 {1, 2, 3, …} 번호표가 붙은 외투 걸이가 있습니다. 만약 우리가 한 집합의 원소를 각각의 외투 걸이에 하나씩 걸 수 있다면 그 집합은 셀 수 있고, 그렇지 않다면 셀 수 없습니다. 우리의 상상 속 호텔에는 외투 걸이들이 무한히 많기 때문에 집합이 **무한대**여도 상관없습니다. 우리는 이런 의미에서 **모든 집합**이 반드시 셀 수 있다고 생각/직관할 수 있습니다. 한 원소를 1번 외투 걸이에 걸고 다른 원소를 2번 외투 걸이에 거는 식으로 계속 진행하는 것을 상상하기 때문입니다. 하지만 우리가 틀릴 수도 있습니다.

정수 집합 {… −3, −2, −1, 0, 1, 2, 3, …}은 셀 수 있으며, 자연수 집합보다 '2배 많은' ∞개의 항을 포함하는 것처럼 보입니다. 훨씬 더 커 보이는 것은 유리수 무한 집합입니다. 0과 1 사이, 그리고 수직선상의 모든 다른 정수들 사이에는 무한한 유리수의 집합이 있습니다. 즉, 정수보다 유리수가 무한히 많지만, 유리수 집합도 가산 집합임을 증명할 수 있으므로 자연수 집합과 동일한 크기인 무한 집합입니다. 비슷하게 **짝수**가 양의 정수의 절반이라는 점은 **분명한** 것처럼 보이지만 짝수는 외투 걸이에 매우 쉽게 '매달' 수 있기 때문에 (2는 #1에, 4는 #2에, 6은 #3에 … 으로 이어집니다) 실제로 자연수만큼 '많은' 짝수가 있습니다. 홀수와 유리수도 마찬가지입니다. 우리는 모든 종류의 숫자 집합이 동일한 '크기'(무한한 크기이기는 하지만)를 갖는다는 결론에 도달하는 것 같습니다. 그러나 그 결론도 결국은 틀린 것으로 드러났습니다.

무한 집합들이 무한하기 때문에 무한 집합들은 단순 무한보다 커질 수 있습니다. 우리는 0과 1 사이의 유리수 집합이 무한하지만 셀 수 있음을 보았습니다. 그러나 0과 1 사이의 실수 집합을 보면 유리수와 달리 **셀 수 없는** 실수 집합이 무한히 많이 있으므로, 실수 집합은 유리수 집합보다 무한히 큰 집합입니다. 이런 식으로 우리는 모든 무한 집합의 무한 집합으로 더 크게 확대할 수 있습니다.

칸토어(Georg Cantor, 1845~1918)는 자연수, 홀수, 짝수 또는 유리수보다 실수가 더 많다는 것을 **대각화 논증**을 사용하여 보여 주었습니다. 결과적으로 우리는 **두 종류 이상의 무한대**가 있음을 인정해야 합니다. 이것은 완전히 새로운 수학, 즉 우리의 직관(칸토어만큼 똑똑하지 않은 한)이 완전히 실패하는 초한(transfinite) 산수를 끌어냈습니다.

키워드

셀 수 있음(가산): 어떤 집합이 자연수 1, 2, 3, …와 일대일 대응을 만들 수 있다면 그 집합은 셀 수 있다는 것

키워드

대각화 논증: 1891년에 칸토어가 발표한 수학적 증명으로, 무한한 자연수 집합과 일대일 대응을 할 수 없는 무한 집합이 있음을 밝힘

탐구 12.15

힐버트의 그랜드 호텔은 우주에서 가장 큰 호텔로 무한한 수의 객실이 있습니다. 어느 날 밤, 손님이 무한히 많아 모든 방이 꽉 찼습니다. 예상치 못한 여행자가 로비에 와서 방을 요청했습니다. 매니저는 각 손님에게 그들이 있던 방 번호에 1을 더한 번호의 방으로 이동하도록 요청하여

새 손님을 수용할 수 있었습니다. 이 방법으로 1번 방이 비게 되어 여행자는 거기에 머물 수 있었습니다.

여러분이 힐버트 그랜드 호텔의 매니저이고 호텔에 빈방이 없는 밤에, 예기치 못한 무한히 많은 여행자가 도착하여 숙박을 요청한다고 가정합시다. 어떻게 그들을 위한 공간을 마련할 수 있을까요?

그림 12.10 _ 무한은 우리의 직관에 많은 문제를 제기합니다.

논의 12.32

수학에서 상상력이 얼마나 중요한가요?

복리

수학은 금융과 경영 분야에 중요하게 응용됩니다. 주식 및 보험, 대출과 계좌를 잘 운영하기 위해서는 계산이 필요합니다. 그러나 종종 우리의 직관에 이의를 제기하는 수학의 한 영역은 **복리**입니다. 복리는 수학 수업의 일부가 아니지만 이것이 직관에 반하는 성격을 가졌다는 점을 아는 것은 중요합니다. 앞으로 학자금 대출이나 담보 대출이 필요하거나 저축 계좌 개설을 고려할 가능성이 매우 높기 때문입니다.

이자가 매년 복리로 적용된다면, 복리는 공식 $A = P\left(1+i\right)^n$ 으로 계산됩니다. 여기서 A는 갚아야 할 총 금액(또는 수령한 금액), P는 빌린 금액, i는 지불해야 하는 이자, n은 대출이 진행되고 있는 기간의 연수입니다. 이자가 매월 복리로 계산된다면 공식은 다음과 같습니다.

$$A = P\left(1+\frac{i}{12}\right)^{12n}$$

연말에 7% 복리로 100파운드에 대해 얼마나 많은 이자를 지불해야 하는지 알아보겠습니다. 먼저 첫해에 모두 갚는다면 $100+100 \times \dfrac{7}{100} = 107$을 지불해야 합니다. 이것은 $100 \times (1.07)$과 같습니다. 그래서 두 번째 해가 시작될 때 100파운드가 아니라 107

키워드

복리: 대출 또는 예금의 원금에 이자를 더하여 그 금액을 더 크게 하여 차후의 이자를 더 많이 만듦. 즉, 이자에 대한 이자

파운드의 빚을 지고 있으며 원래 대출에 추가된 이자를 포함한 모든 금액에 대해 이자가 부과됩니다. 2년 후, 여러분의 빚은 $107 \times (1.07) = 114.49$(파운드)가 됩니다. 114.49파운드를 빚지고 있으므로 두 번째 해에 대한 이자는 첫 해보다 약간 더 많습니다(단지 0.49파운드 더). 이것은 어느 정도 합리적으로 보일 수 있습니다. 이를 기준으로 10년 후에 빚을 지고 있는 금액은 얼마가 되겠습니까? 직관적으로 볼 때, 여러분은 얼마라고 말하겠습니까?

답은 196.72파운드로 원래 대출의 거의 **2배**이며, 이자가 연간이 아닌 매일 복리로 계산된다면 201.36파운드의 빚을 지게 됩니다. 20년 후에는 원래 대출 금액의 약 **4배**에 해당하는 386.97파운드(또는 복리 계산이 매일 발생하는 경우 405.47파운드)의 빚을 지게 됩니다. 그리고 우리의 직관은 예를 들어 이자율이 두 배인 14%로 늘어나면 어떤 결과가 나올지 잘 판단하지 못합니다. 여러분의 직관은 10년 후에 갚아야 할 대출금이 얼마라고 말합니까? 답은 370.72파운드이지만 이 중 100파운드가 여러분이 빌린 것이기 때문에 이자는 이제 96.72파운드가 아닌 270.72파운드이고, 이자율은 두 배이지만 이자는 **거의 세 배**가 됩니다.

탐구 12.16

이자율 7%로 빌리는 대신 1,000%로 100파운드를 빌리는 경우를 가정해 보겠습니다. 대출을 1년, 2년, 3년, 4년 또는 10년 동안 갚지 않으면 빚이 얼마일까요? 이 이자율로 돈을 빌리고자 하는 대부분의 사람은 '며칠' 동안만 돈이 필요하다고 생각합니다. 100파운드를 빌리면 일주일 또는 한 달 후에 얼마를 갚아야 한다고 생각하나요? 1년, 2년, 10년 후에는 어떨까요? 100만 파운드 이상의 빚을 지기까지 얼마나 걸릴까요? 더 읽기 전에 추측해 보세요.

위 탐구 활동에 대한 답은 일주일 후 119.23파운드(£) 정도이므로 **주당** 이자가 19% 이상인 주당 £19.23정도의 이자를 지불하게 됩니다. 한 달 후, 여러분은 빌린 것의 거의 두 배인 £183.33정도의 빚을 지게 될 것입니다. 1년 후 이자율 1,000%인 100파운드의 대출금은 $100 + 100 \times \dfrac{1000}{100} = £1,100$ 로 여러분이 빌린 돈의 11배가 됩니다. 2년 후에는 $100 \times 11 \times 11 = £12,100$, 3년 후에는 £133,100이고 4년 후에는 100만 파운드를 넘는 £1,464,100가 됩니다. 그리고 10년이 지나면 불행하게도 여러분은 빚을 갚을 수 없을 것입니다. 왜냐하면 여러분의 원리금은 매년 너무나 빨리 증가하여 여러분의 빚은 £2,593,742,460,100 …으로 2**조** 6,000억 파운드에 이를 것이기 때문입니다.

우리 대부분은 복리의 위력에 대해 직관적으로 아는 게 거의 없습니다!

실제 상황 12.12

돈을 빌리는 사람이 계약 내용을 직관적으로 이해할 수 없거나 수학적으로 이해할 수 있는 능력이 부족한 경우, 높은 이율로 돈을 빌려주는 것의 윤리적 함의는 무엇일까요? 수학과 윤리적 지식 사이에는 어떤 관계가 있을까요?

운 좋게도 여러분이 침대 밑에서 20억 원이 들어 있는 비닐봉지를 발견했다고 가정해 봅시다. 돈을 투자하지 않는다고 가정해 보세요. 매일 생활비로 오만 원을 지출한다면 돈이 모두 없어지기까지 얼마나 걸릴까요? 계산하지 말고 직감으로 판단하세요.

흔히 3년에서 10년 사이라고 추측하지만 실제로는 4만 일 또는 100년 이상입니다. 좀 더 정확하게는 109년 7개월 정도 걸립니다.

비록 역사를 통틀어 많은 위대한 수학자들이 문제를 해결하고 수학의 새로운 방법을 만드는 데 직관이 했던 중요한 역할을 강조해 왔지만, 그들의 수학적 직관은 그들이 다루는 수학 분야에서 패턴에 대해 매우 익숙하고 깊이 있게 이해하는 데서 비롯되었다는 것을 명심하는 것이 중요합니다. 그런 깊이 있는 지식이 없다면 직관적으로 판단하는 대신, 실제 계산에 의존하는 것이 좋습니다.

수학자들은 문제에 접근할 때 직관에 크게 의존한다고 주장하지만, 수학에서 사용하는 직관은 보통 대부분의 사람이 의존할 수 있는 방법이 아닙니다. 여러분의 직관이 수학이 아닌 다른 주제나 지식 영역에서 더 신뢰할 수 있다고 생각하나요? 여러분의 직관이 일부 지식 영역*에서 다른 영역보다 더 신뢰할 수 있는 이유는 무엇일까요?

*수학, 예술, 자연과학, 인간과학, 정치, 종교 등 TOK에서 말하는 지식의 여러 영역

12.8 미학

아름다움이란 무엇일까요? 어떤 사람들은 왜 수학을 아름다움과 동일시할까요?

수학은 올바른 시각으로 보면 진리뿐만 아니라 궁극의 아름다움, 즉 조각과도 같은 냉철하고도 엄격한 아름다움을 담고 있다. 우리의 약한 본성의 어떤 부분에도 호소하지 않고, 그림이나 음악처럼 화려한 과시 없이, 그러나 숭고할 정도로 순수하고, 오직 가장 위대한 예술만이 보여 줄 수 있는 엄중한 완벽함을 가지고 있다. 인간의 감각을 초월하는 진정한 기쁨과 환희의 정신은 최고의 탁월함을 나타내는 시금석인데, 이것은 시에서와 마찬가지로 수학에서도 확실하게 발견된다.

버트런드 러셀(Bertrand Russell, 1872~1970)

키워드

미학: 아름다움에 대한 연구와 감상

세계에서 가장 위대한 몇몇 수학자들은 **미학**이 그들의 작업에 중심적으로 중요한 역할을 했다고 여겼습니다. 그들은 수학 연구와 특정한 이론, 증명 그리고 이론의 아름다움과 우아함을 보여 주는 것을 굉장히 즐겼습니다. 프랑스 수학자이자 이론 물리학자 앙리 푸앵카레(Henri Poincaré, 1854~1912)는 수학적 아름다움을 모든 진정한 수학자

들이 인식하는 미적 감각으로 여겼습니다. 수학적 아름다움이란 잘 알려진 현상일 뿐만 아니라 수학 증명의 공식화를 위한 주요 동기 중 하나이며, 또 이것을 수학 정리를 선택하는 무엇보다도 중요한 기준으로 인식하고 있는 사람들도 있습니다. 그러므로 독일 수학자이자 이론 물리학자 헤르만 바일(Hermann Weyl, 1885~1955)은 유명한 선언을 했습니다. "나는 작업을 하면서 항상 진리와 아름다움을 결합하려고 노력했지만, 둘 중 하나를 선택해야 할 때, 보통 아름다움을 택했다."

실재를 이해하는 심미적 방법이 있다는 주장이 있습니다. 이런 미학적 감각은 다른 어떤 앎의 방법 못지않게 중요합니다. 이것은 예술 영역에만 국한되지 않습니다. 미학을 억제하거나 무시하는 것은 우리가 세계를 경험하고 해석하는 방법을 제한하는 것입니다.

수학자들은 앎의 심미적 방식에 크게 의존합니다. 수학을 만들려면 창조 과정에 참여해야 하며, 수학자 활동의 미학적 특성은 수학 지식에 일관성을 제공하는 데 도움이 됩니다.

플라톤은 아름다움의 최고 형태를 수학적 아름다움이라고 했으며, 대대로 과학자들은 수학을 이용하여 자연 세계를 놀랍고 성공적으로 기술하였습니다. 가장 훌륭한 수학 공식이 일반적으로 가장 아름답다는 사실은 종종 우리를 놀라게 하기도 합니다. 거의 모든 연구 수학자들은 중요한 수학 작업에 대한 설명에 **우아함**, **단순함**, **아름다움** 같은 용어를 남발합니다. 어떤 사람들은 수학 원리가 우주의 기본 구조를 직접적으로 가리키기 때문에 **아름다움**을 느낀다고 주장합니다.

2014년 2월, 물리학자와 수학자, 그리고 두 명의 신경 생물학자가 포함된 영국 연구팀은 수학적 아름다움에 대한 인간의 경험을 다룬 획기적인 연구 「수학적 아름다움의 경험과 신경의 상관관계」를 발표했습니다. 그들의 연구에 따르면 수학의 아름다움을 감상하는 사람들은 다른 사람들이 시각 예술이나 음악을 감상할 때와 마찬가지로 아름다운 수학 공식을 볼 때 뇌의 동일한 부분이 활성화됩니다. 이것은 수학적 아름다움에 신경 생물학적 근거가 있음을 시사합니다.

교육학자 폴 베츠(Paul Betts, 1965~)는 미학과 수학의 연결이 중요하다는 점을 인식하는 것이 학생들이 수학에 보다 쉽게 접근할 수 있도록 하고, 수학자와 모든 시민 사이의 격차를 해소하는 데 도움이 될 것이라고 제안합니다. 아마도 수학 및 수학자들의 활동과 관련된 미스터리의 일부를 제거하기 때문일 것입니다.

실제 상황 12.13

우리는 수학이란 패턴을 인식하고 분류하는 체계라고 했습니다. 그렇다면 모든 패턴이 아름다울까요? 패턴의 아름다움에 가장 크게 기여하는 특질은 무엇일까요?

프랙탈

프랙탈은 점점 더 작은 규모로 구조를 반복하는 기하학적 모양으로 만들어진 끝없는 패턴입니다. 프랙탈 같은 규칙은 구름, 눈송이, 로마네스코 콜리플라워(브로키플라워라고도 함), 심지어 우리 몸의 생리학적 과정이나 자연에서 종종 발견됩니다. 엄밀히 따지자면, 프랙탈 같은 과정은 수학에서와 달리 자연에서는 무한히 계속될 수 없기 때문에 이를 '준프랙탈(quasi-fractal)'이라고 합니다.

미학 분야에서 연구자들은 예술 작품과 자연 경관을 시각적으로 매력적이게 만드는 요소를 찾고 있습니다. 그들이 확인한 한 가지 중요한 요소는 프랙탈 패턴의 존재입니다. 인터넷에서 잭슨 폴록의 〈넘버 1〉을 자세히 보면 프랙탈 같은 성질을 가지고 있습니다. 컴퓨터 패턴 분석은 폴록 예술의 프랙탈 특성이 자연의 프랙탈 패턴과 유사하다는 것을 보여 주었습니다.

2004년 심리학자, 신경 과학자, 물리학자, 수학자로 구성된 학제적 그룹이 자연, 예술, 수학의 프랙탈에 대한 사람들의 반응을 측정했습니다. 그들은 프랙탈이 특정한 안구 운동을 유도한다는 것을 발견했습니다. 이 안구 운동은 심미적 경험을 즐기고 스트레스를 줄이는 방식으로 뇌를 활성화시킵니다.

논의 12.34

시각 예술과 수학에서 사용되는 상상력이 풍부한 과정은 어떻게 세계에 대한 지식으로 이어질 수 있을까요?

그림 12.11 _ 로마네스코 콜리플라워의 아름다운 프랙탈 특징

피보나치 수

피보나치 수(피보나치 수열이라고도 함)는 유명한 13세기 이탈리아 수학자의 이름을 따서 지어졌지만, 오래전에 비라한카(Virahanka, विरहाङ्क)라는 6세기 인도 수학자에 의해 개발되었습니다. 수열은 0과 1로 시작하고 다음 항들은 각각 그 앞의 두 항의 합입니다. 따라서 피보나치 수는 0, 1, 1, 2, 3, 5, 8, 13, 21, 34, 55, …. 이 수열의 규칙은 $a_n = a_{n-1} + a_{n-2}$ 입니다. 이 수열에는 많은 흥미로운 성질이 있습니다. 피보나치 수열의 각 숫자

들로 정사각형을 만들면 피보나치 나선을 만들어 낼 수 있습니다.

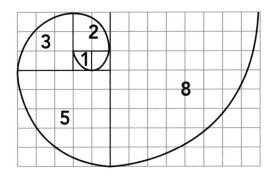

그림 12.12 _ 피보나치 나선은 피보나치 수열로 만들어진 정사각형으로 구성됩니다.

이 수열에서 연속된 두 숫자의 비율은 정확히 황금비(황금 평균이라고도 함)라는 숫자에 점점 더 가까워집니다. 그 값은 다름 아닌 $\dfrac{(1+\sqrt{5})}{2}$ 입니다. 이 값을 그리스 문자 φ(파이)로 표현하며 대략 근삿값으로 1.618입니다.

$$\frac{2}{1} = 2$$

$$\frac{3}{2} = 1.5$$

$$\frac{5}{3} = 1.6666\cdots$$

$$\frac{8}{5} = 1.6$$

$$\frac{13}{8} = 1.625$$

탐구 12.18

144, 233, 377은 연속된 세 피보나치 수열입니다. 피보나치 수열의 비율 $\dfrac{233}{144}$, $\dfrac{377}{233}$ 을 구하세요. 피보나치 수열이 커지면 커질수록 그 비율은 φ에 가까워집니다.

인접한 임의의 두 피보나치 수(0과 1을 제외하고)가 이루는 비율은 그 수열이 커질수록 비록 접근하는 속도는 점차 느려지지만, 황금비에 근접함을 알 수 있습니다. 예를 들어, 58과 6으로 시작하여 피보나치 규칙을 적용하면 다음과 같은 수열이 만들어집니다.

58, 6, 64, 70, 134, 204, 338, 542, 880, 1422, 2302, 3724, 6026, 9750 …

위에 주어진 수열을 이용하여 비율이 φ로 수렴하는지 직접 확인해 보세요. 임의의 수 두 개를 골라 피보나치 규칙을 적용하여 자신의 수열을 만드세요.

피보나치 수는 "자연이 가장 좋아하는 수"로 묘사되어 왔으며 이와 관련된 패턴은 꽃의 꽃잎, 나무의 가지 배치, 해바라기 꽃바퀴의 씨앗 배열 등에서 찾아볼 수 있습니다. 그런 배열은 꽃의 각 꽃잎이 햇빛과 수분에 최대한 노출되도록 효율적으로 이루어집니다.

황금비에 대해 많은 주장이 있는데, 그중 무엇이 사실이고 허구인지 구별이 어려울 수 있습니다. 한 가지 주장은 이를 기반으로 한 직사각형 및 나선형 패턴이 특히 아름답다는 것입니다. 어떤 사람들은 파르테논 신전이 황금비에 따라 지어졌다고 주장합니다. 아마 의도된 것은 아니지만 그것이 만들어 내는 비율이 미학적으로 호감이 가기 때문입니다.

*https://www.intmath.com/

탐구 12.19

1 반응형 수학 웹사이트*를 방문하여 '뷰티 마스크(beauty mask)'를 살펴보세요. '아름다움 뒤에 숨겨진 수학(the maths behind the beauty)'을 검색하세요. 매력적이라고 생각하는 사람들의 사진 인터넷 주소를 찾아 사용 가능한 상자에 한 번에 하나씩 붙여 넣으세요. 얼굴 마스크를 사용하여 선택한 사진과 비교할 수 있습니다.

여러분이 매력적이라고 선택한 사진이 황금비에 잘 맞나요? 선택한 사진이 황금비에 맞든 그렇지 않든 이 '실험'은 얼마나 과학적일까요? 여러분이 그렇게 대답한 이유는 무엇인가요?

2 짝과 함께 매력적이라고 생각되는 건물 사진을 몇 장 살펴보세요(예를 들면 인도의 타지마할, 모스크바의 성 바실리 대성당, 티베트의 포탈라 궁전, 페트라의 알카즈네 등). 건물의 특징적인 곳들을 측정하세요. 측정치들의 비율 중 ϕ(1.618:1)와 관련된 경우가 있나요?

그림 12.13 _ 2017년 세계에서 가장 못생긴 개 대회에서 우승한 개의 종은 네오폴리탄 마스티프였습니다.

실제 상황 12.14

2017년 네오폴리탄 마스티프종인 마사는 세계에서 가장 못생긴 개 대회에서 우승했지만 많은 동물 애호가, 특히 네오폴리탄 마스티프를 좋아하는 사람들은 그 개의 아름다움을 발견할 것입니다. 마사의 얼굴은 대칭이며 황금비를 기준으로 '뷰티 마스크'에 부분적으로 부합합니다.

여러분은 마사가 못생겼다는 심사 위원의 의견에 동의하나요, 아니면 그 개가 아름답다고 생각하나요? 이것은 아름다움에 대한 우리의 생각에 대해 무엇을 말해 줄까요?

되돌아보기

여러분이 매우 아름답다고 여기는 어떤 것이나 존재를 떠올려 보세요. 그들이 여러분에게 그토록 매력적인 이유는 무엇인가요? 우리는 아름다운 것을 어느 정도나 사랑할까요, 아니면 사랑하기 때문에 아름답다고 여기는 걸까요?

12.9 수학과 윤리

논의 12.35

수학을 배우는 것이 왜 중요할까요?

수학은 모든 과목 중에서 가장 많이 배우는 과목입니다. 한때 과학의 여왕으로 여겨졌던 이 과목은 아마도 가장 어린 시절부터 학교를 다니는 10학년(고등학교 1학년)까지 또는 그 이후까지 대부분의 학생들에게 필수 과목일 것입니다. 수학은 아이들이 세상을 준비하는 데 필수적인 요소이며 수학을 배우는 것이 삶에 유익하기만 할 것이라는 가정이 있습니다. 그러나 정말 그럴까요?

수학은 해롭다?

수학자이자 교육학자인 어니스트(Paul Ernest, 1944~)는 학생들이 학교 수학 때문에 때로는 억압받고, 무시당하고, 거절당하는 느낌을 받는다고 주장합니다. '수학 실패자'로 낙인찍힌 학생들은 삶의 선택지가 줄어들 수 있습니다. 그는 또한 수학에서 성공한 학생들은 종종 비윤리적이고 **비도덕적** 방식으로 사고하도록 훈련받는다고 주장합니다. 다시 말해, 그들이 푸는 수학 문제의 추상적 본성만을 배우고 인간, 기업 및 정부가 개발된 수학을 활용하는 방식에는 관심을 두지 않습니다. 그는 만약 우리가 수학을 도덕과 무관한 학문으로 접근한다면 우리는 탈윤리적 거버넌스(governance)를 암묵적으로 지지하게 되는 것이라고 믿었습니다.

> **키워드**
>
> **비도덕적**: 도덕의 범위를 벗어나고, 도덕적인 틀이 없는 상태

어니스트의 해결책은 수학 교육을 포기하는 것이 아니라 성공과 실패의 원인과 학습자에게 미치는 영향에 보다 관심을 기울이고 수학 교육과 함께 수학의 사회적 책임을 가르치는 것입니다. 그는 모든 학생과 수학자들이 수학의 사용과 응용을 비판적으로 평가할 수 있어야 한다고 믿습니다.

「투쟁은 교육학이다: 비판 수학을 가르치는 법을 배우기(The Struggle is Pedagogical: Learning to Teach Critical Mathematics)」라는 논문에서 에릭 구스타인(Eric Gutstein, 1952~)은 비판적 수학, 특히 사회 정의를 위한 수학을 가르치는 것이 수학 교사에게 단순한 '선택 사항'이 아니라 미래에 대한 책임이 수반되기 때문에 중요하다고 주장했습니다. 동의하나요?

실제 상황 12.15

도덕적으로 중립적인 과목이 있을 수 있을까요? **'사회 정의를 위한 수학'**이라는 교육 과정을 만든다면 그 과정에 무엇을 넣겠습니까?

통계 윤리

통계를 사용하는 데는 윤리적인 쟁점이 많이 있습니다. 파렴치한 사람은 특정한 관점에서 상대적으로 간단한 방법을 사용하여 모든 데이터가 아닌 일부 데이터를 조작하고 숨기곤 합니다. 우리는 단순히 질문을 하는 방식만으로도 데이터 수집이 어떻게 편향될 수 있는지 이미 고찰했습니다. 이것은 무심코 행해질 수도 있지만 고의로 할 수도 있습니다. 따라서 통계 조사는 이해 당사자보다 독립적인 조사자에 의해 수행되는 것이 가장 좋습니다.

윤리적인 방법으로 데이터를 수집하는 것뿐만 아니라 **특잇값**이 포함된 모든 수집된 데이터를 사용하여 적절하게 표현하고 해석하는 것이 중요합니다. 그래프는 직질한 범위를 포괄하는 명시된 척도로 바르게 레이블(label)을 지정하고 그려야 합니다.

키워드

특잇값: 다른 값 또는 기준값과 매우 다른 값

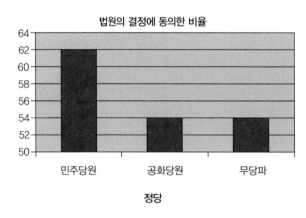

그림 12.14 _ 그래프는 데이터를 공정하게 나타내는 것이 중요합니다.

2005년, 식물인간 상태에 빠진 젊은 여성 테리 샤이보(Terri Schiavo, 1963~2005)는 널리 알려진 긴 법적 투쟁 끝에 생명 유지 장치를 제거하였습니다. 그림 12.14는 테리 샤이보가 생명 유지 장치를 떼도 된다고 한 법원의 결정에 동의한 사람들의 정치적 견해를 비교하기 위해 한 언론 매체가 사용한 도표입니다.

언뜻 보면 이 결정을 지지한 민주당원이 공화당원이나 무당파보다 3배나 많은 것처럼 보입니다(민주당원이 300% 더 많은 것으로 보임). 그러나 이것은 오해의 소지가 매우 큽니다. 수직축(y축) 수치를 보면 50%에서 시작합니다. 실제로 법원의 결정을 지지한 민주당원의 수는 이를 지지한 공화당원과 무당파의 수보다 약간 더 많았을 뿐입니다(62% 대 54%, 이는 공화당원이 이 결정을 지지한 것보다 민주당원이 더 많이 지지한 수치는 15% 미만임을 의미합니다).

그래프는 데이터를 정확하게 나타내기 위해 기준선(y에서 0이 바람직함)을 제시해야 합니다. 시작점을 임의로 정한 경우, 그래프를 보는 사람들에게 매우 잘못된 이해를 하도록 만들 수 있으므로 그 값을 명시하고 강조해야 합니다.

안타깝게도 통계의 오용으로 인해 사람들은 통계 정보를 점점 더 불신하게 되었습니다. 이는 통계와 통계학자의 권위를 실추시켰고, '탈진실(탈진리)'과 포퓰리즘 정치의 문을 열었습니다. 그러나 **일부** 통계가 오해의 소지가 있거나 편향되거나 신뢰할 수 없기 때문에 **모든** 통계가 비슷하게 변질되었다고 주장하는 것은 **잘못된 추론**입니다.

결함이 있거나 편향된 질문을 하지 않으려면 여러분은 특정 답변을 기대하거나 원하지 말아야 합니다. 그리고 이 부분에 대해 솔직해야 합니다. 여러분의 질문에서 응답자가 설문자의 신념이나 의견을 알지 못하도록 하고, 어떤 편향된 언어도 제거해야 합니다. 또한 응답자가 대답하는 방식이 응답자의 견해를 왜곡하지 않고 온전히 나타내는 것을 보장하는지 확인해야 합니다.

12.10 맺으며

수학은 확실성과 관련된 지식 영역으로 가장 자주 언급되는 과목입니다. 엄격한 수학 증명을 제공하기 위해 연역적 추론에 주로 의존하는 수학의 방법론은 '수학적 사고방식'을 갖지 못했다고 여기는 사람들에게도 다소 위안을 줄 것입니다. 이성적인 사람이라면 누구나 같은 결론에 도달할 수 있는 방식으로 무언가를 입증한다는 발상은 대단히 매력적이며, 따라서 수학이 종종 지식의 모델 역할을 했다는 것은 놀라운 일이 아닙니다.

그렇지만 우리는 수학이 단지 연역적 추론에 관한 것만이 아니라는 것을 보았습니다. 창의성, 직관력 및 미학은 모두 수학, 특히 높은 수준의 수학과 새로운 수학 지식의 개발에서 중요한 역할을 합니다.

수학은 다른 지식 영역에서는 거의 찾아볼 수 없는 확실성을 제공하지만, 이 가장 엄격한 과목조차도 확실성에 한계가 있습니다. 추상적인 수준에서 괴델은 어떤 상황에서는 수학에 일관성이 있다는 것을 결코 증명할 수 없음을 보여 주었습니다. 보다 실제적인 수준에서 우리는 수학이 실재 세계에 적용될 때 일반적으로 공리를 선택할 수 있으며 세계에서 인식하는 것에 대해 테스트함으로써 가장 유용한 공리를 결정할 수 있다는 것을 보았습니다.

수학은 예술, 과학 및 언어로 간주될 수 있습니다. 그것은 모든 지식 영역의 다양한 과목에서 핵심적인 역할을 합니다. 수학이 모든 경우에 절대적인 확실성을 줄 수는 없지만, 그 비범한 유용성과 효율성은 놀랍고 매혹적이며 신비롭습니다.

지식 질문

1 "영화는 세 가지 보편 언어 중 하나이고, 나머지 둘은 수학과 음악이다"라는 주장에 대해 어느 정도나 동의하나요?

2 수학 지식에서 개인적인 해석이나 문화적 차이가 들어설 여지가 있을까요?

12.11 지식 영역 연결 질문

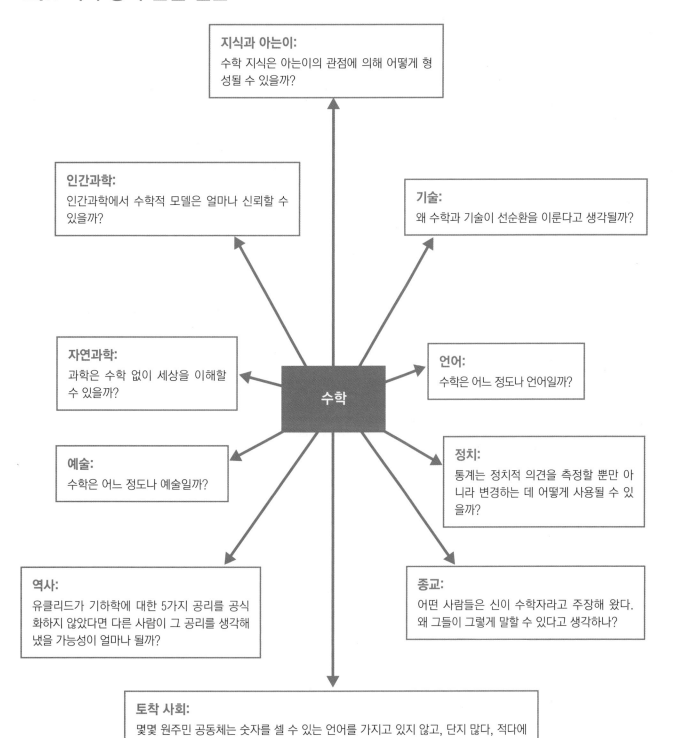

지식과 아는이:
수학 지식은 아는이의 관점에 의해 어떻게 형성될 수 있을까?

인간과학:
인간과학에서 수학적 모델은 얼마나 신뢰할 수 있을까?

기술:
왜 수학과 기술이 선순환을 이룬다고 생각될까?

자연과학:
과학은 수학 없이 세상을 이해할 수 있을까?

언어:
수학은 어느 정도나 언어일까?

수학

예술:
수학은 어느 정도나 예술일까?

정치:
통계는 정치적 의견을 측정할 뿐만 아니라 변경하는 데 어떻게 사용될 수 있을까?

역사:
유클리드가 기하학에 대한 5가지 공리를 공식화하지 않았다면 다른 사람이 그 공리를 생각해 냈을 가능성이 얼마나 될까?

종교:
어떤 사람들은 신이 수학자라고 주장해 왔다. 왜 그들이 그렇게 말할 수 있다고 생각하나?

토착 사회:
몇몇 원주민 공동체는 숫자를 셀 수 있는 언어를 가지고 있지 않고, 단지 많다, 적다에 대해서만 말할 수 있다. 이 공동체는 숫자를 셀 수 있는 언어가 있는 사회와 어떤 식으로 다를 것이라고 예상하는가?

12.12 자기 점검

12장에서 배운 내용을 되돌아보고 1점에서 5점 사이로(5는 최고 점수, 1은 최저 점수) 자신의 자신감 수준을 표시하세요. 3점 미만이면 해당 부분을 다시 읽어 보세요. 그런 다음 이 목록으로 돌아오세요. 여러분의 자신감이 높아졌나요?

	자신감 수준	다시 읽기?
나는 수학이 무엇인지와 수학과 다른 지식 영역과의 관계를 이해하고 있는가?		
나는 시간이 흐름에 따라 수학 지식이 구성되고 발전된 방법 몇 가지를 설명할 수 있는가?		
나는 '언어로서의 수학'의 개념에 대해 명확하게 이해하고 있는가?		
나는 수학적 대상이 무엇이며 수학적 실재주의가 무엇을 의미하는지를 이해하고 있는가?		
나는 허수가 무엇을 의미하는지 정확히 말할 수 있는가?		
나는 수학적 형식주의, 공리, 정리가 무엇을 의미하는지 분명히 알고 있는가?		
나는 수학적 증명과 진리의 관계라는 측면에서 괴델의 정리가 갖는 중요성을 잘 이해하고 있는가?		
나는 연역적 추론과 귀납적 추론의 차이점과 이것들이 수학에서 어떻게 사용되는지 이해하고 있는가?		
나는 통계 지식의 생성에서 발생하는 몇 가지 쟁점을 설명할 수 있는가?		
나는 통계 데이터 수집에 사용되는 질문을 비판적으로 평가하는 방법을 알고 있는가?		
나는 수학적 직관이 의미하는 바를 이해하고 있는가? 많은 수학자가 그것을 새로운 수학 지식을 개발하는 데 필수적인 도구로 여기는 이유는 무엇인가?		
나는 수학 문제를 풀기 위해 직관에 의존하려고 하는 비수학자의 위험성을 알고 있는가?		
나는 수학과 미학의 관계에 대해 논의할 수 있는가?		
나는 수학에서 발생하는 윤리적인 문제에 대해 잘 알고 있는가?		

12.13 더 읽을거리

- 12장에서 얻은 지식을 바탕으로 다음 글들 중 몇 가지를 읽을 수 있습니다.

- 뇌가 수학적 아름다움을 어떻게 경험하는지에 대한 연구를 자세히 알아보려면 다음을 읽으세요.
  S. Zeki, J.P.Romaya, D.M.T Benincasa, and M. F Atiyah "The experience of mathematical beauty and its neural correlates" in *Frontiers of Human Neuroscience* 13 Feb 2014 https://www.frontiersin.org/articles/10.3389/ fnhum.2014.00068/full

- **수학 교육에 대한 윤리적 접근 방식**에 대해 더 알고 싶다면, 다음을 읽으세요.
  Paul Ernest 'The Ethics of Mathematics: Is Mathematics Harmful' in *The Philosophy of Mathematics Education Today, 2018. Research Gate* 웹사이트에서 검색하세요.

- 수학에 대한 일반적인 이해와 **연역적 추론과의 관계**를 위해서는, 다음을 읽으세요.
  Liaqat Ali Khan, 'What is mathematicsr—an overview' in *The International Journal of Mathematics and Computational Science*, vol. 1, no 3, pp 98–101, 2015. *Research Gate* 웹사이트에서 검색하세요.

- **몇몇 동물들이 보여 주는 숫자 세는 능력**에 대해 더 알고 싶다면, 다음을 읽으세요.
  Michael Tenneson, 'More Animals Seem to Have Some Ability to Count', in *Scientific American, 2009. Scientific American* 웹사이트에서 검색하세요.

- **수학에 대한 철학적 이해**, 특히 현실주의와 형식주의에 대한 대안적 접근을 탐구하려면 다음을 읽으세요.
  Stephen Ferguson, 'What is the philosophy of mathematics?' *Philosophy Now*, Winter 1997/1898. *Philosophy Now* 웹사이트에서 검색하세요.

- **통계를 사용하는 것이 실제 세계와 관련해 지닌 몇 가지 문제점**에 대한 이해를 높이려면 다음을 읽으세요.
  William Davies, 'How statistics lost their power—and why we should fear what comes next' in *The Guardian*, 19 January 2017. *Guardian* 웹사이트에서 검색하세요.

- **미학과 수학의 연관성**, 그리고 이것이 수학 교육을 위해 만들어 낼 수 있는 가능성에 대해 더 알고 싶다면 다음을 읽으세요.

  Paul Betts, 'Adding an Aesthetic Image to Mathematics Education'. *Centre for Innovation in Mathematics Teaching* 웹사이트에서 검색하세요.

- **프랙탈과 프랙탈의 미적 매력**에 대한 더 깊은 이해를 위해 다음을 읽으세요.

  Richard Taylor, 'Fractal patterns in nature and art are aesthetically pleasing and stress-reducing' 31 March 2017 in *The conversation*. *The conversation* 웹사이트에서 검색하세요.

- **미의 수학**을 탐구하려면 다음을 읽으세요.

  Mina Teicher, 'The Mathematics of Beauty', 2012. *Institute for Advanced Study* 웹사이트에서 검색하세요.

- **황금비를 건축에 적용**하는 방법에 대해 자세히 알아보려면 다음을 읽으세요.

  Gary Meisner, 'The Parthenon and Phi, the Golden Ratio', 20 January 2013. *Golden Number* 웹사이트에서 검색하세요.

- 재미있는 **프랙탈 도형** 탐구를 위해 다음을 읽으세요.

  Dr Dilts, 'Fractal dimensions', 15 September 2018. *Infinity plus one—Math is awesome* 웹사이트에서 검색하세요.

- **수학 지식**에 대한 몇 가지 **도전**에 관해 자세히 배우고 싶다면 다음을 읽으세요.

  E. B. Davies, 'Whither Mathematics?' 2005, Whither Mathematics?' *Journal-American Mathematical Society*, vol 52, no 11, pp. 1350–1356. *CiteSeerX* 웹사이트에서 검색하세요.

- **수학적 아름다움에 대한 인간 경험**에 대해 자세히 배우고 싶다면 다음을 읽으세요.

  S. Zeki, J.P.Romaya, D.M.T Benincasa, and M. F Atiyah 'The experience of mathematical beauty and its neural correlates' in *Frontiers of Human Neuroscience*, 13 Feb 2014. *Frontiers of Human Neuroscience* 웹사이트에서 검색하세요.

자연과학

학습 목표

13장에서는 자연과학이 무엇인지, 자연과학 내에서 지식이 어떻게 발달하는지, 과학적 방법이 다른 지식 영역에서의 지식 습득에 어떻게 영향을 미치는지 살펴볼 것입니다.

여러분은

- 과학적 방법이 의미하는 바를 이해하고 과학 장비와 모델의 사용 가치를 인식합니다.
- 과학적 방법에 내재된 몇 가지 한계를 깨닫게 됩니다.
- 객관성에 관한 논점에 대한 이해를 더욱 발달시키고, 과학적 패러다임에 대해 배웁니다.
- 과학 지식을 발전시키는 데 귀납적 추론의 역할을 인식하고 반증의 원리를 이해하게 됩니다.
- 이론과학과 실험과학을 비교하고 대조할 수 있습니다.
- 과학 공동체는 물론이고 이 공동체가 과학 지식의 발전에서 행하는 숱한 역할에 대해서도 보다 잘 인식하게 됩니다.
- 자연과학에서 의사소통의 중요성을 인식하게 됩니다.
- 자연과학에서 발견되는 몇 가지 윤리적 쟁점과 자연과학에서 발생하는 몇 가지 지식 쟁점을 논의하는 방법을 배우게 됩니다.

다음 각각의 인용문을 분석하고 이어지는 질문에 관해 토론하세요.

1 "과학은 이성의 제자일 뿐만 아니라 낭만과 열정의 제자이기도 하다." **스티븐 호킹**(Stephen Hawking, 1942~2018)

2 "과학은 국경을 모른다. 지식은 인류에 속하고, 과학은 세계를 비추는 햇불이기 때문이다." **루이 파스퇴르**(Louis Pasteur, 1822 ~1895)

3 "내가 과학에서 좋아하는 것 중 하나는 항상 새로운 질문을 만나게 된다는 것이다." **안드레아 M. 게즈**(Andrea M. Ghez, 1965~)

4 "과학은 객관적인 정보를 따뜻한 가슴 없이 추구하는 게 아니다. 그것은 창의적 인간 활동이고, 과학 천재들은 정보 처리자라기 보다는 오히려 예술가처럼 활동한다." **스티븐 제이 굴드**(Stephen Jay Gould, 1941~2002)

5 "아인슈타인의 결과는 다시 판을 뒤집었고, 이제는 과학 지식이 증명되었거나 증명될 수 있는 지식이라고 생각하는 철학자나 과학자는 거의 없다." **임레 라카토스**(Imre Lakatos, 1922~1974)

각 인용문에 대해 다음을 생각해 봅시다.

   a   인용문에 어느 정도 동의하나요? 아니면 동의하지 않나요?

   b   인용문은 과학에 대한 발표자의 관점에 대해 무엇을 말하나요?

   c   인용문은 과학에 대한 여러분의 관점에 이의를 제기하나요? 아니면 확증하나요?

   d   인용문이 다른 지식 영역에도 적용될 수 있다고 생각합니까? 만약 그렇다면, 어떤 방식으로요?

13.1 들어가며

논의 13.1

우리에게 '자연계'는 무엇을 의미할까요? 자연계의 범위를 벗어나는 것은 무엇인가요?

과학은 일련의 지식인 동시에 발견의 과정입니다. 그것은 아원자 입자부터 우리의 우주를 구성하는 은하까지, 그리고 이것들 사이에 놓인 모든 것에 이르기까지 자연계를 탐구합니다.

자연과학은 우리를 둘러싼 자연계를 탐구하며 이해하려고 노력합니다. 본질상 자연계란 물리적 세계는 물론이고 이 세계에 작용하는 힘까지를 포함합니다. 자연과학에는 생물학의 다양한 분야로 구성된 생명과학과 물리학, 화학, 지구과학 등의 분야를 포함하는 물상 과학이 있습니다.

자연과학은 인간의 삶을 향상시킬 수 있는 지식을 제공하는데, 보다 나은 영양 및 위생은 물론이고 개선된 의료적 개입을 통해 인간의 삶을 양적, 질적으로 확장합니다. 그것은 노동 절약 장치의 발명을 통해 생활 수준을 개선하고, 보다 나은 인프라를 통해 우리에게 도움이 되는 산물에 더 많이 접근할 수 있도록 합니다. 자연과학은 또한 우리가 살고 있는 세계를 탐구하는 데 도움이 되며, 우리가 스스로 만들어 낸 문제들을 포함해 세계가 직면한 문제들을 해결할 수 있는 잠재력을 가지고 있습니다.

과학 지식이 발휘하는 힘 때문에 실상은 자연과학에 속하는 지식 주장이 갖추어야 할 기준에 못 미침에도 불구하고 많은 사람들이 일정 범위의 지식 주장에 대해 '과학적'이라고 선언하길 원하는 경향이 있습니다. 자연과학. 과학 지식 주장을 평가할 때 우리가 직면하는 과제 중 하나는 진정한 과학 지식 주장을 **유사 과학** 및 허위 과장 선전과 구별하는 것입니다.

키워드

유사 과학: 과학적이라고 주장되지만 과학적 방법과 양립할 수 없는 믿음과 관행의 체계

13.2 과학적 방법

실제 상황 13.1

과학 실험을 할 때 수반되는 일반적인 단계에 대해 생각해 보세요. 여러분이 수행하는 실험에 따라 이 단계는 어느 정도나 변경될까요?

자연과학은 초기 철학자들이 그들을 둘러싼 세계를 이해하고자 노력하던 고대까지 거슬러 올라갈 정도로 오랜 역사를 가지고 있습니다. 모든 문화권의 사람들은 나이 구별 없이 밤하늘에 매료되어 왔으며, 초창기의 과학적 관찰 중 몇 가지는 하늘에 대해 이루어졌습니다. 일식과 월식에 대한 기록은 기원전 747년부터 메소포타미아에 보관되어 있으며, 혜성과 기타 천문 현상에 대한 자세한 관찰 기록*은 중국에서 기원전 613년 이전으로 거슬러 올라가는 시기에 성명 불상의 천문학자에 의해 작성되었습니다.

*『춘추』에 기록되어 있다.

우리는 밀레투스의 탈레스(BC 624?~BC 546?)와 아리스토텔레스(BC 384~BC 322)와 같은 자연 철학자들이 수행한 **경험적** 연구를 설명한 기록을 가지고 있습니다. 나중에 **박식가**인 아부 알리 알핫산 이븐 알핫산 이븐 알하이삼(Abu Ali al-Hasan ibn al-Hasan ibn al-Haytham, 965~1040), 아부 레이한 알비루니(Abu Rayhan al-Biruni, 973~1050), 로저 베이컨(Roger Bacon, 1219~1292), 갈릴레오 갈릴레이(Galileo Galilei, 1564~1642) 등은 모두 과학이 연구되는 방식에 상당한 기여를 했으며, 현재 **과학적 방법**이라고 불리는 방식을 갖추는 데 도움을 주었습니다.

가설의 정식화와 함께 관찰과 실험에 기초한 과학 지식으로의 점진적 움직임은 세계에 대한 우리의 이해에서 놀랄 만한 진보로 이어졌습니다. 이런 움직임이 우리의 이해를 증진시키는 증거를 분석하고 결론을 도출하는 것을 포함하기 때문입니다. 때로는 이런 결론이 당시의 주류 믿음과 교리에 반하는 새로운 이론의 토대를 구축하도록 해 줍니다. 하지만 때로는 과학자들은 명확한 증거를 갖기 전에 새로운 이론을 고안하고 이론을 시험하기 위한 실험을 설계합니다.

우리는 종종 과학적 방법을 과학을 올바르게 수행하거나 신뢰할 수 있는 지식을 얻기 위한 단일한 방법인 것처럼 말하지만 과학자들이 항상 따라야만 하는 일련의 불변의 단계들은 없습니다. 오히려 과학을 하는 방법에는 여러 가지가 있습니다. 그 방법들은 다음과 같은 것들을 포함해, 무수한 실천들과 관련되어 있는 경험적 접근 방법

키워드

경험적: 관찰과 경험을 근거하여 검증된

박식가: 여러 분야의 지식을 가진 사람

과학적 방법: 과학적 조사가 수행되는 방식에 대한 절차 방법

가설: 추가 조사를 위한 출발점을 제공하는 제한된 증거에 기초한 잠정적 설명

을 공유하고 있습니다. 그 항목들은 무엇보다도 질문하기 또는 문제 정의하기, 조사를 계획하고 수행하기, 모델 설계 및 생성하기, 데이터 분석 및 해석하기, 패턴 찾기, 가능한 설명 구축하기, 일반화하기, 결과 및 이론 평가하기, 정보 소통하기 등입니다. 보편적인 단계별 방법론이 없기 때문에, 과학을 실천하는 것은 창의력과 상상력뿐 아니라 가설을 세우고 적절한 실험을 설계하기 위한 과학 지식의 탄탄한 토대가 필요합니다.

되돌아보기

여러분이 새로운 지식을 얻거나 개발하는 다양한 방법들에 대해 생각해 보세요. 과학적인 방법론을 따르기 위한 단 하나의 방법만 있지 않은 이유는 무엇일까요?

이런 과학적 실천은 미리 정의된 순서로 행해지지 않으며 모든 실천이 매번의 실험적 연구마다 모두 사용되는 것은 아닙니다. 무엇이 탐구되는지와 탐구 분야가 무엇인지에 따라 달라질 것입니다. 이런 주의 사항을 고려하면, 과학적 방법론**이라는 것**으로 가장 흔하게 서술되는 것이 아마 **귀납주의**인데, 17세기 초 프랜시스 베이컨(Francis Bacon, 1561~1626)이 발전시킨 방법을 기반으로 하는 것입니다. 귀납주의는 관찰자가 질문을 하도록 이끄는, 자연계에 대한 관찰에서 출발합니다. 질문이 구체적일수록 검증 가능한 가설을 개발하는 데 더욱 유용합니다.

키워드

귀납주의: 자연 법칙을 발전시키기 위한 귀납적 추론 방법의 사용과 선호

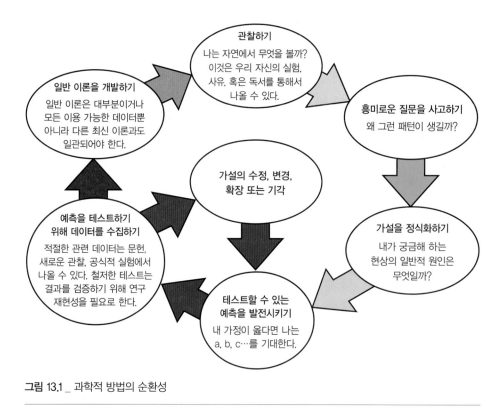

그림 13.1 _ 과학적 방법의 순환성

일단 질문이 공식화되면 그 질문은 관찰자가 관찰을 설명하기 위한 하나 이상의 가설을 세우도록 이끕니다. 좋은 가설은 테스트할 수 있는 예측을 제공할 것입니다.

각 가설의 테스트는 신중하게 **통제된 실험**을 통해 이루어지며 실험 결과는 정성스럽게 기록되고 분석됩니다. 이후 결과 분석은 과학자들이 가설을 다듬고, 확장하거나 심지어 거부할 수도 있게 합니다. 그 과정은 연속적인데, 대체로 성공적인 가설은 예측력이 매우 훌륭해서 그 가설이 과학적 **법칙**이나 **이론**으로 귀결될 때까지 계속 더욱 더 다듬어지게 됩니다.

키워드

통제된 실험: 한 가지 변수만 다르게 한 실험을 비교하여 표준을 제공할 목적으로 면밀하게 변수들을 조절하며 행하는 비슷한 실험들

법칙: 자연 세계에서 둘 이상의 사물 사이의 관계에 관한 관찰에 대한 일반화된 설명. 종종 서술은 수학적임

이론: 어떤 것을 깊이 있게 설명하기 위한 상호 연결된 관념의 체계

논의 13.2

우리가 질문하는 이유를 생각해 보세요. 호기심의 어떤 면이 인간 본성에 기여하고, 인간의 지속적인 성장과 발전에 기여할까요?

법칙과 이론은 확실히 별개이며 하나가 필연적으로 다른 하나로 귀결되는 것은 아니라는 점을 이해하는 것이 중요합니다. 과학 법칙은 관찰된 것을 종종 수학적 방식으로 단순히 기술할 뿐, **어떻게** 또는 **왜** 그것이 작동하는지는 기술하지 않습니다. 예를 들어, 뉴턴의 **만유인력 법칙**에 따르면 우주의 모든 입자는 다음과 같은 힘으로 다른 모든 입자를 끌어당깁니다. 이 힘은 질량의 곱에 정비례하고 중심 사이 거리의 제곱에 반비례합니다(수학적으로 $F = G\frac{m_1 m_2}{r^2}$ 라고 씁니다). 그러나 이것은 법칙이 **왜** 보편적으로 적용되는지를 설명하는 것은 아닙니다.

다른 한편으로 과학 이론은 현상이 어떻게 그리고 왜 발생하는지에 대한 상세한 설명입니다. 어떤 것이 과학 이론으로 받아들여지려면 엄격하고 꼼꼼하게 조사되어야 하고 가능한 경우 광범위한 실험적 테스트를 거쳐야 합니다.

실제 상황 13.2

실험적으로 테스트될 수 없는 과학 이론을 어떤 것이든 생각해 낼 수 있나요? 그런 사례에서는 어떻게 증거를 수집할 수 있나요?

귀납주의는 초기 관찰이든, 실험 데이터를 수집할 때 이루어진 관찰이든 일차적으로 관찰에 기반하기 때문에 **추론**과 **일반화**에 크게 의존합니다. 예를 들어, 두더지 집단을 대상으로 한 연구에서 두더지가 공기 냄새를 맡은 후 5초 이내에 터널에서 먹이를 정확하게 찾아낸다는 사실이 밝혀졌을 때, 두더지는 먹이를 찾는 데 후각에 의존한다고 **추론했습니다**. 적은 수의 두더지만이 테스트되었지만, 결과는 **모든** 두더지가 후각을 사용하여 먹이를 찾는다는 것으로 일반화되었습니다.

키워드

추론: 증거와 이유를 바탕으로 결론에 도달하는 것

일반화: 특정 사례를 기반으로 모든 경우에 적용되는 진술 작성

탐구 13.1

두더지에 대한 연구가 공정하고 통제된 방식으로 수행되었다고 가정합시다. 두더지가 먹이를 찾기 위해 후각에 의존한다는 추론이 합당하다고 생각하나요? 그 결과를 모든 두더지로 일반화하는 것이 합당하다고 생각하나요? 두더지가 먹이를 찾는 데 후각에 의존한다는 결론이 과학 법칙이나 과학 이론의 자격을 갖추었다고 생각하나요? 그 결론을 어떻게 테스트할 수 있나요?

지식 영역 연결 질문 13.1

전문가들이 추론과 일반화를 할 수 있는 다른 지식 영역의 몇 가지 예를 생각해 낼 수 있나요?

주의 깊게 관찰하고 통제된 실험을 수행하는 것 외에도 과학적 방법의 또 다른 요구 사항은 동일한 조건에서 반복되는 모든 실험이 동일한 결과를 산출해야 한다는 것입니다. 이것을 **연구 반복성(repeatability)** 또는 연구 **재현성**이라고 합니다. 테스트 방법 및 산출된 결과는 **동료 평가**를 목적으로 한 보고서로 작성됩니다.

키워드

재현성: 반복하여 재현하는 과정

동료 평가: 같은 분야에 종사하는 전문가들에 의한 작업 평가

실제 상황 13.3

'동일한 조건에서' 실험을 반복하려면 어떤 조건이 반드시 있어야 하는지 생각해 보세요. 그런 반복을 얼마나 쉽게 달성할 수 있나요? '실제 세계'는 이런 방식으로 자주 (혹은 한 번이라도) 조건을 반복하나요?

그림 13.2 _ 양들은 들판의 한 부분에서만 풀을 뜯습니다.

탐구 13.2

그림 13.2를 자세히 보세요. 양들이 땅의 한 부분에서 다른 부분보다 더 많이 풀을 뜯고 있는 것을 관찰할 수 있습니다. 또한 땅의 어떤 부분은 바위가 더 많고, 어떤 부분은 더 가파르며, 영역마다 풀의 종류가 다르게 보인다는 것을 알아차릴 것입니다. 양은 또한 물이 있을 가능성이 있는 특정 지점에 집중해 있는 것처럼 보입니다.

두 명씩 짝을 이루어 여러분이 관찰한 것을 설명할 수 있는 이유를 브레인스토밍으로 생각하고 이를 위한 변수를 규명해 보세요.

두 사람이 함께 특정 질문을 제기하고 몇 가지 가능한 가설을 나열해 보세요. 가설들을 평가하고, 그중 테스트할 수 있는 가설 하나를 선택하세요. 두 사람이 함께 가설을 테스트할 실험을 계획해 보세요.

또래 평가

여러분 모둠의 계획을 반에서 다른 모둠이 세운 계획과 맞바꾸세요. 모둠끼리 바꾼 계획을 서로 비판하세요. 그들은 구체적인 질문과 테스트 가능한 가설을 가지고 있나요? 그들의 실험 계획이 유용한 자료를 제공할 가능성이 있을까요? 그들의 실험이 연구 반복성이 있나요?

과학 장비

과학적 방법에 불가결한 것은 점점 더 정교해지는 기술과 고도로 공학적으로 설계된 과학 기구를 사용하는 것입니다. 이것들을 가지고 과학자들은 자연계에 대한 보다 상세한 연구를 수행하고 이론적 연구에 의해 만들어진 예측을 테스트할 수 있습니다. 과학 장비의 크기와 범위는 거대 **전파 망원경**과 입자 충돌기부터 **나노 기술**을 사용하여 분자를 합성할 수 있는 분자 3D 프린터에 이르기까지 대단히 다양합니다.

그래서 과학 장비와 그 장비에 집약된 기술은 과학자들이 더 멀리 더 깊이 보고, 더 정확하게 측정하고, 더 많고 더 나은 자료를 생성하고, 그 데이터를 더 효과적으로 분석할 수 있게 함으로써 인간의 많은 결함을 극복하도록 도와줍니다.

과학적 노력에서 과학 장비를 신중하게 사용함으로써 과학자들은 통제된 실험을 전례 없는 규모로 탐구하고 수행할 수 있습니다. 이것은 과학적 방법에 참여함으로써 생겨나는 과학 지식의 타당성과 신뢰성에 크게 기여합니다.

논의 13.3

과학 장비 그 자체에서의 기술적 진보는 어느 정도나 과학적 진보로 간주될 수 있을까요?

키워드

전파 망원경: 가시광선 밖에 있는 전파와 마이크로파를 탐지하는 망원경

나노 기술: 개별 원자와 분자를 조작하는 기술의 한 분야

모델

과학적 모델은 과학 이론을 발전시키는 과정에서 중심적입니다. 그것은 데이터나 현상을 설명하고 예측하는 데 유용하게 사용될 수 있습니다. 지식이 증가함에 따라 모델도 향상됩니다. 일부 모델은 지구를 재현하는 모델인 지구본과 같은 물리적인 형태의 재현물이 될 수 있습니다. 여러분의 학교 실험실에는 분자 모델을 만들기 위해 서로 연결될 수 있는 여러 가지 색상의 플라스틱 구가 있을 것입니다. 또 다른 모델들은 수학적으로 만들어진 것인데 컴퓨터에서 실행됩니다. 그런 예로는 기후 변화를 예측하는 데

그림 13.3 _ 독특한 이중 나선 모양을 가진 DNA 분자 모델

사용되는 지구의 기후 모델을 들 수 있습니다. 모델 구축에는 시간이 걸릴 수 있습니다. 정확한 지구본을 개발하는 데 약 2,000년이 걸렸으니, 기후 변화에 대한 모델이 아직 완전히 정확하지 않다 해도 놀라서는 안 됩니다. 그러나 지속적으로 정교해지는 기술과 우리가 끌어낼 수 있는 방대한 양의 데이터로 인해 이전보다 훨씬 빠른 속도로 유용한 모델을 개발하고 최신의 것으로 갱신할 수 있습니다.

탐구 13.3

1 생물학, 화학 및 물리학에서 사용되는 몇 가지 모델을 열거해 보세요. 과학의 어떤 분야에서 다른 분야보다 모델을 더 많이 사용하나요? 왜 그럴까요? 여러분이 사용한 모델들은 필연적으로 지나치게 단순화되어 있나요?

2 학급 전체 토론을 해 보세요. 단순화와 정확성 사이에 관련이 있습니까? 단순화와 유용성 또는 이해 가능성 사이에는 관계가 있나요?

3 이제 여러분이 사용한 몇 가지 모델을 생각해 보세요. 예를 들면 우리 인간의 내부 장기 사이의 관계를 보여 주는 인체 모형, 분자의 모델, 심지어 기차 모형 세트 등이 있을 수 있습니다.

여러분이 사용한 모델 중 하나에 초점을 맞춰 그것이 모델링하는 실재와 동일한 방식과 차이 나는 방식 몇 가지를 숙고해 보세요. 여러분은 자연과학 이외의 지식 영역에서 모델이 사용되는 방식 몇 가지를 생각할 수 있나요? 모델이 우리가 세상을 이해하는 데 어떻게 도움이 되는지에 대해 한 단락의 짧은 글을 쓰세요.

자기 평가

여러분이 쓴 한 단락의 짧은 글을 검토해 보세요. 마음에 드는 점은 무엇입니까? 어떻게 하면 여러분의 아이디어를 보다 잘 설명할 수 있었을까요? 모델 사용이 우리의 이해를 제한할 수 있는 사례를 포함하여 다른 관점을 포함했나요?

논의 13.4

"모든 모델은 틀렸지만 일부는 쓸모가 있다." 조지 박스(George Box, 1919~2013)

여러분은 조지 박스가 무엇을 말하려 했다고 생각하나요? 그가 모든 모델이 틀렸다고 말한 이유는 무엇이라고 생각하나요?

13.3 과학적 방법의 한계

실제 상황 13.4

과학 과목에서 여러분이 하는 몇 가지 실습에 대해 생각해 보세요. 어떻게 하면 오류의 발생 가능성이 가장 높을까요?

과학적 방법은 인간 지식이 비약적으로 진보할 수 있게 해 주었고, 다른 방법으로 가질 수 있는 것보다 더 많은 확실성을 선사했지만, 잘못될 염려가 전혀 없는 것은 아닙

니다. 인간의 참여를 필요로 하는 방법은 어떤 것이나 인간의 오류와 한계에 어느 정도 영향을 받을 수밖에 없습니다. 자연과학은 과학적 방법과 동료 심사 체계를 사용하여 결과의 재현성에 대한 요구 사항을 충족시킴으로써 오류와 한계를 극복하려고 하는데, 이것은 13장 뒷부분에서 보다 자세히 살펴볼 것입니다.

관찰자의 기대

5장에서 우리는 관측을 하기 위해 현미경, 망원경 등의 과학 장비를 사용하는 것이 어떻게 사람의 맨눈으로 볼 수 없는 것을 볼 수 있게 하고, 보다 정확한 측정을 할 수 있게 하여 세계를 활짝 열어 왔는지 고찰했습니다. 모든 측정 분야에서 우리가 성취할 수 있는 정확성의 정도는 우리의 기술이 향상됨에 따라 지속적으로 증가하고 있습니다. 그러나 우리가 가지고 있는 장비의 수준이 어떻든 간에 관찰하거나 판단하기 위해서는 어느 지점에서는 사람이 종종 필요합니다.

1609년 갈릴레오 갈릴레이(Galileo Galilei, 1564~1642)는 최초의 망원경 중 하나를 제작, 사용하여 금성의 위상과 목성의 위성을 발견했습니다. 갈릴레오가 직접 제작한 망원경은 행성을 보다 명확하게 볼 수 있게 해 주었지만 상당히 조야한 도구였습니다. 현대 망원경을 사용해도 목성의 가장 큰 4개의 위성을 보기가 상당히 어려울 수 있다는 점을 감안할 때 갈릴레오의 관찰이 어디까지가 진짜이고 어디까지가 상상의 결과였는지에 대한 의문이 제기됩니다. 갈릴레오가 그린 달 그림 중 일부는 매우 부정확하고 존재하지 않는 일부 분화구와 산을 포함한다는 것은 아마 놀랍지 않을 것입니다.

여러분은 과학 실험실에서의 경험을 통해 현미경으로 보는 방법을 배우려면 꽤 많은 연습이 필요하다는 것을 알게 되었을 것입니다. 훈련되지 않은 사람의 눈에는 종종 모양이 구별되지 않는데, 여러분은 시각을 증강시키려고 기대와 상상력을 사용한다는 것을 깨달았을 것입니다.

관측(관찰)할 때 **우리의 기대는 우리가 보는 것에 영향을 줄 수 있습니다.** 예를 들어 수성이 뉴턴의 법칙으로 예측한 궤도를 벗어나는 것(**세차 운동**으로 알려진 현상)으로 밝혀졌을 때, 일부 19세기 천문학자들은 이 현상이 벌컨(Vulcan)이라는 미발견 행성에 의한 것이라고 주장했습니다. 그들은 너무도 확신을 갖고 믿었기에 여러 천문학자들이 벌컨을 관측했다고 주장했습니다. 그러나 벌컨은 실존하지 않는 것으로 밝혀졌습니다. 수성 궤도의 세차 운동에 대한 정확한 설명은 아인슈타인의 **일반 상대성 이론**이 발표될 때까지 기다려야 했습니다.

우리의 기대와 초점은 또한 때로는 매우 놀라운 방식으로 우리가 못 보는 것에까지 영향을 미칠 수 있습니다. 14장에서 관찰이라는 화제로 돌아가서 사람들이 시각적 자극에서의 변화를 알아차리지 못하게 하는 '변화맹'이란 개념을 탐구할 것입니다. 변화맹은 목격자 진술에 대한 인간의 관찰 능력에 심각한 의문을 제기합니다. 그것은 또한 자연과학의 다른 분야와 **동물 행동학**에도 영향을 미칩니다. 변화맹은 현장 연구를 수

키워드

세차 운동: 물체를 회전시키는 축의 방향 안에서 천천히 지속적으로 변화하는 것

동물 행동학: 동물 행동에 대한 연구

행할 때, 특히 복잡한 장면을 관찰할 때는 변화에 대한 보다 계획적인 모니터링이 필요함을 시사합니다.

그러나 인간 지각의 오류 가능성이 꽤 중요한 의의를 가질 수 있다 해도 문제를 과장하지 않는 것이 중요합니다. 과학의 커다란 장점은 공동체적이고 대체로 자기 교정을 하는 활동이라는 것입니다. 한 개인이나 팀의 오류는 늦건 빠르건 다른 사람에 의해 바로잡힐 가능성이 있습니다.

1989년, 저명한 전기 화학자인 마틴 플레이시만(Martin Fleishmann, 1927~2012)과 스탠리 폰즈(Stanley Pons, 1943~)는 상온에서 핵반응을 일으키는 상온 핵융합을 성취했다고 보고했으며, 소량의 핵반응 부산물을 측정했다고 주장했습니다. 그들이 보고한 발견은 처음에는 값싼 에너지에 대한 희망을 키웠기 때문에 많은 언론의 주목을 받았습니다. 그러나 다른 과학자들은 그들의 결과를 재현할 수 없었고, 곧 플레이시만과 폰즈의 실험에 결함이 있다는 것이 밝혀졌습니다. 게다가 핵반응 부산물이 없었다는 것이 밝혀졌습니다. 후속적으로 상온 핵융합을 위한 연구비가 중단되었고, 이제 상온 핵융합은 더 이상 진지하게 가능하다고 간주되지 않습니다.

2011년 안토니오 에레디타토(Antonio Ereditato, 1955~) 교수가 이끄는 일부 이탈리아 과학자들은 빛보다 빠르게 이동하는 **중성미자**를 계측했다고 주장했습니다. 이 주장은 아인슈타인의 **특수 상대성 이론**을 뒤엎는 것처럼 보였기 때문에 과학계를 뒤흔들었지만, 실험을 거듭한 결과 그 중성미자는 빛의 속도로 이동했으며, 이들이 주장한 것처럼 빛보다 더 빠른 것은 아니라는 것이 밝혀졌습니다. 나중에 광섬유 케이블이 느슨했던 것이 초기의 잘못된 발견의 원인이라는 점이 밝혀졌습니다.

논의 13.5
연구 재현성은 관찰 오류 및/또는 장비 고장으로 인한 오류에 대처하는 데 어떻게 도움이 됩니까? 재현될 수 없다는 이유만으로 초기의 일련의 결과가 잘못되었다고 어느 정도나 확신할 수 있을까요?

관찰자 효과

과학적 방법의 한계는 인간의 오류 가능성과 기술적 약점에 국한되지 않습니다. 어떤 물리적 시스템에도 내재된 몇 가지 제한 사항이 있습니다. 한 가지 제한 사항은 우리가 **관찰자 효과**로 알고 있는 것에서 기인합니다.

몇 가지 간단한 예를 들면, 혈압을 재는 것은 여러분의 혈압을 상승하게 할 수 있는데, 특히 여러분이 그것을 걱정한다면 불안감으로 더욱 그렇습니다. 그것은 의사가 보는 임상적 양태에 영향을 끼칠 수 있습니다. 자전거 타이어의 공기압을 측정할 수 있으려면 측정을 위해 약간의 공기가 새어 나가게 됩니다. 마찬가지로 표준 온도계로 물질의 온도를 측정할 경우, 온도계는 열을 잃거나 흡수하면서 온도를 표시하므로 측정하는 물질의 온도를 변화시킵니다.

그림 13.4 _ 우리가 보는 것은 우리가 볼 것으로 기대하는 것에 영향을 받을 것이며, 관찰자로서의 우리의 존재는 보이는 것에 영향을 미칠 수 있습니다.

아마 좀 더 중요한 예는 1998년 바이츠만(Weizmann) 과학 연구소의 연구원들이 전자 빔이 관찰되고 있다는 것에 의해 어떻게 영향을 받는지 알아보기 위한 고도로 통제된 일련의 실험을 수행함으로써 증명되었습니다. 전자는 특정 조건에서 파동으로서 작용할 입자입니다. 연구원들은 (사람이 아니라) 전자 검출기로 '관찰'되는 전자 빔이 파동이라기보다는 오히려 입자처럼 거동(반응)한다는 것을 발견했습니다. 검출기가 전자의 흐름에 어떤 영향도 주지 않았음에도 그랬습니다. 검출기의 전자 검출 능력을 높여 관찰 수준을 높이면 입자 거동이 증가하고, 검출기의 능력을 줄여 관찰 수준을 낮추면 파동 같은 거동이 증가하는 것으로 나타났습니다. 이 실험은 관찰 행위가 실험 결과에 영향을 미칠 것이라는 **양자 이론**의 예측을 확증했습니다.

관찰자 효과는 매우 작아서 대부분의 상황에서 무시할 수 있지만 입자 물리학, 전자 공학 및 **양자 역학**에서 중요한 역할을 할 수 있습니다.

실제 상황 13.5

관찰되는 것이 무엇이든 그것에 영향을 미치지 않고서는 관찰을 할 수 없다는 점을 감안할 때, '있는 그대로'의 세계에 관한 객관적인 지식에 대한 함의는 무엇인가요?

관찰자 효과와 관련된 것은 **하이젠베르크의 불확정성 원리**인데, 이것은 독일 물리학자이자 양자 역학의 개척자인 베르너 하이젠베르크(Werner Heisenberg, 1901~1976)가 1927년에 처음으로 분명하게 표현한 것입니다. 그는 물체의 위치와 속도는 심지어 이론적으로도 동시에 정확하게 측정될 수 없다고 서술했습니다.

불확정성 원리에 따르면 입자의 위치가 보다 정확하게 정해질수록 운동량을 정확하게 아는 것은 더 어려워지며, 또한 운동량을 더 정확하게 알수록 입자의 위치를 정하는 것이 더 어려워집니다. 불확정성 원리는 모든 파동 같은 계의 성질에 내재되어 있으며, 모든 양자적 개체의 파동 같은 성질 때문에 양자 역학에서 나타납니다. 따라서 불확정성의 원리는 실제로 양자계의 기본 특성을 가리키는 것이지 양자계의 기본 성질과 종종 혼동되곤 하는 관찰자 효과에 관한 진술이 아닙니다.

되돌아보기

대부분의 과학 지식은 **증명**되어 있지 않거나 **증명**될 수도 없지만, 우리는 과학 지식에 대단한 신뢰를 주거나 줄 수 있습니다. 이것은 인간의 모든 지식에 대해 어느 정도나 사실일까요?

과학주의

과학주의는 과학적 방법론이 모든 분야에서, 심지어 자연과학의 범위를 벗어나는 분야에서도 지식을 추구할 수 있는 유일하게 타당한 방법을 제공한다는 믿음입니다. 그것은 **실증주의**, **논리적 실증주의** 및 **논리적 경험주의**와 밀접하게 연관되어 있습니다. 이 세 가지 견해는 모두 지식이 개인의 경험보다는 실험적 검증에 기반해야 하며, 인과성이나 자유 같은 것들처럼 답할 수 없는 철학적 질문은 무의미하다는 견해를 형성합니다.

논리적 경험주의의 가장 유명한 원칙은 본래적으로 검증할 수 없는 진술은 무의미하므로 무시해도 별로 문제가 되지 않는다는 것입니다. 역설적이게도 그 원칙 자체가 본래적으로 검증할 수 없으므로 무시해도 별로 문제가 되지 않는다는 점입니다.

과학주의를 믿는 사람들은 과학적 방법이 사회가 직면한 문제의 전부는 아니어도 대부분을 해결하는 데 사용되어야 한다고 믿으며, 그들이 비과학적이라고 여기는 지식 주장에 대해 매우 비판적입니다. 그러나 과학주의는 과학만이 우리의 모든 질문을 해결할 수 있다고 주장하기 때문에 과학적 입장이라기보다 종교에 가깝다고 논의되어 왔습니다. 과학주의의 가장 큰 위험은 과학이 실제로 할 수 있는 것보다 더 많은 일을 할 수 있다고 약속하는 것이고, 이것은 과학에 대한 회의론을 증가시킬 수 있습니다. 즉, 사람들은 자연계에 관련된 질문들을 다루는 과학의 능력에 의문을 제기하기 시작할 수 있습니다.

실제 상황 13.6

대다수 과학자들은 기후 변화가 적어도 부분적으로는 인간이 지구상에서 벌인 활동의 결과로 발생하고 있다는 사실을 받아들이지만, 전 세계의 많은 사람들은 이에 회의적이며 전문가에 대한 불신이 커지고 있는 것으로 보고됩니다. 이것은 어느 정도까지 미디어와 일부 과학자들이 우리에게 진리와 확신을 주는 과학의 능력을 과장하는 경향에 대한 포퓰리즘적* 반발이 될 수 있나요?

키워드

과학주의: 모든 연구 분야에 적용되는 자연과학 방법의 효과에 대한 과장된 신뢰

실증주의: 유일하게 진정한 지식은 실험, 논리 또는 수학을 통해 과학적으로 증명되거나 입증될 수 있다는 믿음

논리적 실증주의: 모든 지식은 관찰 가능한 사실에 기초한 논리적 추론에서 비롯되며 진술은 참 또는 거짓으로 결정될 수 있는 경우에만 의미가 있을 수 있다는 믿음

논리적 경험주의: 모든 인간의 지식은 논리적, 과학적인 기초로 환원되어야 한다는 믿음(종종 논리적 실증주의와 동의어로 간주됨)

*포퓰리즘(populism)은 일반 대중의 인기에 영합하는 정치적 태도나 경향을 말한다. 대중 영합주의라고도 하며 엘리트주의와 상대되는 개념이다.

13.4 객관성

과학에서 자주 거론되는 목표 중 하나는 **객관성**입니다. 객관적 진리는 전혀 편향되지 않은 것인데, 누구든지 충분히 열린 마음가짐으로, 충분한 기량과 공정성으로 **검증**하고자 하면 이를 확증할 수 있다는 것입니다. 과학적 방법이 성공한 한 가지 이유는 연구자의 개인적 편견을 제거하고 연구자의 믿음과 무관한 결론에 도달하는 데 도움이 되기 때문입니다.

물론 객관성은 훌륭한 목표이긴 하지만, 결코 **완전히** 달성될 수 없는 목표 중 하나입니다. 여러분이 하는 관찰, 묻는 질문, 규명하는 변수, 정식화하는 가설, 설계하는 실험, 도달하는 결론은 모두 여러분이 미처 깨닫지 못한 채, 여러분의 마음속에 뿌리박힌 믿음과 과학계에서 널리 수용되는 이론에 의해 영향을 받기 쉽습니다.

믿음과 객관성

많은 과학자들이 마음속 깊이 간직하고 있는 한 가지 믿음은 인간만이, 그리고 아마도 침팬지와 오랑우탄 같은 소수의 종들만이 자기를 인식하는 존재라는 것입니다. 진화 심리학자 고든 갤럽(Gordon Gallup, 1941~)이 발명한 거울 테스트는 자기 인식을 테스트하고 다른 종에는 자기 인식이 없다는 것을 증명하기 위해 널리 사용되어 왔습니다. 이 실험은 거울 테스트가 인간보다 시각 의존도가 덜한 종에게 편파적이라고 주장하는 일부 과학자들의 비판을 받았습니다. 개는 통상적으로 거울 실험을 통과하지 못합니다. 하지만 거울 테스트와 매우 유사하면서도 시각보다는 후각에 기반한 자기 인지의 냄새 맡기 시험을 받게 했을 때, 개들은 자기 인식을 가지고 있는 것으로 밝혀졌습니다. 이 연구 결과는 대체로 무시되었습니다. 시각적 거울 테스트 결과가 지배적인 견해로 인정받기 때문입니다.

2018년에는 몇 마리의 청소놀래기에 대한 시각적 거울 테스트가 수행되었습니다. (청소놀래기는 다른 물고기의 기생충과 죽은 피부 세포를 먹고 사는 작은 물고기입니다.) 거울 테스트의 매개 변수로 일부 물고기는 자기 인식을 입증했습니다. 물고기가 테스트를 통과했다는 사실에 갤럽을 포함한 일부 과학자들은 인간과 다른 소수의 종만이 자기 인식을 가질 수 있다는 믿음을 뒤집기보다는 테스트의 유효성을 의심했습니다. 다른 과학

키워드

객관성: 개인적인 감정이나 의견에 영향을 받지 않는 판단

검증: 어떤 것의 타당성 또는 정확성을 확립하는 과정

그림 13.5 _ 청소놀래기

자들은 테스트가 매우 철저했고 적어도 일부 물고기는 지금까지 우리가 인증한 것 이상
으로 자기 인식이 가능할 수 있다는 생각에 기꺼이 마음을 열어야 한다고 주장합니다.

모든 동물은 아니어도 대부분의 동물이 자기 인식을 갖고 있다는 믿음으로 청소놀
래기에 대한 거울 테스트 결과를 수용할 의사가 있다면, 그것은 여러분이 확증 편향
을 가지고 있다는 증거입니다. 확증 편향은 사람들이 자신의 믿음을 확증시켜 주는 증
거는 찾고 자신의 믿음에 반하는 증거는 간과하는 경향이 있다는 사실을 가리킵니다.
만약 여러분이 청소놀래기에 대한 거울 테스트의 결과를 받아들이기를 거부하고 물고
기가 자기 인식을 할 수 없다고 믿기 때문에 실험에 결함이 있는 것이 틀림없다고 말한
다면, 이번에도 마찬가지로 확증 편향을 보여 주는 것입니다. 이에 대해서는 2장에서
논의했습니다. 보편적인 형태의 확증 편향은 과학자들이 예상하지 않은 결과를 '실험
오류'라고 무시하는 것입니다.

탐구 13.4

a부터 f까지의 과학 토론 주제 목록을 살펴보세요.

a   유전자 변형(GM) 식품

b   기후 변화

c   수압 파쇄법

d   백신 접종

e   인간 복제

f   인공 지능(AI)

각각의 주제에 대한 여러분의 태도에 대해 생각해 보세요. 어떤 문제에 더 관심이 있거나 심지
어 열정적이기까지 한가요? 여러분은 정말 개방적인가요? 다른 사람보다 어떤 주장에 더 기꺼
이 설득당할 **의향**이 있나요?

완전한 객관성을 달성하는 것은 불가능할 뿐만 아니라 때로는 바람직하지 않습니다. 과학적 조사를 시작하기 위해 우리는 무엇을 관찰해야 할지 선택해야 합니다. 우리가 상황의 모든 요소를 관찰할 수 있다 해도, 우리는 곧 정보로 과부하가 걸리기 때문에 그렇게 하고 싶지 않을 것입니다.

탐구 13.5

1 여러분이 왜 어떤 학생들은 겨울철에 감기에 걸리지만 다른 학생들은 걸리지 않는지 알아내는 데 관심이 있다고 상상해 보세요. 두 그룹을 비교할 때 a에서 f까지의 변수 중에서 어떤 것을 살펴보게 되고, 어떤 것을 관련이 없다고 생각하나요?

   a   식단

   b   속옷 색깔

   c   신체 운동량

   d   이름

   e   가정용 난방

   f   감상한 영화

2 같은 반 친구와 짝지어 서로 답을 비교해 보세요. 어떤 변수들이 관련이 있는지에 의견이 일치했나요? 속옷 색깔이나 이름, 감상한 영화가 여러분이 감기에 걸릴지 여부와 관련될 수 있다고 생각해 볼 수 있나요?

3 이 탐구 활동에는 6개의 가능한 변수만 나열됩니다. 각각 20개의 변수 목록을 만든 다음 짝과 서로 변수 목록을 비교해 보세요. 공통적인 것들이 얼마나 많나요? 얼마나 많은 가능한 변수가 있을 수 있다고 생각하나요?

위의 탐구 활동에서는 이론상 이 변수들 중 어느 하나와도 연관될 수 있는 일련의 사건들을 상상할 수 있습니다. 하지만 이 일련의 사건들 중 일부가 발생할 확률이 너무 적으면, 더 가능성이 높은 모든 선택지가 이미 배제되지 않은 한, 이런 변수들을 제거하기 위해 과학 실험을 수행하는 것은 시간과 돈 낭비일 것입니다. 일련의 실험을 실행하기로 결정할 때는, 테스트할 만한 가능성이 가장 높은 후보를 따로 분리해 두는 것이 중요합니다.

앞의 활동에서 요점은 어떤 문제와 유관한 것과 무관한 것이 무엇인지에 관한 몇 가지 아이디어로 시작한다는 것을, 또 그에 따라 우리의 두뇌가 활용 가능한 정보를 걸러 낸다는 것을 입증하는 것입니다. 그렇게 하지 않으면 우리는 관찰의 홍수에 빠져 버릴 수 있습니다. 실험에서 무한한 가능성을 제거하는 것은 불가능할 것이며, 또한 시도하는 것에조차 계산할 수 없을 정도의 많은 비용이 들 것이므로, 우리의 믿음에 기반하여 선택을 한다는 것은 매우 중요합니다. 하지만 지각의 선택적 특성이란 우리가 간과했던 요소가 나중에 유관한 것으로 판명나는 일이 언제나 가능하다는 것을, 또 문화적 편향은 유관한 특징인데도 어떤 특징들을 체계적으로 제거할 수도 있다는 것을 뜻합니다. 예를 들어, 화학 실험을 할 때 일반적으로 방에 몇 명이 있는지 세지 않고, 실험실의 어디에서 실험을 하는지 그 위치를 고려하지 않습니다. 그러나 특별히 민감한 실험에서는 이론상으로 두 변수 모두 결과에 영향을 미칠 수 있습니다.

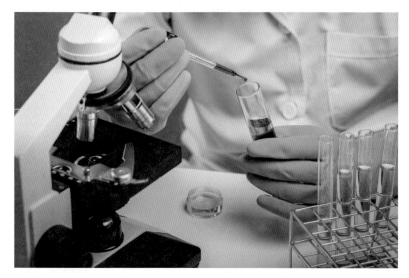

그림 13.6 _ 통제된 실험은 과학적 방법의 필수적인 특징입니다.

실제 상황 13.7

실험에 참여한 인원이 몇 명인지, 또 이런 것들은 실험의 재현성에 대해, 특히 다른 실험실의 과학자들에 의한 실험의 재현성에 대해 어떤 함의를 지닐까요?

유사 과학

객관성의 목표 중 하나는 과학과 유사 과학을 구별할 수 있는 것입니다. 종종 우리의 믿음은 우리가 참이라고 여기는 것이 비록 과학적 타당성이 없는데도 과학적 타당성이 있다고 생각하게 합니다. 유사 과학의 예는 많은데, 그중 일부는 한때 정당했던 과학과 불가분의 관계에 있었습니다. **점성술**이 그 예가 될 것입니다.

초창기 천문학자들은 밤하늘에 대한 귀중하고 상세한 관측을 했는데, 이는 과학적으로 커다란 공헌을 했습니다. 그리고 기원전 4세기 경에 시작된 이 연구들은 점성술의 기초로 간주되었습니다. 중국 점성술은 기원전 5세기에 탄생한 것으로 여겨지지만, 많은 사람들은 그것이 훨씬 더 오래되었다고 생각합니다. 17세기가 되어서야 서양 천문학과 점성술은 점차 분리되기 시작했습니다.

유사 과학의 다른 예로는 골상학, 텔레파시, **수비학**, 초감각 지각(extrasensory perception, ESP) 및 **채널링** 등이 있습니다.

키워드

점성술: 행성의 움직임이 인간의 행동을 예측할 수 있는 방향으로 영향을 미친다는 믿음

수비학: 수를 중심으로 한 신비에 관한 학문

채널링(channelling): 인간과 다른 차원의 존재 사이에서 이루어지는 일종의 상호 영적 교신 현상을 가리킴

탐구 13.6

유사 과학의 예를 조사하세요. 목록에서 하나를 선택할 수도 있고, 여러분이 선택한 것일 수도 있습니다. 왜 그것은 유사 과학이고 정당한 과학이 아닌가요?

만약 여러분이 어떤 것(예를 들면 타로 카드 운세)을 믿는다면 그것이 유사 과학이라는 것을 받아들이는 것이 왜 어려울까요? 무엇이 과학이고 무엇이 유사 과학인지를 결정하는 데 있어서 우리는 얼마나 객관적일 수 있을까요?

과학적 패러다임

1962년 토마스 쿤(Thomas Kuhn, 1922~1996)은 20세기의 가장 영향력 있는 책 중 하나이자 역사상 가장 많이 인용된 책 중 하나인 『과학 혁명의 구조(The Structure of Scientific Revolution)』를 출간했습니다. 이 책이 나오기 전, 사람들은 과학을 연구자와 이론가들이 자연 세계에 대한 보다 큰 이해에 지속적으로 더 가까이 다가가기 위해 과학적 방법을 따르는 선형적 과정으로 생각하는 경향이 있었습니다.

그러나 쿤은 과학 분야 내에서 해당 분야를 혼란과 불확실성으로 빠뜨리는 불연속이 발생한다고 주장했습니다. 그는 이것을 혁명기로 여겼는데, 이는 거대한 개념적 돌파구와 함께 다가오는 것입니다. 당시에 이런 관념은 혁명적이었습니다. 과학이 어떻게 작동하는지에 대한 동시대의 철학적 가정에 이의를 제기했기 때문입니다. 쿤이 깨달은 것은, 과학 발전을 이해하기 위해서는 과학자들의 연구 내부에는 지적, 사회적 맥락이 있음을 이해하는 것이 중요하다는 것이었습니다. 그는 이런 지식 틀을 **과학적 패러다임**이라고 불렀습니다.

패러다임의 전환은 세계관의 극적인 변화가 있을 때 발생합니다. 코페르니쿠스 혁명은 패러다임 전환의 고전적인 예로 자주 인용됩니다. 지구가 우주의 중심에 있다고 믿었던 프톨레마이오스의 세계관에서 태양을 태양계의 중심에 위치시키는 코페르니쿠스의 세계관으로의 전환을 말합니다

기존의 지배적인 패러다임이 지닌 힘과 관련한 다소 비극적인 예는 헝가리의 의사 이그나츠 젬멜바이스(Ignaz Semmelweis)의 경우입니다. 1847년 친구가 부검 중 손가락을 베고 산욕열에 감염된 후, 젬멜바이스는 그의 병원에 있던 여성의 13%가 출산 후 산욕열로 사망했다는 사실에 주목했습니다. 젬멜바이스는 의대생들이 손을 씻지 않고 부검실과 분만실 사이를 오가는 것을 관찰하고, 이것이 산부인과 병동에서 높은 사망률의 원인이라는 가설을 세웠습니다. 그가 학생들에게 산부인과 병동에 들어가기 전에 염소 용액으로 손을 씻을 것을 강력히 주장하자 산모의 산욕열로 인한 사망률은 즉시 2%로 떨어졌습니다.

안타깝게도 의료 당국은 젬멜바이스의 아이디어를 지배적인 의료 패러다임의 확립된 관행에 대한 비판으로 여겼기 때문에 그의 제안을 거부했으며 그것에 환멸을 느낀 젬멜바이스 박사는 경비원들에게 심한 구타를 당한 뒤 정신 병원에서 사망했습니다. 그로부터 16년 후에 영국의 외과 의사인 조지프 리스터(Joseph Lister, 1827~1912)가 석탄산(carbolic acid)을 소독제로 사용하기 시작하고 무균 수술을 옹호하기 시작했습니다.

키워드

과학적 패러다임: 특정 과학 분야의 이론과 방법론의 기초가 되는 세계관

1873년 권위 있는 의학 저널인 『랜셋(Lancet)』은 그 생각에 맞서 전문 의료진에 경고하는 등 감염 확산에 대한 리스터의 주장조차 널리 비판받았습니다.

'젬멜바이스 효과'는 대담한 가설에 기반한 새로운 연구가 기존 패러다임을 위협한다는 이유로 신속히 거부당하는 경우에 붙여진 이름입니다. 이 예는 패러다임이 때로는 과학의 진보를 어떻게 방해하거나 억제할 수 있는지 보여 주지만, 우리는 종종 패러다임이 도전을 받거나 전복된 후에야 우리를 지배하는 패러다임을 인식하게 됩니다.

> **되돌아보기**
>
> 여러분의 문화, 신념, 그리고/또는 정치적 견해가 동시대의 사회적 이슈들에 대한 여러분의 태도에 어느 정도 영향을 미치나요?

> **실제 상황 13.8**
>
> 여러분은 과학적 패러다임이 과학 지식 생산에 도움이 될 수 있는 방식을 생각해 낼 수 있나요?

패러다임 전환의 좀 더 최근의 예는 전파 망원경 개발에 수반된 사고의 변화일 수 있습니다. 전파 망원경 개발은 1930년경에 시작되어 천문학자들이 스펙트럼상 가시광선 밖에 있는 전파와 마이크로파를 관찰할 수 있게 했습니다. **광학 망원경**과 전파 망원경을 결합하여 사용함으로써 천문학자들은 이제 우주에 대한 보다 풍부한 이해를 진전시킬 수 있습니다. 1965년 전파 망원경 덕분에 아노 펜지어스(Arno Penzias, 1933~)와 로버트 윌슨(Robert Wilson, 1936~)은 우주의 모든 방향에서 오는 우주 마이크로파 배경(CMB) 복사를 쉽게 발견할 수 있었고, 1978년 노벨 물리학상을 수상했습니다. 이 배경 복사는 **빅뱅 이론**을 뒷받침하는 최초의 직접적인 증거였기 때문에 주요한 발견이었으며, 과학자들이 우주에 대해 사고하는 방식을 바꾸었습니다.

과학의 패러다임 전환이란 관념은 과학계 안팎의 많은 사람들에게 확실히 공감을

> **키워드**
>
> **광학 망원경**: 주로 가시광선의 파장 영역에서 빛을 모아 초점을 맞춰 확대한 이미지를 바로 보게 하는 망원경
>
> **빅뱅 이론**: 우주가 138억 년 전 급속 팽창 폭발한 무한 밀도의 특이점으로 시작했다는 이론

그림 13.7 _ 뉴멕시코의 블라 전파 망원경. 전파 망원경은 천문학자들이 광학 망원경으로는 보일 수가 없던 새로운 발견을 할 수 있게 해 주었습니다.

얻었고 쿤의 모델은 그 뒤 많은 다른 지식 분야에 적용되었습니다. 그러나 쿤의 접근에 대한 비판론자들이 없는 것은 아닙니다. 쿤은 경쟁 모델이 패러다임 내에서 나타날 수 있는 방식을 간과하는 것 외에도 새로운 패러다임이 기존 패러다임을 완전히 대체한다고 가정했는데 실제로는 두 패러다임이 수 년 동안 나란히 작동할 수 있습니다. 예를 들어, 양자 물리학은 실험 자료 수집과 이론 개발이 느리게 축적되어 처음 등장해서 완전히 받아들여지기까지 최소 30년이 걸렸고, 과학자들은 양자론적 극한이 적용되지 않는 데에는 비양자 물리학을 사용합니다.

패러다임 전환이란 개념이 대중적 사고, 그리고 주로 인간과학에서 여전히 매우 중요하다는 것은 의심의 여지가 없을 것입니다. 이는 우리의 사고가 우리가 속한 시간과 장소에 존재하는 지적인 틀에 의해 얼마나 많이 형성되는지를 이해하는 데 도움을 주는 귀중한 모델입니다. 그러나 쿤조차도 자연과학의 가장 큰 강점 중 하나는 그것이 독단적이고 보수적이라는 점이라고 주장했습니다. 대체로 자연과학의 신뢰성은 수용된 이론을 전복하기 위해서는 방대한 양의 증거가 필요하기 때문인 데서 나옵니다.

논의 13.9

패러다임 전환에 대해 쿤이 옳다면, 이것은 인간의 객관성에 대해 무슨 함의를 가질까요?

탐구 13.7

1   현미경 발전이 어떻게 패러다임의 전환을 가져왔는지 보여 주기 위한 약간의 조사를 하고, 기술 진보는 우리가 지식으로 여기는 것에 어떤 영향을 미치는지 생각해 보세요.

2   다음 주제로 학급 토론을 해 보세요. "자연과학에서 새로운 지식의 생산은 대담한 가정을 어느 정도나 필요로 할까?"

서로 다른 지식 영역마다 지식을 받아들이거나 거부하기 위한 서로 다른 기준이 있나요?

13.5 추론과 반증

논의 13.10

"아무리 많은 실험을 해도 내가 옳음을 절대 증명할 수 없지만, 단 한 번의 실험으로도 내가 틀렸음은 증명할 수 있다." **알베르트 아인슈타인**

아인슈타인의 이 말은 무슨 의미라고 생각하나요?

모든 생명체는 안정적이고 예측 가능한 세계에 의존하며, 그래서 귀납법에 의해 추론하는 경향이 있고, 과거에 어떤 일이 반복적으로 발생했다면 앞으로도 계속 그럴 것이라고 가정합니다. 여러분은 3장에서 귀납적 추론에 대해 배웠고 그것이 우리가 세계에서 길을 찾아 나설 수 있도록 하는 일종의 일반화라는 것을 알게 되었을 것입니다. 만

약 안정적이고 예측 가능한 것으로서의 세계에 의존할 수 없다면, 우리가 알고 있는 과학은 불가능할 것입니다.

과학 지식은 귀납적 추론에 크게 의존하고 있으며, 이것이 과학적 실험의 재현성이 그토록 중요한 이유 중 하나입니다. 그러나 귀납적 추론에서 아는 것처럼, 아무리 많은 횟수로 같은 결과가 반복되는가에 상관없이, 아주 미미할지라도 항상 의심의 요소는 있습니다.

칼 포퍼(Karl Popper, 1902~1994)는 가설을 세우고 나서 귀납적 추론의 방법으로 그 가설을 **확증**하는 실험을 하는 대신에 **추측**을 제시하고 그것을 **반박**하는 증거를 찾아야 한다고 주장했습니다. 이는 아무리 많은 양의 증거도 하나의 가설이 옳다는 것을 증명하지는 못하지만 단 하나의 증거가 그것을 **반증**할 수 있다는 논거에 기반한 것입니다. 예를 들어, "모든 까마귀는 검다"라는 단순한 지식 주장을 고려한다면, 우리 주장을 뒷받침하는 검은 까마귀를 아무리 많이 보더라도, 우리는 이제까지 존재했고 존재하거나 존재할 모든 까마귀를 보았다고 주장할 수 없습니다. 이 가설을 반박하고 모든 까마귀가 검은색이 아니라는 것을 증명하고자 할 때에는 검은색이 아닌 까마귀 한 마리면 됩니다. 실제로 몇몇 까마귀들이 백색증과 유사한 백변증으로 불리는 상태로 발견되었습니다.

포퍼는 가장 좋은 가설은 쉽게 반박할 수 있고 시험 가능한 것이라고 주장했습니다. 만약 가설이 반박되지 않은 채 여러 차례 시험을 견딘다면, 우리는 그것을 잘 확증된 것으로 간주할 수 있습니다. 반증 가능한 가설이 성공적인 반박 없이 테스트를 통과한다면, 그 타당성에 대해 더욱 확신할 수 있습니다.

250여 년에 걸쳐 계속된 실험은 뉴턴 물리학의 진리를 확증했습니다. 그럼에도 불구하고 아인슈타인은 뉴턴의 법칙이 물리적 실제에 대한 가장 훌륭한 서술은 아니라는 깊은 깨달음을 주었습니다. 이것은 아주 잘 확인된 가설조차도 때로는 부정확하거나 틀린 것으로 판명될 수 있음을 보여 줍니다.

실제 상황 13.9

우리는 수십억 년 전의 시간과 수십억 광년 떨어진 곳을 포함하는 **모든** 시간과 **모든** 장소에 적용되는 물리 법칙을 발견했다고 주장하지만, 우주의 극히 미세한 일부만 관찰했을 뿐입니다.

물리학 법칙이 보편적이고 불변이라는 주장은 반증될 수 있습니까? 그 주장을 반증하려면 무엇이 필요하나요?

과학과 비과학의 차이는 과학적 진술은 반증할 수 있는 반면 비과학적 진술은 그렇지 않다는 점이라고 주장하는 사람들도 있습니다. "버드나무는 생존하기 위해 물이 필요하다"와 같은 주장을 한다고 가정하면 이 주장을 반증하기 위해서는 물을 주지 않고 버드나무를 키울 수 있어야 할 것입니다. 여러분이 성공한다면 그 주장이 거짓임을 보여 주는 것이고, 만약 성공하지 못한다면 여러분의 실험 데이터는 그 주장을 **확증**하

키워드

확증: 진술이나 이론을 확인하거나 지지함

추측: 짐작 또는 상상의 가설

반박: 어떤 진술이나 이론이 틀렸음을 증명하는 것

반증: 어떤 것이 거짓임을 증명함

그림 13.8 _ 흰 까마귀는 모든 까마귀가 검다는 주장을 반증합니다.

게 될 것이지만, 여러분의 나무가 자라지 못한 다른 많은 이유가 있을 수 있기 때문에 그 주장을 **증명**하지는 못할 것입니다. 반증의 원칙에 따르면 버드나무가 생존하기 위해 물이 필요하다는 주장은 반증 가능하기 때문에 과학적이라고 볼 수 있습니다. 하지만 "사하라 사막에 외계 우주선이 착륙했다"와 같은 주장을 한다고 가정하면 이것은 반증이 불가능합니다. 여러분은 결코 그 일이 일어나지 않았다는 것을 증명할 수 없습니다. 여러분은 목격 기록이 없다거나 착륙 증거가 발견되지 않았다는 것과 같은 많은 증거를 제시할 수 있습니다. 하지만 착륙을 신봉하는 자들은 기록이 파괴되고, 사람들의 기억이 지워지고, 증거가 은폐되었다 등등의 주장을 할 수도 있습니다. 따라서 "사하라 사막에 외계 우주선이 착륙했다"는 주장은 진실일 수도 있지만 과학적 주장은 아닙니다. 하지만 이 주장은 반증될 수는 없지만, 예를 들어 모래 언덕 밑에서 외계인 우주선을 찾는 등으로 확증될 수 있습니다.

반증 가능한 주장은 사실일 수 있는 반면, **반증된** 주장은 거짓으로 알려질 수 있다는 점을 이해하는 것이 중요합니다. 반증할 수 없는 주장은 참일 수도 있고 거짓일 수도 있지만, 반증할 수 없는 그 주장이 거짓임을 **증명**할 수 있는 증거를 찾는 것은 가능하지 않습니다.

탐구 13.8

a부터 g까지의 주장 중 어떤 것이 반증 가능하고 어떤 것이 그렇지 않나요?

a 모든 코끼리는 회색이다.

b 거대한 파충류가 네스호에 살고 있다.

c 어떤 우주선도 뉴멕시코에 착륙한 적이 없다.

d 고대 연금술사들은 납을 금으로 바꿀 수 있었다.

e 달은 초록색 치즈로 만들어졌다.

f 우주에는 초록색 치즈로 만들어진 행성이 있다.

g 우주에는 초록색 치즈로 만들어진 행성은 없다.

여러분이 반증할 수 있다고 간주한 진술에 대해, 그것들을 반증하기 위해 어떤 증거가 필요한지 말해 보세요. 이미 반증된 것이 있나요?

포퍼의 반증 원리는 실험과학에서 널리 사용되고 있지만 몇 가지 문제가 없는 것은 아닙니다. 경험적으로 검증할 수 있지만 반증될 수 없는 진술이 있습니다. 이것들은 일반적으로 존재와 관련이 있습니다. 예를 들어 "펭귄이 존재한다"고 주장할 수 있고 펭귄을 관찰하고 수를 세면서 실증적으로 확인할 수 있지만 그 주장을 반증할 수는 없습니다.

물리학의 몇 가지 측면이 관찰을 통해 반증될 수 없는 것도 그런 경우입니다. 예를 들어, 암흑 물질이나 블랙홀에 대한 우리의 지식이 대부분 이론에 기반을 두고 있기 때문에 암흑 물질이나 블랙홀에 대한 모든 지식 주장을 실험적으로 반증할 수 있을 가능성은 매우 낮습니다. 암흑 물질과 블랙홀에 대한 우리의 지식 주장의 대부분은 우리의 지식 주장을 뒷받침하는 이론이 대체되는 경우에만 뒤집힐 가능성이 있습니다. 이것은 반증은 그 모든 장점에도 불구하고 범위가 제한되어 있다는 점을 시사합니다.

논의 13.11

요정이 존재한다는 주장이 비과학적인 것과 마찬가지로 **힉스 입자**가 존재한다는 주장도 비과학적이라고 주장하는 것이 옳을까요?

단순성의 원리

과학 이론은 관찰과 실험을 통해 반복적으로 확증된 일련의 지식을 기반으로 합니다. 그것은 또한 예측을 정확하게 할 수 있어야 합니다. 과학 이론의 강점은 이 이론이 설명할 수 있는 현상의 범위와 관련되며, 또한 어쩌면 놀랍게도 그 단순성과도 관련됩니다. 좋은 이론은 우아할 것이라고 예상됩니다. 실제로 과학자들은 일반적으로 정확히 동일한 예측을 하는 두 개의 경쟁하는 이론이 주어지면 보다 단순한 이론이 선호된다는 **단순성의 원리**에 호소합니다. 이 원리는 자연의 질서 정연함과 이해 가능성에 대한 깊은 믿음을 반영하지만, 이에 대해서는 더 나아간 정당화는 부여될 수 없습니다. 단순함은 또한 '아름다움', '우아함' 같은 개념과 관련이 있기 때문에 실제로는 가설에 대한 과학자의 선택에서 심미적 고려가 역할을 할 가능성이 높다고 말할 수 있습니다.

논의 13.12

우아함이 과학 이론이 갖추어야 할 중요한 자질인 이유는 무엇이라고 생각하나요? 사실 우주는 인간이 이해하기에는 너무 복잡할 수 있고, 우리가 단순성을 요구하는 것은 우리 지능의 한계를 반영한 것인가요?

오컴의 면도날은 오컴 출신의 윌리엄(William, 1285~1347)에 의해 대중화된 철학 원리로, 두 개 이상의 가능한 설명이 있을 때, 더 복잡한 설명이 더 잘 설명하지 못하는 한 최소의 가정이 있는 가장 간단한 설명을 선택해야 한다는 것입니다.

1번부터 3번까지의 사건과 그 밑에 나온 두 가지 가능한 설명을 살펴보세요. 어떤 설명이 가장 간단한가요? 어느 것이 옳을 가능성이 가장 높나요?

1   정원에서 낯선 축구공을 발견했다.

    a   옆집에 사는 아이들 중 한 명이 실수로 공을 차서 정원 울타리를 넘어오게 했다.

    b   독수리 한 마리가 공을 토끼로 생각하고 집어 올렸다가 날아가던 중 정원 위로 떨어뜨렸다.

2   평소와 다름없이 집에 도착했는데, 바닥에 흩어져 있는 학습 노트를 발견했다.

    a   기물 파손자가 집에 침입하여 책상을 샅샅이 뒤졌지만 누군가의 방해로 더 이상 피해를 주지 못했다.

    b   고양이가 책상 위로 뛰어오르다가 실수로 노트들을 떨어뜨렸다.

3   친구가 전화하겠다고 한 시간에 전화를 하지 않았다.

    a   그녀는 깜빡했다.

    b   그녀가 실수로 떨어뜨린 바람에 휴대 전화가 망가졌다.

물론 가장 단순한 답이 정답이 아닐 수도 있지만, 오컴의 면도날은 과학자들에게도, 우리 모두에게도 일상생활의 유용한 지침으로 남아 있습니다.

되돌아보기

여러분은 일상생활에서 단순성의 원리를 얼마나 적용하는지 생각해 보세요. 이 원리를 얼마나 신뢰할 수 있나요? 그것은 여러분이 믿기로 선택한 것에 어떤 영향을 미치나요?

13.6 이론과학

실제 상황 13.10

과학자들이 반복(재현) 가능한 방식으로 실험적으로는 탐구할 수 없는 현상의 예를 생각할 수 있나요?

인류가 자신을 둘러싼 세계와 우주의 본성에 대한 질문을 시작한 이후로, 단지 일상에서 벌어지는 사건들의 희생자이길 멈추고 그것을 통제하기 시작한 이후로, 그들은 생명, 세계, 별에 대한 이론을 발명하고 싶어 했고, 또 그렇게 할 필요가 있다는 것을 알게 되었습니다.

이런 이론화는 그 자체로 발달된 언어와 향상된 사고 역량의 반영인데, 그것의 출현을 우리가 알고 있는 '문명'의 시작이라고 생각할 수 있습니다. 고대 중국, 인도, 이집트, 바빌로니아, 마야 문명은 다른 무엇보다 **우주 기원론**과 **우주론**에 관심이 있었습니다. 그들의 이론은 고대의 사원, 기념물, 건축물에 반영되었습니다. 천문학과 점성술에

키워드

우주 기원론: 우주의 기원에 대한 연구

우주론: 우주의 연구

서의 그들의 시도는 또한 그들 주변의 세계를 이해하고, 어느 정도는 통제하고 예측하려는 것에 대한 관심의 증대를 보여 줍니다.

논의 13.13

천문학과 점성술의 차이점은 무엇인가요? 고대에는 그 차이가 분명하거나 중요했을 것이라고 생각하나요?

지금까지 13장에서 실험과학에 대해 주로 생각해 보았지만, 우주에서의 사건을 설명하고 예측하기 위해 수학적 모델을 사용하는 과학 분야가 있습니다. 그중 가장 중요한 것은 물리학의 일부 분과입니다. 우리는 이론과학이 고대 문명이 지닌 사변과 가설에 대한 현대적 등가물이라고 여길 수도 있을 것입니다.

비록 이론 과학자들이 때로는 실험적 연구를 제대로 주목하지만, 때로는 관찰보다는 수학적 엄밀함이 더 중요하다고 생각합니다. 그들은 실험을 수행할 수 없거나 제한된 방법으로만 수행되는 데다 종종 엄청난 비용이 드는 영역에서 연구를 하게 됩니다.

힉스 입자에 대한 탐색은 이론 물리학이 어떻게 실험 물리학의 방향을 제시하고 이론 물리학을 뒷받침할 실험 데이터가 존재하기 훨씬 전에 과학적 진보를 이룩하는 데 앞장설 수 있는지를 보여 주는 하나의 예입니다.

그림 13.9 _ 작업자가 유럽 핵 연구 기구(CERN)의 대형 강입자 충돌기 터널에서 자전거를 타고 있습니다.

1964년 6명으로 구성된 이론 물리학자 그룹이 입자 물리학의 **표준 이론**이 지닌 문제점을 극복하기 위해 새로운 입자의 존재를 제안했지만, 본격적인 입자에 대한 탐색은 1990년대 후반이 되어서야 시작되었습니다. 강입자 충돌기(Large Hadron Collider, LHC)는 특별히 힉스 입자의 존재를 확증하거나 배제할 수 있도록 설계, 제작되었습니다. LHC 구축은 1998년에 시작되었습니다. 기간은 10년이 걸렸으며 100개 이상의 국가에서 온 1만 명 이상의 과학자들의 협력이 관여된 것이었습니다. LHC는 가속기를 따라 입자의 에너지를 부양시키기 위한 다수의 가속 구조물로 이루어진 27km 길이의 고리 모양의 초전도체 자석으로 구성됩니다.

2010년 마침내 LHC가 데이터를 수집하기 시작했고, 입자 충돌에서 힉스 입자가 생성될 가능성이 매우 드물었기 때문에(100억 분의 1) 결국 수백 조 개의 충돌을 분석해야 했습니다. 입자에 대한 증거는 2012년에 처음 나왔고, 이를 확증하는 추가 증거는 2013년에 발견되었지만 힉스 입자의 존재가 공식적으로 확인된 것은 2017년이었습니다.

힉스 입자의 발견

"항상 여러분이 절대로 안 보는 장소!"

탐구 13.10

1 과학적 방법을 이해한 대로 순서도를 그려 보세요. 힉스 입자의 발견은 기본적인 과학적 방법에 어느 정도 들어맞나요? 과정이 어느 정도 일치하나요? 어떤 단계가 누락되었나요?

2 다른 지식 영역에서 이론이 연구의 방향을 제공하는 몇 가지 예를 찾아보세요. 이론이 새로운 지식을 개발하는 데 사용되는 방식에서 과학과 다른 과목 영역 사이에 어떤 유사점을 끌어낼 수 있나요?

실제 상황 13.11

CERN은 전 세계에서 온 과학자들의 협력에 크게 의존했습니다. 좀 더 경쟁적인 접근이 더 빠른 결과를 가져왔을 것이라고 생각하나요? 경쟁이나 협력이 자연과학에서 새로운 지식을 만들어 내는 데 최고의 경로를 제공하나요?

이론과학의 역사는 고대로 거슬러 올라가며, 이론과학자들은 앞선 세대의 이론을 발판으로 종종 새로운 정보가 발견되거나 새로운 측정 방법이 발명되면 오래된 이론을 미세 조정하거나, 완전히 뒤집어엎고 재발명합니다.

이것의 한 가지 예는 원자에 대한 우리 이해의 역사에서 나옵니다. 레우키포스 (Leucippus)가 모든 물질을 만드는 보이지도 않고 쪼갤수도 없는 구성 요소로서의 원자라는 개념을 최초로 들고나온 것이 기원전 440년경이었습니다(인도에서도 비슷한 시기에 비슷한 이론이 독립적으로 제기되었습니다). 여러 해에 걸쳐 레우키포스와 그의 제자 데모크리토스(Democritus)는 그 개념을 개선하여 원자를 빈 공간 안에 존재하는 단단한 구조체로 간주했습니다. 그들은 원자의 크기와 모양은 다양하지만 원자는 사실상 **동질적**이라고 믿었습니다.

고대 세계에서는 원자에 대해 많은 의견 차이가 있었습니다. 에피쿠로스(Epicurus, BC 341~BC 270)와 알렉산드리아의 헤론(Heron, BC 70?~BC 10?)은 원자론자였지만, 아리스토텔레스(Aristoteles, BC 384~322)와 키케로(Cicero BC 106~BC 43)는 그들과 다른 의견을 천명했습니다. 논쟁은 중세까지 계속되어, 콘체스의 윌리엄(William, 1080~1154) 같은 사람들이 데모크리토스(Democritus, BC 460?~BC 370?)의 사상을 가르친 반면, 가톨릭교회는 아리스토텔레스의 가르침에 더 많은 영향을 받았고, 원자의 존재에 대한 반대를 분명히 했습니다.

르네상스 시대 동안, 다니엘 제너트(Daniel Sennert, 1572~1637)는 원자가 결합하여 합성물을 형성하지만, 본질적인 형태는 유지된다고 가르쳤습니다. 얼마 지나지 않아 피에르 가상디(Pierre Gassendi, 1592~1655)는 원자가 '신'의 선물이라고 주장함으로써 원자에 대한 개념을 사회적으로 더욱 받아들일 수 있게 만들었습니다. 그는 또한 분자라는 관념을 발전시켰는데, 서로가 갈고리처럼 고정된 구조에 의해 함께 뭉쳐 있는 일군의 원자들이라고 상상했습니다.

로버트 보일(Robert Boyle, 1627~1691)은 종종 최초의 근대 화학자로 간주되며 1661년에 『회의적인 화학자』를 출판하면서 혼합물과 화합물을 구분했습니다.

비록 원자 개념의 창안자로부터 오랜 시간이 지난 뒤였지만, 화학적 원자 이론의 아버지는 일반적으로 원자량을 결정하는 방법을 연구한 존 돌턴(John Dalton, 1766~1844)이 꼽힙니다. 원소는 질량이 같은 동일한 원자로 구성되어 있고, 원소가 다르면 원자의 질량이 다르다는 것을 처음 제안한 사람이 돌턴이었습니다.

원자 이론의 초기 역사에 관한 이 간략한 개요에는 많은 기여자가 생략되었으며, 그 설명은 원자에 대한 우리의 현대적 이해에 한참 못 미칩니다. 원자 이론에 대한 연구는 오늘날까지 계속되고 있습니다. 그러나 원자 이론 발전은 대부분 오늘날 과학자들이 사용하는 현미경과 지금의 많은 기술 장치들이 존재하지 않거나 매우 조야했던 시기에 이루어졌기 때문에, 그 이론들이 경험적 증거에만 기반을 둔 것은 아니라는 점에 주목하는 것이 중요합니다.

실제 상황 13.12

자연 철학자들과 초기 과학자들이 그들의 원자 이론을 발전시키기 위해 상상력과 창의성에 어느 정도나 의존했다고 생각하나요? 이론과학자들이 오늘날에도 같은 정도로 상상력과 창의성에 의존한다고 생각하나요?

우리는 원자 이론이 고대 그리스와 인도에서 독자적으로 시작되었지만 이집트, 중국, 마야 문명에서는 시작되지 않았다는 점에 주목했습니다. 그리스와 인도의 표기법은 알파벳과 관련된 반면, 다른 문명의 표기법은 전체 단어나 개념을 나타내는 그림 문자를 사용했다는 점이 흥미롭습니다. 알파벳을 가진 문명에서 원자 이론의 발흥에 대해 제안된 가설 중 하나는 문자로 단어를 만드는 것과 원자로 물질을 만드는 것 사이에 유사성이 있다는 것입니다.

탐구 13.11

1 짝과 함께 유추를 브레인스토밍 하는 것부터 시작합니다. 문자가 단어를 구성하는 방식이 원자가 물질을 구성하는 방식과 어떻게 유사할까요? 그것들은 서로 어떻게 다를까요? 여러분은 문자의 개념에 친숙하면 원자에 대해 생각하는 것이 보다 쉬울 거라고 생각하나요?

2 이 가설은 원자론의 역사적, 문화적 패턴을 관찰한 결과입니다. 짝과 함께 왜 이 가설이 실험과학보다 이론과학을 기반으로 고려되고 있는지에 대한 이유를 제시해 보세요.

12장에서 보았듯이 상관관계는 인과 관계와 다릅니다. 문명의 문자 언어의 본성과 원자 이론에 대한 믿음 사이에 상관관계가 있다고 해서, 이것이 반드시 하나가 다른 하나의 원인이 된다는 의미는 아닙니다.

오늘날 이론 물리학자들은 우주가 어떻게 시작되었는지, 시간의 본성, 원자의 구조, 중력의 본성, 블랙홀 및 암흑 물질 같은 다양한 아이디어를 연구하고 있습니다. 일부는 **일반 상대성 이론** 내에서 양자 물리학과 아인슈타인의 중력 이론을 조화시키는 이론인 **모든 것의 이론**(theory of everything, 만물 이론)을 연구하고 있습니다.

어떤 과학 이론이나 법칙이 과학계에서 받아들여지기 위해서는 재현 가능하고 반증 가능해야 하지만, 어떤 절대적인 의미에서든 **참**일 필요는 없습니다.

정확한 것보다 유용한 것이 더 중요한 한 가지 유명한 예는 아이작 뉴턴의 **만유인력 법칙**인데, 이것은 중력을 두 물체의 질량 곱에 비례하고 물체 사이의 거리 제곱에 반비례하는 두 물체 사이의 인력으로 기술합니다. 뉴턴의 법칙은 대부분의 경우 극히 잘 작동하지만, 우주 수준에서는 부정확하며, 아원자 세계에서는 작동하지 않습니다. 우주 수준에서 아인슈타인의 **일반 상대성 이론**은 수성 궤도의 세차 운동과 같이 뉴턴의 법칙이 할 수 없는 것을 보다 정확하게 예측할 수 있지만, 아인슈타인의 이론도 양자 역학과 양립할 수 없기 때문에 불완전한 것으로 생각됩니다.

되돌아보기

어떤 것이 참이 아니더라도 과학적이고 유용할 수 있다는 생각은 직관에 반하는 것처럼 보일 수 있습니다. 반드시 정확할 필요 없이 매우 유용한 몇 가지 일상적인 사례들을 생각해 볼 수 있나요? 진리와 확실성의 중요성에 대한 함의는 무엇일까요?

13.7 과학 공동체

실제 상황 13.13

'과학 공동체'라는 용어는 여러분에게 어떤 의미인가요? 여러분은 어느 범위까지 그 공동체에 속해 있나요?

종종 우리가 과학사를 공부할 때 새로운 발견을 하거나 새로운 도구를 발명한 한 명의 과학자에 대해 배우지만, 오늘날 과학자들은 과학 공동체와 고립되어 일하는 경우가 거의 없습니다. 과학 공동체는 우리의 과학 지식에 기여하는 모든 사람과 조직들로 구성되어 있습니다. 이들은 새로운 이론의 아이디어를 만들어 내고, 그 이론의 아이디어를 검증하기 위한 자원을 제공하고, 검증을 통해 해당 아이디어의 **엄밀함**을 확인하는 사람과 조직들입니다. 과학 공동체는 과학 학술지에서 이론의 아이디어와 테스트 결과를 정밀 검증하고 이를 공표할 책임이 있는데, 이는 이렇게 공표된 아이디어와 테스트 결과를 또다시 보다 면밀한 검토에 넘기는 것입니다.

키워드

엄밀함: 엄격함, 극히 철저하고 꼼꼼함

동료 심사

전문적인 동료 심사는 과학 분야 내의 자율적인 규제 방법을 제공하며, 특히 심사가 익명으로 행해지는 경우 높은 기준을 유지하는 훌륭한 방법이 될 수 있습니다.

과학 논문이 출판을 위해 출판사에 보내지면 편집자는 검토되는 연구와 동일한 분야의 과학 전문가와 함께 보고된 연구를 확인하여 사용된 방법이 타당하다는 것, 데이터가 올바르게 수집되고 조직화되고 분석되었다는 것과 데이터에 대한 모든 해석이 정당화되는지 점검합니다. 그들은 그 연구가 출판할 가치가 있는지 아니면 거부되어야 하는지를 결정해야 합니다. 동료 심사 체계는 과학자들이 설명 책임을 지고, 가장 신뢰할 수 있는 연구만 출판되게 합니다. 저작물이 출판 승인이 된다면, 그 학술지나 책을 읽는 모든 사람들의 추가적인 엄밀한 심사를 위해 공개됩니다. 때로는 논문이 학술지에 출판 허가를 받지만, 나중에 독자들이 논문의 결함을 발견하기도 합니다.

동료 심사에 대한 비판자들이 없는 것은 아닙니다. 몇몇 연구는 동료 심사가 여성에 의해서 이루어진 연구나, 보다 가난한 나라의 과학자들에 의해 수행된 연구에 대해서 **내재적** 편향이 있으며, 심지어 나중에 사실로 증명되는 혁신적이고 때로는 논란을 야기하는 결과보다는 확립된 결과를 선호한다는 것을 보여 줍니다. 일부 심사자들은 해당 분야에서 높은 위치에 있다고 여겨지는 과학자들의 연구에 반대하는 목소리를 내는 것을 꺼리므로, 이 과정은 경력 초기 단계인 연구자들에게 균형이 맞지 않을 정도로 터무니없이 불리할 수 있습니다. 게다가 학술지는 어떤 보고서의 출판에 몇 달 또는 심지어 몇 년씩 걸리기도 하기 때문에 많은 연구 시간이 낭비되고, 그런 시간 소모적이고 고된 과정으로 인해 연구 자금 확보 기회를 잃을 수 있습니다.

그러나 그것이 가진 어려움에도 불구하고 동료 심사는 과학적 엄밀함을 유지하고 과

키워드

내재적: 어떤 것에 불변인 특성으로서 존재하는

학 지식의 전반적인 신뢰성을 향상시키는 데 여전히 중요한 체계로 유지되고 있습니다.

협력

과학이 진보하기 위해서는 과학 공동체 내부의 상호 작용이 필요하며, 대부분 다른 연구자들로부터 유래된 아이디어와 기술 및 도구를 발달시킴으로써 과학은 진보합니다. 더욱이 대부분의 과학 연구는 **협력적**입니다. 비록 한 명의 과학자가 실험실에서 몇 년 동안 혼자 작업하거나 외딴 지역에서 홀로 현장 연구를 할 수도 있지만, 학회에 참석하거나 학술지 논문을 읽거나 쓸 때, 편지나 이메일, 전화 통화, 또는 점심을 먹으며 다른 관심 있는 사람들과 소통할 때조차 다른 사람들과 협력하는 것입니다. 이 협력은 아이디어 및 / 또는 증거 수집을 하고, **비판적** 피드백을 받고, 이론을 구축하도록 하고, 궁극적으로는 세계를 위해 사용될 과학 지식 체계를 구축하도록 하는 데 필요합니다.

개별 과학자와 과학 팀의 연구를 평가하는 곳이 바로 과학 공동체입니다. 또 과학 공동체는 데이터를 해석하고, 새로운 질문을 생성하고, 재정적, 지적, 도덕적 지원을 제공하고, 의도치 않은 편향이나 심지어 고의적인 사기 행위를 감시할 수 있습니다.

그림 13.10 _ 과학 연구에서 협업은 거의 모든 단계에서 필요합니다.

과학의 하위 공동체

과학 공동체 내에는 수많은 하위 공동체가 있습니다. 이것들은 다양한 과학 분야, 분야 내의 분야 및 특정 기관 내의 분야를 기반으로 하는 경향이 있습니다. 이런 하위 공동체는 관심 있는 사람들의 비공식 그룹부터 국제 영구 동토층 협회(International Permafrost Assocation)나 세계 기후 연구 프로그램(World Climate Research Programme) 같은 고도로 전문화된 조직에 이르기까지 무엇이든 될 수 있습니다. 이 조직들은 회의를 주선하고, 국제 협력을 지원하며, 향후 미래 연구 분야를 제안하고, 해당되는 특정 분야에서 국제 표준을 개발하는 데 도움을 줍니다.

영국의 왕립 학회(Royal Society)는 세계에서 가장 오래된 국립 과학 기관입니다. 왕립 학회의 역할은 과학을 장려하고, 과학적 우수성을 인정하며, 정책 입안자들에게 과학적 조언을 제공하고, 세계 과학 공동체 전체에 걸쳐 국제 협력을 촉진하는 것입니다.

실제 상황 13.15

왜 과학의 더 작고 더 전문화된 하위 공동체가 유익할 수 있을까요? 고도로 전문화된 하위 공동체가 존재하는 것에는 어떤 단점이 있을까요?

탐구 13.12

과학 하위 공동체의 역할을 다른 지식 영역과 관련된 하위 공동체의 역할과 비교하고 대조하기 위한 방사형 도표를 만드세요. 여러분의 방사형 도표를 여러분과 같은 지식 분야를 선택한 친구의 것과 비교해 보세요.

또래 평가

같은 반 친구는 여러분이 생각해 낸 것과 같은 아이디어를 생각해 냈습니까? 그들은 무엇을 다르게 했나요? 여러분이나 친구가 빠뜨린 중요한 것이 있나요? 여러분이 더 잘할 수 있었던 것은 무엇입니까? 여러분의 방사형 도표에서 어떤 아이디어가 서로 다른 지식 영역에서 하위 공동체의 역할을 비교하고 대조하는 데 가장 도움이 되었는지 서로에게 이야기하세요.

과학적 권위

자연과학은 매우 전문화되어 있어서, 비슷한 분야에서 일하는 과학자들조차 자신의 분야가 아닌 분야에서 돌파구를 찾아내기가 어려울 뿐 아니라, 심지어 다른 분야를 완전하게 이해하기가 어렵기도 합니다. 비과학자들은 지침이나 검증을 구하기 위해 과학적 권위에 의지할 수 있어야 합니다. 전형적으로 이 권위는 전문화된 과학 하위 공동체와 그들이 속한 과학 공동체의 지지를 받는 과학자들로부터 나옵니다.

때때로 우리는 전문가 기관에 의존할 필요가 없고, 이 기관의 지지를 받는 사람에 의존하는 것이 보다 적합할 수 있습니다. 예를 들면 영국에서는 아프면 영국 의학 협회와 상담하는 것이 아니라 의사와 상담합니다. 마찬가지로 빛의 성질에 관해 특정 질문을 하고 싶다면 물리 선생님에게 물어볼 수 있고, 특별히 전문적인 질문이라면 한국

광학회에 연락할 수 있습니다. 게놈에 대한 질문이 있는 경우 생물 선생님에게 묻거나 국제 포유류 게놈 학회(International Mammalian Genome Society)에 문의할 수 있습니다.

탐구 13.13

아래 표에서 문제와 가장 적절한 권위자를 연결하세요.

문제	권위자 (전문가 집단)
1 고통스런 치통이 있다.	a 조류학자
2 손에 원인을 알 수 없는 발진이 생겼다.	b 심장 전문의
3 정원에 특이한 새가 있다.	c 원예사
4 화성에 생명체가 있는지 알고 싶다.	d 치과 의사
5 토마토 줄기에 병이 생겼다.	e 약사
6 약에 어떤 부작용이 있는지 알고 싶다.	f 나사(NASA)
7 심장 잡음이 있다.	g 피부과 전문의

과학 권위자들은 해당 분야의 전문가로, 그 분야의 지식에 대한 최신 정보를 가장 신뢰할 수 있게 제공할 수 있는 사람 또는 조직입니다. 이것은 그들에게 오류가 없다는 것을 의미하는 것은 아니지만 그들은 해당 분야의 전문성과 관련하여 최고의 조언을 제공할 수 있습니다.

이 활동은 전문의를 방문하기 전에 일반의(가정의)를 볼 가능성이 높고, 나사(NASA)나 조류학자에게 연락하기 전에 오랫동안 다른 사람에게 접근해 볼 수 있다는 점에서 다소 작위적입니다. 하지만 요점은 원예사가 아무리 훌륭한 자격을 갖춘 사람이라 해도 치통 때문에 그와 상담하지는 않는다는 것입니다.

오늘날 세계가 직면한 어려움 중 하나는 많은 사람들이 과학 권위자를 포함하여 권위자를 불신하게 되었다는 것입니다. 거의 모든 사람이 인터넷과 누리 소통망에서 '권위자'인 척할 수 있으며, 모든 인터넷 사용자가 전문가라고 자처하는 사람들의 자격 증명을 부지런히 확인하는 것은 아닙니다. 2장에서 보았듯이 가짜 뉴스와 역정보가 널리 퍼져 있습니다. 새로운 과학적 주장을 볼 때마다 우리는 **진위**를 검증하려고 노력해야 하며, 진위 여부는 주로 새로운 주장을 한 사람이나 집단의 권위에 크게 좌우됩니다.

키워드

진위: 타당성, 진정성, 본래성

탐구 13.14

기후 변화 이슈에 대해 경쟁적으로 떠들어 대는 목소리가 있습니다. 그런 목소리 중 하나는 '건강과 기후 변화에 대한 랜싯 카운트다운(The Lancet Countdown on Health and Climate Change)' 입니다. 친구와 함께 이 조직의 웹사이트를 살펴보세요.

여러분은 그 기관이 권위가 있다고 생각하나요? 그 이유는요? 그렇지 않다면 그 이유는요? 판단하기 전에 알고 싶은 추가 정보 목록을 작성하세요.

한쪽 끝에는 '맹목적인 믿음' 그리고 다른 한쪽 끝에는 '완전한 회의론'이 있는 선을 그려 보세요. 랜싯 카운트다운을 이 선의 어디에 둘 건가요?

자기 평가

여러분의 판단 기준을 반 친구들의 것과 비교해 보세요. 다른 친구들의 판단 기준에 동의하나요? 여러분의 결정에 대한 합당한 이유가 있었나요? 다른 친구들이 댄 이유가 여러분이 생각한 이유보다 더 설득력 있나요? 반 전체에서 합의에 이르도록 노력해 보세요. 그런 다음 여러분의 답을 혹시 바꿀 생각이 있다면 어떻게 바꿀 것인지 생각해 보세요.

2005년, 스탠퍼드 대학교 의괴 대학의 의학 교수이자 의학 대학원의 보건 연구 및 정책 교수이며, 스탠퍼드 대학교 인문과학 대학원의 통계학과 교수인 존 이오아니디스(John Ioannidis, 1965~)는 통계적으로 대다수의 출판된 의학 연구의 결론은 허위이며 이는 조잡한 연구와 승부욕, 편견, 재정적 또는 다른 이해관계 때문이라고 주장한 것으로 유명합니다. 그의 연구는 의학 이외의 몇몇 과학 연구 결론에까지 확장되었고, 이것들도 의학 연구 결과와 유사하게 허위성 비율이 높다는 점을 밝혀냈습니다.

이오아니디스의 연구가 과학 연구를 불신해야 할 이유로 보일 수도 있겠지만, 그것은 오히려 과학계 내에서 작동하는 성찰과 자율 규제의 실례라 할 수 있습니다. 실제로 이오아니디스의 통계적 연구는 연구 관행을 최적화하고, 검증된 유용한 과학 발견의 수를 개선하는 방법에 대한 해결책을 찾는 데 매우 중요했습니다.

실제 상황 13.16

과학을 하는 방법을 개선할 방식을 찾는 것은 과학 공동체에 의해 윤리적 의무로 여겨질 것입니다. 과학적 방법론을 개선해야 할 의무는 과학의 권위를 정당화하는 데 어느 정도나 도움이 되나요?

과학에서의 의견 불일치

오래된 농담이 있습니다. 10명의 의사에게 물어보면 11가지 다른 대답을 얻게 될 것이란 것입니다. 자연과학에서 좀 더 논쟁적인 많은 문제에 관해서도 동일해 보입니다.

일반인들은 과학자들의 의견이 불일치할 때 겪는 확신의 결여로 불안감을 느끼며 결국 과학적 과정에 대한 '믿음을 잃을' 수도 있습니다. 그러나 과학을 훼손하는 것과는 거리가 먼 과학 공동체 내의 의견 불일치는 실제로는 과학의 진보에 기여합니다. 의견 불일치는 정당한 이유로 발생합니다. 예를 들면 이 이론은 더 단순하고, 저 이론은 더 정확한 예측을 제공할 수 있습니다. 이것은 어떤 이론이 더 나은지에 대한 의견 불일치로 이어질 수 있지만, 이런 경우, 어느 이론도 객관적이거나 절대적으로 더 나을 수는 없습니다. 각각은 서로 다른 목적에 더 잘 맞는 것일 수 있습니다. 과학에서 의견 불일치의 가장 큰 장점은 의견 불일치가 일반적으로 논쟁적인 문제들에 대한 보다 엄격한 테스트, 모든 증거에 대한 동료들의 보다 엄격한 정밀 조사로 이어진다는 것입니다. 일반적으로 과학적 논쟁은 합의에 도달할 수 있을 정도로 충분한 증거가 나올 때까지 계속됩니다.

과학적 논쟁은 과학자들 사이에 상당한 의견 불일치가 있을 때 발생합니다. 의견 불일치는 이론의 토대에 관한 것일 수 있습니다. 예를 들면 물리학자들은 다중 우주가 존재하는지 여부에 대해 의견이 일치하지 않을 수 있습니다. 이것은 실험으로 직접 답을 구할 수 있는 것은 아니지만, 그 분야에 관련된 이론 물리학자들은 이론이 관찰된 현상을 충분히 설명하거나 다른 이론이 더 나은 설명을 제공할 때까지는 그들의 이론을 계속 발전시킬 것입니다.

과학자들이 주요 논점에 대해서는 동의하지만, 세부 사항에 대해서는 동의하지 않을 때도 의견 불일치가 발생할 수 있습니다. 이것의 한 가지 예는 인간에게 좋은 영양소가 무엇인지에 대해서는 폭넓은 동의가 있지만, 적정량의 적포도주를 마시는 것이 우리 몸에 좋은지와 같은 특정한 세부 사항에 대해서는 의견이 갈린다는 것입니다. 진영을 이룬 과학자 집단의 의견이 서로 다른 상태에서 과학자들은 어떻게든 결정적이라고 생각되는 증거가 나올 때까지 계속 실험하여 데이터를 축적할 것입니다. 적포도주를 마시는 것이 어떤 신진대사 기능을 가진 사람에게는 좋지만 또 다른 신진대사 기능을 가진 사람에게는 나쁘다고 입증하는 것도 충분히 가능합니다. 단 하나의 진술로 모든 상황을 아우를 수 있다고 기대할 수는 없습니다.

논의 13.15

의견 불일치는 어느 정도나 과학적 분투의 극히 중대한 부분일까요?

되돌아보기

의견 불일치를 해롭고 분열적인 것으로 간주하는 사람들이 있는가 하면, 의견 불일치는 건강한 것이고 필요하다고 믿는 사람들도 있습니다. 여러분의 입장은 어떤가요? 다른 지식 영역에서는 입장이 바뀔 수 있나요?

그림 13.11 _ 초콜릿은 건강에 좋은 음식일까요?

중국에서는 사람들이 양쪽으로 갈려 중국 전통 의학의 효능에 대한 열띤 논쟁을 벌이고 있습니다. **동종 요법**과 전통적인 치료법을 둘러싼 유사한 논쟁들 또한 열정적인 논의를 불러 모으고 있습니다.

키워드

동종 요법: 질병의 증상을 일으킬 수 있는 물질을 소량 사용하면 질병을 치료할 수 있다고 믿는 대체 의학 체계. 같은 것으로 같은 것을 치료한다는 '유사성의 원칙'에 기초함

> **실제 상황 13.17**
>
> 과학 지식은 문화의 영향을 얼마나 민감하게 받나요?

13.8 의사소통과 대중 과학

> **실제 상황 13.18**
>
> 왜 과학자들은 그들이 한 모든 실험, 심지어 잘못된 실험에 대해서도 보고서를 써야 할까요?

여러분이 실험을 하는 모든 과학 주제는 과학 보고서를 작성해야 하며, 보고서에는 실험을 수행한 방법을 기술해야 합니다. IB 디플로마 프로그램은 각 디플로마 프로그램 과학 과목에 필요한 보고서 작성 방법에 대한 가이드를 제공합니다. 때로는 이 보고서들이 실제로 실험을 하는 즐거움에 비하면 귀찮은 일로 보일 수 있습니다. 그러나 보고서 작성은 과학적 분투에 필수 요소입니다.

좋은 과학 보고서는 교사와 시험관에게 여러분이 한 일을 이해하고 있음을 보여 줄 뿐만 아니라 그 과정에 대해 성찰할 수 있는 기회를 제공하며 연구 주제 이면의 과학적 방법과 과학 개념에 대한 여러분의 이해를 높이는 데 도움을 줍니다. 이것은 실제 배움이 이루어지는 방식이며 과학 지식이 공유되고 평가되는 방식입니다. 해당 분야에서 최고인 사람들부터 낮은 수준의 과학을 공부하는 과학도까지, 모든 과학자들은 그들의 연구에 대한 보고서를 작성합니다.

많은 과학자들은 또한 그들의 보고서에 대한 학술 논문을 씁니다. 이 논문은 과학 저널, 책 또는 과학 학회 발표를 위한 것일 수 있습니다. 단순성의 원리가 과학 이론에도 적용된다 하더라도, 모든 과학 이론이 문외한들이 이해하기 쉬운 것은 아닙니다. 학술 논문을 읽기 시작하면 그 분야의 과학 전문 용어와 과학에 종종 사용되는 복잡한 수학 때문에 쉽게 길을 잃을 수 있습니다. 심지어 한 분야를 연구하는 과학자들도 자신의 전문 분야 이외의 과학 분야의 복잡한 내용을 이해하는 데 어려움을 겪을 수 있습니다. 1965년 노벨 물리학상 수상자인 리처드 파인만(Richard Feynman, 1918~1988)은 "만약 여러분이 양자 역학을 이해한다고 생각한다면, 양자 역학을 이해하지 못하는 것입니다"라는 유명한 말을 남겼습니다.

과학의 일부 측면을 전달하는 데 어려움이 있음에도 불구하고 오늘날의 세계는 과학 지식에 크게 의존하고 있습니다. 우리는 과학 이슈나 부각되는 윤리적 쟁점에 대한 견해를 표명하고자 한다면 과학의 많은 분야에서 벌어지는 일들에 대해 어느 정도 이

해해야 합니다. 이를 위해 많은 사람들이 매년 출판되는 수많은 대중 과학 서적에 의존하고 있습니다.

대중 과학서는 종종 과학 전문가들이 실제로 가지고 있는 확실성보다 훨씬 더 많은 확실성을 가지고 집필되는데, 그 책의 목적은 대중을 대화에 참여시키기 위한 것입니다. 과학자들이 그들의 연구에 대한 열정을 나누고자 하는 것도 한몫하겠지만, 늘 그것만을 위해 대중 과학서를 쓰지는 않습니다. 오히려 과학 정책과 과학 자금 지원이 여론의 영향을 크게 받는 경향이 있기 때문에 대중과 소통하려 하는 것입니다. 일반 대중이 과학적 아이디어에 관여하고 새로운 발전에 대해 듣고 싶어 한다면 연구소가 해당 분야 연구에 필요한 자금을 유치하기가 보다 쉬워집니다.

과학 언어

과학 서적이나 논문을 읽는 사람들이 직면하는 문제 중 하나는 전문 용어의 사용입니다. 과학의 특정 분야에 국한되어 익숙하지 않을 수 있는 단어들을 접하는 것은 물론, 다른 의미를 담고 있는 친숙한 단어들도 접할 수 있습니다. 예를 들어, 어떤 학생들은 **가스(gas)**를 난방에 사용되는 천연가스를 지칭하는 것으로 생각할 것이고, 미국 학생들은 그것을 자동차 연료로 생각할 것인 반면, 자연과학에서는 가스가 특정한 물질 상태를 지칭할 것입니다.

훌륭한 과학 글쓰기에는 용어를 명시적으로 정의하는 정확한 글쓰기가 필수입니다. 단어 사용에서의 변화는 우리가 주변 세계에 대해 생각하는 방식에 영향을 미칠 수 있습니다. 과학 용어를 다양한 방식으로 사용한다면 독자들에게 매우 혼란스러울 수 있습니다.

IB 디플로마 프로그램 학생으로서 과학 보고서를 쓰거나 지식론(TOK)에 있는 자연과학에 관한 글을 작성할 때에는 명확해야 하고 전문 용어를 적절하고 정확하게 사용하는 것이 중요합니다. 확실하지 않은 경우 자신이 단어를 어떻게 정의하는지 명시적으로 밝혀야 합니다.

탐구 13.15

아래는 친숙한 단어들인데 과학 분야에서는 특정한 과학적 의미를 가진 단어들입니다. 과학적 의미가 무엇인지 알아보세요.

a family(분류학에서)

b mole(화학에서)

c patch(컴퓨터 과학에서)

d shear(물리학에서)

e belt(천문학에서)

f alien(생태학에서)

논의 13.16

1 모든 지식은 용어의 명확한 정의를 필요로 하나요?

2 우리가 말하는 언어는 과학 개념을 이해하는 방법에 어느 정도나 영향을 미칠 수 있나요?

과학 검열

최근 몇 년 동안 몇몇 국가에서 국가 안보를 위해 일부 과학 통신을 검열할 필요성에 대한 논쟁이 증가하고 있습니다. 과학 출판물에서 방법을 삭제하면 테러리스트들이 정보를 악용하는 것을 막을 수 있지만, 동료 심사 과정의 효율성을 훼손하고 일반 대중이 직면하는 위험을 잠재적으로 증가시킬 수 있습니다. 예를 들어, 병원과 의료 서비스가 업데이트된 의료 정보에 직접 접근하지 못하면 오진과 잘못된 치료를 할 가능성이 커집니다.

과학자들은 생물 테러 가능성에 대한 최선의 방어는 인간의 건강에 도움이 될 제품을 개발하기 위해 전적으로 협력할 수 있는 과학 공동체의 능력이라고 주장합니다.

정치는 과학 검열에서 중요한 역할을 할 수 있습니다. 한 가지 예는 미국 트럼프 대통령 재임 시에 찾아볼 수 있습니다. 백악관은 정부 웹사이트에서 기후 변화에 대한 대부분의 언급을 삭제했다고 전해지며, 극단적 기후 조건과 해수면 상승으로 인한 위험을 국가 안보 전략(National Security Strategy)에서 삭제했다고 알려져 있습니다. 이것은 과학의 정치화, 즉 정치적 목적을 위한 과학 조작의 한 예입니다.

여론은 또한 과학에 대한 검열로 이어질 수 있습니다. 이것의 예는 1920년대에 미국에서 나왔는데, 테네시, 아칸소, 미시시피 등의 주에서는 학교에서 인간 진화에 대한 교육을 금지하는 법을 통과시켰습니다. 비록 인간 진화의 교육에 대한 마지막 금지령이 1970년에 해제되었지만, 많은 미국 시민들은 여전히 학교에서 진화에 도전하고 실행 가능한 대안으로 '**창조 과학**'을 가르치기 위해 투쟁하고 있습니다. 오늘날에도 사우

키워드

창조 과학: 「창세기」 기록대로 하느님이 우주를 창조했다는 믿음을 과학적으로 설명하려는 시도 또는 그런 믿음

디아라비아와 수단은 학교에서 진화론을 가르치는 것을 금지하고 있으며, 2017년 튀르키예는 진화론을 가르치는 것을 끝내겠다*는 계획을 발표했습니다.

*https://www.hani.co.kr/arti/international/arabafrica/800130.html

> **되돌아보기**
>
> 만약 과학적 지식 주장이 널리 견지되는 대중의 믿음 및 관행과 (그리고 심지어 여러분이 믿고 싶은 것들과) 충돌하는 경우, 아는이로서 여러분의 책임은 어디에 위치할까요?

13.9 과학과 윤리

> **실제 상황 13.21**
>
> 과학과 관련하여 윤리에 관해 생각할 때 어떤 문제가 마음속에 떠오르나요? 그것들은 대부분 과학이 행해지는 방식과 관련이 있나요? 아니면 세상에서 과학의 응용과 관련이 있나요?

과학은 과학적 과정의 모든 단계에서 정직성과 무결성을 요구합니다. 만약 관찰이 조작되거나 기대와 다른 당황스러운 발견을 간과하면 과정이 왜곡돼 거짓된 결론이 도출될 수 있습니다. 이미 살펴본 바와 같이 협업, 데이터 공개, 동료 심사와 재현을 비롯하여 과학적 방법의 많은 요소는 오류를 식별하는 것뿐만 아니라 무결성을 유지하는 데 도움이 됩니다. 아무도 검증할 수 없다면 발견을 주장하는 것은 의미가 없습니다. 그렇긴 해도, 사기 사례는 가끔이지만 분명히 발생하고, 때로는 실수도 하기 때문에 과학 공동체는 경계심을 유지해야 합니다.

하지만 과학 데이터를 보고하는 데 있어서의 정직함과 데이터를 기록하고 분석할 때 오류를 피하기 위한 세심한 주의를 기울이는 것이 과학 윤리의 두 가지 측면입니다.

더 심각한 쟁점은 누가, 왜 과학을 하는지 생각할 때 부각됩니다. 종종 과학자들은 그들의 연구를 위해 대학과 정부의 자금에 의존하거나 제품을 개발하려는 대기업을 위해 연구합니다. 어떤 경우는 거액의 자금이 관련될 수 있는데, 이것은 과학자나 과학 기업이 특정 관점에서 그들의 결과를 분석, 해석, 홍보하도록 압력을 가할 수 있습니다.

잘 알려진 사례 중 하나로 대형 제약 회사인 글락소스미스클라인(GlaxoSmithKline)이 개발한 항불안제 약물의 일부 임상 실험 결과를 숨긴 경우가 있습니다. 그 실험 결과는 그 약이 어린이와 10대 청소년들에게 종종 효과가 없고, 이 연령대에서 자살 충동 성향을 증가시킬 수 있음을 보여 줍니다. 이 쟁점은 "있을 수 있는 부정적인 상업적 영향을 최소화하기 위해 이러한 데이터의 배포를 효과적으로 관리할 수 있는 방법"을 요약한 메모가 유출되어 밝혀졌습니다. 글락소스미스클라인은 결국 거짓과 사기 주장을 퍼뜨린 혐의로 미 법무부에 의해 피소됐습니다. 그 회사는 유죄를 인정했고 30억 달러의 벌금을 내야 했습니다.

실제 상황 13.22

우리는 설탕 회사가 자금을 지원하는 설탕에 대한 연구나 담배 회사가 자금을 지원하는 담배의 효과에 대한 연구를 즉각적으로 비판하는 경향이 있습니다. 우리는 제약 회사가 자금을 지원하는 약물 연구를 더 많이 신뢰해야 할까요? 그 이유는요? 그렇지 않다면 그 이유는요?

학문적 정직성

다른 많은 학문 분야와 마찬가지로 과학에서 중요한 윤리 문제는 정보, 아이디어 및 데이터 출처에 대해 적절하게 인정하는 것입니다. 안타깝게도 이것은 마땅히 그래야 하는 것만큼 항상 잘 준수되는 것은 아닙니다.

특히 물리학에서 여성이 자신의 업적과 기여에 대해 인정받지 못한 오랜 역사가 있습니다. 종종 여성 과학자의 지도 교수나 협력자들(거의 예외 없이 그 분야의 남성 연장자들)은 어떤 업적에 대해서든 공로를 인정받습니다. **펄서**를 발견한 영국 천체 물리학자 조슬린 벨 버넬(Jocelyn Bell Burnell, 1943~)의 경우가 그런 예입니다. 그녀가 자신이 발견한 것을 박사 과정 지도 교수인 안토니 휴이시(Antony Hewish)에게 보고하자, 휴이시 박사는 이 맥동 신호를 전파 간섭이라고 일축했습니다. 하지만 벨 버넬은 그 신호가 깊은 우주 공간에서 오는 것이라고 확신했습니다. 그녀는 의심의 여지가 없을 때까지 관찰을 계속하여 자료를 수집했습니다. 이 발견으로 1974년 노벨상을 받게 되었지만 그 주인공은 벨 버넬이 아닌 휴이시였습니다.

다행히도 과학 분야에서의 성 불평등 문제가 인식되기 시작했고, 여성들은 그들의 업적에 대해 인정받기 시작했습니다. 2018년, 도나 스트릭랜드(Donna Strickland)는 역대 세 번째로 노벨 물리학상을 수상한 여성이 되었고, 벨 버넬은 지난 50년 동안 과학에 많은 귀중한 공헌을 한 공로로 **브레이크스루상***과 상금 300만 달러를 받았습니다.

벨 버넬은 이 상금을 여성, 소수 민족, 난민 등 소외 계층에게 박사 과정 학비로 제공하여 그들이 물리학 연구자가 될 수 있도록 지원함으로써 과학의 다양성 증진에 사용하고자 합니다.

2019년 1월 옥스퍼드 대학교는 여성 전용의 신진 연구원 연구비가 성별에 따른 차별이며 평등법을 위반했다고 주장하며 폐지했습니다. 다른 대학들도 따라 하게 됩니다. 여성들이 그들 자신의 공적을 가지고 연구비를 위해 경쟁해야 한다는 것에 동의하는 사람들도 있지만, 대학의 역사가 거의 전적으로 남성들만의 것이었고 여전히 학계에는 여성이 부족하기 때문에 그 불균형을 시정하기 위해 여성 전용 연구비 같은 선제적 조치가 여전히 필요하다고 주장하는 사람들도 있습니다.

키워드

펄서(pulsar): 강한 자기장을 가지고 고속 회전을 하며 주기적으로 전파나 엑스선을 방출하는 중성자 별

---

*브레이크스루상(Breakthrough Prize): 2013년부터 물리, 수학, 생명 과학 분야에서 탁월한 업적을 세운 연구자들에게 수여하는 상. '실리콘밸리의 노벨상'이라 불린다.

윤리적 결정은 쉬운 경우가 없습니다. 여러분은 긍정적인 차별을 통해 과학의 다양성을 증진하는 것이 더 윤리적인지, 아니면 동등한 기회를 제공하는 것이 더 윤리적인지를 어떻게 결정하겠습니까?

왜 보다 많은 과학 지식을 탐구하는 데 과학에서의 다양성이 중요할까요?

윤리적 행위

제2차 세계 대전 동안, 나치 과학자들은 강제 수용소 수감자들에게 많은 실험을 수행했습니다. 비록 나치가 개발한 지식은 때로는 유용한 것으로 판명되지만, 그들이 행한 일부 실험은 끔찍했습니다. 그중 하나는 **저체온증**이 인간에게 미치는 영향을 조사하기 위해 설계되었습니다. 저체온증 실험 중에는 수감자들을 얼음물 속에 앉혀 놓고 몇 시간 동안 추운 날씨에 나체 상태로 방치하는 것이 포함되었습니다. 많은 수감자들이 얼어 죽었고, 다른 수감자들은 체온을 회복했지만 그로 인해 영구적인 손상을 입었습니다.

키워드

저체온증: 비정상적으로 낮은 체온

실험 대상자: 실험을 당하는 개인

사전 동의: 이미 알려진 가능한 결과를 충분히 알고 있는 상태에서 허락함

실제 상황 13.24

만약 실험에서 얻은 지식이 사람들을 돕는 데 유용하다고 판명되면, **실험 대상자**에게 행한 잔인함이 정당화될까요? 만약 실험 대상이 인간이 아닌 동물이라면 여러분의 답은 바뀌나요? 여러분의 답을 어떻게 정당화할까요?

종전 후 뉘른베르크 재판을 거쳐 1949년 뉘른베르크 강령이 발표되었습니다. 뉘른베르크 강령은 인간을 대상으로 하여 연구할 때의 윤리적 행동 지침을 위한 기본 원칙입니다. 그것은 실험 대상자가 **사전 동의**를 제공하는 자원자여야 한다는 것을 비롯하여 10가지 주요 조항을 특징으로 합니다. 10가지 조항 중에는 실험은 불필요한 고통을 피해야 한다, 위험은 기대되는 이익에 비례해야 한다, 실험이 위험한 것으로 판명되면 언제든지 중단되어야 한다 등이 있습니다. 전 세계 대부분의 국가는 뉘른베르크 강령을 채택했으며, 자체 추가 지침 및 기준으로 이를 보완하고 있습니다.

헬싱키 선언은 나중에 발전된 것으로, 1964년에 처음 채택되었습니다. 헬싱키 선언은 그 뒤 여러 차례 수정을 거쳐 현재는 자원자에 대한 약물 시험을 포함하여 과학 실험에서 인간 피험자의 윤리적 사용에 관한 대부분의 국가 정책의 초석이 되었습니다.

과학 윤리에서 논쟁이 가장 많이 벌어지는 영역 중 하나는 사전 동의의 개념을 둘러싼 것입니다. 일부 제약 회사들은 개발도상국을 비롯하여 실험에 참여하는 '자원자들'에게 돈을 지불합니다. 때로는 생길 수 있는 결과에 대한 정보가 자원자의 언어로 제공되지 않습니다. 심지어 정보가 자원자들의 언어로 제공되는 경우에도 얼마나 많은 자원자들이 그 내용을 진정으로 이해할 수 있는지에 대한 의문이 있습니다. 임상 시험에 참여하기로 동의한 많은 환자는 명확한 정보를 바탕으로 동의를 하는 능력을 흐리

게 하는 신체적, 정서적 문제가 있을 수 있습니다. 약물을 개발한 사람들조차 약물 복용으로 인해 생길 수 있는 모든 효과를 알 수 없습니다.

2006년 8명의 건강한 젊은 남성들이 영국의 한 병원에서 규정에 따라 평범하게 진행되는 약물 시험에 자원했습니다. 그들은 이전에 원숭이를 대상으로 실험했던 TGN1412로 알려진 약물을 인간 최초로 복용하게 되었습니다. 남자들은 참가비로 각각 2,000파운드를 받았습니다. 그들은 그것이 "쉽게 번 돈"이며, 그들의 참여가 암 연구에 도움이 될 것이라고 믿었습니다. 그들은 약물 복용으로 생길 수 있는 결과는 몇 시간 동안 지속될 수 있는 두통과/또는 메스꺼움이라고 알고 있었습니다.

약물을 복용한 지 1시간 이내에 8명의 남성 중 6명은 고열 및 다발성 장기 부전 등을 비롯한 심각한 약물 반응을 보였습니다. 그들의 몸이 너무 부풀어 올라, 뉴스에서는 그들을 '코끼리 남자'라고 불렀습니다. 남자들은 목숨은 구했지만, 한 남자는 손가락 몇 개의 끝 일부를 잃고 발의 일부를 절단해야 했습니다. 실험이 그들의 신체에 미친 장기적인 영향은 알려지지 않았습니다. 아무런 반응이 없던 두 사람에게는 위약이 투여되었습니다.

실제 상황 13.25

약물 시험에 참여한 사람들이 돈을 받는다면, 그들은 정말 자원자일까요? 약물 복용의 효과를 알 수 없는 경우 사전 동의를 하는 것이 가능한가요? 약물을 복용했을 때의 모든 중요한 효과를 알 수 있나요?

어떤 환자에게 어떤 약물을 처방하든 의사들은 일반적으로 그 약이 어떤 영향을 미칠지 확신할 수 없다고 하는데, 그 이유는 약물의 **생체 이용률**이 환자마다 극적으로 다를 수 있기 때문입니다. 약물에 딸려 오는 자료 표를 읽어 본다면, 종종 가능성 있는 부작용의 무시무시한 범위가 열거된 것을 보게 될 것입니다.

키워드

생체 이용률: 시간 경과에 따른 약물 흡수 비율

기술된 약물 TGN1412의 경우, 원숭이에 대한 약물 실험 결과에서 심각한 부작용이 나타나지 않았으므로 인간 대상 실험도 안전할 것으로 간주되었습니다. 하지만 우리는 다른 동물이 다른 물질에 다르게 반응한다는 것을 알고 있습니다. 우리가 즐기는 어떤 음식은 반려동물에게는 독이 될 수 있습니다. 이것은 과학 연구에 동물을 사용하는 것에 쟁점으로 떠오릅니다.

실제 상황 13.26

동물 실험은 도움이 될 수 있지만, 항상 믿을 수 있는 것은 아닙니다. 연구 프로젝트에서 신뢰할 수 있는 결과의 불확실성이 우리의 윤리적 책임에 어떤 영향을 미칠까요?

동물 시험

매년 수억 마리의 동물이 과학 실험에 사용된다고 합니다. 여기에는 개구리, 물고기,

생쥐, 기니피그, 양, 돼지, 개, 영장류가 포함됩니다. 일부 연구는 행동에 관한 것이므로 동물들은 상당히 편안하게 살 수 있지만, 다른 연구들은 동물에게 **병원체**나 독성약물을 주입하는 것, 불필요한 수술을 하는 것, 가혹한 감금, 정신적 고통 그리고/또는 신체적 고통을 유발할 수 있는 다른 절차들과 관련됩니다. 실험 대상 중 다수는 후에 도살됩니다.

키워드

병원체(pathogen): 질병을 일으킬 수 있는 바이러스, 박테리아, 기타 미생물

동물 실험은 일반적으로 사람에 대한 실험보다 더 윤리적인 것으로 간주되며, 동물 실험의 결과로 일부 과학의 획기적 발전이 이루어진 것은 확실히 사실입니다. 동물의 고통이 인간의 생명을 구하거나 개선할 수 있는 기회가 된다면 동물이 고통을 받고 죽는 것은 용납될 수 있다는 주장이 있는 반면에 고통이 최소화되고 인간에 대한 잠재적인 혜택을 다른 방법으로는 이룰 수 없는 경우에만 동물 실험을 받아들일 수 있다는 주장도 있습니다.

그림 13.12 _ 매년 수억 마리의 동물이 과학 실험에 사용됩니다.

동물 실험에 반대하는 사람들은 어떤 고통이든 너무 심한 것이고, 고통 받는 동물 수가 너무 많기 때문에 더욱 그렇다고 주장합니다. 그들은 또한 일부 동물들에 대한 약물 시험은 다른 동물이나 인간이 동일한 약물에 어떻게 반응하는지에 대한 신뢰할 수 있는 지표가 아니며 따라서 동물이 불필요하게 고통을 받는다고 주장합니다.

요즘 과학자들은 일반적으로 그들이 실험에 사용하는 동물의 수를 줄이고, 고통을 줄이기 위해 실험을 개선하며, 동물 실험을 세포 배양이나 컴퓨터 모델링 같은 다른 방법으로 대체하라는 요구를 받습니다. 그럼에도 동물과 동물 실험을 위한 부대 장비 공급은 번창하는 산업이며, 많은 사람들이 동물 실험 지속에 경제적인 이해관계를 갖고 있습니다.

제러미 벤담(Jeremy Bentham, 1748~1832)은 무엇보다 사회 복지, 여성 평등, 노예 제도, 체벌 및 사형의 폐지를 주장한 영국의 철학자이자 사회 개혁가였습니다. 그는 공리주

의 윤리의 창시자 중 한 명이며, 학교, 감옥 및 법원 체계의 개혁에 중대한 영향을 미쳤습니다. 또한 동물권에 대해 처음으로 이야기한 사람 중 한 명이었습니다.

윤리적 문제에 대한 지식론 관점 취하기

지식론에서 많은 학생들이 겪는 어려움 중 하나는 그들이 제기되는 지식 쟁점을 보기보다 이슈에 대한 찬반 논쟁의 관점에서 검토하는 경향이 있다는 것입니다. 그들이 열정을 가진 이슈에서는 특히 더 그렇습니다. 지식 이슈를 검토하려면 그 문제에서 한 발짝 물러설 수 있어야 합니다.

동물 실험 및 다른 윤리적 문제에 적용될 수 있는 지식 질문의 예는 다음과 같습니다.

- 윤리적 결정을 내릴 때 이성과 감정을 어느 정도나 구별할 수 있나요?
- 감정은 지식의 생산과 습득을 위한 효과적인 방법을 개발하는 데 긍정적인 역할을 할 수 있나요?
- 지식이 윤리적 책임으로부터 무관할 수 있나요?
- 자연과학 방법론에 대한 윤리적 판단은 시간에 따라, 문화에 따라 얼마나 다양한가요?
- 지식이 어떻게 생산되었는지에 대한 관심보다 생산된 지식의 가치가 더 중요한 상황이 있나요?

윤리 및 사회적 편익

과학적 진보는 일반적으로 인류의 진보와 동일시됩니다. 확실히, 과학 발전은 더 나은 영양과 의료 서비스를 가져왔고, 더 나은 영양과 의료 서비스는 우리가 더 오래, 더 건강한 삶을 영위할 수 있게 해 주었습니다. 우리는 과거의 사람들보다 더 나은 삶의 수준을 누리는 편이며, 하찮고 위험한 많은 일들이 기계화되어 우리는 조상들이 누린 것보다 더 많은 자유 시간을 갖게 되었습니다. 하지만 "과학적인 발전이 인류를 위해 좋은가?"라고 묻는 사람들이 있습니다.

산업 혁명이 가져온 기술적, 경제적 이점 때문에 우리는 지구상에서 행복하고 지속 가능하게 살 수 있는 능력을 상실했다고 주장하는 사람들도 있습니다. 과학 발전은 **오염의 시대**를 가져왔고, 늘어만 가는 인구와 기술에 대한 욕망으로 인해 우리는 지구에 손상을 줄 정도로 전 지구적인 자원들을 과도하게 사용했습니다. 인간의 활동은 생물 다양성의 상실로 이어졌습니다.

윤리 분야는 과학 발전의 속도를 따라잡기 위해 고군분투하고 있습니다. 과학 발전은 유전자 변형, 복제, 점점 더 정교해지는 무기, 더 뛰어난 감시 기술 등과 특히 최근에는 AI의 발전을 가능케 했습니다. 문제는 이런 발전이 그 자체로 좋은지 나쁜지 여부가 아닙니다. 모든 것이 어떻게 사용되거나 잘못 쓰이느냐에 따라 양쪽 모두 가능성이 있기 때문입니다. 그러나 그것들은 아직 완전히 다루어지지 않은 윤리적 쟁점들을 제기합니다.

예를 들어, 우리는 배아가 낭포성 섬유증, 겸상 적혈구 빈혈증, 근육 퇴행 위축(근디스트로피증/근위축증) 또는 기타 수명을 제한하는 단일 유전자 장애로 고통 받는 것을 막기 위해 배아 유전자 조작을 하는 것이 완전히 합리적이라고 믿을 수 있습니다. 그러나 연골 형성 부전증 같은 장애는 어떻습니까? 연골 형성 부전증은 짧은 팔다리를 유발하는 유전 질환입니다(**왜소증**이라고도 함). 이 장애가 있는 사람들의 기대 수명은 현저히 낮지 않으며, 장애가 있는 대부분의 사람들이 정상적이고 생산적인 삶을 영위합니다. 우리가 연골 형성 부전증을 유발하는 유전자를 조작하겠다고 하면 실제로는 연골 형성 부전증을 가진 사람들이 덜 가치 있는 사람들임을 암시하는 것이라고 주장하는 사람들도 있을 것입니다.

실제 상황 13.27

만약 우리가 배아에 대한 유전자 조작을 수용하거나 특정한 형질에 기초하여 이식할 배아를 선택하는 것을 받아들이는 경우, 어딘가에 선을 그어야 한다면 우리는 어디에 선을 그어야 할까요? 어떻게 결정할 수 있을까요?

한 쌍의 남녀가 **체외 수정**을 이용할 때, 배아는 종종 유전 형질에 맞춰 걸러지고, 그에 따라 선택됩니다. 일부는 유전자 질환이 있는 배아를 이식하지 않기 위해 선별하기도

하지만, 부부가 원하는 아이의 성별을 지정할 수 있도록 선별하기도 합니다. 유전학이 눈동자 색깔, 근력 등을 기준으로 배아를 선별할 수 있는 것은 그리 먼 미래의 일이 아닙니다. 이는 **맞춤 아기**라는 공포스러운 유령을 불러냅니다. 현재, 맞춤 아기는 과학 소설의 영역에만 존재하지만, 그 가능성은 아주 가까운 현실로 다가왔습니다.*

키워드

맞춤 아기: 질병 위험 감소에서 성별 선택에 이르기까지 특별히 선택된 다양한 특성으로 시험관 내에서 유전자 조작이 된 아기

*2018년 10월에 태어난 카브야 솔란키는 생후 17개월이던 2020년 3월 일곱 살 오빠 압히짓에게 골수를 이식했다. 오빠 압히짓은 지중해성 빈혈이 있는데, 카브야는 지중해성 빈혈이 없는 유전자 편집 아이로 출생한 것이다.

실제 상황 13.28

생화학자 제니퍼 다우드나(Jennifer Doudna, 1964~)는 "배아를 편집하는 것이 더 윤리적입니까? 아니면 많은 배아를 선별하여 (선택되지 않은 배아를) 버리는 것이 더 윤리적입니까?"라고 질문한 적이 있습니다. 그녀에게 어떻게 대답할 건가요?

우리가 도로를 만들고 사람들을 위한 집을 더 많이 지으려고 자연 서식지를 파괴할 때마다, 그리고 종종 우리의 가축을 죽이거나 인간의 생명을 위협한다는 이유로 늑대나 표범 같은 자연의 포식자를 죽일 때마다 윤리적 문제가 제기됩니다.

탐구 13.17

더글러스 애덤스(Douglas Adams, 1952~2001)의 소설 『은하수를 여행하는 히치하이커를 위한 안내서(The Hitchhiker's Guide to the Galaxy)』에서 지구와 지구 위의 모든 것은 초공간 우회 고속 도로를 만들려는 소설 속 보고인 공병대에 의해 파괴됩니다. 여러분이 이 이야기를 사실로 받아들인다면, 보고인이 그들의 기반 시설 확충을 위해 지구를 파괴하는 것보다 우리가 고속 도로 건설을 위해 숲과 숲에 사는 모든 동물, 곤충, 미생물을 함께 파괴하는 것이나 핵실험을 목적으로 외딴 섬을 파괴하는 것이 더 윤리적일까요?

초공간 우회 고속 도로를 만들려는 보고인을 대표하는 쪽과 지구를 대표하는 쪽으로 나누어 학급 토론을 해 보세요.

논의 13.18

지식을 탐구하는 데 어떤 **희생**을 받아들일 만한지 어떻게 결정할 수 있나요?

생명 과학과 생태 과학만이 심각한 윤리적 쟁점을 제기하는 것은 아닙니다. 어떤 사람들은 우주 탐사에 수십억 달러를 쓰는 대신, 그 돈을 가난한 사람들을 돕고, 식량 생산을 개선하고, 바다를 청소하고, 기후 변화와 싸우는 데 쓰거나, 그들이 더 중요하다고 인식하는 다른 일에 쓰는 게 더 나을 것이라고 주장합니다. 앞서 언급한 LHC의 건설도 비슷한 논란이 있었습니다.

인공 지능(AI)은 빠른 속도로 발전하고 있으며 일부 과학자들은 인공 지능이 인간의 삶에 미칠 수 있는 영향에 대해 점점 더 우려하고 있습니다. 2014년 스티븐 호킹은 "완전한 인공 지능의 개발은 인류의 종말을 초래할 수 있다"고 주장했습니다. 모든 사람이 그렇게 비관적으로 생각하는 것은 아닙니다. 하지만 그것을 우리가 어떻게 알 수 있을까요? 그것은 감수할 만한 합리적인 위험인가요? 누가 결정해야 할까요?

13.10 맺으며

자연과학은 지난 3세기 동안 지식의 엄청난 성장에 큰 기여를 해 왔고, 과학은 인류의 위대한 성공 사례 중 하나로 널리 알려져 있습니다. 그러나 과학에 대한 우리의 자부심은 어느 정도 겸손해질 필요가 있습니다. 과학적 확실성과 객관성을 과장하는 것은 과학적 노력을 훼손하게 하는 길을 열어 줍니다. 그러나 과학적 방법론은 동료 심사 시스템과 연계되어 지식 생산의 '금 본위제'로 널리 간주되며, 다른 지식 영역에서 비교할 수 없는 정도의 확실성과 객관성을 제공합니다.

과학적 방법론에 대한 이런 존중은 매우 자주 과학으로 이어지지만, 과학적 방법론은 확신을 반드시 보장하지는 않는 아이디어와 산물에 신뢰성을 부여하기 위해 사기를 치듯이 소환되기도 합니다. 우리는 과학이라고 주장하는 모든 것이 실제로 과학이 아니라는 것을 알아야 합니다.

자연과학 내에서 지식은 점점 더 빠른 속도로 증가하고 있으며, 결과적으로 윤리적 쟁점이 과학 윤리학자나 규제 기관, 또는 더 넓은 범위의 사회가 대처할 수 있는 것보다 더 빠르게 발생하고 있습니다. 이런 윤리적 쟁점은 복잡하고 흥미로운 지식 질문을 발생시키는데, 근본적인 윤리적 쟁점을 해결하기 위해서는 이것 역시 반드시 해결되어야 합니다.

지식 질문

1 기대는 우리가 세상을 인식하는 방식에 어느 정도 영향을 미치나요?

2 자연과학에서 창의력과 상상력의 역할은 무엇인가요?

3 자연과학에서 전문 용어는 지식 형성에 어떤 영향을 미치나요?

13.11 지식 영역 연결 질문

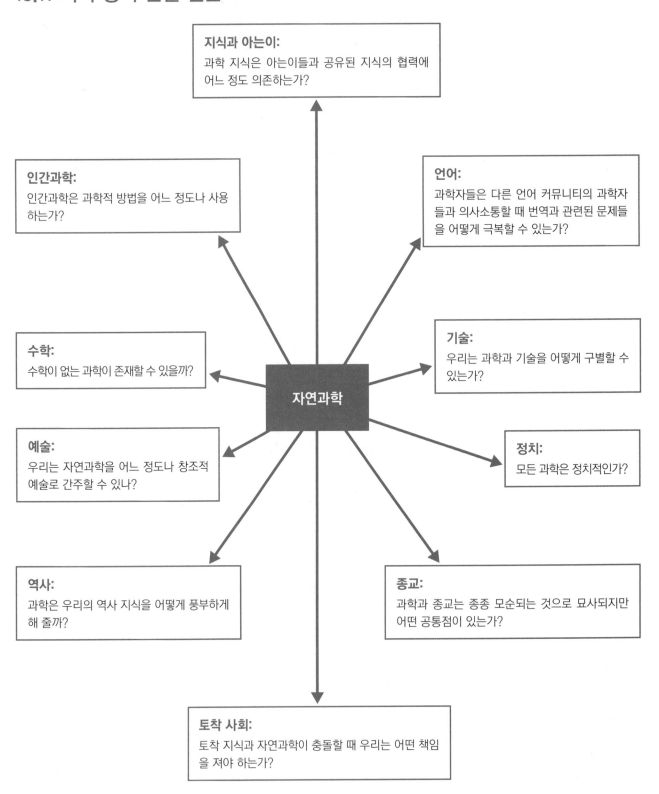

지식과 아는이:
과학 지식은 아는이들과 공유된 지식의 협력에 어느 정도 의존하는가?

인간과학:
인간과학은 과학적 방법을 어느 정도나 사용하는가?

언어:
과학자들은 다른 언어 커뮤니티의 과학자들과 의사소통할 때 번역과 관련된 문제들을 어떻게 극복할 수 있는가?

수학:
수학이 없는 과학이 존재할 수 있을까?

기술:
우리는 과학과 기술을 어떻게 구별할 수 있는가?

자연과학

예술:
우리는 자연과학을 어느 정도나 창조적 예술로 간주할 수 있나?

정치:
모든 과학은 정치적인가?

역사:
과학은 우리의 역사 지식을 어떻게 풍부하게 해 줄까?

종교:
과학과 종교는 종종 모순되는 것으로 묘사되지만 어떤 공통점이 있는가?

토착 사회:
토착 지식과 자연과학이 충돌할 때 우리는 어떤 책임을 져야 하는가?

13.12 자기 점검

13장에서 배운 내용을 되돌아보고 1점에서 5점 사이로(5는 최고 점수, 1은 최저 점수) 자신의 자신감 수준을 표시하세요. 3점 미만이면 해당 부분을 다시 읽어 보세요. 그런 다음 이 목록으로 돌아오세요. 여러분의 자신감이 높아졌나요?

	자신감 수준	다시 읽기?
나는 과학적 방법이 무엇을 의미하는지 이해하고 있으며, 결정적인 과학적 방법이 없다는 것을 인정하는가?		
나는 과학 장비와 모델의 중요성을 인지하고 있는가?		
나는 과학적 방법론의 한계 중 일부를 인식하고 관찰자 효과의 함의에 대해 논의할 수 있는가?		
나는 완전한 객관성이 왜 달성 불가능한 목표인지 이해하고 있는가?		
나는 패러다임과 패러다임 전환의 개념에 대해 논의할 수 있는가?		
나는 귀납적 추론이 의미하는 바를 편안하게 설명할 수 있고, 반증의 원리를 이해하고 있는가?		
나는 오컴의 면도날이 무엇이며, 왜 중요한지 설명할 수 있는가?		
나는 이론과학과 실험과학을 비교하고 대조할 수 있는가?		
나는 과학 공동체에 대한 건전한 이해를 지니고 있으며, 또 과학 지식을 발전시키는 데에서의 과학 공동체의 역할을 이해하고 있는가?		
나는 과학 언어의 중요성과 과학 검열이 내포하는 의미를 비롯하여 자연과학에서 의사소통의 중요성을 인식하고 있는가?		
나는 자연과학에서 찾아지는 윤리 이슈 일부와 제기되는 지식 쟁점 일부를 논의할 수 있는가?		

13.13 더 읽을거리

- 13장에서 얻은 지식을 바탕으로 다음 글들 중 몇 가지를 읽을 수 있습니다.

- **우리가 예상하지 못한 것을 못 보는** 이유에 관심이 있다면 온라인에서 '보이지 않는 고릴라(invisible gorilla)' 비디오를 검색하고 다음을 읽으세요.
  Christopher Chabris and Daniel Simons, *The Invisible Gorilla*, HarperCollins, 2010. *Invisible Gorilla* 웹사이트에서 비디오를 검색하여 시청하세요.

- **자기 인식 테스트**에 대해 더 살펴보고 싶다면 다음을 읽으세요.
  Alexandra Horowitz, 'Smelling themselves: Dogs investigate their own odours longer

when modified in an "olfactory mirror" test' in *Science Daily*, 27 February 1998. *PubMed Central* 웹사이트에서 검색하세요.

- **개의 자기 인식**에 관한 또 다른 연구 설명은 다음을 읽으세요.
  National Research Tomsk State University 'STSR tests confirm that dogs have self-awareness'. *Phys* 웹사이트에서 검색하세요.

- **역사, 문화, 과학 사이의 상호 작용**에 대한 흥미로운 내용을 보려면 다음을 읽으세요.
  Ryszard Sosnowski, 'The scientific and cultural role of atomists' in *Nukleonika*, 2005 ; 50 (Supplement): S5-S10. *Institute of Nuclear Chemistry and Technology (Warsaw, Poland)* 웹사이트에서 검색하세요.

- **과학적 연구와 관련된 몇 가지 쟁점**에 대한 자세한 설명은 다음을 참조하세요.
  John P. Ioannidis 'Why most published research findings are false.' *PLoS Med.* 2005, vol. 2, no. 8, page 124. *AMA Journal of Ethics* 웹사이트에서 검색하세요.

- **관찰이 관찰 대상에 어떤 영향을 미치는지** 자세히 알아보려면 다음을 읽으세요.
  Weizmann Institute of Science. 'Quantum Theory Demonstrated: Observation Affects Reality' in *Science Daily*. 27 February 1998. *Science Daily* 웹사이트에서 검색하세요.

- **과학에서 젠더 차별**에 대한 토론을 보려면 다음을 읽으세요.
  Ethan Siegel, 'These 5 Women Deserved, And Were Unjustly Denied, A Nobel Prize In Physics', *Forbes*, 11 October 2018. *Forbes* 웹사이트에서 검색하세요.

> **14장**

인간과학

학습 목표

14장에서는 인간과학에 포함된 과목들의 범위와 구역, 지식을 구축하기 위한 도구와 방법, 기술이 인간 연구에 미치는 영향, 인간과학 내의 다양한 분과 학문이 자연과학과 연결된 방식, 그리고 관련된 윤리적 고려 사항들을 탐구할 것입니다.

여러분은

- 인간과학 내에서 관찰의 위치, 그리고 인간 행동을 연구하기 위해 관찰을 사용할 때 발생하는 어려움을 살펴봅니다.
- 질적 및 양적 측정, 통계와 모델링, 그리고 설문지의 사용을 비롯하여 인간과학에서 지식을 구축하는 다른 방법들을 이해하고, 이 방법들에 내재하는 문제를 제대로 인식합니다.
- 패턴과 예측, 그리고 상관관계와 인과 관계의 개념을 탐구합니다.
- 인간과 관련된 현상을 연구하는 것에 대한 빅 데이터 및 기술 발전의 영향력을 살펴봅니다.
- 편향 문제, 데이터 신뢰성, 추론에서의 오류를 비롯하여 인간과학에 적용될 수 있는 몇 가지 비판을 제대로 인식합니다.
- 인간과학과 자연과학의 유사점, 차이점, 연관성을 비교합니다.
- 인간과학의 맥락 안에서 윤리적 고려 사항들의 역할을 살펴봅니다.

다음 각각의 인용문을 분석하고 이어지는 질문에 관해 토론하세요.

1 "인간은 이성적 동물이라는 말이 있다. 나는 평생토록 이를 뒷받침할 수 있는 증거를 찾고 있다." **버트런드 러셀**(Bertrand Russell, 1872~1970)

2 "우리는 과학적인 심리학보다 소설에서 인간의 삶과 인성에 대해 더 많이 배울 가능성이 크다. 짐작하다시피 그럴 가능성이 매우 크다." **노엄 촘스키**(Noam Chomsky, 1928~)

3 "인간 행동은 볼트와 그램이 아니라 믿음과 욕망의 관점에서 설명될 때 가장 잘 이해할 수 있다." **스티븐 핑커**(Steven Pinker, 1954~)

4 "기존의 현실에 그저 맞서 싸우는 것만으로는 결코 상황을 바꿀 수 없다. 무언가를 바꾸려면, 오래된 모델을 구식으로 만드는 새로운 모델을 만들어라." **리처드 벅민스터 풀러**(Richard Buckminster Fuller, 1895~1983)

5 "저는 우리가 창조하고 있는 미래가 전 세계 사람들을 위해 가능한 최고의 미래이며, 또한 모든 범위의 재능과 기량을 포함하고, 아시다시피, 성별과 민족성(ethnicity), 지리 등을 비롯하여 결국 세계의 문제를 해결하는 데까지 나아갈 미래임을 확실히 하고 싶습니다." **메이 제미슨**(Mae Jemison, 1956~)

각 인용문에 대해 다음을 생각해 봅시다.

a 인용문에 어느 정도 동의하나요? 아니면 동의하지 않나요?

b 인용문은 인간과학의 본질과 목적에 대해 무엇을 시사한다고 생각하나요?

c 각 인용문에서 인간과학에 대해 가정하거나 당연하게 여기는 것은 무엇일까요?

d 인용문 중 인간과학과 관련해 동의하지 않는 것이 있나요?

e 인용문이 다른 지식 영역에도 적용될 수 있다고 생각하나요? 만약 그렇다면 어떤 방식으로 적용될 수 있다고 생각하나요?

14.1 들어가며

1 집과 학교에서 어떤 사람들의 행동을 예측할 수 있나요? 두 상황에서 그들의 행동에 차이가 있다면 이유를 설명할 수 있나요?

2 사람들의 행복, 지능, 인성 및 도덕적 가치를 수량화하는 것보다 키를 측정하는 것이 더 쉬울 수 있습니다. 이렇게 인간의 특성을 이해하고 측정하고 예측하려는 이유는 무엇일까요? 이런 지식을 추구하는 것이 어떤 면에서 문제가 될 수 있을까요?

키워드

사회학: 사회의 구조와 기능에 대한 연구

인류학(문화 인류학, 사회 인류학): 문화와 사회의 발전을 연구하는 학문

심리학: 인간의 마음과 행동에 대한 과학적 연구

정치학: 국가, 정부, 권력 및 정치 활동에 대한 과학적 연구

인간은 자기 자신에 대해, 그리고 존재자들 속에서 자신의 위치를 성찰할 수 있었기 때문에 자신만의 복잡하고 불가사의한 본성에 충격을 받았습니다. 인간과학은 인간의 행동을 체계적으로 연구하여 신비를 줄이려는 시도입니다. 인간과학은 지리학, 경제학, **사회학**, **인류학**, **심리학** 등을 비롯한 일련의 과목들을 포함합니다. 이 과목들 간의 명백한 차이에도 불구하고 모두 관찰과 실험에 기초해서 인간을 이해하려고 합니다.

그러나 여기서 인간과학의 범위와 한계에 관해 중요한 질문이 생겨납니다. 예를 들어, 인간과학이 종교적 지식 체계, **정치학**, 역사를 포함해야 한다는 주장이 제기될 수

있습니다. 이 책을 구성하고 각각을 충분히 깊이 있게 다루기 위해 이 영역은 별도의 장들에서 다룹니다.

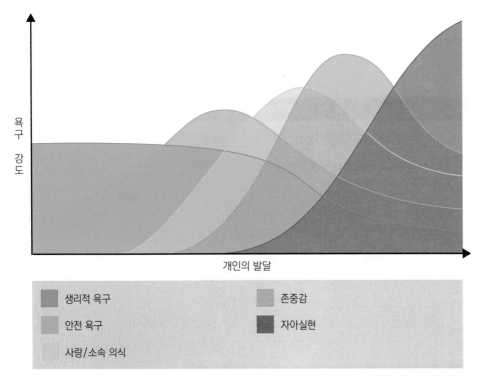

생리적 욕구

안전 욕구

사랑/소속 의식

존중감

자아실현

그림 14.1 _ 매슬로의 인간 욕구의 단계

매슬로가 말하는 욕구의 단계(위계)는 우리가 단순히 생존을 넘어서는 인간의 잠재력을 인식하고 있음을 나타냅니다. 일단 음식, 물, 주거지 같은 기본적인 물질적 욕구가 충족되면 우리는 창의적이기를 열망하고 지적인 추구를 할 수 있는데, 이것은 인간의 열망이 단순히 물질적 욕구를 충족하는 것 이상이라는 것을 의미합니다. 우리는 양심을 가지고 있고, 윤리적 규범을 따르고, 웃고, 울고, 자기 성찰 능력과 언어 능력이 있습니다. 또한 우리는 지식을 기록하고 전수하며, 창의적이고, 손가락으로 물건을 집을 수 있고, 과거와 미래를 인식하고, 기술을 개발합니다. 사람은 단지 몸과 마음 이상의 존재라고 생각할 수 있습니다. 물질적 과정으로는 설명할 수 없는 영혼이 있다고 믿는 사람들도 있습니다. 이에 대한 여러분의 의견이 무엇이든, 과학적 방식으로 인간을 연구하는 데 특별히 까다로운 문제들이 있습니다.

13장에서는 자연과학 영역을 탐사했는데, 이는 자연계의 화학적, 생물학적, 물리적 특성을 조사하고 이를 지배하는 법칙을 엄격한 방법으로 발견하는 것입니다. 자연과학은 떨어지는 물체나 세포 구조에 영향을 미치는 힘을 기술하거나 금속이 얼마나 반응성이 있는지 계산할 수 있습니다. 이와 대조적으로 인간과학은 인간의 행동을 이해하고, 설명하고, 예측하기 시작했습니다. 인간이 인간과학의 주체라는 사실이 인간과학을 자연과학과 다르게 만듭니다. 인간과학은 모델이나 원칙, 법칙을 수립하기 위해 데이터 사용을 비롯하여 어느 정도 과학적 방법을 사용하기 때문에 과학이라고 합니다. 인간과학은 가설과 테스트, 반증 및 귀납적 추론을 사용하여 인간 행동의 일반적인 경향을 규명합니다. 이런 방식으로 인간과학은 논리적이고, 가능한 한 객관적이며, 수용 가능한, 신뢰할 수 있는 지식을 생산한다고 주장합니다. 14장에서는 관찰, 측정, 패턴 및 실험과 같은 인간과학의 다양한 핵심 개념을 살펴봅니다. 또한 인간과학과 자연과학을 비교할 것입니다.

14.2 관찰

과학의 가장 중요한 특징은 관찰에 기반한다는 점일 겁니다. 인간과학의 한 가지 문제는 다른 사람의 행동은 관찰할 수 있지만 마음을 직접 관찰할 수는 없다는 것입니다. 그들이 생각하는 것에 대해 경험에서 우러난 대로 추측할 수 있을지 모르지만, 여러분이 옳다고 완전히 확신할 수는 없습니다. 3장에서 우리는 경험론을 탐구했는데, 이 학파의 사상은 모든 지식이 궁극적으로 **감각 지각**에 기초한다고 주장합니다. 관찰은 감각과 밀접하게 연결되어 있습니다. 뇌는 시각, 청각, 미각, 촉각, 후각 및 기타 감각을 통해 수신한 감각 데이터를 해석하고 '이해'합니다. 여기에는 감각의 신뢰성, 그리고 관찰의 범위 및 정확성에 관해, 평가해야 할 중요한 문제들이 있습니다.

관찰자 효과

자연과학과 마찬가지로 인간과학에서도 우리가 관찰하고 있을 때와 관찰되고 있을 때, 우리에게 영향을 미치는 여러 요인이 있습니다. 13장에서 자연과학에 적용되는, 소위 관찰자 효과(어떤 현상을 관찰하는 행위가 관찰되는 현상을 바꾼다는 원리)에 대해 논의했습니다. 관찰자 효과는 사람들이 관찰되고 있을 때에는 다르게 행동하는 경향을 보다 일반적으로 가리키는, 인간과학이 다뤄야 할 문제이기도 합니다. 만약 어떤 심리학자가 사람들을 관찰한다면 그 관심으로 인해 사람들은 긴장하거나 당황할 수 있고 그로 인해 그들의 행동이 바뀔 수도 있습니다.

실제 상황 14.3

1   여러분이 관찰한 것들이 정확했던 때와 그것들이 여러분을 낙담시켰을 때의 예를 생각해 보세요. 우리는 언제 자신의 관찰을 신뢰할 수 있을까요?

2   주시되거나 관찰되고 있지 않을 때, 사람들이 어떻게 행동하고 사고하는지를 어느 정도나 알 수 있을까요?

인간과학자가 관찰자 효과를 피하기 위해 시도할 수 있는 방식은 적어도 두 가지가 있습니다. 첫 번째는 **습관화**입니다. 텔레비전 제작진이 와서 한 학기 동안 지식론 수업을 촬영한다면 아마 카메라의 존재에 익숙해질 테고 결국에는 무시할 것입니다.

인류학자들은 **현지인의 풍습**을 따르며 오랜 시간 동안 부족과 함께 살 때 비슷한 전략을 사용합니다. 인류학자들은 자신들이 연구하는 사람들이 결국 인류학자들에게 익숙해지고 그들 앞에서도 평소와 다름없이 행동하기를 바라는 것입니다.

관찰자 효과에 대한 또 다른 해결책은 몰래 카메라를 사용하는 것입니다. 여러분이 관찰되고 있다는 것을 모른다면 그 관찰은 여러분 행동에 영향을 미치지 않을 것입니다. 그러나 이것은 몰래 사람들을 촬영하는 것이 허용되는지 여부에 대한 윤리적 질문을 제기합니다.

> **키워드**
>
> **현지인의 풍습**: 외부인이 현지인과 오랫동안 같이 살면서 받아들이는 태도와 행동

탐구 14.2

텔레비전 방송 제작진이 전국에 방영될 다큐멘터리를 위한 전형적인 지식론 수업을 촬영하기 위해 내일 여러분 학교에 온다고 상상해 보세요. 이것이 여러분의 행동, 그리고 급우들과 선생님의 행동에 어떤 영향을 미칠까요? 비슷하거나 다를 수 있는 것을 목록으로 만드세요.

그런 다음 "관찰될 때, 사람들은 다르게 행동할 것이다"라는 문제를 생각해 보세요. 어디까지 동의하는지, 그리고 왜 동의하는지 토론하세요.

실제 상황 14.4

갱단의 일원으로 사는 것은 갱단의 일원이 **되는 것**과 같을까요? 관찰자 효과는 어떻게 나타날 수 있을까요?

누군가(조부모, 숙모 또는 따로 살다가 돌아온 성인 형제자매)가 집에 들어와 1~2년 동안 여러분과 함께 지낸다면, 이것이 가족 역동(family dynamics)에 어떤 영향을 미칠까요? 집에 새로 들어온 사람이 다른 문화권에서 온 낯선 사람이라면 어떨까요? 다른 사람이 가족과 함께 지낸다면 하고 싶거나 하고 싶지 않을 일이 있을까요?

변화맹

우리는 관찰할 때 특정한 것을 놓치는 경향이 있습니다. 관심이 하나에만 집중되어 있으면, 그곳에 실제로 무엇이 있는지 관찰하지 못할 수도 있습니다. 이것은 심리학자들에게 **변화맹**(change blindness)으로 알려진 현상으로, 13장에서 처음 소개된 바 있습니다. 변화맹은 자연과학뿐만 아니라 인간과학에서도 중요한 현상입니다. 크리스토퍼 샤브리(Christopher Chabris, 1966~)와 대니얼 사이먼스(Daniel Simons, 1969~)는 짧은 영상을 만들어 시청자에게 검은색 티셔츠를 입은 선수들은 무시하고 흰색 티셔츠를 입은 선수들 사이에서 이루어진 농구 패스 횟수만 세라고 요청했습니다. 하지만 패스 횟수를 세는 일에 몰두하느라 많은 사람들은 선수들 사이를 걸어간 고릴라를 알아채지 못했습니다. 온라인으로 '보이지 않는 고릴라' 웹사이트를 검색해서 동영상을 보세요. 그 영상을 본 후 '보이지 않는 고릴라'를 관찰하지 못한 사람들은 매우 놀랐고 그런 고릴라는 없다고 확신했습니다. 우리의 인지 부하가 제한적이기 때문에 주의가 다른 곳에 집중될 때 변화를 관찰하지 못할 수 있습니다. 다시 말해서, 우리의 뇌는 인지적 과제를 처리할 수 있는 능력이 유한합니다.

실제 상황 14.5

1 IB 디플로마 프로그램 그룹 3 과목(인간과학)은 어떤 방식으로 관찰에 의존할까요?

2 관찰한 사실들을 통해 신뢰할 수 있는 지식을 어느 정도나 생산할 수 있나요?

그림 14.2 _ 감각 지각은 다양한 요인들에 의해 어느 정도나 영향을 받게 될까요?

관찰에 미치는 언어의 영향

관찰은 또한 인간 행동을 설명하는 데 사용되는 언어의 영향을 받을 수도 있습니다. 여기서 실증적인 것과 규범적인 것의 구별이 중요합니다. 관찰할 때, 사실을 설명하기 위해 언어를 사용할 수 있습니다. 이런 진술은 **실증적 진술**로 알려져 있습니다. 그와 달리 관찰은 규범적인 방식으로 언어를 사용하여 가치를 표현할 수도 있습니다. 이런 진술은 **규범적 진술**로 알려져 있습니다. 다음은 지식 주장의 몇 가지 예입니다.

사실을 기술하는 실증적 진술—관찰을 기반으로 함

1   미합중국을 구성하는 것은 50개 주다.
2   IB 디플로마 프로그램은 학생들이 탐구하고, 지식이 풍부하고, 사고하고, 의사소통하고, 원칙을 지키고, 열린 마음을 갖고, 배려하고, 위험을 감수하고, 균형 잡히고, 성찰하는 학습자가 되도록 학습자상의 속성을 개발하도록 권장한다.
3   경제학은 사회의 물질적 자원과 노동력에 관한 연구다.
4   대다수 미국 대학에 입학하려면 SAT 또는 ACT 시험이 필요하다.

그 관찰에 대해 가치를 표현하는 규범적 진술

1   미합중국은 헌법을 수호하는 강력하고 안정적인 정부를 가져야 한다.
2   IB 디플로마 프로그램 학생들은 학습자상의 10가지 속성을 일상생활에 적용해야 한다.
3   경제학자들은 부와 자원의 보다 균등한 분배를 실질적으로 촉진하도록, 즉 보다 공정한 세상을 만들도록 이론을 사용할 책임을 지니고 있다.
4   미국 대학들은 대학 지원의 모든 측면을 고려해야 하며 SAT 또는 ACT 점수에만 너무 중점을 두지 않아야 한다.

실증적 진술은 일반적으로 '있다'와 '이다'라는 표현을 포함하는 반면, 규범적 진술은 '~ 해야 한다', '반드시 ~ 해야 한다' 또는 '마땅히 ~ 해야 한다' 같은 표현을 포함합니다. 이런 방식으로 규범적 진술은 의견이나 윤리적 가치, 문화적 규범을 표현합니다. 우리가 감각 지각을 통해 관찰하는 것은 그것을 설명하기 위해 사용하는 언어와 관련이 있습니다. 언어를 사용할 때 우리는 단순히 우리 문화에 속한 가치를 표현하고 강화하거나, 아니면 그 문화 규범과 가치에 도전할 수 있습니다.

그러나 '~이다(is)'에서 '마땅히 ~ 해야 한다(ought)'로 이동하는 것은 자연주의 오류로 알려진 추론 오류입니다. 스코틀랜드 철학자 데이비드 흄(David Hume, 1711~1776)은 '~이다' 진술에서 '마땅히 ~ 해야 한다' 진술로 이동하거나 '좋다(good)'와 '옳다(right)' 같은 윤리적 용어가 자연적 특성이라고 가정하는 이런 실수를 명확히 밝혔습니다. 가치 진술과 윤리적 지식 주장이 세상을 있는 그대로 설명하지 않는다는 점을 고려할 때 이것은 문제가 됩니다. 우리는 3장에서 지식과 윤리, 그리고 언어 사이의 관계를 탐구했습니다.

1   짝을 지어 실증적 진술과 규범적 진술을 교대로 하는 게임을 해 보세요. 여러분 중 한 명은 실증적 진술의 예로 시작하고, 나머지 한 명은 관련된 규범적 진술을 해야 합니다.

2   그것을 번갈아 하면서, 실증적 진술과 규범적 진술의 예시 목록을 함께 작성하세요. (IB 디플로마 프로그램 과목의 예시를 참고할 수 있습니다.)

3   실증적 진술과 규범적 진술 중 어느 것이 더 만들기 쉬웠나요? 여러분의 예에서 어떤 점이 눈에 띕니까? 어떤 요인이 예와 언어를 여러분이 선택하는 데 영향을 주었나요? 여러분은 다른 유형의 사실과 다른 유형의 가치 판단을 생각해 냈나요? 사실을 확립하는 것은 어디까지 가능할까요?

1   몇몇 가치 진술들은 사실에 토대를 두고 있나요? 인간의 가치에 대한 사실을 어떻게 확립할 수 있을까요?

2   어느 정도나 객관적이고 중립적인 방식으로 관찰할 수 있나요? 인간적 가치들에 대해 **중립적 관찰**을 할 수 있을까요? 그 이유는요? 중립적 관찰을 할 수 없다면 그 이유는요?

> **키워드**
>
> **중립적**: 편향되지 않은, 불편부당한, 논쟁의 어느 쪽도 지지하지 않는

14.3 방법

1   인간에 관한 연구에서 지식을 얻는 적절한 방법은 무엇일까요?

2   인간과학에 사용되는 특정 방법은 신뢰할 수 있는 지식을 얼마나 만들어 낼까요?

3   인간과학의 방법이 윤리적인지 어떻게 결정하나요?

인간을 연구하는 데 적합한 방법은 여러 요인에 따라 달라집니다. 때로는 측정이 사용될 수 있습니다. 예컨대 인구, 소득 및 인플레이션율입니다. 반면에 지능, 성격, 행복처럼 수량화하거나 측정하기 어려운 것이 있을 수 있습니다.

왜 사람들에게 그냥 물어볼 수 없을까?

인간과학에서 설문지나 설문 조사는 '신뢰할 수 있는 방법'을 어느 정도나 제공할 수 있을까요?

사람들이 어떻게 생각하는지 알아내는 한 가지 방법은 물론 그들에게 물어보는 것입니다. 대부분의 사람들은 상당히 정직하기 때문에 설문지, 설문 조사, 여론 조사, 인터뷰 등을 통해 많은 것을 알 수 있습니다. 동시에 사람들은 일반적으로 좋게 보이고 싶어 하기 때문에 말하는 것을 항상 액면 그대로 받아들일 수는 없습니다. 우리는 자신

의 장점을 과대평가하고 약점은 과소평가하는 경향이 있다는 것을 암시하는 심리학 증거들이 있습니다. 예를 들어, 100만 명의 미국 고등학교 졸업반 학생을 대상으로 한 잘 알려진 한 설문 조사에서 **그들 모두**가 다른 사람과 잘 지낼 수 있는 능력 면에서 자신을 평균 이상으로 평가했습니다! 또한, 사람은 다른 사람이 어떻게 생각하는지 신경 쓰기 때문에 인기 없는 의견을 가지고 있다는 것을 인정하지 않으려 할 수도 있습니다. 이것은 일부 국가에서 극단적인 정당이 종종 여론 조사보다 총선에서 지지를 더 많이 받는 이유를 설명해 줄 수 있습니다.

특정한 화제 뒤에 있는 인간과학에 대한 이해는 우리가 던진 질문을 결정할 수 있습니다. 탐구 14.4의 행복에 관한 설문지를 살펴보세요. 그때, 심리학자 대니얼 카너먼 (Daniel Kahneman, 1934~)이 두 가지 유형의 행복을 기술한 것을 명심하세요. 첫째, '경험하는 자아(경험 자아)'는 평범한 일상의 순간에서 기쁨과 행복을 찾습니다. 둘째, '기억하는 자아(기억 자아)'는 그 경험에 대한 기억을 상기합니다. 카너먼은 그 순간에 행복해지는 것은 그 경험을 기억하는 것과 매우 다르다고 주장합니다. 불가피하게, 우리가 알고 있다고 주장하는 것은 설문 조사에서 우리가 물어볼 질문에 영향을 미칠 것이고, 따라서 설문지의 마지막 세 가지 질문에는 행복에 대한 다른 질문이 있습니다.

탐구 14.4

1   가능한 한 정직하게 다음의 짧은 질문지에 답하세요.

	평균 이하	평균	평균 이상
a 다른 사람이 자신을 어떻게 생각하는지 얼마나 걱정하나요?			
b 자신을 어느 정도나 사려 깊은 사람이라고 생각하나요?			
c 유머 감각이 좋은가요?			
d 새로운 아이디어에 얼마나 개방적인가요?			
e 환경 문제에 대해 얼마나 걱정하고 있나요?			
f 일상적인 순간에 행복을 경험하나요?			
g 경험에 대해 행복한 기억이 있나요?			
h 삶의 전반적인 방향에 만족하고 행복한가요?			

2   이제 학급 전체의 조사 결과를 취합하세요. 그 결과를 어떻게 해석하고, 그로부터 어떤 결론을 도출할 수 있나요?

실제 상황 14.7

1   설문 조사에서 묻는 질문을 형성할 수 있는 요인들은 무엇일까요?

2   서로 다른 요인들이 설문지 질문에 대한 여러분의 응답에 어떻게 영향을 미칠까요? 사람들의 기대가 여러분의 대답에 어떻게 영향을 줄까요?

3   이름을 설문지에 적어야 한다면 여러분의 대답은 달라질까요?

표본 추출에는 체계적인 표본 추출(무작위 표본 추출의 한 형태)과 표본 추출 전에 모집단을 하위 집단으로 분류하는 층화 표본 추출과 같은 다양한 기법이 있습니다. 12장으로 돌아가 보면 설문지, 표본 추출 및 설문 조사 데이터에 대해 보다 많은 정보를 볼 수 있습니다.

의도된 질문들

사람들에게 어떻게 생각하는지 물어볼 때 일어나는 또 다른 문제는 질문을 편향 없이 만드는 것이 쉽지 않다는 것입니다. 12장에서 의도된 질문과 유도 질문을 접했을 것입니다. 여기서 모든 통계 분석은 그것이 기초하고 있는 데이터만큼만 유효하며, 데이터는 그것이 수집되는 방식에 따라 달라진다는 점을 알게 될 것입니다. 의도된 질문은 숨겨진 가정을 포함하고 있어 사람들이 다른 방식보다는 특정한 하나의 방식으로 대답하게끔 권장됩니다. 예를 들어, 만약 누군가가 "시험에서 항상 부정행위를 하느냐?"고 묻자 "그렇다"라고 대답한다면 여러분은 항상 부정행위를 한다고 인정하는 것이며, "아니다"라고 대답한다면 여러분이 **때때로** 부정행위를 한다는 의미를 함축하고 있는 것입니다. 여러분이 해야 할 일은 그 질문에 내장된 가정에 도전하고 "나는 시험에서 **절대** 부정행위를 **하지 않는다**"라고 말하는 것입니다.

진술은 내장된 가정을 포함할 수도 있습니다. "오늘 교장 선생님은 술을 마시지 않으셨다" 같은 문장은 좁은 의미에서 참일 수 있습니다. 하지만 이 진술은 교장 선생님이 술을 마시지 않는 일이 흔치 않으며, 오히려 종종 술에 취한다는 내포적 의미를 담고 있습니다. 그리고 적어도 대다수 학교에서 이것은 거짓일 가능성이 큽니다!

지식 영역 연결 질문 14.1

언어: 설문지는 어느 정도나 중립적 언어로 작성될 수 있나요?

정부가 국민 투표를 실시하거나 사회과학자 또는 여론 조사 기관이 다양한 종류의 데이터를 모으려 할 때는 의도된 질문을 피하려고 노력해야 합니다. 그러나 실제로는 어떤 질문이 편향된 것인지 여부를 결정하기가 어려울 수 있는데, 어떤 것이든 완전히 중립적인 방식으로 표현하기 어렵기 때문입니다.

2016년 영국 국민 투표에서 처음 제시된 질문은 "영국이 유럽 연합 회원국으로 남아야 하는가?"였습니다. 이 문구는 '예' 또는 '아니오'로 응답하도록 유도했습니다. 그러나 이 질문은 편향을 내장하거나 암묵적으로 담고 있는 것으로 인식되었는데, 그것은 이 질문이 '남는다'라는 선택만 언급했고 '그렇다'에 표를 던지는 것은 현상 유지를 선호하는 것이었기 때문입니다. 그래서 선거 관리 위원회는 질문을 다음과 같이 변경할 것을 권고했습니다.

		선택한 항목 옆에 있는 ☐ 안에 ✘를 하여 한 번만 투표하세요.

영국은 유럽 연합 회원국으로 남아 있어야 합니까, 아니면 유럽 연합을 떠나야 합니까?	
유럽 연합 회원국으로 남는다.	☐
유럽 연합에서 탈퇴한다.	☐

그림 14.3 _ 2016년 영국 선거 투표 용지

질문의 새로운 문구는 똑같이 정당한 두 가지 선택지를 내포하고 있기 때문에 보다 개방적이라고 여겨졌습니다. 그런데도 비판가들은 협상 조건에 대한 감이 없는 상태에서 EU를 떠나는 것이 전혀 복잡하지 않는 선택이라는 인상을 주기 때문에 이 질문이 오해의 소지가 있을 수 있다고 주장했습니다. 이 사례는 특정 응답을 선호하는 편향을 피하기 위해 중립적 질문을 문구로 만드는 것이 어렵다는 것을 보여 줍니다.

유사한 질문이 두 가지 다른 방식으로 표현된 다음의 1980년 미국 여론 조사도 살펴보세요.

	필요하다	필요 없다
낙태를 금지하는 헌법이 개정되어야 한다고 생각합니까? 아니면 그런 개정은 필요 없다고 생각합니까?	29%	67%
태아의 생명을 보호하는 헌법 개정이 필요하다고 믿습니까? 아니면 그런 개정은 필요 없다고 믿습니까?	50%	34%

실제 상황 14.8

1980년 미국 여론 조사에서 어떤 질문이 의도되었다고 생각하나요? 그 이유를 말하세요.

탐구 14.5

1 짝을 이루어 낙태, 안락사, 사형 같은 관심 있는 화제를 선택하세요. 일단 어떤 화제를 선택하기로 의견 일치를 봤다면 그 화제에 대해 찬성과 반대의 각각 다른 응답을 끌어내도록 설계된 두 개의 편향된 설문지(설문지당 질문은 5개 이상)를 만드세요. 예를 들어, 낙태를 선택하는 경우 하나의 설문지는 낙태 찬성 응답을, 다른 하나는 생명 중시 응답을 끌어낼 수 있어야 합니다.

2 짝과 설문지를 교환하고 서로의 질문에 답하세요. 이제 결과를 살펴보세요. 서로의 질문을 비교하고 평가하세요.

• 어떤 질문에서 의도한 답변을 얻었나?

• 원하는 반응을 유발하는 데 어떤 단어나 문구가 영향을 미쳤나?

• 특정한 대답을 조장하기 위해 그 밖에 또 어떤 말을 할 수 있었나?

- 다른 대답을 이끌어 내려면 질문을 어떤 문구로 표현할 수 있었나?

3 이제 짝과 함께 작업하면서 사람들의 의견을 알아내기 위해 편향되지 않은 설문지를 고안하세요. 이번에는 의도되거나 편향된 질문을 피하세요. 설문 조사를 급우들에게 발표하세요.

자기 평가

이제 한걸음 뒤로 물러나서 이 두 설문지를 어떻게 고안했는지 생각해 보세요. 질문이 편향되고 의도되거나, 또는 편향되지 않고 개방적이고 중립적이도록 표현하는 데 사용한 작업 과정은 무엇인가요? 각 설문에 사용된 서로 다른 유형의 질문을 어떻게 결정했나요? 나중에 그런 설문지를 고안한다면 무엇을 염두에 둘 건가요?

실제 상황 14.9

1 사람들이 실제로 생각하는 바를 알아내는 데 따르는 문제와 어려움은 무엇일까요?

2 사람들에게 질문을 하는 것이 과학적 방법이라고 할 수 있을까요? 설문지와 설문 조사의 경우 어떤 가정을 하고 있을까요?

3 과학적 방법을 인간과학에 적용할 때 어떤 특별한 문제가 발생할까요?

국민 투표 질문의 예는 매우 숙련되고 교묘하게 질문을 던지면 여러분이 원하는 대답을 사람들한테서 얻어낼 수 있다는 것을 시사합니다. 게다가 물어보는 행위조차도 특정한 반응을 끌어낼 수 있습니다. 심리학자들은 우리가 인터뷰를 진행하는 사람이나 설문지를 수행하는 사람을 기쁘게 해야 할 것 같다고 생각하는 경향인 **응답 편향**을 규명했습니다. 설문지에 대해 마지막으로 지적할 것은 사람들이 가상 상황에서 하겠다고 하는 것과 현실에서 실제로 하는 것 사이에는 종종 차이가 있다는 것입니다.

키워드

응답 편향: 인터뷰를 진행하는 사람이나 설문 조사를 수행하는 사람을 기쁘게 할 답을 선택함으로써 실제로 그들을 기쁘게 하려는 경향

"그 질문에 어떻게 대답하고 싶으세요? 저와 같은 민족,
같은 교육 계층, 같은 소득 집단, 같은 종교의 구성원으로서 말이에요."

설문지에 답하거나 설문 조사를 작성한 적이 있나요? 여러분은 얼마나 정확하게 답변하려고 노력하나요? 어떤 답변도 자신이 답하고 싶은 것에 정확하게 들어맞는 답변이 아닌 일련의 답변을 가진 질문, 또는 자신이 선택한 답이 해석에 따라 크게 달라질 수 있는 모호한 질문을 받은 적이 있나요? 그런 설문 조사가 만들어 낼 지식이 어떤 것이든 그 지식에 대한 함의는 무엇일까요?

양적, 질적 연구와 분석

연구 기법은 양적 방법과 질적 방법 중 어느 하나를 기반으로 하며, 두 가지 유형의 연구 모두 가치가 있습니다. **양적** 연구는 수치 데이터와 통계 분석을 사용하여 가설을 검증합니다. 예를 들어 어떤 연구는 데이터 세트를 사용하여 판독 수준과 검사 결과 사이에 상관관계가 있다는 이론을 산출할 수 있습니다. 수치 데이터는 이론이나 가설에 대한 증거를 제공합니다. 그러나 인간 사회의 어떤 측면은 다른 방법론과 접근법이 적합할 수 있습니다. 이를테면, 민족지(民族誌) 학자는 독특한 관점에서 문화와 사람들의 집단을 연구하는 데 적합한 **질적** 연구 유형을 사용합니다. 예를 들어, 민족지 학자는 시카고에서 갱단의 일원으로 살 수 있습니다. 연구자는 그 안에 몰입함으로써 문화나 집단, 또는 상황을 연구하는 관찰자가 됩니다. 그들은 관찰과 연구 대상 그룹과의 접촉에 기초하여 상세한 설명을 작성할 수 있습니다.

양적 연구 방법과 질적 연구 방법은 서로를 보완할 수 있는데, 학교 운영 기구가 IB 디플로마 프로그램 학생들 사이에서 학업 성취도와 학생 만족도를 모니터링한다고 상상해 보세요. 운영자는 질적 데이터(예: 질문지 응답과 학생 및 교직원 인터뷰)에 추가하여 양적 데이터(예: 리포트 성적과 이전 시험 점수)를 모두 사용할 수 있습니다. 두 유형의 데이터 모두 조사에 도움이 될 수 있습니다. 한 가지 유형의 데이터만 사용한다면 무엇인가를 놓칠 수 있습니다.

양적: 어떤 것의 질보다는 양과 관계되거나, 또는 양을 측정하거나 양으로 측정된

질적: 어떤 것의 양보다는 질과 관계되거나, 질을 측정하거나 질로 측정된. 질적 연구는 문화를 설명하거나 이야기를 공유하는 인간 현상에 대해 자세한 서사를 제공하는 방법을 사용함

탐구 14.6

선택한 화제에 대한 양적, 질적 데이터를 수집하세요.

처음에는 혼자 작업하세요. 연구를 위해 관심이 있는 몇 가지 화제와 사용할 수 있는 몇 가지 방법을 확정하세요. (예를 들어, 급우들을 인터뷰하거나 설문 조사를 구성하거나 다른 적절한 방법을 사용하여 누리 소통망 사용 또는 언론 자유에 대한 그들의 견해를 알아낼 수 있습니다.)

그런 다음 짝과 함께 작업하세요. 어떤 화제를 함께 조사할 것인지 결정하세요. 그리고 제안된 방법 중에서 선택하여 찾고자 하는 데이터를 수집하기 위한 포괄적인 계획을 세우세요. 방법을 선택할 때 다음을 고려할 수 있습니다.

- 그 방법들이 양적, 질적 연구를 포함하는가?
- 여러분이 선택한 방법에서 관찰의 역할은 무엇인가?
- 그 방법을 사용하여 신뢰할 수 있는 데이터를 얻을 수 있을까?
- 선택한 방법의 기초가 되는 가정은 무엇인가?

- 감안해야 할 윤리적 고려 사항이 있는가?

- 데이터가 어떻게 새로운 지식으로 이어질 수 있을까?

그런 다음 함께 연구를 수행하세요.

자기 평가

연구를 수행한 후 평가하고 비판하세요. 다음 사항들을 고려하세요.

- 어떤 데이터가 양적이고 어떤 것이 질적인지 명확한가?

- 여러분의 방법을 통해 얼마나 신뢰할 수 있는 데이터를 얻을 수 있었나?

- 여러분의 기대와 가정이 정당화되었나?

- 어떤 방법이 효과적이었고 어떤 방법이 덜 성공적이었나?

- 정당화된 결론에 도달할 수 있는 충분한 증거가 있나?

- 다른 화제에 대해 비슷한 활동을 한다면 무엇을 다르게 하고 싶은가?

실제 상황 14.10

지식을 구축하기 위한 질적 연구와 양적 연구의 강점과 약점은 무엇이라고 생각하나요? 여러분의 IB 디플로마 프로그램 연구, 특히 그룹 3(인간과학)의 예를 사용해서 토론하세요.

측정 및 통계

인간과학은 수치 데이터를 개발·생성해서 사용하지만, 데이터의 해석과 사용은 복잡합니다. 전쟁을 예로 들어 봅시다. 스티븐 핑커는 우리가 역사상 가장 평화로운 시대에 살고 있다고 주장합니다. 통계에 따르면 인구 증가에 따라 전사자 비율이 감소했음을 알 수 있습니다. 그러나 인류학자 딘 포크(Dean Falk, 1944~)와 찰스 힐드볼트는 다른 결론에 도달했습니다. 이로 인해 관련 데이터를 선택하고 해석하는 다양한 방식들에 대해 쟁점이 제기됩니다.

실제 상황 14.11

스티븐 핑커의 폭력 연구와 그것이 낳은 논평에 대해 더 자세히 알아보세요. 전문가들은 왜 이것에 동의하지 않는지 생각해 보세요.

탐구 14.7

1 혼자서 시작해 두 개의 목록을 만드세요. 다음 중 어떤 것이 측정하기 **쉽고** 어떤 것이 더 **어려운**가요?

　　a　무게

　　b　브랜드 충성도

　　c　온도

    d   사회 계급

    e   인플레이션

    f   지능

    g   행복

    h   독해력

    i   진보

    j   나이

    k   인구

    l   키

2   짝과 목록을 비교하세요. 어디까지 동의하나요? 목록의 각 항목을 측정하는 방법에 대해 토론하세요. 각각 사용할 수 있는 적절한 방법에 동의하나요?

3   여러분 의견을 급우들과 공유하세요. 각자 생각해 낸 방법을 결정한 요인은 무엇인가요?

지식 영역 연결 질문 14.2

수학과 언어: 인간과 관련된 현상은 수학 언어로 어느 정도나 표현될 수 있을까요?

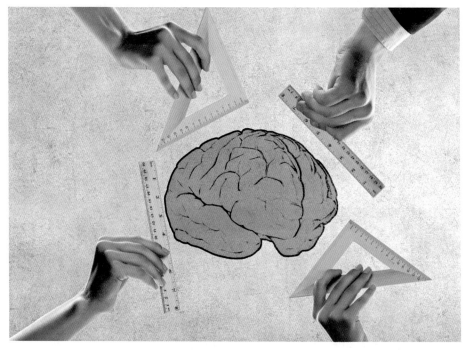

그림 14.4 _ 지능은 어디까지 측정될 수 있을까요?

5장에서는 빅 데이터 사용 증가를 검토했는데, 이는 온라인 활동 흔적을 통해 우리의 행동과 태도에 대해 더 많이 알 수 있음을 의미합니다. 빅 데이터는 인간과학에서 중요한 의미를 지니며, 이에 대해서는 14장 뒷부분에서 살펴보겠습니다.

통계 사용의 어려움

어떤 것에 숫자를 적용할 때, 그것은 때로는 객관성에 대한 잘못된 인식을 만들어 냅니다. 2016년 리우데자네이루 올림픽이 끝난 뒤 데이터·미디어 기업인 블룸버그는 「누가 리우에서 이겼는가: 블룸버그의 올림픽 메달 추적기」라는 제목의 기사를 썼습니다. 공식 순위만 보고 답을 찾을 수 있다고 생각할 수도 있습니다. 아래 표는 획득한 총 메달 수로 나라별 순위를 매긴 결과 중 일부를 보여 줍니다.

순위	국가	메달 합계
1	미국	121
2	중국	70
3	영국	67
4	러시아	42
5	프랑스	42

이 표를 보면 미국이 121개의 메달로 1위를 차지한 것이 분명해 보입니다. 하지만 고려될 수 있는 요인들이 많이 있습니다.

첫째, 몇몇 사람들은 금메달 총 개수보다 메달 총 수가 더 중요하다고 주장하지만, 이것은 논쟁의 여지가 있습니다. 예를 들어 2016년 리우데자네이루 올림픽에서 중국은 금메달 26개를 포함해 총 70개 메달을 획득했고 영국은 금메달 27개를 포함해 총 67개 메달을 획득했습니다. 총 메달 수로 따지면 중국이 종합 2위, 총 금메달 수로 따지면 영국이 2위입니다. 만약 (14장 앞부분에서 언급한) 실증적 진술과 규범적 진술 사이의 구별로 돌아간다면, 가치에 관한 우리의 규범적 가정이 사실에 관한 우리의 이해를 형성할 수 있다는 것을 알 수 있습니다. 금메달을 소중히 여긴다면 금메달 하나가 동메달 3개와 같은 가치가 있다고 생각할 수도 있습니다. 반면에 총 메달 수를 세는 것이 더 공정하다고 주장할 수 있습니다. 총 메달 수 또는 총 금메달 수를 우선시하는 것에 대해 정당한 논거들이 제시될 수 있습니다.

> **실제 상황 14.12**
>
> 총 메달 수보다 총 금메달 수를 더 가치 있게 여겨야 할까요? 그 이유는요? 아니라면 그 이유는요? 결정을 내리기 전에 다른 어떤 정보가 더 필요한가요?

이제 이 수치를 **해석하는** 방식을 결정해야 합니다. 독일과 러시아를 생각해 보세요. 독일은 러시아보다 **총** 2개의 메달을 더 많이 획득했지만, 러시아는 독일보다 **금**메달을 6개나 더 많이 획득했습니다. 그래서 누가 제일 잘했을까요? 보통 올림픽 관례에 따르면 금메달 3점, 은메달 2점, 동메달 1점을 부여합니다. 그럼 상위권의 유일한 변경 사항은 중국과 영국이 자리를 바꾼다는 것입니다.

그러나 이제 각 국가의 **인구**를 고려하면 어떻게 될까요? 결국, 미국은 선수를 선택할 수 있는 인구 기반을 독일보다 훨씬 더 많이 가지고 있습니다. 이것은 결과를 극적으로 바꿉니다. 인구 100만 명당 메달 수를 보면 다음과 같은 결과를 얻을 수 있습니다.

순위	국가	100만 명당 메달 수
1	그레나다	9.03
2	바하마	6.16
3	뉴질랜드	4.06
25	자메이카	3.73
37	덴마크	2.69

이 결과를 보면 그레나다가 1위를 차지하는 등 일부 국가가 상위권으로 올라섭니다. 하지만 거기서 멈출 필요는 없습니다. 순위를 조정하는 방법을 더 생각해 봐야 할 것 같습니다.

- 어린이와 노인은 잠재적인 운동선수 풀(pool)의 일부를 형성하지 않기 때문에 아마도 연령 분포를 고려해야 할 것이며 인구 100만 명당 점수가 아니라 적절한 연령대(이를 테면 16세에서 60세 사이)의 100만 명당 점수를 고려해야 한다.
- 부유한 나라의 운동선수가 가난한 나라의 운동선수보다 더 나은 훈련 시설을 가지고 있다는 것을 근거로 상대적 부를 고려할 수 있다.

우리는 서로 다른 기준에 따른 엄청난 양의 순위표들 속에서 길을 잃을 위험이 있습니다. "누가 올림픽에서 이겼는가?"라는 질문에 대한 명확한 답이 없는 것처럼 보이기 시작합니다. 아마도 단순히 국가별 순위 매기기에 대한 집착을 버려야 할 것입니다. 그러나 그것은 말은 쉽지만 실천은 어렵습니다.

실제 상황 14.13

1 우리의 가치 평가는 사실에 대해 생각하는 방식에 어느 정도나 영향을 미칠까요?
2 우리의 가치 평가는 인간과학 지식을 얻는 데 사용되는 측정 및 방법에 어떤 영향을 미칠 수 있을까요?

'질적인 것'을 어떻게 측정할까?

상위 10위권 안에 든다고 주장하는 대학이 50개가 넘습니다!

여러분은 대학 순위를 어떻게 측정합니까? 학업에 따른 비용, 시험 등급과 시험 점수 같은 것은 상대적으로 측정하기 쉽습니다. 얼마나 많은 학생이 1등급 학위를 받고 졸업하는지, 그리고 그 데이터를 입수할 수 있는지 알고 싶을 것입니다. 학생들이 학업 과정을 즐기고 있는지도 확인하고, 학생들의 만족도와 학위 과정을 마친 후 취업 수준을 측정하며, 이런 각 요소에 대한 데이터를 입수할 수 있는지 확인하고 싶어 할 것입니다. 대다수 사람들은 대학을 방문하여 재학생들과 이야기하기를 원합니다.

앞 절에서 논의한 내용은 금메달, 은메달, 동메달과 같은 다른 것들의 성질을 공통의 척도로 측정하려 할 때 문제가 생긴다는 것을 보여 줍니다. 게다가 대학에는 학생 만족도, 교수진의 우수성, 연구 우수성, 졸업생 취업률 등 중요도 수준이 다를 수 있는 다양한 수치 값이 있습니다. 사람들이 이것을 하려 할 때 종종 "사과와 오렌지를 비교한다"는 비난을 받습니다. 하지만 경제학자는 서로 다른 것을 위해 사람들이 얼마의 값어치를 기꺼이 치르는지 살펴봄으로써 사실상 공통의 척도로 그것들을 비교할 수 있다고 주장할 수도 있습니다. 모든 것에 가격을 매기는 것이 실제로 가능한지 여부는 여러분이 결정해야 할 사항입니다.

실제 상황 14.14

1 인간과 관련된 현상을 어느 정도나 정확하게 측정할 수 있습니까?

2 인간과학에서의 측정이 정당한지 어떻게 알 수 있나요?

탐구 14.8

1 일반적으로 볼 때, 대학 같은 것에 순위를 매기는 것은 무슨 소용이 있을까요? 대학 순위를 본 적이 있나요? 그것을 얼마나 진지하게 받아들이나요? 얼마나 진지하게 받아들여야 할까요? 여러분은 좋은 대학이란 무엇이라고 생각하나요? 그 이유는요? 어떤 요인들이 여러분 판단을 형성할까요?

다음과 같은 대학 순위 일람표에 대해 자세히 알아보세요.

· QS 세계 랭킹(QS World Rankings)

· 타임스 우수 교육 대학 순위(The Times Higher Education University Rankings)

· 완벽한 대학 안내서(The Complete University Guide)

2 국민 총행복 지수를 측정하기 위한 부탄 모델을 조사해 보세요. 행복의 9가지 영역과 부탄에서 행복을 측정하는 방법에 대해 자세히 알아보세요. 부탄의 국민 총행복 지수(GNH)가 어느 정도나 신뢰할 수 있는 지식을 생산할 수 있는지를 살펴보세요.

모델링

복잡한 체계 내에서 인간의 상호 작용을 관찰하고 측정하려면 그에 걸맞게 복잡한 방법이 필요합니다. 행위자 기반 모델링(Agent Based Modelling, ABM)은 복잡한 체계를 모델링하는 컴퓨터 계산 도구의 예입니다. 경제학자들은 경제의 일부를 보여 주기 위해 이 모델을 사용했고, 도시 계획자들은 보행자가 도시 환경을 통과하는 방식을 시뮬레이션하기 위해 사용했습니다. 이 모델은 단순한 규칙을 준수할 때의 인간 행동에 대한 통찰력을 제공할 수 있는 동시에 몇 가지 불가피한 무작위성을 고려할 수 있습니다. 게다가 이 모델은 다양한 인간 특성과 행동을 고려할 수 있습니다.

모델링 사용의 한 가지 예는 한 나라에 사는 사람들의 수를 측정하거나 인구가 어떻게 성장할지 예측하려는 시도입니다. 인구 성장 모델(Demographic Transition Model,

DTM)은 인구 1,000명당 연간 출생 및 사망 수를 보여 줌으로써 한 국가의 출산율과 사망률을 나타냅니다(그림 14.5 참조). 이 모델은 경제가 발전함에 따라 한 나라가 다양한 단계를 거치게 된다고 가정합니다.

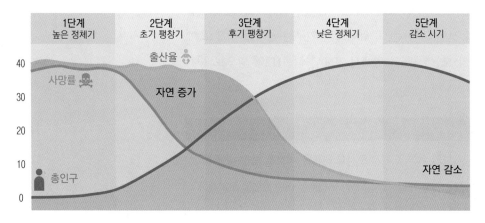

그림 14.5 _ 인구 성장 모델은 어느 정도나 정확할 수 있을까요?

모델에 따르면 산업화 이전인 1단계에서 국가는 출산율과 사망률이 모두 높지만, 전체 인구는 서서히 증가하기 시작합니다. 2단계는 한 나라가 발전하기 시작할 때 어떤일이 일어나는지 보여 줍니다. 현대 의료뿐만 아니라 사회 경제적 조건의 개선으로 인해 기대 수명은 더 늘어나고 사망률은 감소하지만, 출산율은 높은 상태로 유지됩니다. 이것은 전체 인구의 증가를 초래합니다. 3단계는 저개발 국가에서 일어나는 일을 보여주는데, 그 나라들에서는 피임 접근성, 경제 여건 개선 등 다양한 요인으로 출산율이 감소하면서 인구 증가가 느려지게 됩니다. 4단계는 의료 서비스, 교육, 여성 기대치 변화 및 경제적 번영의 결과로 인구가 안정되는 선진국을 보여 줍니다. 5단계는 전형적으로 고령화와 제로 인구 성장으로 특징지어지는 인구 안정화를 보여 줍니다.

실제 상황 14.15

1   어떤 요인이 한 나라의 인구에 영향을 미치는지 어떻게 알 수 있을까요?

2   한 나라의 인구를 측정하는 척도로서 인구 성장 모델(DTM)은 얼마나 신뢰할 수 있을까요? 그 이유는요?

모델링이 지닌 문제들

DTM은 한 국가 내에서 출생과 사망 사이의 관계를 모델로 보여 줍니다. 그러나 다른모델과 마찬가지로 출산율과 사망률을 넘어서 이주자 유입이나 이주자 유출같이 한나라의 인구에 영향을 미치는 국외 거주자, 예외 또는 다른 요인들 같은 복잡성을 고려하지 않습니다. 인구 추세 척도로서의 정확성과 신뢰성 및 예측력의 측면에서 이 모델에 여러 의문이 일어납니다.

게다가 이 모델은 특정 국가에 대해 이루어지는 인구 예측과도 맞지 않습니다. 예를 들어 인구가 감소할 것으로 예측된 11개 국가가 있습니다. 리투아니아, 일본, 라트비아, 헝가리, 크로아티아, 세르비아, 우크라이나, 루마니아, 보스니아, 불가리아 및 몰도바 공화국입니다. 불가리아 인구는 감소하고 있는 것으로 알려져 있고 21세기 말 무렵에는 340만 명에 불과할 수도 있습니다. 그 이유로는 이민, 저출산, 높은 사망률이 있습니다. 이와는 대조적으로 카타르, 오만, 레바논, 쿠웨이트의 인구는 증가할 것으로 예측됩니다. 전문가들은 세계 인구가 오늘날 76억 명에서 2100년에는 112억 명으로 증가할 것으로 예측합니다.

탐구 14.9

여러분 나라의 인구가 증가하는지 알아보기 위해 몇 가지 조사를 하세요. 어떻게 알 수 있나요?

신뢰할 수 있는 지식을 쌓기 위해 어떤 방법을 개발하겠습니까? 여러분은 어떤 요인을 고려해야 할 필요가 있나요? 인구 측정은 어느 정도나 정확할 수 있을까요?

실제 상황 14.16

1   모델이 단순하면서도 정확할 수 있나요?

2   모델을 사용하여 지식을 어느 정도나 신뢰할 수 있도록 표현할 수 있을까요?

논의 14.4

인간과학에 사용되는 특정한 방법은 어느 정도나 신뢰할 수 있는 지식을 만들어 낼까요?

실험

자연과학에서와 마찬가지로 인간과학자는 실험을 연구 방법의 일부로 자주 사용합니다. 특히 심리학자들이 그렇습니다. 그러나 인간과학 연구, 특히 심리학 실험이 가진 문제 중 하나는 표본의 크기 문제입니다. 100개의 실험 표본을 살펴보더라도 개인차로 인해 일반화하기는 어려울 것입니다. **메타 분석**의 경우 표본 크기가 수십만 개에 이를 수 있지만, 그때도 모든 실험이 동일한 방식으로 진행되는 것은 아니라는 문제가 있습니다.

그러므로 심리학자들은 추세를 식별하고, 일반적으로 개인이 특정한 상황과 특정한 정황에서 특정한 방식으로 행동할 가능성에 대한 지식 주장만 일반적으로 할 수 있습니다. 그렇지 않으면 심리학자들은 특정 개인에 대해 정확히 예측할 수 있기보다 한 집단의 특정 비율이 특정 방식으로 행동할 가능성이 크다고 예측할 수 있습니다. 심리학 실험은 인간 행동의 복잡성을 드러내는 경향이 있는데, 이것은 14장의 뒷부분 윤리에 관한 대목에서 밀그램 실험과 스탠퍼드 감옥 실험이라는 두 가지 유명한 구체적인 실험 사례를 살펴보며 탐구할 것입니다.

키워드

메타 분석: 여러 다양한 연구들을 기반으로 추세를 확정하기 위해 데이터를 분석하는 것

14.4 패턴과 예측

논의 14.5

자연과학이 자연계의 법칙을 규명할 수 있다고 말하는 것처럼, 인간과학은 인간의 행동 패턴을 밝혀낼 수 있다고 말할 수 있을까요?

인간과학은 집단 내에서 발생하는 복잡한 상호 작용 외에도 개인과 집단에서 행동 패턴을 규명할 수 있습니다. 심리학자, 경제학자, 그리고 사회과학자는 발생하는 추세를 식별하는 데 관심이 있습니다. 비록 개인의 행동은 예측할 수 없을지라도 한 나라의 출생과 결혼, 그리고 사망 건수와 같은 것에 대해 놀라울 정도로 정확한 단기 예측을 할 수 있습니다. 이에 대한 설명은 대규모 모집단에서 **무작위 편차**(random variations)는 **상쇄되는 경향이 있다**고 하는 **큰수의 법칙**에서 파생됩니다.

큰수의 법칙은 개인의 행동보다는 집단의 행동을 예측할 수 있게 해 주기 때문에, 인간과학의 많은 법칙은 본성상 **확률적**입니다. 비록 존 스미스가 올해 결혼할지 아닌지는 확실하게 예측할 수 없지만 그 일이 일어날 **확률**은 예측할 수 있을 것입니다.

여러분은 이런 확률론적 법칙이 자연과학과 전형적으로 연관된 보편적 법칙보다 못하다고 생각할지도 모릅니다. 하지만 사실 원자와 유전자의 행동을 지배하는 법칙 또한 일종의 확률론이며, 물리학자가 개별 기체 분자의 움직임을 예측할 수 없는 것은 인간과학자가 군중 속의 한 사람의 행동을 예측할 수 없는 것과 마찬가지입니다.

논의 14.6

인간과학의 목표는 주로 인간의 행동을 예측하는 것일까요, 아니면 그것을 이해하는 것일까요?

> **키워드**
>
> **큰수의 법칙**(the law of large numbers) : 모집단의 크기가 충분하면 무작위 변위가 상쇄되는 경향이 있다는 통계 원리

그림 14.6 _ 인구와 식량 공급에 대해 얼마나 정확하게 예측할 수 있나요?

예측: 맬서스 대 보저럽

인간과학에는 예측력이 있습니다. 예를 들어, 다음을 예측할 수 있습니다.

- 세계 인구 증가
- 기후 변화: 지구가 얼마나 빨리 따뜻해지는가
- 기술은 지식과 앎에 대해 우리가 사고하는 방식에 영향을 미칠 것이다.
- 비트코인 같은 암호 화폐는 돈에 대해 사고하는 방식을 바꿀 것이다.

세계 인구와 식량 생산의 관계를 살펴보세요. 수백 년 동안 경제학자와 자연과학자, 그리고 나른 인간과학자들이 관심을 둔 질문입니다. 2011년 세계 인구는 70억 명을 돌파했습니다. 만약 인간과학이 인구가 증가할 것이라고 예측한다면, 식량 생산이 보조를 맞출 수 있을지도 알고 싶을 것입니다. 이에 대한 여러 가지 이론이 있습니다.

토머스 맬서스(Thomas Malthus, 1766~1834)는 인구 증가는 기하급수적(1, 2, 4, 8, 16)이지만 식량 생산은 산술급수적(1, 2, 3, 4, 5)이라는 이론을 내놓았습니다. 그는 인구가 억제되지 않으면 인구가 식량 생산을 앞지르고, 그 결과 대재앙과 기아가 발생할 것이라고 예측했습니다. 그는 농업이 제한될 것이며, 그에 따라 식량 생산에도 한계가 있다고 가정했습니다. 다시 말해 18세기에 살았기 때문에 맬서스는 현대적인 농업 방법은 물론 식량 생산에서 기술, 살충제, 비료의 역할을 예상할 수 없었을 것입니다.

에스테르 보저럽(Ester Boserup, 1910~1999)은 인구 증가가 기하급수적이라는 데 동의했지만, 이 때문에 인구를 먹여 살리기 위해 농업이 발전할 것으로 예측했습니다. 여기서 이견은 효과적으로 인간이 세계 인구를 먹여 살리기 위한 새로운 기술을 개발할 수 있을지에 대한 것이었고, 보저럽은 보다 낙관적이었습니다.

실제 상황 14.17

1 식량은 생존하는 데 필요한 자원 중 하나입니다. 인간이 차지하기 위해 경쟁을 벌이는 다른 자원을 생각할 수 있나요? 어느 정도나 정확한 예측을 할 수 있을까요?

2 통제할 수 있는 변수와 통제할 수 없는 변수는 무엇일까요? 이것은 우리가 얻을 수 있는 지식에 어떤 영향을 미칠까요?

상관관계 및 원인

인과 관계를 확정하는 것은 상관관계를 식별(명확하게 규명)하는 것보다 더 어렵습니다. '포스트 혹 에르고 프로프터 혹'(문자 그대로의 뜻은 '이것 뒤에, 따라서 이것 때문에')의 오류는 하나의 사물 B가 다른 사물 A를 뒤따르기 때문에 A가 B의 원인이어야 한다고 가정하는 것입니다. 예를 들어, 한 나라의 살인율이 사형제 폐지 후에 증가한다고 해서 반드시 사형이 효과적인 억제책이 된다고 결론 내릴 수는 없습니다. 살인율 증가는 빈곤 증가나 총기 사용 가능성 증가와 같은 다른 요인에 의해 설명될 수 있습니다. **"반드시**

> **키워드**
>
> 포스트 혹 에르고 프로프터 혹(post hoc ergo propter hoc): 상관관계와 인과 관계를 혼동해 버리는 오류

사형이 효과적인 억제책이 된다고 결론 내릴 수는 없다"라고 말한 것에 주목하세요. 요점은 사형이 효과적인 억제책**일 수도 있지만**, 살인율이 높아졌다는 사실만으로 이런 결론을 성급히 내릴 수는 없는데, 우리에게 더 많은 증거가 필요하기 때문입니다.

필립스 곡선

1960년대에 필립스(A.W. Phillips, 1914~1975)라는 경제학자는 1861년부터 1967년까지 영국의 인플레이션과 실업 사이의 관계에 대한 데이터를 모았습니다. 데이터는 그림 14.7에 나와 있는 것처럼 둘 사이의 안정적인 관계를 나타내는 것처럼 보였습니다.

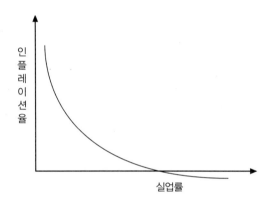

그림 14.7 _ 필립스 곡선

많은 정부는 인플레이션과 실업 사이에 상충(trade-off) 관계가 있으며, 낮은 실업률은 높은 인플레이션을 대가로 초래될 수 있으며, 그 **반대의 경우도 마찬가지라는 것**을 보여 주는 곡선이라고 이해했습니다. 불행하게도 그 정부들이 인플레이션 상승을 허용함으로써 실업을 줄이려고 했을 때 필립스 곡선은 무너졌고, 1970년대의 대부분 기간 동안, 많은 나라가 인플레이션의 상승과 실업의 상승을 동시에 경험했습니다.

이 예가 보여 주는 것은 단지 두 가지가 **상관**되어 있다는 것만으로 첫 번째가 두 번째의 원인이라고 결론 내릴 수 없다는 것입니다. 두 개의 변수가 상관되어 있어서 하나가 다른 하나의 원인이라는 결론을 끌어내는 것은 **포스트 혹 에르고 프로프터 혹**의 오류를 범하는 것입니다. 두 변수 A와 B 사이의 상관관계는 A가 B의 원인일 수도 있고, B가 A의 원인일 수도 있으며, A와 B가 모두 다른 요인인 C에 의해 야기된 것일 수도 있습니다.

1   짝과 함께 아래 질문에 대해 토론하세요. 다음 각각의 상관관계를 어떻게 설명할 수 있나요?

    a   한 나라가 경제적으로 발전함에 따라 출산율이 낮아지는 경향이 있다.

    b   말 많은 부모 밑에서 자란 아이들은 말이 많은 경향이 있다.

    c   기혼자들이 미혼자들보다 더 행복한 경향이 있다.

여러분은 상관관계와 원인의 차이를 어떻게 결정하나요? 상관관계의 기저에 인과 관계가 있다는 것을 찾아내려면 어떻게 해야 할까요?

2   IB 디플로마 프로그램 과목을 위한 표를 만드세요. 여섯 과목 각각에 대해 상관관계의 구체적인 예를 생각해 보세요. 해당 과목의 상관관계를 설정할 수 있을 가능성에 따라 10점 만점(여기서 10점은 가장 높고 1점은 가장 낮음)으로 각 과목에 점수를 매기세요. 상관관계는 어떤 지식의 영역에서도 인과 관계를 내포하지 않습니다. 많은 학생이 이해하기 위해 고군분투하므로 어떤 상황에서는 이해할 수 있다고 시사하지 않는 것이 중요합니다.

예가 많거나 거의 없거나 아예 없는 과목이 있나요? 이것이 그 과목에 대해 무엇을 보여 주나요? 상관관계를 설정하는 것은 얼마나 쉽거나 어려운가요?

예측이 인간 행동에 미치는 영향

보험업계와 연금업계는 여러분 삶의 기회를 성별, 주소, 생활 방식 및 다른 요인과 상관시킬 수 있습니다. 대용량 데이터 세트를 사용하여 기대 수명을 계산할 수 있습니다. 2016년 세계 인구의 평균 기대 수명은 72세였습니다. 여러분이 얼마나 오래 살 것인지는 많은 요인과 변수, 예를 들어 성별, 국적, 생활 방식에 달려 있습니다. 특정한 습관은 기대 수명을 줄이거나 늘릴 가능성에 영향을 줄 것입니다. 예를 들어 매일 담배 두 개비를 피우면 수명이 약 30분씩 단축되는 반면, 매일 30분씩 달리면 수명이 약 30분씩 늘어날 가능성이 있습니다. 인간과학자는 흡연이 수명에 미치는 영향과 같은 위험 요인을 식별하고 계산할 수 있습니다. 이 데이터는 가능성과 확률을 계산하는 데 사용할 수 있습니다. 이런 식으로, 인간과학자는 미래를 예측하기 위해 수정 구슬을 들여다보는 것(점을 치는 것)이 아닙니다. 대신 이용 가능한 데이터를 바탕으로 확률과 가능성을 계산하고 있습니다. "내가 하천 종단도(river profile)를 연구하고 미래에 무슨 일이 일어날지 예측한다고 하더라도 그것은 강의 흐름에 영향을 미치지 않을 것입니다. 그러나 예측은 행동에 영향을 미칠 수 있습니다." 게다가 예측이 인간 행동에 미치는 효과는 심각한 결과를 초래할 수 있습니다.

심리학

1   다른 사람이 여러분에 대해 갖는 기대에 의해 어떤 방식으로 영향을 받나요?

2   여러분의 능력에 대한 선생님의 기대가 학교 성적에 어느 정도나 영향을 준다고 생각하나요?

3   자신에 대한 기대가 학업 성취도에 어느 정도나 영향을 미칠까요?

로버트 로젠탈(Robert Rosenthal, 1933~)과 레오노르 F. 제이콥슨(Leonor F. Jacobson, 1922~)은 잘 알려진 심리학 실험에서 교사의 '기대 효과'에 대해 연구했습니다. 학생은 '똑똑한'과 '덜 똑똑한'으로 꼬리표가 붙은 두 그룹 중 하나에 무작위로 배정되었습니다. 교사는 지능 테스트에서 성적이 좋은 학생이 누군지를 알고 있었지만, 실제로는 이 '똑똑한' 그룹에는 무작위로 배정되었습니다.

비록 두 집단 사이에 처음에는 차이가 없었지만, '똑똑한'으로 꼬리표가 붙은 학생들은 '덜 똑똑한'으로 꼬리표가 붙은 학생들보다 다음 해에 더 큰 학업 발전을 이루었습니다. 이것은 꼬리표 붙이기의 힘을 시사하며, 교사의 기대가 학생들이 얼마나 잘했는지에 영향을 미치고 두 집단 사이의 차이를 만드는 데 도움을 주었습니다. 게다가 심리학자들은 사람들이 개인으로서 여러분에 대해 가지고 있는 기대와 여러분이 속한 집단이 여러분의 행동에 영향을 미친다는 것을 인정합니다. 여러분은 그 기대에 반하거나 아니면 부응하게 될 것입니다.

논의 14.7

1 언어와 꼬리표 붙이기는 우리의 기대와 판단에 얼마나 영향을 미칠까요?

2 패턴을 추론하고 우리가 기대하는 것에 기초하여 결론에 도달하는 것이 정당화되나요? 우리의 기대치가 지식을 얼마나 형성하나요?

되돌아보기

인간에게는 자신에게 거의 기대하는 게 없는 사람들보다 자신이 실제로 행하는 것 이상으로 '자신을 믿는' 사람을 위해 더 많은 것을 하려는 경향이 있는 이유는 무엇이라고 생각하나요? 여러분 자신을 믿는다는 생각이 어떻게 활동의 동력이 될 수 있는지 생각해 보세요. 믿음과 기대는 어떻게 그리고 왜 자기 충족적 예언이 되나요?

탐구 14.11

심리적 **리액턴스**로 알려진 현상에 따르면, 만약 어떤 사람이 X를 하려는 경향이 있는데, 여러분이 그에게 X를 하라고 하면, 그는 X를 하지 않을 가능성이 커집니다. 이것은 일부 청소년 금연 캠페인이 정반대로 청소년 흡연을 장려하는 예상 밖의 효과를 가져오는 이유를 설명할 수 있을 것입니다. 이 점을 염두에 두고, 효과적인 금연 캠페인에서 금연 개념을 어떻게 서로 의사소통할 것인지에 대해 학급 토론을 하세요. 캠페인이 흡연을 조장하지 않는다는 것을 확실히 하는 것은 어느 정도나 가능하다고 생각하나요?

키워드

리액턴스(reactance): 자유를 위협한다고 느껴지는 조언, 규칙, 규제에 반하려는 경향

지식 영역 연결 질문 14.3

예술: 심리학이나 문학에서 인간 본성에 대해 더 많이 배우나요?

경제학

주식 시장을 따라가다 보면 사람들의 기대가 주가에 영향을 미칠 수 있다는 사실을 깨닫게 될 것입니다. 주가가 상승하는 장세에서 대부분의 사람들이 가격이 오를 것으로 예상할 때 합리적인 투자자는 지금 주식을 사고 나중에 더 높은 가격에 팔아 이익을 보려고 합니다. 모두가 그렇게 행동하면 주식 수요가 증가하고 가격 상승을 초래합니다. 반대로 하락 장세에서 대부분의 사람들이 가격이 하락할 것으로 예상할 때 합리적인 투자자는 지금 주식을 팔고 나중에 더 낮은 가격으로 다시 사려고 합니다. 그러나 모든 사람이 그렇게 행동하면 주식 공급이 늘어나 가격이 하락할 것입니다. 따라서 모든 사람이 가격이 오를 것으로 예상하면 가격이 오르고 모든 사람이 가격이 하락할 것으로 예상하면 하락합니다. 마찬가지로 누군가가 비트코인 같은 암호 화폐를 구매하기를 희망한다면, 가격이 낮아질 때까지 기다릴 것입니다. 가격이 낮을 때 모두가 구매하면 그 효과는 가격 상승일 것입니다.

실제 상황 14.20

1 12개월 후 주식 시장이 어떻게 될 것인지 정확하게 예측하는 것이 가능하다고 생각하나요? 이유를 제시하세요.

2 경제 시장이 신뢰감에 의존한다면, 그 신뢰를 어디까지 수량화할 수 있을까요?

탐구 14.12

인간과학은 어느 정도나 정확한 예측을 할 수 있을까요? 자신의 경험과 IB 디플로마 프로그램 학습에서 얻은 이유, 예시, 증거를 사용하여 질문의 양쪽 측면을 살펴보고 200단어(500~600자) 정도로 글을 써 보세요.

또래 평가

여러분의 답을 짝의 답과 비교하고 서로 상대의 글을 읽으세요. 그것들은 얼마나 질문에 잘 대답하고 질문을 잘 이해했나요? 그것들은 주장을 뒷받침하기 위해 이유, 사례, 증거를 사용했나요? 여러분은 어떤 이유, 사례, 증거를 가장 설득력 있다고 생각했나요? 그리고 그 이유는 무엇입니까? 짝에게 여러분이 쓴 글에 대해 똑같은 질문을 하세요. 여러분이 생각하기에 증거로 뒷받침된 주장은 어떤 것이며, 가장 명확하게 논의된 주장은 또 어떤 것인가요? 그리고 어떤 점이 개선될 수 있다고 느꼈나요?

14.5 인간과학에서 빅 데이터와 기술 발전의 영향

그림 14.8 _ 빅 데이터는 인간과학에서 지식이 인식되는 방식에 어떤 영향을 미칠까요?

우리는 기술이 우리가 알 수 있는 것을 바꾸는 디지털 시대를 살고 있습니다. 기술 발전은 인간을 새로운 관점에서 이해하기 위한 많은 기회를 만들고 있습니다. '전산 통계(컴퓨터를 사용한 통계)'에서 '행동 분석'에 이르기까지 새로운 학문 분야가 가능합니다. 생체 데이터 사용은 생물학적 과정과 인간 행동을 예측할 수 있습니다.

인간이 지난 2년 동안 산출한 데이터가 인류 역사 전체를 통틀어서 산출된 것보다 더 많다고 합니다. 이 데이터를 모으고 관리하고 사용하는 기술은 인간에 대해 무엇을 알고 이해할 수 있는지에 대해 영향을 미치고 지식과 앎의 미래에 광범위한 영향을 미치고 있습니다.

> **지식 영역 연결 질문 14.4**
>
> **기술:** 기술은 인간에 대한 우리 관점에 어떤 영향을 미치고 변화시킬 수 있을까요?

데이터 과학은 도구와 방법을 사용하여 인간에 관한 데이터 세트를 수집하고 분석하며 그렇게 함으로써 우리는 인간 행동을 더 잘 이해할 수 있습니다. 대용량 데이터와 빅 데이터 사이에는 중요한 차이가 있는데, 이 두 가지 모두 인간과학에 사용되는 방법에 영향을 미칠 수 있습니다. 대용량 데이터 세트는 엄청난 양의 정보입니다. 예를 들어 엄청난 수의 뇌 스캔, 표준화 처리된 시험 점수의 방대한 기록 또는 지난 한 해동안 다국적 기업의 판매 패턴입니다.

빅 데이터는 여러 개의 복합적인 대용량 데이터 세트를 결합합니다. 예를 들어 의학의 맥락에서 인간의 건강과 날씨 사이에 연관성이 있는지 조사하고자 한다면, 빅 데이터는 질병 패턴을 보여 주는 데이터를 우편 번호에 관한 정보와 결합할 뿐 아니라 날씨 패턴과 관련된 또 다른 데이터 세트와 결합할 수 있습니다. 이런 식으로 빅 데이터는 다양한 차원을 가지고 있으며 서로 다른 데이터 집합을 새로운 방식으로 결합함으로써 더 많은 것을 알 수 있게 해 주는 잠재력을 가지고 있습니다.

빅 데이터는 인공 지능(AI)의 발전을 주도하고 기여하면서 인간 행동에 대한 새로운 통찰의 가능성을 창출하고 있습니다. 예를 들어 7억 명의 인구가 더 이상 현금이나 신용카드를 사용하지 않고 모바일 결제를 사용하는 중국에서는 엄청난 양의 데이터가 생성되고 있습니다. 2017년 중국의 모바일 인터넷 거래액은 18조 8,000억 달러에 달했습니다. 이 방대한 정보 묶음은 소비자의 행동뿐만 아니라 거대한 시장의 판매와 구매 데이터를 모아서 AI 개발자가 기술을 더욱 발전시켜 보다 심층적인 분석을 제공할 수 있도록 합니다.

실제 상황 14.21

1   인간과학에서 빅 데이터의 잠재적인 용도는 무엇일까요?

2   빅 데이터는 인간과학 분야에서 어느 정도나 신뢰할 수 있는 도구일까요?

빅 데이터와 인공 지능 사이에는 중요한 연관성이 있습니다. 머신 러닝으로도 알려진 **딥 러닝**은 10여 년 전 미국 과학자들에 의해 발견되었습니다. 예를 들어 딥 러닝 네트워크에 방대한 수의 꽃 그림을 주면, 다른 꽃을 식별하고 인식해 새로운 그림이 꽃인지 아닌지를 알 수 있습니다. 그것은 또한 새 사진 속의 꽃을 식별할 줄 알게 됩니다. 이 딥 러닝 기술은 현재 진단 의학에 사용되고 있으며, AI는 의사보다 더 정확하게 일부 질병을 진단할 수 있습니다.

게다가 네트워크는 어떤 인물의 연설을 제공받아 그 인물의 목소리와 스타일(말투)로 연설을 만들어 낼 수도 있습니다. 더 나아가 네트워크에 인간이 도로에서 운전하는 것과 관련된 사진과 비디오, 그리고 데이터를 보여 주면, 그것은 자동차 운전을 배울 수 있습니다. 빅 데이터는 인공 지능 발전에 자료를 제공하고 공급합니다. 인공 지능이 전개되는 분야에는 컴퓨터 음성 인식과 음성 합성, 컴퓨터 비전 및 안면 인식, 기계 번역, 드론 등이 포함됩니다. 이것들 각각이 인간과학에 미치는 영향은 중요합니다. 이 데이터의 수집과 사용은 기업가 및 정부를 포함한 여러 집단의 관심사가 될 것입니다.

키워드

딥 러닝: 빅 데이터를 사용하여 예측하거나 결정하는, 인공 지능의 중심에 있는 기술

되돌아보기

딥 러닝과 그것이 낳을 수 있는 기술의 도래와 더불어 인간은 현재 우리가 의존하고 있는 많은 직업과 전문직을 더 이상 가질 필요가 없을 것으로 예측됩니다. 끊임없이 변화하는 세상에 대비하기 위해 어떤 기량, 지식 및 속성을 개발해야 할지 생각해 보세요.

기술: 인간과학에 (빅 데이터 등의) 기술 발전이 가져다주는 편익은 무엇일까요?

인간 행동을 이해하기 위해 기술이 사용될 수 있는 여러 가지 긍정적인 방법이 있습니다. 예를 들어 빅 데이터와 AI를 사용해 지하철 네트워크 같은 운송 시스템을 통해 대규모 사람들의 움직임을 모델링하는 것은 승객 안전에 매우 유용할 수 있습니다. 안면 인식 같은 기술은 실종자를 식별하는 데 도움이 될 수 있고, 음성 인식은 알렉사, 시리 같은 인간-AI 인터페이스에도 도움이 될 수 있습니다. 시선 추적 기술은 인간의 주의 집중과 관찰을 이해할 수 있게 해 줍니다. 이 기술은 인간을 이롭게 하는 데 사용될 수 있습니다. 예를 들어 로봇 공학과 의족·의수는 의료 서비스에 기여할 수 있습니다.

또한 알고리즘과 빅 데이터는 형사 사법 제도에서 판결 이면의 여러 결정에 정보를 제공하는 데에도 사용될 수 있습니다. 형사 재판에서 판사는 재판을 기다리는 동안 일시 석방 여부를 결정할 때, 그리고 유죄가 인정되어 처벌이나 형량을 결정할 때 재범의 위험성을 평가할 필요가 있습니다. 한 사람의 과거에 기반한 알고리즘이 이것을 돕기 위해 사용될 수 있습니다.

그러나 5장에서 살펴본 것처럼 알고리즘은 편향의 원인이 될 수 있으며 항상 정확한 예측을 하는 것은 아닐 수 있습니다. 더욱이 빅 데이터는 개인과 공동체의 행동을 이해하는 능력을 높일 수 있는 새로운 방법을 열어 주지만 동의, 자유 및 프라이버시에 관한 논란 외에도 이러한 지식이 우리의 행동 방식에 미칠 영향에 대해 의문을 제기합니다. 나아가 빅 데이터의 수집, 소유 및 사용은 광범위한 윤리적, 정치적 질문을 제기합니다. 사회적이고 문화적인 상호 작용이 온라인에서 일어나기 때문에 그 데이터를 문화 및 사회의 역사와 진화를 과학적으로 조사하는 데 사용할 수 있습니다. 인적 데이터는 우리가 남기는 온라인 흔적을 통해 자동으로 생성되고 저장됩니다. 예를 들어 사람들이 온라인에서 상호 작용하는 방식을 파악하기 위해 페이스북, 트위터나 중국 네트워크인 위챗, 웨이보 같은 누리 소통망의 역동적 움직임에 관한 데이터를 분석할 수 있습니다. 웹 검색부터 앱 사용, 웨어러블 기술에 이르기까지, 디지털 기술을 사용하면 우리는 자동으로 데이터 생성자가 됩니다. 우리는 데이터 분석의 대상이 되고 있습니다.

임페리얼 칼리지 런던의 데이터 과학 연구소와 빅 데이터, 머신 러닝 및 분석을 연구하는 '다학문 연구실'(the Multidisciplinary Labs)에 대해 자세히 알아보세요.

찾아낸 내용을 바탕으로 발표를 준비하고 다음 사항에 대한 자신의 아이디어를 제공하세요.

1   기술 발전은 인간과학의 방법에 어느 정도 영향을 미치나요?

2   데이터 과학자에게는 어떤 책임이 있을까요?

인공 지능이 지식에 대해 지닌 함의는 정말 흥미롭고 중요합니다. 딥 러닝과 인공 지능에 의한 빅 데이터의 사용은 그것이 만들어 낸 산출물에 인간이 크게 종속된다는 것을 의미한다고 주장하는 사람들이 있을지도 모릅니다. 여러 가지 측면에서 딥 러닝 네트워크의 방법론조차도 견제할 수 있는 인간적 수단은 없습니다. 인공 지능을 점점 더 많이 사용하고 의존함에 따라 머지않아 거의 틀림없이 지식에 대한 통제력을 잃을 것입니다. 그럼에도 인공 지능이 지배권을 넘겨받고 있다고 할 수는 없지만, 인공 지능을 신뢰한 결과 때문에 우리가 어떤 확신도 갖지 못한다거나 또는 그 대신 잘못된 확신을 가진다는 것을 의미할 수도 있습니다.

탐구 14.14

인공 지능이 인간의 가치에 미치는 영향을 담은 리카이푸(李開復)의 2018년 테드 강연을 보거나 들어 보세요. 그는 자동화를 통한 일자리 상실, 그리고 그와 더불어 의미의 상실은 인간이 자신을 특별하게 만드는 것이 무엇인지를 성찰할 기회라고 주장합니다. 인공 지능이 일상적인 일자리를 대체함에 따라, 인간의 창의성과 동정심에 대한 요구가 있을 것입니다. 그것들은 인공 지능이 할 수 없는 일들이니까요.

테드 강연을 보면서 지식론의 사고를 적용해 보세요. 다음 사항을 고려하세요.

- 리카이푸의 주장과 관점
- 그가 자신의 주장을 뒷받침하기 위해 사용하는 정당화, 증거 또는 이유
- 반론은 무엇인가?

기술이 인간의 가치와 의미에 미치는 영향에 대해 어떻게 생각하나요?

논의 14.8

1. 빅 데이터는 어떻게 인간과학의 방법과 관점, 그리고 용도를 보다 과학적으로 만들 수 있나요?
2. (빅 데이터와 인공 지능 같은) 기술 발전이 인간의 지식과 지식의 미래를 이해하는 방법에 어떻게 영향을 미칠 수 있을까요?

14.6 인간과학은 왜 논쟁의 여지가 있을까?

논의 14.9

여러 가지 인간과학은 '과학'이라는 단어를 어떻게 해석할까요? 또 그것들은 어떤 방식에서 과학적인가요?

편향 문제

인간과학은 편향과 **휴리스틱**의 본성을 규명하고 이해하기 시작했습니다. 심리학은 생리학과 감정, 그리고 인지 사이의 관계를 연구합니다. 인지 능력은 의식적이든 무의식

키워드

휴리스틱(heuristics): 경험에 기반하여 문제를 해결하거나 학습하거나 발견해 내는 방법

적이든 특정한 오류를 범하기 쉽습니다. 인간과학자는 우리의 합리적인 사고 능력을 저해할 뿐만 아니라 우리의 판단과 결정을 왜곡시킬 수 있는 **인지 편향**과 오류를 인식합니다.

키워드

인지 편향: 지식을 습득하고 이해하는 과정에 편향이 영향을 주는 것

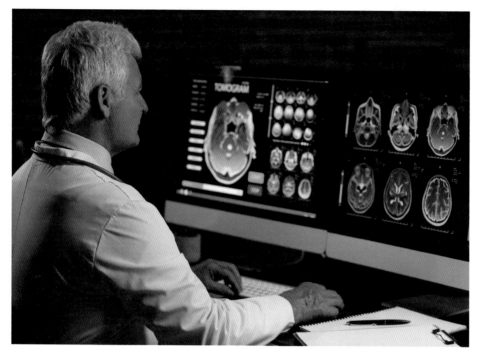

그림 14.9 _ 심리학자는 우리가 지식을 결정하는 요소들을 이해하는 데 어느 정도나 도움을 줄 수 있을까요?

그러나 인간과학에 대한 일반적인 비난 중 하나는 사촌인 자연과학보다 편향되기 쉽고, 따라서 덜 과학적이라는 것입니다. 우리는 어쩌면 박테리아와 세포의 본성에 대한 편견으로 시작하기보다 개인과 사회의 본성에 대한 편견으로 시작할 가능성이 더 클 것입니다. 이것은 성별 차이나 조세 정책 등 논란이 많은 화제에 대해 진정으로 마음을 열기가 어려울 수 있음을 의미합니다. 이런 상황에서, 위험성은 우리가 단순히 기존 편견을 확증해 주는 증거는 찾는 반면, 이와 모순되는 증거는 간과한다는 것입니다.

더욱이 인간 본성에 대해 우리가 만든 가정은 우리가 지각하는 인간의 행동 모델과 패턴에 영향을 미칠 수도 있습니다. 예를 들어 과거의 경제학 모델은 **호모 이코노미쿠스(경제인)**라는 관념을 바탕으로 구축되었는데, 이는 가능한 한 최소의 비용으로 목표를 달성하기 위해 경쟁적으로 행동하고 자신의 이익에 따라 행동하는 '합리적인' 사람이라는 관념입니다. 이타주의와 보답(reciprocation)이 인간의 행동을 더 잘 특징지을 수 있다는 것을 근거로 이런 가정은 도전 받아 왔습니다. 여기서 위험은 단순화를 의도한 모델이 잘못된 가정을 할 수 있다는 것입니다. 또한, 가정이 내장된 모델은 인간 본성에 관한 진실을 포함하는 것으로 잘못 해석될 수 있습니다.

인간과학자들이 빠지기 쉬운 여러 유형의 편향들이 있는데, 다음과 같습니다.

확증 편향

2장에서 보았듯이 확증 편향은 자신의 믿음을 뒷받침하는 증거에만 주목하게 되는 경향입니다. 예를 들어, 만약 여러분이 인간 본성은 본질상 관대하다고 믿는다면, 여러분은 사람들의 행동을 긍정적인 시각으로 해석할 수 있습니다. 마찬가지로 만약 여러분이 인간을 이기적이고 자기중심적이라고 가정한다면, 여러분은 사람들이 무자비하게 행동하는 경우를 더 강조할 수 있습니다. 애초에 여러분이 옳았다는 믿음을 확증하기 위해서요.

이쯤 되면 인간과학은 물론 자연과학에서도 편향이 심각한 문제가 될 수 있다는 점을 상기할 필요가 있습니다. 예를 들어, 물리학자는 자신이 가장 좋아하는 이론에 너무 전념하여 반대되는 증거가 드러나도 이를 포기하기를 완강히 거부할 수 있습니다. 또, 원자력 에너지의 안전성에 대한 연구는 대기업 자금을 지원받는다는 사실에 의해 오점이 남을 수도 있습니다. 자연과학자도 인간일 뿐이기 때문에 때로는 편향에 휘둘리기 마련입니다.

가용성 휴리스틱

편향의 또 다른 예는 **가용성 휴리스틱**으로 알려져 있는데, 이것은 심리학자 대니얼 카너먼(Daniel Kahneman, 1934~)과 아모스 트베르스키(Amos Tversky, 1937~1996)가 발명한 용어로, "사례가 머리에 쉽게 떠오르는 정도에 따라 빈도를 판단하는 과정"으로 정의됩니다. 사례가 얼마나 쉽게 머리에 떠오르는가는 범주의 크기나 사건의 빈도를 추산하는 능력에 영향을 미칩니다. 그들은 다음과 같은 예를 듭니다. 문자 T로 시작하는 단어가 더 많은지 문자 K로 시작하는 단어가 더 많은지 살펴본다면, T로 시작하는 단어가 더 많이 떠오르기 때문에 아마 재빨리 T라고 추정할 것입니다. 여기서 가용성 휴리스틱은 우리가 정답에 도달하는 데 도움을 줍니다. 그러나 그것은 판단 착오로 이어질 수도 있습니다. 극적이고 추문을 일으키며 생생한 사건들은 쉽게 기억될 수 있고, 이렇게 그것들을 쉽게 상기할 수 있다는 것이 우리의 판단 능력을 왜곡시킬 수 있습니다. 만약 우리가 그것을 생각할 수 있다면 그것은 분명 중요할 것이라고 가정하고, 이 때문에 우리는 사건이 실제보다 더 자주 일어난다고 가정하게 됩니다. 항공기 사고의 몇 가지 예를 생각할 수 있다면 비행기 추락의 가능성을 과대평가할 수 있으며 그 정보를 이용할 수 있기 때문에 항공기 추락이 발생할 가능성이 더 크다고 믿을 수 있습니다. 비행기 사고 뉴스를 들었을 때 여러분은 그것이 일어날 수 있다고 생각하기 쉽습니다. 그래서 여러분은 그 정보에 합당한 정도보다 더 많은 신뢰를 주고 기억이 잘 나지 않는 반대되는 증거를 무시합니다.

키워드

가용성 휴리스틱: 최근의 또는 쉽게 기억되는 사례가 우리 판단에 영향을 미치는 편향. 가용성 추단법이라고도 함

실제 상황 14.22

여러분이 공부한 자연과학과 인간과학에서 접한 편향의 몇몇 구체적인 사례들에 대해 토론하세요.

언어와 편향

언어와 편향 사이에는 중요한 연관성이 있습니다. 지식 주장이나 지식 질문이 틀이 잡히거나 제시되는 방식은 도출된 결론에 영향을 미칠 수 있습니다.

다음 두 진술을 비교해 보세요.

초콜릿 바, 90% 무설탕

초콜릿 바, 설탕 10%

위의 진술은 똑같은 초콜릿 바를 묘사하고 있지만, 무설탕 제품은 건강에 더 좋은 선택인 것처럼 보입니다. 이것은 **기준점 편향**으로 알려진 편향으로 점화 효과(priming effect)를 가질 수 있습니다. 대니얼 카너먼은 룰렛을 사용하여 기준점 설정(anchoring) 효과에 대해 알아내기 위해 다음과 같은 실험을 고안하여 수행했습니다. 참가자들은 룰렛이 무작위로 1에서 100 사이의 숫자를 할당했다고 믿었습니다. 사실 룰렛은 숫자 10이나 65를 할당하도록 설계되었습니다. 그 후 참가자들은 같은 질문을 받았습니다. "아프리카 국가들 가운데 몇 나라가 유엔에 가입되어 있는가?" 연구원은 낮은 번호를 받은 사람은 높은 번호를 받은 사람보다 더 낮은 숫자로 대답을 했고 높은 번호를 받은 사람은 더 높은 숫자로 대답을 했다는 것을 알아냈습니다. 요약하자면 무작위로 할당된 숫자는 질문에 대한 참가자의 반응에 영향을 미치는 점화 효과가 있었습니다. 이런 기준점 설정 효과는 다른 여러 가지 맥락에서도 규명되었고, 우리 믿음은, 비록 방금 받은 정보가 무관할지라도 그것에 의해 쉽게 바뀔 수 있습니다.

키워드

기준점 편향(anchoring bias): 질문 전에 특정 개념이나 아이디어가 제시되는 경우. 이것이 응답에 영향을 미쳐 점화 효과를 일으킴

지식 영역 연결 질문 14.6

언어: 인간 현상에 대한 모든 조사에서 우리 자신의 가정과 편향은 우리가 사용하는 언어, 선택한 방법, 그리고 도달한 결론에 어떻게 영향을 미칠까요?

편향 극복하기

우리는 편향을 피하거나 극복하는 방법을 찾을 수도 있을 것입니다. 우선, 우리의 믿음에 유리한 증거뿐만 아니라 그것에 불리하게 작용할 증거도 찾아야 합니다. 주제가 무엇이든, 편향에 대한 좋은 해독제는 여러분의 가설에 **반하는** 증거를 적극적으로 찾는 것을 원칙으로 삼는 것입니다. 예를 들어 나이가 많은 형보다 나이가 어린 동생이 더 반항적이라고 생각한다면 자신의 가설을 확인하는 증거뿐 아니라 반항적인 형과 순응적인 동생의 사례도 찾아봐야 합니다.

가용성 휴리스틱 문제를 극복하는 또 다른 방법은 통계 증거를 기반으로 확률을 살펴보는 것입니다. 사실 미국에서는 일주일에 6건의 소형 항공기 사망 사고가 발생합니다. 그러나 상업용 비행기는 훨씬 더 안전합니다. 게다가 상업용 비행기 추락으로 사망할 통계적 가능성은 다른 운송 수단에 비해 현저히 낮습니다. 이 예는 직관적인 위험

감각과 그 위험의 통계 가능성 사이에 때로는 불일치가 있다는 것을 보여 줍니다. 여기서 인간과학은 사건의 실제 확률을 계산하고 더 잘 알 수 있게 해 줍니다. 데이비드 스피겔할터(David Spiegelhalter, 1953~) 교수에 따르면, '마이크로모트(micromort)'는 100만 분의 1의 돌연사 확률인데, 급성 위험의 단위입니다. 다음 각 활동에서 우리는 100만분의 1의 확률로 죽음에 노출되어 있습니다.

- 11.27km 오토바이 타기
- 24.14km 소형 항공기 타기
- 32.19km 걷기
- 41.84km 사전거 타기
- 482.8km 자동차 타기
- 12,070km 상업용 비행기 타기
- 12,070km 기차 타기

실제 상황 14.23

1 과학 연구에서 편향의 위험을 어떻게 줄일 수 있을까요?
2 편향의 문제에도 불구하고 인간과학 지식은 여전히 가능할까요?

추론 오류 문제

이제 인간 현상에 대한 논의와 토론에서 자주 발생하는 오류로 알려진 추론의 다른 오류들을 살펴볼 것입니다.

인신공격 오류

인신공격(ad hominem, 문자 그대로 '인간에 대한 반대') 오류는 논점보다는 논의 상대를 공격하거나 지지하는 것으로 구성됩니다. 예를 들어, 만약 여러분이 세계 정부를 옹호하는 논의를 하는데, 여러분이 너무 어리고 이상주의적이라 무슨 말을 하는지 알 수 없다는 말을 듣는다면, 그것은 **인신공격**입니다. 인신공격 오류는 보통은 누군가를 **비판함**으로써 저질러지지만, 누군가를 **지지함**으로써 저질러질 수도 있습니다. 예를 들어 "아인슈타인이 세계 정부에 찬성했으니 세계 정부는 틀림없이 좋은 것이다"라고 말한다면, 여러분은 다시 논점보다는 발언자에게 초점을 맞춘 것입니다. 비슷한 실수는 무언가를 정당화하기 위해 '대부분의 사람들'이나 '압도적 다수'가 믿는 것에 호소할 때 발생합니다. 4장에서 진리와 합의에 관한 논의에서 보았듯이 압도적 다수가 무언가를 믿는다고 해서 그것이 진실이 되는 것은 아닙니다. 만약 여러분이 "아인슈타인이 그렇게 말했기 때문에 그것은 참일 것입니다"라고 말한다면, 이것은 아인슈타인이 특별한 권위가 없었던 분야인 정치, 사회, 또는 종교를 논의할 때보다 상대성 이론을 논의할 때 더 무게가 실립니다. 인간과학은 화자의 지식 주장이나 논점의 내용을 고려하기 전에 화자에 대한 가치 판단을 할 때 이 오류가 발생한다는 것을 인정합니다.

특별 변론

특별 변론의 오류는 이중 잣대를 사용하는 것과 관련이 있습니다. 다른 사람의 경우라면 받아들일 수 없는데도 자신의 경우는 예외로 만드는 것입니다. 예를 들어, 이웃이 "가뭄이라 물을 절약해야 한다는 것은 알고 있다. 하지만 나는 다음 주 대회에서 상을 받기 위해 꽃을 출품할 예정이다. 그래서 나는 그 꽃들에 물을 많이 줘야 한다"라고 말한다면, 이것은 특별 변론의 예입니다. 만일 다른 누군가가 이런 진술을 하고 행동한다면 여러분은 이를 받아들이지 않을 텐데, 자기 자신은 이렇게 진술하고 행동하는 것을 정당화하는 것을 가리킵니다. 인간은 특별 변론을 잘하는 경향이 있는데, 아마 **나만 빼고** 모두가 규칙을 따르면 편리할 수 있는 상황이 많기 때문일 것입니다.

키워드

특별 변론(special pleading): 남을 설득하기 위해 자신에게 유리한 주장만 하는 것

> ### 논의 14.10
>
> 여러분이 이웃에게 앞에 나온 예에서 특별 변론을 했다고 비난하자 그들은 "아니오, 그렇지 않아요. 비록 가물었지만, 나는 수상할 꽃을 가진 사람들은 모두 꽃에 물을 주는 것이 허용되어야 한다고 생각합니다"라고 말한다고 상상해 보세요. 그들은 여전히 특별 변론을 하고 있나요?

애매함

애매함은 단어가 논의에서 두 가지 다른 의미로 사용될 때 발생하는 오류입니다. 다음 삼단 논법을 생각해 보세요.

nothing보다 햄버거가 더 좋다. (햄버거가 없는 것보다는 낫다.)

건강보다 nothing이 더 좋다. (건강보다 더 좋은 것은 없다.)

그러므로 햄버거는 건강보다 더 좋다.

비록 이 논의가 형식적으로는 타당하지만, 결론은 전제로부터 나온다는 점에서 분명히 잘못된 것이 있습니다. 문제는 'nothing'이라는 단어가 각 전제마다 다른 의미를 지니고 있기 때문입니다. 첫 번째 전제에서는 '아무것도 가지지 않았다'라는 의미이고 두 번째 전제에서는 '아무것도 없다'라는 의미입니다. 두 번째 전제는 분명히 '아무것도 가지지 않았다'가 좋은 건강을 갖는 것보다 낫다는 것을 의미하도록 의도된 것이 아닙니다. 실제 누군가가 단어를 일관된 의미로 사용하고 있는지 여부를 구별하는 일이 항상 쉬운 것은 아닙니다. 많은 논의가 결국 단어의 의미에 관한 것으로 귀결되는 이유가 바로 그것일 것입니다.

무지에 호소하는 논증

어떤 것이 참이라는 것을 반박할 증거가 없음을 근거로 그것이 참이라고 주장한다면 여러분은 무지에 호소하는 논증(argumentum ad ignorantiam)의 오류를 범하는 것입니다.

1950년대 초 미국에서 공산주의자에 대한 '마녀사냥'이 진행되는 동안, 조 매카시 상원 의원이 공산주의자로 지목된 어떤 사람을 상대로 소송한 사건은 "(정보) 파일에 그가 공산주의자와 연계되어 있다는 것을 반박할 내용이 없다"라는 것이었습니다. 물론 요점은 어떤 사람이 공산주의자(물론 어떤 경우에도 이것은 범죄가 아닙니다)라는 것을 보여 주려면 정치적 성향에 대한 **실증적인** 증거가 필요하다는 것입니다. 이 오류의 주요 특징은 이용 가능한 증거가 없는 경우 지식 주장이 정당화될 수 있다고 가정한다는 것입니다. 예를 들어, 나는 "화성에 작은 녹색 인간이 존재한다고 믿는다"고 주장할 수 있습니다. 이들의 존재를 반박할 증거가 없다는 것을 근거로 말입니다. 이 오류와 지식론의 특별한 관련성은 생물학자인 리처드 도킨스(Richard Dawkins, 1941~)가 근사하게 표현했습니다. "유니콘과 요정, 그리고 수백만 가지 사물 등 사람들이 믿을 수 있는 것들이 무한히 있으며, 단지 여러분이 그것을 반박할 수 없다 해서 그것들이 그럴싸한 구석이 있다는 것을 의미하지는 않는다." 3장에서 우리는 지식 주장을 정당화하기 위해 증거가 어떻게 사용되는지를 탐구했고, 정당화는 지식의 조건 중 하나입니다. 인간과학은 양적, 질적 데이터를 모두 사용하여 지식 주장을 뒷받침하는 다양한 유형의 증거를 제공합니다.

실제 상황 14.24

1. 그룹 3(인간과학)에 대한 IB 디플로마 프로그램 연구에서 제한적이거나 논쟁의 여지가 있는 증거가 있는 예를 생각해 볼 수 있나요?

2. 여러분은 증거가 제한되거나 전혀 없는 것에 대해 알 수도 있을 겁니다. 이것은 어느 정도나 추론의 오류일까요?

3. 많은 법률 체계에서 범죄로 기소된 사람은 유죄가 입증될 때까지 무죄로 간주됩니다. 이것이 **무지에 호소하는 논증**의 예일까요? 만약 그렇다면, 유죄가 입증될 때까지 누군가가 무죄라는 가정을 포기해야 한다는 뜻일까요?

잘못된 유추

사람을 설득하려고 할 때 자신의 논점을 뒷받침하기 위해 다양한 유비추리(analogy, 유추)를 사용할 수 있으며 이는 효과적인 수사적 장치가 될 수 있습니다. 두 가지가 어떤 면에서 비슷하기 때문에 다른 면에서도 틀림없이 비슷할 것이라고 가정할 때 잘못된 유추가 발생합니다. 다음 예를 생각해 보세요. "시간이 지나면서 부드러운 비가 가장 높은 산을 무너뜨릴 수 있는 것처럼 인간의 삶에서 모든 문제는 인내와 고요한 끈기로 해결될 수 있다." 글쎄요, 아마도 그럴 수도 있고 그렇지 않을 수도 있습니다. 요점은 산에 내리는 비의 작용과 문제에 대한 인내의 작용 사이에 유사점이 별로 없다는 것입니다. 우선 산이 비의 작용으로 무너지는 데에는 수백만 년이 걸리지만 문제를 해결하는 데에는 그럴 시간이 없습니다.

거짓 딜레마

이것은 사실 더 넓은 선택지가 존재하는데도 두 가지 대안만 존재한다고 가정하는 오류입니다. 예를 들어 만약 누군가가 "군비 증액을 옹호하는 사람들은 정말로 우리 학교와 병원이 문을 닫는 것을 보고 싶어 할까?"라고 말한다면 단지 두 가지 선택지밖에 없음을 암시하는 것입니다. 군비를 증액하거나 아니면 학교와 병원을 계속 열거나 둘 중 하나라는 것입니다. 여러분은 학교와 병원을 계속 여는 것에 찬성할 것이기 때문에, 군비 증가를 지지하지 말아야 한다는 결론을 내릴 수밖에 없는 것처럼 보입니다. 하지만 사실 두 개 이상의 선택이 있을 수 있습니다. 예를 들어 세금을 올리면 군비를 늘릴 수 있습니다. **그리고** 학교와 병원을 계속 열어 둘 수 있을 것입니다. 물론 만약 정말 두 가지 선택만 있다면 이런 종류의 추론은 완벽하게 타당합니다. 거짓 딜레마가 흔한 오류인 한 가지 이유는 세상을 흑백으로 보는 경향이 있기 때문입니다. 이런 **이분법적 사고**는 많은 윤리적, 사회적 쟁점이 흑백이 아닌 회색의 다양한 색조라는 현실을 고려하지 않기 때문입니다.

성급한 일반화

인간과학의 마지막 약점은 성급한 일반화 오류를 범하기 쉽다는 것인데, 이것은 표본 수가 적고 대표성이 없는 표본에 기초하여 바로 결론으로 도약하는 것입니다. 연구자들은 행동 과학 실험의 대다수가 소위 '위어드(WEIRD)'한 사람들을 대상으로 수행된다는 사실에 주목했습니다. 여기서 '위어드(WEIRD)'는 '서구의(western), 교육받고(educated), 산업화되고(industrialised), 부유하며(rich), 민주적인(democratic)'의 머리글자를 모아서 만든 말입니다. 이것은 '위어드'한 사람들이 전체로서의 인류를 대표하지 않는다는 증거가 점점 늘어나고 있기에 적절한 지적입니다. 실제 문화 간 (비교) 연구는 사람들이 세상을 보고 생각하는 방식에 상당한 문화적 차이가 있다는 것을 시사합니다.

> **되돌아보기**
>
> '위어드(WEIRD)'한 사람들이라는 쟁점 외에도 젠더(성별)라는 쟁점이 있습니다. 인간과학과 의료과학 둘 다에서 대부분의 연구는 주로 남성을 대상으로 이루어졌지만, 여성과 남성에는 생리학적 차이가 있는데, 이는 일부 약물뿐만 아니라 많은 상황에서 서로 다르게 반응할 것이라는 점을 의미합니다. 인간 행동에 대한 모든 연구가 지식 주장을 할 때 항상 일반화를 포함한다는 것을 고려하면 그것이 생산하는 지식은 얼마나 신뢰할 수 있다고 생각하나요? 인간을 완전히 대표하는 표본을 얻는 것은 어느 정도나 가능할까요?

예를 들어, 심리학과 경제학 연구자에게 많은 사랑을 받는 '최후통첩 게임'을 생각해 봅시다. 이 게임에는 두 명의 플레이어가 참여하는데, 한 명은 '제안자', 다른 한 명은 '반응자'로 무작위로 지정되며 총액은 100달러라고 합시다. 제안자는 돈을 어떻게 나누어야 하는지를 제안하고 반응자는 그 제안을 받아들이거나 거절할 수 있습니다. 반응자가 제안을 수락하면 돈을 제안에 따라 나눠 갖고, 제안을 거절하면 두 참가자 모두 아무것도 얻지 못합니다. 이 게임이 서구 사회에서 진행되면 제안자는 일반적으로 50 대 50의 분할을 제안하고 반응자는 보통 이를 받아들입니다. 만약 제안자가 불공평한 분할(이를 테면 85 대 15)을 제안한다면 반응자는 보통 제안을 거절함으로써 제안자를 '처벌'합니다. 이것은 우리가 불공평에 대해 깊은 선천적 의식을 지니고 있다는 것을 보여 주기 위해 거론될 수 있습니다. 하지만 최후통첩 게임에서 서로 다른 문화는 상당히 다르게 행동한다는 것이 밝혀졌습니다. 예를 들어 아마존 유역의 마치구엔가(Machiguenga) 사람들이 게임을 할 때 반응자들은 공짜 돈을 거부하는 것은 미친 짓이라는 이유로 아무리 낮더라도 거의 항상 제안을 받아들입니다. 이와는 대조적으로 파푸아 뉴기니의 고지대 그나우(Gnau) 사람들처럼 선물을 주는 전통이 강한 문화에서 반응자들은 때때로 60%가 넘는 관대한 제안을 거절합니다. 이는 그들이 제안자에게 채무가 있다는 생각을 좋아하지 않기 때문입니다. 이 예가 보여 주듯이 특정한 형태의 행동이 보편적이라는 결론을 내리기 전에 신중해야 합니다. 도덕적 가치와 사회문화적 규범 및 기대를 포함한 다양한 요인에 따라 반응이 달라집니다. 개인으로서 우리는 사회적, 문화적, 도덕적 규범을 강화할 뿐 아니라 비판적 사고를 바탕으로 스스로 판단하고 결정하는 자유로운 행위자로서 사고하고 행동하는 것이 중요합니다.

그림 14.10 _ 최후통첩 게임

오류: 요약

이제까지 보았듯이, 오류가 발생했는지 아닌지를 결정하기 위해서는 판단 요소가 필요합니다. 14장 전체에 걸쳐 우리는 일상적인 추론의 '치명적인 오류들'을 살펴보았습니다. 그것을 표로 요약해 놓았습니다.

오류	정의
포스트 혹 에르고 프로프터 혹(이것 뒤에, 따라서 이것 때문에)	상관관계와 인과 관계를 혼동하는 것
인신공격	논점보다는 그 사람을 공격/옹호하는 것
특별 변론	개인이나 집단을 변명하기 위해 이중 잣대를 사용하는 것
애매함	언어를 모호하게 사용하는 것
무지에 호소하는 논증	그것이 거짓임을 증명할 수 없기에 참이라고 주장하는 것
잘못된 유추	두 가지가 어떤 면에서 비슷하기에 다른 면에서도 비슷하다고 가정하는 것
거짓 딜레마	흑과 백, 두 가지 대안만 존재한다고 가정하는 것
성급한 일반화	불충분한 증거로부터 일반화하는 것

탐구 14.15

다음 1부터 17까지의 각 경우에, 아래의 a부터 k 중 어느 것이 논증에 가장 잘 적용되는지 진술하세요.

a   타당한 주장

b   타당하지 않은 삼단 논법

c   성급한 일반화

d   포스트 혹 에르고 프로프터 혹(이것 뒤에, 따라서 이것 때문에)

e   인신공격의 오류

f   특별 변론

g   무지에 호소하는 논증

h   거짓 딜레마

i   잘못된 유추

j   애매함

k   유도 질문

1   아리사는 나를 신뢰한다고 말했고, 그녀는 자신이 신뢰하는 누군가에게 거짓말을 하지 않을 것이기 때문에 진실을 말하고 있는 것이 틀림없다.

2   목적은 수단을 정당화한다. 결국 오믈렛을 만들고 싶다면, 달걀을 깨야 한다.

3   영국인들은 항상 날씨에 관해 이야기하므로 만약 날씨에 대해 말하는 사람을 만난다면 그가 영국 사람임을 확신할 수 있다.

4   그것은 옳을 리가 없다. 내 친구들은 아무도 그것을 믿지 않을 것이다.

5   많은 위대한 과학자들이 신을 믿고 있기 때문에 종교에는 틀림없이 얼마간의 진리가 있을 것이다.

6   우리는 두 번 데이트에서 매우 잘 맞았다. 우리는 확실히 잘 어울린다. 우리 결혼하자!

7   나는 모든 사람이 세금을 내야 한다는 것에 동의한다. 하지만 올해는 돈이 부족하고 가족들과 꼭 필요한 휴일을 보내고 싶기 때문에 내 소득 전체를 신고하지 않아도 괜찮다.

8   평균적인 영국 가정은 2.5명의 자녀를 두고 있다. 스미스 가족은 매우 평범한 사람들이다. 따라서 그들에게는 틀림없이 2.5명의 자녀가 있을 것이다.

9   아무도 우주에서 우리만 있다는 것을 증명하지 못했으므로 외계 생명체가 존재한다고 결론지어야 한다.

10 많은 위대한 예술가들이 생전에 인정을 받지 못했다. 내 작품이 인정받지 못했으니 나는 틀림없이 위대한 예술가일 것이다.

11 학생회장에 보리스와 베르타, 두 명의 후보가 있고, 그가 보리스에게 투표하지 않았다는 것을 알고 있으므로 그는 틀림없이 베르타에게 투표했을 것이다.

12 열심히 노력하지 않고 성공하는 사람은 없으므로, 당신이 시험에 떨어진 것은 당신이 얼마나 게을렀는지를 보여 준다.

13 상원 의원이 스캔들을 일으킨 낌새가 보인 적이 없다. 따라서 그는 틀림없이 정직한 사람일 것이다.

14 빌린 차보다 소유한 차를 더 잘 관리할 수 있는 것처럼, 고용주가 고용자를 돌볼 가능성보다 노예 주인이 노예를 돌볼 가능성이 더 크다.

15 아프리카 탐험가들이 알려지지 않았다는 이유만으로 아메리카 대륙이 아프리카인들에 의해 발견되었을 가능성을 무시하는 것은 무책임하고 오만하다. 어떤 사건을 알지 못한다고 해서, 그것이 일어나지 않았다는 것을 의미하는 것은 아니다.

16 테러리즘에 대항해 싸울 때, 당신은 우리와 함께 하거나, 아니면 우리에 반대하거나 둘 중 하나만 해야 한다.

17 영국인은 요리를 못한다. 만약 그가 정말 영국인이라면, 요리를 못할 것이 분명하다.

인간과학 방법 평가하기

인간과학과 유사 과학(가짜 과학)을 구별하는 것은 무엇일까요?

인간과학에 논쟁의 여지가 생길 수 있는 이유를 고찰함으로써 우리는 인간과학자들이 지식을 구축하는 방법과 그 신뢰성에 대해 다시 생각하게 됩니다. 앞서 우리는 관찰, 측정, 실험, 패턴 등 인간과학의 다양한 방법을 탐구했습니다. 각각과 관련된 문제들은 다음과 같이 요약할 수 있습니다.

인간과학: 문제점 요약	
관찰	다른 사람의 마음을 직접 관찰할 수 없다.
	설문지는 오해의 소지가 있거나 편향될 수 있다.
	사람들을 관찰하는 것은 그들의 행동 방식에 영향을 미칠 수 있다.
측정	사회 현상은 측정하기 어렵다.

인간과학: 문제점 요약(계속)	
실험	인간과학은 통제된 실험을 실행하기가 어려운 복잡한 사회적 상황을 연구한다.
	윤리적 고려는 인간과학에 적합한 실험의 유형을 제한한다.
패턴	패턴과 추세는 규명할 수 있지만 정확한 예측은 한계가 있다.
	예측하는 행위는 예측된 행동에 영향을 미칠 수 있다.
	인간과학은 확률과 가망성을 계산할 수 있다.
	인간과학은 질적, 양적 방법을 사용하여 데이터를 생성할 수 있다.
	인간과학은 보통 법칙보다는 추세를 밝혀낸다.

탐구 14.16

앞에 나온 '인간과학: 문제점 요약'이라는 표를 보세요. 짝과 협력하여 다음 질문에 대해 토론하세요. "인간과학을 옹호하려고 할 때, 언급된 각 문제에 어떻게 대응할 것인가?"

심리학자, 경제학자, 정치학자, 인류학자 및 기타 인간과학자들이 각각 인간 본성과 행동에 대해 정확하고 신뢰할 수 있는 결론을 제공하려는 방법들을 사용한다는 것은 명백합니다. 그러나 신뢰할 만하거나 적절한 방법으로 간주될 수 있는 것이 무엇인지는 각 인간과학마다 다소 다를 수 있습니다. 우리는 통계 자료, 질적·양적 연구, 빅 데이터를 활용해 사람들에게 질문하는 것과 관련된 접근법들의 장단점을 살펴보았습니다. 인간 본성과 인간 행동에 대해 내려진 결론을 평가하려면 도출된 결론을 산출하는 데 사용된 방법들의 신뢰도도 이해하고 평가할 수 있어야 합니다. 실제로 인간과학에서 지식 주장의 확실성을 평가하기 위해서는 그 결론에 어떻게 도달했는지에 대해 알고 이해할 필요가 있습니다.

그림 14.11 _ 인간과학은 지식의 방법과 사용을 어떻게 평가할까요?

또한 우리는 기술이 인간과학에 사용되는 방법들에 어떻게 영향을 미치는지 탐구했습니다. 빅 데이터를 비롯한 데이터의 수집과 활용은 인간과학을 더욱 과학적으로 만들수 있는 잠재력을 갖고 있지만, 데이터를 사용하는 양적 방법이 정확하고 신뢰할 수 있다는 가정은 피해야 합니다. 디지털 기술의 사용은 새로운 질문을 제기합니다. 빅 데이터와 정보 기술 및 생명공학의 발전은 인간과학에 사용되는 방법을 바꿀 수 있습니다. 충분히 정교한 생체 데이터가 있으면 결국 빅 데이터 알고리즘은 우리가 우리 자신을 아는 것보다 우리를 더 잘 알 수 있다고 믿을 수 있습니다. 기술은 우리가 할 수 있는 것보다 훨씬 더 정확한 예측 가능성을 약속한다고 상상할 수 있을 것입니다. 인간을 이해하려는 미래의 과제를 기계가 가장 잘 할 것이라고 주장하는 사람들도 있을 것입니다. 이에 대한 반론은 양적 방법에 너무 많은 신뢰를 두어서는 안 되며 인간에 대한 이해를 수치적 데이터로 축소해서도 안 된다는 것입니다. 미래에 빅 데이터가 어떻게 생산되는지를 이해하지 못하면 그 신뢰성을 평가하는 데 어려움을 겪을 수 있습니다.

탐구 14.17

데이터가 인간과학에 사용되는 방법에 미치는 영향력에 대해 자세히 알아보세요. 예를 들면 듀크 대학교 웹사이트에서 데이터와 디지털 인간과학을 검색해 보세요.

인간과학에 사용되는 방법은 비록 문제와 한계가 있지만, 인간에 대한 과학적 주장을 성공적으로 펼치려면 견고해야 합니다. 우리가 인간을 더 잘 이해하고 신뢰할 수 있는 결론에 도달하려면 건전한 방법이 어떤 것인지도 알아야 하고, 사용된 방법도 평가해야 할 것이라는 의견을 제시하며 논의를 끝맺을 수 있습니다.

탐구 14.18

14장의 예와 여러분의 지식이나 연구를 통해 얻은 다른 예들을 사용하여 인간과학에서 지식을 구축하는 방법을 설명하는 발표를 준비하세요.

여러분은 관찰, 분류, 추론, 식별, 이론, 실험, 가설 구축, 연관성, 언어, 패턴, 문제 해결, 모델 창출 및 기타 적절한 도구나 방법 등과 같은 개념과 관념 중 일부를 고려할 수 있을 것입니다.

인간과학에 사용되는 방법은 자연과학에 사용되는 방법만큼 신뢰할 수 있나요? 짝과 함께 작업하고 짝을 지어 급우들에게 아이디어를 발표합니다.

자기 평가

여러분의 발표를 평가하세요. 여러분이 인간과학에 사용되는 개념과 이 분야의 지식을 구축하는 방법을 이해했다는 것을 얼마나 잘 증명했나요? 어떤 측면을 가장 명확하게 표현할 수 있었나요? 가장 힘들게 한 것은 무엇이었나요? 다시 탐색할 필요가 있다고 생각하는 모든 영역의 목록을 만들고, 이것의 우선순위를 정하세요.

14.7 자연과학과의 관계

지식 영역 연결 질문 14.7

자연과학: 다른 자연 현상을 연구하는 것과 똑같은 방식으로 인간을 연구할 수 있을까요?

환원주의

일부 사상가들은 신경 과학이나 유전학 같은 영역에서 우리의 지식이 성장함에 따라 결국 인간과학을 보다 견고한 토대 위에 세우는 것이 가능할 것이라고 기대합니다. 그것은 일부 주제를 보다 근본적인 다른 주제의 관점에서 설명하려 하는데, 그런 입장을 **환원주의**(환원론)라고 합니다. 예를 들어 환원주의자는 언젠가는 경제학을 심리학 관점에서, 심리학을 신경 과학 관점에서 이해할 수 있을 것이라 주장할 수 있습니다. 극단적으로는 환원주의자는 모든 것이 궁극적으로 물리 법칙에 따라 우주에서 빙글빙글 도는 원자의 문제라고 주장할 수 있습니다.

과학은 복잡한 현상을 보다 단순한 기본 원리로 설명해야 하므로 환원주의가 매력적으로 보일 수 있습니다. 결국, 물리학 같은 과목은 극소수의 기본 법칙을 통해 다양한 현상을 놀라울 정도로 성공적으로 설명해 냈습니다. 이런 성공의 좋은 예는 열역학을 역학으로 환원시키는 것이었는데, 이로써 과학자들은 열을 분자 운동에 입각해 설명할 수 있었습니다. 우리는 인지행동 치료에 따른 뇌 변화를 관찰할 수 있고 그 변화가 항우울제 복용 효과와 비슷하다는 주장도 나올 수 있습니다. 그러므로 우리는 기본적인 신체 현상의 관점에서 정신 현상을 설명할 수 있습니다.

> **키워드**
>
> **환원주의**: 어떤 주제들은 보다 근본적인 다른 관점에서 설명될 수 있다는 믿음

> **탐구 14.19**
>
> 다음 과학을 살펴보세요.
>
> · 물리학
>
> · 생물학
>
> · 화학
>
> · 경제학
>
> · 지리학
>
> · 심리학
>
> 과학에 위계질서가 있다고 생각하나요? 만약 그렇게 생각한다면, 여러분이 선택한 기준에 따라 위의 목록에 있는 다양한 과학(및 여러분이 생각할 수 있는 다른 과학)을 순서대로 나열해 보세요. 만약 그렇게 할 수 없다면, 그 이유를 설명하세요.

환원적 오류

그러나 복잡한 것을 더 단순한 근본적인 것으로 설명하려고 할 때는 **환원적 오류**를

> **키워드**
>
> **환원적 오류**: A가 B로 구성되어 있기 때문에 A는 B에 불과하다고 말하는 오류

범할 위험이 있습니다. 이것은 A가 B로 구성되어 있다는 이유만으로 A는 B일 뿐이라고 말하는 오류입니다. 다음은 그러한 '단지 ~일 뿐인 주의(nothing-but-ism)'의 몇 가지 예입니다.

대성당은 단지 돌무더기일 뿐이다.

바이올린 소나타는 단지 진동하는 현의 연속일 뿐이다.

인간은 단지 화학 물질 덩어리일 뿐이다.

실제 상황 14.25

위의 '환원주의' 주장 중 어떤 것에 동의하나요?

어떤 면에서는 우리가 '단지 화학 물질 덩어리'라는 것은 사실이고, 그리고 인간을 만드는 레시피(recipe)에 어떠한 비밀 재료도 없다는 것을 알게 되면 겸손해집니다. 우리 인간은 고양이와 오이, 그리고 국화와 똑같은 기본 재료로 만들어졌습니다. 그렇다 해도 화학 실험실에서 측정되는 그 많은 수소와 산소, 그리고 탄소와 살아 있는 인간 사이에는 매우 큰 차이가 있습니다. 인간을 구성하는 성분들을 알 수는 있겠지만, 레시피를 이해하는 것은 아직 요원합니다!

사실 환원주의 프로그램이 성공할 수 있을지 의심하는 데는 그럴 만한 충분한 이유가 있습니다. 화학을 물리학으로 환원할 수조차 없기 때문에, 결코 물리학의 관점에서 인간과학을 설명할 수 있을 것 같지는 않습니다. 어쨌든 그 결과로 얻은 지식은 그다지 유용하지는 않을 것입니다. 원자와 분자 수준에서 수요 공급의 법칙을 이해하려고 노력하는 것은 전기 회로를 통해 전자의 흐름을 분석함으로써 컴퓨터 프로그램을 배우려 하는 것과 같습니다.

환원주의적 관점은 인간과학에 대한 가치 판단을 가정합니다. 지식의 한 영역(인간과학)을 다른 영역(자연과학)의 기준으로 판단하는 데는 문제가 있습니다. 자연과학의 특징을 지닌 방법과 도구를 인간과학에서도 사용**해야 한다**고 가정하는 것은 정당화되지 못할 것입니다. 게다가 인간과학에서 지식의 생산은 견고해 보이며 지식을 구축하기 위해 고유한 방법, 도구 및 개념을 사용합니다. 그뿐만 아니라 인간과학은 자신만의 실용적인 응용물과 용도를 가지고 있고 독특한 방법으로 지식을 생산합니다. 환원주의에 대한 반론은 인간과학에서 지식의 각 영역이 지식을 생산하는 방식이 아주 독특하며 또 그 방식이 상황에 따라 아주 달라진다는 것입니다. 지리학자와 경제학자, 정치학자, 사회학자, 인류학자, 심리학자들은 각각 자신의 주제 영역에 적합한 방법을 사용하여 정당화된 결론에 도달할 수 있습니다.

논의 14.12

인간과학은 어느 정도나 자연과학 기준에 따라 판단되어야 하나요?

전체론

무언가를 이해하는 가장 좋은 방법은 그것을 여러 부분으로 나누는 것이라는 환원주의적 관념은 살아 있는 생물을 연구할 경우 특히 부적절해 보입니다. "고양이가 어떻게 움직이는지 보기 위해 분해하려면 가장 먼저 손에 잡히는 것은 움직이지 않는 고양이다." 작가 더글러스 애덤스(Douglas Adams, 1952~2001)의 이 말은 우리가 사물을 하나의 전체로 볼 때만 이해할 수 있다는 점을 시사할 것입니다. 이 관점은 **전체론**으로 알려져 있으며 그 중심 주장은 **전체가 부분의 합보다 크다는 것**, 즉 전체에는 원칙적으로 부분에 대한 분석을 통해 발견될 수 없는 특징들이 포함되어 있다는 것입니다.

키워드

전체론(holism): 어떤 것을 이해하는 가장 좋은 방법은 개별적인 부분으로 분석하는 것이 아니라 전체를 보는 것이라는 믿음

전체론이 인간과학에 적용될 때, 그것은 집단을 구성하는 개인들에 입각한 것만으로는, 또는 그 행동이 일어나는 맥락과 독립된 개별 행동에 입각한 것만으로는 집단을 이해할 수 없다는 것을 의미합니다. 따라서 경제학자들은 단순히 개인이라는 경제적 행위자의 행동을 분석하는 것만으로 복잡한 경제를 이해할 수 없다는 것을 근거로 경제를 전체로서 연구하는 거시 경제학과 개인이라는 경제적 행위자의 행동을 연구하는 미시 경제학을 구분합니다. 인류학자들은 어떤 문화의 개인적 관행들을 이해하려 하기 전에 그 문화에 흠뻑 젖어들어야 한다고 주장합니다.

논의 14.13

집단은 그것을 구성하는 개인과는 구별되는 일반적인 '특징'을 가질 수 있다고 생각하나요?

전체론과 환원론 사이의 논쟁의 핵심은 전체와 부분 사이의 관계에 대한 질문입니다. 이 두 입장 사이에서 **어느 하나**를 택하고, 전체를 부분에 입각해 이해하거나 부분을 전체에 입각해 이해해야 한다고 말하는 것보다 부분과 전체 사이에 양방향 교류가 존재한다는 것에 입각해서 생각하는 편이 더 나을 것입니다. 개인과 사회의 관계를 살펴보세요. 사회는 그것을 구성하는 개인에 의해 영향을 받지만, 개인도 자신이 살고 있는 사회에 의해 영향을 받는 것이 사실입니다. 예를 들어, 미국의 문화 인류학자인 리처드 슈웨더(Richard Schweder, 1945~)는 사회 중심적인 문화와 자아 중심적인 문화를 식별했습니다. 사회 중심적인 사회는 개인보다 공동체의 제도와 규칙을 우선시하는 반면, 자아 중심적인 사회는 사회보다 개인의 권리와 자유를 강조합니다.

여기서 아는이로서 우리의 관점을 깨닫는 것이 중요합니다. 사회는 인간과학에서 공동체의 규칙과 관련된 개인의 시민적 자유에 두는 강조점에 따라 특징지어질 수 있지만, 이에 대해 다른 관점이 있을 수 있습니다. 예를 들어 북한군 열병식에 대한 외부 관찰자는 그 사회에 살고 있는 누군가와 그 사회에 대해 매우 다른 결론에 이를 수 있습니다. 마이클 페일린(Michael Palin, 1943~)이 북한에 대한 TV 여행 다큐멘터리 시리즈에서 탐구한 것처럼 말입니다. 인간처럼 복잡한 대상을 연구할 때 단일한 접근법으로 제한해야 할 이유가 없으며 두 관점 모두 지식 구축에 중요한 역할을 할 수 있습니다.

그림 14.12 _ 인류학자는 다른 사람이 세상을 어떻게 보는지를 이해하는 것이 어느 정도나 가능할까요?

페어슈테헨 입장

인간과학을 자연과학으로 환원할 수 있을지 의심하는 한 가지 이유는 인간과학이 전형적으로 기계적 원인과 결과보다는 **의미**와 **목적**에 입각해 사물을 설명하기 때문입니다. **페어슈테헨 입장**으로 알려진 바에 따르면 인간과학의 주요 목표는 다양한 사회적 실천의 의미를 행위자들 스스로가 이해하는 것처럼 **내부로부터** 이해하는 것입니다. 이에 대한 상식적 이해는 한 집단의 사람들이 무엇을 하고 있는지 알고 싶다면 단순히 그들의 신체적인 움직임을 관찰하는 것이 아니라 '그들의 머릿속으로' 들어가 **그들이** 그 상황을 어떻게 보는지를 이해하려고 노력해야 한다는 것입니다. 이것을 할 수 없다면 무슨 일이 일어나고 있는지를 오해하기 쉽습니다.

인간과학의 많은 설명이 메커니즘보다는 의미에 입각해서 이루어지기 때문에 인간과학이 그 신뢰에 걸맞는 보편 법칙을 거의 갖고 있지 않다는 점은 놀랍지 않을 것입니다. 행동의 의미는 행동이 일어나는 **맥락**에 따라 달라지므로 일반화하기 어렵습니다. 예를 들어 한 남자가 종이에 자신의 이름을 쓰고 있다면 수표를 쓰거나 서명을 하거나 사형 집행 영장에 서명하는 것일 수 있습니다. 똑같은 물리적 행동의 결과가 각각의 경우에 완전히 다르므로 "어떤 사람이 자신의 이름을 쓰면, 그때는…" 같은 형식의 보편 법칙을 만들 수는 없습니다.

인간 행동을 이해하는 것에 대한 **페어슈테헨** 접근법은 우리의 이해를 돕지만, 그것에 현혹되어서는 안 됩니다. 많은 인간 행동은 맥락 속에서만 이해될 수 있기에, 인간과학에는 어떤 보편성도 없다는 따위의 결론을 내리지 말아야 합니다. 반대로 인류학자들은 험담, 농담, 성에 관심을 두는 것을 비롯하여 모든 문화에 공통적인 것처럼 보이는 많은 특성을 발견했습니다.

탐구 14.20

짝을 이루어 다음 각 행동에 대해 가능한 한 많은 다른 설명을 생각해 보세요. 급우들과 아이디어를 공유하세요.

a   한 여자가 와인 한 잔을 집어 든다.

b   한 남자가 우산을 가지고 나간다.

c   한 남자가 방으로 걸어 들어와 한 바퀴 돌고 다시 나간다.

d   한 여자가 핸드백에서 총을 꺼낸다.

e   한 여자가 손을 흔든다.

f   한 사람이 맥도날드 매장에서 식사를 한다.

g   한 학생이 IB 디플로마 프로그램 시험을 본다.

h   한 사람이 생일 파티에 참석한다.

i   한 사람이 공항에서 체크인을 한다.

j   누군가 체육관에서 운동한다.

되돌아보기

어떤 사람이 특정한 방식으로 행동하는 이유를 알고 싶다면, 보통 어떤 종류의 설명을 찾나요? 여러분이 찾는 설명은 그 사람이 누구인지에 따라, 또 그 행동이 일어나는 맥락에 따라 어느 정도나 달라질까요?

14.8 윤리적 고려 사항

실제 상황 14.26

어떤 대가를 치르더라도 인간과학 지식을 추구해야 할까요? 그 이유는 무엇인가요? 아니라면 그 이유는요? 그걸 어떻게 알 수 있을까요?

인간과학과 윤리의 연결은 중요합니다. 첫째, 우리는 인간과학이라는 렌즈를 통해 도덕성을 탐구하기를 원할 수 있습니다. 윤리는 공부해야 할 주제입니다. 예를 들어 인류

학자는 갱 문화 내에서 작동하는 윤리적, 사회적 규범뿐만 아니라 가치에도 관심이 있을 수 있습니다. 심리학자와 경제학자들은 또한 우리가 어떻게, 왜 옳고 그름에 대한 인식을 소유하고 있는지, 그러한 가치가 태도와 행동에 어떻게 영향을 미치는지 알고 싶어 (가치에) 관심이 있을 수 있습니다. 둘째, 인간과학은 연구 대상자인 사람들에 대해 특별한 책임이 있습니다. 예를 들어, 13장에서 보았듯이 사람과 관련된 연구를 수행하는 경우 따라야 할 다양한 기준이 있습니다. 사람에게 설문 조사에 참여하도록 요청하는 경우 최소한의 필수조건으로 내용에 대한 사전 동의가 포함될 수 있습니다.

논의 14.15

어떤 가치와 책임이 지리학자, 경제학자, 정치학자, 사회학자, 인류학자, 그리고 심리학자의 탐구에 영향을 미치게 될까요?

밀그램 실험

심리학 역사상 가장 잘 알려진 실험 중 하나는 1963년 미국 예일 대학교에서 행해졌습니다. 스탠리 밀그램(Stanley Milgram, 1933~1984)은 사람들이 명령에 얼마나 순종하는지에 관심이 있었습니다. 그는 이른바 '학습에서 처벌 효과를 테스트'하기 위한 실험에 자원봉사자를 모집한다고 광고했습니다. 자원봉사자는 실험 장소에 도착하면 '교사' 역할을 하고 또 다른 '자원봉사자'(실제로는 배우)는 '학습자' 역할을 맡는다고 들었습니다. 학습자는 의자에 묶이고 손목에 전극이 부착되었습니다. 그런 다음 교사는 인접한 방으로 안내되어 학습자에게 간단한 기억력 테스트를 하도록 요청받았습니다. 학습자가 틀리게 대답할 때마다 교사는 발전기 스위치를 눌러 학습자에게 연속적으로 더 높은 전기 충격을 주어야 했습니다. 각 스위치에는 15~450볼트 범위의 전압 레벨과 '약한 충격', '강한 충격', '강렬한 충격', '위험', 마지막에 'XXX'로 된 설명이 명확하게 표시되어 있었습니다. 교사는 학습자를 볼 수는 없었지만, 그의 대답을 들을 수는 있었습니다. 전압이 120볼트에 이르자 학습자는 불평하기 시작했습니다. 150볼트에서는 실험 중단을 요구했습니다. 270볼트에서는 비명을 지르기 시작했습니다. 330볼트 후에는 불길한 침묵이 흘렀습니다. 교사가 충격을 주는 것을 망설일 때마다 과학자는 그의 뒤에 서서 실험을 계속하는 것이 매우 중요하다고 주장했습니다. 물론 실제로 학습자는 아무 충격도 받지 않았지만, 당시 '교사'는 이를 인지하지 못했습니다.

실제 상황 14.27

1 인간 본성에 대한 지식을 고려할 때, 100명의 자원자 중 몇 퍼센트가 450볼트까지 계속해서 전기 충격을 가할 것으로 생각하나요?

2 여러분이 이 실험의 자원봉사자였다면 어떻게 했을 것 같나요?

실험 결과, 자원봉사자의 거의 3분의 2가 450볼트까지 계속해서 전기 충격을 가했습니

다. 많은 자원봉사자들이 자신의 행위에 대해 우려를 표했고, 그래서 그들이 학습자의 운명을 책임지지 않아도 된다고 안심시켜야 했습니다. 그러나 그들은 그 일을 거부할 생각은 떠오르지 않았던 것 같습니다. 자원봉사자의 3분의 1만이 끝까지 가는 것을 거부했습니다. 밀그램 실험은 인간 본성에 대한 몇 가지 불안한 의문을 제기합니다. 왜 그렇게 많은 자원봉사자가 흰 가운을 입은 권위자들에게 기꺼이 복종해서 낯선 사람에게 치명적인 충격을 가했을까요? 한 가지 작은 위안은 자원봉사자가 혼자 일하는 대신 다른 교사 2명(이번에도 배우)과 짝을 이루고 다른 교사들이 반항했을 때 자원봉사자의 10%만이 450볼트까지 계속 충격을 줄 의향이 있었다는 것이었습니다.

우리는 참가자들의 윤리가 아닌 실험의 윤리에 대해 의문을 제기할 수 있습니다. 결국 자원봉사자들은 어떤 일에 연루되어 있는지에 대해 잘못 알고 있었고 실험 중에 불편함을 느끼게 되었고 실험이 끝난 후 자존감을 잃었을 수도 있습니다. 참가자들의 동의를 얻지 않았고, 자신들이 만약 낯선 사람에게 치명적인 전기 충격을 가할 수 있는 종류의 사람이라는 것을 알게 된다면 그들은 자신에 대해 그다지 기분이 좋지 않을 것입니다! 이 실험은 오늘날 요구되는 기준을 충족하지 못했고, 실험 자체가 매우 비윤리적이라고 주장하는 사람도 있을 겁니다.

논의 14.16

1 인간 본성과 행동에 대한 이해는 시간이 지남에 따라 어떻게 변했을까요?

2 과학적 틀이 인간에 관한 **모든 것**에 적용될 수 있을까요? **무엇이든** 측정할 수 있고, 측정해야 할까요?

되돌아보기

인간에 대한 모든 행동 연구에 대해 **사전** 동의가 있어야 한다고 생각하나요? 만약 그렇다고 대답한다면, 인간 행동 연구에 어떤 영향을 미칠까요? 실험 전에 참가자에게 정보를 제공하는 것 (사전 동의를 받는 것)이 결과를 어떻게 바꿀 수 있을까요?

스탠퍼드 감옥 실험

심리학자 필립 짐바르도(Philip Zimbardo, 1933~)에 의해 기획된 두 번째 유명한 실험이 1971년 스탠퍼드 대학교에서 이루어졌습니다. 이 실험의 목적은 '상황의 힘'이 평범한 사람들의 행동에 어떻게 영향을 미칠 수 있는지 알아보는 것이었습니다. 심리학과의 지하실을 감옥처럼 꾸미고 학생 자원봉사자 24명을 모집해 교도관과 죄수로 무작위로 나눴습니다. 교도관에게는 죄수를 완전히 통제할 수 있는 권한이 주어졌습니다. 실험은 2주 동안 진행될 예정이었으나 교도관들 중 일부가 가학적으로 행동하고 죄수들이 심리적 외상을 입었기 때문에 6일 만에 중단해야 했습니다. 짐바르도는 사람들이 어떻게 행동할지 결정하는 데 상황이 성격적 특성보다 더 중요하다는 것을 보여 주기 위해 그 실험을 했습니다. 2004년 이라크 아부 그라이브 교도소에서 미군 교도관들이 수감자들을 학대했다는 소식이 알려졌을 때, 짐바르도는 무서웠지만 놀라지는 않았다고 했습니다. 그는 그것을 다음과 같이 인상적으로 표현했습니다. "식초 통 속에서 달콤한 오이가 될 수는 없다." 짐바르도의 연구는 권위 있는 인물로부터 지시를 받았을 때뿐만 아니라 유독한 환경에 처했을 때도 끔찍한 일을 할 수 있음을 암시한다는 점에서 밀그램 연구의 연장선상으로 볼 수 있습니다.

밀그램 실험과 함께 스탠퍼드 감옥 실험은 종종 비윤리적인 연구의 예로 언급됩니다. 실험 윤리에 대한 여러분의 생각이 무엇이든지 간에 다음과 같은 근거로 그 실험이 주장한 발견들에 의문을 제기할 수 있습니다.

1   **선택 편향.** 짐바르도는 연구 참가자를 찾기 위해 '교도소 생활' 실험을 명시적으로 언급하는 광고를 만들었습니다. 이 실험은 일반 대중을 대표하지 않는 비전형적이고 어쩌면 공격적인 사람의 관심을 끌었을 수 있습니다.

2   **실험자의 기대치.** 실험을 시작할 때 짐바르도는 교도관들에게 어떻게 행동해야 하는지에 대해 간략하게 설명했고, 교도관들은 단순히 그가 하라고 권한 것을 했을 뿐이라고 주장할 수 있습니다.

3   **모호한 결과.** 비록 일부 교도관은 가학적인 행동에 가담했지만, 다른 교도관들은 가담하지 않았습니다. 그래서 실험의 전반적인 결과는 나쁜 상황이 모든 사람을 가학적인 사람으로 만드는 것은 아니라는 것을 시사할 수 있습니다.

행동이 성격적 특성에 더 영향을 받는지 아니면 상황에 더 영향을 받는지에 대한 의문과 함께, 스탠퍼드 감옥 실험의 중요성에 대한 논쟁은 오늘날까지 이어지고 있습니다. 이 짧은 논의가 시사하듯이 인간과학에서의 실험은 때로는 결론에 이르지 못하고 다양한 해석이 열려 있습니다. 이 두 실험 모두 사람들이 서로 다른 상황에서 어떻게 반응하고 상호 작용을 하는지를 발견하는 것을 목표로 했으며, 그리고 두 실험 모두가 밝혀낸 것은 인간 행동의 복잡성이었습니다.

실제 상황 14.28

1   밀그램과 스탠퍼드 감옥 실험이 비윤리적이라고 생각하나요? 그 이유는 무엇인가요? 아니라면 그 이유는요?

2   시간이 지남에 따라 윤리적 고려 사항은 인간과학에 사용되는 방법들을 어떻게 형성해 왔을까요?

3   우리는 비윤리적인 수단으로 생산된 지식을 여전히 수용하고 가치 있게 여기며 사용할 수 있을까요? 그 이유는요? 아니라면 그 이유는요?

참여하는 사람에게 부정적인 영향을 미치는 실험을 수행하지 않는 데에는 윤리적인 이유가 있습니다.

다음 질문에 대한 답변을 쓰세요. "윤리적 고려는 인간과학에서 인간을 연구하는 데 사용되는 방법에 어떤 방식으로 영향을 미칠 수 있을까?"

여러분은 인간과학에서 수행된 실험 사례, 사용된 방법, 고려되거나 고려되지 않은 윤리적 고려 사항들 및 정확한 결론에 도달할 수 있는 정도를 감안할 수 있습니다.

답변에 포함할 추가 예제를 조사하려면 솔로몬 애쉬(Solomon Asch)의 1950년대 실험 또는 1930년대의 **터스키기** 실험에 대해 자세히 알아볼 수 있습니다.

답변을 완료했으면 다음에 대해 생각해 보세요.

- 여러분의 답변을 형성했던 요인은 무엇인가?

- 나이, 성별, 윤리적 가치 같은 여러분의 관점이 질문에 대한 답변과 그 이유에 어느 정도나 영향을 미칠 수 있을까?

- 어떤 방법이 적절하거나 윤리적인지 어떻게 결정하나?

- 여러분에게 동의하지 않는 사람에게 뭐라고 대답할 것인가?

- 가치를 알기 위해 우리가 사용하는 절차·과정은 무엇일까? 우리 자신의 윤리적 가치가 우리 사회에서 공유되는 가치와 일치해야 할까?

키워드

터스키기 실험: 1932년부터 1972년까지 미국 공중 보건국이 매독을 치료하지 않고 내버려 두면 어떻게 되는지 알아보기 위해 앨라배마 농촌 지역의 흑인들을 대상으로 시행한 악명 높은 생체 실험. 피험자들에게 질병의 실체도, 실험 목적도 고지하지 않은 데다 치료 기회마저 박탈해 버렸다는 점에서 의학 윤리를 어긴 대표적인 사례로 알려져 있음

그림 14.13 _ 윤리적 고려가 인간과학에서 어떤 역할을 해야 한다고 생각하나요?

14.9 맺으며

인간과학은 경제학과 심리학에서 인류학과 사회학에 이르기까지 다양한 학문 분야의 지식에 큰 공헌을 했습니다. 14장에서는 우리가 과학적 틀을 인간에 관한 연구에 적용한다면 무엇을 달성할 수 있는지를 탐구했습니다. 그렇지만 인간과학은 전혀 단순하지 않으며, 인간의 현상을 성공적으로 연구하려면 엄격함과 정교함이 필요하다는 점을 보여 줍니다. 인간과학은 복잡한 현상을 다루기 때문에 충분한 지식이 없는 상식에 의존하는 것보다 심리학, 경제학, 인류학 등의 과목을 공부함으로써 인간에 대해 더 많이 배울 수 있습니다. 우리는 이런 지식을 구성하는 방법과 프로세스를 검토했습니다. 인간과학에 대한 어떤 토론도 불가피하게 진화의 역사에서 우리의 위치에 대한 몇 가지 큰 문제를 제기합니다. 우리는 인간과학이 인간을 더 잘 이해하는 데 도움을 줄 수 있다는 생각에서 시작하여 인간의 행동과 상호 작용, 그리고 사회와 문화를 더 잘 이해하고 싶어 할 때 인간과학이 맡을 수 있는 역할을 탐구했습니다.

우리는 미래 지향적 관점으로 결론을 내릴 수도 있고 인간 의식의 본성, 마음과 뇌와 몸의 관계, 자유 의지를 갖는 정도 또는 유전, 환경 및 정체성 간의 관계 등과 같은 문제들을 살펴볼 수도 있을 것입니다. 과학 연구는 이런 문제에 빛을 비출 것입니다. 하지만 인간과학은 인간과 관련된 현상에 대한 지식을 습득하는 데 계속해서 도전할 것입니다.

지식 질문

1 인간과학은 인간 행동의 경향과 패턴을 식별할 수 있나요? 만약 그렇다면, 자연과학 법칙과 비교했을 때 어떤 유사점과 차이점이 있을까요?

2 인간은 어디까지 예측할 수 있을까요? 물리학이 세계에 관해 정확한 것만큼 우리에 대해 정확한 인간 행동의 과학이 언젠가 존재할 수 있을까요? 여러분 입장에 대한 반대 의견을 고려하여 신중하게 답변을 정당화하세요.

3 때때로 인간과학은 '소프트'로, 자연과학은 '하드'로 표현됩니다. 정말 차이가 있나요? 만약 있다면 이 용어가 그 차이를 적절하게 기술하고 있나요?

14.10 지식 영역 연결 질문

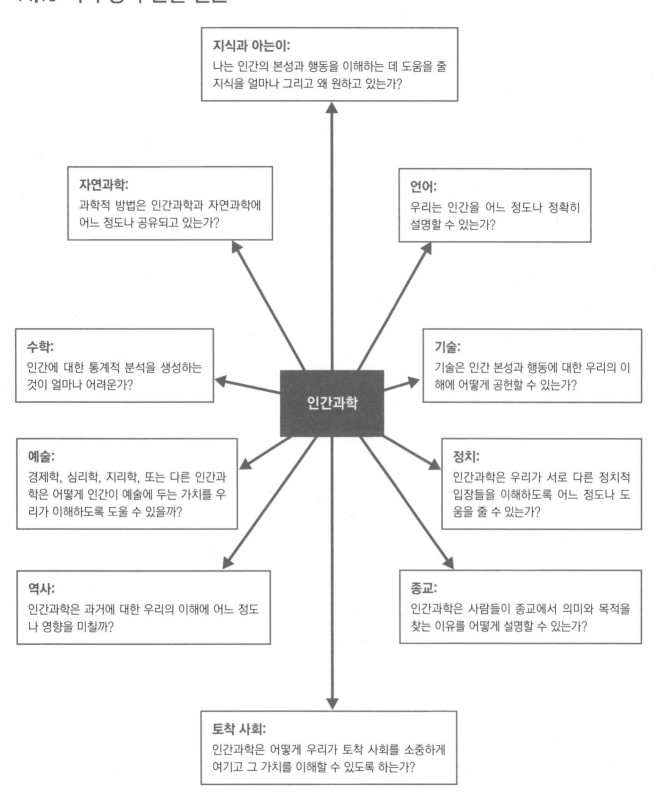

지식과 아는이:
나는 인간의 본성과 행동을 이해하는 데 도움을 줄 지식을 얼마나 그리고 왜 원하고 있는가?

자연과학:
과학적 방법은 인간과학과 자연과학에 어느 정도나 공유되고 있는가?

언어:
우리는 인간을 어느 정도나 정확히 설명할 수 있는가?

수학:
인간에 대한 통계적 분석을 생성하는 것이 얼마나 어려운가?

기술:
기술은 인간 본성과 행동에 대한 우리의 이해에 어떻게 공헌할 수 있는가?

인간과학

예술:
경제학, 심리학, 지리학, 또는 다른 인간과학은 어떻게 인간이 예술에 두는 가치를 우리가 이해하도록 도울 수 있을까?

정치:
인간과학은 우리가 서로 다른 정치적 입장들을 이해하도록 어느 정도나 도움을 줄 수 있는가?

역사:
인간과학은 과거에 대한 우리의 이해에 어느 정도나 영향을 미칠까?

종교:
인간과학은 사람들이 종교에서 의미와 목적을 찾는 이유를 어떻게 설명할 수 있는가?

토착 사회:
인간과학은 어떻게 우리가 토착 사회를 소중하게 여기고 그 가치를 이해할 수 있도록 하는가?

14.11 자기 점검

14장에서 배운 내용을 되돌아보고 1점에서 5점 사이로(5는 최고 점수, 1은 최저 점수) 자신의 자신감 수준을 표시하세요. 3점 미만이면 해당 부분을 다시 읽어 보세요. 그런 다음 이 목록으로 돌아오세요. 여러분의 자신감이 높아졌나요?

	자신감 수준	다시 읽기?
나는 인간과학 내에서 관찰의 위치와 인간 행동을 연구하기 위해 관찰을 사용할 때 발생하는 어려움을 이해하고 있는가?		
나는 다음과 같은 인간과학 지식을 구성하는 방법에 대해 잘 알고 있는가? • 설문지와 여론 조사를 통해 사람에게 질문하기 • 질적 및 양적 연구 • 측정 및 통계 • 모델링		
나는 인간과학에서 통계, 측정, 모델링의 사용에 대해 논의하고, 인간 행동을 연구하고 측정할 때 발생하는 문제들을 이해할 수 있는가?		
나는 패턴과 예측 개념을 이해하고, 이런 개념을 사용하여 인간 행동을 모델링하는 의미를 제대로 이해하고 있는가?		
나는 상관관계와 인과 관계의 차이점을, 그리고 인과 관계 수립의 어려움을 이해하고 있는가?		
나는 빅 데이터와 기술 발전이 인간과 관련된 현상 연구에 미치는 영향을 살펴본 적이 있는가?		
나는 다양한 유형의 편향과 여러 종류의 오류, 또는 추론에서의 오류와 같이 인간과학에 적용될 수 있는 비판들을 설명할 수 있는가?		
나는 그런 비판들에 대해 반론을 제시하고 그것들을 넘어설 방법들을 제시할 수 있는가?		
나는 인간과학과 자연과학 사이의 유사점, 차이점, 연관성에 대해 잘 알고 있는가?		
나는, 예를 들어 윤리적 고려가 인간에 대한 실험을 수행하는 능력을 제한하는 방법처럼 인간과학의 맥락 안에서 윤리가 하는 역할을 이해하고 있는가?		

14.12 더 읽을거리

- 14장에서 얻은 지식을 바탕으로 다음 글들 중 몇 가지를 읽을 수 있습니다.

- 우리의 **빠른 직관적 사고와 느린 합리적 사고**에 대한 탁월한 탐구를 위해, 심리학과 경제학의 통찰력을 비롯한 편향과 휴리스틱에 초점을 맞춰 다음을 읽으세요.

  Daniel Kahneman, *Thinking Fast and Slow*, Penguin, 2011. [대니얼 카너먼, 『생각에 관한 생각』, 이창신 옮김, 김영사, 2018년]

- **측정 개념**에 대한 비판과 인간의 성과를 측정하고 결과를 공유하면 책임감과 신뢰할 수 있는 지식으로 이어진다는 대중적 믿음에 대한 매우 매력적인 도전을 위해 다음을 읽으세요.

  Jerry Muller, *Tyranny of Metrics*, Princeton University Press, 2018. [제리 멀러, 『성과지표의 배신』, 김윤경 옮김, 궁리, 2020년] 그는 의료, 정부, 비즈니스, 교육 및 기타 영역의 맥락에서 데이터의 사용과 오용을 탐구하고 측정 지표와 측정 및 오측정의 이점과 위험성을 조사합니다.

- 국제 변호사이자 베스트셀러 작가, 그리고 영국 판사의 관점에서 작성된, **인간의 행동 및 결정에 대한 심리학의 통찰**에 대한 매우 흥미로운 이해를 위해 다음을 읽으세요.

  Dexter Dias QC, *Ten Types of Human*, Penguin, 2018.

- 심리학의 통찰을 바탕으로 **미래에 인간이 어떤 기술, 능력 및 속성을 필요로 할 것인가**에 대한 관점을 위해 다음을 읽으세요.

  Howard Gardner, *Five Minds for the Future*, Harvard Business School Press, 2011. [하워드 가드너, 『미래 마인드: 미래를 성공으로 이끌 다섯 가지 마음 능력』, 김한영 옮김, 재인, 2008년] 이 책은 다음과 같은 것들을 제시하고 있습니다. 최소한 하나의 전문 분야 또는 주제 영역을 배울 필요(훈련된 마음), 많은 양의 정보를 구성하고 이해하는 능력(종합하는 마음), 새로운 질문에 대한 답을 제시하는 능력(창조하는 마음), 사람 사이의 차이점을 이해해야 할 필요성(존중하는 마음)과 책임을 질 수 있는 능력(윤리적인 마음).

- **사회과학**에 대한 뛰어난 입문서로는 다음을 읽으세요.

  Reuben Abel, *Man is the Measure*, Chapter 11: 'The Social Sciences', Simon &

Schuster, 1997. 여기에는 페어슈테헨(Verstehen) 입장에 대한 훌륭한 토론이 있습니다.

- **빅 데이터**에 관해서는 다음을 읽으세요.
  Yuval Noah Harari, *21 lessons for the 21st century*, Penguin, 2019. [유발 하라리, 『21세기를 위한 21가지 제언: 더 나은 오늘은 어떻게 가능한가』, 전병근 옮김, 김영사, 2018년]

- **폭력 같은** 여러 가지 **인간 특성은 환경적 조건보다 유전적 상속의 결과**라는 주장에 대해서는 다음을 읽으세요.
  Steven Pinker, *The Blank Slate*, Penguin, 2002. [스티븐 핑커, 『빈 서판: 인간은 본성을 타고나는가?』, 김한영 옮김, 사이언스북스, 2004년] 그는 여러분 자신의 신념이 무엇이든 17장 'Violence'를 꼼꼼하게 읽어야 한다고 썼습니다.

4부

평가

들어가며

지식론(TOK) 평가는 아래 두 가지 요소로 이루어져 있습니다.

- 지식론 전시회
- 지식론 에세이

평가 과제는 여러분이 즐기기를 바라는 지적인 도전입니다. IB 디플로마 프로그램의 6개 교과목과 달리 지식론에는 치러야 할 외부 시험이 없습니다. 그 대신에 평가 과정의 두 부분인 지식론 전시회(exhibition)와 지식론 에세이(essay)가 있습니다. IB 디플로마 프로그램 자격을 얻으려면 두 가지 과제를 모두 완료해야 합니다. 지식론 전시회와 지식론 에세이는 각각 10점 만점으로 평가되지만, 에세이는 전체 지식론 성적의 67%, 전시는 33%의 비중을 차지하게 될 것입니다. 지식론의 최종 등급은 A(수)에서 E(가)로 매겨지게 될 것입니다. 지식론 등급은 IB 소논문(IB Extended Essay)에서 얻은 등급과 합산되며 합산된 등급이 IB 디플로마 프로그램 점수의 일부인 **코어 점수**를 결정합니다. 여러분이 받을 수 있는 코어 점수는 최대 3점입니다.

전시회 대상을 큐레이팅하고 정당화하는 것과 지식론 에세이를 쓰는 것 사이에는 명백한 차이가 있지만, 여러분이 전시회에서 보여 줘야 할 기능과 에세이를 작성하기 위해 필요한 기능은 많은 부분에서 겹치기도 합니다. 두 과제 모두에서 하나의 지식 질문에 대해 응답할 것이 요구되며, 일반적인 서술보다는 그 **질문에 대한 지식론 분석과 평가에** 초점이 맞춰져야 합니다. 하지만 두 개의 평가 과제 사이의 중요한 차이점은 두 과제가 반대 방향으로 움직인다는 점입니다. 전시회는 구체적인 대상을 넘어 그것을 추상적인 지식 프롬프트와 연관 짓습니다. 이와 대조적으로 에세이는 추상적인 것(정해진 제목)에서 우리 주변 세계의 구체적인 사례로 이동합니다.

4부의 목표는 평가 과제에서 여러분이 최고 성적을 거둘 수 있도록 도움을 주는 몇 가지 실용적 조언을 제공하는 것입니다. 이런 조언과 안내가 유용하기는 하지만 성공적인 출품작을 만들거나 강점이 있는 에세이를 쓰는 만능 공식이 있는 것은 아니라는 사실을 깨닫는 것이 중요합니다. 이렇게 평가를 다루는 15장과 16장에서 요점으로 꼽은 것들이 여러분에게 성공을 보장할 수는 없지만, 여러분이 지식론 기량을 개발하고 정교화하는 데 도움이 되는 지식과 자료들을 제공할 것입니다.

일부 학생들은 지식론이 최대 3점인 코어 점수의 일부일 뿐이라고 보고 지식론 평가에 그다지 많은 노력을 기울이지 않을 텐데, 이것은 잘못된 생각입니다. IB 소논문과 더불어 여러분이 지식론 평가를 진행하면서 계발한 비판적 사고 기량은 다른 IB 디플로마 프로그램 과목의 학업을 향상시킬 것이며 대학과 그 이후의 삶에 도움이 될 것입니다. 여러분이 지식론에서 고차원적인 사고 기량을 정교화하게 되면, IB 디플로마 프로그램 6과목에서 크게 혜택을 볼 것입니다. 요컨대 여러분이 각 과목에서 7점을 받고자 한다면 지식론에 집중하세요!

전통적인 교육은 종종 정보의 기억을 강조했지만, 성공을 위해서는 이것만으로 충분치 않습니다. 정보는 인터넷에서 손쉽게 활용할 수 있으므로 창의성, 비판적 사고, 의사소통 능력이 사람들이 갖는 최고의 가치가 되었습니다. 예컨대, 세계 경제 포럼(World Economic Forum)이 2018년에 발행한 「일자리의 미래 보고서(The Future of Jobs Report)」는 자동화의 증가로 인해 2022년 무렵에는 분석적 사고, 능동적 학습, 창의성, 독창성, 진취성(initiative-taking) 등을 포함하는 기량에 대한 수요가 있을 것이라고 주장했습니다. 이 기량은 두 가지 지식론 평가의 핵심에 놓인 것들입니다.

지식론 수업에서 꼼꼼하고 지속적으로 노트를 작성하면 도움이 된다는 것을 알게 될 것입니다. 여러분 자신의 언어로 노트를 작성하면서 지식론 개념을 더 잘 이해하게 될 것입니다.

수업 중 토론에서 제기된 다양한 아이디어와 견해들을 기록하면 전시회나 에세이의 화제를 다양한 관점에서 생각하는 데 도움이 될 것입니다. 자신의 IB 디플로마 프로그램 체험이나 미디어 또는 여러분이 수강하는 6개 교과목에서 찾은 실생활 사례를 포함하면 이 가운데 일부 사례가 전시회와 에세이 준비에 유용하다는 것을 알게 될 것입니다.

지식론 도구 상자

여러분은 지식론 교육 과정을 공부하면서 다양한 지식 주장에 대한 질문이라는 형태로 여러 가지 새로운 기량과 지식론 '도구들'을 획득할 것입니다. 지식론 평가를 준비하면서 여러분은 이 '도구들'에 대해 생각해야 하며, 어떤 것이 여러분이 선택한 에세이 제목과/또는 여러분이 계획하는 전시회에 적용할 수 있는지 생각해야 합니다. 한꺼번에 모든 도구들을 사용할 필요는 없습니다. 그저 여러분이 강조하고자 하는 요점과 가장 관련이 있을 듯한 도구들을 선택하면 됩니다.

여러분이 지식 질문에 대해 물어볼 수 있는 것에는 다음과 같은 것들이 있습니다.

1 **지식 질문이 뜻하는 바는 무엇입니까?** 지식 질문에서 사용된 언어가 모호하거나 정의가 여러 가지인지 확인해 보도록 하세요. 그 의미는 문자 그대로입니까? 지식 질문은 직유나 은유를 사용합니까? 다른 방식의 해석 가능성이 열려 있습니까?

2 **찬성 또는 반대 증거에는 어떤 것들이 있습니까?** 논거를 뒷받침하기 위해 여러분이 제시하는 어떠한 증거에도 이 질문을 적용할 수 있습니다. 여러분이 채택한 방법론을 생각하고, 어떤 모델을 사용할 수 있는지 살펴보세요. 그 증거의 토대가 되는 기본 원리와 가정은 어떤 것들입니까? 이런 원리와 가정에는 어떤 이의 제기가 있겠습니까? 증거는 지식 영역이 달라지면 바뀔 수 있습니까? 아니면 맥락에 좌우됩니까? 증거를 강력하게 하거나 약하게 하는 것, 설득력이

있게 하거나 그렇지 않게 하는 것은 무엇입니까? 어떤 주장에 대한 증거가 약하거나 제한적일지라도, 그 주장이 진리값을 갖는다고 정당화될 수 있을까요?

3 **지식 질문의 출처는 어디입니까?** 그 질문에 대한 찬성 또는 반대로 제시될 수 있는 증거의 출처는 무엇입니까? 그 출처는 신뢰할 만합니까? 그렇다면 그 이유는 무엇입니까? 그것은 권위를 갖고 있나요? 만일 갖고 있다면, 그 지식 권위는 어떤 것일까요? 여러분이 탐구하는 질문에 대해 이것이 지닌 함의는 무엇입니까?

4 **지식 질문은 얼마나 확실성이 있습니까?** 이 물음은 그 지식 질문에 대해 찬성하거나 반대하기 위해 여러분이 구축하는 주장에 적용될 수 있습니다. 여러분은 제시된 증거, 가정, 그 밑에 깔린 원리 등을 사용하고자 하는 맥락에 따라 생각할 수 있습니다. 여러분은 모든 증거의 양은 물론이고 질을 평가하고자 할 것이고, 가정이 합당한지 여부를 고려하고자 하며, 일반화가 이뤄진 것인지, 그리고 어떤 예외가 가능하거나 개연성이 높은 것인지 여부를 평가하기를 원할 것입니다.

5 **어떤 다른 관점이 가능합니까?** 이 질문은 여러분이 다른 관점에서 쟁점을 볼 것을 권장합니다. 지식 질문은 남성 또는 여성의 관점, 토착 사회의 관점, 무신론자의 입장에서 동일한 것으로 보이나요? 이 관점에 대한 일반화가 어느 정도까지 가능합니까? 역사의 다른 순간이라면 그 관점은 어떻게 될까요? 다양한 관점을 고려하는 것은 주장과 반론을 발전시키는 데 도움이 될 수 있습니다.

6 **한계는 무엇입니까?** 지식 질문들이 적용되지 않는 영역이 있습니까? 물리적, 정치적, 경제적, 윤리적 제약일까요? 아니면 또 다른 어떤 제약일까요?

그림 1 _ 개의 관점에서는 세상이 얼마나 다를까요?

7   **윤리적 고려 사항이 있습니까?** 많은 지식 질문은 윤리적 고려 사항을 낳습니다. 지식은 윤리적 방식으로 구축되었습니까? 증거는 출처로부터 윤리적으로 얻어진 것입니까? 쟁점을 더 깊이 탐구하는 데 윤리적 제약이 있습니까?

8   **지식 질문은 가치가 있습니까?** 어떤 지식 질문을 고려하건 여러분은 그것의 가치나 중요성에 대해 생각해야 합니다. 그 질문의 함의는 무엇입니까? 지식 질문의 추구는 어떤 실천적 가치를 갖고 있으며, 지식과 앎에 대해 어떤 함의를 갖습니까?

9   **지식 질문은 다른 영역과 어떻게 연결되고 이어집니까?** 한 지식 영역의 지식 질문은 다른 지식 영역의 지식 질문과 어떻게 비교됩니까? 그것들의 범위는 비슷합니까? 방법론은 비교 가능합니까? 그것들은 독특한 관점을 제시하며, 윤리적 쟁점은 비슷합니까?

10 **지식 질문에는 어떤 지식론 개념들이 관련되어 있습니까?** 지식 질문을 분석하는 데 여러분이 학습한 지식론 개념 중 어떤 것이 유용할지 생각해 보세요. 평가 과제를 수행할 때 이 책의 도입부에서 제시한 지식론의 12가지 주요 개념 탐구를 참조하는 것이 유용할 것입니다. 지식론 개념에는 다음과 같은 것들이 포함되지만 이것으로 국한되지는 않습니다. 추상, 알레고리, 모호성, 가정, 권위, 공리, 믿음, 편향, 인과 관계, 확실성, 인지적 편향, 정합성, 맥락, 상관관계, 창의성, 문화적 전유, 연역, 정의, 회의, 경험주의, 인식론, 증거, 경험, 실험, 전문성, 설명, 사실, 신념, 반증, 일반화, 가설, 이데올로기, 상상, 암묵적 편향, 귀납, 해석, 판단, 정당화, 지식, 논리, 기억, 은유, 형이상학, 방법론, 모델, 서사, 객관성, 견해, 패러다임, 관점, 권력, 편견, 원리, 확률, 증명, 이성, 성찰, 상대주의, 고정 관념, 주관성(주체성), 기술, 신학, 도구, 번역, 추세, 신뢰, 진실, 이해, 가치, 지혜.

마지막으로 중요한 점은 어떤 지식론 도구를 채택할지에 대해 생각할 때 아는이의 입장을 고려하세요. 무엇보다 개인적, 문화적, 교육적, 심리학적 요인들이 아는이 또는 질문자의 입장, 어떤 지식 주장에 대한 여러분의 개인적 해석과 다른 사람들이 취할 법한 해석에 어떻게 영향을 주는지를 생각하세요.

> **15장**

지식론 전시회

"이제 다른 문화에서 훔쳐 온 물품들을 전시한 방을 떠나서
우리가 너무 많은 대가를 치른 물품들이 있는 방으로 이동합니다."

그림 15.1 _ 여러분의 전시회는 '우리를 둘러싼 세계에서 지식론이 어떻게 스스로를 드러내는지'를 보여 줄 필요가 있습니다. 여러분의 내부 평가 프롬프트와 현실 세계의 연결을 탐구함으로써 성공적으로 이것을 해 낼 수 있는 방식을 생각해 보세요.

시작하기 전에

1   "의사소통이 지닌 가장 큰 문제는 소통이 일어났다고 착각하는 것이다." **조지 버나드 쇼**(George Bernard Shaw, 1856~1950)

2   "내가 큐레이터로서 지닌 특권은 새로운 작품을 발견하는 것이 아니라… 내가 나 자신을 발견했다는 것이자 전시 공간에 내가 무엇인가를 제공할 수 있다는 것이다. 즉, 아름다움에 대해, 힘에 대해, 우리 자신에 대해 이야기를 나누고 서로 말을 걸고 대화를 한다는 것이다." **셀마 골든**(Thelma Golden, 1965~)

3   "나는 큐레이터를 촉매, 발전기, 동기 유발자라고 본다. 예술가들이 쇼를 만드는 동안 그들과 동행하는 스파링 파트너이자, 대중이 건너다니는 다리를 만드는 다리 건설자인 것이다." **한스 울리히 오브리스트**(Hans-Ulrich Obrist, 1968~)

4   "아무리 명백하게 들린다 하더라도 훌륭한 큐레이션은 살펴보고 질문하는 것에 대한 끝없는 열정과 호기심, 그리고 그 흥분을 전달하고자 하는 열망에 달려 있다는 것을 강조해야겠다." **도나 드 살보**(Donna De Salvo, 1960~)

5   "너 자신이 깨달아라. 그럼 관객을 깨닫게 할 것이다." **장 크리스토프 암만**(Jean-Christophe Ammann, 1939~2015)

15.1 들어가며

지식론 전시회는 지식론이 주변 세계와 어떤 관련을 갖는지를 탐구할 기회를 주는 내부 평가(IA)입니다.

여러분은 현실 세계에서 지식론이 어떻게 관련되는지를 입증하는 전시회를 큐레이팅하고 제작할 것입니다. 여러분의 전시회는 지식론 교사가 평가하여 등급을 매길 것이며, 학교에서 내부적으로 조정된 다음에 IB에 의해 외부적으로 조정될 것입니다.

지식론 전시회는 개별적으로 창작하는 것입니다. IB 디플로마 프로그램은 내부 평가 프롬프트라는 35개의 질문을 제공하는데, 여러분은 그중 하나만 선택해야 합니다. 내부 평가 프롬프트는 어떤 식으로든 변경되어서는 안 되는 지식 질문입니다. 그런 후에 여러분은 선택한 프롬프트와 관련지을 수 있는 세 가지 대상을 결정해야 하는데 그 세 가지 대상은 모두 같은 프롬프트에 연결되어야 합니다.

여러분의 전시회는 선택 주제(기술, 언어, 종교, 정치, 토착 사회) 중 하나에 기반을 두거나 핵심 주제('아는이')에 기반을 두도록 의도된 것입니다. 여러분의 전시회는 이 영역들 가운데 하나와 관련된 지식 질문과 현실 세계의 연결을 입증해야 합니다. IB 디플로마 프로그램에 의해 구체적으로 규정된 주된 요구는 "전시회가 우리를 둘러싼 세계에서 어떻게 지식론이 명백하게 드러나는지를 성공적으로 보여 주는가?"라는 것입니다.

15.2 IB 디플로마 프로그램 요구 사항

> **실제 상황 15.1**
>
> 1 어떤 종류의 전시회를 봤나요? 그것들은 어떤 공통점이 있나요?
>
> 2 미술관과 박물관의 전시에는 어떤 공통점이 있나요?
>
> 3 성공적인 전시회의 비결은 무엇이라고 생각하나요?

모든 학생이 개별 전시를 만들어야 하기 때문에, 집단으로 작업할 수는 없습니다. 여러분은 반의 다른 학생들이 선택한 것과 똑같은 내부 평가 프롬프트를 선택할 수는 있지만, 그렇게 할 경우 똑같은 대상을 선택할 수는 없습니다.

여러분이 일단 주제와 프롬프트를 선택하고, 또 여러분의 내부 평가 프롬프트 질문이 세계에서 어떻게 드러나는지를 보여 줄 세 가지 대상을 선택했다면, 각 대상에 대한 서면 해설을 작성해야 합니다. 여러분은 해설에서 대상의 구체적인 현실 세계적 맥락을 명확하게 규명해야 합니다. 여러분은 전시회에 그 대상을 포함시킨 이유를 정당화해야 하며, 여러분이 선택한 내부 평가 프롬프트와 어떻게 연결되는지를 보여 줘야 합니다. 세 개의 해설은 여러분이 선택한 대상의 이미지를 포함하는 하나의 파일로 작성되어야 합니다. 여러분의 파일에는 여러분이 선택한 내부 평가 프롬프트를 명확히 보여 주는 제목이 포함되어야 합니다.

모든 IB 디플로마 프로그램 작업과 마찬가지로 여러분의 설명문에 모든 인용과 참고 문헌을 포함하는 것이 중요합니다. 전시회 서면 해설에는 최대 950단어까지 쓸 수 있으므로 각 해설에 300~350단어를 사용하는 것이 이상적인 목표가 되어야 할 것입니다.

대상에 첨부된 내용이나 감사의 말, 참조 표시나 참고 문헌 목록은 950단어 제한에 들어가지 않습니다.

15.3 지식론 교사의 역할

지식론 전시회는 디플로마 프로그램 1년차에 끝마치도록 설계된 것인데, 이는 다른 디플로마 프로그램 과목의 내부 평가와 겹치지 않도록 한 것입니다. 지식론 교사는 해야 할 일을 설명하고 계획 수립 과정을 통해 여러분을 지원할 뿐 아니라 진행 정도를 점검할 것이며, 여러분의 작업물을 인증할 수 있도록 해 줍니다. 전시회를 계획하고 작업하기 위해 약 8시간의 지식론 수업 시간이 주어질 것이고, 어떤 것이든 필요한 조언이나 명료화를 교사에게 요청할 수 있습니다.

지식론 교사는 여러분의 전시회 파일의 초안을 읽고 어떻게 개선할 것인지에 관해 서면이나 구두 조언을 포함해 피드백을 줄 수 있습니다. 하지만 교사는 여러분의 작업물을 편집해서는 안 됩니다.

첫 번째 초안에 대해 피드백을 받은 후 제출할 파일은 최종 버전이 됩니다. 여러분이 최종 버전을 제출할 때, 그 작업물이 여러분의 것임을 확인해 주어야 하며, 여러분의 작업물을 철회할 수 없습니다. 완료 버튼을 누르면 파일이 제출됩니다. 제출된 파일은 지식론 교사가 채점하며 조정을 위해 IBO에 제출될 것입니다.

지식론 교사는 여러분의 제출물을 채점할 뿐만 아니라 완성된 전시회 결과물을 관람객들에게 보여 줄 수 있는 기회를 만들 것입니다. 이것은 공식적 평가 과제의 일부가 아닙니다. 그래서 전시회는 상당히 유연할 수 있습니다. 여러분의 지식론 전시회 작품을 온라인 전시나 물리적 공간의 전시를 포함해 다양한 방식으로 전시할 수 있고, 많은 기회가 있습니다. 관람객 또한 같은 반 학생들, 다른 반 학생들, 학부모, 학교 방문자 등으로 범위를 넓힐 수 있습니다.

15.4 전시회 실습을 위한 실용적 제안

학교가 전시회를 보여 줄 기회를 제공하는지를 확인하는 것이 좋습니다. IB 디플로마 프로그램 교육 과정 1년차에 한 번의 기회를 주는 학교도 있습니다. 핵심 주제, 선택 주제를 탐구하다 보면 여러분은 다음의 일부 또는 전부를 해 보면서 실습을 하고 싶을 것입니다.

1. 35개 질문 목록에서 한 가지 내부 평가 프롬프트를 선택하세요.
2. 그 질문과 관련된 현실 세계의 맥락을 가지는 대상을 하나 이상 선택하세요.
3. 약 300단어 정도로 여러분의 선택을 정당화하세요.

15.5 나의 지식론 전시회에 어떤 대상을 사용할 수 있을까?

여러분의 전시회는 세 가지 대상을 포함해야 합니다. 대상은 물리적이거나 디지털일 수 있습니다. 여러분의 전시회에서는 대상이 사진이나 트윗 출력물 같은 유형(有形)의 물리적 존재감을 가져야 합니다. 현실 세계의 맥락을 가지는 구체적이고 특정한 대상이어야 하며 여러분이 선택한 내부 평가 프롬프트와 분명한 연관성이 있어야 합니다.

여러분이 선택한 세 가지 대상 각각이 여러분의 내부 평가 프롬프트와 명백한 연관성을 가져야 합니다. 관련된 지식론 개념을 명확하게 식별하고 풀어내기 위해 내부 평가 프롬프트를 유심히 살펴보고, 질문이 묻는 것이 무엇인지를 여러분이 이해하고 있음을 명확하게 하세요.

대상을 선택하고 나면 여러분이 선택한 세 개의 대상이 내부 평가 프롬프트와 연관되는 이유를 설명하고 정당화할 수 있어야 합니다. 여러분이 작성한 정당화에는 그것이 내부 평가 프롬프트와 어떻게 연결되는지를 뒷받침하는 증거와/또는 이유를 포함해야 할 뿐 아니라 전시회에 왜 그것을 선택하여 넣었는지에 대한 이유도 포함되어야 합니다.

대상은 물리적 대상일 수도 있고 디지털 대상일 수도 있습니다. 예를 들어 여러분의 전시회가 '언어'라는 선택 주제에 관한 것이라면, 여러분은 특정 작가가 쓴 실제 시라는 물리적 대상을 선택할 수 있습니다. 지식을 소통하기 위한 수단으로 은유를 사용했다고 지적함으로써 이를 정당화할 수 있습니다. 하지만 여러분은 또한 언어에 대한 유사한 내용을 정당화하기 위해 온라인상의 트윗 사본을 사용할 수도 있습니다. 즉 핵심적인 것은 그 대상이 물리적이냐 디지털이냐는 상관없다는 것입니다. 트윗 출력물, 인화된 사진이나 스크린샷도 여러분의 전시회를 위한 대상을 구성하기에 충분합니다.

대상 선택 방식

여러분은 선택한 내부 평가 프롬프트와 가장 관련성이 높은 대상들을 정하기 전에 먼저 몇 가지 조사를 하는 것이 바람직할 것입니다. 예를 들어 여러분의 전시회가 '기술'이라는 선택 주제에 대한 것이라면, 인공 지능은 가능한 대상에 대한 탐구를 시작하는 유용한 출발점이 될 수 있습니다. 현실적인 맥락을 가진 특정한 현실 세계의 대상은 알파고일 수도 있고, 특정한 휴머노이드 로봇이나 특수한 항공 로봇, 수중 로봇 같은 현실적인 실생활의 맥락을 지닌 특정한 로봇일 수도 있습니다. 여기서 주된 고려 사항은 그 특정한 현실 세계의 맥락이 여러분이 선택한 내부 평가 프롬프트와 명백히 연관되어 있는 대상을 선택하는 것입니다.

그림 15.2 _ 바둑을 두는 인공 지능 소프트웨어인 알파고와 이세돌 9단의 대국 복기. 알파고를 내부 평가 프롬프트와 연결하면 적절한 전시 대상이 될 수 있습니다.

15.6 대상을 내부 평가 프롬프트와 관련시키기

기술

프롬프트 예제: 지식의 창출이나 습득에서 물질적 도구는 얼마나 중요할까?

대상과 탐구 방안 예제:

1   갈릴레이가 우주를 관찰하기 위해 사용한 망원경 사진

2   17세기에 발명된 최초의 진자시계 중 하나를 찍은 사진

3   육분의(六分儀): 나침반이 발명되기 전 항해에 사용된 전통 도구

> 15장에서 사용된 지식 프롬프트는 가이드로 사용되었습니다. 여러분은 IB에서 발표한 목록에서 여러분의 지식 프롬프트를 선택**해야** 합니다.

이 각 대상들은 각각 물리적인 대상이 우리의 관찰을 보다 정확하게 하고 측정을 행하고 지식을 산출하는 데 어떻게 사용될 수 있는지를 탐구할 기회를 제공합니다.

그림 15.3 _ 항해를 위한 도구인 육분의

언어

프롬프트 예제: 우리가 지식을 조직하거나 분류하는 방식은 우리가 아는 것에 어떤 영향을 끼칠까?

대상과 탐구 방안 예제:

1 현재는 더 이상 인정 또는 동의받지 못하는 과학적 분류법을 사용한, 1890년대에 발행된 『체임버스 백과사전』의 사진 또는 사본

2 20세기 역사의 한 시기에 대한 분류인 '냉전'에 관해 여러분이 작성한 IB 소논문

3 이탈리아 로마와의 근접도에 따라 나라들을 분류한 중세 지도 사진

이 각 대상들은 우리가 일정하게 묶고 분류하기 위해 사용하는 꼬리표와 언어가 어느 정도나 우리가 아는 것을 형성하고 아는 것에 영향을 미치는지를 탐구할 기회를 여러분에게 제공합니다.

정치

프롬프트 예제: 새로운 지식은 기성의 가치나 믿음을 변화시킬 수 있을까?

대상과 탐구 방안 예제:

1 김일성과 김정일 동상을 비롯하여 평양에 있는 북한 지도자들의 기념물 사진

2 예전에 교수형에 사용되었던 사형 집행인의 올가미

3 한때를 풍미한 경제 이론인 필립스 곡선

이 각 대상들은 새로운 지식이 무엇이며 무엇이었는지를, 그리고 이것이 기성의 정치적 믿음과 가치를 어떻게 변화시켰는지를 탐구할 기회를 제공합니다.

종교

프롬프트 예제: 지식과 문화는 어떤 관계일까?

대상과 탐구 방안 예제:

1 지역의 기독교 교회가 새로운 신도에게 세례를 줄 때 사용한 세례반(세례용 물을 담은 큰 돌 주발) 사진

2 인도 케랄라주 바르칼라에 있는 칼리 사원에서 촬영된, 인도의 특정 지역에서 숭배되던 여신 칼리의 사진

3 티베트 불교의 천장(天葬) 전통과 연결된 독수리 사진

이 각 대상들은 종교 지식이 어느 정도나 문화에 기반을 두었는지를 탐구할 기회를 제공합니다.

그림 15.4 _ 인도 케랄라주 바르칼라 사원에 있는 칼리 여신상에서 보이는 종교, 문화, 예술, 건축의 연결

토착 사회

프롬프트 예제: 일부 지식은 아는이의 특정한 공동체에만 속하는 걸까?

대상과 탐구 방안 예제:

1 토착민의 벼농사 기술을 이용한 전통적인 벼 재배 사진

2 오스트레일리아 원주민의 민간요법의 한 사례인 (이들이 즐겨 먹는) 꿀벌레큰나방의 애벌레 사진

3 이누이트가 발명한 전통적 1인용 보트를 대표하는 카약의 모형이나 사진

이 각 대상들은 지식으로 간주되는 것이 무엇인지, 또 이 지식이 특정 공동체에 고유한 것인지 여부를 탐색할 수 있는 기회를 제공합니다.

전시회를 위한 대상의 핵심 특징 — 요약

- 대상은 핵심 주제나 여러분이 고른 선택 주제 중 하나와 관련되어야 합니다.

실용적 팁

위에서 목록으로 제시한 대상은 가능성의 다양한 범위가 무엇인지에 대한 아이디어를 제공하기 위한 것이다. 그러나 전시회를 위한 대상을 선택할 때에는 여러분이 개인적으로 관심 가는 대상을 선택하려고 해야 한다. 각 대상의 현실 세계 맥락을 명확하게 규명하는 것이 매우 중요하며, 인터넷에서 취한 일반적 이미지나 아이디어보다 여러분의 개인적인 관심사를 반영한 대상의 현실 생활적 맥락이 훨씬 더 강력하다.

- 대상은 물리적일 수도 있고 디지털일 수도 있습니다.
- 대상은 현실 세계에서 특정하고 구체적인 맥락을 가져야 합니다.
- 대상은 여러분이 선택한 내부 평가 프롬프트와 명백하게 연결되어야 합니다.
- 글을 쓸 때, 대상과 내부 평가 프롬프트 사이의 연결을 설명하고 정당화할 수 있어야 합니다.
- 여러분이 선택한 각 대상은 다른 사람이 그 대상의 출처나 기원을 확인할 수 있도록 참고 문헌 표시가 이뤄져야 합니다.

15.7 '정당화'란 무슨 뜻인가? 내가 선택한 대상과 내가 선택한 내부 평가 프롬프트의 관련성을 어떻게 정당화할 수 있는가?

이 맥락에서 '정당화'는 설명 또는 이유를 뜻합니다. 정당화란 여러분이 대상을 선택할 때 이를 뒷받침하기 위해 한 가지 이상의 훌륭한 이유를 제시하는 것입니다. 달리 말해 여러분의 정당화는 내부 프롬프트와 관련해 여러분의 선택 근거나 그 이유를 제공해야 합니다. 정당화할 때 서술보다는 분석적 요점을 제시하는 것이 바람직합니다. 정당화가 선택을 뒷받침하지 못하고 주장과 논점에 대한 설명에만 치우칠 경우 낮은 점수가 부여됩니다. 여러분이 IB 디플로마 프로그램 지식론의 요구 사항을 숙지하고 여러분의 전시회가 평가받는 방식을 완전히 이해하기 위해서는 지식론 평가 도구에서 서술자*를 점검해 보는 게 좋겠습니다.

*서술자(descriptor): 서술 내용, 서술된 기준. 각 과목이나 분야별 평가 등급과 그에 대한 기준을 서술한 내용을 의미한다. 지식론(TOK)은 6개 단계가 있고 각 등급별 평가 수준을 명기하고 있다.

전시회에 대해 자주 묻는 질문	
지식론 전시회와 일반 전시회는 어떻게 다른가요?	지식론 전시회는 지식 및 앎과 관련된 내부 평가 프롬프트에 초점을 맞춘다는 점에서 일반 전시회와 다릅니다.
어떤 것이든 지식론 전시회의 대상이 될 수 있나요?	대상은 물리적일 수도 있고 디지털일 수도 있습니다. 대상은 • 사진이나 인쇄물같이 전시회에서 유형의 물리적 존재감을 가져야 합니다. • 현실 세계의 맥락을 갖는 구체적이고 특정한 대상이어야 합니다. • 선택한 내부 평가 프롬프트와 명확하게 연관되어 있어야 합니다.
자신의 대상에 대해 얼마나 많은 조사를 해야 할까요?	여러분의 논평은 각각 오직 300단어로 간결하게 작성해야 합니다. 대상이 더 개인적일수록 여러분이 해야 할 조사는 줄겠지만, 몇 가지 반론을 찾으려면 몇 가지 연구를 수행해야 할 수도 있습니다.
교재나 웹사이트를 출처로 얼마나 신뢰할 수 있을까요?	교재를 사용해서 여러분의 아이디어를 자극할 수 있지만, 교재를 아이디어의 주요 출처로 사용해서는 안 됩니다. 아이디어가 자신의 성찰과 개인적 경험에서 나오는 게 아니라면, 여러분의 전시회는 독창성이 결여될 것이고, 개인적 목소리도 잃게 될 것입니다.
전시회에는 인용과 참고 문헌이 포함되어야 하나요?	참고 문헌을 포함해야 한다는 공식적인 요구는 없지만, 여러분이 사용하는 모든 출처를 참조 표시해야 한다는 요구는 있습니다.

전시회에 대해 자주 묻는 질문(계속)	
무엇을 참조 표시 해야 하나요?	여러분의 말로 바꾸어 표현하거나 충실하게 따른 다른 사람의 아이디어는 모두 인용과 참조 표시를 해야 합니다. 다른 사람이 찍은 사진을 어떤 것이든 사용할 경우, 사진작가가 누구인지 알려야 합니다. 이와 마찬가지로 다른 출처에서 온 아이디어나 정보를 사용한다면, 인용 표시를 해야 합니다.
단어 수 제한에 포함되는 것은 무엇인가요?	단어 수는 본문에 글로 쓴 정당화의 모든 것을 포함하지만, 각주나 참고 문헌 목록은 포함되지 않습니다. (지나치게 긴 각주는 적절하지 않다고 간주되어 평가자들이 읽지 않을 수 있습니다.)
글쓰기의 최소 분량은 몇 단어인가요?	최소 단어 수는 규정되어 있지 않지만, 세 개의 논평을 쓰기에는 950단어는 그리 많은 단어가 아닙니다. 이상적으로는 각 논평에 대해 적어도 300단어로 작성해야 하지만 어떤 논평도 320단어를 초과해서는 안 됩니다. 단어 수를 초과하지 않고 모든 논평을 거의 같은 길이로 유지해야 하기 때문입니다.
원어민이 아닌 경우 창작이 됩니까?	여러분이 모국어 실력에 기반하여 평가받는 것은 아니지만, 여러분이 말하는 것을 채점관이 이해할 수 없다면, 여러분이 작성한 것에 대해 점수를 인정받지 못합니다.

15.8 더 읽을거리

- **아이디어를 탐구하고 표현하기 위해 전시회가 어떻게 사용될 수 있는지**를 더 자세하게 조사하려면 다음 자료들을 참조할 수 있습니다.

- Neil Macgregor, *A History of the World in 100 Objects*, Penguin, 2011. [닐 맥그리거, 『100대 유물로 보는 세계사』, 강미경 옮김, 다산초당, 2014년]

- Ian Hislop, *I object: Ian Hislop's search for dissent*, Thames and Hudson, 2018.

- Neil Macgregor: Shakespeare's Restless World. *BBC Radio 4* 웹사이트에서 찾아 들으세요.

> **16장**

지식론 에세이

1   "어떤 주제와 친숙해지는 가장 좋은 방법은 그것에 대해 써 보는 것이다." **벤저민 디즈레일리**(Benjamin Disraeli, 1804~1881)

2   "할 말이 있으면 최대한 분명하게 말하라. 그것이 자신만의 문체를 갖는 유일한 비결이다." **매슈 아널드**(Matthew Arnold, 1822~1888)

3   "글을 쓰기 위해 영감이 떠오르기를 기다리지 않아도 된다. 영감은 글을 쓰지 않을 때보다 글을 쓰고 있을 때 더 잘 떠오른다." **요시프 노바코비치**(Josip Novakovich, 1953~)

4   "한 단어, 한 단어, 한 단어가 모여 위대한 힘을 발휘한다." **마거릿 애트우드**(Margaret Atwood, 1939~)

5   "잘못 쓴 페이지는 언제든 수정할 수 있다. 하지만 빈 페이지는 수정조차 할 수 없다." **조디 피콜트**(Jodi Picoult, 1966~)

16.1 들어가며

'에세이(essay)'는 '노력하다', '시도하다'를 의미하는 프랑스어 동사 essayer에서 유래된 단어입니다. 프랑스 철학자 미셸 드 몽테뉴(Michel de Montaigne, 1533~1592)가 최초로 근대적 의미로 사용했습니다. 우리가 에세이의 어원에 관심을 갖는 이유는 지식론이 대체로 정해진 답이 없는 질문들에 관심을 갖기 때문입니다. 하지만 정해진 답이 없다고 해서 그 질문들이 불필요한 것은 아닙니다. 인생에서 대다수의 중요한 질문은 정해진 답이 없습니다. 지식론 에세이를 쓰는 것은 질문에 답하기 위한 것이기보다 **지식 질문을 조명**하기 위한 것입니다. 그것이 바로 여러분이 **노력**을 기울여야 하는 것입니다. 여러분이 결정적인 해답을 도출할 개연성은 높지 않기 때문에 어느 정도 겸손할 필요가 있습니다.

지식론 에세이는 열려 있는 질문이자, 논쟁의 여지가 있는 질문을 다루기 때문에 개인적인 요소가 중요합니다. 다른 사람들이 다룬 유사한 탐구로부터 배울 수 있긴 하지만 여러분의 에세이는 여러분의 의견과 주장을 힘주어 말하고 아는이로서 여러분의 관점과 가정을 인정하는 것이 중요합니다.

지식 질문을 탐구하기 위해 여러분은 지식론 도구 상자를 다음과 같은 것들을 시도하는 데 사용해야 합니다.

- 에세이 제목에 들어 있는 문제는 무엇이고 그것이 왜 중요한지에 대해 설명합니다.
- 에세이 제목에 들어 있는 핵심 단어와 핵심 용어의 의미를 명료하게 합니다.
- 당연시되는 숨은 가정을 밝혀냅니다.
- 지식 질문에 답변하는 주제문을 작성합니다.
- 명확한 논거 또는 정합성 있게 연결된 일련의 아이디어를 통해 여러분의 주제문에 대해 주장을 펼칩니다.
- 문제에 대한 다양한 사고방식을 고려합니다.
- 다양한 관점을 조사하고 평가합니다.
- 논점과 반대 논점 모두를 명확하게 규정하고 구축하고 평가합니다.
- 구체적 예나 증거를 사용하여 요점을 제시하거나 논의를 뒷받침합니다.

- 뒷받침하는 증거를 감정하고 평가합니다.
- 관련된 지식 영역을 적절하게 연관시키고, 그 연결과 비교를 탐색합니다.
- 알맞다고 생각하는 12개의 지식론 개념과 아이디어들을 적용합니다. (이 책 서론의 '들어가며' 참조)
- 논점이나 결론, 그리고 이에 뒤따르는 것이 지닌 함의를 통해 사고합니다.

16.2 IB 디플로마 프로그램의 요구 사항

실제 상황 16.1

외부에서 평가받는 에세이와 내부에서 평가받는 에세이는 어떻게 다른가요?

지식론 에세이는 학생들이 에세이를 작성하여 IB 디플로마 프로그램 외부 채점관이 평가합니다. 여러분은 지식론 에세이를 작성할 때, 시험 기간 동안 IB 디플로마 프로그램에서 정한 여섯 개의 제목 중 하나를 선택해야 합니다. 각 제목은 지식 질문의 형식으로 주어질 것이며, 각 지식 질문은 지식 영역들에 초점을 맞출 것입니다.

에세이 제목 — 핵심 요점

- 여섯 개의 정해진 제목은 제출 마감일 6개월 전에 공개됩니다.
- 에세이를 계획하고 작성하기 전에 각각의 질문에 대해 생각할 시간을 갖습니다.
- 여섯 개의 목록에서 단 하나의 에세이 제목을 선택합니다.
- 여러분의 에세이 제목은 주어진 대로 정확히 사용되어야 하며 문구를 어떤 식으로든 변형해서는 안 됩니다.

형식상의 요구 — 핵심 요점

- 에세이의 길이는 본문과 인용문을 포함하여 1,600단어입니다.
- 단어 수에 감사의 글, 참조 표시나 참고 문헌 목록 등은 포함되지 않습니다. 또 에세이에 수록한 지도, 도표, 도형, 표에 첨부된 표기도 포함되지 않습니다.
- 에세이는 Times New Roman, Ariel, Calibri, Cambria 등의 글꼴로, 글자 크기는 12포인트, 줄 간격은 180%로 하여 IB 디플로마 프로그램에 제출합니다.
- 여러분은 보통 몇 가지 원자료를 사용할 것이라 예측됩니다. 그러므로 여러분이 사용한 모든 원자료에 대해서는 각주나 미주, 괄호 형식의 인용 등을 사용하고 참고 문헌 목록에 출처를 밝혀야 합니다.
- 각주나 미주에 어떠한 새로운 논의 사항도 넣을 수 없습니다.
- IB 디플로마 프로그램에 제출할 때 에세이에 사용한 총 단어 수(글자 수)를 표지에 반드시 표시해야 합니다.

- 여러분의 학교는 학사 일정에 따라 IB 디플로마 프로그램이 공표한 마감일 전에 내부 마감일을 정할 것입니다.

16.3 지식론 교사의 역할

지식론 수업 시간 중 약 10시간이 에세이 작성에 할당되며, 교사는 모든 의문 사항을 명료하게 하도록 도움으로써 에세이를 계획하고 작성하는 데 지원을 아끼지 않을 것입니다. 하지만 지식론 에세이는 반드시 여러분 자신이 작성해야 합니다.

지식론 에세이를 계획하고 작성하는 동안 여러분은 교사와 세 번의 공식적인 면담을 할 것입니다. 면담(또는 상호 작용) 내용은 지식론 에세이의 계획과 진행 상황 서식(PPF)에 기록하여 에세이와 함께 제출해야 합니다.

PPF는 에세이 점수에 반영되지 않지만 학생들에게 지식론 에세이 작성에 필요한 지원을 제공하기 위한 것입니다. PPF는 또한 교사가 여러분의 글의 진본성을 확인하기 위한 적절한 단계를 밟았다는 중요한 증거가 됩니다. 지식론 교사는 여러분의 글이 여러분이 직접 쓴 것이라는 것과 여러분이 학교의 학문적 정직성 정책에 맞추어 여러분이 사용한 자료의 출처를 제대로 공지했는지 확인할 책임이 있습니다. 여러분은 또한 최종 제출작이 전적으로 본인이 작성했다는 점을 확증해 달라고 요구받을 수도 있을 것입니다.

여러분은 세 번의 공식 면담 이후에도 지식론 교사로부터 조언을 들을 수 있습니다. 그러나 교사는 그 이후에 작성된 미완성 원고를 읽을 수도 피드백을 할 수도 없습니다. 여러분이 세 번의 면담 이후에 제출하는 에세이는 IB에 제출할 최종 버전이어야 합니다.

16.4 평가 기준

지식론 에세이는 평가 도구에 따라 글 전체를 고려하여 채점되며 이는 여러분의 지식론 에세이가 여러분이 선택한 정해진 제목에 대해 얼마나 명확하고 일관성 있게 비판적으로 탐구했는지에 초점을 맞춥니다.

평가 도구에는 주요한 여섯 가지의 평가 기준 서술자가 있습니다. 여러분은 다음과 같은 지식론 에세이 작성을 목표로 해야 합니다.

- 지속적으로 다른 지식 영역들을 효과적으로 연결하는 방식으로 정해진 제목에 대해 논의합니다.
- 명확하고 정합적인 논점을 제시합니다.
- 여러분의 주장을 뒷받침하는 특정하고 구체적인 예를 사용합니다.
- 다른 관점이나 견해를 명확히 규정하고 평가합니다.
- 여러분의 논점이 갖는 함의를 이해했음을 보여 줍니다.

"아널드, 너의 에세이는 문법적으로 올바르지만
정치적으로는 올바르지 않아."

16.5 에세이 계획하기—최고의 팁

정해진 여섯 개의 제목 중 한 가지 제목을 선택했다면 여러분의 아이디어에 대해 계획을 세우세요. 이때 다음을 명심해야 합니다.

- 제목을 제대로 이해해야 합니다. 그것을 완벽하게 이해하지 못하면 에세이 질문에 충실히 답할 수 없습니다.

- 제목에 관심을 가져야 합니다. 여러분이 질문에 흥미를 느끼지 못할 경우, 문제 해결이 불가능하지는 않더라도 에세이 질문에 충실히 답하는 것이 더 어려워집니다.

- 제목에 대해 말할 것들이 있어야 합니다. 여러분이 질문에 대해 제시할 수 있는 다양한 관점들, 그리고 뉴스 기사, 자신의 경험이나 여러분이 공부한 과목에서 모을 수 있는 예들에 대해 생각하세요.

- 주제문이 있어야 합니다. 이것은 그 질문에 대한 2, 3개의 문장으로 된 직접적 답변입니다.

- 논지를 뒷받침하는 논점이 있어야 합니다. 정해진 제목에 대한 브레인스토밍이 도움을 준다는 것을 아는 학생도 있을 것입니다. 여러 가지 아이디어를 일단 써 놓고 그것들을 철저히 검토하고 평가하여 어떤 아이디어가 여러분의 논지를 가장 강력하게 뒷받침하는지 그리고 가장 명확하고 설득력 있을지 결정할 수 있습니다.

- 자신의 아이디어를 조직화할 수 있어야 합니다. 방사형 도표나 마인드맵을 활용할 수 있습니다. 에세이의 경우 각각 2~3개의 하위 논점을 갖는 아이디어가 여섯 개 정도 필요합니다. 다른 사람들이 제시한 의견을 알고자 하기 전에 질문에 대해 자신이 어떻게 응답할지를 먼저 생각하는 것이 중요합니다. 여러분이 생각해 낸 각 요점이 다음 요점과 논리적으로 이어지도록 논지를 발전시키고 정당화해야 합니다.

지식론 에세이 계획 예시

1 핵심어인 **핵심 개념** 및 **지시어**를 식별합니다.

2 지식 질문이 묻는 것이 무엇인지를 자신의 언어로 명확하게 설명합니다.

3 논지를 주제문으로 발전시킵니다.

4 여러분의 논지 뒤에 있는 가정과 그 논지를 넘어선 함의를 명확하게 규명합니다.

5 논지를 뒷받침할 일련의 논점을 궁리합니다. (최대 6가지를 목표로 하세요.)

6 사용할 수 있는 예와 반례에 대해 궁리합니다. (여러분 자신의 IB 디플로마 프로그램 교과목 상세 학습, 경험과 구체적인 실생활 소재들에 기초하세요.)

7 다양한 관점을 조사합니다. (다양한 지적, 사회적, 지리적, 역사적, 문화적, 성별이라는 관점으로부터 그 질문에 대한 접근 방법을 탐구하세요.)

8 반론을 명확히 규정하고 평가합니다.

16.6 에세이 쓰기

여러분은 지식론 교과 과정에서 몇 편의 실습 에세이를 써 볼 수 있을 것입니다. 좋은 지식론 에세이란 어떤 것인지를 알기 위해 몇 편의 예시 에세이를 보는 것도 도움이 될 것입니다. 여러분은 평가 기준을 숙지하고 쓰는 과정에서 지속적으로 참조해야 합니다.

구조

여러분이 에세이의 구조에 집중하는 것이 중요합니다. 독자(IB 디플로마 프로그램 채점관)가 에세이의 논점을 잘 따라갈 수 있도록 요점을 자연스럽게 전개해야 합니다. 여러분은 서론, 여러 개의 문단으로 이루어진 본론과 결론을 담은 에세이를 써야 할 것입니다.

그림 16.1 _ 좋은 에세이에는 구조가 필요합니다.

서론

서론은 여러분이 선택한 질문이 왜 흥미로운가와 논의 전개 과정에서 주장하려고 하는 것이 무엇인지를 제시해야 합니다. 또한 질문을 통해 이해한 내용을 설명하고, 핵심어를 확인한 뒤 해당되는 경우 용어의 의미를 설명해야 합니다. 여러분은 또한 에세이에서 다루는 한계에 대해 진술해야 합니다. 이것은 '길잡이'라고 하는데 처음부터 여러분의 에세이가 나아가는 방향을 제시하는 것입니다.

서론은 독자인 IB 디플로마 프로그램 외부 채점관이 처음 읽는 부분이므로 첫인상을 남긴다는 것이 중요함을 기억해야 합니다. 마찬가지로 결론도 마지막으로 읽는 부분이므로 글에 대한 인상이 지속적으로 남습니다. 그러므로 서론과 결론을 명료하게 잘 쓰는 것이 중요합니다.

서론

지식 질문: 서로 다른 두 지식 영역에서 지식 생산은 개인적 결과물일까요, 협업의 결과물일까요?

예시

협업은 과제를 완수하기 위해 한 명 이상의 사람들이 공동으로 작업하는 것이다. 이는 지식을 생산하기 위해 여러 명의 개인이 함께 일하거나 한 개인이 다른 사람의 작품을 참조하여 자신의 작품을 생성하는 것을 의미한다. 인간과학 영역의 심리학에서 협업 실천에 대해 먼저 검토해 보고 이를 자연과학 영역의 협업과 비교해 볼 것이다. 그런 다음 두 지식 영역의 지식 생산에서 개인의 역할에 대해 조사할 것이다.

본론

에세이 본론은 단락마다 주요한 새로운 요점을 제기해야 합니다. 각각의 새로운 단락은 분석을 위한 새로운 아이디어를 도입하는 주제 문장으로 시작하는 것이 가장 좋습니다. 다른 누군가가 시간이 없어서 각 단락의 첫 문장만을 읽더라도 여러분의 논점을 잘 따라갈 수 있을까요? 그러므로 각 단락은 여러분의 논점을 진전시키는 다음 요점이나 아이디어로 시작하는 것이 적절합니다. 일반적으로 각 단락은 단락의 주요 요점과 관련된 여러 가지 논점과 적절한 증거를 담고 있을 것입니다. 각 단락의 마지막 문장이 지식 질문으로 연결되는지, 또는 여러분의 논지나 지식 질문에 대한 답변으로 연결되는지에 대해 점검할 수도 있습니다.

단락을 작성할 때는 가장 중요한 요점에 초점을 맞추어야 합니다. 사소하거나 관련이 없는 세부 사항으로 인해 옆길로 새지 않도록 하십시오. 한 단락에서 다른 단락으로 나아갈 때는 독자가 생각의 흐름을 쉽게 따라갈 수 있도록 매끄럽게 써야 합니다. 때로는 답변 과정에서 여러분이 어떤 지점에 있는지를 독자에게 명시적으로 말해 주는 것도 도움이 됩니다. 예를 들어 이렇게 씁니다. **"나는 증거가 확고한 결론에 이르지 못한다는 것을 보여 주었으므로, 이제 ～ 분야에서 이것의 함의를 입증할 것이다…"**

예시

여러분의 개인적 관점은 여러분이 제기한 요점, 여러분이 행한 비교, 여러분이 선택한 예를 통해 드러납니다. 여러분은 읽은 책, 매체 또는 자신의 IB 디플로마 프로그램 공부 등 다양한 자료에서 광범위한 예를 사용할 수 있습니다. 여러분의 개인적인 경험과 관심사가 담긴 예를 사용함으로써 여러분의 에세이는 훨씬 더 독특하고 독창적일 것이고, 여러분의 개인적인 목소리는 빛날 것입니다. 예는 에세이의 분석적 요점을 뒷받침하는 데 사용되어야 합니다. 그러면 여러분의 논점에 무게를 더할 것입니다. 또한 반례도 사용해야 합니다. 여러분은 예를 평가하여 여러분이 내린 평가의 질(적절성)을 입증할 수 있습니다.

분석과 평가

지식론의 핵심 질문은 **"너는 그것을 어떻게 아는가?"**입니다. 여러분이 정한 에세이 제목에 대해 생각할 때 이것을 염두에 두는 것이 도움이 됩니다. 지식론은 지식 영역 내의 1차 질문에 관심을 두는 것이 아니라 지식, 증거의 질, 확실성의 정도 등에 대해 묻는 2차 질문에 초점을 맞춥니다. 지식론 질문은 열린 질문이므로 답변은 암기될 수 없고 신중한 사고와 분석, 개인적 판단력이 필요합니다. 분석과 평가는 에세이의 필수 요소입니다.

결론

여러분이 쓴 결론은 지식론 에세이의 매우 중요한 특징을 드러내야 합니다. 지식론의 핵심 질문은 **"너는 그것을 어떻게 아는가?"**이며 여러분의 에세이는 어떤 식으로든 그 폭넓은 질문과 관련되어야 할 것입니다. 여러분의 논점을 분명하게 요약하고 평가하면서 에세이를 마무리해야 합니다. 결론은 또한 지식 및 앎과 관련하여 더 큰 그림을 가리킬 수도 있습니다. 여러분의 결론은 더 깊고, 더 넓고, 더 통찰력 있는 지식론의 요점을 다루어야 합니다. 여러분은 향후 전망을 담으면서 글을 마칠 수도 있습니다. 또한 결론을 사용하여 추가 조사가 필요할 수 있는 해결되지 않은 쟁점을 언급할 수도 있고, 여러분이 발견한 것의 몇 가지 함의에 관한 간략한 논의를 담을 수도 있습니다. 또한 "에세이 제목에 대해 얼마나 명확하고 정합적이며 비판적으로 탐구했는가?"와 같은 중심 질문에 대해 성찰할 수도 있습니다.

결론

예시

결론적으로 개인이 생산한 지식을 찾아낼 수도 있겠지만, 지식 생산은 거의 항상 협력적이다. 인간과학과 자연과학 모두에서 나는 다른 사람들과 직접적으로 협력하지 않을 때도 새로운 지식의 생산자들은 항상 자신의 연구 분야 내에서 다른 사람들의 지식을 기반으로 하며, 이는 간접적인 협력 행위라는 것을 보여 주었다. 또 나는 새로운 지식이 다른 연구 분야와의 연결을 창출하거나 발전시킴으로써 생산된다면, 협력의 수준이 훨씬 더 광범위할 수 있음을 보여 주었다. 왜냐하면 그 새로운 지식의 생산자는 다른 분야의 지식 생산자와 직간접적으로 협력해야 하기 때문이다. 이러한 결과는 앎이 협력적인 기도(企圖)라는 점을, 또 인간은 자신이 아는 모든 것에 대해 다른 사람에게 매우 의존한다는 것을 시사한다.

내용 작성

최고의 팁─지금 쓰기 시작하라!

- 여러분의 논지를 뒷받침하는 논점을 제시하세요. 여러분의 모든 논점은 여러분이 제시하는 증거만큼만 타당하다는 것을 기억하세요.
- 핵심적인 주장이나 논란의 여지가 있는 주장에는 증거가 필요합니다.
- 증거는 신중하게 제시해야 합니다. 그것이 신뢰할 만한 출처를 가지고 있다는 것을 확실히 하고 모든 자료의 출처에 비판적으로 접근하세요.
- 다음과 같은 질문을 하세요. "누가 이것을 말했나? 그들은 관련된 전문성을 가지

고 있나? 그들은 이해관계에 얽힌 사람들인가? 증거는 무엇이고 얼마나 그럴듯한가? 다른 전문가들도 동의하는가?"

· 여러분의 지식론 에세이는 증거에 의해 뒷받침되는 논점으로 구성되어야 할 뿐만 아니라, 반론도 고려해야 합니다. 논란의 여지가 있는 쟁점이 지식론의 핵심 요소이기 때문에 여러분은 모든 질문에서 적어도 두 가지 면을 찾아낼 수 있어야 합니다. 일단 반론을 제시한 뒤에는 그에 대해 반박하거나 반론을 참작하여 여러분의 원래 논점이 적절하다고 주장할 수 있습니다.

키워드

예리함: 정확하고 세밀한 구별

뉘앙스: 미묘한 차이 또는 의미의 작은 차이

· **예리함**을 갖추세요. 여러분의 요점에 있는 **뉘앙스**와 예리함의 구별을 드러내세요. 하나의 지식 영역에 대한 주장이 어떤 경우에는 참이지만 다른 경우에는 그렇지 않을 수도 있습니다. 여러분이 그런 차이를 인식하고 있다는 것을 보여 줄 수 있다면 여러분의 에세이는 더 깊이 있게 보일 것입니다. 예를 들어 도구나 방법으로서의 이성에 대해 이야기한다면 귀납적 추론과 연역적 추론의 차이를 알고 있다는 것을 보여 주는 것이 적절할 것입니다.

· 서로 다른 지식 영역을 연결함으로써 에세이의 분석을 더 풍부하게 할 수 있고 폭도 넓힐 수 있습니다.

· 여러분이 아는이로서의 관점과 가정을 잘 알고 있다는 것과 개인적 성찰과 독립적 사고를 지녔음을 입증하세요.

그림 16.2 _ 인터넷에 있는 모든 것이 신뢰할 만한 것은 아닙니다.

· 어떤 주제, 문화 또는 집단에 대한 피상적인 일반화를 피하고, 좋게 말하면 독창성이 없고, 실제로는 거짓일 때가 많은 상투적이고 진부한 예를 멀리하세요.

· 지나치게 현상 서술적인 글쓰기를 피하려고 노력하세요. 약간의 서술이 필요할 수도 있겠지만, 분석으로 곧장 나아가야 합니다.

- 비판적인 사고와 파괴적인 사고를 혼동하지 마세요. 생각 없이 모든 것에 의문을 제기하는 회의주의 같은 것은 피하세요. 여러분은 지식의 체계를 무너뜨려서 부스러기로 돌려 버리는 것이 아니라 지식에 대한 더 합당한 주장과 덜 합당한 주장을 구별하는 어려운 과제에 몰입하는 것을 목표로 해야 합니다.

예리함과 뉘앙스를 잃지 않으면서 하나의 지식 영역에 대한 일반적인 용어로 글을 쓰기

예시

다른 대안이 있어서 바뀔 수 있는 지식 영역이 역사다. 과학 지식과 달리 역사적 사실은 과거에 일어난 사건과 행동에 근거하기 때문에 변할 수 없다고 주장할 수 있을 것이다. 역사 지식은 이런 사실들을 이용하여 생산된다. 그러나 역사 지식에서의 변화는 과거에 대한 다른 해석의 결과로 발생할 수 있다. 역사 서술에 대한 역사가들의 관점이 시간이 지남에 따라 달라졌기 때문일 수도 있고, 또는 역사적 화젯거리에 관한 새로운 관점을 허용하는 새로운 출처나 증거가 발견되었기 때문일 수도 있다. 과거는 스스로 말할 수 없고 현재에서의 해석을 필요로 하기 때문에 역사 지식은 결코 진정으로 확실할 수 없다. 역사 연구 방법은 모든 증거를 함께 해석할 수 있는 역사가들의 능력에 의존한다. 이 능력은 역사가들의 편견, 문화적 경험, 국민적(민족적) 정체성이 그들의 가정에 영향을 미치도록 허용하지 않는다. 그러나 이는 사실상 불가능하다. 콜링우드 (R.G. Collingwood)가 주장한 것처럼, 역사적 사건은 '내적' 동기와 '외적' 행동 및 행태 둘 다에 의해 구성된다. 내적 동기는 역사가가 볼 수 없고 접근할 수 없기 때문에 오늘날 우리의 역사 지식이 과거를 정확하게 반영한다고 결코 확신할 수 없다. 그러나 역사가들이 은밀한 동기나 숨겨진 의제 없이 동일한 출처의 자료를 객관적으로 검토한 후 합의에 이를 수 있다면, 그것은 우리가 얻을 수 있는 역사적 진실에 가장 가까운 것이며 우리는 그것을 확신해야 한다. 내 논지는 역사 지식이 완전히 확실하지 않을 수 있지만, 앞서 논의한 문제들에도 불구하고 여전히 가능하다는 것이다.

16.7 에세이 작성 후 — 실용적인 조언

에세이를 다 작성한 후에는 주의 깊게 통독하면서 다음 질문들을 자문해 보는 것이 중요합니다.

1 **글이 명확합니까?** 여러분의 생각을 간명하게 표현했습니까? 에세이 초안에 관련 없거나, 불필요하거나, 의미 없는 내용이 쓰여 있지는 않습니까? 에세이가 이해할 수 없게 쓰였다면 채점관이 점수를 주기가 매우 어렵습니다. 옆길로 새는 쟁점이나 '군더더기'나 요점의 반복에 너무 많은 단어를 허비하고 있으면 신중하게 분석해야 할 부분에서 1,600단어를 충분하게 사용하지 못할 것입니다. 여러분의 에세이에서는 나름대로 중요하지만, 에세이의 완성도를 높이는데 도움이 되지 않는다면 지워 주세요.

2 **더 정확하고 단순한 표현으로 바꾸거나 없애야 할 단어가 있습니까?** 때때로 종

이에 단어를 고심하며 적는 과정에서 잘못된 단어를 사용할 수 있습니다. 그 단어가 여러분이 의도한 내용과 의미상 가까울 수 있지만, 에세이 초고를 통독하고 되돌아보다가 더 정확한 단어가 떠오르는 경우가 종종 있습니다. 단어의 의미상의 미묘한 차이는 여러분이 말하는 것에 중대한 차이를 가져올 수 있습니다.

3 **질문에 대한 주제문이나 직접적인 답변이 있습니까?** 에세이의 어떤 지점에서 질문에 직접적으로 답변했는지 확실하게 해 두세요. 주제문은 그 질문에 대한 몇 개의 문장으로 된 답변입니다. 즉 그것은 에세이의 어디에나 둘 수 있지만, 대개 서론이나 결론에, 그리고 서론과 결론 모두에 둘 수 있습니다.

4 **단락들은 논점을 뒷받침하는 일련의 연속되는 아이디어(생각)들을 전개합니까?** 여러분은 매 단락을 시작할 때 첫 문장이 여러분의 주장을 진전시키는지 확인하기 위해 첫 문장을 거듭 살펴봐야 합니다.

5 **사례를 과장하거나 지나치게 포괄적인 일반화를 했습니까?** 학생들은 뒷받침된다는 의미로 증명되었다는 단어를, 혹은 증거라는 의미로 증명이라는 단어를 너무 자주 사용합니다. 마찬가지로 실제로는 그렇지 않은데 "믿는 사람은 아무도 없다"거나 "우리 모두 알고 있다" 같은 주장을 하곤 합니다. '거의 없는', '많은', '일부의', '대부분' 같은 단어들은 여러분의 답을 절제되어 보이게 해 주고 정확성은 물론 더 큰 신뢰감을 줍니다.

6 **증거를 재차 점검했습니까?** 여러분이 정확하지 않은 '사실'을 언급하면 에세이의 신뢰성을 무너뜨릴 것입니다. 제대로 아는 것이 아니면 언급하지 마세요. 여러분은 인터넷에서 이누이트가 눈에 대해 16개, 52개 또는 심지어 112개의 단어를 가지고 있다는 진부한 이야기를 읽었을 수도 있습니다. 그러나 여러분이 이누이트어를 하거나 그 주장에 대한 확고한 근거를 가지고 있지 않은 한 이 정보를 사용하지 마세요. 언어와 관련해 쟁점을 제기하고 싶다면 여러분이 익숙한 언어를 사용하세요. 디플로마 프로그램에서 배우는 언어라면 관계없습니다. 여러분이 언급하는 모든 것에 대해 전문가가 되어야 한다는 것은 아니지만 적어도 신뢰할 만한 출처를 사용해 여러분이 언급한 정보를 교차 확인해야 합니다.

16.8 최종 점검 목록―
에세이 작성을 완료하기 위한 실용적인 조언

☐ 에세이는 완성되기까지 여러 번의 수정을 거쳐야 하므로 제출일까지 완성을 미뤄 놓지 않는 것이 중요합니다.

☐ 마감일 훨씬 전에 작성을 시작하세요.

☐ 괜찮은 초고가 나오면 하루 이틀 정도 보지 않고 있다가 다시 새롭게 읽어 보세요. 여러분의 글에 남아 있는 약점을 찾아내는 데 도움이 될 것입니다.

☐ **자료의 출처를 밝혔습니까?** 여러분이 찾아낸 아이디어와 정보를 사용하는 것은 전혀 잘못된 것이 아닙니다. 그 아이디어와 정보가 어디에서 비롯된 것인지를 밝히기만 하면 됩니다. 다른 사람의 말을 직접 인용하려면, 인용 부호 안에 넣고 학교의 지침에 따라 참조 표시를 하면 됩니다. 다른 사람의 말을 자신의 표현으로 바꿔 쓸 때는 인용 부호를 쓰지는 않지만, 그래도 여러분이 쓴 것에 참조 표시를 해야 합니다. 각주와 미주, 참고 문헌 목록은 단어 수 제한에 들어가지 않습니다. 그러므로 참조 표시로 인해 **1,600단어** 제한을 넘길 위험은 없습니다.

☐ **여러분이 사용한 정보의 출처는 추적 가능합니까?** 아이디어가 어디에서 비롯됐는지를 밝히는 것과 마찬가지로 참조 표시는 독자에게 여러분의 에세이에 있는 아이디어를 따라가고, 정보의 정확성을 점검할 기회를 제공합니다. 그래서 어떤 참조 방식의 체계를 사용하든 일관성을 유지하는 것과 여러분이 제공하는 세부 사항에 정확성을 유지하는 것이 중요합니다. 웹사이트를 참조하는 경우 여러분이 접속한 날짜를 밝혀 두세요. 웹사이트는 자주 업데이트되기 때문입니다.

☐ **참고 문헌 목록에 있는 것을 사용했습니까?** 여러분의 에세이에 대한 참고 문헌은 화제(topic)에 막연하게 관련된 책, 논문, 웹사이트 목록이 아닙니다. 그것은 반드시 여러분이 에세이에서 참고한 글들의 목록이어야 합니다. 경험상 어떤 글이 여러분의 참고 문헌 목록에 제시되었으면 그것에 대한 적어도 하나의 각주, 미주 또는 괄호에 넣은 참조 표시가 에세이 본문에 있어야 합니다.

에세이에 대해 자주 묻는 질문	
지식론 에세이는 일반 에세이와 어떻게 다른가요?	지식론 에세이의 핵심적 요구는 "명확하고, 정합적이고 비판적인 탐구"를 통해 제시된 질문에 대한 답변을 작성하는 것입니다. 지식론 에세이는 "여러분은 어떻게 아는가?"라는 질문에 초점을 두고 알맞은 지식론 도구들과 지식론 언어를 사용하여 그 질문에 답변한다는 점에서 일반 에세이와 다릅니다.
지식론 에세이는 철학 에세이와 어떻게 다른가요?	지식론에서 묻는 질문과 철학에서 묻는 질문 사이에는 약간의 겹치는 것이 있지만, 여러분의 에세이는 "철학자들은 무엇을 말했는가"에 대해 길게 설명하면 안 됩니다. 요점은 여러분의 학업 경험과 현실 세계에 지식론 도구를 적용하는 것입니다.
에세이를 위해 어느 정도 조사가 필요한가요?	지식론 에세이는 연구 에세이가 아닙니다. 에세이는 IB 디플로마 프로그램 경험에 대한 여러분의 개인적 의견과 성찰을 표현해야 합니다.
교재를 얼마나 참조할 수 있나요?	여러분은 자신의 아이디어를 활성화하기 위해서 교재를 사용할 수 있지만 교재를 여러분의 주장에 대한 1차 자료로 사용하지 말아야 합니다. 지식론 교재에 나온 내용을 단지 말만 바꿔 표현하는 데 그치면 여러분의 에세이는 독창성이 결여되고 개인의 의견은 없어져 버립니다.

에세이에 대해 자주 묻는 질문	
에세이에 반드시 참조 표시를 해야 하나요?	여러분은 출처가 있는 정보를 사용할 가능성이 높고, 그 정보는 참조 표시가 되어야 합니다. 여러분은 각주와 같은 공인된 관례에 따라 출처를 밝히고 인용해야 합니다. 출처에 대한 참조 표시를 하지 않은 지식론 에세이는 거의 없습니다.
참조 표시는 어떻게 하나요?	여러분은 모든 인용을 참조 표시를 해야 하며, 여러분이 말을 바꿔 표현한 단락이나 다른 사람의 아이디어를 밀접하게 따라간 단락 등도 참조 표시를 해야 합니다. 증거로 제시한 구체적 지식 주장 또한 참조 표시를 해야 합니다.
단어 수 제한에 포함되는 것은 무엇인가요?	제한 단어 수에 본문의 모든 것이 들어가지만 감사의 말, 각주, 미주나 참고 문헌 목록은 포함되지 않습니다. (새로운 쟁점을 제기하는 등 지나치게 긴 각주는 적절한 것으로 간주되지 않아서 채점자들이 읽지 않을 수 있습니다.)
글쓰기의 최소 분량은 몇 단어인가요?	최소 단어 수 제한은 없지만 1,600단어 가까이 사용하지 않으면 여러분의 주제를 충분히 다루지 못할 것입니다. 최소 1,500단어 이하로는 쓰지 말고 지정된 최대 1,600단어는 넘지 않게 작성할 것을 권고합니다.
모국어가 아닌 경우 참작이 됩니까?	여러분의 언어 능력은 평가 대상이 아니지만, 여러분이 말하는 것을 채점관이 이해할 수 없다면, 여러분이 작성한 것에 대해 점수를 인정받지 못합니다.

16.9 더 읽을거리

- **에세이 작성 능력**을 개발하기 위해 다음 자료들을 참조할 수 있습니다.

- '에세이 쓰기' QUT. *Queensland University of Technology* 웹사이트에서 검색하세요.

- 'QUT Cite'. *Queensland University of Technology* 웹사이트에서 검색하세요.

- '원어로 인용' University of Reading. *Reading University* 웹사이트에서 검색하세요.

〉용어 해설

ㄱ

가능 세계: 모든 가능성들이 일어나는 세계의 집합

가상 현실(VR): '가상' 세계의 이미지를 보여 주는 헤드셋처럼, 가상 환경의 컴퓨터 시뮬레이션을 생성하는 기술

가설: 추가 조사를 위한 출발점을 제공하는 제한된 증거에 기초한 잠정적 설명

가용성 휴리스틱: 최근의 또는 쉽게 기억되는 사례가 우리 판단에 영향을 미치는 편향. 가용성 추단법이라고도 함

가짜 뉴스: 거짓되고 종종 선정적인 이야기로, 뉴스 형태를 띠고 퍼짐

가치: 행동의 기준. 중요한 도덕적 진가를 지녔다고 여겨져 존중받는 것

간첩 행위: 정치나 군사 관련 정보를 입수하기 위한 스파이 행위

감각 지각: 시각, 청각, 소리, 미각, 촉각 및 몸이 어느 공간에 있는지에 대한 인식과 같은 기타 감각을 포함한 다양한 감각을 통해 얻은 데이터를 뇌가 해석하는 것

감각질: 어떤 것을 지각하면서 느끼게 되는 기분이나 심상 같은 것

감금 증후군: 의식은 있으나 몸의 운동 기능이 마비된 상태. 일부 뇌간의 손상에 의한 자율 근육 제어와 발성의 상실을 초래하는 신경학적 질환. 이 질환을 가진 사람은 보통 인지 기능, 의식, 눈의 움직임, 그리고 눈의 깜빡임만으로 의사소통함

감정적 의미: 한 단어를 둘러싼 호의적이거나 거북스러운 느낌의 기운

개념: 추상적 생각이나 마음에 품은 어떤 것

개념적: 추상적인 생각과 관련된

개인적 기억: 우리 생활을 구성하는 다양한 사건에 대한 내적 회상

객관성: 사실에 초점을 맞추고, 대체로 개인의 관점과 분리된 방식, 지식 공동체에 의해 확증될 것으로 기대하는 방식으로 세계를 보는 것

건전하다: 두 개의 참인 전제와 타당한 논증을 포함하는 삼단 논법의 성질

검열: 부적절하거나 부적합한 것으로 간주되는 자료나 견해, 신념의 억제 또는 제한

검증: 어떤 것의 타당성 또는 정확성을 확립하는 과정

게티어 사례: '정당화된 참인 믿음'이지만 지식으로 인정되지 않는 사례

격분: 강한 분노와 분개

경제 결정론: 역사는 경제 요인에 의해 결정된다는 이론

경험론자: 경험론의 지지자로, 모든 지식은 궁극적으로 지각에 기반한다고 주장하는 철학 학파

경험적: 경험에 기반을 둔

경험칙: 경험으로 알게 된 규칙

계시: 보통 신이나 신의 대리자, 전달자를 통해 드러나거나 공개된 것

고정 관념: 어떤 집단의 구성원이라는 사실에 근거한, 개인 또는 집단에 대한 고정되고 지나치게 단순화되며 종종 부정적인 상

공감: 다른 사람의 감정과 관점을 상상하고 이해하는 능력

공리: 종종 자명한 진실로 간주되는 전제로서의 가정. 또는 대략 우리가 참이라고 정하거나 참이라고 전제하거나 주장하는 것

공리주의: 윤리는 결국 우리가 복리를 최대화해야 한다는 원칙으로 환원될 수 있다는 사상

공산주의: 모든 재산은 공동 소유이며 정부가 모든 경제적 생산을 지휘하는 것을 옹호하는 이데올로기

공상: 현실 세계와 멀리 연결되었을 뿐인 도피적 상상력

공준: 이론을 뒷받침하는 진술로서 사실, 참으로 간주되는 것(공리와는 약간 다르지만 두 단어는 종종 같은 의미로 사용됨)

공평: 평등하고 한쪽으로 치우치지 않음

과잉 기억 증후군: 경험의 상세한 내용을 비정상적으로 많이 기억하는 상태

과학적 방법: 과학적 조사가 수행되는 방식에 대한 절차 방법

과학적 패러다임: 특정 과학 분야의 이론과 방법론의 기초가 되는 세계관

과학주의: 모든 연구 분야에 적용되는 자연과학 방법의 효과에 대한 과장된 신뢰

관료적: 효율성을 희생시키면서 절차와 행정 관리에 지나치게 관심을 갖는 것

관용: 동의하지는 않더라도 다른 관점과 행동을 받아들이는 것

관용구: 단어의 글자 그대로의 의미로는 전체의 의미를 알 수 없는, 특수한 의미를 가진 어구

관점: 사물이나 현상을 관찰하거나 생각하는 특정한 방식이나 견해

관찰자 효과: 자연과학에서 현상을 관찰하는 행위가 관찰되는 현상을 변화시킨다는 원리를 의미함(인간과학에서는 관찰될 때 사람들이 다르게 행동하는 경향을 의미함)

광학 망원경: 주로 가시광선의 파장 영역에서 빛을 모아 초점을 맞춰 확대한 이미지를 바로 보게 하는 망원경

교단: 기독교 내의 서로 구별되는 종교 집단(예를 들면 성공회, 조지아 정교회, 루터 교회 등)

교리: 원칙, 중요한 진리라는 뜻으로 신조라고도 함

구글 효과(또는 구글 기억 상실): 온라인에서 쉽게 찾을 수 있는 정보를 잊어버리는 경향

구매력 평가: 여러 국가의 경제적 생산성과 생활 수준을 비교하는 데 사용되는 측정 기준

구성주의: 수학적 진리와 증명은 능동적으로 구성되어야 한다는 이론

국가: 정해진 영토와 인구(국민)에 대한 통치권이 있는 하나의 중앙 정부를 가지는 법적 실체

국내 총생산: 경제 규모와 성장률을 추정하기 위해 한 국가에서 생산된 재화와 서비스를 합산한 것

군주제: 군주(왕, 여왕 또는 황제)를 최고 권위자로 하는 정부의 한 형태

권력: 상황과 사람을 통제하고 이에 영향력을 미치는 능력

권위: 특별한 지식이나 활동의 장에서 결정을 하거나 책임을 질 도덕적, 법적 권리

권위주의적: 사람들에게 권위를 강요하고 자유를 제한하는 것. 주로 정부와 관련됨

귀납적 추론: 특수한 것에서 일반적인 것으로 추론하는 것

귀납주의: 자연 법칙을 발전시키기 위한 귀납적 추론 방법의 사용과 선호

귀추적 추론: 이용 가능한 증거에 기반하여 최상의 설명을 이끌어 내는 추론

규범주의: 윤리적 주장들은 정언 명령적인 것이라고 보는 관점

규칙 숭배: 도덕 규칙이 적절한지 여부와 상관없이 그 규칙을 맹목적으로 따르는 것

극단주의: 사람들이 종교적이거나 정치적 대의를 위해 폭력 사용을 포함하여 극단적 행동을 취할 준비가 되어 있는 이데올로기

급진주의: 사회 구조를 급진적으로 변화시키려는 정치적 욕망

기묘: 즐겁거나 기분 좋거나 흥미롭게 이상함

기승전결 서사 구조: 소설, 영화 등 모든 이야기의 구조와 형태를 의미하는 용어로, 갈등 구조를 시간의 흐름이나 긴장감에 따라 나타냄

기준점 편향: 질문 전에 특정 개념이나 아이디어가 제시되는 경우. 이것이 응답에 영향을 미쳐 점화 효과를 일으킴

깨달음: 실존에 관한 완전한 지식의 상태, 완전한 지혜의 상태, 무한한 연민의 상태

ㄴ

나노 기술: 개별 원자와 분자를 조작하는 기술의 한 분야

낙수 이론: 부유한 기업과 고소득자의 세금을 낮추는 것이 더 많은 투자를 이끌어 낼 것이고, 경제적 번영을 확장시킬 것이라는 이론. 확장된 경제의 혜택은 노동자에게 '낙수'처럼 돌아간다는 이론

낚시성 문구: 링크를 클릭하도록 유도하여 다른 웹 페이지로 이동하도록 설계된 콘텐츠. 예를 들면 시각적 이미지 또는 주의를 끄는 헤드라인

내부 고발: 개인이나 집단이 일반적으로 조직 내의 범행이나 조직에 의한 범행에 대한 정보를 공개하거나 전달하는 것

내성적: 자신의 내면을 살피는

내재적: 어떤 것에 불변인 특성으로서 존재하는

내재적 종교성: 중요하고 개인적인 경험을 포함한 개인 삶의 원칙을 종교가 구성하는 것

노이즈: 전기 신호의 원치 않은 교란. 기계로는 이해될 수 없거나 해석될 수 없는 데이터를 포함하는 무의미한 데이터

논리: 이성을 주관하는 규칙에 관한 원리나 규칙 체계

논리적 경험주의: 모든 인간의 지식은 논리적, 과학적인 기초로 환원되어야 한다는 믿음(종종 논리적 실증주의와 동의어로 간주됨)

논리적 실증주의: 모든 지식은 관찰 가능한 사실에 기초한 논리적 추론에서 비롯되며 진술은 참 또는 거짓으로 결정될 수 있는 경우에만 의미가 있을 수 있다는 믿음

논리주의: 수학은 특별한 수학 개념 없이도 논리에서 파생될 수 있다는 이론

논쟁적: 같은 문제나 주제에 대해 다양한 답, 견해, 의견이 있을 수 있는

누리 소통망: 사람들이 네트워크를 형성하고 다른 사람들과 콘텐츠를 만들고 공유할 수 있는 페이스북, 트위터, 왓츠앱, 인스타그램 같은 웹사이트 및 앱

뉘앙스: 미묘한 차이

ㄷ

다신교: 많은 신들을 인정하고 믿는 종교

다원주의적: 8장의 맥락에서는 많은 다른 신념과 관행을 갖는다는 것

다원주의적 역사: 정당화될 수 있는 다양한 다른 관점과 과거에 대한 여러 가능한 설명이 있음을 인정하는 것

대각화 논증: 1891년에 칸토어가 발표한 수학적 증명으로, 무한한 자연수 집합과 일대일 대응을 할 수 없는 무한 집합이 있음을 밝힌 것

대략적인: 추측의, 대충의, 부정확한

대안적 사실: 탈진실 정치학 맥락에서 대안적 정보가 사실일 수도 있다고 보는 관점

더닝-크루거 효과: 우리가 우리 지식의 한계를 알기 어렵다는 것을 알아내는 인지 편향. 어떤 특정 영역에서 지식을 조금 가지고 있다면 우리는 우리의 지적 수준과 그 영역에서의 경쟁력을 과대평가할 수 있는데, 이렇게 작은 지식이 더 큰 지식에 대한 정당하지 못한 환상으로 이끄는 것을 말함

덕 윤리: 윤리적 행동은 덕이 있는 인물이 수행하는 것이라는 이론

데이터: 기술 분야에서 '주어진 것'. 일반적으로 조사를 위해 함께 수집된 모든 사실과 통계를 말함

도덕적: 옳고 그름에 대한 개인의 원칙에 맞는

도덕적 절대주의: 상황이나 결과와 상관없이 항상 따라야 하는 하나 이상의 보편적 도덕 원칙이 있다는 믿음

독단론: 근거나 다른 사람들의 견해를 따져 보지도 않고 근본 원리를 부정할 수 없는 진리라고 여기는 태도

독재정: 독재 정치. 사회가 절대 권력을 가진 한 사람에 의해 통치됨

동료: 동등한 위치에 선 사람. 대개 자신이 속한 부족의 구성원

동료 평가: 같은 분야에 종사하는 전문가들에 의한 작업 평가

동물 행동학: 동물 행동에 대한 연구

동어 반복: 같은 것을 다르지만 완전히 동일한 방식으로 말하는 것. 이미 암시된 것을 반복함

동종 요법: 질병의 증상을 일으킬 수 있는 물질을 소량 사용하면 질병을 치료할 수 있다고 믿는 대체 의학 체계. 같은 것으로 같은 것을 치료한다는 '유사성의 원칙'에 기초함

동질적: 일관된, 전체적으로 균일한 구조의

동화: 통합. 다르던 것이 서로 같은 것이 되는 일

디아스포라: 고향을 떠나 흩어졌거나 고향에서 다른 곳으로 퍼져 나갔으면서도 고향과 연관성을 유지하고 있는 사람들. 대표적으로 팔레스타인을 떠나 전 세계에 흩어져 살면서도

유대교의 규범과 생활 습관을 유지하는 유대인을 들 수 있음

디코딩: 암호 해독, 판독, 번역

딥 러닝: 빅 데이터를 사용하여 예측하거나 결정하는, 인공 지능의 중심에 있는 기술

딥 페이크: 인공 지능 기술을 사용하여 원본에 대한 가짜 영상물 또는 음성을 만들어 내는 것

딴 데 정신 팔림: 건망증으로 이어지는 산만한 상태

ㄹ

리액턴스: 자유를 위협한다고 느껴지는 조언, 규칙, 규제에 반하려는 경향

린치: 정당한 법적 수속을 거치지 않고 폭력을 가하는 것

ㅁ

막연함: 어떤 것이 명확하지 않거나 뚜렷한 경계가 없을 때, 부정확할 때, 정확하게 정의되지 않을 때

만병통치약: 모든 어려움에 대한 해결책 또는 치료책

망명: 정치적 난민을 국가가 보호하는 것

맞춤 아기: 질병 위험 감소에서 성별 선택에 이르기까지 특별히 선택된 다양한 특성으로 시험관 내에서 유전자 조작이 된 아기

맹목적 신앙: 증거, 이해, 분별력이 없는 신앙

메아리 방: 소리가 울려 퍼지는 공간. 그곳에서 만들어진 소리는 벽에서 튕겨 나올 때 거듭 반복됨. 기술적인 측면에서는 자신과 비슷한 신념이나 견해에만 노출되어 다른 시각을 접하지 않는 가상의 공간을 말함

메타 분석: 여러 다양한 연구들을 기반으로 추세를 확정하기 위해 데이터를 분석하는 것

메타 인지적: 사고 과정과 관련된

명시적: 명확하고 명백하며 공개적으로 표현되는

명시적 의미: 단어의 문자 그대로의 의미

모계: 어머니를 통해 물려받는 것

모방: '예술을 통한 실재의 재현'을 뜻하는 그리스어 mimesis 에서 유래함

모어(母語): 사람이 자라면서 처음 익히는 언어. 모국어, 제1언어라고도 함

모집단: 통계 조사에서 조사의 대상이 되는 집단 전체

모호함: 단어, 진술, 이미지나 상황이 하나 이상의 의미나 해석을 가질 수 있을 때

목적론적: 귀추나 결과와 관련됨. 목적론적 윤리 이론은 어떤 행동이 달성된 결과나 목적에 기반을 두고 그 행동이 윤리적인지 아닌지를 안다는 사상에 기반을 둠

무리수: 하나의 정수가 다른 정수의 비율로 표현되지 않는, 기약 분수로 표현할 수 없는 수(예: e, π)

무모순성: 동일한 수학 체계 안에서 논리적으로 모순된 명제가 없는 일관된 성질이나 상태. 일관성이라고도 함

무신론: 어떤 인격신이나 신들도 거부하는 이론

무신론자: 신이 없다고 믿는 사람

무지: 지식이 없음

무한: 한계가 없는 것. 실제로 존재하지 않는 수로 취급됨

무형적: 비물질적이고 정량화할 수 없는

문법: 단어를 가지고 유의미한 구와 문장을 구성하기 위한 규칙

문화: 하나의 공동체 또는 사회에서 공유하는 사상, 믿음, 관습과 관행

문화적 전유: 어떤 문화의 구성원이 다른 문화의 요소를 채택하는 것

미래주의: 이탈리아에서 시작되어 속도, 기술, 젊음, 폭력과 자동차, 비행기, 산업 도시와 같은 오브제를 강조하는 예술 운동

미학: 아름다움과 예술을 연구하는 철학의 한 분야

민족 언어학: 언어와 문화의 관계를 연구하는 언어학의 한 분야

믿음: 어떤 것이 존재하거나 참이라고 믿는 마음

ㅂ

바바리안: 헤로도토스는 페르시아인을 바바리안이라고 불렀음. 헤로도토스는 모든 비그리스인을 가리켜 '바바리안(barbarian)'이라 했는데, 이 단어는 원래 이해할 수 없는 언어

를 사용하는 자를 의미하며 오늘날 흔히 연상하는 야만인과 같은 부정적인 의미는 없었음

바이러스적 공유: 컴퓨터 바이러스처럼 광범위하고 재빠르게 퍼지는 것

박식가: 여러 가지 다양한 분야의 지식에 전문성을 가진 사람

박테리오파지: 박테리아를 파괴하는 바이러스

반박: 어떤 진술이나 이론이 틀렸음을 증명하는 것

반어: 어떤 의미로 사용하던 단어를 정반대의 의미로 사용하는 것

반정부 운동·언사: 현재의 정권이나 체제에 반대하는 의견이나 운동, 세력을 통칭하는 말

반증: 어떤 것이 거짓임을 증명함

법칙: 자연 세계에서 둘 이상의 사물 사이의 관계에 관한 관찰에 대한 일반화된 설명. 종종 서술은 수학적임

변증법: 대립하는 양측의 불일치를 포함하는 논증 방법

병원체: 질병을 일으킬 수 있는 바이러스, 박테리아, 기타 미생물

보간: 어떤 현상을 다른 것 사이에 삽입하는 것. 자료에 빠져 있는 중간 과정을 추론하여 넣는 것. '내삽'이라고도 함

보디랭귀지: 몸짓언어. 우리의 태도와 감정을 전달하는 의식적이거나 무의식적인 몸짓이나 표정

보복: 어떤 행동에 대하여 가해진 처벌

보복 살해: 사람이나 가축을 죽인 것에 대한 보복으로 행해진 살인

보살: 깨달음을 얻었지만 고통받는 사람들에 대한 연민 때문에 열반에 도달하는 것을 늦추는 불교의 구도자

보수주의: 전통적 가치, 권위, 법과 질서 등을 선호하는 반면 변화나 혁신에는 종종 반대하는 정치적 견해. 이는 종종 자유 기업 및 개인 소유에 대한 헌신과 관련이 있음

보편 문법: 모든 인간 언어는 외형적으로는 달라 보여도 기본적으로 공통된 유사성이 있다는 생각

보편성: 붉음, 둥글둥글함, 아름다움처럼 여러 개인들에 의해 동시에 공유될 수 있는 성질들

복리: 대출 또는 예금의 원금에 이자를 더하여 그 금액을 더 크게 하여 차후의 이자를 더 많이 만듦. 즉, 이자에 대한 이자

복소수: 실수와 허수의 조합(예: 3+4i)

복소평면: x축으로 '실수' 부분을 나타내고 y축으로 '허수' 부분을 나타내는 복소수의 기하학적 표현(복소평면을 아르강 다이어그램 또는 z평면이라고도 함)

복음: '기쁜 소식'이라는 뜻으로, 예수의 가르침이나 계시를 가리킴. 원래 『신약 성서』의 네 가지 복음서인 「마태복음」, 「마가복음」, 「누가복음」, 「요한복음」을 말함

복합적: 복잡하고 다면적

본유적: 태어날 때부터 가지고 있는

봇: 자동화된 컴퓨터 프로그램

부계: 아버지를 통해 물려받는 것

부르주아지: 마르크스가 자본주의 경제 체제에서 가장 많이 이익을 보았다고 생각한 중간 계급

부족주의: 소속된 사회 집단에 대한 충성도에서 비롯된 행위와 태도

분류법: 구분 체계, 범주화

분별력: 판단을 잘하기 위해 예리한 지각을 사용하는 능력

분산 서비스 거부(디도스): 정상적인 서비스를 할 수 없게 타깃(보통 웹 서버)의 대역폭을 소진시키는 것. 이는 많은 나라에서 불법 행위임

분젠 버너: 가스를 연소시켜 고온을 얻는 실험 기구로, 가열 및 살균에 주로 사용됨

불가지론자: 신의 실존 여부를 모르거나 결정하지 않은 사람. 또는 신의 실존이나 본성에 관해 아무것도 알 수 없다고 믿는 사람

블록체인: 탈중앙화된 분산 거래 장부

비도덕적: 도덕의 범위를 벗어나고, 도덕적인 틀이 없는 상태

비분해 박테리아: 죽거나 부패하는 물질의 분해를 돕지 않는 박테리아

비트: 컴퓨터에서 사용되는 정보의 최소 단위로 0 또는 1로 표현되는 한 자릿수의 정보 단위

비트코인: 암호 화폐의 종류

비판적: 현상이나 사물의 옳고 그름을 판단하여 밝히거나 잘못된 점을 지적하는

빅 데이터: 인간의 행동 등과 관련된 패턴과 경향을 식별하기 위해 분석할 수 있는 방대한 양의 다양한 디지털 데이터 세트

빅뱅 이론: 우주가 138억 년 전 급속 팽창 폭발한 무한 밀도의 특이점으로 시작했다는 이론

ㅅ

사물 인터넷(IOT): 사물에 인터넷을 연결하여 사용하는 것

사법부: 한 나라의 법원 체계뿐 아니라 판사까지 포괄하는 명칭

사실적: 사실을 담은

사실적 기억: 의미, 사실, 정보에 대한 기억

사실적 상상력: 합당한 사실로 채워지고 이끌어진 상상력

사운드 바이트: 원래는 정치인 등의 짧고 인상적인 발언을 뜻하는데, 여기서는 트위터에 올리는 간결한 언어를 가리킴

사이보그: 기계와 생물 유기체를 합성한 사이버네틱 유기체 (Cybernetic Organism)

사전 동의: 이미 알려진 가능한 결과를 충분히 알고 있는 상태에서 허락함

사피어-워프 가설: 여러분이 말하는 언어가 세계를 보는 방식에 영향을 주거나 그 방식을 결정한다는 이론

사회 계약: 지배자와 피지배자 사이의 실제적 또는 암묵적 합의를 말하며, 각자의 권리와 책임을 정의하는 것

사회 정의: 부, 교육, 건강, 사법에 대해 모든 사람이 동등하게 접근하고 동등한 기회를 가져야 한다고 생각하는 것

사회주의: 생산 및 분배 수단의 공동 소유에 기반한 사회 체제

사회학: 사회의 구조와 기능에 대한 연구

사후 과잉 확신 편향: 이미 일이 벌어졌는데도 그 일이 벌어질 줄 미리 알고 있었다고 잘못 생각하는 것

산술: 숫자를 세고 계산하는 과정

산술 공리: 자연수 집합에서 덧셈, 곱셈에 대해 닫힘 관계.

교환 법칙, 결합 법칙, 항등원, 역원, 분배 법칙 등 산술에 적용되는 기본 공리

삼단 논법: 두 개의 전제와 하나의 결론으로 이루어진 연역적 추론

삼장(三藏): 부처의 말을 기록했다고 전해지는 세 가지 텍스트

상관관계: 상관도. 모든 데이터 집합은 상관관계를 나타냄. 어떤 때는 양의 상관관계에 있고, 어떤 때는 음의 상관관계에 있음. 일부는 중립적이거나 무시할 수 있음. 그러나 상관관계 자체가 인과 관계 추론을 정당화하지는 못함

상대성: 지식 주장이 맥락의 요인이나 준거틀에 좌우된다는 것을 인정하는 것

상대주의: 한 사람이나 집단에게 참이거나 거짓인 것이 다른 사람이나 집단에게 반드시 참이거나 거짓일 필요가 없다는 믿음. 모든 진리는 동일한 가치라는 것

생체 이용률: 시간 경과에 따른 약물 흡수 비율

서사: 일련의 사건에 관해 설명하는 이야기. 사실일 수도 있고 허구일 수도 있으며 두 가지가 혼합된 것일 수도 있음

선별: 특정 의견을 지지하기 위해 액면 그대로 나타나는 텍스트 부분을 골라내고, 다른 관점을 조장할 수도 있는 텍스트의 맥락과 다른 부분을 무시하는 것

선험적: 순수하게 이성에 의한

설명: 어떤 것을 명확히 밝혀 말하는 것 또는 그런 말

설명 깊이의 착각: 어떤 것을 깊이 알지 못하면서도 속속들이 알고 있다는 착각

섬유 예술: 식물, 동물, 합성 섬유를 이용하여 장식적이거나 실용적인 물건을 만드는 예술의 한 분야

성사: 신의 은총을 전하기 위해 이뤄지는 특별한 의례

성스러운: 신성한, 추앙과 존경을 받을 자격이 있는, 신을 숭배하기 위해 따로 떼어 낸

성전: 성스러운 글, 종교 경전

성찬식: 기독교인들이 예수의 살과 피를 상징하는 빵을 찢어 먹고 포도주를 마심으로써 예수의 최후의 만찬과 희생을 기억하는 의례

세계 교회주의: 세계 기독교 교회 사이의 통일을 증진하려는 목적을 지닌 운동

세계관: 우주와 우주 속에서의 인간의 지위에 관한 포괄적 이론

세속적 인간주의: 인간의 가치, 이성에 기반한 결과주의적 윤리, 그리고 과학과 민주주의, 자유에 대한 헌신을 믿는 믿음 체계

세속화: 종교와 관련되지 않음

세차 운동: 물체를 회전시키는 축의 방향 안에서 천천히 지속적으로 변화하는 것

셀 수 있음(가산): 어떤 집합이 자연수 1, 2, 3,…와 일대일 대응을 만들 수 있다면 그 집합은 셀 수 있다는 것

소재국: 국토 내에 다른 토착 사회가 살고 있어 이를 통치하는 국가

수비학: 수를 중심으로 한 신비에 관한 학문

수식어: 명확하고 정확한 진술처럼 보이게 하는 단어, 또 막연하거나 모호해 보이게 만드는 단어

수학적 경험주의: 다른 과학의 사실과 마찬가지로 경험적 연구를 통해 수학적 사실을 발견한다고 말하는 주장의 한 형태

수학주의: 우주의 모든 것이 궁극적으로 수학적이라는 이론

순수 수학: 응용 분야와는 독립적으로 수학적 아이디어를 연구하는 수학 분야

숭상: 숭배 행위, 또는 커다란 존경을 보여 주는 행위

슐바 경전: 힌두교의 가장 권위 있는 경전으로 알려져 있는 『베다』의 부록으로 여겨지는 문헌

스코틀랜드 소규모 농장주: 전통적으로 스코틀랜드 북부 고원 지대와 섬의 작은 농지의 소작농을 일컬음. 1976년부터 소작 중인 농지를 구입할 수 있게 되었음

스콜라주의: 중세의 특징적 학습 방법으로 논리와 진리에 대한 전통적 믿음에 기반함

신명기 주기: 역사적 사건을 해석하는 방법으로서의 반역, 압제, 회개의 순환

신성성: 신이나 초자연적 존재의 특성

신앙주의: 모든 지식의 신앙에 대한 의존. 신앙이 이성보다 우월하다는 믿음

신의 계약: 헌신에 대한 동의나 약속. 언약

신의 시선: 아는이가 전지적인 신만이 가질 수 있는 지식에 접근할 수 있다고 가정하는 경우

신적인: 성스럽거나 신 같은 초자연적인 본성을 지닌

신정: 신정 정치. 말 그대로 하느님이 종교 권위를 통해 행동하는 최고 지도자로 여겨지는 '하나님에 의한 정부', 즉 종교 권위에 의한 정부

신학자: 보통 특정한 종교 전통 내에서 신과 종교적 믿음을 연구하는 사람

신화: 특정 종교 또는 문화적 전승에 대한 전통적 이야기 모음

실수: 수직선의 위치를 나타낼 수 있는 모든 숫자. 실수는 모든 유리수와 무리수를 포함함

실용적이거나 물질적인 (지식) 도구: 현미경이나 아이패드처럼 인지를 보완하거나 향상시키는 장치

실증주의: 유일하게 진정한 지식은 실험, 논리 또는 수학을 통해 과학적으로 증명되거나 입증될 수 있다는 믿음

실행적 기억: 피아노 연주와 같이 어떤 일을 할 줄 아는 기억된 능력

실험 대상자: 실험을 당하는 개인

심리학: 인간의 마음과 행동에 대한 과학적 연구

ㅇ

아나키스트: 권리를 가지고 통치하는 사람이나 조직이 없어야 한다고 믿는 사람

아래로부터의 역사: '상향식' 역사라고도 알려져 있는 이것은 '하향식' 접근법에서 무시될 수 있는 노동자 계급, 여성, 소수 민족 같은 일반 대중의 관점에 초점을 맞춤

아르 브뤼: 가공되지 않은 순수한 예술인 원생 미술로 번역되는 이 운동은 전통적인 순수 미술 양식에서 벗어나 원시 미술이나 거친 미술의 가치를 인식한 장 뒤뷔페가 시작함

아르테 포베라: 1967년 무렵, 이탈리아에서 시작한 전위 미술 운동. 개념 미술, 미니멀리즘, 행위 예술 측면을 결합하여 무가치하거나 일상적인 재료로 상업화를 전복시키려 함

아방가르드: 예술의 새로운 발전과 기술의 최전선에 있는 것으로 간주되는 혁신적인 예술 운동

아파르트헤이트: 남아프리카 공화국에서 시행되었던 흑인(및 유색 인종) 차별과 격리 정책

아힘사: 아무런 해도 끼치지 않는다는 원칙

알레고리: 보통 도덕적이거나 본성상 정치적인 숨겨진 의미를 드러내기 위해 해석될 수 있는 텍스트나 예술 작품

알파제로: 바둑으로 세계 챔피언을 이길 수 있는 컴퓨터. 바둑뿐 아니리 체스, 상기 등 다른 게임도 학습 가능함

암묵적: 말로 하지 않는, 함축적이며 표현되지 않는

약한 인공 지능: 특정 문제 해결이나 추론 과업을 위한 소프트웨어의 사용법으로, 응용 AI 또는 협의의 AI로도 알려져 있음

양극화: 사람들을 반대 견해를 가진 두 개의 주요 그룹으로 나누는 것

양자 역학: 아원자 입자의 운동과 상호 작용을 설명하는 역학의 한 분야

양자 이론: 아원자 입자의 행동을 설명하는 물리학 이론

양적: 어떤 것의 질보다는 양과 관계되거나, 또는 양을 측정하거나 양으로 측정된

어젠다: 의제(議題). 회의, 토론 거리나 목록

언론 담당자: 정당을 호의적 시각으로 묘사하고, 특히 매체에 특정 사건에 대한 긍정적 해석을 제시하는 역할을 하는 사람

언어 결정론: 언어와 그 언어의 구조가 인간의 지식, 생각, 사고 과정을 결정한다는 이론

언어 상대성 이론: 언어가 우리의 사고방식과 우리가 알 수 있는 것을 형성하고 이에 영향을 미친다고 보는 '보다 약한' 해석 이론

엄밀함: 엄격함, 극히 철저하고 꼼꼼함

역량: 능력, 충분한 지식이나 기량의 소유

역사 기록학: 역사적 관점의 연구

역사의 '위인' 이론: 역사는 위대한 개인에 의해 움직인다는 믿음

역정보: 속임수를 써서 퍼뜨린 부정확한 정보나 고의적으로 퍼뜨린 잘못된 정보

연역적 추론: 일반적인 것에서 특수한 것으로 추론하는 것

영성: 물질적이거나 물리적인 것보다는 인간 정신이나 영혼과 관련된 것

예리함: 정확하고 세밀한 구별

예시화: 예를 들어서 추상적 개념을 재현하는 것. 예를 들면 '사과'는 추상적 개념이지만 바로 이 사과는 개념의 예시화임

오귀인(誤歸因): 일부러 또는 실수로 엉뚱한 사람이나 출처를 주장하는 것

오류: 잘못된 믿음이나 타당성 없는 주장

와비사비(侘寂): 불완전하고 비영구적이며 부족한 것 속에서 아름다움을 발견하는 것

완곡어: 예의 바른 대화에서 불쾌하거나 보통은 거론하지 않는 것을 모나지 않게 표현하기 위해 사용되는 부드러운 단어나 문구

외재적 종교성: 사회적 규범이나 관습에 부응하기 위해 집단 예배에 참여하는 것

우발적: 우연히 일어나는, 특정 상황에서만 존재할 뿐인

우아하다: 간결하고 세련되며 품격 있음

우연성: 우연에 따름

우주 기원론: 우주의 기원에 대한 연구

우주론: 우주의 연구

위로부터의 역사: '하향식' 역사로도 알려져 있는 이것은 지도자, 통치자, 권력자, 그리고 그 시대의 사회와 문화 엘리트들의 관점에 초점을 맞춤

위해 원칙: 타인이나 동물에 대한 위해 금지의 원칙

유리수: 분수로 쓸 수 있는 모든 수, 즉 서로소인 두 정수의 비율로 표현되는 수

유사 과학: 과학적이라고 주장되지만 과학적 방법과 양립할 수 없는 믿음과 관행의 체계

유신론: 최고 존재나 신, 신들이 있다는 믿음

유신론자: 사람 및 세계와 상호 작용하는 유일신이나 신들을 믿는 사람

유클리드 기하학: 다섯 가지 공리에 기초한 그리스 수학자 유클리드가 구축한 수학 체계

유행병 연구: 질병의 기원과 확산에 관하여 연구하는 학문

윤리적: 허용되는 도덕적 기준에 일치하는

윤리: 옳고 그름과 관련된 지식의 한 분야로, 우리의 신념과 행동을 지배하는 도덕 원칙에 관해 연구하는 학문

은유: 두 가지 사물 사이를 암시적으로 비유하는 수사법의 한 형태

음모론: 어떤 사건이 벌어졌다는 것을 부정하거나 어떤 사건이 비밀 집단, 기관원들에 의해 기획되어 벌어졌다는 설명에 대한 믿음

응답 편향: 인터뷰를 진행하는 사람이나 설문 조사를 수행하는 사람을 기쁘게 할 답을 선택함으로써 실제로 그들을 기쁘게 하려는 경향

응용 인공 지능: 약한 AI 또는 좁은 AI로도 알려져 있으며, 특정한 문제 해결이나 추론 작업을 위해 소프트웨어를 사용함

의례: 개인과 공동체에 대해 상징적 의미가 있는 규정된 기념 행동이나 일련의 행동

의무론적 윤리: 윤리란 근본적으로 의무를 수행하고 책임을 다하는 것이라는 믿음

의미론적: 언어의 의미와 관련된

이단자: 관습적이지 않거나 정통적이지 않은 신념을 가진 집단 내부의 사람

이더리움: 암호 화폐의 종류

이론: 어떤 것을 깊이 있게 설명하기 위한 상호 연결된 관념의 체계

이신론: 이성과 자연법칙을 통해 명백하지만 인간사에는 개입하지 않는 비인격적인 창조신에 대한 믿음

이질적: 혼합된, 다른 부분들로 구성된

2차 감정: 1차 감정들의 혼합으로 볼 수 있는 복잡한 감정

2차 자료: 역사 교과서 같은 역사적 사건에 대한 간접적인 설명

이콘(성화): 종종 무조건적으로 숭배하는 상징이나 표현. 동방 교회에서 보통 그리스도나 성모 마리아, 성자를 상징함

이해 관심에서 벗어나다: 편향과 자기 이해관계에서 자유롭다. 이는 객관적인 미적 판단을 내리도록 도움

인공 지능(AI): 일반적으로 인간의 두뇌 능력이 필요한 작업, 예를 들어 시각과 음성 인식, 언어 번역, 의사 결정 및 기타 관련 작업을 할 수 있는 컴퓨터 또는 기계

인구 통계: 인구 모집단의 특성을 수치로 나타낸 자료

인류학(문화 인류학, 사회 인류학): 문화와 사회의 발전을 연구하는 학문

인식론: 우리가 아는 것을 어떻게 아는가, 정당화된 믿음과 의견 사이의 차이를 탐구하는 철학의 한 분야

인식적 부정의: 지식이 무시되거나, 믿어지지 않거나, 이해되지 않을 때 발생하는 부정의

인지 과학: 철학, 심리학, 언어학, 자연과학을 포함한 학제적 접근법을 통한 정신 및 그 처리 과정에 관한 연구

인지적 (지식) 도구: 감각, 기억, 상상, 경험과 합리적 사고처럼 지식을 습득하는 정신적 과정

인지 편향: 지식을 습득하고 이해하는 과정에 편향이 영향을 주는 것

인코딩: 부호화, 암호화

일관성: 모순되지 않음. 서로 모순되는 두 진술의 증명을 허용하지 않음. 무모순성이라고도 함

일괴암: 하나의 거대한 돌기둥처럼 하나로 통제되는 조직

일반 인공 지능(AGI): 강한 AI 또는 완전한 AI로도 알려져 있으며, 인간이 할 수 있는 모든 범위의 인지 능력을 비롯하여 동일한 지적 업무를 수행하는 기계의 능력

일반적 계시: 자연계를 관찰하고 역사의 패턴을 관찰하고 이성을 적용하는 등, 자연적 방식을 통해 발견되는 신의 지식

일반화: 특정 사례를 기반으로 모든 경우에 적용되는 진술 작성

일시적: 잠깐 동안의, 순식간에 사라지는, 덧없는

일신교: 하나의 인격신을 인정하고 믿는 종교

1차 감정: 보통 행복, 슬픔, 분노, 두려움, 혐오, 놀람으로 이루어진다고 일컬어지는 보편적 감정

1차 자료: 그 당시 또는 연구 대상인 시간대의 어떤 물건이나 문헌. 예를 들면 제2차 세계 대전에서 싸운 군인의 목격담은

사건 후 50년이 지나도 1차 자료임

임산물: 석청, 과일, 식용 식물 및 땔감을 비롯하여 숲에서 찾을 수 있는 목재 이외의 것

ㅈ

자경단원: 법적 권한 없이 공동체에서 법을 집행하고 그렇게 하는 동안 빈번히 법을 위반하는 시민

자기 해석: 텍스트의 의미를 자기 식으로 읽어 내는 것

자동화: 사람이 하는 일을 대체하기 위한 로봇과 기계 시스템의 사용

자릿값 체계: 숫자의 위치가 숫자 자체뿐만 아니라 값을 나타내는 숫자 체계. 십진법에서는 '9'에서 숫자 9가 '아홉'만 의미하지만, '90'에서는 왼쪽으로 한 자리 이동했으므로 '구십'을 의미함

자본주의: 정부 개입이 제한적이고, 자원의 생산과 분배는 사적 자본의 투자에 의존하는 경제 체제

자연법칙: 둘 이상의 대상이 자연계에서 가지는 관계에 대한 관찰의 일반화된 서술인데, 종종 수학적으로 서술됨

자연수: 흔히 세는 숫자를 말하며, 1, 2, 3, … 으로 시작해서 무한대로 나감

자유주의: 개인의 자유를 보호하고 증진하는 것을 정치의 핵심 현안으로 간주하고 모두에게 상호 이익을 가져다주는 사회 변화를 위해 노력하는 정치적 견해

잘못된 이분법: 두 개의 선택지만 가능한 것으로 제시되었으나 다른 전망이 가능할 뿐 아니라 그 가능성이 매우 높은 상황

잘못된 정보: 부정확한 정보, 의도치 않게 틀린 정보

잠재의식적: 알지 못하는 사이에 영향을 미치는

장르: 예술적인 스타일이나 유형. 그것은 모든 예술에 적용될 수 있음

장인, 공예가: 특정한 수공업이나 공예에 숙련된 노동자

재현성: 반복하여 재현하는 과정

저체온증: 비정상적으로 낮은 체온

전능: 사물과 현상의 모든 것을 다 알고 무엇이든 다 할 수

있음

전도: 특정 집단이나 종교에 가입하도록 다른 사람들을 설득하는 것. 포교

전문가: 특정 분야에 전문화된 지식을 가진 사람

전문성: 전문화된 기량과 지식

전제: 논증의 근거가 되거나 결론을 도출해 내는 가정

전제 정치: 최고 권위와 권력을 가진 한 사람을 기반으로 하는 정치

전지(全知): 모든 것을 알고 있음. 모든 진리에 대한 직관적이고 즉각적인 인식을 갖고 있음

전체론: 어떤 것을 이해하는 가장 좋은 방법은 개별적인 부분으로 분석하는 것이 아니라 전체를 보는 것이라는 믿음

전체주의 국가: 국가 권력이 그 국가에 거주하는 사람에 대한 정치적, 사회적, 문화적 통제권을 완전히 갖는 것

전통 의료: 질병과 상처를 진단하고 치료하며 건강을 유지하기 위해 사용하는 토착 지식, 관행 및 기술

전통적 지식: 공동체 내에서 여러 세대에 걸쳐 개발, 유지 및 전달되는 일련의 지식

전파 망원경: 가시광선 밖에 있는 전파와 마이크로파를 탐지하는 망원경

절대주의: 절대적 진리와 문화, 종교, 정치, 도덕의 절대적 기준으로 모든 견해가 판단될 수 있다는 믿음

절차적: 행동과 관련된, 일정한 순서에 따른

점성술: 행성의 움직임이 인간의 행동을 예측할 수 있는 방향으로 영향을 미친다는 믿음

정: 명제

정당성: 믿음 또는 결정의 근거가 확실하고 합리적인 성질

정당화: 참이라는 맥락에서 진리 주장에 대한 믿음이나 지지를 위한 이유

정당화된: 이성적인, 합당한 증거에 기반한

정리: 공리(또는 확립된 다른 정리)와 특정 논리를 가지고 논증할 수 있거나 증명할 수 있는 원리나 진술. 단, 자명한 것은 제외함

정보: 처리되고 체계화되며 누가, 무엇을, 언제, 그리고 어디

에서라는 질문에 답하는 데 사용될 수 있는 데이터

정보 이론: 정보의 코딩, 그리고 컴퓨터 회로와 통신을 통해 해당 정보가 어떻게 정량화되고 저장되고 안정적으로 상호 전달될 수 있는지에 관한 수학적 연구

정신 지도: 참인 것과 거짓인 것, 합리적인 것과 비합리적인 것, 옳고 그름, 아름다운 것과 추한 것에 대한 개인의 정신적 표상

정의주의: 윤리적 주장들이 느낌과 감정의 표현이라고 보는 관점

정전(正典): 종교의 맥락에서 해당 종교 내에서 권위 있는 것으로 받아들여지는 일련의 종교 저작들. 경전이라고도 함

정체성: 한 사람이나 집단 또는 국가가 다른 사람들이나 집단들, 국가들, 사상, 세계와 관련해서 자신을 보는 방식

정치적 가치: 평등, 자유, 전통, 진보 등과 같은 정치적 입장을 주도하는 사람의 필요에 대한 추상적 관념

정치적 스펙트럼: 다른 정치적 가치와 관련하여 다른 정치적 입장을 분류하는 체제

정치학: 국가, 정부, 권력 및 정치 활동에 대한 과학적 연구

제퍼디: 미국의 TV 퀴즈쇼

조건부: 특정 조건에서만 참이고, 다른 것에 종속적임

종교 근본주의: 특정한 성스러운 텍스트, 종교 지도자와/또는 신의 절대적 권위에 대한 믿음

종교적 경험: 평범하게 서술하는 것이 거의 불가능한 일시적인 경험. 이런 경험을 한 사람은 이성만으로는 도달할 수 없는 진리를 계시하기 위해 자신의 외부로부터 오는 힘이 작용한다고 느낌

종합: 연결된 전체를 형성하기 위해 서로 다른 부분이나 요소(증거)를 함께 배치하는 것

주관성: 느낌과 감정의 영향을 받아 개인의 관점으로 세계를 보는 것

주술사: 마법을 사용하여 병자를 치료하고 사건을 몰래 예언하고 통제하는 사제 또는 여사제

주해: 어떤 텍스트로부터 비판적인 방식으로 의미를 끌어내는 것

중립적: 편향되지 않은, 불편부당한, 논쟁의 어느 쪽도 지지하지 않는

중성미자: 정지 질량이 0인 전하를 띠지 않는 아원자 입자

중우정치: '중(衆)'은 무리, '우(愚)'는 바보라는 뜻. 따라서 어리석은 군중이나 무리가 이끄는 정치를 말함

증강 현실(AR): 컴퓨터 시뮬레이션을 현실 세계에 겹쳐서 보여 주는 기술

증거: 주장이 참임을 뒷받침하기 위해 보거나 듣거나 경험하거나 읽을 수 있는 표시

증명: 일반적으로 의심할 여지가 없는 결정적 증거를 말함. 하지만 수학적 증명은 일반적인 증명을 넘어, 의심이나 논쟁의 여지를 남기지 않는 공리에서 확실한 추론을 해내는 것

지각: 감각에 의한 인식 과정을 통해 우리가 알아차리는 것

지각 있는: 의식이 있는, 느낄 수 있는

지갑: 암호 화폐에서는 사용자가 디지털 화폐를 송수신하고 잔고를 감시할 수 있는 소프트웨어 프로그램

지네 효과: 무의식적으로는 잘하던 일도 의도적으로 잘하려 하면 잘 안 되는 현상

지시어: 에세이에서 수행해야 하는 지시. 예를 들면 '~을 논의하라', 또는 '~에 대해 어느 정도' 등

지식의 깊이: 특정 주제에 초점을 맞춰 지식을 증폭시켜 탐구하는 것

지식의 폭: 주제의 많은 측면을 다루는 지식의 범위

지식 재산권: 창조된 지식이나 고유한 생산물로 인하여 발생하는 재산권

지식 주장: 우리가 어떤 것을 안다고 주장하는 진술

지적인 덕: 지식 추구에 요구되는 덕들

지적 자본: 조직이나 사회에 속한 구성원의 집단 지식

직관주의: 수학적 대상은 정신적 구성 과정이라는 이론, 그리고 우리가 수학적 대상을 만들면 그 대상이 현실로 존재한다는 이론

진리: 사실이나 실재, 또는 기준에 들어맞는 것

(진리) 다원론: 진리에는 여러 종류가 있고 '진리'라는 단어에는 다양한 의미가 있다는 이론

(진리) 대응론: 어떤 진술이 사실과 대응하면 진실이라는 이론

(진리) 실용론: 진리는 과학적으로 검증되었거나 예측 가능하고 신뢰할 수 있는 결과로 이어지는 믿음이라는 이론

(진리) 잉여론: 진리는 본질적 속성을 가지지 않으며 단어는 다른 것으로 대체될 수 있다는 이론

(진리) 정합론: 어떤 명제가 우리의 전반적인 믿음과 들어맞으면 그 명제는 참이라는 이론

(진리) 합의론: 진리란 대다수의 사람들이 동의하는 일련의 믿음에 기초한다는 이론

진위: 타당성, 진정성, 본래성

진화론적 인식론: 지식은 자연 선택에 의해 진화한다는 이론

질적: 어떤 것의 양보다는 질과 관계되거나, 질을 측정하거나 질로 측정된. 질적 연구는 문화를 설명하거나 이야기를 공유하는 인간 현상에 대해 자세한 서사를 제공하는 방법을 사용함

집계: 사물 또는 사건을 헤아려 기록하는 것

ᄎ

차폐: 정보를 기억해 내는 능력에 장애가 있을 때 생기는 현상

참: 무엇이 어떠한지와 관련된 철학 개념. 전제는 참이거나 거짓일 수 있음

참인: 옳은, 사실적인, 정확하거나 정직한

창의성: 독창적이고 놀랍고 가치 있는 작품을 만들거나 아이디어를 생각해 내는 능력

창조 과학: 「창세기」 기록대로 하느님이 우주를 창조했다는 믿음을 과학적으로 설명하려는 시도 또는 그런 믿음

채널링: 인간과 다른 차원의 존재 사이에서 이루어지는 일종의 상호 영적 교신 현상을 가리킴

책임: 책무, 도덕적 의무

챗봇: 인간의 대화를 시뮬레이션하도록 고안되어 인간이 컴퓨터와 대화할 수 있게 하는 컴퓨터 프로그램

체외 수정: 체외에서 난자가 수정되는 실험실 절차로, 체외란 '시험관 안'을 의미함. 예전에 체외 수정 아기를 '시험관 아기'라고 불렀음

초월적 힘: 초자연적인 힘. 예술의 힘은 우리를 어디든 데려가고 전생을 포함해 무엇이든 우리에게 보여 주며 다른 사람의 마음도 들여다보게 해 줌

초유신론: 유신론과 무신론을 넘어선 것

초현실주의: 상상력이 풍부한 꿈과 환상을 표현함으로써 무의식의 창조적 잠재력을 해방시키려는 예술 운동

추론: 증거와 추리를 바탕으로 결론에 도달하는 것

추론하다: 증거와 추리에 기반하여 결론을 내리다

추상적: 개념적이고 비구상적이며 구체적인 특정 물리적 존재와 관계없는

추측: 짐작 또는 상상의 가설

ᄏ

카디널리티: 집합의 원소 수. 예를 들어 집합 {0, 1, 2}에는 3개의 원소가 있으므로 카디널리티는 3

캐논: 학자(예술에서는 평론가, 비평가)들이 가장 중요하고 대단하며, 한 시대에서 영향력 있는 작품으로 여기는 것 또는 그 모음집

코로보리: 춤과 노래가 수반된 호주 원주민의 신성한 의식

쾌락 계산법: 어떤 행동의 강도, 지속성, 확실성, 근접성, 생산성, 순수성, 연장성의 일곱 가지 범주를 계산함으로써 그 행동으로 야기된 쾌락이나 고통의 양을 결정하는 방식

쿠데타: 소규모 사람들이 합법적인 절차를 따르지 않고 무력으로 권력을 장악하는 것

큐비즘: 사물을 분석하고 분해하고 추상화된 형태로 재조립하는 예술 운동

큰수의 법칙: 모집단의 크기가 충분하면 무작위 변위가 상쇄되는 경향이 있다는 통계 원리

키치: 질이 낮은, 틀에 박힌 예술

ᄐ

타당성: 전제로부터 논리적으로 결론이 성립되는 추론의 형식적 올바름

타당하다: 전제로부터 논리적으로 추론이 성립함

타당하지 않다: 전제로부터 논리적으로 추론이 성립하지 않음

탈무드: 유대교의 율법과 신학이 담긴 책

탈물질화: 기술이 물질과 관련된 것에서 벗어나는 과정

탈식민지 시대: 식민 통치가 끝난 후의 기간

탈진실: 객관적인 사실이 감정과 개인의 신념에 호소하는 것에 비해 여론을 형성하는 데 덜 영향을 미치는 상황을 의미하거나 그 상황에 관련되는 것

태피스트리: 다채로운 색실로 그림을 짜 넣은 직물

터스키기 실험: 1932년부터 1972년까지 미국 공중 보건국이 매독을 치료하지 않고 내버려 두면 어떻게 되는지 알아보기 위해 앨라배마 농촌 지역의 흑인들을 대상으로 시행한 악명 높은 생체 실험. 피험자들에게 질병의 실체도, 실험 목적도 고지하지 않은 데다 치료 기회마저 박탈해 버렸다는 점에서 의학 윤리를 어긴 대표적인 사례로 알려져 있음

텍스트 분석: 텍스트의 의미와 텍스트가 쓰인 문화를 더 잘 이해하기 위해 단어가 선택되고 사용되는 방식을 분석하는 데이터 수집 과정

토착민: 문자 그대로 '어떤 장소에 속한 사람들'로, 이 용어는 고유의 문화를 계승하고 실천하는 사람들, 그리고 그런 사람들과 환경이 관계를 맺는 방식을 가리키는 데 사용됨

토착민의 권리: 특정 지역 원주민의 권리

통사법: 문장이나 구를 형성하기 위한 단어의 배열, 유아 통사의 예로는 '내 침대'나 '과자 없어' 같은 단어 쌍을 들 수 있음

통제된 실험: 한 가지 변수만 다르게 한 실험을 비교하여 표준을 제공할 목적으로 면밀하게 변수들을 조절하며 행하는 비슷한 실험들

튜링 테스트: 컴퓨터가 자신을 인간인 척 속일 수 있다면 컴퓨터에게 지능이 있다고 보는 앨런 튜링이 제안한 블라인드 테스트. 자신이 대화하는 대상이 인간인지 컴퓨터인지 맞히는 방식으로 이루어짐

트랜잭션: 데이터를 저장 또는 처리할 때 사용하는 논리적인 작업의 최소 단위

특별 변론: 남을 설득하기 위해 자신에게 유리한 주장만 하는 것

특별한 계시: 이성을 통해서는 얻을 수 없는 신에 관한 지식. 초자연적 방식으로 계시되는 신의 지식

특이점: 인공 지능의 맥락에서는, 컴퓨터 지능이 인간의 지능을 능가하는 시점. 인간과 인간의 지식에 대한 돌이킬 수 없는 변화의 순간

특잇값: 다른 값 또는 기준값과 매우 다른 값

ㅍ

판테온: 문화의 가치를 반영하는 어떤 문화의 신과 여신을 모셔 둔 신전이나 사당. 만신전이라고도 함

패권국: 헤게모니를 행사하고 패권 사상을 촉진하는 지배 국가

패러다임: 이해의 틀을 제공하는 모델이나 예

펄서: 강한 자기장을 가지고 고속 회전을 하며 주기적으로 전파나 엑스선을 방출하는 중성자 별

페어슈테헨 입장: 인간과학의 주요 목적은 행위자 자신이 이해하는 다양한 사회적 실천의 의미를 이해하는 것이라는 믿음. 독일어 Verstehen은 '이해'라는 뜻

편재: 언제 어디서나 존재함

편향: 선입견, 부당함, 편들기

평등: 지위, 권리, 기회 면에서 동등한 상태

평면: 무한히 뻗어 나가는 2차원이자, 두께가 없는 평평한 면

포스트모던: 지식, 이성, 윤리, 진리를 사회적, 문화적, 정치적 구성 요소로 본 20세기 사상 운동

포스트 혹 에르고 프로프터 혹(post hoc ergo propter hoc): 상관관계와 인과 관계를 혼동해 버리는 오류

표절: 다른 사람의 생각이나 일을 자신의 것인 양 몰래 따다 쓰는 것

프레스코: 회반죽으로 벽에 칠을 한 다음 마르기 전에 물에 갠 안료로 채색하는 기법

플라톤주의: 그리스 철학자 플라톤의 사상을 계승한 학파 또는 그 사상

플로지스톤: 가설상의 가연성 물질 성분

피드: 정보나 콘텐츠를 타인에게 전달하는 행위 또는 그 콘텐츠. 예를 들어 인스타 피드라 하면 인스타그램 개인 페이지

의 화면 상태(보통은 다수의 사진)를 의미하고, 뉴스 피드라 하면 자신이 원하는 뉴스를 미리 등록해서 모아 볼 수 있게 하는 서비스를 의미함

필즈 메달: 뛰어난 수학적 성취를 인정하기 위해 국제 수학 학회에서 4년마다 수여하는 상. 때로는 수학에 대한 노벨상과 동등한 것으로 묘사됨

필터 버블: 구글, 아마존, 페이스북 등 인터넷 정보 제공자가 이용자에 맞추어 필터링한 정보를 제공함으로써 이용자가 선별된 정보에 둘러싸이게 되는 것

ㅎ

학제적 접근: 다양한 분야의 학문이 서로의 연구 성과와 연구 기법을 공유하여 일정한 문제에 접근하는 일

함축적 의미: 단어가 문자 그대로의 뜻에 덧붙여 불러일으키는 생각과 연관성

합: 변증법에서 정과 반 사이의 갈등을 해소하는 서로 연결된 전체, 해결책, 또는 새로운 개념

합리론자: 합리주의의 지지자로, 진리를 판별하기 위해 지각보다 연역에 의존하는 철학 학파

합리성: 명확하고, 분별력 있거나, 논리적으로 추론하고 사고할 수 있는 능력

합리적 의심의 여지가 없는: 판단의 근거가 의심할 여지가 없이 명확한 수준임을 말하는데, 재판에서 증거를 판단하는 기준 중 가장 엄격한 수준을 이름

해석: 어떤 것의 의미에 대한 설명

해석학: 해석에 대한 이론과 방법을 다루는 학문. 해석학을 뜻하는 영어 hermeneutics는 그리스 신화에서 제우스의 의지를 지상의 인간들에게 해석해 주는 사자 역할을 하는 헤르메스(Hermes) 신에서 유래했음

핵심 개념: 에세이 제목에 명시된 지식론의 중심 아이디어. 예를 들면 '확실성', '정당화', '해석' 등

핵티비스트: 사회적, 정치적 목적을 위해 컴퓨터 파일이나 네트워크에 무단으로 접속하는 사람

핵티비즘: 사회적, 정치적 목적을 위해 컴퓨터 파일이나 네트워크에 무단으로 접근하는 것

행복: 공리주의에서는 복리, 비이기심, 건강, 안전, 독립, 자유, 고귀함을 가리킴(흥분이나 만족감이 아님)

허위 과장 선전: 주로 정치적 목적으로 사람들의 생각에 영향을 미치려고 의도적으로 정보를 조작하는 것

헤게모니: 패권. 일련의 사상으로 뒷받침되는 한 집단의 지배 또는 대체할 사상이 순환되지 못하도록 억제하는 방식의 규범으로 기능하는 일련의 사상이 지배하는 것

현명한 자연 오류: 어떤 것이 자연스럽기 때문에 좋은 것이라는 잘못된 가정

현상: 사건이나 경험 또는 발생

현자: 지혜로운 사람

현지인의 풍습: 외부인이 현지인과 오랫동안 같이 살면서 받아들이는 태도와 행동

혐오감의 지혜: 도덕적 신념을 정당화하기 위해 혐오감에 호소하는 것이 타당할 수 있다는 주장

협력적: 두 명 이상의 사람들이 함께 작업하여 생성하는

형식 체계: 일련의 논리적 규칙에 따라 공리로부터 정리를 추론하는 데 사용되는 체계

형이상학적: 물리적 현실을 초월한 추상적, 초자연적. 물리적 현실과 무관한

확신: 굳게 믿는 마음

확실성: 의심이 없는 상태

확실한 지식: 어떤 것이 그러하다고 단정할 수 있는 사안

확증: 진술이나 이론을 확인하거나 지지함

확증 편향: 자신의 의견을 뒷받침하는 증거는 믿고, 자신이 믿는 것과 반대되는 증거는 무시하거나 깎아내리는 경향

환원적 오류: A가 B로 구성되어 있기 때문에 A는 B에 불과하다고 말하는 오류

환원주의: 어떤 주제들은 보다 근본적인 다른 관점에서 설명될 수 있다는 믿음

황금비: 한 선분을 크기가 다른 둘로 나눌 때, 전체에 대한 큰 부분의 비와 큰 부분에 대한 작은 부분의 비가 같다면 그 비는 $\frac{1+\sqrt{5}}{2}$ 로, 대략 1.618임. 이를 황금비라 하고, 그리스 문자 ϕ로 표기함

회의주의: 절대성을 의심하고, 체계적인 의구심과 연속적인 검증을 통해 지식을 얻는 방법

효능: 유효성, 효과적임

효도: 부모에 대한 사랑, 존경, 지지를 보여 주는 것

휴리스틱: 경험에 기반하여 문제를 해결하거나 학습하거나 발견해 내는 방법

희생: 다른 사람들을 돕거나, 신이나 영혼을 달래기 위해 귀중하고 가치 있는 것을 포기하는 것

희화화: 만화적 과장을 통해 우스꽝스럽게 표현하는 것

⟩ 감사의 말

저자인 웬디 헤이돈과 수전 제수다슨은 이 책이 나오기까지 모든 것을 준비하고 조언하고 지원해 준 케임브리지 대학 출판부의 앨리슨 에반스, 미카엘라 인더스트, 제인 슬라이와 이전 판을 멋지게 저술한 반 더 라제마트에게 감사드립니다. 또한 지칠 줄 모르고 책 작업을 한 마거릿 헤인즈, 미셸 데일리, 캐롤라인 모와트에게 감사드립니다.

웬디 헤이돈은 경이로운 공저자 수전 제수다슨에게 특히 감사드리고 싶습니다. 칼 헤이돈, 윌리엄 헤이돈, 로지 헤이돈 그리고 주디 워햄, 제프 워햄 그리고 데이비드 헤이돈, 메리 헤이돈의 성원과 인내에 감사합니다. 베릴 매그스와 마틴 오테로 노트가 선사한 지적 영감에 감사합니다. 케이티 릭스와 팀 존스의 격려에 감사드리며, 데이비드 홀, 니더 쿠나라트남, 애나 맥, 알렉스 콜렌소, 수 맥리, 올리버 바렛이 보여 준 통찰력과 피드백에 감사드립니다.

수전 제수다슨은 공저자 웬디 헤이돈이 보여 준 열정과 협업에서 느꼈던 편안함에 특히 감사드리고 싶습니다. 촉박한 시간에 베릴 포터가 보여 준 성원과 이해에 감사하며, 존 퍼드풋의 끊임없는 성원과 귀중한 통찰력, 제안과 수정에 감사합니다. 마지막으로 프로젝트 내내 재커리 퍼드풋이 일과 생활이 건강하게 균형을 이루도록 보장해 준 것과 몇몇 사진의 모델이 되기로 동의해 준 데 감사드립니다.

케임브리지 대학 출판부는 이 책에 귀중한 논평을 해 준 토머스 더클링에게 감사드리고 싶습니다.

저자들과 출판사는 저작권이 있는 자료의 사용을 허가해 준 모든 분에게 감사드립니다.

온갖 노력을 기울였음에도 이 책에 사용한 자료의 모든 출처와 저작권자를 찾아내지는 못했습니다.

저작권자를 찾게 된다면, 다음 쇄에 기꺼이 적절한 감사의 말을 싣겠습니다.

〉 옮긴이 후기

제주와 대구에 IB 교육 과정이 도입되었을 무렵 자연스럽게 역자들이 모여 IB 연구 모임을 꾸리게 되었습니다. 이때부터 IBDP(International Baccalaureate Diploma)의 핵심(Core) 과정 중 하나인 '지식론(Theory of Knowledge)'에 특히 관심을 갖고 본격적으로 연구하기 시작했습니다. 2021년 늦은 봄부터 시작한 『지식론』 번역, 연구 작업의 대장정을 2023년 초까지 20개월 만에 마무리 짓고 이제 작은 결과물을 내놓게 되었습니다. 매주 일요일 저녁 9시부터 밤 12시까지 3시간씩 Zoom에서 만나 각자 맡은 부분을 펼쳐 들고, 치열한 토론과 회의를 거듭하였습니다. 인식론, 과학기술, 정치, 언어와 종교, 역사와 예술, 수학, 자연과학과 인간과학을 주제로 토론하고 번역하는 작업은 고되고 치열했지만 되돌아보면 즐겁고 행복한 시간이었습니다.

처음에는 피어슨 출판사에서 발행한 『지식론』을 번역하고 학습하다가, 호더 출판사와 옥스퍼드 대학 출판부, 케임브리지 대학 출판부의 『지식론 해설서(Decoding Theory of Knowledge for the IB Diploma)』를 함께 비교하며 이 책을 번역했습니다. 이 과정 동안 역자들은 IB의 다음과 같은 슬로건이 우리를 통해 이루어지고 있음을 깨닫게 되었습니다.

"IB는 성장하고 변화를 만들어 내는 평생 학습자를 양성합니다!(The International Baccalaureate (IB) develops lifelong learners who thrive and make a difference.)"

이 책은 IB 디플로마의 핵심 과정인 지식론을 다루고 있습니다. 지식론은 각 과목의 지식 영역을 다루는 것은 아닙니다. 지식이 어떻게 만들어지고 공유되며 비교될 수 있는지, 진실은 어떻게 알 수 있으며, 우리는 어떻게 지혜로워질 수 있는지를 배우는 것이 지식론입니다. 현실에서 문제가 무엇인지 발견하고 문제 해결을 위해 새로운 사고를 하려면, 주어진 지식을 이용하기만 하는 것이 아니라 스스로 지식을 만들어 낼 수도 있어야 합니다. 또한 세계와 끊임없이 소통하고 교류해야 합니다.

이 책의 출간을 앞둔 지금도 전쟁, 자연재해, 환경적인 재앙과 인권 유린 그리고 챗GPT가 던지는 인공지능 윤리 문제 등 해결하기 어려운 문제가 인류 앞에 놓여 있습니다. IB 교사들이 전 세계 교사, 학생 네트워크의 성과를 모아 출간한 이 『지식론』은 인류가 처한 어려움에 맞서는 실천 가능한 지식 주장을 분별해 내는 데 도움이 될 것입니다.

번역을 검토하고 논의하여 조율해 가는 과정에서 원칙을 세워 일관성을 유지하고, 번역의 정합성을 견지하도록 도와준 김상운 선생이 없었다면 의도만 훌륭한 실험에 그치고 말았을 것입니다. IBEC 대학원 공부와 번역 일, 생업의 세 가지를 모두 챙기느라 눈코 뜰 새 없이 바쁘면서도, IB 관련 수많은 자료와 정보를 제공하고 회의의 서기 역할을 맡아 준 이의용 선생의 헌신은 기억되어야 합니다. 언제나 냉정하게 현실을 되돌아보게끔 역자들을 각성시키고, 과학과 역사, 수학의 전 과정을 두루 비교하며 학제 간 관점의 통일을 위해 지혜를 짜내었으며, 논의 과정이 교착되거나 기술적인 부분에서 난관에 부딪힐 때마다 절묘하고 적절한 해결법을 제시한 장형수 선생의 기여 또한 고마울 따름입니다. 번역은 물론 온라인 회의 참석도 어려웠지만 일찍부터 IB 철학과 교육 평가·설계에 교육의 새로운 비전·혁신이 있다고 주장한 송동진 선생은 인간과학과 자연과학, 그리고 동서양의 관점을 통합하거나 공존하는 관점을 제기하였습니다. 편집장으로서 처음부터 끝까지 모든 작업 과정에서 궂은일을 마다하지 않았고, 오랜 시간 희생과 헌신으로 검토하고 교정한 김정곤 선생의 노고야말로 이 번역본이 나올 수 있도록 하는 초석이 되었습니다.

이호곤 선생은 미국 교과서와 교재의 번역서 시리즈를 진행했던 경험을 공유하여 직접 번역 작업에 참여하였습니다. 젊은 연구자로서 강수희 선생은 새로운 시대의 문화 자본의 중요성에 대해 고민하며 자신의 전공 분야인 예술 번역에 참여하였습니다. 그리고 저작권 문제로 실을 수 없던 몇몇 삽화를 가공해 준 점 감사드립니다. 박진희 선생과 박영주 선생은 인하대학교 교육대학원에서 IBEC 과정의 전문 연구자와 교육자로서 과정 평가에 대한 실질적이고 유용한 학문적 방향을 제시하였습니다. 류영철 교수는 초기 모임에서 경험과 지혜를 가지고 방향을 잡아 주었습니다. 특히 번역 출간 과정에서도 시의적절하게 행동할 용기를 주었습니다. 연구와 번역의 출발 지점에서 전문 번역가이자 자유 연구가인 윤일현 선생은 역자들도 도전할 수 있다는 가능성을 열어 주었고, 처음 지식론 공부를 제안하였을 때부터 참여하여 흔쾌히 과정의 얼개와 관련 자료를 확보해 주었습니다. 김미혜 선생은 아직 우리나라에 생소한 IB DP 과정에 대한 자신의 경험을 풀어 놓으며 국제적 견지에서 이 책의 출간이 얼마나 가치 있는 일인지 항상 일깨워 주었습니다.

마지막으로 지식론 1장과 2장 번역 초고를 검토해 주신 '지식론 알기 학습팀' 최현경 선생을 비롯하여 오순령, 홍준호, 김수연, 최원형 선생에게도 고마움을 전합니다. 특히 토론과 번역문 검토 작업에 처음부터 참여하여 건설적인 의견을 나누었던 오순령 선생의 헌신에 감사드립니다. 편집 과정에서 문장의 윤문과 오탈자 교정 등에 노고를 아끼지 않은 김양미 에디터와 책이 나오기까지의 과정을 늘 챙겨 준 사회평론아카데미 분들에게도 감사를 전합니다. 연구 모임 초기에 시차가 나는 미국에서도 매번 토론에 참여해 온 김희정 선생은 직접 체험하여 깨달은 국제적 관점에서 영감을 주었습니다. 크고 작은 도움을 주셨던 많은 분들에게 고맙다는 말씀을 드립니다.

2023년 2월
『지식론』옮긴이를 대표하여 강원호가 정리함

〉그림 출처

1장 11쪽   David Sipress/The New Yorker Collection/The Cartoon Bank

그림 1.5   Johnhain/PIXABAY

그림 2.11   Goddard, Clive/CartoonStock.com

3장 83쪽   Cup Of Spring/Shutterstock.com

그림 3.13   Leonard Zhukovsky/Shutterstock.com

그림 4.1   Peter Macdiarmid/Getty Images

그림 4.2   ⓒ René Magritte /ADAGP, Paris−SACK, Seoul, 2023

그림 4.10   Nadezda Murmakova/Shutterstock.com

그림 5.9   한국기원 제공

그림 6.4   canghai76/Shutterstock.com

그림 6.10   anastas_styles/Shutterstock.com

그림 7.1   ⓒ King Marcus

그림 7.4   Nataliya Derkach/Shutterstock.com

그림 8.4   ⓒ Alex Hallatt, Dist. by King Features Syndicate, Inc.

그림 8.10   Caucasus Muslims Board 제공

그림 9.3   dreakrawi/Shutterstock.com

그림 9.4   Philip Schubert/Shutterstock.com

그림 9.6   Paul Raffaele/Shutterstock.com

그림 9.7   Fabrizio Andrea Bertani/Shutterstock.com

그림 9.8   Anita SKV/Shutterstock.com

그림 10.2   위키미디어

그림 10.3   위키미디어

그림 10.5   Annik Susemihl/Shutterstock.com

그림 10.6   Free Wind 2014/Shutterstock.com

그림 10.7   위키미디어

그림 10.8   ⓒ IWM NAM 236

그림 10.10 위키미디어

그림 11.1   ⓒ Cy Twombly Foundation

그림 11.2   ⓒ Tracey Emin. All rights reserved, DACS− SACK, 2023

그림 11.3   위키미디어

그림 11.4   위키미디어

그림 11.5   워싱턴내셔널갤러리

그림 11.6   위키미디어

그림 11.7   ⓒ The Pollock−Krasner Foundation

그림 11.8   위키미디어

그림 11.10 ⓒ Esther Honig

그림 11.11 CRS PHOTO/Shutterstock.com

그림 11.14b ⓒ Chiang Yee

그림 11.15 Philip Schubert/Shutterstock.com

그림 11.16 ⓒ Grayson Perry

그림 11.17a 위키미디어

그림 11.17b 위키미디어

그림 11.17c 위키미디어

그림 11.18 위키미디어

그림 11.19 위키미디어

그림 11.20 JR Artist/Facebook

그림 11.21 ⓒ Josephine Meckseper/BILD−KUNST, Bonn− SACK, Seoul, 2023

그림 11.22 LMspencer/Shutterstock.com

그림 11.23 위키미디어

14장 628쪽 Dana Fradon/The New Yorker Collection/The Cartoon Bank

그림 14.12 xamnesiacx84/Shutterstock.com

그림 15.1   Caitlin Cass/The New Yorker Collection/The Cartoon Bank

그림 15.2   한국기원 제공

그림 15.4   Malcolm P Chapman/Getty Images

16장 693쪽 Harley L. Schwadron/The New Yorker Collection/ The Cartoon Bank

> 찾아보기

〉 옮긴이 소개

강수희

Central Saint Martins UAL (University of the Arts London)에서 MA Applied Imagination in the Creative Industries 전공 석사. 성균관대학교 디지털문화융합대학원 문화융합학과 유네스코국제문화정책 전공 석사. 문화 예술 교육 콘텐츠 개발자.

강원호

연세대학교 경제학과 졸업. 지식론 교육이론연구소 대표. 사회평론 기획이사(IT, STEAM부문). 『고교학점제 어떻게 활용할 것인가?』(공저) 집필.

김상운

교육 콘텐츠(인문사회 전문) 연구자, 지식론 교육이론연구소 콘텐츠 총괄 대표.

김정곤

연세대학교 물리학과 졸업. 이학 박사(이론 물리학). Korea Stanford Venture Forum 회원, 지식론 교육이론연구소장.

박영주

인하대 문화경영학, 교육학 박사. 인하대 교육대학원 IBEC 학위과정 강사.

박진희

인하대 교육학 박사. 인하대 교육대학원 IBEC 학위과정 강사.

송동진

서울대학교 심리학과 졸업. 지식론 교육이론연구소 사회 부문 기획위원.

이의용

이학 석사(고체 물리). 지식론 교육이론연구소 과학 부문, 평가 과정 기획위원. 인하대 교육대학원 IBEC 학위 취득.

이호곤

서울대학교 정치학과 졸업. 교육 분야 전문번역가. 교육학습서 기획가. '진리는 나의 빛' 시리즈 『영어 1』, 『영어 2』(공저), '다락원 클리프 논술 노트' 시리즈(공저) 대표 집필.

장형수

서울대학교 컴퓨터공학부 졸업. 프로그래머. 교육 콘텐츠 개발 PM. 지식론 교육이론연구소 수학, 기술 부문 기획위원.